八閩文庫

八閩文庫

文獻集成

325

福建文獻集成

續編 集部 一

吴格 主编

海峽出版發行集團
THE STRAITS PUBLISHING & DISTRIBUTING GROUP
福建人民出版社

本册目次

武夷新集二十卷杨文公逸诗文一卷（卷一至卷九）
［宋］浦城杨亿撰……一

武夷新集二十卷楊文公逸詩文一卷（卷一至卷九）

［宋］浦城楊億撰

武平馮氏望山小舍藏民國十八年刻校樣本

武夷新集二十卷楊文公逸詩文一卷，宋楊億撰。億（九七四—一〇二〇），字大年，浦城人。淳化三年（九九二）進士。歷官光禄寺丞，直集賢院，著作佐郎。真宗初預修太宗實録，旋拜左司諫，知制誥，工部侍郎，翰林學士。曾與王欽若等同修册府元龜，編有西崑酬唱集，撰有武夷新集等。事詳宋史本傳。

楊氏於景德三年（一〇〇六）入翰林院，翌年輯録其十年間所作詩文而成此集，凡詩五卷，雜文十五卷。其文格雄健，才思敏捷。四庫全書總目謂其詩以李商隱爲宗，無唐末五代衰颯之氣，而彭元瑞乃謂集中詩格頗近小畜集，絶不類玉溪生。然春容典贍，亦不失爲治世之音。全宋詩録億詩計四百九十三首，出於西崑酬唱集僅七十五首，餘多出於武夷新集，故研讀億之詩文，未可舍是集而旁求。

是集宋本已不可見，傳世有明陳璋刻本、明宛委堂印陳璋本（清康熙四十四年亦曾印行），清順治七年（一六五〇）李繡刻本、嘉慶十六年（一八一一）祝氏留香室刻本、商丘宋氏舊藏清初抄本、彭氏知聖道齋抄本等。李繡本據謝肇淛、徐𤊹抄本付梓，校訂草率，訛誤不一而足。惟商丘宋筠舊藏清初抄本爲四庫全書底本，凡遇御製、應制、恭和及太宗等皆敬空，當源出宋本。彭氏知聖道齋抄本亦所從出。祝氏留香室本乃據文瀾閣四庫全書本付梓，此民國刻本又據祝氏本重刻，淵源有自。

此本首有李繡序、李葆貞序、楊億自序。卷一和御製詩、應制詩、格律詩，卷二至四格律詩，卷五格律詩、挽歌、樂章，卷六頌、記，卷七序，卷八表，卷九至十墓志，卷十一墓志、述、行狀，卷十二策問、表狀，卷十三至十七表狀，卷十八表狀、書，卷十九啓，卷二十啓、祭文、齋醮文。末附楊文公逸詩文一卷，乃梁章鉅爲祝昌泰校勘武夷新集時自宋文鑑、瀛奎律髓、詩林萬選、建寧府志、古今詩話等書中蒐輯所得。然亦有遺漏，會稽掇英集、天台續集等書中所載諸篇，未在蒐採之列。後有徐𤊹跋語、梁章鉅識語。

是本爲民國十八年（一九二九）李葆珊、東孫、子餘、實秋等人據清嘉慶十六年祝氏留香室刻本重刻試印本，有四先生爲修版而作校訂批語，其中朱筆乃據明陳璋本校異，惜未印行，僅存此試印樣本。（李振聚）

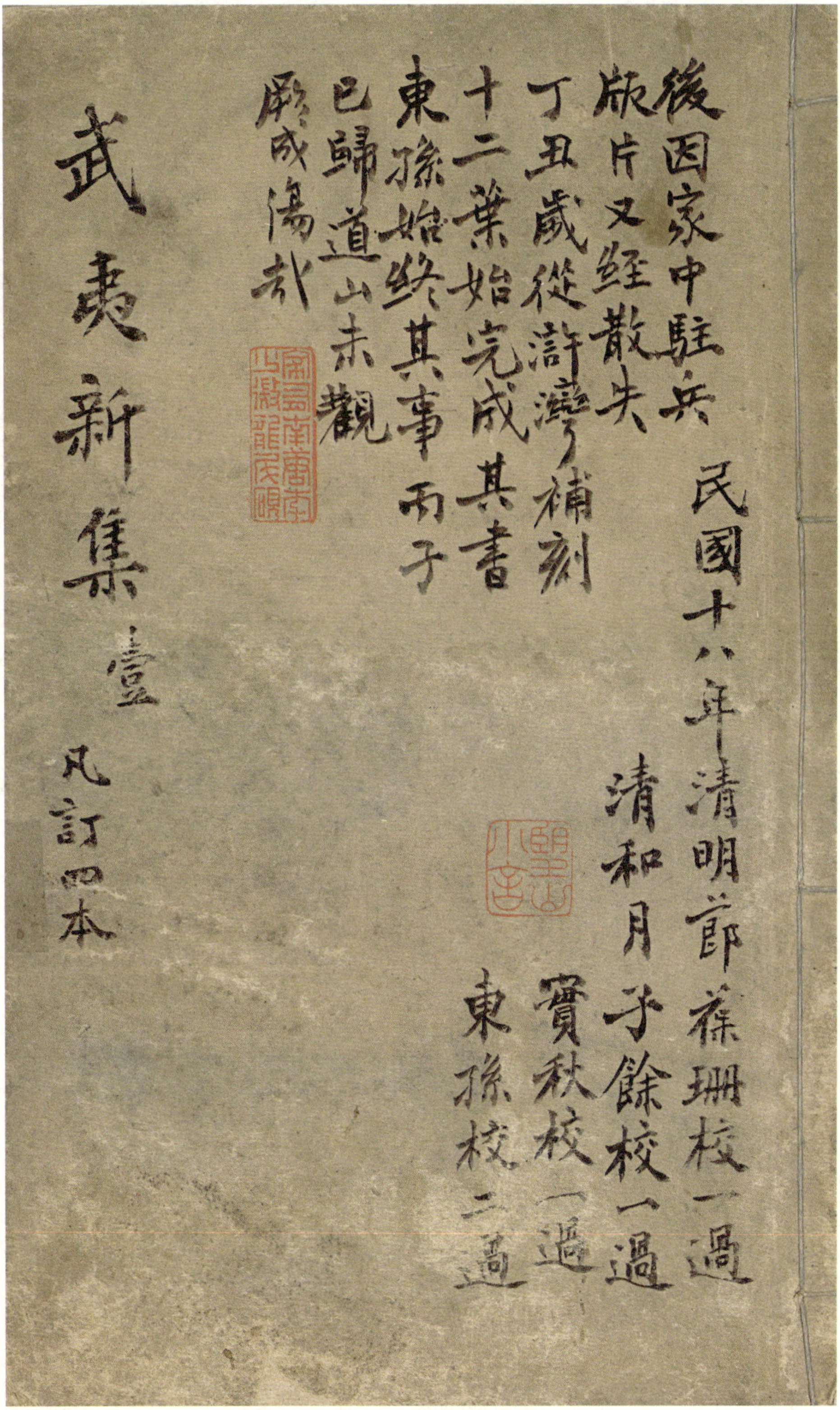
武夷新集 壹
凡訂四本

後因家中駐兵
版片又經散失
丁丑歲從滸灣補刻
十二葉始完成其書
東孫始終其事丙子
已歸道山未觀
厥成傷哉

民國十八年清明節蓀珊校一過
清和月子餘校一過
寶秋校一過
東孫校二過

序

國家玉帛皮卉車書裳譯劍戟之器銷爲農具星辰之謠列爲詩轄亦旣河圖器車見寶出榮矣加以名山大川函無不出之句玉杯石鼓士無不讀之書軍中鉦鐃升諸郊廟邊庭塞曲播存樂章浩浩乎屈天河以倒注蹌蹌乎聚崑崙以作筆閎經肆緯茂綵尙焉余簡閲浦疆五易紳甲雖登陴聚米克詰不遑而泮林革響桑椹懷音草嘯失羣沙語寡偶浸且輕裘緩帶雅歌部嫺鄶鼓薛鼓投壺士習鯨波浪險梁涉黿鼉越烏城棲臺成燕爵考亭復其故宮西山鬱爾

新宅補瑕塞漏芟廼薅穢裒古挹今粗致康乂敢曰有功庶幾寡過獨是有宋文公楊大年先生首舉神嬰官抵內翰夢祥懷玉來自神仙喝震唐明歸仍佛祖事功道德照耀史乘文采風流寥落桑梓吉光片羽磨滅風雨之中獅子乳滴迸散驢羣之內使生斯地者旣不得獲覩其鄉先生嘉言懿行之大全而來斯土者復不得與聞乎古君子錯綜儒釋合同玄俗之神妙豈惟我不見古與生不同時之慨將使古不見我起相見何晚之嗟用是甌閩鄭訊漁樵汲古之家煨燼吹噓滲壁好事之手人旣五百年而名世文

亦五百年而後出得其錄本武夷新集有詩五卷而挽歌樂章附焉頌紀一卷序一卷碑表碣一卷墓誌誌銘三卷而述狀附焉策問十道而表狀合成七卷書啓七卷文則附焉合為二十卷其序則文公楊大年先生自筆予既驚喜文自古人集迺新出發而讀之詩溫厚以和平頌揚抗乎美上記攷載以詳慎序條貫其始終碑表碣誌銘狀尚非其人筆靡多裒昌黎諛墓刺其免焉策問體國經野達權通變表狀陳忠臚孝進禮退義散啓諸文悉成爾雅洵醇儒之金玉良喆之追琢也爰命剞劂公諸四國板存學宮冀

寡

鸞

行久遠昔梁昭明好古築讀書臺弋集秦漢魏晉宋
齊諸體編號文選自謂出入制作周公筆削配擬尼
父而徇文寡實溺華喪質識者譏之以其攷體不合
摛詞多溢也今文公楊大年先生茲集合衆矩而成
規廓殊材以一棟寬綽金錫文無俁敖之言和順從
容氣有英華之積自非靈根夙上天縱玄栖合東魯
西度爲一家渺世法佛法爲同轍未易有此謦折組
舞之容鸞和齊夏之音也夫入洙泗之室者琴瑟皆
韶登和氏之堂者琮璜胥璧後之君子閱覽茲集目
閱心思寅修默契將必躁氣雪泮厲習冰消登高作

任俠

賦心無使酒任俠之狂遇物能銘自獲刀劍戶牖之益甲胄衣裳孫吳孔孟其所裨益諒亦宏饒寧獨浦之頻芹薦先生之簡冊而俎豆之行見薄海之弦縵陳先生之球璧而東西序之矣李繡序

序

嘗謂古人殫心學問欲傳身後之名八叉三唾每不神奇嘔血撚鬚不辭勞瘁其所述作有在生前隻字片詞即流膾人口者有書著等身徒供蠹腹澌滅無聞竟與螢草同腐者亦有發之名山攘諸秘帳歷數十年而始見遲數百載而後傳者則古人之名實賴今人以不朽耳惟是先聖名賢筆麗日星字泣神鬼傳與不傳陰有呵護故典謨訓誥蒐之魯壁之內墳索老莊拾於秦火之餘鑿汲冢之魚燈而穆滿傳出碎禪宮之鴟吻而長慶集行至今宣播區寰人珍拱

壁靈閟一開直與天地山川同茲悠永矣柘浦據閩上流千巖萬壑秀色可餐而地靈人傑代不乏賢予不慧出宰茲邑當政步之初慮干戈雲擾文獻無徵乃於簿牘暇晷咨遺賢輯志乘摭古稽今哀然成帙晉唐以上絕鮮人文迨乎趙宋風氣聿開才冠閩服一爲西山真夫子一爲大年楊先生二公文章事業不相頡頏而西山全集及雜著諸書久已殺竹刊梨家吟而尸誦之獨大年先生文詞不少概見僅載其神童登樓一絕何撰著寥寥耶考諸史傳先生有集三百六十卷余銳意搜訪得三山徐氏所藏錄本式

煙　玄

夷新集一種盥讀忘寐若不啻波斯之購異貝罔象之獲元珠也予弟文素臨戎之際最喜敦詩說禮一見斯集鼓躍而起曰古人之名不彰今人之過也是烏可以不傳乃捐俸授梓屬予爲序因得而論次焉先生生而靈異初離乳襁卽入秘書時宋興三葉去唐不遠故其爲文也駢麗雅醇謝華啓秀殆可追踪王駱睨視杜劉其爲詩也正而葩典而艶清新俊逸剷削陳言駸駸乎駕黃初大曆之上蓋由懷玉鍾靈良知迅發非呫嗶宿儒之掇飣者謫仙轉世悟徹宗乘又非食凡間煙火寄人籬下者且其時濂洛之

武夷新集　五

教未開不蹈性命迂談染腐唾氣習一段風流雋永之味洵足被之筦絃響遏金石惜乎遲五百年而後傳譬干鏌蝕土久瘞豐城璞玉埋光未逢卞氏神物遇合固有其時耶昔皇王易代肇興必詔求天下遺書藏冊府蓋懼烽羽之餘委于塵泥灰燼也今日若求書之詔未聞斯文不絕如綫亥素弟能闡幽揚隱大有功於先賢斯集一行若使梨關柘浦閒山益其丹水增其碧矣至於先生佐命之茂猷忠君之心膂彪炳史冊在人耳目無庸贅陳焉李傺貞序

自序

予咸平戊戌歲九月受詔知括蒼郡逮十有二月戊子朏始達治所凡再更年籥復朝於京師未半載入西臺掌誥命迄景德三祀龍集丙午仲冬之七日被召入翰林會庚戌詔書許百執事以旬休出沐頗燕居多暇因取十年來詩筆條次爲二十編目之曰武夷新集蓋山林之士不忘維桑之情雕篆之文竊懷敝帚之愛命題之意良在是也予亦勵精爲學抗心希古期漱先民之芳潤思覿作者之壼奧而志力淺局襟靈底滯大懼夫絶臏於龍文之鼎傷吻於蟻封

之埒非不勉也恐致敗焉亦由鳧鶴之質自然胡能損益蕕桂之性素定豈可變遷鴻麗之客當見恕矣輒將假詞大手序以冠篇又慮其相先與進掩瑕溢美刻畫無鹽祇足益其陋穿鑿混沌彌以喪其真故不避乎厚顔聊爰筆以自述云耳時丁未歲十月晦日翰林學士朝散大夫行左司諫知制誥同修國史判史館事柱國號略縣開國子食邑六百戶賜紫金魚袋楊億序

武夷新集目錄

卷之一

詩

和御製

社日

重陽

南郊禮畢

契丹出境將議迴鑾

南郊

喜降時雪

應制詩

後苑賞花

賦射弓

後苑賞花

宣召赴龍圖閣觀太宗御書

後苑賞花釣魚

別賦賞花

龍圖閣會宴

秘閣賜讌送右議大夫种放得歸終南山

格律詩

初至郡齋書事
次韻和十六兄先輩見寄
次韻和章子美對雪
送章頔歸鄉
郡齋卽事書懷
郡齋西亭卽事十韻招麗水殿丞武功從事
送張夔憲歸鄉
送韓丞錫歸闕
次韻和致仕李殿丞寅見寄之什因以紀贈
京師故人有以隴西鸚鵡遺予者因畜養之去

年出守縉雲提挈而至性靈甚慧觸類能言
公退玩之常若不足忽遇疾而逝因命瘞於
小園作詩一章聊以追悼識者無罪予以貴
畜也
麗水甄殿丞移疾請告
威上人
次韻和係郡齋書事之什
次韻和章頔見寄
孫及歸吳興
己亥年郡中夏旱徧禱羣望喜有甘澤之應

寄章徵君
次韻和衢州席刑部早秋
次韻和席衢州憶洛陽春遊
聞道卿途中授計司判官
郡齋西亭夜坐
秋晚
送溫州聶從事赴闕
送章安世赴舉
偶興
到郡滿歲自遣

己亥年十月十七日大雪

郡中即事書懷

次韻和潤州劉度支見寄之什

郡民以歲稔刑清相率爲齋以報善政丞嘉聶從事賦詩紀其事因依韻足成一百言以謝之

歲暮有懷

次韻和酬丞嘉聶從事除夜之什

章徵君見和所寄詩再次本韻詶贈

仲春喜雨

聞北師克捷喜而成詠
洞溪慶道人歸上都
春郊即事
偶書
太常李博士史館孫秘丞相繼奉使浙右博士
至郡以孫侯詩三百章示予且以致意因次
韻和詶
麗水甄殿丞手植朱李繁實盈枝折以貺予感
而成詠
聞揚州柴給事有弄璋之慶寄詩賀之

題張濬所居壁
留題南源院
留題張鍪憲池亭
別聰道人歸縉雲
題張居士壁
留題黃山院
題弟晦所居壁
留別桐城主簿
行次潁州值雨留駐數日因貽郡守祕閣刁公
旅中重陽有懷鄉國

重陽日憶遠
代答
卷之二
詩
戲贈潁州萬壽尉吳待問
題顯道人壁
史館阮比部知衢州因歸建陽别墅二首
集賢宿直寄中書李梁二舍人
翰林王學士奉使兩川
董給事知洪州

梁舍人奉使巴中

次韻和族弟日華寄編修諸學士之什

次韻和光祿黃少卿學士感恩書事十六韻

次韻和史館盛學士胡退書懷之什

次韻和盛博士寄贈李四寺丞因以述懷

次韻和盛博士寄贈虞部李郎中之什

次韻和守邦道人寄編修諸學士之什

大名府大安閣主道者

次韻和盛博士寄許州任從事之什

次韻和盛博士雪霽之什

次韻和太僕錢少卿寄贈編修主人宋承旨李舍人之什
宋殿丞廣南東路轉運
次韻和中書李舍人勉元氏道宗奉宗兄弟之什
送僧之棣州謁王工部
次韻和錢少卿早春對景有懷
閤門廖舍人知袁州
次韻和李舍人拜命書懷寄館殿舊僚之什
上元夜會慎大詹西齋分題得歌字

次韻和主人喜諸客見過之什

坐中朱博士言今荆南張諫議典襄陽日嘗留意一妓公頗畏內終不得近及移郡荆渚泣別郵亭乃爲歌詞流布巴郢予感其事賡而成詩

次韻和慎詹事述上元宵會之歡寄諸同舍之什

次韻和李舍人立秋祠太乙宮宿齋書事之什

同諸公寄閬州隆靈山王處士

送僧之大名府謁長城侍郎

次韻和李寺丞寄右同院之作
賀太僕錢少卿直秘閣
次韻和盛博士喜梅太丞授戸部判官
次韻和李舍人憶北園
次韻和閤長李舍人喜薛梁二舍人及子同時
拜命之什
次韻和承旨侍郎
十九哥赴舒州太湖簿仍得假歸鄉
詶謝光丞四丈見慶新命之什
信道人歸西京

邵奉禮歸鄉
盛學士以詩見賀因而答之
衢州阮比部得假歸鄉見過陋居留題詩什因
以謝之
致仕朱侍郎歸江陵
朱侍郎致政南歸上特錫宴於玉津園仍詔兩
制三館並預其會以伸祖送輒賦詩美之
元道宗弟兄東遊
殿院卞侍御赴淮南轉運
省中當直郎事書懷兼簡閣長李舍人

中伏日省中當直

七夕

胡秘丞知潯州

次韻和盛太博寄贈閣長宿齋太乙宮之什

次韻和集賢李博士中元日見寄

次韻和知府温尚書送致政朱侍郎十六韻

鄭溥赴汀州判官

次韻和宗人安期見賀恩命之什

早秋

義門胡生南歸

首座昇大師赴西京知教門事

度支梁諫議請病告以詩寄之

諸公於石氏東齋宴鄭工部詩分得悲秋探得

浮字并序

次韻和慎大詹中秋待月寄西掖三舍人之什

成都鳳道人入遊終南山謁种徵君

何太博知晉州

孫寺丞知考城縣

次韻和閻長修書畢退朝下直寄諸學士之什

威道人歸鄉

弟偁歸鄉
史館高司諫知華州
卷之三
詩
送張蛻秀才
次韻和翰林師學士贈倫上人新居之什
李殿丞知廣濟軍
章頻得解後之陝府謁嚴洪二從事
路學士知河中府
郎席賦得筆送宗人大著通判廣州

職方彭員外知韶州

宗人大著通判廣州

冬夕與諸公宴集賢梅學士西齋詩分得今夕何夕

鄭工部陝西隨軍轉運

黃從事從軍

聞李四光丞頻遊北園因有懷寄

次韻和集賢李學士寒食即事之什

和集賢李學士千字詩

林婿黃補下第歸鄉

黃覺東遊
葉生歸縉雲
慧初道人歸青州養親
省中當直書懷呈諸同舍
王寺丞借西第避暑因有寄贈
元道宗下第東遊
李四赴歙州
予以縉雲進士周啓明長書呈祕閣黃少卿黃
頗歎重作詩六韻美之因次韻和訓
史館陳太丞知壽州

錢大夫赴并州

次韻和表弟張湜秋霽之什

初秋夜坐

秋日有懷鄉國

問門錢舍人知金州

次韻和章頻下第書懷之什

七夕

石硯

大理趙寺丞世長知益州華陽縣

之修淨

庭缺点

筆

夜宴

張兗下第隨桂陽喬監使之湘中

庭榴

水部何郎中知鄂州

可久道人之歙州兼簡知郡李學士

大理黃丞宗旦使潁州

劉大丞仲宣歸華山

表弟章延評知邵武軍歸化縣

次韻和李光丞見惠長條之什

秋雨有懷李寺丞
王廷評臻知廬州舒城縣
大理徐寺丞元榆知越州諸暨縣
次韻和錢崇班見寄之什
次韻和錢崇班再寄之什
盛京宰單州武城縣
次韻和并州錢大夫夕次豐州道中見寄
董温其赴淮南幕
史館凌職方知廣州
十二月四日大雪賦賜近臣宴飲即事

補本目録及詩前題皆無一縣字明本目中有縣字也

無一縣字樓可不必加

二十二韻应加待商

空一頁

缺一点

王中庸赴河南鞏縣尉

比部朱員外知東明縣

咸平六年二月十八日扈從宸遊因成紀事二十二韻

僕射李相公宅觀花燭

寳詠從淮陽軍

廉上人歸天台

次韻和李寺丞見寄之什

次韻和右巡李端公見寄之什

大理黃丞宗旦通判潁州
陳小著從易知邵武軍
譯經惣持太師致宗之泗上禮塔
歐陽使者監和州軍
胡小著克順知泉州惠安縣兼過南昌别墅
卷之四
詩
內當
讀史斅白體
聞思

李御史
王殿丞舉通判桂州
大名温尚書之任
喜賀梁三人翰林
次韻和昭侯立秋見寄
弟伋歸寧
景陽諫議赴餘杭
杭州嚴從事
鄱陽皮錄事
史館楊嵎學士以詩話及空門之事次韻和之

武夷新集　目録　十三

張慈

諸暨簿張慈

次韻和昭侯寄銀臺李舍人之什

送吳航

并州王諫議

奉和翰林諸公賀閣長李公領銀臺之什

姚起居赴兩浙轉運

集賢劉工部隲知衡州

魏奉禮昭文知吉州龍泉縣

作坊魏侯知隰州

司農欒少卿知洪州

送邵采秀才
謝秘閣黄少卿因見所作洞霄宮碑且肎題記
弟僨歸鄉
弟俾歸鄉
王尚食知鳳翔
福州古田宰李堪
黄旦宰江州德化縣
贈文照大師
慎大著以吳柑見貺
秘閣舒職方知舒州

夜宴
陳大博知建州
再別陳建州因以抒意
梁四諫議知鳳翔
錢易赴蘄春
福州張從事
元淨上人之新安謁李學士
京府獄空降詔因寄大尹學士
葉祕書温知蜀州江原縣
和詶祕閣錢少卿夜直見寄次韻

送石枕興參政王給事
黄小著震知興元府南鄭縣
陳堯拱廷評致仕歸蜀
史館趙祠部況通判宿州
擇夏上人歸天台
袁元師歸縉雲有懷故雄閣黎成轉韻六十四
句
蘇寺丞維甫知簡州陽安縣兼攜家之任
宿齋太乙宫答寺丞
蓮溪十詠

牋　絶

因與西廳參政侍郎奕是日輸紙筆硯三物以
詩見徵屬宣毫適盡但送蜀牋端硯繼以此
章

又以建茶代宣筆別書一絶

遊王氏東園

送僧歸蘇州

送僧歸越州

張泌東遊

喜王虞部賜進士及第

送宣四十舅倫東歸

范諷下第東歸

范儀下第東歸

卷之五

詩

送章頔寺丞之巴陵
外弟張湜西遊
章䂓下第東歸
賀賓政學士王侍郎
表弟廷評章得象知信州玉山縣
梁大諫自鳳翔乞留臺寄詩言志次韻酬之
石殿丞通判濮州

元奉宗宰績溪
李工部之江南轉運
楊日華宰錢塘
柳紳歸縉雲
表弟李宗元知桂州陽朔縣
高起居知廣州
丁集賢通判餘杭
吴航赴宜興簿
十六兄赴韶州從事
言頊宰南昌
李延評照迪使把上

丞

李廷評昭迪使泗上
書懷寄劉五
趙殿丞知河南縣
祕閣王校理知柳州
送僧歸越
吳延年宰武義
吳待問之蒙城簿
黃少卿惠綠雲湯
靈隱長老歸舊山
皇甫太博知蘇州

懷寄樞密王左丞
從叔郎中知潭州
黃刑部之陝西轉運
史館張學士知婺州
答李光丞
寄并州張給事
寄劉秀五
無爲軍王從事
寄宜任學士知益州
太常遊褒寄祕閣錢少卿

晏殊奉禮歸寧
送禪牀與樞密王左丞
受詔修書述懷感事三十韻
分得朝野多歡娛
胡馬嘶北風
金馬
冬夜
集賢李金部知潁州
海印大師歸永嘉
挽歌

歌五首

故樞密朱給事挽歌三首
故蘄州王刑部閣老挽歌五首
故比部李郎中挽歌四首
明德皇太后挽歌詞五首
又五首
樂章
衍太常樂章三十首
正冬御殿上壽樂章八首
卷之六
頌
承天節頌

承天節頌

記

處州麗水縣廳壁記
處州龍泉縣金沙塔院記
處州郡齋凝霜閣記
南康軍建昌縣義居洪氏雷塘書院記
致政李殿丞豫章東湖所居涵虚閣記
建州開元寺重修三門行廊記
故河中府開元寺壇長賜紫僧重宣塔記
婺州開元寺新建大藏經樓記

潞州新勅賜承天禪院記
建安郡齋三亭記
邠州靈應公廟記

卷之七

序

温州聶從事雲堂集序
送進士陳在中序
送覲道人歸故山詩序
温州聶從事永嘉集序
韋公繪行集序

羣公餞集賢錢侍郎知大名府詩序
送致政朱侍郎歸江陵唱和詩序
廣平公唱和集序
送人知宣州詩序
與内弟李休復序
送四十舅翁東遊詩序
送集賢李學士員外知歙州序
送元道宗秀才序
送張泌之毗陵詩序
佛祖同參集序

諸公寄題建州浦城縣清河張君所居池亭詩
序
送倚序
卷之八
碑
宋故樞密副使行給事中上柱國廣平縣宋公
神道碑銘
重修亳州洞霄宮碑銘
表
故信州玉山令府君神道表

碣
故隴西彭君墓碣銘
劉氏夫人天水縣太君趙氏墓碣銘
卷之九
墓誌一
故宋陝州芮城令清河張君墓誌銘
宋故主客員外郎直集賢院高平范公墓誌銘
宋故推誠保德翊戴功臣鄧州觀察使贈戶部
尚書錢公墓誌銘
故翰林學士滎陽潘公墓誌銘

卷之十

墓誌二

故推忠協謀佐理功臣光祿大夫隴西李公墓誌銘
故大中大夫行給事中平陽柴公墓誌銘
故推誠翊戴同德功臣山南東道節度使隴西李公墓誌銘

卷之十一

墓誌三

故推忠協謀佐理功臣金紫光祿大夫太原郡公墓誌銘

公墓誌銘
故夔王墓誌銘
故周王墓誌銘
述
殤子述
行狀
故翰林學士正奉大夫尚書兵部侍郎楊公行
狀
故大中大夫行給事中柴公行狀
卷之十二

策問

咸平四年四月試賢良方正科策二道

咸平四年八月試賢良方正科策一道

咸平五年九月試武舉人策一道

試草澤柳察策二道

景德二年三月試草澤劉牧策二道

試草澤策一道

景德三年九月試賢良方正能直言極諫科策一道

表狀一

知處州謝到任表

知處州謝到任表
謝賜歷日表
賀再熟稻表
賀高陽關路破賊表
賀冊尊號表
謝加勳表
賀幸河北起居表
謝賜歷日表
謝賜衣表
賀車駕還京表

卷之十三

表狀二

賀劍門破賊表
謝賜詔書欽恤刑獄表
進承天節頌表
代人乞太宗御書表
代中書乞罷免表 二首
代樞密陳諫議讓表
代樞密馮諫議讓表
代吏尚襄加門下侍郎表
百官請聽政表

二十四缺一板

二十四鈌一板

剗去

剗去

百官請聽政表

代寇相公讓恩命表 三首 [redacted]

代中書密院待罪表

答詔

代中書密院謝降詔表

代三司劉密學謝表

代中書密院請舉樂表 三首 [redacted]

謝允舉樂表

謝弟倚特賜進士第二等及第表

卷之十五

表狀四

代集賢寇相公謝賜生辰禮物表
景德二年上尊號表
代資政王侍郎謝降詔獎諭表
代中書相公讓恩命表 二首
代中書相公謝表
代資政侍郎讓表
代參政馮侍郎讓表
代參政馮侍郎謝表
代刑部寇相公謝表

狀

代宰相賀瑞星表
代宰相賀太陽不虧表
代宰相謝賜御札許士庶遊宴及休假放朝表
奏舉韓丞錫狀
諭龍泉縣三處酒坊乞減額狀
奏雨表
奏乞改白龍縣依舊爲松陽縣狀
進奉南郊禮物狀
奏乞依淳化二年七月勅命施行狀

卷之十六

表狀五

進奉承天節禮物狀
論郊禋加勳制書錯誤狀
大駕還京進奉狀
奏舉李翔狀
代樞密陳諫議乞停妻封邑狀
考制策畢學士院賜宴謝狀
中書謝社日賜御筵狀
閤下進和聖製社日詩狀
代門下李相公承天節設齋奏狀

宜狀

代門下李相公謝冬至日就第賜宴狀
代僕射呂相公寒食日謝賜御筵狀
又謝賜詩狀
考試貢舉人畢謝賜宴狀
代宰相謝賜新印三國志狀
代諸同官陳乞狀
次對奏狀
代宰相賀商州進嘉禾狀
代僕射呂相公冬至謝就第賜宴狀

閤下謝賜御製南郊詩狀

卷之十七

表狀六

代僕射李相公承天節進疏經狀

代人次對奏狀

代司空相公謝撫問狀

代侍講邢侍郎陳乞狀

代宰相謝春社日賜御筵狀

代宰相謝賜御製社日詩狀

代司空相公寒食日謝賜御筵狀

代司空相公乞免賻贈狀
代宰相謝賜新印道德經狀
進洞霄宮碑狀
陳乞奏狀
代駙馬王都尉乞書史狀
代僕射李相公謝歲節賜御筵狀
代人轉對論太學狀
代中書請聽政狀
代王寺丞爲弟乞應舉狀
代許州李相公陳乞狀

代中書乞免和御製詩狀
兩制謝賜御詩狀
代集賢寇相公謝就宅賜宴狀
代參政王侍郎陳乞狀
代宰相春社日賜御筵狀
南郊奏舅狀
納南郊所加恩命乞迴授親舅狀
承天節奏親弟化狀
卷之十八
表狀七

外

再乞外任狀
承天節奏親弟倈狀
代集賢寇相公謝賜晉書狀
代中書賀宣示合穗麥狀
謝宣召赴龍圖閣宴會及觀御製御書狀
謝批答狀
代中書謝賜聖製乾坤寶典序狀
謝賜批答狀
謝中使傳宣撫問狀
代中書乞宛和御製南郊詩狀

代中書謝寒食賜御筵狀

謝駕幸編修所狀

次對狀

封駁銓司主事王太冲狀

代中書請依詔頒行畫龍祈雨法狀

代中書謝秋社日賜御筵狀

進夔王周王誌文狀

進邠州靈應公廟記狀

代宰相謝賜重陽日瓊林苑宴狀

剗去

答史館查正言書
答李侍丞書
答并州王太保書
答錢易書
答陳在中書
發願文上舍人沙門願安
卷之十九
啓
上陳州李相公啓二首
謝太僕錢少卿啓

△剜去

代僧求薦啓二首
上陳州李相公啓三首
代人與淮南王轉運啓
與祕閣錢少卿啓
謝史館馬兵部啓
謝除左司諫知制誥啓
與史館晁司諫啓
與祕閣黃少卿啓
與梁舍人啓
謝[illegible]學士啓

與薛舍人啓
謝賢良登科查正言啓
代温大儀謝史館盛太博啓
答舒州孫推官啓
與史館陳大丞啓
答集賢丁孫二寺丞啓
答集賢李屯田啓
謝門下李相公啓
代人謝鄧州錢太傅啓

卷之二十

啓

上河陽太師相公啓
答京東轉運史館姚起居啓
答史館戚屯田啓
與集賢楊太傅啓
上河陽太師相公啓
上陳州太尉相公啓 二首
與兩浙轉運史館孫起居啓
與史館檢討陳祕丞啓
與孫舍人啓
與祕閣劉校理啓

與祕閣劉校理啟
與嚴殿丞啟
與史館王大著啟
與王虞部先輩啟

祭文

宣陽觀祈雨文
宣陽觀賽雨文
中書祭周王文
中書祭安王文
二司使祭安王文

文

代王氏祭故鄭國長公主文

中書祭鄆王文

齋醮文

惠明皇后忌日讚佛文

代門下相公承天節讚佛文

元德皇太后忌日讚佛文

代僕射李相公承天節設齋讚佛文

明德皇后中祥讚佛文

太宗皇帝忌日讚佛文

爲中書相公作醮文

附編二
字要用

附録

逸詩文
獄多重囚
至郡累旬悪風
民牛多疫死
禁直
書懷寄劉五第二首
洛意
獨懷
昇山寺

武夷新集　目録

景接上卅三

新集

此行留俟
寶瑚加字
下各卷同

武夷新集卷之一

宋楊億撰

詩

奉和御製社日詩

仙掌凌空沆瀣秋大田多稼似雲浮天邊霽景芙蓉
闕江上殘芳杜若洲東觀羣儒宣宴樂南荆遺俗重
嬉遊宸章忽降容瞻覩疑是神龜負九疇

奉和御製重陽五七言詩

宸居瑞靄重閶闔正來風慘慄驚秋氣豐穰美歲功
曉煙籬菊嫩宵露畹蘭紅重九登高會歡娛處處同

民在華胥正樂康高秋賓鴈指衡陽蒹葭漸見凝清
露鶗鴂先驚歇衆芳節値登高眞勝會年逢大有是
殊祥宸心悅豫流新唱星漢垂文示八方

奉和御製南郊禮畢五言六韻詩

燔柴就陽位烟燎達高穹掃地鉶甀潔嚴更鼓角雄
天心侔兌悅皇澤比春融帝享惟馨德民蘇解愠風
周郊四祭重漢畤五祠同靈貺昭玄感神光望拜中

奉和御製契丹出境將議迴鑾五言六韻詩

戎輅巡河右天威讋鬼方五營開細柳三令凜飛霜
氣祲消千里聲名耀八荒靈旗風助順黄道日呈祥

偃革邊關靜迴鑾海縣康欣陪從臣末歸蹕奉高驪

奉和御製南郊七言六韻詩

潔齋恭已奉蒼旻報本圜壇備物陳酒縮楚茅三獻畢灰飛嶰管一陽新高空瑞氣長隨輦永夕清霜暗濕巾泰畤迎年嚴漢祀六宗祈福盛虞禋鴻恩渙汗霑窮髮睿藻昭回動紫宸庶類熙熙蒙帝力徒知擊壤傚堯民

奉和御製喜降時雪七言四韻詩

一夕香街布玉塵檀欒勁節露貞筠兔園置酒皇歡洽柏殿賡歌睿唱新麥秀原田初望歲花開苑樹忽

△　△刻去　漪　刻去　刻去

驚春豐穰薦瑞民心悦高下還隨帝澤均

後苑賞花應制 以時字爲韻[redacted]咸平四年三月十八日[redacted]

宮花如錦水連猗翠輦尋芳正是時禁苑定知人未識朱欄除有蝶偷窺艷烘曉日迷天仗香逐輕風落酒巵何幸微臣陪鎬宴蓬壺春漏正遲遲

應制賦射弓詩 以弓字爲韻[redacted]

水漲方塘綠花開禁籞紅同瞻萬乘主親御六鈞弓曲應騶虞節春迴太皥功還須殪大兕何只落驚鴻一箭天山定三邊虎穴空潯陽射蛟者寧與此時同

後苑賞花應制 以春字爲韻[redacted]咸平五年三月

雲羅霞綺媚芳辰瓊圃花開爛漫春風遞清香隨鳳輦波涵倒影落龍津仙葩四照烘初日濃艷千苞賜近臣向晚天街戴歸處遊蜂舞蝶自隨人

宣召赴龍圖閣觀太宗御書應制咸平五年十月

非煙蔥蔚蒼龍闕紫府深沈大帝居羣玉中天開策府神龜温洛薦圖書珠宮岑寂經行處金簡熒煌拭目初曾是先朝受恩者因探禹穴涕漣如

後苑賞花釣魚應制咸平六年三月十六日

宜春小苑斗城旁錫宴羣仙奉紫皇漢沼乳魚偏傍釣青陵舞蝶自尋芳波平甃背浮崑閬日轉金莖艷

赭黃滿酌流霞侍臣醉晩風宮蕊雜爐香

別賦賞花一首不會進

仙山靈沼五城西曉日花光照彩霓露濯氷蠶鋪瑞錦風吹水麝拆香臍芳葩散採添蜂蜜紅片狂飄雜燕泥曾識壺中舊春色桃源重到路猶迷

龍圖閣會宴應制景德二年四月二十一日

册府藏書在紫微退朝稽古助論思中天召宴衢樽滿乙夜觀文列象垂絲鳳翩翻巢綺閣靈龜夭矯冠金碑大風發唱羣臣和元首康哉庶績熙

祕閣賜燕送右諫議大夫种放得假歸終南山

瑣
遠

應制

瑣闈聊輟皁囊封賜告歸尋一畝宮關路蒲輪千里
遠巖屏蕙帳幾年空百壺天酒凝甘露二雅宸章摛
大風舊隱暫還非久住心期獻可沃堯聰

初至郡齋書事到處州已後

地去京華遠年逢旱暵餘羣胥同黠馬比戶甚枯魚
煦嫗心空切澄清志莫舒棼絲殊未治錯節詎能除
聽訟棠陰密行春柳影疏寶筵求婉畫僧舍問真如
踰月窺除日經時絕傳車素餐徒自飽投刃豈曾虛
盈耳嫌敲扑堆牀厭簿書故園無數舍長日歎歸歟

次韻和十六兄先輩見寄

秋風苦憶鱠霜鱗暫剖銅符出紫宸一路雪寒多挾纊幾程山險欲摧輪清香撲鼻梅林近秀色凝眸麥壠新閑閣草玄終寂寞下車爲政尚因循壽僧不厭擕筇遠愛客寧辭舉白頻簿領孜孜防黠吏邸園花訪通民魚鹽自與滄溟接鷄犬仍將白社隣官滿會須拋印綬武夷歸去作閑人

次韻和章子美對雪

破臘連空粉絮飄離離一番長山苗旗亭誰是來沽酒臺笠何人去採樵背日旋依松澗積迎風先傍藥

畦消袁安此際偏無賴獨撿閑門對一瓢

送章頤歸鄉

蕪穢休嗟負郭田蹉跎自過鹿鳴筵荆山玉璞空三獻梁苑風塵已十年疏入禁中猶未報賦成都下早曾傳獨攜書劍歸閩嶺共泛煙波入楚天獵獵酒旗邀舉白招招漁艇勸烹鮮棊枰鬪勝疑成癖砧杵驚愁已廢眠驛路數程煩託乘郡齋終日喜談玄如何棄我還家去相送津亭一黯然

郡齋卽事書懷十二韻呈諸官

長樂疎鐘自厭聞漢庭誰不惜離羣舟浮一水波瀾

濶路入千山沓靄分郡閣先憂迷簿領村田聊得問耕耘疲民深喜猶安堵（去年小儉幸免流亡）黠吏那知便舞文（鹽酒案吏陳元凱受賕爲姦舞文變法其事已敗）照膽求瑕空察察飲氷篤政漫云云元臺已分朝揚子桑野須防誚使君別派東顧連漲海故園西望隔晴氛黛鋪遠岫秋將晚綺散餘霞日欲曛小檻報春梅爛漫滿空呈瑞雪繽紛題詩到處尋紅葉置酒終朝看白雲符竹偶分憇出守櫜鞬暫佩愧從軍石渠舊署頻牽夢室有芝蘭閣有芸

郡齋西亭即事十韻招麗水殿丞武功從事

郡齋退食復何爲縱目西亭景物奇疊嶂雨餘泉眼出澄潭風靜釣絲垂城臨古戍寒蕪濶路轉荒村野彴危幾處唱歌聞白紵誰家酤酒見青旗蝶隨游妓穿花徑犬吠行人隔槿籬桃李成蹊春盡後魚鹽爲市日中時桑麻萬頃晴氛散絲竹千門夕照移吟際嶺雲飛冉冉望中壠麥秀離離煙迷喬木鶯遷早水滿方塘鷺下遲鶴蓋翩然肯相顧主人終宴豈知疲

送張彝憲歸鄉

處處春波滿稻畦海棠零落子規啼一麾遠郡方留滯十里長亭又解攜後夜灘聲妨客夢初晴雲物入

詩題到家爲問田園事桃李猶應有舊蹊

送韓承錫歸閩承錫業三傳又善小篆

縉雲六載掌閩征學得陽冰小篆成通客幾人曾識面高士穎川陳高君之執友仙山到處便題名桑郊又是乘軺去鈴閣虛煩解榻迎舊讀春秋究微旨何須苦說不知兵

次韻和致仕李殿丞寅見寄之什因以紀贈李公寓居歷陽近徙於洪井

鄉國馳名幾十春鳴皋一旦九天聞翙鸞棲棘曾爲吏金鼎調梅未致君百里象雷嫌碌碌公嘗權歷陽縣政片

言折獄厭云云（公任三衢司理數考）詩名已是齊康樂筆力何曾減右軍抗表忽然干鳳扆拂衣殊欲謝人羣都緣梁苑慵爲賦且免鍾山被勸文清夜獨吟牛渚月高秋時望帝鄉雲鯉庭禀訓門逾盛蘭畹傳芳氣益薰蠹室遠依洪井側直鈎猶釣楚江濆西山有藥應須餌待看蜕旌入紫氛

京師故人有以隴西鸚鵡遺予者因畜養之去年出守縉雲提挈而至性靈甚慧觸類能言公退翫之常若不足忽遇疾而逝因命瘞於小園作詩一章聊以追悼識者無罪予以貴

修淨
樹舊

齋也

隴山秋樹舊巢傾遠向江東逐旆旌去國夢魂應繚繞入春喉舌漸分明一聲警露何慙鶴百囀遷喬肯讓鶯終日雕籠心不戀經年丹觜色猶輕思歸悒悒因成疾顧主依依尚有情死葬小園芳草地夜來經雨綠苔生

麗水甄殿丞移疾請告

數日不逢黄叔度胷中鄙悋一時生如何民瘼偏能療却是詩魔未得平夏扆清和妨命駕元臺寂寞阻飛觥欲覩高論無由得須作文殊問疾行

威上人

五蘊已空諸漏盡，家閒行道十年餘。吟成南國碧雲句，讀徧西方貝葉書。清論彌天居士伏，高情出世俗流踈。問師心法都無語，笑指孤雲在太虛。

次韻和倅郡齋書事之什倅今名化

竹使貪爲郡，金門懶上書。征途沿木合，縉雲有木合嶺若蜀道之棧閣也官舍類樓居。郡齋杳在山頂平地甚狹四面多構亭榭以翼之窗葉藏啼鳥，澄潭躍戲魚。波光搖島嶼，霽色露閻閭。圃蕙光風拂，山苗淑氣噓。開樽空變客，函丈孰宗予。清嘆頻思鶴，長鳴幾厭驢。王武子雅好驢鳴予所不喜顏貧一瓢足，稽懶

尺題疎薄宦無勞說長謠任所如神明定來舍莊室正虛虛

次韻和章頔見寄

鷄窻十載共論文蘭室依然有舊薰雨雪共抛修竹苑煙霞獨訪武夷君隨珠照乘元無纇天驥追風定不羣犬子賦成猶未獻飄飄詞氣已凌雲

孫及歸吳興生近遊永嘉

家在霅溪傍汀蘋遶舍杳草玄偏寂寞爲客苦悽惶澤國聊傾蓋春闈早擅場陔蘭行可採月桂自應芳稅駕臨滄海迴轅指大梁裂裳趨遠道負米及高堂

季子裘蹤做安仁鬢未蒼明年杏園裏輕莫負春光

已亥年郡中夏旱徧禱羣望喜有甘澤之應

旱魃偏爲虐陽烏益以驕何曾柱礎潤唯恐土山焦
請禱彌增潔陰靈亦孔昭雲興不待族風細欲鳴條
隱轔雷車轉霏微雨足飄層陰低市野鴻霈近連宵
庭樹含佳色村田長善苗蘚痕緣屋壁泉脈吐山椒
轍鮒那憂涸園蔬豈待澆官渠逌水急客路裛塵銷
掾吏階前賀耕夫壠上謠秋成知有幸歲欲近元枵

寄章徵君

水陸都無數舍程魚符龜印苦相縈夢魂長繞龍門

武夷新集　卷之一　九

坂姓字終懸月旦評鮑室清琴應獨撫蝠樽淥醑共
誰傾春深詩石苔衣駁雨過書齋草帶生鴻寶枕中
初得術丹臺籍上已題名清談宛有南朝體嘉遯全
忘北闕情金馬深嚴堪避世滄浪清淺未沾纓諸儒
正議明堂事軋軋蒲輪即奉迎

次韻和衢州席刑部早秋

朱火熒熒向夕流林間一葉忽驚秋風來野渡聞漁
笛霧斂晴天見蜃樓豔愛芙蓉開幕府香憐杜若老
汀洲使君鬢畔多玄髮臨水登山不用愁

次韻和席衢州憶洛陽春遊十四韻

周漢經營跡未遐山川形勝最堪嘉前瞻闕塞千尋出旁逗伊流一派斜子晉鳳笙調夜月宓妃羅襪映朝霞何人貰酒青樓晚幾處尋春紫陌賒駿足每從金埒試芳叢多展翠帷遮出逢勝境爭飛蓋歸逼殘陽競走車庭竹惹煙披嫩擇阜蘭裛露長新芽嵩峯崷崒疑摩斗洛水清泠欲見沙萬井閭閻真陸海九重宮闕是仙家禁林日暖空啼鳥御苑風微自落花關路行人偏絡繹津橋賈客苦諠譁何當獻賦論遷鼎便欲拋官學種瓜江海三年勞夢想田園二頃有生涯應知父老沾堯化長挈壺漿望翠華

聞道卿途中授計司判官罷東陽得告歸泉州寧覲行至建安而有是命

幾年華省冠名曹歸棹賓綠入海濤纔奉色難馨夕膳便將心計祈秋毫政成娶女生祠在地近明光伏奏勞夜直午讀綾被曉晨趨頻見露盤高共期晝日承三接莫許秋風長丑毛爲郡今來最卑屑勸君休更夢懸刀

郡齋西亭夜坐

涼颸初拂檻皓魄正當軒宿鳥林間定流螢草際翻蒼茫迷野色朝晳辯方言角罷重城掩漁歸別浦喧

帷密
冷

斷蛩吟壞壁寒杵出遥村樹影成帷密灘聲激箭奔
夜長風露冷川迥水煙昏對景都無寐冥心契混元

秋晚

秋晚彌岑寂天空見泬寥溪流拖白練樹葉剪紅綃
露菊英初吐霜鐘韻漸調清光開旭旦爽氣逐驚飈
鷹擊秦原迥鴻歸楚水遥星高漢將出膠折虜兵驕
元亮田多廢安仁鬢恐凋功名殊未立對景自無憀

送温州聶從事赴闕（從事先自此郡移任永嘉）

佩韘來海上七見歲星移務劇操刀割書成揷羽馳
詩傳百越徧詔下九霄遲束帶朝閶闔歸艎汎渺瀰

舊遊聊稅駕雅飲且軒眉鄭驛歡相接牙絃辱所知病驚瓊樹瘦醉露玉峯奇上馬便西笑何須訴酒巵

送章安世赴舉

螢燭辛勤十載餘藹然高價滿州閭一枝未折仙人桂千里又隨鄉老書梁苑雪花成賦後禹門雷鼓化鱗初山城日日望春牓莫遣南來音信疎

偶興

芳蘭滋九畹蕭蒿亦旁植威鳳翔丹山鴟梟猶接翼雅琴歌南風蛙鳴不容息驪珠媚清川魚目光激射薰蕕豈同器雲壤自懸隔咄咄來逼人營營止于棘

發蹤由眉沽撰心肴絮距天形圖殘毀吏曹嘗擯斥
狼羊遠刀杌黠馬委銜策心同滲壑險惡比邱山積
天聽本聰明神道尤正直當用禦魑魅豈令爲鬼蜮
春喉魯陽戈鉤鎖子雲戟肉委餓虎蹊屍投窮髮北
饑鷹礪吻啄猰貐磨牙食魂氣禁酆都膏血塗荒磧
去草絕本根決疽忞鍼石所居必汚瀦遺種盡刳剔
渠魁已殲殄非類彌怵惕根荄旣芟夷善苗漸滋殖
君子益知命視履加平昔小人競革音滅身在漏刻
堯民卒可封湯網從此釋永躋仁壽期共造華胥域

到郡滿歲自遣

迢遞分符竹因循度歲華地將鯨海接路與鳳城賒觸石雲頻起銜山日易斜潮平聚漁市木落見人家吏隱偏知幸民謠豈敢誇無嫌勾漏僻且得養丹砂

己亥年十月十七大雪

六出俄呈瑞三農始告休兔園陳旨酒金屋御重裘瓊麥青猶短皐蘭紫尚稠巖飈一夕起瑞霰滿空浮林逈瓊花吐峯孤玉筍抽疏鱗鏤屋瓦淨練曳溪流北戶寒威盛南方沴氣收時和人富壽卒歲好優遊

郡中即事書懷

海隅爲郡眞卑屑簿領沈迷箠楚喧王事更逾星火

俗流　鸞　術

然吏曹何啻米鹽煩甘棠聽訟曾無倦丹筆書刑幸
不寃境上送迎慚置驛齋中宴喜懶開樽逢人未免
腰如磬議政常防耳屬垣鮑魚恐將羣小化蟲疑難
與俗流論卻思寂寞棲天祿爭得逍遥似漆園外地
奄官如竹葦一麾出守豈堪言

次韻和潤州劉度支見寄之什

卜隱林泉未有期春田耕事欲憑誰一辭左掖鸞
侶兩見南州橘柚垂酌醴不妨留客醉飲冰長是畏
人知須條求瘼無他術深恨期年報政遲

郡民以歲稔刑清相率爲齋以報善政永嘉[illegible]

武夷新集　卷之一　十三

從事賦詩紀其事因依韻足成一百言以謝之

爲郡臨甌越雲泉興未乖歡謠之襦袴歸思滿荆柴偶遂豐年望濳將樂土偕流民爭襁負兇黨絶椎埋精力姦多露清心政自諧羣生不疵瘼比屋已綏懷輒詣金人宇同脩香積齋漫勞歌邵父方待拍洪厓治行非尤異傳聞及等儕雕章忽垂贈屬和愧淫哇

歲暮有懷

遠辭金虎觀來守縉雲城鳴律行將盡枯荄又向榮匏瓜宣父歎江海子牟情求瘼曾無術投虛豈有聲

山嶺

帝鄉成久別天吏苦遥征漫貯青霞想唯添素髮生澄清慵攬轡蕪穢欲歸耕簿領非吾事丹臺有姓名

次韻和酬永嘉聶從事除夜之什

三百六旬今夜盡寥寥虛室獨凝神蓮城五鼓欲催曉按圖記郡城號蓮華城梅嶺一枝先報春鄒律漸吹陰谷暖堯蓂看傍土階新海隅留滯年華長坐對寒缸浩歎頻

章徵君見和所寄詩再次本韻訓贈

武夷山秀建溪清身隱心閑事不縈前古是非爲己任故鄉人物與誰評勸農春壠巾頻折逢客秋郊盡

暫傾絲服趨翔娛薛母絳帷談論誘諸生頹流洗耳殊非達谷口躬耕亦近名博奕自堪銷永日絲桐兼得助高情莫嫌霜雪將侵鬢須歎塵埃漸滿纓早晚鳴騶催上道聖君虛左欲相迎

中春喜雨

土膏初脉起東作向農時隱轔雷車轉霏微雨足垂龍蛇爭奮躍桃李漸離披流潤先從葉餘波更及私謳謡耕父喜滲漉稻畦滋連夜空階滴愁吟水部詩

聞北師克捷喜而成詠

歲晏層冰合烟塵起朔陲文昌先命將羽檄便徵師

狼

天迴星狠滅宵寒月魄虧前軍臨瀚海後騎縛閼氏
薊北胡沙靜河南露版馳遼陽諸父老重覩漢官儀

洞溪道歸上都近之歷陽雖久寓猾雲不與郡民接

精廬宴坐十經秋瓶鉢近爲千里遊又是浮杯過滄
海便應飛錫入皇州彌天談論降時彥結社因緣背
俗流此去定知諸念息只除魂夢到甄侯

春郊即事

黃鸝百囀宿煙踈近郭行春獨駐車壠上勸耕聊問
訊棠陰聽訟且躊躇遠林桑盡蠶成繭野水萍開獺
趁魚幾處路旁垂苦李遊人不折意何如

偶書

朱輪遠守未成歡薄宦令人意漸闌郡閣政清慵按吏鄉園路近欲休官梅花遠檻驚春早布水當簷覺夏寒已是三年不聞問何如歸去把魚竿

太常李博士史館孫祕丞相繼奉使浙右博士至郡以孫侯詩三章示予且以致意因次韻和詶時孫不來

迅瀨拖舟上危梯躡屐登山光翠欲滴水氣熱如蒸路轉藤蘿暗天開物象澄邛園足逋客應得薦賢能

分憂從漢殿奉詔出蕭牆路入三吳遠舟浮一水長

詩題石門側夢徹斗城傍清曉見雲物依依認帝鄉北極分憂矚東甌布惠和曾蒙傾蓋分偶得柱帆過鄭驛非常速融樽復幾何孫侯不假道鄙我信爲多

麗水甄殿丞手植朱李繁實盈枝折以貺予感而成詠

五年爲邑鬢霜侵吏隱由來得趣深不獨絃歌長滿耳兼聞桃李已成陰晨昏我有南陔戀江海君懷北闕心早晚飛沈俱遂志願將初服敵華簪

聞揚州柴給事有弄璋之慶寄詩賀之給事年六十六始有嗣子

華堂何夕夢熊羆衞氏如今有一兒三日懸弧應是
喜十年結實未爲遲預知駟馬門閭盛暗想天麟骨
法奇曾忝門牆攝齊者待看孔鯉學聞詩

題張濬所居壁 濬予之姻此後自郡歸鄉

三張舊族富英髦仙墅重經散鬱陶深喜太邱家法
在須知定國里門高分題每日搖鷄距合宴常時把
蟹螯獨感戴侯恩未報徘徊不覺涕沾袍

留題南源院

路入藤蘿十里餘松牕蕭灑竹房虛鸛巢新舊金人
殺蟲網縱橫貝葉書當晝風雷生洞穴欲齋猿鳥下

訴

庭除昔年曾此題詩句猶拂流塵認舊魚

留題張彝憲池亭 彝憲兄仲三人皆好學季弟逝矣

蕭灑危亭枕碧池昔年飛蓋此追隨正逢五綵承顏日兼是三荆並秀時夜坐不知銀漢没春遊長訴玉杯遲如今罷郡重登賞喜見扶風舊白眉

別聽道人歸縉雲 聽送予至別墅

二年假守括蒼城郡榻唯師即退迎擕藥幾憐春漏永調琴長待夜蟾生心猿已伏都無念海鳥相逢自不驚送別秋郊豈成恨白雲青嶂是歸程

題張居士壁

翠 暄

疊巘參差翠遶門雕梁賀燕自成羣殺雞日夕期嘉
客種竹寒暄對此君且向東皐輸黍稷便應北闕降
玄纁予真漫說耕巖石不奈聲名四遠聞

留題黃山院

禾黍離離一逕通遊人攬轡卽過從趁齋幽鳥聞䟽
磬出定高僧見偃松夜靜龕燈凝古殿雨餘巖溜迸
前峯昔年曾此題名處素壁欹斜翠蘚重

題弟晦所居壁今名僓

制宅何其巧連山復帶溪芳樽長有酒嘉樹自成蹊
學舍神饘壇歌梁賀燕迷調琴明月榭繫馬綠楊堤

好時田園美南華物我齊終當解簪組同此咏天倪

留別桐城主簿昱此後赴闕

早曾兔苑傳詞賦屈在桐鄉勾簿書薄宦交朋嗟絆驥清貧人吏說懸魚二年領郡睽離久一夕當樽鄙悋祛苦恨秋風動行色徘徊無計駐征車

行次潁州值雨留駐數日因貽郡守秘閣刁公

夢想蒼龍闕盤桓潁水濱郡侯偏愛客秋雨更留人饌盛嘗鱸膾樽空倒角巾羇愁不能遣唯恐二毛新

旅中重陽有懷鄉國

嘉節臨重九羇遊託異鄉黄房誰繫臂菊蕊懶浮觴

野渡賓鴻急村田晚稻黃悲秋更懷土只恐鬢成霜

重陽日憶遠

逆旅重陽節窮秋萬里身金英浮酒盞珠淚濕衣巾
爲客飄蓬遠思家落葉頻只應蝴蝶夢夜夜得相親

代答

征車苦迢遞節物感愁辛已入授衣月那經落帽辰
金樽難獨酌寶瑟任生塵把菊流雙泪誰知憶遠人

樂軒新集卷之二終

武夷新集卷之二

宋楊億撰

詩

戲贈潁州萬壽尉吳待問（待問予之故人値雨留憩數日）

宦途南北最情親歲晏相逢潁水濱舊日青衿同學校暫時黃綬困埃塵樽中滿酌香醪美門外高懸綵棒新雞黍留歡已慵發可堪經雨折紗巾

題顯道人壁（住萬壽縣精舍二十年矣）

心似寒灰不復然尋常談論卽彌天門臨潁水多年住法自曹溪幾世傳儒士誰同翻貝葉都人長見施

共折

金錢翰林詩版分明在曾與吾家有舊緣故侍讀尚書有贈先師詩著之于版

史館阮比部知衢州因歸建陽別墅二首比部兄昭濟隱居不仕

再入蓬邱席未暖飄飄又建隼旟行交朋莫惜河梁
別鄉曲初期晝錦榮竹箭波聲隨一棹斧柯山色對
雙旌子牟江海心應在頻上高樓望帝京
少小鄉關振大名武夷山翠落門庭郎君共折仙人
桂伯氏高分處士星城郭遙東應改易芝蘭謝圃自
[illegible]吳民征詩遣車兩莫苦淹留醉綠醽

集賢宿直寄中書李梁二舍人

耿耿銀釭照直廬西風黃葉滿庭除愁心不忍聞賓鴈病眼猶能拾蠹魚欹枕微吟空展轉遶廊閑步自躊躇銅龍漏滴傳鈎盾玉兔光芒射綺疏薄宦久淹滄海郡故交多入紫垣居洛陽已在拜塵後宣室那逢膝席初投閣寂寥深自愧抱關憔悴擬何如寧思西掖五花判且補河東三篋書桑梓枉抛萬里外蓬萊試住十年餘釋之不調嵇康懶終待休官學灌蔬

翰林王學士奉使兩川

萬里征西頻告捷九重喻蜀正裁書忽聞召對浴堂

殿元是親乘使者車井邑凋殘經亂後軍城鼓舞拜
恩初銅梁迢遞驅騶騎玉署深嚴鎖直廬星曆更須
占李郃雪園應恨欠相如歸來便在三臺席轉與交
親禮數疎

董給事知洪州

豫章南國一都會夕拜東臺最上流捧詔暫辭青鎖
闥攜家便汎木蘭舟褰帷聽訟民謠洽解榻延賓主
禮優只恐徵黃在朝暮西山靈藥未容求

梁舍人奉使巴中

棧閣深巖巉嶂韶劍閣迢遞怨乘韶霄天歷歷巴猿

苕山路駿駿花馬驕梁苑寒風吹別袂瞿塘春水送
歸橈紫垣遣使非常例應有星文動九霄

次韻和族弟日華寄編修諸學士之什

瓊閣漫喜塵通籍蓬巷無人肯顧廬天祿解嘲纔答
客集仙置使又脩書非煙繚繞縈珠網流水潺湲逗
石渠（漢石渠署因渠得名）何必銀臺號三昧此中更好味真如

次韻和光祿黃少卿學士感恩書事十六韻

江夏門風盛東吳族望高才雄吐白鳳志大釣靈鼇
昔日參珠履（嘗任淮海王記室）多年汎碧桃陳琳巧書檄謝
客占風騷曲宴飛三雅沈機佐六韜珷鋋頻岸幘楯

鼻幾揮毫託乘同歸闕臨軒別賜袍未離王儉幕獨得呂虔刀粉署因揚歷朱門更鬱陶淮南荒桂苑騎省泣霜毛此已上並叙少卿昔在淮海府中及感舊之意去國踰千里爲郎歷幾曹和鉛兼秘府懸磬寓神皐室靜秋生白庭閑雨長蒿禁林俄召試卿寺果垂褒道在心無悶恩深首重搔依前領圖史紬繹肯辭勞

次韻和史館盛學士朝退書懷之什

金壺待傳點瑤墀初辨色闕仗開天閽垂旒操斗極百辟瞻堯眉九州蒙禹力朝政無闕遺諫官慙曠職

次韻和盛博士寄贈李四寺丞因以述懷

錢郎滿腹貯精神坐上詩成壓倒人相識只從拋竹馬愚初至上都游歷門館纔十餘歲留歡長是贈金鱗西園宴喜期清夜曲水追隨約暮春不到門牆欲旬浹已應懸榻滿埃塵

次韻和盛博士寄贈虞部李郎中之什

門牆日已峻德望闇然彰弟章西園詔身爲南省郎塤箎歡並奏龍虎儼成行宴客牛心炙朝天雞舌香曲池春漲水碧瓦曉飛霜此景知何事留賓汎羽觴

次韻和守邦道人寄編脩諸學士之什

脩書何幸佐鉛黃日接羣英道自光署近承明叨謁

帝賦成平樂謬爲郎孟堅已分酬賓戲嚴助還思佩郡章共憶東林社中客滿池蓮葉吐清香

大名府大安閣主道者上幸魏郡親至其寺而賜紫

釋子脩行與衆殊銅臺連接起精廬羣公共結二林社萬乘曾迴六尺輿衣惹天香親御座閣成雲構倚晴虚浮生自恨猶貪祿未得同翻貝葉書

次韻和盛博士寄許州任從事之什

射策曾攀郄桂枝從軍猶賦仲宣詩陳琳草檄應非久貢禹彈冠素有期任與盛君有推挽之約梁苑勝遊思霰雪尋陽舊隱廢茅茨任寄居星灣多歷年所初筵樽罍不須戀正

好公車自薦時

次韻和盛博士雪霽之什

六花新霽白皚皚爽氣颼颼拂面來梁苑酒濃寒力減謝池風細凍文開天邊幾陣聞歸鴈江外千家見早梅此際何人能訪戴剡溪清景好銜杯

次韻和太僕錢少卿寄贈編脩主人宋承旨李舍人之什

春官宗伯會諸生翰苑綸闈占大名一代典謨資潤色滿朝文物仰懸衡分班月殿趨金馬侍宴天池見石鯨即日雲屏應隔坐鄭宏任太尉寧弟伍倫爲司空每見曲躬自卑詔置雲母

第五　弘　宏誤

屏風分隔焉不須東觀待□□

宋殿丞赴廣南東路轉運

天子憂南越公卿薦陸生九年須富國萬里便揚旌
封郡諸蠻接官曹六尚棨交州何日到鼓吹定相迎

次韻和中書李舍人勉元氏道宗奉宗兄弟之
什

二難文彩少人過落筆尋常只患多兎苑暫遊銜霰
雪龍門曾上困風波一囊貢米猶爲客百步穿楊待
決科更得詞臣贈詩句機雲入洛擬如何

送曾之棣州謁王工部

雪晴河水正流澌，風卷驚蓬滿眼飛。客路飄飄擕一錫，禪房寂寂掩雙扉。曹溪衣鉢何年得，廬阜香燈幾日歸。賢守相逢膜拜後，都人爭勸施珠璣。

次韻和錢少卿早春對景有懷諸學士

草樹欣欣暖律迴，謝家池沼凍紋開。晴天獨向高臺望，春色先從上苑來。且待郢人歌白雪，莫聽羌笛怨殘梅。乞逢休沐便須去，引滿何曾訴玉杯。

閤門廖舍人知袁州（舍人故連州刺史凝之子，凝與弟融皆擅詩名江左）

駸駸五馬動征塵，太守風流世絕倫。身事漢庭爲小相，家傳楚國是騷人。煙波莫歎重湖遠，桑梓仍將別

堅鄰麥穗微黃稻苗綠朱轓入境便行春

次韻和李舍人拜命書懷寄館殿舊僚之什

拜命入星垣偏承聖主恩黃扉陪漢相彩筆代堯言佩玉天顏近籠金世望喧下僚今隔品雲路仰高軒

上元夜會慎太詹西齋分題得歌字

帝里風光上元節烏衣舊巷共經過樽中酒淥寧辭醉梁上塵飛只欠歌坐聽禁城傳玉漏起看河漢轉金波主人愛客春宵永彩筆題詩奈樂何

次韻和主人喜諸客見過之什

金烏賓昏燒燭臺輕雲散盡月光來三千賓客連宵

醉十二城門徹曉開何幸紫微容託乘更煩紅袖與
傳杯明朝猶自放朝謁心喜當關不見催

坐中朱博士言今荆南張諫議典襄陽日常留
意一妓公頗畏內終不得近及移郡荆渚泣
別郵亭乃為歌詞流布巴郢予感其事賡而
成詩

駸駸五馬江陵去寂寞雙娥漢水頭一曲歌終眉黛
斂十分酒盡淚珠流陽春郢客傳新唱暮雨高堂夢
昔遊瓊樹無人敢親近章臺京兆不勝愁

次韻和慎詹事述上元宵會之歡寄諸同舍之

什

休沐欣逢上元節華堂高宴且盤桓峩冠屢舞人多醉刻燭狂吟夜向闌月上珠簾侵座白霜飛碧瓦透衣寒銅壺滴徹東方曙歸騎紛紛未盡歡

次韻和李舍人立秋祠太一宮宿齋書事之什

太乙祠宫肅齋居薦至誠已將茅縮酒應用麵爲牲梁武祭宗廟用笋脯麵牲月映金天朗風來玉宇清玄談知理勝蔬食覺身輕仙馭排雲下空歌遶殿聲仍聞得丹訣簪紱頓忘情

同諸公寄閬州隆靈山王處士

元晏先生早著書聖朝未降輭輪車滿頭霜雪機心息三徑蓬蒿俗客疎千首好詩傳輦轂一枝仙桂耀門閭其子近年登進士科漢庭得意真知己應爲清宵誦子虛今樞密學士陳公山人之執友也

送僧之大名府謁長城侍郎上人能琴善詩

東吳舊寺寄巖隈駐錫神州久未迴琴曲誰知流水意詩篇自占碧雲才廬峯已結白蓮社鄴下暫尋銅雀臺仙殿主人偏好事春風鈴閣且徘徊

次韻和李侍丞寄石同院之作

子雲常在草玄臺不覺春風滿眼來聞道後車長載

酒無因曲水共流杯石渠盡日芸籤擁金谷何時綺
席開珍重主人偏愛客乞逢休沐便追陪

賀太僕錢少卿直秘閣

幾年宿衛向周廬頻貢文章白玉除纔換月卿歸少
列又來天禄校中書東吳世胄王孫貴北第門闌太
僕居春草題詩欺謝客上林奏賦慕相如石渠講論
應重席翠輦巡遊且奉車禁籞風光暮春月影纓看
是綴嚴徐

次韻和盛博士喜梅太丞授戶部判官

新來乘傳抵秦川會府須才果峻遷應見流錢從地

玉闕聚米向君前聲華南國推高士名紫丹臺籍列仙每話官曹苦拘束歸家長是夕陽天

次韻李舍人憶北園尋春之作

謝公別墅枕城闉蕭灑都無紫陌塵五色絲綸貪草詔一園桃李阻尋春早朝禁漏猶傳點下直殘陽已滿身除是禁煙容洗浴直須偷暇賞芳辰

次韻和閣長李舍人喜薛梁二舍人及予同時拜命之什

西垣清切本無倫虛薄將何綴侍臣承露盤高雲際曉樓鷄樹綠省中春言成綸綍終非稱室藹芝蘭幸

得親從此煙霄速步武宸遊長奉屬車塵

次韻和承旨侍郎宿齋太一宮之什

北斗城南太乙祠羽人多著九霞衣竹宮肅穆珠旒拜華表飄飖鶴馭歸遶殿步虛幢影密登臺酌獻珮聲微質明禮畢還臺去騣馬翩翩速似飛

十九哥赴舒州太湖簿仍得假歸鄉兩舉進士不第得學究出身

初官佐邑少嗟咨且喜鄉關得告歸松菊門前三徑在煙波江上片帆飛枌榆舊社雖堪戀星火嚴城不可違莫爲棲鸞尚卑屑悔將錦襖換簑衣唐蔡京自進士應學

究科當時有此語

詶謝光丞四丈見慶新命之什

武夷歸路苦迢遥，延閣官曹正寂寥。彩鳳銜書俄錫命，黄金刻印便懸腰。紫微署近時嘗制，建禮門深日趁朝。咫尺天顔曾賜對，熒煌台座得爲僚。鬼神清問憂前席，松柏親情見後凋。一曲陽春特相寄，慙將木李報瓊瑶。

信道人歸西京 道人後唐相國之孫，來獻其祖所著五書，不報

寢邱遺業廢多年，衣褫空藏□□篇。北闕上書陳祖德，上林結社會時賢。風塵不肯留京邑，龍象重歸啓

梵筵聞有道安雖未識定應談論已彌天

邵奉禮歸鄉　奉禮新安人

應制曾親白玉除桐君溪畔是幽居未登王子洛賓歲已讀黄香東觀書萬里歸寧承漢詔三牲供膳奉潘輿水衡得俸誠堪喜莫便揮金學二疏

史館盛學士以詩相賫因而答之

前年出守縉雲城曾在驪歌慰遠行今日代言青鎖闥又披郢唱見深情側聆九奏都忘味遥得雙金自滿籯紅藥階前試吟嚼胸中鄙吝一時平

衢州阮比部學士得假歸鄉見過陋居留題詩

什四以謝之

千騎駸駸赴郡初會迓旌旆訪吾廬天邊誰識郎君宿門外空迴長者車勸酒樽罍應引滿題詩屋壁是親書鄉人聞有神仙客遠近爭來看隼旟

致仕朱侍郎歸江陵侍郎自內署休致

二年分直浴堂門簪筆垂紳奉至尊日過八甎批漢詔宴開三殿挹堯樽忽聞抗表干君父切要懸車示子孫碧落改官旌舊德黃金加錫見深恩羣公祖道爭飛蓋故吏沾襟亦戀軒定是遼東歎城郭肯同彭澤慮田園捧觴莫訴前爲壽上馬猶能左屬鞬臨別

延英對敭刻已應惇史記嘉言

朱侍郎致政南歸上特錫宴於玉津園仍詔兩制三館並預其會以伸祖送輒賦詩美之

征輪軋軋出皇都行路咨嗟賢丈夫天子特令供祖帳國門聊且駐驪駒舊僚送别傾三省御醴分甘倒百壺下詔已聞推異禮乞言猶自謁嘉謨上特詔荆南官吏歲時存問如有章奏附驛以聞馮公不是沈郎署貧老緣何歸鑑湖明主恩深若爲捨夢魂應繞博山鑪

元道宗兄弟東遊

王謝江東推世胄機雲洛下振才名忽思油幕從知

去便挈縢囊冒暑行高第自須求甲乙嘉招未用赴
弓旌待看萬里搏羊角卽是三秋聽鹿鳴朝彥賦詩
爭送別藩侯置驛定相迎不知誰啖牛心炙又見清
談一座傾

殿院卞侍郎赴淮南轉運（卞近自淮右副使歸闕爲計司判官）

莎庭治行推尤異梁苑聲名占上流早是都人避驄
馬近陪計相運牙籌東南轉粟承新命淮海揚旌到
舊遊騎置非時陳密啓壺漿幾處望行舟黃金刻印
大如斗白簡飛霜凜若秋歲滿功成來會課多應便
拜富平侯

省中當直即事書懷兼簡閣長李舍人（李公北門之望稍濃）

兩掖深沈大帝居紫微西省掌泥書天閽啓鑰趨朝後侍史焚香起草初五吏撥毫才患少萬錢分膳食無餘鳳池荀令連賓閣騎省潘郎對直廬烟氣霏霏生屋瓦雷聲隱隱度宮車滄波滿壁浮蘭橑修竹當軒蔭綺疏（南牆有董羽書水舍人李程爲之贊北軒有竹數百竿）性懶無堪過叔夜思遲多病似相如繚垣直北銀臺路拭目看君侍玉除

中伏日省中當直

火雲烘爀臨中伏青鎖深嚴直右曹吏散階庭晚
步詩成珠玉獨揮毫相烏影轉風微起仙掌陰斜日
漸高何處賜冰和郢酒誰人割炙動鸞刀紫泥封詔
防稽緩寒水浮瓜散鬱陶丞相憂邊稀出沐延英三
刻豈知勞

七夕

東西燕子伯勞飛新月如鉤玉露垂河鼓天孫恰靈
匹鵲橋星渚有佳期穿鍼乞巧佇立久織素成章報
答遲定與黃姑享偕老晉宮休插柰花枝

胡秘丞知潯州

蘭臺進秩通閩籍熊軾臨民奉詔條風俗重尋南越
志鄉關猶隔浙江潮懸知坐嘯謳謠洽更想行春意
氣饒遠宦逢秋少悲思潘郎玄鬢恐先凋

次韻和盛太博寄贈閣長宿齋太乙宫之什

漢武新祈太乙壇國朝時際領祠官羽旗摇曳晨曦
上素瑟淒清夜漏寒駕鶴浮邱應暫下偷桃方朔合
留殘齋居數宿偏蔬食定憶中厨政事餐

次韻和集賢李博士中元日見寄

鳳池容出沐蝸舍喜端居寵草芝泥詔閑看紫素書
曲肱銷永晝行樂遶前除鬢换二毛近林凋一葉初

香街連甲第虜戸望朝車晳別同心友還嗟會面疎

次韻奉和知府温尚書送致政朱侍郎十六韻

拜章納祿便歸休祕殿親辭十二旒閣筆罷批丹鳳尾拂衣初下六鼇頭非緣荊渚依劉表定欲箕山訪許由北闕子牟終眷戀南朝安石本風流明庭顧遇還三接別墅生涯治一邱身健寧煩策鳩杖心閑無復夢刀州素風有子堪傳遺禪論將誰共對酬白璧賜多應尚在黃金散盡不須留人欽雅譽芝蘭馥帝憶嘉言水石投祖帳特令開上苑歸帆那肯待高秋侍郎辭日上令待秋涼即程堅請便行幾程郵驛經濃暑千里山川見

舊遊已是拋官玉堂署尚思陪宴幷幹樓時裁奏牘
猶規諫旋寫丹經自校讐鄉里高門表陰德國朝惇
吏記嘉猷枌榆舊業須重葺香火前緣莫廢修歲計
將何資伏臘龍陽千樹木奴洲

鄭溥赴汀州判官

家近視融峯登科遇至公悲秋雙鬢改佐幕十年中
食蘖心常苦占蓍命未通甌閩路雖遠荆楚俗多同
投刃應餘地當樽莫暫空援毫如草檄又是愈頭風

次韻和宗人安期見賀恩命之什

分班曉入翔鸞闕直閣旁連浴鳳池綵筆閑批五色

語好風時動萬年枝勒移鍾阜欺歸晚稱疾文園

恩遲何事吾宗必陪書春塘夢徹寄新詩

早秋

楚客悲秋至庭柯一葉凋鶴天驚曉露蘭畹怯涼飈

團扇流塵暗單衣爽氣饒江東菰米熟歸夢隔寒潮

義門胡生南歸

南國烏衣族東京伯始孫一枝須折桂六闕舊旌門

歸思鱸魚膾離筵竹葉樽秋風正搖落楚客莫銷魂

首座昇大師赴西京知教門事

高論彌天四海聞久為龍象主空門雪峯傳法稱開

士麟殿談經奉至尊香滿賜衣歸洛社苔封丈室寄梁園梵書貝葉應攜去齋罷與誰相對翻

度支梁諫議請病告以詩寄之梁深於內典

經旬不謁未央宮宴坐將誰語笑同蜀郡相如非避事淨名居士欲談空門前賓客窺行馬篋裏方書捨蠹蟲西省曹僚疎會面頓驚鄙吝滿胸中

諸公於石氏東齋宴鄭工部詩有序

古者會友以文賦詩言志良辰美景胥過幾稀銜杯潄醪其樂無量矧石氏二君克承堂構孝謹不怠滎陽鄭公傑出士林名聲籍甚以久要之契伸

一獻之娛而我閣老昌武與二三大夫退食自公方駕而至乘秋高會卜夜縱談抵掌盱衡樽罍方洽峩冠側弁星漢未斜將何以窮綺席之宴嬉盡金壺之漏刻盍賦一時之事各陳二雅之言物無遁形咸抽祕思朝多君子庶爲美談云耳得悲秋浮字

楚客登臨處離懷重隱憂二毛初入鬢一葉早驚秋旅鴈他鄉思悲笳絕塞秋憑何遣羈緒菊蕊滿杯浮

次韻和慎大詹中秋待月寄西掖三舍人之什

涼飈送殘暑秋色望中新天迥迷星斗宵寒待月輪

境同牛渚上詩寄鳳池人僚友東床客氷清合許親同舍薛公即其愛婿也合預茲夕之會

成都鳳道人遊終南山謁种徵君

何年出蜀訪南宗深鎖關房翠蘚重振錫忽聞遊地肺題門兼得謁人龍供吟一路高秋月投宿斜陽遠寺鐘到日彌天清論罷徧尋紫閣與圭峯

何太博知晉州

平明東省發魚書便擁彤襜出上都別酒金英泛籬菊去程黃葉墮關榆孫叔舊禮妨綿蕝廉范新歌待袴襦滿腹經綸猶未展歸來看踐赤墀塗

孫寺丞知孝城縣府尹翁尚書郎孫之主及薦舉賢良方正

早得東堂桂一枝凌雲詞賦漢皇知從軍久在紅蓮幕對策曾臨白玉墀霰雪陪遊應不晚絃歌爲政莫嫌卑春官宗伯大京兆喜見門生趨府時

次韻和閣長脩書畢退朝下直寄諸學士之什

名園甲第接康衢國典新成下直初庭竹碧鮮吟不足盤餐方丈食無餘爐中九轉神仙藥案上百函親故書仍說顏回今飲酒閣長近日日痛飲秋來寧遣宴遊疎

威道人歸鄉

聞法靈山真佛子馳名南國本詩流二林曾有香燈

約一鉢應爲輦轂遊塵土化衣慵駐錫江湖收潦億歸舟何年應制登麟殿犀柄談空對冕旒

弟偁歸鄉

吾家文雅占關西五十年來桂兩枝自故侍讀尚書十五翁周顯德中登第至家十六兄纔兩人■突弁後生還可畏籯金素業未應衰江湖去爲思鱸膾霧雨還歸養豹姿摩厲詞鋒莫中輟驚人專聽一鳴時

史館高司諫紳知華州

諫署纔聞滿歲遷分符便見入秦川撥毫厭賦梁園雪後[illegible]閣看華嶽蓮竹簡汗青妨約史縑囊封皂且

論邊三峯洞宍多靈藥莫便抛官去學仙

武夷新集卷之二終

武夷新集卷之三

宋楊億撰

詩

送張蜺秀才

許田流寓因相識歲曆今移十二辰別墅已荒三徑草（城中舊居常所還往自徙於外邑已蕪穢矣）素衣猶化九衢塵懸瓢顔巷安貧久泣玉荆山失意頻莫向明時便招隱重來須醉杏園春

次韻和翰林師學士贈倫上人新居之什

一食山苔深新居雅稱心天花飄畫講池草伴春吟

施食山禽下題門野客尋此中堪宴坐何必在雙林

李殿丞知廣濟軍丞相之弟

鈞衡從來司六尚上林尋見惣三官須倏忽去憑熊軾賜對還曾近露盤民瘼乍求應有術天倫少別不成歡陶朱舊邑無多遠魏闕歸心且自寬

章頻得解後之陝府謁嚴洪二從事是年閏十二月

春闈猶隔闊逆旅苦棲遑忽爾遊汾陝飄然出大梁食貧憂桂玉策蹇冒風霜杏苑歸期近棠郊去路長幕中逢舊友歲晚在他鄉雞黍且相對休嗟鬢髮蒼

路學士知河中府

廣州字下有毫字兩字宜參注

一麾新自海濱還又佩魚符入故關千里山河臨别郡九天鴛鷺别通班樵經往聖迴清蹕路接邊夷獻白環版籍素多田賦錯干戈初息羽書閑從軍上客雕龍藻佐酒妖姬墮馬鬟更遣府公吟思發中條新篇碧嶂顔

即席賦得筆送宗人大著通判廣州

著作蓬山局職司華袞褒已能成馬史何况夢江毫金勁難搖距霜寒兔墮毛歸來批鳳詔弄翰莫辭勞

職方彭員外惟簡知韶州

仙經舊得還丹訣郎位高分列宿光太守雙旌指南

越使君千騎冠東方飲冰清白臨遐俗晝錦輝榮過故鄉曾是重華張樂地九韶聞處味應忘

宗人大著令問通判廣州

蘭臺大著作族派共閩西海國分憂寄東門叙解攜離城衝臘雪宿館聽晨雞晝鷁江波遠鳴騶嶺路迢陸梅香已盡越鳥暖初啼入境風生扇行春柳拂堤殺青前事在飲水古人齊卧理應多暇無忘寄尺題

冬夕與諸公宴集賢梅學士西齋詩 有序

古者瀟湘之會實重故人西園之遊亦在清夜集賢梅君以神仙之胄處典籍之司佐地官之賦

居多暇日奉穆清之顧問出必詭詞國家以西旅弗庭邊烽尚警欲得城郭之要領申命朝廷之俊賢難哉是行公中其選且有密旨未遑戒途雖餞使者之車已辭會府之政杜門終日端居鮮歡遂用觧榻開樽集寮寀於三署割鮮繼燭申宴樂於一時揮麈清談峩冠屢舞杯盤狼籍星漢傾頹因念夫飲酒者未嘗不始於治而卒於亂盍各吟詠以止喧譁於是迭出巨題互探難韻搆思如湧弄翰若飛至於斷章曾未移晷藻繡紛錯金石鏗鏘足以知周南變風誠二雅之可繼鄭卿言志豈七

子之足多顧予非才獲陪高會形之序引深所厚顔云耳分得今夕何夕探得雲字

今夕知何夕良交會以文燭花寒旋落漏滴遠稀聞酒面輕浮蟻歌喉細遏雲明河光未沒候管氣初分玉笛梅花怨金爐蕙草焚唯愁曙光發搔首歎離羣

鄭工部陝西隨軍轉運

西鄙欃槍未掃除營平慷慨請行初三軍粒食資心計一月星郵待捷書宣室喜聞延賈誼茂陵久歎滯相如謗言盈篋親曾見反間千金計豈疎遺愛道傍喧竹馬先聲塞外懾穹廬馮唐莫歎淹郎署博望還

忻擁使車隴右行收萬里地關中坐致九年儲牙籌羽檄皆吾事才口飄飄兩有餘

黄從事隨軍

買符來赴調負羽去從軍五夜聞邊角三時看陣雲樽前還料敵楯上更摛文手筆人多許須銘竇憲勳

聞李四光丞頻遊北園因有懷寄

漢相沙堤連甲第石家金谷有名園雍容陌上臨邛騎瀲灧齋中北海樽過閏已驚春色早離城殊少俗塵喧無由一寄南牕傲相望迢迢西掖垣

次韻和集賢李學士寒食即事之什

九逵初旭滿輜軿寒食東風二月天陌上墊巾誰傲睨江邊解佩自嬋娟新粧幾處登牆見沈醉何人藉草眠豪俠追歡殊未足歸蹄躞蹀夕陽前

和集賢李學士千字詩

千仞谿何險千倉稻已收出騎千里馬醉典千金裘千年河誕聖千樹橘封侯千鍾不及亂千錢坐上頭

妹婿黃補下第歸鄉

家風早占無雙譽（君郎江夏之後）鄉薦曾居第一流崑嶺本期爭片玉庖刀誰料失全牛風塵不住梁王苑煙水還依楚客舟應負男兒四方志故園歸去莫淹留

黄覺東遊

鄉關迢遞數千里塲屋蹉跎二十年三獻猶乖卞和泪幾人先著祖生鞭風塵漫索長安米禾黍全荒負郭田闕外賢豪徧投分趙囊迴日滿金錢

葉生歸縉雲

出門西望長安笑拖璞來求善價沽惟磬囊裝買尋籍不持刺字謁當塗鱸魚漸熟思歸切羊酪初嘗得味無送子東還重銷黯我曾三載守仙都

慧初道人歸青州養親 兼簡知州李太保

宴坐禪林度幾秋忽思歸養指營邱遥知北海孔文

黎應重江南湯惠休長日流金徑路遠長松偃蓋舊
房幽庭闃晨夕供甘外高論彌天不易酬

省中當直書懷呈諸同舍

太微西掖鳳池邊阿閣凌空瓦起烟綵筆時批尺一
詔直廬深在九重天早朝螭陛爐香近晝寢雞人漏
唱傳只恐承明難久戀長安桂玉苦相煎

王寺丞借西第避暑因有寄贈

滕公甲第冠神州晝日青烟瓦上浮南榭薰風偏解
慍北階萱草更忘憂朝迴門閉人疑病雨過涼生景
似秋角枕閑眠支體適不知胡蝶是莊周

元道宗下第東遊元氏昆弟子姪五人舉進士

舉宗文雅孰能陪須信菰蘆出美才失意不勞悲玉璞投知應得上金臺晚離村店侵殘月晝歇津亭避疾雷東道諸侯多重士融樽處處爲君開

李四赴歙州

分直蓬邱未再期江東去去擁旌麾名通南省郎官籍卷續新安郡政詩好事者編新安前後太守所賦詩爲三卷目之曰新安郡政詩見行於世虎觀清風留汗簡鴒原高韻憶吹篪故人別後頻南望想見森森瓊樹枝

予以縉雲進士周啓明長書呈祕閣黄少卿黄

頗歎重作詩六韻美之因次韻和酬

縉雲江外郡封略古甌中早被唐虞化已成鄒魯風剖符曾出守解榻值名公失意嗟楊惲緘書附塞鴻擲金才少敵泣玉恨還同後夜蓬山宿知君必薦雄

史館陳大丞知壽州

忽佩魚符下玉京長安廳吏駕車迎淮王舊地餘風物太史新書見姓名聳矢前驅殊覺貴河梁執別豈勝情小山叢桂圖經古白馬驪駒道路榮鵬海三千須擊水隼旟四十且專城長淮月色秋宵好應助詩人思轉清

餞大夫赴并州

太原西北勁兵處地直雲中控定襄六月出師不獵犹九天選將下文昌車魚辟士應難得詩禮臨戎亦未妨緩急羽書須自草平安烽火鎮相望柳營稟畏將軍令毳幕懷來塞下羌清嘯背饒劉越石長纓終係左賢王關山萬里邊塵靖亭館三冬朔雪狂笛怨梅花新度曲樽傾竹葉淺飛觴禦寒應覺重裘暖料敵懸憂兩鬢蒼只待今年破虜後徵歸論道坐巖廊

次韻和表弟張湜秋霽之什

輕颸習習起青蘋宿霧全開霽色新高閣晴曦射疎

牖廬堂潤氣徹華茵墊餘巾角曾銜兩晦盡琴徽旋
拂麈楚澤潦收湖水白歸舟遙憶洞庭人

初秋夜坐

明河如練出城隅宋火西流暑氣徂顧兔一輪浮月
桂流螢數點入烟蕪迢迢宮漏傳銀箭淅淅天風下
白榆岸幘微吟自忘寐披衣閑起遶庭梧

秋日有懷鄉國

長安久客逢搖落不獨悲秋更憶鄉潘岳二毛行欲
變淵明三徑已應荒書裁尺素鴻難託夢遶蓴湖蝶
自狂遊宦十年歸未得塵纓却悔濯滄浪

閤門錢舍人知全州

家傳吳越賢王後郡壓瀟湘最上游三殿從來奉宸扆一麾今去典方州蟬吟高柳隋堤暮水漲平湖楚澤秋入境壺漿填候館上官鐃吹夾華輈山川徧歷騷人地宵旰遐方聖主憂應向桑郊停五馬青春太守本風流

次韻和章頻下第書懷之什

春闈三上敗垂成白雪新吟思轉清修竹園中曾獻賦慈恩塔下未題名禹門燒尾他年事楚客悲秋此日情道在不須憂晚達摶風九萬是前程

兩本俱作清

七夕

金壺漏滴正迢迢靈匹相從在此宵月魄嬋娟烏遶樹河流清淺鵲成橋雲輕天上榆花沒風細爐中麝炷飄寂寞堪憐覲津女無眠耿耿望青霄

石硯

磊磊澗中石成形本一拳墨池遺號古筆陣用功偏筆陣圖以硯水為城池得在燕臺側探從崐岫巔剖非藏趙璧鍊合補媧天偶從他山上來參絳帳前光榮登玉案揮灑助花牋注水蟾蜍滴題詩玳瑁筵如何班定遠發憤便輕捐

大理趙寺丞世長知益州華陽縣

帝選循良撫遠民由來百里應星辰征西蜀道聞猿苦祖帳西郊落葉頻莫爲割雞輕邑宰應須叱馭効忠臣錦城自古繁華地好與風光作主人

詠醉

劉伶石五斗康成三百杯欹斜星弁側嵬峩玉山頹人語蜩螗沸天形帟幕開應知是狂藥何不學顔回

筆

月兔湘筠巧製全何人大手稱如椽禁中鈴索夜批詔閣士芸香晝草玄墨妙三分慭入木華褒一字璽

編年史官遺直真堪畏千載獨持生殺權孫樵云史官持生殺權於千百年後

夜宴

華堂高宴卜良宵賓客當筵半珥貂天轉玉繩星落落風傳銀箭漏迢迢漣浮太白須判醉促駕鳴騶又趁朝月落烏啼人散後衣香數日未能銷

張兖下第隨桂陽喬監使之湘中

建溪曾共聽猿聲十載文場未策名流落只因孤劍在窮愁已有二毛生荊州暫去依劉表漢殿無由薦馬卿一路騷人舊山水登臨且莫動歸情

庭榴

得種從西域移根在帝鄉鮮葩猩染血美味蔗爲漿入獻殊諸果敷榮後衆芳丹房高照日綠葉半凋霜釀酒扶南國（扶南頓孫國人取石榴汁渟盆中數日成美酒）題詩白侍郎（白刑部詩云唯有安石榴當軒留寂寞）濃陰兼茂實相對度炎涼

水部何郎中知鄂州

褒博衣冠漢大儒三千奏牘到宸居郎官起草歸華省女使焚香伴直廬出守新恩龜顧印趨朝舊路雉隨車便分符竹從鸞掖應有壺漿待隼旟賜對移時親斧扆隨行兼兩載圖書淮南落木搖鞭裡湓浦分

風挂席初郡閣平窺漢陽樹盤渦頻薦武昌魚聚徒南郡傳經盛擕妓東山退食餘天闕九重懸夢想江關百戰見邱墟清曹祖德詩人後時寄新吟一起予

可久道人之歙州兼簡知郡李學士

獨擕餅錫新安去寒雨西風落葉頻江水淺深清見底山程高下險摧輪社中香火延開士肘後方書濟俗人鄉樹再尋南國路禪房空鎖帝城塵舊傳心印都忘念自有衣珠豈患貧四衆仰瞻誰見頂千家應供定分身宰官多結空門友外護須依守土臣想到臨川逢內史翻經相對一嚬伸（內經有師子嚬伸三昧）

大理黃丞宗旦使潁州募民墾田

詳刑新佐張廷尉出塞曾隨霍冠軍露版裁書頻倚馬甘泉獻賦舊凌雲幾瞻龍衮堯階側暫駕星軺汝水濱百萬提封周制復三千奏牘漢皇聞依蓮幕府游從近聚米山川向背分迴日受釐宣室對又應前席動吾君

劉大丞仲宣歸華山坐事削除詣闕自陳不報

早年通籍蒼龍闕近日移家仙掌峯方朔上書殊未報平津開閣杳難逢騷人章句多懷古陶令田園且養慵近郭離筵黃葉滿舊山歸路白雲重洪崖餌朮

修丹竈叔夜援琴對酒鍾應待轅輪徵入覲受釐前
席始從容

表弟章廷評得象知邵武軍歸化縣

幾年索米住京師新得東堂桂一枝宰邑絃歌循吏
政遠鄉鷄黍故人期于公陰德知終大萬石家風喜
不衰毛義動容初捧檄太郎積德舊刊碑得象大父嘗宰茲邑
甚有遺愛甘棠二紀民猶愛苦蘖三年吏不欺此並述先正之德
桑梓經過身晝錦庭闈扶侍鬢垂絲元方惠化傳遺
鐸得象兄得一宰乾化今爲隣境令伯歡心應壽巵得象祖母年八十扶侍之任
邦境中分同魯衛政聲相應似塤篪嘗思竹馬遊從

日又見風鵬奮擊時執手勉君勤素業歸來更直鳳
皇池

次韻和李光丞見惠長條之什

貂裘已儆洛陽塵空有陶家漉酒巾雙闕金章奉朝
請小齋紗帽養天真久持梵行稱居士猶掌王言作
侍臣惠我長條識君意欲教蓮社伴遺民

秋雨有懷季寺丞

潤氣先從柱礎知寒宵滴滴助秋悲桐圭遠樹多黃
落苔錦緣階更碧滋爽徹衾裯慵就枕涼生牋管欲
題詩高陽舊侶相思否此景誰同把酒卮

王廷評臻知廬州舒城縣臻汝陰人

潁水生賢自古奇西遊聲價滿京師梁園獻賦天將雪潘縣臨民鬢未絲南浦銷魂分袂處北堂獻壽捧觴時到官卧治成高趣終日清談吏不欺

大理徐寺丞元榆知越州諸暨縣

子山詞賦動南朝近佐名卿掌玉條治邑還持麈尾柄攜家便汎木蘭橈謝塘春晝偏多思潘鬢秋風苦未凋種秫公田供酩酊彈琴官舍助逍遥去程千里隨賓鴈宿館三更聽落潮聞道臨安有仙穴莫抛印綬探芝苗

次韻和錢崇班見寄之什

蘋末風輕不動塵，承明朝罷見閑身。從容退食收芝檢，迢遞驅車訪玉人。酒貰十千那惜醉，丹封六一已應真。春塘麗句偏相寄，傳誦朝來滿縉紳。

次韻和崇班再寄之什

祖禰勤王國史褒，傳家自有呂虔刀。雄豪結客欺燕俠，慘慄悲秋笑楚騷。奕世勳名金穴貴，出羣風檻玉山高。詩中斂手兼無敵，射落霜雕釣得鰲。

盛京宰單州武城縣（父豫任度支郎中，弟玄任屯田員外）

子男印綬諸侯秩，鄒魯閭閻太古風。兔苑勝遊拋霰

雪琴臺善政繼絲桐征途朔吹貂裘暖祖席清歌蟻
酒空令弟嚴君俱應宿時瞻懸象向南宮

次韻和并州錢大夫夕次豐州道中見寄

漢將從天下邊兵值月發孤煙戍樓迴密雪戰袍乾
向暮三吹角臨風一據鞍邊城賴經略垂取地圖看

董溫其赴淮南幕工部王倚書知揚州

歲晏梁園密雪飛出關猶憶棄繻時屬鞬正是從軍
樂捩羽那憂草檄遲陪宴初筵揮玉柄從遊別墅騁
金羈府公維揚有別墅焉只因偏啖牛心炙自此聲名漢殿知

史節凌職方知廣州曾任嶺南轉運

番禺出守重漢殿拜恩初華省郎官宿名山太史書剖符從瑣闥持節上軺車左顧金龜印前驅畫隼旟由來百粵地曾督九年儲冉服要荒外棠陰惠愛餘齎裝天子賜封部島夷居羽檄招溪洞壺漿慰里閭國風今已變民瘼到應除江海思歸否蓬邱有直廬

十二月十四日大雪就賜近臣宴飲卽事

向夕同雲布海涯豐年呈瑞在京華相如賦就梁王苑穆滿歌傳阿母家農畝三冬偏積潤朝衣六出旋成花天恩賜宴醉歸處幾里香街覆玉沙

章琮赴廣州東筦簿

抱璞曾三獻，悲秋忽二毛。十年嗟不調，一命尚徒勞。互市通蠻貨，公田入海濤。貪泉雖酌飲，未肯染脂膏。

文慧大師歸蜀

南市傳法了，漢殿賜衣新。歸路峨眉雪，舊房京洛塵。天花飄講席，海月照吟身。誰結香燈社，金門近貴臣。大師即西樞給事空門之友也

王中庸赴河南鞏縣尉

春風祖席引香醪，白馬驪駒草色袍。官舍前臨兩京道，居民半雜五陵豪。卑飛碌碌猶棲棘，餘地飄飄暫鼓刀。捧檄初同昔人喜，不應搔首歎徒勞。

比部朱員外知東明縣比部以親老上言凡再宰是邑即其故里也

宰邑承顏帝澤優春郊數舍躍騂騮絃歌平昔有遺愛桑梓依前訪舊遊鄉里歸時榮晝錦庭闈到日潔晨羞陶潛未省荒三逕班嗣何因樂一邱蘭長謝庭傳賦詠花開潘縣占風流薰爐綾被餘香馥省闥沉沉侍史愁

咸平六年二月十八日扈從宸遊因成紀事二十二韻

步輦下明光鳴鞘出未央屬車多載酒夾道競焚香雲管飄梅吹蜺旌錯鳥章從臣沙苑馬衞士羽林槍

玉輅天行鏈金壺晝漏長光風汎蘭蕙仙霧拂旂常
宿雨收林薄晨曦豔屋梁閭閻空里巷旄鉞隘康莊
託乘奉珍使先驅執戟郎從橋初轉轂憑軾見垂裳
暫駐時龍馭前臨戲馬場由來講武事所以服遐荒
電影流機石鵾鼙發大黃是日御講武臺觀千鈞弩放拋石及發連弩
覺重七札豈曾姑卒勇如彪虎人觀若堵牆腰鞬晉
元帥扈蹕漢諸王聊用誇胡客還聞讋鬼方迴輿百
里囿錫宴九霞觴射以騶虞節歌為白雪倡仙山鯨
海上御苑斗城旁周鎬歡麀鹿虞韶集鳳皇瑤池奏
木淥猶誤濯滄浪

僕射李相公宅觀花燭

孫閤相君和鼎貴秦樓愛壻坦牀賢東方千騎還居
上南極三星正在天路入桃源花爛熳橋横銀漢水
漪漣乘龍擇對真無比月桂宮中第一仙

贇詠從淮陽軍故尚書儀之子

名題仙籍廣寒宮負羽從軍意氣雄萬石世家標國
史孔璋書檄愈頭風狂翻竹箭春波急滿酌榴花別
酒空腰佩吳鈎衣宴製柳堤千里躍青驄

廉上人歸天台廉公與秘閣黃少卿相善

舊住赤城華頂峯桂巖芝巘白雲重爾天曾共習鑿

武夷新集　卷三

齒入洛因尋陸士龍寒燭伴吟經臘雪雨花開講遍
晨鐘浮漚一念歸心起本寺房前見偃松

次韻和李寺丞見寄之什時宿齋太一寺丞邀致美膳

雲章承詔祝高穹夜聽空歌宿絳宮正怯龜腸終日
內忽傳雁信五城中八珍伊鼎鹽梅味李君相門之後九夏
堯厨甕簡風値暑之辰頗甚馨潔苦恨齋居方慎獨朵頤大嚼
與誰同

次韻和右巡李端公見寄之什時立夏宿齋太一宮

首夏修時祭齋居貴洗心神光浮漢時籞吹發虞琴
偃樹枝成蓋豐碑字有金秘文窺寶籙榮路厭朝簪

捉麈思嘉話烹魚得好音迴瞻栢臺署佳氣九門深

大理黃丞宗旦通判潁州

曾隨征虜出蕭關又案公田汝水灣南畝萬廂增地利（宗旦奉使汝陰募民墾田近千頃）西清三刻對天顔一麾通守彤襜貫九棘評刑赤筆閑閭里歡迎舊從事隨車雨氣自應還

陳小著從易知邵武軍

□牘金門奉帝俞平明鸞省剖銅符北堂送喜應占鵲南國恩歸不爲鱸歲月天涯鄉樹老煙波江上客帆孤會稽友壻堪羞死邑令今來負弩驅

譯經揔持大師致宗之泗上禮塔

早傳心印得衣珠不學聲聞證有餘皋柄屢登三殿講瑯函新譯五天書蓮華塔上焚香去竹箭波間解纜初隨順世緣無所住經行宴坐自如如

歐陽使者監和州軍父以老病出爲和州團練副使因上言求侍親乃有是命

新剖牙璋出護軍使車歸養指江濆綵衣楚國老萊子白首長安萬石君虎眼波狂征棹急鱸魚鱠美壽杯醲東南極目無氛祲不假橫戈看陣雲

胡小著克順知泉州惠安縣兼過南昌別墅

平明東簡下蘭臺海縣鳴琴亦滯才厭逐風塵往京
洛貪看雪浪駕蓬萊楚江歸思鱸魚膾隨岸離筵竹
葉杯通德舊居旌闕在遼東鶴馭少徘徊

武夷新集卷之三終

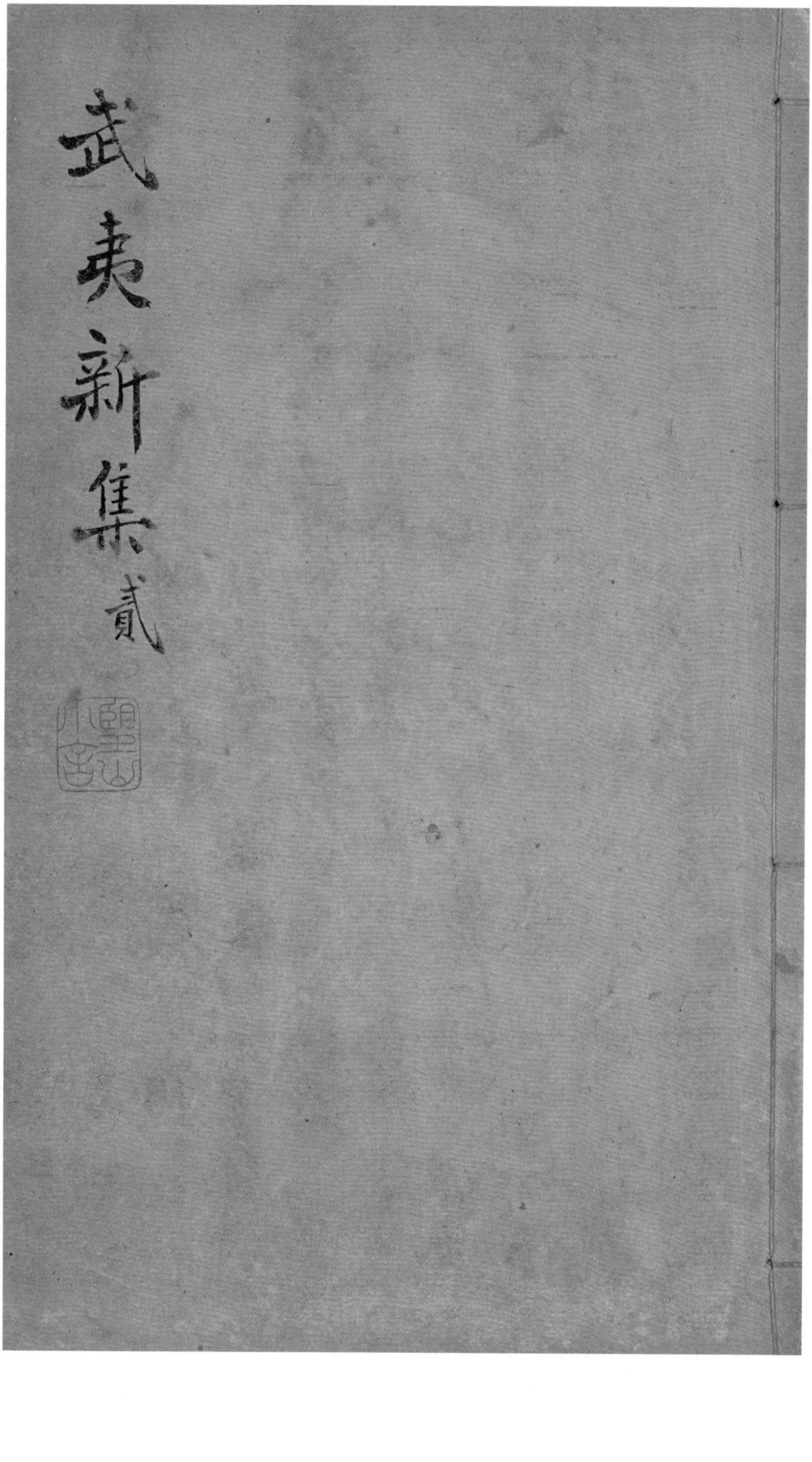
武夷新集
貳

武夷新集卷之四

宋楊億撰

詩

內當

芝泥初熟詔書成紅藥翻階晝景清屋尾生烟宮漏永時聞幽鳥自呼名

讀史斅白體

易牙昔日曾烝子翁叔當年亦殺兒史筆是非空自許世情真僞復誰知

閨思

征夫萬里戍交河塞外蕭條朔氣多古壁暗蛩催夜織朝來一葉下庭柯

李御史

清曉乘驄出九逵內朝簪筆坐前墀天家御史非凡格曾向崑崙服衆芝

王殿丞舉通判桂州

科名得玉向崑邱家世長淮入海流通籍殿中鈎盾省須條嶺外桂林州漢皇前席期清夜楚客歸帆指素秋父老歡聞隣郡政前知賓州壺漿千里待鳴騶

大名溢尚書之任

峯雲樓堞古銅臺幕府池塘藹舊開畢萬山河千里適亞夫鐘鼓九天來屬韃前隊射鵰手載筆初筵倚馬才命將文昌非細事星光昨夜動昭回

喜賀梁三入翰林

六鼇雲海冠蓬萊玉署深嚴枕斗魁漢殿論兵得頗牧（唐宣宗嘗夜召學士畢誠論兵因曰不意頗牧在吾禁中）梁園作賦掩鄒枚趨朝御案香盈袖侍宴仙莖露滿杯五色天香看視草懸知獨有長卿才

次韻和昭侯立秋見寄

雲峯半斂火西流桃簟微涼忽報秋飲露吸風齊女

怨登山臨水楚人愁珠喉倚瑟華堂暮桂爐薰衣別
院幽美疹已平休沐浴會應投轄一相留

弟倣歸寧

一夕西風木葉飛長安久客念庭闈去隨塞鴈迎蘆
遠歸值家鷄啄黍肥貧郭生涯同季子澄江詩景屬
玄暉帝城紫陌多塵土免化輕雲白紵衣

景陽諫議赴餘杭

淛水東西兩節旄君今於此握戎韜油囊仙姥流霞
酒鰌穴靈胥白鷺濤盤石起家傳典訓鶤車開幕聘
英髦子牟江海終非久剩鱠鱸魚把蟹螯

杭州嚴從事

柳岸蘭橈片石飛秋風澤國季鷹歸幕中蓮渚紅衣脫江外蓴羹紫線肥十部須知從事貴雙魚莫遣尺書稀西陵正接家山路試爲因人問釣磯

鄱陽皮錄事

松陵遺集古風騷故國田園沒海濤三世青氊傳舊物（三世有集五百卷）十年黃綬歎徒勞謝塘春草侵魂夢潘縣秋霜入鬢毛鄱水黃金漫如粟想君終不染脂膏（漢書地理志云鄱陽出黃金米）

史館楊嵎學士以詩話及空門之事次韻和之

雙樹金言付囑頻闍浮外護託王臣誰知天祿草玄
客會是靈山受記人

諸暨簿張慈張慈閩人有聚書之癖事祖母九十餘

新宦佐邑近閩隅令伯歡心就養初暫住梁園觴獻
賦因經禹穴便探書忘機海國親鷗鳥寄信金華託
鯉魚迴日殺青兼兩載想君清俸亦無餘

次韻和昭侯寄銀臺李舍人之什

柱下方書掌事機深嚴侍從接論思歸鞍通德香街
過前席延英晝漏遲菊徑頻邀陶靖節月樓偏憶庾
元規華堂宴集應難去玉斝醇醪滿勸誰

送吳航

并白荒涼旅鬢斑經年索米住長安囊中賣賦金都盡衣上悲秋淚不乾客路飄蓬殊未定侯門置醴豈成歡擔簦忽起東遊興庭樹西風昨夜寒

并州王諫議

瑣闈聊輟皁囊封晝錦還鄉意氣雄別墅揮金延父老近郊騎竹見兒童蒲盧善化終成政蟋蟀深思未變風更待出師平黠虜戎衣獻捷大明宮

奉和翰林諸公賀閣長李公領銀臺之什

西漢公車主上章官曹秘邃接明光天書時草鳳皇

詔邊奏親聞赤白囊咫尺青規頻借箸離披金薤閏
飛觴瀛洲仙侶相期處銅馬門中白玉堂

姚起居赴兩浙轉運

吳會商功利蓬邱輟史臣同僚供祖帳屬郡望行塵
富國催流馬編年廢獲麟槖鞬二千石襦袴幾州人
名姓丹臺籍封疆析木津片言空犴獄密啓到鈎陳
且運方舩粟初嘗千里蓴江山助詩思新詠掩汀蘋

集賢劉工部隱知衡州

仁里古湘川頒條命集賢腰垂丈二組身下九重天
山水登臨思庭闈喜懼年官曹郎位宿衣袂御鑪烟

記事成新史，賡歌有雅篇。爲貪驅弩矢，不從汎樓船。治道山陰卒，離羣藏室仙。衡陽無過鴈，尺素若爲傳。

魏奉禮昭文知吉州龍泉縣故少卿咸熙之子

平昔登龍坂，因緣識玉人。庭中華轂滿，膝下綵衣新。少列悲先露，高堂泣累茵。嘉賓碣館閉，遺業寢邱貧。弓冶傳家久，絃歌宰邑頻。循良同漢吏，惠愛及齊民。又出夷門去，還臨瀫水濱。不須輕百里，自古應星辰。

作坊魏使知隰州

幾年供奉宣徽殿，一旦腰懸刺史魚。戚里園林甲京洛，將壇家世閲詩書。離筵惜別空銀榼，官舍思歸夢

玉除四十專城誰不羨驂驔千騎擁干旗

司農欒少卿知洪州

大農搜粟漢名卿千里江西擁旆旌腰下金龜三品綬手中銅虎八州兵（江西舊管八州）屬鞬牧伯趨庭見騎竹兒童塞路迎（前任江南轉運使）洪井主人今重士肯教懸榻有塵生

送邵梁秀才

君家罷畫漢歲晚忽思歸密雪不獻賦流塵空化衣購書藏屋壁溫席奉庭闈清世莫招隱垂天待一飛

詶祕閣黃少卿因見所作洞霄宮碑且有題記

譙郡增嚴李母祠神龜矯首負金碑豆箕已乏不休
思蠆白兆無絕妙辭翠琰雄文慚內史隋內史薛道衡有老君祠庭碑黃庭美翰枉羲之翰林裴待詔奉勑書蓬邱麗句偏相許勝
得山龍袞服披

弟儹歸鄉

客兒詩思掩春塘杖策來觀上國光舉白萬錢酤酒
飲殺青千卷買書藏梁園綠篠將欹雪楚岸蒼葭已
變霜躍馬還家那隔歲預應乾鵲報高堂

弟伸歸鄉

澤國思歸詠采蘭東書攜劍出長安天涯朝暮倚門

望歲凌風霜行路難閩嶺夕嵐鄉樹老楚江寒淚客
衣單巖前舊勒移文處到日重須拂蘚看

王尚食知鳳翔曾領延安

露冕分憂輟近班朝陽鳴鳳古岐山三刀吉夢頻爲
郡駟馬高車又出關宴客羽觴那有算題詩絲筆莫
教閑將壇義府平生事早立邊功振凱還

福州古田宰李堪

由來百里應華星何況牛刀乍發硎五柳不須輕印
綬七閩聊且訪圖經雪天暢飲連浮白海縣抄書剩
殺青公暇好裁封禪頌聖皇將欲禱云亭

黄亘宰江州德化縣

外臺論薦達乘輿花縣絃歌製錦初氣直公車曾諫獵政清官舍舊懸魚二林重結遺民社五柳閑尋靖節居好繼謫仙留絶唱雲屏九疊倚晴虛李白廬山謠有屏風九疊雲錦張之句

贈文照大師

讀徧龍宫七佛書一塵無念得衣珠金園講席天花滿沙界禪心水月孤擁衲夜霜凝屋瓦閉關春雨長庭蕪公卿半是空門友缽錫因循寄上都

慎大詹以吳柑見貺

[illegible]新集　卷之四

龍陽休說木奴洲震澤黃柑占上流承露玉漿仙掌曙亞霜金顆洞庭秋香黏素手吳娃麗冷滌朝酲楚客愁應似荔支催入貢隨河飛鳥逐鳴騶

祕閣舒職方知舒州

西崑冊府控千廬鉛筆多年校魯魚厭享雙鷄大官膳貪乘五馬使君車明光畫省辭青瑣天柱仙壇訪紫書只恐政成抛印綬攜家深入白雲居

夜宴

玉壺春漏咽銅龍畫棟塵飛曲未終樽酒淥醅和蟻沉腮燈紅焰隔紗烘水沉烟裊風微起霜月

正中曾恨當關催夙駕平明入謁未央宮

陳大博知建州

夢筆山連化劒津兩鄉人看錦衣新北堂滫瀡三牲膳南陌驂驔五馬塵畫角聲殘鈴閣暮露牙香細茗園春甌閩自昔多名士誰是賢侯席上珍

再別陳建州因以抒意

北闕多年作侍臣一枝烟雨憶南閩留連五鼓趨丹禁（近拜章求解職領郡上不允所請[illegible]）健羨雙旌擁畫輪籬畔菊荒環堵宅山中鶴怨未歸人州民刺字空漫滅目斷東方千騎塵

梁四諫議知鳳翔府

幾日銀臺閤副封岐陽西顧委秦中函關叱馭經天險豳國聞鷄接土風雲幕杯盤三省近星郵章奏九門通下車臥理應無事莫遣融樽酒暫空

錢易赴蘄春

名重星垣試官閑月寺中竹符千里郡花浪一帆風塵隙駒從度霞觴酒莫空公堂封筆塚郵舍遞詩筒騷客休懷楚詞臣各薦雄長庚謫仙骨須入抃鼇宮

福州張從事

萬人都督古閩州幕府旌門映碧油閫外依蓮滯英

俊樽前噉蔗占風流犀燈照水窺龍劍鯨浪噴空見
蜃樓暇日登高賦滄海添鹽堪爲昔賢羞

元淨上人之新安謁李學士兼遊廬阜

雙闕重城到幾迴兩遊千里忽浮杯黟江春水淺深
綠廬岳夏蓮傾倒開謝守同翻貝葉字湯師獨占碧
雲才舊房京寺門空閉坐榻凝塵砌長苔

京府獄空降詔因寄大尹學士

長安惡少罷探丸桴鼓聲沉禁網寬三尺舊章閑玉
律八行優詔下金鑾帝臨宣室方前席民值唐年恥
掛冠終日訟庭無一事早調伊鼎佐湯盤

葉祕書温知蜀州江原縣前任嘉州從事自合淝管記授此官

祕省丞郎出宇人錦江偏好濯纓塵酒壚千古風流地花縣三年爛熳春白羽豫州慵草檄青天蜀道厭摧輪巴猿杜魄驚鄉夢莫遣霜華鬢畔新

和詶祕閣錢少卿夜直見寄次韻

甘瓜朱李郢醪濃素綆銀牀蔭碧桐賜第舊連丹鳳闕直廬今在未央宮承雲仙掌延年露轉蕙薰絃解愠風此夕蓬山好逃暑月軒清話恨難同

送石枕與參政王給事雄道人所惠者

千古碧潭秋水骨琢成孤枕冷如冰因爲江外朱輪

守得自閒林自足僧月幌光寒吞桂魄暑軒氣爽壓梅蒸奇章好尚非流俗願向蕭齋代曲肱

黃小著震知興元府南鄭縣

藏室仙郎罷屬辭暑天驅傳出京畿流年兩鬢生華髮宰邑全家住翠微九折坂長須叱馭三聲猿苦汨霑衣（古歌詞云巴東三峽猿鳴悲猿鳴三聲淚霑衣）金門薦鶚知音在（政事夕郎）（大原公常抗章稱薦）不到瓜時捧詔歸

陳堯拱廷評致仕歸蜀（西樞給事之兄也）

一家今有十朱輪獨憶雲山欲退身天邑繁華行樂厭月曹清要命書新西風躍馬經秦甸東道椎牛讌

孟鄰秋稼萬箱僮百指羲皇之上更何人

史館趙祠部況通判宿州（況將被病乞外任）

風流華省含香客籍甚先朝奏賦人竹使三年勞佐郡柳堤千里待行春文園避事心長笑天祿讎書鬢漸新帝念河渠在封部時緣經義委名臣（西漢平當以經明禹貢領河堤）

擇良上人歸天台

片席然犀經水府幾程登陸望霞標吟情晚日繁雲合歸路秋風落葉凋行道六時廬岳漏浮杯千里浙江潮舊房宴坐觀空後香積多年飯頓銷

表玄師歸縉雲有懷故雄闍黎成轉韻六十四句

栝蒼古名郡生齒三萬家我昔自仙殿捧詔臨軍牙
清心治朞月訟息民無譁雄公真大士宴坐緜歲華
駕言造梵宇室邇驚人遐迎門虎溪屐布地牛頭花
庭松偃翠蓋澗泉漱金沙坐聞獅子吼歸恨鵩鳥斜
驛召還上都騰裝即脩路別師黃金園贈我碧雲句
我歸步赤墀代言紅藥署彈指知苦空觀心得降住
藏識懸宿薰輪迴悲晚悟折簡問南宗寄言滿緗素
絕念契真如忘筌離文字刼燒雖洞然龍華決同遇

師名達宸晨恩詔頒方袍歡喜黑白衆蕭衰霜雪毛
毗邪視有疾示身如幻泡雙林忽歸寂人天但哀號
堆案遺札在滿鉢香飯銷只應伸臂頃未覺他方遥
犀柄挂空壁鴈塔千層霄七返暫來去四大非堅牢
口占成尺題手澤著紙尾覩遣上足師浮杯渡江水
雲朶揺筆精玉音鏘盈耳遺我方石枕斑文剪霞綺
諭我求菩提心堅正如此愴然悲夢形沉瀾淚盈眦
上足今去歸焚修益勤止當續祖燈明無令蓮社死
蘇寺丞維甫知簡州陽安縣兼攝家之任
神鷄縹碧馬金精西海桑田一掌平首蓿度關風漸

郡

莓苔登棧雨新晴琴齋盡室無歸夢錦里當壚奈宿酲麈柄清談且為政莫貪蒟醬學論兵

宿齋太一宮答李寺丞次韻

泰畤齋居肅梧楸蔭繚垣露葵深得味風鐸自成喧緑髮松喬侶丹經黃老言心期阻長久蝶夢繞朱門

建溪十詠 并序

太常高博士惠連與建安郡自鄉中以所賦十題為寄僕桑梓之地耳目熟焉不勝起予因亦繼作

武夷山

靈嶽標真牒孤峯入紫氛藤蘿暗仙穴猿鳥駭人羣

古道千年在懸流萬壑分漢壇秋薦駿誰祀武夷君

北苑焙

靈芽呈雀舌北苑雨前春入貢先諸夏分甘及近臣越甌猶借緑蒙頂敢爭新鴻漸茶經在區區不遇真

陸羽茶經不述建溪蓋未遇真茶也

開山寺

層巒連近郭占勝有招提宿霧昏金像飛泉濺石梯鐘聲空谷答塔影亂雲齊千騎時來此尋幽獨杖藜

陸羽井

陸羽不到此標名慕昔賢金餅垂素綆石甃湛寒泉

百泼甘寧謁千金志不遷吳隱之有一歃懷千金之句真茶泛雲液。一歃可延年

梨山廟李頻也

唐季臨茲郡生祠巳薦馨聲詩傳樂府廟貌載圖經晝壁流塵暗金碑古蘚青細民時請福撾鼓賽遺靈

勤公亭

危亭壓波面屹若拆靈鼇浮蟻酡顏斆飛鴻送目勞吏圍披簿領僧伴話風騷何日登懸榻州民剌有毛

大中塔

鷄園開淨土鴈塔倚寒空風鐸和清梵晴幡映彩虹

香花傾海國金碧擬天宮絕頂登臨處谿山一掌中

仙人洲 相傳梅福於此上昇所乘馬還墜後人因號墜馬洲

寒潭吞別派孤嶼屹中流昔有驂鸞客因名墜馬洲

洪波長赴海碧樹幾經秋城郭何年變空聞鶴語愁

延平津

積水深無際神龍此屈蟠媚川珠彩動射斗劍光寒

燕脯誰能寄犀燈豈易看負圖當瑞聖何若蟄洪瀾

毛竹洞

洞門生異竹冉冉接同亭石迸狂鞭怒霜風密葉青

實應容鳳食枝欲變龍形遣客歸何日巖阿已勒銘

因與西廳參政侍郎奕棋子輸紙筆硯三物以詩見徵屬宣毫適盡但送蜀箋端硯繼以此章

多年爍吻着苔砌禿盡江南石上毫五色鸞牋猶有剩一拳端硯豈勝勞蕭齋幸預談賓末謝墅深降奕思高徵物供堂方猶豫丹青筆下枉風騷

又以建茶代宣筆別書一絶

青管演綸都已竭文楸爭道恨非高輒將北苑先春茗聊代山中墮月毫

遊王氏東園

名園聊得拂塵衣深入春叢一逕微萬樹末饒金谷富百口猶有漢陰機青瑣鳳暖天機出文杏巢乾海鷰歸向晚鳴騶九門路柳堤回首獨依依

送僧歸蘇州

說法雄音敵海潮一樓京寺葉頻凋水田三事衣將弊香積多年飯頭銷忽憶虎邱飛夢到更聞蓮社寄書招好傳祖印歸南土莫遣宗風漸寂寥

送僧歸越州

舊房稽嶺鎖春苔猿鳥歡迎振錫迴花雨六時飄講席樵風十里送浮杯一乘了義刳心學三藏真文盥

手開跡似孤雲本無滯飄飄新到帝鄉來

張泌東遊

玉籍參差未策名東遊聊得拂塵纓長亭酒盡驪歌闋下楊渡狂鷁棹輕澤國繪鱸懸夢想戟門羅雀斷逢迎秋期莫到槐花老待聽新文擲地聲

喜王虞部賜進士及第時知鄭州奉詔乘馬赴闕喜宴

中臺高應列星文千騎驂驔擁畫輪起草已誇雙筆健登科更占一枝春龍津召宴芝泥濕鴈塔題名麝墨新只待甘泉重奏賦彩纓長奉屬車塵

送章四十舅翁東歸

終 滿 細

鄉黨共推賢千名二十年早懷荊岫璞遲下祖生鞭
敢諫書無報徒行屨欲穿聖朝公道在搔首賦歸田

苑儀下第東歸

君住武夷鄉思歸便促裝溪鱗絲縷細園茗露芽香
雷火悲三上金錢困一囊長纓塵土滿會待濯滄浪

武夷新集卷之四終

唯嘆千待

武夷新集卷之五

宋楊億撰

詩一

送章頔寺丞之巴陵

涔陽從事有嘉聲，外計封章薦姓名。再命便爲千室宰，千飛又出九重城。腰懸銅墨才猶屈，吟對江山思轉清。楚客十年偏遂意，秋風滿眼紫蓴羹。

外弟張湜西遊

六年隨我客梁園，西上孤飛徹九門。抱璞有瑕唯嘆命，泣岐無託更銷魂。秦關百二聊乘興，漢牘三千待

叫閶赤日炎風兩京道文章滿腹與誰論

章羣下第東歸

卓犖修詞有古風計偕西上劇飄蓬梁園失意三春月閩嶺思歸一畝宮且喜還家儀舌在莫嗟爲客趙囊空九天下詔崇儒術好絕韋編待至公

賀資政學士王侍郎

瀝懇青規動帝心秋曹月殿寵光深論思東序清閒宴偃息西崑翰墨林私第藏書皆有副公庭種竹待成陰臥龍禁闥應非久救旱還須起作霖

表弟廷評章得象知信州玉山縣

侯玉池霞接武夷我思祖德沛霑衣縣齋製錦留遺愛庭樹藏鐶長舊園開寶末大父宰是邑予生於縣齋彭澤公田今已廢遼東邑子半應非津亭送別空搔首籍在金門未得歸

梁大諫自鳳翔乞留臺寄詩言志次韻酬之

聯飛仙掖舊心朋子雲云朋而不心面朋也笑我池籠出未能文陛影纓空自愧香山蠟屐與誰登託身羿㲉憂危甚引領黃陂鄙恡增二室風烟莫全占會思攜手躡雲層

石殿丞通判濮州

龍虎遊從分不疎忽聞新命佐魚符繹旬苦雨淹行
旆幾曲洪河貫郡圖浮蟻酒濃頻舉白折膠風勁好
彎弧賢侯東道歡相得期月民謠待袴襦

元奉宗宰績溪

遊梁度幾春時譽藹天倫家寄汀蘋久居題桂籍新
溪鱗清可數澤雉到應馴黟歙非難治民風自古淳

李工部赴江南轉運

含香五字客尚齒十年兄舊奏梁園賦新題漢柱名
出驅星使傳入佐地官征獻可方前笏分憂又抗旌
富饒今澤國佳麗古臺城錯節投刀釋頹綱攬轡清

沃心期密啓銜尾待香杭處處江山秀行春莫計程

楊日華宰錢塘

洛社負才名吾宗古罕聲聞詩趨鯉室襲慶墜鱣庭力學窺堂奧孤飛徹杳冥一枝攀綠桂百里應華星漢網何曾密吳歈正好聽油囊滿醇酎半日莫期醒

柳紳歸縉雲（予曾典是郡紳依官師相國十餘年）

東甌別業寄秋雲平昔題橋墨尚存故郡曾登太守榻上都應掃相君門揮毫月殿香盈袖錫讌星津酒滿樽歸去吏民如問我五年書命紫微垣

表弟李宗元知桂州陽朔縣

桂林陽朔溪山秀莫歎迢迢五嶺南百里字人須敏
政千金酌水更懲貪鳴榔下瀨潮程遠梟彩升堂壽
醼酣遠地民淳無牒訴縣齋終日好清談

高起居知廣州

作藩南越古稱雄五管皆歸節制中腰佩金龜三品
綬船開畫鷁一帆風橋官手版趨塵遠梅使星車附
信通暫阻螭頭夾香案清宵應夢未央宮

丁集賢通判餘杭

遼東羽客宣仙材仙殿飛觴接上台便道歸寧白蘋
渚經時賜對栢梁臺里中驅馭先行路膝下斑衣

壽杯明詔許令過別墅不憂郡閤簡書催

莫航赴宜興簿

家住武夷峯眉間道氣濃風塵久爲客雷火近成龍試吏江城僻寧親嶺路重一廛期没齒樂土定相容予素有陽羨退居之志會當占數於樂郊也

十六兄赴韶州從事

魏帝臺邊拂戰塵初平山畔彩衣新又攀高柳隋堤暮却寄寒梅庾嶺春韶石聞尋張樂地曹溪首訪悟空人男兒平昔四方志莫厭區區走隻輪

章頻宰南昌

孺亭洪井古南昌曾是梅仙試吏鄉一邑絃歌榮製錦幾程雞犬接維桑年深爲客貂裘敝秋晚還家菊徑荒平昔題橋今遂志且斟壽酒獻高堂

李廷評昭迪使淝上

畫舸西風玉雨斜淮淝將命去程賒衣纓黃閣相君後門巷青春學士家驛路新袍欺草色公筵太白醉榴花謝庭蘭玉多才思休辭裁詩對客誇

書懷寄劉五

風波名路壯心殘三徑荒涼未得還病起東陽衣帶緩（近臥病月餘）愁多騎省鬢毛斑（予行年三十有二）五年書命塵

西閣千古移文愧北山獨憶瓊枝苦霜霰清罇歲晏
强酡顔

趙殿丞知河南縣

鼎邑閭閻有古風清談爲治自從容官聯殿省通朝
籍路過津橋入縣封柳蔭天衢時按轡雲生少室好
搢笏龍門舊有題名處石壁蒼苔駁幾重

祕閣王校理知柳州

南越尉佗國羅池子厚神桂林驅傳遠芸閣解嘲頻
行橐黄金滿歸程皂蓋新一麾愁度嶺五綵喜寧親
薏苡偏防疾蒲盧善化人蓬山直廬在凡覩日生塵

孫　燒

送僧歸越

中林宴坐赤髭繁水月禪心出世間説法音同海潮震隨緣身比嶽雲閑曹溪嫡嗣多參見碧落仙鄉徧往還歸去舊房秋色晚澗松枝偃雨苔斑

吳延年宰武義

精神滿腹富青春燒尾曾看上禹門獻賦多年梁苑客謫仙重世武夷孫（武夷君呼鄉人爲曾孫）一同印綬光初命幾驛桑麻接故園澤國歸程秋欲盡丹楓黄菊動吟魂

西來赴調合關繻黃綬風塵厭九衢祖席且同開口笑公庭未免折腰趨長安車馬偏欺客魯國衣冠肯戲儒共憶故園歸計晚舊遊烟樹隔重湖

黃少卿惠綠雲湯

新甫奇材百尺標秋空高幹拂鵬霄仙經藥品誇難老人世霜天貴後凋千古貞魂愁化寶九原荒壠恨爲樵誰研露葉和雲液幾宿春酲一啜消

靈隱長老歸舊山

浮杯心與海鷗親駐錫王城忽過春麟殿九旬談妙法曹溪一滴渡迷津狂翻竹箭波隨棹側布黃金地

幄
流珠宫
帳時

絕塵白黑歡迎猿鳥喜紺園風定雨花新

皇甫太傅知蘇州

長洲連歲得賢君十萬人家煦若春激箭波狂浮晝舸散絲雨細逐朱輪郡齋詩石鋪輕蘚公宴歌喉落暗塵未得休官作逋客河梁歸思滿鱸蓴

懷寄樞密王左丞

高陪七聖從軒遊帷幄深嚴日運籌口裏雌黃歸品藻盤中燕白想風流珠宫地密防趨謁銅鉢聲沉斷唱詶獨喜修書依絳帳時登闕里受春秋

從叔郎中知潭州

浩閫分憂重關山去路賒含香滯郎署乘驛倦天涯土貢千頭橘神祠萬里沙金碑紀風物寶瑟怨年華粉籜斑文簟雲腴紫笋芽民田兩岐麥郡圃四時花別恨休攀柳歸期待及瓜鱣庭有遺訓清白自傳家

黃刑部之陜西轉運

百二秦川四塞寬甘泉烽火報平安泥書雙筆遷郎署粒食千金仰縣官江海半生拋別墅關山何日解征鞍定將鞭算資心計流馬功成國史刊

史館張學士知夔州

鸞掖分符又出麾津亭自送片帆飛曹隨越鳥棲烟

樹重許奧儂見錦衣君前牧新定[illegible]屬邑行春熊軾穩公堂
卜夜蟹螯肥隱侯帶眼看成緩雙鬬恩深更憶歸

答李光丞來書述車駕臨幸修書院之事

豹尾森森拂畫簷久留雕輦閱牙籤字分三豕懸該
博饌費雙雞愧屬厭濫跡縉紳同北枳草儀封禪待
南鶼相門蘭玉裁新句只恐京城紙價添

寄并州張給事

山河表裏絕狼烟幕府朝朝醉玳筵合樂中軍雄鼓
吹傳杯四座豔花鈿行春好駐桑郊騎卜夜誰談雪
賞禪絕苑并門昔千里離懷愁對月嬋娟

寄劉秀五連典吳中諸郡

騎置迢迢阻玉音左魚江海遂初心朱絃道直消浮謗春草愁多動苦吟震澤析酲千樹橘華亭驚夢九皋禽郡樓晴日東西望幾處甘棠接翠陰

無為軍王從事

奏牘曾蒙一夜觀擅場文價在金鑾貂裘歲久京塵暗鷁路風高旅翮殘取酒黃金都已盡食魚長鋏更須彈時清水國無書檄誰見揮毫一據鞍

密直任學士知益州

玉壘求賢牧金門輟近臣龍荒使傳遠雞省命書新

殿柱題名久刀州入夢頻懸魚喧舊政前牧東川吒馭纜
芳塵珠履平原客壺漿左蜀人北堂牽遠念南詔撫
殊隣宴樹峨眉雪調箎濯錦春樂章傳辯士卜肆訪
遺民幕府觴無算池塘思有神知誰預亥辟空羨吐
車茵

休沐述懷寄祕閣錢少卿

風號電笑雨平堦紈素微涼暗入懷晝枕乍咸園吏
夢晨蔬聊學太常齋名惹引籍通丹地心魄移文刻
翠崖大隱金門猶自適日親方朔聽詼諧

送朱奉禮歸寧

垂髫婉孌便能文驥子蘭筋逈不羣南國生芻人比玉梁園修竹賦凌雲堵牆看試三公府反哺知千萬乘君賜告歸寧來別我亭皋木葉正紛紛

送禪牀與樞密王左丞

北祖安禪唯看淨毗邪升座更談空須知密勿萬機外常在瑜珈三昧中

受詔修書述懷感事三十韻

太極垂裳日中原偃草初樓船秋發詠衡石夜程書好問虛前席徵賢走傳車蓬萊侔漢制煨燼訪秦餘紬繹賫金匱規模出玉除紛綸開四部祕邃接千廬

籧篨

怯

飫賜雙雞膳親迴六尺輿華芝之下閶闔白羽擁儲胥
望氣成龍虎披文辯魯魚清光無咫尺玄覽亦疇諮
羣彥揮鉛筆微生灑石渠嵇康真懶慢謝客本空疏
講學情田坰談經腹笥虛月許依許劭文體慕相如
雅飲歡娛洽清言鄙怯祛彌旬容出沐終日喜羣居
撫己慙鳴玉歸田憶荷鋤池籠養魚鳥章服畏猿狙
圜府愁尸祿天閽媿裝裾虛名同鄭璞散質類莊樗
國士誰知我隣家或侮予放懷齊指馬屏息度羲舒
寡婦宜憂緯三公亦灌蔬危心惟觳觫直道忍蘧蒢
往聖容巢許先儒美甯蘧晨趨歎勞止夕惕念歸歟

秦痔疎杯酒顏瓢賴斗儲如諧曲肱臥猶可直鉤漁
嬌嬌龜銜印翩翩隼畫旟一麾終遂志阮籍去騎驢

分得朝野多歡娛（魚字韻）

皋壤驚秋氣倉箱有歲儲梁園從臣頌謝墅富人車
休沐新頒詔珍符不絶書天心游蠖濩民樂在華胥
擊壤歡謠洽凝脂密網除行將封岱嶽持橐奉金輿

胡馬嘶北風

動地陰風勁連雲白草齊聞琴空仰秣踐雪憶歸蹄
金埒心寧戀鹽車困欲嘶過關拖疋練渡水惜鄣泥
五路鸞旗綫千金碣館迷羈魂重懷土不寐到晨雞

金馬

茂異紛綸集漢庭求賢詔在竹書青共趨金馬門前路誰識東方是歲星

冬夜

香殘鼓絶暝烟深簷近孤缸射宿禽露井銀牀霜氣冷瑣窻珠網月華侵初沉遠籟聞疎漏旋拂流塵撫素琴坐久星河漸傾沒蕭蕭朔吹度平林

集賢李金部知潁州

汝陰名郡擁朱輪洛宅霜威尚襲人門籍向通仙禁近書囊纔補殿帷新金華入侍知非晚石柱題名又

幾春莫戀桑郊停五馬逢邱几硯自生塵

海印大師歸永嘉

丈城應供幾經秋海國歸心不少留兩雪片帆過北
固烟霞丈室寄東甌千燈續燄知無盡一錫隨緣信
自由更到石門題雅句碧雲從此掩湯休

挽歌

故樞密宋給事挽歌三首

宸遊方扈從移病發樞機步輦親臨問肩轝遽告歸
怨闈號左轂旋見泣中闈珹郢遺言切忠魂定有依
六龍初展義七聖盡陪遊塞外狼烟起軍中羽檄稠

漢帷方借筯，莊壑忽沉舟。不奈良臣死，秦醫亦漫求。

不辭溫室地，長別諫書帷。玉恨埋黃壤，星愁拆紫微。

薤歌偏怨咽，衮斂更光輝。可恨岑文本，遼陽不共歸。

故蘄州王刑部閣老挽歌五首

東觀未絕筆，西垣俄解龜。麗裁青紙詔，重入白雲司。

流落成三黜，聯翩換一麾。黃岡與滁上，應立去思碑。

雖省曾三入，蓬峯近十旬。命書批鳳尾，諫疏逆龍鱗。

按部朱轓遠，悲秋素髮新。茂陵終不起，遺札滿埃塵。

近署罹官謗，清淮綰郡章。平生不佞佛，晚歲尚爲郎。

得疾因鄉縣，爲文足感傷。纔蒙宣室召，奄忽歎云亡。

楚客離騷怨子牟江海心積憂偏損壽多病未妨吟
野鳥俄窺舍甘棠已結陰郡中應罷市遺愛在人深
奏稾應盈篋藏書復幾車門人誰漬酒天子想投瓜
旅櫬關山濶銘旌道路賒趨庭有令子清白自傳家

故比部李郎中挽歌四首

隴右華宗貴朝端懿範存哀烏光列宿驅馬慶高門
謁帝承明署娛賓金谷園人生忽到此天道亦難論
睦族衣無主傳家鼎有銘沙堤連里巷玉樹接階庭
北海樽常滿西山藥不靈肯堂歸棟蕚含笑入泉扃
鴈序分臺閣春卿有職司雲屏三殿宴綿蕝一王儀

風韻靈和柳襟懷叔度陂善人無復見執紼淚空垂
美疢漳濱臥營魂東岱歸故人空漬酒侍史罷薰衣
畫像留家廟銘旌出帝畿浮生除壽考享福似君稀

明德皇太后挽歌詞五首奉勅撰

母儀垂二紀坤順翊玄功望斷蒼梧野尊歸長樂宮
金塗烘曉日椒壁起香風奄忽違塵世攀號泣舜瞳
軒星光太極陰教正中闈外戚黄金穴深宮大練衣
雀臺愁霧隔駒隙暗塵飛貝闕三山路飄飖仙馭歸
德契河洲什心依黄老書濯龍規誡在飛刻豫遊疎
復土文園接凝塵丙殿虛烝烝天子孝泣血望金車

世載河山誓門無恩澤侯公桑空繭館仙藥阻蓬邱
愍冊藏幽壤哀笳咽素秋後宮彤管在千古紀徽猷
閟範留椒閫神遊返玉清魚燈照玄寢騎吹咽重城
運迫昇仙日人傷喪妣情宮中舊長御行哭盡吞聲

又五首 奉勑撰

太姒徽音盛長秋命數崇黃圖分內殿玄象應軒宮
紀注無窮美聲詩內助功雲陽復土後陵柏自悲風
甲族傳仙李遺言在濯龍後宮皆率職外戚早辭封
彤管流陰教金根盛國容真遊一何遽罷望九疑峯
軒遊雲杳杳舜孝日烝烝椒壁還生沴銅臺亦罷登

親桑寧復見嘗藥遂無徵拱木玄堂閟悽涼烟霧凝
外家金穴貴纍日玉衣裳萬壽瑤觴舉三朝複道長
小侯親俎豆女史煥縑緗遽厭人間世乘雲歸帝鄉
外族長安盛尊名永樂崇初陵凄草露舊殿閴椒風
翠樹迷凶仗周原掩壽宮聖君悲望處淚雨泣重瞳

樂章

太常樂章三十首奉聖旨撰　咸平五年

皇帝南郊前一日朝饗太廟奏理安曲迎神
肅肅清廟昭事祖禰粢盛苾芬四海來祭皇靈格思
令容有粹降福孔皆以克永世

祼

皇帝行奏隆安之曲

祼鬯溥將賓尸在位玄德升聞孝思光被公卿庶政

傳御師氏至誠感神福祿來暨

皇帝奠幣奏瑞文之曲

淳精育物瑞木成文元氣陶冶非烟郁紛玄貺昭格

至和所薰登高祼獻肸蠁如聞

迎祖奏豐安之曲

麗碑割牲以炰以烹博碩肥腯薦羞神明祖考來格

享于克誠如聞謦欬式燕以寧

皇帝酌獻第一室奏大善之舞曲

肅肅藝祖肇基洪源權輿光大燕翼貽孫載祀惟永
慶流後昆威靈在天顧我司存

酌獻第二室奏大寧之舞曲

文思聖祖長發其祥錫羨蕃衍德厚流光眷命自天
卜世聿昌肅祗孝享降福無疆

酌獻第三室奏大順之舞曲

明明我祖積德累仁居晦匿躍邁種惟勤帝圖天錫
輝光日新寢廟繹繹昭事同寅

酌獻第四室奏大慶之舞曲

光光我祖時惟鷹揚潛德弗耀發源靈長肆類配天

永思不忘來顧來享百福是將

酌獻第五室奏大定之舞曲

赫赫太祖受命於天赤符啓運威加八埏神武戡難功無間然翼翼丕承億萬斯年

酌獻第六室奏大盛之舞曲

穆穆太宗與天合德昧旦丕顯乾乾翼翼敷佑下民時帝之力永懷聖神孝思罔極

皇帝飲福酒奏禧安之曲

嘉粟旨酒博腯牲牷神鑒孔昭享茲吉蠲夙夜毖祀孝以奉先永錫純嘏功格于天

武夷新集　卷五　二五三

退文舞出奏正安之曲

左手執籥右手秉翟進旅退旅萬舞有翼

迎武舞入奏武功之曲

已象文治乃觀武功總干山立七德以貞

亞獻終獻送神並奏理安之曲

神之來兮風肅然神之去兮昇九天排凌兢兮還惚恍羽旄紛兮蕭薌旛

南郊降神奏高安之曲

爰卜吉土在國之陽肆類于帝錫羨無疆備物致享嘉生阜昌純嘏昭荅長發其祥

皇帝行奏隆安之曲

禮樂備成乾健天行帝容有穆佩玉鏘鳴

皇帝奠玉幣奏隆安之曲

定位歲祀告於神明嘉玉量幣享于克誠

迎祖奏豐安之曲

有牲斯純有俎斯陳柔嘉登薦昭事惟寅

初獻奏禧安之曲

大報于帝玄德升聞醴齊良潔粢盛苾芬

皇帝飲福酒奏禧安之曲

祀帝圜丘九州獻力禮行于郊百神受職靈祇格思

享我明德天鑒孔昭玄祉昭錫

皇帝迴仗乾元殿奏采茨曲

禮成于郊迎日之至時乘六龍天旋象魏端門九重虎賁萬騎四夷來王羣后輯瑞

皇帝御殿迎升御座奏隆安之曲

金奏在懸羣后在位天威煌煌嚮明負扆玄覽穆清弁冕端委盛德日新禮容有煒

引羣官作正安曲

萬邦來同九賓在位奉璋薦紳陟降庭止文思安安威儀棣棣臣哉鄰哉介爾蕃祉

皇帝正冬御殿文舞第一

八佾俱陳萬邦有奕既以象功又以觀德進旅退旅

執籥秉翟玄化懷柔遠人來格

第二

閶闔天開羣后在位設業設簴庭燎晰晰斧扆當陽

虎賁夾陛舞之蹈之四隩來曁

武舞第一

武功既成綴兆有翼以節八音以象七德俁俁蹲蹲

朱干玉戚發揚蹈厲其儀不忒

第二

盡美件

偃伯靈臺功成作樂以昭德容以清戎索萬邦會同

羣慝竄勺盡善盡美侔彼韶頀

皇帝南郊迴御樓將索扇奏隆安之曲

應門有翼羽衞斯陳山龍衮冕律度聲身峩峩奉璋

肅肅九賓清明在躬志氣如神

皇帝御樓奏隆安之曲

圜丘類上帝六變降天神禋燔禮云畢伏衞肅以陳

天顔瞻咫尺玉澤熙陽春玉帛臻禹會動植霑堯仁

皇帝御樓畢奏隆安之曲

肆眚云畢淳熙溥將雷雨麗澤雲物効祥禮容濟濟

天威煌煌大賚四海富壽無疆

又七首 續奉勅撰 景德二年

白帝迎神高安曲

西顥騰精天地始肅盛德在金百嘉阜育彍弩射牲

築壇登穀明靈格思旄罕紛屬

奏幣嘉安曲

博碩肥腯以炰以烹嘉栗旨酒有瀰斯盈殽蔌維展

肅肅蒸蒸吉蠲備物享於克誠

送神理安曲

飈輪戾止光燭靈壇金奏繹如白露漙漙

明日迎神

陽德之母羲御寅賓得天久照首茲三辰正辭備物

肅肅振振淪精降鑒克享明禋

奉幣

醴齊良潔有牲斯純大采玄冕乃眙其文王宮定位

粢盛苾芬民事以敘玄德升聞

送神

懸象著明照臨下土降福穰穰德施明普

飲福酒廣安曲

籩豆既陳吉蠲登薦洗心防邪肅祇祭典陟降惟寅

籩豆有踐百祿咸宜淳燿丕顯

正冬御殿上壽樂八首

皇帝舉壽酒宮懸奏和安之曲

天威煌煌山龍朱章庭實旅百上公奉觴拱挹羣后

端委垂裳示錫難老萬壽無疆

皇帝舉第二爵酒登歌奏祥麟之曲

帝圖會昌仁獸効祥雙觡共觝示武不傷四靈爲畜

玄枵燿芒公族信厚元元阜康

賜羣臣第一盞酒宮懸奏正安之曲

思皇多士靖恭著位鳴玉飛緌鏘鏘濟濟宴有折俎

以示慈惠罔敢不祇福祿來暨

皇帝舉第三爵酒登歌奏丹鳳之曲

矯矯長離折翮來儀和音中律藻翰揚燀珍符沓至品物攸宜至德玄感受天之祺

賜羣臣第二盞酒宮懸作正安之曲

金奏在懸有酒斯旨顒顒卬卬饗明負扆湛湛露斯式宴以喜佩玉鏘兮罔不由禮

皇帝舉第四爵酒登歌奏河清之曲

德水湯湯發源靈長皎鏧澄徹千年效祥積厚流[illegible]

[illegible]主皇皇明宗闡下普制無疆

賜羣臣第三盞酒宮懸作正安之曲

酒以成禮樂以侑食露湛朝陽星環紫極淑慎爾容既飽以德進退周旋威儀抑抑

禮畢降坐宮懸奏隆安之曲

袞衮當陽穆穆皇皇擊石拊石頌聲洋洋和樂優洽終然允臧禮成而退荷天百祥

武夷新集卷之五終

武夷新集卷之六

宋楊億撰

頌

承天節頌 并序

臣聞聖人之生也必契千載之會昌膺三靈之眷命叶河洛之祕紀握天地之元符歷數有歸周秦所以訢合謳謠攸屬唐虞所以丕承蓋景運未融何以鍾於惟睿嘉祥不集何以顯於乃神故炎帝有姜水之徵軒轅有樞星之異少昊有流渚之應顓頊有襲月之感河清社鳴旣彰於圖諜日角龍顏復著於儀表

然後執璿璣以齊七政垂衣裳而臨萬方端居穆清之中獨運陶鈞之上荷天百祿純嘏之錫無窮比德九皇仁壽之期斯會者也恭惟五代之季寶啓聖宋囊括席卷混一區宇三葉之盛實生哲后聰明文思對越穹壤涵育萬類功成而不宰總制九有神行而無方四隅底寧百度大治羣公卿士望清光而惟勤縉紳諸生頌盛德之靡暇巍巍乎蕩蕩乎無得而名也惟玄冬之良月實祁寒之戒候乃初吉之翼日即載誕之休辰有司率循舊章請建佳號皇上奉若先志祗膺典禮于斯時也平在朔易神惟玄冥涼風生

廣莫之郊大呂應伶倫之管氣栗烈以彌爽天淡寥而益高初陽既躋就之者咸愛增冰方盛履之者不兢時令順而玉燭調歲功成而寶歷承於是幅員之內提封之外越裳之國重九譯而來賓北方之彊欵五原而納貢舟車之所不及風教之所未覃莫不梯險航深浮琛沒羽萬國麇至會禹於塗山諸侯駿奔朝漢之長樂是日也佳氣葱蔚非煙郁紛微塵不興纖羅靡動殿枕龍首倣帝居於鈞天庭列虎賁森羽衛於鈎盾金奏在簴六代之樂畢陳素錦綢杠九斿之旂並建庭實旅百纍服成羣列於陛戟之前立於

宮懸之右叔孫綿蕝備舉九賓之儀后夔簫韶將致
百獸之舞既而羣臣蹴踖以就列一人肅穆以當陽
淵然雷聲溫潤玉色堯階三尺仰之彌高舜目重瞳
望之斯畏上公捧觴而獻壽大師升歌以詠功德爵
斯年共祝南山之固頌越於下載沾玉斝之餘有位
悉享於衢樽羣生永躋於壽域盛禮斯畢景福無疆
下臣忝預周行親覩文石從大夫之後陪未央之朝
覩鐘鼓玉帛之云譬聲明文物之盛固知金泥石礎
將有云亭之期豈獨緩帶絲囊但舉開元之舊而已
哉[illegible][illegible][illegible]試頌之作宜[illegible]之識也昔者有駜泮水皆諸侯

之事耳猶復形在詩什被於筦絃如臣述大君之功
德祝聖人之壽考文雖不足於志事乃有殊於古美
芹之意雖可獻於君親擊壤之音豈能中於風雅惶
恐稽首謹獻頌云
大[illegible]
惟民樹君惟天生聖寔天之子惟民司命神靈在躬
岐嶷成性載誕之辰生民之慶乃建佳節其惟承天
惟天爲大惟帝法焉惟帝合德罔有後先承之伊何
終日乾乾帝謨廣被天瑞洊至乾符坤珍紛綸總萃
玉帛駿奔飲食飫賜外薄四海敢有貳事龜巢於蓮
其葉田田蒙莊大椿春秋八千山聲響答河色漪漣

如日之旦億萬斯年煌煌老人上應南極昭昭辰星垂象於北如松之茂如栢之直萬壽無疆自天永錫華封之祝屬於帝堯中和之頌升於漢朝王澤下濟德音孔昭爲之聲詩無愧採樵

記

處州麗水縣廳壁記

麗水古栝蒼縣唐大歷末避德宗諱并郡改焉地亘婺女之區俗蓋東甌之舊提封之廣家僅十萬井生齒之富庶幾八千室自錢氏竊據之際頭會箕斂民不聊命及聖朝混一之後生聚教誨日不暇給縣署

湫隘僅庇風雨偪下已甚陋如之何前此宰邑者皆鞅掌王事況迷簿領盤錯游刃之不暇棟宇改作之未遑至道初天子以古者郎官出宰百里申命廷尉評甄侯旦以六百石秩來涖是邑侯孔門之達者也吏道詳敏而飾以文學天資高朗而輔以經術清白以率下明察以照姦獄訟滋彰必片言以折賦調佂傜皆先時而辦曾未期月縣政大成天子嘉之凡再降璽書進爵朝大夫總殿中六尚之職不改其任恐奪民賢君增秩以留用西漢故事侯既五月報政休聲著聞終日清談庶務自治從容暇豫周覽縣齋苦

蓋不完梁木將壞慨然憤發經之營之度山取材懸金購匠因農務之隙募子來之徒運斤成風揮汗爲雨皆曰吾儕小人猶有闔廬以避燥濕寒暑豈我賢宰君築室而不遠成乎曾未浹旬層構云畢怳若神化煥乎惟新凡樓以藏詔書廳以決政事樓之南敞重關可入方軌廳之北闢回廊僅容宴豆通而計之共十有一間麗譙渠渠洽象之法在焉堂皇峩峩神明之化出焉堠陛降以之造次於是職修事舉體寧神王使盧室生白高門容車後來之人坐享其利侯之規模言玆遠矣昔者一日必葺春秋譏叔孫之賢

百堵皆作詩人著斯干之詠鄙夫不佞假守方州每行春棠郊攝齊偃室目是輪奐飽其風聲爰勒貞珉以志盛事異日甄侯乘去下邑揚於王庭此邦之人誰無遺愛卽陵遷邑改斯宇也比靈光而獨存石泐金銷斯文也與峴首以同致後之君子善似續之

處州龍泉縣金沙塔院記

金仙氏之教有自來矣天毒之國實紀于山經竺乾之師嘗聞於柱史西京名將得休屠天祭之人東漢諸王爲蒲塞桑門之饌道之行也源遠乎哉三吳輿區控帶閩粵魚鹽所出生齒繁夥昔仲雍之剪髮文

身參以殊俗劉濞之卽山鬻海放於末游加以句踐之好兵民性獷悍益之東甌之尊鬼土風妖訛自像法西來漸被諸夏此方士庶佞佛尤謹毀形變服競爲苾蒭之飾傾財破產爭修浮屠之舍含福畏禍革音遷善水火或蹈徽纆罔懼而怵報應之說堅信向之心姦軌用衰民德歸厚易所云神道設教者其是之謂乎縉雲西鄙之邑曰龍泉實甌冶子淬劍之地土田膏腴居人雜錯山谷環合習俗豪舉版圖所載提封萬井舟檝僅通懸流千仞縣之南有精舍曰金沙林巒縈束烟霞藹蔽地形四塞犖通鳥道石門中

豁迥非人境香火不絕鐘唄相聞寔爲道場多歷年所徒衆彌盛堂構益隆求之東隅葢有隙地邑人李文進施財百萬造塔七層貨泉之費已殫土木之功未畢桑門延通與其徒鴻顯暨大姓李仁祿共倡其事薄斂於人經斯營斯載樸載斲基扃環回而固護堂陛崛起以穹崇斲材也必取山木之良礱之以密石購匠也必擇雲梯之巧賞之以兼金極剞劂之工加丹雘之飾築室斯廣葢百堵之有餘爲臺甚高非三休而能詣鳥鼠攸去燕雀是依名翬軒而欲飛巨鼇亢以方抃由余謂之使鬼土苗疑其勝人殆歲星

之周天始祇園之訖役凡堂以陳賓主之次室以備宴息之所高門洞啓回廊翼舒庖廚載嚴井榭攸設舉其成數凡四十間湧塔屹於中庭反宇聳於天半泛朝日以增麗蒙夕露而如失作鎮茲壤垂厥方來且以岳陽王感應舍利李長者華嚴合論寘而藏之目之曰華嚴寶塔舉其一而稱焉亦取夫百寶莊嚴之義也夫誠不果者物不應志不篤者事不集故霜隕燕地風擊齊臺誠之謂也精衛塡海愚公移山志之謂也若通師者奮空拳創會構兼心固異石席之卷轉致功微漸同水索之鑽鋸於是名豪居士捐

千金而不疑織婦販夫拔一毫而無惜聚財致用積日累勞物力告窮形勢總萃非夫挺雞鳴不已之操用蚍蜉時術之功磨涅靡渝顛沛於是固將九年治水厥功弗成一簣爲山中道而止迹其所自夫豈偶然予乃知夫西方之言有益於化大雄之教不虛其傳矧於海隅崇尚尤篤以通師之善誘以邑人之悅隨譬諸靈臺既克成於不日將比棠樹永見愛於斯民豈只軒邱之獨神孔堂之不壞而已汝南周啓明者郡之造秀占數是邦致書於予懇請爲記聊敘始末以附諸地志焉

處州郡齋凝霜閣記

夫談仁義者必就閒宴避炎酷者必登高明故曾史述其三宮詩人詠夫百堵中堂湫隘婦姑由是勃谿大夏穹崇燕雀以之相賀若乃叔孫之葺牆屋隆抗之治廬舍去如始至後無以加賢者用心豈徒然耳兹郡唐季之亂王澤弗流大姓名豪竊據其地腹背受敵兵戈日尋假息朝晡遷保巖險迄今郡署冠西山之顛高出千岑俯窺萬井徼道迂曲何翅乎七盤峯頂坦夷不過乎數畝廐庫之外參以吏舍向之平田苦其牟侯堂廡之制因而偪下亭榭之設率以乘

危每溫風勃興畏景流爍如臨熾炭若游沸鼎冰壺屢挹內熱靡蠲羽扇迭揮流汗相屬俄項之際燋爛可期蓋由乎改築之初而勢素定因重崗之迴抱且四垂之斗絕堂塗迫窄不開南榮棟宇膠葛無有北戶故鬱蒸之疢候必薰灼之是憂自國朝已來領郡者僅以十數率困簿領未暇經營及余之涖是邦也承數賢之餘庶務修舉曹無巧詆之吏下無失職之民淸忍處之朞月而治適離暵熱殆將委頓因創飛閣於東北隅運甓纍土以成基斬木陶瓦而備用僅及旬浹層構歸然軒牕洞開景象輻湊峯巒掩映雜

火雲之嵳峩溝塍紏紛瀖時雨以澎濞閶闔森以相錯竹樹翠而成帷百里雖迥不隱於秋毫萬象實繁如在於指掌固可胸中蕩於郤愫睟予極於泬寥蓋襟以當雄風岸幘以度永晝憑高望遠式動能賦之心置酒娛賓便爲逃暑之飲夫如是乃體寧慮澹心和氣平莊室彌虛神明所以來舍孔堂不壞絲竹期乎有聞豈但逶迤退食之餘從容案吏而已閣既成命之曰凝霜將使來者無執熱之煩登者有解愠之適亦猶抱朴子所謂玄冰丸飛雪散用以却暑兼取

南康軍建昌縣義居洪氏雷塘書院記

三代以還鄉黨皆有庠塾兩漢而下公卿多自教授及五胡猾夏一馬渡江揚粤之區衣冠畢集士風文物雄視中原蓋劍客奇材昔稱荆楚之士寬柔以教今見南方之强用是出相不下於山東明經僅多於鄒魯街談俚語必及詩書總角弁髦即遊學校由學而禮讓著由讓而孝義敦斑白相推於道塗者艾靡由於市井耕者異畔賈不求豐亦猶夫洙泗之濱斷斷如也南康洪氏傑出其間以耕鑿之勤厚致貲産以孝悌之德大庇族人奕世聚居與功踰於百口至

聲　豈減

行內激風聲樹於一方州閭之內人無閒言閨門之中衣無常主漸漬玄澤陶甄至和彬彬然有萬石孝謹之風熙熙然躋華胥仁壽之域且於所居之側崇飾學舍一日必葺賓至如歸厨廩益豐弦誦不輟褒衣博帶豈減厥里之徒竹簡韋編將敵秘書之副子弟之秀者咸肄業於茲田蘇與遊曾晳同志列第偉於稷下鼓篋比於虞庠羣賢之一經相傳劉氏之七葉俱盛豈只游談之矜式羇旅之嚮依設驛馬於西郊來遠客於千里而已至道中天子遺美俗使者按行郡國且以御書百軸下賜其家家老文撫以隱居

求志肥遯不仕餘遺其弟文舉入謝天闕特賜清閒之宴召對赤墀之下勞問數四歎息久之解褐受官以示光寵天子又自署一幅曰義居人以賜之閭閻壇氣閭巷改觀雖古之里稱通德族號高陽家有賜書門標六闕者曾未足擬也矧處士君耕于巖穴名動京師身在江湖心懸象魏每歲遣其子弟陳土貢於宰旅上必蕃錫以答其意野芹之意蓋以薦誠園葵之心特蒙委照自渥恩下及精廬彌肅寶玉在笥芝蘭盈庭去年處士之兄子待用舉進士得乙科同時儕流登是選者以十數初覆一簣蓋由椎輪後來

之人貫魚而進以錫羨流光之慶加討論博習之資珪組相輝將珥貂於七葉生徒益盛必著錄者萬人然後臻夫極也學館之南有雷塘焉因以爲名且志其地先是潯陽陳氏有東佳學堂豫章胡氏有華林書院皆聚墳索以延俊髦咸有名流爲之紀述講道論義況力敵以勢均好事樂賢復爭馳而並鶩宜予與二家者鼎峙於江東矣今年助教來齎處士書謁予願志其事且嘉其服道淳固樹善深篤謹守家法勤接士類高門積德已容駟馬之車上帝藏書更同羣玉之府晨慕不忘牢讓非宜黽俛成文聊以塞請

而已

致政李殿丞豫章東湖所居涵虛閣記

涵虛閣者致政李公考槃之所也李公挺生民之秀負王佐之才决科廣庭文雅第一從政劇邑吏人不欺以太夫人在喜懼之年有嬴老之疾拜書北闕求養南陔天子嘉之恩禮尤異旣蘭臺之進秩仍水衡而分俸用致官政歸侍庭闈始卜居歷陽載離寒暑會公之令子今西臺御史以尚書郎通守洪井叔孫必韓豈復懷安元方將車因以東上今年御史秩滿歸闕公且致書於予曰參東西南北之人也前年來

江西登臨山水覽觀風物戀戀而不能去且欲占數
爲是邦之民買田一廛築室百堵編名戶版輸稅公
上陶陶然與漢陰丈人攜手於羲皇之世矣茲郡之
勝實惟東湖今之所居介于湖上却視闤闠前瞻渺
瀰棟宇軫轕而世喧自分魚鳥聲取而物態咸見澄
波萬頃翳映雲天崇期八達絡繹冠蓋此亦古人大
隱之跡不出朝市儒者一畝之宮僅庇風雨者也且
念嘉賓至止必宴豆以伸歡諸生來思乃函丈而請
益捧觴拜慶旣以奉北堂之歡岸幘燕居亦欲俯
南牕而寄傲縱釋爽塏累土增崇俯瞰漪漣回眇蒹

定市山木以樸斲命梓工而經營作新堂成之不
日形勝盡萃軒檐若飛春之晨雜芳被隄綠波如染
可以臨清流而賦詩夏之晝涼飈拂衽炎雲成峰可
以登高明而逃暑潦收水清羣木搖落可以詠秋氣
於楚詞歲暮天寒密雪飛舞可以歌南山於周雅固
足以鑑心猿而習静狎海鷗以忘機宴坐觀空入毗
耶之不二谷神反聽味玄元之五千豈徒晨昏調膳
之餘雍容肆體而已東臺舍人董公昔典是邦或退
食之餘必命駕以至留連觴酌從容笑語憑軒曠望
目送飛鴻秉燭徘徊門留駟馬賞心不足好樂無荒

實由斯閣之成能迴長者之轍若夫天宇岑寂湖光
皎鑑俯見雲鳥毫末靡遯其形旁連邑居囂譁不接
於耳遊氛宿霧寥廓洞開遠水長空混茫爲一髣髴
其梗槩目之曰涵虛優哉游哉聊以卒歲願志其實
式爲美談予與公有同郡之情有忘年之契覩比
德欽聞緒言是用景行高山講求方策若虛白之室
莊周得之逍遥通德之門司農推之鴻博集文選於
南荆者層樓尚在草太玄於西蜀者高臺未傾吳興
有韻海之堂秣陵有烏衣之會戢之圖諜芬若椒蘭
今李公地望門風仙姿道骨清白羲方之訓子文僖

經術之傳家疏廣之揮金老萊之曳綵蘊是全德[illegible]忝先民而在家必聞作事可法歸然茲宇揭於通都聲實飛騰游居企慕締構得地風烈在人予固知夫異日與滕閣孺亭鼎峙於鍾陵爲不朽矣承命之辱敘事靡周聊述所聞以抵來請云耳

連州開元寺重修三門行廊記

夫荆南之分上當翼軫實領於天官長沙之壤析爲連山具載乎地志桂水千里詩什之所徵乳穴十九方物之攸產民俗忠厚土田膏沃力稼務本不呰窳以婾生復性遷善多齋戒以奉佛憂深思遠雅有[illegible][illegible]

騷之風徽福乞靈靡事淫昏之鬼殆一變而至道何必齊魯豈九州之異宜見殊楚越者已開元寺者茲郡之招提也俯臨康莊介於闤闠崇墉嶽峙飛觀神行像素載嚴焚修彌潔允爲精舍居然化城而苾蒭之徒頗有開士香積之供多出都人梵唄相續於六時依止克安於四衆然締構之始爰自唐朝厥初窮樸斵之工殫匠石之巧百堵皆作殆土木之勝人大厦聿成幾燕雀之相賀歲祀寖遠繕完或虧高門洞呀瓦斯解而屋漏回廊矢棘棟既折而榱崩河南邵君頃莅職是邦布政之暇行春之際税駕于茲顧慕

徘徊精神奮發乃欲易其隤陊高其閈閎遂得常住之餘貲且募邑人之獻力經始勿亟庶民子來出言有章同聲響應繇是備物而致用卽舊以謀新梓人揮蠅翼而無傷役夫如魚鱗之雜集修檐重負狀名翬之斯飛淨土尊嚴見黃金之側布龙徒未幾厥功告成前敞三扉下臨萬井東西二廡爰畢於槩塗崇期八達亦甃以甎甓丹楯銅沓可以方軌並入祇平繩界可以結駟而馳足以攝族姓之歸依標郡城之壯麗又何必淨名丈室紛委四華帝釋天宮莊嚴七寶而已烏臺御史邵君華實生樂國夙奉仁祠由委

質策名乃離邪去里致恭於桑梓邁德於親隣而清識造微懿文稽古故茲郡牧守彼方人凡作事謀始必遵介諮諏底績儀功即置郵赴告予與君接武臺閣交驩旦暮且述紺園之役見徵翠琰之文垂示將來用圖不朽靡及牢讓聊此直書云耳

故河中府開元寺壇長賜紫僧重宣塔記

師姓趙氏中條虞鄉人也由河沙劫來殖衆德本未斷後有復生人中積習聞薰童幼穎異宿機冥契割愛捨家十五禮文徹師爲沙彌二十一依澄暉師受具戒亦既持之在躬彼求田衣深念善財徧參知識

尤慕慶喜具足多聞振錫遊方剋心求法其始以比丘持律纔許五年諸佛度生是爲初教且從本師受四分律又以如來出世蓋一事之因緣衆生無邊有萬殊之根器爰自降神兜率視滅鶴林宣說十二部經震動大千世界其閒具偏圓半滿之義開權實頓漸之門雖文字性空語言相離然而標指見月乃理事之兼通得魚忘筌始覺照之都泯師是以從歸一和尚傳無量壽經依行滿法師闡因明論盡達宗旨咸有師承終身受持爲人演說蓋四句之偈福利居多一音所宣悟解斯衆又復專持首楞祕密之咒徧

闍毗盧方廣之文八郡歸依天宮瓣香積之供四衆圍繞空界雨曼殊之花凡讀大藏經一萬餘通誦佛頂真言三十萬過鎬京蒲坂實有緣化前後登甘露法壇宣尸羅淨戒得度者僅千餘人破塵出經多蒙利益傳燈分照豈有窮盡馬祖門下皆一時之利根龍華會中實當來之眷屬人天主伴夫豈偶然秋官貳卿上谷寇公早在先朝參預大政重師之行薦於帝庭詔賜紫方袍以旌其德處六和之衆而天子知名介三法之微而王臣外護非蘊空漏盡神足知圓爲彼岸之舟航作釋天之日月者疇能致是哉師以

咸平四年四月庚戌示身有疾迨至彌留盡召其徒授之治命薪盡火滅神往形留相好儼然道俗傾慕報齡七十有九僧臘五十有八甲子奉金身闍維于南郭之外得舍利三十餘粒以其年某月某日遷靈骨於其原建淨屠焉上足弟子賜紫令操入室推賢傳衣善繼思欲奉揚遺懿昭示將來屏止上都以塔記爲請予素服能仁之教尤欽開士之風且與上谷公道契無生心專趣大樂天綺語固願贊於佛乘執戲蟲文豈能宣於真諦聊摭梗槩幸免枝游云耳

婺州開元寺新建大藏經樓記

昔如來登菩提坐爲天人師萬德莊嚴十號具足大千世界以願力而攝受十二部經自悲心而流出所以宣暢了義提拯羣迷開方便門示真實相有條不紊譬以綫而貫花得象忘言如標指之見月自鶴林示滅大教方行而龍宮秘藏所傳無幾逮暨像法之運乃流震旦之區大士繼生廣釋五天之語精廬錯峙並緘三藏之文於是大雄之法音雷震于玆土矣勾吳之域介于海隅東陽之墟上直婺女蒙太伯至德之化俗敦廉讓之風漸初平好道之餘人稟清真之氣有恥且格見善乃遷邑居相望悉奉竺乾之教

弦誦之隙必閱貝多之言繇是棄塵勞而爲苾蒭者實繁有徒闢淨土而崇塔廟者比比而是開元寺者茲郡之大招提也前臨九逵旁接萬井金碧絢彩上擬天宮鐘梵交音居然福地土木壯且麗矣歲祀寖以遠矣龍象六和之衆禪律交修香燈四事之供檀施總萃而琅函寶揭有所缺然乃有本寺僧文靖與本州都知兵馬使曹維旭同發志誠共營勝利爰以淳化中相率詣闕擊登聞鼓求借方版摹印眞文奏牘上聞帝俞其請逮至道初維旭等始共葺置楮墨之直聿來京都詔免關市之征授以要劵繕造既畢

護持而歸特給上計之迴舟俾逵金華之本郡維旭等又相與刻軸以文本織絛以色絲香芸染籤丹漆塗匣崇飾既以備矣誓願既已圓矣而經臺舊基圮毀滋久軒廡摧撓堤繪踳駮維旭等遂請於郡閤躬
詣屬城徧募有情共成衆善鳩工度費剏舊謀新建重樓開法藏其上級置廬舍那文殊普賢及十六大
阿羅漢之像中級設虎座作八神王箕踞捧持其下象七金山法四大海寶地平布祥雲周繞綈構雕鏤殫匠石之精能像設焚修見天龍之護衛固使黑白之衆有所歸依利鈍之根因而起發皮紙骨筆學道者靡涉於艱辛寶藏金容

者廣涉於鄭辛寶藏金言開卷者並諧於悟入廣大利益豈勝言哉維旭又嘗於雍熙中募衆緣累甓爲浮屠凡七級直經樓之南十數步訖役之日白光燭天晴空泬寥久之始滅行路瞻覩道俗嗟嘆斯亦樹善之冥感薦福之昭報也予咸平中罷守縉雲道出茲郡維旭者捧持事狀拜於道周求得片文以刻貞石會予入掌書命不遑官次而勤請彌篤踐言是冀予固從事于空宗者也隨喜稱讚豈有悋焉削簡含毫茲用無愧云耳旹景德二年歲次乙巳十二月朔日記

潞州新勑賜承天禪院記

景德元年冬天子巡狩澶淵駐蹕河上始議和戎之利慎柬使乎之才乃詔西京左藏庫使獎州刺史隴西李公繼昌奉將信幣克成盟好復命行在不逾浹旬奏事宸居沃心稱旨時黄屋直流虹之慶帷宮舉稱觴之典執玉萬國塗山無後至之刑舞羽兩階靈臺有偃兵之議純嘏之錫上帝是賚富壽之祝率土攸同公因頓首上言以上黨舊邦卜居累世有環堵之室乃先人之廬而自參表著於朝内占名數於京師舊本館在高甍朱頃願爲仁祠以施開士增飾輪

覽　夫　所

[illegible]奉揆修廟以敷善之圖仰助無疆之算上覽奏
嘉歎即命俞之申錫璽書旌以懿號曰承天禪院從
其志也夫箕裘善繼前典攸稱桑梓敬恭先民所重
雖知樂之至不忘所生而似續之賢由於肯構剏壹
關之壤上應昴畢羊頭之阨北當燕趙國俗尚武人
氣多豪捭山東列郡之衝乃天下勁兵之處悲歌慷
慨寖以成風土厚水深居之不疾而公之先正茲焉
挺生蘊翁歸文武之才茂荀息忠貞之力始事周室
迨於皇朝功濟生民道合明主歷計相之劇任處宣
猷之上列乃至正位機密允輔大政當太祖皇帝夙

帝

枌珥

興夜寐經營四方料敵伐謀指縱千里前席借箸允
集太勳持節建牙出臨巨屏功成身退高朗令終惟
公經德體仁象賢濟美職在清禁爵爲通侯門駿鼎
銘昭閥閱之盛朱輪佩玉顯車服之貴誓師邊徼威
肅巴賓作牧藩垣政成海岱單介使處通玉帛之驩
三接承恩居心膂之任萬乘親倚羣公傾慕蓋所謂
人倫之佳士帝右之信臣者也先是公之載誕亦在
舊居指樹尙存藏環可驗忝嘗奉祀履霜露而長懷
井臼思歸顧枌榆而永感然而高扉納駟奕葉珥貂

政履牲謫且深信內典勤修白業念昊天之罔極報
德無階累覺海之大雄歸心有素恭承明詔肇開淨
土棟宇之制侔七寶之莊嚴苾蒭之徒極四事之供
養匠石殫巧天龍薦祥金碧炫彩於晨曦鐘梵交音
於空界問安之寢聿爲道場學禮之庭更張法席足
以滋殖德本發揮善利香象負重廣集彌天之流水
烏談空更同極樂之國福祉之盛豈可量哉昔者南
朝諸公多割宅而爲寺西域長者競捨財以供僧簡
策相傳風流未遠貝多所記報應非虛訂公之爲斯
一致耳曩者太尉先生居顯位受厚祿寵錫蕃庶私

咎充物奉身甚約事佛尤謹生平飯僧七十萬造千佛像修紺殿以嚴寶刹飾琅函以祕金文以力贖奉印金剛上生等經施于四衆山門禪苑多所繕完什器道具㚐用營置深遠實相不滯根塵盡此報身當得解脫君子謂李公詒謀錫羨源深流長福履所綏凡情叵測何只積善餘慶啓八世之莫京定須當來下生首三會而授記父作子述不其韙歟予職在右曹忝師西竺辱公之請至于再三僶俛揮毫以識歲月而已時景德二年歲次乙巳四月八日記

建安郡齋三亭記

夫好尚非一，仁智有山水之殊；居處異宜，高廣致陰陽之沴。故書稱肯構，詩詠斯干，列國之禮賢渠渠，夏屋先聖之談道申申燕居。矧乃專城按郡之崇，觀風布政之隙，經始不日，無土木勝人之譏，退食自公，有宴飲合歡之所，斯固君子之作事，良牧之用心者已。建安大郡，保界閩粵，綿地八百里，生齒十萬室，賦輿雜錯，民俗豪舉。國朝肇建戎閫，必作鎮以壯王；乃眷縣道，亦精擇于健令。即良二千石之寄，從可知矣。渤海高君，由曲臺綿蕝之任，領茲郡山澤之征，就降璽書，委之符竹。而君正身以律下，清心而治煩，釋其磐

牙隊之藝極訟既息矣徽纆棄置于圜扉化之行焉
弦誦流聞於鄉校豪猾屏氣逋亡悉歸顧指而諸曹
承風坐嘯而一郡無事君且念居室先後之訓著於
禮經臺榭高明之說存諸時令蓬壺瀛渤形詩人之
歌詠觀閣池沼播名卿之序引於是周爰公舍眷求
遺址方塘白水皎鑒澂明虛榭危檐摧頹圮毀卽命
匠石授以楷模曾未旬時汔終力役審曲面勢疏爲
三亭反宇飛甍瞰茲一水俯北岸曰勤公仍其舊也
其西曰旭景其南曰澄鮮皆繚以修廊狀翬飛之制
巍然層構崒巒負之雄池之東累土積石爲千巖萬

塞之館亭之南築垛設次習六鈞七札之事每棠郊
聽訟有慇款之勤鈴閣思政乘鞅掌之暇獄既決矣
隱悼伏念以無冤吏且休矣棲遲偃仰而多適君必
巾褠自便屣履而登送目泬寥養浩然之氣披襟軒
檻當快哉之風固已遣仲舉之鄙悋生蒙莊之虛白
至若輶軒一介有于役之勞盛府初筵有從事之樂
郊勞餞飲之外款洽於宴私羽書幕畫之餘率多於
暇豫君必殽核維旅履舄交錯裁雕章於寸燭豆泣
釜中奏妙曲於繁絃魚躍波際固已展春秋地主之
禮盡賓客杯酒之歡其餘即詠歎發於如仁尸祝宗

予全德去如始至嘉叔孫之能賢巋然獨存期靈光而爲比經構之旨豈徒然哉某占數樂郊名參戶版濫官近署跡繫君門少游下澤之車空深懷土亚平爵里之刺不獲望塵恭佩高風欽聞新政而況圖繪勝槩覼縷尺題金玉其音日月以冀幸叨史氏之職願紀與人之誦才少思軋亦不敢辭進牘含毫用謹歲月而已時景德三年歲次丙午八月一日紀

邠州靈應公廟記 奉勅撰

夫有天下者徧察於百神載祀典者非止於一族故成周之盛咸秩無文春秋所記並走羣望秦并六國

漢山　所豊

祠官之領實繁漢繼三代有司之傳彌廣是知出雲見怪不必主於山川捍患禦災固悉存於尸祝牲玉有等廟貌斯嚴齋肅吉蠲薦之以馨德聰明正直降之以嘉生然後百王允釐納民於軌物三時不害躋俗於仁壽茲盛德之事也非聖人孰能隆之哉咸秦之區上直鶉首山河四塞幅員千里雍州爽塏秦時神明之隩幽土深厚公劉王業所基列地百城提封萬井崇墉濬洫制擬通都比戶連豊俗成樂國有神保順公者斯土之靈祇也幽贊無方休徵叵測血食制位巧曆不記其年公袞錫封良史煩遡其事歲月

增遊修奉彌勤神光燭壇野雉皆雊回風翼鶴青虬載翔誠既感而必通靈雖久而靡歇郡或致禱發昭報而格思民苟不虔乃憑怒而伸儆繇是愛之若邵伯之樹畏之如共工之臺天或降災克銷憸伏之咎人斯攜厲能弭札瘥之殃百祥荐臻一境是賴蓋社稷均享同岷嶓之宗亢倉歌舞致誠比沅湘之祠太乙神道設教是之謂乎而必葺以來爲日斯久綠垣有復隍之懼崇構幾榱棟之凶守臣上言俞旨遄降經始以度費因時而僝工取大壯之新規資集靈之舊址成之不日升聞于天特賜嘉名曰靈應公昭神貺

也且有明命屬於下臣事徽鄙詞以志休烈恭惟馭
神以祀者大國之大事爲民祈福者天子之深意有
虞望秩璿衡齊政而靡僭姬文懷柔寶龜卜載而彌
永祚德儲祉豈誣也哉謹述謏聞慚於漏晷時景德
三年月日記

武夷新集卷之六終

終

武夷新集卷之七

宋楊億撰

序

温州聶從事雲堂集序

雲堂集者，永嘉從事聶君茂先試吏梧蒼日所賦詩也。君雍熙三年舉進士，策名乙科，由一命隨牒茲郡屬。仍歲大稔，比戶小康，賦輿先期，獄口滋少，盤牙悉解，郡閤辭簿領之勤，爟火不驚，幕府無書檄之事。婉晝勿用，善政已成，飄飄然其於遊刃，固有餘地矣。於是占勝選奇，尋幽鑒古，名山福地，必命駕以遊，美景

良辰乃登高而賦精騖八極智周萬物觸類有得必
選成章信所謂造次顛沛必於是者也其或心將化
馳意與境會聞簫韶者不知肉味逃虛空者喜聞人
聲邇鴻濛而與遊搏扶摇而上擊其探頤也若求玄
珠於赤水索金簡於丹臺其得雋也如縱㵎鮒於西
江聘歸鴻於碣石故再歲之内所賦凡二百篇東甌
山水之清麗縉雲謠俗之朴古佛刹玄祠之標槩蓋
庭官舍之形勝見於題詠之什矣一郡人物之選一
時寮佐之盛林谷高蹈之士吳楚薄遊之賢備於贈
答之作矣名郡風物之美通人吏隱之適齊民富壽

之樂居上神明之化形於倡和之篇矣若乃國風之作騷人之辭風刺之所生憂思之所積猶防決川泄流蕩而忘返紘急柱促掩抑而不平今夫聶君之詩恬愉優柔無有怨謗吟詠情性宣導王澤其所謂越風騷而追二雅若西漢中和樂職之作者乎君素工於詩及載筆從軍又得茲壤前後左右陟降俯仰皆青山白雲茂林脩竹嗜欲之物旦暮在前矧又旁睨石門謝公遊歷之所却瞻東陽隱侯賦詠之地精爽未泯風流尚存宜乎聶君之於詩爾所感發豈二子之風期脗合潛有依助歟而此都之靈粹閟蓄將有

散逸歟不然何其得之多也去年予假手是邦今年通理虞曹外郎常公將命賦民鹽於鄰郡既竣至且達幷君之命以集爲既而序是求雅意甚勤飭讓非禮聊敘梗概以塞其請若夫詠歌嗟歎之不足識者開卷而盡見也豈僕倦談者所能一二乎

送進士陳在中序

昔孔子五十而讀易以至韋編三絕然後知天命之終始自衞反魯刪詩定書樂正雅頌各得其所六籍既立百王由是取法焉蓋夫易者世歷三古人更三[illegible]命之際通神明之德探賾索隱鈎深致遠故

日易不可見即乾坤之道幾乎息矣若乃春秋詩書禮樂猶五行之更用事而易之爲原古者十有五而志於學既耕且養三年而通一藝三十而五經立也至於學易必俟夫四五十豈非心志未定不可以參陰陽之變涉獵未博不可以觀聖哲之奧至有膚腐齒落塊然面牆其或沿波討源翦焉先覺黜章句異端之說研彖象極深之言不俟知命之歲不求一卷之師天人之占鬼神之變消息盈虛之理吉凶悔吝之徵自明而誠若指諸掌非夫稟人倫之上智得天下之至精其孰能與於此乎潁川陳君世家甌閩寢

處瓚素少好易象洞達其要嘗慷慨發憤以學者傳授失其宗本去理逾遠亡羊多歧大懼夫羲文之旨蕪將墜於地乃鋪衍遺意發揮成文作賦六十四篇篇演一卦之義前年從賦南安郡薄遊上都扣門遺予以賦爲贄予一見而甚驚之也深者厲之堅者鑽之高者跂而望之幽者俯而探之汗漫無際者凌厲以求之窈冥無狀者因象以索之隱機彌有悅然有得或謁於臺閣僚友或語於場屋流輩間普嚮學取以觀於是陳君之名益且籍甚所謂易賦者亦盛行於時既觀藝擧宮不利敗徙然歸東下國鄉

吞新羅之國爭據於要津輿谷之酋不涉於[illegible]

戰之罪也其勢所然乎退居舊廬高臥環堵今年斗

典鄉郡越命駕發來乘桴浮海冒風濤之險叙後

跋越嶺嶠之阻將以生平素業伸於知己若予之孤

陋迂闊何足以當之哉陳君其亟隨鄉書價下西笑

有司方選擢寔雋年龍文儕以副萬乘虛左側席之

意君博綜文史詳練經術詞彩奮發學植堅深取片

玉於崑岡之璞鄰華纓於文石之陛可以備拾未足

為難矣乃行有餘力深窮篆籀象天子方復三代之制

開辟庠序聚生徒選經明行脩之士列於學宮以教胄

武夷新集　卷之七　四

予如君醇儒當中茲遐徵謂君明聖人之道將有以及乎生民揚於王庭宜取顯位一博士之任豈足爲君辱哉勉哉西遊努力加飯

送顯道人歸故山詩序

浮屠依覲師建安吳與人少落髪於桑門棲雲居山結草茅爲廬與猿鳥雜處日中一食凡數年矣鄉人慕之爭攜糗糧茗核鹽酪以請其所或稽首膜拜精意懇禱迎至其居作佛事以祈福師亦不能却之然心殊不喜鄉人以師所居風雨之不庇也嘗棟宇作象設迎始弗亟輪奐惟新飾外形骸黜健羨行不果

俗居無求安崇臺廣厦非其所樂也精舍既成俾其徒糞除之轉詣窮僻緝木皮爲方丈采林草實以食鄉人聞其徒也從之如初凡三徙居所至成市豈蓮華之有擅行莊周所謂全德何不言而化不召而至之如此乎師徧閲金仙之書深求祖師之旨一念懸解五藴皆空雖寓迹禪林而棲心道要端居巖石結志區外虛室生白精義入神乃至授玉篇於東華得素書於黄石驂青虬而騶華芝之神交於肸饗餌金膏而咽瓊液功成於俄頃步越峻嶺若履平地年殆知命宛然童顔或天高月明萬籟俱寂必攝衣杖策深

武夷新集　卷之七　五

入窮山俯絶壑之傍坐大石之上驚歎剛擾毒虺屏去咽氣養和踰月廢寢瞑目隱几彌年不食忽與俗接未嘗自異固已飛名仙籙高蹈玉晨豈但蟬腹龜腸吐納以蠲疾熊經鳥伸導引而爲壽哉予少遊風波之塗早别枌榆之里危未脫於羿彀疾莫造於醫門淳化末請告歸寧師惠然訪我以長生度世之旨誨予予正爲利禄所啖焱火内逼且辭以未能去年出守縉雲師前期未忘冥感潛契蓋以收視反聽夫嘗夢想者二十年及予南轅之夕師油然欠伸彷彿寤寐夢遊縉雲栝蒼之間若有靈仙真人授以金筒

玉字之訣邈邈形開之後恍然起薄遊之心及予涖郡未旬師卽振錫而至盤桓數日便爲仙都之行採靈芝探隱穴旬有八日拂衣言旋予得再膝席於郡齋瞻師眸子瞭然若志已滿必吉夢是臧而至理玄同方內之人何從請益丹臺綠檢非下士之得窺赤水玄珠非離婁之能察心期已畢歸艎靡留棹舉若飛目招不及異日世緣既盡宦遊亦厭終須挹浮邱之袂追赤松之遊大丹若成當分我半劑得爲地仙足矣豈但使雞犬舐鼎乎嗟歎之餘復詠歌而爲好

詩

跡寄浮屠教心將汗漫遊無眠長達曙却粒動經秋
祕訣神仙授靈苗洞壑求誅茅探虎穴投杖涸龍湫
丹熟爐應冷禪餘室更幽登山不累息入夏亦重裘
名已標真籍身猶隱沃州逍遥訪巖穴超遞別林邱
徧覽縉雲境還浮一葉舟三千功欲滿鶴馭恐難留

温州聶從事永嘉集序

河東聶君昔從事縉雲日賦詩二百篇予既序之矣及隨牒永嘉再見閩月所得彌廣凡七百章會秩滿北歸假道敝邑又示予以新集且徵辭焉予才非崇多學素不足已嘗僶勉從命狂簡成文運疾庖之刀

一割猶可毆市人而戰再鼓必衰深病未能豈足以辱而君之請獨篤且予之讓莫諧固不暇揚攉而言但撮其梗槩而已謹按君生齊魯禮義之國被陶虞文思之化方在髫丱服膺儒玄徧討百家之言深窮六義之要以爲詩者妙萬物而爲言也賦頌之作皆其緒餘耳於是收視反聽研精覃思起居飲食之際不廢詠歌門庭藩溷之間悉施刀筆鳥獸草木之情狀風雲霜露之變態登山涉水之怨慕游童下里之歌謠事有萬殊悉裁成於心匠體追三變遂晦合於天倪當其奉鄉者之書以詣貢部也袖詩千篇名動

場屋宗伯拔國士之遇異於衆人天子嘉御策之文選爲第一自是捧檄吳會政聲海嶠東甌舊壤於越遺俗民庶謹厚既臥理之有餘林嶺徼廨實賞心之斯會其或良辰美景賓朋宴集之盛名園別墅軒車遊覽之適公堂退食蹈詠無何之鄉王澤及人賡載中和之什寓物必賦援筆而成與夫陳思豆萁之詩止於七步淮南離騷之傳不越食時以敏言之蓋其倫矣然君之於詩也猶解牛爲投刃皆虛譬射鵠焉捨矢如破彼層崩齒落者所貴乎少我取其多彼筋驕肉癈皆威謂之雜我以爲易獨擅一源之利不見

異物而遷扣寂求音應之如響觸物成詠思若有神蓋孔子云少成若天性習慣若自然斯之謂也矧乃酌之不竭鑽之彌堅兩郡之間千里而遠玄祠佛剎罔不標題都人士女悉心傳誦南山之竹可盡而雅言無窮東郭之履雖疲而逸材方騁英詞滿於齋壁灑思泄於尾閭蓋猶夫與玉金錢往往有之淮陰將兵多多益辦者已方將攜持素業奏御天子予固知採其頷聲埓于樂府被之筦絃薦於郊丘有日矣至如升金門上玉堂履赤墀之塗登文石之陛亦將在是舉也稽古之力其可誣乎謹序

羣公贈行集序

予至道三年十一月受詔修先朝國書越明年八月書成奏御旣而以太夫人有桑梓之戀求典近郡因奉旨九月詔領縉雲郡事拜命之翌日復留不遣再疏懇激得請而行公卿巨儒臺閣髦士寮寀之際朋從之間相率贈言以寵行邁者凡三十八人藻繢紛錯珠璧炫燿觀咸洛之市天下之貨畢陳大宗魯之邦先王之禮盡在亦以見一時文物之盛豈獨爲鄙夫道路之光昔者楚邱列諸侯之末有蘧瑗史狗史鰌公子荆公叔發公子朝分掌國政故吳札歎曰

儒多君子西京承三代之季有朱買臣吾丘壽王司馬相如主父偃徐樂嚴安枚皋膠蒼終軍嚴葱奇並列左右故史班稱曰漢之得人巍巍聖朝英俊咸集爵里鱗布頌聲奮發覽之者足以知多士在位周室以寧七子賦詩鄭志斯見何止金聲流於下國華衮被於薄軀而已哉既銓次成編輒敷述其事蓋取夫卜商作序以冠二雅之首用無媿焉

羣公餞集賢錢侍郎知大名府詩序

昔漢宣帝有言曰國家不虞邊境有事左右之臣皆將帥也乃知登勇爵者不必專閫外之政服儒術者

足以升上將之壇其所由來舊矣去年冬鑾輿北巡胡馬南牧乃眷全魏之地實介兩河之間駐蹕以壯其軍聲犄俘屢獻於行在既而振旅凱以入求節制之才疇庸舊臣作鎮茲壤廉頗年老不能用兵趙孟語偷未足爲政於是命大京兆長城公節冬官貳卿兼署殿史閣之職出領府事軍中之務一以咨之且謂之曰倚卿爲北道主人使朕得高枕而臥矣寵錫異等祿秩有加十乘啓行百壺出餞虬髭列侍師律載嚴鶴蓋成陰送車無數於時縉紳大夫相與言曰敦籍臥治鄭政自肅劉琨坐嘯塞垣以清當使朔野

無烽燧之驚生民免杼軸之困偃息談笑立銷胡塵披攄雅歌益洽軍簿俾天下之人知敦詩閱禮真將帥之具坐籌決勝蔽百萬之師巍巍乎帝知人而善任使也昔者季布治郡天子倚爲股肱申伯干藩吉甫形于歌頌盡爲詩什以道德美由是學士承旨宋公而下作者凡三十人竒彩彪炳清詞藻縟入孔子之宅金石絲竹以盡聞遊和氏之場琳琅珪璜而皆在與夫七子之賦鄭志羣公之祖二疏盡不侔矣某外領使符歸在秋暮辟書始下不及王粲之從軍雖言畢陳竊比卜商之作序蕪陋簡畧何足以云謹述

送致政朱侍郎歸江陵唱和詩序

侍郎朱公以耆德名儒榮膺禁署引年致政將及禮經宴見從容屢以歸田爲請封章激切且有乞骸之言皇上重違桑梓之情式優筋力之禮不欲煩諸耆耄於以厚其寵章特拜文昌貳卿許歸江陵別墅寧邑以愛子俾晨夕而承顏下詔於長吏令歲時而致問延見甚久益推前席之恩賜予實蕃有助揮金之費給公乘以濟行李供祖帳而伸飲餞祁奚老矣猶以致事而咨詢宣父歸歟豈憂吾黨之狂簡天子恩禮之敬薦紳著進退之光雖行路之人形於歎息薦

區二

紳之士以爲美談區區二疏非可同年而語也大宗伯太原公嘉達人之知止美公朝之尚德嗟歎不足形於詠歌爲長句二百二十有四言揄揚其事肇公倡而和者凡十有二人藻繡紛敷琳琅焜耀登於樂府何愧中和樂職之詩布於郢中足掩陽春白雪之唱雅言四達頌聲載揚俾貞退之有光致風俗之歸厚太原公之意豈徒然哉某猥以非才獲聯高韻曾乖鼎力寧足起予且奉話言俾之序引爝火不息昔已接於餘光糠粃在前今復忝於首冠承命增惕敘事非工但俛含毫詞不逮意謹序

子郢

端

賡平公唱和集序

昔者鄭國名卿賦詩者七子郢中高唱屬和者數人善歌者必能繼其聲不學者何以言其志故雅頌之隆替本教化之盛衰儀王澤之下流必作者之間出君臣唱和賡載而成文公卿宴集答賦而爲禮廢之久矣行之實難非多士之盈廷將斯文之墜地皇宋二葉車書混同端拱穆清詳延俊乂臯夔稷卨日奉吁俞枚馬嚴徐並在左右禮樂追於三代文物邁於兩漢有若翰林主人大宗伯賡平公以才識兼茂治行第一登金門上玉堂發揮帝謨潤色大業自太平

厥之

興國迄於咸平凡歲星再周於天矣而望實益峻體貌彌篤入奏武帳天子冠而後見退食温室家人問而不言挺山甫之將明推安世之慎密作文章盟主實朝廷宗工天其或者殆以公爲儒林之木鐸也而視草之暇含毫靡倦形於風什傳於僚友同聲相應發言成章乃進文昌正卿宥密元老蓬邱之長蘭臺之英爭奇逞妍更賦迭詠鋪錦列繡刻羽引商爛然成編觀者皆聳虞平公感交游之曠昔慮竹素之淪胥休沐之餘孜孜綴緝爲[illegible]七卷以傳於世頌聲齊發爵里森布著於簡牘垂厥方來當使仲尼刪詩取

周南而居首班固著論稱西京之得人蓋風化之所
繫焉豈徒緣情綺靡而已猥令紀述茂容固辭狂簡
孟浪愧於叙事云耳

送人知宣州詩序

屯田郎某君稽古博達之士也始以偃商之文學决
科公朝終以龔黃之治行陳力官次凡再歷二千石
皆以課最揚於王庭今年解安岳郡章以博士蒞曲
臺方講求典禮討論故實裨補闕漏修起廢墜而有
司舉考績之典在尤異之目天子延見宣室勞問數
四以尚書郎職司邦禮羽儀中臺而戶曰墾田漢官

惜舊故以君領屯田曾宣城郡號爲奧區襟帶江左而雙旌六纛唐制甚雄故以君行太守事拜命之日縉紳先生咸以某君詩家者流而宣城乃謝公賦詠之地刻於金石被於管絃鏘然遺音猶在人耳而君勢均於六義之際神交於千載之士吳中人士復聞正始之音楚客離騷且有江山之助亦由賓數良爲美談於是蓬邱柏署諫垣史閣金閨之諸彥鴻都之碩儒莫不健羨景慕形於詩什或嘉其地雄萬井慰壺漿來暮之思或歎其道出故鄉有弩矢前驅之盛或稱清白之節與關西而等夷或序離索之情劇河

梁之悽愴至於逝江南之佳麗談謝客之風流抱勝
入賢殊時共貫其歸一揆蔑有異詞矧昔人云亡爲
日滋久華輈繼軌名氏實蕃焦桐絕絃賡載殊寡而
君擅當世之譽爲群公所稱嗣續音徽聳動吳會亦
猶京兆善政前有趙張姑蘇能詩後推劉白豈偶然
哉君以治劇之能奉求瘼之寄所宜宣布王澤激揚
頌聲採謠俗於下民輔明良於治世當俾中和樂職
之什登薦郊丘豈但亭皋隴首之篇留連景物而已
集賢右史彭君實君之執友且纈諸公之作脊予爲
序如覽氏韋絃佩韋之照人幸過屠門聊大嚼以快

意輒茲冠首深用厚顏云耳

與內弟李休復序

隴西李生予之內弟也纔十數歲能屬文善楷隸性端謹介特外直而內溫不讀非聖之書不大非類之室孜孜爲學匪懈州里之內名稱藹然咸平二年奉鄉老薦書就試春官氏實在高第揚於王庭天子以其新進少年欲抑之俾進其業遂用旅退曾不屑懷去年本郡凡貢士三十八人實冠其首西望而笑與計吏偕方摩厲以須虛憍恃氣將乘長風而破巨浪運南溟而徙天池適有功緦之喪不克其志懷寶待

其

假豈慮迷邦杜門燕居亦云知命斯可尚也一日再拜而言曰夫名以定體有自來矣始肄業鄉校名宗元及舉進士更之曰瓊繇瓊以來一不利見再不克就試禮部求所以易之者予應之曰復之六二休復吉象曰休復之吉以下仁也蓋得位處中協比初九初九有仁德而能附順之所以爲親仁善隣之象復之休也左氏傳曰親仁善隣國之寶也語曰德不孤必有隣夫七日來復天地之心也照隣殆庶顏子之德也處復而休擇隣以德非君子儒者其孰能從事於斯矣宜更名曰休復字德隣若乃率性循道自誠

而明復之體也邇種務滋聿修無忝德之度也所宜探中庸性命之理無或怵迫親大雅明哲之士與之切劘使德妙玄同虛室生白鳴謙受益心逸日休勸而行之進吾往也固宜立功立事爲世偉人豈徒發策決科智効一官而已古人恥名浮於實幸吾弟勉之哉外兄某序

送四十舅翁東遊詩序

武寧茂才章公實先大夫之叔舅某之事公猶大父行也始委贄江吳爲郡文學值金陵板蕩闔隅繹騷貞遯邱園不交世務及文軌混一聲教漸暨乃徒步

萬里來詣公車上書大言初慕方朔之自薦閑闢却
掃遽同馮衍之空歸自是屬鄉老之獻能隨計吏而
西笑凡累詣貢部皆敗於垂成蓋燕谷沍寒陽和靡
及齊廷濫吹雅鄭相傾終以不伐之姿困於新羈之
足今年春官氏益艱其選材三十取一意公必在籍
中逮揚於王庭文闕其名氏噫淹速之度有命在天
實係數奇且非戰罪復何足町畦於胸臆鬱陶乎心
術哉昔平津六十始發策決科卒登三事之位孟明
三戰乃濟河焚舟終雪再北之恥苟誠志敦篤德義
充富雖日月之增逝終富貴之來逼亦不必充詘殞

拾

導闓

樓倒行逆施然後爲善宦也關東有賢侯汝頳多奇士行當曳裾公府簪冠初筵爲元戎之上客亦復升堂拜親傾蓋投分與諸生而締交繇是名動京師聲振塲屋拾芥甚易夫何遠哉韞櫝待沽在此舉也皐壤黃落當拜迎於東門之外車馬行色輒抒意於河梁之篇非足風雅之云聊導闓離之思云耳

詩

首夏清和月異鄉羈旅心丹枝未入手華髮不勝簪

又出東門去還過汝水陰何人富高義相贈槖中金

送集賢李學士貟外知歙州序

侍講

昔漢明帝云郎官上應列宿出宰百里王坦之亦云尚書郎正用第二人何得以此見擬當時雖含香握蘭趨走丹墀未甚重也爰暨唐室稍盛其選由諫官御史大補者爲美遷迄於皇朝地望彌峻乃有侍講金華之殿待詔玉堂之署典校天祿閣更直紫薇垣外之郎建行臺刺列郡持使節總百城故臺郎之貴過曩時遠甚集賢學士屯田外郎李君在興國雍熙中以文雄於場屋太宗皇帝凡五臨軒試郡國貢士君以英才傑出策名甲科自爾隨牒於淮淝間爲諸侯所賓禮奏佐記室檄成而愈風案事隣州獄決而

得雨入佐著作改丞太常掌禮秩宗閲書廣內既而宰邑吳會有絃歌之音校文成均正魯魚之謬英華外發名聲日聞天子知其藏器在身勞謙不伐特出中旨召試禁林翰動若飛文不加點北門諸公指掌歎伏翌日受詔兼直書殿君蹈泳亨衢翺翔近署誠衡遇物靡有低昂量敞虛受不聞澄撓天球擅響雅鄭洞分水鑑忘情毛髮皆見爲士林之圭表亦人儒之蓍蔡每太液波漾汾睢艸黃或御酒百壺式陳鎬宴或鄉雲五色垂示天章君必沾玉斝之醇醪聯栢梁之高韻賜花奪錦肯讓景龍時人桂水空梁無取

饜

南朝之體此外風規藴藉不襍塵游驅放玄虛善談名理求之一時未易得也君屏跡勢利游心虛白踐赤墀而登文石非所晏安拍洪崖而挹浮邱是其雅素且以新安山水之奇秀江左人物之瑰瑋嚴助饜承明之廬勞於侍從阮籍求東平之守樂其風土實奉俞詔歡然愜心夙興戒徒星言行役喧錦帳綾被有中臺之禮秩金匱牙籤有延閣之官次懸龜曳組建隼剖符驛吏駕車而來迎縣令負弩而前引千騎駸駸而挾轂諸曹冉冉而趨府載橐戟以先道露冕以行春四十歲專城而居雖盡美矣二千石與我

其理厥惟勉旂行矣火雲吐峯沐流激箭仙舟東下何翅一葉之輕旋鴈北徂勿忘尺書之旣其它卽春月報政朝廷賞勞幸預代言之末願草陟明之詔云耳

送元道宗秀才序

昔夏侯勝有言曰士患經不明經苟明其取朱紫如俛拾地芥耳至乃抱荆山之璞猶閒待價操流波之引未遇知音蓋有淹速於其間矣子之所以罕言也河南先生出東南之美族稟山川之靈氣學術淵奧才思深婉雅善詞賦尤工詩什每扣虛課寂緣情體

物必有警策傳誦出口左氏之筆微爲富艷相如之
文長於形似翹翹然秀出於場屋閒矣有難弟焉有
令子焉皆以俊才著稱素風彌倣天倫敦睦庭訓嚴
厲友于推讓士類多之矧復内行修飭至性純孝閨
市以資力學負米以潔晨羞至於造請諸公不避寒
暑博極羣書罔舍晝夜此又勤即不匱艱而彌貞者
已有若大丞相僕射東平公鄧帥長城公皆坐鎮雅
俗懸衡吾道嘉生之才美咸賦詩以贈之此亦神物
求之不可得也逮夫綸閣書殿三臺内閣英髦雜集
風鑑攸出見必倒屣坐多更僕接夷甫之談柄知名

理之斯在挹紫芝之眉宇覺鄙吝之都忘當時名儒推獎如此而再試貢部敗於垂成蓋云數奇實非戰罪寄食輦下有索米之嗟薄遊東都無解榻之遇歘起北堂之念遽賦南陔之吟與仲氏而言歸拜慈親而爲壽始欲買負郭之產挾安輿而來棄入關之繻作焚舟之計決策素定戒途有期陸士衡之弟兄暫還吳郡翟方進之母子同入京師行矣爲我語姑蘇父兄無或笑馮衍空歸輕蘇秦未遇以目皮相人作兒女子見異時懷丈二組駕駟馬車衣繡而過里閭揮金以報故舊此際如下鄉亭長爲德靡終洛陽妻

抽

嫂不敢仰視徒厚顏耳明年春蟄戶震驚河流湍激當冀除儆廬以俟子之西笑

送張泌之毗陵詩序

義興陽羨山水甲於江東張子巨源慨然發仁智之必飄然有登臨之興棄舟東下蘭友與俱梁園雪飛汴流日淺榜人宿戒祖帳晨張於是京洛貴遊之賢鄉關布素之執河梁惜別並愴離羣澤國贈行咸出祕思風雅之什爛然盈編又何必雜佩兼金然後充乎巾橐也行矣三吳之地素多賢豪十室之邑必有忠信雖君子在位巖穴豈無於隱淪知善人爲邦閭

里已臻於富庶儻能爲我擇爽塏營別墅當使夫陳力不能奉身而退受一廛而爲氓與萬物而共盡此所望於子也庶乎勉旃獻歲發春遲子西笑

佛祖同參集序

昔如來於然燈佛所親蒙記莂實無少法可得是號太覺能仁旣而後智滋興悲心顯發念四生之沉溺輪迴六趣之中爲一事之因緣出現五濁之世奈何根器各異機感有殊由是開三乘權實之門設一時頓漸之教具偏圓半滿之義分悟證伏斷之差濱之爲十二部經廣之爲百千萬頌隨類各解始雖自於

已

一音達本忘言終乃同於二月故純陀末供之後鶴林示滅之辰以正法眼付大迦葉內傳真印外授信衣作世導師爲佛嫡子凡二十七世至達摩大師哀此土之人昧即心之理分別名相而不已類大海以算沙攀緣生滅而爲因但認賊而作子聿來震旦宴坐少林不事語言不立文字既得人而傳付乃趣寂以返眞是爲東方之初祖也自爾本系相承旁支列出數華結果五葉之讖可徵續燄分輝千燈之照彌廣至於出離生死一門證於涅槃誘導愚迷萬行以之差別由三祖而下迄至於今以諸夏之利根叶西

士之懸記得道之者實繁有徒其或指掌盱衡乃了
知於風力搖脣鼓舌卽悟入於言樞或針芥相投金
鍮力辯或經塵將破啐啄同時示現方便以旣殊但
遭因緣而亦異咸有軌迹著爲筌蹄譬諸三藏之文
結集於鉢羅之窟七佛所說秘藏於娑竭之宮苟撰
述之無聞使後來而安仰先是諸方大士各立宗徒
互顯師承迭存語錄圭山患其如是也會合衆說著
爲禪詮融通諸家圓成一味蓋祖門之能事畢矣歷
歲彌久部序僅存百卷之文不傳於世東吳道原禪
師者乃覺場之龍象實天人之眼目慨然以爲祖師

法裔頗論次之未詳草堂遺編亦嗣續之孔易乃駐
錫輦轂依止王臣購求亡逸載離寒暑自飲光尊者
訖法眼之嗣因枝振葉尋波討源乃至語句之對酬
機緣之契合靡不包舉無所漏脫孜孜纂集成二十
卷理有未顯加東里潤色之言詞或不安用春秋筆
削之體或但存名號而蔑有事迹者亦猶乎史記之
闕文或兼採歌頌附出編聯者頗類夫載籍之廣記
大矣哉禪師之用心蓋述而不作者矣嗚呼法界無
際衆生無邊凡厥有情莫非同體終日圓覺觸目真
如而迷失妙明增長虛妄分別影事牢制於六塵積

集苦因流浪於三有善知識愍其如是也不歷事相直指本源但一念不生即三際俱斷十方消殞諸聖現前識珠在衣匪從他得如金出鑛豈復重爲圓頓之門妙如此矣稽所證之道然後知原師也生如來家真法王子究所詮之理然後明斯集也了第一義真最上乘當使末法之年初心之輩去聖逾遠開卷得解一彈指頃齊肩古佛不起於座入般涅槃雖利益之若斯於滅度而無取即知施七寶而滿刹土徒爲漏業之貲化二乘而等河沙適重敗根之罪師之法施豈思議之所及哉新集既成耆子爲序輒摭梗

槩冠於篇首云耳

諸公寄題建州浦城縣清河張君所居池亭詩

序

茂才清河君於予蓋鄉先生丈人行也頃者書軌未同齒血猶壯不掃一室有志四方溥遊九江講學廬阜勵精文史旣素業之大成歸省庭闈值戎車之適駕未幾青蓋西上先正從行喬木懷安族人攸庇亢宗裕蠱蓋肥家之是圖委質策名於觀國而何暇雍熙二年仲氏舉進士中乙科淳化三年季弟隨計偕列高等推讓致美君之志也俄而先府君捐館詩陽

犢車歸葬先夫人啓手故里駒隙終喪商於解印而
歸叔庭既冠而逝實有天倫之戚無復西笑之心且
欲没齒田園放懷林壑與浮邱把袂爲羲皇上人其
所居也背山臨水占奇據勝累世增葺極爲輪奐曲
池皎鑒脩梁横度虚閣崛起反宇凌空雲山蔽虧魚
鳥聲取賞必肆體於焉取斯子淳化四年由書殿得
告歸迎阪輿時君膝下承顔友于歡讌置酒危榭酣
飲終日予亦斐然成詠題於梁屋及咸平三年罷郡
縉雲復造仙墅君且永懷罔極痛深終鮮逝者如此
靈光巋然予用是追感疇昔賡載前唱今年君奉本

郡計籍來上中臺蓋因縣次之續食將與故人而胥遇君之愛子實吾家之宅相而予之外弟也往年隨我肄業上都刻苦讀書三餘之習無廢孝謹成性萬石之德不衰君亦既見止彌加教督會稽栝羽何用不藏于公里門於茲必大君戾止未久歸歟興歎且以鄙夫昔留池閣二詠及尋公佳章俾之示朝右之賢嗚呼知隱君之志安定大諫趙郡閣老及上邦宮春晁陳諸紫微暨秘閣潘公咸樂善無厭慕義不足競扶秘思發爲雅篇千里寄題豈人遐而室邇七閩傳誦蓋玉振以金相誠足爲吾黨之美談宗獨光幽

人之肥遯也予與君先疇接畛雞犬相聞奕世聯姻絲蘿有素早親長者之倫備知高世之行因敘始末用冠篇首云耳

送倚序

我之先繇永嘉之難避土江外占數於上饒及劉展之寇又遷於閩粤治産殖貨以財雄於建安世爲彊宗高上武力唐室之季亂離云瘼禮樂征伐不出本朝無種而起爲王侯稱兵而分據州郡故王氏奄有無諸六郡之地盤牙相錯莫非勍敵候望走集悉嚴兵備故我內外家世皆服縵胡而冠武弁總興師而

提尺籍韜幷鼓吹盛於一方而羣從叔季憑藉世資
習尚豪舉競養聲利爭爲節俠唯玉山府君勞謙降
志刻苦讀書好學之名聞於州里以孝廉射策委質
江吳以儒雅從政仕至宰邑無何黃旗運盡琴堂秩
滿考槃故里啓手歸全太常府君博涉藝文尤深左
氏終鮮兄弟不遑充賦未及中壽遘茲大禍家無擔
石之蓄門無強近之親藐藐諸孤朝不謀夕我是時
以一命爲蘭臺正字尚未及志學之歲遽罹憫凶將
就死滅爾曹皆丱角稚齒俱未成人田園污萊茭蒿
不具堂構頹替弓冶漸微既泣血終喪即割慈遊宦

艱難險阻備嘗之矣既而索米都下薄遊外郡又三歲以文三十篇獻於公車始得爲太常奉禮且有中旨閱書於秘府日享公膳月受俸緡未能充宗財足餬口而太夫人與汝曹仰給薄產終歲食貧我又智効一官相去萬里晨夕引領不覺涕之無從也我亦進德勵行脩詞聚學又得冊府秘書夙夜研習曾未期月頗有文章出於人間爲前輩所許又蒙詔金馬門獻賦頌天子益知名凡再歲閒一召試內署一應制行在得光祿丞賜進士第復受詔直集賢書院星律載周寵光畢集稽古之力豈誣也哉得祿既豐恩

養彌切側牘爲奏賜告言歸自建安扶迎太夫人并挈爾曹盡室西上脩寓輦轂迫茲歲星一周於天矣而我以不肖之質中人之才黄屋過聽擢司雅誥敢不摩揣鉛鈍勵精夙夜期有以潤色帝載與三代同氣奈何力不逮心位過其量歲祀逾久官謗藹然不能上封自劾幞被引退乃猶束帶就列俛首取容祿祿於薦紳間亦顏之厚矣今年汝舉進士有司薦名我時侍從穆清親逢旦暮天子文賜汝高第自丙科而升乙科俄頃之間恩獎蕃縟汝之仲兄及季弟比年來聖人誕生之辰延賞近侍並得解褐試秩遷郎

每朔旦列拜膝下私門嘉慶歲時伏臘捧觴上壽懷黃佩玉趨走左右固足以慰太夫人之心而伯仲森列門無白丁亦足以爲鄉曲之美談交遊之光寵也今汝由天官調補掌簿四明期以來年往代其任且將歸省松檟盤桓里閭俟春夏之交乃蒞厥職汝當念爲士之道以仁義是務而閒宴不可忘爲吏之方以法令是師而資材不可彊事上貴乎恭而慎於諂臨下尙乎簡而懲其違至於淳素之風淸白之訓蓋我之家法耳豈復鄭重而言之哉若乃博約文史切磋道術此又朋友之事也吾何與焉汝之歸吾黨之

人有問我者爲言受恩寖深莅官無狀如衞鶴之有祿位若社鼷之戴車馬悲愁憂畏不遑寧處幸天子一旦澄汰流品考覈名實不能者止奉身而退囬願返初服奉版輿從諸鄉先生優游以卒歲也

覈

武夷新集卷之七終

終

武夷新集卷之八

宋楊億撰

碑

宋故樞密副使正奉大夫行給事中上柱國廣平縣開國伯食邑八百戶食實封二百戶賜紫金魚袋贈尚書吏部侍郎宋公神道碑銘

昔許穆公卒於師春秋重其死王事贈公衮以褒德岑江陵薨於行天子嘉其盡臣節寵宵警以申恩皇上巡狩兩河駐蹕魏郡惟樞密副使宋公典掌機要務煩傷神得疾膏肓終於道路輟視朝於行闕申追

命於泉扃痛深股肱見君臣之同體布在方策實今古之相望所以旌忠魂於九原鑠休光於百世者也公諱滉字持正其先廣平人也自微子歸周商邱啓國胙土命氏源深流長處荆蠻者才亞於騷人仕東漢者名參於循吏或樹勳於代邸或馳譽於南朝枝葉扶疎華實蕃衍公之遠祖占籍關中隱德未融重世始大曾王父澤登州牟平令王父贊雍州萬年令皆以時命之數屈於州縣咸有清白之訓遺於子孫烈考溫故晉天福中擢進士第累遷右補闕文雅之譽流於京師骨鯁之風播於臺閣及公之貴累贈工

部尚書公即其次子也襟韻閒曠風規爽邁凝脂點漆宛是神仙中人虚受兼容居然廊廟之器爰自髫齓卓然不羣了無童心靡雜兒戲初入小學比及大成淹閲黄卷聖賢之言蔑聞青衿揻闕之刺既而究六經之微旨通百家之雜說服勤學問日引月長刻意著述朝成暮傳跡在郎署名振輦轂方隨鄉老之薦適丁先君之憂欒棘傷生幾於滅性苴麻終制始議干祿太平興國五年春太宗凡三臨軒親選多士公提筆就試思若湧泉煥乎成文曾不加點諸生方嘗於燥吻一人已喜於同時賈勇先鳴拔乎其萃由

是一上登進士甲科解褐將作丞通判梓州權鹽院就拜太子右贊善大夫歸朝改著作郎直史館中謝日賜緋衣銀魚雍熙三年今工部尚書王公化基以諫官佐許相上書北闕自薦其材太宗方求非常之人待以不次之位謂宰相曰李沆宋湜皆佳士也可并試之即日召試制誥於中書明日除右補闕知制誥與二公並命焉當時朝廷有得賢之議就轉庫部員外郎兼判尚書刑部面賜金紫會有妖尼訴廷尉斷獄不平公職當詳讞未嘗發擿坐是左遷均州團練副使公論惜之移汝州數月徵拜禮部員外郎直

昭文館復以職方員外郎掌誥命踰年入翰林爲學士轉兵部郎中知審刑院銀臺司封駁事皇上嗣位真拜中書舍人修國史並兼內署之職俄丁皇妣扶風縣太君淳于氏憂柴毀骨立杖而後起五十而慕昔人所難七日絕漿僅成死孝纔卒哭詔起復視草禁中丞泣血抗章願終喪紀優詔敦免不允其請是年冬改給事中參貳機務明年犬戎犯邊翠華時邁樞機之任一二咨焉露版羽書實司其緩急伍符尺籍專校於耗登乘保鄣險走集者稟於弛張發號令圖方畧者出於規畫乃至議將帥之能否授以指蹤

揣蕃夷之情狀辯其狙詐折衝樽俎之際制勝帷幄之中料敵若神謀事鮮過任重責大巧勞智憂而公與今襄陽王丞相並掌其職公竭才盡瘁知無不爲蒙犯風霜勤勞夙夜陟降帝右咫尺天顔總領萬機便蕃三接焦心極慮外疆中乾十二月癸酉上御武帳召近臣議邊事公方指畫上前俄疾作仆於地若大醉狀不能知人同列競前扶之上命中貴人扶掖以就西序亟令太醫切脉且曰疾不可爲也上憂形於色日夕候其安否明年正月乙酉乘輿親至卧内存問公以所疾未愈懇乞先歸而可其奏且以御衾

禱爲賜仍命中使備肩舁什器帷帳湯藥飲膳送還京師既發又令近臣慰遣於郊外已丑次澶州憇於法寶寺是夕以不起聞享年五十有一上歎息久之詔贈吏部侍郎輟朝一日命使者護送靈柩歸於上都緣葬所須並從官給公比及彌留且有治命曰上遇我厚必鹵簿葬我生無益於國死豈可煩於人諸弟等表其緒言上深所嘉美詔以錢五十萬絹三百匹米麥百石賜其家以備襄事即以其年十月癸丑歸葬於京兆府長安縣義陽鄉大郭里從先尚書之兆域禮也公娶清河張氏封本郡夫人婉嬺柔嘉幽

閒令淑仁洽宗黨教成閨門二子長曰綸以延賞之
恩解褐太常寺太祝年甫七歲次佛奴尚在襁褓三
女長適屯田員外郎楊垣其二皆幼公生孝謹之族
負王佐之才幼能屬文談必稽古尚書府君之捐館
舍也季父溫舒以左拾遺守華原郡公實從行府中
牋奏皆令代作公口占五吏應接不休日發百函親
疏有意季父撫背歎曰真我家國器恨吾兄之不見
也至性純孝出人遠甚奉養慈母烝烝膝下調滫瀡
以供膳衣文綵以承顔左宦方州單車獨任盡留妻
妾給侍庭闈桂門端居曾不屑慮及太夫人寒暑遺

疾瘊理寢深公藥必先嘗目不交睫禱神請代指景
悼生雖曾閔之行無以過也長兄泌職方員外郎越
王府記室次兄澥皆先公而逝弟湛任大理寺丞推
以友愛成乎敦睦棠棣致美壎篪相須天倫之歡士
林聳慕耀州富平簿濱太子中允沆處士澥進士洞
殿中丞濤校書郎濟皆公之從父弟也公承高門之
慶爲保家之主協比諸弟糾合近親人不閒言見無
常父官成名立卒繇於公游吉之亢宗張仲之孝友
見於是矣公自決科筮仕彯纓登朝至如羊舌肸習
於春秋而公分直東觀裁成國史公孫揮善爲辭令

而公入參右掖發揮王言雋不疑之治獄也多所平
反而公當詳刑之任民以不冤山巨源之薦賢也甯
陳啓事而公據審官之柄下無失職嚴安徐樂並在
左右而公步武禁林潤色帝載劉放孫資對掌機密
而公徊翔丹地秉執國鈞至於蹇蹇匪躬巖巖尊望
外庭集議不曲從而詭隨宣室論思必有犯而無隱
此詩人所稱邦之司直又如恂恂善誘拳拳好德博
施以濟衆功成不居虛己以待物事至而應此仲尼
所云古之遺愛雅性沖澹留心釋老早歲嘗受道籙
晚節頗究禪筌悟茲無生用成達觀素善持論酌之

不竭多識典訓扣之斯應挹量陂者鄙吝之意自泯
窺眉宇者名利之念都息援士在貴而思降定交彌
久而益恭德邁種而愈勤入服媚而無斁蹊成桃李
夫又何言室有芝蘭但聞俱化非大雅明哲豈能及
是耶公方以將明之才輔文思之政談弭兵之術議
平戎之策使單于之首懸之槀街遼陽之貢陳於宰
旅致君堯舜爲宋伊周而兩檻遺災二豎爲沴天不
慭遺人之云亡召公深仁徒結甘棠之愛留侯素志
莫遂赤松之遊藐是諸孤庶乎有後常所著述遺札
頗多自掌命書尤振時譽果當大手筆之事皆爲士

君子所伏集二十卷傳之子孫諸弟等以懇頼稽懇宿草將列憂陵谷之或變慮德音之不昭謀建豐碑以表神道以某嘗學舊史曾接生平得以祖述世家論次閥閱敘太邱之德諒無媿詞非臧孫之言敢期不朽聊摭梗槩以爲之銘銘曰

火德淳燿文明誕敷鳳鳥斯至神龜負圖時惟宋公矯翼雲衢五百之運其在茲乎黃離繼明百度惪洽旰昃臨朝齋居決事時惟宋公將順其美咸平之政既盡善矣八柱承天七聖翊軒彌綸袞職斟酌化源青蒲伏奏溫樹無言林父忠藎康侯錫蕃三邊屢聳

六龍順動借箸前籌屬轉景從美疢弗瘳吾謀猶用城郢遺言涉洹占夢梁木斯壞太素收神易簀而沒委順全真精爽何託上騎星辰如可贖兮人百其身行路咨嗟冤號悽惻股肱或虧其痛何極尸諫猶切忠魂彌激臨死之言不忘社稷小葬咸陽耆蔡弗遵封樹云畢閟茲音徽自古有死吾將疇依逝者可作非公曷歸郢壟陵夷光陰迅駛傳信方來孰非文字乃刊貞珉式表幽隧懷公之人於斯墮淚

重修亳州洞霄宮碑銘并序奉敕撰

臣聞昔者大道之行異人間出洪惟柱史實暢真宗

風
靈

敍道德之二篇述慈儉之三寶玩志衆妙理洞於帝先誕訓方來尊居於教父故尹喜望氣先識真人史遷編年首推黃老或謂之隱君子著書五千文或以爲太史儋享壽二百歲立言垂於不朽乘化入於無開惟苦縣厲鄉即降神之地土風雜乎南楚郡境介於陳留蓋尸而祝之畏壘作庚桑之社思且愛矣陝郊存召伯之棠後人緬慕玆風周爰舊壤聿因靈迹肇建嚴祠歷代封崇樵蘇之禁彌肅昔賢讚述金石之刻具存又往者聖真誕祥元符冥合乘白鹿而下爰自九天感流星之精生於左腋指李樹以爲姓由

慶

時耳而立名稟粹斗魁發祥井脉僉以爲塗山祖夏
式偕啓母之祠后稷配天乃建姜嫄之廟恭惟聖母
實育至人陵谷未移光靈如在又因遺址別啓殊庭
目之爲李母祠蓋有年矣雖潔粢致享不領天子之
祠官而閣館樓神具載職方之地志歲月寖遠遺構
僅存期運環周祥符顯發施及唐室系自仙源乾封
中以錫羨流光肇開鴻緒似續蕃衍襲慶本支且念
太極之先冠二儀而首出盛德之後垂百世以彌昌
追崇長樂之名用顯始基之迹由是追封聖母爲先
天太后又以列真之宇神光燭於宮壇集靈之虛紫

氣干乎霄極琳房絳闕窈窱重光孔蓋翠旍裹回戾
止蓋方輿之福地乃虛皇之密都由是改命祠宇爲
洞霄宮香火無廢於熏脩棟宇益增於輪奐南望吞
子飛觀凌雲左帶臨溪清流瀠石行人胥畏頗類軒
臺遊者忘歸更疑秦洞至乃元覡昭格寘感彰聞或
旭景朝躋非煙絢綵或柔條夕勁甘露垂滋或千仞
鳳翽覽德暉而下集或九井龍見乘雲氣以上騰往
昔海縣塵飛萑蒲蟻聚流矢集屋束藴乘墉卽必粟
氣塞川愁霖貫序兇黨不能肆毒闔境寧以寧居當
時降璽書以旌揚垂方策而標記求諸故府蓋圖牒

之未刊歸然靈光實神明之所庇皇朝援千歲之統按九州之圖包舉海隅並走羣望講求祀典咸秩無文誕揚清淨之風式契玄元之旨深詔譙郡崇奉靈場籍究匪虧焚修彌潔崇文廣武聖明仁孝皇帝之在宥天下也恭默思道齋慄事神紹祖宗之耿光集乾坤之景命端拱南面唯軫念於蒼生閒宴西清乃娛情於玄牝順風之拜幾慕於崆峒赤水之珍靡徵於謏詬毆民壽域日用而不知決事齋居天行而彌鍵乃至採求三五之載籍致恭上下之神祇黍稷犧牲悉用先王之禮壇場珪幣無取方士之言正違治

傾脩弊起廢陳信策告茂閟祕祝之官備物薦嘗奚
發若敖之鬼乃至山川作鎮于地出雲雨以嘉生卿
上有益於人垂竹帛而悠久莫不咨詢典故彌縫闕
漏豐潔苾芬而致用聰明正直之是依用能陟降泰
時與三靈交歡端委明堂俾諸神受記帝錫純嘏百
祿是膺洛出圖書九疇式敘盛德大業光表格天固
非名言之所能及也乃眷亳社時惟穀陽仁里未遷
清都斯在曩以神虬躍於沮澤陰魄離於犴車雩禜
偶愆水潦荐降雲不待族雨及我私甫田或害於粢
盛樊圃幾勤於浸灌是宮也雖面勢爽塏取規大壯

在山棼藻梲於焉勝人非麥麴鞠窮何以禦濕屋瓦斯漏梁木其摧本郡以聞當陽太息卽日降明詔遣近臣案行故墟周視層搆度費制用庀徒僝工之子于垣百堵皆作靈臺經始不日而成雲鍤募農隙之民風斤得藝成之匠朱扉洞呀於廣陌紺殿崛起於中天欂櫨交持見陰虬之騰倚觚棱四注狀名翬之翰飛繪素彰施模晬容而克肖吉蠲享獻表明德之惟馨空歌洞章蕭寥乎旦暮飆輪欻駕出入於虛無固以昭識轂於聖神夸壯麗於方國契宸心於妙有躋很俗於無何行將追七十二君告成功於日觀亭

萬八千歲比聖曆於天皇玄同至真永錫難老如斯而已矣秋八月新宮成主者上言願志能事大君有命允屬下臣臣學古非優聞道素淺草寬大之詔無東里潤色之才談恍惚之宗增吾黨狂簡之媿躑躅燥吻謹爲之銘其辭曰

至哉玄元權輿太極象帝之先昧者奚覿矯矯伯陽自天生德其道猶龍人靡能測厥初誕祥時惟厲鄉頷垂縞髮室照神光蹈十把五舌舑而長井泉湧縣星精耀芒集靈之址玄祠崛起檜亦手植樹曾覩指聖母遺阡右環渦水福地旁連清都對峙厥壤其昌

錫羨于虔寶冊追謚雲篆龍章金闕易號丹臺絳房明靈如存祀典不忘帝臨赤縣乘正御辯致恭神祈大庇黎獻德聲流聞沼毛登薦鬼有所歸民亦不倦帝居紫宸味道全真格天在宥易俗還淳陰陽大順關石和鈞寇宄時敉輝光日新乃眷東顧欽崇教父定之方中增修祠宇閒館相望飛軒攸駐日薄星回滮亭樹古申命中人主言如綸鳩工庀法卽舊謀新三時之隙百日之勤悅若神化以棲靈真瞰鮮原兮靡迤面皇州兮密邇氣蓊蔚兮上騰波瀰淪兮東委唯列仙之殊庭于青霄兮特起竦金闕兮崔嵬薦蘭

蒸兮裹回緘紫籙兮難見秘靈符兮不開伊九天之
神母御瓊輪兮下來視聖人兮富壽延寶歷兮京垓
又何必迴年之館兮通天之臺

表

故信州玉山令府君神道表

玉山府君以太平興國三年六月三十日啓手足於
長樂里之第其年十二月八日歸葬於南原凡二十
三年矣金石未刻陵谷將變嗣孫億大懼夫祖德之
墜於地考諸譜牒詢於耆艾追述先美以表幽壠云
府君諱文遜字嘉賢華陰洪巖人也昔周之楨橋始

啓封邑胙土命氏實曰楊侯瓜瓞蟬聯大昌厥緒在西漢時重侯累相施及魏晉世爲公卿永嘉之亂播遷江表始占籍於上饒郡因爲郡人焉安土重遷凡十餘世唐上元中劉展稱亂吳會弟寧府君之六代祖始挈其族人避地于建安之吳興斬木誅茅築室治產以財力雄於州里以義方訓於子孫曾王父式蹈德詠仁隱居求志王父鄐屬唐季俶擾干戈日尋奕世聚居羣從百口非用武斷不能允宋於是募鄉民之拳勇者數百人受署于本郡爲義軍指揮使堅壁要害以備不虞一邑賴之終以無患烈考諱遵時

未冠結髮從軍受署義軍討擊副使府君節副使之次子也始在童丱遂遊膠庠博習親師服膺素業家世從戎旅之事以蒙輿聞於郡中而府君恥事輕肥雅好學問被服造次必於儒者識者以為秦華父之生丕哉也時王氏偏霸閩隅府君世父太常君實為邑令以猶子之愛推延賞之典纔十餘歲解褐試秘書省校書郎未幾丁副使君之憂泣血執喪殆於天性純孝之德鄉黨稱焉及王氏乖離吳人致討建安失守歸于金陵改右千牛衛胄曹參軍知建州倉事克遂循陔之歡膳饈掌庾之賤就加本衛騎曹參軍

先夫人寢疾彌留府君卽解所職調湯藥餌供視膳羞目不交睫衣不解帶如是者凡歷三時而卒以不起府君勺飲不入嘔血數升柴毀支離僅成死孝服除調補撫州南豐簿視事踰月化行若神先是邑人常以端午爲競渡之戲具舟數十艘聚羣不逞之徒以較勝負必先裁瓦石因以相擊每歲死傷者數十百人府君前知其然至期大索罟其爲首者數輩訖事無變訟獄衰少縣政益清秩滿擬常州武進丞辭不之任改大理評事信州玉山令邑有鎮兵兼總軍政府君寬以御下明以照姦流亡悉歸版圖增羨先

茶府

甲發令卒乘畏威泮林草音寇盜屏跡境內大治政聲流聞就加大理司直宗陟明也未幾王師渡江臺城薇壘調發徵斂繁於秋茶府君寅奉簡書事不愆素曾未數月得代而歸老幼攀轅易服宵遁當是時也國命將墜人謀已改府君杜門稱疾不交世務靜以觀變默而俟時俄而黃旗運終青蓋西上詔旨敦迫州司臨門方促星火之期忽嬰霜露之疾不克上道因以家居惡石無徵梁木斯壞享年六十有五未躋於壽歷試百里之宰未盡其才有折衝制勝之略值艱虞而不得伸有化民成俗之具逢承平而不及

用齋志沒地遺恨終天行道之人所共歎息府君娶武寧章氏駕部郎中嵩之女也生先君諱某象賢惺省稟訓無違宦學四方名聲籍甚及府君歸老別墅先君終鮮兄弟烝烝就養不離左右被褐懷玉韜光戢耀以至下荼蓼之苦荷清白之謀世故紛綸家徒窘絕未遑射策奄茲淪逝後府君九年而終咸平二年十一月天子有事南郊其孤億任諫官有司以丙戌詔書追贈先君為大理評事寵被泉壤慶延里閈行路歎息父老榮之四女長適隴西李瓊次適清河張仲言後府君七年而逝次適河間俞簡臣次適清

河張夔憲率皆大族莫非令人婦德嬪風表儀宗黨府君之任玉山也其孫億始生億將生之夕府君前得吉夢謂必興吾門躬自撫養特所鍾愛襁褓教以詩書及府君之捐館舍億五歲矣方在孩抱承遺慈顏逮十有一歲太宗皇帝遂聞其名徵詣闕下試以詞賦官於秘書自是入蓬邱直仙殿升近署寘周行爲天子從官成國家大典罔非錫羨餘慶燕翼貽謀天啓畢萬之大名世祚于公之陰德不然者豈爾億何以及茲億自羈旅還鄉再見閏月歎墓木之已拱憂堂構之將頹前年獻封公車求領郡政皇上

櫝

固留不遣億懇請而行甌粵之區封畛相錯伏念昔者府君之歸窀穸也銘誌闕如歲月寖深者舊猶在遂用探摭以備萬一謹按府君天姿謹厚寬中多恕行有枝葉心無町畦慷慨經綸博通治體信著朋友仁洽閭門勝冠之年逮事祖母被疾沈痼經時伏枕府君束帶奉侍夙夜匪懈嘗惡瀚洗無所不爲府君母弟五人率以豪俠自任鮮車怒馬輕裘緩帶出入閭里持吏短長暴虎馮河使酒難近私匿亡命結客執仇人胥畏之莫敢忤視府君戒督備至櫝楚是用諸弟惕息剛悍少衰皆以天年死於牖下議者許府

君之善教也涉獵史傳詳明典故銳意風雅動成篇章及試吏方州嘗奏伎記室巧爲書檄曲暢事情兵戈之餘遺稾散落素善草隸自可名家天縱多能洞曉鍾律新聲度曲精義入神圖緯數術罔不研覈其陸蒲塞出於餘力若乃張仲之孝友安世之慎密史魚之直伯夷之清甯俞之愚石奮之謹劉文饒之恕秦巴西之伭庾亮之風流山濤之識度凡是衆美無一闕焉時方攜屯位不充量蓋仲尼云如有用我者其爲東周乎漢文謂李廣惜不當高祖世萬戶侯豈足道哉爺之通塞道之行否固有寄數矣夫惟賢者

能論譔其先祖之美而明著之於後世者也無美而稱之是誣有善而弗知不明知而弗傳不仁三者君子之所恥也恭惟府君之德業章章如是國史弗載鼎銘未刊春祠秋嘗彌用怵惕冬裘夏葛靡敢遑寧嗚呼不見成人茫蒼之悲罔極有慙於長太邱之德未衰爰勒貞珉以永終古肹蠁非遠謦欬如聞嗣孫之勤尚或臨鑒云耳

碣

故隴西彭君墓碣銘

碑碣之制著於令甲咸以官品而有等威至於孝義

書闕隱淪不仕亦許刊石表行以示後人斯國朝之彝典也隴西彭君諱悅字仲荀予同郡人其先屬玄王之勤商與家章而更竊保姓受氏德厚流光乃至鏗爲大夫以耋老而著稱宜爲三公由經術而進用錫羨蕃衍垂裕後昆枝葉扶疎譜牒散落至君之七代祖始占籍建安因以士著奕世似續孝謹不衰有蘇秦二頃之田得倚頓五牸之術治產殖貨貲擬王公大王父英屬王氏建邦亟登勇爵實貞師律式遏外虞受署御史中丞本鎮防遏使王父晏爲之副貳以壯戎麾烈考大規值金陵用師閩鴻瓦解遂忘懷

物表脫迹世紛樂一邱之棲遲詠幽人之長往及天
地開泰車書混同華黍盈疇素髮垂領鼓腹含哺爲
太平之民君特達不羈旁通多可跌宕文史慷慨經
綸立義不侵好爲然諾之信捐生赴難靡以在亡爲
辭睦族以仁事親以禮勤接士類賓至如歸教行閭
門衣無常主脫驂周急斯乃細行折券市義固其素
蓄汝南之俗咸出子章之許潁川之人懼爲陳君所
短一境從化或行者之讓途千里請交多升堂而拜
母窺義府者不見岸谷飲德馨者有如椒蘭仲尼所
謂君子儒者此之謂矣始以肄業之故自鄉里校彖

遊潯陽之盧山勵精爲學纔朞歲之內以詞賦擅名同時輩流亦所推尙未逞鄉老之薦屬有樓船之師歸省庭闈甘心畎畝年甫壯室尙郎園而考槃窩在公乘與令丞而亢禮頗爲州縣之敦迫遂與計吏而偕西褁足戒途推鋒戰藝凡兩就於貢部皆不利於春官敗於垂成終以旅退豈時命之未會將地勢之使然耶拂衣言歸斂迹肥遯以爲自足於已何必陳力於周行獨善其身安事儻來之外物由是調甘滑滫瀡之味以潔膳羞督畋漁耕蠶之業以豐生産法周禮之闔庠序以教子弟慕鄭莊之置驛馬以待賓

客無營無欲優哉游哉於是者歲星一周於天矣遽丁烈考之憂君天性純孝居喪過禮柴毀骨立觸地無容果以欒棘之傷生不待苴麻之終制去年夏以先君窀穸之事寄葬器於上饒之鉛山跋履山川蒙犯霜露得疾逆旅肩舁而歸反席未安瞑目長往年四十九卽以其年五月十二日從先君之喪歸葬於新豐鄉王殿源靈際山祔於兆域之側禮也夫人武寧章氏故汀州歸化令士廉之女也雅有婦德宜其室家前君而亡墳未宿草嗣子歆承詩禮之訓挺岐嶷之姿未及勝冠之年已負肯堂之志趨向遠大意

行瑰琦所謂謝庭之芝蘭當爲周禮之瑚璉驥子絕
足未易可量雖君蹈德體仁秉彝居簡量陂萬頃莫
測其涯宮牆數仞孰窺其奧言行相顧磨涅靡渝誠
明內融應接無滯而不登一命不沾寸祿蓋日車亭
午或覆盆之有餘脂網横流亦吞舟之斯漏然方朔
殊少於鷗薦而澹臺頗失於不言空遘盛時莫躋仕
路茲士友之所共歎惜也然施於有政是亦爲政又
何必社稷人民始爲行道不患無位患所以立又何
必軒冕爵位乃曰成名嗚呼彭君亦可以爲達矣予
與君有桑梓之舊違瓜葛之姻顧惟忘年之交實辱

攜　已刻去

同聲之分嘗念淳化中自書殿歸寧榜小舟遊武夷山道出君之舍下君率族人攜酒餚俟我於江干班荆藉草引滿舉白半酣耳熱迭舞相屬且爲十日之飲飽聞同聲之言自茲分飛三見閏月歲不我與逝者如斯其孤泣血奉書乞文表墓感故人之疇昔嘉孝子之勤拳莫瀆酒以伸哀空含毫而叙美銘曰

移孝爲忠乃可從政自家刑國亦以勸行猗歟彭君含華不競嗃嗃閨門詵詵子姓睦族親仁讓夷急病進以干祿退而知命萬石孝謹出於天性太邱家風宜書甲令良玉藴璞巖谷增輝鶬弋徒設冥鴻已飛

隱居求志色養無違鄉黨胥化閭門邑肥王戎死孝
銜哀不飢公明短折異代同歸泉臺永閟草露空稀
刻茲圭石以志音徽

劉氏太夫人天水縣太君趙氏墓碣銘

咸平中詔以祕書丞直集賢院劉君隲同脩起居注
實執素臣之筆入踐赤墀之塗侍從親逢旦暮
出廁詔蹕入宿周廬為儒之榮舉無與比時君奉太
夫人就養於京師夕膳晨饈既馨而潔出告反面式
燕以寧諸孫在旁冢婦佐餕詵詵有後啓于公之高
門慈孫承顏奉曾侯之壽母搢紳欽羨人倫聳慕屬

天子兩郊吉土推恩百執湯沐之典時膺顯覲詔封夫人成紀縣太君又徙天水郡惟疏邑之典用旌斷機之訓徽名教於石窌報劬勞於棘心人子之道斯爲至矣而夫人從子之貴去國長懷嘗一喜一懼之年動惟桑與梓之念君由是奉公車之奏牘求會稽之郡章天子俞之即命領衡陽郡事前席宣室從容語言賜金內府光寵行邁且以君出入交戟多歷年所筆削汗簡克謹官業又自曲臺博士遷尚書外郎以坐曹應宿之重領棨部行春之寄衣色五綵雜績綬以相鮮車朱兩轓先服輿而奉引張飲别墅上壽

高堂合戚屬以敘燕私道故舊而爲笑樂揮金告竭家忘其貧常膳載加喜形於色嗚呼不幸夫人以景德二年正月己未終於郡廨之正寢享年八十有六即以其年丁丑歸葬於潭州長沙縣長沙鄉祔於太博府君之塋禮也夫人其先京兆人家世儒素父拯終澧州慈利令妣滎陽鄭氏故連州刺史堯庭之女夫人既笄歸於劉氏實澧州錄事參軍累贈太常博士諱延宇字贊明也博士君肯構其家以儒爲業讀易得伏羲之旨詠詩有騷人之風振跡郎園試吏州縣實有仁惠在於閭閻凡歷五官終以無過夫人輔

之族
以
是六
女適
舉進

佐君子宜其室家及茹痛未亡靡它誓志諸孤藐若
四壁蕭然夫人躬機杼以給伏臘男且就學擇鄰居
以示訓女將適人結衿褵以申戒鞠育勤苦越十五
年而工部從賦鄉書策名仕籍稽古幹事爲時聞人
蓋劉氏之族槩夫人而立也夫人雅性奉佛深通內
典女工之暇惟誦金言寡居以來殆廢膏沐治家以
正教子以嚴御下以仁奉身以儉用能閨風閫範式
是六姻壽考康寧享茲五福迹其素雅豈徒然哉一
女適魯國曾弼舉進士終殿中丞工部三子曰直方
舉進士任大理寺丞潭州通判曰直温直清並業進

士二女長適會稽夏瀕舉進士得大理評事知鄂嘉魚縣次適譙國夏侯藏用亦進士內外姻戚莫匪文儒一門之中素風特盛積善之後餘慶亘昰工部君履霜露以涕洟奉几筵而變棘五十而慕出於至性三年之制善守禮經且以封樹克終歲月增逝大懼徽懿闇而不彰遠咨舊遊文以爲託書郵駱驛玉音荐委褒陶母之德誠媿春秋之徒表京兆之阡式譙樵蘇之禁銘曰

嬿婉之德宗姻是式表南國兮嗃嗃閨門繩繩子孫昌後昆兮脂田換縣蘭陔潔膳壽觴薦兮萊衣斑斑

冢婦執笲慶承顔兮融峯峻極湘波碧色啓封域兮
報德昊天勒銘新阡垂億年兮

武夷新集卷之八終

武夷新集卷之九

宋楊億撰

墓誌一

故宋陜州芮城令清河張君墓誌銘

君諱仲仁字子信其先清河人後徙建安之吳興遂爲著姓嘗王氏之據有閩越也曾祖從晟以州里豪右材兼文武仕至浦城制置副使工部尚書祖贇以延賞之典署建州長史烈考仁邈檢校左散騎常侍君即常侍之次子也與伯氏同生居上爲弟風格甚類趣向多同里巷相疑家人莫辨每異其服飾以自

別焉君爰自童蒙服膺儒素韻宇冲粹智畧縱橫李
氏之平建安也常侍辭疾家居累徵不起君策杖行
在叫閽上書朝論奇之即授太常寺奉禮郎改秘書
省校書郎調補本州松溪尉江表平入朝歷衛州衛
縣主簿青州千乘尉達州巴渠簿兼令尉事遷陝州
芮城令以疾去官旅寓京師尋訪醫藥積日彌久美
疢愈滋肩舁而歸遂成沈痼清漳臥病既十年而未
瘳東嶽斂魂俄三號而不返以咸平三年六月十八
日卒於仁風里之私第享年六十二其年某月日歸
葬於襄衡源順也君娶武寧章氏生子三人長爲州

舉進士次垂象蚤亡次女一人適進士章覃自
君之被疾也爲丹等夙夜扶侍躬親左右靡神不禱
靡藥不嘗烝烝服勤自爲至孝子從祖兵部郎君之
元舅君之先夫人實子之尊姑某之與君猶丈人行
也平生遊處顧託乘以猶新舊館過從嗟脫驂之無
益謹銘翠琰以志佳城銘曰
天之德兮世濟美仕兩朝兮宰百里政之善兮疹何
美禱之久兮藥勿喜返九幽兮隣萬鬼人之生兮胡
至此

宋故主客員外郎直集賢院高平范公墓誌銘

咸平五年二月戊寅集賢學士主客員外郎高平范
公暴中風眩終於上都甘泉坊之私第上以賢相之
後形於歎息戚里之懿優其賵賻兩宮遣使以赴吊
四隣聞喪而輟舂交遊慟哭於寢門行旅咨嗟於閭
巷非椒蘭之德服媚於人梁棟之材中道而夭者疇
能痛惜如是哉公諱貽孫字餘慶濟南歷城人其先
歷虞夏商周實享世祿春秋戰國繼出名卿或以博
士顯東京或以詞人稱南國或以文雄史策或以信
著友朋蕃衍流光非可殫舉及公之大父守愚
京輔隨牒方州爲鄭州防禦判官命屈當時慶鍾後

嗣累贈太子太師王父故魯國公諱質以伊管事業輔翼三朝以燕許手筆稱量天下由司徒侍中罷爲太子太傅魯國公而聞望益大恩禮彌渥將爲蒼生而再起遽歎哲人之云亡然自五代以來百年之內號良弼者不聞他人累贈至尚書令烈考諱旻以公卿子著籍甚之稱在貴遊間有台輔之望文章組繡於鞶帨心計剖析於毛氂任給事中三司副使公累謫宦事備國書由公上言追復官爵累贈至工部尚書公以岐嶷之姿荷清白之訓思以學優入仕恥由父任爲郎不雜塵游專精墳史果以鄉里之薦亟預

武夷新集　卷之九　三

賢能之書天子臨軒擢居乙等同年生卒次補州郡從事掾屬丞尉天子以公奕世載德肯構象賢欲其起家不循常調解褐授大理評事雍熙中林胡犯邊王師致討飛輓之役公實董之祗畏簡書大兵足食凱旋遷光祿寺丞數月改秘書省著作佐郎面賜五品服公以羣玉上帝之冊府蓬萊道家之藏室賢俊咸集喜田蘇之與遊圖史實繁多黃香之未見於是削章退食獻賦離宮即日命公待制文館數月以本官直集賢院自是紬書石室侍宴瑤池歌黃鶴於建章必陪扈載泛樓船於汾水即奉豫遊以冠王之英

標纍閣題柱以燃箕之敏思幾至奪袍其風度閑詳才調清婉士流推慕時論歸之登朝爲殿中丞遷太常博士上即位入省爲外郎皆領書殿之職公克纘緒業祇荷門閥寢邸遺產非有膏腴晏子舊居未更爽塏而能孝以睦族儉以飭躬即安先人之廬不違至父之命雅好禮法尤重名節奉蒸嘗之祀馨德達於神明事昚功之親歡心洽於宗黨性嗜羣籍家藏萬卷或手自繕寫或親加校讐緗素畢陳敵祕書之副本鐶題具列同吳氏之西齋好事之名流布京轂每風庭月榭蕭晨蘭夕必命儔嘯侶銜杯漱醪凡備

三益之交莫匪一時之儁漢庭太史或奏於聚星齊國客卿無嫌於卜夜此亦沖襟高韻夐越常倫尚德好賢有足多者嗚呼不幸今也其亡享年四十三斯天也已矣夫人高邑縣君李氏實淮陽丞相之妹洪惟伯姊毋儀萬邦作合先朝居尊長樂而夫人處貴思降在富能貧周旋禮經輔佐君子得中饋之道彰內助之賢舉案齊眉方期於偕老帷堂晝哭遽痛於未亡一子克勤年十一歲天子憫之特授太常寺奉禮郎月給俸緡俾終服紀固有奇骨荷茲高門雖在童蒙已知孺慕有後之慶斯言不誣一女尚幼夫人

構 赫

以喪無慮居禮當即遠毀家襄事竭力送終伊洛之間松櫝斯在日月其吉龜筮無違即以其年十一月庚申扶護歸葬於河南府洛陽縣某鄉某里祔於先塋禮也嗚呼埏壚灰飛沉碑谷變非刻金石曷志桑田以某投分生平託之銘篆巨源倘在庶嵇紹之不孤伯喈有言述太邱而無媿銘曰

范氏之先出於陶唐積德儲祉奕葉流光赫詹公蝉緌貂璫陰德有後乃生夕郎於惟集仙肯構肯堂穆然容輝煥乎文章行歸于周動罔不臧嗚呼難忱今也即亡洛水濱兮邙山址波東傾兮樹西靡從先

公兮夜臺啓新阡兮萬里傳三世兮一身閟九泉兮
萬祀琢貞石兮志佳城人之生兮胡至此

宋故推誠保德翊戴功臣鄧州管內觀察使金
紫光祿大夫檢校司空兼御史大夫上柱國
長城郡開國公食邑二千四百戶食實封四
百戶贈戶部尚書錢公墓誌銘

咸平六年秋七月詔鄧州觀察使并代等州經略使
長城公歸京師疾故也上開宣室御武帳延登前席
勞問數四以公美疹初復未任朝謁賜告就第俾之
頤養汔九月勿藥有喜入謁未央宮自是五鼓登車

賜

晨趨無廢三杯退食常膳載加朝野之人室家相慶喜見臣之獲祐而斯文之未喪也十月戊寅宿戒知友會竺乾之宇爲桑門之饌與開士輩談苦空讚真諦俄起更衣偃然就枕若假寐焉少頃視之乃風眩暴作如大醉狀肩舁歸第是夕以不起聞享年四十有四上臨軒震悼遣使吊問法賻之數有加常等窀穸之事悉從官給翌日詔贈戶部尚書天子以公母夫人在喜懼之年有羸老之疾不克終堂之養實深擠壑之痛特命中貴人面賜白金三十觔禮極哀榮恩澤存歿君臣之際斯爲至矣公諱若水字淡成河

武夷新集　卷之九　七

南新安人蓋淩煙功臣巢國公九隴之後世胄閥閱譜牒存焉贈太子太保尊追封瑯琊郡太夫人王氏曾祖妣也贈太子太傅柔追封清河郡太夫人丁氏祖妣也尚書司門員外郎贈太子太師文敏烈考也往者公參掌萬機追榮三代始贈孤卿再躋極品至於延賞之命乃尉令伯之忠蓋由夫錫羨貽謀重世始大臧孫於焉有後太邱以之無慙者也公始在孩稚穎悟不羣笈自青衿卽齒鄉校開卷成誦發言有章纔十歲能屬文逮志學之年已博涉六藝方領矩步比肩諸生而符采超邁襟懷散朗山庭月角蓋有

公侯之相瓊樹瑶林自是風塵外物華山陳摶一見
公以爲有仙風道骨名在丹臺紫府中柏閣僧宗㝠
者有人倫之鑒獨識公於儕輩且云斯人者異日登
金門上玉堂升赤霄捧白日矣太平興國七年詔郡
國貢士河南太守以公首薦於賢能之書時纔弱冠
會有朞功之喪不克隨計再上登甲科解褐同州觀
察推官專以經術緣飾吏事至有鄰郡之民滯訟未
決不遠千里來求片言時先太師掌內帑於西都倉
卒捐館公見星而往指景悼生泣血倚廬柴毁骨立
左馮之人相與列狀太守且云失賢從事民將曷依

升聞於天特俾權奪公墨縗而贊幕畫忠襄以畢禮
經郡政倚成蜺頌尤寔今三司使夏官侍郎上谷公
時任樞密學士領選部方與天子論思帷幄之中進
退天下之士而品藻人物講求茂異孜孜慰薦唯恐
不及當是時公及太原王扶潁川陳充同郡錢熙皆
爲外諸侯賓屬即抗章以聞咸傳召歸闕天子命丞
相府召試以公文最高超拜秘書丞直史館中謝日
面賜緋衣銀魚自扶而下只除殿中丞不得與公比
明年拜右正言知制誥與今給事中柴公成務呂公
祐之諫議馮公起參知政事王公旦同制詵命焉浮

斯

化三年郡國貢士幾二萬人貢舉以來莫斯爲盛天子詔公同掌文柄數月又命案行平凉五原等郡公乘驛至塞下盡得其利病歸奏於青瑣中畫地聚米如指斯掌天子嘉歎且諭以登用之意公辭以身被逢掖業在黄卷得司誥命爲詞臣足矣天子乃召公入翰林爲學士自屯田員外郎遷職方仍賜三品服審官辯論人材周太宰之任銀臺出納王命漢尚書之職又詔公兼總二司焉至道元年春正月命公爲右諫議大夫同知樞密院事進階朝散賜勳柱國樞衡之任機務在焉自唐朝以來皆二府兼領遠朱梁

之役與三事抗衡至若赤白之囊曉傳邊奏輒斬之使夕發兵符承密旨於禁中授神算於閫外丞相有所不聞也天子以公忠肅明允温恭篤慎付以是任一二春之未幾太宗上仙聖皇紹統擢拜金紫光祿大夫尚書工部侍郎進封長城郡侯策勳上柱國餘如故上以公顧命大臣股肱良弼虛懷延納垂拱仰成公亦夙夜在公憔悴事國小大之務思竭其才而致其身讜猷之言必沃乎心而逆乎耳穆清體貌曾靡達顏私庭休沐不遑調膳一日乘清閒之宴面陳至誠直以聖朝之日長高堂之齒暮願得綵衣膝下

以奉其歡心上敦論再三不俞其請公兩奉奏牘確乎不拔上將欲崇進其秩公頓首固辭卽以本官罷機務充集賢院學士判院事俄受詔修永熙國書公卽引給事中柴公成務侍御史南陽宗度秘閣校理濮陽吳淑及億亦在選中會未朞年書成奏御既終乙夜之覽爰備名山之藏上又以太祖皇帝十七年中經營四方削平海內規模宏遠功德茂盛當時史臣殊爲簡畧又命公舉爾所知再加論次公辭不獲免乃奏故刑部郎中知制誥王公禹偁今翰林學士梁公顥知制誥李公宗諤趙公安仁纔及周星俄已

絕筆彌縫闕漏號爲詳備兩朝大典出於公手百代
而下垂於信書俄掌吏部三銓兼秋曹案讞會鳴鏑
入寇大輅親征公扈從鈎陳駐蹕全魏或燿火傳警
羽檄交馳天驕舉南牧之師雲臺有未決之議上必
遣親近咨其計策給以筆札受其條對六驘宵遁萬
乘天旋命公權開封府事鄴都鈇帥北顧是憂命公
知天雄軍府兼兵馬部署言事者以上郡之地控扼
黨項宜修復城隍大聚兵穀朝廷惑之發卒萬人贏
糧深入因舉夫版築之役而謀夫盈廷利害蜂起上
未能決適公自魏乘驛會師於離石以幄幕九張兵

車百乘意決野宿凡五日造廢壘焉公據鞍少選當機立斷輒罷其役飛章以聞宸襟洞開疑謀氷釋因詣闕而白其狀上嘉納慰勞適屬親試貢士命近臣考甲乙科第俾公預焉東堂校文時推精識西清賜對帝善其言數日又命公撫巡陝西緣邊諸郡且以便宜從事凡七旬復命上謂公曰天官書上將次將位在文昌宮漢宣亦云邊境有事左右之臣皆將帥也文武是憲內外迭處亦何常之有公不能諭上旨翌日有穫下之拜上以太原西北勁兵處控帶鴈門雲中匈奴之所走集思得賢帥付以師律卽命公兼

并代等州經略等使判并州事盡付諸將倚爲長城又下詔案行邊塞周視亭障并士嚴凝窮冬尤劇擐甲冑者或至墮指襲狐貉者僅如懷冰公夙駕再馳蒙犯霜霰且多飲醇酒以禦寒氣因傷肺得疾頗施鍼砭忽瘍潰於脛流血石餘四體薾然僅存微喘上遣中使太醫冠蓋相望又別賜手札丁寧欵密初蒙藥石之効未任軍旅之事適會府州有所經度公將力疾而往上亟令止之雖漳濱有瘳而衞蓐多故伐謀制勝固可以坐籌破虜鏖兵亦難於臥護乃降優詔俾之來朝方將驗上池之十全延明庭之三接出

驅六纛授鈇鉞以專征入序九功登樞廊而論道爲
國方召播美於聲詩致君堯舜躋俗於仁壽如何奄
忽乃至云亡里巷輟舂搢紳揮涕管公明不及嫁娶
遺恨終天張元伯頓隔死生緒言在耳嗚呼卽以其
年十二月壬申歸葬於河南府新安縣曖泉鄉祔於
先塋禮也公歷階至金紫策勳上柱國視秩水土兼
職風憲三進爵爲郡公真食至四百戶功臣之號凡
三加焉祿位官封亦云盛矣一子延年秘書省正字
始七歲雖在稚齒了無童心擗踊哀摧啜泣孺慕出
於天性殆過成人藐是遺孤庶乎有後公毋范陽盧

氏累封濮陽郡太夫人夫人榮陽鄭氏故殿中丞處升之女封北海郡夫人皆以公貴也兄若訥若虛早亡若愚今任大理評事通判台州公於昆弟中爲最幼號□號略簿若沖從父弟也大理評事維周前河南永□簿晉周兄之子也皆由公而成立焉公眉宇秀拔寶籙標映體二隣幾識探繫象下學上達文成雅誥克己恕物殆過放麑之仁虛受兼容乃有涵牛之量善談名理聽之者更僕忘疲多識典故扣之者撞鐘輒應品題人物汝南之子將坐鎮雅俗東晉之安石挹其儀表者若披雲霧與之游從者如蕙椒蘭

蓋所謂鑽之彌堅仰之彌高澄之不清撓之不濁者
也公在先朝時爲北門學士與故刑部侍郎張公洎
同日侍上天子喜金鼇之得賢詠嘉魚而申美特詔
宣奏國樂魚龍雜戲近臣咸預式宴盡歡時方隅未
寧斥候屢警在於內署實司密令每天子臨便坐決
啓奏軍書手詔急於星火斧扆之側援簡立成曲盡
事機不加點竄秉筆者推之掌審官之柄也如良工
斵材輪轅咸適其用雖小人懷土胡越不遺其情龍
斥蒙於安全淑慝以之區别居中樞之地也謇諤讜
謀參決機務守正持重曾不將迎憂邊思職屢蒙嘉

閩屬釁起蠻部盜據坤維絓湯網者居多皆呂刑之不宥賴公全活實繁有徒且以慎密自持彌綸無迹詭詞而出雖温樹以不言陰德豈誣在里門而終大賞以為百年之計莫如樹人三代之昌皆由得士姑務引翼以答恩遇祁司馬之舉善外不避讐鄭當時之薦賢言之有味又以難進易退儒者之行既得患失鄙夫所為乃辭祿樞府退就書殿士林歌頌堆案盈几馳競頓息風俗歸厚既而述唐虞之二典極班馬之三長西狩終篇南箕起謗或以不署牢衡是為專美或以倒置昭穆於焉瀆宗公討尋故實援引詔

令廷諍數四策書乃定羣邪側目正人增氣領選部也山公啓事多所薦陳掌秋曹也不疑平反號爲寛大權莅京轂也獄囚數百一旦決之桴鼓稀鳴鈎距靡設雖曰浩穰殆臻清淨由撫魏郡其政亦同乃有元戎貴倨高牙大旆提七校之師中人內侍銀璫左貂從九天而降公巵酒大胾牽以交驩郊勞飲餞曾無違禮奉縉饔給私帑屢空坦然放懷不以屑慮及罷上郡之役而晉民息肩握大鹵之兵而胡騎屏跡乃至易簀而沒家無餘財行路之聞人皆流涕非誠信素著譬李廣之不言仁惠見思同子產之遺愛者

安能及是哉公有德有言多材多藝精覈數術善評書畫雅好班固漢書常日讀一卷周急好施勞謙善下多所折券未常治產收養孤幼俾郎成分宅之仁協比親戚掩游吉亢宗之說勤接士類皆虛往而實歸善與人交必相先而莫逆薦引後進有知人之明購求墜簡倅秘書之副每燕居私第角巾東道即虛課寂味玆玄關近年深信佛乘雅習禪觀隱几終日陶然自得歸全之明日上遣近侍求兩朝策書遺草君沖等模於巾箱盡以進御且述素志願得薄葬兒於勞民上亦允其請茂陵遺札幸天子之見求京兆

新阡國鄉人之不犯族子光祿寺丞易卓犖稽古時之聞人集公生平文章爲二十卷某辱公之顧爲日斯久道同氣合心照神交親奉齋終幸無怛化知音逝矣空絕伯牙之絃冢樹愴然誰表延陵之墓含酸隕涕且爲之銘銘曰

明堂肇基需材具施如何棟梁中道而隳元首聰懷同體是宜吁嗟股肱一旦而虧腹背何益鎩茲六翮碔砆奚爲喪我垂棘人失司南國亡遺直空餘話言布在方策嗟嗟太山兮其頹悲玉樹兮將埋悵浮生兮朝露閟英魂兮夜臺伊南州之高士兮臨紫陌啓新

阡兮從舊域嚴封樹兮禁樵蘇志泉扃兮刻金石諒
西士之耆老兮盍樹碑以表德

宋故翰林侍讀學士朝奉大夫右諫議大夫騎
都尉賜紫金魚袋滎陽潘公墓誌銘

咸平初天子端委穆清順考故道思近者德樂聞話
言於是徵漢代金華之舊聞考唐室翰林之故事特
置侍講學士之職時予從祖七兵尚書故戶部夏侯
貳卿今侍郎河閒邢公中丞呂公並預茲選後三歲
今丞相畢公自上黨驛召既至即以命之又再歲自
郎署擢河南潘公爲諫議大夫授以茲任八年之間

六人而已公亦旣拜命入無間言時屬天驕犯邊軍烽目警天子將躬秉武節展義兩河而公以肅乂之姿處切近之地旰朝備問言多沃心中涓諭旨退必削稾及輿駕薄伐勤勞扈從晝驂乘於襄野夕宿衞於勾陳從羽獵於儲胥陪玉食於雲幄蒙犯霜霰因而遘疾猶親奉宸旨致祭洪河沈璧浮牲精意懇惻及復命行在移幸澶淵晨趨暮召夙夜匪懈中乾愈甚束帶不任中人國醫存省相繼嘉言入奏啓沃未忘美疹漸滋皇慈彌渥特奉明旨先還上都肩舁啓行郵亭先置星言夙駕有加無瘳及旅凱班旋膏肓

沈痼精爽將竭方寸不亂月正元日殆於彌留猶召故人執手爲別且占遺奏不令託孤歎逝者之如斯痛主恩之未報言訖瞑目至夕奄然皇上軫悼良臣賵襚加等以其子太廟齋郎汝士爲大理評事正字汝礪爲太常奉禮咸賦以祿俾之終喪又詔有司給方舟載其柩歸葬豫章從遺志也恩禮之厚無以爲比公諱愼修字成德其先滎陽中牟人唐末避亂遷於閩粤治產作業遂爲著姓當王氏之偏霸也曾祖武源以邱園之秀預弓旌之招受署福州古田令祖宗裔種德務滋懷才不試世難方棘肥遯終身烈考

承佑屬雲雷之邅屯負公台之偉量嘗爲吳□蘄州法曹椽郡守以非法致死罪抗議不奪投手版而歸王延政據建安且欲倚以爲相時閱牆結釁尋戈繼日引經義而廷諍因禁錮而家居江南平建州若得劇孟之一敵國也累服大僚專掌劇務辭榮致政得刑部尚書歸隱洪州之西山優游沒齒妣清河張氏以從夫之貴封本郡君而公之顯祖贈太常少卿祖妣河間邢氏封本縣太君皆由尚書之故也公少負俊才習聞義訓觀書學劍包文武以兼資黜漆凝脂越風塵而特秀纔十餘歲隨先尚書歸金陵得秘書

省正字歲滿遷校書郎未幾入省爲水部員外郎賜
五品服纔冠歲矣俄遷膳部先府君懸車告老公求
便官就養得知洪州豐城縣歲餘以憂解職卒哭起
復舊官改上元令以刑部員外郎知雜賜服金紫執
法甚平持憲尤肅江右耆舊至今稱之除水部郎中
兼起居舍人判侍御諸領郡國之上書評諸曹之奏
議蓋一時之劇任也□□未甞尤之旗亘天龍驤之
師渡水公將危邦之目以市宴爲名使交兵之閒履
不測之險既陳士貢於宰旅且留別館於都亭時從
主先命同氣之親來謝不朝之罪羈縻未遺休戚攸

同王師所加捷音繼至金湯失守固宗國之將亡亟
帛旅庭齒外臣而致賀郎吏懼其後至所司督其不
供公慨然抗義以爲不可每內朝稱慶但拜章待罪
太祖重其知禮嘉其有辭特遣貴臣親諭上旨改命
供帳增給餼牽及青蓋來朝朱扉賜第太祖以公質
性忠厚特授太子右贊善大夫俾事故君是爲上介
恩賚本於故國向見世臣曳長裾於王門兼掌記室
太宗嗣位以恩例累進階勳後主考終由府罷復預
朝請歷太常博士虞部倉部考功三員外郎郎中出
通判壽州知湖州梓州凡十年在外故鄉帥太傅李

公典領中秘書方求碩儒以充近署遂引公入直秘閣出入交戟偃息周廬刋正遺編蓋手不釋卷祇膺清問必膝之前席善談名理言爲陽秋勤接士類必無城府江東人物率執贄以宗子漢庭公卿多致恭而尙齒允所謂南州之高士儒林之丈人也然自博極羣書優游一紀素髮垂領僅顯郎潛凝塵滿席不嬰世務婚嫁未畢屢求典於方州年德俱高果入參於近侍將記言於惇史遂歸全於厚夜嗚呼享年六十九公前娶汝南周氏今夫人東海徐氏封本縣君郎故中書侍郎上饒郡君景遂之女也建康大姓連

姻戚畢柔懷惠問宜家睦族俄遘未亡之感實深
老之痛卒其二子奉公之喪歸於洪州祔先尚書之
塋從洎命也公四子長玄亮端拱中舉進士補大名
朝城尉次玄成□□□□皆早亡五女長適福州守
德令鄭貞彌次適蘇州常熟令岑頗先公而逝次適
興元府觀察推官龔紀次適大理寺丞張安期故參
政刑部侍郎洎之子也一尚幼而許嫁待年而未行
公風度詳閑襟懷夷曠旁通多可虛受兼容雅善棊
奕技臻絕品先皇帝萬機之暇常以方罫自娛公屢
蒙三接之召親奉一枰之戲退而作棊說以獻天子

巽之蓋多藝多材姬公自許執御執射仲尼之言雖
餘力之使然亦天機之獨妙參掌記注猶及金匱之
闕文屢奉宴遊嘗續柏梁之高韻生平著撰疊委篋
箱諸郎等方在哀迷未遑論次長卿遺札冀武皇之
見求叔夜孤兒幸山公之尚在永懷舊德髣髴緒言
揮涕濡毫以志陵谷銘曰
全巽之地纘唐之祀公臣舊邦罔有貳事開寶之季
王師摩壘公使麥兵茲亦盡瘁一心事君與訓攸聞
公之奉上茂貞純兮十年不調先民是悼公之爲郎
殆華皓兮西清北門宴見咨詢簪筆持橐奉至尊兮

靈旗大輅徂征赫怒巾車脂轄陪天步兮公已白首
始遘元后富貴之來逼蒲柳兮公踐玉堂入侍聖皇
寒暑之沴在膏肓兮時不與兮道攸遠志將亨兮命
彌蹇旅櫬歸兮春草長銘旌飄兮白日晚瞻塚樹兮
成行悲逝川兮不返永齎志兮首邱長垂名兮汗簡

武夷新集卷之九終

八閩文庫

福建文獻集成

續編 集部 二

吴格 主编

八閩文庫
文獻集成
326

海峽出版發行集團
THE STRAITS PUBLISHING & DISTRIBUTING GROUP
福建人民出版社

本册目次

武夷新集二十卷楊文公逸詩文一卷（卷一〇至楊文公逸詩文）
［宋］浦城楊億撰……一

武夷新集二十卷楊文公逸詩文一卷（卷一〇至楊文公逸詩文）

［宋］浦城楊億撰

武平馮氏望山小舍藏民國十八年刻校樣本

武夷新集

叁

武夷新集卷之十

宋楊億撰

墓誌二

宋故推忠協謀佐理功臣光祿大夫尚書左僕射兼門下侍郎同中書門下平章事監修國史上柱國隴西郡開國公食邑三千八百戶食實封一千二百戶贈太尉中書令謚曰文靖李公墓誌銘

景德元年秋七月乙酉大丞相僕射隴西公早朝至待漏舍不俟鑰出而歸疾故也粤翌日車駕幸其第

親至臥內存撫甚厚賜白金三百斤既還宮以不起
聞上又臨哭出涕初公之疾也中人太醫絡繹旁午
於道迨公之薨也千乘萬騎一日再幸其居國須宗
臣帝失元輔都城爲之罷市功女以之寢機同體既
虧實以上之深戚斯文將喪顧天下而誰宗嗚呼哀
哉真古之遺愛也公諱沆字太初其先趙郡人廣武
君之後也策書所載世德茂焉泰陵令累贈侍中豐
追封虢國太夫人滕氏曾祖父母也洺州團練判官
累贈中書令滔追封魯國太夫人苗氏王父母也侍
御史累贈尚書令炳追封陳國太夫人周氏考妣也

卓然甫及
好△七
△二千
先

公韻字宏廓禕靈沖粹特資異禀卓然不羣甫成
童性廓好弄逮於就傅言必有章七歲能屬文十歲
通五經大義服膺素業既冠而大成比肩諸生命鄉
而高薦時春官氏方虛甲科以待屬丁先府君之憂
自太梁而抵章舒幾二千里見星泣血哀感道塗食
蘗飲廬毀深欒棘先府君歷佐使府及剖郡符徇公
滅私輕財好施以經遺子市義於人暨啓手之辰無
兼金之蓄公承清白之訓持窮絕之家有原憲貧病
之憂茂張仲孝友之德太平興國五年舉進士得高
第解褐將作監丞通判潭州郊祀遷太子右贊善大

夫八年歸朝爲著作郎當是時也天子方端委穆清
詳求茂異崇建冊府養育人材公之蒞長沙也椒蘭
之德在人金玉之音盈耳輶軒密啓外臺陳狀稔熟
於上聽喧塞於公議中謝日太宗命中貴人送丞相
府試文一通以本官直史館賜五品服雍熙中令工
部尚書王公化基任左拾遺上封公車大言自薦太
宗謂執政曰李沆宋湜皆佳士也可并試之明日並
命爲右補闕知制誥公之位在二公之次上特令公
首冠焉又賜錢百萬天子知公貧多權錢富家出倍
稱之息又別賜三十萬俾償之端拱初遷職方員外

然有

貢

郎掌誥如故來年受詔與今學士承旨禮部尚書宋
公白同知貢舉是時天子始命復舊制委有司貢部
翕然有得人之譽未幾召入翰林充學士賜金紫又
奉詔與今丞相上谷公同掌選部澄汰流品旌别淑
慝清通簡要時譽歸之公之在内署也或乙夜觀書
之餘備前席受釐之問風規醖藉占對嫻雅弼違獻
可上多沃心稱善舉能言皆有味天子知其才可以
緝熙帝載察其德可以鎮厚風俗乃有意於大用也
淳化二年拜給事中參知政事是時天子方循名實
以考百揆謚吏事而責三公公勵翼一心將明庶政

水潦近止閭閻息愁歎之聲名器有倫搢紳絕僥倖之路彌縫闕職汔至小康俄罷政事以本官奉朝請雖坐策免時望彌重未幾丁太夫人憂柴毀過禮先是公疏戚同居功緦百口昆弟致美家人忘貧賦祿雖優量入都盡及罷樞務復罹哀疚居喪盡禮送終竭力殆於食貧曾不屑慮優詔起復辭不得請俄以本官知昇州因奉璽書請對便坐天子留而不遣改命知河南府兼留守司事二周變風期月報政纔及滿歲召歸闕庭屬光啓承華克固邦本疇咨羽翼輔導元良即以公爲禮部侍郎兼太子賓客特詔賓護

之職一用師傅之禮仍居儲君之重先施下拜之儀公請見頓首辭不獲免皇上踐極拜戶部侍郎參知政事未幾以本官平章事監修國史進位中書侍郎屬鳴鏑犯邊翠華薄伐居守之任根本斯繫關中圖籍委酇侯以無疑東郊保釐非畢公之爲比上親提武節躬御六師北涉大河駐蹕全魏勞軍而連營賈勇展義而徧此案堵胡馬引去邊塵載清無有南顧之憂克定一戎之業者繄公之力也公亦坐鎮京邑兼容獄市令行禁止不戮一人千門萬戶曾無吠犬及鑾輅愷旋謁見行在置酒幄殿奉觴上壽勞問優

縟禮貌尤異清中除道奉迎至尊同德一心光輔大
政來年進位門下侍郎屬有事南郊加尚書右僕射
餘加故公踐師長之秩處丞弼之地屬西北二鄙金
革未息伐謀制勝實賴前籌調發軍輸曾不暇給當
宁靡寧於旰食宰府專職於憂邊公夙夜自公憔悴
事國任重責大智困神疲休澣在辰稀得出沐勝理
徵疹不敢寧居筋力漸衰精爽坐竭岑江陵之盡瘁
天子先憂張司空之云亡星文告變嗚呼享年五十
有八詔輟視朝五日贈太尉中書令上又別爲發哀
羣臣奉慰追錄嗣子逮於周親乃至外姻諸甥當從

給使咸被延賞之澤悉膺非次之命又特命昭宣使
恩州團練使李公神福監視葬事太常考行謚曰文
靖發引之日有司具鹵簿大鴻臚持節護喪郎以今
年五月庚申歸葬於河南府洛陽縣賢相鄉積潤里
從尚書令府君之塋禮也公積階至光祿大夫策勳
上柱國三進爵為公真食至千二百戶功臣之號凡
再加焉祿位寵名皆人臣之極也前娶清河張氏永
興軍司馬忠輔之女生一子曰翁朝三女長適右諫
議大夫薛映次適奉禮郎向傳正相國河內公之子也
次數歲而夭及公之薨張夫人之所生無復存者今

夫人沛國朱氏累封越國夫人故太常少卿致仕累贈工部侍郎洞之女嬪於台宰宜其室家作範中闈啓封大國齊眉舉案禮極如賓晝哭帷堂痛深偕老生四子三皆早夭幼曰宗簡大理評事五女長適著作郎直史館王曾執喪過哀遇疾而逝次皆幼公三弟曰贄虞部員外郎知洛陽縣陳力就列負適時之才曰源太子中舍裕蠱允宗眞保家之主曰維戶部員外郎直集賢院文行第一見推朝論克荷世家允爲國器公風鑒融朗天性謹厚自結髮爲學靡雜塵游雖燕居慎獨如臨賓祭視聽無譁處闇罔欺韋編

屢絶不閲非聖之典束帶未旣不答嚴君之召先府
君常語人曰此兒異日必至公輔知子之明蓋無媿
矣及計偕續食發策決科引籍周行通直延閣水懷
珠而川媚林養棟以材成繇是升右掖以司言入內
庭而待詔五代已還文體一變至於雅誥殊未復古
公之書命也啓迪前訓潤色鴻業善爲辭令長於著
書考三代之質文取兩漢之標格使國朝謨訓與元
和長慶同風者繄公之故也及參貳政柄彌綸事典
守正持重不務將迎出滋鎖闥恪居官次靖恭夙夜
曾無澄撓尹正西洛茂宣愷悌之風調護東朝助成

明兩之德豈再掌鈞軸正位巖廊斟酌治體辨論官
材入斯具瞻帝用親倚謀事補闕夜思晝行納誨盡
規有犯無隱深識大體務行故事終年公府未嘗案
吏退食私第靡有謝賓加以慎默寡言執直無驕百
執延見多虛往而實歸兩府議論必守經而據古將
順歸美而不喜詭隨夕惕補過而深懲滿假茲所謂
皇家之柱石神化之丹青也至如喜怒不形進退可
度陟降盡室尺寸靡差吐嘔車茵醉飽必恕賦祿雖
厚奉身甚薄萬錢之入周急屢空數畝之居偪下已
甚不問家事不恤人言疇昔交遊淡水之情無改卒

生恩德一飯之報不忘性絕玩好專聚圖籍致敬緇
爲躬自讐對崇奉內典洞曉真諦每燕居靜慮深念
無生旁行四句推窾盈几雅善筆札特臻其妙嘗所
著述遺稾頗多季弟維論次編聯成二十卷立言不
朽其在茲乎諸弟等以某爲相府舍人多歷年所欽
奉全德飽聞緒言見徵銘篆之詞以防陵谷之變某
早在薦紳之末特蒙國士之知雖年輩相遼位貌非
等更僕之論固嘗莫逆於心沉石之文庶幾傳信乎
後是爲實錄諒無媿焉銘曰
聖作物覩帝賚元輔如鼎三足猶天八柱翊宣大猷

康濟庶務袞職有闕仲山是補顯允相國光弼大君
謨明亮采師古經文道類矢直政無絲棼百工時乂
九流洞分公德如風孰不靃靡公言如蘭人斯服媚
文成典謨學探象繫嗚呼彼蒼胡不慭遺公心如秤
重輕誠懸公道猶龍鑽仰彌堅功熙帝載識窮化源
哀哉哲人胡不永年宅人踰涉可以揭厲公陂萬頃
涵泳無際宅人垝垣殆見室家公牆數仞德音孔遐
公掌大鈞平章百揆思職憂邊匪躬盡瘁哲人其萎
二豎生沴桃茢臨喪禮優賵襚公輔大政高朗令終
易名贈秩褒德顯庸十世猶宥九原啓封函簿賜葬

都城輟舂馬悲鳴兮車結轍弩矢驅兮班劒列靈輀
焉兮祖奠徹銘旌飄兮楚挽咽伊人生之共盡兮唯
大名兮不滅邙之麓兮洛之涯泉臺閟兮隴樹徹宿
草短兮朝露晞蒼烟暝兮夕鳥飛苟逝者之可作兮
非我公兮曷歸

宋故大中大夫行給事中上柱國臨汾郡開國
侯食邑一千二百戶賜紫金魚袋平陽柴公
墓誌銘

公諱成務字寶臣其先平陽人漢棘蒲侯之後也世
亂流寓不常厥居公之遠祖占籍河朔積德有後宗

派盛焉五代祖賡因官曹南遂家於濟陰郡大王父綱廬州別駕王父允隱居求志藏器不耀累贈太子右贊善大夫祖妣劉氏追封彭城縣太君烈考自牧舉進士乙科應聘戎閫晉末之亂奉武行德於河橋蹈危機畫奇策尊立漢室底定中原天步既清賞典不及逮周邢之啓始通閨籍踐歷臺省淹徊郎署終兵部員外郎而王父祖妣追榮錫命皆由兵部之故也自公之貴兵部累贈禮部侍郎妣丁氏追封譙縣太君錫羡流光斯不誣矣公風度夷雅襟靈沖粹始在孩稚迥如老成摩事鹿游不雜兒戲橫經千里尋

昂有千里之姿從賦干名籍籍致同人之譽毎拔詞藝前達爲之致恭秉筆屬文傾都以之傳寫春官宗伯常虛甲科以待之而公思值名公伸於知巳乾德中禮部員外郎知制誥王公祜適典貢部公始就冠舉郎以公冠於諸生當時朝野聳得賢之議解褐宿州軍事推官秩滿爲曹單觀察從事被所知之舉遷大理寺丞監潭州茶場筦權之利實佐於用度羨餘之績具載於簡書疇其幹蠱之才委以外計之任改太常丞峽路轉運副使賜五品服拜監察御史知累州轉殿中知蘇州滿歲移充兩浙轉運使改戸部

員外郎直史館賜服金紫除本曹郎中充三司戶部判官選爲光祿少卿未幾充高麗國信使復命領京東轉運入爲司封郎中知制誥遷左諫議大夫知河中府今上踐阼拜給事中知梓州歸朝受詔同修承熙寶錄俄知揚州入判尚書刑部小吏犯法怒而笞之黠胥無賴伏闕自訴適有中旨薄責其狀公以爲天子從官領秋曹六卿之任挾吏被劾禁止朝謁亦何面目復據堂決事耶即上言解職以本官奉朝請未幾膺理生疾劾藥靡徵哲人其萎頹山興歎嗚呼公以大德元年六月某日考終於正寢享年七十有

一公寢疾彌留方寸不亂口占遺奏以六歲孤兒爲言上憫之特授太常寺奉禮郎賦以廪祿俾終喪紀即以某年某月某日奉公之靈柩歸葬於開封縣新里鄉汴南里小邊村汴南原舉前二夫人祔焉禮也公始娶趙氏故宗正少卿齊之女後娶張氏今夫人李氏封贊皇縣君故水部員外郎岧之女也宜家之美内助居多德茂允宗義敦偕老三娶令族晚有兒息年六十有六始得今奉禮焉二女長許適太常寺太祝張太初今戸部侍郎雍之愛子也次尚幼二弟曰咸象舉進士終秘書省著作佐郎曰咸文任三班

奉職實公之保任也弟之子曰貞範將佐監丞曰貞
簡秘書省校書郎皆自公而成立焉公文行首出時
名籍甚自濯纓筮仕束帶登朝佐幕從軍頗聞婉娩
之畫馴煩治劇蓋有飄飄之歎先朝以卿士惟月時
惟古官位實象河行有鳴玉典掌尤重表著並崇自
唐以來目爲散地思矯前失以振舊規乃選諸曹正
郎有才望者十人並補少列而公首膺茲任羣議允
歸至若辰韓之區是爲君子之國世修職貢乃心本
朝而尺詔頒恩輶軒遣使撫柔殊俗震疊皇靈自非
專對之才或致君命之辱而公奉辭于役脩擴威懷

知內史西臺專掌訓誥代言之選居第一流而公允是僉諧潤色鴻業前朝國書藏在冊府論次大典厥惟難才而公肅奉擬倫裁成信史逮於出典劇郡必樹於風聲入奉內朝式瞻於儀表經笥學海河東之三篋盡通辨囿談叢稷下之千人皆伏多識前訓鑽之彌堅善與人交久而無改雅奉玄元之教妙達養生之旨深通醫砭之術屢獲蠲痾之効其風規醞藉學術該博亦足為儒林之丈人公朝之舊德矣某昔刊青簡嘗接緒言今志佳城無慚直筆庶幾傳信以示方來銘曰

南東

濁河奔流羽蟲日化逝者如斯不捨晝夜新阡鬱起
原隰龍鱗死而可贖人百其身嗚呼柴公名高鄉品
給事左曹行將十稔享年從心考終正寢日月之吉
龜筮叶從牛眠卜宅馬鬣增封九原宿草千古長松
唯令名兮不滅與編簡兮無窮

宋故推誠翊戴同德功臣山南東道節度管內
觀察處置橋道等使特進檢校太尉同中書
門下平章事使持節襄州諸軍事行襄州刺
史判許州軍州事上柱國隴西郡開國公食
邑一萬四百戶食實封三千二百戶贈中書

令謚曰忠武李公墓誌銘

景德元年冬天驕寇邊羽書狎至列城閉壘冀方弗寧爟火幾照於郊畿虜騎將飲於河曲聖皇赫怒乃議親征六師戒嚴百神衛蹕且詔襄陽節度相國李公爲駕前東面都排陣使元戎十乘實先啓行既至而軍聲震且戰而戎渠殪清道迎謁案節前驅及天步底寧鑾輿凱入又詔公以精甲萬騎留鎮澶淵粤二年春正月詔公入覲臨軒延見禮貌非常置酒高會宴勞加等適終飲至之禮俄嬰腠理之疾太醫中貴相望於通莊翠華羽葆親至於甲第公力疾迎拜

雪涕興言發於至誠感動人主既而中乾遘沴有加無瘳殆於旬時遂至沈劇汔二月癸未以不起聞皇上撫几興嗟臨喪出涕失左右之手奄喪於宗臣聞鼓鼙之聲深思於賢帥搢紳相弔里巷輟舂桃李無言蓋仁愛之所結金石斯刻國風烈之如生嗚呼哀哉真人之傑也已公諱繼隆字霸圖其先隴西成紀人至於因生命氏之由來世德家風之似續實出玄元之後蔚為仙李之宗族望重於山東譜諜藏於冊府非假一二而識也公之遠祖占籍上黨水深土厚代産偉人大王父諱直以高尚之姿不求人爵以嵩

衍之慶大啓孫謀王父諱肇仕後唐爲都壕寨使檢校司徒同光中討王都於中山會北戎赴援王師失律諸帥奔潰不任其恥獨率麾下力戰而殁烈考諱處耘國初佐命功居第一歷宣徽南北院使樞密副使屬太祖皇帝再造區夏經營四方申命信臣討平亂畧偏師一舉盡得荆山之地不煩血刃無犯秋毫版圖入於職方貢賦歸於宰旅大勳既集飛語乃生卒致投杼之疑且有傳車之召屬吏問狀恥於辯明左遷淄州刺史者終於治所焉太祖念翊贊之元功申追命之殊典特贈宣德軍節度使檢校太傅以公

之貴累贈中書令追封魏王妣吳氏封齊國太夫人
王父累贈尚書令祖妣趙氏累封萊國太夫人皆以
公之故也公識度沉粹風規醞藉山庭月角蓋有封
侯之相蒼髯黃琮乃是禮天之寶耿介不羣倜儻自
任涉獵經史博通大義馳騁騎射冠絕一時初先王
昆仲三人友悌尤篤而先王以翹車應聘杖策從軍
伸於知己不遑家食公始在孩稚即養於伯父作坊
君迨總角成人出就外傅乃歸膝下以奉所生蓋閨
門之中兒無常父者矣先王居宣猷之任公朝行延
賞之澤以公補西頭供奉官及侍行淄川爲當塗著

除其籍屬聖人之降生從母氏而入覲命復其秩留於京師俄丁先王憂見星而行悲感齊俗遠日之下歸葬洛陽執喪過哀襄事盡禮時公始十有七歲矣既畢封樹復預朝請而當時用事者或先王有憾之人方傲寵於明庭思敵怨於後嗣公之所厚爲公危之公介然自持不以屑慮姑務德報且圖智免繇是靡事生產多恣弋獵持權者謂其非象賢也勿復忌之甫及勝冠之年深達屈身之畧事親以孝睦族以仁沈浮當時脫畧細故識者知其遠大也開寶初送戍卒於中山中山帥孟元喆命讌射堂公矢無虛發

舉止嫺雅元喆有知人之鑒謂公曰它日非吾所及也時隴蜀初平寇盜猶梗命公爲果閬州監軍兼巡檢太夫人以公使於遠邦特鍾慈念擇先王之左右常從又故謹厚者俾輔翊之公曰兒之是行不須此輩必當有立無忝前人太夫人喜聞其言拊背以遣戾止踰月羣盜屏息巨猾就擒齊民安堵椒蘭之德薰於隣邦金玉之音聞於京轂受代卽路比屋遮號遺愛在人頌聲盈耳公以庭闈在念晨夜兼程驛軺奔馳劍棧危險蘿蔦蒙密巖谷深峭狹逕雨苔之滑喬林宿鳥之喧絶澗崩崖人馬俱墜比驛吏然炬而

防外

至引綆以登兩無所傷深踰百尺議者以公貴盛之
未涯孝思之致感也會朝廷將舉樓船之師復金陵
之地命公率卒三百戍於武岡式遏蠻陬以防外侮
先是內地但給刀楯羣寇暴集僅及數千公督士力
疾推鋒決死藥鏃貫臂神色自若賊不敢抗稍自引
退繇是勇敢之譽聞於闕庭及王師南征命公與石
曦領偏師討平宜春郡捷書上聞吳人褫魄太祖始
不以衆人遇之也當是時浮梁渡於長江靈旂指於
南國內發七校曰費千金資糧屝屨順流而下牙檣
鐵鶾敵境是虞太祖命公與宗人符共董其役公備

豫有素往來無滯編管斗粟不爽於軍須木牛流馬式彰於心計太祖奇其才力形於歎嗟乃命公案視壘垣督責戰具出驅使傳車無停輪入奏戎機膝之前席甲戌紀曆知江左之道消伏波論兵與漢皇而意合自王師南渡公往復其間嘗日馳五百里途中遇虎以一矢斃之又嘗械降將一人獻於闕下至項縣疾甚斫首以聞太祖謂其勇而有謀可任大事嘗於江中與吳人水戰伏弩忽發正中其額若神物保護終無所傷奮不顧身忠而能力始太祖以先王之捐館也頗深痛惜特優命數若追悔之無及嘉舊勳

而不忘曦公之勤益懷遺烈問及孤幼形於軫惻因
謂公曰俟平江東之日奉捷書而來時中使近臣數
十數輩專伺獻功競圖受賞適有機事當奏京師公
獨請行上益虛佇且言臺城危蹙之狀因云在途日
忽大風晦暝此城陷之兆詰朝露版至太祖召謂之
曰如汝料矣吳將盧絳者嘯聚亡敗衆且萬人盜庫
兵拒王命詔公以偏師討之勢窮乞降縛送行在以
功遷莊宅副使會雩祀西洛命公爲御營前後巡檢
使太宗踐祚拜六宅使河決近郡奉詔塞之如期訖
役水復故道三年興駕薄伐次於常山命公視師晉

陽盡護諸將因受詔與彰德軍節度使李漢瓊當一面之衝施九攻之術飛矢羽集而戰氣益酣左輪朱丹而鼓音不息挾其不勉奮以先登勇常冠軍退必殿後嘗爲機石所中勢如疾霆旁觀震驚不挫毛髮俄而并主窮蹙面縛出降太宗因其兵鋒遂討幽薊命公與郭守文領期門之師當前茅之任與虜鬭於胡盧河之南大挫其銳會戎人救至我師不利倉卒之際即議班旋車駕宵征諸將皆去唯公敦陣整旅長驅而歸引弓之民紛布左右憚其嚴整不敢邀擊避次行在太宗悅之既還上都罪狀諸帥唯公與汾

陽等數人不坐焉俄而獫狁犯邊命公護常山軍與崔翰等大破虜於徐河先是朝廷圖陣形規廟勝盡授紀律遙制便宜主帥遵行貴臣督視公獨陳應變之略不以新書從事違詔之罪誓獨當之果成茂勳天子嘉歎四年遷宮苑使嬀州刺史六年護三交戍兵又受詔與潘美出代北破契丹靈邱縣大獲而歸明年護定州軍雍熙二年李繼遷叛於銀夏受詔與田仁朗討之仁朗被讒下獄以公爲環州團練使實代其任公以仁朗非罪屢上言救之果獲輕典及西師之罷出爲高陽關監軍三年春王師北征諸將受

律公隸曹彬麾下實爲之前鋒鼓行深入屢敗賊衆
矢中左股督戰不廢得契丹貴將一人元戎欲奏其
事公力止羣議不敢貪功俄而傅潛米信兵敗衆遂
大擾爲賊所乘獨公全師而歸成列不亂旣次易州
賊騎倏至公兵素整格鬬退之因受詔知定州兼兵
馬鈐轄太宗知公忠勇可貞戎政改武州防禦使充
侍衞馬軍都虞候賜號忠果雄勇功臣九月匈奴南
侵命公爲滄州部署率步騎一萬以赴之虜急擊河
間劉廷讓求救於公公不俟駕而往攻君子館虜伏兵
發廷讓等先不之覺公力戰敗之殲戮無數會暮虜

援兵至祿將桑贊等先遁我師遂潰公獨領百騎逵
於河間讒人搆之謂其失備詔徵赴闕送相府薄責
之公條對明白即命復位因上軍政數事皆可其奏
未幾授武州觀察使檢校太保總兵如故端拱元年
春遷洮州保順軍節度使充侍衛馬軍都指揮使出
爲定州都部署是歲匈奴八萬騎寇中山公之衆纔
二萬内謁者傳詔俾堅壁以待之公謂諸將曰閫外
之事吾得專之也往年河間爲人所誤不即死者正
爲今日耳護軍袁繼忠壯其言躍馬從之大破虜於
唐河追奔數十里俘馘以萬計是歲虜寇常山及邢

外交 為河

洛諸郡皆守城不出而中山之民竄蕘無廢公又出奇兵薄西山以邀虜虜亦引避太宗賢之召歸謂曰唯爾盡力於我每歲防秋即詣屯所淳化四年授邠州靖難軍節度使仍總兵柄時李繼遷叛濱河外交通夏臺綏州高文岯舉城効順西鄙騷然命公為河西行營都部署繼遷聞風逃於絶漠保忠就縛送於石州或請誅之公曰當獻於天子以釁鼓耳旣而申宥罪之命契明主之心焉至道二年春繼遷刼我輜重於浦洛河二將敗衂命公爲靈環十州都部署經畧西事秋七月大發車騎十餘萬分五路以討賊遣

公自靈州取東關鎮由赤檉苦井路以赴卷軍行之
水深以爲慮卽自橐駝路徑趨烏池聞丁罕慶州之
軍與賊接戰倍道赴救解其長圍三路之兵皆後期
不至賊黨遠遁遂謀旋師尙以不赴靈州慮違詔旨
遣其弟繼和奉表待罪太宗深加慰勉屬餽糧朔方
命公由瀚海路率師護送公請自古原州涉蔚茹河
爲便衆或非之公確論其事又遣繼和入奏繼和亦
博達有謀極言其利太宗聽之屬漕運之司飛輓未
集遂綮甲休士持重養勇賊將史乱過者頗擾內屬
率兵擊敗之俘獲萬計士氣益振叛羌悉歸三年果

由古原州路入拔靈武遂城廢壘是爲鎮戎軍控夷
人之咽喉爲諸夏之扞蔽守禦之固至今賴焉自靈
武之言歸闕永熙之厭代亟陳封奏求覲天庭改授
陳州鎮安軍節度使檢校太傅總兵如故五月來朝
上以公累朝舊臣地居元舅周旋二紀勤勞王家將
欲增其寵名不敢煩於戎旅詔加同中書門下平章
事歸鎮甸服假息以作藩正位中台雍容而論道俯
接天邑蓋蒙福於京師並建戎藩用夾輔於王室屬
太宗因山卜宅同軌戒期執圭來朝攀髯號慕俄丁
齊國太夫人憂居喪盡哀幾於滅性明詔起復固讓

莫從三年以誕聖之辰修上壽之禮郊勞餞飲寵數
並優宴見諮詢嘉言罔伏五年郊祀進位檢校太尉
六年北伐敗我師於望都公感憤載懷明發不寐上
奬其誠節特詔歸朝清宴延登策慮幅臆公車請行
封章疊委上優寵耆德不欲重煩但璽書垂褒便坐
加禮而已俄授公山南東道節度使未幾授詔判許
州實由公乃心本朝忍違京輔遂領峴首式綏三楚
之人臥理璧田且增九鼎之重遽以明德皇太后大
漸詔入省之屬玄寢之有期復巾車而肆覲俄而北
方之疆舉國來寇邊城震駭羽檄交馳兩河之人旦

睿延頸以徯六龍之御也公懇求扈從以扞牧圉上
亦傾心委賴動靜諮訪公忠誠感發規獻宏遠公家
之事知無不爲帷幄之籌言皆可復及先驅禦侮受
命忘家臨敵誓師人百其勇胡騎奄至不介馬而徑
馳我武旣揚須破虜而會食大殲醜類克振天聲保
界洪河申嚴戎政輕裘緩帶奉迎乘輿釃酒椎牛宴
犒衛士上天眷命北虜請和邊塵載清帝車來復加
地進律寶居羣后之先繼好息民式開萬世之利詔
加開府儀同三司增邑千戶未及拜命遘茲沈痾適
覩豫乎宸襟奄殁嗚呼享年五十有六詔廢朝五日

護

贈中書令上特爲制服發哀羣臣奉慰命入內內侍副都知西京作坊副使張公景宗監護喪事又命殿頭高品石廷福召名德僧就其第作佛事四十九日而罷太常考行謚曰忠武發引之日有司具鹵簿鼓吹大鴻臚持節護喪即以今年十二月庚子歸葬於河南府河南縣偏橋村之先塋舉洪農郡夫人楊氏祔焉禮也公二紀宿衛四換節旄累階至開府策勳上柱國進爵爲公真食至三千五百戶功臣之號凡三加焉祿位官榮皆人臣之極矣公前娶洪農楊氏即保靜軍節度使贈侍中光美之女也繼室天水閻

氏封涼國夫人三子長曰昭吉次曰昭文皆任供奉官先公而逝季曰昭慶今任洛苑副使四女長及笄而亡次適內殿崇班曹玹亦逝矣其二皆幼兩弟仲曰繼恂任洛苑使順州刺史不幸短命前公而歿有子曰昭遜以公之故特授內殿崇班季曰繼和任西頭閤門使平州刺史智畧輻湊磊落不羣負文武之才以功名自任公友愛尤異深所推奬嘗謂之曰吾門之不墜者繄爾是賴自罷兵歸鎮因弄筆唐李勣遺戒授之且曰吾不復預家事矣啓手之日依而行之及公之被病繼和適受任并門力疾封章忍死以

待飛騎而至相見甚歡談笑移晷方寸不亂比更衣而就舍即瞑目以歸全其器量也如此長姊適故洛苑副使郭守璘恭惟明德皇太后少麓啓祥塗山叶慶作合先帝正位內朝光輔大君居尊長樂播德彤管升祔閟宮實公之元妹也次妹適故主客員外郎直集賢院范貽孫從父兄曰繼凝任樞密直學士未及大用而亡曰繼昭終於殿直二兄之子曰昭度內殿崇班曰承信供奉官皆由公之故也公器宇宏廓風鑒融朗敦說詩禮博通義府跌宕文史多識前言寤寐經綸善談名理為將威重御衆嚴整在貴恩降

人得其歡心撫下有恩士致其死力習知邊事練達武經臨難忘軀無厭於金革盡瘁事國竭力於股肱交遊之情歲寒而勿改行旅之際險易之不爭嘗奉詔書護塞河決日暮涉水讓舟於梁迺公與賓禰鑽乘單舸而渡溺於中流得大桑樹依之獲免及迺以舟迎夜半至岸比旦視之樹已沒矣其捐已先人有如此者公臨事有謀當機無滯岐溝之役適有詔部分諸軍隸於列郡公遽令錄其詔書後旬餘有亡卒數萬人集於中山不知所嚮公卽以詔書諭之各給要券俾歸所部其深識制變有如此者公爲國遠慮

獻言盡規先嘗詔廢夏州公以爲賊遷根本之地不可棄也又言銀夏南山中宜增置堡戍以扼其衝且保鄣蕃族而斷賊之糧道當時雖不用其策而識者韙之至於宿衛鉤陳握兵闌錡周廬夜直太上有高枕之安我壁親巡軍中無兒戲之誚連守兩鎭密邇王畿化行若神明民愛如父母在宛邸日屬水潦暴集舊防壞決吏民奔潰蓋無聊生公獨守危堤精意懇禱衝波稍却一郡獲全率身捍患人受其賜性敦儉約不務華侈勤接士類雅好淸言多聚群書僅餘萬卷退食於公手自刊校審讀春秋躬親繕寫筆札

之麗自成一家博物多能動臻奧賾金絲譜曲周郎之顧乃迴翁麟同羣伯樂之鑒殊妙然而感激家世慷慨勳名嘗語弟繼和曰我異日當馬革裹屍正得死所耳慎無厚葬期於速化既以彰盡忠之節亦以見達命之言在北邊日嘗奉詔慶威虜軍公上言以亭鄣之設不可撤備汔今賴之又累奉手疏乞固守靈州至於陷沒深以爲恨此又城郢之英規禦戎之長算也公務謙自處兢持光甚踐台宰之位也而異牀好讓慕靑父之益恭立方面之勳也而坐樹無言尚之側之不伐冠通侯之籍也而卑以自牧靡恃荊

馬之貺居外族之親也乃貴而能貧謹守濯龍之戒
宜其陟降帝右屏翰王國出藩入輔生榮死哀清廟
藏功鄴侯已歸於第一未央畫像霍氏當期乎不名
茲所謂皇家之藎臣人倫之全德也已愛弟等以某
嘗學舊史從事斯文見徵篆刻之辭以防陵谷之變
牢讓不獲謹爲之銘銘曰
哲王建國仰鑒懸象紫微端門實列貴相文昌法官
乃有上將唯公踐之令問令望國之大事時惟五兵
入董藩衞朕師不驚出總戎律亂畧以清嗟公尸之
七德以貞二矛重弓高牙長戟珥戈淑旂屏我王國

△
△貂冠△
中山△
和 瞻 遺 乘 天

弩矢前驅列鼎而食殊鄰不庭拊劍太息攜獻公衮
山玄陸離赤舄几几貂冠蟬緌晝日三接宴見疇咨
啓沃忠藎行無越思中山之師轍亂旗靡抗章請行
投袂而起帝嘉舊勳慮其勞止旰食咨嗟璽書褒美
控弦之騎飲馬於河鑾輅薄伐戩功居多時龍駐蹕
天驕請和宣室飲至朔陲止戈帝居穆清體貌尤異
中外式瞻安危注意專君致身憂國盡瘁嗚呼彼蒼
胡不憖遺心領襄漢鎮茲壁田河潤九里民戴二天
邑廣千乘祿踰萬鍾樂只君子胡不永年歲將暮兮
寒風列天豈愷兮飛窗雪繐帳儼兮猶懸靈輀隱兮

闃

進𡽪路悠遠兮野蒼茫歸夜臺兮從先王英魂邈兮
騎箕尾忠功藹兮書太常泉扃閟兮宿草荒人生共
盡兮吁可傷唯勳名之不滅兮等維嵩之峻極與洛
水而靈長

武夷新集卷之十終

終

豆齋新集　卷之十

延陵新集卷之十

亦兩靈長

蹇兮夢可俗惟勳名之不識兮維舊之微積與共

時簡莫忠功竊兮書太常泉扃闔兮宿草荒人生共

進補賜慈遠兮逝若龍臨攸盡兮從先王共鄉兮

武夷新集卷之十一

宋楊億撰

墓誌三

宋故推忠協謀佐理功臣金紫光祿大夫行尚書吏部侍郎同中書門下平章事監修國史上柱國太原郡開國公食邑二千戸食實封四百戸贈太傅中書令謚曰文簡畢公墓誌銘

景德二年十月乙酉上御崇政殿丞相太原公早朝方候對於殿廬中與同列議所以條奏之事侃侃自

若俄頃風眩暴作不能入謁上亟令太醫切脈餌以良藥遣中貴人絡繹致問良久疾甚殆不知人上不俟駕躬自臨視肩舁歸第卽日以不起聞上又親至其居臨哭之慟賜白金三百斤詔廢朝五日册贈太傅中書令君臣之際斯爲至矣哀榮之數亡以加矣公諱士安字舜舉其先文王之昭功參於並建魏萬之後兆啓於大名錫羨流光世德彌劭衣冠閥閱史策相沿蓋爲海內之名宗無媿山東之著姓公之遠祖占籍於代郡之雁門以財力雄邊敦尚氣節以義方訓子蘊積慶靈至公之曾王父宗昱以州里推賢

孝廉中選仕至雲州雲中令王父球位同克量仕不越鄉終本州別駕烈考又林以廊廟之姿屈於州縣以清白之訓遺於子孫終澶州觀城令逮公之光輔大政若時登庸緝熙庶工平章百揆天子嘉同德之美尊獎於宰司舉追命之典褒崇於先正乃詔有司贈公大王父爲太子太保曾祖母吳氏追封鄧國太夫人王父太子太傅祖母史氏韓國太夫人烈考太子太師妣樂氏代國太夫人繼母祝氏鄧國太夫人盛德之後垂裕乎百世自天之澤光被於九原蕃衍之祥斯不誣矣公器宇宏廓風規爽邁爰自稚齒逮

於成人介然不羣卓爾有立橫經鄉校拳拳服膺視膳庭闈烝烝就養公始在襁褓即失所生旣罹憫凶鞠於祖母先太師繼室以劉氏祝氏歷事之卒禮無違因心不匱純孝之德士類攸稱勝冠之年纏憂扃怙几筵號慕欒棘盡哀旣而閱先君手澤之遺文披奕世家藏之羣籍念立身揚名之訓思切磋博習之規而澶淵近畿逢掖蓋寡交遊所及孤陋是虞且聞鄭之圃田雅多君子因奉祝夫人徙居焉乃得今楊徵君璞工部韓侍郎丕及故光禄劉少卿錫博約浸閎邃通百家之言直諒多聞是爲三益之友庶祝末

登業大成從賦春官時名籍甚乾德中禮部員外郎知制誥王公祐以名德掌貢部乃擢公上第焉邠帥楊廷璋備璧馬之聘延置莫府贊樽俎之畫允爲嘉賓俾於已知盡心所事俯及二毛之歲始露一命之榮除濟州軍事推官時所親李公謙溥適牧是郡筦榷之利俾公專掌歲致餘羨民用胥悅太祖聞其名徵赴闕面授兗州觀察推官太平興國初遷大理寺丞兼掌河運方船之粟轉漕攸資九年之儲廩庾斯實屬吳越王修來朝之禮獻益地之圖海隅蒼生初被皇化慎柬良吏撫綏遠民即以公知臨海郡事

就遷太子左贊善大夫江東諸州鄱陽爲大地征甚
厚戶籍尤富非有濟時周物之用撥煩治劇之才臨
於是邦鮮不敗事公自台徙饒踰年報政職務修舉
吏民便之改殿中丞歸朝爲監察御史受詔知乾州
公以母夫人在喜懼之年有羸老之疾咸秦之地驛
置尤賒扶侍之官登頓良苦因上言求督汝墳公田
以奉甘旨官閑務簡遂其所好家貧俸薄不以嬰懷
屬太宗皇帝崇建威蕃夾輔王室精擇僚佐翊贊親
賢即以公爲左拾遺兼王府諮議參軍侍從平臺從
容宋邸成竭館好賢之選實兼平樂善之風至於

嫌

二ㄙ萬數

禰王門仙姿冠玉抽毫客右藻思凌雲獨步一時覆出羣萃諸田舉就轉考功員外郎未幾以本官知制誥濟王以借留爲請天子不之許也再歲召入翰林爲學士公上言禰廟二名有所嫌避明詔敦諭不容辭職天子嘉得賢之美議者蔚知禮之稱又受詔與蘇易簡同知貢舉是歲郡國貢士以一萬數奏名亦數千人至公無私羣議歸美會郊祀拜主客郎中學士如故俄授右諫議大夫知潁州屬淫雨降災嘉穀不稔公乞開公廩以振乏絶望賜田租以惠疲瘵帝俞其請民實受賜會今上尹正京府寵綏神州辟召

武夷新集　卷之十一　四

公爲開封府判官未幾肇啓儲闈並設官屬申命公兼太子右庶子遷給事中領職如故屬大明繼照蒼震丕承拜工部侍郎充樞密直學士兼知開封府事邦畿之開實方國之都會輦轂之下蓋市獄之兼容簿書期會之煩豪右侵并之弊公擊斷無滯浩穰以清俄抗封章求解劇任即拜禮部侍郎再入翰林爲學士前席虛佇清宴延登動靜諮詢周旋獻納且以禁林書詔之填委周廬宿直之勤勞屢面至尊辭以目疾除兵部侍郎知上黨郡事水深土厚足以養痾尚德興廉於焉爲理神明之化期月有聞秩滿徵還

以本官充翰林侍讀學士數月兼秘書監金華侍講
允謂深嚴秘府刊書是資鴻博論思愼密體温室之
不言學問淹通藴河東之默識爲儒林之領袖實朝
右之羽儀然而民望攸歸公議斯逼果躋鼎席同秉
國鈞景德元年七月以公爲吏部侍郎參知政事踰
月以本官平章事監修國史與今中書上谷公並命
焉是月冬天驕寇邊鑾輿薄伐公以美疹之故不果
扈從旦夕治療幸其有瘳追及澶淵見於行在是時
皇上講和戎之利繼好以息民修弭兵之盟天旋而
欽至公遂籌漢幄早啓興邦之言偃節靈臺親逢下

武之運同心一德叶贊於欽明夙興夜寐彌綸於職業無何腠理生疾賜告家居中人國醫冠蓋相望公以爲三事之任四海具瞻鎮撫外夷將明萬務陟降帝右非可以貪榮寅亮天工非可以曠職遂陳手疏願解樞軸上特降優詔不允其請申命近臣傳之諭旨丁寧備至靡容遜讓公感極以泣疾亦稍平入覲穆清面陳至懇上敦獎尤異毗倚彌深而公嘗膳載加自公匪懈有犯無隱方宣補袞之勤外彊中乾忽起逝川之歎梁木斯壞何哲人之云亡同體忽焉實元宰之深痛嗚呼享年六十有八上特爲制服舉哀

羣臣奉慰追錄嗣子及於諸孫乃至給使之微咸蒙甄奬之澤又特命皇城使愛州刺史衞公紹欽監護葬事太常考行謚曰文簡發引之日有司具鹵簿鼓吹大鴻臚持節護喪即以今年正月辛酉歸葬於鄭州管城縣馬亭鄉盧村之南原從先太師之塋禮也公積階至金紫策勳上柱國三進爵爲公加真食之封益功臣之號人爵之盛曷以加焉娶東陽駱氏累封陳國夫人出於華宗作合君子享是偕老宜其永年二子長曰世長太子中舍裕蠱馳稱道光於濟美次曰慶長大理寺丞聞詩稟訓志聳於象賢三女長

適故刑部員外郎李象岌適進士張扶先公而逝次
適江州德化簿劉宗誨職方郎中蒙叟之子也三孫
從善從古俱任將作監主簿雖在髫丱之年並敦孝
謹之行有後之慶豈誣也哉公通介有常謙卑不伐
接下和易未嘗輕於匹夫與人久要以是稱爲長者
居然儉約不爽於素風中外踐更克守於清節善談
名理聽者忘疲多識典故酌之不竭屢掌書命潤色
之美居多亟預疇咨獻替之勤斯至洎入參大政存
陟中樞年耆益明人望雖允展四體以率職實無遯
思奉宣接以寬簡於焉盡瘁將位之日徇義致君之

署朱仲遷茲歸全蓋有遺恨性嗜墳典手不釋卷[illegible]
年寫書百卷字皆方寸躬自讐對以備觀覽常所著
述遺札頗多諸孤等孜孜編綴爲三十卷垂世不朽
其在玆乎某早奉音徽屢陪談宴翔又紫垣掌誥聯
顏範之官曹黃閣拜塵熟丙魏之風采且令嗣之勤
請追玄寢之有期顧志幽扃豈敢牢讓銘曰
畢萬之先肇基洪源大名啓胄後裔實蕃公之乃祖
始居雁門吏於州縣不遑邱樊顯允太師貽謀濟美
有志四方肯終百里公之既孤不學斯恥徙居圃田
鄭多君子杖策從賦登名太常隨牒應聘嘉言孔彰

疇
未登仁
贈謚帝

乃督河漕乃佩郡章歲滿增秩寘彼周行乃佐咸藩
乃司雅誥蘊藉風規周旋輔導雍容內庭渙汗大號
諫官長人善政云報[illegible]翼京邑巍巍東朝珥筆垂紳
是爲元僚宥密樞衡深嚴禁署侍從論思再至迭處
上黨之治民惟去思宣室之對帝乃疇咨入踐巖廊
冠於宰司民具爾瞻百工允釐永年未登二豎興沴
人之云亡天不憖遺悶極臨喪禮優贈謚帝念良臣
永懷遺懿野蒼茫兮風颸颸馬蕭蕭兮旐悠悠背都
城兮遵廣陌迴新阡兮歸故鄉俯咸洛之大道兮介
溱洧之通流嗚呼賢相之墓兮在此隴樹拱兮宿

音之早
書於悠

秋

大宋贈侍中追封夔王墓誌銘 奉勅撰

昔者周建成藩垂之以執牖之數漢封宗室申之以
歃血之盟所以降敦敘之恩崇糾合之義其有炳靈
帝胄擢秀天枝屬寶歷之肇興顧徽音之早謝友于
致美極太上之孔懷典章錫命播策書於悠久親親
之德厚莫重焉王諱光贊順祖惠元皇帝惠明皇后
桒氏曾王父母也翼祖簡恭皇帝簡穆皇后劉氏王
父母也宣祖昭武皇帝昭憲皇后杜氏考妣也太祖
英武聖文神德皇帝太宗神功聖德文武皇帝王之

兄也曩者木德下衰三靈改卜赤符啟運百姓與能
曆數有歸謳歌允屬太祖皇帝握榮河之祕紀應耀
魄之元符受諸夏之樂推爲生民之司牧帝出於震
龍飛在天奄宅中區允升大寶卜世三十與成周而
比隆執玉萬國無防風之後至於是右賢左戚崇德
報功咨詢稽古之言講求固本之術裂茅土以利建
著丹書鐵券之文分寶玉以展親增維城磐石之固
若乃韡棣華之早隕慨桐葉之前聞軫同氣之深情
舉漏泉之茂典於是建隆三年詔皇第五弟贈侍中
追封夔王仍賜今名享飾終而峻追命也黄門監之

以景

品秩貂冠蟬緌藩侯王之名數金璽盭綬泥青出於右掖宿印寘於九原畫白水中興漢也胙全齊之壤黃武建國策也啓長沙之封所以光照大猷發揮遺懿憲章前代肇天命於維新光寵公族致民德於歸厚丕顯淳耀莫之與京今上紹休繼明奉先追遠念本枝之盛永惟叔父之親顧佳城之制當用真王之禮啓新阡於畢陌祔玄寢於橋山相善地於牛眠得吉卜於龜食宅窆之事所以即安幽竁之儀悉從備物中人庀徒而蒇役鴻臚持節以護喪先遠戒期哀榮畢集卽以景德三年十月二十八日歸葬於河南

汗△媿
源靈

府犨縣南營鄉鄧封村順也未志陵谷之變者必傳
信之辭形金石之刻者乃不朽之事下臣奉詔猥當
紀述伏紙流汗媿不能文銘曰
皇矣帝胄發源靈長錫羡蕃衍德厚流光嗚呼不淑
喪我賢王炎靈勑興高穹睿命玄壤封崇綠綈褒贈
修睦興仁簡編輝映帝曰叔父永懷茂親歲月增逝
輝光日新改卜真宅於洛之濱風蕭條兮木葉脫蔣
蒼茫兮班劍列鸞旞啓兮輴而安薤歌發兮淒以咽
國有史兮揚德音墳有銘兮志徽烈垂萬祀兮千齡
英聲兮昭晰

大宋故光祿大夫檢校太保左衛上將軍兼御
史大夫上柱國信國公食邑一千戸食實封
三百戸追封周王謚悼獻墓誌銘 奉勑撰
昔者騶虞之詩示天下以懷柔麟趾之詩明公族之
信厚陶唐之聖華封陳三者之祝太姒之賢大雅垂
百斯之頌其有分輝帝冑毓德皇闈至性出於自然
積慶由乎錫羡而乃參駕鶴之侶同子晉之上賓標
稱象之能歎倉舒之早世惻宸襟於丹極藹休裕於
青編嗚呼哀哉見之於周王矣王諱玄祐字慶長今
上之第三子也以至道元年十一月二十四日生於

東宮昊穹眷懷承華多慶石牆銀牓表天地長男之
祥甲觀畫堂處世嫡皇孫之貴而王稟温恭之德挺
岐嶷之姿亦既免懷未嘗好弄雖在稚齒宛如成人
雅尚文史尤嗜筆札辨書街之牘精識造微對長安
之日神機絕俗八歲制授光祿大夫檢校太保左衛
上將軍兼御史大夫上柱國信國公食邑一千戶食
實封三百戶元子比土雖禮經之舊章牛菟以封實
太上之謙德維城之美克茂於支枝菌胄之儀未遑
於外傅餓讓陰陽之沴遽成膏肓之疹日躋厥德冀
三善之彌劭天奪之年何九齡之弗祐以咸平六年

四月二十三日薨於宮中年始九歲毓生鶴禁悲纏椒掖震宮虛位感極天慈都人罷市痛深行路特詔廢朝五日追封周王有司奏謚曰悼獻蓋夏王鍾愛玄宗繇是以賜名臨淮早亡世祖不遑於進爵方策所紀布於前聞哀榮之數斯爲極致先以其年五月十有三日權窆之於開封府開封縣汴陽鄉之禪惠僧舍卽以景德三年十月二十八日備鹵簿鼓吹陪葬於永熙陵遵吉卜而安壤樹也自初窆之及歸葬並詔供備庫副使入內內侍副都知張景宗監護焉惟王玉振金相竹苞松茂荷慈百祿體自九重而明允篤

誠英敏聰悟起居祖習了無童心被服造次必於儒者奉兩宮之歡愛左右咸宜躬三朝之候問夙夜匪懈及勝衣趨拜胙土啓封並建戚藩立愛以固邦本外總宿衛經武以重親賢德望彌宣徽猷益盛仁孝愛士將從四人之遊博習親師式倚三雍之對無何庭蘭方茂奄至驚秋隙駟靡停莫聞留景吳客致問知玉體之不康太史觀文駭前星之失色斯蓋天人之合應璽真之降祥奮表瑞於皇家收復神於太素望思不已軫漢后之深慈封樹克終從橋山之真宅嗚呼佳城一閉夜臺千古拱木合抱長歲月之推移

澗谷爲陵廟文字之傳信臣恭膺明詔獲僭撰述在昔苴茅錫社常奉行於命書今茲卜兆開阡又勒銘於玄寢濡毫感愴誠無媿辭銘曰

皇圖三葉兮邦家會昌錫祚蕃衍兮源發靈長猗蘭積慶兮黃離降祥帝錫純嘏兮挺生賢王在傅不勤兮英姿聿彰爲善最樂兮嘉言載揚天既難忱兮命亦靡常秀而不實兮今也即亡愁雲繫兮歲將暮清霜凝兮天向曙森騎吹兮前引儼芻靈兮先路祔宅兆兮文園愴風烟兮聳樹唯青簡兮舉珉垂令名兮終古

述

殤子述

予授室之明年出領縉雲郡下車十月而生一子既三月執其左手欬而名曰雲堂雲堂生七月予被召歸闕前一月太夫人舉族先歸建安吳與之別墅比璽書至予亦間道歸拜墳墓雲堂頗能識其父迎門而笑躍而就予抱焉家居僅五旬慮稽留詔書遂單車即路凡再見朏魄而至京師氣慘慄以變衰歲晦蹀而將晚明年春迎版輿自三吳汎九江浮淮泝汴就養於館殿而雲堂始[illegible][illegible]能行且[illegible][illegible]於太夫

爰笑是殤

人之膝下爰笑爰語甚足慰祖母之心涉秋乃病命醫視之先是殤生於頰善療者必令外決使毒氣不留藏中醫市井徒也利其有瘳亟飲以藥不數日而愈未浹旬病腹痛便利又呼醫視之醫亟以藥止又數日下血復召醫但謾言將愈利於受直訖五日有加而無瘳即召他醫醫言疾深矣殆不可爲也既而疳氣上攻口中齦齶皆劇落兩齒手足掉舉目眩轉而死噫生於己亥十月之己未死於辛丑八月之乙丑凡六百六十七日其賦命也何夭促之如是哉因念萬物之内最靈者人父子之道斯惟天性過猶不

及適情之所鍾有而歸無亦理之可遺然高堂奪抱孫之慶衰門纏遺體之悲蓋釁積自躬而禍延於嗣夫子所謂苗而不秀者是之謂乎若其月角對聳山庭衍斥眉目踈秀方口大頤必興吾門終能成器其在襁褓挺然不羣初生纔兩月方呱呱而泣家人取書冊展向之即熟視其文字喜且笑若能視焉未嘗遺屎溺於席褥上雖夜寒亦展轉而起家有奴產子者亦數歲頗無損雖羣萃中了不怖懼東西跳梁歌唸無度每遠見是子必悼懼號泣若無所容家人潛遣令避之必大呼[illegible]

室中北壁有畫佛像每過其門必引身入焉視其畫而笑若相對語者乃喜甚儻家人拒之必號哭偃踣如是日三四十往以至於疾甚性不好弄不嗜味不妄言笑太夫人常言吾闔孩孺多矣未有此兒之卓異也豈吾宗之薄祜無復大其門閭耶而疾夫之不天將遂擠於溝壑也因念嘗讀金仙子之書了知大雄氏之旨識六塵之妄相見諸行之無常聚沫非可攝摩浮雲倏然變滅輪迴起於愛必斷必除煩惱歸於空何執何著一切虛幻萬化紛綸又安能觸類增悲緬懷舐犢之愛積毀成疾自貽喪明之戚哉予出

於儒門沉迷俗諦猶或慕聖人之達節希上士之忘情誠知其無可奈何聊以自遣耳服名教者得無罪我乎

行狀

故翰林侍讀學士正奉大夫尚書兵部侍郎兼祕書監上柱國江陵郡開國侯食邑一千三百戶食實封三百戶賜紫金魚袋贈兵部尚書楊公行狀

曾祖文皇不仕

父澄皇累贈禮部侍郎

建州浦城縣乾封鄉長樂里楊徽之字仲猷年八十

公之先華陰人永嘉之亂流寓江表占籍上饒郡凡十餘世唐上元中劉展叛濵吳會騷然公之六代祖遂擧族避地於建安之吳興因爲著姓自高曾以來用財力雄於州里属季叔擾攘乃祖鳩合義旅幾乎千人保境允宗一邑是賴受署義軍指揮使烈考博通父史爲鄉黨所稱王氏之據有閩隅也物色異人嬪縣豪傑首畫奇策請見牙門忠懿王奇之即日解褐

置之幕府未幾賜五品服拜本縣令絃歌之化流於桑梓藩衍之祥鍾於燕翼公即其次子也始在童丱卓然不羣結髮從師刻苦爲學羣從兄弟率以豪俠相尚馳騁狗馬被服輕爆使酒難近結客報仇而公杜門端居偃仰圖籍躬親布素之行深爲宗黨所服邑人江文蔚善賦江爲能詩公皆延於客館之中伸以師事之禮曾未期歲與之齊名尋陽廬山學舍甚盛四方髦俊輻輳其間公既終二親之喪即與從父弟參躡屩擔簦不遠千里亦既至止名聲藹然先生言靄試共歎服凡再罹[illegible]畢其業大成參適百[illegible]士

臣再　是年

之志公因追歸省視墳塋時李氏建國奄有淮淝贛
嶺不通邊關甚急公不屈一國有志四方思樹勳於
中原聰懷安於故土杖策徑去潛伏間行聿來上都
憩於逆旅適及秋賦假籍河南首冠薦書時晉愈出
時翰林學士竇公儀樞密直學士王公朴皆負公望
爲一代龍門公偏投以文竇公倒屣相迎王公置書
爲謝待以奇士名動一時明年禮部侍郎劉公溫叟
實掌文衡擢於殊等同時登第者凡十有六人周世
宗申命近臣再加考覆唯公及李覃何曮趙鄰幾得
預其選是年秋授秘書省校書郎集賢校理遷著作

者即
儒術

郎升朝爲右拾遺皇朝革命以周室舊臣不宜在侍從之列出監唐州方城商稅太祖多遣近臣廉訪謠俗使者即公之故舊公因言應天順人海内寧一所宜崇儒術以厚民風使還具白其語太祖怒以其訕上左遷鳳翔天興令未幾又移嘉州犍爲令公文學之外長於吟詠歷宰二邑周旋數載凡遊賞宴集良辰美景必有彫章麗句傳誦人口或刊於琬琰或被於管絃岐隴巴蜀之間益金相而玉振矣開寶初復爲著作佐郎散民鹽掌倉穀者四五年僶俛從事會無益也未幾知全州屬太宗御極拜左拾遺歸朝遷

東
公

右補闕及受代歸闕見於內朝太宗顧左右曰朕在藩邸嘗聞其能詩因盡索公生平所著公援於篋笥凡得數百篇悉以奏御且獻詩稱謝其斷章曰十年流落今何幸叨遇皇王問姓名太宗覽之甚喜和以賜之自是黄屋閒宴翠華遊豫宸章煥發天言下布宣示近臣之外必以別本賜公瓊瑶編充盈篋笥未幾拜侍御史歷庫部員外郎賜金紫受詔與諸公編文苑英華一千卷皆前賢之詞賦詩章分別部類東求菁英先朝以公專精風騷特命編詩為二百卷八公孜孜採掇矻矻服勤非風雅之言未嘗取也遷刑

部兵部二郎中同知京朝官考課端拱初拜左諫議
大夫明年知許州公久奉外朝不樂吏役許昌地接
京輔當四通五達之郊郵傳交馳冠蓋相望公勵精
爲治盡公無私餞勞之勤日不暇給纔三歲太宗召
升殿慰勞數四即以本官判史館事中謝日上顧侍
臣曰楊某儒雅之士置於館殿正得其宜矣數日加
史館修撰仍判館事會張洎以翰林學士判史館即
以公判集賢院時劉昌言掌機務張洎在翰林昌言
固恩寵洎希進用有以公常評論二人者語於昌言
昌言及以語洎因共誣公以飛語中傷近臣聞於上

上惡之不復問狀即以公檢校右散騎常侍充山南東道節度行軍司馬未行改鎮安軍行軍司馬數月以今上出鎮京邑慎擇府僚驛召公拜左諫議大夫與今兵部侍郎畢公士安同授開封府判官明年肇建承華分置衆職以公兼太子左庶子判官如故進位給事中上即位拜工部侍郎充樞密直學士咸平初轉禮部侍郎學士如故俄以衰疾求解近職拜兵部侍郎兼祕書監數月上優奬耆德圖任舊人且欲親近老成講論經義遂詔置翰林侍讀侍講學士以公爲翰林侍講學士祕書監如故與戶部侍郎夏侯

公嶠國子祭酒邢公昺工部郎中呂公文仲並命爲公侍講金華分直麟閣執經待問前席疇咨上從容言天下事甚衆借筯之畫莫非沃心更僕之談或至移晷然奏稟多削溫樹不言其慎密也如此俄以足疾請告太醫診視中使勞問上自取名藥封以賜之適會郊禮不及扈從上特命加錫如侍祠之例鑾輿北幸力疾辭於苑中涕泗沾襟備述忠懇上謂之曰卿勉進醫藥當不及相見及駐蹕大名特降手詔存問公每上表疏皆自爲之三年正月二十一日車駕還都上特遣中貴人慰諭即日疾遂革二十三日以

先娶

不逾閫上軫悼者久之詔贈兵部尚書降內司賓至
其第以錢五十萬絹五百疋賜其家仍命中使監護
喪事緣葬所須並從官給以其子壻太常丞宋皋直
集賢院外孫宋綬爲太常寺太祝纔十歲姪孫偓集
皆同學究出身與舊臣而示優典也公先娶王氏生
宋氏女後娶王氏封太原郡君公天性純懿無有矯
飾履行端謹未嘗放佚以儉約自律奉養甚薄以名
教爲務顛沛不違擇士以謙卑檢身以清白好談名
理多識典故自唐朝以來士族人物風流雅俗悉能
記之亹亹可聽素好吟詠遂臻其極每對客論詩終

先娶

日不倦此所以垂名亦變乎[illegible]也崇奉釋典酷信因果每五鼓即起盥漱誦金剛經如是者三十年未嘗暫廢所誦亦十數萬過矣公無男子亦不養子姪爲嗣琴書素業並以付外孫焉公自結髮筮仕彯纓登朝中外薦更夷險一致精力極思能成其名勞形嗇神用躋乎壽夫子所謂善人吾不得而見之矣又云未見好學者也公之謂歟其餘十年在官徐防無過一裘不易晏子能貫周旋累朝名節保於終始遭遇明主存歿極於哀榮亦人倫之羽儀士類之標準也紀述之際有直筆在焉聊敘遺芳以咨史氏謹狀

故大中大夫行給事中上柱國臨汾郡開國侯食邑一千二百戶賜金紫魚袋柴公行狀

曾祖丕皇任廬州别駕

祖允贈太子右贊善大夫

考自牧皇任尚書兵部員外郎累贈禮部侍郎

曹州濟陰縣沛郡鄉崇儒里柴成務字寶臣

年七十一

公之先平陽人由高曾以來占籍濟陰因而土著遂爲著姓先大夫以文行首出一上登進士科歷佐使

府終於郎署公髮在童幼發言成章總角之年出就外傅横經學問適如宿習秉筆屬文動偕作者甫及冠歲志業大成尚復藏器待伸養勇俟鬭誓得當世儒學宗匠爲門下生乾德中禮部員外郎知制誥王公祐受詔典禮部公卽踊躍從賦王公覽其文而奇之擢冠多士朝論翕然有得人之美解褐峽州軍事推官秩滿爲曹單觀察府中從事所知論薦改大理寺丞監潭州茶場筦榷之利頗致增羨幹蠱之譽揚於王庭擢授大常丞峽路轉運副使賜五品服遷監察御史知果州轉殿中知林州滿歲移充兩浙轉運

俄改戶部員外郎直史館賜服金紫除本曹郎中充三司戶部判官太宗皇帝講求化源疇咨典故且以列卿之職實惟古官各有攸司所掌甚重爰自唐室以臺閣相高況至於今目為散地由郎署而授者例同左遷濬發德音丕變頹俗乃選尚書諸曹正郎有才望者凡十人交補諸寺少卿監仍著令自今非曾歷少列不得擬給舍諫議公首領茲選拜光祿少卿辰韓之墟稱藩海外屬有恩詔慎求使材命公為高麗國信使公雍容儒雅博聞強記衣冠之國文物盛焉舉措語言是法是效皇華之美至今稱之復命為

京東水陸轉運使召入拜司封郎中知制誥遷左諫議大夫出知河中府得脫戶八百家附於版籍今上踐祚拜給事中知梓州歸朝受詔同修太宗實錄十月而畢勞賜策勳寵數優渥未幾以本官知揚州入判尚書刑部小吏干犯怒而笞之詣闕訴冤朝官問狀公以爲抶一胥而被劾何面目復據堂決事耶即上書解職以本官奉朝請至是考終於正寢遺奏以六歲孤兒爲言上憫之特授太常寺奉禮郎俾賦以祿俾終喪紀公始娶趙氏故宗正少卿齊之女也後娶張氏今夫人李氏封豐邑縣君故水部員外郎君

之女也實有令德洽於宗姻公三娶良家晚有兒息行年六十有六始得今奉禮焉公好學多能博物稽古始在貢部爲時聞人奮藻屬詞流輩推服或有所述作必傳寫都下終以才望入司訓誥發揮帝命頗爲稱職而襟懷夷坦無有城府音容和粹煦如陽春善與人交久彌篤也好治家事勤不置也善談名理口無擇言廣聚墳史手不釋卷雅性奉道徧閱金簡玉笈之文平生多病深窮惡石青囊之術恬淡以養性蔓衍以窮年其風規醞藉閫閾深厚亦足以爲儒林丈夫矣記事之職良史在焉謹書世家以告册府

謹狀

武夷新集卷之十一終

武夷新集卷之十二

宋楊億撰

策問

咸平四年四月試賢良方正科策二道奉勑撰

朕聞古先哲王疆治天下親附萬民必先務農然後足食故堯命四嶽謹於授時禹列九州先於平土以地著爲本故建步立畝克正經界之規以生齒爲限故受田歸田式優筋力之禮繇是穡人狎野品物嘉生悉闢汙萊且無曠土雖有水旱不爲凶年然後禮讓興行風俗歸厚勸功樂事靡遷其心旣庶而富爰

阡

服於教此聖王域民之要道也自周行井田是爲王制秦改阡陌乃成霸業漢抑末而敦本衣食滋殖魏屯田而積穀軍國富饒中代已還人散久矣我國家屢下寬大之詔深徵游惰之民關市之征舟車皆算恐其騁於末游天災流行田租盡免慮其去於南畝廣行勸誘之術俾躋仁壽之域而稟庾之積未至陳陳相因流亡之人猶復稍稍而出隣國振業之不暇豪强倍稱而益滋未能小康乃至重困矧又西北寇孽作梗土邊飛輓供須靡有虛日千金之費倚頌於經費九年之儲何致於紅腐今欲復成周之法卽表

擾

服未定恐致擾人遵商君之術即貧富不均無以復古用李悝之平糴即頭會箕斂出於無名行夷吾之寓令即賦車籍馬適增董擾與趙過代田之策即民服先疇既難變業專壽昌常平之議即市有二價罔或樂輸但賞罰以衆即賄賂失於不經賣官致於虛授若耕戰備寇即隴畝非可使卒塞垣難以安民子大夫明識經邦强學待問多識前訓博極羣書宜考歷代之是非以定當今之用捨强兵富國何者當行嘉謀嘉猷虛懷以佇

又

正論

問古者鄉老獻賢能之書登於天府樂正論造士之秀揚於王庭或以事以言以才以德先選於州里然服於官常其後下三適之詔聿明賞與乘一封之傳令與計偕或以戶口爲差或以年齒爲限經學章奏用別於文儒力田孝廉益增於科目或但取世胄或專引孤卒以王戎之清通猶有門調戶選之謗以宣父之仁聖尙聞以貌以言之失自隋設進士唐氏遵行山東士人以不踐爲恥朝廷鄉相率由此而陞矣窮經白首之徒專篆刻雕蟲之巧婉媚綺錯既事於詞華敎誘遜讓罔求於行實沈蕩忘返浸染成風故

玄宗臨朝深歎於薄俗楊綰建議願復於明經雖不果行甚爲嘉論然而沿襲已久改易爲難儻舉選復行於州閭即人物之評未能折衷科級專求於經術即章句之學非可適時各舉所知乃有比周之者陳牒自薦寧獲貞退之賢必取乎文質俱全更傷於求備但委乎郡國搜訪亦慮於遺才至於限之以年即顏回子奇豈須强仕計之以口即八龍三虎何必異鄉想取乎文華即組繡鞶帨徒爲富艷惟務於學業即腐爛脣齒彌益迂疎國家官倍夏商地廣唐漢吏員鵠數皆須得人百里一賢將何充選備陳歷代之

秋

略以副仄席之心用期酌中朕將親覽

咸平四年八月試賢良方正科策一道奉勅撰

朕祗若元符爲人司牧昧旦丕顯虔恭寅畏懼德之弗類慮政之未孚蓋念昔者周命百官皆箴王闕漢設三道用求直言誕舉舊章思聞讜議茲予大夫逢時奮庸有犯無隱之秋也夫五材並陳去兵未可八政具舉足食是先今國家北扞林胡西禦黨項歲遣介士以防盛秋弛邊備即越軼之是虞窮兵鋒又徵發之爲擾堅壁歛寇固役車之未休繼好息民復文告之辭役夫蒸庶不得安堵弓矢無由載櫜至如入

之ム藏

復四鬴之餘始先艱食國有九年之蓄乃爲太平今
曠土尚多游手未復勸課之道非不至賦斂之數無
所加萬鍾之藏蔑聞於都鄙一穀不熟遂抵於流亡
今欲倍算舟車且驅之末盡歸而貿遷斯壅給復租
稅又惠之未及富而經費不充復常平之倉即市井
之價或有二修平土之法即經界之制未可行自非
時和而年豐不免困窮而轉徙又如總領衆職莫急
於求賢審官申嚴百刑莫先於明罰飭法今疆宇遼
夐吏員衆多必得其材然付以任故文王之德在於
能官人東漢之隆本於責吏事今但委有司之考課

亦第閥閱之未精只遣使者之察廉又飾厨傳而爲
患漢武之欲除吏田蚡非可擅權德宗之擇縣令柳
渾譏其失體遵荀勗省官之法卽員難減者實多體
薛宣換縣之規卽才適用者殊少雖循名責實之斯
切而政平訟息之未臻至若金科玉條竹書丹筆以
禁多辟所期無刑其屬三千蓋防於踰矩斷獄四百
用冀於勝殘雖然慕陶唐之畫冠且免而無恥體漢
初之疎網又姦乃滋生必待皐陶作士師法寧可廢
豈須定國爲廷尉民乃不冤俟論報卽久繫是虞但
[illegible]雖文斷衆寄四國之罔及乃一人之向隅或

罹非辜足傷和氣子大夫策慮膈臆智略輻輳兵者凶器必可使歸馬放牛食爲民天必能致家給人足攷建官之意當俾百工之允釐稽立辟之由期措五刑而不用並揣歷代之略兼陳方今之宜揚搉而言朕當親覽

咸平五年九月試武舉人策一道奉勑撰試武舉人主闕

夫五材並用誰能去兵七德孔修於焉右武故軒轅受符於玄女所以興涿鹿之征呂望釣璜於磻溪所以著金匱之法歷代之簡編咸備先民之軌迹具存

轉餉

孫吳著書首標奇正之說衞霍爲將但問方略何如然述兵法者實祖於斯人稱天幸者亦鬪以前史得失安取是非焉從至如魏武之善用兵亦以新書從事孔明之能勝敵乃云節制之師諸葛斯有準繩何一時應變之宜術孟德出於胸臆何諸將違律者喪軍豈師古有膠柱之嫌臨機有脫兎之意沿襲不同於前代弛張固在於隨時常舉要而劇談庶聞義而斯服今國家尚勤戎略式厲師貞所以威制羌夷保障生聚而黨頑狂寇猶假息於朝晡玁狁殘妖頗肆毒於邊鄙調民轉餉遣戍防秋內費資儲外勤征役

於藁街

未能梟取虜首懸於藁街縛致胡雛獻於清廟茲朝
廷旰食之爲念謀夫高枕之未遑子大夫識擒縱之
方練攻取之策五餌係虜賈誼之言可徵三章議邊
晁錯之言斯在敦詩閱禮何以得文武之全才籍馬
賦車何以致兵農之一混約齎深入何以登瀚海而
勒燕然保塞折衝何以挼榆谿而清薊北伐蠻夷者
豈煩中國形勢如何得地利者不如人和勝負安取
參以前志舉爾所知講求便宜敷陳指要庶披確論
用達善經

試草澤柳察策二道奉勅撰

問王者專山澤之征實惟周制縣官設鹽鐵之禁蓋自漢朝所以牢籠貨財抑奪豪右從來久矣何莫由斯國家奄有寰區外制夷狄用度斯廣經費實繁東南之邦茗荈攸產池海之利鹹鹾是資筦搉之法載嚴律令之文具備設憲網而雖密投罪罟者彌多蓋衣食之所由縱水火而必蹈今欲盡弛其禁卽九年之計不充習以爲常卽五刑之用未措子大夫深達治體必切事情幸揣當今之宜刪陳經久之略

又

問國家並建庶官分領衆職守宰之任風化出焉故

咨　洽之

大邑庇身子産徵於引喻惟良共理漢宣發於歎嗟今土宇混同郡邑紛布版圖羨溢吏員衆多守土之臣多輟於臺閣字人之長咸調於銓衡皆程其器能核其閥閱因清門之寘必敷納以言虛已疇咨曾旰食而忘倦懇惻懋實俟朞月之有成雖慎柬惟勤而頌聲未洽或驅雞之無狀或泊庖之不能或貪墨以敗官或嚴殘而剝下愷悌之化斯鬱循良之稱鮮聞至於分遣察廉飾廚傳者率邀善譽專考科第拘殿最者多失鉅賢詔公卿各舉所知或稱匪其人恩移於下俾牧守自署其屬即愛不吝叙用必以私益知

審官之難知復長人之寄予大夫博採載籍深究政經當述選賢任能之方且明興化致治之本條對所問揚搉而言必考古以驗今庶可行而不悖

景德二年三月試草澤劉牧策二道奉勅撰

問化成之道儒術爲先故太學之興存於周禮博士之設始於秦官歷代相沿舊章咸在國家盛膠庠之制崇俊造之科鏤版以廣聖言祭菜以嚴祀典傳經請益必選碩儒講肄胄筵咸稽古訓而公卿之子弟鮮隸籍於成均州里之俊髦率登名於鄉老豈勸誘之未至將沿襲之或殊何以復杏壇槐市之規遵小

成大成之制絃歌不輟誕揚洙泗之風生徒寖多克追唐漢之盛願聞嘉話用洽永圖

又

聞古者井田之設兵農混然居常力耕不離於畎畝有事調發爰執於干戈蓋三代之舊章歷戰國而無改施及秦漢沿襲漸殊京師建南北之軍郡國有材官騎士內增七校外置樓船自是以來不能復古而況五材並用誰能去兵天下雖安未可忘戰今國家勤修武備式遏外虞所以保障黎元震耀威德將何以追司馬六軍之制遵提封百萬之規免飛芻輓粟

之勞成家給人足之美寓令於疆畔其術何如講事於蒐苗厥旨安在願聞婉畫以闡大猷

試草澤策一道 景德二年三月二日

問四民並設蓋務稼之尤先九序惟歌實豐財而爲急國家富有區夏勤恤黎元訓兵以備不虞建官以熙庶績乃至宗廟賓客之費名田奉邑之資歲計所叢國用尤廣雖復頒行恩詔敦勸農功奉順天時聿修稼政罷不急之務去冗食之人裁減賜予之規斥棄奇巧之玩敦本節用斯爲至矣而九年之畜物力未完一穀不登流亡乃出將何以致衍萊盡闢游惰

悉歸足衣食而知禮交值凶荒而無菜色又何以致
大倉之粟陳陳相因上林之錢往往而是然後家給
人足頌聲浹於連甍國富兵强大威震乎殊俗子大
夫博通載籍練達政經必有嘉謀悉以條對

景德三年九月試賢良方正能直言極諫科策
一道奉勑撰

皇帝若曰我國家奄宅中土勤恤庶邦念前代求賢
之勞思昔賢好問之裕濬發明詔詳延俊民樂聞讜
言用裨至化茲子大夫韞櫝待價藏器俟時射隼有
功逝鱗無忌之際也方今邊候徹警戎索載清與民

置

息肩爰戢不祥之器爲國生事深戒守方之臣蓋已臥鼓滅烽賣劍買犢下勸農之詔勗游惰以反耕置常平之倉謹豐凶而平糴勸課之道斯至備豫之術具須而庸流未盡歸汙萊未盡闢陳陳之粟尚鬱京坻之謠蚩蚩之氓競逐錐刀之末倚市門者鄙於刺繡爲馬衣者至於擊鐘使寒耕熱耘之民有粗衣菲食之歎厚生敦本何以盡驅於力田既富而教何以一變而至道若夫愼重名器先儒之格訓辯論官材爲邦之令典著位峻於堂陛覥用適於輪轅固亦周[illegible]咨諏寖見擻納數保任於公舉覈試可於吏[illegible]

陟幽明稽有虞之彝制綜核名實遵漢宣之故事其有尤異之課即申以增秩之文若乃非常之才必待以不次之位我有好爵茲用縻賢國無敗官於焉致治而庶尹卿士郡邑牧宰暨於黃綬一命青綸半通雖有司殿最之申嚴外臺刺舉之詳察倘或貪墨以獲戾罷輭而廢職徇公者傷於苛刻賈譽者病於脂韋致有囂訟升聞煩軺車之案劾具獄來奏上丹筆之科條但採於風謠或察廉之失實專取於課第亦蔑異之見遺將何以致棫樸之詠興蒲盧之政洽授方任能之道著亮采惠疇之業昭巍巍大朝有官人

之盛濟濟多士無彼已之譏子大夫強學多聞稽古博識究歷代之損益明當今之利病所宜窮斯民雅俗之弊極談恥格之方考庶官治亂之由深陳用乂之術遲聞嘉話以闡大猷當悉乃心勿有所隱

表狀一

知處州謝到任表

臣某言臣昨奉勑差知處州軍州事已於今月三日赴本任訖遠辭螭陛權剖使符百城之任既優五袴之榮斯極臣某中謝臣早自孤平獲逢開泰徒以雕蟲之技遂塵汗簡之司皇帝陛下寅奉宗祧旁求俊

賜於

又謂臣處於羣萃竊畫餅之名知臣恥於進趨挺素絲之節度越倫輩超踐掖垣復誤賜於選掄獲同司於筆削家徒四壁貧方甚於臨卭字賞千金書未懸於秦市特推恩於陋巷俾將命於列藩既克就於國書又驟加於勳籍未出瀛洲之署倘參文石之班蓋以臣早奉庭闈久棲輦轂離邦寖遠懷土滋深烏鳥之情實巢南之是切芻蕘之懇須伏閤以自陳封章纔黷於冕旒俞詔已頒於蓬蓽幸一麾之甚便復再疏以請行陛下察以寸心恕其九死許扶持於老幼令寄遁於鄉閭況浙右奧區縉雲善地閭閻蕃庶土

靈 獲 知

壤膏腴聲教所覃俗知禮讓耕桑甚廣民少游惰今歲雖罹旱暵之災尚多溉灌之利人無菜色畝有餘糧屬隣郡之不登致穀糴之微貴提封之內安堵如常前春已來不至乏絕一境偶無於疲瘵九重望減於焦勞臣謹當恭守詔條恪居官次袴襦服政豈許月之敢期氷蘖檢身固生平之所履儻渝素守是速靈誅臣又念朝辭日得面聖顏親承睿旨以俯隣於桑梓又獲奉於甘旨推從欲之仁廣聽卑之造特許終於考秩且未議於替移即臣舉族知歸殺身莫報況郡園甚近雖伏相聞鄉里親姻或諧於[illegible]

婚嫁免至於失時上以慰慈母之心次以了私門之事而臣齒髮方盛駑蹇未衰抱槧懷鉛終預諸儒之末摩頂至踵莫酬萬乘之知冒昧上言隕越無措

謝賜曆日表

臣某言今月日本州進奏院遞到宣頭一道賜臣咸平二年具注曆一卷者夏正肇建堯曆爰頒克授人時不違帝力臣中謝伏以皇帝陛下端拱穆清茂育群品德合天地信及豚魚象魏懸書定一王之法制靈臺治曆究三統之指歸濬發宸襟載稽古訓將欲納民軌物致俗胥庭俾雩祀靡愆無水旱之作沴農

臣無任云云

夫既正免耕稼之失時顧茲遐僻之邦亦荷頒宣之
寵七月流火見司曆之無差五星連珠與太初而相
應臣謬膺朝寄獲布郡條發函徒切於凌兢側管豈
知於疏密謹當虔遵時令恪守官常彌堅夙夜之誠
上答照臨之惠臣無任云云

賀再熟稻表

臣某言據本州麗水等縣狀申今年人戶所種早稻
自秋初刈後爲雨水調適元根再發青苗結實成熟
共得兩收已具州司別狀聞奏旹多稼並熟所謂有
乎嘉穀再登斯爲上瑞臣某中謝 臣聞昔者[illegible][illegible]之

閱著一稃二米顯其祥成周之道方隆異畝同穎
昭其應貢交趾者曾聞於再熟取甫田者爰及於十
千蓋以玄德升聞至誠昭格天地訢合百嘉由是而
生風雨弗迷三時以之無害允鍾上聖克協靈符竊
以山越之鄉多乏膏腴之產火耕水耨獲地利於甚
微食稻與魚習土風而惟舊去歲因罹於小歉今春
遂至於荐饑力穡雖勤餱糧殆絕參以五種之利救
其三餔之艱俯及秋成僅無菜色皇帝陛下乃眷東
顧陰騭下民臨遣使臣循行縣道慮賦輿之不集盡
賜田租念饑饉之可哀大發倉粟城邑聚人之地爲

武夷新集　卷之十二　十三

設淳糜山川血食之神必祈膏澤道路之殍數者貸其枯木之甃溝隍之填委者推以掩骼之仁明詔誕敷和氣斯應如臣所領之郡近接海隅一千里之封陲三萬家之生聚自蠶事載飭厥篚之獲頗多及麥秋俯臨兩岐之謠斯洽菽粟流衍黍稷豐穰絕無螟螣之災卒有鍾釜之蓄剟早稻既穫陳根尚存大雨時行土膏脈起芃芃發秀薿薿垂芒同枯楊之再生異靡草之先死結實棲畝斂穧盈車至於晚田又收數倍遺秉滯穗既寡婦之是資千倉萬箱顧老農而何幸起[illegible]轉郡時獲覩年豐親逢五穀之祥同賴一

人之慶周原膴膴猶誦曾孫之詩堯民熙熙敢述上帝之力休徵斯在純錫昭然伏望宣付史官書之簡策干冒宸扆彌切競惶

賀高陽官路破賊表

臣某言得進奏院報前月二十四日鎮定高陽關馬步軍都部署傅潛等差侍禁郭筠齎到狀奏稱九月十七日先鋒儀田紹斌差人報楊嗣石普殺下蕃賊二千餘人斫到賊頭五百個奪到馬五百疋衣甲器械不少者蠢爾兇渠敢犯邊境靈誅所及醜類以殲克傳三捷之音實賴一人之慶臣某中謝臣聞疆埸

之事用備不虞金革之興蓋非獲已而況並建萬國守在四夷崇山之阿或蟻壤之斯漏隆車之轍猶螳臂之敢張舞干雖示於懷徠視網豈容於越逸是用西眷命將北落徵師授以廟謨龔行天討兵鋒未接豺狼尚肆於無厭湯沐既陳蟣虱早聞於相吊渠魁折北餘黨梟原斬馘擒俘已倍雲中之級投戈棄甲更齊熊耳之山獲虜馬以谷量表胡庭之運盡此蓋
皇帝陛下道符天錫化比神馳樽俎折衝懸知於千里邊陲息警將自於一戎俘收督亢之圖便勒燕然之石克清朔漠丕洽承平臣忝備諫垣遠分憂寄明

旋麾捷阻閭振凱之音宣室策勳不在稱觴之列歌
時戀聖倍萬常情（臣無任歡欣激切）

賀冊尊號表

臣某言今月二十四日得進奏院狀報前月七日百官於乾元殿奉冊尊號者嚴祀式陳鴻名肇建含靈悅豫盛禮便蕃臣某中謝臣聞山嶽配天亦擅崇高之美坤元載物爰彰博厚之稱垂世作程所以强名於四大稽古建號蓋用此德於九皇在衆美之所歸雖上聖而奚讓伏以崇文廣武聖明仁孝皇帝陛下誕膺睿命光宅中區執左契以御民張四維而化俗

齋居決事聿彰欽恤之仁旰食臨朝用恤躬親之旨羣生咸遂庶績其凝體唐堯之文思光被四表恢商湯之武烈底定萬方化馳若神高陽之稟聖德臨下有赫文王之服大明兼漢祖之寬仁挺重華之篤孝總帝皇之能事揔天地之全功惠澤及於昆蟲湛露淪於骨髓六龍出震瞻之者豈可階升百谷朝宗就之者或思蠡酌於是邦君庶尹國老諸生稾街耆酋比屋黔庶共薦龐鴻之號仰酬煦嫗之仁扣閶闔之九重集緇玄之萬計至於懇禱始奉允俞有司虔舉於舊章率土願聞於大號乃以仲冬至日合祭圜丘

禮行於郊百神以之述職欽至於寢羣后由是在庭端拱穆清祗受典冊祥光休氣充塞於寰瀛歡謠頌聲傳聞於行路足以昭祖宗之謨訓聳夷裔之威懷人神之望允諧祝史之辭無媿五讓而受謙光之德已隆九名聿彰覆燾之功彌廣臣側聞國慶限守詔條魏闕存心徒結雲天之戀虞庭率舞莫陪飛走之餘抃蹈之誠實萬常品臣無任歡呼抃蹈激切屏營之至

謝加勳表

臣某言今月二十五日進奏院遞到官誥一通勅牒一道蒙恩加上騎都尉餘如故仍放朝謝者在宥之

或 違官

恩方罩於率土冊勳之典俄及於具僚祇荷寵靈伏增悚惕臣某中謝伏以唐制勳官十有二等克遵班爵之序備存律令之文所以褒賞忠勞甄明品秩不稱其職羊胃之誚乃興或曠厥官鵜翼之譏斯起如臣者謬塵祿仕蔑著聲猷束帶立朝已媿諍臣之任一麾出守猥慙循吏之稱屬燔柴薦鬯之辰無除地給薪之効爰因大慶亦被鴻私諫垣未僩於姓名勳籍驟遷於等級天威所及藎咫尺之不違官箴有常但顛沛而於是彌勤職守用報寵光

駕幸河北起居表

五離氣夷固軍

臣某言今月八日得進奏院狀報去年十二月三日
御札取五日車駕暫幸河北者毳幕稽誅鑾輿順動
羽衛方離於象魏天威已震於龍荒慰邊甿徯后之
心增壯士平戎之氣臣某中謝臣聞涿鹿之野軒皇
所以親征單于之臺漢帝因之耀武用殲夷於兇醜
遂底定於邊陲五材並陳蓋去兵之未可六龍時邁
固犯順以必誅矧朔漢餘妖腥膻雜類敢因膠折之
候輒爲鳥擧之謀固已命將出師擒俘獻馘雖達名
王之帳未焚老上之庭是用親御戎車躬行天討勞
軍細柳之壁巡狩常山之陽師人多寒感恩而皆同

纘匈奴未滅受命而孰不忘家行當肅靜塞垣削平夷落梟冒頓之首收督亢之圖使遼陽八州之民專聞聲教榆關千里之地盡入提封蛇豕之穴悉除干戈之事永戢然後登臨瀚海刻石以銘功陟降云亭泥金而展禮逮追八九之跡永垂億萬之年臣忝守方州莫參法從空勵請纓之志慙無扈蹕之勞唯聆三捷之音遠同百獸之舞

謝賜曆日表

臣某言今月十四日本州進奏院遞到宣頭一道賜臣咸平三年乾元具注曆一卷者曆象之設克謹於

亾餘舉

命

𦯶大

民時正朔所頒俾知於天道臣某中謝竊以少昊獲

鳳鳥之瑞因以建官陶虞有蓂莢之祥由之紀曆所

以定分至啓閉之候辯躔次弦望之差作事厚生制

民命而斯在歸餘舉正察時變以可知崇文廣武聖

明仁孝皇帝陛下欽奉丕圖祗膺眷命聿遵前典不

廢舊章疇人之職既修天吏之功靡忒清臺肇建校

諸家之否藏大衍克成正千載之譌謬豈期僻陋亦

荷頒宣敢不虔奉王正率循時令士膏纔起便候於

農祥玉燭既和永躋於壽域粗識閏餘之數免貽贅

循之譏仰戴宸慈臣無任兢惶激切之至

武夷新集　卷之十一　七

謝賜衣表

臣某言今月十六日翰林藝學郄俊至伏蒙聖慈賜臣勅書一道紫欹正綿旋襴一領并賜屯駐本城諸軍員僚初冬衣襖者爲衣之賜猥及於下臣挾纊之仁更均於列校光生郡邸喜動轅門臣某中謝伏以崇文廣武聖明仁孝皇帝陛下誕膺元符恭臨大寶惠必先於逮下志惟在於愛人鳥獸氄毛俯及嚴凝之候衣裳在笥爰推賜予之恩在渙汗之所沾雖容光而必照如臣者任叨符竹地僻甌吳奉漢詔之六條方深祇畏分齊官之三服忽荷頒宣纂組極於織

服

華純綿加於寵容璽書下降竊窺雲漢之文驛騎來臨更重皇華之命但曳履而增惕實被服以難勝矧於戎行亦膺天寵干城雖久曾無汗馬之勞守土何功獨懼濤鵜之刺仰瞻宸極唯誓糜捐臣與軍校等無任感天荷聖歡呼蹈舞激切屏營之至

賀車駕還京表

臣某言今月廿七日得本州進奏院狀稱前月廿二日車駕還京者戎索已清宸遊乃復凡在臣子慶抃同深臣某中謝伏以五載四巡虞書所紀一月三捷周雅攸稱商湯乃致討於鬼方漢文亦親臨於細柳

溪

東征西怨用慰徯后之心春蒐夏苗爰示治兵之典顧惟時邁允謂國章崇文廣武聖明仁孝皇帝陛下誕膺元符奉若古訓垂衣裳而致治百度惟貞舞干羽以懷柔五兵載戢然燕南尚屯於虎旅漠北猶立於王庭輒率引弓之民敢肆穿窬之盜雖九天命將六月出師日獻稾街之俘行案榆溪之塞而陛下方欲勞軍於壁責戰於邊親御戎車躬秉武節貔貅奮怒將食肉以寢皮獯鬻餘妖悉稾原而塗地胡塵永息冀北克清出觀民風巡省方而展義入數軍實發含爵以策勳舉群臣之壽觴獻九廟之戎捷歡娛載

洽慶賜遂行固與夫瑤池之濱空疲於八駿有洛之表遂至於十旬不可同日而語也臣參守使符僻在裔壤六龍順動獨遠屬車之塵百辟歡呼莫厠大夫之後瞻戀之極抃蹈無涯

武夷新集卷之十二終

武夷新集卷之十三

宋楊億撰

表狀二

賀劍門破賊表

臣某言今月二十七日得本道進奏院狀報近有西川駐泊神衛右第三軍第二都虞候王均等爲惡作亂奔衝劍門已據劍門都監裴臻與知州李士衡同共殺敗者蠆毒甚微敢行稱亂鴟張未幾已覩成擒兇醜旣殲朝野相慶臣某中謝竊以王者之謹關梁所以備他盜用鈇鉞所以誅叛臣如王均等身卒戎

衛城

行地親藩衛祿稟優厚賜予便蕃饜飫膏粱被服輕煖出荷干城之寄曾無汗馬之勞乃敢結搆異端協從羣小苟圖不軌輒負大恩挺狼貪羊狠之謀爲鼠竊狗偷之計天設之險爰肆憑凌鬼得而誅豈容越軼裴臻等任當要害職在誰何屬蛇豕之興妖乘貔貅之鼓怒遂擢鋒而奮擊未旋踵以翦除元惡既就於梟懸餘黨更無於噍類寢皮食肉式快忠義之心犯門斬關永破姦邪之膽天威所被井絡載寧賞典聿行輿誦斯愜臣忝分憂寄幸覩捷音慶抃之誠實

謝賜詔書欽恤刑獄表

臣某言今月十日本州進奏院遞到勑書一道賜臣欽恤刑獄者臣當時集軍州官吏宣示仍下管內諸縣施行訖天綱雖疎尚多於嬰拂夏日可畏用示於哀矜凡一之詔俯臨圜土之人何幸臣某中謝竊以世質民淳唐虞以之畫象政平訟息文景幾於措刑蓋由五聽無冤三章不濫上懷欽恤之旨下萌恥格之心用臻太和式符至治伏以崇文廣武聖明仁孝皇帝陛下憂勞庶政涵育羣生化遠被於不毛仁必浹於行葦隱悼伏念表視民之如傷釁躍誅夷示臨

下之有赫政經載肅治具畢張矧於流爍之辰獨軫係纍之苦皇華遣使在犴獄之已清紫素裁書復德音之薦降慮及米鹽之細恩同雨露之濡疾疢者既示醫治貧困者仍加廩給昔周聚毒藥止療於邦畿漢設滹糜不沾於囹圄足以彰皇猷之冠古實以囿率土之宅心佇去殺以勝殘永無爲而無事臣忝分符竹肅奉絲綸徵慎罰之前言體泣辜之深旨金科玉律期適於重輕叢棘黃沙敢令於覊滯誓傾勤瘁

御奉欽明臣無任歡忭激切之至

進承天節頌表

臣某　充　末是　在閣　臣無任云云

臣某言運偶承平節臨載誕凡叨食於周粟盡願祝於堯年臣某中謝臣本自諸生偶干寸祿受兩朝之顧盼無馮唐不遇之嗟閱四部之圖書有黃香未見之聦雖研精而强力終昧道以迷津然而千載休辰萬邦大慶充庭任土懇非玉帛之云巢閣舞庭豈在飛走之末是敢罄竭庸鄙撰承天節頌一首獻於闕下吉甫作頌愧無清風之稱東方上書或希乙夜之覽臣無任云云

代人乞太宗御書表

臣某言臣世受國恩名參閨籍竊仰先朝之述作欲

期私室以秘藏輒露愚衷上干聖聽臣某中謝臣伏見太宗皇帝御製御書等恩窮造化妙絶古今與六籍以攸同非二王之能及固已勒於琬琰揭在蓬萊名山大川深藏於副本石室金匱首冠於羣書皆所以博綜儒玄跌宕文史立言不朽乃孔氏春秋之徒懸法授人實唐堯曆象之比汾水之宸遊雖遠羽陵之壁簡多存如臣忝荷寶裝華壓簪紱犬馬之志敢忘於縻捐龜龍之文徒思於鑽仰輒倣章而有請實昧死以無疑伏望尊號皇帝陛下僉先臣際會之由哀愍孤子勤拳之懇特詔金縢之府許求玉字之書賚

及下臣光生寒族威神如在固共畏於軒臺教化所資讋永藏於魯壁祈恩之至伏切愚衷

代中書乞罷免表二首

臣某等言臣等竊以陰陽燮治之任實繫台司水旱策免之文具陳載籍苟弼諧之無狀而災沴之或生姑務偷安靡思避位豈待妨於賢路深有負於國恩臣某等 中謝 恭以宰相之位實代天工四海之所具瞻一人之所注意必在彌綸百度綜覈羣材親附萬民折衝千里外清戎略使金革之不興上奉天時俾風雨之咸若然後彝倫攸敘比屋可封富庶而日用

不知端拱而天下自治此輔臣之職也自非懷經邦之略負命世之才補公衮以有餘據台槐而無愧若逢時而肆竊但積日以旻安豈惟累三光之明固亦致四夷之哂臣等內訟已久自知甚明苟不露於肺肝亦何靦於面目如臣沆者本非奇特蓋出遭逢先朝擢自禁林俾參機務曾之訏謨之効備彰尸素之懲皇帝陛下以青宮之舊僚委黃扉之庶政深辜物望莫舉官常臣化基僅及中人曾無遠慮先皇偶加於委用明君未忍於遐擯尙待罪以如初實冒榮之滋甚臣欽若早覩片善州自諸生固無經濟之能久

珩樞機之任周旋兩府終始九年因循徒擁於炎涼裨益莫施於塵露內省三臣之孽鄙曷當萬乘之倚毗徒夙夜以自强終材力之有限履新居上既所置之非宜綆短汲深故雖勤而無効以至和氣不應庶績未凝林胡犯邊勞翠華而巡狩庸蜀作梗煩羽檄以徵兵胡雛輒肆於陸梁靈武尚艱於飛輓江吳之俗饑饉荐臻老幼流離戶口減耗去年近輔淫雨爲災今歲中春甘澤未降物增數倍之價國無九年之儲靜思其由誠有所自蓋臣等任過其量力不逮心上辜當宁之知下負蒼生之望決勝寡術不能束五

兵於虎皮出令乖方不能和四時於玉燭延焦勞於宸極負愧恥於心顏況復日奉天慈動承清問凡於織悉咸以咨詢曾不能畫一嘉謀出一奇計慕前哲沃心之說寬大君旰食之憂匪石之懇空堅挈瓶之智無取尚敢戀萬錢之厚俸玷三事之近司苟度朝昏自固恩寵進近以禮繼未忍於置淵鬼神害盈亦終當於瞰室國章雖緩陰讁是虞況乃多士盈庭異人間出道侔伊呂者非少才比管樂者實繁伏望陛下別選英髦置於輔弼令臣等退居散地用洽至公豈惟快華夷傒望之心固亦表君臣終始之分人惟

求舊庶獲於保全鼎既不任免令於傾覆周章自失
殞越靡遑干冒宸嚴期於得請

第二表

臣某等言臣等近者虔延懇誠共陳章奏蓋以燮調之無狀乞行罷免之明文奉詔旨以丁寧仰天威而隕越倘怔忪而待罪又僶俛以經旬輿頌益喧沴氣彌積膏澤未降漸成僭亢之災宸極至尊深軫焦勞之念上無裨於旰食下有負於具瞻猶尸禄於廟堂亦胡顏於天地臣等中謝竊以堯咨四嶽用致時雍漢免三公以答天譴蓋以任當輔弼職調陰陽苟愆

伏之成災實憂責之攸繫須行大典以肅朝經如臣
等俱是短才謬膺大用在一人注意之地當萬方思
治之秋聖德誕敷無山甫將明之効宸襟虛宁乏傅
說啓沃之言致君之譽蔑聞竊位之譏空積雖勤以
補拙亦勞而無功斗筲之智空殫塵露之微何取爝
火未息豈禆日月之光山木不材終非梁棟之任是
致彝倫尚鬱至化未孚獄訟滋彰盜賊多有水旱作
沴天災流行江吳荐饑京輔艱食王春已半甘雨未
流終風且霾宿麥將瘁尊號皇帝陛下夕惕若厲視
人如傷分命使臣並走羣望親詣列真之宇備施百

拜之桼屈萬乘之尊爲兆民祈福牲玉靡愛惟馨之
德已聞雲漢彌高離畢之徵未覩豈精誠之不至實
玄感之有由蓋臣等猶執國鈞尙居台席俯慙百辟
仰累三光雖君父之心不棄於遺簪墜屨而皇王之
器何取乎蟠木朽株至於三臣之能固亦明王所見
駑駘十駕終無致遠之功寒暑屢遷合舉黜幽之典
若但妨於賢路必自速於靈誅伏望陛下惠以克終
矜其不逮別求賢俊置在鈞衡令臣等退處班行得
奉朝請如此卽上元之意訢合太平之化坐臻豈惟
潤礎之祥實見垂衣之理鹽梅入用固便致於和羹

琴瑟更張庶免咸於膠柱顧惟孱末亦冀保全省分[illegible]明新恩甚切

代樞密陳諫議讓表

臣某言伏奉詔命蒙恩特授守右諫議大夫同知樞密院事餘如故者絲綸之命忽降於九霄簪紱之司俾參於萬務撫微躬而戰慄聽輿議以喧譁實出非常深知不稱某中謝竊以諫諍之官首冠七人之列樞機之地日蒙三捷之榮運籌帷幄之中議政巖廊之上蓋號股肱之任必求梧石之材如臣者樗本庸散識惟蒙鄙爲學僅通於章句奮身早自於郎園先

朝謁中於甲科初命便壓於史閣位錢刀於會府救
叨靡虛掌漕輓於番禺揚旌甚遠歸闕荷金章之賜
妄邊無銅柱之勳尋復命於紫庭遽叨榮於丹地奉
綸思於武帳謇諤無聞閱章奏於公車否臧莫辯顧
官箴而是媿矧歲律之未周敢期渙汗之恩遽授絲
綸之寄參決庶務況國政之所歸叨據上流實人言
之可畏顧巖揚之猶淺且位望以甚隆苟徒竊祿以
冒居不敢叫閽而瀝懇既負且乘豈致寇以非遂居
高必危亦疾顛而是懼須披肺腑仰瀆冕旒伏望尊
號皇帝陛下察以至誠寢茲新命職守且仍以舊貫

名器兔至於假人所希爲官擇才聖朝無虚授之寵陳力就列下臣遂知止之心干冒宸嚴期於得請

代樞密馮諫議讓表

臣某言伏奉制命授臣右諫議大夫同知樞密院事者任峻樞衡秩崇諫署雖荷自天之命彌增蹐地之憂循省再三隕越無措中謝竊以中樞之設庶政攸歸地望處於深嚴職任推於膂密朝夕獻替得預於論思軍國機宜並令於參決苟非挺生民之秀負王佐之才嘉言嘉猷可陪於漢幄令問令望素重於周行郎何以膺寵澤於九天贊禁庭之萬務在今授受

須允僉諧如臣者檮昧無聞迂疎有素早服膺於文史偶被薦於賢能東堂謬厠於高科北省尋塵於近列曾乏當官之稱果貽竊祿之譏俄假一麾遠之五嶺萬里空嗟於日遠莫見長安六龍幸屬於天飛得還魏闕郎署驟遷於秩序計司令勾於簿書遽承之於柏臺得觸邪於賁砌選愞局伸於職業因循徒歷於歲時爰自中司便參近侍奉冕旒於武帳莫効謀猷提銓管於文昌豈分流品敢謂便蕃之澤俾參密勿之司阜纍秩峻於七人丹地寵延於三接挈瓶之智傾覺於滿盈履薄之心不勝於戰慄實羣言之可

畏亦省分以甚明須露至誠仰干玄造伏望尊號皇
帝陛下矜其散拙察以勤拳特寢新恩且仍舊貫卽
徵臣展四體以率職更誓恪居聖朝懸好爵以縻賢
庶無虛授虔切之至伏待允俞

代史館相公讓加門下侍郎表

臣某言伏奉制命蒙恩特授門下侍郎依前同中書
門下平章事加食邑實封餘如故者久塵鼎鉉已媿
於妨賢忽奉璽書更蒙於進秩聞命之際屏息不遑
中謝伏念臣職本顓愚器惟庸瑣徒學素王之道罔
究微言偶塵造士之科驟縻好爵自先朝而振拔由

近列以回翔草漢詔於西垣代堯言於內省乃至參萬機之政陪三事之班帷幄坐籌曾無謀於前筯廟堂肉食遂獲謗於素飡退歸封駿之曹出委保釐之務屬承華之肇建俄賓護以備員羽翼之勤實慙於商皓鹽梅之用復預於傅巖自再忝於鳳池已五新於蓂曆薦正公台之位顯司調燮之權曾不能少振國經仰裨帝載一人虛佇殊無造膝之言四海具瞻深負爲霖之望合歸散地用表至公豈謂特霈殊私曲加異數瑣闥榮遷於秩序樞衡尙示於倚毗別增食采之封更賁濟川之効寵章繁縟輿議讙譁在於

微臣豈不知分儻僶俛而祗受必傾覆以自貽晉文之寵趙衰雖云求舊漢皇之賜張武適足愧心須瀝丹衷仰干玄造伏望尊號皇帝陛下俯矜懇悃曲賜照臨特寢新恩用全大體豈惟聖朝之行爵出於絕虛授之譏固亦微臣之責實循名免疾顛之禍干冒宸扆伏待允俞

代參政王侍郎讓恩命表

臣某言伏奉制命蒙恩特授尚書工部侍郎參知政事餘如故者文昌六官縣邅於品秩黃樞萬務僝預於訏謨受寵若驚循涯自失臣中謝竊以輔弼之任

寶代天工僃求之時允資人傑况巖廊之上副
之具瞻車服以庸下丞相之一等豈宜濫處以累至
公如臣者才不逮人學非稽古徒荷鯉庭之訓謬登
漢殿之科金闈偶列於姓名蓬島獲窺於圖史尋掌
綸於右掖復寓直於北門驟蒙振拔之恩獲預樞機
之任參謀帷幄曾無前箸之籌受祿水衡深有素飧
之媿方變非據忽奉殊遷佐陰陽調變之權亞輔相
崇高之秩斗筲至小殊覺於滿盈鼎鉉不任轉虞於
傾覆茍貪榮寵靡敢敷陳豈惟鬼瞰以堪憂實亦人
言之可畏伏望尊號皇帝陛下俯矜短拙曲賜保全

特詔有司俾停新命既負且乘微臣免至於疾顛唯
器與名聖代更無於虛授虔切之至伏候允俞

謝知制誥表

臣某言伏奉制命蒙恩特授臣左司諫知制誥仍面
賜金紫者代言禁掖允謂難才賜服軒墀荐加異數
實曳裾之非稱但跼蹐以靡遑臣中謝竊以青瑣之
闥地望最崇紫微之垣天文是法設署位於赤墀之
下開直廬於黃閣之中草尺一之詔書頒五花之判
事發施號令用誕告於萬邦裁成典謨必追蹤於三
代自非髦俊豈副擬掄如臣者生自遐陬本惟寒士

始從童丱偶涉藝文勤雖至於絶編學未能於覩奧先皇帝聞其姓字召赴京師試於鈎盾之中署以芸香之職犬馬之齒尚幼烏鳥之戀頗增獲歸省於庭闈久留連於鄉曲洎還象闕復隸麟臺尋奏伎於公車得閱書於東觀自爾賜太常之科第預仙殿之職名獻頌甘泉特頒命服賦詩栢殿屢挹衢樽屬聖政之維新荷鴻私而首及擢厠從臣之列預修太史之書慙無直筆之稱莫述先朝之美俄切維桑之念堅求剖竹之行崇文廣武聖明仁孝皇帝陛下推從欲之深仁遂承顔之至懇會稽出守旣諧晝錦之榮天

道

祿言歸重勵草玄之業唯固窮而守道常省分以忘懷一畝之宮願棲遲而無悶三千之牘誠衒鬻以為慙公府絕造請之儀禁掖非覬覦之地老於倘棄是所甘心豈謂皇帝陛下察孤直之無徒念遭逢之有素當慎選之際垂特達之知拔於羣萃之中靡以殊常之澤補袞之闕驟進七人之班演絲成綸便裁五色之詔金印紫綬誠佩服以非宜珠綱綺錢顧優游而何幸官箴斯在輿頌是虞至如漢馬卿之才華方合視草唐常袞之詞學纔善除書豈茲短才何以稱職[illegible][illegible]聖之知特異九天之命已行譬諸駑駘亦當

鞭策其後至於鉛鈍敢不摩厲以須庶礱竭於誠明免廢墜於職業退循散拙彌負憂兢

代參政王諫議陳情表

臣某言臣聞昔者成王疑於姬旦徂東山者三年文侯信於樂羊示謗書之一篋蓋貝錦萋斐者人臣之其畏圭璋特達者聖哲之攸難苟非明目達聰表微索隱獨覩於昭曠之道靡牽於衆多之辭使浸潤之說不行讒慝之口無狀不然者三月采葛徒積隱憂十人拔楊豈遑安處徒揣循而自慶實引喻以爲煩臣某中謝伏念臣出自單平本非茂異由邱園而奮

跡偶軒陛以策名叨佐幕於近畿但飲水而從政尋
効官於秘府復結綬以登朝方思闕市之征遽辱已
知之薦皇帝陛下誤垂採聽遠賜徵還俾釐務於錢
刀直推恩於章服僶俛從事唯盡瘁於公家顛沛不
違誓服勤於官次曾未周於歲律俄擢掌於王言已
驚物議之喧騰曲荷天慈之全度金紫更光於凡質
絲綸莫潤於皇猷纔踰朞月之間忽辱深嚴之召玉
堂待詔極儒者之光華丹筆詳刑體仁君之欽恤振
拔之恩尤異傾輸之節彌殫裁五色之書雖發揮之
無取評三尺之法固伏念以唯寅旋使已膺之邦畫

將寬大之詔撫兩川凋瘵之俗宣九重煦嫗之恩導德澤於黔黎察能否於官吏適爲注意之任敢辭奔命之勤纔伏奏於青蒲便超陞於黃閣位殊次補官匪序遷昔荀爽十旬誠非驟進虞卿三見徒是傳聞如臣無二子之器能有一時之際會曾未數年之内遽參四輔之班已覺滿盈果招謗議一昨訟端斯起詞語旁連固亦内省於心反求諸已檢生平之履行念身世之遭逢未嘗有出位之思安敢造欺天之罪坦無憂懼仰俟辯明豈期執憲之司反恣舞文之弊棲楚之下鍛鍊而成搆似是之巧詞結沉埋之寃氣

上贖凝旒之聽欲希投杼之疑而陛下深慮矯誣別令訊鞫既從閱實果致平反使覆盆之幽獲被大明之照肺石之側免爲無告之人苟非陛下燭物無私法天不宰慮五刑之或濫恐一物之非辜卽衆口鑠金復誰分於枉直匹夫懷璧諒何免於悔尤見聖代之至公顧羣生而何幸臣自念秉孤直之操荷非常之知徒勵夙夜匪懈之誠固乏左右爲容之助絕無黨援素少交親特出宸衷擢參相府常懷激勵仰戴恩私況處最靈豈有同於土木不能致遠亦願竭於駑駘其如旅翮甚危寒根易動孑孑孤立煢煢獨行

獲　俾　遠一

雖恃明主之恩不顧黨人之議然而禍機莫測讒舌難防儻媒孽之復生恐別白而無路即陛下傷知臣之睿鑒微臣昧量力之格言進退之間儻或於由禮保全之惠庶遂於克終既無損日月之明亦曲成螻蟻之志伏望陛下俯矜恩懇稍霈深仁俾罷去於台司獲退歸於散地青蠅止棘庶免於中傷金鼎和羹幸無於傾覆曲全大體以庇下臣僂僂之誠實在於此

代中書爲靈州陷沒待罪表

臣某等言伏自狂胡作梗西鄙繹騷清遠一城去秋

乙 膻蓋

媿恥於

安

陷失近者又覩奏報竊知靈州不守將吏淪胥百雉金湯曾無固護連甍士庶俱沒腥膻廟廊之之謀致兇渠之肆毒動傷嗟於當宁貽媿恥於具臣臣某等中謝竊以鎮撫四夷決勝千里運奇兵於掌上覩黠虜於目中使頑獷咸懷疆陲不聳將帥稟指蹤之効若覩無旰食之憂此宰輔之任也若冕旒不減於焦勞蜂蠆尚聞於微擾使蒼生赤子陷於匪人亦尸祿素餐安用彼相胥臺言之可畏諒竊位以何顏伏念臣等皆是常才叨當重任雖揣摩鉛鈍策勵疲駑習頹擘餅終莫圖於遠大職司補袞但常懼於闕遺

自櫱項弗寧靈武孤絶皇帝陛下臨朝日昃求衣未明憤蚍豕之微妖惜骨肢之舊壤慮朔方之生齒委於餓虎之蹊亟比落以興師殲厥渠魁之首而帷幄曾無於廟算塞垣幾至於輿尸去歲救兵逗遛醜類猖熾積石壁壘俄陷賊鋒今春已來又失靈武北門巨屏遂至於邱墟比屋生民俱淪於塗炭蓋臣等每求咨度曾之謀猷上負倚毗內懷靦厚況安危注意實在台衡夙夜憂邊誠爲職業旣彌綸之無狀乃咎責之攸歸罔畏避於簡書且因循於官次退思補過雖慕林父之事君用非其人亦慮匈奴之輕漢須傾

丹款仰黷宸嚴伏望陛下責以官職俾從吏議特行黜免用洽至公別選英髦使代其任庶賢能之遞進示憲法之無私進退攸宜既俯全於國體和平可召固上洽於天心

代中書謝表

臣等言近以狂寇陸梁朔方覆沒蓋廊廟素無於成算致士民俱陷於匪人至尊深動於憫傷執政實甘於罪戾共陳奏牘方俟刑書承詔旨以丁寧仰天威而隕越臣某等中謝竊以疆場之事爰守在於四夷壁壘之籌固折衝於千里況處弼諧之任必資經濟

之能料敵伐謀勤詢於方略憂邊思職克舉於官常然後塞四海之具瞻副一人之虛佇如臣等皆惟庸昧莫荷倚毗徒曠廢於天工豈彌綸於王度自胡雛作梗靈武阽危皇帝陛下憤蜂蠆之微妖惜金湯之堅壘軫堯心於黃屋遣漢將於文昌大興虓虎之師將平狡兔之穴庶肅清於氛祲用申畫於封圻而靈旗未出於塞垣巨屏已淪於寇孽實臣等早無規畫仰負咨詢徵龜玉毀櫝之由抱舟檝濟川之愧既晏安而非據期策免之是行豈謂陛下特降泥書曲形天旨俯令備位未責曠官履薄自患但彌增於怵惕

叩閽瀝懇固不敢以再三唯堅盡瘁之心少贖已然
之咎

代參政王侍郎謝爲陳乞不允表

臣某言臣近者虔拜封章乞歸班列忽奉手詔不賜
允俞仰睿旨之丁寧撫微躬而戰慄欲更披於肝膈
慮有黷於君親中謝伏念臣孤直寡徒頑疎無取章
句之學僅能齒於諸生清白之規固克傳於奕世自
策名筮仕陳力當官壓右掖之清華踐內庭之嚴祕
乃至典樞機之務參弼輔之司並由旒冕之誤知豈
副搢紳之公議且小器用難於大受高位唯恐於僨顛

致寇

夙夜在公雖僶俛而從事負乘致寇亦跼蹐之靡遑
今者訟起下民辭連執政憲府職當於推鞫獄情遽
至於矯誣旣閱實以平反爰擧直而措枉已從明辯
式正常刑其如中司長官是臣外舅踐文昌六卿之
貴昧員扉兩造之辭名挂簡書身繫非所實朝倫之
共恥在戚屬以何顔是用瀝懇紫庭祈恩丹扆願退
歸於散地庶允洽於至公豈謂皇帝陛下推洪覆之
深仁示曲成之玄造特頒泥檢俯示綸言徵周書之
舊章以其罪不相及推漢高之大度且復待之如初
仰承雨露之私內積冰淵之懼瀆尊之罪固不可以

再三許國之心但益堅於方寸誓傾臣節上答天慈

代王氏爲公主出降進財表

臣貽慶言臣弟貽貞幸以孱微獲叨選尚單平之族驟集慶於高門柔近之長冀承榮於築館欲恭陳於厥篚須仰黷於凝旒臣某中謝竊以詩美王姬聿稱於下嫁易載帝妹亦重於有歸蓋風化之所由諒古今之共貫自非閥閱寧得擬掄伏念臣世本文儒家惟寒素寢郎遺業幾至荒蕪扶陽舊封已嗟廢絕固弓裘之莫續亦堂構之將隳臣與弟貽貞每勵自強期於克荷誓不衰於孝謹庶有奉於蒸嘗敢謂尊號

皇帝陛下察以顓愚憫其陵替俾聯姻於帝冑永庇
族於天光顧孺子之何知賞先臣之不朽預長安之
戚里季會居多開堂邑之山林榮華斯在今者禮當
納幣事等獻芹載循菲薄之懲益負淩兢之懇顒尊
嚴甚獲屏息宜云云

代開封温尚書求解知府表

臣某言臣聞陳力就列先儒有知止之言任重才微
前史著疾顛之戒布在方策皎若丹青固大帶之攸
書實元龜之斯在臣某中謝伏念臣聲猷素寡才略
無聞徒以遭逢徧歷清近每憂官謗上負聖知一自

掌禮秩宗預文昌之通顯牧民天府總京邑之浩穰唯堅夙夜之誠仰奉澄清之寄幸而輦轂之下桴鼓稀鳴闤井之間版圖增美大姓偶無於侵小庶獄不至於稱冤蓋緣每奉天顏恭承睿訓俾之彈壓豪右撫字疲羸且形欽恤之仁深示招攜之旨顧不畏於強禦並特出於主張挺金石之一心但依洪覆歷星霜之三載莫中巧言苟非當宁之曲成諒亦傾輈而坐致又伏念負重致遠誠非駑駕之材錯節盤根終乏投虛之刃米鹽靡密躬親而豈敢告勞鉤距神明精力而漸知不逮非輒圖於避事實恐至於曠官伏

望尊號皇帝陛下祭以虔誠解兹重任庶保全於賤質免戕賊於勞生中臺職司顧講求於故事未央朝會時瞻望於清光筋骸漸及於衰遲衡泌或希於頤養仰冀始終之惠少矜懇倒之私

請加尊號第四表

文武百僚南郊大禮使具銜臣呂某等與內外馬步諸軍將校僧道耆壽等謹詣東上閤門再拜稽首上言曰臣等一昨體上天之顧諟探萬國之謳謌願增益於鴻名用昭彰於盛德再三之瀆已負於刺芒億兆之誠彌堅於石席遽須明詔未賜允俞朝野之間

啓處無措臣某等中謝臣等伏以字之曰道蓋出强名何言者天不聞讓德佛唯大覺美號有百億之殊君乃至尊徽稱兼三五之盛若夫神聖之冲粹高厚之儀刑非可管窺寧容臆度由於愛戴成此勤拳是故王者懋建大中載稽古訓握河洛之秘紀所以畏天之明順黎獻之歡心所以從人之欲略鳴謙之小節收輿誦之至公雖屈已以無辭誠當仁而不讓者也恭惟尊號皇帝陛下祇荷丕構茂宣重光法人文之化成體神武之不殺惟睿作聖有感必通居上克明無幽不燭泣辜扇暍示仁愛於羣生潔粢豐盛展

理 以 昭 陛

孝思於九廟躬帝皇之能事掩載籍之前聞而復探
妙道於域中敷至德於天下味希夷之旨允契混成
挺高明之姿雅敦柔克極妙有玄元之理彰務滋邁
種之勤度越古今克格上下故羣情之懇倒述二美
之形容願以大猷著於徽號而陛下固形冲挹猶鬱
耿光莫高匪天徒懷跼蹐無私者日未賜照臨況郊
祀有期方國咸在抗嘉壇而欵太一宣昭答於神休
奉灌鬯以見祖宗合紹隆於先志茍違遐邇之請曷
副人祇之心臣等不勝勤勤懇懇敢固上尊號曰崇
文廣武應道彰德聖明仁孝皇帝伏望陛下對越景

靈祇膺純嘏特詔執事誕舉彝章以仲冬南至之辰
天正上元之節畢禋燔於吉土罷渙汗於中區端拱
穆清備物典策追九皇而比德與三神以交歡快華
夷徯望之心成宗社無疆之慶臣等幸甚天下幸甚
謹四奉表陳請以聞

第五表

臣某等言臣等稽合人謀形容帝德願益龐鴻之號
仰酬亭育之心罄華夏之一心奉表章而四上仍降
明詔未賜允俞退遜之情隕越無措臣某等中謝臣
竊稽舊史載考前言夫名者實之賓蓋名不可浮

於實號者功之表非號何以明其功天地以不宰爲
先猶逆高明厚載之大德堯舜以無爲而治亦著重
華放勳之美稱恭惟尊號皇帝陛下祇荷慶基誕敷
駿德臨下以簡視民如傷舞干羽以示懷柔卑宮室
而訓恭儉作事必咨於龜筮乃至太同考言爰及於
芻蕘克彰好問體玄元之清淨法夏后之聲身至孝
烝烝所以奉先而尊祖小心翼翼所以君國而子民
懿鑠濬將淳熙光大是以由中及外不謀而同咸以
爲陛下總妙道於無方敷明德於有截歷範圍於休
美用訢合於神祇蚩蚩之氓謠亦知於帝力巍巍之

ㄙ吉蠲

節

號國上契於天心而陛下載執撝謙未俞誠請忽邦家之大典忘祖宗之舊章况今祗事紫壇躬謁清廟四夷助祭知中國之有聖人羣后在庭見明堂之坐天子羽儀文物之震耀槖盛秬鬯之吉蠲三靈交歡諸神受記盻蠁昭答戩穀具膺豈可徽懿之名簡略未稱矧復雷雨渙汗肆眚於九垓玉帛駿奔侍祠者萬國咸欲謝生於蒼昊歸美於穆清亦願覩冕旒之當陽觀典策之備物而陛下曲矜小節深抑大猷荷上帝之眷懷乃重違其成命爲蒸民之司牧反固拒其歡心此臣等所以嘗齊斧以上言伏蕭屏而俟報

者也是敢不避萬死謹固上尊號曰崇文廣武應道
章德聖明仁孝皇帝伏望俯從衆欲式昭德音干犯
宸嚴必期得請臣等無任瞻天瀝懇激切屏營之至
謹五奉表以聞

代集賢向相公得罪表

臣某言竊以補緝之司實一人之注意舉措之際乃
四海之具瞻苟自擬於悔尤固不遑於啓處臣某中
謝伏念臣本非茂異謬竊科名爰遭遇於先朝屢忝
塵於華貫西垣掌誥俯及二年南海須條遠踰萬里
佩注選於闕下俄入直於禁中亟膺獎擢之恩俾佐

樞機之務但傾鶩揣仰奉憂勤累換星霜莫裨塵露
崇文廣武聖明仁孝皇帝陛下紹膺丕構褒寵舊臣
以先朝簪履之微不之遺棄顧微臣斗筲之量深覺
滿盈遽陪四輔以調元獲從六龍而展義殊之一言
而啓沃曷寬萬乘之焦勞尋奉簡書遠巡邊徼恭承
宸算遐震天威媿無前箸之籌尚軫宵衣之慮久塵
重位方積厚顔去年陛下特出非常俾之爰立中外
顒喧於輿誦君親益示於眷懷俯僂循牆辭容固讓
負乘致寇果出自貽今者公相之家子孫搆訟事連
閨壼詞及錢刀蓋臣遭逢已來賜予所得輒嘗別豈

此頁迹要修細

傾丹素

臣無任云云

有爽素風脫粟披葵既違於典訓鼠牙雀角遂起於爭端致上瀆於九重實先甘於三黜况臣位居黃閣俸入甚優日侍紫庭體貌尤異合斂操履以厲搢紳茂閭市義之名乃有營私之謗橫議喧騰於鄉校封章疊委於公車黷冕旒之聽聰罪誠莫贖玷朝廷之名器責亦何逃俯伏私門以俟公憲然望陛下推豁達之大度察方寸之微誠念臣久冒寵榮常傾丹素圖之代天之業粗堅許國之心特霈鴻私得從輕典卽臣摩頂至踵仰銜覆燾之仁雖死猶生終效縻捐之報臣無任云云

武夷新集卷之十三終

武夷新集卷之十四

宋楊億撰

表狀三

代駙馬王都尉謝賜宅表

臣某言：今月某日，中使某至，奉宣聖旨，賜臣安遠門外永寧坊宅一區者。恩寵便蕃，心魂戰慄。臣某中謝。竊以功宣帶礪，方聞賜第之榮；業紹箕裘，乃爭高門之慶。如臣者家承閥閱，性頗顓蒙，早違怙恃之慈，靡及義方之訓。每進修而自勵，期孝謹之不衰。俄被天光，獲參戚里。顧惟榮忝，實越常倫。敢謂俯降綸言，特頒甲第棟宇式彰於輪奐堂皇更極於高明渥澤所加方增華於魯館孱微何幸謬席寵於沁園愈懷冰谷之憂曷報乾坤之施臣無任感天激切屏營之至

代僕射李相公待罪表

臣某言臣前日幸參法從獲奉宸游侍龍衮以當陽屬羽觴之無算遂成沉醉乃至先歸陪高宴以未終孱具瞻而斯甚臣某中謝伏念臣齒髮將暮已踰知命之年血氣既衰夙抱負薪之疾念筋骸之如此固杯杓之不任矧乃奉屬車之清塵霑玉斝之餘瀝挹千日之味但覺沉迷瞻八彩之眉自成隔越況任當

於衡軸而位冠於簪纓忽貽倒載之羞深負厚顔之
媿省循斯極啓處靡遑敢不銘座自規覆觴爲戒慕
顔回之不飲同蘧瑗之知非庶貳過之或無冀已然
之可贖佇祈玄造俯鑒下誠

代僕射李相公謝降詔慰諭表

臣某言臣數日前獲陪鎬宴遽醉堯樽侍坐不任失
儀斯甚仰瀆奏牘方俟刑書忽蒙詔旨以慰安稍息
心顔之靦厚臣某中謝竊以飲不及亂載籍攸稱人
而無儀國風所刺矧居三事之任親陪萬騎之遊瑤
池之高宴方酣湛露之皇恩載洽無溫克之德上奉

武夷新集卷之十四　　二

當陽有載籍之羞見嗤行路玷名器之如此獲罪戾
以是宜倘蒙覆燾之仁俯矜醉飽之失諒知非於既
往永作戒於將來誓無沉湎之愆以辱崇高之位懔
惕之至啓處不遑

代陳州李相公陳情表

臣某言臣聞匈奴未賓去病以之辭第先零尚熾充
國由是請行臣雖至愚常慕前烈輒茲披露甘俟誅
夷臣某中謝竊以無用之臣明君不畜彼已之子載
籍攸譏況臣爵為通侯任居方鎮權兼節鉞位峻台
鼎厚祿萬鍾深負素飡之媿元戎十乘莫伸汗馬之

勞方今邊候多虞軍書俞警朝廷未得以高枕帷幄頻聞於運籌而臣世受國恩身膺閫寄僉息烏視徒自取於便安烽舉燧熸曾不思於効用豈人言之可畏實鬼瞰以是憂每念及茲毛髮俱聳伏望尊號皇帝陛下曲迴玄造洞鑒丹誠許於戎旅之間乃至重難之處賜之驅策俾効疲駑焚老上之龍庭誓殲餘孽裂伏波之馬革庶畢乃心兢惶俟命云云

第三表

臣某言臣近者再貢封章備傾忠欵忽奉優詔未賜允俞俯僂無從隕越於下臣某中謝竊以賈生一匹

夫耳乃願繫於單于下式彼何人斯猶誓死於南越况臣職居連帥位冠列藩大旆高牙任雄節鉞貂冠蟬冕地峻公台端居無汗馬之勞竊祿有懸貆之誚矧惟家世際會國朝爰念先臣逮事太祖契風雲之嘉會被雨露之殊私乃至延賞後昆冒榮昭代而不能圖勳竹帛濟美箕裘但恃負緣仰希覆燾負乘致寇必自取於顛隮懷安敗名實有孤於豢養况今斧扆尚煩於旰昃邊陲未掃於欃槍帷幄之臣方[illegible]於廟勝介冑之士咸願於身先如臣忠烈之餘况忝祟高之位苟貪寵祿輒避征行何以報累朝之恩何以

畢見人之誦伏望尊號皇帝陛下恕以再三之瀆鑒玆丹赤之誠俾執干戈以寧方面况臣齒髮雖暮亦可强飯於廉頗膽氣未衰豈媿横行之樊噲誓約齊于絶漠願喋血以摩兵執金鼓以長驅殞鋒鏑而無恨憤悱斯極陳述尤煩干冒宸嚴期於得請

代李相公謝降詔不允所請表

臣某言臣近者不自揣循輒傾愚誠屢陳奏牘上扣天閽罄犬馬之誠蓋思報主犯雷霆之怒豈敢顧身方懷惟谷之憂忽降封泥之詔靡加罪戾曲示襃揚撫己無從戴恩彌厚臣某中謝伏念臣論材甚薄官

寵居多領近輔之雄藩據中台之顯位賦祿至厚殆踰千戶之封衛社無功空忝三軍之帥徒晏安於富貴實靦厚於心顔屬邊戍之未寧固戎臣之思奮係單于之頸孰不有心搴鋤侯之旗人皆賈勇爰述乃誠之懇迫兼陳奕世之簀緣以至徹前朝戚屬之家未嘗避一時軍旅之役被堅執鋭必誓於身先冒刃摧鋒庶求於死所少塞素飧之謗免貽青史之羞徒罄勤拳終成盂浪瀆尊不已既罹犯上之愆獲罪攸宜合正投荒之典豈謂尊號皇帝陛下俯矜僭越特示優容未寘金科曲頒芝檢凡行睿旨備極于丁寧

一介微軀豈勝於隕越仰戴乾坤之造曷酧雨露之私臣無任云云

求解職領郡表景德元年二月一日上

臣某言臣幸塵近列獲掌命書既無補於休明豈合披於誠懇蓋內懷於危迫須不避於誅鋤臣某中謝伏念臣本出寒微且非茂異由先期而筮仕預祕殿之讐書叨結綬於士林久濫巾於冊府幸值崇文廣武聖明仁孝皇帝陛下紹降丕祚首霈鴻恩擢踐諫垣驟登閨籍屬刊修於國典亦陪廁於史官既終麟筆之功復遂隼旟之便洎言歸於京闕方接武於班

行遠蒙慎柬之私得齒代言之末地居禁掖目奉內
朝官曹所謂於清華職業唯專於潤色內顧草茅之
賤已懷負乘之慙旣積日以彌多愈循涯而自失然
念有犯無隱臣誠由是上通居高聽卑天道於焉下
濟臣所以扣帝閽而自述冒蕭斧以無疑蓋念臣扶
侍慈親提挈賤累族寓輦轂三十口有餘離去鄉關
四千里而遠只請本官之俸給別無負郭之生涯衣
食所資盡出於是乃至庭闈之旨甘或闕晨夕之饘
粥屢空臣母見臣窘急棲遲動靜嗟惆欲將諸弟南
歸故鄉丐索親姻庶圖存活臣親弟化有妻孥數口

潤州一 △聚
△以分
△不堪不
蟲
出身

管止潤州一房伶傳都無所託家貧固難於團聚薄不可以分霑窮餓流離誠堪軫念臣又有親弟倚等見臣貧儲乏絕藜藿靡充且欲客遊遠離膝下臣母鍾愛尤甚不忍令漂泊道途進退徬徨莫知爲計臣未嘗不拊心太息危坐端憂涕泣漣如方寸亂矣蓋由臣竊代耕之祿莫能爲工爲商乏適時之才以至不堪不可侏儒之耕田力作且不及人子雲之篆刻雕蟲終非曉事率茲短拙以至困窮然臣學古入官出身事主舍毫弄翰豈甘爲腐爛之儒露冕褰帷所願作循良之吏伏望皇帝陛下矜臣危蹙之懇察

先蓋
趨翔

臣激切之心罷其綸掖之資假以藩條之任於蘇湖
常潤等處令典一州庶獲養親兼諧聚族魚鹽稍賤
聊救於食貧水薤是規終期於報政幸免翳桑之困
永銜魏闕之恩瀝血籲天必期得請

再乞解職表　寫畢有銀臺之命因不敢復上

臣某言臣近寫危誠備形尺奏輒冒萬死仰叩九重
瀝懇雖達於雲天俟命已逾於旬浹徒瀆蓋高之聽
未蒙惻隱之仁臣某中謝竊以國家澄汰品流登進
茂異至於典掌誥命歩武掖垣乃推擇之所先蓋官
遴之殿美禮秩殊厚班著頻崇三殿内朝日趨翔於

文陛六飛法從時陪扈於屬車常瞻咫尺之顏專裁寛大之詔此固山東逢掖夙夜禱祠之所求也如臣出於遐陬本無長技得厠從臣之末獲司王者之言此乃羊服虎皮鷄披隼翼固陋之質榮幸踰涯又豈敢厭承明之深嚴願辭侍從之職去長安之全盛求領卑濕之邦蓋桂玉之所煎恐溝隍之行及涸鱗在轍將懸肆而有期窮猿奔林諒擇木之何暇既堪憂於四壁亦難事於三緘蓋念臣職雖詞臣身乃羈客扶老攜幼去里離邦良賤相從三十餘口衣食所給並出於臣且無負郭之田園固乏滿堂之金玉凡百

經費只仰俸緡至若管庫之微亦有走卒以執御幸從大夫之後不可徒步而趨朝又須分錢刀以僦奴市芻粟而飼馬用度非一悉歎難周並出於本官俸錢二十五貫中更無他給供甘之養多闕量入之費屢殫饘粥餬口之不充進退觸藩之無計原憲誠知其非病介推豈可以不言竊念臣獲掌命書四更年籥同列之內或蒙添給俸錢乃至四補皇華將命藩邸並霑濡潤迭被恩私唯臣貧悴絕倫照臨靡及臣未嘗不內自循省惕然戢兢蓋由臣蟠木之姿偶厠皇王之器濫竽之吹謬參韶濩之音才不逮於等儕

寵難希於均及然而皇帝陛下已從誤聽置在司言
過咎未彰不欲令其襟被含容至大又豈忍以置淵
所以令臣竊位妨賢貪榮就列漢臣之餓且欲死難
免侏儒之嗤孔徒之病不能興敢懷子路之慍行作
若敖之餒鬼徒辱甘泉之從官實由臣無寸長之可
稱有五短而爲累不能闢土殖穀竭力以事親反乃
束帶立朝素飡而辱國致滫瀡之養莫奉於庭闈期
功之親將罹於凍餒困窮至此職臣之由臣母將挈
孀媼而歸故鄉庶圖存活臣弟先有妻孥而寄外郡
並絕供須更有親弟倚等皆欲遊索江淮捨親而去

臣之危迫何以自安雖前表之瞽情悉至仁之未察再茲剖露不避稷煩伏望陛下霈曲成之私矜倒懸之急倘恕觸鱗之罪未加禦魅之刑察以江湖之間魚米甚賤晨夕之養甘滑可期恢孝治之風推恩遠下體高明之德以欲從人特於蘇湖常潤等州假一郡之寄至於宣布皇澤撫養黎民聖人有言尚東周之可冀循吏何遠豈西漢之難偕三牲儻獲於承顏五月誓期於報政然臣素知廉恥無所僥求固於官常不敢貪冒只希罷免非望改遷以七八補袞之資得千里頒條之寄於臣之分所得已多況今多士盈

庭君子在位如臣之比實繁有徒至於潤色鴻猷翊
儀瑣闥儻加慎柬何患乏材若臣者苟蒙錫類之仁
得遵量力之訓烏鳥反哺但期躑躅於一枝鷦鷯並
迯豈足盈虚於九罭披肝瀝血仰俟允俞

代鴻臚陳少卿謝男知制誥表

臣某言臣第三男祕書省著作郎直史館堯咨伏奉
制命特授右正言知制誥者覃恩貝闕慶集蓬門荷
奬擢以非常但兢營而失據臣某中謝竊以典掌詔
令步武掖垣參班綴於赤墀陪豫遊於清蹕自非髦
彦豈副選掄臣男堯咨學謝淹通才非茂異趨庭稟

訓懋無詩禮之規束帶効官已玷圖書之任豈謂尊
號皇帝陛下俯垂束拔特超羣倫俾升鵷省之近司
對演龍綸之雅誥況堯咨冠甲科之選早媿非宜適
閩籍已來殊爲未久便掌大君之書命輒與先陞而
竝行俯僂雖訓以益恭負乘且虞於致寇寶光陞於
擧族但感極於寸心涕泗不覺以沾濡魂爽更驚於
飛越蓋念臣孱微緒息叢集寵光長男堯叟忝塵宥
密之司翊贊樞機之務雖夙夜之誠益勵而乾坤之
造彌深次男堯佐冒寵周行兼榮史閣出分憂寄式
濫藩垣而臣亞秩象河方叨厚祿趨朝辯色銜玷清

班渥澤荐臻鴻私累洽雖藉時來之幸常憂鬼瞰之災今堯咨又拜命於九重復冒榮於四禁蚊蝻賤質諒何力以負山葵藿微生但傾心而向日聚首唯懷於感咽捐軀誓報於高明

百官請聽政第三表

臣某等言臣等今者兩陳章奏備瀝懇誠因遺誥之明文請臨軒而聽政猥奉答詔未賜允俞羣情悚惶不敢寧處臣某中謝竊以寰海至廣事有萬機家國異宜理非一致恭惟皇帝陛下至孝之德上通神明宅憂已來哀動左右永懷罔極痛深創鉅乃於聽斷

武夷新集　卷之十四　十

未忍躬親而況長樂上仙顧命斯在奉常掌禮典訓具存蓋以宵旰務須君人位重萬方仰戴不可以諒陰百度財成豈宜以曠廢故前代酌中而立制治命鄭重而爲言伏望俯抑至懷仰遵遺旨念宗社之大計稽載籍之舊章俯狥與情臨決庶政所冀百執各揚於乃職羣臣獲覩於清光慰中外之翹誠副華夷之徯望臣等無任祈天俟命兢惶激切之至

代寇相公讓恩命第一表

臣某言今月七日內降白麻伏奉制命蒙恩授臣依前尚書兵部侍郎同中書門下平章事集賢殿大學

識

士加食邑五百戶食實封貳百戶仍賜推忠協謀佐理功臣餘如故者寵靈自天戰跼無地臣某中謝竊以平章庶政調變大鈞鎮撫四夷彌綸百度使卿士各任其職陰陽不失其和此宰輔之任也蓋位峻公台禮絕羣后故成周論道之際無其人即闕三公之官炎漢責實之秋乏其才即虛丞相之府況今延鴻啓祚睿哲膺期自非命世之賢曷處持衡之地伏念臣職慙宏遠學媿淹通比肩諸生謬中太常之第自結明主誤承先帝之知擢於等夷置之宥密尋一麾而出宰未幾歲以來朝復陪三事之班獲議萬機之

政屬先皇求理之日實下臣盡瘁之時一心匪石以
徒堅衆口鑠金而彌甚先朝曲加覆露終示保全止
解職於宰司俾分憂於侯閫適遇重熙之運益隆乃
眷之人盟津境壓於洪河左馮地雄於秦甸至於岐
下亦控隴西莫非作翰之邦竝椅長人之寄暨言旋
於魏闕方厠跡於周行忽進秩於秋卿式剸煩於天
邑浩穰爲政曾無利刄之可稱僶俛從公常懼素飡
之興謗俄總司於邦計已荐革於歲華徒竭誠明莫
禆卅戾豈謂特頒恩制擢預宰衡況四海具瞻一人
注意謀無前籌曷以承三接之顏智類挈瓶豈足增

九鼎之重諒諳諱之可畏固踧踖之靡遑須瀝懇誠
乞停寵渥伏望尊號皇帝陛下俯迴玄鑒式狥至公
申飭有司追寢前詔倘絲綸之命特輟於已行即名
器之崇庶無於虛授情非飾讓言悉由衷仰瀆宸慈
期於得請

第二表

臣某言臣近叨恩制擢踐台司尋貢讓章備陳誠欵
忽奉答詔未賜允俞捧讀兢憂罔知所措臣某中謝
竊以弼諧之任中外式瞻授受之間古今由重蓋所
以平章邦國之政輔相天地之宜作元首之股肱爲

大川之舟檝舉不失德乃助懸象之著明用非其人或致處士之橫議如臣者學非稽古才媿適時徒以際會先朝踐揚華貫佐萬機之務曾無補袞之勞參四輔之班莫著和羹之効乃至分憂於藩閫未嘗報政於闕庭神皐剸割以非長會府經綸而無狀顯官重祿所得已多負乘素飡貽譏斯甚豈足副蒼生之徯望踐黄閤之崇高用短綆以汲深泉自知不逮擢散材而構大厦人誰謂宜方今循名責實之秋爲官擇人之際搢紳百執猶或慎於來求廊廟三階豈可輕於進用內省尤慙非據是憂伏望尊號皇帝陛下

體玄造之無私鑒丹誠之難奪念名器之重非可以假人矜斗筲之微不令於踰量追寢前詔以示至公于犯宸慈期於得請

第三表

臣某言臣近者再陳尺奏願寢渥恩仰俟帝俞庶逃物議而綸言荐降天聽彌高捧對周章魂守飛越臣某中謝竊以持衡之地非賢勿居必須契上玄之心然可委大鈞之任是以傅說帝賚之窮乃膺爰立之求吉甫嶽降之神式佐中興之運舉協民望伊尹所以格天用非時髦匈奴或至輕漢蓋古今之所重垂

方策以具存剏乃睿哲承祧百度思理宰衡當國四海式瞻詢謀所歸責任尤重況今水旱之後多流離轉徙之民金革未寧有倔强不臣之虜論兵帷幄首咨決勝之籌議政巖廊先務富人之術苟非通霸王之大略負康濟之宏才何以增三光之明何以慰率土之望如臣者識靡詳於國體名不動於朝倫但懷孤直之心實昧經綸之業猥升鼎席式代天工伏櫪之姿諒難致遠斗筲之量誠合戒盈雖豁達大度之見容顧蹇菲羣口之可畏受爵不讓恐貽載籍之譏自知者明敢冒公朝之寵俯僂靡安於下懇再三瀆

黷於至尊伏望尊號皇帝陛下念台宰之司禮秩甚峻當旰食之際毗倚非輕察下臣量力之心寢外庭已行之命庶具瞻之地無媿於蒼生亦竊位之譏不玷於青史臣之愚懷罄盡於斯仰叩宸嚴必望俞允

代中書密院待罪表

臣某等言臣等聞無用之臣明君靡畜不材之木良匠所捐雖天地之必容務於匿瑕含垢而邦國之典所重於黜幽陟明既內省於不遑須上言而自劾臣某等中謝竊以鼎鉉之司是處鬴諧之任樞機之地蓋參宥密之謀率土具瞻一人注意庶政並從於關

決當陽每示於諸詢自非蘊經邦成務之才負尊主庇民之術運奇兵於掌上外鎮撫於四夷畫成算於幄中遠決勝於千里致穆清垂裳而無事蒸黎擊壤以不知乃可備元首之股肱始免玷公朝之名器如臣等性皆庸昧識本空疎會之寸長蔑聞片善游階通顯並出遭逢寵榮蓋值於時來崇高非由於德舉乘軒竊位深懷衛鶴之慙食祿無謀甘被魯人之誚一昨控弦入寇擄劫徼師萬旅戒嚴四鄙入保質家臨軒而旰食列城峙壘以交鋒爟火延袤於兩河武帳便蕃於三接而臣等當前席之際懇不能奮決而

玄

矢謩遠羣居之時又不能僉同而建議徙新取譬無
智者先見之明借筯前籌之愚夫一得之慮乃至鳴
鏑漸侵於甸服翠華將議於前巡櫛沐之勞猶切愛
君之志金革之事請嚴責帥之科尊號皇帝陛下運
上聖之沉機排羣言之妄作獨建非常之斷用宣大
定之功親御六師盡護諸將連鑾復居家若解於倒
懸綮節勞軍人盡同於挾纊果上元之助順致驕子
之乞盟遂繼好於交兵永輸誠而保塞玉帛通歡於
絕域干戈載戢於中原實九廟之降靈開萬世之美
利集茲巨伐並出宸襟若信諸臣幾誤大事乃至二

城陷沒比戶驚騷多轉死於溝隍或不免於鋒鏑黃
屋深在予之責丹詔形罪已之言搆厲階之若斯亦
廟謨而安在臣等誠懇短拙共媿迂疎自知甚明豈
敢昧於方寸不能者止況昭著於格言若冒寵於清
朝且偷安於顯位其如螢爝之耀既無助於三光腹
背之毛亦何資於六翮徒積素飡之謗更貽瞰室之
殃伏望陛下推賞罰於至公示勸懲於來者責以彌
縫之無狀暴其輔佐之非才誕告萬方申儆百執拘
於司敗用正常刑然後玄德升聞可召和平之氣燮
倫攸序更無僥倖之人克臻治定之期永固延鴻之

祚豈但臣等幸甚實亦天下幸甚

答詔

勑某等省所上表待罪事具悉去歲獯戎犯塞河朔用兵自秋則邊壘戒嚴及冬則胡騎深入羽書日至烽火相望洎朕乘革輅以親征召兵車而赴會俄遣信使遂結歡盟蓋圖四鄙之平寧以致兆民之安泰無爽懷柔之道且成息戰之功復念兩河之間屯軍斯久凋弊滋甚殺傷亦多是以班旋之初時下哀痛之詔始務省己以表恤人而卿等左右朕躬周旋機務獻納皆能於無隱扈從俱謂於有勞況今異域纔

通干戈雖戢吾民初復閭里未完誠宜各罄嘉謀共恢遠略思撫御於荒徼勤惠養於瘡痍副我任賢之心成爾致君之業何乃過於引咎同此上章然瀝懇以甚專在省懷而方切況記功錄善乃是予懷歸過責人誠非朕志勤勵之意所宜體之故茲詔示想宜知悉

代中書密院謝降詔表

臣某等言臣等昨以戎騎侵騷邊城震駭兵鋒日警煩車駕之省方羽衛天旋紆詔書而罪己蓋帷幄前籌之無狀固冰淵內省之不遑共拜封章皆俟刑典

恕承芝檢深諭絲言載推普下之仁曲恕已然之咎丁寧備至啓處無從臣某等中謝伏念臣等皆是瑣才濫塵貴仕參鼎司之調變廁副民瞻預機務之彌綸莫熙帝載一昨控弦犯塞造膝論兵侍宸扆於穆清奉憂勤於旰昃備堯岳疇咨之列曾乏謨猷厠周臣同德之倫空堅誠節乃至引弓深入揷羽交馳俯逼洪河顛驚近甸樽俎之畫媿千里之折衝霜露之行勞六龍而展義方式遏於亂略乃大庇於生民致欵塞之乞盟將止戈而不用此蓋尊號皇帝陛下契上玄之眷命者前代之令猷姑務遠圖昭示大信排

盈庭之衆議克彰獨斷之明許絶域之通歡式啓太平之業並繄睿算集此殊庸臣等徒媿備員莫能稱職掌前席憂邊之際既無決勝之謀及登壇擇帥之初又闕指蹤之効固之廟堂之遠略爲逃鄉校之深譏亦竊位以胡顔輒上言而請罪合議三章之法以慰諸夏之心而陛下體成湯之至仁尚茲引咎恢漢高之大度曲示包荒頒紫詔以封泥霈鴻恩於疏網靡斥歸於散地特矜免於常刑戴玄造以難勝揣丹衷而失據濵渤之量雖表於納汙駑蹇之姿何能於致遠敢不共加策勵同切傾輸寸有所長庶竭於驂

効退思補過恭佩於前言用畢微生少酬洪覆

代三司劉密學謝表

臣某言臣一昨以典掌邦計經度軍儲奉鑾輅以省巡憂職司之廢闕屬王師之振凱幸玄造以包荒雖未正於典刑亦不違於官次輒陳封奏願解事權猥辱詔書靡俞誠請臣某中謝伏念臣早塵官牒莫振時名爰自先朝謬升通籍嘗出司於漕輓亦共治於方州無必計以可稱唯詔條之是守幸遇飛龍之慶復參流馬之權紅粟轉輸曷致九年之蓄青蒲伏奏時覩三接之顔尊號皇帝陛下過聽庸虛特加委任

錦帳正名於郎署牙籌貳秩於省闈歲律未周天慈彌渥特改中樞之近職旋兼會計之劇司叨非可以投虛力豈任於負重夙夜匪懈雖不敢以告勞名器假人但深虞於致寇俄屬羽書狎至黃屋親征當萬乘之時巡有千金之日費急如星火繁若米鹽雖內罄於丹心終仰驚於洪覆免拘司敗保全之德已深復溢厥官靦冒之顏斯厚遂瀝由衷之懇乞從解職之求而陛下靡懲尸祿之愆尙恕叫閽之僭特頒優詔俯及下臣荷絲綸存恤之言慰芒刺兢憂之抱敢不恭膺聖訓益勵愚誠罄一心以事君更堅報効展

四體以卒職用補曠遺庶竭顓蒙少酬萬一

代中書密院請舉樂第一表

臣某等言臣等竊以天子之廣孝也刑四海而加百姓先王之作樂也薦上帝而諧神人是以順變從宜之規著於經禮不爲將壞之歎播於前聞斯乃邦國之大猷方策之丕訓抑而未舉闕孰甚焉臣某等中謝伏以尊號皇帝陛下濬哲丕承淳熙累洽達聰明而求治體慈儉以愛人敦奉先思孝之心得事親盡禮之道恭自災纏長樂痛結紫宸勉遵易月之文益厚因心之戚乃至克終園寢升祔宗祧蒸嘗之薦享

聿修公私之情禮俱畢有位之士伏閤上言深引唐漢之舊規願舉咸英之備樂而陛下屢頒明詔誓守通喪屬六飛展義之有期且羣臣叫閽而彌切聊皷吹之振作以壯戎容逮旅愷之班旋復停雅奏儀屬就陽報本備物告虔必六變之同和乃三靈而昭格允兹抗疏蓋示從權但致恭於神祇固不施於享宴彝章垂世雖載籍之具存至性格天非公議之能奪聿遵服紀以及禫餘今者燧火屢遷祥琴在御三年之制不可以踰九奏之音無容久廢伏望陛下光昭前訓申飭有司詔后夔以守官俾師乙之肄業俟周

雅各得其所虞韶無相奪倫誕揚盡善之稱聿致來
儀之瑞豈惟臣等幸甚實亦天下幸甚

請舉樂第二表

臣某等言臣等近者共援典故同拜封章願遵方策
之文式舉咸韶之奏猥蒙咨詔未允下誠搢紳之間
啓處無措臣某等中謝竊以禮經制作之意家國異
宜載籍沿襲之規古今共守蓋前代立訓允叶於酌
中故聖人抑情不忘於俯就簡編所紀軌範攸存恭
惟尊號皇帝陛下濬哲在躬欽明撫運孝思光格德
教誕敷然而祗率典常疇咨故實是彝是憲不倦不

忘伏睹丙殿上仙雲陵復土公除已久吉祭屢行新穀既升爰載周於天吏閟宮有侐早昭配於神宗中外之間情禮俱畢而乃享宴之際金石未陳莫循舊章深鬱羣望矧惟大樂之作同和於二儀飫賜之嘉示慈於百辟六代並舉乃盛德之是觀三年不爲亦雅音之將壞苟自圖於緘默靡再瀆於高明廢稽古之大猷誠有位之深責伏望陛下俯遵輿誦啓迪前規特詔有司奉行故事聿舉在懸之樂誕揚治世之音崇德象功光昭於鴻業來儀率舞甚集於嘉祥俾人神之克諧致天地之交泰豈惟臣等手舞足蹈實亦天

下幸甚

請舉樂第三表

臣某等言臣等近以園寢即安已畢公除之制宗祧
升祔克修吉祭之儀殆玆踰月之間尚闕在懸之奏
遂共徵於典故輒再上於封章猥奉詔書未垂俞允
天聽彌高而是懷與情若厲以不違臣某等中謝竊
以備樂之作與天地以同和變禮之文實古今之共
守在漢即易月之後更無遏密之儀暨唐乃配廟已
還便申宴享之樂沿襲於玆而爲盛典訓繇是以具
存伏况丙殿升遐已終於遠日閟宮合食便祔於神

宗公私之間情禮俱畢而尊號皇帝陛下猶切永懷之痛靡遵順變之規至於九成治世之音八佾象功之舞皆所以導羣情於和樂昭盛德之形容旣以諧於人神且用調於律呂而乃寢停雅奏度越禮文雖明詔形未忍之言而歷代有酌中之制矧今雲門大呂將薦於圜丘湛露鈞天合施於廣宴省方巡狩亦陳詩而觀風臨軒會朝當作樂以侑食橫汾展豫旣伸簫鼓之娛破虜勤歸固有凱歌之盛國之大事實在於茲伏望陛下採羣臣之譽言稽前朝之成式特詔執事申明舊章命協律而考雅音俾廣庭而陳法

由盡善盡美用還正始之風不僭不忘率由方策之訓豈獨臣等幸甚實亦天下幸甚

謝允舉樂表

臣某等言臣等近者累拜封章請陳雅奏伏奉批答特賜允俞臣某等中謝伏以尊號皇帝陛下執契承祧垂裳御宇考質文而稽古體慈儉以化人推翼翼之小心臨下以簡馨烝烝之大孝率禮無違爰自長樂登遐崇宸永慕易月之制早過於禫除復土之儀克終於園寢先遠之期已畢升祔之禮旣行未陳韶頀之音頗鬱人神之望臣等竊尋方策實有典章輒

扣高明罔虞進越誠以鑾輅時巡而展義與師景從以戎嚴旂常羽衞以森羅文物聲明而震耀鼓吹之作既有助於軍容旅愷之儀亦以獻於戎捷式宴用均於慈惠親民況務於聲詩儻金奏之克諧乃虎賁之增氣蓋公朝之大事有歷代之成規是用傾肺腑以上言仰雲天而俟命覬九重之垂聽在三黷以寧辭忽窺明詔之文實慰羣臣之望豈惟酌中之訓允叶於前經固亦盡善之音式昭於盛德歡忭之至踊躍彌深

謝弟倚特賜進士第二等及第表

臣某言臣親弟進士僑伏蒙聖慈特賜本科第三等及第者恩出公朝慶深寒族感激之至忭蹈無從臣某中謝伏念臣爰從幼歲卽喪所天無負郭之田園以供餬口有旣孤之弟妹俱未成人世家漸墜於衣纓旦暮將淪於溝壑臣是以激昂志節博涉藝文割愛遊方出身事主自神宗之御極忝仙殿之讐書跡遊君子之林月賦上農之祿爰歸故里親奉安輿盡挈孤遺寓居輦轂臣弟適當幼稚早失義方春誦夏弦再覲加於教導羹藜含糗固均給於有無殆踰旣冠之年輒齒命鄉之薦春官較藝幸預奏名日昃臨

軒躬承明試方懼吹竽之濫致希中鵠之榮尊號皇
帝陛下簡在宸襟形於清問俯念斯言之近列特推
延賞之深仁擢自羣倫寘於科級仍載頒於睿旨更
超踐於等夷側聽德音感深骨髓傳聞私室喜動庭
闈顧同氣之至親荷自天之殊澤榮過始望事出非
常內省微軀上銜厚施非土木之無識豈不知恩顧
軀蛇之甚微猶能報德誓匪躬而自効庶畢命以爲
期臣無任云云

臣無任云云

終

武夷新集卷之十四 終

武夷新集卷之十五

宋楊億撰

表狀四

代集賢寇相公謝賀生晨禮物表

臣某言：臣今月某日伏蒙聖慈差臣弟大理寺丞雍押賜生晨禮物者。澤降慶霄，光生陋巷，寵榮叢集，喜懼交并。臣某中謝。伏念臣望實非優，智能無取，幸承人乏，獲代天工，莫禆黄屋之憂勤，空掇素餐之誚議。內惟尸曠，方積兢憂。敢謂尊號皇帝陛下玄造曲成，皇明下濟，特於生日，曲記宸慈，分織室之縑緗，輟尚方之器玩內閑駔駿示康侯錫馬之恩御府織華表漢后解衣之惠霈殊私於鼎席動榮觀於蝸廬仍令同氣之親肅奉自天之命內循固陋無補休明睿渥便蕃過勝於乃眷愚衷踊躍徒切於若驚唯傾夙夜之誠仰答乾坤之施

景德二年上尊號第一表

文武百寮南郊大禮使具銜臣畢士安等與內外馬步諸軍將校僧道耆壽等謹齋戒祇慄詣東上閤門再拜稽首上言曰臣等聞道也者以玄虛爲體本於無爲天也者以覆燾爲功歸於不宰然而尊居四大

彊著希夷之稱廣設九州用顯高明之德繇是首出庶物大庇羣生宅妙有於自然不忘乎日損垂光明而下濟姑務於益謙稽載籍之前文見哲王之取法舉三五沿襲之典率循舊章順億兆愛戴之誠聿建大號歷代而下何莫由斯臣某中謝伏惟尊號皇帝陛下恭已承祧握圖纂極順考古道丕闡大猷懷翼翼之心以昭事上帝體乾乾之德以臨御庶邦昧旦視朝齋居決事化敷有截澤浸含靈九序惟歌上無秕政百工咸乂下絕素餐頌聲洽於中和民俗躋乎仁壽至於訪求逸禮祖述微言詢善至於三雍集遺

編於七略發號出令郁郁文章擢雋登賢彬彬儒雅天章潤於金石聖藻爛於星辰此陛下膺文之冠三古也若乃神化無方廟謀決勝講兵符而討軍志謹戎備而擇將材北落訓師貔貅賈勇靈臺偃伯金革銷聲多壘以之砥平皋威震於區外此陛下神武之包七德也其如識窮玄象學總儒宗三傑知神千里料敵此上聖之姿自天縱也知燭幽隱信達飛潛淵魚洞微篋書辯謗此至明之德又日新也至乃旰昃焦勞茂育羣品隱悼怵念欽恤常刑此聖人之仁爲萬方之所戴又如宗祊孝饗祇事惟寅園寢時思追

懷罔極此天子之孝固百王之未聞蓋以崇建徽稱
光昭駿命鏤金版以刊玉牒誕擁鴻休設皇邸而設
紫壇存膺玄貺況今高穹佑德列緯儲祥北塞通歡
西戎印敍條風塊雨克成大有之年璧月珠星無爽
太初之曆靈符顯發純錫滂臻此不曰應乾乎至如
觀妙環中研幾繫表欽崇教父蹈厲玄觀順拜崆峒
□勤軒駕垂裳黄屋無累堯心百姓自用而不知六
龍時乘而在御此不曰尊道乎臣等上稽元命之符
俯聽輿人之誦持蠡測管輒窺測於高深削牘封章
敢形容於盛美不勝大願謹上尊號曰崇文廣武應

乾尊道聖明仁孝皇帝伏望陛下順玄穹之眷命綏
中外之勤誠以天正上元之辰仲冬正南之節舉嚴
禋之禮覃大賚之恩端拱穆清昭受典冊九賓在列
庶觀於盛儀三靈炎歡用錫於蕃祉豈惟臣等幸甚
實亦天下幸甚

代資政王侍郎謝降詔獎諭表

臣某言伏蒙聖慈以臣所進鹵簿記三卷特降詔書
獎諭仍付史館者肅恭祀典聿修郊報之儀恪謹官
常虔舉司存之職方虞淺陋忽辱褒揚仰戴恩私伏
增榮懼臣某中謝竊以五帝之德由稽古以著稱三

聽
嘉守

代以還以失官而爲懼蓋籩豆之事各有於典司亦方策之文各循於故實是存彝訓昭著格言恭惟尊號皇帝陛下臨御寰區憲章古昔疇咨好問旰昃忘勞講禮紬書闕遺咸秩爰以迎長之節虔修肆類之儀拜泰時之神光盛甘泉之法從清蹕以出備千乘萬騎之容助祭而來竭四海九州之力制度大備純嘏荐臻臣著位深嚴親逢旦暮掌西京之鹵簿獲奉屬車之塵閱東觀之圖書幸覩羽陵之簡輒思採摭以助討論爰因清宴之餘遽瀆紫宸之聽敢謂陛下特紆玄覽濬發德音恕博物之非工嘉守官之靡怠

八行獎飾備形芝檢之文四郡編聯許預芸籤之末荷鴻私而彌厚顧慚學以增榮內省微軀曷酬殊造

代中書相公讓恩命第一表

臣某言伏奉今月九日麻制伏蒙聖恩授臣行中書侍郎兼工部尚書依前同中書門下平章事加食邑一千戶食實封四百戶餘如故者紫壇備物方竿於嚴禋黃閣何功首膺於茂寵仰荷優蕃之澤彌增踧踖之懷臣某中謝竊以太微西掖中書乃列於右曹文昌六卿冬官是稱於起部典章所紀名器甚崇自匪富仁朙爲虛授如臣者材惟瑣陋譽媿芳[illegible][illegible]

休辰謬階貴仕由先朝之振拔參近列之論思俄階貳於宰司實預聞於國政莫著沃心之効深懷濡翼之羞伏自尊號皇帝陛下纂紹丕圖誕敷駿命而臣外守藩翰虔奉詔條方入覲於天庭卽權臨於京邑薦叨計司之劇務亟遷省闥之崇資徒受寵之若驚固洎官之無狀俄膺明命驟正中樞當求治之辰但有素餐之誚屬事邊之際曾無前筯之籌乃至扈清蹕以時巡奉翠華而飲至莫裨睿算允謂具臣既避位之不容益妨賢而爲懼今者三垂徹警克臻下武之期萬國駿奔爰畢羣禋之禮大賚載周於萬

私首及於台衡進秩紫垣兼榮於題劍益封茱地增
歎於爰田仰睿哲之眷懷蓋寵私之繁縟徵周器之
訓既深戒於滿盈攷宋鼎之銘固不遑於俯僂須顯
丹欵上扣宸慈伏望陛下察以至誠矜其非據追寢
前詔式示至公如此即賞典無私允洽大中之道人
言可畏免騰不稱之譏干犯宸嚴期於得請

第三表

臣某言臣伏蒙恩制尋拜讓章罄述丹誠願迴玄鑒
猥降封泥之詔備形出綍之言曾未賜於允俞實不
遑於啓處臣某中謝竊以受爵不讓前典之深譏爲

尊

官擇人哲王之丕訓矧西臺禁掖文昌法宮侍從穆
清賛絲綸之密命詳評政典居喉舌之要司自非時
髦曷允公議如臣者謬塵鼎席莫代天工之仲山補
職之勞昧商說綏民之略罔弼諧之無取已爵位之
踰涯恭惟尊號皇帝陛下祗率舊章躬修嚴祀合祭
天地荷純錫之無疆大賚寰區敷至仁於有截乃舉
策勳之典聿先執政之臣名數崇高旣踰於列辟寵
光渥縟並集於微軀捫心但極於怔忪闓命豈勝於
隕越扣帝閽而瀝懇期寢鴻恩捧尺詔之飛文未俞
素志終莫安於方寸須再黷於九重伏望陛下濬發

難奪

宸慈曲迴殊造特軫蓋高之聽俯矜難奪之誠申飭有司追還成命如此即鄉校之議稍息於羣言公朝之恩更無於虛授臣之愚慊實在於斯干冒冕旒期於得請臣無任云云

代中書相公謝表

臣某言復奉制命蒙恩特授臣行中書侍郎兼工部尚書依前同中書門下平章事加食邑一千戶食實封四百戶餘如故者吉士薦誠式修於大祭公朝錫命首及於中樞自蒙加等之恩再瀝由衷之懇猥奉明詔莫允虔祈仍俛斷於來章豈敢煩於睿聽祇荷

光寵伏切憂兢臣某中謝伏念臣學術空疎器能鄙
陋爰自策名委質獲逢下武之期陳力効官併集非
常之遇自先朝之獎擢奉清宴之吁俞參萬機宥密
之謀佐三事弼諧之任運籌帷幄莫著於嘉猷充位
巖廊頗慙於輿誦爰偶繼明之運外分求瘼之權肅
奉教條恪守官次暨入趨於文陛方就列於周行之
趙張之政能遽釐京邑無研桑之心慮仍總計司方
懷曠職之憂怨荷登庸之拜當黃屋焦勞之際乃林
胡倣擾之辰杼軸其空曾昧富人之略金革未息莫
知決勝之方塵鼎鼐之司但媿挈瓶之智參棟梁之

任誠非構厦之材遽玆承乏並纂睿算顧備員於衡軸寶負媿於朝晡今者禮行於郊爰備物以報本歆至於寢方舍爵以策勳乃眷輔臣首覃茂渥正內史西臺之秩兼冬卿常伯之崇乃進戶封特優寵數八言可畏薦陳固讓之誠天聽彌高莫寢已成之命此蓋尊號皇帝陛下荷純嘏之錫茂集於神休覃渙汗之恩過優於宰執靡責將明之効用伸毗倚之私敢不勵翼丹衷服膺前訓罄一心而率職副萬乘之虛懷誓竭顓愚少裨恩獎臣無任云云

臣無任謹云

代資政侍郎讓表

臣某言伏奉制命蒙恩特授臣尚書兵部侍郎充資
政殿大學士餘如故者殊常之命忽降於重霄非據
之憂若臨於冰谷旣不遑於肺腑須上瀆於高明臣
某中謝竊以祕殿宏開皇墳允集是資旰昃式奉論
思劘耆位禁庭特異深嚴之選列名儒學蓋延鴻碩
之流至於司會分曹文昌取象職級斯辨實重於下
官等威肇分最隆於天秩自非望高朝右識洞化源
薦荷寵私必駭羣聽如臣者時名素薄人地非優本
以諸生僅取大常之第俄由下位特承明主之知乃
至度越等夷典司訓誥未踰期歲入踐禁林方塵鼇

禋

島之資深冒鵜梁之刺遽參裨於大政獲陪貳於中樞智類挈缾惟虞於覆餗任當補袞莫効於彌綸已屢革於炎涼但內慙於尸素遂瀝由衷之懇罔辭再黷之愆本期退就班行寅奉朝請陛下特隆宸眷彌厚鴻私增秩秋曹兼榮月殿恩私渥縟禮遇便蕃而臣日踐赤墀之塗齋莊假寐時奉清閒之宴肅穆承顏遂拱極之私必荷自天之殊顧豈於表著之際輒以名級爲心比欲虔露至誠願從外任冀奉惟良之寄少分求瘼之憂尋屬祇事於禋燔謬獲典司於法從又總修書之任方專汗簡之功肅奉聖謨未申慮

慊豈謂伏蒙尊號皇帝陛下過優命數特霈恩光建書殿之大名表儒林之殊事進五兵之崇秩崇三錫之徽章漢詔俯臨備形於褒飾堯心下燭曲示於眷懷而臣自揣庸虛素守涯分豈於非次更敢貪榮竊考簡編退詢典故唐朝宰相嘗辭去於崇名晉國賢卿亦見褒於能讓名器無假蓋史筆之攸稱俯僂益恭固鼎銘之斯在敢因前訓罄敘丹誠伏望陛下垂天地覆載之仁察冰壑戰兢之懇特須睿旨追寢命書所冀人之多言免罹於公議物禁大甚庶遠於身災臣之寸心實在於此

代參政馮侍郎讓表

臣某言伏奉制命蒙恩特授臣尚書兵部侍郎依前參知政事仍進封開國公加食邑五百戶食實封二百戶餘如故者如綸之命忽降於雲霄若厲之誠乍臨於淵谷省循斯極啓處無從臣某中謝竊以萬機所總實在於中樞六職肇分並隆於司會名器斯重表著甚崇苟翊亮之無聞何以膺加等之命或望實之非允即必騰虛授之譏如臣者早肩褒博之流濫登茂異之選學非足用才不逮人徒以遭值休期階緣寵遇掌烏臺之錯雜莫振頹綱奉丹墀之論思蔑

禆清問俄參司於樞務旋貳秩於台衡屬邊候之未
寧當盱朝之求理摯缾之智奚補於大猷蟠木之姿
空尸於重位荷天地含容之造勵夙宵勤瘁之誠竊
祿妨賢顧炎涼之屢改悉心擧職諒塵露以何施蓋
內省之不遑豈貪榮之是冀今者命書薦降兌澤光
臨乞示褒揚更加崇進文昌七秩之兵式峻官聯井
田五等之封彌優爵品是謂便蕃之澤併臻固陋之
軀得不自揣丹衷側聆輿議盈滿之懼旣佩服於前
言俯僂之誠宜躬行於先哲須于睿聽希寢明恩伏
望尊號皇帝陛下深念愚誠曲迴玄造寬其罪戾惠

以始終特詔有司俾停茂渥如此則修明之典允洽於至公非據之危少安於方寸悲惻之至隕越於茲

代參政馮侍郎謝表

臣某言近奉明恩薦加茂渥尋奉章而固讓辱優詔之下臨備諭宸慈靡敢成命仰高穹而跼蹐俯深谷以凌兢祇荷寵靈豈任榮感臣某中謝伏念臣學懋稽古才謝適時無邸園耿介之姿濫鄉里賢能之選自策名於仕籍謬拔武於朝倫就列七人會之詩臣之譽頒條萬里茂聞循吏之稱慶屬重熙思隆慎柬由郎曹而振跡預憲著之提綱未踰期歲之間更累

中樞之地掌銓衡之品藻莫敘九流奉清宴之論思無裨三接便參機務莫濟於憂勤俄貳台司愈慙於尸曠雖復罄寸長而自斆展四體以從公在砥礪以空勤實彌綸之無狀顧星霜之屢改蓋塵露之未申荐膺加等之文深黷大中之訓今者夏官掌武驟進於崇資井賦真封更隆於異數以無功而受賞諒有識以譏嗤徒堅難奪之誠莫寢已行之詔當漢宣貢實之際頗玷於至公僉周任陳力之言益驚於非據雖僶俛而受命固隕越以交懷此蓋伏蒙尊號皇帝陛下道極包荒仁非求備特恕妨賢之咎彌敦注意

之私敢不警策疲駑揣摩鉛鈍盡瘁事國勵夙夜匪懈之誠竭節當官佐天地財成之化庶傾勤拙少答高明

代刑部寇相公謝表

臣某言伏奉制命蒙恩特授行刑部尚書仍改賜推誠保德翊戴功臣散官勳封如故者允玷中樞無裨大政合拘司敗以正常刑猥頒芝檢之文止罷鼎司之任仍進周官之秩尚塵瀛陛之班荷玄造之曲成乃具臣之深幸臣某中謝伏念臣識非經遠才不逮人徒以稟訓自嚴克傳於素業薦名秋賦偶中於懸

科旋忝朝倫遽升諫署勵諍臣之節嘗慕於前修結
明主之知瞀由於直道之先容之爲助雖孤立以自
持先皇帝察其無隱之誠矜以敢言之節擢居下位
俾直禁庭未逾再歲之間參掌萬機之務消出臨於
閩海復入贊於持衡雖無開物之才粗有報君之續
進言敢怠於辭竭當官恥劾於依違庶堅盡瘁之心
少答非常之遇詎能致遠但荷包荒尋罷秩於台司
更分憂於候闕式處長人之任荐逢嗣統之初假守
盟津敢辭馮翊乃至岐陽重鎮秦甸奥區亟換圭符
載布周南之化屢更星琯敢忘魏闕之心數年前入

覲聖顏虔遵寶位俄寵遷於省闥且權涖於神州曲荷保全獲逃曠敗旋以主計之任適有夏張慎來之難傾之總領屬邊烽之尚警惟軍實之甚繁當用食之嚋咨國地財之無狀方懸忝冒莫副倚毗敢謂尊號皇帝陛下獨出宸衷力排與議擢升公輔同掌大鈞俯僂叨榮凌兢奉職荷兩朝之殊遇但思報於國恩處列辟之具瞻顧不遑於官次知乃遠夷懷德殊俗歸仁聖敬日躋睿謀天縱萬務尚煩於聽斷三時或軫於憂勞所宜引咎以退身豈合包羞而竊祿竭駑駘之力亦奚補於大猷罄夙夜之誠莫冀資於丕

化但滿盈而是懼實顛覆以爲憂敢謂陛下矜墜屨之微深憐於舊物念挈缾之鄙終之於遠圖垂覆載之深仁需生成之大惠俯全薄質特解重權俾又進常伯之顯官易功臣之懿號贊書錫命表一人終始之私束帶趨朝處三品崇高之秩省循知幸隕越無從顧惟草木之餘生曷酬乾坤之再造

代宰相賀瑞星表

臣某等言伏覩司天臺翰林天文院奏先於今月二日夜初更東南方瞻望見一大星其色黃出自庫星騎官星西漸漸光明測在氐宿三度屬鄭之分野

在壽星之次自來不佳測候其星轉更潤澤遂檢尋歷代諸家占星其所見之星是周伯之星按天文錄古今通占乙巳占等云周伯星者是瑞星也又曰德星其色黄煌煌然所見之國大昌又按太乙占云王者制禮作樂內外咸得其宜四方之事而無暫滯君上壽考國運大昌則周伯星出者上垂玄象下土式瞻克彰有爛之文用薦無疆之祉光昭景貺允集休徵臣某等中謝竊以三辰炳靈一人取法雖蔽明之在上其聽孔卑謂玄遠之難知厥應如響匪乃遐迹合朔半月騰輝聚賢人於潁川嘗壽星於南極仲尼

所述雖曰觀乎天文叔向有言蓋亦在於君德伏惟
尊號皇帝陛下膺圖御極恭己臨軒對越穹昊焦勞
旰昃居域中之大宰天下以仁視民如傷每軫納隍
之慮以賢爲寶屢光仄席之求至乃純孝邁於百王
神武加於四海啓和戎之利於以息兵寬議獄之科
因之去殺體伯陽之慈儉廣帝舜之聰明斟酌化源
聿遵於古訓講求政典克致於時雍勵明察之誠昭
事上帝茂謙光之德大芘生民故得列緯儲休高穹
凝命星躔發耀天瑞薦臻促陰月以東升順渾天而
右轉掩白榆而絢綵迺黃道以流輝觀象靈臺克舉

羲和之職披文冊府備存甘石之經貫希世之嘉祥非有道而不見而陛下恭默為念兢懼居懷頻沖挹於乾符未發明於玄覽而司天謹業宣夜垂文百代所傳萬物皆覩驗疾徐之度諒歷正以難窮祝壽考之禎蓋封人而為比固以讙休光於簡牒介景福於邦家撿載籍之五靈叶皇圖於萬葉臣等幸塵著位獲偶昌期奉太史之奏章識公朝之大慶仰覩非常之事共傾率舞之心伏望宣付史官書之簡策庶昭純錫垂示方來

代宰相賀太陽不虧表

臣某等言伏覩司天監翰林天文院今月一日太陽當虧自五更五點後西南方起蒼黑雲亘久徧天露晴至辰時不見虧蝕與不蝕同者玄德升聞靈符顯發三辰式敘萬國仰瞻凡在昭臨咸增慶抃臣某等中謝竊以薄蝕之數蓋天象之常文推步而知由日官之謹職苟雲物蔽虧而表異乃乾坤眷祐以垂祥伏惟尊號皇帝陛下奉若元符誕膺駿命用憂勤而致治體慈儉以化人先而不違實道侔於洪覆寬以御衆遂澤浸於羣生聿臻下武之期光啓同文之運而萬方有過必形罪已之言九敘惟歌猶切無災之

懽近者曆官以告辰象或虧遽陰生慝作之辰無伐鼓用幣之事而陛下齋莊寅畏端委勞謙對越穹旻疇咨昕昃朱絲營社博訪於舊章紫宸罷朝特申於明詔果至誠之昭格致玄感以冥符油然作雲纔膚寸而自合吐者外壞諒瀏管以難窺允謂休徵式昭景貺臣等幸塵近列獲覩殊祥歡忭之誠倍越常品伏望宣付史氏書之簡編傳示方來用光册府

代宰相謝賜御札許士庶遊宴及休假放朝表

臣某等言伏奉今月十一日御札許士庶任便宴樂及賜内外百官休假并文武職官尊員解校邏邪寒

盛暑及大雨雪當議放朝者寬大之詔濬發於穆清渙汗之恩旁流於溥率實太平之盛事振史册之休光臣某等中謝竊以飲食之會所以合歡休沐之文存乎著令在昔禁網疎濶稱炎漢之愛民儀制申明自開元之垂法而猶聚宴有罰乃至於賜酺霑服必朝止廷於傳點恭惟尊號皇帝陛下凝神玄扈觀象璇樞契千載之昌期立一王之憲度導德齊禮臨下以寬簡之風利用厚生敺民於仁壽之域至仁不傷於行葦大信爰及於淵魚九序惟歌尚側身而思道一言之善必虛己以疇咨夤畏天明勤勞夕惕故得

昊穹眷命蕃錫嘉生異俗懷柔輸誠景附邊塵息警一尉候以無虞農畝有秋萬倉箱而流詠玄化神行而獨運蒸民日用而不知而陛下嘉朝野之懽娛因閭閻之富庶愷樂之惠思及於羣黎鞅掌之繁俯矜於百執一笑相樂坐念曹之或非零雨其滂亦假蓋之不易特頒明詔式霈鴻慈俾宴衎及於公私而假告違乎令式辨色謁帝免衣裳顛倒之譏洗沐在家絕簿領況迷之歎固將恩德淪於骨髓歌頌播在管絃事國無憔悴之人卒歲有優游之適一日之澤更陋於前編中衢之謠豈迷於玄造臣等幸居著位獲

奉德音振蹈之誠實異倫品

奏舉韓永錫狀（自後出知處州）

臣忝分朝寄，獲總郡符，官吏之間，合知其能否。闕庭之遠，敢避於薦論。臣伏見前監本州縉雲縣茶鹽酒稅三班借職韓永錫，早以明經曾干場屋，晚不擇祿，遂齒班行。一自監臨，六遷寒燠，檢身奉上，挺夙夜匪懈之誠；守道安貧，勵風雨弗渝之操。士流推慕，名跡藹然。臣詢於羣倫，備知行實，筦榷之任，不足盡才；州縣之間，可使從政。儻預字人之選，必成循吏之名。臣竊覩淳化四年選進士諸科舉人充班行，曾降宣命

如兩任六考無遺闕許與文資安排承錫考秩之間
與詔書而未應蹈治之際實官業之甚優伏望聖慈
特與文資昇獎猶私贖貨保其不爲苟獵此懲臣甘
當坐連之典

論龍泉縣三處酒坊乞減額狀

臣獲領郡符合求民瘼苟自圖於緘默是上負於憂
勤儻有救於瘡痍亦無辭於鼎鑊臣竊見龍泉縣松
瞿小梅松源三處酒坊一年共趁辦額錢一千九貫
八百一十九文足並是勾當人自備麴米本柄醞造
沽賣收趁上件淨利錢數納自來州司枷項差勒人

員軍將須管甘認勾當並皆破賣家業及身命償官并均攤干繫人填納臣自到任所深訪其由蓋是王師討伐江南龍泉乃其境上錢假多調發卒士防遏邊陲此時榷酤甚獲其利縣民張延熙貪婪無識遂入狀添起虛額買撲勾當自江南平定錢假進納上疆書執既同幅員無外所遣丁卒皆已罷歸遂致酤賣不行課利虧失元買撲戶並盡底破賣家產填納不足只有身命償官州司又不敢陷失舊額須至差勒平民以致籍人家財通納身命盡傷和氣流患生民百姓亦嘗詣闕披陳詔下三司相度雖行刺問尋

便共申所司惟聚斂是圖陸沅無報瘡痍益甚宛痛彌深又況龍泉縣漣接七閩彌亘千里山川險絕閭舍稀疎所有三處酒坊並皆越在草莽數間小屋僅庇風霜雖有榷酤之名全無醞釀之具蓋是勾當人相承敗闕興創不歲須至破敗田園遭離刑辟見今勾當人並係徵欠司枷項徵督每三數日一度就科蓋省司之益峻課程官吏之懼於書罰縱加決責何以徵填擠溝壑而可期扣閽闔而無路臣備見此事深究其由自以受兩朝之聖知忝百城之憂寄有所聞豈敢緘藏雖獲罪以猶意庶期死而得請伏望

皇帝陛下念遠民之塗炭採微臣之芻蕘更詢相府之訏謨勿令計司之闕決儻謂狂瞽之有實所侵功利以非多舊額之中減其大半人乃受賜天實聽卑苟事下于有司必謹守以舊制王澤既壅民病愈滋雖龔黄臨之亦不能爲理臣復見陛下踐祚之始盡放天下逋欠寰海之内歌舞太平雖甚盛德無以加此又自守郡之後寅奉詔書莫不以優恤爲先未嘗以課利爲急百姓既足長府自然有餘一人向隅滿堂爲之不樂臣忝稱諫列獲佩郡符早受特達之知敢辭進越之罪祈天俟命伏切愚衷干犯宸嚴無任

兢惶激切之至勅二年五月二十日發九月二十三日差命官專監取一年收到錢爲繳

奏雨狀

右臣本州自去年以來秋稼薄熟時物雖至騰踊人戶免於流離爰自今春雨水調適粟麥倍稔蠶績頗登饑糧漸充菜色稍減然以山越之俗陸種甚微所仰者水田所食者秔稻矧又地勢斗絶塗潦不停仍歲亢陽泉源罄竭儻旬浹不雨卽溝瀆揚塵稻畦燋枯善苗立死非三數日一降膏澤無以望於秋成自夏至後來絶少時雨烈日流爍炎風歊興高卬之田始至枯槁卑溼之地如沸如焚比戶嗷嗷大命

止臣遂率軍州僚吏精意祈求闔境之名山大川近郭之玄宫梵刹廟貌之列祀典者罔不徧走湫潭之庇水族者亦用致祠造龍於壇聿遵古法徙市於野克體前經而雲漢昭回蘊隆彌甚尋於前月十六日相次降雨不及寸餘清塵有餘沃焦無益臣夙夜憂慄罔敢遑寧編列之民殆於殞穫比至今月將半旱氣益加一郡之中靡神不禱精誠備盡靈貺蔑然臣忽記憶往年在院供職日適值歲旱學士承旨宋白為臣言今御史中丞魏庠三十年前嘗薄遊關輔寓居佛舍會天久不雨村民數千輩詣寺祈禱僧有善

胡法者捕蜥蜴十數枚置一瓮中漬之以水蒙之以雜樹桑取童男數人衣青衣青塗面及手足人持柳枝沾衣散灑且祝曰蜥蜴蜥蜴興雲吐霧雨今滂沱汝令歸去如是者無晝夜環遶而言明日大雨遠近皆足臣濳疏於牘背至是檢閱得焉卽以十二日初旭與知甎水縣事殿中丞甄旦詣城北集福院如其法請禱少頃臣與甄旦出自北門各遵歸路忽有微雲自東北起良久彌漫至午未間驟雨及時餘由是陰結未解至十三日大雨連晝夜踰及三四尺溪谷漲滿溝塍流溢禾黍之槁然者芃芃而發秀草樹之

瘁然者欣欣而向榮村民荷臺笠而謳耕夫奮襏襫而舞萬室之安堵如故百姓之邪心不生民之幸也陛下之賜也臣忝備守土獲遇有年慶抃之誠萬萬常品臣又念嗚呼之技前哲不違芻蕘之言上聖斯採所陳祈請之術親獲感應之徵理近怪神事不經見頗爲猥鄙有黷高明蓋小道之可觀表事君而無隱昔東方朔有言曰謂之爲龍又無角謂之爲蛇又有足跂跂脈脈善緣壁是非守宮即蜥蜴揚雄又云執蝘蜓而嘲龜龍又故刑部侍郎張洎嘗謂臣言昔使高麗泛海忽陰曀舟人譁言龍見洎亟起視之見

爲松

垂尾於雲間正如蝘蜓之狀良久雨大作即知蜥蜴者亦龍之類也臣既獲嘉應敢不上言干冒宸嚴伏增戰越

奏乞改白龍縣依舊爲松陽縣狀

右臣本州白龍縣按輿圖地志後漢獻帝建炎八年置號松陽縣隋開皇中建爲松州唐武帝五年昇爲總管府六年改總管府爲都督府八年廢府復爲縣至梁開平四年錢鏐與楊行密相持鏐惡聞楊字遂改松陽爲長松縣至晉天福四年歲旱僞署縣令陳峙祈禱得雨鄉民謠言縣西南百餘山太姥廟上白

龍見聞於錢鏐之子元瓘元瓘又改爲白龍瑞現夫人廟僭僞之跡訛俗相承幸屬聖朝合復古制伏乞特降勅命依舊爲松陽縣仍望别鑄牌印須行謹錄奏聞伏候勅旨六月念五日發八月念三日勅改松陽縣

進奉南郊禮物狀

進奉賀南郊大禮絹一千四右伏以袞冕祀天百神述職玉帛助祭萬國駿奔合陳任土之宜式備克庭之實前件絹實惟方物出自地征斂效貢於有司庶獲歸於長府豈足稱於厥篚蓋用表於獻芹干冒宸嚴伏增戰汗謹差攝司馬應霸押領上進

奏乞依淳化二年七月勑命施行狀

右據本州州院司理院勘到龍泉縣百姓吳寶遂昌縣百姓葉清各是開寶九年已前吳越國王錢俶任內婚娶小妻准律文雖會赦並合離異者臣竊見淳化二年七月四日勑文諸軍州應有百姓及諸色人僞命日已前曾娶夾妻者並以免罪或有論訟官不爲理又准新降刪定編勑即無此上件勑條竊以遐遠之民各承僭僞之化不被聲教罔識憲章先朝深究下情濬發明命憐其多有子息多已長成一旦仳離無所歸往恐傷和氣俾至困窮遂降德音悉令如

許

故奉行已久恩貸實隆無賴之徒獄訟稍息舊染之俗反側自安今來刪定勅條無此一件蓋從簡易有所削除然恩施於前法變於後昔被寬大之詔伉儷如初今由律令之文告許玆始率皆垂白多或抱孫須至分攜有足哀憫伏望特降勅命許依淳化二年七月內條貫施行所冀惻隱之仁克符於先旨畫一之法永守於國章山越之民實受其賜無任僭越兢惶之至

武夷新集卷之十五終

終

武夷新集　肆

武夷新集卷之十六

宋楊億撰

[redacted]

表狀五

進奉承天節禮物表

進奉賀承天節絹一千匹右伏以六龍出震適逢華渚之祥萬國奉琛𡙇奏塗山之會祝後天而斯切陳任土以攸同前件絹鮫紵非工繭絲之靡什一之取蓋出於地征旅百之餘願充於庭實表封人之善頌同野老之薦誠干犯宸嚴伏增隕越謹差教練使陳昭僴押領上進

武夷新集卷之十六

論郊禮加勳制書錯誤狀 不曾進

右近臣者蒙恩加勳已奉表稱謝訖臣伏讀制命竊佩訓詞以臣有奉冊從祀之勞於以用舍爵策勳之典退自循省罔敢遑寧蓋以臣出領使符遠違文陛職當奉引旣阻屬車之塵位列常參莫厠大夫之後籍雖連於近署禮不覩於嚴禋猥竊明詔之文實越下臣之分然而恩覃具位慶洽普天或[illegible]表著之餘曾微內外之隔如臣者旣官常之未改荷寵擇以無斁至敦獎之所云實凌兢而非據蓋慮司言之任罔遵書命之方或恐詔旨稽留苟圖簡易或因除目填

委不暇甄明致涣汗之已行類朱紫之無别竊以四
禁之設妄誤爲尤八柄所施僭濫非可故王者之出
令示人不欺有司之守官失職乃死雖小事而必慎
恐大體之或虧治本是資政典攸繫臣嘗披載籍幸
寘周行括囊不言懼罹出位之罰扣閽有請實懷犯
上之憂然乃朝廷之紀綱非下臣之擬議輒茲披
露誠屬僭踰伏乞聖慈覆驗臣所受告身制詞即知
臣所陳非謬

大駕還京進奉狀

進奉賀大駕還京絹五百匹右伏以六飛宵遯萬乘

天旋數軍實於明庭獻夷俘於清廟乾坤開泰朝野歡娛鳥獸率舞於兩階玉帛駿奔於萬國臣任當求瘼慶屬回鑾歡呼不及於周行職貢合歸於長府前件絹冰紈非妙繭稅所輸幸曰振儀之辰輒効充庭之獻菲薄之至隕越無從臣無任兢惶激切之極謹差子城使朱繼隆押領上進

奏舉李翔狀

右臣忝分朝寄獲領郡符總宮屬以頗多在吏能而畢見合伸論薦敢避僭踰臣竊見前知本州青田縣事李翔元是御前試中進士植性耿介臨事强明不

藥脂膏自甘藜藿當州龍泉縣山深地險俗薄民頑歲有逋租獄多滯訟號爲難治非止一朝翔權知一考有餘庶事辦集刑清訟息民不敢欺又權本州判官推官兩廳公事僅及半年甚彰才幹勤恪匪懈潔白無私求之輩流不可多得伏望聖慈擢授京官別加任使儻犯贓罪臣甘當連之文

代樞密陳諫議乞停妻封邑狀

右臣伏蒙聖慈特進封臣妻寧陵縣君宋氏京兆郡夫人者不材之質方玷於樞衡非據之恩更霑於閨壼省循之際啓處靡遑然臣竊有懇誠須至披露冀

九重之垂聽實萬死之難逃伏念臣堂有慈親年當暮齒擇鄰斷織徒承訓勗之恩扇枕調甘莫効劬勞之報幸遇升平之運獲參宥密之班況復私門最爲殊事庭闈之上俱臨鶴髮之年晨夕之間更遂萊衣之樂如臣榮幸夐絕比倫剡文臣父擢自郎曹便升卿寺臣母召於宮掖得對天顔軒墀之上既頒命婦之服伉儷之際又疏大郡之封恩渥便蕃榮懽交積然而絲綸之寵雖荷於涵濡芒刺之懷未安於反仄蓋以臣妻忽膺於異數臣母有礙於常文妻忝夫人之稱母仍縣君之號事舅姑於私室情所不遑奉朝

謁於公宮禮或非便於臣之分豈敢自安在經制以
詢求固有司之宜執蓋以五代儞及皇朝凡預近司
少逢具慶遂致敘封之典別無畫一之規婦姑之分
既踰臣子之心彌懼伏望尊號皇帝陛下曲迴玄造
儞察丹誠寢兹加等之封俾遂承顔之懇豈惟徽臣
事親盡禮在孝道以獲伸實亦聖朝垂世作程著典
章而兹始
考制策畢學士院賜宴謝狀
右伏蒙聖慈以臣等考制策畢特降中使就學士院
賜酒食管領者臨軒策試方舉於舊章前席咨詢屢

承於睿顧信宿纔終於考校旋天忽被於沾濡特就禁林俾開盛宴輟大庖而供擬爲近署之光華挹中衢之樽徒知充量享大官之膳彌媿素餐

中書謝社日賜御筵狀

伏以歲及有秋節當命社潔粢盛而報本式舉禮經錫宴樂以推恩載符易象荷便蕃之睿渥實光寵於近司此蓋皇帝陛下道契授時仁彰逮下倉箱流詠克遂栖畝之祥殺核具陳邊有加籩之賜俾爲高會以樂佳辰傳舊俗於南京霈鴻私於北闕挹堯樽而知幸倒載寧辭調伊鼎而無功素餐是懼

於皇明

閤下進和聖製社日詩狀

右臣等近蒙聖慈賜臣等御製社日七言四韻詩一首令依韻和者九秋方半爰逢命社之辰三象式瞻邊捧橫汾之作思極天人之際調均呂律之和仰之彌高固莫窺於玄遠和者益寡徒强扣於虛無臣等俱以短才謬塵禁掖紫泥封詔曾無潤色之能栢殿裁詩幸預唱酬之末雖共呈於濫吹實有黷於皇明其次韻詩謹隨狀上進

代門下李相公承天節設齋奏狀

右臣伏以候管飛灰適遇一陽之節祥虹流渚爰逢

載誕之辰凡居率土之濱同祝後天之算況臣本惟膚瑣獲遇承平荷天地之深仁竊公台之顯位但負妨賢之媿曾微補職之勞受恩寖深報德無所幸屬繞樞之慶彌堅傾藿之心奉陶唐之文思誠懇將順獻華封之富壽徒切勤拳竊惟震旦之區素重竺乾之典能植有爲之福用成無上之緣臣是敢專就精藍式修淨供命苾芻之開士誦貝葉之真文作鐘梵於六時設香燈之四事遵金山之教克集衆善之因當里社之祥庶祝無疆之壽雖盡傾虞之懇無酬覆露之私

議靈州事宜狀

右臣今月十六日中使至奉御劄子然嘗覽古詳邊事得其人則舉無遺策失其事則謀之不三復斯文終期在念未嘗不察言觀行捨短從長希勠力於邦家冀太康於宇縣其如妖氛不息邊塞未寧北狄雖具於隄防西鄙尚多於艱阻靈武是中原巨屏平夏乃近域小蕃久興蛇豕之心嘗作疆埸之患阻絕道路侵犯軍城狂妖轉恣於無厭大郡翻虞於孤壘縱之斯終成暴亂討之則慮困生靈兩途宜在於咨詢百中須從於籌略卿職當綸綍位列清華

披經史之遺文大資智略觀古今之盛事必蘊機謀黠虜用何法以翦除靈州以何方而廢置棄之則有何利害存之則有何便宜專聽必當之謀無惑酌中之論外明譬畫密具奏聞用符果決之誠以副蕩滌之望者竊以詢於芻蕘前王之盛德謀及卿士載籍之格言蓋所以竭盡下情詳求中道使舉無失策動必有成斯聖皇慎重之至也然而狂夫之言聖人擇焉謀之欲多斷之在獨伏惟皇帝陛下清閒之宴親紆睿覽言之可用者行之不疑臣某幸甚幸甚嘗讀舊史漢武北築朔方之郡平津侯諫以爲罷能懈中國

衛青
是赫連

以奉無用之地願罷之上使辨士朱買臣等發十策以難平津平津不能對臣以爲平津侯爲漢賢相深明經術習知利害屬武帝以雄侈自任志在開拓買臣等以詞辨獲進並侍左右前史又稱平津每朝會議論但開陳其端使人主自擇不肯面折廷諍由此言之非不能折買臣之舌蓋所以將順人君之意耳即朔方之非便有自來矣且其地非禹貢九州之内非周官職方所領在要荒之外固聲教不及元朔中大將軍衛青攘却匈奴取其河南地以列置郡縣今靈州是赫連昌地後魏置州蓋朔方之故墟即匈奴

之舊壤僻介西鄙懸絕諸華數百里之間無有水草烽火不相應亭障不相望當邊境謐寧羌戎即敘道路不壅饋饟無虞猶足以張大國之威聲爲中原之扞蔽自胡雛作梗邊邑屢驚雖虜爲其脅從兇黨因而昌熾待之以爵賞頗驕蹇而不恭討之以甲兵又遁逃而無獲凡有贏糧之役必興狙擊之謀每至靈武轉輸大須發卒防援離去內地皆無鬭心經涉畏途皆有菜色自曹光實白守榮馬紹忠及王榮之敗資糧扉屨所失最多將士丁夫相枕而死以至劉[illegible]人入穀輸帛償以數倍之價復於積石之孤壤則[illegible]

清遠之一城邊民繹騷國帑匱乏既不能制黠虜之死命又不能救靈武之急難數年之間兇黨逼盛靈武危堞巋然僅存河外五城繼聞陷沒但堅壁清野坐食糗糧閉壘枕戈苟度朝夕且使賊黨橫行沙漠俶擾壃陲擘列鎮之戍兵侵屬國之蕃部雖有警急無候望而得知縱或憑陵但繕完而自保未嘗出一兵馳一騎敢與虜犄此靈武之存無益明矣平津所言罷敝中國以奉無用之地正為今日也臣以為存之有大害棄之有大利且如國家募人入粟償以十倍之直發卒轉餉涉茲不毛之地此古人所謂率三

十鍾而致一石驅民於死地者也今或棄之卽可以歲省戍卒分守內郡一卒之費可給十夫國家無飛芻輓粟之勞士卒免暴露流離之苦必謂廢之卽虧失土地傷損威重且如堯舜夏禹聖之盛者也地不過數十里而明德格天四門穆穆武丁成王商周之明主也然地東不過江黄西不過氐羌南不過蠻荆北不過太原而頌聲並作號爲至治及秦漢拓土窮兵遠略雖疆理益廣而干戈日尋府庫之貲財屢空生靈之肝腦塗地校功比德豈可同年而語哉夫嶺蛇螫手壯士斷腕蟻壞不塞將漏山河今靈武之存

爲害甚於蝘蛇供饋之費爲蠹逾於蟻壞無鴻毛之益有泰山之損豈可忽遠大之略狥悠悠之談昔西漢賈捐之嘗建議棄朱崖當時公卿亦有異論元帝能排衆多之説奮獨見之明下詔廢之人頌其德元帝之意寧欲自棄其地當其内屬爲郡固已置吏而拊循及其稱兵搆亂豈可勞民而征戍故其詔書曰議者以棄朱崖羞威不行夫通於時變卽憂萬民萬民之饑餓危孰大焉且宗廟之祭凶年不備況乎避不嫌之辱故臣以爲正與今日靈武之事相類嘗施夷寧謐靡有寇孽可以存而勿論及勞師費財無益

保障固宜廢而不舉何足以傷威重而貽羞辱哉必以失地爲言即燕薊八州河湟五郡所失多矣何必此爲議者又以西北諸蕃戎馬是產資其控制以通貿易環慶諸州內附蕃落藉其屏翰以免驚騷此又迂濶之甚且戎人爲利所誘故互市於邊關蕃部之族自强故能庇其種類必來寇其環慶固無隔於蕃籬百雉危城千里懸隔自救不暇豈及於它議者又以其田沃饒有漢陂之利恐賊遷因而播種益以富强況戎人但以攻剽爲能罔知耕稼之事河隴之外棄地甚多延袤百城提封萬井西漢屯田之所舊宗

國

猶存儻事力耕可以積穀何必獨耕靈武乃能足食若靈武於賊有大利即是必爭之地當朝夕攻取豈至於今皆爲孟浪之談殊非經久之計況又歲有調發動致寇擾借寇兵而齎盜糧竭民力而耗國用爲患之大無出於斯雖庸人豈予亦知其可棄也然自瀚遼淪陷阨陜不通孤城之人如釜中之魚躍點虜之勢若崑山之火炎朝廷必欲棄之雖牙璋徵兵靈旗直指約齎深入執殳前驅鼓行賊中傳於城下然後合其將卒遷其人民隳城復隍塞井夷竈乃爲棄也臣伏料國家物力尚屈未暇此行雖曰棄之亦空

書　廬舍持兵

者耳今一城生齒正在楚澥之中咸必死以是憂欲
自脫而無路者陛下愼選單介間道而行齎持詔書
宣布王命令其盡焚廬舍自拔而歸丁壯悉令持兵
老幼以之襁負古稱歸師不可遏又曰置之死地而
後生之當此之時人百其勇臨難思免其鋒莫當國
家又須申命偏師揚言出塞軍聲既振賊勢自分郎
靈州東遷之民不虞邀擊之患雖有剽刼易爲枝梧
且國家所惜者士民所急者財用豈可以驍果之旅
委於餓虎之蹊府藏之實塡於盧山之壑今若棄去
靈武退守環慶卒免流於絶域民息保其室家供饋

不出於郊圻恩德自淪於骨髓民力不竭士氣益揚何敵不摧何戎不克恭惟陛下欲康守縣慮困生靈求必當之謀思酌中之論臣以靈州之廢置計無出於此望陛下採之而已陛下又憤兹黠虜思欲剪除臣以爲不可黷武以窮兵止可伐謀而制勝臣竊料賊遷雖貯邊塞之外偪强沙漠之中脅制諸羌嘯聚不遑無耕農之業無蠶織之工爲鼠竊之謀以資衣食聚烏合之衆以擾塞垣致蕃夷之服從用兇威而驅迫非有厚利能誘其人朝廷今廢棄靈州每歲更無饋運絶其覬望何所窺圖此困賊遷之一也平夏

之西池鹽斯在先是貿易粟麥用資餱糧今禁條甚嚴法網尤密無敢踰越漸致攜離此困賊遷之二也嚴勅疆吏謹奉國經辨其非常禁其闌出使竹頭木屑不遂其求狗盜雞鳴無施其巧游魂空磧坐抵困窮此困賊遷之三也然須精選銳師分守邊地慎擇名將授之廟謀訓練驍雄提防侵軼險其走集明其偵候荷鵰張而豕突必烽舉以燧燔併力翦除分路驅逐如秦人之鹿犄角以攻譬常山之蛇首尾相應鼓爾兇醜坐致滅亡臣竊見太祖朝命姚內斌鎮慶州董遵誨領環州亘人所統之兵纔五六千手詔益[illegible]

外之事一以付之軍市之租不從中覆用能士卒効命羌夷畏威朝廷無旰食之憂驅揚無羽書之警臣欲望陛下於武臣中選有將帥之才知邊鄙之事者三數人分布諸郡各量其所將兵多少付之除廩祿之外賜與一大縣租賦恣其犒設令開幕府辟召髦俊爲之僚佐咨以策略勇智之士稟其指縱之用軍旅之政許以便宜而行儻賊遷侵邊郡軍成擾內屬蕃部並脣齒相援腹背夾攻戎戰馬亚肥戎士思奮卽徵發內屬討虜之羌俘獲之餘盡分麾下且戎人利於降附蓋追兕渠儻撓之以勁兵示之以大信懷

荒振遠推亡固存出金帛以購酋豪懸爵秩以寵降附明立賞格厚答戰功卽賊還之腹心稍稍奔潰親離衆叛事去邏乖煢煢獨行誰與爲伍但塞外一胡人耳安能與大邦爲讐哉陛下若欲成謀廟堂功在漏刻臣以爲此虜方黠其財猶豐腥膻之羣如貿傭指未可以歲月破也直須廢棄靈州退保環慶然後以計困之耳如臣之策祇得三兩驍將付以一二萬精卒以數縣租賦給其用度令分守邊郡賊還可以計日成擒朝廷可以高枕無事矣臣從事儒學豈知軍旅耳剽目久心知其然輒罄謏聞御祇清問談不

稽古詞非據經進思盡忠藎事君之無隱謀或可用豈以人而廢言

代門下李相公謝冬至日就第賜宴狀

右臣今月三十日中使至奉宣進旨就臣私第賜御筵者太史書雲方及履長之慶太庖推食俄承錫宴之恩仰兌澤之所霑顧衡門而有耀此蓋皇帝陛下德綏率土道契先天南畝秋成術遂有年之望北胡背遁將臻下武之期屬四郊之無虞且一陽之始兆黃鐘中律方臨亞歲之辰玉隼推恩爰霈自天之澤犢當衢之堯酒同小會於漢儀蝸牛之廬頓增於氣

饑鼴鼠之腹徒極於滿盈

代僕射呂相公寒食日謝御筵狀

右臣今月某日中使至奉宣聖旨就臣私第賜御筵者俯及中春爰進佳節司烜禁火事舉於舊章太原移書式傳於遺俗以令文而休澣方私室以晏安敢期明主之推恩特許近臣而樂飲錫衛樽之九醞分玉食之八珍聳榮觀於里閭浹歡心於膂組羽觴無算徒極於醺酣天威不違彌增於隕越內省庸虛之質曷酬慈惠之仁

又謝賜詩狀

臣等
忽覩

右臣等今日中使至伏蒙聖慈賜臣等寒食詩者堯
厨輟膳方推式宴之恩周雅陳詩忽覩變風之作見
横汾之絶唱契在藻之歡心伏惟皇帝陛下感品物
之載陽乘穆清之多暇爰紆睿思是發永歌扣寂寞
以求音均和六律麗昭回而垂象賁彩三辰皆四始
之微言俾萬物而咸覩臣等幸塵台席獲捧宸章莫
能測管以窺天徒覺聞韶而忘味仰荷君親之賜局
酬覆載之仁

考試貢舉人畢謝賜宴狀

右臣等伏蒙聖慈以臣等考試貢舉人畢就學士院

賜酒食者諸侯貢士式副於旁求萬乘臨軒載加於慎選幸備掄材之數媿無刈楚之能瞻咫尺之天顏徒增隕越仰君親於日昃莫奉疇咨漢庭已觀於決科周室允稱於多士但慶文明之盛誠慙品藻之工敢期特就深嚴俯頒宴勞分蓮菁之盛饌美致八珍霑玉斚之醇醪醉期千日唯負屬厭之媿曷酬慈惠之仁

代宰相謝賜新印三國志狀

右臣等伏蒙聖慈賜臣等印本三國志各一部者竊國三分備存於事跡[illegible]皇四部具列於籤題祕書鏤

版之功遽荷賜青之寵此蓋皇帝陛下先天合德乙夜留神小大必示於躬親古今咸歸於指掌以為方策所紀皆可以勸懲魚魯相傳漸多於譌謬俾讐校讐之妙載加刊刻之工雕鎪纔畢於有司頒賚首沾於近列仰認好文之旨俯循懵學之咎竊位公台已共懃於尸祿服膺載籍庶或免於面牆曲承覆燾之仁永佩君親之賜

代諸同官陳乞狀

右臣等謬塵禁掖獲掌命書莫有補於休明但共懃於尸素所宜循默豈合祈求顯臣子無隱之誠仰冒

旲蓋高之聽退循僭易靡敢遑寧伏念臣等本自諸生濫干寸祿偶策名於昭代竊穢吹於清途東帶垂紳獲廁大夫之後簪筆持橐預修太史之書蓬邱一忝於職名冥曆屢更於歲序入芝蘭之室頗襲芬馨掌絲綸之言誤膺採擢自草紫泥之詔遂違尊王之峰官局既殊風流莫接英髦咸集不獲田蘇而與遊緗素寶繁皆是黃香之未見深慕多聞之益敢忘強學之心伏望皇帝陛下察以懇誠寬其罪戾念臣等兩朝大典獲奉成書五人同僚獨無兼職許於儲殿俾預刊修庶遊翰墨之林更勵鉛黃之業披於絃[illegible]

誚責至於絕編加倖水衡實有賚於懸磬干犯旒扆
伏俟允俞

次對奏狀

右臣位列朝行次當轉對輒傾鄙見上瀆宸聽退省狂愚伏增恐慄臣竊以朝廷之所貴者唯班爵是先君人之所重者唯名器爲急是以籩豆之事各有司存樽俎之間不相踰越思不出位君子稱其守官必也正名先王以之經國恭惟國家克遵舊制並建羣司公卿大夫表著咸設臺省監寺曹局畢陳然而徒有其名不舉其職只如尚書會府上法文昌治本是

資政典攸出條目皆具可舉而行今之存者但吏部銓擬秋曹詳覆自餘租庸筦榷由別使以總領民籍伍符非奉司而校定職守雖在或事有所分綱領雖存或政非自出丞轄之名空設而無違可糾端拱之任雖重而無務可親周之大官於是廢矣且如寺監素有於掌執臺閣咸著於規程昭然軌儀布在方策昔者漢行故事宣帝以之中興舊爲長府閔子譏其改作臣以爲國家慮命擬之未允故置審官之司憂讞獄之或濫故設審刑之署恐命令之或失故建封駁之局臣以爲在於紀綱而不舉不在於彝憲之更

駁若辯論官材歸於相府即銓官之司可廢矣詳讞刑辟屬於司寇即審刑之署可去矣出納詔命關於給事中即封駁之局可罷矣至於尚書二十四司各揚其職寺監臺閣悉復其舊按大典之制度振百司之遺墜在我而已夫豈爲難如此則朝廷益尊堂陛益峻典故益舉品流益清端拱而天下治者由茲道也臣又以唐虞之時建官惟百夏商官倍秦漢益繁隨及有唐典策咸在自三公之極貴九品之至微者於令文皆有員數傳云官不必備惟其人蓋闕之斯可矣若乃員外加置任非其才故寵下羊頭形於嘲

請斗量車載播厥風謠國體所先尤須慎重臣竊覩班簿員外郎及二百餘人郎中亦及百數自餘太常國子博士殿中丞中舍洗馬俱不下數百人率須常參皆著引籍不知職業之所守多由恩澤之序遷臣竊以昔館陶公主為子求郎以為上應列宿以至東直建禮伏奏明光含香握蘭雍容侍從又嘗讀唐朝故事益知省郎之貴三院御史歲滿願遷者多指頂以望省署因而名橋或次補綸闈或便除給諫出刺大郡猶謂左遷令乃百十為羣殆非為官擇人之旨臣欲乞援唐制應九品以上官並定員數臣又念詳

者秦之開郡置守漢以天下爲十三郡命刺史以領之自後因郡爲州以太守爲刺史降及唐氏亦嘗變更曾未數年又仍舊貫今國家名命省署之職出爲知州又設通判之官以爲副貳此權宜之制耳豈可爲經久之訓哉臣欲乞諸州並置刺史以戶口多少制其俸禄分下中上緊望雄之等級品秩之際率如舊章與常參官比視階資出入更踐省去通判之目但置從事之員建廉察之使以統臨按輿地之圖而區處昔者興國初詔廢支郡出於一時十國爲連周法斯在一道置使唐制可尋至若號令之行風教之

出先及於府府以及州州以及縣縣以及鄉里自上而下由近及遠譬如身之使臂臂之使指提綱而衆目張整領而羣毛理由是言之支郡之不可廢也明矣臣欲乞復置支郡隸於大府量地里而分割如漕運之統臨名分有倫官業自舉臣又覩唐制內外官俸錢之外有祿米職田又給防閤庶僕親事帳內執衣白直門夫各以官品差定其數歲收其課以資於家本司又有公廨田食本錢以給公用自唐末離亂國用不充百官俸錢並減其半自餘别給一切權停今羣官於半俸之中已是除陌又於半俸三分之內

其二分以他物給之鬻於市廛十纔得其一二曾側日之不及豈代耕之足云昔西漢張敞蕭望之上言以爲倉廩實而知禮節衣食足而知榮辱念吏俸不足者常有憂父母妻子之心雖欲爲廉其勢不能於是宣帝下詔云吏皆勤事而俸祿薄欲其無侵漁百姓難矣遂加吏俸著於策書臣竊見今之結髮登朝陳力就列其俸也不能致九人之飽不及周之上農其祿也未嘗有百石之入不及漢之小吏若乃左右僕射百僚之師長位莫崇焉月俸所入不及軍中千夫之帥甚可駭也豈聖朝稽古之意哉臣欲乞今後

百官俸祿雜給並循舊制既豐其稍入可責以廉隅
官且限以常員理當減於舊費冗食悉罷周行自清
臣又念唐虞之制也凡預品官皆設資考課其殿最
歸於有司或歷階以升或越次而補國朝多以郊祀
覃恩因而稍遷考工之黜陟不行士流之清濁無辨
陛下深鑒其弊姑務惟新昨有事於禋燔但徧加於
階爵雖矯前失未振舊規臣欲乞依舊内外官各立
考限復令考功修舉其職每歲置使按考以表嘉公
資秩改遷賞罰懲勸一遵典故以振滯淹臣又念昔
者成周之制也公侯子男皆列土以建國大夫卿士

並受田而無征西漢以來用秦武功之爵唯列侯啓
封或踰萬戶至關內侯或有食邑不過數百家自是
因循以至唐室但食邑者率爲虛設言實封者歲久
有差殆及聖朝並無所給至於除拜之際猶名數未
移空有食菜之稱真同畫餅之妄臣欲乞依元和中
有定實封條貫支給削去虛邑但存實食以寵勳臣
臣又念國家每屬嚴禋即覃大慶敘封追贈周限爰
章乃至太醫之微司曆之賤率荷蓼蕭之澤亦疏石
窌之封恩雖出於殊常事不循於經制臣又以勳散
之名器實繫律文以勳官爲二官已經刪定故事

加散官至五品必以上開今朝散銀青猶闕命服
軍柱國全是虛名臣欲乞自今以後常參官勳散俱
至五品者許封贈官階勳俱至三品者許立戟每遇
慶澤令有司准式施行既禮秩之昭彰固名品之分
別臣又以五等之爵施之於今雖有啓封之稱曾無
胙土之實苴茅建社固不可以遽行翼子貽孫亦不足
徵於舊典臣欲乞內外官封至伯子男者許蔭子至
公侯者許蔭公別封國公者許嫡子嫡孫一人襲封
並令有司考求前制所冀國朝無虛授之寵臣下知
進賞之恩臣又以今之加功臣之稱始於唐德宗幸

奉天扈蹕將士並加奉天定難功臣之號因一時之賞典爲萬世之通規近代已來將相大臣有加至十餘字者尤非經據不可遵行所宜削除以明憲度者昔講求典禮晉國以清者蓋名實漢朝稱治當至化誕敷之際是舊章咸秩之時跂見太平正在今日臣學術素淺文理未明輒述狂言以塵明詔顧越於下啓處不遑干冒天聰臣無任省循戰汗激切屏營之至

代宰相賀商州進嘉禾狀

右臣等今日中使至中書伏蒙聖慈宣示商州奏據

上洛等五縣耆壽戶長泉延義等狀稱今年秋夏拔
稼豐熟異於常年於田中摘得穀十一莖冬長一尺
五寸至一尺二寸及一莖兩穗二穗者本州差人齎
赴闕者以食爲天實生民之大本所寶惟穀乃載籍
之格言苟非明德升聞靈心協合則何以四時大順
百物嘉生聿呈棲畝之祥式慰有年之望恭惟皇帝
陛下凝神玄扈躋俗華胥洞民隱以載周候農祥而
靡忒以爲春秋所重最在於務本富庶之源莫先於
稼穡明發乃寐對越惟寅下寬大之詔書召謝平於
守令及導五風十雨茂閭燃伏之災千倉萬箱允洽

之惟寅

豐穰之詠商洛素篇於培土閭閻獲覩於秋成仍示祥符用彰玄錫東皐效祉既昭報於憂勤南史當官但虔書於盛美臣等叨居近侍幸覩丕休懽抃之誠倍萬常品

代僕射呂相公冬至謝就第賜宴狀

右臣今日中使某至奉宣進旨就臣私第賜御筵者玉帛禋燔已告成於吉土飲食宴樂俄垂象於書雲王人供帳於私門長者迴車於陋巷綺筵載設華戶生光此蓋皇帝陛下屬朝野之歡娛推君親之慈惠奉祠漢畤嘉百執之惟寅書瑞魯臺慶一陽之資始

特頒勞酒爰在徹盧徵核具陳金綵造奏享大庖之饌徒媿屬厭仰當陽之威不踰咫尺感德共期於醉飽報恩並誓於糜捐

閤下謝賜御製南郊詩狀

右臣等今日中使至伏蒙聖慈賜臣等南郊禮畢五言六韻詩一首依韻和來者上帝眷懷方陳於燔燎聖人有作爰載於聲詩俯示顓蒙俾祛聾瞶幸覩昭回之粲得聞正始之音不覺肆意幾乎手舞恭惟皇帝陛下恭承正統寅奉舊章卜郊兆以就陽神祇昭格眷臣而來祭華夏駿奔爰掃地以貢誠乃備物

而報本鑾輿出次雨足灑途冕服升壇天光燭野動必訢合先而不違貫三靈之交歡諒百福以申錫而陛下允膺玄貺濬發雅言曲示近臣咸令屬和况大君之發詠豈下士以能窺雖効冥搜終成濫吹朱絃解慍已觀於變風良玉匪瑕式希於藏拙勉陳鄙陋有黷高明

武夷新集卷之十六終

武夷新集卷之十七

宋楊億撰

表狀六

代僕射李相公承天節進經疏狀

右臣伏以河清九曲爰屬於休辰節紀千秋式遵於故事富壽之祝臣子攸同況臣本乏器能出於幸會望虛忝參於賓護合司旋預於弼諧享厚祿之萬鍾奉禁庭之三接在具瞻之地無補於衮章荷洪覆之恩俛傾於鼎餗徒懷隕越莫報生成幸逢載誕之祥願益無疆之算竊以大雄之教實爲衆善之因輒就

紺園式陳香供命五天之開士誦三藏之玄言共時之梵唄精嚴八部之龍神護衛奉焚修於西竺用集勝緣仰峻極於南山克資介祉拂石永延於浩劫傾葵庶竭於下誠

代人次對奏狀

右臣次當轉對理合上言輒有見聞不敢緘默臣竊以太祖皇帝建隆年中曾降明詔聿修墜典咸秩無文以前王之功及生民遺廟之存於地志蕪廢者新其營構頽隳者俾之繕完乃至封樹以增崇圖求以蘇而申禁使吉蠲之薦肅奉於常儀昭格之靈

於至德暨五嶽四瀆視三公諸侯興雲雨以利人莫
坤元以載物並增嚴於棟宇用祇事於神祇當時樹
立豐碑以紀成績赴告青史式煥大猷歷今古以遐
觀真帝王之能事也臣前知河陽領祠濟瀆舊制長
吏每月朔薦獻必示躬親尋以爲煩祇令春秋享奠
祭不欲數雅合禮經神寶依人式資宗奉臣竊見朝
廷所修廟宇嶽尊斯久寒暑載離或梁木摧頹或屋
瓦滲漏漸成隳壞有爽精虔州郡雖欲舉行動須中
報候符牒之往復必歲月之推遷臣欲乞特降勑旨
應前代帝王及嶽瀆祠廟自今後本處長吏二時奉

祠卽令檢校或有疎損便許葺修仍破省錢不須申復如此則國之大事在祀典以惟寅神享克誠亦陰隲之昭報

代司空相公謝撫問狀

右臣昨日晚李沆等到臣私第奉傳聖旨以臣所患令安心將治中書無事者處置諸之任會之於謀猷乖攝養之方自生於疾疢違華邇居於假告竟旒仍示於寵憐特令當國之臣曲諭如綸之旨慰安彌極踟躕靡遑竊念臣本出諸生素無遠略幸以遭逢昇遐際會先朝但持孤直之心獲叨具瞻之地遂陟

從

能於致遠短綆非可以汲深衮章莫効於彌縫鼎實
毋虞於傾覆笈從策免復預疇咨雖竭肺腑曷禆塵
露終荷保全之惠繆升師長之榮皇帝陛下恭己奉
先虛懷求舊式汙揆路再冠台司比三入於承明殊
非光寵亨萬全於黄閣尤負醜悉宥友豈減於憂勤
尸祿唯甘於嘲誚果貽曠室遂致臥漳瞻八彩之眉
暫違堯陛賜十全之葯便降秦醫命星使以宣傳若
天顔之咫尺荷照臨之所及誠隕越以難勝敢謂符
遣輔臣同過陋巷備形同諷益示温存教以安心俾
達農皇之養命諭之無事盡慮孔明之傷神竊徧訓

詞仰衛睿眷頻袪沈痼丹九轉以何功普報生成身一毛而爲喻感恩之至雪涕無從

代侍講邢侍郎陳乞狀

右臣伏有懇誠貯於肝膈蓋屬禋燔之慶方覃渙汗之恩冒昧上陳怔忪自失竊念臣有亡兄某早承義訓少習文儒肄業膠庠服勤緗素頗有詞藻見推輩流俯隣壯室之年未及命鄉之薦忽嬰疹疾遽至淪亡臣亡妻某氏是臣二親在堂爲臣聘娶親執箕帚遠事舅姑躬調滑甘奉養晨夕而臣未升朝籍臣妻已捐泉途靡及湯沐之封徒切糟糠之感今者郊祀

典之
元造
玄

布澤幽顯懷仁臣不勝同氣之親痛深終鮮勉思齊
體之義情極悼亡罔避鈇鉞之誅輒干旒冕之聽伏
望皇帝陛下俯矜懇悃特霈寵章俾臣兄沾贈典之
徽光生告第而臣妻蒙追封之命恩洽瀰泉儻元造
之曲成乃徽顯之承畢誓傾勤瘁以補遺逢

代宰相謝春社日賜御筵狀

右臣今月日中使某至中書奉傳聖旨賜臣等御筵者
候靈星而置祠將興農作擇元日而命社爰舉國章
和羹方媿於素餐推食還蒙於殊賜此蓋皇帝陛下
率遵時令寅奉天時道協建中仁深逮下屬陽春之

嘉節申宴樂於近司飛觴俾極於醺酣析俎更均於
慈惠歡呼飽德唯驚飫腹之屬懸蹈蹐畏威但仰龍
顏之咫尺共荷雲天之施益堅金石之誠臣等云云

代宰相謝賜御製社日詩狀[illegible]

右臣今日中使某至中書奉宣聖旨賜臣等御製社
日詩若干首令依韻和來者命社之辰事當於春仲
變風之什獲覩於天章方蒙式宴之私忽奉言詩之
賜此蓋皇帝陛下思探繫表道合帝先宣雅尚於南
薰阜財解愠繞乾文於東壁懸象著明屬品物之鼓
暢和暢晴之多暇爰得睿思成是永歌居然治世之

今日中 臣等云云

音至矣聖人之作雲漢但光於凡目已飫韶繼於正
聲徒忘味於齊庭更驚魂於葉縣諒嗟歎之不足實
慶幸以同深臣等云云

代司空相公寒食日謝賜御筵狀

右臣今日中使至奉宣聖旨就臣私第賜御筵者荆
楚歲時早傳於令節太原風俗爰舉於舊章方休澣
於私門忽須宣於公宴此蓋皇帝陛下嘉天時之大
順念春物之載陽適因禁火之辰特示需雲之澤洪
醲既光於顏巷分甘仍出於堯樽華門迴長者之車
饜腹飫太官之膳樂以侑食固肉味之都忘酒乃合歡

歡且羽觴之無算感德唯期於醉飽省躬更誓於糜
捐

代司空相公乞免賻贈狀

右臣今日中使某至臣私第奉宣聖旨以臣第幾男
某夭殤特賜某物者晉相萬錢方致懸貊之誚童烏
九歲俄纏舐犢之悲年未及於成人禍良由於賤室
敢謂恩加贈襚禮越彝倫況下殤之服紀素輕而宰
司之俸入殊厚皇周之費固不至於虛居賻布之儀
乃深為於瀆寵雖天慈之所及實公議以是憂豈能
自安於素餐更虞書盈於僉議伏望皇帝陛下俯矜

忝冒曲示保全察茲跼地之誠恕以扣閽之僭特令
停寢用息怔忪干犯宸嚴期於得請

代宰相謝賜新印道德經狀

右臣等昨日伏蒙聖慈各賜臣等新印道德經并釋文各一部者伯陽立言首天地而稱四大馬遷約史先黃老而後六經是開衆妙之門足助無爲之化恭惟皇帝陛下功侔亭育德合希夷清明在躬蓋凝神於姑射慈儉爲寶爰躋俗於華胥稽古訓以惟精訪遺編而大備乃復欽崇妙道紬繹微言以爲柱下史之書允爲教父河上公之注未洞玄關或幽唐室之

討論早在虞庠而流布歲時寖遠頗多魚魯之譌方策維新盍出絲綸之旨已成功於剞劂忽命使以頒宣臣等徒慶逢時俱慙昧道心希漢相但清淨以爲師學謝蜀嚴豈指歸之能測惟荷記憐之進爾堅報效之誠

進洞霄宮碑狀

右臣昨奉勑令臣撰亳州洞霄宮碑文進呈者聞命魂驚抑亳懇擬率罄觽拙綿歷何時竊以玄元誕育之區光靈垂假睿哲欽崇之旨修奉惟允爰卑堅塗密閟琬琰合會大字用志新宮而臣猥奉命辭避容

撰述之色絲之妙曷示方來參衡石之餘空塵聖覽

內循鄙陋尤負靦惡其碑銘今已撰成謹隨狀上進

陳乞奏狀

右臣竊以穹旻覆物所貴於聽卑臣子事君固許其無隱敢傾肺腑上黷冕旒伏念臣本出單平素非茂異先皇憐其好學寘在清華陛下採以虛名驟加顯擢預諫諍七人之列掌絲綸五色之言身綰三品之服章日奉九重之朝謁實爲儒之僥倖誠受恩之寖深敢不策勵疲駑服勤官次終虧稱職之譽空累知臣之明每循省以若驚在報効而無所豈合更傾私

異　甚

懇上浼公朝蓋以臣世異胄梁肺本羈旅負郭素無於別業北堂方侍於慈顏自委質効官代耕得祿替功相聚莫匪至親衣食所資悉皆仰給雖職司之甚重在俸入以極微至於吉凶慶弔之資僕馬薪芻之費凡百用度皆出其中諒饘粥餬口之不充豈甘旨養親之能及早者以迫於旅次曾拍帝閽遂屢空之可憂冀倒懸之或解而曦輪晃朗未照於覆盆河鮒焦熬愈悲於涸轍蓋念處掖垣清切之地受帝王特達之知出入於金門玉堂陟降於赤墀文陛荷皂帛[illegible]矣肯有贍者乃善長宦不俯奉養且無求於學宦

况粗守於廉隅又豈願以區區之誠上煩君父籍籍之口騰謟搢紳既擠鑿之是虞亦觸鱗而無避伏望皇帝陛下道存惻隱仁極表微憫其聚族於京師只請本官之俸料或館閣之内俾兼著撰之職司或甸服之間特授藩方之憂寄庶稍沾於加給聊有救於國窮其於燕谷迴春西江激水頓蘇暖律驟躍洪瀾並出殊私非敢有望

代駙馬王都尉乞書史狀

右臣輒寫愚誠上塵聖聽退循踰僭甘俟誅夷竊念臣門襲素風家承緒業服膺為學爰自於青衿刻志

面

窮經誓通於緗帙本冀干名場屋濟美箕裘遽席寵
於沁園更冒榮於環衛彩纓兢列敢矜藏賜之雄挾
策讀書倘負亡羊之愧臣伏見國子學印本九經書
并釋文史記前後漢書三國志等蓋聖人之垂教或
良史之立言咸經校讐早備刊刻臣面嚮有叅閱市
無聞徒堅學古之心欲望賜青之寵上件等書伏乞
聖慈各賜一本所冀華編屢絶獲探典籍之言木鐸
載揚無忝文明之化臣之鄙願實在於斯

代僕射李相公謝歲節賜御筵狀

右臣今日中使至臣私第奉宣聖旨賜御筵者端月

樣辰方舉稱觴之禮需雲式宴俄推折俎之私分甘
蓋自於大庖供幔更榮於陋巷此蓋皇帝陛下嘉元
正之首祚屬開泰之曆期念休澣之交替乎中令欲
慈惠之澤及彼近司爰就徹廬御爲盛集金絲合奏
殽核具陳腹滿祗臨共負屬厭之媿心傾園藿葛闕
臨照之恩

代人轉對論太學狀

右臣位參朝行次當輪對合陳愚瞽上黷宸嚴退省
僭踰彌增戰慄竊以教化之本學校爲先故國家闢
設膠庠敦崇儒術立成均博士之職遵祭菜鼓篋之

規大集生徒俾加講習所以扶翼至教激揚素風然臣竊見博士各專一經員闕而未備國子並設大學職廢而不修臣又見唐太宗貞觀中增築學舍至千二百間國學太學四門及書算律學生凡三千二百六十員及至軍衛亦給博士授以經業乃至三韓吐蕃高昌諸蕃國並遣子弟請入國學增至八千餘人文德之盛超絕前古今朝廷文聲聲明震灼而太學制度倘或未備況三代之制王公已下子弟之秀者爰自總角即肄國庠仕進不由於他途講學必行於考校每歲兩館生冠郡國之首齒胄之典與他是

貧今學舍雖存殊爲湫隘生徒至寡僅至陵夷貢部
以鄉舉爲先諸生以兩館爲恥塞原拔本莫甚於茲
臣欲乞精選五經博士咸備其員大啓國庠增設學
舍少給廚廩賜以本錢然後明勅公卿大夫凡子弟
纔及弁髦即皆隸籍夏弦春誦咸舉脩章小成大成
卒如前與貢部取士必以兩館居先周行歷官皆由
博士爲重然後並修諸學式協前規使禮讓興行風
俗淳厚追蹤三五坐致太平端拱無爲翹足可俟

代中書請聽政狀

右臣等伏以先後升遐宸衷哀慕痛深創鉅擗摽傷

三　乃御

摧殆茲彌旬哭然在疚雖三日聽政補遺誥之丁寧
四表叫閽罄羣情之懇倒而詔旨敦諭形於未恐朝
野惶駭罔知所圖竊以機務至繁不可以暫曠治命
至重不可以輒違自先皇后聖體弗康載離寒暑皇
帝陛下衣不解帶藥必先嘗躬禱神祇徧走羣望親
候安否日至寢門或常膳之減加然乃御食雖中夕
而屢起靡敢寧居動靜承顔勤勞不匱天子之孝載
籍所無及茲上仙追懷罔極允窮永感諒闇不言臣
等獲遣倚廬面陳至懇願以宗社爲念少抑哀懷望
豐顧命之文亦恊燕政而易月之制聖情誓守於几

筵宅憂已來天顏殆至於欒棘臣等兢惶屏息不敢仰視伏望陛下循祖宗之舊典克保彝章稟母后之遺言勿違慈旨節哀順變式協前經垂拱穆明躬決庶務以天下而爲大計俾羣臣而覩清光如此卽長樂如在之靈實歆孝德有司各揚之職不紊官常所繫非輕期於得請

代王寺丞爲弟乞應舉狀

右臣輒寫私誠仰干聖聽退量僭越甘俟誅夷伏念臣門襲素風家承緒業自先臣之淪逝乃戢族以藉凌臣之二兄並參朝列俯隣一紀俱擁泉扃唯臣與

庶遂
豈容

弟鄉貢進士貽序勉紹箕裘恐隳堂構忝懷陟岵但深罔極之哀相顧在原同勵自强之志微臣幸緣世胄獲踐官常臣弟刻苦藝文服勤簡素冀求一第用慰九泉咸平四年冬叨京府之薦能預澤宮之試藝雖從退黜靡敢怨尤益堅學古之心庶遂起家之望今歲已預詔旨大曆貢闈南郭吹竽豈容濫厠東堂折桂咸激壯圖而臣私室挻灾長主薨背旁纏哀于戚里難旅進于名場然而情迫繇襄趣須犯圭蓋以臣弟齒髮已踰于壯室姓名尚在於白丁以舊相之遺胤與編氓而等列苟勤硯席殆過於廿年圖竊衣

纓未沾於一命況希進於鄉舉憂漸墜於門風伏望
尊號皇帝陛下念微臣門閥之微哀憫臣弟身名之
蹭蹬不令公輔之後夷於平民俾預賢能之書升於
天府苟得齒四方之貢士蒙再試於春官妍媸雖卜
於臣公存殁寳銜於大造

代許州李相公陳乞狀

右臣伏有懇私須干聖聽退循僭易甘俟誅夷蓋念
臣兩日前獲奉宸遊親陪宴射侍天顏於咫尺厠鼎
席之崇高在鎬飛觴但驚于無算飲河滿腹自媿於
不任而重膽曲賜於撫存方寸彌增於感激適對卭

卯之當宇頗成啐啐之多辭雖覆禱之見容亦諠譁之是懼且念臣斗筲之器素狹犬馬之齒已高濫玉笋之餘既難勝於天燮接公槐之列徒負媿於朝倫況今享勞有期將均於慈惠合衛之任實一冠於搢紳或舉白之如初必栽冠而致詬空自成於貳過益有玷於具瞻伏望皇帝陛下曲賜保全深垂矜眷俾不令於引滿庶免至於失儀顧瀝懇以由衷亦懷憂而失據仰希慈造特允下誠

代中書乞免和御詩狀

來
務於
和戎
異域
頌聲

將議迴鑾五言六韻詩一首令和來者爲乘時巡六
贏脊邇欵塞願修於舊好息民姑務於遠圖烽火巳
靜于龍荒鑾輅將旋於象闕式啓和戎之利佇臻偃
伯之期皇帝陛下深念生民靡辭於櫛沐聿修神武
期息於干戈念驕子之乞盟俾行人而答聘果通歡
於異域將旋軫於上都爰形風雅之言用導憂勤之
旨頌聲載洽克彰正始之音玄象式贍但責昭回之
彩臣等繆塵台席獲奉宸篇已欣凡目之榮觀更與
庸音而繼和竊循糟學空効冥搜雖雕篆蟲文豈有
成章之美而共憖鳧脛虔祈護短之仁敢望恩憐曲

垂矜免

兩制謝賜御詩狀

右臣今日入內內侍高班趙誠信至奉傳聖旨賜臣等契丹出境將議迴鑾五言六韻詩一首令依韻和來者天驕犯塞鑾輅時巡繼好息民式啓和戎之利迴轅返旆將聞振旅之期慰生民傒后之心叶載籍止戈之義皇帝陛下躬親櫛沐蒙犯風霜巡細柳之營貔貅賈勇賦大風之什雲漢垂文克宣治世之音實顯聖人之作臣等謬忝司言之任慙無讜議之勞辱示宸章俾窺睿藻[illegible]

春白雪之篇仍寄於屬和拭目之榮雖積燥吻之慮彌深徒共抃於荒蕪誠預聽於鄙淩

代集賢寇相公謝就宅賜宴狀

右臣今日中使至奉宣聖旨就臣私第賜御筵者清蹕班旋方洽弭兵之化私門休澣適欽逮下之仁如綸忽奉於宣傳折俎特頒於宴飲此蓋皇帝陛下道侔洪覆澤被含生以百姓而爲心御六龍而廣義爰及迴鑾之慶將臻偃伯之期俯念從臣曲頒勞酒人供帳御膳分甘荷推食之恩但共懷於葱惠顧飲河之實同媿於屬厭仰戴高明豈任隕越

穆軫

穹洪覆若

代參政王侍郎陳乞狀

右臣偶嬰微疹特賴皇慈降中使以撫存命太醫而診視內慙薄陋無補休明榮被綸恩自知生之要穆清軫慮曲迴乃眷之仁仰荷拯援增寵超況昊穹洪覆若私一介之軀而藥石攻療屢著十全之効只於晷刻便冀痊平然臣竊有微誠難從緘默實不追於肺腑雖上瀆於冕旒蓋以臣自抱沉痾致茲疾瘵然朝謁之無廢亦飲食之靡妨職事所成已積日彌年而如此平復如故諒匪朝伊夕以難期今者天獎殊常聖恩優厚每遣近臣而臨問特頒中旨以療

屢駕勞
醫人欲

治顧腠理之甚微頻星軺而屢駕勞君親之軫惻在
醫處以怔忪其所差到內使醫人欲乞不令逐日看
候或有取求之藥餌俾令修合以供須亦漸冀於蠲
除庶不成於沈痼尚俞所請實戴殊私

代宰相春社日賜御筵狀

右臣今日中使至奉宣聖旨就中書賜御筵者吉日
惟戊克遵命社之文退食自公忽拜當衢之味此蓋
皇帝陛下念方隅之底定嘉品物之載陽屬句龍之
祀典唯寅且田畯之農祥始亟條風啓序膏雨應期
玆覩稼穡豐年可冀爰順發生之候特均慈惠之私

式霈湛恩俾爲盛集酌金罍而引滿固懷既醉之忠
享玉饌以屬厭更負素餐之愧仰祓涵濡之澤彌堅
報效之誠

南郊奏舅狀

右臣輒有懇私上煩君父蓋屬嚴禋之慶仰祈錫類
之仁既內迫於肺肝固難逃於鼎鑊臣有親舅張僅
年四十歲是臣母親弟素通書計兼習刑名緣藝業
不至於專門且齒髮既登於强仕進難干於場屋歸
仍之於田園臣外祖頃仕僞邦果宰劇邑所得俸入
盡費圖書須彰清白之名茂有膏腴之產乏供贍難

替
察

於寒暑尺椽莫庇於子孫故臣身自來只在臣處均
衣共食歷歲踰年臣去冬幸因載誕之辰曾瀝由衷
之懇屬以鑾革外姓莫遂私心今者玉帛配天雷雨
作解兌澤咸均於動植皇明俯燭於幽微臣是敢重
寫危誠再祈玄造伏望皇帝陛下矜其悃愊恕以僭
踰憫臣爰自孩提臣母已嗟孀獨自幼齡而鞠育徽
臣爲報於劬勞顧外族之替、凌臣母舞多於傷感敢
冀陛下念臣之遭逢有素察一臣身之蹭蹬無圖特霈
異恩獲露卑秩俾臣於晨昏就養有慰於慈親卽臣
非土木無知終報於明主踴躍俟命晷處不遑

納南郊所加恩命乞迴授親舅狀

右臣輒披肺腑上干君親蓋緣危迫之誠難逃誅夷之典臣有親舅張僅年四十歲是臣母親弟外祖頃在江左嘗事僞邦宰邑字人周旋數任頗著循良之政見譽當時誓敦清白之規以遺後嗣凡得俸入盡買圖書並無田園可庇親族下世纔踰於期歲臣舅已歎於流離微臣自忝官榮臣舅遂相依倚均衣共食歷歲踰年雖逢下武之期且乏專門之藝昭代無從而進取流光漸歎於蹉跎前年因祝壽之休辰適推恩於近列臣曾陳章奏仰扣高明雖迫切於私心

下念臣
位之思
夷新

方簽革於外姓去歲嚴禋云畢慶澤遂行臣亦首露血誠上塵天聽庶於臣舅獲被鴻私二年並竭於丹衷一命未諧於始願竊以人倫情義惟外族而最優母黨姻親於舅氏而爲重況臣爰當稚齒臣母已是寡居撫養之仁劬勞備至顧外門之衰謝且臣舅之鰥孤痛傷之懷晨昏在念臣是敢更冒萬死再瀆九重欲乞納臣昨者南郊所加朝散大夫及爵邑戶封與臣舅換一卑秩冀霑寵渥用慰慈顏伏望皇帝陛下念臣臣幸以蠢愚特蒙甄奬獲預代言之任則無出位之思蓋迫庭闈之情須犯冕旒之聽兼臣有三人

並緣

陳

素業

親弟並已長成凡再遇於覃恩未敢干於當守實緣

臣舅單孑無依敢冀俯察由衷特迴殊造許令臣陳

納所加恩命迴賜臣舅一卑品末流自棄流根儻荷

涵濡之澤摩頂至踵誓堅報効之誠

承天節奏親弟化狀

右臣任忝司言節逢誕聖屬推恩之云始輒瀝懇以

上陳內省僭踰實甘誅殛臣有親弟化與臣猥從幼

稚卽歎羈孤共出寒微親加訓勗頗服勤於素業亦

俯近於壯年適終下武之期竊有起家之望以臣獲

掌書命忝備掖垣屬虹渚之降祥應鶺原而徵寵伏

終

00

望皇帝陛下察以由衷之懇惻兹同氣之親雲天特
霈於異恩州縣俾參於微秩既獲代耕之祿用爲舉
族之榮在於孱庸敢忘報効

武夷新集卷之十七終

裏

武夷新集卷之十八

宋楊億撰

表狀七

再乞外任狀

右臣近者瀝懇拜章祈天俟命願諧典郡庶獲養親遂令旬月之間未奉允俞之旨內懷危切實不遑寧須再瀝於愚衷期必迴於聖聽伏念臣早緣薄技謬玷近班迎侍安輿聚居帝里既代耕而有祿固盡室以相依棲輦轂以食貧已六遷於歲律頃被拒而承乏之故臣及於玉春桂玉是憂旨甘多闕矧又久叨塵

於清列莫演暢於皇猷以愚直之姿素昧毀方之理在孤平之跡常懷履薄之危皇帝陛下曲示含容特加保庇且令備位未忍黜幽臣固非土木之無知豈忘君親之大造雖然覆載之量姑務於包荒其如方策之言亦旌乎知退苟上煩於澄汰亦何表於廉隅況今外公議以是懇內私誠而尤迫臣母久違故土深念於鄉閭臣弟寄食妻家莫均於饘粥臣亦叨榮累歲無補休明聚族神州久嗟僑寓朝廷就列上惕於官箴晨夕問安中煎於旅火伏值陛下道光孝治恩厚曲成率推錫類之仁俯察由衷之懇於江浙之

封部擇僻小之方州假以使符遂其私便慰臣母懷歸之念免臣弟漂泊之嗟有職田祿粟之資備夕膳晨羞之費臣敢不盡心爲治竭力從公分旰食之憂勤宣寬大之條詔期於盡瘁少報萬分

承天節奏親弟俅狀

右臣職司視草慙無東里之才節值流虹方馨南山之祝輒祈恩於宸極冀延賞於私門內省僭踰啓處無措伏念臣有親弟習進士俅發從幼稚即歎偏孤訓靡及於過庭貧不遑於學稼自微臣之食祿奉慈母以供甘旨挈以至於上都躬養始踰於冠歲辛勤

弦誦祖知學古之方似續衣纓竊有起家之望今者
慶逢鳴社澤被周行不勝同氣之情須黷至尊之聽
伏望皇帝陛下俯察在原之懇稍尊作解之仁推一
命之恩俾霑榮於黃綬齒四民之列免負媿於白衣
深慈既被於天倫薄質惟堅於臣節祈天俟命仰俟
允俞

代集賢寇相公謝賜晉書狀

右臣今日中使至奉宣聖旨賜臣御本晉書一部計
六十九冊者兩晉遺編具列秘書之目九重稽古新
成鏤板之功夫何寡聞仰膺蕃錫伏惟皇帝陛下纘

戎御極執契臨人負將聖之多能尚觀爻象稱名以
史筆之所記有龜鑑以具存魯魚特命於校讐方願
更加於摹印俾前言之不墜亦副本之廣傳臣謬預
持衡實慙跡道輒上干於宸扆果垂錫於策書學古
無功固已嗟於扞格傳家知幸但永替於緘藏恭承
臨照之私益勵傾輸之節

代中書賀宣示合穗麥狀

右臣今日伏蒙聖慈宣示奉先禪院後面麥地內生
出合穗麥者上玄降祐多稼呈祥克彰純嘏之休式
契豐穰之兆臣等竊以載籍所重實在於民天瑞典

攸徵莫先於年穀矧惟首種之利最爲艱食之資歷三時而有成已彰大順秀兩岐而發詠兆叶元符伏唯皇帝陛下慈儉居尊憂勤御下先天發令運神化於無方昃日視朝體健行之不息引萬方而在已以百姓而爲心故得洪覆眷懷殊常薦委和陰陽之玉燭靡愆離畢之占盼原隰之龍鱗式覩如雲之稼而況景風適至宿麥將登更彰合穗之奇用薦有年之瑞升歌九室足播於樂章記事三長永光於史筆臣等叨居弼輔無補聰明幸屬休禎徒深忭抃

謝宣召赴龍圖閣宴會及觀御製御書狀

右臣今月某日伏蒙聖慈召赴龍圖閣觀太宗之御製御書及聖製碑贊并四庫圖書仍賜御詩兼預宴會者上帝藏書肇開冊府聖人有作爰勒金碑許拭目以榮觀寶捫心而知幸伏惟皇帝陛下順考古道啓迪人文執左契以御庶邦運大鈞而播羣品車書無外咸歸輿地之圖弓矢載櫜式開仁壽之域而乃講求前訓潤色大猷擬石渠天祿之舊規聿新層構搜汲冢羽陵之墜簡並集羣言敦奉先思孝之心顯繼志守文之盛蓋以先朝之述作爲後世之楷模華手澤於縑緗窮筆精於翰墨秘宸編於延閣用垂示

於方來奮睿藻於貞珉式揄揚於盛美金石頌德實曠古之無階雲漢成章亦羣生之共覩眷惟近列首獲仰瞻側管窺天寧測蓋高之量聞韶忘味徒萌竊抃之心矧又賜玉筆之醇醪示楮梁之絕唱飲河之腹既嘆於屬厭下俚之音靡容於緘默並陳巴調上黷皇明雖蒙善下之仁終抱黷尊之媿內循孱薄曲荷恩私閱東序之圖書奉文思而知幸陪西清之宴豫沐慈惠以難勝唯共誓於糜捐庶少酬於臨照

謝批答狀

右臣近者恭陪鎬飲仰黷乾文實攄思以紀榮輒并

章而叙感猥蒙批答備極恩私捧讀周旋慶抃交集
伏惟皇帝陛下道高列辟功濟中區體神武以懷柔
法天明而覆燾撫羣生之重畜朽索居懷著歷代之
元龜青編在御肇新宏搆總萃前言先朝之舊藻摛
華並藏麟閣聖主之披文相質高揭龜趺因萬務之
餘閑召諸臣而宴喜金簡玉字既容下士之竊窺白
雪陽春更許巴人而屬和仰奉觀文之德荐承飫賜
之仁共慶遭逢徒深踴躍爰陳奏牘虔述寸誠敢謂
陛下濬發睿謨俯頒優詔曲形敦諭倍極恩慈演繹
爲綸閫聖言而知感摩頂至踵勵臣節以彌堅誓畢

微生少酬玄造

代中書謝賜聖製乾坤寶典序狀

右臣今日中使至伏蒙聖慈賜臣等御製乾坤寶典序各一本者星使俯臨宸章下賜莫窺玄遠徒極欽呼竊以頒曆授時前王之令典觀文察變大易之格言故璇璣齊政於有虞銅渾設象於東漢珠連璧合定疏密於諸家夏造商因分指歸於三統是以陰陽之學著於九流羲和之官列於百執歷代而下何莫由茲然而象緯之文頗多脫簡星曆之史罕或研精金匱石室之中既紛綸而無紀宣夜渾天之術亦淺

猥以非工允屬欽明疇咨古訓聿修茂典光集大猷伏惟皇帝陛下道邁帝先智周物表自天攸縱將聖多能執古御今視八方於指掌窮神知變韜萬化於襟靈而乃懼司曆之失官慮疇人之廢業盡搜亡逸大補闕遺分別部居刋正譌謬與乾坤而脗合肇建嘉名法雲漢以成章更抒睿藻誕揚能事式冠首篇臣等數日前被召穆清獲覩册府幸覩聖人之述作實爲後世之楷模輒祈副本以頒宣庶遂洗心而披繹敢謂俯從人欲曲允下情卿雲發祥已竊窺於凡目玉牒不秘更傳寶於私門內惟懵昧之姿得味淵

沖之旨瞻天莫測遊聖無階仰法宮旻見勛華之稽古奉傳簡策有南董之當官伏望宣付史臣播於直筆豈獨臣等幸甚實亦天下幸甚

謝賜批答狀

右臣近者恭承天獎獲覩聖文共彝封章上塵睿覽猥承批答曲諭宸襟捧讀再三兢營失措伏惟皇帝陛下文思撫運勤儉化人錫純嘏於昊穹敷皇明於普率撫柔諸夏煦嫗羣生一戎而不復用兵三變而遂至於道然而探玄物表索隱天倪衡石自程雖得覩書之趣崆峒順拜兼忘好味之心蹟萬象於虞[illegible]

括九流於指掌眷惟律曆垂示吉凶虞南正之失官或嚋人之離次博求墜簡探摭羣言定黃鐘累黍之差正晉冢渡河之謬聿新制作傳信方來仍枉神毫序其能事兩曜合璧察時變以無疑五色成文覩天章而在上夫何懵昧並預須宣聽廣樂於形庭覼縷惝怳得玄珠於赤水但冀緘藏輒希付於石渠庶永傳於汗簡恭承明帝深諭至懷靡徇下情曲形睿旨仰乾坤之謙德無得而名諒河洛之秘文有時而出在聖神之垂範豈愚瞽之能知唯荷戴於鴻私永鐫銘於丹腑

謝中使傳宣撫問狀

右臣昨日中使至臣安下處奉傳聖旨以臣所患特加撫問者王人荐降天語載臨側聞綸綍之言頓愈膏肓之疹省循備至感懼交并伏念臣本自諸生獲逢休運非邱園耿介之秀無公卿藉甚之名弄翰爲文不過篆刻濯纓筮仕最處爵孤皇帝陛下過聽庸虛荐加寵擢俾升禁掖式掌訓詞居清切之司冒榮斯甚草寬大之詔稱職無聞積日彌多妨賢爲愧今者攝生寡要攜疾自貽度越旬時曠廢官守嘗逖期會幾蹈於軒墀再須德音特命於假告式加調理漸

冀痊平敢謂濬發宸慈特矜賤跡九霄之上命星使以俯臨四壁之中迴天光而下燭荷記憐之殊造感存之深仁寸心但誓於捐軀危涕不知其濡睫勿斯喜幸漳浦之有瘳戴天彌高覺泰山之非重顧餘生之未泯必盡瘁以爲期

代中書乞免和御製南郊詩狀

右臣今日中使至伏蒙聖慈賜臣等御製南郊七言六韻詩一首令依韻和來者因長日以陳儀方修毖祀體大風而發唱爰著雅章俯賜及於近司實光生於凡目伏惟皇帝陛下先天合德下武膺期以明察

而事二儀用慈儉而撫諸夏外薄四海罔不懷柔目
覽萬機未嘗暇逸致羣生之茂遂果玄德之升聞乾
符坤珍荐臻於純嘏雁山雞塞永息於妖氛遺黎得
覩於承平率土方蹐於仁壽百姓莫知於帝力一人
思報於天功乃因周正之辰恭修漢畤之祭弁冕端
委率禮彌恭珪幣牲牢無文咸秩故得三日先甲密
雪清塵六師纂嚴光風拂旌肸蠁昭答福禄來同克
符永錫之祥用合無疆之祉而陛下恭膺景貺濬發
睿文窮六義之淵微導三神之眷祐聖人有作宰穫
於御瞻下里何知更令於屬和其循荒陋但極[illegible]兢

雖効寘搜終成累句陽烏委照爝火豈敢比望擬衡
鑑高懸嫫毋或期於掩惡必希矜免庶息怔忪

代中書謝寒食賜御筵狀

右臣今日中使至奉傳聖旨就臣私第賜御筵者伏
禁華修方遵於時令宴私云洽曲被於天慈衡門供
帳以生光鼎食素餐而昇懼此蓋皇帝陛下嚮明求
理逮下均恩爰當出沐之辰曲霈分甘之惠大官先
置圖勝推食之仁小人屬饜但極飲河之量荷照臨
之所及實循省以增榮

謝駕幸編修所狀

右臣昨日伏蒙聖駕臨幸編修所者竹簡汗青方勤
於官次金輿旋軫俄燭於天光表宸極之眷懷聳士
林之觀聽臣等竊尋往諜載考舊聞稱制石渠甘露
遂成於故事修書仙殿開元肇錫於嘉名爲儒墨之
殊榮乃皇帝之巨美恭惟皇帝陛下端居清宴博考
前言有昃勞謙疇咨好問賁帛旁求於髦彥榮河上
薦於圖書乙夜觀文每自程於衡石秋風發詠實光
被於筦絃而乃允迪睿謨聿脩秘典發凡變例同宣
聖之授經欽明文思見陶唐之稽古臣等進慚橋昧
處稟指蹤抱槧懷鉛服勤於夙夜持蠡側管窺測於

高深扶小智於胸襟冀成書於旦暮敢謂陛下特迂
羽葆垂顧鴻都親閱縑緗深形間歎數刻尚迴於玄
覽羣臣徒仰於清光愧無善對之才莫奉好文之德
矧又臨軒前席並示於延登厥篚兼金更均於寵錫
荷綸恩之渥縟增藝圃之光輝敢不內省庸虛共思
罄竭拜君之錫彌懷虛授之慚爲儒之榮曷報非常
之遇

又對狀

右臣職忝掖垣又嘗青事合仰鄙見上浼宸聰臣竊
以求材審官方今之急務振淹擢儁稽古之令猷故

澤善而稱避衆而舉者三代之彝章下詔郡國懸科
有司者兩漢之茂典不仁斯遠得士為昌盡於策書
誕彰格訓恭惟國家承五代之季開萬世之基三葉
重光九疇式敘至於並建衆職無曠庶官搜揚仄微
登進茂異崇澤宮之進復試可於廣庭設制科之目
親延見於便坐時下尺一俾公卿而論薦申命外計
分縣道以察廉乃至植諫鼓以來直言置公車而導
舊典開自薦之路擢不羈之才萬幾之繁疇咨聽納
一介之善拂拭進用蓋於天下賢士大夫無所負矣
然或前代之經制載籍之舊聞未之申明有所闕焉

此亦可惜焉臣竊見今吏部流內銓凡藩府州縣之職盡得考其殿最引對軒陛黜陟之命稟於宸旨資品之格循乎定規茲所謂官修其方事無矯舉者矣然書判之設亦足辯材而國朝以來未嘗責實逮太平興國之初始定等第優劣中以陟降之命彊學待問之臣頗獲於褒陞竊祿無狀之人亦加於懲艾迄今遵守成憲下無間言其於慎重官人澄汰繆濫盡一之法既盡美矣若乃搜羅羣萃登擢髦俊旁求之義尚或闕如臣竊見天下吏員幾於數千能秩去官出入選調其人固已多矣先儒稱三人有師前臣恥

一夫不獲而詵詵濟濟豈無懷材藏用角立脫穎之士但恨取之之術有所未盡且唐制吏部有博學宏詞書判拔萃平判入等三科蓋求之於常調中非爲草澤設也伏望皇帝陛下特詔冊府講求舊章申飭天官奉行故事刈其翹楚被以寵靈下既無於滯才人亦聳於古學如此即思皇多士近比成周之隆允釐百工遠追有虞之盛干犯宸扆伏候採收

封駁銓司主事王太沖狀

門下封駁司右今月三日中書發過劄子流內銓主事前撫州宜黃縣主簿王太沖特授大理評事

充流內銓主事者藉以朝廷稽方策之文修班爵之
制所以辯品流之清濁峻堂陛之等威克敦稽古之
風俾絕濫官之謗蓋有國之令典致治之大猷也謹
按六典大理評事十二人掌出使推鞫凡本寺斷獄
皆連署焉自唐室以來並預三司之案鞫而近年之
制或帖三館之職名苟非士流不齒茲選況秩參卿
寺官有常員竊尋歷代之規罕兼流外之任忽覩新
命恐紊彝章儻以王太冲經術登科無嫌於除授在
於銓衡祗役固合於卿停庶官守之有倫實國體之
可惜臣等忝司封駁合具上言伏望宸慈特迂聖斷

代中書請依詔頒行畫龍祈雨法狀

臣等伏以先天合德易象攸稱勤雨憂民策書所紀恭惟皇帝陛下光膺駿命奄宅中區視百姓以如傷慮三時之有害博訪弭災之術期蘇旱俗之方或稍屬於亢陽即徧走於羣祀恭修禳禬荐獲感通觸石興雲俄千里而雨集力田望歲果百穀以秋成信雩禜之有徵由穹玄之降祐式須明詔誕告庶邦承消僭伏之虞同躋仁壽之域臣等叨居輔弼仰奉憂勤燮調之効無聞將順之誠彌切願奉宣於睿旨庶大庇於羣黎伏請付有司雕印頒行天下

代中書謝秋社日賜御筵狀

右臣今日中使至奉傳聖旨以社節特就中書賜御筵者西成屆候幸當命社之辰北闕宣恩式霈需雲之象示宴私於著位布慈惠於當陽此蓋皇帝陛下嘉品物之豐登因令問之休濟堯厨推食穆醴分甘有司供帳以載嚴近侍影纓而咸集既飽以德但媿於屬厭退省其私更慙於尸素荷照臨之所及諒報効以何階

進夔王周王誌文狀

右臣先奉勅撰故夔王周王誌文者竊以奉大君之

明詔紀賢玉之令猷爰刻貞珉以誌幽壤自非鴻筆曷振清芬如臣者謬典王言久塵官次發揮寡譽尺牘懷慙豈謂宸慈更令譔述祇膺嚴命伏用兢惶輒已罄竭謏聞奉揚遺懿屬詞之妙既異於色絲褒德之稱敢同於華袞徒躑躅以燥吻實忸怩而厚顔蕪穢頗多悚惕茲甚其誌文二首謹繕寫隨狀上進

進邠州靈應公廟記狀

右臣奉勅撰邠州靈應公廟記聞奏者恭膺睿旨虔述靈休無史遷敘事之才乏王衡患多之思怔忪捧詔僶俛成文參乙夜之觀空塵聖覽載職方之志曷

屆候

示將來內省空疎不違啓處其記文謹繕寫隨狀上

進

代宰相謝賜重陽日瓊林苑宴狀

右臣伏蒙聖慈特就瓊林苑賜宴者無射司辰登高屆候節斯箱之慶方屬有年三令節之遊備存故事敢冀需雲之澤曲推湛露之私此蓋皇帝陛下大德庇民至仁育物當車書之無外因朝野之多娛謹須令以授時爰示慈於式燕矧惟仙苑近在商郊靈沼始波動周雅躍魚之詠高臺在望猶南朝戲馬之名爰偶嘉辰是陳良會大官先置極筵莆之珍羞飛蓋

武夷新集　卷之十八

相追遹龍山之遊集翔復霑玉卑之餘瀝泛金菊之繁英紳組相輝笙絲迭奏聽鈞天之廣樂恍疑夢寐之中預玄圃之勝遊迥在風塵之外徒感恩而盡醉暫報德而無階

書

答史館查正言書

某再拜正言學士足下頃者前襄陽張令至辱示手筆備形慰誨兢兢無斁鄙吝都遣客塵洞分神明來舍涼若醍醐之灌頂快如靈曜之炙背荷知識之啓迪爲昏愚之歸依幸甚幸甚然障覆重復義趣深遠

或所猶豫固容吝洪竊味雅旨有簪組非累身之論
蒙有滯焉蓋念無始輪迴積刼孤露偶薰習於種子
獲遭值於仁賢幸於此生得悟本性而前塵外境如
棼絲亂繩本覺妙心殆秋毫野馬舉爲牽制動即淪
胥先德亦云道力尫微必處靜而能照宗門所謂悟
解超頓須漸修而乃成儻或以初殖之德芽淪無邊
之愛網浮沉陰入之界趨走聲利之場自以了達苦
空脫去事理謂生死而無怖謂富貴而儻來此適足
以長無明支戚增上慢若夫覩三十二應化千百億
身居士王臣隨方設教猿猴鹿馬與物利生此須功

行圓成福智滿足登地證果乃及於斯自餘涉川救人未免俱溺哺糟處世何能獨醒載尋善誘之言蓋有造微之旨豈非慮鄙夫尚迷真諦猶戀榮名便令捨去恐致迷悶然固陋之志亦小異焉儻壽量延緣累自薄當俟夫四五十須背俗息見反本循元修天台之止觀專曹溪之無念庶於此報必證菩提俟兜率下生龍華後會爲之主伴請轉法輪對越人天親受佛記雖二乘而弗學豈三界以能安慺慺之忠實在於此足下衆德普會八部歸依暫顯宰官之身常脩菩薩之行濟度羣品引翼有情作十圓林具四

誓願傳受心印直指不疑演說色空辯才無礙儻矜其可教垂惠之好音所期奉以周旋不敢失墜或理參邪見音失真宗未至膏肓可施鍼石亦希提獎無便棄捐幸甚幸甚秋氣變衰王事鞅掌强食慎疾副兹仰瞻

答李寺丞書

某再拜昨晚辱示真蹤備形雅旨屬以專介追於嚴扃卒爾奉酬鈌然未足及再加紬繹賾其會歸如聆玉音若抽繭緒酌之不竭鑽之彌堅何詞辯之縱橫文采之巨麗俊發若此其誰敢當然士君子之立身

之榮
日而

大丈夫之處世當以道義爲勝負豈以位貌爲等差故仲尼不過陪臣子雲僅至執戟賈誼止傅於梁國梅福纔尉於南昌皆名震方來道冠天壤寧與夫司馬善官四至九卿曲逆陰謀啓封萬室條侯倨貴盧杞姦邪享列鼎之榮據三事之位同日而語耶劉君侯富有春秋老於文學承閥閱之後若單平之家生綺紈之中挺布素之行凡所著述必得作者之風至於遊從莫非一時之壽心無城府言成陽秋以孝謹著於閨門以寬厚報於儕輩臨事剛決而能斷結交悠久而不忘譬諸椒蘭人所服媚緣夫桃李下自成

蹊實爲卿材居然國器而未引金門之籍未踐赤墀之塗藏器甚深括囊靡露困於卑位形於話言愚以爲君侯德美既彰富貴何遠亦猶黃琮蒼璧必以禮天神地祇明月夜光終須置掌握懷袖所宜居易以俟待價而沽乃爲乾坤之珍符皇王之寶玩苟自躍於冶求爲鏌鋣來獻於庭願剖荆璞或未見辨反謂不祥此交遊之情鄭重之至也君侯明達聰悟專柔直方修飾廉隅佩服名教三揖而進願保格言一擲成盧何爲得雋更昧環中之旨勿貽動者之譏況才識並優英華外發栟珪緤組誡天理之必然霧隱泥

蟠蓋時命之未會耳幸惟曠度見採狂言式懋承圖克保全德不勝喋喋之至

答并州王太保書

并州太保麾下近於集賢石君表臣處得手筆一封躭翫再三不能暫捨文彩煥發五色以相宣理道貫通有條而不紊薰風拂袵自然析酲簫韶在懸殊覺忘味何厚賜之所及見久要之不忘甚善甚善竊伏自念江表布衣材出人下非山東閥閱之後無負郭膏腴之選徒荷世業遂忝儒流齠齔之時傳召詣門弱冠之歲通籍於朝擔簦躡屩旣周於四方抱槧懷

闕

鈆亦幾乎十載何嘗不咨諏先覺搏求同人直諒多聞必取乎三益談窮勢賄克慎乎五更懍懍然唯懼當世之賢豪見拒而不容也數年前石氏西齋邂逅相遇盱衡抵掌坐客盡傾枕麴藉糟羽觴無算亦既卜夜至於繼燭剖心析肝蕩無城府講道論義芬若椒蘭傾蓋如故此之謂矣未幾邊郡愚父足下既十乘而啓行國書成功下走亦一麾而出守地理遼遐誠馬牛之不及官守縈繫同匏瓜之見拘無復裁咫尺之書遞固陋之懲去年僕祗召西走來朝帝庭是下方鎮並問式遏戎略引領北望緬懷故人恨不得

解籍金閨從軍紫塞依蓮汎水陪幕府之賓從投壺雅歌奉郡齋之遊宴今年肇自書殿入陛綸閣以雕蟲篆刻之才當典謨訓誥之任五般之鄰不能成虎豹之文一割之刀固無剸犀兕之利方夙夜愧惕懼忝君命爲知己羞而足下聞之欣然以書爲貺松茂栢悅情雖後凋玉振金相詞多溢美且徵縉雲贈行之什頗有姑尤善祝之言雖然戲謔若合符節竊以古之交道嘗聞之矣蓋以闇善相告爵祿相先急病讓夷謀事補闕以引以翼或推或挽故蕭何舉代曹參趣裝以請行王陽登用貢禹彈冠而願仕伐木求

友頌聲載揚遠方得朋名教爲樂益以見足下之意當僕之領郡也必欲發揮虛名稔熟與聽故羣公供帳發而詩成及僕之竄寵也又欲銷弭浮謗尤塞前言故千里附書明徵其事使鄙夫無暴得之媿聖朝免盧授之譏仁者用心其利溥矣足以明殺雞炊黍范張區區於小信縞帶紵衣僑札拳拳於微物以今況古夫何隘哉邊塵不驚戎閫自肅于本高臥足以作藩夷甫清談未妨爲政唯節宣吐納順時加愛副九重推轂之寄成萬里封侯之榮斯慺僂之誠所望於明哲也某頓首

某自辱 本深 胎間

答錢易書

某自辱示戒殺生文披繹數四不能釋手非宿殖德本深達實相於十方佛種諸善根處五濁世遠離黑業信力堅固必華發明其識能形於文詞垂於勸戒如是之勤切懇至也某不佞竊從事於空宗爲日雖淺聞道素篤常服首楞之典獲佩法王之訓乃知世間輪迴殺貪爲本胎化濕卵強弱相吞生死循環互相啖食始由一念之迷惑遂致萬化之紛綸相變體殊識均形異而乃取其血肉以滋牙齒臠割炮燔劌剔刲剖是使人羊迭變各自報讐火刀殊途並淪苦

衆　玉　爲食

趣我佛所以爲一事因緣而出世設十二分教以化
人誘掖羣迷首舉茲事乃著五戒以殺戒而爲先乃
標三毒本貪毒之所懾故王毫光明而顯相金口鄭
重以形言深念含靈直指正路以食爲肉而證法果
實墮邪魔好殺而出塵勞無有是處借如智慧自足
禪定現前不過爲大力鬼神夜叉羅刹一報既畢衆
苦所叢墮無間阿鼻歷僧祇大刧是以比丘結念恐
踐微蟲菩薩在塗不蹋生草此世尊之清淨明誨衆
生之冤債本原奉之周旋豈可失墜乃至無麟無卵
小戴之遺文飲水飯蔬宣尼之素志春秋所記肉食

螻 競

未能遠謀易象之言殺牛不如禴祭養必方丈史筞罪其奢豪庭有懸貆詩人譏其尸素咸有明訓載於青編且夫仁人之用心常喜以救物就死地而觳觫豈忍於牛羊稟生氣以肖翹必愛乎螻蟻而乃屠於刀几之際充乎杯俎之間兢水陸之珍羞奉口腹之嗜好至有南朝牧守所居而飛走飄殫西晉宰衛一日而金錢盈萬蓋厚於味而薄於行夷吾之劇談嗜欲深而天機淺漆園之高論豈可忽因果報應之說遂醉飽睡眠之徒何以爲大丈夫何以爲法王子故忌下因凡筵號慕之際禫祥吉祭之辰念劬勞之恩

依對香火

終天莫報顧追薦之福惟佛是依對香火以薦誠託文字以宣意八部龍天而侍衞一切聖賢以護持齊筆不停移晷而就金聲玉振霞駮雲披淨名談空蓋助如來而行化摩耶證果爰詣兜率以往生此又豈以刻木丁蘭瞻形隕涕圜碁阮籍嘔血自殘但能敢於毀傷莫有資於解脫同日而語寧易得耶且奉宗言欲刊方板俾傳布遠邇激勵昏蒙此所謂一燈分爲百千燈發一言而千里應者也讚歎踴躍不知所裁聊述所聞用以爲謝不宣

答陳在中書

某自辱所著蒙言釋象六篇披繹之際初不能曉旣而考釋卦之由賾取象之自有條不紊乃端若貫珠自難而易亦漸如攻木頗以見作者之旨也豈不以山泉之象著於大易以險而止蓋取諸蒙二象並設所以建六爻之位六爻肇分所以明一卦之意初六混沌未判目之爲混源九二剛中得位於焉而照物六三有求明之義六四得養正之理六五陰默上九文明推而廣之區以別矣且自三五以降訖於周政教之汙隆詩樂之得失創寄之方略治亂之本原莫不周旋紬繹包括總統引而伸之觸類之趣緒提一篇

舉之若網之在綱窮理盡性鉤深索隱磊磊落落自成一家之言矣昔京房作易占焦贛作易林歷代宗之然不過卜筮之說子雲述太玄建立方州部家雖云準易其如參以星曆頗近術數著今所作但取一卦之意磅礴數千載之間摭其成敗是非可爲蓍蔡者著於篇傑然名家貽於後覺蓋與夫先民之用心不同矣方將獻於公車升聞於天充衡石之餘備乙夜之覽夏侯勝有云士患經不明經苟明其取朱紫如拾地芥耳君之是舉豈僕所能識哉其本輒留庶用採究聊述所聞豈足多謝

發願文上舍人沙門願安

弟子某甲謹沐首齋心信向十方常住一切諸佛真淨妙法無生聖人惟願以真實眼真實智真實平等不捨誓願洞賜哀憐切念某與法界衆生從無始曠大劫來未識佛時未遇法時未會僧時於其中間至於今日趣塵背覺迷失本心閉解脫門涉輪迴道蝟張見網蜂喧妄鄽懸嗜欲之帆鼓無明之浪極我慢酒醉苦惱鄉不憑歸向之誠是滯因果之迹如斯過咎齋佛所知唯佛所見若輕若重等與法界衆生有茲罪者同共懺悔願罪銷滅願罪銷滅以某甲所集

爲

凡有善根隨時迴向願與法界衆生迴向真如實際菩提實際衆生及微塵剎海諸佛土中承諸佛本誓願力大威猛力勝護念力盡未來際直至無上菩提爲一切依正莊嚴具爲一切自他解脫門一切三昧門一切陀羅尼門一切安立衆生門一一稱虛空等法界皆有我身起勇猛心捨身命財興大佛事作大利益攝化有情願諸有情見我身聞我名皆發菩提心與我同共迴向無上菩提心不退轉願某與法界衆生未契心者開佛知見悟本自心一念發明諸境純淨去來坐立見覺聞知咸以如實智相應不相違

背從今去已盡未來際憶菩提心令菩提心相續不斷所作利益常得現前供養諸佛和樂衆生衆生成佛盡然後成正覺虛空有盡我願無窮法界有邊願心無極盡入行願海中一時成佛摩訶般若波羅蜜

武夷新集卷之十八終

終

武夷新集卷之十九

宋楊億撰

啓

上陳州李相公啓

比者肅奉簡書言旋京邑經涂攸出授館未遑忽迂丞相之車俯及旋人之次置之右席接以温顔趨衞幕之嚴初令長揖設曹樽之味猶許獨醒乃至芻禾百車籩豆九品一日再駕式顧於郵亭終夕九迴不遑於肺腑加以預西園之宴陪東閣之賓奉籌眉以爲榮羨車魚而徒切禮唯異數恩貫非常褒稱極華

衮之殊顧矚比陽春之煦玉筆斟酌靡容固辭台座熒煌尋容下拜得厠原嘗之上客復見陰郭之小侯且陪秉燭之歡仍恕在酉之失挹江海之量寧測渟深聞俎豆之談自驚淺陋褻憐彌極短拙尤多燕昭築臺雖從郭隗而始陳蕃解榻誠非徐孺莫當以此揣循若爲勝克幸盤桓於信宿得仝仰於雲天屬發軔之靡遑嗟戀軒而何及既覎之維佩又出夫長亭元戎十乘以啓行清酒百壺而帳飲都人改觀行路增煇媿爲逆旅之餕而叨擧萬錢之饌念中途之勞止特假千里之駒俟飽饑賓之無厭且致遠而[illegible]

故 尊 質

何漢相之至重顧魯儒之太深吐握之勤實光於令
德鳴吠之賤豈忘於大恩循載籍以遐思撫方寸而
內激迪王粲從軍之詠良或未諧慕馮驩市義之忠
終期有報感藏之至伏切下情

又

近奉柔毫遠塵台聽敢冀巖廊之重特貽尺素之文
華袞被躬自知其幸夜光在握誠足稱珍捧讀已還
兢營無措竊以漢薛宣之故事未嘗移書晉何曾之
持衡不答小紙蓋丞相之尊重與庶位以懸殊名既
不同禮亦異數如某者材質駑下門閥寒微謬忝參

名厚

士之林得食上農之祿雕蟲篆刻耻子雲之壯夫抱槧懷鉛非董狐之良史質於清議宛在下流自知甚明内省尤慙豈謂相公推好賢之雅旨敦與進之虛懷探畫餅之名厚篆金之禮憐潘岳之拙宦深嘆數奇許子夏之言詩曲加護短置於眷右借以月評垂耳之駒騾增十倍之價拖腸之鼠如餌九轉之丹窮途有依鐵翮重奮比至京國傳聞縉紳假之餘光無不改觀矧又金鶴玉字則示於溫存圭竇蓽門頓生於氣燄恩極邱山之重心非木石之頑瞻偃幕之英辟雖遥盛府望傳巖之舟檝終濟迷津啓言蓬艾之

徽必期頂踵之報

謝太僕錢少卿啓及少卿進咸平聖政錄詩自將軍改官

右某啓：數日前少卿特枉軒車，俯臨蓬蓽，仍以編綴曲示顓蒙。顏巷蕭條，旣迂長者之轍；趙囊牢落，忽得隋侯之珠。緘縢纔披，毛髮俱聳。竊以述作之妙，謂之聖明；賦頌之興，本乎風化。其有沿襲或異，步驟不同，虞卿窮愁，乃就著書之業；揚雄寂寞，始奮草玄之名；靈均放詞，初因於憔悴；蘭成述賦，實主於悲哀。未有世傳帶礪之盟，身居環列之尹，徽北闕之甲第，屋瓦生烟；乘大宛之名駒，汗血流赭；列鼎而食，執玉以朝名亞春陵勢奪張霍而乃賤青紫如拾芥比富貴於浮雲優游文史之場躬親布素之行折節待士多擁篲以先驅焦思窮經或下帷而終日以至學成麟角才掞天庭思若湧泉文類摛錦漢宮誦賦萬乘嗟生於同時梁苑陪遊羣公推食於右席門登龍而比峻談揮麈以彌清諸生慕義以益勤名卿願交而斯衆芳猷載洽雅志將伸固已備自天衷騰於物論紀一人之言動何讓簡書貢三雅之聲詩有裨樂府召試鼇山之署式搖雞距之毫不加點以成章未旋踵而拜命亞卿班列既參惟月之崇太僕職司仍領奉車

之寵昔漢光武之偃革諸將競鄉學之心唐憲宗之厭兵近臣有改名之請以珪璋特達之質當干戈載戢之秋捨蘭錡之師就儒冠之飾敦說詩禮昔爲謀師之賁慷慨經綸今挺致君之志羽儀通籍煇映縉紳敢謂下顧蝸廬特留鳳藻享海鳳以九奏誠非所宜投井竈以兼金都不之惜退自循省靡敢遑寧豈圯橋授書憐其可教將延陵聽樂許以知音唯蹈詠以忘疲庶傳玩之無斁願言厚意何以克勝其盛製輒留繕寫

代僧求薦啓

右某啓某聞操刀必割君子慮其失時括囊不言先儒譏其有隱敢傾方寸上扣高明蓋恃特達之知不虞進越之罪伏念某早參空諦尙昧真筌誦畝倘之方書勤拳斯久辯農皇之藥品匪則尤難名非三折之良術寡十全之妙所幸者每趨門仞庶挹儀形以桑梓之情曲垂顧盼在茲藕之列實覺輝光蓋香火之宿緣非頂踵之能報豈合輒披懇素仰瀆尊嚴誠際會之有因亦蘊藏之無及伏覩聖節術近兑澤將流在計相之大臣乃空門之外護並奏緇徒之名字得沾象闕之恩華以某法苑微流醫門末技結一二祘

之社豈敢攀緣瞻數仞之牆深思提挈願賜律師之號依希廣濟之名俾塵跡之增華亦鄉閭之改觀敢不窮青囊之秘訣以奉指蹤誦貝葉之真文用資壽考

又代謝薦啓

右某啓某近蒙侍郎台念特奏表聞伏奉敕恩授前件師號者絲綸之命雖薦降於九天緇褐之賤若顛超於十地祇荷恩獎伏切兢營伏念某奈苑微流薦流末派偶抛塵累竊味真筌誦岐伯之方書莫探秘術開生公之講席徒慕遺聲寺以久寓神皋屢登峻

武夷新集卷之十九　五

闔維桑序舊最承一顧之私惡石獻能會寡十全之
効荷眷憐而實厚省孱究以難勝所希且躋韻海之
堂尚陟龍門之版賓階請見或當休沐之辰藥劑服
勤承奉指蹤之用豈謂節臨於載誕便諧名達於四
聰特加溢美之稱實滿平生之願朋儕改觀價十倍
而頓增項踵酬恩身一毛而爲喻此外精虔香火祝
頌雲天願憑衆善之因克遂至誠之懇台司書考與
郭令以侔同仙籍延齡將老彭而爲比所冀茲觴之
末永參桃李之餘託跡有歸捐軀何惜

上陳州李相公啓

右某啓比者相公執玉來朝捧觴上壽彤廷就列穪百辟之儀刑宣室疇咨見一人之體貌漢殿禮成於薦璧淮揚民望於迴轅予牟戀闕以雖勤申伯于藩而是賴十乘攸往見元戎之啓行九里非賖固京師而蒙福騎竹赴兒童之約依違慰賓客之忝某特受奬稱逈殊倫等供東門之祖帳宜綴簪裳望南浦之仙舟合辭麾槩屬以褊纂莫遂戀誠羨文學之託後車空馳精爽同燕雀之棲大厦彌戀恩知

又

右某啓昨者相公榮自藩垣入朝宸極晝日三接載

延乃眷之恩萃階六符式顯具瞻之貴東閤幸伸於邇拜中堂過沐於延容聽談柄以忘疲侍坐隅而甚久懃非子夏敢預於言詩竊魏穆生何勝於置醴矧又相如之四壁兩辱千秋之小車時屈丞相之尊親顧旅人之次一瓢牢落顏回之巷可哀三日氣氳荀令之香不散實交遊之光寵固里巷之輝華夫何下僚當此殊獎非木石之無識猥頂踵以不忘伏自節過流虹禮成薦璧在鎬錫宴畢上公九獻之儀分陝言歸還天子三老之任旌旆將離於闕下壺漿已擁於道旁南陽細民再得於父母河東近郡深倚於股

肱棐惟仙舟尋達雄闈我政甚肅固臥治之有餘品物向榮諒行春之非遠限以匏瓜之繫莫參舃之微空瞻桂樹於小山深羨雞鳴之下客攀戀之至銷萬愚衷

又

右某啓某伏念引籍金閨修書石室仰台階之符采宛在層霄感國士之恩知敢忘丹慊恨一官之所繫躋攀數仞以爲榮徒戀咫尺之書遠黷巖廊之聽敢期折簡俯及下僚屈伊鼎之榮高顧會儒之賤微鄙絛候之倨貴曲示謙光憐顏子之固窮倍加存恤內審

特 出

不材之質何酬特達之私春物向繁幕府多暇淮陽臥治況善政之已成征虜雅歌諒素風之斯在恭惟宴集文□福祿具膺王商儀形永居漢相殷于偃息長作魏藩載光夾輔之勳長享具瞻之貴禱頌之至億萬常情

代人與淮南王轉運啓

竊以山澤之利多出於東南漕引所經率由於淮海綿地萬里邇貫五都實國計之是資乃邦本之攸繫苟非明達豈副選掄恭惟郎中識茂經綸學窮緗素決科虎殿由射策以馳名引籍鸞行濶揚塗而出使

江

卿啓

較縣官鹽鐵之利均郡國關市之征析毫聦務於纖微運算自成於餘羨奉千金之費物力靡殫精數載之儲倉廩皆實故得益隆眷注更委專權佐計畫以如初商功科而尤密運蜀漢之紅粟即見方船聚吳會之金錢便應朽貫出於餘地久屬全才昔漢理河東之奧區漕輓相繼唐置江西之留務財幣畢輸古今之形勢率同邦家之用度斯出必計素熟倅看攷馬之功賞典聿行須荷富人之拜實惟公議豈獨愚誠

與祕閣錢少卿啓

右某啓伏審光承聖恩榮升祕府恭惟慶慰伏以上
帝藏書是開冊府近臣待詔爰設直廬所以校理祕
文講求墜典復石渠之故事繼炎漢之得人苟非奇
才豈膺是選少卿學士家傳帶礪身襲龜緺修仁克
昌吳芮早書於甲令積善餘慶畢萬獨享於天庸而
自更宿周廬入升環衛貞師北落不倚將軍之威襲
爵東吳靡恃王孫之貴但絶編而嗜學常閉戶以著
書萬里立功頗輕定遠三都述賦高揖太冲六曹深
喜於同時九寺俄遷於少列以才望之衮積果恩寵
之便蕃太僕奉車方欽於貴盛祕書內閣旋直於禁

嚴用稽古之功尤洽當仁之論脊惟職業素所蘊
崇曰右室之遺編佇分四部傳柏梁之高宴即賦七
言然陪清蹕之遊更獻從臣之頌梁園旨酒居客右
以無疑謝砌替峇代一王言而枉郎適增欣抃遽辱緘
題仰承謙退之私何勝勤厚之意感激慙愧不任下
懷

謝史館馬兵部啓

右某啓伏審光奉聖恩榮升仙館恭惟慶慰伏以述
作之任褒貶尤先歷代所難遺編可復闕里之七十
子獨邱明之授經春秋之二百年唯董狐爲良史矧

武夷新集　卷之十九

設官之斯在固非賢而勿居側聽殊遷實由慎柬兵部學士學精玄史識茂經綸鼎策決科早擅場於多士彩纓就列必陪議於外庭出分郡守之圭符入佐縣官之鹽鐵民謠載洽式露冕以行春國用益饒聰耕毫而言利屬巳呡之致討方臺閣以選賢爰整使車遴調兵食木牛流馬千金之費無虧玉壘銅梁二捷之詒繼至梟巢已盡騶騎爰來青蒲屢奏於便宜錦帳榮遷於禁署仍披載言之任克彰遺直之風延閣討論雖假獲麟之筆坤維漕輓猶煩乘驛之行豈增秩以勸能實藉才而集事佇及朞之代受方汗[illegible]

綵

以成書某早仰芳猷幸陪清列適遂親仁之懇未伸
致賀之儀敢冀恩私特遺緘尺願言內省非所克當

謝徐左司諫知制誥啓

右某啓伏奉制命蒙恩特授前件官知制誥仍故賜章服者代言之任實演於綵綸賜服之崇莫過於銀艾仍進東臺之秩便參右掖之榮苟非名流不在茲選祗荷成命若無所容伏念某才不兼人學非博物關西清白徒襲於素風天祿校讐偶塵於美仕久居諫署莫貢阜囊頃草國書謬刊青簡尋一麾而領郡凡再歲以歸朝宿於交戟之中惟思幞被班在赤墀

之下深媿彩纓蓋自知之甚明亦不能而將止衘轡
者千數豈敢詣於軍車諫諍者七人未嘗被於殿檻
官守之方既失食浮之譏已喧敢冀明恩猶加殊寵
稱衮增秩任在於彌縫視草求才職思於潤色及奉
延英之對更頒命服之榮鳳閣徊翔已玷巢阿之地
鵷梁忝竊曷逃濡味之譏矧惟星垣上法天象熒煌
之座出處近於三台清切之司動靜尊乎肆禁紫宸
揮翰垂作典謨紅葯裁詩形於騷雅為仕進之極美
顧鄙陋以寧堪伏揣器能深惟職業凡台之部舊模
委但懼稽留六曹之奏議紛紜將何牽決恒繁劇

增惕念舊跡之有因此蓋某官欽奉昌圖勤求片善採虛名於畫餅獎薄技於雕蟲揮麈尾之談曲垂題品借羊角之勢使得摶扶敢不磨厲以須僶俛從事庶追假人之謗用酬知己之私過此以還未知所措

與史館晁司諫啓

伏審光奉聖恩榮加寵命伏惟慶慰竊以周有司諫之職所以名官唐設大夫之階因而命服處諍臣七人之任超散官五品之榮仍兼史閣之賓實聳士林之覩司諫學士瑰琦邁俗純粹積中負王佐之偉才擅人倫之嘉譽至誠過物固璞玉以揮金餘力爲文

必摛錦而布繡自決科於丹陛便隨牒於四方主父
欲厭於宦遊賈誼始聞於召對職司直筆削青簡以
惟勤班奉內朝服皂衣而已久果上書於闕下旋對
策於禁中三道既成推平津於第一萬乘斯覽喜相
如之同時遂詔有司亟遷好爵華袞之職俾効於彌
縫名山之書再加於論次既臨軒而延見仍賜服以
褒崇朱紱被躬式將旌德嘉魚發詠用慶得賢同將
大樹風聲克揚職業三進及霤一言與邦更彰謇諤
之名便歷訏謨之任豈但文石之上爲鴛鷺之羽儀
蘭臺之中正魯魚之譌謬顧惟視筆實異等倫

與祕閣黃少卿啓

右某啓伏蒙尊慈以某忝奉天恩擢司帝誥特遺國風之什過形溢美之褒捧閱已還榮拆交集竊念甹唔末跡章句諸生秉筆屬文不過篆刻彫纓筮仕僅知校讐蘭臺既接於羣英交陛復參於近列北闕之下本嘗貢於皂囊東觀之中但恣窺於縹帙徒荷因材之惠倘迷進德之方莫談天祿之玄空索長安之米今者忽膺柬拔驟荷甄陞追秩本司代言左掖銀青三品之綬已媿曳婁絲綸五色之書將何演暢翅宦遊之最美而地望之尤清上應紫垣法星辰於大

象旁連黃闥接武於台司方與謌而是賡忽雅言而爲貺松茂栢悅蓋臭味之摩琛玉振金相但佩服之無斁矧推稱之太過實藻麗以相宣有二雅之遺風乃一時之絶唱隋侯明月旣類暗投郢客陽春其如寡和但口吻而成誦仍篋笥以深藏然以薄才自此增價雖黃巳定永依月旦之評華袞爲榮更比春秋之字願言感佩曷可敷宣

與梁舍人啓

右某啓伏自拜恩巳仰面贄恭惟舍人壺冰峻影巖桂標英稟秀氣於峨嵋振雄名於京洛學惟棍奧入

聖域而已優辯可儺堅占議圖而無敵品格素高於
月旦詞華早擬於天庭爰自先朝便升清貫內佐計
相外剖使符體寬大以布詔條用文雅而飾吏事坐
棠聽訟克播於歡謠視草求才果膺於急召爰九重
而肆覲見萬乘以垂知宣室延登問鬼神於前席禁
林試可給筆札於尚方一時之紙價頻高翌日之絲
言荐降南宮臥錦既改七兵之曹西掖封泥更裁五
色之詔將啓迪於帝載賓焜燿於儒林平奏議於省
中佇申明於唐制頒號令於天下同誕布於堯言三
代之風不日而復某聲塵無取名輩相遼偶諧附驥

之誠亦在續貂之末幸依先覺必免至於面牆怯見大巫已自甘於閣筆然得親於蘭室雖強厲於鉛刀願函丈之有日忽尺題而爲貺仰荷勞謙之旨愈增反仄之懷內省庸虛何以勝克

謝諸學士啓

某啓伏蒙尊慈以某近被渥恩獲塵禁掖猥以嘉什見奬薄材側聆變雅之音益認相先之分躭翫無斁愧赧彌增竊以省闥是分名數尤重中書右掖寺掌於王言太微西垣取法於天象樹棲雞而閣巢鳳地望頗清堦翻藥而御依苔須聲猶在苟非才標國器

往不
大之

名動京師何以章尺一之詔書當三府之奏記如某
者學無師法行匪瑰琦顛沛未省於違仁迂潤終非
於曉事徒荷兩朝之顧獲參多士之林宦路乘軒有
同野鶴諫垣緘口更類寒蟬自解郡符倘塵書殿影
纓謁帝猶接先生之並行返服歸田欲賦幽人之長
往不謂出於非次忽被殊遷擢居清切之司得裁寬
大之詔進秩東省既絕曹於七臣請對西清仍賜屏
於三品顧官箴而彌懼忽風什以見貽曲借聲光備
形藻繪盛飾嫫母豈足拚於陋容輕擲隋侯曾不惜
於至寶絕唱固難於屬和厚意深切於佩銘唯將璀

倍異

言徧示知者金相玉振已傳誦於縉紳墨妙筆精更
深藏於篋笥珍重之至倍異等倫[illegible]
與薛舍人啓[illegible]
右某啓伏自光奉天恩已伸拜賀伏以舍人汾陰令
族稷下名流摛詞投天聚學成海千丈磊砢材實任
於棟梁十德瑰琦器自標於瑚璉早踐揚於近署久
薰灼於大名羣公懷居右之懇萬乘假相得之睠調
兩河之兵食遂輟輶軒裁五色之詔書爰陞瑣闥華
星列位既上應於哀烏文石分班且日邇於鵷鳳[illegible]
已給北宮之饌筆判西掖之五花恩若湧泉東將[illegible]

腕盤石尚在念祖德之不忘青紙遺類見王言之誕布固湯誥禹謨之可復豈元和長慶之足云某品格非高資望素淺慕義不已徒願於執鞭受寵若驚敢希於結綬附騏驥之尾或千里之可期草鳳凰之書憂一詞而不惜北面永伸於師事東邱豈愜於誨人庶承善誘之恩少逭曠官之責特蒙殊念曲示長箴仰藏重知無任下懇

謝賢良登科查正言啓

某啓伏覩拜恩已伸面賀竊以漢崇儒術始策問於賢良唐設制科多東求於將相既公卿而表薦亦郡

國之計偕延見於白虎之庭召試於紫宸之殿設以三道必人事而直言賓於四門咸茂才而異等由是仲舒晁錯明精禮相盪之源居易微之中才識兼茂之選故西京號爲得士貞元謂之尙文烈於聖朝建修鑒典萬乘端冕坐於武帳之中羣臣彯纓侍於文石之上設帳幕之九張給簡牘之三千賜盛饌之大官示温顏於前席束帛加璧顧未爲優築館以金曾何足算而某官欽承清問奮發雄才輪動若飛文不加點吾邱之智略輻凑自謂少雙平津之條對精詳果居第一天子屢形於勤息諸公咸願於[illegible]

仄席之求旋降出綸之命仍於翌日復對兩階天威不違獨恨相得之晚與人間出必立非常之功方偃伏於下風忽奉承於華檢仰窺謙退非所克當

代温大儀謝史館盛太博啓

數日前特沐眷私曲貽編集窺捧之際降歎尤深竊以雅頌之興實由於王澤風騷之妙則稟於天機苟非命世之流豈在言詩之列太傅逸才泉涌麗藻星繁識窮象帝之先學覩孔堂之奧一自奮飛閶籍冠映儒林獻頌宸居固有凌雲之氣援毫史閣已成冀日之書餘力需然英詞煥發窮萬殊之奧賾究四始

之本源探驪龍以得珠截文犀而取角不假江山之助而才過楚人非由夢寐之祥而思淸謝客何連編之斯獲但成誦以忘疲便欲寫於屏風題於團扇同箴銘之例勒在盤盂比書札之珍置之懷袖表詠歌之不足庶佩服以無厭齊國聞韶雖已臻乎忘味荆山抱璞亦終類於暗投感厚意之近臨豈多談之能盡

答舒州孫推官啓

某啓數日前伏蒙尊慈以灊山詩筆兩編曲垂惠貺躭翫之際歎服彌深竊以王粲從軍嘗聞流詠蒙莊

試吏亦復著書頗成名家兼彰傳誦其如文多齊氣深貽舒緩之譏道畢邱門用成恢恑之說非優入於聖域尚垂厥於方來推官員外命世之才爲時而出膺五百之運豈媿史遷冠三千之徒獨稱顔子矧於同氣俱負大名一枝連得於桂林兩驥並馳於金埒雄詞冠古將掞天庭後進望風如登龍坂爲斯文之盟主擅當代之師門自屈佐於初筵亦久沉於下位矧羣舒之劇郡控九江之奥區皖伯古城舊主咨繇之祀灊峰勝地曾經漢武之遊真仙所憑司命有集靈之字禪林特盛祖師開說法之堂朱邑桐鄉之遺

祠䕃令望江之舊治著於方志並在郡封標舉猶存
風流未遠自昔登高能賦始爲大夫因事陳辭爰稱
作者故岑陽極浦騷人所以寄懷太邱豐碑伯喈稱
其無媿竊尋高致實慕前修或奮發雅之建裁麗唱
或磨礱琢琰載刻好辭叩寂課虛若玄珠之斯獲飛
聲騰實同華衮之爲榮其於珪璧相輝咸韶並奏
鏡武庫徒懼於鋒鋩初涉天池豈知其涯涘頗同投
暗但冀服膺顧惟卷談靡能盡意

與史館陳大丞啓

竊以國家東來時彥論文國書用階炎漢之得人亮

斯 斯 氣 東 夫後頒 紹昔覩

就陶康之大典頗重斯選實勤其才蓋筆削是資褒貶攸出七十子之內雖卜商而不敢措詞數千載之間惟馬遷而斯為實錄布在方策皎若丹青苟非洽聞豈能善繼太丞學士學探聖域道冠儒林鍾間氣於岷峨襲遠源於汝潁策名天府早登卿老之書東帶周行久從大夫之後中都佐治殆絕飲羊南海頒條嘗聞祭鱷克紹昔賢之美聿彰循吏之稱式覩徽還爰從試可覽長卿之辭賦既喜同時任南史以策書允資遺直圖將申明徽旨綴緝闕文石室明堂正圖籍之散亂甘泉太液奉輦輅之宴嬉載參法從之

榮更懋成書之業自聆美德方愜丹衷敢辱牋題過
形詞旨

答集賢丁孫二寺丞啓

竊以漢庭下詔是設賢良之科唐室聚書乃開麗正
之殿非懷才傑出命世挺生識際天人學該玄史將
何以敷陳三道塞清問於當陽區別九流究微言於
壁簡此爲愼選允屬當仁伏以學士巖電奇姿天球
逸韻翔而後集同威鳳之得時聲必成文類洪鐘之
待扣一昨聖君虛佇明詔誕敷舉爾所知公卿開尉
薦之路輔予不逮制策有勞謙之言供筆札於何方

條
披藻

臨軒揮而旰食亥不加點益仰懸多之才喜於同時猶恨相見之晚允契得賢之美果膺加等之恩往惟月之卿曹升集仙之書府祿祿如玉固待價而已沽菁菁者莪但育才而俟用某內惟慶幸獲覩騫騰自虎深嚴已窺封條紫微清切仍草除書亦契夤緣唯增企慕敢期眷念特示襃題仰披藻縟之詞彌切欽降之懇

答集賢李屯田啓

伏以曹郎之設地望頗崇議三臺之政刑分六聯之專任更宜建禮伏奏明光含香握蘭趨走於丹墀之

下錦帳綾被偃仰於畫省之中選侍史以護衣賜大
筆而起草應星躔於玄象振羽儀於周行自非挺田
鳳之風標負黃香之聞望賦成平樂枚皋擅於多才
對罷雲臺鄧攸推其博識在於慎柬豈稱僉諧郎中
學士名冠士林學探聖域梁園奏技曾參賦雪之流
衛幕從知幾擅愈風之妙自入奉於朝請仍典校於
圖書屬膠庠大闡於素風屋壁旁求於墜簡正石經
之訛舛鏤金板以流傳咨亟行俱下之能辯三豕渡
河之謬鉛黃斯畢克彰稽古之功綸綍載行式懋咸
青之業既登郎而進秩復仙殿以兼榮雖省闥以分

李

曾且禁垣而通直佐八座以利擿時大文昌之宮接
諸儒而討論未離羣玉之府實爲清顯允稱徊翔載
惟遠大之程固應翹企可俟

謝門下李相公啓

伏蒙台慈特示及蘇州重元寺彌陀院新大藏經碑
草本者盥手捧持洗心諷誦醍醐灌頂頓覺清涼篇
辭在懸自忘滋味豈嗟嘆之所及固鑽仰以彌堅恭
惟相公以無礙辯才住第一義諦千方遊戲聊現宰
官之身萬行圓成自是法王之子蓋以靈山付囑貴
託大臣震旦流傳雅資外護受佛真印爲世導師退

悲智以濟羣生體忠貞而翊明主心如金石功等塵沙一念不生諸相皆離推求靡得若環之無端應接忘疲猶鐘之待扣且以十二分之教五千軸之文始乃一事之因緣終由五性之差別捨文字而非法深念淨名之言會權實以歸宗思闡大雄之旨因茲勸之勤請值郎廟之餘閑退食晏居虛室生白乘興洒翰湧思如泉煥乎文章所以聳動顏俗歷然境智所以誘掖迷途揭慧炬於昏衢指寶藏於貪宅祇園四衆識所歸依秦市千金固難增損式護持於末法用佐佑於能人文何必內史翻經廣譯五天之語長者

於林　愚亦

諸論深談九會之因諒徧沙之攸贅非擬議之能及
某謬竊教典殊懵端倪每咨事於閣中幸拜塵於林
下咸因暇僕之頃必聆出世之談旣覺悟於輪迴方
咨嗟於孤露又彌勒之閣頓獲圓通升闕里之堂敢
希殆庶而相公憐其可教許以知言雄文纔絕於麟
毫副本遽傳於蝸舍非子期之善聽豈辨流水之音
雖野人之至愚亦識貧瞳之快然學道須資於勇猛
至理豈尙於撝謙況荷印可之私益勵勤行之志踊
躍無已得闡半偈之指歸主伴是期歷見一生之補
處慶幸之至倍萬常情

代人謝鄧州錢太傅啓

竊以敦詩說禮晉求元戎之才察俗觀通唐重廉車之任自非翁歸之文武兼備吾邱之智略少雙夙簡萬乘之心曷奉十連之寄太傅識推王佐道出生知鍾閒氣於一時踐亨途於早歲掌命書於內署言成典謨總幾務於中樞道光啓沃俄切北堂之榮養懇辭溫室之近班鉛黃再就於圖書枹鼓寢清於京轂兩河作鎮祇談笑以安邊三輔乘軺得便宜而從事前席之恩彌厚出綸之命遂行雖南陽地雄已列通侯之籍而東山望在未慰蒼生之心佇立奇功與歟

羣聽用表法宫之命將如下九天便歸合席以致君

式蹟二帝顧惟菁頌實在於兹

武夷新集卷之十九終

武夷新集　卷之十九

武夷新集卷之二十

宋楊億撰

啓

上河陽太師相公啓

右某啓伏審榮鎮近藩已赴禮上伏惟慶慰伏以太師相公靈鍾象緯識茂經綸宣勳力於兩朝決機謀於千里傅巖良弼聿彰啓沃之勤鄭國宗臣克著規隨之効爰擁旄而出鎮亦緩帶以臨戎再秉鴻樞洊升黃閣行臺聿建總北落之雄師斥候載嚴制南侵之黠虜聊運七擒之妙亟傳三捷之音榆塞塵清旣

高枕以無事芝泥詔下遽介圭而來朝前席延登捧觴稱慶一人虛佇載加體貌之恩六纛啓行式掞股肱之地表海益光於賜履誓河用示於報功剖裂壤數圻經塗四達茲爲巨屏實控上游偃息自藩旣增重於九鼎詩書爲帥固坐鎮於百城丞隆夾輔之勳聿享期頤之算某忝承台獎實以虞祈

答京東轉運使館姚起居啓

竊以螭陛記言任專筆削隼旟按郡職在澄清所以建使節於日臺彰朝纓於文陛底慎財賦致軍國於富強昭明策書舉春秋之凡例自非蘊析豪之精力

負掞天之雄才聿當虛佇之辰登副至公之選起居學士氣衝斗極名震京師學通志篋之書理勝論都之賦一自決科漢殿通籍周行出須詔條允洽二天之詠入奉計最亟延三接之恩爰飛步於亨衢久育材於近署爰宸章於栢殿興祕記於蘭臺詞臣七人夙推譽諤王畿千里嘗督轉輸京坻載集於見糧麽肯固彰於餘地昨以河出砥柱如竹箭以奔流郡厝東平致金堤之壞決宣房未塞吏儀卜遷匏子興歎正下淇園之竹原田發詠大懼歷陽之魚曹輟英賢式撫新邑期會簿書之急繕完版築之勞祇役惟寅

成功甚速水返故道還東海之桑田人服先疇識新豐之難犬豕無虞於昏墊實仰賴於神明旣安堵以阜生將解龜而受代載加命數仍委事權當九重注意之初在列郡承風之地海岱之壤俗號富饒齊魯之邦氣多舒緩詠宣寬大之詔用躋仁壽之期至如奉三尺之竹書克勤刺舉調千金之粒食無事誅求此又掩心計於研桑笑霸圖於管樂良史之任卿爲假道之資富人之封固有魏足而倚某幸竊除目方切欣愉遽辱長牋過承謙挹願言銘佩無以喻云

答史館威屯田啓

編

階

竊以四方上計實領於南宮三署爲郎遠從於西漢主文書起草者蓋出於妙選掌戶口墾田者素號於劇曹自非籍甚聲猷嫺練故實逝平樂之詞賦飄飄遊天地之間挺京兆之容儀堂堂出風塵之外卽何以口口建禮趨走赤墀之途典校鴻都筆削素臣之傳欽聞成命允謂當仁員外學士學殖賢深神鋒耀頴擅東南之美馳譽無雙登賢能之書對策第一自翰飛於在路諒冠映於朝倫職佐地官頻版圖之增羨經中博士亦綿蕝之居多剏復參汗簡之刊修奉和鑾之遊豫陪外庭之高議次藏室之遺編氣蓋羣

英吞雲夢者八九辯摧異學服稷下之千人莫之敢當無出其右汝南品格固首出於月許天祿職司亦久次於官牒爰膺慎柬尤謂美遷麟臺仍草於國書雉省共許於事典上應列宿蓋懸象之著明藏之名山乃立言而不朽職業甚重公論攸歸側聽風聲用清心目顧忻愉之所集辱牋簡之俯臨荷眷獎之殊深豈引喻之能既

與集賢楊太傅啓

竊以待詔承明之庭漢得人而爲盛修書麗正之殿唐置使以甚雄故子雲以詞賦擅名燕公以史筆自

任汔今官史未改祿秩彌優公宴舉觴禮均四輔禁
門通籍地接千廬自非學洞縑緗識參鼎象博物幾
乎子産屬文似於相如卽何以記三篋之書諸儒歎
服獻四巡之頌當宁嘉稱允屬宗英式光俊選太傅
學士仁兄洽行尤異秉心塞淵體大雅以成文蹈中
庸而爲德朱絃疏越宛有正聲玉水方流自懷至寶
由計偕而旅進乃籍甚以馳稱紫庭亟覩於決科黃
綬旋聞於隨牒刺姦南部載宣懸棒之威求瘼番禺
益勵酌泉之操適討論於邦典仍幹掌於關征聚貨
殖於五都米鹽斯劇考質文於三代緗蘊居多俄慷

武夷新集　卷之二十　四

果

慨以上書果深嚴而召試平津第一諒博極於天人江夏無雙且忝觀於圖史顧亨途之伊始實與識之攸歸剡瀛洲列仙之殊庭羣玉上帝之册府昔者金泥石礎嘗草東封之儀縹秩芸籤重定開元之目令天孫侯翠華之幸屋壁藏科斗之書必將講故事於乾封聿修盛禮訪遺編於汲冢大備闕文罄竭誠明彌縫職業荷非鴻碩濫副疇咨叨忝預宗盟並荷堂構三惠敢期於虢爽萬石徒喜於不衰側聽寵遷幾至抃舞幸同栢悅誠異味之靡殊願比蒿藁庶本根之攸庇豈斯撝抑先賜牋函感惠靡之所宣但[illegible][illegible]

藩

而無斁

上河陽太師相公啓

伏覩内降制書伏審太師相公榮膺寵命伏惟慶慰伏以太師相公道光人傑才耀國楨克將佐命之勳夙茂經才之績爰自總萬機之宥密擁十乘以藩宣敦郤縠之詩書聿開義府仗孔明之節制載肅戎旌鳳池爰副於具瞻虎落尋清於外侮執圭肆覲奉旗戾於當陽列壤增封錫山河於右地今者卜郊宅位類帝禋宗降明詔以裦功推湛恩而進律開府之貴均禮秩於三公賜履之榮益井田之千室允爲異數

載答殊庸某夙荷重知方遂巨屏側聞成命竊抃丹衷望初筵而莫遂皃翅瞻大厦而空懷燕賀依戀之至倍萬常情

上陳州太尉相公啟

伏審光奉制書榮加寵命伏惟慶慰伏以太尉相公天資全德岳降上靈黃石一編早契神傳之妙傅巖三命式符帝賚之祥爰自蘭錡訓兵齊壇謀帥伏波方畧既闇合於孫吳卻縠詩書遂卒先於狐趙而鑿門受律堅壁防秋斬級雲中克清氛祲散金廡下大振威名旂常備載於勳庸屛翰益光於符注式兮古

地爰踐中台申伯藩宣諒夾輔於周室段干偃息盍
臥治於淮陽今者肆類郊丘推恩方鎮進掌武之秩
用冠三公加食采之封更踰千戶表聖朝之尙德見
明詔以褒功慰四海之具瞻實九鼎之增重某分庭
納顧雖殊荀范之衆人賀厦翹誠莫預申陵之下客
欣戀之至倍萬等夷

又

近者伏蒙台慈特奏建州浦城縣道塲觀音禪院僧
德威已勅下賜紫衣者仰荷私恩伏增榮感竊以某
族惟單緒門襲素風淸白相承本從關輔亂離云瘼

尋從江吳更因唐季之稱兵遂抵閩隅而占籍堂構已經於數世松楸皆在於彼方爰從祖禰已來雅奉竺乾之教聿崇象設式表歸依乃建精廬載延開士捨良田而供給闢淨土以焚修僧德威實主仁祠能邁戒律雖四衆圍繞彌天之辯未聞三界輪迴出世之緣尙淺然克稟六和之訓頗通九部之文梵宮式藉於主張相府遂形於陳乞敢謂太尉相公俯矜懇悃特賜允俞奏章遠達於宸嚴命服遂沾於慶澤光生鷲嶺喜動雞園諒衣錦還鄉豈讓買臣之故事在種蓮結社更修惠遠之良因顧於謏生實受大賜雖

螭起雙

窮毫副難敘感銘

與兩浙轉運史館孫起居書

竊以古者設紀言之官，立司過之則，職當汗簡，固君舉而必書；事及翦桐，表王者之無戲。爰自分曹兩掖，通籍九門，陪鹵簿於林光，出忝法從；接公卿於文石，入奉內朝。最親咫尺之顏，實草起居之注。自非通邸索典墳之學，挺忠肅恭懿之姿，即何以束帶彯纓，貢周行於螭陛，懷鉛持槧，約魯史於麟毫？允屬時英，克符師錫。起居學士詞源沃日，文律融春，穎水生賢，占茵爽無雙之譽；漢庭發策，得平準第一之科。外忝付

武夷新集　卷之二十　七

杜
臺
桑之復
展之署

使之符歸蹊石渠之署閱圖書於冊府方討典經幹鹽鐵於縣官遽商功利自爾陟詳臣七人之列足太倉九歲之儲靡施次骨之文而庶邦震肅不假析毫之術而內帑充盈率經義以治財奉詔條而集事爰膺慎簡聿副疇咨亟推進秩之恩更賴當官之業昔張蒼以列侯之重主郡國之計書杜預以常伯之崇領江淮之轉漕允資餘地兼總外臺分南薫之官曹運研桑之心術卽俟上林朽貫復全盛於西京大斡鳴鑾展封崇於東岱偃入金鼇之署式揮玉牒之文寵祝之誠實在於此

識 行 潔 雲

與史館修撰陳秘丞啓

伏審光奉聖恩榮兼美職伏惟歡慶竊以直史之任歷代所難自非通倚相邱索之書專羊肸春秋之學博物稽古多識舊章變例發凡深窮微旨加以書法不隱有骨鯁之風多聞闕疑無胸臆之論三長之才讖兼備六家之論議所宗即何以蕭斧袞章繇一言而褒貶芸鑯縹帙垂百世以勸懲適會昌辰聿崇大典筆削之任推擇攸先綸綍之行僉諧允屬秘丞學士德侔溫玉道類直繩勵清節以潔身聚多文而潤屋祥標竹箭早擅價於東南譽冠雲龍實飛聲於京

懸擀

洛爰自懸科命中通籍允升黼藻斯文羽儀列辟南州高士擀茂躅於置郵漢庭諸公讓博聞於童席乃至薦雄之章狎至召鄒之命亟行猶復未登兩馬之車願奉三年之計既解龜而受代方束帶以立朝果召試於清宮遂榮歸於延閣嘗載言於汗簡佇昭明於策書賚待問於撞鐘式講求於典禮南董將伸於遺直游夏豈敢以措辭自茲素王繫月之文不從廢墜絳老疑年之對有所咨詢永爲吾道之指南克副大君之虛佇幸覩得人之盛但萌竊抃之心遽辱牋封備形謙仰感慙忻荷無以喻名

與孫舍人啟

竊以三代誓命著於尚書兩漢訓詞號爲爾雅然而經祖龍絕學之後頗多闕文處金馬切問之司止令視草故方策之言未備亦潤色之業非專爾後慎選臺郎入居禁闥殿壁塗粉始更主於文書省樹棲雞亦通掌於制誥施及唐室實司薨言職業溢於掖垣備存六典判署聯於台鼎是號五花乃至奉武帳之論思平文昌之奏議泛樓船於汾水舉觴中流校羽獵於長揚獻賦行在陟降上帝之右親日月之光華踐履赤墀之塗接夔龍之步武盍從臣之佳選固明

主之簡心舍人素履時中英詞鼓動敏行具聖人之體博聞推君子之儒爰自委質休辰飛鳴華貫鴻都汗簡復春秋之舊章螭陛含毫成起居之新注適屬疇咨俊乂啟廸徽猷俄召試於宰司遂榮登於禁掖言成綸綍用裁誕告之文腰佩龜緺更旌稽古之力欽聞戒命允叶至公某夙以孱庸濫塵清切妨賢自素稱職無聞媿爾切於濫竽榮遽諧於倚玉盈川自省謬居盧駱之前文園後來合處鄒枚之右佝茲始隗妄敢望回躑躅唯覺於負芒澄汰誠甘於幞被恕承牋簡過示謙沖仰荷眷私伏增銘悚

與秘閣劉校理啟

竊以中祕之府實藏王者之書簡策相沿規模咸在是以麒麟之閣西京典於校讐蓬萊之山東漢徵於兆象乃至薛夏建議內外始分鄭默勵精朱紫斯別既備三閣之制度且列四部之籤題施及聖朝申明前典直太微之左掖飛觀雲連購先秦之舊編縹囊山積詳延俊乂崇樹官司羨府攸歸卿材是育修書仙殿遠侔置使之雄待詔公車用顯得人之盛自非髦彥豈預僉諧某官德茂溫良詞標典麗爰自命鄉觀國筮仕策名縣道臨民適動徒勞之歎銓衡課吏

早登尤異之科屬愼柬之方初俾有司而試可及服勤之云畢杲明詔以疇庸遷棘寺之要官掌蘭臺之祕記步武石渠之近署討論金匱之羣言扈蹕甘泉卽膺從臣之嘉頌紬書天祿佇期太乙之下觀乃眷方隆雄飛莫測

與嚴殿丞啟

旬日前特蒙殊念垂示華編曲形過聽之私俾獲榮觀之願耽味無斁降佩兼深竊以伏羲之受河圖述作由玆而始仲尼之爲木鐸文章可得而聞自玆素筆之流固亦雋肩而出立言不朽何代無才殿丞刻

髦

志縑緗厲精翰墨爰自命卿論秀早中高科學古入官不忘素業賾化成之深旨體潤色之宏規登高動能賦之心下帷有著書之志乃至作檄楯上聿成插羽之文詠詩坐中特擅燃箕之妙及從大夫之後益彰君子之儒方今開秘閣以集時髦剽甲兵而崇學術巖廊賛德載賡元首之歌茲扆凝神更第從臣之頌眷惟俊乂即副束求豈意碩疎許披藻麗文以博我蓋辱於同聲暗而投人恐成於虛擲但諷誦於唇吻永緘秘於巾箱自茲以還未知所措

與史館王大著啟

竊以太史之職受郡國之計書中秘之司掌古今之載籍爰曁方來之服式隆再命之榮自非時髦豈塞僉議大著學士才名籍甚意行瑰琦挺邱園耿介之姿澤霧雨文章之美爰自薦能鄉老階尺木以方初命中澤宮聽先鳴而咸服旋策賢良於祕殿遂登造秀之首科諸生偃於下風萬乘幾乎前席千里之足果見驥於埸苗連城之珍終混成於國器俯及瓜時之代俄煩芝檢之文落筆中書之堂英詞煥發東帶大夫之後成命亟行便高踐於石渠仍寵加於銀印書法不隱旣遺直之是賁車服以庸亦稽古之無忝

佇演秦臣之傳克成青簡之功入直深嚴只在伊邇

與虞部先輩啓

竊以江左取士東堂存策試之名唐室求才南宮設科第之盛得賢之美垂裕無窮允屬欽明克敦文雅臨軒者較前席諮詢張轂以攬英雄錯薪而刈翹楚堯心定於取捨軒鑒照於妍蚩掄曠代之舊規著聖朝之令典顧惟褒傳實契遭逢郎中先輩夙畝奇姿空峒勁氣夙負佐王之略不閲非聖之書彪炳成文虎豹異犬羊之鞹扶搖上擊鴻鵠非燕雀所知矧以束帶金閨含香畫省擁彤襜而刺郡曳朱紱以立朝

雁塔赴杏
文苑
師

而猶獻志業於公車希彙征於貢部鐘鼓在宫之韻固已聲聞琮璜成器之珍豈煩試可果須芝檢高踐桂科題雁塔之姓名榮聯玉籍赴杏園之宴集載促星軺極美事於昌辰鼓芳風於文苑寵章畢集顯遇方初敢謂恩私特貽牋翰

祭文

宣陽觀祈雨文

咸平二年月日知軍州事楊某謹遣麗水縣尉侯儼以香茶酒紙之奠致禱於宣陽門葉天師之神卉物具腓驕陽爲患倬彼雲漢夫昭回於天畏景載炎膏澤

民荐饑者 擔
亦勞
肅陰隲孔
之天民
鑒茲
年大
行家獲

靡降川原將竭稼穡卒瘏比屋嗷嗷大命將止去歲
小歉斯民荐饑食者不厭於糟糠富者亦窒於擔石
菱藜啜菽力耕數耘期乎有秋以續其命而朱夏將
半溽暑方隆肥蟘興妖旱魃爲虐人亦勞止天其忍
諸唯神佐佑化工惠綏茲土廟貌載肅陰隲孔昭乃
眷含生詎可無意人者神之主食者民之天民失其
天遂至於死神之其主復將疇依神其鑒茲下誠請
於上帝使龍起沮澤蜧躍層波雷鞭一揮雨足散洒
溝塍流溢溪谷沸騰蕘然善苗如揠而長年穀大稔
厲鬼不行家獲倉箱之儲人免塗炭之患當潔祀典

以答神休若分野纏災陰陽作沴凡有礙咎宜加守土者之身百姓無辜庶可以免

宣陽觀賽雨文

近以愆伏之氣沴於陰陽旱暵之災延於稼穡某忝守茲土不敢遑寧雖天災流行厥有冥數而神道正直享於至誠惟天師敷佑一方歷祀浸遠功濟萬類化馳九幽慘舒天吏之權陟降上帝之右肇建真宇聿爲殊庭尸祝具陳若亢倉之居畏壘祭祀不絕猶朱邑之在桐鄉靈貺孔昭斯民攸賴是用備菲薄之奠陳危苦之辭願以一介之軀少贖百姓之命精意

祁祁甘澤

懇禱冥感亟通山川出雲天地交泰祁祁甘澤濡潤轍而有餘莓莓原田取嘉穀而可冀明神無之祀之媿農夫慰望歲之心夫如是神之降祥至矣民之受賜深矣當與周棄播種百穀勾龍平易水土功德相若社而稷之雖肸蠁無方高明不宰然豺獺有祭亦出於自然黍稷非馨豈賚於備物爰潔祀典以答神休適因昭報之辰更露虔祈之懇以畏日流毒多稼向榮水泉枯乾山田磽埆民非稻不食稻非雨不滋秋孟以來浸潤恐竭豈昔也如響之斯答而今也爲蒐之不終一簣之功儻或中輟一溉之益亦必後枯

神其鑒茲下誠終乃前烈殞越顛沛罔敢自安洗心
瀝肝仰冀冥助

中書祭周王文

惟靈毓質星潢分輝霄極性資敦敏體茂温文内寢
承顏辯彰對日上庠齒胄兆啟洊雷篤慈愛於兩宮
襲慶靈於百世在三之訓允契於生知並建之文式
光於邦典將佇壽街之對遽促瑤山之期美疹弗瘳
英猷永謝悲纏宸扆痛結宮闈神醫靡逢收倉舒之
不幸仙期斯迫同子晉之上賓今者先遠戒辰塗芻
備物旌庭慘咽行路涕洟某等叨預鄰諧實均休戚

吹銅叶吉早徒祀於靈長埋玉興嗟今永賴於徽懿聊陳薄酹用薦丹誠明哲如存儻垂歆鑒

中書祭安王文

惟靈温文毓德明允存誠自天攸縱秉時挺生始勝衣而趨拜乃錫壤以連城銅梁井絡朱方廣陵時維邦翰迭寄宗英列邸清禁藻梲連甍趨朝文陛佩璽鏘鳴傳百世之本枝著龜襲吉對三雍之雅樂領第飛聲爰自蒼震承乾龜蒙胙土分寶玉以展親增脤膰之異數宗子頼以維城王室繄其夾輔每爲善以自娱惟聚書而是務搜河閒之藝文盛兔園之詞賦

桐圭之寵方深駟隙之光靡駐遽歎逝川倏悲先露空碣館之金臺悵淮山之桂樹爰詢遠日乃卜新阡兆逢龜食地得牛眠啟佳城於旭旦瘞美櫝於重泉顧銘旌之將引實行路以凄然某等獲事公朝曾居宰府每接音徽親陪步武痛仙馭之賓天閟夜臺而終古拜送靈輀躬陳薄酹聊裁緋以申哀慨臨觴而不御

二司使祭安王文　代上谷公

惟靈若木分輝渾金毓質性敦孝友體茂溫文爰自賜策漢庭作藩益部乃眷斗牛之分盡荒淮海之都

前引哀
磬
文
帝

克樹風聲以屏王室洎膺乾出震運啟重熙分器案章禮加異數茂徽猷於麟趾錫壤地於龜蒙方將傳百世之慶靈奉兩宮之歡讌俄遘夢楹之禍忽嬰藏壑之悲藥靡驗於上池神遽歸於太素梁園霰雪悵枚叟之何依緱嶺烟霞與浮邱而共往今者將臨遠日永即幽扃鹵簿宵陳銘旌前引哀深行露痛結宸闕某幸忝國恩式司邦計愴磬維之永謝屬窀穸之有期泣送靈車躬陳薄酹仰期聰直倘克歆嘗

代王氏祭故鄭國長公主文

惟靈寶婺淪煇銀潢毓粹降靈帝胄稟訓公宮居循

不謂衰
纏於復
於
軒疏
卑

圖史之規動叶珩璜之節爰自降嬪啟光下嫁承榮仁洽宗姻禮均娣姒天光燭燿式諧鳴鳳之占戚里懽怡仰賴卿雲之蔭不謂衰門薄祜神道挻災秦樓運迫於登仙曾館京纏於復魄九轉之丹靡驗百身之贖奚為六親悲極於墜淵九族痛深於崩角今者俯臨先遠奄及攢塗旐翣啟行笳簫載路望靈輀而雪涕徒極攀號酌清醑以薦誠尚希臨鑒

中書祭鄆王文

惟靈分暉霄極毓德英濬謙卑不伐慎重寡言爰自分封胙土授冊臨軒疏邸第於禁闈奉朝謁於天閽

碣館平臺與正人而遊處燕居退食唯善道以思存睿哲承乾文思廣運寄重維城禮優分器自閩粵之名區易咸陽之內地紫微八柄之崇帝傅三槐之貴寵極褒揚恩隆宴喜郊丘助祭夙夜齋莊方嶽陪鑾風霜跋履擅占對於璧池暢聲詩於麟趾皇輿展義京邑居留委茂清之管籥清多壘之戈矛念神州之重任戀重瞳兮涕流俄在膏兮生疹顧勿藥兮靡廖啟白日之佳城於茲永已瞻小山之桂樹不復重遊痛結宸襟兆開窀宅卜遠日於元龜咽哀笳於遠陌遡窀穸以言歸愴音徽之永隔某等叨榮台席接武

悬邈想英風於世表望靈輀於路隅永懷明德寅奠
清酤期降靈兮肹蠁恭執紼以躊躇

齋醮文

惠明皇后忌日讚佛文

伏以神遊已遠方尊如在之靈佛事載嚴用植無邊
之福爰及上仙之日聿崇衆善之因伏惟惠明皇后
積德口口流光錫羨長秋追號允鍾似續之祥清廟
薦誠克茂吉蠲之禮今皇帝運鍾下武義篤奉先祗
荷宗祧永懷祖妣俯臨諱日誕舉國章特就精藍聿
陳淨供會威德六和之衆瞻慈悲三界之尊庶憑金

無疆

地之良緣克奉玉清之仙駕惠明皇后早蒙佛記常住天官受百福之莊嚴證一乘之解脫配食永隆於廟貌卜年更祐於邦家今皇帝伏願位固金輪功周沙界五兵不試盡銷楚鐵之英萬壽無疆益茂莊椿之算然後願列藩荷寵更隆磐石之基當國輸忠永著和羹之効百辟咸傾於誠節萬民共樂於升平凡居覆燾之間同被文明之化

代門下相公承天節讃佛文

伏以妙覺能仁出現於大千世界深慈救物宣說於十二部經形悲智以悟羣生示辯才而持正法龍宮

海藏爰秘於金文東夏南圖式傳於像教所以植衆
德之本結學士之緣趨三寶以歸依發一念而迴向
六時讃唄克成上善之因四事恭勤用廣有爲之福
伏願皇帝陛下金輪益固玉葉彌芳體大德以庇民
推至仁而御宇深信內典入不二之門安住佛乘享
無量之壽永保後天之筭長爲諸夏之尊然後願寓
縣承平類四禪之清淨朝野多慶蒙百福之莊嚴止
戈載洽於昌期拂石莫量於浩刼凡居法界盡證菩
提

元德皇太后忌日讃佛文

元德皇

伏以堯門積慶邇鍾聖母之祥佛國往生更賴法王之力屬忌辰之斯屆痛仙馭以難追伏惟元德皇太后沙麓炳靈塗山毓德紀徽猷於彤管美播聲詩伸嚴祀於閟宮禮崇孝饗今皇帝表懷顧復深念劬勞感昊天罔極之恩崇淨土有爲之果每值上仙之日克修衆善之因贍十力之慈尊會五天之梵衆載嚴佛事式奉神遊元德皇太后伏願聞法靈山棲真內院念超三界高臨解脫之方智入一乘早證摩耶之果今皇帝伏願金輪永固寶曆彌昌武庫櫜弓見遠夷之率服仙衣拂石同聖壽之延洪然後願藩屏磐

世樞

維固本枝於百世樞衡鼎鼐平懸象於三階羣官盡効於忠貞萬姓咸躋於仁壽

代僕射李相公承天節設齋讚佛文

竊以六通應供從兜率以降生三藏契經假貝多而流布所以作羣迷之歸救迣大事之因緣自夢叶於金人始俗傳於像教香花四事式陳於梵修鐘梵六時聿嚴於齋供爰植無邊之福用成衆善之因伏願尊號皇帝陛下位等金輪功周沙界道齊千佛澤被四生邊陲載戢於五兵府庫常盈於七寶御世比能仁之福統天同大梵之尊八部歸依六戎款附華詩

祝聖克隆萬壽之期震旦興興王永護一乘之法然後
願朝野多慶興禮樂於三雍寓縣無虞息烟塵於四
鄙載洽淳熙之化同躋富庶之鄉凡在含靈並登正
覺

明德皇后中祥讚佛文

伏以丙殿上仙四氣俄周於歲律秖園薦福一人方
極於孝思是崇出世之良因以奉在天之神馭伏惟
明德皇后高邱襲慶沙麓儲祥作合神宗二紀式隆
於陰教居尊長樂萬方同仰於母儀俄運遍於眞遊
罔哀深於宸極今皇帝至仁守位盡禮事親慶方洽

於承顔悲怨纒於曷恃家邦異制勉遵易月之規霜露永懷彌切因心之感玄寢已終於遠日忌辰爰及於中祥特就精藍虔修浄供會南洲之高士祟西竺之妙緣庶憑大覺之深慈克證上生之聖果明德皇后伏願寶乘悟法華界棲神受佛記於雙林福星圖於百世今皇帝伏願萬靈薦祉千聖垂休壽考無疆克叶山呼之數干戈載戢永扶海晏之祥然後願親賢戚德於懿藩輔弼宣猷於宰府羣后竭輸忠之効庶邦堅共治之誠凡居普率之閒共洽升平之化

太宗皇帝忌日讚佛文

方仰於戚
之日益
孝伏惟
民耀神武
香
皇帝

伏以軒遊已遠百年方仰於戚神堯曆惟新萬乘彌深於孺慕每屬上仙之日益懷罔極之悲是崇衆善之緣式廣因心之孝伏惟太宗神功聖德文武皇帝握樞御極恭已臨民耀神武以混車書體至仁而懷動植焦勞致治早鍾厤代之期錫羨貽謀光啟卜年之祚今皇帝允膺帝籙誕擁天休紫壇隆升配之儀清廟著不祧之典睟容載穆聿嚴如在之靈諱日俯臨更極以時之感爰就布金之地仰瞻被衮之儀四衆翹誠千官就列遵竺乾之教修香積之齋用憑供佛之良因以奉在天之神駕太宗皇帝伏願高居智

地常御寶乘證大梵之尊嚴俯祐三千之界端丕圖於悠久彌昌億萬之年今皇帝伏願八表歸仁百靈薦祉西清聽斷垂裳臻大定之期東嶽告成探策表無疆之算然後願黃屏貞弼益光咨嶽之謀朱邸茂親克保維城之訓四氣咸均於嶰谷五兵永戢於靈臺凡居普率之間共樂淳熙之化

爲中書相公作醮文

竊以天道玄遠每居高而聽卑神理聰明唯至誠而通感矧處最靈之列仰承洪覆之仁苟戩穀以居多被寵光而彌厚實懷憂於非據輒謝過於已然伏念

某本以諸生早塵貫仕再登廊廟驟正台衡徒結寸誠無裨大政久辱高位頻虋具瞻當循名責實之秋處論道經邦之地萬錢賦錄但媿於素餐百度彌綸更聞於補職有妨賢路深畏官箴且慮徼福逾涯貪榮過分目玆人罰或致身災是用虔瀝至懷上祈玄造伏冀高穹降鑒列緯儲祥察玆夕惕之心矜以時來之幸少歆蠲潔俯納精誠垂祐顓蒙俾銷罪沴懇倒之至殞越無從

二十二

武夷新集卷之二十終

終

二十二

以下十七頁應訂二十卷之末
修序
刪去

楊文公逸詩文

獄多重囚見宋文鑑

鐵鎖銀鐺衆金科伏念頻絕聞空獄奏深慚片言人清潁黃公接黃霸爲潁川守八年獄無重罪囚甘棠邵伯鄰懷賢不能繼多辟豈由民

至郡累旬惡風同上

鄧禹功曹器馬周令長才叨臨萬室郡驟致五風災大木行將拔繁雲黯不開自知蒙闇極民吏切相咍

民牛多疫死同上

南海逸風多失性東奧喘月不逢醫一元祀典古所

重九穀民天命在斯眞相梶車寧致問族庖更刃亦焉施炎神癘鬼爭爲虐度虎消蝗復是誰

禁直上同

鳳樓鴛瓦蟾波濕衆籟聲沉百蟲蟄仙盤雲表露成霜何人夜半牛衣泣芝泥香熟封詔書河漢西傾移斗車陰風槭槭起庭樹寒澌戞戞鳴官渠千廬遞唱傳宵警海山鼇背蓬壺頂金釭珠網結綺錢玉井銀床垂素綆前席受釐詢賈生觀書百斤須中程投鐵乍應嚴彭節求衣誤聽蒼蠅聲渴烏漏盡繁星曙鳥鑰建章開萬戶初日曈曨豔屋梁鳴鞭一聲下天路

書懷寄劉五第二首（見瀛奎律髓）

世事悠悠未遽央，虛名眞意兩相忘。休誇失馬曾歸塞，未省牽牛解服箱。四客高風驚楚漢，五君新詠奏山王。秋來安有漁樵夢，多在箕峯潁水傍。

洛意（同上）

衡皐駐馬獨依依，寄恨微波帶減圍。淚迸不成雙玉筯，身輕誰試六銖衣。穿鍼暫夜星榆出，擺手清晨雪絮飛。目斷風簾舊巢燕，新看先傍杏梁歸。

獨懷（見詩林萬選）

獨倚青桐聽鼓聲，參旗歷落上三更。涼風捲雨絮中

斷明月背雲還倒行賴有清吟消意馬豈無美酒破愁城是非人世何須較方外吾師阮步兵

昇山寺　見建寧府志

層巒連近郭占勝有招提宿霧昏金像飛泉濺石梯鐘聲空郭答塔影亂雲齊千騎時來此尋幽獨杖藜

登樓　見古今詩話

危樓高百尺手可摘星辰不敢高聲語恐驚天上人

按竹坡詩話云見一石刻此詩乃李太白夜宿山寺所題豈好事者竊太白詩以神交公之事耶抑亦太白之詩為僞耶

貽館閣　見澠水燕談

尺無　剗去　老　城一鉄点　左

聞帶宮花滿鬢紅上林絃管侍重瞳蓬萊咫尺無由
到始信仙凡迴不同

傀儡 見後山詩話

鮑老當筵笑郭郎笑他舞袖太郎當若教鮑老當筵
舞轉更郎當舞袖長

留別 見浦城縣志

夢筆山前君別我下沙橋下我思君黃昏更過西陽
嶺滿目青山與白雲

司馬耕字子牛宋人贈向伯今進封楚丘贊峴 左金石志

仁遠乎哉其言也訒處德實歸耽思旁訊遵難遊邦奚虞悔吝疏爵丁辰寵名以峻

樊須字子遲齊人贈樊伯今進封益都侯贊同上

學優乃仕菌於家陪戎車爲右誓衆靡回質疑辨問仁智旣該建侯追榮垂裕方來

秦博士伏勝今封乘氏伯贊同上

伏生明經爲秦博士祖習微言流離耄齒壁藏其文口授厥旨建號旌儒錫封仁里

君可思賦僕分司西京許就所居養病以抒忠憤見宋文鑑

夫生民在世兮事之攸同子之能仕兮父教之忠[illegible]

委質而勿貳兮本陳力而首公雖代耕而徯祿兮曷期侈以圖豐亦懷材而待試兮將乘時而奮庸夫何直諒不回孤堅寡偶貫歲寒而勿改兮濯江漢而無垢中履潔以好修兮外葆光而虛受筮仕逢亨奏技承平濯鱗禁沼拊翼丹楹堯文載郁禹律惟精荷紫囊而舐筆兮從單于之勤兵霜颸刮骨流塵滿纓自此研精藻翰局影天扃毫殘雞管香消鶴綾髩凋屋幘心懸閤鈴刎乃郢坊酒醇武都泥紫版急鵠頭書詳馬尾石室紬書鴻都約史擿摭闕遺發明統紀竊企跡於前修庶同風於古始慮罔越思身亦勤止豈

勿　餅　貪天　尚

漢德於無窮納舜韶於善美志本勿矜言乎有憑非
施勞而伐善豈揚已而害能每燥吻而躑躅屢撫心
而屏營激談泉而載涸鼓思風而弗興感外邪而遣
厲始五日之沈冥悵官事之孰了汩勞府而靡寧豈
望夫連城之報豈愛乎餅之名嗟民生之朴忠希
在昔之遐蹤思不出位罔貪天功慕臺駘之業官肯
有二事念犁彌之辭賞愈激厥衷庶克終於雅尚耶
有埤於素風奈何兇心昌熾鄙言萋斐蠅薨薨以交
亂犬狺狺而迎吠賢登朝而共嫉女入門而各媢作
緝緝以翩翩競翕翕而訿訿結合險邪締造疑似俾

朕師之震驚怒星箕之華侈幸大度之不校専巧言而縱毁胡能傷君德之巍巍徒以動賢心之惴惴然後飾衛鶴之華軒衒黔驢之短技竊名器以晏居緫上下之愧畏俟貫惡之既盈將幽神而共棄若夫辟穆東房奚望清光定心服物偉量包荒耿求賢兮不及愼乃憲而惟康延登體貌義問覃詳伊蓬心之受惠憐橘性之有常寘之近署朵其寸長遇忠見察浸潤無傷犯四禁而多怨綴千編而不遑丁寧一札在省三章踐丹塗而乃春宴華林而醻觴動羣倫之聳羨曷丹心之弭忘盛憲多憂長卿沉疾退迹東岡之

刻去　刻去

陂皋首長安之日色變愁賓讒消病骨周田食粟聊强飯於數升江徑誅茅姑卻掃於一室豈不念悲哀作主咖畝思君羇心虆苦別緒緜棼嵋江一壓幸天畿之接畛成周五世庶宰樹以參雲感騷人之遺韻聊抒意於斯文

天貺殿碑銘并序 大中祥符二年十一月十七日作 見山左金石志

臣聞玄天之覆物也陰騭而無私上帝之臨下也高明而有赫倬昭回而成體其聽孔卑杳寂寞以希聲厥應如響故周書紀其輔德義易載其益謙百祿咸宜於以降其永命庶徵時若於以降乎嘉生斯皆自

賾

我民而聰明表其道之貞觀者也至乃秉陽而健垂象於日星得一以清成章於雲漢東壁列位主圖書之秘文魄寶淪精握河洛之命紀蓋乾之蘊至頤矣天之文有爛矣眇觀太古鋪觀往諜三五之世德化醇茂故伏犧受龍圖以作八卦軒轅得龜篆以朝萬靈放勛獲玉泥青繩之文帝舜膺赤文綠錯之瑞夏商以降績用昭明故大禹夢蒼水之符天乙拜玄王之字西伯之赤雀止戶武王之白魚入舟皆盛烈遹於神祇茂勛格於穹厚繇是口物口口以效質珍圖炳煥以告休宣純禧而奮景炎形實訓而示靈眷斯

固殊尤絶迹曠千載而罕逢卓異倜儻爲百祥之稱首不然者又何以運契於中和之極兆發乎至治之期𥛚□之□寂寥而無紀合符之盛啟廸而必先者哉崇文廣武儀天尊道寶應章感聖明仁孝皇帝陛下之御天下十有二載也纂□□□□□□□□二聖之丕基擧八紘之鴻緒中□底定庶邦協和玉燭陽明珠躔軌道頌聲載路協氣橫流百工惟時五兵不試仁風衍於無外洪化馳而若神品物茂遂而自儀羣黎富庶而知教庶徽纆之刑幾措弦誦之聲相聞人自謂於羲皇家悉爲於鄒魯行葦勿踐忠厚之

性度天綱彌疎寬大之德著淳源載復治具畢張皇上方端居穆清之中獨運陶甄之表執粹精而思道宅清明而在躬極深研幾淵默雷震揚蕤絢景煇光日新固已濬哲之懿升聞憯怛之愛敦洽金玉其度追琢而惟精雲日之表就望而無極當其爱景長至陰魄下弦斗城靚深虎闈寗穆建章萬戶管籥之有嚴衛口千屯誰何而載肅銀漢左界玉繩西傾挈壺之漏屢移滕席之對云罷方將凝神於甕濩寧體於清閒靜慮合於希微嘉應通於肸蠁俯及乙夜閲乎嚴扃煥發靈光燦若白晝乃有真人降於霄極臚語

示乎休徵將求衣而起對忽乘飈而滅迹天子於是申以齋戒致其精明爰乃獻歲發春之初祇受大中祥符之錫九寶宿設親拜於廣庭八神前驅奉申於黃道寘之恭館藏於東序乃復肆青於縣宇易號於初元惠賚浹於五管爵秩加於羣后均合飲之澤以侚齒推給復之典以貴農皇明誕敷純嘏均被繇是徇東人之勤請考乾封之舊章將以陟介邱禪社首奉符而行壽刻號以告成揚二聖之休光爲天下之壯觀列城除道口司講儀龜策告猶雲氣呈瑞口象物之感口徯我后以來蘇三神眷懷萬邦和會而靈

峯廿存

晨詣靈

心昭荅玄應沓臻以爲庶人靡常猶畢星之好雨羣小多辟或夏蟲之疑氷雖況施之殊倫曰之成曰猶復口甲以申告曰儆於清衷方將應期而紹至以彰乎絕瑞惟元年仲夏旣望之後夕上復夢神人諭以諄諄之意期以來月錫符於泰山於是濬發德意申儆執事有依類託寓之異曰疾置飛馳以聞粵曰鍾紀月銅渾叶度肇自初吉以及生明惟茲巖巖之峯存發穰穰之瑞祥光夜燭成十煇之紊卿靄朝躋結九葩之狀是月之六日也粵有梓匠晨詣靈液亭給斤斸之役草露曰濕人迹罕至忽得黃素於灌莽

之上其文有皇帝崇孝育民壽曆遐蔵之言周章震駭魂定飛越亟以白引進使曹利用宣政使李紳福卽共捧持以詣封禪經度制置使臣欽若臣安仁繖滕載嚴騎置來獻皇上周旋欽翼夙夜齋明醇粹內充典章兼舉命廊廟之元宰暨左右之信臣分授使前奉道靈貺驛傳云至詔蹕出迎羽衞星陳官師景從弁冕端委親拜受於苑中玄圖秘文復徧示於羣下先是陰雲待族大雨灌枝需泥治道之是艱窘服廢禮之爲懼是日也縣寓澂霽佳氣鬱葱口口之歟上躋光華在旦蕤叢最之姿迭媚紛郁垂文五絃之風

載燾九光之霞成綺口曰胥悅䥫轂來同翊乃綿蕝之儀素已草具翠葆之駕乃先啟行既備物以吉蠲俾有司而翊衛載以威輅入於應門星旄先驅金奏並作天子方復弭鸞旗而稅龍馭撫纛棨而坐帷宮穆穆皇皇以俟夫玄符之至也已而步自閶闔卒先羣司綱之殊庭是爲秘寶且復討論前載追求遺範煇景下燭秦既作畤珍瑞云獲漢亦起宮其後因軌迹而增崇建名稱而不朽者非可以悉數也乃詔會郡申飭攸司爰就靈區茂建清宇授規於哲匠董役以廷臣樸斲前蘊暨塗咸備法大壯以取象曾不日

以克成直寒門口口之庭鎮阿閣神房之麓雲封蹈趨迴尉於軒楹口口冽清載環於階墄秪若天覿表以口名既而愼擇靈辰揭之題榜乃有玄鶴集於彤甍清唳久之隊翔而去斯又九皐之僊質千歲之精精挺胎化之姿告壽昌之光者也及親封泥檢載揚標燎降口陰道禪於方邱會朝明堂肆覲東后口澤及於四海神化馳於六幽天子乃撫節盤桓遲遲軾遊豫周爰博覽以居於茲瞻堂構以改容臨清流以發歎金爐朱口口潛德以升聞翔盏清塵彰健行之不息旋軫斂至天成地平口時計功金相玉振且以爲

曆　祀

古之哲后褒紀瑞命方牘所述匯武可徵至若甘露黃龍標於年曆芝房朱雁播於樂章或作繪以彰施或緝經以論著皆所以昭答報降垂示方來爰詔下臣頌玆徽烈恭惟紫書秘諜薦錫於玉晨福應之六者也靈官真宇列峙於坰野制作之盛者也非有遷雄之博物通達崔蔡之發口清麗鄒枚之口辨曹王之氣質又曷能敷陳景鑠述宣鴻明著之金石之刻流乎億萬之祀如臣膚淺豈能演暢拜命之下口口惟勤頌歎游揚雖豁於素蘊博約溫潤寧企於前修伏紙怔口口口口口銘曰

太始權輿邃古之初結繩而治斯文闕如三五迭興
受命合祛河洛開奥乃出圖書岐周發祥鳳止高岡
火流於屋魚□於航靈眷諄諄赤文煌煌金策之賜
翦□啟疆卯刀□部□□□□秘圖玄契曠絕靡常
惟皇建極與天合德有開必先神休叵測清夜戒期
聖容斯覿旭日朝躋眞符云獲節彼崇巘天帝之孫
刺經定議發祉閶門泉流毖涌和景晏温□玄申錫
明靈有赫雲篆騰晶冰紋嚴織殊類響答奇應山沓
標蒸禮成參薦慶洽寰宇翬飛揭榜彤楣建茲顯號
式昭鴻禧□□□□翌帽揚□福應之盛煇光在茲

曾邦奕奕秦觀巍巍封雲薈蔚涙井漣漪歸然宏構永鎮方祇

汝州謝上表（見宋文鑑）

況狩初釋寵寄荐臻祇命惟寅飭裝靡暇初臨郡閤獲見吏民揣已若驚戴恩罔措伏念臣本由單弱特稟方愚以童刻之微能際帝圖之亨會驟參綸掖獲草芝函屬以堯德彌文漢辭爾雅雲章有爛諒糊黻以何施天律惟精亦哇咬之尚棄居常摩厲徒益空疎假踐內庭預司密命值皇闈之有慶屬清蹕以多歡窺雲瑞於封中聽棹歌於汾曲四巡第頌誠辨麗

之絕聞二豎與妖致冥頑之坐遘偶嬰沉痼遂劇支
離因請急以歸寧遽迷魂而不復卒由蹇否自抵困
窮矧以蕞爾之軀煢然去職羈孤至甚毀瘠居多噴
有煩言實盈庭之可畏豁然大度終如地以見容比
及痊平果蒙齒敘此蓋尊號皇帝陛下仁深謬恤德
茂欽明軫舊故以興懷俾肖翹之遂性特加采錄令
獲便安伏況臨汝舊邦陪京近輔姬文之化所及首
載聲詩地官之籍攸分實繁兵賦土多巖險民或猜
游置使勸農抑惟令典分條察俗蓋有新書臣亦以
侍凝嚴僭竊律度敢忘瘁盡以奉儀成然念臣早以

斷斷之薄材獲齒振振之近列典司訓誥就望威顏讀銘字於湯盤時瞻景式載史言於董筆獲亥舊聞牟命邁屯榮階絕迹酒泉素願敢望於生歸麗正殘編幾成於死恨今者星纖接畛竹使長人頒方國之頒書稟天臺之布憲水深土厚足養於槁骸晝訪夕修冀無於秕政親末光而彌阻感再造以難勝

賀刁秘閣啟上同

羣玉之府圖籍攸歸承明之廬俊賢所聚自非兼該文史洞達天人擅博物之稱負多聞之益則何以掌蘭臺之秘記辨魯壁之古文克分亥豕之非榮對兒

神之問允資鴻博式副選掄恭惟某官竹箭貞姿天球秘寶一自翰飛南國便歷亭衢奉賦梁園載居右席薦紳之所推慕負扆之所嘉稱羣公奉金以交驩諸生攝齊而請益矧乃紫宸引籍紅旆行春循吏之謠益喧於十部望郎之選薦歷於三臺公望愈隆天眷彌厚屬東求於髦碩用刋正於縑緗輟明庭伏奏之勤副延閣紬書之選矧乃育材之地適鍾下武之期禮遇甚優不至子雲之寂寞品流以別且無方朔之詼諧恨符竹之所拘揖風期而倘阻顧言[illegible]亦倍異等倫

於

開封府上梁文同上

受三靈之眷命，開百世之丕基。居中土以制四方，坐明堂而朝萬國。上觀玄象，設路寢而闢應門；下壓黄圖，定神州而分赤縣。玉帛駿奔而荐至，舟車輻湊以交馳。居民最處於浩穰，寰宇共瞻於表式。法天崇道皇帝陛下，道光上聖，仁洽普天。性堯舜之聰明，體禹湯之勤儉。垂衣裳而布政，懸法象以授人。旰食視朝，俾精求於理本；臨軒遣使，常撒採於民謠。物情而煦育如春，王道而坦平若砥。故得五兵不試，邊陲無金革之聲；四序由康，隴畝起倉箱之詠。敦淳反朴，黎民盡致於可封獻賨輸琛異域曾無於後至混車書而一統頒正朔於四夷卜年遠過於成周拓土更逾於彊漢乃眷京畿之千里旁連魏闕之九重包括諸華儀刑列郡疆理既推於廣斥閭閻最號於便蕃豈惟俠少之場所謂帝王之宅爰求控壓實在元良皇太子道契黄離位隆蒼震問安視膳素彰周寢之勤主鬯承祧爰踐漢儲之貴自春宮而育德鎮天邑以分憂誕揚慈惠之風廣布神明之政緣林屏息絕吠犬以堪驚玉燭均調無喘牛而可問於是決斷簿書之暇經營土木之功廣棟宇之新規集班輸之絕藝揮

梁

斤者成市荷鍤者如雲度梗柟杞梓之材召丹艧圬墁之匠百堵皆作不日而成梁橫蝃蝀而蜿蜒瓦疊鴛鴦而迤邐堂皇有煒廳事斯嚴廊迴合以四周庭清虛而中敞制度迭彰於壯麗形容備極於巍峩足以明東朝副貳之尊表南府鎮臨之盛今茲吉日將畢奇功爰自抛梁式申犒勞散金錢而滿地推餅餌以如山巵酒彘肩盈樽滿案極量而飲應不羨於畢醪實腹而餐固如塡於巨壑既醉以飽式舞且歌同承渙汗之恩共樂昇平之化

抛梁東三韓百濟慕華風毛車遠涉浮天浪歡呼鼓

舞未央宮

抛梁西雪嶺金河路不迷萬里玉關皆我土葡萄苜蓿徧高低

抛梁南跕鳶瀼泊聖恩覃大貝明珠盈帑藏崔嵬銅柱拂烟嵐

抛梁北匈奴逃遁空沙磧茫茫絶漢胡無人待上陰山重刻石

抛梁上非烟顥氣何蕭爽歷歷天邊種白榆亭亭雲際巍仙掌

抛梁下萬井繁華堪大詫家家棋閣倚晴空處處絃

攘夜

歌樂皇化

伏願抛粱已後風調雨順時和年豐聖壽靈長與大椿而難老邦家鞏固將磐石以無窮少海長浮於厚載前星永耀於玄宵濟濟宮庭之僚屬森森天府之賓從盡預商山之羽翼咸依儉幕之芙蓉將吏奔趨而有幸軍民撫育以皆同悉傾忠而奉上並竭節以向公路絶寇攘夜戶而從茲不閉人無爭訟圜扉而自此常空百姓咸躋於壽域八方悉被於仁風然後我皇帝之千秋萬歲長端拱以居中

退

舊跋

楊大年吾閩之浦城人武夷仙人之所託生生時白毛被體如一鶴雛久之始脫雍熙初以神童召至闕下面試詩賦授秘書省正字淳化中賜進士第眞宗即位入翰林爲學士出知汝州卒年四十七眞宗愛其才特贈禮部尚書謚文公有刀筆集三百六十餘卷按本傳所著括蒼武夷潁陰韓城退居汝陽蓬山冠鼇等集及內外制刀筆共一百九十四卷館閣書目猶有一百四十六卷今所存者惟有武夷新集二十卷大年自序云景德初入翰林十年中條次詩文

名曰武夷新集不忘維桑之情也又有別集乃祥符
五年避讒歸陽翟時所作君可思賦居其首別集亦
不傳而是賦見諸宋文鑑𤊹鈔而附之併西崑體詩
十餘首拔之瀛奎律髓中律髓亦宋末方回所選耳
此集海內藏書家俱尠傳萬曆庚戌謝在杭官工部
郎始抄之秘府不啻拱璧視之在杭沒纔十年原本
今歸友人陳開仲此本迺重録者也崇禎已卯夏三
山徐𤊹興公識

章鉅按李繡所刻舊本末附載此跋並君可思賦
一首瀛奎律髓詩十二首宋文鑑詩四首今考律

髓髓

髓所錄南朝漢武明皇成都無題二首寄靈僊觀舒職方學士公子梨凡九首皆現在西崑酬唱集中據虞山馮武序酬唱集謂自勝國名人以及牧齋老叟皆以不得見爲歎息知與公當時亦未及見此書故汲汲蒐輯如此今酬唱集已經屢刊所存文公詩至八十四首之多自可單行不必附此集以傳茲謹留書懷寄劉五二首洛意一首宋文鑑四首又從詩林萬選澠水燕談後山詩話建寧府志浦城縣志中錄出詩五首山左金石志中錄出贊三首碑銘一首而宋文鑑中更有表一首厥

方

一首上梁文一首遂併鈔附焉至此外逸句錯見羣書者尚多又古今詩話載文公文離襁褓時登樓五絶一首竹坡詩話據石刻辨爲李太白詩則疑莫能明今俱別入章鉅所編浦城詩話中零璣斷璧庶無散佚不收之憾也夫

八閩文庫

八閩文庫
文獻集成
327

福建文獻集成

續編 集部 三

吴格 主编

海峽出版發行集團
THE STRAITS PUBLISHING & DISTRIBUTING GROUP
福建人民出版社

本册目次

演山先生文集六十卷（卷一至卷二八）　［宋］延平黄裳撰……………一

演山先生文集六十卷（卷一至卷二八）

［宋］延平黃裳撰

日本靜嘉堂文庫藏明謝氏小草齋抄本

演山先生文集六十卷，宋黃裳撰。裳（一〇四四—一一三〇），字冕仲（一作勉仲），號演山，延平人。喜道家玄秘之書，自號紫玄翁。元豐五年（一〇七九）進士第一，政和間知福州，累遷端明殿學士，禮部尚書。撰有言意文集、長樂詩集等，皆佚。今存演山集外，另有詞二卷。宋史無傳，生平見陸心源宋史翼卷二六。

此明謝氏小草齋抄本演山先生文集六十卷，卷首有王悦序、黃裳自序，卷末附佚名撰黃氏墓志銘、紫元翁塑像記、廖梃題演山先生文集後及黃裳之子黃玠跋。自序稱「布衣時寘鄉士之列，所爲文收拾遺稿得四十卷」，是否付梓，不得而知。王悦序係應黃玠之請而作，云「在韋布初收拾遺稿已四十卷，嘗自爲之序，道其梗概。既而歷華要，階常伯，不倦著述，所積愈多，類而析之，爲卷凡六十焉」。黃玠跋謂其父「居官之暇，日必以文墨自娱，每有著述，必高卧腹稿，既而走筆成章。其流傳於世者，人競以鈔録。自後子孫以先君布衣時所爲文章，相繼編次爲家集，幾三十萬言。建炎丁未，寓居錢唐，會兵亂，陷圍城中，悉皆散亡。比寇平，凡歷年求訪，僅得二十餘萬言，其不存者奏議、表章居其半，竟不能成全集」，「盡以其所求訪之文，釐爲六十卷。迄乾道改元初夏，玠被命來守是邦，會鄉人廖挺爲軍學教授，惜其文之不傳，請校勘舛訛，鏤板於軍學，庶傳之永久，爲學者矜式」。因知生平所作，散佚已多，六十卷者實爲重輯之帙，僅及家集原編三之二耳。所謂「軍學」，即建昌軍軍學，軍治在南城（今江西南城縣），書末有建昌軍録事參軍權判官譚壽卿、廖挺、張公袞、黄玠等四人銜名。後世黄集皆源出於乾道間建昌軍軍學刻本，陳振孫直齋書録解題卷十八及宋史藝文志所著録者，蓋即乾道本。宋本至明代猶存世，文淵閣書目卷九著録「黄氏演山文集一部十册全」，内閣書目卷三：「演山先生文集十册，全」，「凡六十卷」。其後宋本亡佚，元明清三代未嘗翻刊，傳至今世者僅鈔本數部，其中又以此謝氏小草齋鈔本爲最早。謝氏名肇淛（一五六七—一六二四），字在杭，生於浙江錢唐，萬曆二十年（一五九二）進士，官至廣西左布政使。家富藏書，在京爲官時手鈔秘府珍本甚多，抄本版心下皆有「小草齋鈔本」字様，素爲書林所艷稱。

是集分體編次，卷一至三古詩，卷六至九律詩，卷十至十二絶句，卷十三至十八記，卷十九至二十二序，卷二十三至二十四書，卷二十五啓，卷二十六表至二十八，卷二十九疏，卷三十至三十一詞，卷三十二挽辭，卷三十三至三十四墓志銘，卷三十五至三十六雜文，卷三十七御試策，卷三十八至三十九周禮義，卷四十論語孟子義，卷四十一至四十二論，卷四十三至四十四策，卷四十五至四十六策問，卷四十七至六十雜説。四庫全書總目别集類八著録，贊其「要亦伉直有守之士，故其詩文俱骨力堅勁，不爲委靡之音」。

此本原爲清末湖州陸心源舊藏，陸氏皕宋樓藏書志卷七十八著録云：「卷中有『晉安謝氏家藏圖書』朱文方印、『周元亮鈔本』白文方印、『曾在李鹿山處』朱文長印。蓋此書本謝在杭所鈔，入本朝歸周亮工，後又歸李鹿山，余則得之楊雪滄中翰，皆閩人也。三百年前鈔帙，完善如新，亦可貴也。」後由陸氏之子樹聲售歸東瀛，今藏日本靜嘉堂文庫。（樊長遠）

演山先生文集序

延平有劍潭焉綿亘數百里有蛟龍盤礴其下州之北有山焉曰演峰氣狀清爽恠麗有神人栖息其間尚書端明黄公冕仲於茲宅焉煦清泠以為姿藂鮮榮以為體鏗鍧乎事業而奮發乎文章旁紹曲摭横貫勁出竊謂演峰英偉之氣鍾乎公之身著為公之文若不發不休者公所爲文集命曰演山蓋有取焉爾公以文章鳴於世在元豐間策試於庭實魁多士士之學為文者由是始知有公之名然所知者止此耳公之高文大册汪洋瀚漫不知紀極在韋布初收

拾遺稾已四十卷嘗自為之序道其梗槩既而歷華要階常伯不倦著述所積愈多類而折之為卷凡六十焉其淵源六經栽培教化要之議論一出於正而後已其他所作時得方外之致飄飄然出塵物表逸歌長句駿發踔厲兼衆體而有之若未易名狀恍自丱角竊窺其一二於竿牘中嘗肉一臠大嚼乎五鼎之味紹興庚辰與公季子同僚宗邸遂與聞公之為人比復遺公所為全集再拜敬讀日不足繼之以夜且以自釋曰讀其書見其人而師事之幸之大也其書雖存其人已古若可恨也亦可慶也東坡先生方

童稚遊鄉校覩徂徠所為慶歷聖德詩則知敬愛范文正公及來京師竟以不及見為恨既而得公之文而為之序且自喜獲挂名文字間以自託於門下士之末士之好古慕道者志意不衰如此公生平行事當與文正相伯仲而悅欽慕之誠竊自託於東坡雖然公之名固足以垂不朽若無待文而後傳亦無待悅之序而後顯悅既誦公之文日久復喜得其全於不覩之後茲序之作義不敢辭故以云左朝散郎權知溫州軍州主管學事兼管內勸農事借紫金魚袋

莆田王悅序

演山先生文集自序

演峰延平之北山晉人演客寓焉傳者以為演客避晉煉丹於其上丹成飛舉而去莫知其所自其峰之勢下為三支中一支州宅之所據奔驟而南向至乎劍潭之濆而後已予宅在焉朝雲既斷萬仞橫空夕照方收千巖凝碧神深氣爽果致高眞發育誰知遺丹常在鸞鶴之蹤烟霞之景牛斗之光風雷之信有時變現南北相照而予常以自適獨遊乎其閒或曳杖以穿雲或挐舟而泛月對景無倸觸類有感道德之鄉義理之境乘興而言惟意所在焉布衣時寘鄉

士之列所為文收拾遺藁得四十卷自古善言陰陽者及今日事皆如其説故以演山名其集山之下予之長養成就不忘其所自焉因敘其事以見於世云

演山先生文集目錄

第一卷

古詩

賀拜罷南郊獻詩
次魯直烹密雲龍之韻四首
次魯宣德竹窻之韻
簡政堂
題楊氏聚義軒　聽隱士琴
送胡君遊洛　湖上閒賦
寄題存心堂　戲惱禮久不作詩

寄郭公域　　簡元輿祠部二首
觀試　　簡無咎學士
醻正之賞花之什
寄題妙光亭　　觀蠶
迎暉亭　　邀月亭
清輝亭　　翠筠庵
映覽亭　　招仙亭
龍鳳茶寄照覺禪師
送范子鎮　　卜居潮山
假山

第二卷

古詩

謝人惠茶器并茶
陪會稽守遊鑑湖
送滿龍圖守奉化
次舒亢文秋夜之韻
送劉和甫之江東
醻子明出思正詩
醻程忠彥見贈　送延平太守
夏雲　矮松

不流軒
春霽
送郭公域
寄連君佐
送人歸符離
送林疑獨教授
閑書
蔡相廟
三亭岡
蓬池
嘯臺
七賢里
靈草
歲寒堂
豐提刑赴西蜀
贈靈谷山人

第三卷

古詩

寄隱者
送陳知縣
和仲時覽李白集韻
覽武夷記
結交
留題琴軒
讀羅隱孟郊集
答仲時高軒之什
送駱君歸隱盧阜
遊東山大乘寺
題桃花菊
題水雲村
送方彥稽解元
道倫竹閣
曲水亭
覽和清章安之什

送人赴官祕閣
題臥陶軒
初夏書呈同舍
暑中喜雨
重九遣興
水閣
釣磯
澄心堂
濯纓堂
重蓮軒
日休亭

第四卷

古詩

寄臥雲先生
五祖長老惠竹簟
贈方外士
贈崔風子

貽李道士
琴軒
仙會樓
讀王黃州遊官篇
積雪
交遊
醻程忠彥見寄
送紀宣教
貽儒生
送公表解官南歸
贈謝殿院
雲門館
鷺下亭
釣璜臺
駐輿橋
步虛橋
鴛鴦渚
鴻鴈渚
翫鷗亭
緑巖亭

歌豐堂二首
醉歸亭
水鑑亭
竹林齋
湘江亭
桃溪菴
贈周生
經遊湆澹留題澄寂軒

第五卷

歌行

昭君
春日寄友人
鷥子樓
中秋月
送王慎中 并序
再遊普光寺
中秋日賓興宴
贈天台禪鑒

通道鄙吟　謝莊顏延之吟

喧犬行　懵鷹行

巧蛛行

第六卷

律詩

元會次宰臣之韻三首

侍宴池上　集英殿考試五首

降虜來朝次葉尚書韻

次門下侍郎之韻

次東閣感舊之韻

青社宴遺貢士　次常父著作曝書之韻

送都鈐鄂太尉　送中吴太守

送袁運判赴荆湖

陳瑩中赴定遠　送衡州太守

送袁志行戶曹　贈吕夢得

次齊守東湖之韻三首

送王道源判官　和馮達夫小沼

寄五峯長老　送斛繹侍親之官

寄鵝湖佛智長老

會黄正臣　雪中泛舟

題妙光堂　書懷呈同志

秋雨喜霽　山居早起

澄清軒　拂雲軒

雪　梅花

泛湖　偶成示道温

歸鷺　寄及之

初秋偶作　除夜呈張公實

客署

第七卷

律詩

秋暑喜雨　試院中秋夜月
貢院上元　還鄉有感
和章樞密西齋　次陳子真見別之韻二首
觀湖四首　次陳殿院遊洞霄之韻
秋日苦雨　聽隱士琴
送翟司業赴南康二首
醻友人見寄　寄題溪堂
送柴伯通歸衢梁
寄清退君章大夫
春雨喜晴　寄王之道

長樂宴遣貢士　貽開平佛智長老
寄袁思與　與南京留守
中和堂雙蓮　次大野水閣之什
送陳子真二首　感舊呈彭城太守
觀菊　贈葛侍郎
自警　贈張山人
贈傳神師　對菊閒飲
題南華洞　江下山居
信步　寄梅承事
東山三題　簡叔文

第八卷

律詩

寄題范氏六桂堂
聞鴈
大暑　山堂有作
題愛竹軒　除夜
楊立之南歸　南樓有作
秋夜　送李季益龍圖
清勝亭　歲暮偶成
贈致政葛侍郎　九日遊克山

贈張太保　除夜送倪僉判
觀遊山記　再寄及之二首
會友人飲　送方子元赴閩始
送林君錫宣德　送仲時南歸
與子侔同官感舊
靈壁遊張學士園
謝人示詩集　寄陳充道
順堂　送鄭教授
長樂閒賦十首　秋日有感
和寄麻城饒令　白蓮閣

寄題明舍　藤杖

寄蕭思遠　寄湖江二十四叔翁

表海亭　社日遊雲門山

第九卷

律詩

次泠風閣之韻二首

寄題澄虚閣　贈致政王朝奉

次張秘校遊僧舍之韻

和試院歲秋二首

送劉教授　平嵐亭

湖上　會江晦叔遊湖山
送昇師行　留題西禪寺
題鄉老堂　次趙彥思東湖之韻
和范宏甫　喜張公實至
方祖仁都門阻雨
桐廬會景亭二首
送王道觀録事　貽劉先生
題望遠樓　寄陳邵老二首
次邦彥節推見寄之韻一首
寄簡能　榴花洞

訪曾君施不值　送李奉議

貽冲和子　陰陽

遊洞霄簡陳伯修

考試和惇禮之什

偕道觀雪中聯句

徐州遊崇寧　道中有作呈崔風子

第十卷

絶句

舟次嚴子陵瀨五首

和章樞密西齋　和人聞角二首

秋日有感二首　延平閣閒望十首
梅花八首　次禹弼滕王園之韻四首
遊山　牡丹
醻淄守見寄三首
訪鄧承旨不值　重九假折號官
遊淨慈寺　遊孤山
信步　代探花郎二首
泛淮　贈致政張郎中
暑中偶懷舟行四首
試院呈同事二首

舟行一首　石榴庭院有感
懷古堂偶感四首
立春奉祠太一　送人歸浦城
浦城道中　登泝
舟次青口二首　覽杜牧洛陽故事二首
醉經堂　浴靈芝院訪照律師
桐廬縣仙人洞十題并記

第十一卷

絕句

泛舟錢塘西湖五首

舟次松江　西興山院
漁者四首　藏春峽
容照巖　茶苑二首
冬後四首　建溪舟行
清陰堂三首　江上對月
雙梧堂　次李大夫郊步之韻二首
江上　貽傳神師二首
題仁壽閣　夏日窻下
遊烏龍寺四首　寄懶散子三首
萬松嶺之龍山　還鄉有感

戲寄南華翁　題止止堂

妙光堂　謝惠香餅二首

和靖山居　遊雲溪寄同志

遊吳有作五首　次張太保韻

送張信道　途中重九

乞茶　飲意

歸鷺　貽如祖太師

還鄉道中聞杜鵑

第十二卷

絕句

萬竹軒八首　鼓角樓初成二首

荔子二首　送周奉議赴吴江三首

戲贈席上侍人　暑中二首

松軒對雨有感　湖上閒賦五首

徐通直守連州二首

遊靈芝僧房三首

贈致政李大夫四首

菊花四首　平山堂二首

谷林亭　蜀井

送公濟守長樂五首

簡清臣潛夫二首

送劉教授之官二首

春日有感　看山亭二首

訪照律師二首　和蔣棍容

有客對酌　西歸亭

歐冶池　送陳季甫

送鄧元孚三首　雪中友人圍碁

友人見問不作詩

寄李潛夫　偶成

泝清山　舟行感舊

次月夜樓上之韻
泛南湖二首　友人垂釣
偶成四絶書寄子堅道契

第十三卷

記

遊山院記　懷遠亭記
觀畫軒記　旁橋記
水雲村記

第十四卷

記

鄂州白雲閣記　潛軒記
看山亭記　青州坊門記
崇寧萬壽觀記　東湖三樂堂記

第十五卷

記

順興學記　雙源記
步雲閣記　延平記

第十六卷

記

文軒記　清心閣記

葆光閣記　月省堂記

坦履橋記　琴軒記

崇寧萬壽寺記

第十七卷

記

閱古堂記　佚老堂十景記

默室後圃記　安肅軍建學記

舍清院佛殿記　公餘堂記

三交堂記

第十八卷

記

風月堂記

重修澧州學記　悟靜軒記

青州學記　重修興國軍學記

太平州蕪湖學記

第十九卷

序

卧雲先生西遊序

諸公紀贈子鎮詩序

東林集序　送黃教授序

答大覺道果詩序
言意文集序　　順興講莊子序
余青字長生序
第二十卷
序
送劉至甫序　　師德字序
長樂詩集序　　劉應伯字序
黃帝秘文序　　演山居士新詞序
講齊物論序
第二十一卷

序
資深字序　書意集序
樂府詩集序　選佛圖序
諸家詩集序　六桂堂詩序
送仲時南歸序　章安詩集序
陳商老詩集序
第二十二卷
序
講周禮序　澧州講易序
張舜元講易序　延平講論語序

圓石詩序
第二十三卷
書
上黄學士書　見呂叅政書
辭州學教授書　代上教官書
代上有位書　荅總長老書
第二十四卷
書
見南京留守書　代上時相書
代上知郡書　代上監司書

見陸直講書　與教官書
代上教官書

第二十五卷

啟

狀元及第謝啟　府學解元謝啟
南劍州解元謝啟
賀正與監司啟　謝發運啟
謝判監啟　謝澶州韓諫議啟
謝賜詩表　謝賜燕表

第二十六卷

表

論性表　辭免太常少卿表

謝除兵部侍郎表　謝除正任侍郎表

謝除禮部侍郎表

議北郊表　乞外郡第三表

謝除知潁昌府表

謝除知青州表　謝賜曆日表

謝賜神宗皇帝御集表

賀元旦表　太后受冊賀皇帝表

賀太后受冊命表

原書缺

原書缺

謝賜元圭批答表

皇太子受册賀皇帝表

賀皇太子受册表

賀諸州軍祥瑞表

天寧節進引銀表

謝除龍圖閣學士表

第二十九卷

疏

天寧節功德疏四道

聖節功德疏　同天節功德疏

聖節開啟疏　忠獻令公功德疏
真如開堂疏　東禪開堂疏
西峯開堂疏　廣因開堂疏
盧山開堂疏　淨土開堂疏
堅尼師開堂疏

第三十卷

詞

桂枝香二首　新荷葉
漁家傲七首并致語　永遇樂二首
驀山溪　喜朝天

錦堂春　霜葉飛
水龍吟　蝶戀花六首
喜遷鶯　宴瓊林
宴春臺

第三十一卷

詞

雨霖鈴　桂枝香
喜遷鶯　洞仙歌三首
八聲甘州　滿庭芳
宴瓊林三首　滿江紅

減字木蘭花　瑶池月二首并序

蝶戀花十首并致語　青門引

滿路花

第三十二卷

挽辭

神宗皇帝挽辭五首

哲宗皇帝挽辭三首

憲肅皇太后挽辭三首

欽慈皇后挽辭

曾魯公挽辭　王岐公挽辭四首

安康郡夫人挽辭三首
郭將軍挽辭三首
顧學正挽辭　夫人陳氏挽辭三首
陳朝議挽辭五首
俞法曹挽辭二首
陳恭人挽辭二首
太君黃氏挽辭四首
壽安太君挽辭　章銀青挽辭
悼張公實　悼陳伯修殿院三首
悼陳先之博士　悼李承議

哭陳商老

第三十三卷

墓誌銘

中散林公墓誌銘

朝散郭公墓誌銘

承事陳君墓誌銘

夫人陳氏墓誌銘

太原居士墓誌銘

第三十四卷

墓誌銘

夫人王氏墓誌銘
滎陽鄭君墓誌銘
夫人葉氏墓誌銘
夫人黄氏墓誌銘
夫人林氏墓誌銘
承事林君墓誌銘
河南方君墓誌　法曹俞君墓誌
照覺禪師行狀

第三十五卷

雜文

三清殿上梁文　謁謝先聖文
謁謝先師　勸農文
傳神真讚　曹子真讚
神真寓言贈靈一
書顏魯公帖後　書墨竹畫卷後
書子虛詩集後　書渤海郡王孫戡傳後
書房元齡傳後　書長公摘要詩後
書太原王子命書後
書自然子書後　書李太白對月詩後
書樂章集後　書張茂先傳後

第三十六卷
雜文
請羅漢讃文并序　六祖傳付偈頌并序
泗洲頌　上天竺思尚真讃
讀頭陀安文頌　壽堂銘
第三十七卷
御試策
第三十八卷
周禮義
攷其德行道藝而勸之

官刑上能糾職　辨廟祧之昭穆
第三十九卷
周禮義
王功日勳　占六夢之吉凶
百工飭化八材
第四十卷
論語孟子義
君子多乎哉　有德必有言
唐虞之際於斯為盛
當務之為急　一介不以與人

引而不發

第四十一卷

論

聖人以清為難　以法為分

不以智治國　以道觀分而君臣之義明

第四十二卷

論

知予為政之實　樂記

中庸

第四十三卷

策
取士　風俗
納言
第四十四卷
策
擇將　法律
天變
第四十五卷
策問
性學　商周歷世盛衰

學者之志　六經之失
罷納粟　孔孟之志
古今學者言行不同
服制　禁榷
華貪僭　擇將
禦戎

第四十六卷

策問

漢唐之君所學深沒
黃河利害　錢物輕重

茶法　選舉

唐人之學　吏部銓綜之術

人材得失　禮樂

禁衛之兵　稽登校比之法

第四十七卷

雜說

第四十八卷

雜說

第四十九卷

雜說

第五十卷

雜説

第五十一卷

雜説

第五十二卷

雜説

第五十三卷

雜説

第五十四卷

雜説

第五十五卷
雜說
第五十六卷
雜說
第五十七卷
雜說
第五十八卷
雜說
第五十九卷
雜說

第六十卷

雜說

演山先生文集目録卷終

演山先生文集卷第一

古詩

賀拜罷南郊獻詩

中天臺上聞天語將下人間會真主王室堂開秋意深忽忽瑞氣排羣陰揮空儀物望不斷文采高下成逶林鐵衣十萬熊羆勇忽擁天衢海濤動兩序朱簾語相慶皆謂君王能紹聖昭昭神考體天德昔向明堂布仁政君王欲報天地恩乃修宗祀開端門玉輅亭亭張日月中望充雲降天闕清宮行事齋心微默與神交誰得知獻饗歸來待祠殿上帝先從道心見

龍衣登降天香濃一片鈞天庭燎中振鷺于飛珮聲
響怳如三代觀臣工先皇基緒既肯構配侑豈或慙
高穹安得公尸不來燕自是諸侯皆望風奏歌已薦
致和樂飲受乃酢持盈功曉来忽聽道傍語從此天
觀觀九叙瑣瑣愚臣何所補只願獻詩歸樂府

次魯直烹密雲龍之韻

密雲晚出小團塊雖得一餅猶為豐相對幽亭致清
話十三同事皆詩翁蒼龍碾下想化去但見白雲生
碧空雨前含蓄氣未散乃知天貺誰能同不足數啜
有餘興兩腋欲跨清都風豈與凡羽誇雕籠雙井主

人煎百椀費得家山能幾本
春來腰笥修溪童摘山歸去如年豐主人長啜不言
酒馬用兒女扶山翁聞說佳致欲相逐勞生急放塵
緣空時走長鬚汲雙井豈吝七椀邀盧仝夜歸須步
三峯月曉望還乘五桂風靜中且看但公籠此樂吾
宗好方寸已向清齋望根本
三峯峭拔如武夷秀氣入草根幹豐秋堂一笑詩相
共竹杖未化誰知翁非特鷹爪致我毀芋栗亦慰腸
中空脩魚上鈎開酒甕但欲醉我君寧同須引一斗
寄混沌吹使自覺桃源風此言當毀非相籠百歲豈

能空自詹萬頃汪汪同一本

春山推鼓雀舌細石澗垂絲魚肉豐異時相逐許餘把杖藜自號田家翁有年無累反觀處水天雲盡涵秋空雖然出處有義命必欲長往非入同校書千古竄訛謬日長閒御瀛州風故園且付煙雲籠落筆成詩今幾卷洗我煩襟求副本

次曾宣德竹窗之韻

尊彼清泠泉育此嬋娟身幽哉窗戶間猗猗窺鱗鱗有霜能獨留無德難相親乃聞曾子風嗜好非今人

簡政堂

簡政豈在事養源無他心持守得綱領施設從胷襟
虛靜古意遠平易人情深光景塵不染悉付公餘吟

題楊氏聚義軒

聚義歸清虛無欠亦無餘聚利赴嗜慾自喪俄自續
義在詩與書利在金與珠金珠壯人顔俯仰一世間
我去彼不隨彼去我不觀詩書入青瞳藏蓄心胸中
貽之修乃孫操之修乃躬秧種秀沃壤穎飽萬腹空
源泉洌清澈既與還不窮開軒有意哉短什嘉仙翁
黽勉慎所交高攀古人風

聽隱士琴

幽意不可象因聲而後形至聲不可偽因心而後生
三尺膝上孤一寸胷中鳴急聲如飛泉瀉瀉秋雲過
巧聲如流鶯歷歷春風前幽人無此心素絃無此聲
心與手相忘意與聲相迎彈者自到古聞者誰知音
但見風色吹我清欲御此風天上行

送胡君遊洛

得喪紛紛轉羣慾誰及愛高三十六有容忽自東南
来已為湖山飽雙目逸興不住皇州春天津橋南酒
初熟長念花王司馬坂洛陽令寓誰家館已聞香信
滿東風嬪御相從水光畔芳容須向盛時吟昔也醉

翁長恨晩（事見花譜）轂雨且老黄鸝聲急上征鞍望漽澗

送行詩句無纖塵自有交遊在霄漢藥苑勝中何所須但恍銀鈎落香翰看花知遺生看山知養神妖奇佐麗九十種未失東風助培壅三十六峯元氣清獨挿太虛無古今

湖上閒賦

錢塘吳之雄西湖乃其貳晴虛混高下寒光墮蒼翠俯仰睨澄澈融結會幽邃日月司晦明煙雲管開閉樓閣生有無歷凡換奇異素鵠俄包藏物象已非二中有虛一子四顧銀色世雲罅漏餘晷稍盛却陰翳

邈回天漢明收攝何所置近影認遥碧故態獻新媚
振羽鷺初起一葦出天際大巧現奇畫人歡發幽思
杖屨秋林深絃管春波細名字人不知閒徹洞霄吏

寄題存心堂因簡正仲運使

有樂不在物況當仕而優外鶩乃自苦作德能日休
身計苟未適安能為道謀基址更所寓得地東南陬
經營喜宋子闡繹嘉毛侯紛囂落寂境蒸鬱回素秋
事少德機靜風微花信幽林悄鳥相應日閒絲自遊
中發靈臺光下照彪池流神怡況味遠意虛才智周
真見造不滅妄想降無求所亦良可助所趨安可醻

公以存心堂記見示會合果有道寧復嗟阻脩

悼禮兵部久不作詩偶成數韻奉戲

南宮先生好談古齒牙所掛多老杜劍氣中盤礬時吐欲看光芒出庭户平生氣直易言語不解聱牙齗詩句先生莫學東野若我願為雲相逐去

汴河解凍郭公域將行以詩奉寄

霜華一望銀河道聞說行艫猶未果清暘想快東去情未斬凝冰已先破東鄰空憶樽前佐為誰更把金巵倒汾陽遠裔今有人不見纖塵落幽抱晝梁燕子趁時歸故園莫放春光老

簡元輿祠部

文藝相從春欲暮未去皇州散還聚去年聯事武成宮令會軍器所豈期擾擾凶器場卻會高談翫千古冷官輒對華省郎亦許烹煎待賓主文章雖自根本來裂破大全空縷縷如公自蓄胷中奇長短豈能欺五度曠野羣陂渴霖雨欲叫蝦蟆已窺户春衫未疊麥寒薄最悵含毫斷詩句如公簡靜意尤遠卒邇清風慰遐慕牽率鄙興遊太虛滿我練箱始歸去

百花巖上仙人住巖下為州山水聚白頭青塚南北人倒影沉沉獨懷古倚欄把酒與誰同況是使君為

獻主應喚漁舟疎葦中旋膾游鱗落紅縷秘書座上最軒昂能共春雲爭態度紅衣帶月今何處幾轉春殘掩朱户飛船送客空斷腸梁塵謾落聲中句虛白亭前湖水閒忽為霓裳起思慕出門沙土亂如雨薰風吹夢天南去

觀試

題墨脫新鑴扃鑰開清曉文衡朝士高香案天風小銀袍帶殘月玉鷺集寒沼赳赳干城材銜枚出遠徼才氣方自強未戰意先挑臨文尋汝買形見乃微妙人才焉可齊雲漢多年少慳思憂明膏俊性譏斜照

得喪召榮辱美惡露嚬笑脩毫飲流液靈珠落光耀
雕琢破巨璞歌舞採長鞘含蓄既寂寂運動還渺渺
重賞豈敢吝行當塞明詔

簡無咎學士

北潭車馬來何暮芹茆池邉失歡聚（昔年權教授予潭淵及無咎至而嘗去矣）有分共為文字遊却向西郊語今古人賴聰明多自偽信厚期君中有主職事無塵靜相對滿榻詩書香數縷嚴扃如在柳陰中綠幄朱簾細風度紫犀錡破雪花濃石鼎煎聲遶窻戶準擬七椀邀盧仝清滌煩襟出新句共笑先生最貧苦誤使簾前客相慕

虛名薄利能幾多畏飯區區來復去

疇羅正之提刑城東賞花之什

一氣適來顏色明一氣適去顏色衰花緣根蔕豈所托顏色亦非花可為花約一時枯且榮人約百歲行復歸一時百歲孰多寡花發乃如人盛時一回花發一度醉已無百與花為期韓子空尋院中長走馬歸來謾惆悵昔日城西未同醉今日城東還獨賞萬事着意令人悲邂逅多歡人願隨破臘中來春漸漸間見芳梢青數點韶華九十猶更長未嘗一朝遊醉鄉中含萬巧欲傾瀉將與才思爭光芒天台近得醉吟

老寄我新篇頌花好揚鞭直指都城中已踏東風揚
柳道上苑初開芳意濃急走長鬚為余報競香論色
如夢中蝴蝶翩翩遶芳草朱顔未愧雕欄紅莫向忙
中放春過

寄題妙光亭

天邊月下雲初盡江上潮来風已定兩物無情豈有
期但見圓光非遠近潮回月落杳難尋元無此景何
須問沙北渡頭人自忙誰為山翁說真性滌除塵垢
無少休他日危樓與君凭

觀蠶

大巧不為蠶上簇機婦飛梭注雙目腹空萬緒徒自
勞縑素如山人未足

圓石六題

迎暉亭

始自暘谷見餘霞斂微明亟從林末動幽禽發清聲
暈陰既掃迹衆象聊遣情捲簾取遥望揮毫寫初迎
行樂自此始勿為多事縈一世如過隙頃刻寧可輕
勝槩豈虛置倒樽慰浮生

邀月亭

迎暉不覺一日盡邀月又會三人閒未言期約緑巖

畔且共歌舞清樽閒霜輪皎皎無今古世途擾擾多新故今月曾經照古人古人問月今何處百年光景行復催有月可邀能幾回雙巖達士不須説始見迎暉復邀月

清輝亭

山色翠欲流水光澄可照二物偶相傺清風發微妙中有逍遥翁寓意得歡笑此道復何求仁智姑自劭

翠筠庵

外環碧玉千尋直中起真香一篆清宴坐主人俄出定歲寒枝上得秋聲

快覽亭

欲跨晴虛兩腋風，曲欄干外意無窮。忘形獨坐雙巖下，遺興旁觀萬象中。數韻瑰奇聊自適，滿懷清爽可誰同。颯然而下吾能賦，未必登臨愧楚宮。

招仙亭

仙人豈可招，固有招仙道。欲信勿自欺，仁恕滿中抱。何慙紫芝翁，惠然及予坐。衆行亦要路，羣實指虛果（苦果切）。脫落形數中，行在從所好。躊躇即有礙，清樽急酒倒。天風欻爾動，相忘一何果。幾日當復來，斜陽滿芳草。

龍鳳茶寄照覺禪

有物吞食月輪盡鳳翥龍驤紫光隱兩前已見纖雲從雪意猶在渾淪中忽帶天香墮吾篋自有同幹欣相逢寄向仙廬引飛瀑一簇蠅聲急須腹急須東南之茶器禪翁初起宴坐閣接見陶公方解顏顧指長鬚運金碾未白眉毛且須轉為我對啜延高談亦使色味超塵凡破悶通靈此何取兩腋風生豈須御昔云木馬能嘶風令看茶龍解行雨

送范子鎮

東南有人不可攀生輕義重人所難此風彫落不復

見得公今日如芝蘭千人忽墮風濤閒義氣有感心生寒以情論法不可枉使法可枉吾寧閒蕪遺物已為虛舟遂授此屬還平流相逢鷹犬顏何厚劒水闇山公不朽有恩流到壤中魂（陛寺丞死於獄後公與直其事）無累乞尋林下友（諸枉既直公請致仕不允）得官西去心膽雄悵下將軍望公久此生義在公無慙未到青雲空白首男子屈伸當有時行置長纓遠夷脰浩歌一闋公臨岐馬上東風曲堤柳卯酒醺醺吹復醒纖毫謾引無中有灑然得句誰其酬寄我酒煩置郵走

卜居潮山

勝致久不亦幽居令已該盍待出塵子將作還元齋
升高獨南望大巧安用裁天目形勢落秋空屏障開
吴境岸邊斷越峯天際回雙劈龍虎揖西潮風雨來
直視江渚印蛟蜃遺靈胎旁闚海門出波浪生春雷
平生樂山水邂逅奚所猜秋老竹林冷攀竹趨巖隈
得石喜奇怪且席青錢苔泉甘地脉正吸泉如傳盃
人靜道始集境幽心易灰老圃聽吾語勿以慵相推
勤將日力進速副韶光催長生且有道當悟接與哉
務使翠華遠長大如嬰孩瓊蘂覆青徑木香兼荼梅
疏鑿取清淺結梵移碑材飛橋渡流水俯仰無纖埃

雖謂夕陽好見月還徘徊卜築非偶爾供吟何快哉
棲養此固足會晤誰可偕

假山

天作乃說真人作故云假堆疊孕奇恠含思亦如畫
逶迤出寸碧羣岫擁而亞蒼苔抱秀骨尤愜時雨灑
去來何所人度嶺策羸馬安得無心雲經從斷而挂
日落行且休寒巖峙孤舍假合雖使然登覽憂亦寫
萬法資諸心一念有神化締精況融結循造秋與夏
攝用還一空何取亦何捨莫認假與真外樂聊以借

演山先生文集卷第一

演山先生文集卷第二

古詩

謝人惠茶器并茶

三事文華出何處，叢上含章摔煙霧。曾被西風吹異香，飄落人寰月中度。叢桂秋開有異香木理成文如相思木然美材見器安所施，六角靈犀用相副。月下發緘誰致勤，愛竹山翁傍雲住。遽命長鬚烹且煎，一旋蠅聲急須吐。毎思北苑滑與甘，常厭鄉人寄來苦。試君所惠良可稱，往往曾沿石坑雨。不畏七椀鳴飢腸，但覺清多却炎暑。幾時對話愛竹軒，更引毫甌斷詩句。

陪會稽太守遊鑑湖會于禹祠之下

一鑑沉沉含萬象千巖競秀還相向季真夢斷歸去來數頃寒光對貞曠管絃公外與民同秘閣先生千騎長從公于邁菴無人畫船解纜爭先放去探禹穴升稽山語笑相逢洞天上玉帛紛紛何處尋謾對遺陵起悽愴越王羞辱微之歡山水依然人獨往先生揖我歆金卮吾道本來無得喪日月如飛奚用勞醉言歸勿令蕩湘靈不見湘江閑回首斜陽落秦望

送滿龍閫守奉化

臺省兩稱公（公曾任侍御史右司郎中故云）郡國三換節（公守廣德鄭郡奉化）

海角承重寄蟠頭懷遠別俯仰七遷迅覺夢一炊熱
先生自怡怡浮世誰愀愀暴霖駕西洛華艫指東浙
香徑摧芰荷豐廚拾魚鼈窺影入賀鑑訪古探禹穴
未暇登四明方思白華潔使車貽親榮閭山迓來轍
豈須老萊衣始能事耆耋往往回首時千巖看堆雪
行觀真卿書德政滿青碣顏真卿書唐刺史王密德政碑

次舒堯文秋夜有感之韻

自越趨儒林由吳兩江渡四年如退之疎慵傲名數
西風令又來遊柯泣珠露榮枯幾番新開日常自度
誓為天漢遊搗藥看玉兔逆行非吾心焉用憂日暮

典籍猶可捐寧雕子雲賦萬事歸自然所得先去故
灑落桐廬君高源欲東赴外物非所謀此學良足據
但以中致虛元氣腹當飫壯懷感暮秋羣動還太素
宋玉悲何為忘失聊適屨

送劉和甫之江東

去年相逢時霜華輕壓梅花枝今年相別日蘋末秋
風慘行色逢時易為樂別時易為傷誰知傷與樂各
是羈旅腸送者難為留離者難為行誰知離與合各
是天涯人離合有分不可料彼此有適當忘情君今
此去何時來韋編頻向燈前開讀書患在多思索時

将寸書管清才君今此去何時到風力攻帆急如火
秋光照人益瀟洒一葉輕舠又東下松陵鱸膾是時
節無惜霜鋒傍船切泛入東南第一州八月仙濤駕
天白江頭此景須吟看少留軒旆開朱顏徐徐踰江
詣所舍心閒應愛雲中山用其所樂以自遣莫教鄉
思為心闌他時握手又西上多在後歲秋風閒

醻子明冬後出思正夏中見招之什

太學閒官閑門坐漬墨磨丹滿文藁霜風門外潮頭
過馬首長鬚欲吹倒雙眸厭為塵沙昏出外遽止從
予好不復見君今幾時相憶還驚歲華老恨得新詩

何太晩瓜李為期聞夢斷〔思正詩有沉李浮瓜之句〕餘酒喜見忘機翁聲色曾與心相同〔思正不事機數語笑閒懷與人為忘形交〕小沼荷花未云昨君來且買爐中紅〔思正云高標遠韻果何處宜在小沼浮荷花〕東鄰交友亦愛客烹鮮盤饌工於儂青蝸烏鰂欠此可蟹蛤已有吳閭風〔思正云中吳家風情所欲但欠烏鰂并螃蟹〕勞生多故豈足念莫不有分勞冲冲〔思正云勞生多故今老矣覽照飄然雙鬢華〕有錢取醉亦足矣滿腹以外吾何容漫漫雪意稍含蓄瑶池將見涵春空兩騎翩翩蹈瓊玖州北主人相望久〔思正云歸來聯騎踏明月南去眇然神思遐〕解顏一笑如君難區區論報非吾友〔論報蓋戲思正所喻〕

酬程忠彥見贈

與子邂逅春闈中，子未及壯文何雄。淡書名姓青雲旁，天風吹我襟懷香。巨源壯作尋常流，洪濤忽駕西江秋。剽竊襲蹈非子情，伯樂一睨人皆驚。乃更退託多楚狂，謂我有感渾中央。腰間躍去為龍藏，斗牛下接亭亭光。賁言文章氣所寓，養氣未及柔與剛。烏能發露與剱比，而不與我非其長。紅塵冊漢不足較，儻來勿使心常忙。安得小艇剱溪上，與子邂逅飛雙槳。滿溪煙雨蘆花春，漁人一曲聲無塵。夜明潭上人初靜，神物欲腥姦與倭。寶氣深盤盤不得，直上羣陰俱

失邑此時與子同行葳倚樓人往空斜陽

送延平太守

南有溪山誰可托須擁旌麾日邊落無政人向溪山愁公徒追索情如酬有政人向溪山醉鼓吹尋幽闊如市七閩山水世所議尤喜延平得高致山光水色秋意清月華劍氣空體明雙流既往却再顧五龍雖奮還相迎溪南水東山皆有戲龍狀趨劍潭中一山郡衙所據雙溪相合而南注至合水尾回顧而後往斷雲天北列寸碧中有仙人騎鶴行仙人巖前萬人聚金碧下瞰天津擴齊邑還空影高下蓬萊幻化俄頃生太原使君未下車公論已許程與吳兵部郎中

程博文廣東運判吳荀祖代于延平以能政取要官獨進才力安能拘發遣萬事歸元無洗眼待看鄉老書使君政事當起予年豐訟少民已蘇兩稅競了誰無穤萬戶有酒錢足酤飄風飄簾下吹笙竽山水圖中聲色活大小從公四圍闊颯颯山風吹夕照想見頹然使君笑南來莫使詩筒少慰我塵勞空擾擾

夏雲

數疊奇峯插空碧舒卷光陰度紅日莫道無心空自閒天地為爐果何恤頗移炎赫歸至冥請開蒸鬱還太清從龍以往蕩妖氣蟊賊欲滋令自絕晚來載兩

落何處一片俄從北偏舉區區此意焉用留能作幾家軒上秋

矮松

枝榦偃蹇奇可誇本根融結杳難測龍蛇已抱千載靈梁棟何煩萬牛力雖減半天風雨聲却得三冬雪霜色衛生已免斧斤人粧景何辭吟醉容

不流軒

大道果安在無流亦無止有流落色界無流在空體用向體中存見否瞪而視空色兩相忘有無還自爾月明孕澄寂山寒卧清泚一葉天際來歌聲聳吾耳

春霽

動潤畢化事清暘却陰翳披雲出寸碧銀色爛盈地芳徑遵衆樂頑凍展羣翠雨霽春且老良時固難計好景歸新詩清樽接佳士韶光宜夕陽醉笑莫輕起

送郭公域

官冷猶能願鄰好側聽歡聲亦開抱朝曦未合敗頑凍來問仙舟已登道但見風鈴送餘韻慧佐尊前跡如掃汾陽遠裔今有人揮架萬軸誰能貧豪氣欲吞天下士古上古今時復陳熙朝未遇將誰充芳辰不樂還自嗔聚散浮雲眼前過且作閑人靜中坐書梁

燕子急歸来莫放故園春自老

寄連君佐

樽酒會君江上樓高談不與世俗伴淮陰將軍跨下過魯國至人東家丘氣吐吐胷中斗牛夜筆落手下煙雲秋丈夫得失聊自樂一身一計何足憂

送人歸符離

百尺危樓一盃酒與君語別秋風老明日解舟逐流水不挂片帆急如火符離風物好一覺仙舟到平時亨奮丈夫事匹馬西来亦須早好是天涯逢故舊笑言何處重携手

送林疑獨教授

猶記龍津曾把手閒對雲山一樽酒談高稍犯禪師彊遥捎青尖露竦牖辟水起人新思濃旁釋奇文到科斗自笑山翁緘默多來處長疑抱真叟君雖健語猶相知乃欲同歸上忠厚假合此生塵已多肯復隨流逐人後再喜相逢春意中忽見天機在楊柳幽花野水時可尋趕馬長鬚有罍錢奈何汴洛貪送人掃蕩頑冰一撥走義在人心難可欺浮玉山南望風久

閒書

一笑待毀譽一歌待窮通笑歌未能忘猶落諸環中

無待用笑歌此理西即東

尉氏五題

蔡相廟

范叔脱身車簀間一言悟主才所難死齊辱買逐四貴合為昭王留武安萬里青雲雖自致燕客相尋亦天意琅琅乘機叙消息能使先生謹承德願歸相印臣不如結綬懷金豈勞力富貴只資脣舌能休笑魋顏與攣膝人生遭遇合有時羈旅入秦誰與知攬權數月何為懼非義所安人或忌四十三年雄俊間歸與不歸函谷關孤墳却使鄭人看只恐燕昭由此還

千古英靈果何往人間禍福空相訪春入祠庭燕御風交龍旌隨香塵中

三亭崗

相得語未究相知心已陳喜生崗上夜痛定簣中身興廢自王鄭恩酬生魏秦滿懷機變學豈謂有燕人

蓬池

曠野飲綠水往往如具區尉氏得此景賜民非自娛想成獨樂戒故能與民俱阮籍方外豪徘徊顧梁都亦恐感嘉惠豈特懷壯圖逸興果何類茫茫誰與拘度量貯天漢豈不容葭蘆興廢未始定陵谷誠已殊

昔為鳧鷺鄉今為狐鼠廬厚澤瘞膏壤能復滋耕夫
得利已足喜懷古安用吁

嘯臺

脫身魏晉間嗣宗南阮英長嘯寫逸興偶為臺上行
或帶竹林醉獨駕無將迎風月乃所友相投清與明
徹引踵中息稍從眉齒鳴漸漸薄林杪飄墮令人驚
憂憤聞而平貪濁聞而清蘇門得孫子答以鸞鳳聲
不應乃深應栖導良自誠當悟嘯中旨可傳言外情
臺在聲不傳萬籟徒汝爭

七賢里

遥想七賢會空留七賢里神交遺形骸清流外塵滓
脱略墮險怍嵇阮兩高士白視驕法家紅鍛傲公子
所識不及才或殆或以死山公頗適用選職尤可喜
立少規不祥去蒲憂不軌竊恐阮與嵇於此未能耳
向秀稍知義由父謾知止酒隱名劉伶無志君子仕
王戎貪聚錢阮咸亟追婢觀德清流中二子有臧否
脩短歸黄埃毀譽落青史感世人已非荒原物空是
賢者觀我吟聊用擇所履

靈草

五行在萬類惟草最柔弱春至怔發生秋來遽衰落

如何却有靈陰制長生藥金石走或飛落骨誰能捉若乃赤帝兵飛走請自縛萬鍊致妙用造化猶天作中抱陰陽精淺陋安可度莫笑榮復枯浮生尚堪託

歲寒堂

歲寒堂前歲寒栢接見東君無愧色正似屠龍方外人綠鬢還生未垂白酒盃放手情已疎可鄙當時背文客世態何足留邁牙且踐清陰坐幽石雲門對面如有情安得青童報消息莫使仙人開北扉見我勞生空洄洄

豐提刑赴西蜀

氣柔語音低欲靜神色明擾擾勞生中望道心如傾
傾苛患庶士抵冐悲羣泯春春自中降悠悠傃西征
曉霜毛袖重卯酒向花輕出關誰最舊過我子何平
施設快拘守跋涉勞將迎路難休詠蜀夢遠亦登瀛
胷中文藝无域中監牧榮以淡却私狥以默靜紛爭
萬累喪民德一顧生道情行聞化無欲圜扉芳草生
公餘靡俗樂反一全天精源源踵中來趨者已屢更
安如我所寓山國望神京

贈靈谷山人

無緣一步如秦湘有緣千里如門墻山人安得不相

訪如昔也同行藏自從別後落何處靈谷山中養冲素懶與塵凡爭是非拂袖俄趨長樂府十洞真人懷宿契陰使來陳掌中亦不著手書惟口傳千古茫然索根蔕惑亂枝條無計尋大還只欠鉛中金玉簡朱書落吾耳安用冥搜遶天地紫元忽見老翁笑家住崑崙何杳杳神爐已寘龍山椒蓬壺可聽東溟潮溫泉名界甘復洪一轂符行坎宮沸七十二候承天時三五一法明天機晤言再卜春為期冲和有道當依歸山水多誇武林好更有龍椒愜幽抱桃源惟在山腰間越出寸碧窺吳巒雷驅猛雨玉龍過月明人上

朝元壇五符金骨任還返須知造化由陰丹願屈冲
和講幽秘莫獨雲山孕鉛水紫府賓丹臺身去來在
我若為情谷風時送步虛聲山花徑水月沼樂因談
到長生妙偶坐俄行無事了或將得一問因緣江天
為指歸舟小

演山先生文集卷第二

演山先生文集卷第三

古詩

寄隱者

守道宋高士築室齊東鄙植竹看歲寒種田助形委東書捐古今抱易究生死不以外移内不以行責止九十留童顔湖山飽清視或顧先生云時平可以起先生本無求棄置如弊屣俄聞與物化精一未嘗毀汗簡書逸民義風洗貪士東望呈肺肝遥瀉一卮水

送陳知縣

握手州東花鬧時瀉酒胃中如漏卮各無官守竟信

意坐閒只有春相隨十年睽遠何所得但悟世情能守一昨日小軒君不遊荷葉雨聲池上秋昨日約集節道舊小軒奕約俄風雨至如見秋色明珠得喪百萬斛何慮炎蒸金欲流一樽獨對清都夢可憐幽思無人共今日聞君馬已西不覺毫端得詩諷汝陽縣長多清風壺中有客當相送費長房挂壺木令在汝州

和張仲時次歐陽文公覽李白集之韻

紫微所拱皆仙官開元無事長庚閒偶緣一念來人間詩才到白誠無難英華峻發根自天春空謁謁飛翔煙雲濤雪浪滄溟喧四面滔滔朝白川重興論文

不須細且貴留襟寫來易易中自有驚人詞繩墨空
高何足貴苦談杜甫峻談李文人相輕古如此始惟
通道繼而醉萬事紛紛寧復記三人分散難為攀夢
魂應覺星躔寒乃與影月同交歡豈有俗態趨人寰
若在真府如同家瓊丹我已修河車仙源將果蟠桃
花安知不共遊煙霞便看琪園越三島休羨垂楊與
芳草

覽武夷記

武夷山中十三子邂逅相尋良有以項向上筵何事
醉一時謫在人間世八百年後還升真武夷真君真

主人天台有籍安得知不謁子騫誰與祈紫雲中下龍潭雨尤喜張仙好詩句十三子之所自及其會遇發明相與修蘊還凡及本皆因緣始濟其事

結交

道義出君子勢利通小人有無故所自甘淡交所因離合見難易情文生偽真聖主審所任禍福延吾民賢士慎汝擇利害歸吾身公患勢利強私患朋黨親邪正若弗辨安危難復陳

留題琴軒

軒閣競華麗誰肯厭絲管豪華既文歡盛麗亦同翫

鳴絃雖侑觴惟宜素纖按聲色方爭高耳目及中亂
古意始興懷曲終情已換黄子尋天真開軒名以琴
問琴意何在荅以琴為心我願聽以目與子為知音
無絃之琴聲無聲世間此曲今何人

讀羅隱孟郊集

羅隱寓以罵孟郊鳴其窮始讀鬱吾氣再味濡我胃
如何志與氣發作餅甕中大見無賢愚大樂非窮通
棄置二子集追攀千古風中兼六義異下與萬物同
妙象生丹青利器資陶鎔心手適相遇變化從色空
感寓復收斂兀然無我翁

答仲時高軒小酌之什

韓公浩浩樂文字乃笑紅裙醉豪子張侯切切務高絜亦鄙雙鬟獻回雪（仲時詩有雙鬟歌舞退之不醉紅裙與憐高絜之句）東野先生窮且愁蚯蚓竅中煎百憂（仲時有東野清苦句）北舍主人貧亦歡典衣取酒更未闌悲愁傷氣豈足尚揀擇害道非所安空色皆無適相遇哀哀百年誰自苦太平功業時可為萬丈虹蜺不須吐（仲時詩有太平功業屬男兒虹蜺萬丈雲中氣之句）一源湛湛吾忘情四人毀譽浮漚生（仲時詩有一源湛湛攀清流今日樽前逢一笑之句）

送駱君歸隱廬阜

究竟此生安可逃淨土社中風最高紛紛一夢哭不覺衮衮白頭流落多駱子飄然去也早寒堂誓結廬山草寸陰早在精進中四十司徒未為老事見惠遠答王道書黃紙除書無此期黃紙除書見白公草堂詩駱君築室廬山待盡而已無仕路意只為松雲動幽抱世人癡頑多自欺十八逸民今友誰

遊東山大乘寺

奔逸高真避秦侶遠入閩山豈惟楚落花流水來何處逐鹿人從石門路逐造洞門誰得知雞黍生涯貫今古樵客見留何事去分合隨緣落塵土回頭已在

塵勞中手把榴花如寐寤紫元素抱超然情到此令
人心骨清閒跂長林跨深壑遥見猿鶴来相迎靈源
為我寫幽思但聞歷歷朱絃鳴獅子峯前猻退藏當
泯碩空還混茫龍首澗邉雲并合或作人間時雨行
杜鵑有聲山意真杜鵑有花山色明偶逢奇石可且
上幸乘此興聊飛觥顧語娉婷莫予翼脚力猶争年
少輕三盃通道聊自適還被谷風吹復醒忽忽流光
已云暮紅燭如林樂聲舉

題甁花菊

人面亦相映龍山應獨賞却因清淡中艷異尤堪尚

靖節籬下吟幽懷忽馳想武陵溪上遊芳容若迎望
妙本自無二佳名誰有兩辨事惟賴香根帶豈容妄

題水雲村

水雲深處尋幽容競把銀餅飛虎珀坐間玉篆流盃
来時伴飛花獻春色塵勞不到清樽前何幸山翁設
歌席人在夕陽方酔時回首雲迷武陵宅

送方彥稽解元

壺公山下多偉人嘗謂方寸無纖塵雙眼孤鷹在霄
漢俯視燕雀尤有神兩冠羣英出徵妙失第春官恬
自笑歸去壺公山下遊長鬚肩上何所憂遠煙萬劉

實行槖置此雅好吾無求松軒日午片石冷水中天小雲油油時復窺影且自遣毫末造化同春秋可能含蓄南國意洗我滯思如清流方握齊紈却新暑明月團團滿寰宇馬上塵沙揺不開空羨江湖鷺輕舉勿因世俗還低頭義理所在無今古生死只繫簞豆中誰為萬鍾移出處六翮冲天觀一飛所養先須微賤時

道倫竹閣

曾看孤山翠微麓回環閤下千莖竹醉吟先生唐室賢瀟落情懷出流俗赤城德士攀高風特借嘉名榜

山腹雪霜難犯為心虛直節凌雲聳蒼玉月華弄影
無纖塵合有丹霄鳳来宿趙州庭栢如已知掃却閒
言且觀獨九年當作無生遊慎勿窺紅墮私欲况是
天台掌仙籙煉礦成金石龍谷落花流水好尋真豈
特蕭蕭閣前緑

曲水亭

盤龍偃蹇吸長澗數篆寒光来向人誰信雲門有仙
子灑落恐是華筵賓落英餞逐酒船到世間乃得漁
溪春素纖舉盞寧可却清光聊滌胷中塵

覧和靖章安西湖之什

和靖苦而豪章安平而麗馳情遠佳景盈軸卷幽思
二子各何往人非物還是四時有行嵗彼物如郵置
百年有死生斯人如夢寐兩幻相追攀一覺都廢棄
感寓聊自娛興盡娛亦獘安坐湖山間誰能以數計

送人赴官秘閣

經行當年已充賦却逐鹿官走塵土百里牛刀未甘
弄況有文章自當貢屢扣天閽出奇語落筆紛紛動
兗禹雪天得職懷抱清道山入局憂慮寧今也無慙
故鄉舉幽閒更有登真路惟我曾遊今已古想見朋
從散還聚豈事塗改如排牙忽落鈆刀得依據常笑

蠹魚乾自忙正似求生轍中鮒學海無從今幾年謾
惜公家費毫楮春芽竟好清晝深石鼎蝇聲遶庭户
恍然似揖前朝人高下圖書迸青顧養才此地良有
因入閣誰醒靜方悟要使中虚心鑑明乃欲他時照
紛遝名利人人情正災我抱天君獨為主設官之意
非徒然君思可報唯心淵案牒相忘花字閒養心乃
在雲日邊佳氣忽忽指歸處頓覺身輕如插羽扁舟
莫怯霜華濃已有東風送君去

題臥陶軒

不為形役心方縱乘化悠悠豈須控歸去來兮歸自

公北窗高卧南來風吹我飄飄骨毛聳恐是洪濤浸清夢八月仙槎偶相送寒廓孤飛與誰共無咎夢乘扁舟泛海波濤在舟之上舟行如飛仰視天漢星辰甚明因得句云短棹孤飛跨寒廓洪濤高卧看星辰天機不逐纖塵動折腰五斗非君俸靜挂山圖探遥趣閒聽庭柯鶯幽哢君置絃徽貽我聲我遺耳目知君情相知之流樂如是五柳鳴蜩謾如沸

初夏書呈同舍

萬種浮華春事了誰供青帳千林曉雨集池塘螻蟈鳴蝸牛已過銀鈎横貼水圓荷盞猶小覽鏡美人音耗悄行看天上奇峯生莫放塵緣空擾擾何處亭臺

公外期共立薰風臨渺渺

暑中喜雨

小雨破炎熾滿懷貯清爽忽御兩腋風太虛一登賞

重九遣興

佳節嘆短晷清爽愜幽抱新故遞相代意思辛長好

百年如秋時行行越中道重九雖百回半百已云過

雲液傾新醅蘺花摘靈草但約金卮空何愁玉山倒

且趂馬臺遊莫管龍山帽

雙源六題

水閣

水閣上襟帶水光浮丹桂月来天漢夜白蘋風起洞庭秋塵勞人衮衮瀟灑與誰遊

釣磯

釣磯上閒適向金鱗秋後江邉思膽客古来溪上得璜人尋幽尋至此聊寄自由身

澄心堂

澄心堂上閒来客水與心同誰見得微風不過波瀾休無礙空中秋月白

濯纓堂

濯纓之水山幽幽本来似鑑無庸派到此令人肝膽

醒滌除萬累開襟靈一源莫誤登臨目紛紛世上紅塵足

重蓮軒

宛轉雙源花在處花葉重重瑞炎暑日光相照鉛華鮮翠蓋紛紛擁紅女不貪青子老芳容薰風偷出香無數乃知源上有神仙何必夭桃隨水去

日休亭

分外鑿私智役役壯且老此生本自然何者削害我止水觀而心運用無不可玉液靜中味萬累門外過時復一盃酒聊用沃心火

演山先生文集卷第三

演山先生文集卷第四

古詩

寄卧雲先生

卧雲先生由内觀，謂使妻子忘我難，顧子且不自有，父安得有汝為悲歡（君方致道之時，悲情割愛以絶累為急。其子訪而得之，君曰：吾且不自有父，安得有子耶？忽遯而去，其子復失所在）。武陵溪上乃所寄，今且幾歲無往還。源頭流水去復去，落花繽紛春屢殘。秦人漢世不須問，寂然自在桃花滂。嵩嶽遊人忽相逐，羣碧插空三十六。漁人不見空懷想，路迷山口今誰訪。幾時行，幾時歸，本無行止吾何疑。豈將眼力隨塵機，行亦可，歸亦可，長沮桀溺

非通道此生未必山中老

五祖長老惠竹䈸

六月如蒸火方老三伏炎炎遶清抱閒中雨汗林末悄忽得禪師祖山䉛笛材未許龍鳳吟却織雙紋帳高卧卷送西來尤是時乃似烏薪雪天到長鬚莪爲掃幽榻數尺漣漪細風過謾入祖山何所聞但覺雷聲肅慵墮欲鼾此意知未能且學文公贈相好

贈方外士

擾擾紅塵高卧客紅塵不染人難識琅琅爲講還丹篇若有清風濯胃臆玉兎走入流珠宫正向時人失

中得根本蓋自仙翁傳仙翁住世千餘年

贈崔風子

崔風不風人莫測只恐時人問消息子聞妙道今幾年百刻光陰貫今昔炁柱峯頭獨看月火裏青龍産芽雪屋上無霜春勢强十二危樓電光徹劍潭居士心相從何時遂和逍遙翁自知心骨異凡物豈願老死浮生中

貽李道士

道士初來鶴衣白無事猖狂走南北偶得秘訣煙霞間鬼谷先生眼精碧謂我當棲玉公談且與天庭二

分術儻來已感仙翁靈占夢夢中宜自鷟妙光照物
乃是道結廬歸去南山青

琴軒 并序

以琴名軒琴不與焉學忘形聲者也心無所事
乎機手無所事乎巧妙音幽韻本於無何有之
鄉山泉泠泠松風瀟瀟湘江月明萬籟合于太
虛莫能感而對之黄君勉哉寔欲以虛其心滅
學以空其性將進乎是則予之遊是軒也當以
非耳聽焉因書昔年次人憶琴之什以爲贈云
聲音求我皆邪道有琴可聽非深造無絃絃上聲無

聲世間此曲今何人

仙會樓

金碧崢嶸演山脚合有雲軿下寥廓自嗟本是煙霞翁一念人間已知錯闌說樓成歸思濃想見羣真多綽約水虎火龍方得傳看破浮生豈能縛夜深時獨倚欄干誰見金花當面落此道旣與羣眞同雖隔霄壤常相通演客千載無遺蹤佇聞杖屨來相從

讀王黄州遊宦篇

感義區區謀國士竟爲升平模棱子抗章言事來去忙左提右挈歸之理見姓書名要且榮寧問賢愚落

青史隱居到此當忘言對月且倒無憂罇

積雪

能積又能亡時高又時低圭壁隨所寓陵谷豈可齊夷坦掩曲徑勿使狐生疑光明破宿靄勿使鷄求棲在臈方得時此意非爾知知我為餘寒不知為緐禧

交遊

率爾相會遇欣然同醉吟意外談笑易胷中矛戟深契合好甘醴聽聞嫌正音交結自爾始刎頸當知心

酬程忠彥見寄

新吟走長鬚喜鵲鳴高枝邂逅固有分非人所能期

對坐俯寒壁得予尤相宜
進取俄比肩歡笑亦傾盖一夢長相尋尋子江天外
子來慰所思苦吟醻適會
京塵化我衣吳風變音語二人還相逢道在無今古
薰澤何所為本無緇與素
儒林小官冷僕馬略勝步竹素園中遊青眼勞一顧
孰與歐盧間閒雲自來去
側承雙簫聲自作天籟鳴徹耳願一聽使我冷然清
誰云吳儂音能變中正情忠彥云薄遊歐盧間中性易流輒作吳儂語格

送紀宣教

名利場中化君子偶得延平二高士王子好談兼好行行如不及談如傾（王子道原節推為人甚類尭甫）此生根蔕果安在寧復計校枯與榮紀子忘知更忘説行所當然孰云别坐間自有雷霆聲何事區區論標月二子躬行人所稀但恐東野無由隨香爐峯前幾時過興龍禪師故鄉老草堂夜話燈影寒聯息春風我先到

貽儒生

含章緣俊雅發理自聰明德行孔庭秀公卿唐穀英博嫌愚作獘文恐僞為情御世教方盛動人風更清反三雖稍悟得一豈須驚竟實伊周列難忘齊魯生

儒方困於談理而悟禪語有逃儒而歸釋此其弊也

送公表判官解官南歸

污吏物勝志俗吏勢勝義志義不可勝勢物如脫屣
古云士大夫此道既墜地俯首拾蹤與仰視忽高致
仕塗無清風大望失所寄志士獨懷古義氣已屢喟
從事彭城公不求亦不忮棲下斷驕簡清慎遣外累
三載日猶短六計滿物議薦章何所歸見敬乃虛器
得喪固有命失士豈無愧顧我眼力壯古貌入青視
方恨相得晚笑語未獲醉官滿不可留年華促歸計
而後雲既收日上春已至雙水勢愈活南注飛不洎

兩山夾長流稍稍有青意此景送君何處遊荔枝林下維扁舟窮通身外不足念醉吟可寫塵中憂至誠所與暫睽遠時復一噓聊相求

贈謝殿院

風自東山吹厰後義重生輕公所有懷抱應書霜雪明一封十事龍鱗輕青雲失志貴無悔且喜歲寒柯未改名節稍從言路變待向烏臺觀慷慨

東湖留題

雲門館

冥冥出世既云往急急度人還復來會當爲物落城

市誰採北扉開未開下視東泰在諸掌一念已到非
蓬萊與子邂逅固有分況是胸臆無纖埃

鷺下序

白鷺下遥水青銅絶纖埃窺魚風色定移渚客聲來
事儻明明遺樽臨渺渺閑靜憐閒意好爲過夕陽回

釣璜臺

想見海濱老坐觀臺畔清一綸聊自適萬戶本無情
魚躍心機靜鷹閒世事平行藏天意在千古跂功名

駐興橋

方上大鼇背俄生五湖心急急遊此道擾擾休相尋

步虛橋

俯仰是天漢陟降非世路常聞步虛詞時聳採蓮女

鴛鴦渚

江海風波外陰陽化育中相隨還戢翼得性渚西東

鴻鴈渚

兼忘物我翫鷗客自得行藏遵渚鴻看破眼前人與物紫元翁在小橋東

翫鷗亭

水面浮沉聊自適人心得喪便相疑徘徊聽我樽前唱莫道機了了忘不知

意息機乃息人忘鷗亦忘逍遥方自得邂逅豈相妨

静見水天闊閒知春日長浮沉無一累誰更問行藏

緑巖亭

半巖亭勢俯漣漪北顧尤宜鷺下時終是謫仙風思

好無情常與月相期（永結無情遊相期緑巖畔故云）

歌豐堂

禮樂看公暇陰陽報歲豐四并當共樂一氣已相通

歡笑壺天上清虚色界中可歸猶待月未放曲聲終

可喜年豐自壯少豈特明明得歡笑三樂光陰誰與

知但向魯詩尋政要

醉歸亭

醉舞既成樂醉歸還有儀漣漪閒自　渾沌有誰知

噦噦鸞鳴處振振鷺起時忘歸未得方釋魯公詩

水鑑亭

蘋藻風初定鸞凰匣已開有時開妙象無處拂纖埃

樂共世人到從醉天漢回不知誰作記寥廓卧樓臺

竹林齋

桃溪出世境竹林居士鄉中虛秘天韻外直凌秋霜

靜久世味淡翠深人意凉觸目多俗物見君何日忘

湘江亭

休論湘江僞與真楚花窺影玉霄春瑟聲誰鼓如妃子豈意相投似故人

桃溪庵

灼灼芳意鬧涓涓朱絃鳴晴光發清淺翠華相合并寒溪通遊徑清盃得落英且慰浮生勞勿念閒名輕桃溪日日流弗止何獨行桃花年年開既落還復榮昔聞避世士有物應混成不行亦不止不死亦不生秪聞莊學羨俄失何必驚此語誰與解任庵如登瀛

贈周生

周生能以幽意一寫於琴書相去阻脩未及親

見而聽之然其身居市廛而能獨遊形聲之間
務造象意之表亦足佳者貽之詩云
七峯山下無塵容方寸有能人未識風吹山水意飄
飄月照市廛机寂寂將使居人聞此聲既澄世慮虛
生白英華蒲軸非春能銀鈎更有千鈞力忽然欲運
留中竒一揮時落雲間壁何當便跨圖南鵬聲意相
尋七峯側

經遊清澹留題澄寂軒

清澹險怍士氣馬如狂濤趨蹶日萬変風石嘗相遭
浮沉有命在險易如人何此累稍稍遠十里無横波

劍潭澄寂容注酌無喪得狂心到此閑觀水還無觀

蟾光中夜靜銀色滿襟寒謾對浮屠笑若心應了了

莫看灘上湧但取潭中照

演山先生文集卷第四

演山先生文集卷第五

歌行

昭君

良家有子惠而秀昔在漢宫誰更有入宫見妬名不傳咫尺君王望恩久柰何賦分薄如人却屬畫工爲好醜千金買笑那敢當無賂應嗟落人後俄聞召見喜且驚自以閒雅文軽盈將謂君王必回顧行且遂承恩與榮權兼天下失所制女子未免匈奴行此身既係國休戚君王雖悔難復更雪怨雲愁竟何語自小誰知北征苦既出中華棲上清乃托胡人爲死生

平居悵望一成夢用像選荒尋去程胷前但殞點點淚門外已杭悠悠旌轅馬悲鳴日云遠行經幾處單于城平沙莽莽春不青積陰漫漫天不明隨無鴛鴦歡悅情送有琵琶哀怨聲大抵言意匪吾類眷眷向前愁益并寧落家鄉作孀婦焉用閼氏尊予名人惟適性乃有樂未必膏粱勝藜藿當時將相若為策豈意安邊用顏色君雖不幸功可稱莫道佳人只傾國思歸曲在人已非青塚空悲塞南客

鷰子樓

眄眄初歸樓上時想如鷰子長溲飛有才將色世間

少況復節義尤堪依將軍一去十餘載玉簫瑤瑟無心解豈不能死空相隨以色累公非所知白老曾爲賦詩客風梟花枝醉無力後會勲郎漢陽驛因語歔欷已成昔走筆還賡美人句猶感白楊堪作柱我來登賞非唐人尚引多情聊愴神人生真畫皆爲塵百年一餉難留春高樓人散誰復親只有燕子年年新

春日寄友人

青春可愛如才華使人詩思如楊花飄然來去不可繫又似春雲靄然起惟人適性而樂生子云閉戶非其情亦曾郊上爲遊人兩袖香風雙眼明葉下鶯鶯兒

女語聲聲似喚遊人住忽覩狂蝶過他枝一帶深黃又飛去倒樽取醉花枝側我是主人春是客肯襟不貯世俗事酒力相攻易相失青銅三百憝予慳乃至鮮佩窮清歡萬事亨途誰滿意百年生計自開觴樽前兀兀坐者誰頹然醉倒春風間歌者自歌舞者舞塵機不動天真閒呼童伸牋走吟筆醉字欹斜不能立楚狂韓子傾餘才感春章句如花開兕觥入手滔滔瀉此後揺毫如駿馬數子苦醉俱分飛夕陽含山空翠微乃自曲肱卧芳草蝴蝶與周何所疑紅杏風來吹我起黃粱成飯還多時醉亦如醒夢如覺勿於

四者分毫釐聊與物化天地中願君與我閒相從郊
上之遊速爲報春風欲放桃花老

中秋月

秋容瘦秋聲寂浮雲散盡霜宇寒未見疎星點空碧
升自東方人望濃十二回圓喜今夕窺澄江開暗室
閃閃金銀動宮闕森森冰雪排劍戟秋氣清秋色白
六陰中颭金權高清白合并成此魄玉兎檮藥將何
爲應造神丹送仙伯乘興高人無定蹤瓊步徘徊未
須急金波汗漫清人神桂華縹緲明人衣邀月已作
明年期月是人非寧復悲倒盡芳樽卧清影休問醉

翁歸未歸是非今古乃常理此情莫落霜娥耳

送王恒中

恒中所謂黜聰明墮肢體者也熙寧乙卯予得之於關下方世慮盤旋於胷中未能忘者殆之及見恒中遂忘鄙懷恒中日一飯男女之深情酒肉之厚味天為之戒焉非其强絕之也非善不欲而其心嘗清非理不為而其形嘗靜非其挽引而後至也然而予何敢望君哉君之化也其世緣未息歟不然為一念而墮者耶以親老之養求薦於有司及試禮部下第浩然為歸休

之計以謂養之至者以其所以養而已必待有祿而後致焉是亦懸也予之歸也買地數十畝種蔬植木以具甘旨則予之爲方外遊足矣然而君之去也豈爲翫山水者邪後此江南之譽有稱隱君子者行乎萬物之上而不可幾及焉者是必恒中也恒中非求人知者也故予作詩以序其行庶乎讀予詩者求與之遊而又知予不擅有其益者也

爲貧而仕我與君失意以歸南北雲豈把去留論適莫豈因得喪悲離合人是人非春覺夢物來物去花

開落攀緣一斷六塵空緣至乃施無鑿不求脱不與縛君期萬法無憂樂不可減不可增君期一性無虧成世人適埴誰知巳不怨不知知不喜塵縈嘗與衆凡悲流轉域中而已矣君之入道人不知衆務巳事君不爲天然淡薄日一飯心機不用如嬰兒聞其風者少當愧此道亦更清於叓君歸休白心碧眼非庸流内觀無物四肢墮性天虛闊陰雲收君歸去曉猿夜鶴無尋覓爐中靈藥果誰傳林下老人終共語何時我向江邊來相從方外幽懷開長願爲雲逐東野莫教風思生塵埃

再遊普光寺

春來時春紅照我衛清盃老僧朴野自合道只從一笑忘形骸秋時到詩翁清瘦秋容老吟成興盡可以歸一雨巖前恰初過勞生自適能幾人白雲流水誰相親黃金滿屋莫使悟悟便輸他方外春

中秋日賓興宴

九十秋分今夜景銀色界中秋意靜獻賢時入帝王州鼓瑟筵開山水境西風勁衫袖冷遙度天香到酒邊中有醉翁吹復醒徘徊態凌亂影急須行樂慰勞生相得相忘無食頃姮娥信諸生聽一年人愛此回

圓十分仙桂都門盡自有清光隨我身遊寶蠟何須

秉明年誰是奪標人史君推轂今何幸

贈天台禪鑒

逸興東西自難卜快可追風白花足巾飄飄蓑簌簌

每引三盃通道瓢即陳一闋離塵曲獨忘懷人注目

恐是秦漁來混俗落花流水難拘束幾度桃花春又

復戲戲人生榮與辱石火光中寄此生故山休問歸

遲速東秦別後無行蹤忽見回轅自西蜀二十光陰

一轉頭新白已能班舊綠偶懷超滅寒生粟盖亦超

然坐觀獨便望雲山歸去來無生之師在巖谷由禪

而入從真修休効諸山編語録如来藏裏磨尼珠走上玉爐光斷續螺髻明鵲巢鷲向死生中脫死生象罔淂之方始靈掃除物我凖何有懷抱乾坤一混成十三位上窺憂喜正法眼開無處避是時人道真仙子方尚圖中舊行止

通道歌吟

通道三盃太和好已同五氣誰能到漸造醉鄉亦自然忽体杳冥如淂道坐上一時能兩忘萬緣既斷非吾我須期有物渾成時先自醉鄉聊淂耗若從泰定真相逢含盡三才是懷抱道方喪物無閒愁休管垂

楊與芳草（天遊天樂皆出於道道與物交相喪徇世則喪道徇道則喪世）感懷偶向桃溪路落花流水年年去仙家日月無古今此景示人人不悟青衣為我折幽芳待插陶巾訪真侶笑而迎寂而處五行自是無尋處空將日用怨春風日用動靜離得數但明結果自然成到了無生無一句聖賢絕口自難言愚衆搖頭誰可度青衣兩畔長鬢後鬉鬉小駿山閒走光陰猶長渭川叟牽有雲山靜中壽大道盃自然斗天遊杳杳長庚吟天樂陶陶紫芃酒宛如對月成二人九九老圖中有無有

謝莊顏延之吟

千里共明月彼此惟月知音信雖不聞有月難為詢
對月秪自恨中夜還窺人姝子想無寐瞻望應歎陳
既然默默浔心腑那更徐徐入庭户因笑延之題殘
為長不歸一息已云往寧復為歸期稚子亦自曉安
用延之持希逸辨既妄徒浼延之非兩詩寓意
好雲海況況杳無耗紅顏銷盡那得聞惟勝知之遇
山暴

喧犬行

禦惡不禦良守實不守空主人得犬勝高墉有竟汝
喧喧有齖汝默默主人浔犬勝幽賊犬也狳有云容

犬對以臆犬爲踞守即吠尭犬爲尭守即吠踞是則
庸犬而已矣比犬之良汝何益穿窬淂閒無人疑喪
家之犬將何之

憒鷹行

兩翅一展秋雲高兩睛四顧秋林肅狐兎忽落爪距
下肝腦須臾厭其腹是藝汝有固有性是物汝淂固
有命韛上如何寄此身休誇豪氣與精神一雖死生
非所必有數存焉擒不獲主人失意未可量鷹也兩
失而行藏中陵自在無由樂飽則翱翔飢則攫

巧蛛行

桑絲轉危簷結網日初卯條理滿腹中萬慮無一攪
紀綱國政强經緯天理巧所吐勤如簇上蚕所織巧
如機上婦婦織一尺長蠶吐一兩多輕暖之利為春
和蜘蛛兼有蠶婦事蜘蛛獨為身腹計此勤不必為
此巧不可施慮有無意空中飛

演山先生文集卷第五

演山先生文集卷第六

律詩

元會次宰臣之韻

風吹香信下丹霄遠望如雲共戴堯誰詣獸樽心謌
謌獨贏經席氣飄飄千靈已得回春律萬歲何須却
老椒弗愧陰陽開妙化先天方許與公調
玉皇宫殿得春朝冠綬紛紛百辟朝未見魚龍供漢
戲已聞星露入虞韶清都夢到驚華麗寒谷春回喜
富饒付史幾多祥瑞事終隨和氣作歡謠
太極朝正小道消豈勞身勢借扶摇履新忽聽傳天

語華故初看轉斗杓四面橫龍嚴部樂兩班垂玉肅朋僚不敎計吏空歸去雨露相隨詔五條

侍宴池上

來侍君王看物華紫微深處宴忠嘉萬年獻壽金巵酒百世尊王綺席花振鷺朋從灵沼澗游鱗音耗絲絲斜仙源此景須吟盡留與人寰處處誇

集英殿考試疇唱

玉皇親自策才猷誰作靈鼇上釣鈎俊思内窺天閫邃韶光中看御香浮尚懷獻藝趨前列何幸持衡綴上流欲向鑾輿心未放更須銀燭始回頭上臨軒策士向晚須燭後起

磊落英游誤許陪相望樓閣倚雲開春風暗遞天香
到星使俄傳帝語來紫府已知仙籍就清都還逐化
龍回縠中喜得辭如海不是區區小有才
靜窺千卷喜才華不恨詩情未到花欲醉春風歸去
近曉来新得數聲鵶
雨過春空紫泰高列星初擁絳紗袍三題天漢文章
麗萬字秋鷹氣勢豪聊欲彎弓須尚志謾勞談律莫
吹毛行看彩色青於草不覺南溟失素濤
紫微方夢斷燈火鮮嚴時日欲銜龍闕風先掃鳳池
自憐夜氣在誰笑道冠欹豈為雲團惜消閒賴有詩

庭中同事相戲不得吟詩犯者有罰啗雲龍之約

降虜來朝次葉尚書韻

頡虜勞戎索神機屈叡謨鷹鸇臨遠帳狐兎落清都勇逐龍韜喪驚隨虎士趨瞻天蒙覆育塗地脫須臾即看宣登阪何煩禹泣辜但聞多屬國五鳳似元符

次門下侍郎東省懷左丞之韻

喜看韓孟作雲龍同御天衢萬里風詩入中臺推戴敏（戴胄為左丞性明敏達於從政）月來東省照盧公（盧懷慎為黄門侍郎公清儉約）祠庭拜睨精誠共試殿逢知學問同廣樂數聲誰敢和但疑身在化人宫

次東閣内翰感舊之韻

二十星霜一轉頭坐間誰共昔年遊是非擾擾夢還覺榮謝紛紛春復秋罇俎且看圖籍府風雲方命帝王州金蓮花燭公歸處此更仙源最下流

青社宴遣貢士

曉來門外駐鸞聲且喜東藩俊造成行藝簿多窻下志賢能書振日邉名琴風清躍西征騎辟水寒窺上舍生佳兆豈惟多吉士三元從古有豪英初移郡學于城南已有佳兆青社昔有蘇張王文正公相繼出冠天下士

次常父著作曝書之韻

内閣儒方集先朝事不忘曝書開綺席偃武斂牙璋籤軸陳千古金朱萃一堂日華窺鳥迹冰豔照金觴是日賜冰已掃斷簡蠹更增東壁光士高閒粹語天近覽幽香見懤思唐庫恩新仰舜廊名山繞向曉振鷺已成行官職塵勞少朋從語笑長但慙甘若醴寧恨冷如漿小說誅彌漫雄文薦煒煌培風誰有志從此好南翔

送都鈐郭太尉

將帥門庭喜見人只看行止早堪親軍人事業離羣久帳下謀猷觸類新東土別懷應有恨西都歸思已

無塵故園未許閒遊日毋鳳重飛不到春

送中吳太守

華省人閒去領麾出閫風景正相宜唐虞民物氣和
日吳楚江山秋靜時語接鄉音尤喜近舟行蓮渚莫
嫌遲古云循吏君知否先悟無為始有為

送袁運判赴荆湖

未果為雲逐去龍楚江行覽玉涵空斡旋地利來天
工籠絡人才入彀中仕路莫驚離合易貢闈猶想奕
言同龍山便到秋還近幽興從佗落帽風

陳瑩中赴定遠

秀發風神子也都想因塵果下栟櫚（栟櫚沙縣之名山有神仙寓於其上）一階道在誰窮達百里才多自卷舒北闕瞻言蟬靜後東山歡笑麥寒初便須養氣觀雙劍豈暇回頭較一猪（濠有莫邪山吳人鑄劍於其上）無事謾留工部句有時閒落右軍書漢滎楚辱人休問且聽弦歌出舊徐

送衡州太守

幾度明庭聚又分玉皇香落衆中聞忽拋桂玉泛隋水便擁旌麾穿楚雲岣嶁山高尋禹誌蒹葭江遠憶韓文（退之送李正字詩人隨鴻鴈少江共蒹葭遠）隨車多少南飛鴈先向秋風得使君

送袁志行户曹

十年場屋費才華謾有詩名子可嗟未入儒林升俊造且行春雨到夫家遠乘澤國三秋月高跨天河八月槎道阻且長瞻不及空吟霜露滿蒹葭

贈呂夢得

壯年場屋便歸休遡向逍遥獨自遊貧後誰知心匪石老来猶更氣横秋人無直道君難合詩有清風我怕讎香爇一爐經一卷紅塵應是懶回頭

次齋守巖老見示東湖之韻

近將餘事作東湖公外閒来物外居蓮吐花時看晉

社桃隨流處得秦漁放懷把酒須尋友適性垂綸豈問魚報我故人三樂意翠珉新刻右軍書

月華西下日華東閃閃湖光渺渺中天地會通銀色界亭臺還合水晶宮披襟望處清生白穿徑遊時翠引紅自許此生心已了湖山尤稱道家風

共辭蘭省作諸侯更領東藩第一州萬事了時尋好景兩崗盤處得寒流

送王道原判官

言無枝葉色無塵自是中間已悟真且免此生占噩夢更從何處卜通津徘徊州縣諳多事荏苒江湖過

幾春三已轉官歸吏隱蓮花池上友何人

和馮達夫小沼之什

坐間長愛水相從閒鑿方池貯碧空十尺清泠雖有限一襟瀟洒已無窮龜魚世界東西近河漢光芒上下通數卷芰荷時得雨怳然如在楚江中

寄五峯長老

自從南去失歸期海嶼生涯祖一支百歲塵緣誰尚在五峯禪老獨應知且看秋水呈千月謾寫雲山寄一詩邂逅有時言笑處越王臺下擁旌麾

送斛絳侍親之官

鮮顔而笑偶相從澄寂潭邊五載中學道南來無爾
隱侍親西去有誰同夜歌一劍曾中氣卯酒三盃馬
上風塞北功名須黽勉自來渾厚出山東

寄鵝湖佛智長老

十年光景一回頭聞住鵝湖且六周堂上雷鳴通妙
用鼎中龍伏得真修報恩香篆雲山曉傳法心涵水
月秋莫笑紫元翁未去已懷煙浪作扁舟

會黃正臣

北山亭上共看書少壯相逢氣尚麁樂事每聞高義
長病文嘗借遠煙塗樽罍且慰人離合龜鑑應知我

有無蟋蟀在堂年又晚欲邀鄉語覓寒爐正自近舉相法稍識貴賤

雪中泛舟

雲漢雙眸泠瑶池兩槳輕六花來酒面萬霰作蓬聲

虛實終何有高低已混成拏舟緣此景豈為戴君行

題妙光堂

獨坐夜如晝相投清與明風微塵跡悄波定月華輕

此景方中見何人性上生涵虛難立象照物自無情

寶鑑非鎔就靈珠乃混成忽驚居士眼一點與强名

書懷呈同志

處己心雖白逢君眼更青獨來還得侶相照即忘形

用意誰無累開襟自有靈遞年何所樂終日醉遺經

秋雨喜霽

陽光方接物陰蔽已開閑水落盈虛定雲收去就閒

菊花窺曉日松影撼秋山滯思可乘興一聯還解顏

錢塘山居早起

熟了黃粱一覺眠起來身在紫霄邊林巒已淡東傾

月旗鼓將嚴北渡船岑碧漸分雲外境陽光初動海

中天風興夜寐人空老難把塵勞綰謫仙

澄清軒

開軒何處野塘靜（清）見蒲魚作隊行亦似養源知物理

始能遊刃到民情雖非渺渺鑑胡闊豈少亭亭秋月明多謝松（一作訟）庭無外事不教風浪此中生

拂雲軒

卻塵兼卻暑非市亦非郊龍爭雪中種鳳翻雲外梢蕭蕭天籟作淡淡月華交切玉歲寒味供餐無別餚

雪

雲上江天意已濃化機先下隔年功明吞夜後梅花月狂弄春前柳絮風清悟胷襟吟更逸寒驚毛骨醉還空漁蓑歸去豈其樂相賀惟聞田舍翁

梅花

素呈天巧未教青雲釀寒時一望明且得少陽通好信不消孤笛送新聲絳綃捧蘂誰雛就金粟含鬚自綴成最是百花難比處只承風信已知名

泛湖

放船初向白公樓渺渺天光蔟蔟洲綠竹岸深疑士隱紫煙波遠恐仙遊賓朋欲散且看月風俗雖忙猶買舟最好四山環繞處一家中占五湖秋

偶成示道温

何當歸臥水雲鄉不必功名似子房一黍精華空色大百年行數古今長誰知擾擾還三得獨向冥冥遺

兩忘少室山頭星月近紫微垣下起天香

歸燕

棲迹各安在託身誰與爲安危應擇主去就尚知時春暖語尤巧海遙歸較遲畫堂人有德可放繡簾垂

寄及之雎陽學作

南飛長是夢相尋海角何妨寄好音有客交遊多草面無君談笑少開襟家山荔子邀誰賞澤國荷花憶共吟秋後西來無爽約遙郊當候馬駸駸

初秋偶作

火行金候兩猶爭擾擾蚊蠅自未平雲漏雨聲蒸地

爽日含山色暮天明直須紈扇恩情斷始向籬花意
態生萬里壁寒無一點月明中看鴈初橫

除夜呈張公實

兩年相見此宵中萬里家山與子同百歲未垂雙鬢
白六骰先獻一盆紅莫嗟雪臘回頭盡且約金卮到
手空過隙浮生聊自慰明朝行樂屬春風

客暑因書昔日山居之樂

憶昔幽居最道情水邊林下寄勞生靜眠片石無閒
夢深入寒雲有笑聲壯了一心塵事滿別來三歲客
身輕功成便遂歸歟興待與青山歃一盟

演山先生文集卷第六

演山集　卷六

小草齋鈔本

演山先生文集卷第七

律詩

秋暑喜雨

不害爲霖未可收煩襟相慱暑相投水簾檻外霏霏畫銀漢雲中點點秋别館休論歌客枕釣潭尤憶看漁舟催成天色純如璧白酒黄花欲上樓

試院中秋夜月

秋色中分夜金行旺氣中邇遐人望别内外桂華同澄澈曾經雨娉婷欲御風三人歡已斷猶鎖武成宫

貢院上元

精舍喧譁外華燈想望中管絃何處客簾幕去年風

好歡隨塵起悲歡覆手空蟾光無内外自與此心同

還鄉有感

別來身在利名邊三十春風少兩年問勞只聞新子

弟悲歡還見舊山川客塵況味今無念雨露情懷夙

有緣不向洞霄歸未得此官猶是地行仙

和章樞密西齋

公餘誰解息勞生不動天機性自靈道骨對山尤更

好夢魂聞雨易爲醒謾抛雪歸仙舄只把筌蹄看聖

經還顧一源無去住雙梧惟有翠盈庭（西齋絶句云簷外雙梧翠滿庭）

次陳子眞見別

懶散先生恐是仙幾時來上鑑湖船水雲共賞更誰可氣槩相投還自然憂樂未當隨外物窮通何必問他年鮮顏一笑樽前話各向閒中見性天

行軒猶遠五雲溪煙雨霜風去魯遲淨眼看山應是好北來須乞送行詩

觀潮

吳國人從越國回兩船旗鼓急相催悠悠二氣已交感隱隱一聲還到來銀漢風波生流瀣玉龍雷雨出蓬萊周天安用蓮花漏自有潮軒與月臺

杳冥中信自輪回十二時行不可催纔迫海門三級
起忽臨沙渚二龍開水頭花雨凌空落日脚雲旗動
地來果是尾閭虛不得却還江上一徘徊
密竅神化自陰陽雲御雷車不可當吹倒主山風信
惡蛟龍回首也須忙
十州基址難淪没二淛源流且遡洄秋信最宜吴地
看雪峯飛向越溪來

次陳殿院遊洞霄

杖屨相尋爲愛山來朝山盡到林巒真源已立今猶
古清氣臨人暑亦寒巖溜飛來春雨瀉洞霄歸去海

鵬飜紫霄名位緣何事了取無中一粒丹

秋日苦雨

漫漫雲無隙紛紛稻有芽久懷暘谷日空想暮天霞睡羨夜聲碎坐寒風脚斜秋光猶未盡相望有黃花

聽隱士琴

心手相忘到混成又非湘瑟與秦箏秋來獨坐水邊石古往誰知絃上聲易度寸心間有味難諧羣耳淡無情夕陽回首山尤好更起松風一段清

送翟司業赴南康

烏臺章疏風霜勁辟水詩書日月間萬事自來知義

命一麾誰去得湖山嘗聞訟少公庭下但見閒多宴坐聞明月幾時隨太守香爐峯下看禪還

國子先生行最淳紅顏猶足照青春神仙廬下分符遠父老鄉中衣錦新（得旨焚黃）畫舸欲飛初得雨煩襟如洗作離塵從來官職清於水好為江山作主人（子久歷官教授博士殿院司業）

酬友人見寄

纔得新詩寫我憂荆溪何日與君遊久為江國三年客長憶仙公一洞秋共有幽懷堪把手誰無忙事且回頭忽乘清興拏舟去准擬香牋作唱酬

寄題溪堂

華堂深在翠微間，瀲灧波光照客顔。歸隱輸君塵外樂，留題偷我日邊閒。心忘机後鷗相識，日落山時鶴自還。小艇得魚無事了，歌聲移向荻花灣。

送柴伯通歸衢梁

晩入荷華一葉香，羡君歸興滿仙鄉。他年上國来須早，今夜中秋別太忙。雖厭風波同客路，已憐松柏共秋霜。東來傳舍無多地，勤寄新詩莫我忘。

寄清退君章大夫

故人閒適地行仙，林下邀誰共暮年。把酒應思天際

客登樓俄止水南舡清退樓在州之溪南懶看小吏呈朝報靜聽高僧說世緣華髮未輸頭上白更期携手酌溪邉

春日喜晴

天意分明人意閑便聞歌管上春臺緑堤風暖披衫袖紅檻花光落酒盃雲結陰容俄散去蝶驚晴影旋飛來芳菲猶在無多日倚取韶光作醉媒

寄王之道

蘭陵為别又多時花月妖中想見幾鄉國可憐猶間隔客途何故更分飛身邊無事樂雖樂堂上有親歸未歸欲寄新文將遠信尚須勤苦到精微

長樂宴遣貢士

賢能書扣九天門安用區區更問津周室笙歌聲調古孔庭詩禮指歸新吟窺清辟還爲侶笑謝寒齋已作賓忝我時髦尤利市使君元是奪標人

遊開平書貽佛智長老

訪我京華歲已深化龍潭畔却相尋是空是色休排色非佛非心且洗心南望自生江上月西歸誰了水中金洞霄人去寧無夢多在蓮池與竹林

寄袁思與

京華爲别各蹉跎猶幸相逢笑與歌風雅長言先進

少遊從高義故人多雖知塵境先忘累尤念元宮未

處和（我守其一而處其和是以千二百歲而吾形未嘗衰）行欲超然無一事便

當求我向煙蘿

與南京留守

裳昔年見公於雲上已辱獎借睽（違）誨言今十餘

年矣邂逅舟過屬下得見顏色喜不自禁輙書

四韻奉呈少叙區區之萬一

澤國旌麾十幾秋一封曾去辱青瞬吹噓寸草風猶

在倚傍長松夢未休借取謾勞閩士論召還聊寄宋

王州宿猿洞裏南湖上似得雙溪有樂不（南京有南湖亭湖有

若雲福唐有
宿猿洞

中和堂見雙蓮呈張内翰

兩萼雙房並一枝誰家妹子上西池鵲橋牛女共遊夜湘浦皇英相會時曉鑑鬬粧肩笑倚秋林同賞步慵移行看閣老重歸去花獨來迎此可知

次大野雙源水閣

長爲雙源夢舊遊西風吹動白蘋秋得君昨日數聯景寫我此懷無限愁但看清虛堪寄足豈須衰老始抽頭小漁船上好相訪煙雨中乘丁字流龍津號丁字流

送陳子眞

木笏青衫便染塵久思風骨始知眞有無悟道何妨
仕俯仰趋時只爲貧靜向畫圖看五驥急來華省侍
復親茶園送客詩猶在空恨芳罇失故人子眞昔號懶散長巾
寛袖有不復仕之意一日青衫木笏浔於內庭認其風骨久之拙翁甘與外臺廉只此
勞生想自古人我是非雙累重古今榮辱一塵纖便
遊澤國尋鱸市忽落仙帆傍酒席案上簿書看浔未
眷眞當有智隨恬

感舊書呈彭城太守

屈指朋從共愴神不知原上幾回春昔偕舜俞郎中聯事太學同舍
十有五人至今二十年惟裳與舜俞耒世英三人在尒餘不還五十與舜俞談及此愴然久之故有是句

静縁老去忘餘事樂自閒来浔故人雲日雖牵琳館夢旌麾聊慰雪窓身老彭樓下人安在千古都歸一笑嚬

觀菊

盈盈金色带秋光淡淡仙粧只着黄賞共故人休獨樂笑同今日更誰忙方嗟老取年華近尚喜花留日數長為擬繁英還為撚莫辜纖素在君傍

贈葛侍郎

三品題官知分退數株靈草背春栽已馳吏政青編上却御仙風紫府来琴鶴幽懷心火息酒陶和氣面

花開應憐仕路多華髮不把松雲爲已催

自警

一日少一日一年無一年頓門何處入秘旨有誰傳憂樂波生水光陰箭去絃幾時能得了坐卧莫忘禅

贈張山人

極數幽人百尺松歲寒枝節引清風世途險易抛身外人事榮枯落掌中藥有靈根秋轉活面多和氣老猶紅行人借問生前事何事天津久未通

贈傳神師

闕下遊多日溪邊過幾春數圖人欲活一筆自如神

不寫俗中態謾留雲外身丹青如模我道貌似山人

對菊閒飲

良辰惟有菊前盃十五蟾光已看回白蟻醱醅涼後熟黃金菩蕾夜來開休悲往古事何在且樂去年時復來好是夕陽須管醉花叢中放玉山頹

題南華洞

數卷真經學兩忘何須疑蝶更疑莊水雲生計不知老詩酒光陰無限長何處猿聲殘客夢有時風信漏天香鍾山不愧移文士信步尋幽到草堂

江下山居

不卜西湖卜此山江天方作洞天寒海門有信蓬萊近丹室無塵宇宙寬一箭昔人曾卻浪五雲何日便驂鸞小橋流水通幽徑休向朋賓說內觀所居之山由鳳凰山而至故云

信步

閒適無他事優游有此身禽魚窺物性草木露天真靜味秪獨覺幽香還自陳行雲難問信流水莫知因漁父偶相值笑談猶及秦

寄梅承事

滄浪風緺鴨頭波中有高人養太和恠石換金清興

遠華堂收佛善緣多花街山院青春醉玉管雲牋白雪歌未信聞名羈絆得試教彩色綠如何一本作荷

東山三題

定慧長老為二亭一軒下瞰湖上來請名予取釋氏之說以命之蓮之為物雖出於汚泥然其根實虛白上為花葉不可埋沒不染不著人云來處雖猶泥汚然其根性本無一物發為德行蓋亦如是故北亭曰觀蓮夫水之有月猶人心之有性水清而靜則月現人心清而靜則性現故中亭曰現月由軒而下旁趨桃溪古人有見

桃花而悟者故東軒曰悟桃敘既復為三賦以
遺之

觀蓮亭

青泥藏化青紅粉看芬芳照水有餘態乘風無限香
晚來花獨盛暑後雨聲涼不着故不染走盤珠自忙

現月亭

一月滅私照萬水生餘光成道果有性應物元無方
對景妄想斷凭高清夜長超然養源士豈徒愛瀟湘

悟桃軒

中無城市埃下有桃溪源灼灼發獨見冥冥從混元

俄忽遂出世喜躍聊開樽且共衆人看迷悟休復論

簡叔文與叔文別且十餘載一日偶揖於僧舍滿髯皆白

屈指當時宴笑同已更三十五春風十年忽忽成今古萬事悠悠作色空別後每懷青眼客坐間俄揖白鬚翁蘭亭咫尺歸歟好當悟浮生似轉蓬

演山先生文集卷第七

[illegible]山集　卷之

演山先生文集卷第八

律詩

寄題范氏六桂堂

縈到蟾宫父子同滿堂天秀望仙峯六枝已勝燕山桂八子須攀潁水龍風信動人香遠遠月華垂地影重重餘芳更有成林日行看君家萬石封公於所居之側爲桂林基以俟諸孫

聞鴈

露下多時鴈未鳴數聲雲外此宵征北人書到三秋盡南國引開一字横旅館有誰驚好夢平蘆何處起

寒更想應俎上終須免宜向方塘寄此生

大暑

輕輕絲葛汗如蒸空有雲雷未見靈安得此生長不老豈能今日便忘形謾摇紈扇終嫌倦欲倒金罍却恐醒赤脚踏冰疑未穩且尋林下泛清泠

山堂有作

煙籠雲鎖幾千年流俗尋山豈得先一水中分吴越界四峯前卧漢唐仙閑遊東徑窺青海偶往西源覿白蓮却省内遊還有感杖藜獨立夕陽天

題愛竹軒

北堂人去竹成陰手澤須看碧玉林清賞昔嫌無一日孝思今喜有千尋滿窓金鎖日華永遍地龍孫春意深寄語嬋娟多結實幾時當聽鳳凰吟

除夜

守歲飲須頻光陰又再春漏移中夜刻身是去年人天色收殘臘人心息舊塵東風新我意相浔向雞晨

楊立之南歸

五月雙艫偶共行開懷尤喜暑風清亨途事業心猶壯細字詩書眼更明家有青山應可樂首無黃髮未須驚相期一醉無他景九十西風菊萬莖

南樓有作呈仲矩舍人

莫言風物是窮邊，塞北江南此景然。蒼壁下粘芳草地，垂楊中卧碧塘天。人吟夜月波中笛，客醉秋荷雨後筵。來候朔音樓觀好，夢常捫斗過幽燕。

秋夜

百蟲將入蟄，一氣已歸根。今古在還去，光陰朝又昏。莫隨塵袞袞，須悟性存存。誰得逍遥趣，南鵬是北鯤。

送李季益龍圖

浮游塵世未還元，偶會琳宮兩地仙。行止義明嘗浔已，修持仁静可忘年。笑談客去吴無侣，惠愛人來楚

有緣公外詩筒當見寄爲乘佳興益新編

清勝亭

靈源來匯亂雲深回抱華亭愜我吟窺影冷光天上面入懷清氣水中心橋頭月到人攜榼蘋末風來客解襟秣馬臺前聊遣興寸陰何惜與登臨

歲暮偶成

新舊光陰各自催分年須折送年梅歡聲動地驅儺鼓厚意迎春獻壽盃誰似江山難得老人憐桃李又重開朱顔未遂花前計却恨東風抵死來

贈致政葛侍郎

金帶慵腰便退居高閒吟思滿江湖一頭黄髮真元老兩郡朱輪更大夫世事榮枯閒似夢道經舒卷靜如愚延平遺愛今猶在一片棠陰入畫圖

九月遊堯日

誰見東廵駐六龍秋山留與醉吟翁人非物是紛華外古往今來想望中雲日萬年興素節士民千里閙晴空黄花盈首猶欹㩉一笑從他落帽風

贈張太保

赫赫家聲將帥官仕途寧肯放君閒不妨林下權尋樂未可雲中便買山五兩輕綸猶系命滿樽清酹且一

開顔天涯之子誰爲樂何幸相逢一笑開

除夜送代倪篸翀

北風吹雪袜潮頭待過東南第一州去客情生來客夢隔年燈照隔江愁玉皇謫吏行當復金闕除書即便收言簡氣清終有用卧龍山下自難留

觀遊山記感舊寄霍子侔

故園别後有餘念舊記重看無限情山倚日中支暑氣水從雲外落秋聲向前世務心猶壯憶昔溪居眼自明携手逸民今在否盃茶誰與話平生

再寄及之

眼底霄漢氣横秋未壯吾年似白頭病態問人皆笑老壯圖何匏始知休還因往事悲今事難得新遊比舊遊雲水越溪風信好尺書多幸屢相投

別後新寒有勁風不親談笑轉乖慵一行塞鴈来多日萬里鄉書得幾封閒憶蘭陵還自笑願遊苕水更相從與君蹤跡誰堪愛閱古堂前樹樹松

會友人飲

曾共螢窻得夜光別来聲問在周行未摇丹管鑄詩史且遣青娥弄樂章巧笑莫嫌留客數幽懷須信到官忙樽前邂逅知多少更對春風舞一場

送方子元赴固始

九卿遺俗各尋宗，君自東南来喜更濃。（固始諸姓避唐季亂隨王潮歸閩中，故云。）無類已聞詩禮教，有行還守子男封。曾中道在何嫌酒，絃上聲清只愛松。（用劉元明、子賤故事。）行聽老農無一累，曉炊如玉稻新春。

送林君錫宣德

最喜君来寫我憂，羣情忙處獨抽頭。功名機會須時可，詩酒光陰屬自由。醉度九秋江上舫，食遊筯雙海邉州。兩年官滿休贍望，且與磨鉛了校讎。（校書郎兩年爲校理。）

送仲時南歸

壯志九年人事足奇書千卷客囊空仲時獻策皇帝留京師九年市古書十餘篋而歸窮通自在身謀外取捨誰看士論中休歎鹽車千里驥且誇天漢一帆風忙拖雙屐雲邊興更與何人作醉翁昔與仲時遊石溪山寺留題云寺在雲邊偶欲偶遊忙拖雙屐破高秋

與子倅始會于常學後為禮部同官感舊

始觀文彩慕聲名三十餘年夢可驚真幻自從窺至理是非誰復較浮榮別來方策迷情斷老去園林逸思生叙舊幽軒時一笑更宜茶鼎作蠅聲

靈壁遊張學士園

休說行行且與吟道山官職舊園林石疑六䰇默難

問竹類七賢閒可尋翠引賓朋三徑遠寒生涯澗一池深隋河堤上人空老誰爲蘭皐惜寸陰蘭皐張園之奇石

謝人示詩集

騷雅先生得古風恨無吟侶忽相逢欲陪大巧搜春景已買長毫補筆鋒花下比聲歌帝力醉中聯句頌花容斐然小子多詩癖時遣青衣寄一封

寄陳充道

性纔圓了便相逢對面還如一鏡中共取醉時聊遣興兩忘言處却歸空紛紛綠髮何妨白擾擾黃塵謾自松紅竹滿林先我去笑談誰赴坐間風

頤堂

晩年塵事少閒境道情多汗簡知千古靈龜見一毫

更尋何處樂休訟此生勞名利雖然好誰聽數仞高

送鄭少府延平教授

上舍聲華太學生青衫從我薛齋城神仙官職去期

遠詩禮門庭歸思清山展旌旗秋可樂延平山勢排空有展旌旗之狀劍驅風雨夜休驚延平潭上時有風雷三岸謹呼以為劍歸故鄉夢想

今尤在此景何年慰此情

長樂閒賦

行盡溪山到海邉合沙門外見平田潭潭清世元侯

宅杳杳眞人小洞天萬户管絃春賣酒三山鍾鼓曉

參禅旌麾纔上南臺路方記詩篇落在先昔寄五峯詩云他日

南来言笑𣃆釣龍臺下擁旌麾

二百餘人領此州去思誰更有碑樓浮名浮利果何

在潮去潮来空自流照萬事時惟是道貫三山𣃆最

宜秋使君籍上尋同姓只許旌麾獨自遊自晉大康至吴越錢氏爲此州者二百四十六人皇宋十有八獨無宗姓

越王峯下小棠一作堂深秋入三山小暇尋兩遥盈庭

眞與僞紫元堂上本無心

七樓遥直釣龍臺榕曳横枝庇兩階好是四州南下

水部隨潮信入城来

五十年前夢此遊已云持節豈能休悠悠封域連東海浩浩朝宗椄上州五季侯王時事古九還仙子洞天秋閒行嫌被朱衣覺容往西堂獨倚樓

地傣東南一角垂百川夢處勢隨堤滿帆風力人航海七日遊吴尚説遲

旁繞七州連帥府中分三壤屬僧家荔枝獨作閩山秀宜與龍團一處誇

歲華猶暖山藏翠容趁還留海獻鮮風雅可憐元太守一生魂夢已茫然元公詩云一生魂夢遶三山

方壺圓嶠飛來處北越南畨望断時莫道長安天樣遠一輪初上已先知

周回禪刹望嚴城雲弄遥岑一寸青眼在簿書心在道何妨尋我到山亭

秋日有感

清生明爽静生悲羣動相將却入机物向本根成既老鴈知時節去還歸山人邀飲酒初熟漁叟獻鮮鱸正肥莫管世情都掃盡閒来林下看秋輝

和寄麻城饒令

應向公餘飽看山絃歌安用智閒閒有爲百里人同

樂無累三神我獨閒雖隔清風長在想尚期嘉什屢蒙頒近来與物低昂少多是聰明落靜閑

白蓮閣

白蓮池上閣崢嶸萬朶西風滿社清已寓漣漪呈皓質何妨污潦浮生羅枰翠盖秋陽盛玉琢香腮曉鑑明空色從来無辨處此詩非獨為花成

寄題明舍

明舍義方立深宮文藝成詩書盈篋重金玉滿堂輕天漢一枝峻秋風淒桂叢羨君能自樂在處有蓬瀛

藤杖

一枝能獨立，三徑謾相隨。閒逐人行止，先知路險夷。倚憑吟望久，將飲醉歸遲。携到遙林下，尤宜倒接䍦。

寄蕭思遠

自能騰踏到天衢，少壯為龍卷未舒。槊上不留生熟事，篋中偏有古今書。思遠性喜收古今書，少孤，有志于學，不俟父兄之教。高吟應愜新移命，幽夢還尋舊隱居。思遠昔年讀書于南國山中，今為丹陽，有移錢塘之命。須道守官誰似我，長來湖上得清虛。昔為湖州縣丞，次丹陽有練光湖，今移錢塘，又得西湖之景。

寄湖江二十四叔翁

小宗纔廢各西東，懷想湖江夢寐中。受祖生涯君獨

異趣家身計我誰同客遊何事千山遠旅燕還悲一位空期約明年來侍側青衫滿滿桂華風此詩於庚申之歲有失於傳壬戌登第還鄉復書獻

表海亭

大老悠悠不嗣音高風難向望中尋三千賓客空離合十二山河自古今北戶人歸雲洞遠見太平廣記東方春入牡丹深青春之方興於此處牡丹特兩辭遣盡無他好只有閒來醉與吟

社日遊雲門山

不須扶我自登山腳力能勝十八盤一字鴈低頭上

過兩城人細掌中看雖知北戶緣尤在却笑南柯夢未闌忽見歸雲應是信滿襟先得洞天寒

演山先生文集卷第八

演山先生文集卷第九

律詩

次泠風閣之韻

九龍峯下閣横秋世上纖塵不可留清伴夜蟾留醉客細吹時雨走歸舟天南從此載鵬往山北與誰乘鶴遊（山有演仙）已是逍遥何所待上人高卧見蓬丘（列子御風而行猶有所待者也惟無所待所以為逍遥遊）

魼御泠風入九秋豈愁光景去難留翠摇竹影落猿嶠清遞笛聲来鷺洲兩腋獨乘盧椀興滿襟誰作楚臺遊須知大塊生微意豈俟雲邊虎嘯丘

寄題澄虛閣

欄檻天都近池塘水鑑平微風晴後寂孤月夜來清大象莫能破纖塵何處生湘靈誰為感一曲謾分明

贈致政王朝奉

得老歸來已幾年水雲深處洞中天有身且睡三竿日無物應看一指禪松竹亭臺閑信步鄉閭樽俎謾隨緣此生離合誰能定只見龍潭尚宛然

次張秘校昔日同遊僧舍

過去光陰有勝遊翠微深處更乘秋偶尋得石坐云坐莫問作官休未休世檏道情塵擾擾雲藏詩壁歲

悠悠山僧看了須重看且碧雙眸便轉頭

和李學士試院感秋 二首

遽往偶相聚下簾人事稀感秋那聽雨聞杵屢催衣
得喪多生夢行藏羣鴈飛黃花期野老須插滿頭歸

荒庭初得雨幽點失凋梧滯思舒千卷高吟想五湖
蛩聲生翠幄酒力借微軀襲蹈貽文病猶難望漢儒

送劉教授

升沉相識十三秋新故如麻一轉頭久款遊從未北
闕遽聞風教入東州自驅矛盾中說誰擁鴌旂戩
半流十日菊花猶可醉多情應且繫扁舟 以重陽後一日行故

云

平嵐亭

平嵐亭高半天身閒向欄干獨倚頻往事有懷誰共笑歸雲無意自相親神仙窟宅幽明境花木園林上下春斗絕一臺疑是此不須低首看紅塵斗絕一臺李清故事

湖上

一家風景洞天清不愧東南第一名春入桃源花未落秋歸湘浦月初生便捐世事劬劬到且置籃輿緩緩行隨分堪觀無可辨水光山色競相迎

會江晦叔遊湖山

相隨山水裡徘徊興未闌時慎勿催草草行厨隨步
去忽忽漁艇趁船來每逢佳景還含思偶造幽軒更
把盃況是同歸無世味何須旁立有蓮腮荻灣桃塢
猶留客不覺銀缾又耻罍

送昇師行

得道無餘事遊方有幾年如何超幻境誰與付眞筌
初祖昔曾訣趙州今已仙進修方且學拂蕩未須傳
歸去南山好休休更說禅

留題西禅寺

誰是怡山不滅仙定光來應此方緣龍驤鳳翥三宗

字獅吼雷鳴六祖禪魚佩獨垂聊徇世藕絲相感爲
開天自從日月歸眞後衣法何人已得傳

題鄉老堂

未到中年便掛冠一鄉三老北溪寒廢興有命知尤
早去住無心遇更難輕物想能閒似夢愛山應是好
如官莫言林下何曾見待向圖中畫與看

次趙思彥東湖見寄

爲愛江湖夢也尋有泉來處亂雲深鑿開澄澈是天
界激起潺湲非世音鴻鴈渚幽山兩足芙蓉堂冷水
中心花時月夜扁舟興相約公餘一醉吟

和范宏甫

不於場屋便横行安用詩書寄此生萬里一飛雖有
志十年三戰未成名風霜已是知秋栢雷雨何妨借
海鯨自愧壯圖猶未効幾時樽酒與君評

喜張公實至

纔踰閩嶺轉悠悠所屬相逢夢未休逸興趂君桑梓
國多情尋我帝王州且看文物新朝事上初即位更話溪
山舊酒樓會合此生能幾度一樽長瀉菊花秋

方祖仁都門阻雨

未蒙官放此身休空恨茶園失舊遊將謂天邊鴻共

發豈知門外雨相留一襟涼過人歸室萬朵香殘菊

送秋兄弟急難君有義白衣東下更何尤祖仁南省下第集兄之事而去

桐廬會景亭二首

物華才思兩無窮來倚欄干萬累空今古坐間山遠

近悲歡潮後客西東樵樓上下夕陽外漁網高低煙

雨中想見飛昇入只在留題當識紫元翁昔有桐君戴顒得仙於此

舟楫會通氪陽陰明晦時四并歸善政萬象入新詩

地勝得仙久水遥歸鷺遲為着滕閣記將賦此尤宜

送王道觀錄事

一府觀風郡督郵試看鷹隼在高秋（用侯文事）黄花對酌

新離別白雪難思舊唱酬（昔與道觀雪中聯句）塵緒禁頭来攪

攪銀河天上去悠悠碧羅琢硯初離水勤寫瑰奇度

阻脩

貽劉先生

勢利交遊聚與分會眞堂上合離羣形骸外索難爲

侶風義中尋偶得君水鑑秋来宜泛月桃源花後且

穿雲此生已是龍山客高論相過我欲聞

題望遠樓

雕欄身有限，芳草意無窮。望盡天垂地，吟餘色入空。鋒鋩千里岫，羽翼半天風。萬象回頭了，駢明亦夢中。

寄陳邸老

南來安不裂，新題萬里悠。悠十載睽一別，每憐君海角，兩除應笑我。朝齏是非莫訝，時方轉榮辱須驚。物赤齋故舊，九仙山下客。想曾携手泛三溪。幾度為書卻便休，踈慵於更如懶兩忘。有道何須問相責，無情我合羞。邸老書有相忘之責。屢感客塵新事變，難尋陵谷舊時遊。為親歸去親猶健，只此浮生已解憂。

次邦彥節推見寄

十年識笑爲誰妨酒落思君酒甕旁曉殿雖爭多士
撻夜窻還對短檠光靜憐春草開三徑冷帖朝虀引
五漿且喜相逢頭尚黑江湖休更起懷鄉邦彥詩有江湖之念
淮上相逢得勝遊水邊鄉落水邊州每憐酒旆能留
客長恐秋風便解舟十載窮通重把手兩朝今古一
迴頭金明且看春波綠共我忘机子與鷗

寄簡能

形迹分飛有道同五年聲問不須通侍親官上應尤
樂得子年来想更聰相對忽因山入夢自窺還愛壁
涵空公餘誰伴溪南話七椀浮雲兩腋風

榴花洞

蓮社是非外洞天空色中一枝樵客夢樵人歸泰人日贈榴花一枝還家如夢覺閩中記兩腋石門風鹿徑蹤何在榴花信可通此緣當避追来楼紫元翁鹿徑石門皆出記中

訪曾君施不值

有懷高論已經年不落中間與兩邊世路幾人机寂寂春風何處騎翩翩四聲險韻應尋句一炷清香想看禅我更欲勞三吐哺周公今付伯禽賢

送李奉議

更去鄉閑作子男得賢當羨大夫監署中雨過乘清

洛公外雲開看綠巖遂失故人須舉酒纔聞佳境便收帆春暉已報君無愧一表遺文勅兩緘彥正陞朝父贈承事母封淮安縣太君屬予表其墓

貽沖和子

想見高風夢已飛無心中有道心微此生獨斷来修養何處相逢得指歸融結幾人知火候斡旋惟子識天机松龕欲對禪床坐莫問朝曦與夕暉

陰陽

陰陽無意本由人禍福皆緣幻與眞悟即離倫度世迷須傾國更亡身智愚莫曉氣隨數老合少驚秋復

春有物混成如了得却教眞幻兩通神

遊洞霄簡陳伯修

異香来自洞中春王屋華陽窑作鄰宛轉白雲離紫府參差青鎖斷紅塵若無天柱難留許惟有桃花解笑秦我得此官應是分欲從何處更尋眞

考試軍器所和惇禮兵部見示之什

夢中宣使至天上勑書開去騎遵西野回畔失北槐利名何日了儒法幾回来（取士有明法學官科）冊管誅邪說重帷截亂埃簿書稀見影典策冗成堆仰望門雖峻旁求網已恢幽題曾膽破雄敵劍鋒摧狂欲勞彈鋏輕

投愼郭瑰俟中誰破的營下各銜枚含蓄飛香翰棲
尋逸翠苔自非衡鑑手誰是棟梁材累外灰心火閒
中臥鼻雷相投歸邂逅共樂入調詼寥廓喪爾界勤
勞忘彼嵬家音催轉曆廳議款銜盃斝品酬三刖遊
辭薦一咍無形噬字號有秩喜罇罍壁角蚊初動天
南暑已回不慚居屋漏却厭面墻隈涼滿亭亭扇香
餘餅餅灰幾時當命駕此興可登臺清浪風歸袖紅
鱗酒入腮莫隨人俯仰且共月徘徊既事當如約分
襟便可催棘闈人散後誰賦北山萊

偕王道觀雪中聯句

瑞意繞含蓄輕花即翦裁清寒穿箔去豐兆破煙來

晃仲　容霞俄傳信凝雲預作媒瑶池方瀲灩玉鳳更

毰毸道觀　思見憐初洒憂消喜漸堆惜明聊自縱驕

容偶同歎　晃仲　片片榆飄莢纍纍蚌剖胎遠將天賜

報把歲華催　道觀　有景縈千巘無私瑞九垓水精排

瓦礫天庫委瓊瑰　晃仲　就下深趍坎憑高杪寄桅四

垂繞容容一望已皚皚　道觀　瀑布闕直瀉仙葩誰碎

挼風前鵝毛落秋後海潮回　晃仲　礱轉揚輕礦篩旋

迸細粞紋波翻太液縞練遶蓬萊　道觀　泛泛冰壺動

漫漫寶鑑開柳條新弄絮律管乍飛灰　晃仲　照耀行

人鶯光華釣叟臺書帷爭白日秋色改黃槐道觀此
潔須延月聞香不掩梅戴金人良趾入領我感賸晃
仲封鎖煙常衛飛楊露可陪厚將平地塹高欲峻堂
陔道觀特應三冬令寧傷萬物胚秦虵仲尨隴十璞
暴山峐晃仲始恐佛氏講天花何徘徊終疑宓妃至
仙肌何奇侅道觀砌鋪砧上練池泛甕中醅豐滿莫
見覬優閒休及隤遺圜還得璧臨翠忽亡苔弄巧俄
顛漩爭狂怨邂洄晃仲空中逢汗漫望外見崔嵬艷
態非因飾虛根豈可裁兕崇逢瓏斷後化得墻隈歡
賀紛耕叟飲拏亂戲猨道觀應迷天上鶴猶壓地中

演山集　卷之九　小草齋鈔本

雷鬲色皎且盛郢歌清更衰詹澌懸劍戟庭塊列杓
魁對老淩華髮迎春濯舊埃晃仲盛疑星漢瀉高恐
玉山頹江水聊添漲春根却忌培漁汀埋舸纜獵野
隘廬鋪霞蓋汙為潔消磨厲作災道觀樓寒禽喘懔
步滑馬廹饑富國寒銀溢籠鵬素綑恢漫郊嚬去收
穴愴歸餘戶濕知風送軒鳴想竹摧晃仲客句甌瀆
液丹映檻凝衄不照歲何妨積侵堦恒勿推道觀書窓
輝竹簡詩筆凍松煤煎煑供茶鼎妝藏廁酒罌晃仲
擬鉆安可卷欲器不禁鎚俯拾甘頳手昂窺任樸腮
道觀誤雞忙下杙趣雉不須羃甑久清成興吞多冷

失哈晃仲　脂膏堪奬與墨面可譏訴盐撒徒云爾心

虛可比哉道觀　助清還啜茗勝泠屢銜盃辨味憑茶

陸登高悵賦枚袁門清夢未梁苑勝遊纔船去須尋

戴詩成益獻裴光餘應可惜　大周難猜晃仲

徐州遊崇寧

得官来自洞中天間向桑門未戲問禪已爲命机根

玉籙曾將心印祖金仙懶看小吏呈朝報喜聽高人

說世緣一物也無參底事紛紛誰可付眞筌

道中有作呈崔風子

有分尋眞莫道難蓬萊詩句請君看雙輪輾出三清

路二氣燒成九轉丹煙霧樓臺金虎遶雪霜宮殿玉
龍盤鮮顏為向潛山近天柱峯頭月夜寒

演山先生文集卷第九

演山先生文集卷第十

絶句

舟次嚴子陵瀨

纏車曽此貴山林，深谷爲陵古到今。節行清如臺下水，何人能洗利名心。

故人康世自英雄，富貴明知轉首空。不似羊裘歸去好，素癡猶觧笑三公。

交遊分在紅塵外，主客縁從紫極中。各有志存休見迫，經邦須訪渭川翁。

風節無人能用捨，塵凡何處問行藏。虹蜺已卷胷中

演山先生文集卷十　　小草齋鈔本

氣只作天文一點光

已外世情来獨立何勞物色去相尋太官食好還多累一線金鱗豈有心

和章樞密西齋

凄梧冇愜雨中聽莫恨庭前古月明蔌蔌西風吹又急卻宜欹枕得秋聲

和人聞角二首

胡笳羌笛此聲同一曲梅花萬感濃吹轉滿城蝴蝶夢利名心動五更鐘

一聲寒角四更終吹下雲間細細風孤館幾多人展

轉半窓明月與誰同

秋日有感

秋來猶寄一涯天葉葉秋聲似去年可惜良辰長在
客不堪孤館更聞蟬
幾時能致買山錢便好山中醉莫天有物秋來長引
夢鱸魚新到曲江邊

延平閣閒望 十首

歌管東西誰共樂水雲高下自相通吟看忽到難吟
處望斷天南色入空
南北山形兩鬪龍畫橋橫鎖水西東百花巖上人長

在誰識神仙指顧中

兩邊樓館倚晴空閣出中間與畫同劍未歸時潭浮月舟從來處客乘風

翠微虛白兩圓融爽氣令人欲御風曉傍雕欄初見日水天都入混茫中

客維舟覷莫怱怱拂袖人來蓼已紅江上忽含煙雨意數峯還在有無中

倚闌誰問紫元翁湘浦幽懷莫我同邂逅秦漁人不識扁舟常在水西東

不顧溪山已幾年再營華構慰入瞻欲尋好景歸詩思

更候朝曦與夜蟾
英靈祠下晉朝賢終伴精芒水合邊看取黄龍沙斗
起滿城歌吹入豐年
演峯遥見客懷開天末舟從海上回三岸讙呼無別
事一潭風雨劍歸来
雲中山出三秋静水上風来六月寒實氣有時藏不
得夜深充好倚闌干

梅花八首

芳意已將春漏洩眞香何處雪埋藏百花頭上爭先
好未用忙誇落後粧

逢春莫問枝南北對雪休分臘後先豈獨惜花長欲
醉相宜尤是雪寒天
花傍水邊窺縹緲月來花上失蟬娟長教風腳微如
線時把真香為我傳
客移神化本無情天篆橫空亦未榮凝住雪花都不
下搓牙枝上放輕盈
蜂蝶謾尋花後葉功名猶寄夢中羨閒樽好席瑶林
下香墮金卮浮素瓊
一種清香誰可比九春和氣亦爭先曉來爛熳驚人
眼只謂寒林是雪天

醱醅新酒人間熟，蓄蕾寒梅嶺上開。親自折歸罇畔去，幾回尋向雪中來。

自從花發何吟苦，未見春來惜更深。天與異香分辨雪，不教埋沒亂山陰。

次禹溯同遊滕王園池之韻　四首

當時歌舞競韶華，銀燭燒殘始車上堂。上舊歡何處覓，春風無計問桃花。

徊徘池上昔人非，不爲勞生竟自迷。花下百年緣分滿，月明誰聽杜鵑啼。

標的强宗兩鬓華，不令身後到牛車。武陵溪上人何

在流水聲中看落花

洪都山水北宫西不似元嬰未鮮迷客去尋春人已

往鷩猿空有曉来啼

遊山

静意逢山樂自知更遺名跡恐人疑寒林野水相窺

處步未移時已得詩

牡丹五首

裒裒羣芳已失眞超然奇秀始離倫夜遊説與雕欄

客費盡天机老却春

晩得天眞獨有餘百花榮謝莫相須無窮春思包含

畫但聞薰風有也無

香色兼收三月尾聲名都壓百花頭天眞無處窺神

化欄畔新粧却自羞

東秦西洛景相望只候花開是醉鄉曾見玉香毬最

好樽前何獨說姚黃玉香毬青州之花榛朶盈帽而重

夜對金蓮尤婉孌曉窺清照轉精神若教更共人長

久豈待能言始惱人

酬淄守見寄三首

餘事誰能競世紛閒臨風月戲爲文清時不作閒時

樂只恐櫻桃口笑君

小草齋鈔本

海岱東邊第一州，韋持龍虎節來遊。湖光照我清如
鑑，未暇回頭看急流。

倘来軒冕不須疑，鶴短鳧長卻自悲。只合公餘貪一
醉，賢愚休較未歸時。

訪鄧承旨不值

一榻清風勞輾轉，八甎閒日想徘徊。不須笑見方相
識，妙響還聞大似雷。

重九候柝號官

傾耳西来御史驄，已慚秋月在塵籠。人間一笑誰能
定，未必龍山失醉翁。

遊淨慈寺

漸遙人入翠微鄉跨壑凌雲古道場慧日體中誰獨見水光中不外山光

遊孤山

爲聞高隱訪遺孫只有孤山獨自存悵望詠梅人不見寂寥惟度月黄昏

信步

樂道有眞侶好山無俗交野花將逸興不覺到巖坳

代探花郎

蟾宫兄弟滿清都競向花前醉索扶昨夜碧桃源裡去

蘂[香]多少上蜂鬚

鞭上蘆花柳色中忽忽須放狀元紅東君已播芳菲

令莫倚雕欄待晚風

泛淮

泛盡隋河乍入淮數峯秋勢旅眉開此身未立如飛

絮愧向雲山去又来

贈致政張郎中

林下閒携數尺笻長巾寬袖道家風已留吏政青編

上卻御仙風紫府中

暑中偶懷江上舟行

正行佳處且休移水綠山青欲染衣芦葦汀洲鴛鷺渚斜風細雨不須歸用元眞句

水光中更有天光俯仰遊人在混茫自許纖毫無一點那堪乘興淂瀟湘

樂緣仁智兩相宜好是斜陽未可歸倒影沉沉長自在謾懷今古嘆人非

橫斜林木覘寒流島在山前且艤休自笑自吟無俗友相問有漁舟

試院呈同事

鄉士窮通時已過石榴花實我重來相尋翠幄年年

事誰為天公滑驥材

方握丹毫經兩考已悲青塚送三歸黃花明月秋来好醉郤留中是與非張景修王伯通馬彥醇同為試官相繼而往故有是句

舟行

水村山驛七閩溪數槳青腰泝上遲酤向竹林人已到芦花汀畔且休移

兩岸青山一水明溶溶天上客舟輕行人千載誰相望謾掃幽巖記姓名

石榴庭院有感

石榴庭院翠華深千點臙脂一簇心日永風微花自

笑吹簫人在綠交陰

懷古堂有感

去住元來自有因，臺頭山上合樓神。茂林高下閒行客，想見當時一夢新。在京師時，侍奴夢予信步去處，林木高下寂無塵跡，正如今日所寓。

彭老真筌無處問，劉郎才思有誰同。賦詩臺上秋來到，當為黃花作醉翁。

山河來處禹分州，幾代靈光孕俊遊。椎作漢王猶未足，更將功業看諸劉。彭城人物自漢抵後周見於史傳二十二人，而為劉氏者十有八。

勝負區區昔已非山河今落太平時歌聲皆是田家樂豈有虞姬一旼悲

立春奉祠太一

九霄香落降龍衣隱隱霓旌下紫微十雨九風春意好已知消息曉來歸

送人歸浦城

閩山歌笑與誰期便破霜風拂袖歸何日卻來金闕下高吟相引到精微

浦城道中

湛碧隨人山澗水清香迎我稻花風也知吟者多幽

趣物態偏能與意同

登汴

楊花榆莢衛行人十里遥堤一色春多爲利名憐此景未能憐得自由身

舟次清口

海岱東西六轉春猳閒休説去思人此方緣盡回頭處別有仙源可出塵

清口潮來似接人放船閒在楚江濱茂林高下閒行客却到吴山入夢新

覽杜牧洛陽重見故事

別来重見最傷神能問朋遊故與新豈謂紫元翁有語悲歡今已是唐人

桃臉韶容柳絮身江南西洛豈由人可憐杜牧空傷感尚在朋遊已喪真

醉經堂

樂非聲色在華堂靜味羣經得醉鄉不似蠹書魚不醒源流何處意茫茫

浴靈芝院訪照律師

領袖桑門水鑑中杖藜人御石橋風雖然垢淨無尋處謾濯遊塵一點紅

由律知空律可忘不空空處已承當花飛水湧隨緣
事且與人間作道場
山間風定水天深閒望誰陪講後吟篙子船來應有
語幾回明月去相尋
桐廬縣仙人洞十題并記
予得此洞十餘載釋老之徒遊寓甚衆多苦其
寂寥而去崇寧己酉天台惠文來卜以居文所
賦清苦而能化桐廬人為之感相詒以資之洞
於是乎興大觀己丑春予自洞霄南還道出客
巖之下文請為洞中遊因與予言頃有卜者為

文占云當有顯官至此度兩弟子由此遂為名
刹今已度弟子公復來乃其兆乎予與文言頃
有與人道予自紫元洞遊人間世于橋之西為
予作紫元庵他日於此棲養以度生文喜不日
而庵成來求予文予嘗顧洞中物皆出天造非
人力所能為若夫池以時而盈虛鷄以時而去
來蟾以時而鳴默出洞之龍坐禅之僧應聲之
鼓跨空之橋與物合眞與天同信皆非人力之
所能為者有待乎人而後見於世乃叙卜者之
占異人之語作詩十絶以貽惠文大觀庚寅正

月望日紫元翁記

石龍

欲離巖洞欲拏雲造化難窺幻與眞木馬嘶風尤會道況緣天作更通神此龍有騰路去洞之勢若顱已入洞者

去卧仙源懶未安未收鱗鬣亂半身寒何如却赴雷雲會休作遊人一笑看此龍首已入洞中惟露半体

石橋

跨越虛中亦自然幾千年度地行仙桃花流水春風好由此東西是洞天

巨蟾

紫元名在廣寒宫但恐銀蟾與此同探得石龍行雨信一聲先報紫元翁

石鼓

誰知頑物抱真空自有聲音與革同到此學人還會否橋西来問紫元翁

碧雞

翠碧篁簧羽與聲有時離合不留情清多本是仙家物長向秋風獨自鳴蜱者立春始至會其雄滑子立夏與之偕去惟獨留洞中春復然

青粟

枝葉凌雲綠蓋寒乳藤因得到雲端仙家手植無人
會誰信靈根石上盤

旁洞

欲尋真去不容身流水潺潺未見人雲篩莫知來或
往門前誰為掃纖塵僧嘗以灰擁洞前小徑明日復潔淨如掃

天池

千古巖腰一鑑泉雲霄何處閙金仙盈虛更共潮來
去混沌中含地與天

石佛

地踴天鐫一化身是何年世定中人有無禪語難為

問到了机忘始絶塵

兀若看經不記時洞天雖近已忘歸誰知心印窺元

海且看雲霞體上衣

嵠巖

想曾潛養望真空散在人間一念同須說嵠巖居第

一解移神用相圓通

演山先生文集卷第十

演山先生文集卷第十一

絶句

泛舟錢塘西湖　五首

去留南北須看景，聚散朝昏莫問時。但取紫元翁興盡，一身明月是歸期。

歸鷺悠悠一帶長，白蘋紅蓼是家鄉。夕陽臨水閒窺處，此意安知世累忙。

望湖樓上與雲齊，下視銀河一道低。好是水邊歌舞後，綺羅人在画欄時。

茨出波間千顆軟，蟹從秋後兩螯肥。且呼玉友來相

伴等候蟾光與夕暉
俄起谷風斜撼竹驟來時雨碎敲蓬回頭已見煙雲合點檢天邊失數峯

舟次松江

舟中月色曉艤在江上客情秋更多昔去今來塵樸樸幾時清為季鷹過

西興山院

山寺閒來一飯休風雲相送有潮頭月明中看紅蓮市已在東南第一州

漁者四首

古來天隱有秦漁莫忽煙波一艇孤舒網卷綸聊寄跡解將疵患笑真儒

出艤波心宿傍蘆不愁王事有追胥一蓑雨雪歸來急靜聽蓬聲有酒無

一葉輕舠任處清荻灣鷗渚幾曾縈傍人莫笑魚吞餌此為生如爾為生

水雲生計有誰拘煙雨蟾光已自娛得喪與魚同所遇垂綸何似且施罛

藏春峽

一元長抱百花根峽裡看春野思存只恐藏春藏不

得却隨風雨過南園

容照巖

慎獨幽人坐處深陽精陰魄許相尋也知自有天光
在謾借餘輝照我吟

茶苑二首

莫道雨并非比苑須知山脉是東溪旋燒石鼎供吟
笑容照巖中日未西

想見春來噉動山雨前收得幾籃還斧斤不落幽人
手且喜家園禁已閒

冬後四首

萬物歸來有却無不知誰與計榮枯雪天梅信何時
得寂寞中開一画圖
令向冬行造歲功曉來天象已排空急催雪意蕆蕭
索只望瓊林一夜風
曉霜初覺瑶池薄晩稻新炊玉粒香向我歲寒惟有
菊葛巾時爲醱醅忙
方醞新寒晦又明歲華無幾壯心驚吹斜鴈字霜風
勁忽送行人一兩聲

建溪舟行

兩岸青山倒影濃一江秋色兩山中扁舟不怯泝流

水天意借人帆上風

清陰堂二首

仙洞氣寒龍送雨，瑞蓮香冷水生風。煩襟銷盡梯雲去，見遠樓前色入空。堂之旁有龍壇音煙洞，前有方池，見遠樓跨於其上。

方沼涵天雲淡淡，長林篩日地深深。九仙山照青煙洞，先向堂中洗此心。

龍含雨意簷前過，日轉花光席上來。小徑深深塵不到，一樽多爲逸人開。

江上對月

無處月清如水國，有誰心滿似孤輪。幽期終在綠巖

畔長顧寒光隨我身

棲梧堂

好音長引鳳來棲對立薰風可愛時葉上雨聲枝上月何須焦尾始相知

次致政李大夫郊步之韻二首

垂髫孫子侍閒行只此閒中度此生偏是杜鵑能惬意不如歸去兩三聲

偶欲閒行儘日斜虎頭幽徑二龍沙花無欄檻人無累自在人看自在花大夫有說野花之什

江上

鷺從何處趁來遲點破青山一字飛更好小舟篷下聽過雲斜未須歸

貽傳神二首

默默紫元像蕭蕭青竹軒相看誰有道無問亦無言筆頭何處得天真幻化身中氣與神傳取本來空是色莫將心印向他人

題仁壽閣

百年塵外境萬慮靜中身終日無他事寒泉照隱人

夏日窗下

蝎虎窺蠅恨未烹看書人悄紙窗鳴一絲喜子天機

靜任便薰風寄此生

過嚴州同太守遊烏龍寺四首

參天松徑爽籃輿僧在烏龍腹內居莫道此山無妙用但看雲雨見眞如

家近西湖去欲飛到山心却爲山遲看禪弟子人休問正是龕中作夢時

脚力猶能上翠微青娥扶我謾勞伊也知山共文章好鏡破朱顔乞小詩

北山還歸笑歌地南浦尚懷離別時到處此緣充未斷洞天休怪我來遲

寄懶散子 三首

此生知了夢初殘行客遊塵入道觀興去謾窮山一徑睡來纔起日三竿

非眞非妄恒誰看萬物輪中歲自寒玉液淨生仙况味天香清惹道衣冠

緑髪紛紛蕭道冠高風吹我一襟寒看山想有雲臺集得句應勝得好官

自萬松嶺之龍山 二首

萬松雖落斧斤手一徑尚邀行路人嶺是松非休更問逍遥巾下已離塵

駸駸車蓋與雲參控景金漿尚未酣穿過竹林何處
樂龍山前有集虛庵

還鄉有感

竹馬兒童已失眞且尋春色莫尋人溪山不似當時
見只爲交遊半是塵

戲寄南華翁三首

南華翁也爲官忙能運斤刀亦是莊歸去來兮歸未
得一山風月委寒堂

山陰劉子無清策彭澤陶公有逸才種秫劍溪休更
問俸錢須買菊花栽延平官無圭田酒醇而賤百金可以取醉

始聞佳耦得韓娘用楊於陵故事子山為溥再娶百里恩新綫與章

月欲籠人籠未得先生猶治魯山忙用元德秀故事昔為子山作風月堂記云或笑吾醉魄而卧為

題止止堂

萬緣忘外息百福靜中收莫作南柯夢浮榮一覺休

妙光堂二首

泰定中含一黍靈千江明月萬枝燈自談禪處無人會安用山僧纏葛藤

一體全時萬象生只緣虛靜到圓明陰陽了取歸根旨但看蟾光與日精

謝惠香餅二首

清分馥馥南州餅靜對綿綿北海雲欲曉博山來入
被祥煙尤愜夢回聞

朱餅青煙篆古文聊資清致聚還分縱饒五出花殘
後尤有餘香聳未聞

和靖山居

高吟人去幾年餘今日孤山始是孤疎影暗香雖更
在應隨閒物落平蕪

將遊茗溪先寄同志

長愛茗溪作入秋有時東去與君遊詩戕酒盞遊何

處十里荷花一葉舟

遊吴有作五首

想見湖山只欲飛急逃緣累拯衷遲無心雲伴無心

客杖屨相從更許誰

舟人曾記淂儂吴煑粒烹鮮别有功好是閒為江上

客隨舡還見賣魚翁

拏舟曾過芰荷鄉十里薰風一水長趂取秋時尋舊

賞且留三日卧清香

倖入未辭聊助道客來多避為忘机一帆風趂鱸魚

興到是秋時恰正肥

且刺扁舟入芰荷香風中聽採蓮歌秋来最好樽前
物霜滿江天蟹二螯

次張太保杜門自樂之韻

杜門無事日華長應是狂歌入醉鄉聞說後園尤好
景不妨多計為春忙

送張信道

氣欲和柔性欲圓一飛人看後三年心勝山靜君歸
去先自南華入性天

途中重九

兩年書劍客江淮空見黃花滿地開幽趣不憖陶令

令東籬當有白衣来

乞茶

未終七椀似盧仝鮮跨騣騣兩腋風北苑鎗旗應滿
篋可能爲惠向詩翁

飲意

客塵来去路悠悠眼外空花水上漚一斗酒中藏混
沌榮枯誰更問春秋

歸鷺

夕陽歸去荻花鄉橫點山腰一带長于下于飛雖可
賦也窺清淺爲生忙

貽如祖大師四首

既已離家與世違，紛紛人事不須知。百年十二時光景，作佛工夫只怕遲。

說禪談佛未曾修，幻化空身豈自由。常視世情如鎖鑰，雲山深處莫回頭。

建立元無塵已揮，兩邊終竟不曾爲。莫言無物爲何事，到了無爲尚未知。

一念忘時便道空，不知空與色常同。須知空色無分別，如此圓融始大通。此詩尤資說話，如何建立？既已建立，如何掃蕩？掃蕩可也，不掃可也，然後至焉。

還鄉道中聞杜鵑

纔次鄉閭得此禽，五更啼䴡九春深。誰知枕上情無限，物是人非古到今。

演山先生文集卷第十一

演山先生文集卷第十二

絶句

萬竹軒八首

出遊休問我西東，去去惟尋萬竹翁。幽趣翠華相滑處，忽逢明月與清風。

森森高節勁深深，緑髮青衫萬士林。應是主人看不足，就中誰解作龍吟。

鳳翅凌雲翠欲寒，蕭蕭蒼玉佩珊珊。中虚自有長生道，一杖爲龍未是難。

八十詩翁想出塵，此君長與駐青春。金華瑣碎開垂

地安用僕對況渭濱

雪霜勢去舊容在風雨聲來新思生須信此君清且
貴一竿猶可釣高名

翠光幽意欲生煙幾種龍孫幾度傳忽怪春衣青旅
旅吟看不足是嬋娟

一日無君似染塵浔君風思出天真七賢林下誰堪
友到此相尋少有人

陰遥俄喜日華落静久更宜山鳥鳴榮謝易爲花厚
薄歲寒還浔歲寒情

鼓角樓初成二首

崢嶸南揖展旗山旗鼓相臨縹緲間雷動滿城春不去龍吟今日劍須還

雲中人作四星看十二光陰一箭寒吉事有祥戎事静溪山嬴得倚欄干鼓角樓昔爲火所廢遂寓鼓角于郡之西樓羣盜不息術者以爲向背所致及其起廢鼓角未復冦平民安故有是句

荔子二首

須知陳紫入吟看能坐詩人碧玉盤六月香肌無點汗絳紗囊破水精寒陳紫底平可坐皮與肉離不相牽制此所以爲佳品

絳包玉液踰中夏黛染羅帷度比風艷異尤爭西子笑曉來親見状元紅

送周奉議赴吳江三首

下枕煙波令尹家年豐閒坐兩時衙為君東去還成夢尤記撐篷看月華昔年秋脱身次吳江詩云舡中月色曉尤在江上客情秋更多

傻艫銜尾去如飛秋滿松江到未遲自與李膺歸興別鱸魚盃酒在平時

一官方解浚橋南欲試絃歌豈為貪便得洞庭山下去公餘誰共擘霜柑

戲贈席上侍人

遮藏不得鬢邊霜空憶楊州一覺長不學牧之狂可笑紫雲宜贈紫微郎

暑中二首

幽懷無處對秋陰數疊雲峯壓翠岑安得水邊開一閣蓮花風信滿衣襟

炎空方喜雨初過閒坐猶憐風乍來偶得瑞蓮傳好信清思應到雪天梅

松軒對雨有感

田無數畝難回首士少高風易折腰古往人非秋自老松軒吟對雨瀟瀟

湖上閒賦五首

誰家絃管度前汀宛似湘江昔有靈一曲未終舡已

遠白雲空點數峯青
煙雨爲容似帶愁愁中猶解寫人憂數峯出沒如何
画寺在波心且艤舟
想緣仙劃與神刓有是湖光有是山一處一遊都幾
日也應偷盡九春閒
源出靈山分外青若從蔦塢更須靈誰知天樂逢眞
景難向人閒作畫屏
篩雨龍山淡淡煙水簾遥在數峯前聞言居士庵何
處爲指中洲有陸蓮

徐通直守連州二首

回頭尤見折腰時纔到朝班便得麾公以知縣看序權州誰合

相從公外樂玉鱗新出使君池州有魚池利歸太守

得官榮與故鄉看初佩魚符日下還內相遠孫真太

守海南佳郡是連山

遊靈芝僧房 三首

千頃煙波一畝池柳堤收得小漣漪誰家堤外尋幽

去漸漸歌聲入渺瀰

小徑悠悠接水天薰風誰對遠師蓮吟看尤爲湖山

好未肯忘懷便入禪

翠欄清淺柳如帷帷外煙光遠可窺夜榻曉窗誰是

伴署風秋月最相宜

贈致政李大夫四首

父子聯榮海上還，貳車皆是漢郎官。夜來列宿光光彩，為向溪南隱處看。公及其先皆以正郎通判長樂致仕，即郡之溪南為清退樓，閒居於其上。

銀魚慵佩入樊籠，萬累相捐萬慮空。逼歲歸來何事晚，荔枝牵率過薰風。公語長樂太守，當食荔枝即為歸來之計，果踐其言。

滄仙山足退來榮，更繼高風適此生。一葉輕舟蓬上雨，三江歘枕與誰行。公之先大夫自長樂致政，祖席之上，郡守張伯玉曰：「公之歸也何適？」曰：「烟雨滿江，吾泛一葉，歘枕於其中，閒听雨聲漁唱，吾之適也。」張公喜其言，起舞為公壽。

世情相失道情濃語默行藏信意中清退樓前溪一曲剡川明月剡川風

菊花四首

香色相生靜入觀化工誰怕翦金難秋光欲盡花尤好都作時情九日看

紅塵事事有興廢黃菊年年無古今意靜氣清時候好醉歸明日更相尋

手把黃花爲惜香況逢眞率未嘗忙神仙多是無心得可向桃源作醉鄉

葛巾尤有醱醅濃豈是隄防落帽風我未醉時君莫

去且來閒坐菊叢中

平山堂　二首

一隅不見古揚州惟有平山尚自留且看江南山色好莫緣花月起閒愁揚州自古城有四隅今存其一而李氏詞云春花秋月何時了往事知多少

水涵羣影去悠悠樓有三千轉首休想見經遊人與物而今知我夢揚州予六經遊且四十載人物是非衆矣故云

谷林亭

竹也中虛谷也虛兩虛相得閒中無月來風動時尤好那更高人已自如

蜀井傳此井自巖君平題

地行仙迹世難知極數高人出數時隱顯自通淮與蜀興亡誰管晉兼隋仙家洞府天下與蜀通者青徐自有兩處

送公濟朝議守長樂五首

翁子歸来第八人越王家國再逢春悠悠千騎溪南路令巳榮誇到劒津

侯王權勢腰三印省寺光陰夢七秋龍虎有人猶掃跡政風行聽海邉謳林公曽治龍虎山人僞印

三山勝槩烟雲外萬户清酣鼓樂中待看使君遊刃處始誇瀕海有天宫

兩街香絫使君來萬瓦青烟洞府開匆翦緑榕陰畫
處七門南直釣龍臺
海濱信來魚市白林梢光動酒帘青麯頭湏學成都
守莫對三山我獨醒

還鄉簡清臣潛夫 三首

別來交友問如何松已成林屋指多且喜斷金人尚
健一能清爽一平和 清臣平和 潛夫清爽
夢中常作水南遊山北煙霞物外秋好是老僧今在
否我來還上望仙樓
乘興拏舟過水南問禪開試野僧叅望中皆是棲眞

處山有雲峯劍有潭

送劉教授之官豫江　二首

守官何處豫江邊職事無塵我慨然一様清虚誰画得倚欄人静水中天

草草揮毫已可傳昔年場屋合爭先何時寄我南来信閣外溪山有幾聯

春日有感

桃李嬌春總不知風情惟與道相宜堂前楊柳青絲軟吟看無人獨自垂

看山亭　二首

雨洗煙籠十數峯兩亭相望兩山中北來吟了南來
醉花木迎人一徑通
兩邉紅緑路深深疊恠堆奇出翠岑莫道非真窺浔
破能侵天巧似無心
訪照律師因浴靈芝二首
領袖桑門水鑑中杖藜人御石橋風雖然垢淨無尋
處漫濯游塵一點紅
山間風水洞天深閒望誰陪講後吟罽子舡來應有
語幾回明月去相尋
和蔣樞密送侍者歸

謾来非爲利名場隨侍還尋野徑賖靜極恐生天上夢不妨吟入帝雲鄉

有客對酌

花間人面是誰家何似才華對物華百五時應未合醉三千賓客不須誇

西歸亭

衣法傳来幾度春少林堂上悄無聞兩忘養就空巖色獨步西歸一片雲

歐治池

人隨夢電幾回見劍逐雲雷何處尋惟有越山池尚

在夜來明月古猶今

送陳季甫

閒於孤鶴淡於秋縱落忙中亦自由受道已知君有質感人深處急回頭

送鄭元孚三首

京塵隨暑遠洛水得秋多爽氣乘歸興孤舟看一梭
左選官期遠南歸客路長覲親時正好黄菊百年觴
識光遊刃易命晚祈腰勞華省當年夢行看寘此曹

雪中聞友人圍碁

瑞雪天時醉忍遲笑君碁局雪中圍軒花汗漫豈年

事不是嫌春故故飛

友人見問久不作詩

幽情奇態動風騷大巧如春未柰何莫怪近來詩句少只嫌吟後客情多

寄李潛夫

去去仙舟任處閒吳王臺下虎丘山日邊孤客遥相憶聚散空悲夢往還

偶感

泡影浮生夢幻身十年南北寄紅塵窮通有命歸歟好風月相期滿劍津

流溝山

清見林泉意已閑知音曾有魏王来兩忘更得樓神地不染人間一點埃

舟行感舊

曾向蘭陵趂一舟湖山佳處有朋遊歌聲月下俄相失秦與瀟湘各自愁

次友人月夜樓上之韻

滿樓清景瀉斯干肝膽初醒世慮閒誰見謫仙歌與舞但留新句落雲間

泛南湖二首

菡萏香中画舫輕新紅相照亦多情似迎學士來歸院花燭前頭朶朶明

雨過圓荷萬點星雲開銀漢眼前明難逢此景休歸去更待天西片月生

友人垂釣

壯後幽情轉更長塵勞空憶芰荷鄉自由池上垂綸客應是回頭笑我忙

偶成四絶書寄子堅道契

皆有前緣志自通大雲山下偶相逢春來孥得龍湫角走下崑崙第一峯

相見叅來道已通五城曽拆紫芝封自從龍虎歸根後花簇雲攢白玉峯

袖中自有青龍劍世上誰無白虎經秘訣未嘗留一字不勞終日誦黄庭

壓中自適能無我方外相知喜有君静看古今㩻手處五湖風月萬山雲

演山先生文集卷第十二

演山先生文集卷第十三

記

遊山院記

山水外物之可樂者爾非眞樂也眞樂之所寓而已仁者樂山智者樂水亦以眞樂之所寓歟治平戊申之仲夏赴詔西上踰絶嶺涉巨江度炎暑履素秋凡四十日矣而後次于雲川之逆旅弛擔宴坐自感其塵勞未有慰焉及其環顧山水閒有髣髴南國者默然坐中意思南嚮已歷舊隱無復塵勞之嘆而亦不知其身之在逆旅也於是援毫而書之延平居民桃

寒泉倚青嶂眞山水之國有浮屠氏之宇尤寓山水之勝處清景爽氣逼人眉睫間與才思爭無窮遇目之所得即當走筆賦之且恐勝槩相奪出人不意而又忘去也當予清閒無事偶欲獨往則簪冠曳履策枯節道幽徑與書僧爲風揺松陰人踐寒影異花靈草幽香相迎日含噴泉紅玉散亂此人所由之徑也兩山相臨恠石欲活仰則翠岑俯則幽澗神刹仙劃爲之幽構此人所憩之亭也山角轉來風物相際猿鶴上下烟雲聚散飛甍華榱矗然眞彼此浮屠氏之宇也宇之中又爲遊者之觀美凡有七焉長澗自山

之西趋寺而東流有釋爲堂跨之及其入夜泉清而
月明適然相得於堂下號水月堂予之遊是堂也秋
勢瀉雲邊之泉金波泛天涯之月妙相有無摶之不
得故爲之歌云水渾而月喪水動而月漾澄寂虛一
中涵有微妙相水有風兮披人襟月有波兮浴人神
兀然坐者非爾覬其中有物爭光明是茲三者不期
約會諸廣莫都忘情澗自水月堂趋西廡有釋爲閣
跨其上激澗之水其聲潺潺然環繞乎坐中號潺湲
閣予之遊是閣也遺世俗之喧譁即山泉之清泠是
非去來不落進聽故爲之歌云與其聽繁喧不如聽

潺湲潺湲聒吾耳不聒吾心淵世俗譊譊殊不聞只聞潺湲如車奔潺湲如車奔我心都無緣閣之左臨澗爲小軒俯視澗之水澄寂如鑑分辨人顔色號鑑軒予之遊是軒也纖埃不能駐流光微瑕不能玷浩明於外照古皃於中照古心皃與水清心與水平故爲之歌云至虛不可磨至柔不可折至精豈須練至一莫能別情忘非與物相絶萬象於中自生滅鑑乎鑑乎非徒明鑑之有道猶諸心梯閣而下實地十數尺爲小室而治其前引澗之水實之號養眞室予之遊是室也

一聲素琴數曲恬然忘机自在絶境故為之歌云塵勞妄想誰知非落着埋没皆人為養心養到不化處亦令此室生光輝去潺湲閣升法堂堂之左有釋爲閣揖院之客山瞰流澗於坐間環佛書而觀之號精進閣予之遊是閣也目閑而山色見心虚而古意明出妄想境中入清靜覺海故為之歌云道固不違物物嘗與道遠道非近能得亦非遠能離精尒思兮捐尒思其中有物不可圜由堂而西有室倚山為小軒軒之前為方沼沼之濱植修竹三四莖凭軒而視翠峯寒泉茂林碧草皆在其左右號凝碧軒予之遊是

軒也春暉秋光漫然融成日顔竹陰落在方沼琉璃
瓶中青玉倒植故為之歌云凝碧以自然飜籟成之
天碧色非漬黛籟聲非鳴絃此心寓此聲色中雖有
大巧無由傳去凝碧下齋堂堂之左有釋西向曠野
為亭據其要物象清遠一覽而盡之號豁然亭予之
遊是亭也希夷之鄉曠閒之郊逸思浩而往塵緒斬
而絶故為之歌云吾登豁然軒吾開豁然懷水飜其
心圓曲直随因緣雲飜其心閒聚散無悲歡塵懷俗
慮難追攀是山之勝也遊者雖不能自暇及其戾止
亦皆有閒意以至於息机而後去然而予之遊與來

者之樂異焉夫者為其景而用其樂而予能用其景以寓其樂者也世俗之遊相與讌談調娛酧酣舞歌吹弹呌呼而後得其樂亦已勞矣其樂不在道將樂其有山水而已山水之可樂者盡而寂寥之態生則其樂荒矣故雖吹弹調詠酧酣舞歌不足以繼其樂彼尚知吾樂中之旨哉廼書其樂之情以示之

懷遠亭記

延平郡督郵即其公宇之北山南向天際送目而往相去之遠不可以勝計然而无用之所懷不在乎物惟其親焉愚衆之情登高望遠耳目之君不足以勝

其私有對而遂变傷則迫愜則肆豈足議哉予過元用相與倚欄送目談笑以自適且謂元用曰子見荻溪之上漁舟一篙忽來適去歌聲遠迩不知人非世習之累相係者乎此使人放曠之心生子見寒潭之中雷電相薄寶氣亭亭上干星斗不知深淵巨濤之相淪亡者乎此使人發用之心生風清月明萬籟初息水涵太虛寂然天地之鑑則使人入清虛之境夕陽半山芳草不斷汲槳南飛悠悠寒浦則使人動離別之緒水鑑之濱鷺窺寒影過山之雲行無所逐則使人起幽閒之趣夫能徇物之態以入清虛之境起

幽閒之趣生放曠之情存發用之志不爲狂歌逸遊之輩放心而不知求亦不失爲賢者況能有志於親哉夫善本於仁仁本於親茍能有志於仁之所本者何往而不善然而憑高環顧雖有溪山之勝人情之所適者不足爲子道也慕親之志寓此而有發焉魏國之士思念其親岵屺之上想見父母之所懷詩人稱其孝雖然疾痛則呼父母而有富貴少艾則忘其親衆人之情也魏國之士當夫行役之勞夙夜無寐父兮離散不得以相保則疾痛之時岵屺之上想見父母之懷豈足以爲至哉今夫无用之學仕於有道

之世父爲達官而子能以六計嗣其業不貽其親之憂心平而志舒當此之時遇耳目之適者且能復禮以懷其親不俟有迫而後至是可尚也狄仁傑登太行山南望孤飛之雲感吾親舍其下惟其愛親也篤則其事君也忠及人也恕是故唐之基緒不斷如線仁傑果能蒙恥奮忠安其神器恤刑愛人號爲長者然則瞻望其親之際則仁之類存焉是亦充之而已子之望子也豈止於父子之間哉

觀畫軒記

予一日過宇師坐于會景亭上前望演仙山旁視劍

潭人愛延平最有山水之樂而演仙山劍潭又其山
水之可愛者氣象聲色食頃萬變予登寧師之亭而
盡得之因與寧師言德之大景嘗在對物而有感今
又據景之會而說之非在萬物之工以物相觀而已
觀有不盡者物能引之未知聲色形象之為夢幻則
予畏會景之累人深矣無涯之知不可勝計之景客
塵之中遣然而相感則或凄然以悲欣然以喜清閒
之景鮮人之煩滌人之污華美之景坎然者貪飄然
者肆無窮之態出人不意而棄之不可以言勝也嗚
呼朝聞道夕死可矣其見隨塵熄而心化有涯之生

可不計哉以故君子之爲道也不見可欲使心不亂
君子之爲善也不見不可欲使心不喪滌人之污解
人之煩此景之可欲者尚爲道所忌而況幽情奇態
之感人使之或笑以嚬或貪以肆何可戳哉我與景
俱非真物以物之態爲我之情俱非真智因與宇師
言濁污者見形其知莫貴者物也清靜者見性其知
莫貴者道也人之性常無者體道富有者體物衆凡
之流嘗蔽於形色而莫之悟予甚悲之師能即亭之
西更爲悟真室嘗遊乎其間然則宇師非溺於景者
歟使登斯亭者知世態物情尤蚊蚋之過吾前也然

棄我與景爲吾悟眞室遊而求眞爲靜也不勞其形以至乎形全清也不揺其精以至乎精復形全精復與天爲一是故妙有其形而不爲皃象故爲皃象者之所不能對常無其氣而不爲聲色故爲聲色者之所不能感老子所謂不已莊子所謂不化釋氏所謂不滅儒氏所謂不動當是時也萬物爲吾逆旅矣而衆人爲萬物逆旅衆人爲萬物一偏矣而萬物爲吾一偏由是而登軒下與萬物相見可以觀盡矣予愛宇師爲悟眞室之意而又慮其不學出室以道事也遂以觀盡命軒爲若夫煙雲聚散山在有無之間水

涵晴光舟泛銀河之上桂華風動天香滿懷飛甍參差歌管斷續此翫物者醉酣歌舞馳情驅思而對之志滿意適以為得求者也物態少移世情已變當是時也吾寄萬物之上而觀之與之遊可也不與之遊可也

秀橘記

特甫家圃之右有秀橘焉一本而三支旁二支密葉散漫無足異者中一支尋常之葉未能多得之柔條下垂其葉秀嫩深緑而環就如析翠羽而注之有碧幢青纓之狀不怯歲寒新故相代更無衰落之態為

詩而美之者連韻盈軸不過比物引類狀出秀橘之形象而已時甫屢命予詩諸之久矣始得數聯興罷而復已元豐三年之季春時甫復寫橘圖走僕以惠我索詩之意益篤不可辭也無事手詩輒爲時甫論其生理以記之嘗謂五行之氣運行萬物穿中有偏有全或清或濁無意乎造物也而物各有遇爲氣之清且全者在人得之則爲豪英在物得之則爲新奇雖然不可齊也亦不可以必得適然而已故雖同氣而育並時以生者其形與數有不同者況其他者乎夫一本而三支同氣而育並時以生者也然而一支

見寵或歌之以詩或繪之以圖或文之以記傳之天
下後世不可知也主人時復一往苦吟注視培溉相
繼惟恐其或傷之也二支不能有所得然而天理之
於物豈有意哉圃中之木與秀橘疎遠者可以無憾
焉吾與時甫遊久矣知其才富而氣豪發爲詞章使
人喜觀而欲得之然而君之所得與夫秀橘之所寓
一家而兼有之何其幸也君知秀橘之可愛培溉繼
往注視環顧惟恐其或傷之也然而予之望君也更
有甚焉

水雲村記

長澗自演峯道廣教院出田坑始有從父得之于西
南山之麓取其一支停之以爲沼泄之以爲渠廚引
之以酌橋跨之以渡異花奇果垂華倚實飄香墮影
在泉之上下有雲于山朝隮而暮合閒適之態明白
之象與夫流泉相應以無爲相遇而不約俄然相得
于東西杳然相忘于得喪其孰爲此者邪元豊之初
予自京師南還省予從父流水之閒俯仰行坐顧瞻
燕笑及夫日落而禽還山暝而雲收援毫于壁閒乃
以水雲村名之而後去自是郡人始知有水雲村之
可以樂也尋春逃暑車蓋相屬越于有五年友人公

實來京師與予道曰今爲水雲村主人矣僕將益治之餋生于其間予曰子之得水雲村固可樂也其亦知水雲村之得子乎公實之爲人苟可而止不爲生而勞不爲名而僞遇吟而忙得酒而休方東而俄西未始有適莫要其中夷曠而恵直是眞水雲翁者也君歸乎哉予後此十年堂有草堂于滇峯有釣舟于劍潭南歸而誰從者乎是時水雲翁杖藜而相尋滇山居士肩罌而忽往與是兩物相得于無情中有舞有歌有吟有謔妙思絶景不可得而究也會歸乎至無予之樂也不知水雲翁之樂亦出於此乎然則水

雲之於我果有分耶故爲之記以公實他日相從出此以爲質焉請鑱諸石

演山先生文集卷第十三

演山先生文集卷第十四

記

鄂州白雲閣記

自洞庭納湘峽逢武昌會沔（漢）然後沿九江而下東南之旅度翼星之分趍荊州之域必泝江夏泛洞庭而後南走二廣西向三蜀然則南郡之有武昌山水之聚舟車之會者也夫遷民之所寓士大夫之所遊騷人墨客之所詠常在天下山水之佳處餘言遺跡相去雖千百載後人樂道而欽慕之往往遂借以名物故江謂（之）煙波亭謂之奇章洲謂之鸚鵡樓謂之黃鶴

閣謂之白雲樓閣之賞當與豫章之滕王巴陵之岳
陽爭名於天下有山自郡郊之東趨過闤闠茂林脩
竹衣被形勢如青蛟蒼龍然引領而西或伏或躍下
飲于江漢中峙而四望者白雲閣也對揖公宇轉望
仙棗石照所謂大别鳳凰煙波鸚鵡西城南浦黄鵠
磯漢陽渡之類可坐而數也蒹葭遶岸風勢雨聲湘
漢涵空夕陽夜月歸帆行棹漁歌樵唱與夫忘机之
鷗隨陽之鴈往来聚散於其間四時之氣象一日之
变態泛應旁感逸民雅士之風味吟送宴别曉泊晚
次道志懷古以寫憂悲喜樂之情以述興亡榮辱之

故盖自離騷而後唐人之作不知其幾百篇也大夫之行吟處士之坐賦老子之秉秋高人之馭鶴樂天之聞歌太白之聽笛緬想環顧俯仰千載悲樂相繼公餘之賞不亦至乎方是之時苟非有道在上得賢太守與之共理常使和年豐郡國無事亦安能有暇於山水之間乱有暇於其間者其風味志趣或俗而不遠或鄙而不樂雖有美景盛事亦遂寂寥沉没不見於後世有足惜者異時魏晋之師下吞吴楚盤瓠之類竊發於山水炬筏橫流煙蒙雲海所謂鸚鵡南浦鳳凰大別之類遂爲水軍樓艦之所息山吏營壘

之所寄誰復講求逸民之遺事雅士之詩句以為公餘耳目之翫哉方今聖人以道統有天下無復魏晉之師下吞吳楚之憂公悅素用吏事知名於人當能寬而有制布揚天子之德澤潛召和氣年豐而盜熄無復山夷竊發之患然則君亦何所用其心哉此閣之作也將與賓明覽浩蕩之景養幽閒之趣想見高人度世塵絕之事庶幾悟須臾之景省困循之過不為汚濁僞妄至老且死時與無心之雲悠然而來飄然而去去無所逐來無所送朝隮而暮合若將為我擁黄鶴乘清風脫萬累而超六合也豈特在人耳目之

之翫山水間者邪元祐癸酉仲夏記

潛軒記

予去年爲順興遊故人公鎮家在順興之南隅秉間訪之公鎮邀予坐于潛軒之上觀脩竹折幽花看閑中錄採杞菊決明而食之樽俎之間論古道舊譏詠大笑井邑之繁不能輙破其静公鎮坐間索予潛軒之文予謂待言而後諭焉非相知之至者文可忘也故不及書今年春塵勞之中緬懷軒上之笑語悵無以寓其意者公鎮再追所索適此而書之夫魚之爲物或生於陂池或落於脩澗或出於遥湖大澤永江

廣漢之間或之於滄海其得地也異其遇時也同歲寒冰冽鱏魦鰋鯉遠遊下泳在淵而自適雖有九罭之深入莫能致之及其春行晴暄太和涵溶清淺方是之時乘陽而動去淵而在渚悠然而逝逍然以躍溝爲之依蘋爲之覆得其所矣不獲乘陽而動者深淵之中不能自致河海蓋有之矣烏知適然以躍者須首革尾爲漁者所伺或引之以綸或持之以竿或陷之以罟附遠以鱐嗜鮮以膾以膴則見牒以鮑則見糗以醢則見析實于鬼神之籩登于賓客之俎魚方是時欲爲下泳者豈可得乎然而浮游者未必爲

遁潛泳者未必爲窮學道之士無適莫也息則起消
則去惟時而已公鎮少時求舉於鄉里卒不獲用晚
節感悟乃能遠引而去水邊林下開軒自適有山林
處士之態亦可書者名利之士老身長子尤有以行
投保以名請封東方未明携食而入俯首而坐汗流
浹背與少年較長短則君之潛亦高尚乱嗚呼公鎮
之潛也在道魚之潛在水一也若夫陂池江漢之辨
非所知焉

看山亭記

郡宇之西北隅昔有小亭前假兩山對峙而中望不

知其誰為之也頽壞且廢予至治事之三月役工以修之叢列有巋特立有巒巀起有嶠環合有嶧幾於自然皆出於造物者公餘乘興杖屨獨往有如春明秋靜雲開雨過之見武夷鴈蕩也客曰南有雲門西有尭山真者不覽何事乎假予曰子之見有真假耳有道存焉非真非假由道以觀物假亦真也真亦假也則予之看山何累之有必待雲門尭山而後得樂山之意非善觀物者也客曰愚得之矣請書以為之記

青州坊門記

青以兩城居民始爲十六界以別居民之地分崇寧改元襄來爲青碩吾屬言夫用十六界以別居民之地分其義安在歟盍廢界設坊三十有六爲之門名各有物庶乎其有義也迎春之類以辨坊名之也延賓之類以遺事名之也文正之類以才名之也自正之類以道化名之也勝遊以之乎東湖興雲以向乎南山朝元以趋乎天闕使之觀其名異則相識別思其居同則相親愛此爲坊門之意歟然而親愛之意非私淑一坊而已先王屬民始用五家相保所任者寡則其所察者詳邪惡之民不能輙容於其間陰亂

良善然後聯其五家使之相受乃爲一門以同出入閭有相遺外者故其養生可以同憂患喪死可以同哀戚推而用之合四門相受之民共爲相葬之禮同哀戚也有相親愛之意故稱族焉合其門相葬之民共爲相救之義同患難也有朋比之風故稱黨焉義之與比者也相救者力也力貴衆以四門爲不足故合五族焉相賙者財也財貴多以其門爲不足故合五黨焉其門惟百其德惟一戚有相保之信相受之智相葬之禮相救之義相賙之仁爲善既備復何所責乃合五百門之衆使之出入往来更爲賓主繫然

有文以相接歡然有恩以相愛其稱鄉黨則吾我加焉親愛之也嗚呼民之善其用至於愛人接物皆有餘裕其政之本則在乎五家爲比其五家爲門而已六鄉之法廢壞已久不可遽復惟尔三十六坊之民同出於一州其考予言先王屬民之政惟而用之遂至鄉有正風民有中德比而信黨而公相詔而化可也何必令使而後喻哉

崇寧萬壽觀記

佛老之學至於還元反本其道遂同而佛之徒謂之金仙老子之徒謂之神仙金體而神用一也蓋惟神

仙爲能長生不死故無生死而後至於不生不死長生不死已能脫離五行非內非外不逐五行由一而散以哀樂休戚爲人生以治亂盛衰爲世界以榮枯舒慘爲時序以老少美惡爲物態而彼人生物態世界時序吾能與之修短與之盛衰與之舒慘與之老少泛應無方之求未始窮盡此世之人所以嚴其所寓以備旦暮奉事祈請者也大雲門神仙之窟宅十月十五日以奉崇寧寺詔繼詔爲觀復有擇用名山福地之旨寺既如詔而臣更涉雲門之背由歸道峴下潙山號大福大雲門之南支也前棨廬山郡人謂

之廣福中立而望四向環抱尤大雲然莫知其所自出有三賢堂海東僧塔八仙壇獼猴洞在其間皆古之遺跡然始由歸道峴而詩之今為道觀之所寄則峴之名歸道乃其兆歟故臣輒叙佛老所以入而為已出而為世老者能與之少短者能與之修衰者能與之盛哀者能與之樂以明朝廷所以詔為十方寺觀之意自時厥後為郡守者其率老子之徒以謹焚修共祈無疆之休以資 天子萬壽豈可忘哉

東湖三樂堂記

自下車帥吾屬明振綂類要凡目數各任其職庶事

益簡民用以靖樽俎之間始得光景為東園遊頤吾
屬曰徒以心力從事曾無所樂夫是之謂陋此節儉
之弊也其後流而為唐僖公有財而不能用有鍾鼓
不能以自樂徒以情慾徇物曾無所制夫是之謂蕩
此平易之弊也其後流而為齊哀公過則淫不及則
怠慢是二人者皆已自為物所弊矣欲其明德以為
物是則難也有道之學既辨內外遂致真一以真觀
盡以一泛應兩辭五聲並至而交感無所累焉其詩
曰在公明明是也知統則舉其類甚衆知要則馭其
繁甚簡形快而心愉有所寄焉其詩曰在公飲酒是

也在公明明無乎不為之時也在公飲酒無為之時
也無乎不為以至于無為賢者之有道也蓋惟有道
故能有樂以為文故其詩曰鷺于下鼓咽咽醉言舞
于胥樂兮鷺于下賓之集也醉言舞樂之致也于胥
樂兮樂其在公明明而和樂生焉耳有禮以為節故
其詩曰鷺于飛鼓咽咽醉言歸于胥樂兮鷺于飛賓
之舉也醉言歸樂之制也于胥樂兮樂其在公飲酒
而中禮存焉耳有樂之和有禮之中協賛陰陽化育
萬物故其詩曰自今以始歲其有君子有穀貽孫子
于胥樂兮樂其在今則能為其人民在後則能為其

孫子然則有駜蓋魯一變而至於道之詩也昔者太
公治齊雖用平易在已也近道在政也然而不患不
能與民同樂惟患其樂之過在太公則可不可輙施
於其後故其末流果有齊國之变風周公之澤遂為
魯僖之頌不亦異乎愚之為青當以行樂之過為非
不及行樂為愧窃希於魯焉頋吾屬曰山水仁智之
所樂古之人與民同樂有感而賦草或以芹藻禽或
以鵞鷺蓋其所寓多在山水之勝處或刻而為池或
引而為湖草木掩映亭臺環合魚相忘于淵獸自適
于野禽翫空于飛蟲感時而鳴俄聞偶覽頓釋滞思

此古人之相其樂者歟蓋惟君子能推仁智爲民既事然後得引所樂以懸塵勞以資談笑有道存焉耳今茲青郊以西兩山會入于郡城若駿而奔若駐而盤若驕而躍洋之水道其中相爲數折趋東南隅回旋宛轉若有不欲去之意此固有所待者邪昔之畦也宜宇而居昔之池也宜湖而遊崇寧元年之季冬道意以始事明年二月東湖告成土石之所聚今爲寥廓之界糞壤之所汙今爲清泠之濱荆棘之所託今爲芬芳之澤入自西扉由垂楊徑界水而東之陟降兩橋東西相望會歸于北渡有橋曰步雲下趋醉

歸亭去亭而升堂所謂三樂兩亭以翼之左曰湘江
左曰水鑑于堂之後乘飛橋過芙蓉軒由芙蓉而東
躡層堦訪禅林南有軒曰悟桃北有亭曰現月而觀
蓮亭在其間皆瞰湖上下入桃溪于溪之南為漢庵
去庵而南行前視鴛鴦諸有亭在半山間號緑巖亭
由緑巖升其巔坐歌豐堂對揖現月由芙蓉而西戀
雲門館前視鴻鴈諸遊竹林齋南行登釣璜臺下由
小岐中立而俯視左有亭曰翫鷗右有亭曰鷺下夫
湖在兩山之間將欲致吾幽思以歸茲景未之盡也
然而寓吾仁智之所樂凡十有五而三樂實主之故

堂存乎其中蓋無三樂爲之主雖環山有水皆亭臺也亦奚以爲其樂未嘗不荒也未嘗無累也故游斯堂者考予三樂之説則知東湖之所以作豈苟云乎宜鑱其説于右

演山先生文集卷十四

演山先生文集卷第十五

記

順興學記

元豐改元之秋列郡各貢進士于朝南劍考諸五縣之士而進之十有八人順興學者百數無預貢者溫陵宋君適來爲順興令因怪閩中之士每歲應詔出爲天子器使最盛於四方南劍在閩之中累累有人焉順興南劍之支邑前此有預計偕者不見錄於禮部七十年於此矣今歲更無預貢者是豈教育之道在上之人有所未至歟遂由縣學而觀之感其廉隅

之卑度量之微環衛之弊具修之廢不足以壯麗先聖之行在吞納多士之至止升望降觀前楫後櫞不足以周覽溪山之氣象青衿不見往往散處里閭流入城闠之間誦數之學得以小說實其虛一如此者蓋久矣宗君由是慨然思欲宏其度量嚴其具修壯其廉隅固其環衛利其前楫後櫞之勢然後招來多士而教之邂逅一鄉之所慕者十有四人請爲儀倡顧與鄉民出力易材廢舊而新之宗君如其請學者欣然預集于别館以俟學成而歸焉旁郡餘邑隨有望風而至者不日學成爲之八齋翼于兩廡之間或

背于堂或面于殿諸生接席而坐鼓篋而進問者有
應疑者有質由者有戶升者有堂入者有室望者有
門牆之峻樂之所寓前楫仁者之山下視智者之水
適其性命之情日就而月將之且見成人有德小子
有造居多古人之遺風不問其在外者一封之薦何
足計歟蓋大教學之道先王望其成材而取之必使
學者無志於仕有如曾皙之詠而歸漆雕開之未能
信者然後可以副吾取而用之之意是故先王之士
得喪有命動靜有理去就有儀處萬鍾之時如簞豆
之日許國之身致君之術豈爲宮室之美妻妾之奉

所識窮之者得我遂易其志私嘗謂僕隸之賤史胥之卑屠販之伍寇盗之類才勇藝術集事御変雖古之人有不及者入之民間以治民事出之民上以長民徳不亦可乎先王必謹庠序之教養才育徳俟其秀實然後論而官之先王之意豈以史胥屠販之伍僕隸寇盗之類其名不貴而廢其可用者私以謂不知仁者不可與從生不知義者不可與從死不知禮者不可與交不知信者不可與守驪山之徒賸下之布衣興造之初急難之際未有素食之士先王不得已而用之譬之使鷹常飢其腸則為之使飽之則叛

去是故黥布韓信之徒素不學道無窮之欲與之南
面稱孤不足以饜之乃至叛逆夷族而後已然而後
世之君當平居無事時不能養才育德而用之或有
才德之士而莫之用府史之卑卒伍之賤寇盜之惡
入為公卿出為將帥謂予用才而已不問其行甚可
惜也昔衛宣之朝有不知德者好忮而不仁有不知
行者好求而不義好忮也害物好求也逐物人之可
恃以用者為其愛物而物莫之勝耳不知德行自其
求忮而推之不仁不義不可勝用也百尒君子亦奚
以為哉先王之世兵農一民鄉軍一營在朝所謂公

卿大夫士在鄉所謂鄉老鄉大夫長正師胥在軍所謂軍將師帥長司馬昔時鄉教之中同為儒者而今同為天子之吏豈有異趣哉其賢以六德其能以六藝知禮樂者非特鍾鼓玉帛而已禮樂之妙至於行乎陰陽通乎鬼神彼之所及也知射御者非特主皮執轡而已射御之精至於升降之儀與其志通疾徐之節與其意會彼之所及也知書數者非特縱横之畫會乘之算而已書數之微至於道理之精粗象器之終始彼之所及也六藝道之下者其微猶及於此而況德行之學豈可億哉是故古之為公者以道為

卿者以德為大夫者以智為士者以志為軍將者其
德有威其仁足以撫衆為戰士者其義有勇其智足
以死難故古之官有至於三百六十者先王非恃其
人之衆也恃其道德志智而已平王之東天下利勢
不斷如線教育之澤在人之心猶有存者譬如至柔
之物可屈而難折延及三十世而後已無道之秦燒
詩書殺學士不仁之勇無義之剛繁刑嚴誅以制天
下所以傳及二世為吐隷之人一折而斷之詩書之
力雖欲維持其亡不可得也然而先王所以建學養
士之意何可廢哉宋君之來隆學校延儒生躬率一

邑之子弟從事於道以副上意一邑之士宜乎為道而學他日入官如古賢士大夫以副宗君之意諸生從予遊予嘗以此諭之君命予文以記縣學所以作於是乎書

雙源記

縣廨之西南有山支為三峯下會于平坂兩腋之間泉甘而木茂修竹重蓮桃花流水隨人視聽之所及三山之前斷流為池凡五十丈揖中一峯為澄心堂于堂之背為濯纓軒去軒之西為日休亭引流而下左右方沿峻宇画閣寘于北峯之麓俯大池對南山

由澄心堂而趍雙源皆有小徑雙源之會望澄心堂爲磯以釣焉相望之間仰有翠陰俯有清淺風色動靜禽聲語默水涵太虛形影上下忘機之鱗一游一躍飛橋走堦危欄曲檻廉隅翼翼紅緑相照庚申之秋余來充川因拜主人之辱才華物象邅然相值且嘆塵勞之俗役百年之期而致千歲之憂忘不可過之分而徇不可必之物以貪作憂而不以理養心以憂作老而不以時受形心與形化共還塵壤雖然我度如坻黃金滿籯松雲水石之間不能笑歌自若以慰勞生之夢幻者余嘗悲之君也不然賓客至止捕

魚于池摘果于林破穀于場逐雉于野酒餚碁局爲
賓客歡漣漪之上盡日而後已分外之物莫能勞之
亦足佳者故余樂爲君記又爲數詩於其後庶幾役
役之流得余之言而有感焉

步雲閣記

昔予讀書順興北山之麓南望一峯有若遊龍之狀
峯首而回顧仲寬今寘閣由閣而下視水天空闊橋
虹横絕登臨之士身勢高遠如在雲漢間此命閣之
意也以致予文予方喜仲寬之爲政有古循吏之風
因述雲四事爲仲寬識之夫雲之爲物輕清者之所

乘閒適者之所翫有德者之所況有物者之所望者
也仲寬下車之三日屬其鄰比之長且老者爲飲酒
禮佐生堂上胥吏生堂下長且老者環坐于兩廡酒
三行令爲之言曰來吾民夫草木之所萌禽獸之所
育吾民無故恐掇而棄之乎曰掇而棄之遂傷其生
是不仁也弗爲也夫物之轉諸溝有用者可壽有知
者可悼吾民無故恐視而遂過乎曰必援而出之恐
視而遂過是不仁也弗爲也然則吾民之於他物然
耳赤子吾民之遺體也分氣也物之有情有識者也
安得輙舉而溺之無所疑止也哉其爲不仁奚啻吾

民之於草木之所蔭禽獸之所育凡物之轉諸溝者
邪其民於是駭而悟嗟而悔翻然而改曰吾屬之視
吾子曾禽獸草木之不若也豈足以爲人哉其謹奉
教令於是著令曰孕者登籍產者給粟而民相與言
曰令之所活者吾賴所釋者吾寃百世之憝一日而
解之德莫大乎此吾尚忍焉不仁以傷吾令之化哉
乃相與斂智藏力聽令於大夫兩造在庭仲寬第爲
之辨是非談禍福往往自訟而解相詔而罷一縣遂
無事時與賓僚乘興而往徑画橋登蒼崖期於步雲
而止焉夫仲寬之政不以智示人故其民無所事乎

是非不以勢屈人故其民無所事乎强弱勢智既忘中抱虛靜然則閒適者之所翫有德者之所況君豈有愧乎雲哉其無累乎心也雲之所在不以情而動不以力而舉其有爲乎政也雲之所往必爲甘澍下膏澤於萬物然則陰陽之報天道之福安知異時不爲輕清之士秉此而直往也哉況與翫未足爲君道也元祐癸酉仲夏記

延平閣記（後蔡元長改名凖溪閣）

治平三年延平閣以火廢太常博士程侯下車而復之未幾繼廢吏累政有疑於爲樂無復之者司農少

卿謝侯至止遂率其屬講明庶政弊者更之廢者舉之民甚便以謂徒以勞苦頻瘁有事于務不能推其餘力以及樂事赴〔或作副〕民所欲是豈有道者之政然邪君子之政自夫無乎不為以至於無為者也有駜之詩所謂在公明明無乎不為之時也所謂在公載載燕無為之時也公餘既事方暇於飲酒然而明明明言其明之不可蔽也雖然有暇飲酒民之樂不與焉有禮以節文之有樂以舞蹈之小大之民從公于邁故繼之以在公載燕蓋至於燕則為樂之禮具焉政事相隨而衆得以共其樂故雖飲燕不害其為在

公也為樂非私長屬有道禮樂之遊有中陰陽之氣有和風雨以時而至耕稼以時而作穀以時而收廩以時而入故終之以自今以始歲其有然則更累政有疑於為樂未有能復之者豈知魯詩之意哉延平之有閣素以山水之勝知名於士大夫閒往來登賞吟詠酬唱與晝而歸去蓋與滕王閣岳陽樓之得山水無以異也謝侯遂繕土木之功以協士大夫之所知與衆共焉不日而閣成以命予記而予欲序其事寀助遊人之才思與夫景物相逐於無窮久矣郡掾演山而下為三支有龍虵騰躍以赴于江之狀公守

坐中一支以視千里其勢至江之溪於是有閣東西之水相會于閣之前衝擊而陰浚之人言其深不可測於是有潭潭之東有山若戲而盤潭之南有山若舉而趋比與三支相望于清泠之濱寂寞之野龍泉太阿出豐城去人間卒以是為靈宅亦有意乎登臨之士環視乎其中二水之會既往而復還于海而海有潮去長樂一驛泝流而上若迓以歸焉天入澄江山迎曉日飛甍排空下臨雲漢歸舟天際數葉爭飛遥見演峯倚空凝碧征帆既落歌酒如鄰拂袖人来誰當邂逅高真乘興多在溪山况有江南白蘋紅蓼之

嘗聞遥士島上凝眸晚景尤宜水光山色每橫孤笛獨引清觴一曲凌雲發從虛靜旁人聳耳襟抱俄空漁網高低偶逢煙雨唱回浦嶼日計無憂橫點青巒一行征鷺蘆花宿處已落難尋聚（旅）如賓于飛于下纖塵不染有肅其儀食足意亡閒窺清淺垂虹截雨橫絶渡橋若步青雲悦然行客東渭奇字獨見仙蹤南麓名園常聞春信月華持夜忽有波光疑是蓬萊金銀樓闕況況倒影寒浸羣峯獨倚欄干誰知有感古今一夢只合尋真物是人非且悲且笑珠飛波面星耀方移劍卧潭心風雷未作予聞潭之左右有珠夜

明莫知其所在俄忽有感奮躍于潭中漁者捕之益
急而愈遠于方少時嘗見風雷震發雲雨冥晦三岸
歡呼以爲劍歸有頃而後定嗚呼龍泉太阿雷不能
分而復合張不能留而終去神物行藏非人所能制
也發于豐城則上干牛斗歸于龍津則下爲雲雨此
其所以神乎然而張公正當時晦不能自引辛與禍
會劍知之矣苟不能去而與張公同瘞於地下豈足
道哉或者之論乃以張公所佩而卒不免在人無益
何其謬也閣之所在前有神物之靈後有真人之妙
必能以和樂安靜福乎居人以清虛翠微發乎景物

明有謝侯才識深知魯詩所以有道之意推而行之務與民同以慰登臨之士是亦真人神物之所相者也而況山水之勝已與豫章巴陵之所稱在士大夫聞覽予之記庶乎有感而無愧焉

演山先生文集卷第十五

演山先生文集卷第十六

記

文軒記

余謂學士大夫或馳騖于名出入傳注涉獵百家之小說以博爲功以辯爲能終日牽援自以爲至樂然其於德性也略或悟履迹傚名數萬物之理危坐默觀有感而後應謂彼百家之說不足掛吾齒牙閒靜桉其文吾能以理斷其眞僞然其於問學也略二人之學方且相詆於世未知其孰賢然而前之學有德後之學事有德先而事隨焉則其於學文也何有日

月風雲天之文也吾以是觀其象山川草木地之文也吾以是究其理君臣父子人之文也吾以是明其義發悟以天考信以人不滯於一曲則其動而有所寓發而有所應著於形色名聲之間如春之華如衣之章如天之有河漢如地之有嵩華僞無與於其間斯其所以為文歟故人微之一日以書抵余且曰備員下吏思發其身當以學文為事輒以文號其軒文之說資乎君子然後得之此軒所以有望於左右余謂君儆名數者也患在不志於學問今則然矣博覽泛觀如其不為區區之陳迹溺於偏見第資以為正

悪則其與余書言約之以文其身施之以文其政言之以文其理書之以文於後患弗爲也予將有觀焉

清心閣記

熈寧之未始得徹之於都下方挾聰明傲名數不下先進之豪傑欲與之立頭角而愚嘗告之曰性欲靜氣欲柔惟豪去道最遠非愚之所望也後十年爲長樂掾乃取五經之書百家傳注之説歷代之記環列小軒而讀之號文軒屬予記予喜曰徹之進乎學矣取友於古人必能正之者何患其爲豪哉及其去長樂爲武義窜以優課聞愚在考功方欲知其善最之

所自繼而微之復以清心名閣再命予文予益喜曰微之悟矣必以六經之言百家傳注之說歷代之記無出乎人之心也吾何獨不然蓋反而求之故為是名歟請言夫水止則定定則清清則虛虛則明惟道集虛外鑠之物中動之情不能為吾微風亂葉也然後天地之變化過則形入則冥不容一毫欺我此其清心之所致歟古者聖人之治天下也自其道心而達之道心萬物之宇典法之宗要凡目數之源聖人以其宗源有所均則為衡有所運則為樞有所舉則為統要凡目數計道之用則養卿士大夫而任之其

名位與聖人異其宗本與聖人同特其所得有小大所造有深淺而已得其全者為正使之治要又其次為師治凡得其小者為司使之治目又其次為旅治數庶人之在官者不得上與聖人相為源流以力事人而已惟治數之士養心而不盡遂至於放故三代學者内服百寮庶尹惟亞外服侯甸男衛邦伯自與一人志同而意會識大體能自愛其學同有所本故也微之勉乎哉清極而虛虛極而明萬物不足以撓之豈特百里之境物至而應事起而辨也哉論道之公治要之正蓋以是進焉

葆光閣記

仲通之仕行三十餘年將歸老于林下治其故居為葆光閣正視烏石左揖九仙回顧越王下瞰芳園寒治三山之氣象四時之聲色合為長樂之佳致登閣而盡得之元豈七年之季夏閣成明年得請歸休於其上然而仲通不取風物之勝宴遊之樂以名其閣而取莊子所謂注焉而不盈酌焉而不竭不知其所由来夫是之謂葆光亦賢乎哉是豈有取於水歟非也酌多於其本則竭注多於其量則盈微風過之則其清明不足以照水之在物也非酌之所虧非注之

所盈萬象生於一體惟水之所在然而出設明晦有
資於水爲性之在道也成性之學豈物於事者之所
能致哉嘗謂自明誠者明未足照誠未能立己寘於
羣吏之列物引之不得有其清事干之不得有其寂
二者未遣則彼之勢遂爲不及之言不信之廉不成
之仁勇且與之戰怯則憂強則喜暇則安遽則擾昧
則趍亂則敗憂喜無常真僞相奪𢇛馳於其所不知
且不足以自照況於物乎及其老矣上印綬乞骸骨
棲山林間追世俗之迭遊賞勞生之短晷列清樽環
侍人琴瑟薦和倡優獻笑自以爲得計皆風之過乎

水也所謂酌焉而不竭注焉而不盈果安在邪况復長往於仕而不反者乎仲通不然昔於葆光也不獲爲今於葆光也將欲爲余與之善雖不有請猶且爲説以枏其欲况其有請於數千里之遠哉大哉葆光莊子爲至人道也然而悟道在彈指頃自無老少之辨則余安得不以是期君哉自乎成心生乎成性本無所增也故注焉而不盈本無所損也故酌焉而不竭無益與虧莫知其所由來澄寂虚一之中兼照泛應莫能逃我此其所爲葆光反一而觀之吾未始有辨此其所以齊物君之老也物歸其清事歸其寂則

是時也可以兀然宴坐而使攀緣不獲乘閒自我觀其妙自人充其光亦孰禦乱患弗爲耳從仕之人以僞遂事畏夲者衆矣惟至於此庶幾其反始則登是閣者宜觀其名而考其說然後環領而無累下瞰而感將有悟焉固君之賜也

日省堂記

思遠爲丹陽㝎運使許侯用其善能從于錢塘思遠至儀公廳之背爲堂寓焉聽斷後先寂然宴坐省其所受之善惡所存之吉凶所爲之是非所行之得失然後出莅庶事命之曰日省堂自爲詩述其所以命之

堂之意焉予記予謂百里之長出莅庶事兩造盈庭情偽鬭進期我而後平庶司羣案復逆同異期我而後決新物故俗邪正相奪期我而後善飛蝗潛盜乘時伺隙期我而後弭苟務懾之以勢制之以法肆意以行其情暴氣以作其威擾擾之中以物應物以妄對妄烏有不敗君子以謂萬物皆備於我不患萬物不治而患我弗之省世之人所以喪此萬物有能競之者其蔽有二不患而欺不信而妄先自恕己求乎無過之地反以欺妄訟物萬物於是乎喪然則彼且與物胥為流轉烏足以長民哉曾子曰省其身欺而

不忠乎人妄而不信乎友忠信性之德也欺妄德之賊也曾子去德之賊以進夫德是故有仁以資勇有義以養氣故其應物自反而不縮雖褐寬博吾不惴焉自反而縮雖千萬人吾往矣然曾子之學豈求之外之耶始於日省吾身終於自反而縮蓋雖應物之際猶不忘乎自反始弗之省今雖自反何以為之應耶由是而進乎道欺妄無心真實有性人非世習不能輒易其守然後靜淂以觀明淂以照推而上之會而一之可以舍有萬類貫通千古豈特千萬人吾往矣哉今子之所省去其惡不為善之累去其凶不為吉

之累去其非不爲是之累去其失不爲淂之累則其
所受所存明白乎其中所爲所行明白乎其外萬類
感我作復合散在乎度量之間豈能逃我哉由是而
上達并期四者而忘之其爲道也孰禦嘗聞思遠最
多讀書百家之説能道其詳勤於政事湖山之間罕
見其跡今由是堂將見其爲學日損奚事乎多以義
制事奚事乎勤扁舟湖上乘興偶往碧落雲盡清虛
相照摇毫伸牋寓以見其志付之詩筒予有觀焉

坦履橋記

縣令知其所以爲政邑人知其所以爲善二者相遇

於邂逅則是邦也常有惠民之最利物之功可以書
焉元豊三年予訪尤川諸子飲予于橋上諸子為物
爲德爲身爲義皆善士也故於一鄉常能以惠利相
其大夫此橋之昨自乙巳抵壬申二十有八載土木
之工風撼而浪擊壞圮無足怪者濟道適來為是邦
則橋安能獨弊哉濟道乃與諸子經營而言曰昔日
之制對峙三十六柱上負如鼇山下與驚湍怒濤爭
強弱之力奪安危之勢如之何持久故歷十有六載
而壞為今之計易柱以疊石飛梁而過秋夏之漲暴
集繼至自由龍門而下無與競者庶乎其無患也歟

子謹如命不日而橋成屬予記予感而言曰昔者諸子會予于橋上是時暑氣方蒸水風泠然過之一洗其煩襟酒數行言笑相續則予之於坦履也葢已有分耳豈特諸子捨舍此而西上偶與濟道聯名于籍中及去爲宰幸在諸子之縣鄉與安濟之功除病涉之害復爲坦履而作是予之記果應其會歟援筆而書曰惠不與力計利故無窮橋不與水爭力故可久然則縣令之知爲政邑人之知爲善宜載而告于後云崇寧二年九月二十二日記

琴軒記

黄子開軒于林下以琴名軒琴不在焉以琴爲心而忘其器者也琴之爲樂簡而清易而和意眞而明感人也深而幾於道今子之遊是軒寂然宴坐煩襟既除虛室遂開心與手相忘聲與絃相失精意妙思之中自有簡易之奏清和之音由希夷之境出虛無之鄉入松流水之聲墮吾左右前後若有清風之滌吾煩也泠然而過之莫之留止復歸於無有嘻琴不在焉豈其眞不在邪不以指得聲不以操得曲存乎精誠微意之間卒爲大音出虛而入有然則無絃之有琴者尤未能兼忘之也予觀黄庭内境特以琴心命

文欲其掃蕩摩累變調諸眞會于中宫以協四鄙子
之名是軒也亦有得於此乎然而子以聲聞入道已
在乎寂然之中自得而弗出焉與夫閒適之流遊戲
之士枝泒言句轉換風力徒務接人莫知爲已逐外
而棄其中徇末而喪其本去道遠甚子其進焉乃并
妙思精意都泯于至無而會于道與諸眞遊安用子
琴軒之説邪姑以爲前導焉

崇寧萬壽寺記

上即位之四年歲行癸未九月十七日大臣奏言天
寧甫届率土傾心仰惟佛乘化導群品倘俾紹隆景

上之法則必增裕無疆之休臣等伏請天下爲賜寺額以崇寧爲名勑如其請十月十五日臣與其屬奉詔切謂欲建佛舍老子之宮以備四時焚修潛致靈貺未介天子萬壽其地所在必求山川會聚之鄉仙聖行藏之境有所祈請乃能協應今當卜地于城南之郊有山號稱雲門前此仲秋之社臣與郡人出遊躡十八級而後造絶頂南望雙崖出煙雲閒對峙而中裂可以引車騎蔥鬱之氣籠絡上下如見眞人奇士神深而氣爽自其巔垂兩支數十丈下至于平原如人之伸左右手前抱其腹臣頤其屬曰南山之麓

宜爲浮屠氏老子之所寓然而未有卜之者豈非有所待耶有老僧謂臣曰此大雲門也今茲北峯蓋其小者臣歸取李清傳而考之始知大雲門乃眞神仙之窟宅傳言清與姻族鄉里爲別遲明大會于山椒然後揮手辭謝縋入洞中東南一穴約去三十里望見山川景象煙雲草木自是一境不類人世遇道士四五人謂清會當至此但時限未耳繼聞蓬萊衆聖令邀諸眞赴上清會諸眞既往戒清恒勿開北扉而清輙忘其戒見清如在掌上起鄉里之念復還人間訪其故居子孫已歷數世矣後爲太山遊不知其所

在此其大略也然洞之在山椒明矣今不見洞豈待
有緣而後見歟左一峯有塔寘其上號黄金塔刻僧
俗名姓總二百九十人名與字甚古是果與清巒别
者邪自隋開皇四年至今五百有餘歲社日之遊人
多往北峯而清所寓乃棄之寂寥處臣方以此興嘆
後一月儀奉崇寧之詔臣頓其屬曰前日之嘆豈非
其兆歟捨此而何往遂往相焉更見前抱右支再引
而北回觀大雲門相揖于山口如蓮花狀此所謂小
雲門者開元中郡守有投龍壁于此以祝時君之壽
乃見祥雲五色或塔于空中有記存焉而況大雲門

乎哉當見衆聖諸真共貽無疆之休以資　陛下萬壽適默契自然之會非出於私意而爲之也其爲應也久其爲祐也大是宜爲寺當與四方名山福地之有禪林寺爭名于天下

演山先生文集卷第十六

演山先生文集卷第十七

記

閱古堂記

熙寧辛亥予爲蕭然遊讀書閱古堂上堂在縣圃之東北隅與翠陰亭相望堂之虚静可以清人心高明可以移人氣大夫於此引兩造趍聲吏揖呼弊斷使夫俯而視者有威仰而觀者有懼頋不尊歟不然邀嘉賓列侍人琴瑟笙竽奏乎堂之前倡優譏戲陳乎堂之下歌吹降升獻酬去来笑語斷續習不爭之射行無筭之飲醒者歌醉者舞頋不樂歟而今無所取

於斯二者以謂所尚者不高則外物能勝之所養者不固則外物能亂之孟子所謂食前方丈侍妾數百人得志而為之盤樂飲酒馳騁田獵得志而為之此所尚者不高也為行道者不過管仲而已塞門反坫足以屈其志雖有王佐之才無能為也孟子所謂向為身死而不受今為妻妾之奉而為之向為身死而不受今為宮室之美而為之此所養者不固也為學道者不過子夏而已紛華盛麗足以動其心雖有可上之性無能為也且夫簿書之繁安足以伸吾才樽俎之歡與夫外物之來寄者安足以充吾志在彼者

皆我所不爲在我者皆古之制也則安用是堂哉宜
夫取聖人之遺書歷代之記百家傳注之說環列乎
坐閫究知古人之行事偶一日有爲則推爲康世澤民
之術文以應變武以戡亂萬物和之酬於手撓頤指
閒無所疑怍然後伸其才使夫屈者以伸廢者以起
匹夫匹婦莫不被其澤又淂天下之才而教育之然
後償其志予愛大夫能命是堂未有能道其志者乃
試言之

佚老堂十景記

佚老天也世之老者其識無所悟其情無所寄閒居

靜坐四體不勤往往無慘之心生寧復且從其志而已志於利者則苟得勞之志於名者則偽行勞之志於難老不死者則凡可以圖生者勞之悲夫去根遠矣復競其華而務其實柢本弗應若將為槁壤矣是謂兩喪魏子為佚老堂翼之以十景于堂之奥為書室于室之右為琴閣于閣之東為松軒于軒之北為竹塢于塢之西為月庭于庭之南為風牖于牖之外有山謂之屏山山之下有泉謂之盆沼沼之傍有廊謂之吟廊廊之隅有榻謂之醉榻以書柢予曰有是十景以示佚之有所寓焉予謂魏子能寓其佚已賢

於世之老者矣然而所以寓其佚者予知之乎人之
心適理而樂生得趣而憂解夫茍未能以書觀理以
琴求趣而徒卷舒勾抹區區顧指之間終日不釋則
琴書之情弊矣是豈能寄能語佚乎役思于書運意于
絃其樂不能無故予姑舍是出對松竹山泉之間風
月之地更新以遣焉松以堅而高竹以虛而直堅則
不可乘虛則不可累故壽於他木予特愛其蒼蚪伸
騰碧玉森列風月之中玉簧駐雲金鎖墮地幽人高
士倚其幹而踐其影神也聳然有絕塵拔俗之態歟
非予之所寓也風吾氣也有無之中去復不停觀其

起發于幽谷披拂于寒林而後泛濫于戶牖疏而行之則過之也徹袪吾煩解吾醒而忘吾倦精爽御之而往可登太虛而遊六合也觸之則鳴禦之則攻或扶或揚遂當其衝使人閉結而不解然而我將遺吾筋骸而抱吾一則是氣與風同歸于太虛烏能為吾利害也哉月吾性也水以清得之以濁喪之天以霽得之以陰喪之然而月也無得無喪自水取之自人觀之而已西方既升予坐庭下而得之莫不仰霽俯清惟恐濁曀之喪吾月然月之在人心久矣而予獨不患心之為月害乎山若仁也水若智也山之狀如

屏是天子遺子以所依者邪治之狀如盆是天誘子
以所容者邪觀山而思仁居仁而不能依則危觀水
而思智用智而無所容則亂吾之望子善而能安豈
特巀嶭之峯清泠之泉能適其情者邪子勉以佚歸
是八者之理而寓焉然而閒適之中豈能忘言以溺
其理哉則予當步吟廊八者之理感觸而獻吾前乘
之以危韻發之以中聲數聯詩意一笑破顏南北其
簡賡和盈軸子之吟若是乎雖然八者之理佚之所
寓不使佚遊而樂荒佚矣而志放如斯而已矣以理
自賢以言自著豈老者之務哉宜務合理而會道去

言而超然遂還本根而後已則予當登醉榻始舉而
和再舉而酣三舉而醺四舉而冥攀緣一斷然後遺
我於混沌不知老之寓于形佚之寓于理豈復有八
者之翼吾堂孔子之醉若是乎未可知也夫予知未
果知其為人然而繼文以遺之不亦過乎壬戌之冬
魏子為佚老堂即乞詩于延平予方治行而東未暇
作也挐舟相隨泝流而上凡月餘日然後得予詩于
建溪後年刻詩于石走僕數千里獻予于都下復求
予言十景予曰魏子真好善者也夫人閒居歲晚無
原壤之俟則與其子孫從事於宴樂苟盡其年豈復

有志於是哉是必有所見者故予惜其所寓不如是也反役於景終無所聞則是十景何益於子哉故又爲之書

默室後圃記

友人即默室後爲小圃壘拳石爲山鍾勺水爲池植四時花環圃之左右其花十餘品而春居多也默室之中盤踞而獨坐寂然而言忘兀然而形忘杳杳爲天遊寄於兒象之表不知其有物也及其意與道相會道與意相失於是而下爲開目則欲有所寓垂膝則欲有所適乃之圃之中諷遺編鳴寒絃銜素盃戰

枯局聯詩篇點花數與忘形交於此為談笑以寓道情之至樂花之氣有幽香花之色有淑質彼株崇此株枯後者開前者落於此知物態之多变然則圃雖小而仁智者寓焉則圃甚大矣雖舉廣囿名苑絕景盛賞而與之較彼特有物耳使廣囿名苑有甚可愛然而無君子樂之則人之情弊而物之態改雖絕景盛賞有時而不足愛也惟君子之樂不在物而物者特其樂之所寓焉又奚圃之小哉

安肅軍建學記

孔子廟從城之西南隅行七十餘年矣有事于祀學

者往往陪位而去無所寓焉慶曆中天子命之教於
是講者有堂學者有齋雖然甚隘而陋促席而坐不
過數十人歷歲月受風雨遂浸以壞學者如見荒郊
廢宅氣象寥落席不暇暖散遶城闕之間東有官舍
西有城壁而學之地受制其間雖欲闢而宏之不可
得也元祐之初太守高侯遵禮通判黄侯敏用惡其
甚隘而陋不足以受學者拾地之遺利得金百萬復
即北城之東南卜地而營之建作之制下視旁郡正
門在中復設外門以衛之偏門以翼之諸生奉贄而
入舍菜于殿鼓篋于堂具負者于齋待次者于館食

有廚浴有室職事之位備焉嘗考泮水之序雖言僖
公能修泮宫而詩之辭不言僖公營搆之方建作之
制而言泮水之上小大從公而往公與先生君子行
飲酒禮謀事率衆内能欽明其德見於色笑威儀也
之間文武之事有可法者下觀而化故其詩曰靡有
不孝自求多祜及其從事于淮夷其静也不吴其肅
也不揚其安分也不告其循理也不逆弓矢卑徒各
致其用以戰則克故其詩曰既作泮宫淮夷攸服此
僖公之所以修歟然則二侯之作可謂知務者也果
有意於詩乎人惟椎朴木偶不可觀感而化其中實

故也嘗聞燕國多悲歌感慨之士遺風餘俗猶有存者聞君之善教豈無慨然而興者邪靡有不孝自求多祜能爲其君之用何獨至於魯國而然䂀元祐己巳仲冬之望日記

舍清院佛殿記

有釋氏之宇其名曰舍清其年起于唐之中和其地出于劍浦之巨沙至今元豐傳十一代矣佛之所寄甚弊且陋不足以致鄉往者之觀美辛酉之秋紹忠慨然有志易卑以高易樸以華募財于鄉節財于院合金百萬壯其棟宇侈其皃象季春佛殿既事衆色

雜華周回間列以悅衆凡之目使知吾佛之尊且貴
不可易也然後誘以歸焉紹忠之意也然而衆凡之
歸也汝能安厥止乎浮屠之庸者不過以爲我計苟
養其欲而已安厥止則未暇也予爲其歸者言之佛
之性其體也圓其用也光惟其所感宮殿樓閣戶牖
堦砌嚴麗廣博寶華糚校翠影妙香不可窮既然而
佛之榮華侈靡豈資於物哉本有高明之道清淨之
德然後榮貴之不可幾及者隨其所欲而至焉雖然
化現色相不可以爲畔岸自非内遊之士安得而見
哉則以金百萬壯其棟宇侈其皃象又出寶玉之所

現者與衆觀焉知佛之清淨故致粧嚴之居知佛之
高明故致微妙之相紿忠亦當以是告於歸者云

公餘堂記

千里之民有望於刺史者其始有事焉皆求循理而
復必待刺史能爲禮義之政以應我其次有情焉同
欲必待刺史能爲禮樂之遊以遵我然後如
其志不然遂欲作民歡聲和氣以却虎蝗以消霜澇
以散盜賊以登桑麥牧循吏之名實未知其可也然
則爲刺史者不亦有道乎有駜序言僖公君臣之有
道其詩曰夙夜在公在公明明所謂無不爲者也夙

夜在公在公飲酒所謂無為者也自無不為以至於無為其賢人之有道然而在公明明不至於苟勞無以自適故其詩曰振振鷺鷺于下鼓咽咽醉言舞鷺于下臣之集也醉言舞樂之至也在公飲酒不至於大肆無以自守故其詩曰振振鷺鷺于飛鼓咽咽醉言歸鷺于飛臣之散也醉言歸樂之節也有禮以制中有樂以導和人心感而天時應故其詩曰自今以始歲其有君子有穀貽孫子然則公餘之樂惟有道者得之有政而無樂不足以有感而況為樂而失政與夫二者並廢乎是故魯僖公既失道遂不及知

禮之所在唐之遺俗憫其勞苦頓瘁老死而後已故敎之曰蟋蟀在堂歲聿其暮今我不樂日月其除苟使僖公有樂其本不出於道易爲物所溺故戒之曰無已大康職思其居好樂無荒良士瞿瞿然則政與樂僖公皆未之逮不足以望魯豈待較而後知哉某侯爲州謹始日與其屬振墮壞整破闕發隱姦遺滯訟未幾凡要目數各從其類綱紀遂立庶司羣業承式而舉行遂號無事民則歲豐而義重吏則日閒而興長始有公餘之計爲堂于山水間旂鳶所臨大小之民從公于邁清勝翠陰歡笑遠近或馳驅于郊或

鼓考于庭棲侯鵠立壺馬寵辱君子之勝負兕觥其觩不醉無歸是時斯民門無苛追廩有陳積亦可以行樂矣故其從使君遊也欣欣然有喜色而相告曰使君其無疾病歟何以能爲樂也當其酒行請歌有駜之三章以爲使君壽吾知其無愧焉

三交堂記

自遊鄭君山居今二十載丁日鄭君西來出予留題壁間二十四字言將移刻于石作堂以寘之願爲之名昔予所賦以其形影適與日華邀遊乎曠閒之郊清虛之境徘徊乎舒長之時澄霽之晝踐乎翠華之

林詠手寒光之濱我與影無是非之間無同異之辨其誰抑吾飄逸之興累吾放曠之懷者耶和光之域彼已俱喪自得之適天與爲地嘗觀李白對月獨酌之什愛其詞體有絶塵之思白得月而有聲影得白而有象醒而交醉而散其天樂也予之得日華也其白之得月歟子其以交名堂然而徒爲之交不能道三交之義則衆人之交也其孰以爲樂必曰惟形與影得日則然耳何足道哉吾曰不然日之應良辰身之造勝境而影之在日中出其身之左右前後葢有分耳若夫天時之變人事之感發於不意則使良辰

勝境卒不相值客迹而睽遠雖欲宴坐偶往門與日
華遲回身影容與豈可得乎雖然此人事之論耳子
於此亦聞道乎夫坐吟而揮毫起舞而揚袖影皆能
然及吾笑語感寓則彼寂然不可以致詰是非其獨
體吾陰乎惟形兼受陰陽而惟陰陽制之是故曦輪
既西形影相失一日之變也一行一歸盛衰相繼百
年之變也一日之變影也而形果免百年之歸乎則
是三交何其幻也形與影固幻耳目化幻者也夫如
幻之所自出與夫非幻之所在乃可與言道蓋日潛
運陽中之陰以配陰中之陽造化萬物故能以死生

與其形以隱顯與其影形吾含也且不得而有之況而影乎哉又形之幻者也至人蓋以白之所對乎之所交一而宗之還用其生我者修之使至養之使就天地之運四時之變萬物之理收攝會合存乎秋毫之中置影留形與日貫乎今古而在也不亦妙乎嗚呼衆人形影有待乎日而彼至人日致其用則乎所以名子之堂其義豈止於翫日而待晝者邪子其求之

演山先生文集卷第十七

演山先生文集卷第十八

記

風月堂記

風月在天之景也泉石在地之景也草木花實在時之景也三景之為物最能適人之情又有能累之者故風月泉石常為好清者之蔽草木花實常為好奇者之蔽泉石風月草木花實彼豈有意於累人哉惟人不能以道取樂以樂寓景而景役吾所樂而已遠景則無慘戚景則有歡人之情莫不然予山得洞於梅嶺洞之中基而為堂累而為臺穴而為沼以花名

羽草齋鈔本

洲以琴名泓以鑑名石以鶴名亭以錦繡名谷其類不能盡言之所學則讀莊子之遺言故以南華命洞所適則慕樂天之遺風故以風月名堂子山於此乘興而閒行興盡而宴坐與所交遊從事於文酒間以度其生焉或謂子山方學莊子則宜內觀無事外遊而待風月泉石芳菲草木而後得其樂無乃有累乎予謂不然茍知吾形與景皆非真物以生寓形以樂寄景志不存焉何累於子山坐堂之上有物泠然過之或披其襟或揚其袂或撼其佩拂其纖埃循於帷幄之間吹者清噓者和回旋斷續在吾之左右有物

皎然而下與泠然者相得於廣莫當是之時南華翁則能適然與彼二物爲無情遊澄輝之中兩腋習習乘光御爽登于萬物之表而或者莫之知焉銀色滿身金波汗漫或燭吾吟牋或泛吾酒卮澡雪吾神形見吾影而或籠吾醉魄而卧焉嗚呼泠然在許則得自然之聲皎然在水則得自然之性爽氣皓色與吾行止之影忽尒而相得嚮尒而相忘不可係着則知人與物非所覩者及其皎然者暝而歸諸太陰冷然者靜而歸諸大塊南華翁則亦兀然坐忘不知頃者爽氣之所吹皓色之所照與夫蒼顔華髮行歌自適

於其間者果何物耶然則南華翁之樂如是或者無慮焉元豐庚申之季冬蒙偕郡人李泳北趋都下道出南浦南華翁訪予于水閣再請予記不可辭也乃含思于閣上書遺之而去

重修澶州學記

熙寧十年之仲春韓公由三司副使拜諫議大夫請為澶州天子與之下車三月走隸人持儀物致蒙於闕下權教授事澶淵之學廢置久矣公来時士在城闕草登于堂墉復于溝齋扉不開鼠市于晝幾年於此矣及公至止役人徒楫工師整次舍備什物危

者扶之仆者起之弊者修之缺者具之塈茨丹雘頓
瞻一新鄉往之儒不日来至北方之學多在口耳之
問若夫緒餘倫類意致神遇則得之鮮矣裒之来公
親爲卜日盛以講筵嚴以師席諸生鼓篋而進難疑
答問發明先王之遺意稍厭誦數俱嗜精義公日視
學接之之恭待之之厚如見敵者澶之民又知一介
之賤有道在焉能使貴人忘其勢是可尚也往往相
勉出其子弟而教之自公始矣昔時列國之君天子
皆命之教然後爲學魯侯以修泮宮而見頌鄭國以
廢學校而見刺蓋雖衰世學校之教無敢輙廢者嘗

恠滛亂之衛國俗傷敗之中時有孝子仁人忠臣賢者廢興有命動靜有理去就有義至於婦人女子其情有節其言有序不失禮義之所在詩人稱之何其盛也豈非學校之遺教猶有存者澶淵衛地也今之說者多言北方之俗鄙野不文無足觀者澶淵之士三歲一舉於禮部輙見罷歸不及論而官之且三十年矣是何此時王教之盛而士之可稱道者未能若衛之世乎非其才性之罪也嘗謂朴野之質尤近於道更易引而進之是故北方之士有出爲公卿大夫者渾厚中正建功立行往往天下豪傑不敢先焉但

意其不及耳當衛之亂政散民流不可及止楚丘之文公一起而化之淫奔之俗遂不見齒於國人以公之達適丁于斯時樂為文公之道化豈難為乳將賀長材秀民出為天子器使後世不稱長材秀民之可愛而稱公

悟靜軒記

天之君子其靜也致道人之君子其靜也循理與居以時出處以義循理而靜者也甘以中士自處悟靜之說無所與焉衆凡之流於天之君子不修於人之君子不學已放其心惟知有動寢則役於夢覺則役

於想精魂情識聞見好惡晝夜相尋以逐乎妄雖然
動靜天地之常理不可廢者猶且不得而拘之況其
設為者乎是故是非得喪紛擾乎其前死生禍福驚懼
乎其後彼既自棄吾復何難忘於道者慕天之至人
而遺世之君子以謂道與物相為得喪徇物則喪道
徇道則喪物蓋夫不知生之累為吾有心不知心之
累為吾有形耳目者心之窻牖也鼻口者心之庭戶
也其心有感則先為之報有行則前為之導且夫心
者天之君也當為五官之唱約束以遂禮統御以歸
道固其任也今反與彼五官更相為用惟物之遂烏

能墮乎物是故慨然以興翻然而改馳者靜譁者嘿兼忘以還無又損而致虛猶秋之時萬物歸根復命宇宙清明物像隱顯眞氣上升甘露下降吾方坐進此道與天爲徒不知其爲樂之自也將且藏用于冥罔復出而爲神化嗚呼悟靜而立道至於斯極也不悟而覓乎物可不慮邪張子聞善而作者也求予文故書以遺之

青州學記

惟宋有天下天以子愛之而所以愛視民人以父懷之而所以懷視士祖宗之世士皆好古尚志喜名節

慕忠厚有三代風趣考其所自蓋出於教學其説有
二有示而教之者則以學校考察行藝發明其才德
學校之士義理已育於胷中故其避行遂能顧瞻朝
廷之向背恬淡者進則為之戒奔馳信實者進則為
之戒偽妄蹇諤者進則為之戒諂諛廉勤者進則為
之戒貪惰仁孝者進則為之戒悖逆觀化之速有如
置郵之傳命其類不可勝道也得此術者已自有學
養才之妙雖賴乎此然而學校之教未能發明才其
德雖有外入之者在中不止彼又烏能受哉是故祖
宗養才二説並行而交作之嗣至　神考則以學校

人才之所成始前未之詳嘉與儒宗講明道德之藴
發散微妙推於六經著為新說以浚淺智使人不溺
於博會歸于性分設三試以陟多士譬之由門而升
堂由堂而入室勤莫知勞積善尤長行之上庠矣未
及推行於天下崇寧改元　皇帝慨然有感將欲盡
述　神考興學之遺意乃詔有司講議以聞凡自郡
縣皆浔以為學有學者使修無學者使置乃用三舍
稍復鄉舉里選之法青在東夏實總八郡士以千數
額當養士三百昔雖有學制度殊陋不足以副朝廷
崇向學校樂育人才之意逮丁斯時而弗之為是卒

乎不可為也故其以秦繼而得旨舊學在郡之東北
隅郡人素欲移置文明之方恨未之逮固慰其欲營
于城南得地百畝而治之固已有書其兆於壁間者
豈特乎人之欲哉雖拂之移不可得也堂貴宏延多
士也殿貴麗奉先聖也翼堂有閣以藏六經環殿有
齋以備三舍饌有廚浴有室客至有館物入有庫求
我之蒙自訟之士役於人之胥徒皆有以處之嘗謂
王道盛時四方諸侯承流宣化不敢私出道德以善
風俗故命之教然後為學教法皆資于天子周襄先
王之澤既不下流諸侯之賢者無命可待故魯欽明

其德而有泮宮之頌諸侯之不賢者無德可明故鄭學不修而有子衿之變風性命之理類為異端所蔽流入偏見不得古人之大體分裂而為八九以從事則害政以長民則壞俗漢唐之世未有能攻之者其學失真故耳道益不明歷千餘歲朝廷法度士人名節四方風俗由是不足以望三代雖有孟子出周之之季欲救其弊環轍而攻之境以無位與時遂老以死可勝惜哉令之學士乃自　神考發明六經之要妙感悟其固有者尤之醉夢中俄聞帝所九奏自犬虛而下洒然以興方若沉痾弥年偶獲真人金砂露

散五內釋然而去體類能解蔽脫去淺陋直行而前
誰輙汝畫有妙道之行者足以為老莊有明道之德
者足以為楊雄然則　神考之相乎道眞為萬世之
澤也若夫才性之下者與聞性理之高明意未克會
猖狂而趍尤新生之犢耳提而正之則教官之任也
嗚呼人君所以為天下者其道有五其權有三何則
一曰祖宗德澤二曰朝廷法度三曰士人名節四曰
四方風俗五曰天下公論所謂五道也一曰兵二曰
刑三曰財用所謂三權也先王以是八者相須而行
維持天下之形勢牢不可破唯其上下有學能造義

理故其愛足以積德澤明足以給法度清足以植名節厚足以移風俗正足以立公論由是弼教而後有刑輔德而後有兵行禮立義而有後財用夫曾一俟國耳欽明其德且能淂才有勇如虎臣有淑問如臯陶而況天子之教乎當見成德之士如先王時竟立名節能為朝廷修法度移風俗立公論顯相天子之德澤上下一心本末相貫不容邪說異端存乎其間此其所以維持天下至於牢不可破者邪然則學校之効豈特要於文辭誦數之間哉宜書其說以示多士使知朝廷崇尚學校樂育人才之所歸而志于學

重修興國軍學記

昔有學在城之西北隅跨危巔俯重湖環之以衆峯流行者趍峙立者顧是時乃有學士大夫能以才德鳴於江表熙寧中或者以爲居險之制爲量甚微不足以容來學之士始遷于東南捨高明就下濕山馳而水注春之漲暴集遽至遂有墊溺之患士在城闕行二十年不登仕籍元祐七年之仲冬吏仲朝散湑麾出守以謂學者爲已以致道必志於仕則非教者爲君而育才期於有用則是仕不仕有義用不用有數然則學之所寓前瞻後據五行休王之説教者實

任其責豈可廢邪而況太守承流宣化必能使民知禮義成孝欽然後其功可稱知禮義成孝欽必出於隆學校延儒生講明先王之道敎發揚天子之德澤然後其俗可变教育之地苟非學之所安地里之所宜何以稱太守之任我遂出養士之餘財推我圭田數十項還學于故山以爲昔日之所病在山之絶項令寘其腹焉流行者趍峙立者顧其利過之於是太守時與諸生爲賓主禮講釋有師博約有朋檢束之有規勸沮之有試各就其才以待一日詔下獻書王庭上備天子之器使如是而爲太守不亦賢乎古之

循吏為事業雖不同及其建立學校率其縣邑子弟
而教之不可多得文翁之化遂冠羣吏前比齊魯後
及武帝之世天下郡國乃立學官茂異輩出興造功
業制度後世莫及文翁實啓之然則循吏之名能盡
文翁之德乎盖未之盡也夷仲之為興國其務及此
雖不求予文尤書之況其求之乎元祐甲戌之孟春
記

太平州蕪湖學記

崇寧元年仲秋天子思欲推廣　神宗皇帝三舍造
士之法詔講議司條具以聞本司奏言先王之時比

閭黨族之閒莫不有學所以明人倫厚風俗及其成
也無思犯禮莫不好德伏請縣邑皆得以置學越十
月承議郎知蕪湖縣林修奉詔從事前此所建適如
詔旨第率閭里子弟來就教肖椎布教條考察如法
將升于郡學而使郡太守有以貢焉乃其職也鄉教
之設黨有庠庠者養也以主乎造士遂有序序者射
也以主乎選士兼斯二者而有之學也此學之名所
以施於國與黨領五族之衆先王之政已能使有相
保之智相受之信相葬之禮相救之義教而化之猶
以為未也中有庠焉則養其德而成就之也遂領五

縣之衆有州民之仁足以相賙有鄉民之恩又足以
相往來五常之善於是乎備矣中有序焉則觀其德
而選取之也自黨遂之教廢庠序不設約束之規既
以踈漏修學之士多在城闕不及前古遠甚矣而今
之州古之國也縣邑皆得以置學其在黨遂之有庠
序歟昔時大夫富其民有術屬其民有政養育有道
考察有法升移有序故其遠士道德同宗本末相應
未始有戾焉方今朝廷稚行三舍考察之制凡目甚
悉必得為宰者運量乎其中在士有累於貧者有所
資有累於事者有所代積漸涵養視成論升出於優

游而不迫庶幾成人有德小子有造其源存乎鄉里而已此正天子有望於郡邑者也

演山先生文集卷第十八

演山先生文集卷第十九

序

卧雲先生西遊序

昔聞江東之士有得方外趣者棄絶其妻子遊荆湖間寓居武陵溪上為卧雲庵吟詩以自適讀莊老釋氏之遺書意解而象忘步趍絶塵若將不可以幾及者後求其人則曰先生姓某名某予聞其風想見其為人十年於此矣今予為太學官先生由桃源得道友適然而西將為嵩華之遊予謂有無能為而逃於隱者有不可為而權于隱者有翫山水之勝而溺于隱者有以高尚邀世而僞于隱者先生之遊皆非是

也無能爲非其才不可以爲非其時邀世翫物非其志以謂智効一官特爲聲色勢利所役爲物者細不能爲我者大先生下視此屬以爲不足爲而不爲者也以爲道與物相爲消長惟道之從則喪物惟物之從則喪道方其致道不能以吾嗜欲情愛窴之義刃之上割絶而棄之是人望道而愈遠者也孔子佛老之聖豈一世之積哉蓋嘗無自而可矣今而後乃能無入而不自適焉及其成德不爲緣累所制則市廛鄉閭之隱與桃源嵩華無以異也然則先生之行非浩歌遠引窮日之力而去者異時江湖之上當復避

追解顔一笑不然期於無何有之鄉同歸而盡焉

諸公紀贈子鎮詩序

范氏之孤不遠數千里扶衰而来見予于京師泣數行下繼而言曰先君之事其要見於銘詩其詳著于獄辭閩中官府之吏道塗小民皆能論説其故不必道也然而知己相與作詩紀德近百餘篇自惟不肖且恐身名不足以顯親尚欲盡得當世達官要人歌詠盈集傳信于後世惟執事最知先君之詳者願賜之序使得以贄見于諸公此孤所以来之意也予愴然應之曰人孰不感義此固其所欲賦者嘗謂過情

之譽勝事之辭出交遊間溺于流俗之私好勢利肩笑更相傾動無以示其好遂至屬文華飾僞妄借事以著其實誇誕于世歌頌以悅其生誌銘以諛其死天下皆是也故世之文人其言往往有愧于心不足以考信令使諸公相與作詩以遺子鎮之生死非出於勢利也非得于肩笑也感義而後作也元豐元年春予自京師還閩閭里間長老道摩因之得子鎮謫零而言曰吾屬墮陷穽中安所告語今幸而佛出我得見天日無報德之地嗚呼子鎮會載者不學道柔一路之權為顯要計猶慮煑海無窮之利雖空八州

有限之資不足以邀其欲也輙用屬爲貸胥徒臧獲
聽得以詐其主少不如意東局爲人謗書夾道發緘
下吏便以爲據邏者虎伺捕者鷹攫獲其屬十有三
千逮者以千數乃有劍獄環碩有才之士赴我頓指
刺骨刻意弗集則必羅事而織之有辯必溺誤用子
鎮然而是時威罰並行廢奪立至栗者惴惴智者悄
悄恐不足以自全子鎮用才見知毅然彼已不顧引
因覽椄論情之過故觀事之要緩紛紛釋去留者三
四十人耳彼知其才可任而不知非義不可以撓正
子鎮知其違忤風旨必至于廢奪而亦知人情不可

枉以就法志節辭氣戹窮以死不少為暴吏屈是可賦也嘗聞無愧之辭自天理之所感必有瑰奇險絶之語出易直俄忽間以為子鎮光焉雖欲自禁其情不可得也寧復恪孔子鎮富聰明強記識篤風義善文辭覽庶獄案一過能道其節目見孤遺女輙取而嫁之此予之所親見也世之人有是矣或為名而作觀延平之事下臨萬仞不輙為非義動其心信乎其中有主者由是而推之何為而弗正朝廷方去浮薄小人思得君子矯俗以歸厚然而子鎮往矣可謂真不幸也

東林集序

律教之設潔人之污束人之肆使人承戒自省常若神明陰在其旁檢察其不如法者人非世習不能攻其環衛輙蹈其舍故人之於道也自其静一而悟入未能劾于瞬息一言頃而得之或為嗜慾中敗而或老死于勤苦無所見者蓋其進之也久則乘之者得間焉佛以是未之至也復為禪教引物而感悟之間堂升坐隨問而應迅機激電妙談驚鏃而或寓之形容之間聲意之表示人莫窮壁立萬仞而學人者豈易得哉當如飢鷹伺肉游魚見餌俄而取之已吞而

潛已拏而舉或者尤求餌肉之所在禪之為教不亦
至乎自非人我兩喪而會于道形骨俱融纖毫不染
不能隨感而應隨應而悟焉徃空之中少焉形物蝕
其明而玷其瑩則遂留滯落着其机不足以發其樞
不足以運其鋒不足以斷則闇者烏能取應者烏能
用哉蓋世人之于道有見而知之者有聞而知之者
未必盡有受道之質行道之志是知而已此尤不可
以多得或者非實有所見聞竊佛之言而駕之以敏
速欺罔後學此又其末流也然而學者果欲知之乎
以其利害探其所養以其死生觀其所操則其情僞

見矣照堯禪師予同郡人從黃龍遊嗣第十四代升
堂演法有臨濟慈明之遺風門人錄其語以序屬予
予與師未及相見得其語錄而讀之所謂迅机激電
妙談鑿鏃人我兩喪而會于道者也不知學者有如
飢鷹伺肉游魚見餌俄頃而取之者乎觀文王公以
為東南道法之冠豈虛言哉始遊寶峯起應東林之
命惠遠法師常言七百年後當有肉身大士吏吾道
場東林始以律居蓋自遠公而後其教廢矣會今天
子詔改禪寺而師適來為第一代演法以遠之所望
而考其人以遠之所期而推其數皆無戾者然則師

之作其天人之會歟始者諸公迎師于沕潭避命而逃之走五百餘里而後得師於清江山谷是豈得已而求爲之者邪其言蓋爲應物而設推吾爲佛之餘以遺其類者也嗚呼世之觀是録者能以耳視而目聽之庶幾有逮焉

送黄教授序

閩中山水之聚水甘而山秀居民之域旗劍排空人天在鑑能使過者皆欲寓焉氣象之中含蓄奇秀堙鬱而未發者不知其幾千歲蓋自唐德宗以前未常舉進士其後雖有歐陽詹徐寅輩相次而出特以文

辭稍聞于天下未有華顯者又二百餘歲矣雖然豈人力所能為哉盛衰之數然也自有宗閩中之士始大振發温陵建安先有將相出佐眞主方惟莆田有山圓銳而中峙居民四望而向之號稱壺公昔有異人之識以為水環其山當有通顯之儒下副人望今未之見何也未幾果聞應識者盖雖温陵建安莫之比也莆田之俊實吾宗人適丁斯時例當隨數出而有為于世然則有為亦有道乎其究吾與萬物同出於一宗惟物各執其末吾知萬物之理皆其一宗之所固有者分定久矣惟反一者出用成理為之長而

已附之則憂騈劉之則怨戲失惟中德之士無意于功名然後能爲之長萬物有不得已而赴者吾以不得已而應之然則應數而仕應理而有爲天之君子也太平之佐也予其誌之

答大覺道果詩序

道家所謂還丹釋氏所謂道果皆明大道之所寓道且强名而丹與果亦假以明道大覺見示道果長韻因以和之予自辛丑之季冬由杭而之廣陵偶于天寧寺得御筆手詔以爲冲虚無爲眞空不二本自不殊隆此而廢彼豈朕之志哉天下始知三教皆本于

一道冲虛眞空丹果之全體豈有異邪蒙因言生忘
之中和合有無以爲神丹之嬰兒微如一黍以遊諸
天坐禪之中收攝色空以爲聖胎之法身細如一芥
以藏須弥同謂之珠其大包含乎二儀其妙貫通乎
三界故曰大道一而已矣無爲之修不知之證出于
自然吾無與焉見而體之也非談道之也蒙謂太上
之後其傳丹說著矣不必論也適以詔旨緣佛之徒
而言之因繼大覺所賦爲之開發其心要世之釋以
子以齋戒持律以宗旨說教以日用談禪以性見演
法執是四事欲進而爲佛善士則務爲福不過勞苦

以持行智士則務爲道不過安靜以守性然而此特
教中之事向上一路千聖不傳自在教外別有秘密
之旨必得可以出世之士而後傳焉達磨之得二祖
是也其傳已竟遂行而或隱前此四事乃推其緒餘
且以行教正如古今之隱者避迹方外得道之士大
者出入三界其次飛舉蜕解然而三教所以立道其
本則一學者莫之知焉惟其談禪一教本末相貫談
禪者其末也見乎外者也作佛者其本也存乎内者
也先聖之於學者姑以說佛接引之入僕知其詳足
以出世乃使收攝八用有所付焉奈何後世之士類

蔽於性見自以為如此足矣更復何學大覺與之語
稍契獨知其妙有本及其至也非内非外故荅大覺
長韻以示其徒使見其本無以異乎道焉觀予序語
則思過半矣

言意文集序

道本於心以性為體以情為用志者存於心而行者
也意者思於心而作者也言者發於心而應者也著
述之士雖累千百萬言反本而求之則貫乎一而已
言意之為書識性為之根蔕才性為之文飾記性為
之證據合是三性而本乎心稟其可否著為羣言允

之讀書萬卷歷歷可引其文義罔間洞然曾無一點
實乎其中善觀夫言意亦如是而已彼我之心一也
有道則通乎一愚不肖不敢以為有道觀者考焉

順興講莊子序

楊墨之於道其迹近其心遠老莊之于道其體同其
用異聖人為我之心有仁以充其類則異乎楊兼愛
之心有義以制節則異乎墨君子之應物可遠者迹
不可遠者心楊墨以心遠於聖人此孟子所以得訟
其非而禽獸之嘗怪荀卿之罪諸子輒引老莊與彼
墨翟愼宋之徒同為無見者老莊所以致用之異不

及知焉予甚惜之豈有老莊之高明不及時変必立
區區之説掇為一曲之士矯仁義之失至周而極焉
周之所以救其失者主于禮耳一興一居莫不有法
一動一植莫不有政其儀三千其職三百六十形色
名聲與事変爭無窮其行出于元德其藝出于妙道
隨人材分而應之尤水之應物也方圓之形小大之
器如法而歸焉及其獘也王者之澤竭學士大夫不
淂其傳或為形數所因世習所遷偏見小聞有如沖
子之介楊朱之鄙墨翟之泛子莫之執中告子之外
義者天下皆是也士之學去本逾遠尤木之升煞華

小草齋鈔本

盛于末烏有不及其根者邪然則莊子之高其言與時盈虛與數損益以矯一時之不及耳豈私意哉嘗謂孟子之約言者荀子詳之孔子之罕言者莊子詳之荀子之於聖人其尤贊歟莊子之詳則異于是雖然老莊之矯絶仁棄義為太甚者豈以矯其天下者必以過高之言而後可救歟孔子以質之過者救文之極弊固其意也然而老莊之言不可非也亦不可以為典要孟子所以無一言以及之漢唐之學溺于傳注之說形數之中不自奮發流為汙下盖已久矣適丁斯時有能談其書者因見聖人之妙道其言新

美散在傳注之間學者得之醉者以醒寐者以覺如
在飢渴之時偶得醇酒異饌而嗜之久而不能厭也
然而老莊之書復顯于今日其亦其時與數之所感
歟學道之士嘗患不知其本果知其本發為文章立
為行實皆餘事耳有問者曰聖人罕言者得其一言
而悟何俟老莊之書而後致哉予應之曰六經之書
主明禮法而應萬世者也非救一時而已立禮也詳
論道也略得其一言而悟焉豈非豪傑之士哉嘗淡
今之士大夫置己而求佛置聖人之書而誦其教夫
由佛而知孔子者且不可以多得況能自悟于一言

之間敜方此之時老莊之不可廢也明矣然而學老莊者切究其流而為申韓之慘毒嵇阮之放逸淂其高明而求六經焉斯善學者也

余青字長生序

一氣之為五色惟青去本未遠四時之初也為物之少也柰何相推之理不淂以常存當與四色相為盛衰代謝期於老死而後還予見夫人乎其顏色華而悴之者潛改其髮方翠而班之者俄至造化密移浸以黃落草木之四時與人一生無以異而予乃欲以長生不亦妄乎然而知道之異乎物而從之故不妄

知真之異乎幻而守之故不死今子知夫順五行而出則生人逆五行而入則生身者乎試用是説以究余子而子能悉具以告蓋嘗聞之矣然則子以用名以體字學爲化化者也果可以長生惟其長生不死故至于不生不死嗚呼其妙至于斯極也子其自信自將以副之

演山先生文集卷第十九

演山先生文集卷第二十

序

送劉至甫序

劉君聞善而趍者也一日相滑于逆旅以其所以從學之道下問于不肖不肖方其從事于問者烏能語君哉然而問之勤不可以虛辱試為之語曰萬物之理不同也其本同出于道聖賢愚衆之情不同也其本同出于性聖人以天下後世未能復性而冥于道則以其同然之情而應物以其同然之理而制事以其意不可親授于天下後世則有言以道其意有書

以寫其言謂之六經非聖人作為是言也言其理之
不得已焉後世傳注累數十百家未見其說當于理
合于情何也六經之意非聖人不可以說歟夫人皆
有是性性皆有是道聖賢愚衆當其未之習也未始
有異焉聖人則率是性而有是道修是道而有是教
夫誰不可說弘不能說者其學未至于有德耳是以
易之失賊春秋之失亂樂之失奢禮之失煩書之失
誣其說愈煩其失愈多是故牽就而後以為通攻排
而後以為長其辭繁多屬偶而後以為才美且夫聖
人無意乎為是書也學者亦必無意乎為是說則書

之意可以會而得之矣其會而得之也安在遠求哉
情與理寓之於法言天下之人蓋反于德性而思之
人之同然者蓋見于性根其所以不同者于性之枝
幹處有物蔽之耳夫六經之為迹也方為意也圓意
虛而迹實後世學者為智未至乎心徹為德未至乎
智徹思慮之來不出于虛一而實其意所至不過名
數閒故其所言皆私智也理不與焉其所得臆度也
情不與焉難疑荅問不能解其紛猶之病者塊氣于
胷中無藥破散之至老且死亢不快也故思之于心
而言則失之迂行之于身而為行則失之固特其智

未徹耳深于詩者不愚深于易者不賊夫聖人之意
虛吾之思至于無形之中則會之矣與其意會則未
常見其度數之多也與其理契則未嘗見其論說之
多也欲其如坐虛室之中默然而忘其聲兀然而忘
其形內為天遊寄于言意之表不知其有物也及其
意與道相會道與意相失于是而下焉此可以言易
矣欲其如在閨門之內房闥之中父母妻子相撫以
恩相示以情悲恤歡笑天人之際渾然而無間欲其
如在朝廷之上鄉黨之中君臣之相遇朋友之相得
賡歌都俞切嗟誥戒嚴而通莊而和未嘗有貳焉此

可以言詩矣欲其論世之事變而言書欲其論人之
情変而言禮其說沛然如長江大河或入于氾或岐
爲渚或別爲沱而卒乎滔滔而東下無有礙之者然
後爲得耳劉君試思之人之心其圓者神其方者志
其虛者道其滿者理學者之心爲物奪去然後不能
殊理入大道與神遇焉聖人之書迹實而意虛迹方
而意圓不能與神遇則彼安能以方實之迹而及其
意哉思則得之思之于心也去實則虛及精則明靈
明之中廓然無物望見天則聖人之道知之如視矣
裒遂事于此久矣有樂善而好學者則序其說與之

共焉君之行于是乎書後此三年充賦于京師則當具其所自淂者與予道焉不可隱也

師德字序

李生之行南學于温陵以其名字乞言生以襍制名予患其為蚓而後充者以師德制其字焉學者之心淂性之體故能定淂性之理故能應能定則權利不能傾羣衆不能移天下不能蕩能應則動而世為天下道言而世為天下法行而世為天下則德則淂此者也操則執此者也淂其正性而執之其定也天光其應也天行莫能窮之夫誰無是性哉不能貫之以

誦數通之以思索有能蔽之者是故所見者一曲所執者一介始有仲子者仁義之實即于毋兄之間而熄焉彼尚爲能充其類者邪然而得其正性而執之與夫天見其明地見其光無以異也及執其偽則一蚓耳其間得失相去不能以寸生知之乎荀子所謂誦數以貫之思索以通之爲其人以處之者是致德性之道也可不慎哉可不勉哉

長樂詩集序

予自武林拜符往守長樂踰閩嶺道延平度龍津肩輿而南走兩山中與長江更無案據回抱相逐而下

如游諸洞未造乎中虛也徒馭之勞或俯而降或仰
而登或直而往或旁而入凡三日然後次于水口乃
浮南溟之信泝流而上盈科而後進渺瀰瀲灧遥望
不斷鮮維揚檕平入天際南溟之信意其來迸周侯
以樓越山坐視閩俗以頒漢治而然乎何其來信之
異乎常邪兩山之間方且盤旋未知其所止果何若
也又兩日次于釣龍臺下始見平野萬頃飛鳥屢墮
山轉一環天垂六幕煙樓雲連混成虛室千里外衛
三山中鎮鐘醫林巒絃歌井邑福起州名樂土郡號
王任二君飛升蜕解之所秦人隱居榴花鹿徑皆在

其左右支提雪峯霍童高蓋之類自古名存出于支
邑由府而往次第可見予謂四方州郡類據山水之
聚處自其四方而趍焉與夫劍溪之抵越山無以異
也因言天地兩界皆有洞府人莫能游州郡人間之
洞府也惟神為仙能隱顯乎其中長樂山水其體方
正其勢環合又其秀者其為人間洞府之嘉者乎故
其所鍾多為賢貴出真華顯相次登用四真九仙往
往與人為徒莫有知者蓋夫五行之在地理運至于
今方大振發龜歸而有真仙沙合而有真相豈偶然
哉予嘗公外登覽山川氣象風物意態與吾才思邂

追相得發于歌詩日且盈軸故叙其經從游覽所以動予情者為詩之序云裳之性喜自在不能朋膺于書伸紙揮毫形見意間所欲運耳然而自許其不俗故以長樂所為詞章書刻于石政和乙未上元書于府中之清和堂

劉應伯字序

予得簡言始于京師之逆旅齒方及冠有成德之風樂與之遊未幾散去後兩年復合于延平其體益畢其志益高吾見其進而已一日簡言以予易其字而予詰其所以為名之意乃日有浮屠氏出于祖父之門

中者授予之生隨告其名而後去予感而為之說曰善人君子王公大人之出生也蓋非愚下之流肯翹之類一氣而萬形輪于區區之生死者是必有物寓焉而已予嘗觀人形皃之所受意思之所向竊知其所自來者道降于域中則為聖人或千一或五百歲或為堯舜禹之君臣或為文武周公之父子五行數氣無足以言者其他或地降靈或物降精或天降象而或浮屠老子其徒之有天德者遇緣而應物不可知耳故元烏之為商巨人之為稷嶽神之為申甫昴之為蕭何而長庚之為李白其類不可勝言常謂形

與皃所在真與神所寄其来有所自者見其狀皃類多清奇古怪正色如秋和氣如春和之也谷應觸之也山峙更無俗態鄙懷厭人之視聽然而天之大象地之大靈浮屠老子其徒之有天德者遇緣而至化于形數之中其中足以興庶民其和足以養萬物則為名世之豪傑而聖人者賴之以輔相者也或非人道之所為苟得權勢以宅民上孟子所謂不仁而在高位是播其惡于衆者此必蛇虺之靈鬼怪之物出為人妖以厲萬物乃其時數之否歟閩之山水大抵氣清而神邃浮屠老子之有天德者嘗遊乎其間靈一

蹤奇跡至今尚在神氣之至或散爲奇物或萃爲異
人奇物之出歲爲天子庭實異人不可埋沒也自唐
德之後文學之士類能以事業見于天下所謂民與
物所不能得者而得之者爲之邪簡言南方之佳士
無諸之國最多名山古來浮屠氏之爲天遊者常在
其上然而簡言之生得名于祖父之夢中者豈非爲
天遊者遇緣而至歟欲其致言以供萬物之求歟不
然形容聲色之間何其仁數之多也嘗謂有自來者
皆有所應若夫天之大象地之大靈浮屠老子之有
天德者緣遇而化則其應世之伯者邪予故以應伯

易其字焉應伯後日得志當行其言以興庶民以養萬物酬酢無窮之變則天之任也君豈能不爲耶

黄帝秘文序

予喜方外幽經秘錄虎丘子一日自袖黄帝碑文見訪予詢其所自乃云客游南安次懷化驛或者指謂此地古有神仙所瘞及夜陰發其地數尺得所瘞函開而示之乃黄帝皇人書莫知其歲月然而磨滅者多矣詳而集之始得其全文昔者峨嵋之南黄帝受道于皇人乃刻其文于石秦皇得其文慮復有得之者遂至焚書以愚其俗漢武帝時樵人滕超于山之

南邂逅皇人謂超汝應爲仙見碑文否因言黄帝之
所受會秦除書此以深遠其文猶在今當付汝超乃
拜賜而躬行之三年還嬰髩髮变緑縣具以聞武帝
詔見超進其文帝不問超不語下其文與劉安及東
方朔詳定其虛實超以神儀獻安安不上然而斯文
勝超得之以還嬰劉安得之以成道或者以謂始皇
驅山塞海鞭石成橋緣得此法若夫安超之効則予
信之矣始皇妙用其神而然乎觀秦之所爲未離乎
衆凡非予之所知也宣和庚子孟秋序

演山居士新詞序

演山居士閒居無事多逸思自適于詩酒閒或為長短篇及五七言或協以聲而歌之吟詠以舒其情舞蹈以致其樂因言風雅頌詩之體賦比興詩之用古之詩人志趣之所向情理之所感含思則有賦觸類則有比對景則有興以言乎德則有風以言乎政則有雅以言乎功則有頌採詩之官收之乎樂府薦之于郊廟其誠可以動天地感鬼神其理可以經夫婦移風俗有天下者得之以正乎下而下或以為嘉有一國者得之以化乎下而下或以為義以其主文而譎諫設言之者無罪聞之者足以誡然則古之歌詞

固有本歟六序以風爲首終于雅頌而賦比興存乎其中亦有義乎以其志趣之所向情理之所感有諸中以爲德見于外以爲風然後賦比興本乎此以成其體以給其用六者聖人特統以義而爲之名茍非義之所在聖人之所刪焉故予之詞淡清而正悅人之聽者鮮乃叙以爲説

講齊物論序

爾汝之異是非之辨好惡之情親疎内外之分五者之類有我而立者也老少之異美惡之辨哀樂之情長短高下之勢五者之類有形而立者也有我而有

物有形而有我不能離形喪我之天而一于道及其道散而為陰陽陰陽散而為五行五行散而為萬物陰陽之氣一清一濁一盛一衰五行之數一寡一多一逆一順而後萬物之形或美或惡其質或厚或薄形質之中參差不齊不可以勝言也不能離形喪我者于是輪于數囿于物盈虛新故則其理役之是非好惡則其情役之蔽于有則無為之對蔽于無則有為之對所是或能非之所惡或能好之情理之中參差不齊不可以勝言也有萬不一而愚不肖者莫能反其本而觀之心火炎其中氣馬蹶于外智者相辯

以言勇者相奪以力以至老且死而莫之悟焉且夫
物之不齊天也而彼將與天勝乎何其不知量也天
下之人均有一性其性均有一道聽之不聞未始有
聲視之不見未始有形無多無寡未始有數無元無
黄未始有色而形名聲色有時而見于物者常無之
中至理之去來耳是以萬物為道一偏則彼烏能為
之對哉惜夫世之人有物蝕道終身而莫之見是則
弗思也草木有生而無情禽獸有情而無知衆庶有
知而無義其出也同乎一道其生也同乎一氣一道
無所不在一氣無所不通是故無情者或使之飛有

情者或使之植一氣之化也蓋夫有生斯有性草木無情者也而有性焉則無不至矣况若有知者乎且彼異類可以引而齊之凡物有對者又烏乎辯哉晝夜異時賢愚異德死生異途古今異世且可以引而齊之則凡有對之小者又烏乎辯哉有知乎此則逍遥遊在道養生主在理矣及其冥之也是爲道歟是爲物歟是爲神歟是爲我歟吾不得而知之則齊物論爲不能齊物者而作耳

演山先生文集卷第二十

演山先生文集卷第二十一

序

資深字序

天下之人不能宏者有物窘之不能深者有物窒之故其識非造理而得氣非資性而動識特見于目前氣特發于胷中故其才用徇物以爲僞以物之幻化遇爾之繆妄言則數窮動則屢趣塵勞擾擾孰爲是者嗚呼役有涯之生騁無窮之智紛莫能解可勝悼哉予欲學者以義刃去所累以仁器受所感宏者無邊深者無裏宏深之中大氣生于仁剛氣生于義氣

非仁義不生烏有能亂其識者邪是故物至而應事起而辯感觸其虚一者不能率爾使動于辭氣常謂君子之酬酢凄然似秋長者斯成散者斯斂寘皷有含而已吾見君子之容體如見秋色清明而簡靜無可橈者楊子曰其爲中也宏深其爲外也肅括此之謂歟故人仲通以括命名予以資深命字孔子曰居則曰不吾知也如或知爾則何以哉仲通仕矣知于人矣將有無窮之变即君而治期君而復則君所以應之非俟予說而後諭者也然而仲通致予之文故書以告焉

書意集序

一日棲予殘藁得元豐已未所為序記啓古律詩若干篇敘而集之號曰書意常回顧性分中求其所謂養心治氣之道立之以志作之以情有感而後動含養而為意思一寓之翰墨則其所書者意耳不主乎言孟子曰不得于心勿求其氣之無趨勿求其言之無害故其七篇之書發于心氣之所養雖其立言亦如與人荅問之時近而遠約而詳不為艱苦輕據之辭僕雖不敏輒慕其為言未之至也若夫採摭歷代之史百家之集巧語奇字隱奧難見之事迹聯綴為

文出入不意然後以為工豈其志哉雖然僕之意豈敢使以為不可易者尤有修焉故其言之是非工拙醇疵詳約期于絕筆而後定然僕之集雖累百帙謂之書意不可易也第以年號甲子辨集之先後云

樂府詩集序

後人多嗜為詩觀其感寓無復古人之風趣雖使大師拾其遺者播之金石被之絲竹薦于宗廟奏于閨門族黨其能使聽之者或和而恭或和而順或和而親尤古之樂乎吾不知也詩之所自根于心本于情性有所感志有所遣然後著于色形于聲乃至舞蹈

而後已烏有人僞與其間哉聖人以思無邪斷詩三百篇所謂無邪者謂其思誠耳詩由思誠而作則聲音舞蹈之間特誠之所寓焉故其用大足以動天地幽足以感鬼神上足以事君内足以事父雖至衰世其澤尤在野毗閭婦爵臣賤妾類能道其志其情有節其言有序豈苟以爲文哉今世之人天倫風度與古人所受同然内蔽于徇己而失詩之理外蔽于翫物而要詩之志嘉美憂怨規刺傷閔適一時之私意光物而遷就之此徇己者也風雲泉石春花秋月與其情相適則醉酣歌舞揮毫而逐其後以寫一時之

逸興此觀物者也二人之詩出于偽非天理之自然雖清辭麗句有足愛者而實不及鄉唱之所感故後世採詩之官廢亦不足為恨也予方惜古之詩不復作及讀君所為樂府詩窮其詩之來當在虛靜中有物採之然後發也故其言有感物而興者有託物而興者其嘉美憂傷喜樂哀怨能道人情物態之難言者然君無意乎為詩也寓其誠而已故雖難言之物君亦以無意而得之意其言優游而有斷放肆而有節不可為畔岸也使播之金石被之絲竹薦于宗廟奏于閨門族黨必有應之者若夫內蔽于徇己而失

詩之理外蔽于覩物而袁詩之志益實辭人之詩豈予所以待君哉

選佛圖序

以定發慧以靜生覺以虛致明天下之成心也成心之中有佛存焉圓覺妙明應化而化物其尤鑑之有明歟其明不隨像生亦不隨像滅無窮而鑑之明寂然不動也然則為佛者豈求諸遠哉天下之人皆有是心心皆有是性衆凡之流為物甚靈鑑其靜擴其一然後落着相益諸行邪道以聲色香味而有貪淫嗔癡而有生老病死其生也昏迷于妄想其死也陷

溺于惡趣腐敗死滅尤或鳥獸草木之不若甚可悲也人之心成之則爲佛失之則至于鳥獸草木之不若得失之相去其間不能以寸而衆凡者不知雖心所致而求之他焉彼既自棄而無憾又懼三塗之報其惡也貪嗔之中更漁厚利與佛之徒華其居厚其養徼幸人天之報且夫貪嗔既誤矣又肆其貪嗔誅利而邀福此與喪心而求佛者何以異哉其去人天愈遠其入三塗愈深至于兩失而莫之悟可不謂大哀乎且夫作福之善者福之力罄而墮焉又況貪嗔而邀福者邪常謂聖人欲繩天下之惡也爲之五刑

以懲之于顯明而佛爲之言三塗以懲之于幽閒爲
惡者無惧于生則尤有幽閒之慮焉佛之有補于教
斯亦至矣然而衆凡者知三塗之可畏而不知心實
爲之心之本未始有物也亦烏有三塗之累哉爲佛
之徒者不以此喻衆茍以禍福而攝其利其利足以
華其居厚其養矣而彼之心愈喪焉嗚呼佛之所懲
爲夫貪嗔而言之也其徒又致其貪嗔而益墮之豈
佛之意哉方悲天下之愚衆迷誤而不見性其條不
足以發悟之又從其墮之者久矣一日德之自東南
來及其所爲選佛圖上至于圓覺下及于三塗之無

間在一念之正邪流轉之顛夢想意識不可勝道也
予謂觀君之圖者蓋雖愚衆之列可視而知矣世之
爲選官圖者使人有名利之意爲選仙圖者使必有
生生之意若夫窒人性之欲而格正其邪見則此圖
盡之矣燕閒之中資以爲樂豈特賢于己者邪德之
請予序其說予釋然慰其悲是故樂爲之道焉

諸家詩集序

季文集諸家詩摘其佳什可以留人齒牙間者合爲
一集累二十卷焉予喜季文之所好又喜諸家詩格
不同其要皆能造理而後發使各離爲一家無所摘

去未必能爲全詩蓋雖國史所作亦經聖人删削始
無害禮義者然則予何惜一序爲季文道乱造理之
辭有感而後作其尤萬竅之鳴風百虫之鳴時歟今
夫衆竅不同適遇噫氣而有感則有激者謞者叱者
吸者叫者譹者宎者其聲之作未嘗同也唱聲後先
和聲小大各稱其所受適其所感邂逅比竹之聲按
乎有生之類上合乎太虛始有天籟苟鑿私智而爲
之非由天理而鳴亦烏能會歸于大塊邪今夫百虫
之鳴有以注鳴者有以脰鳴者有以旁鳴者有以胷
鳴者有以翼鳴者有以股鳴者聲之自未嘗同也然

而高下柳楊皆能自有節奏發孤館之幽破長林之靜而與時態物色共爲道途行客之悲傷閨門妾婦之怨望隴畝耕夫之勤勞騷人之幽致隱士之清苦及其時過理盡譬尤萬竅之竅厲風而爲虛是豈苟作乎哉嗚呼百虫之聲萬竅之鳴諸家之吟詠皆本乎一氣之所作然而萬竅物之無情者也百虫物之無知者也尤爲天籟之所待人情之所感而況諸家之詩乎其用豈勝言哉若夫六義之作苟鑿私智而爲之則恐號竅鳴虫之不若也豈李文之所取者邪宜其書于後

六桂堂詩序

仁宗在位之二十五年春引貢士試于崇政之庭左朝議大夫范公是時始登第起家亦用淡薄勞苦教養諸子是以諸子惟知讀書求出淡薄勞苦之中不敢輒有他好乃克有成自嘉祐已亥逮元祐戊辰凡三十年其子峒峵峋嵎嶢相繼書名桂籍仕路之中或直閣秘殿或分符要藩未甚達者皆為邑令尹公告老歸第五子侍燕休從薦獻左右環列金朱青紫仰望志意顏色相為先後鄉人榮之公謂予八子三以恩補官而予及峒等以文藝為進取計其志遂矣

其功成矣可以識之始望演仙峯為六桂堂諸公相與作詩導揚其事盛矣夫富民之家操奇贏逐什一（一云操斂散拾奇贏）邸舍相望夫畆不斷糶金珠腐錦綺所入如輸所欲如取爭為豪華誇大閭里閈不知一不肖子儀出而擅用之朝夷高明之居暮為溝中之瘠無足恠者而公有詩禮之訓使自求已非特以為賢才又助吾君理物天人之所相其為富且貴孰為壞哉然則何愧于諸公之詩

送仲時南歸序

元豐六年裳與仲時相得于都下出其所論時務凡

數十萬言獻于天子其言大抵中立不為畔岸如欲
速售者惜夫無左右為之地卒不報九年而後歸裏
與仲時故人也其行安得無說一日有客過我問曰
家貧親老不為祿仕其責尤輕于無後仲時之親往
矣不為祿仕其責不與焉然而不以無後為急尤急
于仕何也予應之曰仕將以行義也孔子曰立身揚
名以顯父母孝之終也夫不能行義于天下則其身
與名何自而立哉此仲時之志歟客難之曰無後則
是絕其親也絕其親不孝罪莫大焉尚能為其身與
名乎孟子曰求則得之舍則失之是求有益于得也

求在我者也求之有道得之有命是求無益于得也
求在外者也娶則有後不娶則無後不亦在我者乎
立身揚名以顯父母姑其教也名不可必揚身不可
必立不亦在外者乎仲時不以在我者爲急反急其
在外者何也由在我者而充之爲身與名趙孟之所
不能賤者也烏用其在外者爲哉予曰然子姑俟之
仲時之有是行豈非憣然而改歟豈非有志于其後
歟夫棄山水之勝處託食逆旅自顧其後形单而影
孤孰與其歸則得所務者一得所樂者三之爲知哉
其歸也發古書十餘篋環而觀之未聞而意新有得

而言棄論世取友既往如視不知俄頃之有千古也坐之樂也石溪之上扁舟乘興翫游鷗弄流泉臥聞蓬雨之聲如適滄海登神山不知其身之上下乎波濤也遊之樂也爇粳而炊縮醲而酌罩鱸而膾形骸之外笑謔自若朋友往來之樂也夫得所務者一而得所樂者三已向乎通矣行義之仕往往亦已無意而得之然則送子汴上解維千里乃所羨也非所惜也其自為計

章安詩集序

昔覽古今詩集至數十家各言其志與其才思風韻

不同故其體甚衆高下長短不可一槩而論也章句之作有自優游平易中來天理自感若無意於爲詩者此體最高誰輙可許如相貴人久而益愛之清奇怍秀無所不有又如大塊噫氣以發衆竅俄會于天虛然後有天籟未常容力焉是豈一律之所能制有心者之所能爲者邪有道者之詩也其餘或出于清苦或見于平淡或莊而麗或細而巧或健而豪放或俊而飄逸其間或能明白成熟言盡而意有餘偶有古今人未常道者蓋于羣體中又其志也雖然論其文辭而已若夫趣向之高下學問之精粗器識之賢

否求其志節之以禮義莫能逃我豈特見於區區章句之末哉戓傳示章安詩一編以序屬予而予聞其詩久矣會眼病未能詳觀故叙詩家數體好事者由吾序而覽其詩可以命章安矣不必待予親論而後喻也

陳商老詩集序

讀杜甫詩如看羲之法帖備衆體而求之無所不有大幾乎有詩之道者自餘諸子各就其所長取名于世故工于書者必言羲之工于詩者必取杜甫蓋彼無所不有則感之者各中其所好故也然使諸子才

之靡麗者不至于元稹韋易者不至于居易新奇飄
逸者不至于李白寒苦者不至于孟郊譎怪奇邁者
不至于賀牧商隱輩亦無足取者安能得名于世哉
故無諸子則不知有杜無杜則亦不知諸子各有得
焉長樂陳傅商老爲人俊逸不就束縛能飲酒及書
畫嘉祐中已有文章名于士大夫間每于坐上引巨
觥取大醉有索詩者走筆立就不復留思至十餘篇
而後止其譎怪奇邁庶幾賀牧商隱輩間見風思飄
逸絕塵不可追及有謫仙之遺風雖然卒以其譎怪
不能俯就有司法度少年引試崇政下第流落南邦

遂老以死無令狐綯吳武陵爲之地可勝悼歎其友張濤仲時出詩集若干卷以序屬予故予因論唐人之詩以明商老之才觀者考焉

演山先生文集卷第二十一

[illegible]山集　卷[illegible]

演山先生文集卷第二十二

序

講周禮序

天理之有盈虛人事之有邪正天下後世類不及此務盈以邀凶邪以致亂夫誰不然先王之於愚衆吉凶與之同患以義寓之數而告之以禍福之理於是乎作易邪正與之同患以道寓之法而制之以上下之分於是乎制禮三代之世皆有此書夏之易曰連山商之易曰歸藏其道未全夏之禮則立忠商之禮則立質其法未備夏商之君豈不能一日而預言之

邪適丁斯時人僞世習未足以全是道備是法耳故
名易曰連山則象其顯諸仁名易曰歸藏則象其藏
諸用仁所以闡幽建常能常而已未足以為易也智
足以顯微適變能變而已未足以為易也仁智之道
合則易之道至焉故吉凶與民同患至周然後易之
書著禮以忠為心以質為體文則剛柔爭此者也故
邪正與民同患至周然後禮之書著二書特言周者
以辨夏商焉耳二書之効使人知有消息之數吉凶
之象則守謙以防虧作善以消譴知有上下之分高
卑之勢則循理以避僞由義以歸正然後號令者順

而典謨之書行吟詠者樂而雅頌之詩作則聖人何
俟於春秋乎二書之教不行然後三頌之次聖人以
魯望周周不可望也以商戒周周不可戒也聖人始
即書之後絶之以秦誓焉然則春秋安得而不作耶
方今聖人立政造事追復成周之法五經之文始得
先生臣儒訓而發之分布儒林之官造成多士五經
之教固有先後之序緩急之勢則周官之書豈可緩
乎聖人以道寓之法法之中微妙存焉後世俗學止
於區區之誦數溺其才識則此書以陰謀見待於或
者何其不幸也

潭州講易序

在氣之先謂之太易亦非在氣之先也太且不得而名之曰易而已當其為太易也無聲也聽之不聞無形也視之不見及其下而為渾淪也然後陰陽之氣天地之形乾健坤順之質在其中焉特未判耳易之道既降於此而有理者未有不判焉陽之氣于是上為乾之形天之質陰之氣于是下為坤之形地之質陰陽者易之物乾坤之道乾坤者陰陽之物天地之道聖人因易以統陰陽因陰陽以統天地因天地以統萬物以謂萬物吾之憂患不同乎萬物則與易相

忘矣其與之相忘也我忘易歟易忘我歟非敢知也
然而易之道不得不下而爲渾淪渾淪之理不得不
判而爲三才其判而爲三才也則道卽於象數矣象
數之中事物並作而交至有求一人而後復焉則言
意之表聖人安得而寄我哉謂夫所以生萬物者天
成萬物者地鼓而作之者雷橈而化之者風燥之者
火說之者澤潤之者水而終始之者艮萬物於是受
其形天一地二天三地四天五物以之生地六天七
地八天九地十物以之成其相生也以相繼其相反
也以相治萬物于是受其數其受形也其體有動靜

其情有惡欲其氣有聚散其受數也其時有消息其事有吉凶其物有得喪是非利害形數之中其理備矣順之則吉逆之則凶取之可以致利通之可以遠害然而天下之愚衆莫之知焉以物累其形以形累其生以生累其德宜靜而動宜順而逆遂至違時悖理不能與數相為盈虛相為去來輕取禍惡者不可勝計也夫人之所以為賢者為其順性命之理而為不肖者逆之所以得福者為其順陰陽之數而得禍者逆之雖然逆之者豈其故執數之始終理之隱顯彼之智不足以及之徒本八物以受其形五行以受

其數其本不明相與爭逐其末則憂虞悔吝不可勝計也然而愚衆莫之知者一偏於象數彼且爲象數一偏者欲其定象以明萬物之理推數以觀其變奚可任哉蓋夫不役於數者始可以立數不制於象者始可以取象圍數之所能窮範象之所可及者通乎晝夜之道乃能知之然而出乎象數之外者或曠數百歲未之有焉遽責天下之愚衆不爲吉凶利害作其憂患是則難也伏羲文王書乎象數之外者也體易之道聖人既出於象數而體之則夫凶吉利害豈能爲之患哉伏羲文王不能忘言棄象作爲八卦揲

枯莖之草灼朽骨之龜以示天下後世者與民同患而已作易設卦與同患聖人豈求之他亦求之萬物所本而生者耳於是卦乾以象天卦坤以象地卦震以象乎雷卦巽以象乎風卦坎以象乎水卦離以象乎火卦艮以象乎山卦兑以象乎澤是非之理好惡之情八卦之中存焉萬物之生也或者成之萬物之成也或者變之長短多寡出入往來九六之中存焉象數既立又患天下莫能知其意者於是告之以辭使之明其義教之以揲使之識其變明其義則不廢乎人事識其變則不廢乎天理致理而遠害猖狂妄

作者無所溺焉則易之為天下後世計者可謂仁矣
夏曰連山商曰歸藏周曰周易闡幽者易之仁也故
夏曰連山者象其仁而言之也山者靜而生養乎物
者也有仁之道焉微顯者易之智也故商曰歸藏者
以其藏諸用而言之也夏主名于連山則不及乎易
之智商主名于歸藏則不及乎易之道能闡能微能
常能變然後易之道至焉故周曰周易言周所以别
乎夏商言易所以統乎易道之仁智以仁闡幽以仁
體常以智微顯以智盡變然後易之道至焉能常而
已不足以為易也故變動不居者惡其不能變也能

變而已不足以爲易也故剛柔不易者惡其不能常也蓋夫能常者止于靜止于有體而無用能變者止于動止于有容而無主不爲體用主客所止者其易之謂乎無爲而無不爲以其不止于爲故曰易無體生之所生者死矣而生生者未嘗終焉故曰生生之謂易惟其不爲主客體用所主是故天地爲體之時則易能爲之用故曰天地設位而易行乎其中矣乾坤爲用之時則易能爲之體故曰乾坤成列而易立乎其中矣謂之易者自其無乎不爲言之謂之神者自其無乎不在言之謂之道者自其無乎不由言之

大人也眞人也聖人也其猶三者之名歟大則名其業眞則名其性聖則名其德然而一陰一陽之謂道則道不離乎數矣有方也或能制之有體也或能役之不離乎數尤在方體之中則制之役之者至矣然而有易與神此道所以不在天地之內亦非在天地之外或者爲得而物之乎或者不得而物之然後出乎方體之外者是以前民之用入乎方體之內者是以同民之患未始有窮爲然而陰陽也天地也乾坤也皆官于易聖人之卦乾坤也名之以陰陽故曰乾陽物也坤陰物也象之以天地故曰乾爲天坤爲地

陰陽也天地也乾坤也卦爻之中備矣以其所自出
者統而名之此書所以謂之易也禮主于法詩主于
情書主于事易主于道聖人以禮道法以詩道情以
書道事所以為天下後世計者如此足矣有言則道
喪而聖人强言于易者蓋謂天下後世不得易之象
以究萬物之理易之數以推天時之變易之辭以考
人事之義則猖狂妄作者淪溺于禍患可勝悼哉詩
之和禮法之嚴蓋未暇及也得易之道然後可以達
物情立政事遂制天下之法則學者之于易當盡心
焉免夫禍患非予望學者之盡也

張舜元講易序

易之為道不出乎象數不足以為聖人以前民用不用乎象數不足以為天下以同民患是故聖人方其坐進乎道恍兮惚其中有物惚兮恍其中有象有物即有象有象即有數及其恍惚之象數杳冥之真精相遇而為混沌然後二儀萬物五行四象皆存乎其中可以作易故惟聖人為能知象之所以立知數之所以起知言之所以默云知意之所以用捨以蓍滑爻以爻滑卦吉凶之兆禍福之證如響之聲如形之影可以善勝難以幸免蓋夫神易之在聖人入而反

一則形而上者與之爲體出而應萬則形而下者與之爲用惟象與數本乎道行乎神聖人取其無乎不爲之易以濟民行以同民患乃命以爲書爲彝元讀易乎山中輙自大悟以謂後世之學易者類以臆論徒説義理第爲虚言無補乎事蓋夫聖人不以前民用則何事乎爲易不用乎象數則何以前民用乎是範天地之化而得象圍天地之化而得數聖人言意本乎文卦象數本乎神易彝元推乎文卦之變動禍福之兆休廢之理審與人事合如符節因民之言動而貳之以是非使之趨吉而背凶因民之向往而貳

之以迷悟使之違惡而依善一氣之誕滅五行之衰
盛有常有幸或依或違使之知所避以幸而遂免使
之知所修以常而獲報而彼末學方用區區之說與
人徒論人事雖執以歸竟無其實然則舜元之學當
與晉漢之高士議其優劣諸生其勤而承之不可失
也

延平講論語序

言理則謂之論言義則謂之議莊子曰六合之外聖
人存而弗論六合之內聖人論而弗議春秋經世先
王之志也議而弗辯蓋論則及理耳不足乎道議則

及義耳不足乎理然而方外之奇人道無問問無應
苟與物絶非聖人之所尚故孔子雖欲無言而不可
得焉不得已而言理以荅學者之問而已夫是之謂
論語故孔子之言義則存乎春秋言理則存乎論語
孔子之作春秋是其所是非其所非榮辱萬世之善
惡不得不議論語則荅學者之問而已奚事乎議哉
嘗謂希夷者道易簡者理君子以理明道以義明理
言至于義去道加遠矣孔子之世師道既明異端者
眠曲辯横議不獲乘間故聖人之荅問言理而足矣
言忠恕則貫道之類言孝悌則貫仁之類仁道之類

不可以勝用其歸則曰忠恕孝悌而已平居之時弟子在側各言其志聖人觀其所受隨問而應中其才性之弊處不須屢詰而詳說之然後直也豈特此哉君子之教人使其問者少思者多然後得者遠故孔子之于弟子有所罕言有所不語兩端之詳一隅之略隨其才性之上下而告之一言之微近而遠約而詳思而得之足以蘊發其固有者不必多也弟子之別有聞一而知二有聞一而知十者聞伯夷而知聖人問詩而知禮不足之冉求不說之季路亦不失為賢者理不可叛故也論語之後子思之中庸孟子之

小草齋鈔本

七篇最得其傳然而孟子之世邪說誣民充塞仁義不明無足以直道者故孟子與其學者辨或累數百言然後屈其說豈好辨哉不得已也夫學聖人之道必自論語孟子始論語之于道及理而足則予安敢為多言以意哉學者思而盡之則予將同歸焉思固不可怠也

圓石詩序

敏叔即郊墅之左得圓石如巨鼇狀下有漥巖上有羣峯岑嶠相臨歸嶧環合永嘉之鴈蕩建安之武夷入人清話中或資丹青之巧用為珍玩圓石形勢雖

得十一蓋其類也觀鄱陽張道陵洪涯先生各有學道處安知淩巖非二人之所寄者邪寂寥中不知其幾千百歲敏叔一日剗夷剔發然後洗滌而出之異之以亭庵狀之以圖障聲之歌詩而又傳于朝廷卿大夫相與比興稱道其天巧凡百餘篇且裒敏叔他日謝功名指朝紱還里閭已有所寓之勝境不及者衆矣命予序其所以歌詠圓石之意爲之言曰一氣之化文于地者有形文于天者有象流形不同品物有類惟其所遇今夫英偉之人恠奇之物所遇之異者也二者無意于所遇而造物者無情于所化然而

適然之數存乎其間升沉隱顯自有期會必俟當世名人為之先後或飾之以文辭或揄之以勢力然後天下後世從而譽之曰是人之英偉者也是物之恠奇者也邂逅名迹之所在覽者簡將疊而復舒遊者焉已躍而再縶風節氣象在人耳目遺滯思而寫隱憂與夫凡庸之類終不見稱于世相去非一間耳然而當世名人一開口一舉手之賜其力豈可計哉諸公之得此石尤得天下之奇才雖欲卷舌自默非其情也亦豈能私二物而榮耀之哉宜列其詩于右

演山先生文集卷第二十二

演山先生文集卷第二十三

書

上黃學士書

道德之失其弊害法文章之失其弊害道世之為文章者採摭襞蹈苟致文華文章之所自來者曾不及知之則其害道也何可勝言哉論文章者謂氣之所寓此固是也而氣之所以寓乎文章未有能言者嘗謂氣之高下自夫學之遠近古人之學由心而見性由性而見天由天而見道然後其志高明其氣剛大出乎萬物之表我無物而交之物無我而引之故其

氣之來也本乎性天發乎德机而形見乎聲色聲色不足寫之也一寫乎文辭也與萬物之理相滑乎無窮與萬事之變相適乎無常有如泉源自山之幽決爲長江大河時乎平流之中湧爲洪瀾驚湍出人不意開悟其耳目然後滔滔其東下豈非其志高明其氣剛大世俗趣不足以係累其靈臺者耶不然義理之感物何其愈有而不可盡也向之默也其氣復爲至精今之言也其氣散爲大和誦而思之則育天下之德舉而行之則集天下之事載道而之後世也雖發乎名數中而自滑之者其意未始有盡焉蓋文

生于性實而性實出乎誠心之虛一故其爲文章也迹方而意圓迹實而意虛非才人之文也有道者之文耳嘗謂有道者之氣其尤天元也竅當夫杳冥而未發也萬物之理含孕乎其中及其天行也葩華枝莖發出于草木好音幽情發出于禽鳥天理自現在人之視聽使人欣然愛之烏知其造之者邪然而春之華萬物也豈嘗用意于其間哉大和之氣其来遠矣性天高明空空無物隨所感寓發爲辭章者無以異乎天元之華萬物也豈徒華之哉華之所以求其實焉非文其言也言理而文之耳其文者理則實存

馬以之思則育天下之德以之行則集天下之事無以異乎天元之實萬物也有是道者其孔子歟性與天道孔子寓乎文章者也人之學未能由心而見性由性而見天由天而見道則聖賢所以言者其誰得之乱是以子貢曰性與天道不可得而聞也揚子曰子夏得其言矣未得其所以言也未得其所以言者其性與天道之所在歟聖人所傳其後子思得之子思所傳其後孟子得之是以中庸七篇其言自夫性天而寓之中而高約而詳源源其來不知其得之易也世習物累不能傷其氣而病其文則性與天道二

子見之矣二子之後學者失其傳焉其性無天其心無官其志無君其氣無帥是以物物入而累之言辭之間徇物而用其氣短于氣者無才以運動之俗于氣者無德以高明之豪于氣者無道以虛靜之且夫率性而合之則有道充性而長之則有才德而彼方與物競者未足以見性則其氣特發于骨閒耳是以譏娛調詼窮愁憂憤鄙俚陳舊一發于文辭及索其實用則其言廢矣荀卿司馬遷楊雄王通韓愈當斯文寂寥中特起而言焉更相著書以見于後世然而荀之文繁多豪縱聖人言而盡者荀至譊譊而未之

不草齋鈔本

詩也丈久而息節奏久而絶荀以殺詩書幽隱而無說閑約而無辭荀以非孟子彼不知約者所以為詳無說乃實有說耳于常謂子游之學其後荀卿尊之荀卿之後叛而為李斯聖人所以言者蓋自子游巳不及矣其後為荀卿之學豈足恠哉雖然荀以一言殺詩書而李斯輙乘其說而禍之荀所謂暴其氣者也遷之文採摭涉獵上下數千載間有才而富于學者也無一以貫之疏略抵語未始有擇焉此其文也其文之理乃至進姦雄以亂正羞貧賤以害義其志之君不靜故也然而文章之體至雄而少全焉王通

曰其思苦其言艱其思不苦亦安得其所以為雄哉
惟其思苦此雄之氣所以從性天之中來耳道德之
意多見于法言及其行也趦趄于閤下此亦思苦之
不達歟有思焉不必苦而得之則于幽疑之間感忽
之際其理甚明視死生充覺夢耳安得暴其氣哉王
通之文無道以虛靜之故僭聖人無才以運動之故
剽竊論語無足取者退之有才者之文耳其廢黜也
不知有命其取與也不知有義迹爲道之大方喪於
此矣才華之可愛何足尚哉退之曰荀楊大醇而小
疵而予謂大疵而小醇者其退之歟無他世習物累

得以傷其氣而病其文耳數子之聰明其失如此鄙俚陳舊一寫于文辭者可勝計哉不必議也故予觀人之文章窃知其為人其人之可愛者嘗聽數百歲而莫之過也嘗欲深遠其氣使夫世習物累不能輒然搖動于聲色有物感觸其虛一然後肆筆而書之古意瀰漫浩無津涯則著為議論風思飄逸不可禁止則發為歌詩如春盛時天理之中萬物自動縱筆而書之未嘗私一言焉然後為得耳雖然不肖者有志于此而未之到者也其氣方當致養之時而或為事物相感不能自禁遂見于訓解序記之中雜出于

歌詠凡數萬言未敢以望子思孟子而鄙俚陳舊一發于文辭者僕所不顧道也輙書以為獻

見呂条政書

閣之舉進士自歐陽詹始詹始以才俊先鳴于溫陵其後文學之士超為天子元弼當世名儒至今尤盛于天下自詹倡之嗚呼南海之濱去中國遠矣士風儒教久在寂寥中無根發之者詹于是時特超而鳴焉是可尚也雖然詹以小才鳴而和詹者知為文辭而已今天有意于斯文使閣下以道鳴有堂然出于腐儒中者閣下實相之悟好高者之空談解好怍者

之弊行使之中而高約而詳不至泛然無所之適閤
下之力也天下之士求正其心以養其氣求大其氣
以高其聲韻從公之後而和之閤之舉進士自詹始
而士之學為有道者則自閤下始矣況其所倡非特
閤之人哉褱和公之鳴者懼其所養之或乖其聲高
下之不齊不能雍然在其後乃書其言求正于左右
褱之學方其進之時昨日以為得而今日或自非去
之其心甚虛而能有所受閤下不以其不肖一賜德
言為之正焉則褱雖疲駑自當鞭其後不敢怠也逆
旅紙筆不能致莊苟與其來之意而略其為見之禮

則庶乎無罪也

辭州學教授書

古今之士所受之性所存之心所行之義所尚之志非昔高而今下也無有古今所謂大道無有高下所謂大法自天子至于庶人自聖人至于愚下無不湑者何獨于今人而疑之歟然而古來之士德至貴物至賤利至輕義至重方當獨善之時萬鍾之禄不易于簞食百鎰之金不易于多文潭潭之居無以異乎蓽門甕牖之自適也窮而兼善于一鄉達而兼善于天下立吾良貴故也非為乎貧行吾素志故也非為

乎勢孔子之弟子有志于道無志于仕有如曾晳漆
雕開者聖人之所與顏淵閔子騫者聖人之所尚顏
淵閔子騫其德成矣然而無志于仕何也其意以謂
載質而出自有聖人在焉聖人仕矣吾屬何患于喪
乎宰我仕齊子夏仕魏子貢仕魯子路仕蒲衛寂然
無足慕者故天下無行多為家臣顏閔之徒下視區
區之仕不能賢于游夏季路之輩何必于仕哉嘗怙
先王之澤熄權利浸長之世諸子有能恬守順受以
道為樂語默以時未嘗失言去就在我未嘗失足豈
特聖人為之依歸乃至于是耶所樂雖非窮通必有

貧乎窮者蓋有受道之質苟無助道之資奚暇行禮義哉雖聖人無如之何矣故顔子雖貧尚有郭外之田以備簞食仁者養生之計不死是矣無窮之欲世之累烏能害我哉又況先王之盛世自有土田天下學士出則耕入則養居則學楊子所謂古之學者耕且養其以此歟秦廢先王之制天下土田盡入兼并之家士始爲貧所窘自非獨行特立之士見取于世尊之爲師貴之爲吏其餘孱弱或屈爲屠沽或流爲商旅大人之門投書曳裾自薦其貧賤以道爲貨患不得之嘗有戚戚之態是故去就徇人憂樂逐物志

輕而利重揚子所謂秦之士也賤其以此歟雖然好古之士雖不如此而爲身謀家計所困雖有漆雕開季路公西華之志及其成德然後幡然爲伊尹者何可得哉此裳所以辭去左右慨然而西之意也

代上教官書

仁智之教欲其止乎善也其期之甚嚴則曰三年學不至于穀不易得也欲其進乎善也其責之甚寬則曰四十五十而無聞焉斯亦不足畏也嗚呼四十五十而無聞焉不學之過也三年學不至于穀不就有道而正焉之過也不就有道而正焉雖幼而學其能

賢于四十五十而有正者乎雖然四十而無聞聖人未即棄之尤可畏也至于四十而見惡焉然後棄之不足畏矣故後之廢學者雖壯且老可以復興始學者急于所止不至汗漫而無正然則聖人之教不亦仁且智乎某方少年時從事于辭賦古人大全未之及知好學之心時為生事奪去因循至今且四十矣孔子曰朝聞道夕死可矣某之生也其性有天其心有神可以體大虛物萬類不然廢天喪神而與彼萬類同役于化不亦賤乎中夜反側益驚無聞好學之心復炎其中是故去家數千里求正于有道者方當

天子建學舍延儒生置道德之師為之導發其德性而其幸與貢外舍以奉閣下之風教于此數月矣閣下不棄其愚不肖開道而進之不至于穀非其所患也雖然眷眷之懷尤有閣下之盛德嘗留私心欲其矯揉而成就之尚為可畏者皆出于門下此其所以来之意也

代上有位書

窮通晦明者天時之盈虛榮辱成敗者人事之得失然而楊子以侍君子晦斯光窒斯通則在天時者又何力之能為哉蓋謂天之有意于斯人也不可耳提

而進手援而上亦因乎人而已則君子者其天意之所寓歟有道而無位不能陰相天時有位而無道不能陽相人事位與道不相遇則天之所寄蓋已輕矣而今閤下有道以應物有位以行道何爲而不可此世之學者所以欲侍下風少聽咳唾之餘以發滯思閤下其可辭而郤之廢天之所寓軋瞞斯光窒斯通非所必也榮其辱使之不失爲不仁成其敗使之不失爲不智此其在我者耳閤下觀其志與之進可也

答總長老書

得書示喻所稟中正有常不與世人相爲流轉此即

清淨無染雖將迎無窮任緣自若是眞有道者之教也敢不承聽嘗謂使佛生中國必不强其俗以西方聖人易地皆然何則道之本則一故也夫使學佛者知其道果不出于吾聖人教中則其奉佛也何事于怍其論佛也何事于抵為其不知孔子佛老之用殊途而同歸相悖于名迹間終日捕影而無所得鬼怍態度自取笑耳故近來學佛之士自公而趋焉必去其衣冠婦人女子自家而趋焉必去其首飾被童行服合掌屈膝環列長老坐側男女渾淆遺外形迹長老亦以為不如是不足以學佛嗚呼為長老者已行

邪道矣尚能為人乎哉雖名尊佛其實害之也夫佛
之徒寓中國充客之寄主人家耳行怍立異其家及
鄰里必有忌憚猜疑而攻之者其理然也使人各忘
已分上事迁徇其迹昧者以邀福誕者以邀名不自
求佛于心異則怍怍則駭駭則瀆瀆則亂相觀之俗
亂旁觀之俗駭于是乎毀生毀則排排則逐其勢必
至于此然則今日之事佛者豈得不為佛患哉夫能
正心誠意以為天下則佛之道存焉其徒不知出此
乃屈梁武以幸一時之光耀糜棄典禮遂亡天下而
使後世君子罪梁以齋戒者其徒之過也今日學士

大夫婦人女子從其徒遊者槩正類此夫佛無爭不在有道者之教必能各因其方各觀其分各從其學各隨其時而引之要之得其所歸而已使佛之教寓常行道中不見于立異欲害之者不得其閒而攻之使中國之俗不失其經以心會佛然後其道常崇而不可瀆常存而莫能廢此予有望于廣慧者也

滄山先生文集卷第二十三

演山先生文集卷第二十四

書

見南京留守書

裳居延平時朝中有道之士聲光南來而裳得之如醉夢中當雨餘秋曉有物泠然過之披拂其塵襟使之洒然以醒覓釋然而行超無復有滞思者是時閤下之風與馬嘗恨微賤不能自致于左右瞻望之懷慨然西飛蓋已久矣去年爲浙江遊見孫公于雲上望之也嚴即之也温窮之也遠使人欲得而侍之不欲去也及来睢陽又来閤下昔聞其風恨未及見今

見之矣暖然而為春肅然而為秋開流俗之煩襟發
太虛之幽韻千里之俗長養成就不知其鼓舞之者
然則公之風其出于仁宅歟何其清和而肅靜也將
欲視其儀聽其倡遺發餘懷而新之乃書所著中庸
義解以贊于左右

代上時相書

天命之謂性率性之謂道天下之人皆有是性天下
之性皆有是道然而常無心德以知之失之粗略嘗
無義命以行之失之畏懦于此數百歲矣蓋自周而
後天下之士流落于末學心閉而意實不能由性而

見道由心而見性有言非德有為非理人偽之中心
勞而日拙是故其志益微其氣益衰不能自振其勢
然也天意未喪斯文以付閣下能以身與國存亡而
更立天下之法能以德與神出入而講明聖人之道
天下學士久隨老宿而流落俄聞新義而亨奮得其
統序而學之其偕天下之士受其賜者也所得之言
不過閣下之緒餘然時以類求之或有得焉且惧其
為智未至乎心徹為德未至乎智徹尚有私言者固
書以為獻周禮數職斐然成章或賜台覽亦見其性
分之所至耳

代上知郡書

古之君子務成天下之才性何其深厚也未可與知者其教之有仁術故不廢其才不可與言者其教之有智術故不褻其道不可與言者其心不歸其色不從與之言道適足以瀆我以其瀆我而遂絕之是天下之不可與言者果不可以化也亦烏用君子爲哉天下之人皆有羞惡之心見棄于君子者乞人之所羞惡也聖人以人之羞惡爲甚于此寓之教焉孔子之于孺悲是也愚者非無其才其心亦非不善所以無智特有物蔽之耳苟以其無智而拒之則吾之設

科也乃特爲有智者設歟有智者奚待吾言哉則教
之爲無智者設明矣是故君子有教無類來則進之
耳孟子之于窮屨者是也然而在所拒者無常人拒
人而求其變者非常教聖人蓋不幸有孺悲耳然而
聖人不與之進豈遽然棄絕之無意于悲哉取瑟而
歌使之聞之有意于悲深矣嗚呼聖人君子造次不
忘悟人于善仁智之心何其深厚也閤下之于學者
不與之進固是教也然而學者之心非敢以爲孺悲
焉事上之分不能自嚴特其智不足以及此未足怪
耳閤下有道素爲學者鄉往又有長民之位牧民之

地惟拒之求其變使民何望哉君子之教固多術也孟子設科在閤下允宜尚者上則相天下則相君内則成己外則成物無間其愚不肖一期而進之庶幾其有革焉固其任也

代上監司書

先王始用六廉之法屬于治官之長貳作成羣才以赴吾事繼有歲終之廢置三歲之誅賞以行六廉之所繫其尤造物者之制命歟陰有爲善而得福爲惡而得禍不可罔也羣才之見作則尤庶物之作於化耳温作之而生暑作之而壯凉作之而斂寒作之而

堅推而行之小大之材悅人以華利物以實隨其才分各有成就若有賞陟之者未嘗中道而廢焉資質不良或剥于飄風或槁于烈日或病于陰陽之厲氣不足道也今天子出轉運使總領一路之屬吏六康而毀譽之和氣如春正色如秋奏牘一往與奪隨至造物者之外輔耳頗不重歟某淂官長溪與羣吏趍走屬下一年于此矣竊以半生之年而老于區區之下職没世而無聞不獲少伸其志是可恥也日中途嘗以六康自鞭其後惟恐其不逮三歲之賞非敢望也淂偕纖莖之物隨其才分即秋而斂焉此亦造

物者之意耳

見陸直講書

自得之心斯有真樂得之于心以至無待于外而後真樂至矣此樂之至乃生于耳聽無所係着不以物去而嚬物来而笑物之来去無常此樂湛然在耳雖然此自成者樂其無待于外而已非至樂之盡也天下其有求我者乎滿處之中出為法言德行道業發其德性私淑其身吾不為也居在仁動在智始盡其樂焉雖然至樂之盡存乎成物夫得物而成之有數存焉愚嘗嘆仁智之君子其居至樂之盡者何其難得

而未及見也此者来京師望見　天子之學形勢翼
翼吞并數舍高明爽塏人之氣又見天下之士棲軨
而来促膝而共處富有千餘人襃衣博帶禮貌容易
壯人之志夫學者如此之盛多而學者之所寓如此
之觀美已有能感人者諸公于此為之出道德布言
教導發其才性肅然而師承之愚始望見學者與學
之所寓其目已明其志已壯由是而舉首以望諸公
風儀德表使人慨然慕之非特目明志壯而已愚始
嘆至樂之盡不可易得而今諸公之才藝適會聖君
賢相留意于學者天人之會為之師承而教育之難

疑答問愈久而愈新窮意諸公之樂夷然而生混然
以成若縱而不可荒若費而不可窮不以人之情有
好歎而為樂之新故不以物之態有新故而為樂之
盛衰眞樂之至至樂之盡諸公宜有之愚因言為樂
者有三而世人所謂富貴之樂者不足以語山水之
樂逸人所謂山水之樂者不足以語教育之樂富貴
之樂無志以外之謂之逐物山水之樂無道以寓之
謂之翫物逐物喪己翫物喪志非特志與己喪也其
樂亦已荒矣故富貴之樂極而疲濆之態生富貴之
樂去而窮苦之態生山水之樂盡而寂寥之態生非

富貴山水能使人窮苦寂寥也其所以樂富貴山水
者僞故爾外物之樂吾之內物兼有之世之人不務
內遊而務外觀乃至喪已與志而莫之悟焉良可悲
也夫富貴之樂在性之德有之山水之樂在性之理
有之富貴物之在外者固不足以交君子之內而山
水則外物之可樂者耳故君子之樂在道有時而即
山水者寓其樂而已雲山之阿烟江之湄豈必浩歌
遠引與人物絕乃獲其樂哉故山林之幽軒冕之榮
皆無足爲諸公愛者其知而好之誠而樂之者教與
學耳豈復有加于我哉愚之來將與生求爲眞樂而

慕其樂之至者諸公之仁亦當除道以招之來開門以延之入垂手而援之上希夷之鄉獲列于執鞭者蓋其願也

與教官書

褱與閤下窮達異事睽遠良久無緣奉教懷想高義有如昔者獲侍下風而見之不勝眷眷伏承朝廷增廣太學旁招多士菁菁之莪期在中沚擢用閤下爲之宗師使與天下英才從事于道天性之樂何可勝言昔時從遊私心竊許于從者今日之用方次育才上副天子所以教學之意下慰士議不可緩也褱謂

先王教養人才期之也遠責之也至待之也厚後世
多喜教育之名而失其實養之不及先王之所教取
之不及先王之所用區區之名無益于治昔時竊患
道德不明而爲之論道文章不純而爲之説文患其
不知先王所以建學之意而因爲建學記以寓其説
輒以爲獻常謂天下未始無才特作之者無其術耳
方今聖主追復三代之教育費財以養費道以教費
爵以取閤下適丁斯時而有教育之任四方之士聯
轡而來小大之材請就矯揉封名錄文以示至公月
書季選以求至當如此之類是法而已以爲公乎是

求一人之公者也非公于衆人以爲得其所長乎是得一日之長者也非得其平生有是法矣必得作人之術而行之然後其法不敝于一曲苟無作人之術恃法以得才則與場屋閒何以異哉幸與不幸吾知其不免矣作人才者其猶春工也歟靜非春工之事也動之以風鷇之以雷照之以清暘濯之以膏澤然後句者出萌者達好音麗色可愛萬狀闓下之任泛得天下之才而教育之有春工之事者恃法以得才非士之所望常謂取之有疑于私而使物議以爲公焉斯善取士者也求諸齋衆則有一齋之秀者求諸

學衆則有一學之秀者求諸天下之士則有天下之秀者致之以異制遇之以殊禮表其文行以示于衆作其好勝之情脤賢樂善之心悱發而志于學革剽竊之文去奔競之行正偏蔽之道何憚而不為哉襄為生事所累未即奉教嘗謂閤下才氣宜有為者一學之事愚將略見其萬一故因鄧秀才行輒書所懷以為學者之賀

代上教官書

天之分予萬物所欲者不待可而加所惡者不可得而損而物之來不必迎其去不必將去來加損非人

所與貴賤窮通各于分予之中而安之莫不有適焉則僕于閩下可以相忘矣清泠之濱翠微之麓有屋數閒可以避風雨有田數畝可以具饘粥出則耕入則養居則學父母兄弟合并談笑有無涯之樂其自為計不亦是乎不然東塵編之文逢華髮之觀山馳水泛不遠數千里託于泛泛之逆旅數年如此矣其自為計不亦誤乎竊謂天之命萬物其在外者有窮達之時貴賤之位有多寡脩短之數相忘而無心相失而無情固其理也而在我也其知有先後其德有小大學者非生而知之又當有志于大人而後已則

安得不求之人乎故愚者必求諸明有志者必求諸有道然後達耳求諸一鄉無有也則求諸一國求諸一國無有也則求諸天下其求而得之有以為己然後能為親有以為親然後能為人則僕所以不遠數千里者有是說焉閤下天使之任僕是說而與其求者也不可忘僕尤僕之不可相忘也宜乎示之以德容而使之化待之以誠意而與之問燕居之側時賜高論開悟其視聽則僕之遊無憾矣

演山先生文集卷第二十四

演山先生文集卷第二十五

啟

狀元及第謝啟

鄉吏獻書，特為一鶚；春官奏藝，䦨在三人。引造帝庭，再上千言之策；收還桂籍，復先萬國之儒。上辱聖恩，内懸七論。竊以堂室如諸夏，柱石如羣英，法度者垣墉，文章者丹雘。欲隆夏屋之觀美，必謹工師之楩求。然後丹雘得以為文華，垣墉得以為阻固。天变不能凌，暴人亂不能窺窬。然而材或不備，則不可與防不虞；材或不嘉，則不可與圖無弊。是以聖人之取才也無類聖人之育材也有方其才無氣則用之難乎有為其言無德則取之難乎有用將致其才行則先養其氣于剛大將致其言語則先育其德于高明使之致思以勝其所閑則其德守天使之滅私以制其所徇則其氣守性始有當世脩明之士能為先王輔相之人行止在我而不在乎人此道所以行富貴在德而不在乎物此德所以立讀書萬卷豈學蠹魚之死生食祿千鍾亦同箪食之得失置然為我幡然為君文章足以為丹雘以其有德以立言法度足以為垣墉以其有道以制行先王之澤裹熄後世之風陵遲

沚中之義歸為陳根山下之泉出為行潦其德昧于
然否其氣趋于窮通言不以物来而鳴才不以事至
而運青衿不見謾嗟三月之何長白髮已生尚恨一
經之未究性命之情淪溺于陳迹口耳之學紜紛于
異端俗有不能興之憂才有不足用之嘆方悲此属
蠹六藝之室文何幸吾君寤千年之由見論升以舎
作興其才行盡新書黃卷指天人之邃收殘舊書學
青天披雲霧之深道德之統舉以兩端禮義之序弥
于萬類慶小子之有造慕壯夫之不為至使空空之
鄙夫化為濟濟之多士小者大者薪之槱之昔欲求

心既幸孔門之受今茲行義又蒙唐構之收祇荷寵靈誕膺榮幸此蓋伏遇主文内翰先生閣下士類取法儒宗得名中開性天下臨文軸其識如鑒以器取人妍媸之形見笑見嚬圓方之材為輪為桷乃若無似亦皆不遺為趨齋庭之一飛與透禹門之三級德虧輿望誤傳江夏之無雙策玷宸聰遽擢平津于第一宜其柔氣以御事育德以應時慎守士規勉從官計上酬覆蓋之德次荅生成之恩過此以還未知所措

府學解元謝啓

爲道而學則何羨乎紆朱爲貧而仕則何懸乎擊柝
焚膏繼晷誓窮千古之精粗裏飯候明請較一朝之
長短彼此時異行藏道同金有滿籝豈勝一經之教
子田無數畝宜思三釜之洎親南去千山西來六載
爲道不爲利惡求龍斷而登之趣時不趨人羞遶墦
間之祭者以故難逢赫赫之盛知必棖泛泛之逆旅
無以陰相其天樂何其數窘于身謀豈謂上游亦收
陰善伏惟某官其仁足以度物其智足以照人中閑
性天下臨文軸圓方之材輪桶于刃下妍媸之形笑
嚬于鑑中何幸空空之鄙夫輙先濟濟之多士一睨

三倍自慙未足以離羣三年一鳴顧此何由而驚衆

南劍州解元謝啓

辭去何緣擬作西廱之鷺歸來亦分卻爲南海之鵬

行止非人所爲得喪在予何累受性眞直與世闊疎

謂古人所謂德者要之所得無僞乎心謂古人所謂

行者要之所行無害乎義規規俗態勿容毫髮于胷

中蕩蕩道情可置江河于度内方圓周士之肆逸幅

漢儒之勞雲山竹溪或浩歌而往春花秋月或大醉

以遊覺來無物引去有誰天籟自鳴何求于金石虛

舟暗觸無意于風波謂不能直情而或隱悲以私則

其有動也非情之和謂不能違性而戴矯拂以偽則其有為也非性之正上推小廉曲謹以望天下之俗故秦之士也拘下飾姦言偽行以罔方中之人故今之愚也詐戴持肩肩之末節乃詆閑閑之大方伏惟某官人器之內受而不遺心鑑之中見其所抱遠移嚴牒發揚小材屢頒弊廬感勵後學收青衿于城闕舒黃卷于黌堂講道南來承以多士獻書西去出于羣英斗下夜明孫鋒艷艷雲中秋靜一鶚軒軒臨義揮毫雖慭千慮之所得因風展翅且慰三年之不飛其進疲駑以酬榮芘

賀正與監司啓

百華燈動明庭已樂于稱觴萬寶春回寒谷已煩于吹律率土雖廣歡心所同伏惟其官元善長人忠誠許國才與時行故其政可以成物恩隨天施故其德足以佐王兼臨兩路之人民率先以已同享三陽之福祿本自于天拜壽無緣涖官有限

謝發運啓

東来蓮幕總翰三月之勞西去鶚書輙廁十負之幸移文忽及稽德尤慙伏惟其官走筆萬言讀書千卷道足以致主而不自以為至才足以過人而不自以

為多退託高明發揚愚陋具負越府巳垂下庇之恩
應詔舜朝預出先容之力願勵師學庶酬巳知

謝判監啓

帝綸忽降于遐封天澤還沾于微品越俟幕下纔寘
于賓筵虞帝庠中遽忝于師席幸免簿書之多事擾
擾紅塵鬧尋簡策之微言悠悠白日造道則未具負
豈能伏惟某官處當時儒重之官抱庶士師尊之業
無倦之教則六德所發至于六舞有造之學則一言
所視期于九年自省迂疎安能副貳才低賈誼對言
無補于先王性懶仲舒講義有慙于諸子宜其驅策

駕下討論古先內求經學之依歸上副義方之教育

謝澶州韓諫議啓

虞帝上庠既孜孜于養善魯侯泮水又汲汲以承流書有同文學無異趣篆刻之技壯夫不爲道德之師小子有造此澤微矣斯文殆乱襲蹈以爲辭章牽制以爲典禮以行已爲固以徇人爲通風俗已行聖賢有作藁置百家之小說發明千古之微言聖讀庸行心稍收于城闕秋聲春舞性方適于黌堂雖多科第以招延更重藩垣之協贊伏惟其官道義足以致主仁智足以育才出補太原雖非長倩之意招來下縣

又有文翁之風廢弊之學丹艧一新鄉社之儒書劍交集使車纔下遽馳教育之聲師席難登誤寘迂疎之學以令之倡者可謂甚美而世之學者未知所安聰明則溺于最高愚下則失之不及或爲嵇阮之絶物或作申韓之害人反言孔孟之可疑莫省老莊之所致幸蒙眷眷之命粗道區區之懷大鳴小鳴但恐此聲之未至半教半學且欣吾道之將成

謝賜詩表

賜臣等之第其名已顯賜臣等之服其身已榮賜燕以盡臣之歡賜金以加臣之幸重重數[寵]佩服難忘豈

宸心優隆未已俄閱星使疾驅靈圃之中忽見天
章榮照清樽之上辭掩金玉翰生風雲拜受戰兢懷
歸榮耀 中謝 竊念臣等下肩一介之賤內服四端之
榮朱輪犬馬之勞先享雲天之樂豈意更玷仙藻益
光凡流恭惟 皇帝陛下道貫三才德通萬類忘言
而復則樸之以皇質肆筆而書則雕之以唐文坐于
沚中者則使發為殊英出于山下者則使流為巨浸
然後形見樂育之意詠歌作成之才垂聖訓之文華
惇士風于高美瑞光四座藹藹春空之雲歡意一聲
呦呦平野之鹿臣等方筮以仕宜書之紳恒守士規

勉從官計動靜役思于帝作死生誓報于天臨

謝賜燕表

唱名中禁既霑皇恩錫燕上林又將眷意誕膺榮幸祗荷寵靈中謝恭惟　皇帝陛下常嘆才難不憂道遠惟至誠而樂與開數路以兼收竟心所宅則如輕重之在權舜目所過則如妍媸之在鑑將欲驅馳其行藝且先鏡刻以龍光廣推湛露之恩徽及菁莪之品敍異陰陽之和氣樂通天地之至情待之以獻主則盞斝交飛陪之以從臣則金朱相照恩袍色動迷芳草之依依仙籍香浮引薰風之拂拂窃惟臣等之

平賤何幸聖朝之優隆雲上于天果沾茂渥魚在于
藻莫測殊歡相與盡心佩服鹿鳴之禮各思報上謳
歌天保之章

演山先生文集卷第二十五

演山先生文集卷第二十六

表

論性表

臣聞聖人之職既以裁成天地長育萬物居宰鬼神統制四海為大故其所學不宜滯于離析章句辯說義理為志必有以見天地之大萬物之衆鬼神之幽四海之遠不能出吾大道之中然後其學可以絕焉而上自天子之尊下至匹夫之賤皆有是道曾無餘欠悟在俄頃之間苟或不悟蓋雖多歲月窺隙編博古以究無窮之理譬尤捕月于水中終不可得臣謂

陛下能體此道推其緒餘足以陶鑄堯舜臣今輒言其端而用　陛下聰明睿智俄頃之間自然頓悟默契反本復始然後出供萬物之求無不可者章句之義可以不講而自解事物之變可以不思而兼應孔子曰神無方易無體一陰一陽之謂道繼之者善也成之者性也仁者見之謂之仁智者見之謂之智百姓日用而不知故君子之道鮮矣夫通天地萬物一神通天地萬物一易通天地萬物一道無方之神無體之易無乎不通無乎不由之陰陽三者混成未常相離一切幽明之理乎其中堯舜得之以為帝文武

得之以為王仲尼得之以為聖老子得之以為仙釋氏得之以為佛天下之人日用而不知有知之者未必能見之有見之者未必能為之方外之士寓于形聲動用之間以接學者蓋發其不知耳臣願 陛下時于萬机之暇宴坐之間遺外物我內視而反聽當見此道非內非外無近無遠含容管攝天地之大萬物之衆寂然不動則其孰可名儼然有感則無乎不在誰無此者惟聖人為能不以物累形不以形累心不以心累德其心常靜而虛常虛而明故能獨體此道以馭天下物來而應事起而辨何則萬物之情庶

事之理起于一體故也惟賢人能常齋心誠意澡雪疏瀹不使纖埃微垢有玷乎光明然後日進而體之惟下流以物累形以形累心以心累德傷懷染污遂至喪失與一物無以異　陛下生而知之豈待愚臣所言然後悟然而臣幸在　陛下左右不敢默默思所以為獻者莫先于此惟　陛下憐其志而恕其狂妄之罪不勝幸甚取進止

辭免太常少卿表

臣頃者誤被採擢歷守二史行及一年陳述拘文不敢思出其位時有論奏方愧無補政事之萬一復蒙

聖恩進次太常窃惟此選藝通禮樂職典天地叅定
論著必資成學如臣之愚豈足以當之所有試少卿
誥一道未敢祗授

謝除兵部侍郎表

僉奉　帝俞恩及九卿之貳特聞　天語朕加三品
之章寵擢疲駑光華側陋中謝窃以武部總五兵之
政昔列中臺夏官持九伐之權今歸西府以長屬處
德之小大以權正辨資之淺深聞命既優俯躬益愧
臣謂仕貴行義故志乎勢利學必為忠故略乎緒餘
雖乏高明之資稍知內外之分但務窮通而從道豈

移去就以隨人義弗苟容理當順受瞻堯彩俯逮一
期下典漢儀僅周三季涖職雖縻于廩秩積功何補
于涓埃乃被綸言更超蘭省此蓋伏遇皇帝陛下
酬萬变以淵靜承六聖以憂勤發天光而繼明作人
才而輔治薪槱皆用浮沉弗遺誤容一介之顓蒙輒
卒四曹之豪俊兵机不典雖無揚氏之戰功時事可
言當有常生之論諫惟恐中虧于至識未能上荅于
洪私任無感天荷聖激切屏營之至

謝除正任兵部侍郎表

卒屬貳卿愧無智術正名賜誥忝有恩光弗俟兩周

微賤遽登于法從豈期一介光榮輒辱于宸知拜寵
若驚揆才非稱中謝窃以古人之有為也趣時而不
趍人君子之見用也仕道而不仕祿道合則從而無
得喪憂虞之態義在則守而無低昂覬望之心不得
已則通之有權無奈何則安之有命惟知古意之可
適不問時情之所趍是故名利之境位要而毀來權
貴之門迹踈而謗往寧復希慕已甘退藏待罪未蒙
苟容非據何幸大明之旁燭乃更弱植以重榮内省
疲駑仰愧寵數此蓋伏遇 皇帝陛下運大功而造
物操要術以臨人謂其偶出於殊科亦以屬吏于要

路果使循常而進秩安能勸學以移風姑捐三月之
常程聊示一人之眷意進才能于不倦知名分之非
虚岳言未奏于明庭特蒙舜舉春信自回于寒谷豈
待鄒吹誓傾孝忠之懷期報神明之造

謝除禮部侍郎表

被誥司戎席尤未煖吏書典禮命復惟新慶謝交興
恩榮繼至還顧曾中之淺薄仰慙分外之光亨但益
戰兢莫知報稱中謝竊以六部之有禮其尤四時之
有春職名甚華曹務尤簡貢舉所責則慰俊選之望
威儀所資則關名分之門惟寅足以業官惟清足以

燭理豈意貳卿之要任乃及承學之微材此盖伏遇
皇帝陛下率由舊章紹復先業質文救弊乃欲倣唐
道德同風豈容在魯節文仁義之實潤飾治功之隆
但須宗伯之能承烏用先王之難致如臣之愚誤當
三禮之副輙居四曹之先才未變通恐作越樽之視
學雖狐陋知非發塚之儒內著至誠上酬洪造

議北郊表

臣切謂先王之禮盖緣人情時事而制時事不同人
情或变先王知其為禮不可期人以定論也故曰禮
雖先王未之有可以義起也三代之禮應時而造可

則因否則革要之適宜而已周以夏日至有事于北郊方是之時惟誠之為主惟質之為貴其戎路也未聞有今日之兵衛其告廟也未聞有今日之肆赦告廟朝饗登樓肆赦惟厥二事最煩且勞臣謂王者之事天地當有隆殺今日苟用南郊之歲北郊攝事北郊之歲亦親有事于天則以宿廟朝饗登樓肆赦諸軍之賞百官之賜歸于南郊之時不為之北郊奏告必簡其禮而宿于殿一宿于郊時其祭服節其儀物庶乎其可也不然必以五月之炎熾而詳為是三者則恐介胄軍帥法衣文武流汗浹背誠意倦怠驟雨

俄至忽遽失所誠非人情所安切恐北郊之禮一舉
而遂廢則復為合祭矣茍為合祭之無義不若以義
起禮而用孟冬之愈也何謂以義起禮且謂冬日至
一陽方生天德用事所以報天夏日至一陰方生地
德用事所以報地此其先王用二至之義歟茍謂盛
夏之月必難親祠則惟十月之義是以代之故說曰
十一月天與萬物造始之時也宜大報天十月地與
天代終之時也宜大報地方是之時天氣上騰則不
復事矣地氣下降則代有終焉昊天有成命二郊同
歌一詩之辭不言地蓋夫無成而代有終者地之道

也地不敢有其功而歸之天焉故也十月之用既不
失義而其用八變為數用函鍾為宮其地用下其壇
用方其牲用黝其管用孫竹其舞用咸池其瘞用黍
析一切象類與夏至無以異然則合祭豈足以議此
哉何謂合祭無義祭地之禮形色名聲皆用天類特
使地從祀耳地祗安得而至哉是未嘗祭地也故曰
合祭可罷孟冬可用或謂臣曰唐用孟冬有事于神
州今以之祭大示不亦異乎臣曰大示之有神州尤
昊天之有五帝以孟冬祭大示使之從祀可也安用
獨祭或謂臣曰孟冬之祭地不見于經果可用乎臣

曰用夏日至禮也用孟冬義也以義而節文即所謂禮何必見于經而後用哉用孟冬而無義則與正月北郊十一月合祭復何難爲非臣所論也或謂臣曰十月祭地十一月祭天先地而後天古無是禮臣曰夏至日祭地冬至日祀天是果先天而後地乎祭時惟義之所在不問其先後恭惟 神考祗事天明講明千古之漏典未之及行以俟今日 陛下長慮發于淵靜之中責其可行恐其或廢故容群論曲折送宜不必執一愚臣輙謂夏日至旬不可親祠則惟十月尤有疑禮之義可以進焉以備 陛下之採擇千

瀆聖聽惶恐待罪

乞外郡第三表

恩未蒙于俞旨義有愧于私心幸逢上聖之包含容有小臣之冒瀆然省已蓋存于去就奏言遂至于再三雖叨九列之恩榮何補四方之風俗況臣徘徊京闕偶玷八遷荏苒歲華忽逾一紀白頭兄嫂海角相望笄冠滿前婚姻事起計方窮于桂玉寵有望于旌麾不揆妄陳庶幾必得三刀作夢雖向湖山四海爲家豈離雲日伏望聖慈再賜俞允

謝除潁昌府表

五章上達屢瀆天威一節下臨特承睿音權領近藩之重職加延閣之華聞命雖榮省躬惟愧中謝永惟微臣今日之遇爰自 神考昔時之知因緣接武于禁途荏苒年于省闥以徇物則失道故其學不為利名而用捨以趨人則失己故其氣不為權而低昂是以利名之地居易而樂生權貴之門取踈而闊至雖負 神考之顧遇尤念古人之行藏況遭病以妨賢兼緣親而避貴故瀆天聽願臨郡封伏惟 皇帝陛下至德兼容大明旁燭聚謀而為善故不遺乎愚智合羣情而為公故不間乎親踈呼俞常出于無心矜

察重違其有請幸領頒宣之任難忘化育之恩廣漢之滑事情用當尚恕延壽之依古禮行必從宜內策疲駑上酬神造

謝除知青州表

彝建牧以分州周辨方而同利始號東秦之輿壤復更北海之雄都斥大封疆廣引諸公之土并吞海岱遠臨八郡之權共民盖記以賢才報政豈容于霸術責撫綏而尤重荷付畀以非輕中謝顧鈍晚成直方寡與分也甘于貧賤時幸遇于亨嘉奚補攸司費中臺之日月乃如所欲領東夏之旌麾此盖伏遇　皇

帝陛下以仁德守成以孝思繼志爰念　元豊之造
士弗棄　泰陵之從官名正上卿恩留内服更膺出
守之禮命仍拜往諧之訓辭入境觀風乎易必先于
政教下車頒詔富饒當本于農桑中勵駑材上酬洪
造

謝賜曆日表

史官推步允恊天行藩郡布宣欽承詔示中謝竊惟
萬化散殊自冥罔而造五行終始由元本而分月有
小大之期時有長短之刻理有衰盛數有吉凶生乎
二十四氣之變更存乎三百六旬之周復明法既定

大端可推故先王造曆于歲終惟庶局授時于春首妙筭不差于毫髮逆知乃浔于璣衡此盖伏遇　皇帝陛下推黃策以迎祥行夏時而頒朔天地失宜則為之輔相陰陽錯行則為之裁成拜賜光榮推行競業當令人事避害而就利仍與天時致和而去乖其効徵勞以酬洪造

謝賜　神宗皇帝御集表

國史移文旁逮侯藩之遠宸衷傳旨仰膺御集之新何殊堯典之文章乃嘆　神宗之述作篡曉香而拜賜滌慮以開緘雲漢昭明河圖煥爛訓示千古榮

生四方中謝恭惟　神宗皇帝學本六經治超兩漢無情應物運乎精神者一十九年有義建功存乎篇章者八十八策雖去道揆尤為緒餘文思之生自乎杳杳冥冥體要之立歸乎浩浩噩噩秘以篋笥傳之子孫恭惟　皇帝陛下孝欲廣聲學懷貽典深惜一言之散失旁求百辟之收藏遂致成書已名延閣莫能測海休誇金鑑之文曾辱賜詩如見瓊林之使畏高明而百遍究微妙以三思雖默默以懷恩但區區而望聖

賀元旦表

三陽祐德之初辰萬寶逢春之始旦舉是盛禮會于
大庭東備藩垣徒跂魁杓之下北瞻卿士難陪儀衛
之中思欲飛馳喜溢抃躍中賀恭惟皇帝陛下篤
孝思而繼統謹禮文而守成朝色勝明佩聲登降周
詢風俗同出一家交上圖書坐觀四海曾拜壽觴而
共慶尚懷天語之同休上下雅音想見清都之宮殿
往來法服夢遊太古之門庭就堯日以形留恭虞賓
之贊賀一云未能近綴于虞賓且幸遙瞻于堯日

太后受冊賀　皇帝表

寶冊具陳肇稱盛禮鴻名允正式契羣情凡在照臨

率皆舞蹈中賀恭惟　皇帝陛下道隆今古德貫天人纘七聖之鴻圖膺萬年之寶曆念付託既承於哲聖携持乃自于元符天下歸仁雖著謳歌之美禁中定册實推贊助之勞恩既極于難酬義必期于有稱因心則友用殫昭報之誠制禮有儀曲盡尊崇之典益顯曾沙之慶永嚴長信之居命渙九重欣交六服臣備員法從遠跡藩維仰望天庭莫覩上儀之舉伏膺詔音惟均庶類之懽

賀太后受册表　劉

寶册具陳肇稱于盛禮鴻名允正式契于羣情凡在

照臨悉從鼓舞中賀恭惟太后殿下懿柔毓德仁儉敦風日月齊明早儷哲皇之聖能蘊應兆繼鍾越國之祥廣陰教于六宮播徽音于四海暨聖神纂國之始有簾幃定策之勳道既協于姜任位宜隆于馬鄧因心則友用殫貽穀之誠惟帝念功益盡褒崇之典丕顯曾沙之慶永嚴長信之居命煥九重歡交六服臣備員法從遠跡藩維莫獲觀光第勞頌德

演山先生文集卷第二十六

演山先生文集卷第二十七

表

賀復湟州表

繼志事者莫先乎成能纘基圖者允戒乎虧國儀聞詔旨再收河湟遂振德威旁怖夷狄中賀臣聞在昔漢唐之舊境乃令羌胡之遐陬自天寶盜據者凡三百年至　裕陵思復者蓋十九載　哲宗神斷而往取戎王識服以招來方欣犬馬之羣已柰冠帶之俗恭惟　皇帝陛下神武行于不殺道化通于無形述先志之未遑追成功于既廢取弗血刃期于淹時隴右

掃除已起秦人之煙火闇東舞蹈空思魏闕之班聯

賀五星循軌表

元英垂象杳杳難諶眷德通神昭昭易感果聞臺上在衡之史俄奏天中循軌之星邇遐歡呼夷夏瞻仰中賀臣聞惟元氣混而為一物在天道散而為五星或視治亂而為妖祥或緣得失而為逆順今既不差于度數茲乃有符于聖神迭播四時曲成萬物賛瑤圖于有永兆蒼筭之無窮顯相自天靈承惟聖恭惟皇帝陛下奉三無而寅畏通九有以中和民望堯天國齊聖政連珠環極而無陵犯之道同晷昭德而有

盈縮之時作協氣以橫流閶靈光而下照百官稱壽遙思日下之班萬國向明俯唱海邉之俗

賀德音表

熙事告成神靈底豫鴻恩俯暢華夏交欣凡預照臨皆聞鼓舞中賀恭惟皇帝陛下聖自天縱孝由生知遵制揚功盖盡丕顯丕承之美慎終追遠致茲克禋克祀之誠當西宮祗見之初乃大政惟新之日爰敷睿渥式闡光猷受福無疆與民更始好生育物豈惟流澤于一時敎愛因親抑又可移于四海臣誤領承宣之任幸逢熙洽之期繫跡齊邦空想充庭之鷺

游心魏闕但思向日之葵

又表

內殿寧親已訖告成之禮中臺飛牒遂推報本之恩
遂遹交歡人神均慶中賀恭惟皇帝陛下嗣復實
資于舜孝撫綏良出于堯仁祖述大猷率循前聖時
瞻天日之表日閱圖書之文樓託未嚴規模尚陋惟
致工巧可舒孝思結飾增隆經營益壯奉睟儀之淵
嘿即寶宇之光華神考方安似樂作紫微之所物
華將遂如雷行青帝之時其令衆懋皆革乎私心以
示餘澤允被乎後世仰惟報德之眷意俯作望雲之

頌聲

賀復鄯州表

詰爾戎兵進分三道念我土宇收復五城昔與今還何煩血刃始抗終附更致壺漿瞻仰皇威惟欣輿謠中賀恭惟皇帝陛下以孝脩堯道以德廣文聲方圖日闢之功乃選鷹揚之帥揚麾西去氣吞隴右之殘羌拓地東歸圖上湟中之故壤薄華夷而共慶跂威愛之兼行萬里捷書雖喜龍庭之報百僚賀表徒恩鳳闕之班

謝除知廬州表

九郡爲連既領齊藩之符節三年易守復待楚部之旌麾拜命若驚撫躬何幸即趍淮右道不出于都門益遠天中夢徒飛于象闕中謝粤惟廬子之啓土爰自秦人之作州晉魏之時其爲鎮甚重吳越之俗其爲風略同潛直斗星之六度屹趍金城之四圍庭少造辭訟鍾可樂巇多滯穗蝗盜何憂善最易修恩榮難報恭惟　皇帝陛下以獨斷宅萬事之統以庶務器四科之賢内有公卿汝爲汝翼外有嶽牧于藩于宣乃屈大邦更縈小智始以有懷而得請仰荷宸私令其無術以承流俛思帝訓明茂者輔翼之以義理

勁躁者節文之以中和其褊淺能以酬洪造

謝除知鄆州表

恩出天中誥移汶上六旬頒詔遂違淮右之諸侯九郡作藩已撫山東之兩路中謝在昔皆歸于兖域至今復從于榆林蘆居曾國之舊封峻接泰山之巨鎮雄起兵民之盛富資林藪之饒何幸淺知乃膺重寄恭惟 皇帝陛下運至神而不測推大德以無私遠近兼收而浮沉者弗遺取捨獨斷而邪正者已判以神考擢處甲科之士以 哲宗引居法從之七年委曲保全始終持挈取其心迹匪他之小器付以民物

甚繁之大州永惟循吏之流風必施于政允紹先王
之遺化復作其民式報洪私益惇未學

謝宮觀表

考言章之數奏宜竄遐荒荷聖德之寬容尚留真字
中謝惟臣徽跂孤生榮升禁從出佩諸侯之印坐持
連帥之符頒詔十行蒙恩三載事嘆人言之可畏福
訟已求之不周更復何云姑陳所幸素抱尋真之志
方懷遺累之謀未獲因緣乃何幸會許回頭于紛擾
容竊祿于優閒恭惟 皇帝陛下日月照臨乾坤覆
載當擬遐遺之士尚詒兼愛之仁華以天章優之月

廩供職湖山之境棲神仙聖之宮一篆香清獨上朝
元之殿閣萬緣念寂誰攀應世之衣冠但思罔極之
恩宜祝無疆之壽

謝贖金表

始恕前愆尚留道館再陳餘累秖屈金刑宛轉恩臨
重荷乾坤之覆載優游官守密移洞府之光陰齋引
天香念緣帝渥中謝恭惟　皇帝陛下以中行之惠
敷及疎遠以旁燭之明格知幽深責弗求周過惟從
宥雖號淺末亦蒙撫存法既用廉雖悔莫追于一失
德將欲報惟誠可仰于三無長守右銘毋忘中佩

賀廣西路奏溪洞納土表

莫測中天潛運懷柔之道化果聞南帥具陳獻納之蠻封宸殿拜章衆隨班賀琳宮望聖獨與心言不必興師遂能辟國數百年之隔絕幾萬里以来歸越在熙朝實爲盛事中賀 恭惟 皇帝陛下允文允武旁暨遐陬乃聖乃神丕承先烈故夜郎牂牁之入土如青海積石之来王有感必通無遠弗届數要悉登于地志富奥方輸語音咸諭于王言善哉夏變第限洞霄之睽阻徒瞻天闕以懽呼

賀日月交不蝕表

渾天占象得交會之嘉祥宸殿拜章仰休明之盛德
奉萬年而稱慶率四海以觀光閒散微生歡呼盛旦
中賀惟日月往來于晝夜故乾坤變化于春秋時以
氣交晦而體合潛布粹序密移衆多然其迭晷之有
短長所以循度而有南北或入蝕限乃干曆書雖以
相過而不凌犯之各行而無惑蓋有所感遂迭弗違
恭惟　皇帝陛下誠協二儀仁周四海中環輔佐之
至德外列贊襄之賢明故致天文亦符治象道雖同
而非青壤既見以何傷克用善良無周王之辛卯盍
加寅長有唐帝之開元是必告祥允宜歸美適守琳

宮之職徒瞻金闕之班

謝轉朝奉大夫表

事功及考帝告來頒睿意降綸但祗所訓門更兩載

獲依祠館之煙霞榮陟一揩章用禁林之日月自顧

微生之孤立何當盛德之兼容中謝此蓋伏遇皇

帝陛下以堯仁溥愛于多方以舜智泛觀于庶類不

以人非而遂棄不以自貽而亦收雖係罷休尚從叙

進謝恩北望徒思天闕之班聯祝聖東遊惟懇洞霄

之仙聖

謝再任宮觀表

三載告周將違道館一封得請復荷皇恩恒有官箴

閙無吏責愧徒縻于廩秩省何補于公私含養弗遺

懷蔵罔極中謝此者伏遇　皇帝陛下以至仁兼愛

乎遠近以大智旁觀乎智愚薪槱遺宜浮沉具載頤

雖一介之可棄謂亦三朝之所收以故禁直增華員

遊絶異忠誠易感尚存魏闕之心造化難酬但仰堯

天之日

皇后受冊賀　皇帝表

飛龍在御于貽乾德之光寳冊揚廷允正坤儀之位

禮行宮掖慶洽寰區中賀竊以有爲之君皆資内助

演山集　卷之二十七　七　小草齋鈔本

之德聿降于嬀汭皇英成虞舜之勳來嬪于周京姙姒輔昌歧之業恭惟皇帝陛下席太平之運體上聖之資發政施仁澤雖覃于萬宇齊家治國化必首于六宮消盛夏之吉辰舉長秋之備典自天作合昔占沙麓之祥中命用休今極椒房之貴永隆萬世之本茂對三靈之歡臣叨列從班欣逢盛事偕四方而來賀雖阻進趍祝萬壽以無疆但知鼓舞

賀天寧節表

大時熙運九乾開彌月之祥上聖篤生四海祝參天之壽中賀竊以數能總物出臨水旺之鄉道可羣人

生值乾居之所果得大智能安庶民電遶寳樞虹流
華渚恭惟　皇帝陛下兼愛之仁並乎堯舜混成之
物同乎羲軒百蠻就日以觀雲九譯梯山而航海仰
祝南山之固遥瞻北極之尊方當守職于琳宮未獲
奉觴于金殿

謝除知福州表

引南國之旌麾初臨民社跂中天之雲日深荷恩榮
重握兵鈐顯居民表當審操修之術庶堪付畀之權
中謝仰惟　皇帝陛下道世會通聖能徽顯堯文訓
士常觀雲漢之為章周制因時每味睿思之作則詳

宣德意率屬以先周布詔條承流而下帥提由義旁
連一路之州鄉鎮撫思仁中樂三山之形勢寵任唐
堯之牧慙虧黃霸之能其策疲駑以裨神化

濵山先生文集卷第二十七

演山先生文集卷第二十八

表

謝賜貢舉勑令表

聖神纘俊肇新貢士之規郡國承流章拜成書之賜中謝伏以自古在昔舉賢與能蓋將圖輔世長民之功故必嚴循名責實之法既因時而損益亦視道之汙隆逮于甚盛之期式備不刊之典恭惟皇帝陛下多能天縱盛德日新昭回文之斧藻萬物淵懿之學表章六經首善京師化成天下念神考選才之制資成周致治之方遂推善述之心爰下增修之詔

參稽載籍敷繹舊章條目纖微慮無遺策規模閎遠

舉必要終臣貢自先朝擢多士微生遭遇明恩已愧

于難酬嗣聖緝熙成訓復叨于寵錫退惟章會重積

兢榮奉以傳家敢怠爲儒之業勤于勸駕庶逃曠職

之愆

謝賜曆日表

舜璣觀象察四序之變通堯曆授時示三農之早晚

廣宣寵命敷錫多方中謝竊以九會復元積數逾周

天之運六觚爲握考時推成歲之宜盖預課于清臺

遂迎頒于率土恭惟皇帝陛下德合乾坤之覆載

明齊日月之照臨總百聖之豐規新萬年之大紀令

將更布輔成泰道之亨仁不遐遺寵及炎陬之守臣

敢不仰遵睿訓俯遵農時俾知稼穡之期率躋富壽

之域

又表

寬書誕布將開獻歲之儀新曆迎頒盖謹先天之令

寵靈斯至歡扑交深中謝竊以軒策迎長首四時而

布度舜璣觀象齊七政以當天分纏離啓閉之微次

弦望晦明之序法皆原于聖作理實重于農時究觀

歷代之豐規屬我奉元之大統精研發斂獨高南正

之光雜佚变通不在北平之下況廣陶于聲教宜均
被于幅員恭惟　皇帝陛下廓日月之重光合乾坤
之大德巽而申命恩靈溥達于中區華以明時節令
一新于嗣歲臣敢不仰遵聖訓恭授人時撫千里之
封疆生成備悉勸三農之稼穡早晩周知誓殫頒布
之誠仰荅裁成之造

謝賜五禮新儀表

樂爲告功已備八音之奏治縁明教又覩五禮之文
頒賜既崇推行宜敏中謝　竊以天理自存其物則人
倫孰久于情文先王明其物則而爲之儀因其情文

而爲之制是故其制雖嚴而難犯其儀雖多而易行
柰緣衰亂之末流遂失詳明之大意奢偸踰節僭差
失中幸逢元后之聖神能積歷年之德澤雖務釐正
尚期集成恭惟　皇帝陛下基圖承萬世之休事業
追三代之盛以古爲宗則以道爲本以俗爲鑒則以
時爲權紹聖臨軒曾詢俊造之士敗和繼志方選討
論之官相時之變通沿情而附削收斂遺逸補正殘
餘斷以天心裁之宸翰今自義起古隨意存傚舜以
修豈憚五年之數望周而繼何妨百世之遥

貴妃受冊賀　皇帝表

寵出宸衷春歸邦媛陰贊六宮之內治顯處四妃之首班備舉縟章誕揚寶冊歡慶古傳于寰宇華光已照于宮闈中賀恭惟皇帝陛下論天下之治則本乎意身叙宮中之聯則風乎邦國乃眷求于婦德將容補于坤儀淑哲淂人尊榮亞后女功留意不辭絺綌之衣帝子應時已作熊羆之夢惟臣式守承宣之節難逾舞蹈之庭黙感微情遥思盛禮

賀燕樂表

樂府更修咸備八音之美政庭按試悉收萬物之和文以中聲頒于列郡宣一人之眷意通四海之歡心

中賀竊以雅頌大成聖神高致蓋非一日之能積是必百年而後興累聖繼承歷朝因革鄭衛不作觀和有爲恭惟　皇帝陛下聖冀以能法根于道超則侔天而淵默乎言意之表俯則應世而優游乎名數之間泛歌天地之呈祥兼播帝王之崇德具五爲而不欠散六感以無淫部下審音已失遠夷之器堂中侑食如臨太古之庭朝野感通人神欣忭

賀天寧節表

道既還元正在乾居之月數能總衆適當水旺之時康濟蒸民上天留意篤生元后下國依仁瑞色橫空

仰北斗遶樞之電歡聲動衆擁南山祝壽之人式憑
大覺之勝因庶結長生之妙果前期一月俯徇萬靈
讚揚惟保于蘿圖吟詠已窮于貝葉恭惟 皇帝陛
下永協周卜高攀舜遊来為来崇顯顯持盈之主如
升如至孜孜歸美之臣惟臣睽遠闕庭承宣海徼率
先七郡欣隨漢嶽之三呼想見兩班祗服堯堦之百
拜共表緝熙之功德以慶淵黙之聖神

又表

孟冬浹日兩儀開八葉之祥炎曆良辰一聖應萬年
之會虹流華渚電遶寳樞果有眞人克持盛世九譯

梯山而航海百蠻就日以瞻雲樂見士民恭聞釋老
已演秘密七俱胝之旨乃贊祇耶三大劫之修恭惟
皇帝陛下道等羲軒仁肩堯舜斡旋乾蓋以庇人寰
發越雲章以明世務天人協意維持北極之尊夷夏
交驩瞻仰南山之固惟臣雖任承宣之職尚拘踈遠
之邦率屬惟先競作山呼之拜瞻天非遠獨思星拱
之聯

賀陽德觀瑞竹表

脩竹未栽偶勞蓍念至神已感遽引芳根豈惟上下
之同流乃見天人之相與中賀恭惟皇帝陛下造

化在手本根自天梯航之鑾弗期而自至儀唱之俗不令以胥溟萬實誰尸百嘉或使歲次政和之夏駕臨陽德之宮餘景雖佳此君未秀碧桃溪上方閬天子之音丹鳳林中已協羽人之夢五百未離于天圃三千已產于龍孫豈在人為實惟神化猗猗有相尤可比于封侯蕩蕩無名又安知于帝力

賀嘉瑞殿雙蓮表

殿踰七紀昔薦嘉祥蓮產一枝今如舊物示厥累聖同根而連實譬諸殊芳共幹以駢華中賀恭惟 皇帝陛下聖神潛運于三才中和旁育乎萬類無遠不

屆有開必先圭合内赤之眞陽日現下承之靈氣青嶺瑪瑙大和水精木字天書金花地湧有是非常之物實爲甚盛之朝更係瑶池並垂仙臉瀟湘風靜比肩鼓瑟之娥英河漢日明携手渡橋之牛女何異溲頭之擢秀乃明一揆以承休天瑞遽呈不俟東封之後臣心欣賀莫知北面之遥

謝賜元圭批答表

臣某言准都進奏院遞到禮部雕印 御製御筆元圭批答并羣臣議及考驗狀共五冊賜臣者則天體道晃莫能名制器告功禹惟不伐中抱一源之眞火

外環四鎮之靈山其孰主張以更久遠託跡暗窺于唐漢待時潛望于儀軒果會真人克揚神物中謝恭惟

皇帝陛下超百王而制法本三代以趣時裁天地之生成相陰陽之造化乃得珍符之大亦存至道之微體用輝光質文并含方當四海混同之日況值一陽來復之朝時合顯以難逃人欲藏而莫得援古文而並契纏寶鼎以爭先祗往路朝顯膺天命積三千歲可畀其誰傳億萬年自今以始付之黎獻講以高言方鏤成書乃頒列土秘藏篋笥已增桓穀之光披玩規模如得雲雷之澤

皇太子受冊賀　皇帝表

恩入東宮已拜建儲之制赦行下國遂生遷善之心登長子之元良舉阼階之盛禮慰華夷之視聽安宗社之本根山亦同呼雷方作解中賀　恭惟　皇帝陛下睿發三天之付畀顯膺一氣之生成玉葉繁昌仙源宏遠茂積詵詵之慶潛開繼繼之祥少海含容方見納川之量前星光彩已餘燭物之輝聞見無邪撫監有託既進師承之三善宜釋民罹之百非衆恊一聲皆賀重光之在日獄空四海並歌生德之無刑

賀皇太子受冊命表

敕行下國俄聞沛德之書喜報東朝已拜建儲之制慰華夷之視聽安宗社之本根望重恭欽聞增欣抃中賀恭惟 皇太子殿下離龍樓而奉詔還鶴禁以承休入有保而出有師聞正言而見正事無怠寢門之問有勞賢苑之思蘭殿尚新桂宮已嚴前星在上自露照臨之光少陽方中正含發育之德尚條海邦之守未諧朝路之瞻謹奉牋稱賀

賀諸州軍祥瑞表

帝德難明正一心而有感化工莫測華萬物以無為高下志通崇卑氣合顧此洪纖之呈瑞出彼幽明而

應誠中賀 恭惟 皇帝陛下四海依歸三天付託惠浹鰥寡恩周鬼神混合天人之兩途含孕陰陽之一氣霞蓋之内蒸作沖和動植之間發為奇巧地報寒泉之湧醴林喧甘露之凝珠龜目何多鵲翎尤潔花雙頭而吐艷木連理以垂陰朱草含輝紫芝疊秀遠見竹筮之並長屢傳麥穎之同生方駭臣聞已継閶門之舞蹈特留天視又增史筆之光華祝萬壽以開先服九垓而來遠

天寧節進引銀表

聖應時過世有接隆之運銀從山溢地無愛寶之心

遥仰天光遠充庭實堅剛獻壽吞兩耀之精華潔白
將誠含五金之純粹庶効封人之勤祝以伸藩守之
欽承

謝除龍圖閣學士表

遄傳金字知非世上之文書劉帯玉音感自御前之
恩意重升華而加重再均逸以增榮乃眷餘生何當
眷眷中謝伏遇　皇帝陛下發千載眞文之蒙蔽明
三天上德之精微以歸狂迷以浚淺末道念潛及窒
者既通神化密移復者斯作故使踈遠亦加選掄海
上承流已度六朞之後天中垂賜更榮五閣之光但

愧微才蜀酬洪造

演山先生文集卷第二十八

小草齋鈔本

八閩文庫

文獻集成
328

福建文獻集成

吴格 主編

續編 集部 四

海峽出版發行集團
THE STRAITS PUBLISHING & DISTRIBUTING GROUP
福建人民出版社

本册目次

演山先生文集六十卷（卷二九至卷六〇）　［宋］延平黄裳撰……………一

演山先生文集六十卷（卷二九至卷六〇）

［宋］延平黃裳撰

日本靜嘉堂文庫藏明謝氏小草齋抄本

演山先生文集卷二十九

疏

天寧節功德疏

龍飛雲從既叶一人之慶聖作物覩咸傾四海之心載憑願力之無邊用祝昌期之有永恭惟 皇帝陛下聖自天縱德偕日新嗣寶曆之明昌克繩祖武端小心而寅畏式享神休虔玆具葉之誠默贊蘿圖之茂伏願 皇帝陛下明同箕翼固崗陵壽一萬春契唐入之歌詠卜三十世衍周曆之綿長臣違遠闕庭承宣海岱莫陪禁從望八彩于堯瞻惟與吏民助三呼

于漢嶽

又䟽

圜穹爲社大開長發之祥寰宇傾心咸薦誕弥之月謹伸誠悃虔叩寶坊載憑頓力之無邊仰祝遐齡之有永恭惟　皇帝陛下運膺千載之會道冠百王之前體天德而出寧羣生自遂建皇極而守正多福並臻　皇帝陛下伏願卜世之期上天罔極垂衣而治如日之升四海九州永賴一人之有慶南山北斗共伸萬壽之無疆

又䟽

眞仙誕降當立子生商之辰海寓均歡鬯封人祝堯之意仰憑玆力申頌壽祺恭惟 皇帝陛下撫盈成之期恒于持守躬紹述之孝通于神明措天下于泰山之安躋斯民于仁壽之域 皇帝陛下伏願三靈擁祐十力證知寶祚弥昌丕圖永固松筠共茂前膺睿算之無窮日月齊明更祝後天之難老

又疏

大覺寶文潛結無窮之妙果長生秘録密藏不測之殊因讚發歡忭誦通懇惻達神明而有感建功德之無爲以奉一人其延萬歲伏願 皇帝陛下大受海

内大明日昇道成性以存存德宜民而顯顯是故不
滅者佛以維以持不墮者仙以引以翼豈惟三十之
盛世況逢千一之至人斗下靈樞夜驚電繞林中間
職曉伴山呼既獲證明當能保祐

聖節功德疏

四海傾心祇俟生商之旦萬齡獻壽競形歸舜之歌
默資道妙之無邊顯贊帝圖之有永以聖繼聖既新
又新恭惟　皇帝陛下德冠百王運膺千載建皇極
而守正衆福同歸體天德以出寵羣生遂紹述之孝
感通明神持守之能跨越今古宜享羣真之致福更

冀諸天之證知

同天節功德疏

帝既生商天方與啓聖母弥月出應四方之緣火權盛時来秉千載之運天日之表神明之容何福不膺有生皆遂蒙等荷覆載無私之德含尊親罔極之恩願憑大覺之勝因庶賛至仁之遐筭祇行百拜之禮近祝南山歡捧萬年之觴遐瞻北極

聖節開啓疏右語

右臣等伏以圓穹薦祉大開長發之祥寰宇傾心咸薦誕弥之日敬申誠悃虔叩寶坊載憑願力之無邊

仰祝遐齡之有永恭惟　皇帝陛下運膺千載之會
道冠百王之前體天德而出靈羣生自遂建皇極而
守正多福並臻　皇帝陛下伏願卜世之期上天罔
極垂衣而治如日之升四海九州永賴一人之有慶
南山比斗共期萬壽之無疆

忠獻令公功德疏

岳神何往一歸丹府以難尋櫪馬既鳴三對薰風而
有感回眉外除之日用伸中動之情伏惟其官十載
釣衡人受其賜兩朝勲業天與之符令德可稱日韓
日范靈氣所孕匪甫匪申志輕華袞之榮體勝丘山

之重儒生感舊誰求請畢之言虜王追亡應展窮圖
之像

眞如開堂䟽

佛祖悟命机之妙而神氣精為之根修性德之要而定等覺為之本及其根本已混非有非無體用既冥無内無外弗在言句是為如來掃鬼窟之生涯震雷門之聲韻以謂客塵之中誰可出世教法之外別當授人憫惻羣迷乃垂禪學于萬世收藏獨見且演性宗于一門法身固出于色身覔海亦資于學海其擧十二時之日用以開三千界之管窺庶幾悟眞而自

成何乃執幻而獨是若云獅吼未離精魂雖脱輪迴猶是意識輙擬大成以小解方悲上德之下衰故須舉知聊用援溺其人長老東林之賢嗣南禪之俊遊雲行四方心迹任道壁立萬仞機鋒向人乃舉上乘之妙緣況在中齋之勝境用率士民之衆冀承道義之尊顔行接引以數楊庶使依歸而承聽

東禪開堂䟽

西來祖意直指人心南學禪宗正傳法眼去古滋遠當仁愈難爭推作者家風罕識本來面目欲悟大衆必求智慧之師要鎮名山宜得孤高之士眞覺禪師

學造微妙行歸靜深衆所共推身難獨善況東禪之
勝境乃長樂之雄藍宜徇輿情遠臨祖席行雲出岫
本自信于無心流水盈科亦隨緣而有利勉秉柸渡
來震雷音上酬詔旨之恩仰祝聖君之壽

西峯開堂疏

迦葉拈花世尊爲之啓齒寒山撫掌拾得于焉點頭
不落言詮自超正覔厥後支分泒別想變體殊坐斷
聖凡猶滯半途之趣從行棒喝親獲向上之机謂之
宗風名曰出世允能上人談鋒穎悟戒迹孤高印可
世于芳公禪師衣受度于圓照大士維長樂之精剎

刹西峯之上藍實古道場久虛法席衆望所屬堂仁
勿辭即期象駕之進途無慮螳螂之拒轍敷揚祖意
上報
國恩

廣因開堂疏

萬物本無静根衆生皆有覺性迷從多劫歷幾河沙
悟在片言一彈指頃無諸樂境廣因淨緣祥公上人
以心傳心是法非法欲引無邊性海悉超不二法源
莫開方便門曷指圓通路今日之意諸祖同風無盡
香焚四衆圍繞第一義諦請師舉揚

盧山開堂疏

談禪之士或有言而見掃遽云邉畔之未超或以無言而見嗤轍謂机鋒之不峻既蹈見聞之一曲遂淪空色之兩途不知言則道之用行而體不全默則道之體立而用不顯語默動静不當偏廢體用有無未常相離云云者汗漫乎有鄉寂寂者莽蕩乎無境雖悟精魂之具足弗思金鑛之交加秘密未聞要用磨愽而作鏡塵凡不濯莫知消鑛以為金執意會以為圓通認性見以為究竟惟恃十談之轉影字窺千聖之通神流落頑空徒回活計孰悟大道獨開上人建一物之渾淪應知人望度九年之還迈静與天行有處

常無默時尤說大塊噫氣天籟俄聞小樸含空須彌
安在斯道將振何人可承份師長老受言如愚知性
若視已脫方中之習更膺教外之傳付以名山接諸
初地江湖離世將為船子之棲真鐘皷升堂且作對
人之視聖

淨土開堂疏

西意既来南禪遂振其教有內外其法有顯藏由禪
而出以應物則轉換風力枝派言句此教中之事乃
法之緒餘由禪而入以立道則絕滅緣念掃除言說
此教本之事乃法之本根然而內外一貫精粗兩途

坐禪而立道者希談禪而應物者衆以有机鋒為事業以無脫縛為眞如未暇眞修秖云往見徒矜轉影之十說莫悟隨方之一珠內外弗明精麁尚惑其人長老祖師之後嗣眞人之遠孫掛錫閩山德名獨著傳衣吴鄙道室重開當開堂上之雷鳴弗作穴中之狐嘯天香一縷仰戴宸恩家慶千祥旁歸郡政其勤朝暮之修以副崇卑之願

堅尼師開堂疏

心獨為宗包羅萬象人誰作佛接引羣生實性乃佛性之源空身即法身之樸修證者寡頹落頑空污染

者多辛況幻色況彼女者在茲世間難向道超易隨物轉幸蒙春旨特建叢林棟擇高明發揮微妙學無上道得比丘尼堅師長老禀秀閩山棲真吳地悟禪談而宿契滅愛緣而再來非陰非陽僧尼莫辯是空是色世佛何殊豈在人乎本來自尓應物以此捨師而誰萬壽報恩勤引天香之一篆十談轉影潛開佛印之三乘當與證明顧聞舉唱

滄山先生文集卷第二十九

演山先生文集卷第三十

詞

桂枝香　延平閣閒望

人煙一簇正寄演客飛昇翠微麓楼閣參差下瞰水天紅綠腰間劍去人要在記千年寸陰何速山趋三岸渾吞二水嵗豈人足是處有雕欄遥目更無限望歌芳醞初熟休詑滕王看處落霞孤鶩雨中尤愛煙波上見漁舟來去相逐數聲歌向蘆花還疑是湘靈曲

又

插雲翠壁爲送目入遥空見山色金鼎丹成去也晉
朝高客百花巖下遺蹤在賦何人離塵風骨翠微緣
近希夷志遠洞天蹤跡
近劍有爲龍信息怯潭上靈光雷電相擊尤好風波
乍霽鷺汀斜日倚欄白晝行人鬢但沉沉犀岫凝碧
利名休事蠅頭飛舸送君南北

新荷葉　雨中泛湖

落日銜山行雲載雨俄鳴一頃新荷坐聞疑是秋聲
煙波醉客見快哉風惱娉婷香和清點爲人吹在衣
襟

珠珮歡言放船且向前汀緑傘紅幢自逞天漢相迎
飛鷗獨落芦邊對幾朶蘩英侑觴人唱乍聞應似湘
靈

漁家傲　詠月

通一月而迭詠已侑金卮辨四時而各言未勞
檀板晦朔乃取于盈闕寒暑蓋資其往來聲動
息而忙者閑觀光臺上衆景生而悲者笑窺影
盃中飲闌夢覺則斜月淂其情望重意新則初
月致其事是宜袪有六義離爲七章盡入歌聲
共資一笑

春月

多幸春來雲雨少且教月與花相照清色眞香庭院
悄前事杳還嗟此景何時了
莫道難逢開口笑夜遊須趁人年少光泛雕欄寒料
峭近步遶不勞秉燭盡天曉

夏月

汗漫金華寒委地火雲散盡奇峯勢紈扇團圓休與
比秋可喜恩情不怕涼飈至
夢冷魂高何處寄琉璃砌上籠人睡逃暑廣寒宮似
水緣有累乘風卻下人間世

秋月

人在月中霄漢遠仙槎乘得秋風便寒信已歸砧上練衣未翦踈窓空引相思怨

須信嬋娟尤有戀輕飛葉上清光轉寒菊枝頭籠婉孌人初宴新粧更學鉛華淺

中秋月

三月秋光今夜半一年人愛今回滿莫放望歌容易散須同翫姮娥解笑人無伴

抱盡金精來碧漢醉吟莫作尋常看已過中天歡未斷還同嘆時情已向明朝換

冬月

風入金波凝不住玉樓閒倚誰飛舉霜艷雪光來競素分辨處獨垂餘意窺庭户强薄羅衣催玉步美人爲我當樽舞醉到春來能幾度愁今古月華不去年華去

新月

方今庚生初皎皎珠簾鉤上華堂曉十二欄杆多窈窕粧欲妙玉篦偷學娥眉小慢慢時人隨兎走十分皆望菱花照瑞英莫嫌生得少圓未了已圓卻恐佳期寫

斜月

已送清歌歸去後東南樓上人聲悄冷落充臨絃上
調歡意少空將萬感收殘照
窻外劍光初出鞘斜窺夢斷人年少未到盖棺心未
了塵慮擾焚胖竟入扶桑曉

永遇樂　翫雪

朝霱葳暉容袍驚煖天巧無意杳杳誰知包含造化
忽作人間瑞兒童歡笑忙來花下便飲九春和氣急
拏舟高人乘興江天助我幽思
繽紛似翦崢嶸如畫莫道冬容憔悴恍象含空塵無

一點疑在天宮裡酒樓酣宴茶軒清翫且待桂華來
至有餘光明年待看明紅暗翠

又　　冬日席上

天樓重雲月臨殘臘時有幽意化作瑤池紛紛戲蝶
一色非人世無情征鴈乘風南向悵望有情難寄暖
驚梅先傳芳信夜來萬寶春至
中齋勝境東藩和氣自有名園佳麗（一疊）休嗟三千好客
何處尋珠履小堂人靜樽前清晝好惜歲華如逝管
絃中金盃更勸朱顏皓齒

驀山溪　　臘日遊堯山

春前信息到處歡聲滿旌旆出西郊擁望歌嬋娟兩畔東巡事往空有雪中山仙馭悄古風閒謾動吟人嘆

天邊身世況值重華旦擊壤訪遺民想如雲望中不斷功名休論齊楚共唐虞開口笑插花歸更倩清秋曉

喜朝天 臘中雪後東湖閒宴

雪雲濃送愁思衾寒更怯霜風惹起離恨為光陰惱人意無窮誰省年華屢換漸作簡浮生玉鬢翁休易感新醅泛蟻且共時同

相逢笑語相契况駕言遊處山裏齋宫寂寞時候自
有皓景粉澤冬容光頤麗人期約痛賞候花開洛城
紅三十日回頭過盡喜對春工

錦堂春　翫雪

天女多情梨花碎剪人間贈與多才漸瑤池瀲灩粉
翅徘徊面旋不禁風力背人飛去還來最清虛好處
遙度幽香不掩寒梅
歲華多幸呈瑞泛寒光一樣仙子樓臺雖喜朱顏可
照時更相催細認沙汀鷺下靜看煙渚潮回還青娥
趁拍闘獻輕盈且更傳盃

霜葉飛　冬日閒宴

誰能留得年華住韶華今在何處萬林飛盡但驚天篆半空無數望消息霜催雁過佳人愁起雲垂暮就綉幕紅炉去金鴨時飄異香柳腰人舞

休道行且分飛共樂還一歲見景長是歡聚大來芳意既與名園是花爲主翠娥說樽前笑語來年管取人如故向寂寞中先喜俄頃飛瓊化成寰宇

水龍吟　方外述懷

五城中鎖奇書世間睡裏無人喚家家自有月中丹桂朱衣仙子能駐光陰鮮留顏鬓引君霄漢便西歸

休夢華胥國約無限烟霞伴
誰是採真高士幻中尋取无非幻時人不爲玉峯三
秀塵緣難斷莫説英雄萬端愁緒夕陽狐館到流年
過盡韶華去了起浮生嘆

蝶戀花　牡丹

每到花開春已暮況是人生難得長歡聚一日一遊
能幾度看看背我堂堂去
蝶亂蜂忙紅粉妬醉眼吟情且與花爲主雪怨雲愁
無問處芳心待向誰分付

又

興到濃時春不住昨夜雕欄放了花無數談笑急邀
吟醉侶青娥也合隨軒去
媚恐情生嬌恐妬今日開罇多幸無風雨休唱瓊林
一句來年花共人何處
又　東湖
南北雨山驕欲鬬中有漣漪莫道壺山小落落情懷
臨渺渺駕言來處鈴齋悄
行到桃溪花鮮笑人面相逢競好窺寒照醉步欹斜
西日少徽聲猶唱多情調
又

高下亭臺山水境兩畔清輝中有垂楊徑鷺點前汀
供雪景花乘流水傳春信
不醉無歸先説定醉侍言歸又被風吹醒月下壺天
遊未盡廣寒宫是波中影

又

杳杳晴虚寒漫漫放下塵勞相共遊銀漢便入醉鄉
休浩歎神仙只在雲門館
飲興偏宜流水畔時有紅蕖落在黄金盞鷺未忘机
移別岸畫舡更上前汀看

又

水鑑中看九十老乘興拏舟更向湘江過俯仰太虛
都一箇九春風思誰吟到
閙上釣臺雲外坐待浮金鱗始放芳樽倒醉後言歸
猶更早素纖有數君須道
喜遷鶯　表海亭冬日閙宴
雕欄閙倚瑞雪霽濟出人閒金碧下想名園芳心多
少欲占九州顏色洞開路入丹漢自是神仙真宅寒
吟外看歌雲舞雪光陰難得
誰共懷古意東海一老居易頭垂白自此英雄功名
相繼空有寂寥遺跡聖賢電拂休笑離合許多賓客

使君樂與人同且對雲門斜日

宴瓊林　木香

紅紫趁春闌獨萬簇瓊英尤未開蹤問誰共緑幄宴

羣真皓雪肌膚相亞華堂路小橋邊向晴陰一架為

香清把作寒梅看喜風來偏惹

莫笑因緣見景跨春空榮稱亭榭助巧笑曉粧如畫

有花鈿堪借新醅泛寒冰幾點拚今日醉尤飛翠

羅帷中卧蟾光碎何須待還舍

宴春臺　初夏宴芙蓉堂

夏景舒長麥天清潤高低萬木成陰曉意寒輕一聲

未放蟬吟但聞鶯友同音醼華堂綠水中心芙蓉都
沒紅粧信息終待重尋
清泠相照邂逅俱歡翠娥擁我芳醞强斟笙歌引步
登臨更向遥岑卧影沉沉自風來與客披襟縱更深
歸來洞府紅燭如林

演山先生文集卷第三十

詞

雨霖鈴　送客還浙東

天南遊客甚而今卻送君南國薰風萬里無限蟬吟暗續離情如織秣馬脂車去即去多少人惜為惠愛煙慘雲山送兩城愁作行色

飛帆過浙西封域到秋深且艤荷花澤就船買得鱸鱖新穀破雪堆香粒此興誰同須記東秦有客相憶願聽了一闋歌聲醉倒拚今日

桂枝香　重陽

醱醅初熟競看九日西風弄寒菊姝子新粧向曉淡黃千簇清香鬧處君須住摻盈頭醉鄉相逐馬臺歡笑龍山縱逸佳話重緒續

共盡日登臨未足更休問明年浮世榮辱難得良辰鬓髮見秋充綠且邀月照金樽上近人寒如對飛瀑宴歸還趁人來茱萸佩垂紅玉

喜遷鶯　端午泛湖

梅霖初歇乍絳蘂海榴爭鬧時節角黍包金香蒲切玉是處玳筵羅列鬬巧盡輸年少玉腕綵絲雙結艤綵舫看龍舟兩兩波心齊發

奇絕難畫處激起浪花飛作湖間雪畫鼓喧雷紅旗閃電奪龍錦標方徹望中水天日暮尤見朱簾高揭歸棹晚載荷花十里一鈎新月

洞仙歌　暑中

亂蟬何事冒暑吟如訴斷續聲中為誰苦陣雲行碧落舒卷光陰秋意爽俄作晴空驟雨明珠無限數都在荷花疑星是河對庭戶莫負晝如年況有清樽披襟坐水風來處信美景良辰自古難并既不遇多才豈能歡聚

又

香無風色腸斷蓮花信水鑑雲垂數峯影向芳生苦寒暑煎人爭不老空想秋堂夜靜

玉姐揮皓月時送微凉莫杳金卮為伊盡柳下夕陽妝傍水重遊花酋上雪回襟冷問避暑天机自有奇人但且對湖光世間誰醒

又　七夕

世間言笑天上誰歡聚河漢涵秋靜無暑望丹霄杳杳雲幄俄開緣會遠空引時情萬縷緣樓人送目今夕無變巧在靈縧暗相許爽氣御西風衆樂難尋乘槎看鵲橋初渡過幾刻良時早已分

飛向月下何辭十分芳醑

八聲甘州　初秋

化工多事了却收天巧都與西風數峯雲如掃閒垂六幕初見秋容昨夜煩襟頓釋一雨洗遥空偏有銀蟾好千里人同

引起遊人多感為静中景色悲思無窮傍雕欄懷古誰問紫无翁也難逢金華時候又豈知幽會水精宫塵緣滿指煙霞去多在江東

滿庭芳　詠浮橋

蹬館烟輕銀河風細玉橋雲鎖方開曉虹千丈宛轉

下天來人在水精宮裏行樂處錦繡成堆仍相問人間天上何處有蓬萊

徘徊追往事征南巧架傳野懷才謾石驅東海沙合龍臺好是樂成初宴紅牙碎聲隱晴雷江天晚遊人未散莫放隼旟回

宴瓊林　上元

霜月和銀燈下送目樓臺星漢高下愛東風已暖綺羅香競走去來車馬紅蓮萬斛開盡處長安一夜少年郎兩兩桃花面有餘光相借

因甚靈山在此是何人能運神化對景便作神仙會

恐雲軿且駕思曾侍龍樓俯覽笑聲遠洞天飛畢向
東来尤幸時如故羣芳未開謝

又　東湖春日

遷煖閒俄寒妙用向園林難問春意萬般聲與色自
鬧雷便作浮華人世紅嬌翠軟誰頓悟天机此理似
韶容可駐無人會且忘言閒醉

當度仙家長日向人間閒看佳麗念遠處有東風在
夢悠悠往事桃溪近幽香遠遠謾凝望落花流水桂
華中珠珮随軒去還從賣花市

又　牡丹

已覽遍韶容最後有花王芳信來報魏妃天與色擁
姚黃去賞十洲仙島東君到此緣費盡天机亦老爲
嬌多只恐能言笑惹風流煩惱
莫道兩都迥出倩多才吟看誰好爲我拚有如花面
說良辰欲過須勤向雕欄秉燭更休管夕陽芳草筭
來年花共人何處金樽爲花倒

滿江紅　東湖觀蓮

綠蓋紛紛多少簡雲霄仙子應是有瑶池盛會靚粧
臨水無柰輕盈風信急端香亂翠紅相倚誰共吟此
景竹林人桃溪士

時雨過明珠細朝霧染香腮膩輕舟破幽徑煩襟都
洗第一朶須尋華池景壽觴邊偶得龜千歲乘興瀉
雲液落新荷休辭醉

減字木蘭花　競渡

紅旗高舉飛出深深楊柳渚鼓擊春雷直破烟波遠
遠回歡聲震地驚退萬人爭戰氣金碧樓西銜得錦
標第一歸

瑤池月　雲山行

紫元翁一日公餘危坐寂寥幽懷逸思偶往雲
山烟波之間想見其為樂也因作雲山烟波二

行歌之以瑶池月精嚴禪老請刻之石乃書以

遺之

微塵濯盡模真處羣山排在雲漢青盤翠躍掩映平

林寒澗流水急數片桃花逝自有留春仙館秦漁問

前朝换盧郎待今生滿誰伴元翁笑語相從未晚

更要得世味堪䟎道未立身充幻浮生一梭過夢回

人散卧松庵當會靈源現萬象無中須看乾坤界陰

陽炭瓊枝秀金圜爛何患朝元事往狐雲難管

又　烟波行

扁舟寓興江湖上無人知道名姓忘机對景咫尺羣

鷗相諰烟雨急一片蓬聲碎醉眼看山還醒晴雲斷

狂風信寒蟾倒遠山影誰聽橫琴數曲瑤池夜泠

這些子名利休問況是物都歸幻境須臾百年夢去

來無定向嬋娟留住青春笑世上風流多病蒹葭渚

芙蓉徑放侯印趁漁艇爭甚須知九點金砂如聖

蝶戀花　月詞

伏以合歡開宴奉樂國之賓朋對景攄懷待良

時之風月此者偶屈三益幸逢四并六幕星稀

萬櫺風細天發金精之含蓄地楊銀色之光華

遠近萬情若知而莫詰澹虛一色可攬以將是

故無累而翫之者喜樂之心生不足而對之者
悲傷之態作感羣動以無意涵長空而不流對
坐北堂方入陸生之牖共離南館便登韓子之
臺頓歌三五之清輝誓倒十千之芳醞
忽破黃昏還太素寒浸樓臺縹緲非烟霧江山分明
星漢路金銀閃閃神仙府
影卧清光隨我舞邂逅三人只頓長相聚今月亭亭
曾照古古人問月今何處
又
滿到十分人望盡仙桂無根到處留光景聽我樽前

歡未竟金卮已弄寒蟾影

銀色界中風色定散了浮雲寶匣初開鏡歸去不須

紅燭引天邊自與人相趁

又

古往今來忙裏過今古清光靜照人行道難似素娥

長見好見頻只是催人老

欲駐征輪無計那世上多情卻被無情惱夜夜烏飛

誰識破滿頭空恨霜華早

又

娥落盞中如有戀盞未乾時還見霜娥現說向翠鬟

斟莫淺慇懃此意應相勸
光景尤宜年少面千里同看不與人同怨席上笑歌
身更健良時只願長相見
又
千二百回圓未半人世悲歡此景長相伴行到身邊
瓊步款金船載酒銀河畔
誰爲別來音信斷那更蟾光一點窺孤館静送忘言
愁一段會須莫放筵歌散
又
人逐金烏忙到夜不見金烏方見人閒暇天漢似來

樽畔瀉須知問暇歡無價
銀色滿身誰可畫兩腋風生爽氣駸駸馬待入蟾宮
偷造化姮娥已許仙方借

勸酒致語

適來已陳十二短章粿歌三五盛景纍纍清韻
尚憩梁上之飛塵柳柳佳賓須作鄉中之醉客
同樂當勤于今夕相從或繫于他年更賦幽情

再聲佳詠

萬籟無聲天地靜清抱朱絃不愧丹霄鏡照到林梢
風有信樓頭疑是梅花領

萬感只應閒對景，獨倚危欄。擾擾人初定，吟不盡中

愁不盡，溪山千古沉沉影。

又

誰悟月中真火冷，能引塵緣，遂出輪回境。爭奈多情

都未醒，九回腸斷花間影。

又

萬古興亡閒事定，物是人非，杳杳無音信。問月可知

誰可問，不如且醉樽前景。

又

忽送林光禽有語，飛入遥空，失素歸洲鷺。照處無私

清望富，餘輝不惜人人與。

玉繩欲到中天路且待飛觴緩緩移瓊步花下影圓

良夜午東南樓上還相顧

又

一望瑤華初委地更約幽人共賞巖邊翠試把方諸

聊興試無情爭得無中淚

飛瀑恐從星漢至漸向賓筵但覺寒如水自愛一輪

方得意輕隨箕畢還成畢

青門引　社日遊雲門

鴻落寒濱燕辭幽館西成萬室顰眉人少自古雲隮

洞門何處南望數峯秋曉千騎旌麾遠去尋真忙中

心了佩聲盤入烟霞絶頂誰聞欢笑

當候青童相報因待訪仙人長生微妙置俎爭来四

鄉宴社且看翠圍紅遶似可捫青漢到北扉兩城斜

照醉翁回首丹臺夢覺鈞天聲杳

滿路花　　和秋風吹渭水

乾坤生古意草木起秋聲移人名利境夢中驚便尋

靈宝鳳髓與龜精客報黃芽就紫府門開道情有個

鶯鶯

問歸舍楚山青卧影水天明松庵誰笑話見還嬰鶴

歸日落聚兩忘情好笑人癡處白頭青塚世間猶說

醒醒

演山先生文集卷第三十一

演山集　卷三十一　　小草齋

演山先生文集卷第三十二

挽辭

神宗皇帝挽辭

奔逸三王後憂勤七閏間生灵千載會造化一朝閒

空致盤中露應尋海上山鳳凰人恐到不起御龍还

一息梢朝野春秋日正中月明宫怨滿天遠世緣空勇

智貽王業文章紹帝風生民瞻不及終日向遺弓

集英春又到門了萬年觴曉鼓催攢殿悲風助挽郎

帝符歸有道仙仗去無方誰念頻回首諸生淚兩行

迎駕監前殿回天顧

圖治心方壯追班世忽非蹕中龍蜿蜿陵上柏依依

物外音何惜人間夢亦稀少陽來侍宴天意已知微甲子

秋宴集英神宗引皇太子

忽自明庭去風高帝所寒有期修玉檢無處覓仙丹與

子基圖遠開天數度寬錦幖何以報空展賜詩看

哲宗皇帝挽辭

忽追班入未央宮急問宸遊早御風流俗豈知塵念

斷故嬪休嘆愛緣空還元精爽留衷下復土聲灵在

虜中來自武鬼歸去否慢亭聞說好如舊

數行空下侍臣班十六回春一夢闌天意預形傳國

亞人生難望逈寬丹銀河寂寂星垣暗金闕冥冥羽
衛寒月色滿宮誰悵望春來無處接回鸞
何事騎龍不可攀衣冠空自在人寰詔遺夷夏秋容
動言付公卿玉几間能使抱弓號百姓豈勞求藥問
三山元符事業誰相似兩漢須看鳳露間

欽慈憲肅皇太后挽辭

懿範存遺詔香塵守瀚衣中天扶日上西邸引龍歸
方慰人寰望那知世路非仁恩和夜月千古在慈闈
相門陰德遠天妹儷周文還政前期速求賢內助勤
仙丹尤訪道金闕已乘雲紫極空回首虞駕慘日曛

聽斷簾方捲遺留事已傳繼承知有後建立誰先救

蹕中道論功列上仙九重空怨慕霜露鳳臺前

欽慈皇后挽辭

夢中懷日有誰知莫恨眞人下降遲會合裕陵同祔

處二陵同行陪祔因緣潛邸獨飛時九霄重引眞仙仗四海

初傳大母儀悵望鳳臺山下去東郊無計上金卮臣曾

兩詣東郊獻酌

平日未霑天下養芳春先棄域中遊昔從內令任恩

順令趣東攢犇解憂衣在果聞成赭色書存尤喜見

銀鈎恭承欽慈長子文墨尤懿圍故事誰攀得再幸仁皇御九

州章懿陵園步數今用其故事

已傳龍德與承休果在丹臺不可留新冊卻埋千古

玉舊恩重起六宮秋尊開園步松雲遠榮到支陵雨

露憂三十六宮休說恨誰知先作裕陵遊

曾魯公挽辭

曾侍前星在玉霄競爲元老立清朝重遊西府羈羣

勇危坐東臺鑒庶僚擾擾萬緣留事業悠悠千載想

風標傳家已有蓬萊客何患手門到寂寥

王岐公挽辭

世事今朝了天閽昨夜開自當騎鶴去誰更作霖來

薨前夢騎白鶴上天寶座扶初日灵光落上台管絃空悵望重

蓋幾時回

貳車登第日秉軸蓋棺時未掩西陵土先埋上相碑白

麻人已化黃壤客空悲歲晚林間趣歸侯想恨遲

鼎味難求和龍髯忽許攀應隨先帝仗已立太師班人

散沙堤悄恩收客館閒風神巖巍秀千古畫圖間

富貴風波靜文章態度清有緣登相府無日出都城

彝鼎垂行止金珠照死生百年留不住廣阜暮煙橫

秦國夫人挽辭

三封皆大國三更封號一子已重金位到西樞重春歸寸

草深榮華緣斷忽寂寞路難尋愁入章濤境回頭月滿林

偕老人惆悵秋深雁獨哀西風何處問北首幾時回

白日晞朝露黃埃掩夜臺已辭班第一內殿不須催夫人常為命婦班首

慰使來三殿澆觴走百官送行千乘富歸宿萬家寬

自今騰空往誰能入定觀曉堂終不見誰展佛書看夫人素嗜佛書

安康郡夫人挽辭

永滿中身壽尤虛大國封德明埋玉冢魂冷卧銀龍

上以水銀龍腦賜斂漳水恨涵月秋風悲入松塵寰應不住無處訪遺蹤

俄批中饋世緣空君子休悲老未同不負大寧身後計道山人出凱風中大寧郡夫人安康之女兄方其疾篤以令秘閣學士爲託

堂堂歸處魏公家纔餙笄珈日未斜萬里數聲留不淂豈安松下早聞鴟

郭將軍挽辭

新里秋聲不忍聞黄埃千古宋將軍東兵二百今何在尤有西人想似雲

赳赳汾陽十世孫曾中奇業與誰論盖棺雖愧淩烟

閤尤有蕃豪說舊恩
佛書看盡更何憂不怨生前未是侯日到中天春夢
斷御風歸去玉華秋

顧學正挽辭

行人緣斷絕吊客淚縱橫白髮慢親重青衫一命輕
仙丹誰際會禪頌自分明去住無尋處今生與後生

夫人陳氏挽辭

曉来悲接夜未歡安不人鷲夢不還巳御翔鸞天上
去委形空寄古樓山
齊奮人去月空寒百歲榮華忽盖棺萬葉遺經香一

冢日華巖下與誰看

北堂旁立兩青衫，六十春風惬笑談。追遠亭前思不見，怨隨霜露滿山南。

陳朝議挽辭

簫鼓聲中遠遠歸，只因千里有庭闈。彭城君在今休望，黃髮樽前看綵衣。

六擁旌麾一夢闌，陳公橋上小棠閒。掛冠桑梓情尤厚，誰愧遺形葬客山。

從來風義不憂貧，累行纔踰七十春。世上榮枯漚影散，進階空有帝綸新。

信到温陵不忍聞使君何往盡沾巾最高仙桂君家物更趂黌堂遺里人
未及歸来且勝遊忽聞庭木已經秋羅源三十年遺愛令作還山一日愁

俞法曹挽辭

一息秋来誤壯圖楊名聲後喜諸孫平生樂易歸何處恐逐清風落有無
罇前故舊歡尤少世上光陰惜未終去歲書来曾說夢攀龍應御九天風

陳達壄母氏恭人挽辭

百度韶華少一年有誰堂上可爭先錦衣養志歸來
早報了春暉已獨賢
眼明身健莫扶持遽向華堂看綵衣已共月明無認
處孝思休踴蓋棺時

方彥稽母安仁縣太君黃氏挽辭

文科名峻歸寧日鄉郡官高致養時罔極是恩誰報
浮更緣霜露有餘悲
八十三年婦德成綵衣歡笑過浮生含虛臺上尋仙
侶瀨口愁人月自明
來處緣應興歸時壽已稀枝聯孫繼子無限是春暉

數終還是福道盡更何言子到康民處方知鞠育恩

壽安太君挽辭

榮知隨養去恨向蓋棺歸故里三千遠浮生七十稀

壽安享年六十有七曉臺空匣鑑秋露謾沾衣相伴勤田上殘

蟾與夕暉

章銀青挽辭

八十六年盡窩中丹未成貳車歸去勇公自通判棄官還

辟穀老來清寂寂水天境公葬雪上悠悠春露情揚名尤

有子身後許誰爭

悼張公實

六十三年素自知人生如此更何疑（公实每予会于京師自揣其數六十三歲過則行七十年果卒于六十三）調詼常為供狂笑騷雅偏能斲小詩悼子杳冥歸往路悔予輕易別離時水雲村記（水雲村記與公实為方外之約也）相期事雖到家山已恨遲

悼陳伯修殿院

塵勞常共笑悤遽忽相違已失重歸約應無再見時短長前事定來去幾人知陰籍更何累惟餘身後悲

喜遊楊子過江渭惹起浮生一陡悲不見武林吟笑侶卻來京口看銘詩

少年科第少能攀未及登庸夢已闌豈意蓋棺尤有

地于飛同在戲魚山

悼陳先之博士

五行總悟已忘筌妙旨知誰更傳夢幻去時無別苦
旌幢歸處有前緣寂寥月伴松楸室悽愴人逢雨露
天尚記辱書來見報春回寒谷未踰年

悼李承議

去後家山宴未闌已聞忙蓋旅中棺幾多言笑情先
斷此小窮通夢已殘友愛方嗟離別易子賢休恤繼
承難曾相從處應留恨未結松庵棄外觀予南還焚掃適潛夫
待次鄉里相從臺款予被旨薦已知以潛夫應詔未幾潛夫被召次撫州予在親識宴集中忽聞其訃

哭陳商老

浮雲前事定壯志此生休夢冷水中月文高天上樓李白捕水中月而往冥冥誰造物袞袞自封侯南國一緘破西風雙淚流

演山先生文集卷第三十二

演山先生文集卷第三十三

墓誌銘

中散大夫林公墓誌銘

公諱積字公濟其先比干之後莫知其所由来唐末避巢寇之乱走延平白泉山中遂世家尤溪曾祖日扶祖仁就考商不仕商累贈中大夫慶曆六年公舉進士中乙科尤溪未常有仕進者自公倡之後遂有人始為循州軍事判官縣解强盜五十八公再訊得其情坐罪而縣者三十餘人其他釋矣憲司意欲薦公而罷公曰吾失一薦而得生者五十八復何憾哉

改大理寺丞知湖州安吉縣被謗坐出謀殺罷官爲通州監税知吉州安福縣改殿中丞安福江西之劇邑而折訟日數百紙不下吏無留獄邑子弟少向學公召其父兄開諭義方建學以延之用是有登第者道士張嗣宗率其徒由龍虎山而來自稱漢師君二十六代孫持銅印出符籙其文曰陽平治都功印所至風從有欲必得公探其僞而治之案後漢劉焉及魏志張魯傳以弊其獄言自東漢張陵作符書惑百姓謂之米賊陵傳之衡衡傳之魯漢道既衰而邪説鬼道横行于天下力不能討故魯據漢川垂三十年

有曹操之强然後委質操斬衡于陽平關則所謂陽平治都功印乃賊物耳以爲能與吾民却禍而邀福不亦妄乎而況方今天下有道豈容漢末所不能制之妖賊乱民囿上與吾政事相爲利害者邪于是力究其弊奏毀印廢恩例勢要或爲之地莫能救江左妖學遂熄知真州六合縣爲橋梁以濟人新孔子廟以延學者開陂塘三十六以興灞減灌溉之利有以權勢求来田者公執而不與抱恨而去自是見知于王荆公常誌其能改太常博士赴闕荆公是時方知制誥相遇于道從者告言太博避馬于道側荆公揖

曰豈非為六合太傅乎公曰然荆公喜揖之曰誌公之能久矣請訪于私舍公卒不及往然而荆公常稱之用覃恩改屯田員外郎繼改都官員外郎賜五品服表賜其父久之二親懷歸鬱鬱不樂公謂今日之仕為吾親耳而親不樂焉用仕哉乞監邵武軍稅以便其養得請監司惜其才移權建州建陽知縣有悍民劫鹽盜民傷而官捕之係其家得者賞以千緡愈久而不獲鄉落驚擾不安其居公至以謂盜無大惡見窘而無所容其變益大于是言盜可釋當縱其母妻使之自陳以從新盜果出悔過相誓曰今勿為惡

生祠公言公德不可負未幾丁同安縣太君詹氏憂跣足冒雪霜負土爲墓廬其側中外莫敢干以私手植松柏萬餘本方卜葬有雀三足翔于公前得赤蛇于穴中葬之前一日大雨如注公泣訴于上穹遂霽既封而雨作郡守表于朝詔賜粟帛且旌其孝釋服赴闕權鑄鏹務改職方員外郎爲撫州通判移淮南發運司句當公事提舉廣南東西路銀銅坑冶市舶利害轉屯田郎中民以銀銅入官官負其直且數十萬以故廢業公呈出積貨滯財之在官易者而償之坑冶復作課剩遂集表乞稟議于朝中道丁中大夫

憂哀戚之至如喪同安太君時釋服赴闕旬當汴河
堤岸未幾知齊州尋移知泗州泗當賓客之會飾廚
傳悦往來郡守之先務也公之爲郡無志于悦賓客
干往來之譽故其于民事也能精而詳考課遂爲一
路之最被召　神宗顧問良久稱其廉能除江西轉
運判官既拜命即訪部吏之賢否得令尹者三人下
車如其所聞公首以充薦是故江西之士能者勵才
才廉者勵節莫不以爲公儀移廣南東路提點刑獄
官制行改朝散大夫奏言二廣士人多貧職田厚薄
不一欲等均賜以養其廉户口丁米遠近高下有差

欲增減立文以考諸縣之課瘴土惡弱士大夫不利
其往十常七八故常闕官難于差注欲申其賞以恤
生命乳香之貨存額甚衆人憚峻法官鬻不售欲寬
其禁以發滯財銅冶不下數十歲藏日收委場官帑
官負其直欲權罷收買且用見支之價以償舊欠運
諸滯銅以杜宿姦朝廷行之召權三司度支判官尚
書省成天子選用英才分治曹務除庫部郎中改朝
請大夫本部删定勅令格式公與有力焉上殿奏置
揭貼簿以閲天下軍器　神宗覽之喜謂如指諸掌
移太府寺少卿鉤考財用出入吏無所容其姦單恩

改朝議大夫俄知福州兼本路兵馬鈐轄公方登第時鄉老有夢迓者携角數枚至其家夜度曲且言以迓公後果如其說福多浮屠民居百姓十六七占沃壤收厚利其富非民產所可擬然而歲之所入不以為衆賴託于權要易其尤富者而居之謂之買院郡守亦自以取謗公至集郡剎而論之寺望人才各以三為等注之文籍遇闕則隨其材望而定之故諸院取捨皆出于公議雖富僧有私意無所施焉下車及期政行訟簡獄吏禀白今聽奏者一二人耳前日多于此且寄縣舍以獄室閙于朝公曰既有聽奏者豈

得以爲空邪誣上邀譽非予之志也自是僚屬事無
小大責實而後告俗多規財爲婚不如其欲往往遂
誣以非理有經歲追不及數而殘辱其父母公聞之
父矣適有兩造于庭公諭之以義理正之以刑憲親
爲告諭布憲屬邑民始知耻畏法不敢爲是弊改中
散大夫赴詔在道除淮南轉運使自淮以南漕輓尤
重于諸路歲歉而財之則貸于發運常平二司故所
乏尤百餘萬部封之廣屬吏之衆太察則怨少寬則
慢使者多務姑息養譽苟度歲月而去公至督促倚
辦率用中制百廢具舉元祐六年六月七日得疾卒

于山陽之官舍年七十有一明年十一月十七日葬公于黃龍山先娶陳氏六子長曰叙建州建陽縣丞次曰馭汀州司理參軍曰及少亡曰極曰幣曰穀皆治儒學二女長適霸州軍事推官吳擇次適吉州廬陵縣尉韓用章再娶徐氏一子曰又假承事郎四女長許嫁進士徐敏餘尚幼公之遇事勤慎而精審事無小大預爲條目故其處繁若簡吏無所容其姦公雖尚儉然而買田割俸以給族人之窶者赴長樂過家上塚與其鄉老族屬置酒相聚以叙其情則其恩文不至于絶滅公嘗謂袁自釋中大夫袁至京一日

見王荆公出其所録天下之才吏指其之爲其縣有
是能爲其縣有是德相與甚厚然而公之見荆公不
甚數亦不能遷合故其用止于此省寺官類借職事
見執政志在于習熟因緣以見知公爲郎卿時其事
當有所稟而後往有進取者諭公以勉嘗數遊公卿
門下公謂予笑曰吾之病也豈敢以勉公邪故嘗知
公尤詳爲之銘曰

公自一邑　要人器之　稍稍振發
天子有之　分符而侯　持節而使
爲郎于省　爲卿于寺　皆有能名

其榮以義　近世風節　寢寢衰落
勢利在前　或窺或搏　奔走權要
乃祈乃託　公獨不然　未常數數
由公而歸　閉門自樂　公之取捨
終始如此　熙寧元豐　有此佳士

朝散郭公墓誌銘

元符已卯仲秋之庚寅朝散郎郭逢原字公域終于京師之甘泉坊九月丁卯其孤舉葬開封縣新里鄉張村先塋之側公域之先出汾陽王後高祖英開封遂為開封人生超超為鄧州團練使超生守信為右侍

禁守信生父慶宗初用名臣之後補京兆府文學叅
軍文正范公忠獻韓公薦其材武換授右職至副供
備庫使生公域少年力學自奮既冠登進士第王春
州成紀縣簿以遠于親乃求侍養後二年調處州縉
雲尉丁其母李氏憂致哀如禮熙寧初從王文公遊
文公器之累辟掌法書局修三司勑諸司庫務歲計
司農寺條例李衛公兵法元豐勑令格式　神宗皇
帝由是知名召對便殿詰其所修要目條對明白奏
言李靖軍法此載其大略耳神而明之實存乎人
神宗俞其說特改大理寺丞後進九軍營陣圖被旨

樓閣既而再對有旨除館職後參李憲閫軍既事沮于言者除知國子監丞修太學窺知將作監丞公事知河南府壽安縣入為太常寺奉禮郎還殿中丞官制行換奉議郎進秩承議元豐七年丁其父憂釋服會司馬光執政以為元豐黨人閒居久之請受監倉還朝奉郎俄除磁州通判公域素豪邁達官要人皆喜與之遊是時内相蔣公時以巡轄邊郡致之鎮陽中書張公定武樞密韓公公域至必優游樽俎閒論事道舊累日而後去郊恩賜五品服加上輕車都尉還朝散郎除鎮戎軍通判下車講究禦戎利害之說

有如今日之策鎮戎小壘幕掾相習苟簡公域至舉
其不職者因以得罪公域博覽强記善爲文章尤長
于詩藏書數萬卷得一書不計字多寡必親錄而手
校之心記其統類及接賓朋以文酒談論如流㢑援
證據出入百家傳記之中貫穿今古至于醫卜伎藝
樂師膳夫之法亦無不覽隨問有應惜乎公域素豪
于氣不能與人相爲俯仰有犯之者雖權要必析故
其仕宦進寸而退尺晚節失志寓窮巷留意佛教訪
祖道不飲酒不茹葷屏去聲色一日布巾野服訪予
于南第問予釋氏所以談禅其旨安在予瞪目以視

之公域悟其旨方將專氣致柔稍進乎道柰何其數至矣有文集二十卷古律詩二十卷奏議二十卷藏其家享年六十贈父朝散大夫贈母孝感縣太君娶蘇氏爲宜芳縣君贈金紫光祿大夫才翁之幼女男二人曰羣以承務郎知解州解縣事衆先卒女三人一許嫁右職葛迴餘亦先卒既叙而銘曰

天下之士　多流乎世　或以才學
睽遠于道　或以名位　变更其志
公自央官　留心定慧　方悟本来
不容私智　雖則流落　于没何恚

承事陳君墓誌銘

君諱士傑字英伯高祖避唐季亂自光州趍温陵始為晉江人三世有佐佐有錫錫有成成之有士傑成之治生雄于財益向佛為善既逝士傑發金千萬作佛事成先君之志弟妹方幼君撫育而訓之婚嫁恩義甚厚生業既富慨然歎曰有限之生豈可弊于無窮之欲乃舉家事付其弟以恬養性盡日邀賓朋列樽俎笑歌以自適孝友寬厚樂施與勇為善事喜道人所長多欣而寡愠鄉黨宗族称為長者好儒士率子弟從師友應接惟勤不顧勞費自謂持心如是

必有以文學起吾家者子六人詳評証謨謬諳而詳
果擢第察人情曉吏事年少而寛大有老成人之風
予有子歸焉弟士俊見友甚篤先亡君如失左右手
晝夜撫棺以慟竟以哀感得疾卒于建中靖國元年
孟春之六日行年五十有四奉議郎王景純以女妻
之再娶其姑之子王氏五女一適縣令梁某二爲尼
餘皆處子孫一人崇寧二年三月五日葬于晉江之
崙山爲之銘曰

致富而身投閒弗汎于俗好儒而子擢第弗遣

其欲往復何憾崙山之腹

夫人陳氏墓誌銘

延平沙陽陳氏有女今為汀州寧化縣主簿俞備之妻宣德郎漳州通判括泰州泰興縣尉授之母元豐六年仲冬之九日卒于寧化之官舍享年六十卒之夕與其家人飲酒語笑安平如故夜分而寐家人及曉問安夫人已化去矣徹其衽席發其篋笥葬服薦資無所不具家人始知前此數日與我語言悲疑皆其所以付託道別之意不欲以明告我也明年季冬之某日歸葬于翔鸞鄉禮賓里古樓山東南之原宣德郎節度掌書記狀其事使來求銘而予慨然歎曰

古爲學佛之士以謂無常迅速或以清淨持戒或以
超悟傳法類能勞其形骸騁其言說予皆未究其實
徐觀其化而已然其脫然以往如委蛻然罕見其人
多爲緣類所縈形氣所制爲求遷化而不可得或者
有能忘累棄制必由疾而後往亦已勞矣是皆內久
于迹者也聞夫人之化豈無愧乎夫人自少奉佛中
年益篤多不茹葷持誦終日無妬忌之心飭妻婦以
奉君子與人無忤見善如已所有內外親屬趣或不
同皆能和会之得其歡心爲女及婦晨昏之間甘旨
之饋盥櫛之奉廚爨之役躬服其勞未常有厭色甘

苦休戚相間于姒婦是以王溥與兄其雖少而孤同居共財二十餘年義不可析王溥方為學時罄所有之資下教其子甚嚴是以王溥與括授相繼登仕夫人若固有者有一女豪右求之郡人曹格家貧而有文夫人與格而外豪右未幾格登進士第今為宣德郎知邵武軍光澤縣親故始以格貧為言後服其識男四人長曰括次曰授次曰振季曰舟振應進士舟偕一女先夫人而卒孫男四人孫女三人嗚呼夫人之所化者予不得而誌之誌其顯者如是為之銘曰

夫達于晚節子榮于少年鄉閭尊之夫人之緣

女孝于親閫婦順于夫室族屬樂之夫人之德
立德以貽棄緣而歸笑聲既闋酒盃未乾長寐
不覺寂然無樓夫人之道云誰能考

太原居士墓誌銘

昔有王氏務琨由河東來爲長溪令遂不復去六世
有文昉諳獻萬言除著作佐郎爲蜀中官以其甚
遠弗就爲山林計錄書萬餘卷以示厥後七世有粟
承志不仕八世有度得祖所錄書而讀之天聖中應
舉天府不第有子諱應孚天休少而嘆曰吾祖有志
而無命安用有涯之生而困于不可必之徇哉壯而

改曰世為儒家者流以噎而廢食可乎遂教其子應
中師族之賢有力者闢齋舍致師友鄉人子弟教無
師居無舍者皆得以趋焉熙豊中　天子鋭意教育
兩促應中為太學遊應中請以侍疾在側乃曰汝以
務學而往固承志也吾死何憾應中之材由是有聞
于士大夫閒甲子之朔歷年有七十矣聚其族人而
告之曰吾生于三月之十七日當復以此月而遊人
皆怪其說前期一日詣沐浴具冠帶飭凶具及寢伺
明而化居喜施于多寡隨所求或不足繼則稱貸以
應之閭里無醫自窮黄帝書列雷公法具藥劑不擇

人而救之則其化也亦其所養之至歟有孫一人南玉幼女歸進士楊臻有甥二人彦國彦强應進士舉乙丑某月葬于山南之北崗使來求銘爲之言曰

日之升矣　君還于幽　物之作矣

君休于常　前溪悠悠　後山嶷嶷

孝思不忘　是乃懿嗣

演山先生文集卷第三十三

演山先生文集卷第三十四

墓誌銘

夫人王氏墓誌銘

元豐八年五月某日供備庫副使贈朝請大夫王拱安之女武安軍節度使持節冀州事冀州刺史檢校太師判北京大名府拱辰之孫通直郎知某州某縣平甫之妹杭州餘杭縣尉方烈之妻卒于餘杭之官舍前知其變遂爲送死之具及其感疾果不復起方十九歲歸方府君至此二十有二年矣華于容介于性孝于姑順于夫元豐庚申太師薦賜冠帔男四人

曰先知曰先覺曰先見曰先庚一女先夫人而卒其
年月日歸葬于睦州桐廬縣之某山爲之銘曰
姑華髮而康夫朱顏而良子勤于庠婦勤于堂
命也何往桐山之上

滎陽鄭君墓誌銘

鄭氏始有諱元究者自五代時僞補金紫光祿大夫
檢校太保我宗統有天下遂不復仕乃家于尤溪二
世而有灦三世而有淑皆舉進士四世有某五世而
有愷字和叔預試禮部不貢行年六十來去以壬戌
始娶張氏再娶潘氏終娶江氏長嗣汝霖季嗣汝楫

皆讀儒書汝霖稍自勤學無好利志長女爲承務郎
陳戫妻季女爲處子元豐八年歲次甲子二月之某
日汝霖葬君恩敷之鄉以書請曰先君幸有一日之
好苟賜一言瘞諸墓使光于泉壤之下則先君閉目
而往矣如是汝霖以爲慰予曰有志于顯其親者豈
可辭爲之銘曰
鄉里一舉　榮枯之數　壬戌一周
往來之序　樂事未行　夕陽已去
堂堂其人　蒿埃千古
夫人葉氏墓誌銘

熙寧己酉孟夏之朔日湖州歸安少府章君存道蒞事之明日入謁郡守夫人葉氏告之以亟歸既歸夫人曰俟君久矣閉目而化享年二十有五後二十年存道貽書曰來年之春葬葉氏于故里願得誌銘以瘞焉夫人仙遊人曾祖贈太常少卿祖都官員外郎知耀州事考將仕郎泉州司户參軍幼亡其親畜于姨及歸念其姨尤親也葉爲閩中大姓夫人謹飭無驕氣雖出中門必以其妾從與其姉卜鄰于錢塘無故不輙造其門時遣人問安否而已夫不在雖族人相過弗敢見也女公事佛蔬食不嫁夫人歸而語諸

毋曰予以不逮事舅姑爲恨幸而有女公可事矣有肉先具齋食以進乃敢食姊有饋兼爲之具然後致之有肉而已盥置而弗食養甥女尤巳子存道喜賓客之餚樽輒先意爲之具無忌妬之行常飭妾婦以進焉死數年後至侍兒聞風而慕之常恨不及事云爲之銘曰

方变即化　非愚乃賢　子將安歸
在人在天　今二十年　烏知其天
葬子故山　有情有緣　緣也不負
情也不幸　誰其友之　曉煙夜蟾

夫人黄氏墓誌銘

長樂君生四女長裳之姊也爲陳氏子之配歸十六
年而陳氏子亡獨以勤儉訓諸孤指與爲生之路諸
孤各如教遂至于自立裳爲兒時尤見器謂其後必
有成相待甚異裳累舉不第愛信益篤謂汝旦暮當
顯于朝知名于天下恒毋以少抑而懈大事乃請于
長樂君使爲京師游及裳得第還里喜且悲曰汝得
名雖高而吾見汝益遠後每得書必以不獲相見爲
恨裳亦累請郡符不報別十九年元符庚辰仲春之
二十一日遣昰圖像見裳于京師且貽言曰昰往尤

吾之見之也昱去七日而亡春秋六十有九男三而

女一長曰淳娶孫氏次曰昱娶楊氏少曰述娶張氏女

爲潘氏子之配孫十有九某年月日葬于某鄉某山

之原銘曰

樽酒笑言生不及款簫鼓還山死不及送嗟以

天倫之悲歡奪于世路之利害感忽一世膽言

百載今復何言昔亦安在尋眞而歸豈緣于愛

夫人林氏墓誌銘

某年月日林夫人有子象葬夫人于州之西郊吉州

推官龔原狀其行來求銘叙言夫人之祖林某世家

福州之福清爲殿中丞父某徙居漳南居士施君時
號右姓以儒學世其業夫人歸之舅早亡㝡孝于姑
年三十悟生理不足恃誦佛書欲其鄉人爲善語因
緣感應事以動之不及人短長食不味衣不華如此
四十年元豐五年之十月偶有疾語其家曰人生七
十二所得多矣勢數當往爲吾具棺衾告親舊日次
辛未遺言其後惟爲善爲能立然後沐浴易衣而化
男四人長某應進士舉後夫人二年卒次子早卒次
某鄉貢進士第一再舉第四皆黜于禮部方夫人疾
篤時象尤客京師其家曰象趍吾家者也吾之志何

憾焉後數年象得疾夢夫人策杖叩其門曰汝起思
且至矣覺而愈隨有經明行修之詔郡守薦象于監
司考察而興之明年為假承務郎次某里居最謹女
四人長歸莆田林矩次歸溫陵陳況皆為主簿次持
齋不嫁次歸鄉貢進士李耕耕亡再歸鄭某銘曰

有悟而早　有修而老　其疾不耄
不化不墮　象于朋遊　趨義也果
夫人之言　豈欺于我　未葬而雨
象憂弗荷　茗盌十一　致誠以告
亦為甘露　浮日杲杲　事既雨復

豈非夫人　作德之報
默窺洪造

承事林君墓誌銘

林氏始有諱達者在仙遊民籍中達而上不得其詳達生棨棨生晟晟生輝皆不仕輝字德夫少好學喜功名晟語之曰苟窃利名而仕焉不能事道不仁也有地數畝足以度生不能自樂徒爲有國者所羈不知也輝遂不復應舉有子七人男四而女三黜然而有敗曰數畝之地耕且養足矣今子數人不能各使有事何以卒歲謂長子豫曰若俊爽磊落可以爲士謂次子巽曰若勤儉鄙朴可以爲農謂中孚與解曰

可以從豫而學中孚先公七月而卒豫二十四登第三十三陞朝丙寅之秋用明堂恩封君承事郎妻[封]壽昌縣君長女適進士余持次適進士陳環中季未笄元祐丁卯之某日輝卒于其家享年六十有二君爲人不事小節常教豫曰當以六經爲宗諸子百家博雜而無統欲鑒古今之治亂第求其始末然而是非得失須折衷于六經不然則雜家者流耳徒費聰明博記誦豈能爲汝賢行哉其從事也有益于已而害人弗可爲也有益于人而害物弗可爲也其從仕也所守者義所奉者法得喪窮通有命存焉曷容曲從

不草齋鈔本

求用于世弗可爲也其從政也以公處心以恕接物
隨事之輕重小大而應之縱喜怒挾私曲剛而猛柔
而懦弗可爲也嘗敎疏曰士農工商先王以處民才
雖然貴賤不同而所以爲生一也謹天時飭地利然
後有以孝于父母友于兄弟和夫婦信朋友汝之務
也故豫之才有聞于仕途疏之智有成于家事餘尚
有待焉以其年月日葬于某山之原爲之銘曰

數子之學　或庠或畆　孰假以生
卓犖者豫　行且驤矣　有雷有雨
高原一坃　長松千古

河南方君墓誌

君諱壽字祖仁睦州桐廬人唐方干之後曾祖延昌祖輯不仕祖以父載任比部員外郎累贈尚書工部侍郎比部娶繆氏爲長安縣君長子烈任越州觀察推官君其次也皇祐中宰長江禱于街亭之祠得君風骨清俊才性明敏未冠已能屬文治平中試取國子生優等丁父憂居喪盡禮服除三預鄉貢不第神宗皇帝視學以獻其文甚工執政從官稱之還里會朝旨舉經行鄉老士庶以君備舉適用數足不行公議以爲恨紹聖三年二月某日以疾卒于家行四

十有七年娶朝奉大夫王中敏女男二人長先甲次先意女二人歸承議郎發運司句當公事黃瑜爲仙源縣君次尚在室元符三年四月某日葬于閩通寺塢君性雖剛而喜獎進後學及其卒類爲之悲有禮解未成書家存其遺藁方外之士有徐神公者能道人平生事時祖文爲泰興令祖仁從焉見神公公輙拜之祖仁意其必以我貴故拜遽問成名之年公曰令改官君即登第君登第令即改官祖仁以爲登第必與祖文改官同歲後祖文十薦卒不改官祖仁三貢卒不登第今皆亡常謂世事與人相爲存亡必待

蓋棺始定志氣頹為身事所困區區白首葬于原壠

而莫之悟已可悲者嗚呼祖仁兄弟首末及白青青

之松環列其墓矣此尤可悲者也既葬之十年裳之

官過其墓惜其才悼其不幸而哭之故為之誌云

法曹俞君墓誌

延平之有俞氏莫知其所由来始有諱懷志者来居沙陽懷志生守瑩守瑩生繼倫繼倫生備字幾甫自繼倫而上不仕幾甫少聰慧七歲日誦數千言長不事產業遊學交當世名士為人寬厚有執喜賓客與人交無貴賤小大皆為之盡禮犯而不校御僮僕有

過以理諭之不輙加怒事繼母孝欽益篤善處事其
始若甚迕卒如其說有風鑑往往道中人貴賤友愛
其弟同居共財二十餘年上下無間言義不可析或
者窮困疾苦見輙賙之族黨朋舊門尤致其厚意家
始雄于財為仁而乏終不以為恨皇祐五年為鄉舉
首下第熙寧中獻策數十篇言當世利害不報元豐
六年以特奏名為河南府助教調汀州寧化縣主簿
其宰喜為淫刑民不便之君力為之諷止常賴其德
貧民以賦不輸被囚者數百惻然代輸而出之歲餘
沿檄權監福州車盂場場在深山之中去州縣餘二

百里私鑄之民相聚為盜吏民無敢呵者君為方略去之商旅坑戶稍稍來歸寶貨發露場用以興未期汀守薦君明法守正復為本州司法參軍有強其子之婦者怒而殺之及其前夫之二女法子當緣坐郡吏皆欲椄法而刑之君議以謂殺其身不足以償其罪也及其愛子以累其心此法之所以有緣坐今婦見殺則父之愛何在吏以其身緣坐非法之本意于是州以疑奏其子遂免官吏市鹽例不之務中而市于倉以務中有常數而倉之數可以過取也君以為不義于公且慮掇其怒市鹽而倍給之皆愧而弗至

月餘以疾終于官享數五十有七長子括爲宣德郎通判漳州次子授爲泰州泰興縣尉次振應進士舉次舟尚幼女歸曹格爲承議郎簽判興化軍前君數年而卒孫男四人孫女三人余于幾甫最知其爲人未得官時常與之遊文酒之閒歌笑自若不爲生事所役磊落大度絕無鄙狹流俗之態故其從仕雖未甚久已稍有可觀者代輸出囚市鹽而給僚吏雖難爲繼然而輕物而重仁義使流俗有所激亦可尚也

照覺禪師行狀

師延平尤溪人也施氏子家于盧村爲兒童時禮郡

僧文兆爲師名常總及弱冠試經得度牒受具戒遂之江南衡湘閩歷參名山長老及遊黃龍見南禪師乃大悟慧行並至起用有體故其機鋒出没萬變泛應周給不見其涯岸當時名儒要官與之語世事皆言深知治體旁達吏方其言落落可聽使之入仕往往澤加于民大抵論道之歸與吾聖人無以異常謂釋氏之學或不能自通于孔子儒者或至于棄其師而學之不能以心會佛及其弊也此吾教所以見排于世歟熙寧三年豫章守始得以爲泐潭長老堂殿弊壞廢去而新之更十年始大就聚徒數百衣上常

有異光衆見之輙拜其光不可匿而師且恐或衆乃
穴地以瘞之元祐三年　神宗詔東林為禪寺選大
士為之主九江守李君昭遠豫章守王公韶僉言非
師不足以度衆禮命交至而師逌走五百餘里求者
相繼不得已如其請乃作法施之會開演徹容數錫
于有衆而衆言曰念師大悲究竟惟我從師大慈何
為棄我為言曰一切衆生具一切佛性譬如大地無
所損益故沕潭我昔住時及吾去東林吾昔未至及
吾今往其地有損益者不日無所損益然則尔性亦
無所損益是吾來亦無所從來吾去亦無所從去是

一切佛及一切衆生亦如是說是時百千衆咸發菩
提心無所從棄泄而師亦豈得不往哉惠遠法師有
遺記云七百年後當有肉身大士攺剏茲地則師之
來蓋應世耳師至爲之易其基址變其制度垂一紀
未始一日休役元豐癸亥神宗詔師住持大相國寺
智海禪院師三至而三辭二事之詳見于興龍記中
聰明泉得號于惠遠法師大旱不涸自師聞詔而竭
及如其請而溢六月防禦李侯端愬奏賜紫衣明年
仲夏奏號廣惠大師晉植巨杉二本有禁毋代元祐
二年將新神運殿遣之桂材師有意焉一夕大風雷

核二木如將以遺師尤爲徐王所知四年朝廷方設
金禁計未有以飾佛像而　太皇太后特旨賜金萬
緡由是大像妙具莊嚴越秋七月王復上章言師禪
學道行出乎其類東南緇侶向慕依歸宜有以表之
遂賜照覺禪師七年仲夏一日顧謂主事曰盡飾身
後無益之事非老僧之志也然而諸子誰肯持吾形
骨棄之曠野必勞常住不若吾自爲之遂出囊中物
令造龕結塔九月壬子謂侍者曰吾去化三日矣甲
寅之旦召主事付院務及午而浴更衣坐方丈命紙
筆書偈言授遺書令侍者鳴鼓聚衆趨方丈而師已

端然化矣壽六十七越十月八日厝于石塔在寺之東西北隅素衣而號者千人送者萬人泐潭東林語錄偈頌已行于世師常告其徒曰行解相應之謂祖自非超悟之士必向三根椽下潔已虚心收視返聽體究大事俄而有見則如醉者醒寐者覺豈不快哉故其學者不敢有事于空言皆能返求諸已遂見性嗣法弟子百人皆寓名山演法度門弟子二十三人壬申之春侍者祖璿謂裒知師之詳來京師求予文刻諸石于是乎書

演山先生文集卷第三十四

演山先生文集卷第三十五

雜文

三清殿上梁文

三天大聖訓存青簡之文九士高真識在翠珉之刻興隆道教許自壬辰振發于山言歸乙未遺真經于光智況寶藏以積金固宜人事之攸同實惟天意之所在其麗三官之寓處以嚴八郡之瞻依相彼仙峯考茲真宇表衆材而取正舉修梁而建中漸引興雲之龍工征天漢俄垂飲海之蝀下瞰人寰綱紀既張栟櫚遂立巳駭斡旋之雷動將起華彩之翬飛庶寍

小草齋鈔本

天上之莫尊回民有賴顧祝域中之最大萬壽無疆
潛致其誠顯揚以頌
拋梁東三天宮殿跨垂虹遥望玉轅来爲物混元長
是作東風萬靈歌舞大和中
拋梁南三分爲九一分三想見仙峯從此後紛紛鸞
鶴去朝參不知人世與誰談
拋梁西太平君子告成時八景玉輿行且到此行惟
有九仙知祥光隱顯在雲霓
拋梁北宝藏初成金一積此無無物更何求識言誰
是于山客九天新起三天宅

拋梁上世間淂見盡空相道無遠迩在人心一篆天香誰注想千葉蓮花端妙像

拋梁下三室丈人千億化當須分住九仙峯神龍五色看看駕欲去迎隨心已捨

拋梁中君王扶教帝論功萬壽無疆何所自傳密真一下三宫仙源流演更無窮

伏願上梁以往春春三天之降鑒熙熙四國之蒙休聖神萬年長屬百福致力之衆助緣之人遂結妙因悉承嘉貺仰冀道念俯從世緣

謁謝先聖文

有志于學無志于仕則其仕也爲道先聖之所與有志于仕無志于學則其仕也爲利先聖之所惡戾其所與犯其所惡其謁謝也在所不見其薦享也在所不受而今蒙等幸而登科以赴聖王之器使不敢不相與爲行義者則今日之禮非敢以爲文焉伏惟尚

饗

謁謝先師文

世之學者師公之不遷怒則淂情之和師公之不貳過則淂性之正師公之無伐則進已之善師公之不校則忘人之惡師公之不改其樂則能不爲貧所累

堅忍成就弗爲小人以至今日見録于仕版則裳等之來以公之賜不可忘也伏惟尚饗

勸農文

政和三年予被天子之命來守茲土職在勸農視事手後四月未之及也今茲秋斂晚種遣丁是時出見吾農于郊環立而語之曰夫天有時物資之以生地有利人資之以養必俟吾農出力深耕易耨均秧散穀然後天下受其時而雷爲之震動雨爲之滋養地不受其利有實可積可以貽子孫有餘其香可以畀祖妣然而苟非吾農之效其力天時亦莫能發用地

利亦莫能致養夫農之爲功如是之大也汝等其勉之樂生于憂逸本于勤土神有靈祈報不可廢禮田主有恩取與不可忘義一時能勤乃淂一歲之佚片善果修遂享終身之報自今而後宜佩吾言以計汝生不忘也

傳神眞讚

不可探測心虛之神不可壞滅性空之眞不與皃醜好不與形老少彼奚傳此奚讚形與皃所在眞與神彼所以淂傳我所以淂讚

曹子眞讚

有德于陰以遺乃𦂳有氣于陽以資乃生非陰非陽
不枯不榮强名曰神妄傳曰真彼乎此乎孝思之仁

靈一示予所傳之神求予讚文周書神真

寓言奉贈

怳惚有神杳冥有真著爲皃象發爲形聲坐者斂容
而正色晝者含毫而運思天机寂然而弗動人意淵
兮而莫測或問紫元翁曰卷中之人譬夫禪中之士
謂之同也可乎紫元曰寂然弗動淵兮莫測蓋似之
矣正色而斂容含毫而運思談禪者之初机也向道
者之未見也釋氏接引學人之遊戲者也謂之同可

也靈一從道之士黜聰明墮支體務內遊不務外觀固其所知而傳神真以為遊戲焉不害其為道若夫恍惚之神杳冥之真非會而為道乃出而為形面目之間悉為画工所得率不能忘安得以為同道家之學自夫斂容正色而悟焉由此而入坐忘而還無坐進而歸真太冲莫朕德机不發當使画工之尤手咸無得而相以至自失而走不然吾恐日月之改化春秋之变遷方盛而俄衰方少而遽老方存而忽化巻中之人與塵俱盡其誰尸之執然則世之人徒寫神真不知有反本之説故予緣或者之問輙資以為説

亦足以發焉乃書以贈靈一

書顔魯公遺帖後

予觀顔魯公乞米及醋二帖知其不以貧爲愧故能守道雖犯難不可屈剛正之氣發于誠心與其字體無以異也紫元翁題

書墨竹画卷後

終日運思章之以五色作妖麗態度易爲美好然而過目而意盡焉以單毫飲水墨形見渭川一枝遂能使人知有歲寒之意不畏雪霜之色灑落之趣此豈俗士賤工所能爲耶

書子虛詩集後

或言陶潛之詩古淡有味必能不為諸家之體然後可及非至論也人固有識高而才短者其勢易為古淡才高而識短者其勢易為豪華夫能用其所長處其所易已足以為智者有才識兼至而學為古今體者趣古淡則為陶潛趣飄逸則為李白杜牧何可以為常弘夫詩之為道要在吟詠情性發于自然乃得至樂有意于是体牽合而後為之不亦有傷于性乎非詩之至也余觀子虛之詩往往走筆立就華淡無常將名其体終疑而置之斯亦善鳴其情性者歟

書渤海郡王孫戩傳後

戩出渤海郡王之七世無王孫態少好學有志節寒惟炙薪明六經恥使就試禮部寧隱陽羨里兩造之民不之官即戩以辨皆得其理而去公正爲人所尚名利不可易是豈世累之所能留者邪當在眞人之列莫之知焉

書房元齡傳後

予覽房元齡傳得太宗兩事捲卷而嘆曰眞聖主也兩事治体之所資天下是非安危之所係宰相未之喻焉太宗已知之矣元齡爲僕射乃謂之曰僕射當

廣朕耳目訪賢才闢日閱訟牒數百豈暇求人哉乃勅細務屬左右丞大事關僕射正類周官大事則從其長之意天子之務在乎一相有其人則百官萬事適所任太宗之論僕射不亦要乎天下初定遽以創業守文之難詢之房魏以謂房見創業之難魏見守文之難創業之難既已往矣守文之難當與公等慎之守文之難太宗既知之矣為子孫計不亦遠乎子孫出其後富有天下貴為天子鮮究其所自持出器涉危事出入不顧萬有一生之地自以為當然捨我而孰得作又既久持盈已怠逸樂不悟而驕侈之心

生奢縱不戒而維持之法壞廢弛不修而危亂之事
作姦僞之黨遂而乘之不可救矣若夫持盈不逸之
君子莫能肆焉天命之所付畀亦尤創業之主曆數
所歸戰必勝攻必克一舉而有天下無難易焉太宗
之論人事而已不可以不戒也況得元齡之爲相任
其大者正觀之間有是高明之主以德表正而下之
長屬欲歙其影而應之不可得也想見其時主相一
体政令一門義之公不納私謁仁之靜不啓邪好賢
不肖而遂清濁殊品朝廷清明天地安靜考其所自
豈偶然哉柳芳論元齡不吝權不言功成英衛之能

遜王魏之直而史論无齡講法處令務從寛平不欲一物失所聞人善若已有之不以已長望人雖卑賤皆得盡其能取人不求備自非物我兩忘而出乎道從眞列中來其孰能與乎此哉

書長公指要詩後

予悟此旨久矣不生不死出于生死之中自古先聖未有捨此而能得道者也逆而入混而成非獨而爲孤陰非偏五爲寡陽顛倒五行浮沉兩物陰陽之中者也內以神真会成其体外以精氣助致其用及得長公指要而讀之豈欺我哉長公方外之有道者也

出入明晦來去自若有待而後往莫之知焉惟予之所知茍得其幾遂登仙聖之列失之必墮于愚衆世之人要得而知之故書其詩後

書太原王子命書後

宣和己亥紫陽公與門人王生書爲言辛丑壬寅歲事及生自越之楊累累有應因詢紫陽公之所以知者其神知之乎其術知之乎生云其神知之非愚之所及也見其推究斗下衆星度數考合人生日時氣候以言貴賤禍福之故蓋常知視此則以術論吾真友者也南京太原仲先作予命書其術亦然出于河

圖曆數謂其祖昔者往貳城都府政邂逅斗牛先生授以出世未幾遂解而去曆數乃其所授故得其傳夫數之本自天而下降二十八宿十有二卦布乎周天旡輪然人生于其下皆圖其數中生死貴賤盛衰休戚其孰能違之耶第鮮有得之者得之則出乎其類矣然而紫陽公斗牛先生豈世之人耶或遇之可也世之術者以理而言貴賤以意而競長短常失者多幸中者少天之數弗與故也豈足怪耶乃書其後以示其術之所自出焉

書自然子書後

嘗謂道家之徒蔽于說氣，儒家之徒蔽于說理，釋氏之徒蔽于說性。其徒後世之學三家者也。三家之聖所以立道，皆出于一本，其徒自其承學淺末，應萬不同而分之。然而儒家者流，多自執中以爲守經，形而上者類不立言，稍入高遠，往往相告而詆之，謂非聖人之所教，是不然也。怪力亂神，子所不語，以其怪且亂也。能通三極之道而爲之教，乃真儒者，其孰能至于此哉？故予之爲書，泛觀而旁採，有可述者，皆其是非有理，取捨有義，本于自然之道，乃出于筆削，爲之論議，庶補後學之萬一，愚之志也，非溺于博者也。故

明于自然子書後

書李太白對月詩後

人惟不足所以有聲始求其言尤生于不足使然而使者也及俄而舞乃出于不知自然而然者也泯三不足混一不知入乎天德而為一樂不亦至乎謫仙之歌未常不繼以舞世俗之見以為太白牽于縱逸之才思而已此知謫仙之小者也故明于詩後

書樂章集後

予觀柳氏樂章喜其能道嘉祐中太平氣象如觀杜甫詩典雅文華無所不有是時予方為兒尤想見其

風俗歡聲和氣洋溢道路之間動植咸若令人歌柳詞聞其聲聽其詞如丁斯時使人慨然有感嗚呼太平氣象柳能一寫于樂章所謂詞人盛世之黼藻豈可廢耶

書張茂先傳後

予讀茂先傳至于倫秀使來有請于張公共正朝廷以爲霸事予云當此之時有是一幾而公不悟以云荅之有蔽于博歟爲茂先計權往與之議當會諸鎮以釋其疑諸鎮既至密浔以語倫秀自當縮手袖間烏能爲耶然則張公非特除去倫秀之惡遂以扶危

而免武乾之禍不然惟以忠義不惜一死以示萬世臣之子戒姑行其志而已以視留侯之躡高祖頓悟韓信之邪心果安漢室亦有間哉

演山先生文集卷第三十　竟

演山先生文集卷第三十六

雜文

請羅漢讚文

竊以諸佛遇緣闡二宗而起用，凖林入滅攝萬变以還無，然後理著始終，道存体用，尤慮神明之相繼，但期寂滅以同歸，人孰憑依，將靡墜。故如來之付囑，惟羅漢之慈悲，留不壞之形，住無窮之世，護持正法，饒益有情。當其國王大臣長者居士設歡喜之会，發恭謹之心，則是尊者與諸眷屬，旁臨五施之筵，同彼衆凡，潛運六通之德，方方受供，種種現形，要湯弗致，呈

誠遂陳妙供南贍部州大宋摩訶支那國某州某坊
弟子某登籍塵寰服勞火宅非解脫之力不能拔我
于苦海非方便之仁不能携我于迷塗今則盛展法
筵欽承佛勅四十九載三昧難尋一十六尊五常尤
在至誠可感尤虛谷之應聲上德所酬譬澄江之浮
月想垂哀愍望賜降臨大衆同聲恭行禮請
一心奉請第一西瞿耶尼洲賓度羅跋囉墮闍尊者
大阿羅漢與自眷屬千阿羅漢等惟願應接無
類哀愍有情來赴道場
西瞿自悟都無漏々江相迎更有緣神通利

物許誰先十六功ㅁ當第一

一心奉請第二迦毗羅國迦諾迦伐蹉尊者大阿羅漢與自眷屬千阿羅漢等惟願應椄無類哀愍有情來赴道場

已湛心源歸上德更持佛勅繼西瞿遥看天北彩雲垂五百聖賢相逐至

一心奉請第三東勝身洲跋釐墮闍尊者大阿羅漢與自眷屬千阿羅漢等惟願應椄無類哀愍有情來赴道場

自爲隨緣通外典誰知得果起東洲福田長

與世人修即是護持無上法

一心奉請第四北俱盧洲蘇頻陁尊者大阿羅漢與自眷屬千阿羅漢等惟願應援無類哀愍有情來赴道場

恍惚俄聞中土召逍遥寍爲比雲留花幡擾擾道場深須信衆凡中有聖

恭惟尊者十地處身三光立德或韜光于愚衆或現相于虚無或呼吸風雲或驅馳龍虎八解泛應萬灵具瞻伏願尊者不捨慈悲不忘微賤錫鳴石室共躋慈雲塵拂塵衆各霑法雨 慈悲故慈悲故

一心奉請第五南贍部洲諾矩羅尊者大阿羅
漢與自眷屬千阿羅漢等惟願應楱無類衆慇
有情來赴道場
忘物便抛流浪海度人聊住涅槃身天人眼
見域中塵南贍部洲難獨樂
一心奉請第六䟫沷羅洲跋陀羅尊者大阿羅
漢與自眷屬千阿羅漢等惟願應楱無類衆慇
有情來赴道場
石龕春去人難老金鉢歸龍雨作晴中洲一
瞬到人間萬里風波千眷屬

一心奉請第七僧伽茶洲伽力迦尊者大阿羅漢與自眷屬千阿羅漢等惟願應接無類哀愍有情来赴道場

豈但應缘成佛事更能說偈與仙人寂滅場中未忍歸只為有生趍苦海

一心奉請第八鉢剌孥洲伐闍羅弗多羅尊者大阿羅漢與自眷屬千阿羅漢等惟願應接無類哀愍有情来赴道場

寂寂性空蟾体滿巖巖眉宇電光深千一相從物外来過去生〻缘分好

恭惟尊者或道兒清奇或風神怍秀或飄飄而泛戢或兀兀以潛觀心有滿虛性無內外乘風御鶴辭方外之幽居度月踰雲受世間之妙供伏惟尊者法器容物心燈照人有感必通無求不應暫離禪定速降威靈臨頃刻之流光作衆凡之介福慈愍故慈愍故

一心奉請第九香醉山中戍博迦尊者大阿羅漢與自眷屬千阿羅漢等惟願應接無類哀愍有情來赴道場

法雨忽緣荒政下神龍潛出淨餅來雲駢風御落何方香滿人間新有会

一心奉請第十住三十三天半托迦尊者大阿
羅漢與自眷屬千阿羅漢等惟願應接無類哀
愍有情来赴道場
雲巖集法妝千卷月洞棲神斷萬緣動靜難
窺性海深三十三天無遠近
一心奉請第十一畢利颷瞿洲羅怙羅尊者大
阿羅漢與自眷屬千阿羅漢等惟願應接無類
哀愍有情来赴道場
寂寂誰從窺水月堂堂相遂過山雲人天妙
供少曾聞颷瞿自亾煙霞外

一心奉請第十二半涉山那伽犀那尊者大阿
羅漢與自眷屬千阿羅漢等惟願應椄無類哀
愍有情来赴道場
戒珠立我超三界法露随人洗六塵半度波
山眷屬多但見灵光天外落
恭惟尊者慇消漏盡已超三界之崇毘果滿花開兼
應十方之緣会乘不疾之速給無窮之求以方便誘
羣迷以解脱拯衆苦祗承佛勑敷百福于冥冥默示
法音開萬靈之矒矒慈愍故慈愍故
一心奉請第十三廣脇山中因揭陁尊者大阿

羅漢與自眷屬千阿羅漢等惟願應接無類哀

愍有情來赴道場

已作禪宗留廣脇却承佛勅到閻浮護持正

法有誰知應笑苾蒭空淚落

一心奉請第十四可住山中伐那婆斯尊者大

阿羅漢與自眷屬千阿羅漢等惟願應接無類

哀愍有情來赴道場

出定來時塵世曉遇緣歸處道場深能將妙

果荅羣生可使世人諸漏盡

一心奉請第十五靈鷲山中阿氏多尊者大阿

羅漢與自眷屬千阿羅漢等惟願應接無類哀
愍有情来赴道場
鷲峯山上修三昧法住經中著一名香花開
處駭人看滿月一輪無相相
一心奉請第十六持軸山中注茶半托迦尊者
大阿羅漢與自眷屬千阿羅漢等惟願應接無
類哀愍有情来赴道場
慧劒遠邀持軸客福田兼濟受輪人付囑如
来到此休更許何人堪入会
恭惟十六尊者并諸眷屬阿羅漢等寓洲上者有水

月之觀託山中者有泉石之適在國者與人為徒在天者與仙為侶其所稱異而同乎德其所寓殊而契乎心故承付囑于如来又復宣揚于塵界其學道也皆能澄無生之觀秉不退之輪頓悟三空遽超十地發空門之局鑰啟覔路之緘縢其應物也皆能開方使之門立慈悲之室設百法之要誘彼羣生建三世之緣勸兹流俗而況今日設莊嚴之会發恭謹之誠器幣爭華香花鬪馥伏願尊者上同一切諸佛諸大菩薩摩訶薩等其来也不疾不行其至也無遠無近六鐶鳴杖違山海之樓臺一息興雲捨巖都之洞府

應接無類哀愍有情來赴道場受茲供養

六祖傳付偈頌

常謂諸佛出世爲一大事接引上根田凡作聖此即向上一路千聖不傳者也佛既得旨坐進乎道然後推其緒餘建立禪律講說諸教哀憫有生以度群迷是非向上一路俯身接物而已然而佛祖既遠根源失真旁枝末流各專所見遂失大道之全体分列而爲六七六祖傳衣付法有偈雖存置而弗問冷視如遺曹莫之究乃執空性遽以妙覺自待不亦妄乎六祖相望五百有餘歲慮其大法斷絶所度之士各惟

一人後世學者以其無生之師不可得而傳無物之友不可得而論不若惟衆之從且執性見以為大道不過乎此而已故予為六偈讚以示乎世

初祖

一花迦葉離塵果四卷楞伽助道書莫謂竺乾天樣遠片雲歸去秪須史　誰知花葉一中生二氣相催果自成体了色空無覔處有睹人說見還嬰　大乘氣象已相扶吾意方終道不孤秀出五峯塵下少中華先許到真如　日用中来体已親平常是道豈須陳得吾髓處無他事擬議三人且覔真　安心惟在

覓心時後世支塵兩自欺寄語禪林休歇去古來先
聖本無爲　本來無一亦無華都向真空是一家閒
説一花還共笑靈甘鬼窟作生涯　如意珠舍利子
建立法身無二理發明道果獨爲師長養聖胎誰得
旨六物名同實非異微妙如來出塵計一念中含一
點來太無根種豈須猜誰尸五運催神化忽見天花
五葉開含萬類貫三界無無無無有非私解法輪如我
神氣精塵世適他來去在九年轉了大還丹世間無
價人難買　參禪須向坐禪人本末相通可了真二
念回机都掃盡乾坤尤在一微塵　精傳神氣一傳

精性命于中附会成道世渾淪竅不破更從何處覓無生　精傳神氣一傳精舍作真空萬化行是物此中來與去莫持偏性作圓成　天游杳杳海漫漫無有無無是道觀大法藥兼心地要兩門都作混成看神光中見一還嬰　非外非中已混成忽向玉炉飛上去數聲灵鵲夜來驚　萬枝燈千江月一燈傳一月攝莫知根種有虛空秪見祥光無斷絶三千世界掌中知百億化身天下說秘密豈富容易談一劈尤軽冷欺雪

二祖

有地有花空具色無花無種色含空混成一物誰圓
就但向無言一化工　受果時来合見仙香山禅定
想多年少林淂旨圓融了不在中間與兩邉　華豈
曽生種亦無迯来何事淂神珠塵凡不悟無為旨但
笑高人一似愚　曽窮荘易到淵源三教従来共本
根自到少林應已悟後来誰為曉宗門　宿来緣累
尚相拘何事圓成未自如十地三乗誰便了了時尤
待到無無

三祖

入道従来自有緣許誰心地是金仙如来止止教休

説妙法難思莫妄傳　衣法曾傳莫已知兩山禪定了何疑本無一物非何有大道寧嫌得小兒　地種精華總是無無中和会一神珠前緣誰是傳衣子水月如心可上圖

四祖

萬室收還萬合中更尋心地亦還室紫雲蓋下已呈瑞佛法一支誰與同　路上相逢即是緣心知衣法有人傳真成淨土含諸種直到生生始得仙　解脱門中宿已知種花生性豈須期詔書四反終難起不要浮名不待時

五祖

情種俱收入混成還并四事得無生字雖不識人休笑壁上留題已可驚　無生無種菩提就非佛非心混沌成欲說性空何處覔可憐禪律謾相爭　形生收攝出塵籠一顆圓光色與空槽廠有人來作祖自然吟入太無中　塵埃可拂是修時無物無修秀也知欲說菩提符祖意圓明來處想曾窺

六祖

頓悟花情有幾人源流相遠却非真須知佛性無南北芥子中藏萬法輪　泰定无忘相行深種華當向

此中坐禪只恐人無證得旨須教礫作金　下種
人來地有因若非因地莫輕陳曾將此子教誰種安
鮮參同向呂真　從來生滅本因心旁出紛紛沒處
尋無性無心方是道執空誰可脫浮沉　法身行止
本來無葉落歸根是幻軀生滅已除還寂滅有情相
感莫踟躕　曾戒觀空與坐禪惟因唐使說真筌九
年面壁誰能少秘客先當得祖傳　妙了形神更有
人不須揹下夢中身逍遥便作丹臺客誰悟三丹有
二真　大事從來夙有因太空全是氣精神年尼莫
怪無人問作用皆云已得真　圓妙高人覔已通便

辭歸去謾叅同一篇證道誰能賽不謂唐僧有此風
道果天成豈可猜圓光何處更尋臺性爲妙種心
爲地況有慈雲作雨來

泗洲頌

十數運行天與地五氣生成入無始混成惟一數相
尋十一觀音生一体耳如目聽如視通身是眼誰能
計觀盡十方無巨細有時塔上濬人看妙用無方乃
餘事

上天竺思尚真讚

皃像雖相似水中空捉月非教亦非禅使我如何說

讀頭陀安文頌

九九八十一圓明体如日豈是空說禪精魂中掃迹
立道須當修九九八十一性見與意会如何体空色

壽堂銘

熙寧丙辰之仲夏僧惠月出都城東郊即獨樂岡之
右爲其師作壽堂求銘于予與之言曰能使人之形
與物生滅者數也而有非幻者則生滅不能流轉之
學佛者志于不能流轉之則是也若非暫聚之形少
延之筭終窮散歸則當委蜕而去之何足計哉雖然
師則然耳天年云高更延其數此仁于其師之道也

銘曰遽尔聚忽尔散多者矜短者嘆不聚不散不短不多何矜何嘆何祈何俟以祈其延以俟其歸其徒之仁其師之功

演山先生文集卷第三十六

演山先生文集卷第三十七

御試策

策題

問禮所以辨上下法所以定民志三王之時制度大備朝聘鄉射燕享祭祀冠昬之義隆殺文質高下廣狹多少之數至于尺寸銖黍一有宜稱貴不以偪賤不敢踰所以別嫌明微釋回增美制治于未亂止邪于未形上自朝廷下逮閭里恭欽撙節欢欣交通人用不踰閑以無事降及後世陵夷衰微秦漢以來無足稱者庶人處侯宅諸侯乘牛車貧以不足而廢禮

富以有餘而僭上宮室之度器服之用冠昏之義祭享之節率皆紛亂苟簡無復防範先王之迹因以熄焉傳曰禮雖未之有可以義起也而後之學者多以謂非聖人莫能制作嗚呼道之不行也久矣斯文之不作也亦已久矣抑將恣其廢而莫之救歟將因今之才而起之也

策一道

臣聞致道則求諸人以人者善之所在也及其行道也不可以求人惟人求道置法則從諸人以人者情之所在也及其行法也不可以從人惟人從法聖人

之爲天下合衆善以爲道合羣情以爲法其爲教也
則宜民下無異習其爲政也則宜臣下無異說若夫
蠡管之見涓埃之善奚足以致扎聖人以謂物態有
新故民情有好數俗有盛衰時有彼此事有變常道
有升降法有損益以道應時以法制俗當與萬物之
理相淂于無窮則夫善之所在未可以廢也當與萬
物之變相遭于無常則夫情之所在未可以廢也
陛下所以三歲一詔旁集天下之士親降　聖問而
使一介草萊類淂發其涓埃之情以助太山之崇高
滄溟之深遠如臣之愚何足以與此然而臣聞大道

之世貨惡其棄於地也不必藏於己則俗之於物輕
矣力惡其不出於身也不必為己則俗之於我輕矣
不以我累道不以物累我天叙之中夫婦之情父子
之性君臣之義兄弟之序所謂有物者也天秩之中
父厚於義而薄於仁母厚於仁而薄於義君無為而
尊臣有為而累所謂有則者也方是之時上下之分
烏用辨哉不必持衡與之為輕重而人自以為平不
必探籌與之為得失而人自以為公其正不必規矩
而天與之為方圓其信不必符契而天與之為取與
方是之時上下之志烏用定哉以故天之象地之器

鳥獸之文土地之宜未有仰觀而俯察者則象與器其孰制而用訖無所始亦無所成禮無所益亦無所損道之下降在乎象器之間而已人能輕物與我而相與爲天遊未有過禮而踰不及禮而偪者聖人蓋未有患也然而汙尊而飲捭豚而食遂以爲禮摶土爲桴築土爲鼓遂以爲樂營窟橧巢羽皮毛血聖人惡其鄙野太甚貴賤之分長幼之序飲食居處幾與鳥獸草木無以異焉以故聖人作爲禮法以文其實營窟橧巢亦利于居也爲之臺榭宮室草木血毛未利于食也爲之炮燔烹炙羽皮亦利于服也爲之絲

麻布帛汙尊杯飲赤利于飲也爲之範金合土罔罟
之利佃漁耒耜之利稼穡刳剡之利于川服乘之利
于塗弧矢之利禦寇擊柝之利待暴利用之法詳于
此矣然後制禮之文施于飽食逸居之時使遠于禽
獸朝聘之禮所以和君臣冠昬之禮所以正男女祭
祀之禮所以交鬼神爲之射禮以觀其志体爲之鄉
禮以辨其齒位合其欢也爲之燕禮致其欽也爲之
享禮雖然昔時鄙野之風稍趋于文而文之弊使人
役有涯之生隨無窮之情忘不可亂之分徇不可必
之物其性失中其心失性以菲廢禮也偏以美没禮

也僭遂喪天理之自尔者性命之情日入于褎薄有如横流之衝失其大防汗漫而難制是以朝聘之禮不足以和君臣冠昏之禮不足以正男女祭祀之禮不足以交鬼神射鄉之禮不足以仁州鄉食饗之禮不足以樂賓客然則禮之數豈可廢哉有數而無義則其制禮也不足以因情有義而無數則其制禮也不足以定分朝聘鄉射燕饗祭祀冠昏之義高下隆殺文質廣狹多少之數所以見于 聖門而臣以謂禮法之行自賢與貴者始賢者先王以率愚貴者先王以率賤者也數度存焉其在宫室也廟各有數堂

各有尺其在衣服也冕各有章旒各有寸其在車旗也常各有斿車各有乘其在器皿也所食之豆所獻之爵其數有多寡其用有貴賤雖然禮數之于天下豈特進其不及之才斂其不平之氣以就繩約然後以爲得哉有以多爲貴者以文爲貴者以大爲貴者以高爲貴者以其外心者也有以少爲貴者以質爲貴者以小爲貴者以下爲貴者以其内心者也内之爲尊外之爲樂少之爲貴多之爲美是故先王之禮不可多也故常不豐不可寡也故常不殺惟其稱而已天下之人順其數則謹其分明其義則進其德此

其所以制治于未亂止邪于未形歟不然而禮之近者邅人之情禮之遠者明德而反本芻豢稻粱庶羞酸鹹以養其口椒蘭芬苾以養其鼻彫琢刻鏤黼黻文章以養其目鍾鼓管磬琴瑟竽笙以養其耳疏房安車越席牀笫以養其体此邅其情者也聖人以此救上古之鄙野不能使後世無文之弊目之于色耳之于聲鼻之于臭口之于味四肢之于安佚未有能克已復禮以為仁焉則禮之近者邅足使人流而為滛泰乘而為詐偽耳山藻之僭澣濯之陋豈可廢哉是故聖人之制禮也酒醴之美而玄酒明水之尚黼

黻文章之美而疏布之尚莞簟之美而蒲越稾鞂之尚丹漆彫幾之美而素車之尚是故禮雖道德之下衰忠信之薄而道德忠信所以不喪者禮實明之也禮之近者達人之情而人之情達未常放者禮之所尚不在乎美者而已二帝三代以法趣時以義起禮不能有異乎此特其詳略未可同耳故自常言道無常也未始有弊焉必有升降者禮法爲之也時無止也未始有弊焉或有彼此者習俗爲之也繼道以致用者善也制善以致治者法也異法者彼此之時異時者盛衰之俗異俗者新故之物物之新故俗之盛

衰未始有常也則以法趣時以義起禮豈有一定之論哉是故聖人之在下者或清或和以矯一時之俗而救其弊焉則有三子之行聖人之在上者或損或益以應一時之俗而救其弊焉則有三王之禮然而道失而後德則二帝之趨時也致隆于德未能以爲皇德失而後仁仁失而後義義失而後禮則三代之趣時也致隆于業未能以爲帝道也德也業也皆聖人所能有者也其用之異者以制俗異之也皇也帝也王也皆聖人所能爲者也其名之異者以應時異之也臣謂有成與虧者法也無成與虧者道也無成

與虧之中注之不盈酌之不竭萬法之造費之弥多資之愈有唐而後成周而後備于形色名聲不可以爲量數若夫制于禮者爲之非特不可以致治也必待數百歲其智足以相備者而後全若夫体道者慮後而致隆則堯之所成周之所備伏羲旦暮而陳之奚必俟唐與周哉臣謂時之所緩聖人不以爲急俗之所惡聖人不以爲好是故五帝而上其書謂之三墳言大道也二帝而下其書謂之二典言常道也然而常道之用又其大道之降者歟不然而忠質之過也周以極盛之弊而救之盖自夏商之衰仁義失盡

矣則周之所以救其弊者其有禮與盡仁之數以制
禮盡禮之數以制法辨等之儀數節之度尤詳于二
代則大道之降者未足以為怯也後世之難治惟其
物我大重我重而踰物重而偪無窮之欲不測之變
不可以略制也行法之吏至于三百六十而後已豈
其好詳哉禮以義起法以時行而已臣觀三代之盛
忠質文之不同道服器官之不同法相沿以情相革
以迹朝聘之勤燕享之歡祭祀之誠婚姻之好歡然
有恩以相愛綮然有文以相接彰之以車服揚之以
聲音光之以詩書明之以藻色其尤一元之散遂華

萬物而爲春歟和氣之中聲色萬類飛者翔走者伏
潛者躍並行而不相悖並育而不相害莫知爲之者
三皇之世示著于德義其尤一元之含萬物歟二帝
之喻則向乎春矣　陛下体道在上造化羣材因革
庶政教令刑禁下行上施其尤天道之運四時歟作
者使復枯者使榮則春之風雷散者使斂華者使實
則秋之霜露將與有生之類還淳及一而爲太古之
遊固　陛下之志也若夫宮室之度器服之用冠昏
之義祭饗之節率皆紛亂茍簡未復三代之遺法豈
可望哉此宜□選策之所及也臣聞不能以禮趣時

則其爲法也無以不能以義起禮則其爲法也無道
禮樂之情同明王以相沿知禮有所因三王異世不
相襲禮則禮有損益商因于夏禮所損益可知也損
其文而益之以質故也周因于商禮所損益可知也
損其質而益之以文故也其或繼周者雖百世可知
也文弊則質救之質弊則文救之文質相代而趣于
中蓋雖百世不能易也僞者文之過野者質之過繼
文之過必過于質而救之此孔子所以欲從先進歟
時也惟夏之從車也惟商之從服也惟周之從樂也
惟舜之從鄭聲之淫非所可欲者也文弊之俗皆溺

于此樂則惟淫之從然後鄭聲可以放焉自秦繼周
禮之情不能有所因乃滋法令以酷天下禮之文不
能有所損乃極奢侈以窮其欲不能以智出義以義
明德不能以仁出禮以禮明分尚以徒法而制天下
禮之近者又從而亢之古遠而難行者類棄而不爲
遂使天下之俗流而爲淫泰乘而爲詐僞淫爲鄭聲
殆爲佞人則其制天下也適足以爲亂焉豈能辨上
下定民志使恭欽樽節歡欣交通以戴其上哉若夫
諸侯乘牛車庶人處侯宅貧以不給而廢禮富以有
餘而僭上宮室之度服器之用冠昏之義祭饗之節

率皆紛亂苟簡。是以爲怍也漢文帝好道家之學
以爲繁禮飾皃無益于治皆罷去之專務朴素然而
文帝豈能監周之弊而致然哉會其所好適近聖人
継周之意故其屋壁得爲帝服倡優得爲后飾賣僮
婢妾富人大賈皆得以上僭莫之制焉斯亦文帝不
能以義起禮之過也嗚呼文帝畏甚高論而釋之與
言秦漢間事而已唐太宗好三代之禮樂房杜不能
對者故其爲禮也沿秦故以爲漢沿隋故以爲唐其
治卒愧乎三代而使三代本數末度寂寥數千載間
未有能振之者可勝惜哉　陛下慨然有志于此將

欲貧者不至于廢禮富者不至于犯義文不至于野趋乎文質之中非特天下後世受其賜也斯文不亦幸乎臣聞有其德而無其位不敢作禮樂焉爲其無行禮樂之權也有其位而無其德不敢作禮樂焉爲其無立禮樂之道也而今　陛下尊爲天子有其權矣德爲聖人有其道矣何憚而不爲然而不能因俗則禮失人不能制俗則人失禮禮失人也無情人失禮也無分　陛下以義起禮而臣言其所以因俗所以制俗而已寒煖燥濕異氣剛柔輕重異齊器械異制衣服異宜飲食異和此天理之所異者俗之所宜

先王之所因析言破律亂名左道淫聲異服奇技姦
色行僞而堅言僞而辨學非而博順非而澤有疑于
衆圭璧金璋錦文珠玉或不中度或不中幅或不中
量或不中儀有行于市此人僞之所異者俗之所病
先王之禁因其所宜而弗禁其所異天下之人心與
物化志逐利往譬如新生之犢猖狂而趣未知其所
向則羈以義明法以數定分斂其放肆以就繩約亦
已勞矣是故大司徒施十有二教所以因俗者一所
以制俗者四大宰以八則治都鄙以禮馭其民則其
制俗者也以俗馭其民則其因俗者也蓋惟聖人以

演山集　卷之三十二　小草齋鈔本

道出法以德制行然後能為因俗而與之同能為制俗而與之異其因俗而與之同也則能使之驩欣交通其制俗而與之異也則能使之恭欽撙節禮之遠者使之知所尚焉則能明德反本而不溺于忠信之薄道德之下衰三代之禮可得而終始也此臣之計也

演山先生文集卷第三十七

演山先生文集卷第三十八

周禮義

攷其德行道藝而勸之

六行人之德性所有者也六藝人之才性所有者也自其德性而充之以知致仁以仁致聖高明之德也以義致忠以忠致和中庸之德也以性立德以德制行以孝事其父母然後能以友事其兄弟以睦善其內親然後能以姻善其外親以信任其朋友然後能以恤（仁）其鄉黨睦婣之于孝類也而孝生于上德之仁任恤之于友類也而友生于中德之義自其才性而

充之以禮得中其性正矣以樂得和其情正矣然後射足以觀德御足以觀智書足以探心數足以究物賢愚貴賤其性之根皆有是德其德皆有是行其性之幹皆有是才其才皆有是藝而或廢天以僞徇物以欲不能勿動以之仁毋我以之道聲色勢利之中芒昧其真天資之戕彫落殆盡充之以就名不足以爲賢能充之以事親不足以爲子弟日爲庸人因循以老天下皆是也先王以謂德行道藝人性之所固有者在上之人不能作之使興育之使成而已人見其自溺也以爲常有才焉可勝惜哉州長之職孜

其德行道藝而糾之糾其過惡而戒之則其作之使
興育之使成者歟萬民之學行藝不得其實者以其
無所攷不進其實者以其無所勸不得其實則人僞
誘之不進其實則物累晝之嗚呼天之所與我者先
立乎其大者而小者不可奪然而大者不能作之使
興育之使成則其小者進焉以過靡中以惡厲善而
欲成人有德小子有造豈可得哉先王患其佚遊自
棄流于城闕之間二千五百家合之而爲之州敎之
而爲之序率之而爲之長先王之作人才以謂好勝
而喜爲名惡辱而憚爲惡人之情也好遊而外徇惡

勞而中廢人之情也二情而一勝可與為善可與為惡吾將進人于善則當使其好勝之心生徇外之心死孜而勸之則乘其好勝之心而作之者也糾而戒之則乘其外徇之心而作之者也升秀士以至于選升選士以至于造或不征于鄉或不征于司徒凡以勸者也罰之以金扑之以楚或移之遂郊或屏之棘寄凡以戒者也以人之情聞善而喜則為之明善能以為之唱以人之情見賢而服則為之立賢材以為之長長之者其德足以使之尊唱之者其義足以使之樂好勝之情一云很樂義之心同炎于中彼將踴躍

而趋憤悱以作亦失欲倦怠之情奚暇從事哉然而
州長之所劝以進其善州長之所戒以黜其悪亦若
是而已矣進于六藝則成其性之中進于六行則成
其性之德所謂賢者則長于德行者也所謂能者則
長于道藝者也德行之教内資乎人者也外有六藝
為之正道藝之教外入乎人者也内有六德為之主
是故六行顯矣徵則通乎神六藝粗矣妙則通乎道
然則攷之所至劝之所加豈可略哉書之不得其詳
不足以攷故欽敏任恤者閭胥書之孝友睦婣有學
者族師書之德行道藝者黨正書之所書者寡所察

者詳故也孜之不得其實不足以興故行藝者州長
孜而劝之過悪者州長糾而戒之所劝者廣所勵者
衆故也州長之所劝書之屢矣大夫之所興劝之屢
矣先王尤慮鄉里之吏書之有所不公孜之有所未
至為之司諫焉巡問而觀察之書其德行道藝辨其
能而可任于國事者以孜鄉里之治以詔廢置然則
州長之所孜烏得不悉哉萬民之學其賢有六德矣
其能有六藝矣仁與之榮矣天與之爵矣志重而物
輕矣義重而利輕矣鄉老之尊大夫之貴不可慢以
待也待之以賓以□略而興也興之以禮東南之主

以義望賓西北之賓以仁望主歌吹降登獻酬去來
以示鄉人德之可尊義之可樂然後獻其書焉王尊
其所獻拜而受之也以書者道之所存王寶其所受
登而藏之也以德者天之所叙以其有仁德而使之
為卿以其有知德而使之為大夫以其有義德而使
之為士先王之世賢者在位以長民德而無異道能
者在職以治民事而無異政是何故也司徒受教法
于王公卿大夫受教法于司徒鄉吏受教法于鄉大
夫萬民之學受教法于鄉吏則其所以教民者諸侯
羣吏之私不與焉資諸旦而已先王之民興于賢者

之德風要于能者之政事協其情契其志此何故也使民興賢還以長之深協其民之好惡使民興能還以治之深中其民之利病則其所以進人者王之私不與焉委諸民而已屬之而讀法也相習以善会之而射也相習以藝屬之而飲酒也相習以禮率之而逆獣也相習以戰德行之實偽道藝之精粗下不能逃于民上不能逃于吏德行道藝外之所受不能有異于王內之所受不能有異于天在朝所謂卿大夫士在鄉所謂長正師胥在軍所謂軍將師帥昔時鄉教之中同爲儒□□今同爲天子之吏豈有異趣乱

然而自秀士而升之以至進士自有造而加之以至有德大夫得之以爲賓天子得之以爲吏萬民得之以爲長而徵黨正之所書州長之所考勸之以進其善戒之以黜其惡未有能成其性者也

官刑上能糾職

吏以德稱位有三曰善曰欽曰正而欽正者善之類也吏以能稱職有三曰能曰法曰辨而法辨者能之類也人各有能事各有職以能應職以事應物事以日生而無窮物以時變而不測先王之治事物使之以時偕行而作與時偕極而復則推羣吏以能

應職而已然而羣吏弗致其力則不能盡其能先王
弗致其刑則不能盡其力適足以廢事不足與立適
足以厲物不足與應尤天下之患也上能糾職所以
有官刑焉八法之治官府官聯而上處人而使之之
法也官常而下治人而作之之法也官刑以糾其惡
官計以弊其善然而不能糾其失職者則亦安得六
計之善而弊之耶必有糾職之刑乃有稱職之賞然
而羣吏之于庶事先王分職以任之出法以制之不
先乎事而令之及其事至然後為之所是慢事也先
王有刑以糾百官然而不先乎刑而告之幸其不共

則置之法是罔人也先王智不慢事忠不罔人而況王宮者予宮者國之本也國者天下之本也爲國之本制治不嚴則其望天下之治也不亦難乎是故大司徒令于教官曰各共尔職修乃事以聽王命其有不正則國有常刑小宰令于百官府曰各修乃職攷乃法待乃事以聽王命其有不共則國有大刑在王宮則責之以事上之恭在官府則責之以臨下之正然而不攷乃法謂之不共法者能之類也不在則有常刑而已斯亦上能之意歟有常法無常人有治君無治法法者治之具也人者用治之具者也先王之

法固善矣不得善人而用之則或以善法厲民者豈法之罪歟是故先王善其法則善其人或以刑善之或以賞善之刑賞非善其人之道也作人以趨善而已八柄之馭羣臣有曰廢有曰奪有曰誅此以刑之類作之也有曰爵有曰祿有曰置此以賞之類作之也善能人性之所固有者無以作之則其長人者煨治人者豈可勝惜哉先王惜其才德之美爲之成始則有鄉三物以教之教人以德爲主故其刑也上德糾孝爲之成終則有官府之八法以治之刑計之于八法則作成其方術者也治事以能爲主故其刑也

上能糾職然而彌𢦏者賞失職者刑豈一日而致哉
其在鄉黨也教之已善養之已正攷之已實不率者
既屏之矣其在官府也旬終則令正日成月終則令
正月要歲終則令正歲會不舉者既誅之矣從政之
中日謹其成月謹其要以其有歲終之廢置見置者
効見廢者攺以其有三歲之誅賞及其誅之也廢置
已再矣是故誅之義也不為不仁賞之仁也不為不
義馭過之誅能使廢者因以取置置者因以取賞未
有馴致其惡以至于誅者也是故先王之治天下六
典之書推而行之者有六職六官之職贊而行之者

有六旅為天官者謹于治為地官者謹于教為春官者謹于禮為夏官者謹于政不失其序為正者專于治要為師者專于治凡為司者專于治月為旅者專于治數不失其任有名為之累焉則其失職非所欲也有刑為之累焉則其失職非所敢也然則先王之之官刑豈常試哉設之使有懼而已

辨廟祧之昭穆

社稷報物利也就其所居而右之有成其物之意焉宗廟報親恩也就其所居而左之有生其親之意焉親有遠近恩有隆殺然後親親有仁尊尊有義長少

有別男女有序若夫限之盡者不殺其恩廟之遠者
不降其制則不死其親之意豈足以爲仁哉是故先
王之于廟祧爲之親疎多少之數以多少之數辨其
分故王立七廟諸侯立五廟大夫立三廟適士二廟
官師一廟以親疎之數辨其恩故七廟一壇一墠五
廟一壇一墠三廟二壇二廟一壇先王之教天下上
治祖禰下治子孫旁治昆弟序之以昭穆別之以禮
義繫之以姓而弗別綴之以食而弗殊其夫屬乎父
道者妻皆母道也母之則尊之矣其夫屬乎子道者
妻皆婦道也婦之則恭之矣然後男子有別長少有

小草齋鈔本

序先王以此教民號爲人治之大然而即吾廟祧之
昭穆未有辨焉則以人治之大者而率天下是則難
也以仁致禮以事其親所以有廟以義斷恩以等其
親所以有祧不可屡以祭也則止于享嘗不忍遽以
去也則止于黜壓君子小人之澤五世而斬二祧之
親則在五世之外者烏得不殺服盡而義輕二祧之
昭穆則異于在五廟者烏得不辨先王之治天下明
則有禮樂幽則有鬼神然其序義亂于幽閟之中則
安能正其生者邪小宗伯之職謹禮于幽則辨廟祧
之昭穆謹禮于明則辨吉凶之五服車旗宫室之禁

然而宗伯之辨蓋以久矣先王尤慮尊卑之分尚或不嚴乃有禘焉非特為其祖之所自出以其祖配之則以審諦昭穆為主然則昭穆之不可亂也可不慎歟合食于太祖禮之尚親而主愛者也以情先焉爓孰物之近于人情者也不近于人情非禮之宜也不足以致愛焉故祫主于饋食審諦昭穆之禮尚尊而主欽者也以意先焉血腥禮之遠于人情者也不遠于人情非禮之至也不足以致欽焉故禘主于肆祼獻祼之享先王也其尤禋禮之事上帝歟泰壇之禮泰折之瘞資物以見其誠焉未若物忘而誠在也然

小草齋鈔本

則審諦之時尊中之醴俎上之腥滌蕩之聲葆大之器不足以勝其志則小宗伯之辨豈敢略乳

演山先生文集卷第三十八

演山先生文集卷第三十九

周禮義

王功曰勲

有王佐之學則能收王佐之功有内聖之德則能建外王之業然而内聖之德資于王佐之學而後至外王之業資于王佐之功而後成内聖之德未常多學而不見其所違者有一以貫之也無所不學而不見其所聚者有精以揁之也精一作聖乎内而王則聖德之顯而已王所謂大者與王化之則不可以其形拘王所謂明者與王圗之則不可以其象定有功于

王如是之高明也則謂之勳焉勳者功之上達者也
然而王佐之學可得聞乎荀子曰學者以聖王為師
楊子曰學之為王者事其已久矣惟聖與王皆原于
一所謂一者三者相合而未相離者也由一而之天
則聖者王之内也大德立焉由一而之人則王者聖
之外也大業立焉得一之体則其遊乎天人運乎内
外皆其用耳一之離在天為象在地為器在人為法
形色名聲布列乎萬物不可以為量數學者各奮其
才智而取之或得其方者而失其圓或得其粗者而
失其精或得其小者而失其大得其小者其功或為

治勞或爲戰多浔其偏者其言或爲百家之小說其
用或爲霸者之佐或爲官長王佐之學不然師聖以
盡倫師王以盡制惟聖與王皆原于一故其合而言
之則謂之道而已大臣以道事君行止在我而不在
乎人富貴在德而不在乎物其待物也非其義也非
其道也祿之以天下弗顧也繫馬千駟弗視也其待
人也非其義也非其道也一介不以與人其待已也
非其義也非其道也一介不以取諸人囂然爲我幡
然爲君惟道所在不知有物之能累我也故其降道
于德則爲内聖之化聖而能化則無所不適以無所

不通者運諸言意之上與王之天降德于業則為外王之仁王而能大則無所不備以無所不備者建諸事業之中與王之人之人所以明道之天所以神德由大而化之則仁復乎德而吾君為帝矣由聖而妙之則德復乎道而吾君皇為矣是故百姓謂我自然者其功上達乎天道故也帝力何有于我者其功上達乎神道故也然而孔子稱天之大則曰巍巍乎惟天為大稱堯功之大則曰巍巍乎其有成功夫有成功則向于王矣是故古人以勳號堯而勳上達不可得而見也無能名焉聖人例以巍巍稱天之大稱堯

之功則王功天功也非人之所能爲也興事造業成
之以道故民無得而稱焉周南王者之風聖人之事
未常言功以其上達則不可得而言故也周之臣惟
周公爲有勲勞于天下繫之以周南固其義也國功
人功也非天之所爲也興事造業成之以力故民得
而稱焉召南諸侯之風賢人之事也未常不言功是
故鵲巢則言積功累行以致爵位羔羊則言鵲巢之
功致繫之于召公固其義也然而人功累而後成累
之至則亦上達矣是故王道成于騶虞可以言功矣
而不言者以其上達則不可得而言故也然而古之

事其君者為公者有道為卿者有德為士大夫者有
察與智王功之臣能下而為五功也允道可以言器
五功之臣不能上而為王功也允器不可以言道伊
尹周公有道者也其佐非特王也內可以佑聖其職
非特宰也上可以論道故其功之成也格于皇天老
子曰公乃王王乃天公則上達王則內聖自非上達
之公與王坐而論道不能內聖其德之于天道而後
已是故言王之職則財成天地之道輔相天地之宜
言公之功則論道經邦燮理陰陽而使萬物各由其
道然而萬物可使由之不可使之知則公之有功于

王不亦至乎伊陟臣扈有德者也足以爲佐而已佑
聖則未也足以爲宰而已論道則未也故其功之成
也格于上帝伊陟之功以言伊尹則不足以言巫咸
則有餘然而非勳之至者耳統天地者陰陽也統萬
物者天地也猶之有功于王足以寅亮天地而已未
足乎燮理陰陽足以貳公而已未足于佑聖允言太
宰之職以祀大神則爲不足以享先王則爲有餘然
而能紹上帝則烏得不以爲勳哉非勳之至者耳孟
子曰湯之于伊尹也學焉而後臣之威公之于管仲
也學焉而後臣之湯學伊尹以物徇道故其外忘而

内至威公之學管仲以道徇物故其内忘而外重外忘則功出于道故伊尹之功格于皇天外重則功出于物故管仲之功曾西之所不為者常惜仲之才困敗以為功轉禍而為福可謂美矣然而門内之屏榅閫之玷不攝之官三歸之婦為之動心王佐之才屈于聲色勢利之中不能以道自勉而又烏能以上達勉其君哉故孟子曰管仲得君如彼其專也行乎國政如彼其久也功烈如彼其卑也尔何曾比予于是故君子為其君附邪則曰仲尼之徒無道威文之事者是以後世無傳焉為其君陳善則曰保民王而莫

之能禦也必使其君之仁無邀于天下則以為王德必使其民莫之為之者則以為王化然後收功于王道之大成是故孟子患不得其君耳不患其道不行于天下患其功不學于我耳不患其君不為王者惜夫孟子以禮義進于諸侯而諸侯以勢利求于孟子其勳不見于後世可勝惜哉管仲之後有公孫鞅始説孝公以帝道而未之入也則以王道說之次說孝公以王道未之入也則以霸道說之常謂徇己者叟吾也徇人者商君也彼方有所徇焉烏有上達之勳以致内聖之王者乎降及于漢君欲其臣無甚高論

而臣屈而就之與言秦漢閒而已時君不過爲賢王
而至有雜霸者或自其臣徒以儒宗宰相位持祿
養交阿諛自售而已雖大有爲之君而臣其所教者
可勝惜哉常謂其學不如荀揚子之言其行不如孟
子之去就其事不如伊周而欲爲王功也不亦難乎

百工飭化八材

攻金之工七攻木之工七攻皮之工五設色之工五
刮摩之工五摶埴之工二以夫五材而加皮玉設色
其爲八材也歟修飭以力謂之飭形移其形之謂化
飭木而化之其載物也則爲輪輿其濟物也則爲舟

揖其敵物也則爲弓盧之屬飾金而移易之以容則爲鼎量以斷則爲劍削以鳴則爲鍾磬之屬飾皮而移易之則爲函韗之屬飾土而移易之則爲甗甒之屬飾玉而移易之則爲圭璧鬵佩之屬飾色而移易之則爲畫繢繡緇之屬水火之材飾而化之運用六物者也凡職以任百工故其言詳六職言其所以爲百工者故舉五材而已六職之序王公出法以賜百工者也士大夫行法以督百工者也商旅阜通以資百工者也農夫播植以養百工者也嬪婦化治以成百工者也是故百工之序在其中焉相高下視肥磽

序五種君子不如農人相美惡辨貴賤君子不如賈
人陳繩墨設規矩便備用君子不如工人以義理財
以知創物則未有如君子者是故王公士大夫之序
在其上爲天下之民無致養之物無以爲生無致用
之物無以爲利財成天地之道輔相天地之宜王之
務也大宰以道佐王者也九穀有本而已太宰任農
輔之以生草木有生而已太宰任圃輔之以育山澤
之材有生而已太宰任虞輔之以作鳥獸有能相育
而已太宰任藪輔之以養蕃八材有爲民器之資而
已太宰任工輔之以飭化五行之氣爲象而有五辰

為器而有五材為德而有五性五材之有為器之資
為器之理盖已久矣必有知者為之創物巧者為之
述事然後五材之用著焉而百工不能上達者也茍
非智者為之出道而觀象降象而觀器然後制其象
器而用之備物致用立成器以為天下利以象寓意
以器藏禮則雖百工之巧安所用哉伏羲之罔罟神
農之耒耜黃帝堯舜之舟楫杵臼孤矢以濟萬民以
威天下耒耜罔罟孤矢杵臼有取于卦象而為之自
非遺數不能極數忘象不能定象忘象遺數獨寄萬
物之表然後觀象以設卦尚象以創物則夫罔罟之

類自非聖人豈能制弘其鑠金也有之以為利其凝
土也無之以為用一器之微為之內者天理至深眷
意至圜為之外者其分足以嚴天下之守其制足以
便天下之用是故日造而不知之者百工也日用而
不知之者（百姓也）百工之務窺理所在則能審曲正体所向
則能面勢圜者中規方者中矩立者中縣衡者中水
直者如生繼者如附此其巧也其為弓也辨其安危
之人其為輪也辨其高下之地其為函也辨其豊約
之体其為鍾也辨其小大之量其為兵也辨其攻守
之國此其知也若夫仰以觀象于天俯以觀法于地

旁以觀萬物而有作焉則非百工所與者也先王之世或為淫巧以蕩上心者禁或為奇技奇器以惑下志者殺故其百工知述智者之事知守知者之法飭化八材興事造業以貢于上而已然則六職之序百工得興王公士大夫者相為用于天下蓋無愧焉

占六夢之吉凶

吉凶之變休戚之情係于王者有係則有憂有憂則有感有感在外則見乎蓍龜有感在內則見乎夢寐王之于民以吉與之同患惟恐其弗得故季冬聘王夢獻吉夢于王王拜而受之以凶與之同患惟恐其

弗去故舍萌于四方以贈惡夢遂令始難毆疫賢能之書天遺王以治民者也謂之天工萬民之數天遺王以守邦者也謂之天民吉夢天遺王以休證者也謂之天祐王拜而受之非徒尊賢也非徒貴民也非徒喜夢也所尊所貴所喜有天存焉故尔噩思喜懼或心所懷或情所感而見之于夢非夢之正者人也非天之所為也不噩不思非喜非懼而見于夢夢之正者天也非人之所為也然而占夢于夢之非正者尤占其吉凶蓋在人者烏知其非天邪或之使耳精者天德神者天道人之精神豈能皆全于天旦晝為

形所囿爲物所絓則遂遠于天地之神陰陽之理眛
于禍福之机妖祥之釁莫之悟焉人之精神寐則魂
從其所遊寤則志從其所運寐則靜靜則定定則清
清則虛虛則明虛也無所不觀明也無所不照精神
及一遂與天地陰陽流通故與萬物俱一氣耳無幽
無明無遠無邇是故禍福妖祥成敗得喪之理可周
覽焉安能逃我哉占夢之官以其與天地通流故觀
其含以其與陰陽流通故辨其氣掌其歲時占其吉
凶其聘王夢而占之也吉者以獻凶者以舍夫能以
寐致靜以靜致定且能流通如是況吾王乎書曰恭

默思道夢帝賚予良弼能恭則莊能默則靜思道則
能損實以爲虛致虛以爲明然後精神遊乎無何有
之鄉而接帝于不可測之境得所賚爲非王之高明
而誰能之不蹶不思非喜非懼夢之正者也大抵五
行之數寐則兆于夢中寤則兆于聲色形体之表而
或兆于朽骨之象枯莖之數記曰清明在躬氣志如
神嗜欲將至有開必先又曰國家將興必有休祥見
乎蓍龜動乎四体兹其有開者歟然而含萌于四方
以贈惡夢其妖爲夢也烏可贈其禍爲瘥也烏可敺
天時人事固有相感而廢興者如之何不可敺不可

贈邪

演山先生文集卷第三十九

澹山集　卷三十六　十一

演山先生文集卷第四十

論語孟子義

君子多乎哉

道之在天為象在地為器在人為法三者之未相離則有一焉而已及其下降于域中散萬于形數學者各奮其才智而取之或淂其方者而失其圓或淂其粗者而失其精或淂其華者而失其實其言為百家之小說其事為百工之末藝巧者以為新奇机者以為便捷各以其所能名于技藝之中惟恐其多弗之及也不足以相勝君子之學淂其未相離者不器以

應大器以受動則實靜則虛以多而求之尤其求天之閫也頤其有噂之星少頃之雲豈足以滑天哉吾多能鄙事則其應分而已雖然聖人之游于藝豈衆人之所能爲哉其能禮樂也非特鍾鼓玉帛而已與天地同和與天地同節君子之所及也其能射御也非特主皮執轡而已升降之儀與其志通疾徐之節與其意会君子之所及也其能書數也非特縱横之畫会乘之筭而已道理之精粗象器之終始君子之所及也然而言其至变也此其遠廬耳言其至精也此其糠粃耳吾何容心于其間哉其智故足以君國

其仁故足以子民茍爲于多能所累則能與之校者君子之道不亦遠乎事物之上未形之一特收其静復又將散出之事物之閒則又有相一者蓋道之麗乎形則有大小麗乎數則有衆寡在人之淂則有賢衆在人之法則有詳略而大者理使之治小多者理使之宗寡衆者理使之資賢要者理使之制詳是故事物之閒君子執其衆小詳多之所宗者以相天理而已以大道治一由一以往其爲十百千萬則衆人治之以大法治会由会而下其爲要凡目數則有司治之然後君子之道至焉聖人之于天道者也未形

之中出與萬物酬酢及其芸芸者歸寂寂以復則吾將兩忘矣或者迎隨而不可得也此其所以為聖焉然而孔子以不多言君子不喻其為聖之説蓋多能且不足以名君子况聖人乎

有德必有言

自得之謂德然而君子不忘其接物而有應焉故必有言自愛之謂仁然而君子不忘其成物而有義焉故必有勇言也勇也君子之餘事為事物而有之不足以名君子而名于言則非為乎接物而為之故不必有德名于勇則非為乎成物而為之故不必有仁

蓋夫言之實在德而心者德之所自出焉勇之体在
仁而性者仁之所自出焉言也勇也豈其智與故為
哉心虚而德至淂一而仁至方其有淂也世習物累
不能實其一至虚之中偶有所感而淂之存為志慮
含為意思其充積歟有物觸其中則鳴非積求鳴於
物也考之以理則為之論難之以疑則為之辯以興
則為歌詩以教則為語令約而明多而類雖然豈其
淂已而言哉道之在我乃天任我以應物耳物之来
雖欲無言而不可淂焉其心盡矣其德至矣然後体
仁而安之物理窮性分定靜而不可撓柔而不可折

其抱者真其守者約安靜之中有義感之雖欲不勇
而不可得焉或勇于任或勇于去或勇于死或勇于
四誅或勇于一怒其尤水之道争其性順其体柔其
勢下及其行也不可禦卻不可滯礙萬折而東之方
圓曲直其數不可計也其歸則趣于一而已盖由德
而言謂之至言顏淵閔子善言德行則由道而言者
也由仁而勇謂之至勇曾子自反而縮雖千萬人吾
往矣則由仁而勇者也及其物去事止則言也勇也
君子不居之仁德之鄙而已名于言勇者其言無實
其勇無体言生于心而心無德主之故其言無法勇

徒作于氣而氣無仁守之故其勇無義孔子不知子路之仁子貢不聞孔子之言性與天道則其名于言勇也言有時乎窮勇有時乎屈又何足恠哉

唐虞之際于斯爲盛

一人之才足以爲善矣合十人之才則一人有所不能勝矣何則十人之才非一人之所能至也十人之才足以爲善矣合百人之才則十人之才有所不能勝矣何則百人之才非十人所能及也成周之時以左則麟之儀儀鳳之師師而文無不宜以右則螭虎元元鷹隼濺濺而武無不備文無不宜武無不備又

豈止百人之才哉前乎此則人才爲未成後乎此則人才爲已替然則人才之盛其惟周乎此唐虞之際所以于斯爲盛也且唐虞之治以平水土則非無禹也以播百穀則非無稷也以典樂則有夔以納言則有龍其得人亦可謂至矣然鴻荒之世爲來遠而典章文物尤多闕焉迨夫太王之肇其迹王季之勤其家十五王而文新其命十六王而武廣其聲其積累非一世也周召爲之輔翼太公爲之爪牙散宜生之徒爲之奔走禦侮其致治非一人也積累非一世致治非一人是以賤而至于兎罝之武夫莫不好德況

其貴者乎卑而至于漢上之游女無思犯禮況其尊
者乎宜其虞舜之所不能及也夫伯夷淂聖人之清
而已于任有所不兼焉伊尹淂聖人之任而已于和
有所不兼焉兼之而集大成者孔子一人而已法始
乎伏羲則有所未成成乎堯舜則有所未備備伏羲
堯舜之法者周而已然則周之所以淂人者豈特時
之所会亦上人作成之耳

當務之為急

知本然後知類知類然後知序知序然後知務其類
異同其序先後見于事物之間不可以為量數由本

而觀之統有宗會有元君子之智未常求知其不可以為量數者苟知其本然後當于務焉以孝悌立仁之本以忠恕貫道之類千歲之日至尤遠而難知者也吾于天星之間求其故而已鬼神之情狀至幽而難知者也吾于魂氣之間觀其禮而已是故以道治天下以心治四海國治然後天下平當務在乎先誠其意黎民于變時雍當務在乎克明俊德若夫急親賢之為務則其智之所以為仁歟五常之本同出于道聖人之合道以自為離道以為天下其愛物也離道以之仁其利物也離道以之義其待物也離道以

之信其接物也離道以之禮若夫智則知斯四者而
已仁不當務其失也泛義不當務其失也刻信不當
務其失也固禮不當務其失也煩四者之得失貴諸
智爲則智之任不亦重乎堯之仁憂以天下憂其不
得舜而已舜之仁憂以天下憂其不得禹而已洪水
横流而民有墊溺之憂禽獸偪人而民有傷害之憂
五穀不登而民有飢餓之憂方是之時苟使許行之
徒墨者是之爲天下計則彼將勞苦損瘁且與四憂
之民爲轍中鮒相濡以濕相與以沫自以爲鱗而後
已焉是以爲仁哉堯舜不然堯使一人舜使四人得

小華齋鈔本

益而傷害之憂忘淂禹而墊溺之憂忘淂稷而飢餓之憂忘淂契而近于禽獸之憂忘然則二帝之宅厥心可謂真知者也惟克宅厥心乃克立茲常事司牧人以克俊有德則文王不偏物也克知三有宅心灼見三有俊心以欽事上帝立民長伯則文王之不偏常也有司之事所用所之庶獄庶慎罔敢于茲罔知于茲然而文王之宅厥心亦以有司之牧夫而已竟宅心于舜而五臣為之用舜宅心于禹而八官為之用文王宅心于牧夫而凡百有司為之用是故君之道無為而尊臣之道有為而累舜文之仁智浚世無

以加焉嗚呼吾生也有涯知也無涯後世之人為知所誘用知者蔽作知者鑿或以累生或以害道不能緣督以酬萬变豈有他哉不知其本之過也

一介不以與人

一介不以與人所以絜人不以取諸人所以絜已一介之賤非人所貪也弗取者易非人所吝也不以與人者難常人之情且謂簞豆之食嘑尔而與之行道之人弗受蹴尔而與之乞人不屑則夫一介之賤不取諸人奚足為廉者邪不以與人則為一介仁而已伊尹謂吾不然吾以非義而與人使人以非義而受

我是貽人以不義者也使不知我者觀之吾寧為不仁而不使人為不義此其所以為伊尹歟此天下所以為已任歟百姓之譽違道以干使之已為仁而使人為不義則覺後知者復有何道乎故曰一介不以與人所以絜人不以取諸人所以絜已然而伊尹祿之以天下弗顧也繫馬千駟弗視也一介不以取諸人豈足道乎祿之以天下弗顧也繫馬千駟弗視也自其一介不取諸人而充人耳孟子所謂萬鍾則不辨禮義而受之者是亦弗充而已一介不以取諸人而充之則不為宮室之美而易向為身死而弗受者

一介不以與人而充之則不為所識窮乏者得我而
為之易向為身死而弗受者然則所樂非通也萬鍾
于我何加所憂非窮也一豆于我何損如是而往也
吾欲使是君為堯舜之君吾欲使是民為堯舜之民
也其為義也孰禦窮而失義者龍斷之罔墻間之頣
尓窮不失義故士得已焉達不離道故民不失望焉
取與之際非其義也無以立我非其道也無以副天
下之望向為身死而弗受今為妻妾之奉為之向為
身死而弗受今為所識窮乏者得我而為之達而離
道者也窮不失義易達不離道難一介不取諸人易

一介不以與人難蓋夫達不離道達而爲人故也一介不以與人窮而爲人故也

引而不發

君子之教人常欲以所思勝所學以所得勝所聞蓋學而聞之者外也思而得之者内也内非外則由中出者不行此君子所以引之也外非内則自外入者不止此君子所以不發之也引之者所以使之至不發之者所以使之思有所至則所聞者多矣有所思則所守者約矣蓋天下之理多則惑少則得博以學所以致其多精以思所以致其少多所以爲學少所

以爲道而君子之造道也在于自得而已則其教人也可以不至于自得而已哉蓋道不欲雜雜則多多則擾故其教人也不憤則不啓不悱則不發凡亦欲其自得于道而已此所以引之而不發者歟孔子之于門弟子其博之也則以文其約之也則以禮其教之也則以文行忠信此所謂引之也性與天道子貢所不得聞鬼神之道季路所不得問所謂不發之也雖然此特施于弟子之問而已若夫誠至而不能問問一而不能二則又將叩其兩端以竭之然則聖人之教人豈一端而已哉而後世之士不明乎引而不

發之意故可詳而略學者所以蔽于約而不知統可略而詳學者所以惑于多而不知要則豈所謂善教人者哉

澹山先生文集卷第四十

演山先生文集卷第四十一

論

聖人以清為難

進退去就之間辭受取予之際人之所難全也萬鍾雖多不由其道則有時而不顧一介雖微不合於義則有時而不取者為其有害於清也天下皆知去就取予之為難而不知所以為清者君子之所尤難也段干木踰垣而避泄柳閉門而不納將以為清矣奈何其介也陳仲子避兄離母處於於陵將以為清矣奈何其狷也世之人不明乎道不稽乎義慕聖人之

清節者不流而為猾則流而為介矣則清也者尤人之所難全也聖人之於天下雖極人之所不能而人之所難者聖人亦不得而易之也博施濟衆非聖人不能為也而孔子以謂堯舜其猶病諸聖人果病於此乎知人安民非聖人不能盡也而禹以謂惟帝其難之聖人果難於此乎是不然蓋知其為難而非不能也故為之常不勞而有餘裕焉傳曰君以為難其易也將至焉君以為易其難也將至焉聖人以清為難殆為是也孔子曰克伐怨欲不行焉可以為難矣利欲之心恥而不行聖人固以為難孰謂清而可以

易為也有人焉非其君不事非其民不使治則進亂則退百世之下聞其風者頑夫廉懦夫有立志其人曰伯夷聖人纔曰聖之清而已果且以為不難乎有人焉危邦不入亂邦不居不以邪害義不以利累形千乘之馬棄而違之其人曰陳文子孔子尚曰清矣果且以為必難乎故得其一節雖陳文子之潔身聖人而且與之語其極致非伯夷之救弊不能與此然則魏之徐邈高而不介潔而不狷宜盧欽以為清也以為聖人為難徐公所易則過矣然則君子之於衰晚其言之然揚固有類於此者袁盎之美文帝以謂

遜有過於許由孝有甚於曾參勇有加於賁育信斯
言哉漢文果有過之乎略其辭而求其意則其言亦
未為過論也

以法為分

天叙有典斯有物焉使之相屬天秩有禮斯有則焉
使之相辨夫婦之情父子之性兄弟之序君臣之義
使之相屬者也父道尊母道親君道要臣道詳兄道
友弟道恭夫道先婦道後使之相辨者也此特天理
之自爾未有輔相之者顯道明理以法為分以名為
表成位乎其中則天豈能獨制其人哉大道之世貨

惡其棄於地也不必藏於己則俗之於物輕矣力惡其不出於身也不必為己則俗之於我輕矣不必持衡為之輕重而人自以為平不必探籌為之得失而人自以為公不必規矩為之正而天與之為方圓不必符契為之信而天與之為取予靜也在道動也在理則宜聖人棄去仁義絕滅禮學而與有生之類同為大樂安用法哉後世之難治惟其物我太重以我喪道以物喪我七情之放五官之亂盡為物道而去在外者弗聽于命在我者弗有于性或熄義以爭或溺禮以儕之為禽獸夷狄而後已者則宜聖人斂其

無窮之情以其不平之氣以就繩約辨等有儀教節有度以四職分民以六職分吏以九職分國以三壤分地長短之度多寡之數施於名位之等而寓之以服器是非然否之辨取捨予奪之斷制其惡欲之情而行之以刑賞是故天下之人猖狂而行者不能離乎道馳騁以作者不敢離乎法雖然聖人之於名法豈敢率爾而制哉有名以為表無法以定名謂之徒名公侯伯子男此正諸侯之名者也孤卿大夫此正諸臣之名者也法不存焉其稱謂不足以相臨其權位不足以相攝為亂也孰禦先王即其所有之國家

所居之宮室所乘之車所建之旗所被之服各眡其命之數是故城各有方宮各有步室各有等服各有章常各有斿纓各有就車各有乘介儐之人饗食之禮各有數度其繁略之宜則知守其分省其小大之分則知制其欲然而法或廢焉則名豈足以命物哉有法以為分無道以出法謂之徒法吾乃忘物遺我而遊乎方外或為天人或為神人或為至人其學絕矣物理之因革人情之新固寓物之表會道之大其觀盡矣然而寂然長往而不為天下後世計此特長沮桀溺者之所為豈道之至哉吾乃接物立我而道

乎方内或為聖人或君子惇五典以仁庸五禮以義為之法焉其法著矣然而法之通也趣無止之時法之深也會無常之道豈非聖人之以天為宗以德為本以道為門兆於變化以至於是哉其法嚴矣然而法之文則使之粲然以相接法之情則使之驩然以相愛非挾勢力以攝天下豈非君子以仁為恩以義為理以禮為行以樂為和薫然慈仁以至於是哉嘗惟申韓之學同於莊子原於道德之意然而莊子之言名法謂高明則本之以道德道中庸則文之以義仁及申韓之用行法無情文制行無忠恕是豈道德

之意有以招申韓歟老子之棄仁義特欲斂道之華以還太樸始能救周之文弊申韓之智不足以及此得其棄絶仁義而已則其慘覈豈足怪哉自道之體分裂而爲六七然後有爲道家者有爲名家者有爲法家者有爲陰陽家者有爲儒家者有爲墨家者然而真儒之學之乎方外則爲至人之乎方内則爲君子道之所寓法之所主名之所出數之所歸豈復有他哉馬遷之論六家轍以爲儒之學短而後之復與墨氏並列予奪其是非嗚呼道德不一天下之人各爲其所欲焉以自爲方蓋與莊子之嘆異司馬遷之

論未足以為惟然而遷不能罪其為名法者不出於眞儒徒以寡恩罪其法以失人情罪其名後世之欲為法者或之於申韓而求之吾恐其為分也適足以亂天下則遷殆有誅焉

不以智治國

道之末為萬物道之散殊為萬物之成理而君人者法天而體道者也以道之至虛可以覺天下之羣實以道之至無可以御天下之羣有以道之至靜可以馭天下之羣動蓋夫萬物之變常在道之末而體道者則寓乎萬物之上焉總一其成理而治之非敢作

也故物之有生也因之以致其成物之有作也順之
以致其復而天下之民知有常性之可樂不知物之
能亂我焉於是德生矣民之德生則君人者何為哉
時不勞其事事不勞其形形不勞其生恭已正南面
而已矣此以道治國而為國之福者也彼間間之小
智方制乎名數之中耳夫制乎名數之中有足以敵
之者雖欲見其成理而輔之亦何可得哉其勢乃至
於作聰明奮機巧滋法令以制其衆而天下之衆不
出誠之所向亦必以機巧待之故上以數秉下下以
數計上故雖探籌不足以致其公敦槩不足以致其

平别契不足以致其信道德始下衰而萬物之真理喪矣於是賊生焉此以智治國而爲國之禍者也然則以道治其國者其棄智乎以道治其國者真一而得心虚一而得性小智大智明者也大智以道觀物吾非物也然後見物之成理而達之仁之於父子義之於君臣信之於朋友禮之於賓主萬物之於天倫也有生者具焉堯舜之治惡其鑿也明天而已五典之惇出於天叙則成此者也五禮之庸出於天秩則節此者也五服之章出於天命則賞其善此者也五刑之用出於天討則糾其戾此者也此堯舜所以無

為而治天下而天下之民亦無能名之者其為在天
而已周之治亦惡其鑿也無名之道著於天地之大
美顯於四時之明法無名之道為萬物而有天地四
時而周之聖人為天下而有六官天地四時道所任
以致其用者也六官聖人任之以致其則者也故聖
人之於道立之以六典而有治教禮政刑事猶大美
明法者也於典建之以六職而有太宰司徒宗伯司馬
司寇司空猶天地四時者也六屬帥之以六官六典
建之以六職所以成位乎天地之中以民為極而聖
人也體道之無為而已矣雖然唐虞至周所以能此

道者自非以道觀物則萬物之成理四時之明法天地之大美其態、在物之中而得之乎不可以物之中得之乎不可以物之中得之則彼徒奮其私智而與萬物競矣彼與物競非特未足以勝物也而物之變常亦不在理焉夫物之變常不在理而或未足以勝之則為國之禍何可勝言哉君人不可不察也

以道觀分而君臣之義明

視焉於群者足馳而口嚙飢者以芻渴者以水嗜欲好惡同矣而未知其材之所以殊也及夫伯樂一睨則或程以千里之功或不免於伏轡銜於鹽車之下

而困夫鞭策之威矣木之處山也長者林林短者翹
翹交加鈎曼而良楛混淆至其般輸操斤而斷於地
則圜者中規而方者中矩曲者中鈎而直者中繩棟
梁以取乎其大居楔以盡乎其細是非伯樂般輸之
使其馬與木之材性爾殊也其固有者自然之分此
二人者能明之也處萬物之中最為靈者人也其始
也芒然而相與生嚚然而相與成陰陽之所至霜露
之所墜莫不蕃滋盈溢乎其間方且坐而嬉行而遊
孰知其當事孰知其當使及其久也利害日以交智
慮日以萌物既不能相勝於情於是相揉而相奬爭

鬬之患起而求決之者必就夫聰明睿知能通其情而辨其疑者以聽順而服從之有聖人者出審其道之若是為之等上下尊卑之次使道德橥然出於衆人之上材足以御其下者坐之廟堂之中號令於四海之外其德之賞可以勸其威之罰可以畏謂之曰君志慮茍有所明能以緝事而辨功者則任之以名責之以實相與拱手奔走以待命於下毋敢自用者謂之曰臣故君者至寡也臣者至衆也夫坐於廟堂之中與夫拱手奔走以待命於下貴賤之勢勞逸之任亦異矣以至寡御至衆力不相抗亦明矣然而人

人未嘗敢以賤望貴以勞望佚恃衆以抗寡天下翕
然而不容一人妄肆於其間聖人尚以爲法之未全
而防之未備也爲之制冠冕衣服之度鍾鼓飲食之
數出入起居之節使上下之際如此其異君臣之分
如此其嚴者聖人之力也所謂伯樂之於馬般輸之
於木者亦若聖人之於君臣也非撓其材屈其性也
其固有者自然之分吾所謂道者也由是以觀君臣
之間上下之宜孰以易此乎是以後世雖有五尺之
君南鄉而視使賁育之儔屈體於其下莫不震慴唯
諾以聽乎上之命苟不有自然之分重之以聖人之

制烏能致是哉

演山先生文集卷第四十二

論

知予為取政之寶

有漠大之勢而資之以守者民之心也有不測之變而資之以用者民之命也資之以立事者民之財也資之以從事者民之力也難得者民之心難致者民之命惡貧而恡費者民之財也惡勞而恡使者民之力也民不棄斯四者不可以為民政不得斯四者不足以為政然而取之之術亦安在哉吾將取之以權謀則恐并天下之智有能窮我者矣吾將取之以勢

力則恐合天下之怒有能弱我者矣去權謀忘勢力求諸天理人事而後諭焉易感者羣心難忘者盛德報施者天道往来者人禮往之有恩矣而人之情必使之來施之有仁矣而天之理必使之報人情天理蓋自生民以来未有能廢之者則吾務予民可以無憾矣然而非因其所利而惠之惠有所不均非因其所欲而予之予有所不協惠有所不均予有所不協則人情天理有莫之使者然則取彼所惡奉吾所欲豈可得哉君子以謂憂勞貧賤危墜絶滅四者人心之所惡佚樂富貴安存生育四者人心之所欲惡欲

之大無出斯數者則夫為政之術亦順其心而已用民之力歲不過三日則一人之力有餘凡起役徒無過家一人則一家之力有餘秋使之粟冬使之輿此佚之矣所以去其勞或飲酒于序以舒其勤或從獸于野以寫其憂其鼓樂也使之欣然有喜色而相告曰吾王之能鼓樂也其田獵也使之恢然有喜色而相告曰吾王之能田獵也國無三勤塗有九歌此樂之矣所以去其憂百畝之田以備其飢五畝之宅以計其寒南畝之饁北堂之饋不失乎所供山澤之餘雞彘之飼不之乎所用此富之矣所以去其貧倉廩

實知禮節衣食足知榮辱然後有賢者可任有能者
可使尊之有人徒盐之有稍秩隆之有軒車莊之有
冕服此貴之矣所以去其賤人危於登涉也我安之
以舟車人危於戰鬬也我安之以城池人危於疾患
也我安之以醫藥人危於鰥寡也安之以夫家人危
於孤窮也我安之以委積危而不已則有墜之之患
燹之不足則有存之之政危墜而不已則有滅絕之
患安存之不足則有生育之害惡其人之絕滅也則
吾牧之以宗惡其物産之絕滅也則吾任之以土養
之以保息聚之以荒政生者斯長育者斯成吾之子

民可謂至矣樂以天下而民與之同其憂憂以天下而民與之同其樂斯民以謂四欲之以樂吾心以富吾財以稽吾力以考吾命則君有事焉安得恝然而不為之累哉視吾之先無足以報其德者還以四惡咎君之惠而已是故為之憂也所以致吾心為之勞也所以致吾力為之貧也非敢有吾財也為之賤也非敢有吾身也為之危墜絶滅也非敢有吾命也民以君為心君以民為體中國一人四海一家然知予之為取亦利仁哉知孟子所謂寶故其國有政知老子所謂寶故其政有德知管子所謂寶故其政有術孟

子曰諸侯之寶三土地人民政事土地吾與生財人民吾與守邦苟廢政事則夫土地不辟人民弗聚雖有三寶亦爲用哉老子曰吾有三寶一曰慈二曰儉三曰不敢爲天下先慈故能順民儉故能愛民不敢爲天下先故能因其所欲而予之因其所惡而去之政事國之寶也予之之取又其政事之所寶者知用孟子所謂寶以爲國而不知用管子所謂寶以爲術知用管子所謂寶以爲術而不知用老子所謂寶以爲德豈能盡政之善哉戰國之君於關爲暴於民猶禦管仲之爲齊其智足以及爲政之術乃其所以霸

乎然而三王之本人情無異於仲而仲之為齊卒於
區區之霸者何其異也仲知因俗而已不知所以制
俗夫周之施十有二教以禮教者四則其制俗者也
以俗教者一則其因俗者也不及制俗則不能馭民
之好私不及因俗則不能馭民之好異故周以八則
治都鄙有以禮俗馭其民者其以此與任俗則其入
人也淺其為効速故齊五月而報政任禮則近道則
入人也深其為効遲故魯三年而後報政因俗而與
之同制俗而與之異然後可以語道焉齊變其所任
而從禮然後至於魯魯變其所任而從周然後至於

道惜夫仲之才為志所屈仲之志為才所屈苟求近功以副其欲其為德也利仁而已不知安仁其為政也因俗而已不知制俗雖有太公之遺風而不知有先王之大道卒為霸者之佐固無所憾焉

樂記

有天地之樂有人之樂天地之和所謂天地之樂也由人心生所謂人之樂也圓方之相研剛柔之相干雷霆日月風雨四時之相為用太和之中萬物並育而弗相害並行而不相悖有情者和有氣者順飛者翔騣者伏潛者游蟄者昭胎生者不殰卵生者不殈

各遂其生各適其性是所謂天地之樂也一生二在人之性則為仁義之實二生三在人之性則為樂之實仁義者陰陽也樂者仁義之沖氣也仁義以成而後樂之實生焉方其在心之時未有感也虛靜而已然而天理在其中不能與物絕及物感觸之始有言有嗟嘆有歌有舞蹈仁義之情形見於聲氣其猶籟歟飄風則大鳴泠風則小鳴激謞叱吸叫譹宎咬其聲之不同也是所謂人之樂也雖然樂之實豈能遽然樂夫仁義哉亦成乎禮之實而已孟子曰仁之實事親是也義之實從兄是也智之實知斯二者弗去

是也禮之實節文斯二者是也樂之實樂斯二者是也夫仁義之實發於天性之自爾知吾仁之實不止於事親自其親而達之無所往而不爲仁知義之實不止於從兄自其兄而達之無所往而不爲義貴賤莫不然也天下之愚衆習矣而不察行之而不著天資之茂見伐於外物且不知其實可以至此極也蓋沜子輩之賢者不失乎智之實遂能擴而充之弗去斯二者則其本少固矣然而墨子之徒至此又失禮之所在泛然之仁無所疑止使夫父兄之間不能全得以望我而恩義一齊於天下乃至從有涯之生私

憂天下之不足勞苦頓瘁與百姓相恵又失樂之所在或見其樂不生也以為人之心未始有樂焉豈其性之罪哉墨子實自伐去之耳仁義之實殘缺散漫之甚乎由之不知其道者夫天地尊卑之位小大之分性命不同之禮墨子輕以智故而廢之是何率天下而禍仁義耶君子以謂天之生物使之一本我之有身乃親之支屬安得齊於人乎故庸恭於兄則不同於鄉人長吾之長則與楚人之長異仁不失之泛義不失之刻此禮之實所以節斯二者也父之攘羊可以隱徐行而後長者遂為弟此禮之實所以文斯

二者也文之其介不為仲子節之其泛不為墨子申
韓之徒天下之大可以違而去之莫能傷其恩而入
可以望其餘恩莫能齊其愛於此得性矣始初盡其
心所以求知其性今得性矣心寧有不樂者耶故不
獨睟於色盎於背乃至手足舞蹈而後已此樂之實
所以樂斯二者也人之心有樂而後萬物以存其猶天
地之中有沖氣而後萬物以生歟先王知人有禮樂
之實乃為之感發其德性故制禮以道其志作樂以
和其聲知天地有禮樂之道乃為之贊其化育故大
禮與天地同節大樂與天地同和其內有情有質其

外有文有器其度數嚴而通不違天下之情者以禮之有樂也其聲氣和而正不流天下之性者以樂之有禮也其近者合於民其大者合於天地其妙者合以道與道合則行乎陰陽通乎鬼神而萬物莫能閒之禮樂之用何至於此極也耶先王亦原天地之美達萬物之理而已

中庸

貴賤之位窮達之時脩短之數此命之在外者自誠而明自明而誠或困而知之或勉強而行之此命之在我者命之在我者性之分也命之在外者身之分

也在外之物來不可卻去不可禦君子置之未嘗欲
齊其分此固是也在我者或誠而明或明而誠或困
而知之或勉強而行之者特其才性之有多寡德性
之有厚薄耳何傷其本哉人之性一本而兩端又有
三品而兩端之說自有善惡而異之三品之說自其才
之多寡德之厚薄而異之及言其本末有異者才德
所至雖先後不同及其知之一耳即心之地莫不有
性即性之天莫不有道由心之靜而之焉均有性天
由性之善而之焉均有聖神夫誰不可為者中下之
流類為性分所蔽遂至自棄又或自其不善之端而

達之始有狥私而智鑿正道者增以所無損其固有
尚奇行驚愚衆是故天下嘗有溺性而不及正或為
嗜慾所屈脂韋疲濆汝畫而不自振或相倍蓰或相
仟伯而無筭是故天下嘗有殘性而不及盡楊墨之
失中子莫之失庸各引其所蔽者或蕩或執以害乎
道又有過於高者遽欲斂道之散還淳反樸仁義礼
法一切棄絶之不復用也任其自然夫欲引天下而
為道又先廢其聖人所以引之者是令天下舉首而
望聖人其後又從而引其足也是故聖賢愚衆之間
相望甚勤而反相絶此好高者所以虚其言歟夫道

有樸有器有器也爲人有樸也自爲而器特樸之不得已焉者故道之有仁義其猶天之有春秋歟天時不春秋則絶物聖人無仁義則絶人彼將去此乃期天下於道然則天時之序亦可廢歟有者無之用老子之徒不以仁義爲無之用而棄絶之仁義何其不幸也聖人君子知世之人有係於性分始有過與不及者自又不敢遽然立我高明以招天下乃有中焉中之爲道高者可俯而就而不足者可企而及者也節其流以正其有餘充其固有以補其不及中下之流俯仰而之焉其性正矣既獲正性其心自悟爲聖

人不必老子之徒高言以矯之然後喻也雖然孟子曰執中無權猶執一也所惡夫執一者為其賊道也執一而廢百也則是中之為道計者猶其弊焉執有常之中過無止之時則其賊道尤可患者乃有庸焉夫庸豈君子之私情哉君子所以循理庸也君子所以行義莊子曰為是不用而寓諸庸庸者用也用者通也通者得也君子而時中為其有庸在焉有建極之中而後道無所偏有適用之庸而後中無所執是則子思號其書之意歟嗚呼天下之人均有是性天下之性均有是道君子以是性道而教之非外鑠我

也則其成位乎天地之中爲萬物極不亦至乎天之
命君子固使之爲萬物極也君子豈敢不爲哉

演山先生文集卷第四十三

策

問取士

學物之来君子照之以識御之以氣運之以才而氣以剛發將才以平定明識者水也氣者風也風飄而水為湍風静而水為鑑然而孰使風者乎心者帝也風之所自而作者也心動而氣亂氣亂而識暗無窮之變即我而治期我而復然而氣亂而識暗如之何應之邪嘗觀斯人辯則失言動則失足剛則失思然苟則齷齪借有天下之奇才無足用者乃至敗事屬

物而後已及其風斂水定然見鬚眉之變態中間坎
然始有所憾然則才之所主豈可略哉嘗謂後世知
有育才之說而不知有才之所主者故其名也無以
充百執事之選推擇而使之或不勝其任豈足為怪
哉愚謂三代之養士非養其才而養其才之所自出
者而已三代之世養其生有物養其心有道而周之
士資物於田資道於學心不窮乎生道不窘乎物是
故形不勞其氣不傷才識知慮得於優游平易之中
非道不義未有能秉其憂患而易之者其行止也在
我而不在人其富貴也在德而不在物此楊子以為

周之士也貴與道者無自而可無自而不可者也先
王以無自而可脩士之心以無自而不可成士之性
故其成也所得無偽乎心皆謂之德所行無害乎義
皆謂之行直情而行適性而動未嘗隱忍以私矯拂
以偽外為小廉曲謹要譽於鄉黨上交於權貴以義
處去就則憣然為君囂然為我以命處得喪則所樂
非通也萬鍾於我何加所憂非窮也簞食於我何損
此揚子以為周之士也肆與其為士也貴故能行其
道其為士也肆故能用其才自貴而肆苟非其氣居
之於仁其仁居之於心莫之反也然而才各有用器

各有使先王為之八法先即官府之中俟其才全而處之天下之士有統有類今才德或大或小以才之大者處之為官長則使之治其統以才之小者處之為官屬則使之治其類其統甚約而才之大者鮮矣故官屬之長止於六卿其類甚繁而才之小者衆矣故一官之屬至於六十事之統在其長事之類在其屬此所以舉邦治也有六官之長則為六屬是佐其長者也有六典之書則為之六職是推其典者也制治必有教行教必有禮得禮必有政刑則輔相乎此者也事則始終乎此者也長於治者不使之主教長

於禮者不使之主政長於刑者不使之主事此所以辨邦治也幽有以事神明有以接人上應天變下治人亂以其事之大者必合六官之力而後能任以其事之變者必聚六官之智而後能應此所以會官治也先王取才而任之才不失職職不失事事不失物大槩知此然而烏知其才之體有小大其數有多寡其用有能不為之因任哉方其育之也國學之官黨庠之吏以六藝各書其能以六德各書其善其有是藝則知其可以當是職其有是德則知其可以當是位及其賓興而器使之用其所致而第之以優劣之等

用其所書而寘之以同異之任則策所謂推擇而使之或不勝其任無是患矣將致其言先育其德將致其才先養其氣教育之術使之致思以揁其所可所以育其德使之勝思以制其所欲所以養其氣其德無所敵則其言不可勝用也其氣無所趨則其才不可勝用也然則先王之世苟在所養無非才者則策所謂嘗患之才無以充百執事之選無是患矣先王育才之道喪天下之士無志以帥氣無氣以育才類為物所勝然後齊之管仲晉之叔向鄭之子產以才鳴焉管仲之才因敗以為功轉禍以為福可謂美矣

然而仲之志屈於聲色勢利之中不能以直養氣卒佐區區之霸子產之德事上也欽使民也義可謂美矣然而子產之才見於人人而濟之若甚迂者故愚以謂管仲才有餘而志不足子產患有餘而才不足以其事業著于春秋之世無與比者先王之澤熄故耳自秦而後天下之士才喪於拘道屈於賤拘而且賤豈士之罪哉秦有以致之耳今欲得士如古之人並列于朝廷以應四方之事凡上之所欲使左右顧指馳驅四向無乎不可其求之之道用之之術愚言詳之矣然而愚嘗有言仁者之作人才也其猶春工

之造物歟靜非春工之事也鼓之以雷動之以風照之以清暘濯之以膏雨然後美巧萬狀著見于聲色鄉教之中養成之三物官府之中作成之以六計使之勿以物累其形勿以形累其心勿以心累其氣勿以氣累其才然後無愧於造物者此愚之志也

問風俗

天下之衆視儀而動聽唱而應期於學士大夫而後止焉聽唱而應而為無物之言視儀而動而為難知之行不能披心腹墮肝膽自竭以事上則夫戴后之民守邦之衆何所望哉嘗謂時未始有有常也世俗

為之耳倍未始有常也學士大夫為之耳以其貴也
賤者之所聽以其賢也愚者之所慕是故學士大夫
患盜虚名而失其實向為伯夷背為盜跖朝為忠信
暮為欺誕祝欽明託儒以為姦裴延齡引經以為僞
逢吉之險邪嗣復之辨給崔羣攘楚肆訐示公僧孺
宗閔奮私賍黨為唐之亂階世俗以壞可不懼哉雖
然静言庸違巧言令色堯舜之世有所不免聖人之
治不能使無此屬而能使之不得其志而已小人之
惡有姦心故有姦行有姦行故有姦言邪沴姦心也
邪賊姦行也邪諜姦言也其政失一其刑失防然後

小人之志趣於菽爲以邦誣立朋以邦朋立成誣其
獘生于邦汮而已方其為邦汮也不遽止之使之乘
間得志則不可及矣先王患其然為之八成掌於士
師俟其類至而斷之小人所以造邦之禍其情盖盡
於此矣制治之世將欲齊八政以防淫一道德以同
俗弗去斯人之徒未可議也舜之用知去静言庸違
孔子之用先去順非而澤二者弗之去彼將以惡亂
善以邪干正鄉有原人國有不物市有偽飾政有左
道皆其獘耳方今天子德意至慮曉然示人如日正
中臨照天下則王之所好宜知而行之王之所惡宜

知而避之若夫不能以情相親以義自竭而為無物之言難知之行則堯舜之世有所不免者俗化之所由亦安在哉愚請斷之以八成馭之以八柄而已

問納言

旁通天下之情以為德則天下之大順成矣兼覽天下之善以為政則天下之大利至矣方今聖人以道出法以德制行將起太平之功緒以示萬世而或大順未成大利未至何可望哉則其視聽無壅而上下之志通善惡不誣而君子小人之情得拒讒慝之口來讜直之論固其務也嘗謂上之制治有意在法下

之求治有情在事上下相去其勢有高卑其分有貴賤為之間焉其嚴而不可犯也中有小人竊乘其勢分之不可犯而撓之天下之情與善或屈或留或附或更以至相失而莫之達焉是故上有不及知之嘆下有無告之憾天下之勢不亦殆乎然而上下之志不通讜直之論不進孰致之哉君子之善小人之惡不得其情而已君子以善懼惡小人以惡亂善然後邪計不得不行嘉言不得不伏視聽不得不壅故愚以謂邪計之行嘉言之伏上下之志不通非所患也患在君子小人之情有所有不知而已小人之情以

小廉致大行以小信致大僞有所求而入有所伺而
進似是而非者也知人之道不患不知君子而患不
知小人苟使小人之情在吾手挍顧指之間巧令無
間以行其志然後虎賁綴衣趣馬小尹左右攜僕百
司庶府罔匪正人庶常吉士是故諸侯之復逆則以
大僕掌之三公及孤卿之復逆則以小臣掌之羣吏
庶民之復逆則以御僕掌之外通諸侯之情覽諸侯
之善内通公卿羣吏之情覽公卿羣吏之善下通萬
民之情覽萬民之善下之志通於上矣以觀治象爲
未足也或讀邦法以讀邦法爲未足也或誦王官以

誦王言為未足也或道德意以道德意為未足或掌
治達其平如砥君子履而行之其直如矢小人視而
見之上之志通於下矣殄行之讒說無以傷政況衆
之浮言無以敗俗則其致治之具本末備舉上揖於
三代易為力矣方今天子急於得才升對接踵書歷
繼上片言解頤爵賞隨至朝維白駒暮躋青雲者蓋
已衆矣學士大夫苟有一日之長千慮之所得類得
以自致非俟科舉而後可然則招延之路豈復有說
乱揆察之方將得小人君子之情偽則愚嘗謂視其
所用之是與否未果知之則觀其所由之義與否未

果知之則察其所安之仁與否蓋夫所用之是非出於所由之義與不義義與不義出於汝止而已孟子曰存乎人者莫良於眸子眸子不能掩其惡胷中正則眸子瞭焉胷中不正則眸子眊焉聽其言也觀其眸子人焉廋哉蓋夫汝止安然後胷中正胷中正然後所以所由所言所視無不正者言者心之聲心者神之舍而眸子則其神之逆旅歟君子求人之情偽或於視聽或於言辭氣色之間或於行迹蓋六事者所安之形象者也孔子曰昔吾於人也聽其言而信其行今吾於人也聽其言而觀其行視其所以觀其

所由則觀其行歟先王之用人或以言揚或以德進其在鄉也委之攷察之吏國學之官黨庠之吏以六藝各書其能以六德各書其善患其粗也察之以致其精患其偽也攷之以致其實其在朝也委之揆事之臣堯宅心於舜而八官為之用舜宅心於禹而五臣為之用文王宅心於三事而凡百有司為之用然而邪正之辨凡歷於此蓋已詳矣及其升對接踵書匭繼上聖人又運獨智入於所安之人所由之義則君子小人之情烏能逃我哉小人不能以惡誣善然後旁通天下之情以為德兼覽天下之善以為政其

爲也孰禦

□山集　卷四十三　　十一

演山先生文集卷第四十四

策

問擇將

用兵之道以天勝有時以地勝有利以將勝有仁智以士勝有勇敢萬夫之敵者仁智也將帥之德也一人之敵者勇敢也士伍之氣也上有天時中有人和下有地利而或軍將師帥非其人焉有天時不能用其數有人和不能用其命有地利不能用其勢然則戰功惟將者所收將功惟仁者所立一夫之勇豈能致哉以仁立智以智出筭其智深者其筭多其智淺

者其筭少少筭可以為衆則有能窮之者豈足將哉是故戰功曰多而已氣不能致柔則筭不能致多不能致柔以仁則不能致多以智惟幄之筭時可守矣開營以攻時可攻矣堅壁以守挑戰襲擊滯於聲形之中而落敵人股掌之上是故有天時不能用其數有人和而不能用其命有地利不能用其勢然則軍將師師無仁之靜以為智無仁之動以為勇敵人之求智不足以料勇不足以卻而求銘書于王之太常祭于大烝顯明之中與日月齊光幽間之中與先王偕榮豈可得哉三代之将命卿則有仁命大夫則有

智命士則有義是故齊之技擊不可以遇魏之武卒
魏之武卒不可以遇秦之銳士秦之銳士不可以遇
威文之節制威文之節制不可以遇三代之仁義仁
義之運用而藏之則為天機推而散之則為人和宴
居遼幄之中凱旋幽障之外豈足惟哉三代而下歷
觀漢唐之將威名震乎遠人武略垂乎後世未有無
仁之靜以為智無仁之動以為勇者也是故亞夫之
嚴肅祭形之安重鄧禹之深沉充國之鎮靜去病之
少言衛青之謙損王覇之惠愛此皆多數之仁各隨
其才性而得之其為德多數則其為智多畀其居者

靜則其制者動後世鮮有加焉少算之將或知所守
而昧於攻則能攻者困之或知所攻而昧於守則能
守者斃之與夫暗於大理蔽於一曲之士無以異焉
多算之將不可爲衆而得一人焉則其所利不可以
勝計是故班超之於西域張奐之於匈奴仁貴之於
突厥子儀之於回紇彼非畏其勇悍畏其不爲勇悍
所役感忽之際以靜制動而已匈奴之畏李廣避廣
數歲不敢入右北平李勣之爲并州十有六年突厥
不敢南顧其功一也然而廣之所恃者氣勣之所恃
者智而廣卒以勇悍輕敵晚年屢北蓋夫少少算多

勇未有不窮者也嗚呼兵凶器也戰危事也夫以暴氣悍勇而從事於凶器危事危事紛於目前暴氣暗於胸中欲以功名自終是則難矣惟道術為能將將惟智術為能將兵而或不仁則其智術亦安在哉擇將無難擇其深沉大度有仁之量而已多筭至勇由是而出焉

問法律

予讀唐刑法志言古之為國者不為刑辟懼民之知爭端也後世作為刑書惟恐不悉俾民知所避也為法雖殊用心則一蓋皆欲民之無犯也此說固然古

者道德之體未及下衰俗之於我輕矣故力惡其不
出於身不必為已俗之於物輕矣故貨惡其棄於地
不必藏於已當是之時不得案圖啓書然後以為直
勝斗斂槩然後以為平探籌投鉤然後以為公合符
節别契券然後以為信豈復有爭端哉故古之有道
者且欲仁義禮法一切棄絶之反器還樸尚肯作為
刑書獄招天下之偽乎後世之難治惟其物我大辨
自夏至周天下已歷二弊民之知故有如横流之衝
失其大防汗漫而難制夏商遺俗或固於野或肆於
偽野者愚偽者妄或以私忿小利輒蹈罟擭以亡其

身者蓋不可勝計也周次其後蓋知絶滅禮學毁棄
仁義非所以救其弊者不若大備禮法以防之使知
所避而已蓋堯之後歷乎夏商之末仁義之失盡矣
則周之所以救其失者有禮而已禮以情制律以禮
制刑以律制建邦之三典以佐王刑邦國詰四方以
八辟麗邦法附刑罰見於周官明啓刑書胥占咸庶
中正見於吕刑及漢蕭何得秦律令秦用商鞅之法
慘刻少恩以制天下高祖約法而行之得周用輕典
之意故高后時不出房闥天下晏然豈非高祖之賜
哉唐之刑書有曰令者名分之所禀有曰格者有司

之所効有曰式者事為之所守百官違此三者及有罪戾之民則斷之以律焉然則格令與式資律以行者也律之義顧不大歟律令之書文靜為之損益裴寂為之撰著無忌元齡為之删定其後元齡又復增損隋律降大辟為流者九十一降流為徒者七十一或定以為令或删以為格降及大周以至今日之盛世科條格勑附入削出蓋不可以勝計始也以為禁書令也散於天下細民學士皆得而讀之或謂律學之獘使吏侮文使民因緣而為姦予以謂不然人主於偕式之以孚於律之以恕則吏烏得而侮文民烏得

而爲姦夫律失入之減少失出之減多以夫失出有仁
存焉而或失入則爲不仁而已昔唐太宗一殺蘊古
法官遂以失出爲戒失入爲無罪自是吏皆深文刺
骨苟非太宗惟刑之恤仁恕寬厚瞿然而悟則深文
之吏輒行其志爲害豈勝言哉四年之久天下斷死
罪者二十九人而已蓋其律行以恕還家之囚及期
而至無有後者蓋其式俗以孚然而法律之行有唐
太宗爲之主則侮文之吏因緣而爲姦之民豈復有
哉唐史以爲後世作爲刑書惟恐不悉俾民知所避
也今日之意不其然乎

問天變

天不人不因人不天天不成人情之喜怒寓諸天時以為和乖天意之與奪寓諸人事以為去就然則妖祥之兆因人以至者也失人之情雖天不能使之就得人之情雖天不能使之去天星之變或為妖祥或為祲象特示人情之得失耳務天也失人務人也得天而天亦人情之失得者安可廢哉是故史以天占人聖人以人占天則先天而修焉故日月星辰之變動可以無志分星之所主歲相之所在可以無觀五雲之色可以無辨十有二風之氣可以無察詔救政訪

序事己之可也以天占人則後天而修焉故志其變動察其妖祥辨其吉凶察其和乖詔救政於上訪序事於下己之非也強本節用則天不能貧養備動時則天不能病修道而不二則天不能禍若夫象之可以期宜之可以息數之可以事知之可以治者志之而已妖祥祲象是乃天地之變陽陰之化物之罕至者何事詔救政訪事而與之計哉是不然也此特㪚於人者之說耳一氣之判上為天下為地魂遊而為鬼神情聚而為萬物上下同流得失相感是故妖祥之變或兆於蓍龜或見於三夢大卜則以八命贊三

易三兆三夢之占以觀國家之吉凶以詔救政而況天星之大斗五雲之祲象其應在時之豐凶十有二風之妖祥其應在人之乖別日月星辰分星歲相變動在天吉凶在物苟以官人守天自為守道而變動吉凶非吾所與焉斯亦不仁也若夫與道為體不之域中為萬物主然後天星物我可以相忘矣主萬物也奚能無累統萬事也奚能無過然則天星之變與夫人事相為報施不足恠也詔救政訪事序何可廢哉移民通財舍禁弛力薄征緩刑之類是以王政而救喪荒者也救日月則詔王鼓若國大旱帥巫而舞

雩禱祠招弭禬類祈禳之類是以神道而救妖嚳者也人之喜怒寓諸天時以爲和乖則夫救政之事先王不敢私焉訪之於下求達其情而已嗚呼以人占天也先天而修焉以天占人也後天而奉之則天之於王也豈敢欲勝之哉五物之變宜復其常宜復而莫之後則是數也物之罕至者也

十一

演山先生文集卷第四十五

策問

性學

問予嘗遺外萬物靜坐而内觀之見人之性常無者體道富有者體物形色之間陰陽五行無不具者又況盡性之分而上之可以隷陰陽官天地彼無不具者烏足以爲至哉世之學者果知德性之所在不以我累道不以物累我由性而治之則有靜一之心由性而養之則有剛大之氣由性而用之則有至和之情由性而壽之則有考終之命有道可以制刑名有

良貴可以勝物還顧誦數之儒利名之士不亦下乎及知德性之所在其効至於此極然則學者烏得不求知其性哉嘗謂古今諸子爭出性說而性之本不入其說中惟未之求得於此者有彼對之用善為主者有惡為之辨終身求性之所在或得其才或蔽於習以為是性也而性終不獲焉困於度數之間不知自有良貴此學者之患也善學之士以序取道以類貫道其始在乎知務而已由性之德可以之天由性之善可以之神有志足以及之有心足以通之有情足以用之有氣足以行之四者之說未及議也取道

以序貫道以顯其本在性先歆諸君求性之説而治心養氣之道可以次第及之得性之説遂觧制行出法以賜天下諸君敏求其本以正為學之始然後六經之微言百家之雜説吾相與從事焉

商周歷世盛衰

問湯之後二世而有太甲太甲之後四世而有太戊謂之中宗中宗之後三世而有祖乙祖乙之後五世而有盤庚盤庚之後二世而有武丁謂之高宗商有天下二十九世復興者數王孟子曰由湯至於武丁賢聖之君六七作武丁朝諸侯有天下猶運之掌不

其然乎周自昭穆無復成康之治二伯之政四十餘年始有宣王一人而已然而天下之政終爲變雅識之不通乃至於誨誨之不諭乃至於剌不及武丁遠甚世數所歷宜不及商而卒過之行八百年凡三十世夫文王百年其德猶未洽於天下武王周公繼之然後感行及周之末非待積德而後勝之詐力之秦遂行其志此亦聖賢之作或寡或多之辨歟然而文武周公傳及後世之久商之世賢聖之君六七作世數所歷卒不及之此宜有說諸君試思商周所以治之之術與予道焉

學者之志

問予謂管仲九合諸侯一正天下眞有王佐之才子路千乘之可使治其賦而已不及管仲遠甚然而曾子畏之管仲之才如此反爲曾西所不爲何也及諸論語乃見管仲有才而志下塞門反坫足以引之又得子路之言志其言與朋友共弊之而無憾則由也義其言可使有勇且知方也則由也勇由之志雖未甚高然而使之行前而不自郤其步烏知其不爲大人者耶此其所以爲曾子之所畏歟昔時公西華冉求顔淵曾晳嘗侍先聖必使各言其志以觀諸子之

鄉往然而顏淵之志願無伐善無施勞則我亡矣曾晳之志風乎舞雩詠而歸則物亡矣是故先聖與點而顏子卒幾於聖人以二子視子路則子路烏足道哉猶為曾子之所畏況顏子之志乎一日有為於天下宜為王者之佐無君管仲然王佐之才卒不及用甚可惜也諸君當學為王者事則各言爾志予將觀焉

六經之失

問始予讀禮記經解切恠六經皆自聖人述作刊正不宜有失然而六經之失或失之賊或失之煩或失

之亂或失之愚或失之誣果有失乎自得之士讀其書論其世則知六經之失可以亂天下深於易者不賊深於書者不誣深於禮者不煩深於樂者不奢深於詩者不愚則知六經可以治天下在夫學者之愚智而已六經豈有失哉秦火之後兩漢諸儒頗修藝文經有數家家有數說多者或至百餘萬言類非深造者愚誣煩亂卒莫之解乃於六經之中有妄發其失者予甚憂之諸君之學六經庶幾有用於天下然而六經之失何以計之

罷納粟

問先王以仁制爵所以馭德以義制刑所以馭過則爵與刑不可以利交者後世之法輸粟入財拜爵除罪是故爵不可以勸善刑不足以制惡善惡混淆富者切謂不過倒吾一廩遂可出身於無事又復取貴焉年之權雖出一時之凶患其後有至入錢五百萬者遂寘六卿之列甚可惜也今之入粟者至老且死不得序於卿大夫之列此固善也然而陰漁吾民追復昔日之所入又得官焉尚有弊也入財納粟之制其可已乎

孔孟之志

問聖賢之學不貴立異尚爲高言澗行驚感天下後世子讀其書考其行事立言皆有實用一日有爲足以康世澤民使民心悅而誠服之聖賢之達者堯舜之君伊周之臣言行之實已著於當世不復議也嘗謂孔子孟子適丁天意未欲平治之時不獲大用方其爲中都宰一年四方則之爲大司寇舉袂而言景公謝過以實遂還汶陽龜陰之田及其行攝相事與聞國政三月化其偕者賈者弗飾化其禮者行者弗亂化其義者遺者弗拾而使欲致其地者幾矣蓋夫聖人嘗以期月而已三年有成自待其政聖人豈欺

我哉孟子之轍環被列國雖未果用諸侯尊之爲師
恭之爲賓惟恐其不從蓋有過人者諸君嘗讀其書
宜求其志之所在果使孔孟得志於天下諸君以謂
聖賢爲人之務其孰爲先咸序其言予將考焉

古今學者言行不同

問古之學者有命以處得喪有義以處貴賤其進有
禮不爲苟得退有義不爲苟去可行則行可止則止不
見脂韋齟齬之態古人之風至今留人齒牙間者予
嘗折肱焉因歎此屬何其與予闊遠而未及見也今
之學者類能談命論義平視古人不在口耳之間有

可愛者及其行以不為不知義命之士以言視行猶西之視東然則其學未至於自得邪談命論義又可聽焉至於自得矣其弊乃至於是何也

服制

問紳委章甫有益於仁圜冠約屨有益於德黼衣黻裳有益於孝先王之制衣服明分有禮明德有義顧是禮則守其分省是義則進其德非知天時則有愧於圜冠非知地形則有愧於約屨黼衣黻裳以承祭祀則其交於鬼神也如在其上如在其左右豈特其志不在于茹葷而後以為得哉後世衣服之制廢言

其無分則土木之類衣被文綉府史之賤倡優之雜衣被朱紫言其無義則紫者朱之亂色也二品以上服之朱爲之次焉綠者青之間色也七品以上服之青爲之次焉其類甚衆夫民逐無窮之欲役有經之生忘不可過之分徇不可必之物快其私情汩其良心小人之常態也服器欲其華美宫室欲其壯麗婚姻欲致其好喪紀欲致其哀過分徇物而爲之不節之弊君子犯義小人犯刑無常之分不測之變或困其資有爲溝中瘠而後已者不可以勝計也先王爲之數度寓於服器宫室婚姻喪祭之間其法甚著懼

其流及於此耳情哉後世不講而行之百工細民不得而知焉方今　聖人正名定數百度向古行將及於此矣然而古者衣服之制禮義之所在諸君想能熟講而詳說之衣服之制明矣欲使斯民顧是禮則守其分省是義則義進其德復有何道焉幸著于篇將擇以獻於上

禁摧

閑先王之於山澤之物爲之屬爲之禁妄入者防之以屬盜取者制之以禁使其地之人守其財物以時入之頒其餘于萬民如此而已山海之利悉歸於公

上後世多起於養兵贍不耕之衆應不測之事幣帛芻秣水浮陸駕斷續萬里而望有常之賦足以給之是則難也然則天地之氣盡摧而入之權時之義未足以為恠也時難事多則以其利優公禁之可也時平事復則以其利優民通之可也然則禁摧之法今欲不厲乎民而得利焉其術安在

華貪僣

閭閻下僣上富入之情也連阡陌列廩庾亦已足矣尚欲流為豪商隱為逸戶是其貪也飽食膏粱逸居峻宇亦已足矣尚欲服侯服宅是其僣也貪則長姦

僭則生亂民姦且亂天理滅矣邦本殆矣保而養之驅而之善欲其從之也輕則難也然則安富之術何以

擇將

問古人有言天下安注意於相天下危注意於將予以為不然勿問其安危內則注意於相外則注意於將夫蠻夷猾夏有苗弗率蓋雖堯舜之世有所不免聖人不能使無猾夏之蠻夷而能使之不忍為以其有仁將使之不能為者以其有智將使之不敢為者以其有義將今欲得是三將果有術乎古之得將多

矣所謂三將可以辨乎

禦戎

問夷獠之類負山阻險散處溪谷之間篁竹之內猿猱之攀緣雉兎之竄伏蟲虫毒草疾疫厲氣乃其所恃以部歛者也此壺頭所以困馬援數騣發之兵新任之將避近相遇心德未契蹈不測之山敵不羈之蠻夷不知氣之所宜所以見疫不知其地之所在所以見蹈不知其兵之所尚所以見屈可不慎哉然而昔之治日南者則有傅德之招降楊僕之攻取祝良之於九眞張喬之於交趾馭以方略招以威信昔之

治雲南者則有韋皐之方略鄭純之清潔諸葛亮之擒縱李德裕之控扼猿猱之類請就羈束之不能出入險阻之間為中國患則此數將可謂良矣今欲諸君詳著蠻夷之利害博德楊僕祝良張喬韋皐鄭純諸葛亮李德裕所以制治之方將有考焉

演山先生文集卷第四十六

策問

漢唐之君所學深淺

問惟聖與王皆原於一所謂一者有天之道有人之道有地之道三者相合而未離者也由一而之天則聖者王之內也由一而之人則王者聖之外也王而能大者大則無所不備以無所不備者建諸事業之中聖而能化者化則無所不通以無所不通者運諸言意之上故古之聖王其成功也無能名焉其致用也莫知爲之者二帝三王皆有是道焉三代而下漢

有文景武宣唐有太宗明憲號爲善治然而有能名之者恭儉以名文景材略以孝武必信以名宣帝聰明英武以名太宗厲精政事以名明皇剛明果斷以名憲宗有能亂之者或溺於神仙或至於雜霸或牵於多愛或信用非人或敗於女子是數君者果有聖王之學乎然而所得不能無名所養不能無亂果無聖王之學乎又有功業著見於世緜歷嗣續皆數百年上跂於三代有可稱者數君而下或名於多藝或名於長者或名於尊嚴或名儒雅未足究也請言文景武宣太宗明憲之學或聖或賢所造之深淺考合

其見於用者毋略以告

黃河利害

問昔為澶淵遊觀河堤上洶湧之聲汗漫之勢下臨居人竊惟居人昔嘗俛首而視之注者如飛淪者如墮為陵于淵以駕汗漫之勢月復一月憂患之堤相與爭峻而已今則居人在其下矣堤猶城也河猶寇也以寇攻城雲梯地道可以伺而郤之河之為患乘漲以溢被溢盜潰非旦暮之患也或欲南引於靈河以通于淮北引於笭河以通于海或以宜復故道或以宜徙居民或欲穿漕渠以殺其勢或欲出之胡中

以禦邊患其說勞而無功迂而無用無足取者諸君尚有遠慮以平其說乎

錢物輕重

錢重而物輕在粟帛也傷農在器械也傷工貴人富商操巨貲牧奇贏賤入而貴出惟工與農獨受其弊焉物之得喪之權在錢錢有重輕之權在君今欲錢與物均豪商右姓不能乘間下貽工農之戚戚諸君協慮要術以獻於上

茶法

茶之為物袪積也雪寤昏也清賓客相見以行愛恭

之情者也天下之人不能廢茶猶其不能廢酒非特
適人之情也禮之所在焉江淮荊襄嶺南兩川二浙
茶之所出而出於閩中者尤天下之所嗜山海天地
之藏閩中以利富國得茶於山與其得鹽於海無以
異也唐之建茶利者或增稅或徙植或加價其後私
易雇載居舍僧保園户或以所犯之數重者以殺次
者以徙長行羣豬或至於皆死小民以財殺軀上之
人以利喪仁非先王之政也先王之於山澤物為之
厲為之守禁妄入者防之以厲盜取者制之以禁使
其地之人守其財物以時入之頒其餘于萬民如此

而已後世山林之政廢草木之利為右姓所擅荼之息十居其八九此小民所以得易於右姓羣行山林出入萬有　生之地趨於倍什莫之顧也欲即荼山之所在為之厲守禁令而使民不犯刑公不失利右姓之家有以處之各書其思慮將有考焉

選舉

問先王之澤既熄鄉教廢棄四民無職十家無聯五宗無糸天下之士流於城闕之間散處他國鄉里之民不得以相保受鄉里之吏不得以相觀察然後四科之選六條之詔中正之官搜薦之人九品之法十

銓之試行於三代之後漢舉孝廉則遺睦姻任恤唐
舉書算則為禮樂射御大抵歷代之選其類不能有
過於三物者周之所得歷代莫能備焉先王以謂好
名者人之情也好進者今之情也秉其所好為之名
焉故誘天下之士而使天下之士以實致民其類有
五曰秀士曰選士曰俊士曰造士曰進士五者明其
德藝小大深淺而與之進者也夫不知道德不足以
明經不知禮義不足以明法進士學此以成秀士學
此以始者也然而唐以秀才進士經法書算各有為
常貢之科其義亦安在哉今欲稍復三代選舉之法

文武經法皆出於一學然慮今之士有累於貧者有累於事者不能游泳鄉教成就考察如之何其可也邪

唐人之學

聞聖人之道傳之子思子思傳之孟子孟子之後失其傳焉復繼暴秦焼詩書殺學士簡編脱亂訛缺然後有出私言以證之者始有章句之學續經緯書傳注箋解義疏雜說之流轉相講述新奇相勝六經之意逾遠而不得唐之學者更相著書至二萬八千四百六十九卷視漢以來在四類之數者唐過其半矣

然有能僅得其傳者乎略著其是非以是示學者唐之德澤流入於人心者深淺遠近予因以觀焉

吏部銓綜之術

閒尚書省令典領百官者也其屬有六吏部尚書以治羣吏者也其屬有四以四善之狀究其立德以二十七最考其行事以身言書判德行才用較其優劣定其留放天下之才是非得失責在吏部尚書顧不重哉崔亮魏之為吏部者也裴行儉馬載高季輔崔元暉韋嗣立唐之為吏部者也崔亮之制資格魏遂失才無足論者唐之五人號為稱職季輔清鑒有聲

於正觀中王勃之浮躁楊迥之沉默駱賓王盧照鄰之失其死行儉察而知之爲吏部得人有如此等則致遠之才豈難得哉　國家開復三省官有屬長事有統類名實相顧過唐遠甚然而唐之五人所以銓綜羣吏之術尚可以適今乎詳著于篇且觀諸君之政學

人材得失

問人之才性温柔寬恕其失也庳制精審寅直其失也畏避堅勁特立其失也專固磊落大度其失也疏越是非學道之士蔽於一曲暗於大理者也方今以

道立教將使天下之才方圓適用尚有此屬未能鮮蔽來入聖王道揆之中出越器使夫何故也顧聞所以養育之方且欲天下之才能莫不相濟無過不及之患其策如何

禮樂

問禮樂之實生於天下之情性然後聖人為之著於文寓於器孟子曰禮之實節文斯二者是也樂之實樂斯二者是也仁之實失節則泛失文則亦遺義之實失節則刻失文則介天下之人其泛為墨子其固為子莫其介為仲子其刻為申子禮樂之實熄矣其文

與器豈得而議哉先王始以五禮防萬民之僞而教
之中故其中也喜怒哀樂之未發無過不及六樂防
萬民之情而教之和故其和也喜而爲仁怒而爲義
哀而不傷樂而不淫皆中其節萬民之僞弗入而廢其
天其性中矣禮之實存焉萬民之情弗出而狥於物
其禮和矣樂之實存焉然後聖人以文與器兼收其
實而已制禮樂所以致中和中和之氣格于上則天
位焉格于下則地位焉行乎其中萬物育焉記曰治
定制禮功成作樂能使其情和然後其功成能使其
性正然後其治定嗚呼五禮六樂外入乎人者也其

效至於此極後世有志於禮樂者何可廢哉然而先王始以五禮防萬民之僞而教之中以六樂防萬民之情而教之和設施之序感入之方試言其詳

禁衛之兵

問得用戎器而不得有之者府兵也得用府兵而不得有之者衛將也府兵之制無事則耕番上則衛有事則戰故其既事將歸于朝兵復于府介冑戎器斂藏于庫將不擅權士不失業此府兵之利也高宗武后之世衛士稍稍亡匿耗散不足以給宿衛天寶中士人皆恥入衛折衝諸府無可交者六軍宿衛類皆

市人方鎮既熾禁軍不足以威外衛士不足以固內

祿山之變侍官雖扗不能受甲將欲追復其利懲其

所以廢者各書其故

稽登校比之法

先王之政施於征民也國野異制施於授地也田萊

殊等得數而知之老者疾者王舍征焉則王之仁賢

者能者王舍征焉則王之義服公事者王舍征焉則

王使人有禮冠笄之歲婚姻之時鄉飲之齒得數而

知之穀帛六牲馬牛車輦或多或寡祭祀賓客或備

或殺得數而知之是故先王之民取之則均有無役

之則均勞逸而民無憾焉得民之數而已是故民數之版先王見之則式受之則拜登于天府盖天民也王不得而私有之有不得私則徇己而屬之者烏能奉天乎後世稽登校比之法棄置不復則民供貢不均多寡有無行役不均勞逸蹤數避役而隱丁避稅而逃產無所不至夫大司徒掌建邦之地土之圖人民之數可以佐王安擾邦國而民貧富有無賢貴老弱疾病莫之知焉則王雖有仁政何從而施哉稽登校比之法其可復乎議者慮民安於故常一旦籍其所有而上之驚擾而變生如之何則可

演山先生文集卷第四十七

雜說

形得氣而化氣得精而生精得形而寓焉人之安樂得於其氣之實疾患得於氣之不足然則所以生氣者與氣之所寓惟其養哉五味以養其精所以益其氣五穀以養其形所以衛其氣精不足於養則氣衰形不足於養則氣殆是天患也五味五穀之所養天養之也斯民之愚蔽於生生之厚迷誤生理而五味五穀之所養或以為淫邪或以為怠倦伐一所生其精不眞殘天所與其形不粹則味穀所養者適足以

資其欲耳容邪瘲蹈其舍而感之始有四時之癘疾痟首痒疥則作之於其形瘧寒欬嗽則作之於其氣五味五穀無知之何矣先王於是以五藥為之療其病痟首痒疥瘧寒欬嗽是人病也五藥之所養以人養之也然人以五行而生以五行而病以五行而治以五行而死人之聲色五行之所寓也藥之性其異有温涼寒熱藥之用其異有佐使反惡五行之所寓也五藥雖足以計其病病之端不及知之則藥不行矣先王於是望其氣聽其聲察其色以觀五行之變常以眡死生所謂五藏之象可以類推者乃言此五

氣也所謂五藏相音可以意識者乃言此五聲也所謂五色微診可以目察乃言此五色也雖然以其象而顯推之以其音而意識之以其色而目察之可以已乎未之盡也按之而後已兩之以九竅之變參之以九藏之動兩之也以陰陽參之也以陰陽冲氣即天地而言謂之冲氣物得之則生失之則即死即人而言謂之胃氣人得之則生失之則死眂其生死至於參之然後盡也若夫尊生者能治五行攝生者能物五行而五行不能食其肉焉則其形全其精復而氣為天守矣豈復有五聲五色為死生之兆哉以五

味養其精以五穀養其形者茍知於此則過半矣先
王之仁民不亦至乎天産作陰德以中禮防之地産
作陽德以和樂防之此仁民之教也以五味五穀五
藥養其病以五氣五聲五色眡其死生此仁民之政
也雖然以五藥之養其病五聲五色之眡其死生亦
施於教之不及而已
聖人體道未出則與太虚爲一方是時也無得而稱
焉及其帝德運而爲已則爲聖爲神運而爲天下則
爲文爲武大而化之之謂聖由聖之妙而爲神剛柔
雜之謂文由文之剛而爲武蕩蕩乎其無能名則其

運而爲聖神也巍巍乎其有成功則其運而爲文武

也

五聲求虚實之情三刺求過故之情

絜靜之失介而不能同精微之失高而不能下賊仁

謂之賊深於易者以前民用以同民患有仁之道焉

孔子之行止以其命之廢興不以其時之可不此其

所以異於逸民伯夷叔齊以清直道而已無事乎行

中慮以自防廢中權以自匿此其所以不言中歟

隱居則身中清放言則廢中權雖降志矣其言中倫

雖辱身矣其行中慮凡言所以明志志降而言從之

則流而已矣其孰以為介哉
不正其色之謂辟色不正其言之謂辟言寓於放烏有正言寓於辱烏有正色
先王之於民將欲愛之必固威之死者不可復生而先王有大辟之法者蓋殺一人而後能生其欲死者矣斷者不可復續而先王有宮劓刖之法者蓋刖一人而後能續其欲斷者矣是故先王有不忍人之政而肉刑未嘗廢者豈以不忍人之政必待肉刑而後存歟雖然先王之肉刑非恃以傷民也設之使之有懼而已文帝以當劓者笞叁百而民卒多死夫劓之

名誠可懼者啻固不足以懼之然而恃啻之輕而陷於罪豈特與劓比哉寧謂後世惜一劓一刖而招其罪惡至於大辟者豈勝計哉

先王之待諸侯何其至也未至也致積始至也致飧及其朝享之後又致饔餼之大禮食之而弗愛是以豕交之也則有問勞送逆之示其勤愛之而勿弗欽是以獸養之也則有辭受拜揖之示其恭然恭而無其實君子不可以虛拘也又況其愛之乎拜揖辭受恭之之文也有饗焉則盡其恭之之實問勞送逆愛之之也有燕焉則盡其愛之之實其樂無筭也取其

歡而已其爵無筭也取其醉而已取脯以降奏陔而去諸侯心平而氣和相與一德以尊其上大者以仁比小小者以智事大相朝之君相問之使旌節繼道何以致之先王為之朝禮而貴貴之教寓焉為之燕禮而老老之教寓焉為之饗禮也設几而不倚所以訓其恭爵盈而不飲所以訓其儉是其所以致之之道也

以貴而驕以富而侈諸侯之常態也其驕也廢恭其侈也廢儉廢恭之至不能貴貴也其獘為無君廢儉之至不能老老也其獘為無父父且無之況其君乎

先王憂其然當其入王也為之朝禮而貴貴之教寓
焉為之燕禮而老老之教寓焉為之饗禮也設几而
不倚所以訓其恭爵盈而不飲所以訓其儉其朝也
公於上等侯伯於中等子男於下等各以其禮擯之
貴貴也其燕也公三燕侯伯再燕子男一燕各以其
齒坐之老老也貴貴者禮也老老者仁也賢賢者義
也爵也齒也德也同為天下之達尊而仁之於天下
也尤不可以食頃而廢焉故四代之燕賜或貴爵或
貴德或貴齒或貴親各從所貴而加之然而不以爵
之尊卑德之小大為之序焉序齒而已齒之長者先

乎少齒之老者先乎長尚齒仁也尚老又其仁之至
也
武王周公其達孝矣乎夫孝者善繼人之志善述人
之事者也欽其所尊愛其所親則繼其志踐其位行
其禮則述其事宗廟之禮所以序昭穆也序爵所以
辨貴賤也序事所以辨賢也所謂欽其所尊者也旅
酬下為上所以逮賤也燕毛所以序齒也所謂愛其
所親者也
平国之時教化既明習俗既成以柔治之則非仁以
剛治之則非義故用中典中典先王以立正直之德

者也以刑教中先王之意也後世過者恃刑以為威不及者置刑以為愛不能應時而行豈有他哉無三德以趣時無三典以立德孝文之賢未能以德行仁其廢肉刑也特發於私情而已況不仁者乎亂國折獄致刑之時也教化大明習俗大成先王所以待民者於是乎盡矣而民之為不善王何與焉彼故為不善以亂吾俗耳刑故無小故用重典重典先王以立剛德者也書曰乃有不吉不廸顛越不恭暫遇姦宄我乃劓殄滅之無有遺育盤庚之誥為之先後久矣雖罪之小者猶至乎劓之何傷於仁哉穆王之時損

刑屬之重者附益於輕者成王則殺羣飲其刑至矣故雖大辟之屬與墨劓均焉尚以棄之為不足也好其親者有之殺之為不足也殘其形者有之然而成王豈以時然而類重之乎言其所化之民則用重典可也故曰羣飲汝勿佚言商之遺俗則用輕典可也故曰惟商之迪諸臣惟工乃湎于酒勿庸殺之姑惟教之新國議獄緩死之時也禮未及修教未及詳民之所以為不善者過也傳曰上失其道民散久矣如得其情則哀矜而勿喜民之散也無八統之馭無九兩之繫族師無聯司救無禁則民之有是情也上實

為之新國之君奚暇責民哉亦姑教之而已

治時不同而有三國之異者以俗異之也刑書不同而有三典之異者以德異之也有久近之教斯有缺成之俗有缺成之俗斯有平亂之國先王於是以德制刑以待三國之不同教有所不及則俗有不變者俗有所不變則國有不治者先王於是以刑弼教以輔三物之不及

先王之德使民畏而愛之畏之則寓之於刑愛之則寓之於教然而畏之非先王之所欲也施之於德教之不及而已

先王之制刑也出於立德先王之用刑也出於𢿱教故與人情世俗相為重輕有即一人之情而為之輕重則上刑適輕下服下刑適重上服是也有即一世之情而為之輕重則平國用中與亂國用重典是也雖然三國殊時而即一人之情而輕重之豈可廢哉是故三德之應時也或剛或柔或趣於剛柔之中三典之立德也或輕或重或趣於輕重之中

先王使人不愛其力於事不屈其才於物物至而應事起而辨而人雖弊其力未始有憾焉者作秩以制其常賜之多寡作叙以次其事治之先後而已使人

之費有稍有食稍所謂月廩也中庸曰旣廩稱事所以勸百工王制曰庶人在官者其禄以是爲差是也秩所謂常賜也孟子曰抱關擊柝皆有常賜王制曰九十日有秩酒正之秩酒內則之秩膳是也

喜怒哀樂之未發謂之中發而皆中節謂之和靜而中者性之正也動而和者情之正也好惡無節於內知誘於外無中爲之主故也莊子曰以有涯隨無涯殆已已而爲智者殆而已矣夫用有無涯之智應無窮之感生無節之好惡則天理滅矣孟子曰萬物皆備於我反身而誠樂莫大焉不能反躬而誘於外爲

樂此天理所以滅也莊子曰去智與故循天之理
聖人與物化一而不化者也小人人化物則一化矣
感人無窮者物也好惡無節則感人無窮者對之孟
子曰以物交物
先王為人化物而後制禮樂人莫不有禮樂之實而
無化物者則天下自有禮樂矣先王安用制哉及其
化物非特滅天理也偽禮偽樂又從而乘之故先王
之制禮樂也原天地之美達萬物之理思有厚薄礼
有隆殺所以節其文滋所以節其情
或言禮以道民志或言禮以節民心節民心將以道

其志道民志將以正其行當其爲惟所以感之者言之故曰以道其志而已

可以相勝者仁義也故厚於仁而薄於義則親而不尊厚而厚於義而薄於仁則尊而不親不可以相勝者禮樂也故曰樂勝則流禮勝則離仁義相勝則相治禮樂相勝則相賊相親以其有情相欽以其有分禮樂之同異六也而使之相勝則非禮樂之正矣故情勝分則流分勝情則離樂於内合情禮於外飾皃内外不相勝而後爲禮樂之事禮者理也而行理者義也樂者情也而稱情者文也上下和與夫好賢爵

舉賢者所謂仁以愛之也貴賤等與夫惡不肖刑禁暴者所謂義以正之也

樂樂也德也故由中出而外設則其文也禮履也行也故自外作而中立則其本也言靜則文為動言文則靜為質內出於性故靜外作於貌故文大樂所樂者性也故易大禮（易者樂之至也）所履者理也故簡簡者禮之至也易則無險阻故無怨簡則無紛辨故不爭大禮大樂之世所樂者正性所履者真理則吾復何為哉此所以揖遜而天下治

大樂致和大禮致中天地之於萬物生之以和成之

以節而先王以大禮大樂贊天地之化育故大樂與之同其和大禮與之同其節天地生成百物者也故言皆化王者牧用百物者也故言不失百物得和而生得節而成先王大禮同天地之節大樂同天地之和其力則在天地之後故物之成也先王不敢私有其功焉祀天祭地報之而已明則有禮樂幽則有鬼神此禮樂之鬼神率神而從天居鬼而從地此禮樂之役鬼神者也

演山先生文集卷第肆拾柒

演山先生文集卷第四十八

雜說

合敬則無離心同愛則無異情事文禮樂之迹也敬愛禮樂之情也先王之制禮樂也立本有情趨時有迹情天也不可戾者也故在所因而曰禮樂之情同明王以相沿迹時也不可同也故在所損益而曰五帝殊時不相沿樂三王異世不相襲禮事者時之應名者功之報趨時斯有事建事斯有功立功斯有名為趨時而後有事故事與時並為立功而後有名故名與功偕

情可以意會文可以理考無精義不能會其情無明德不能考其文或曰夫子既聖矣述而不作何也曰夫子聖人之在下者也有其德無其位何敢作和者天地之情序者天地之理百物言其群分群物言其類聚聚而患其亂故皆別則言群物有生則貴衆多故皆化則言百物

先王之制禮樂也發天地之情明天地之理而已過制過作人偽也非真禮樂也故過制則非理而失之亂過作則非情而失之暴明於天地然後能興禮樂者發其情明其理而已

倫者言其理而已矣倫人理也樂之情天德也以天德論人理則無病天之患矣人之德出而分於三則有中入而止於一則有正中而無邪則能徒於人正而無邪則能佯於天欽順禮之制在心者也莊恭禮之制在體者也欣喜歡愛則設於情恭順莊欽則立於質與民同禮樂之小者也與天地同禮樂之大者也與道同禮樂之妙者也先王之於天地以其妙者官之以其大者相之

王者之為天下方其圖功而謀治也則有教化以行禮樂之道及其功成而治定也則有制作以建禮樂

之業道也先王非敢私行之業也先王非敢私爲之
明人之天而已禮之實節文仁義者也樂之實樂仁
義者也節之不泛文之不固樂之不乖二者之實雖
人之所固有者彼所以節文而樂之則因教化而後
至爲盖使天下之人耳目之視聽無非禮也手足之
舞蹈無非樂也其功已成其治已定先王始有制作
以收其成而已樂以象德而功成則德之著也故作
樂以揚之禮以節事而治定則事之辨也故制禮以
彰之功大者其樂備治辨者其禮具王者之制禮樂
其情相沿而有詳略者時而已矣

（原書缺）

干戚之舞飾威而已故非備樂熟烹而祀致味而已故非達理五帝之天下未傳之子故不言世而言時其時未失德故不言禮而言樂五帝之時其俗未頗華故其殊而不言異

樂極則憂者以物為樂故也禮粗則偏者以數度為貴故也大聖敦樂有仁而其樂未嘗荒故無憂禮備有義而其法足以適用故不偏

道之下降氣為陰陽形為天地數為萬物氣數之中以其高下散殊而有禮之序以其流化合同而有樂之和二者迺理之自然有生之類莫不具焉流而不

息者品物流形也合同而化者萬物並育也禮居仁
義之後人德之序也禮居仁之後天德之序也自其
天地始分而言之則仁義在其後矣仁主愛樂主統
同故仁近於樂義主斷禮主辨異故義近於禮而禮
樂之大用非特於四時是以仁義之用近之而已禮
夏德也夏之序長春之生而已可以統言仁智冬德
也冬之序藏秋之成而已可以統言義天地化始於
仁革始於義

氣也者神之盛也敷和又其氣之盛也禮樂之道行
乎陽則高下散殊合同而化行乎陰則率神而從天

居鬼而從地鬼神之神未離乎數而數實行之是以
道之妙乎樂則能率之以從天妙乎禮則能居之以
從地禮樂之妙能官天地而率神居鬼則分天地之
所主而已唱者天之道也故作樂而應之偶者地之
道也故制禮以配之應也配也禮樂之參天地者也
由卑而見貴由高而見賤方以類聚物物以群分類
天地之尊卑陰陽之動靜群類之聚分形象之上下
天地之理自爾交感之相摩旋轉之相蕩鼓以發之
奮以進之動以化之煖以養之天地之情自爾化不
時則不生夕樂之和男女無辨則亂失禮之節不生

無辨天地之情所不能免故後之於天地以樂之和輔相其宜以禮之中裁成其道

樂之和失之則不生禮之别失之則亂及其得之則極乎天而蟠乎地行乎陰陽而通乎鬼神窮高極遠而測深厚行乎陰陽則物莫能違之通乎鬼神則物莫能闇之凡有聲氣形數之類在其中爲禮樂至於此矣然後能著大始能居成物

天之化其陽始於亥生於子成於丑而乾位西北爲則知大始矣乾者天之道也揚子曰天奥西北鬱化精也物於此爲天道制其命化精含有其生意時未

判也及夫萬物資始於元成於艮至於震而天之用出焉地氣上升天氣下降奮之以風雨動之以四時煖之以日月數者冥合而有樂之和則大始著矣地之化者陰始於巳生於午成於未而坤位西南焉則作成物矣易曰致役乎坤致役者作之也萬物之生天化氣地化形其化形也萌者出勾者達羽者飛足者走鱗者游特未定也及夫並育而不相害並行而不相悖游者潛走者伏飛者息方以類物物群分類數者冥分而有禮之別則成物居矣大始者精氣也樂散為和氣以著之成物之體立矣禮分為定体以

居之禮者六樂之終始歟故言禮制行矣則在乎樂之前言禮居成物則在乎樂之後

歌南風和天也賞諸侯和人也諸侯之受賞亦責其致和而已德盛而教尊則其德和於人五穀時熟則其德和於天樂者象德而賞之也舞者德之容故觀其舞而知其德謚者行之迹聞其謚而知其行

雲門天德之象也咸池地德之象也樂之象德有天而已則簡地兊之樂有咸池備矣韶夏文樂也護武武樂也象德有文而已則鈌武商周之樂有護武則盡矣大卷言雲之形大章言雲之象

萬物之生得寒而成得暑而長然而不時則邪氣乘物故不時則疾得風而動得雨而潤而不節則溼暴害物故不節則饑教者先王所以化物也故譬則寒暑事者先王所以應物也故譬則風雨因時之宜而立教故不傷世通物之變而用事故有成功是以先王之為樂也於天下也法治於已也則行象德然後無不時不節之患

酒之養人猶其教其事酒之流生禍猶其不時不節壹獻之禮賓主百拜所以節其流

上下之分甚嚴而不至於絕者以其有酒食以合歡

甚歡而不流於蕩者以其有樂以象德有禮以綴淫
皆以禮終故哀樂中其節
衆人所樂者物之盛聖人所樂者德之盛惟樂出於
聖人之所樂故能養民心其感民深其移風易俗而
出於衆人者彼且自荒矣其如民何
有血氣則有情慾有心智則有意識情慾可動意識
可感然後喜怒哀樂隨其所遇而變君子則不然血
氣心智不能淫其性而喜怒哀樂之情發而中節故
不爲憂思淫亂而異其音爲是故君子之樂可以善
民心可以移風俗

本之情性以正樂之德稽之度数以正樂之文制之禮義以正樂之用陰陽為道則剛柔為德陰陽為德則剛柔為氣剛氣陽德之發柔氣陰德之發不散不密陰陽之中不怒不懾剛柔之中有中性然後有中德有中德然後有中氣樂者本於性發於德而作於氣者也

先王以民之喜怒哀樂隨其所遇而變則天理滅矣故本諸情性而為之樂爲及以感道之則君臣上下同聽之莫不和恭父子兄弟同聽之莫不和親夫恭之於君臣之於父子天理也而形見於樂則樂觀

其深矣
時有盈虛運有去来物有存亡人有進退聖人之知
進退也歸之義爲而不累乎其身聖人之知存亡也
歸之命爲而不累乎其物物我之累亡然後能止乎
一而不失其正爲由止一之正而上之爲不虧之純
不雜之粹至乎抱一之精而盡爲故聖人之不動者
不去不来無進無退不死不生無存無亡不加不損
無得無喪然而知之所及者特與五行之數四時之
運相為盈虛消息而已
消息盈虛天之理也在人為進退在物為存亡得喪

未始有是物也儻来而得之然後有存焉未始無是物也適去而喪之然後有亡焉未知人焉知天是故進退先乎存亡存亡數之大者且不知焉焉知得喪是故存亡先乎得喪存亡吾知之矣未有不及得喪者也故言之知進退存亡而不失其正者得喪不與焉有天道者地之類不及見之有陰道者陽之類不及見之聖人之神能陰能陽聖人之道有天有地及其作也本乎天地麗乎陰陽者無不見之矣本乎天者親上見聖人之天道者也本乎地者親下見聖人之地道者也楊子曰仰而視之在上俯而窺之在下企

而望之在前棄而忘之在後猶之蒼天也東西南北無不在焉聖人之作也其孰不見哉

元德之類即於物者其德有三曰剛曰健曰中即於天者其德有四曰正曰純曰粹曰精以剛而立以健而行以中而用元德之成物也以中而用則其為健也莫能窮之以健而行則其為剛也莫能折之成物而還止一而靜則有正焉純者止一而不虧者也粹者止一而不駮者也莊子曰素也者謂其無所與雜也純也者謂其不虧其神也一之所致至乎抱一之精而盡焉神者天道之至精者天德之至揚子曰天

奥西北欝化精也太始冥冥無有無形含孕庶類運
動百化窮則更生終則有始一陽之萌萬形以分鼓
之以雷霆奮之以風雨勾者出萌者達蟄者昭角觡
生羽翼奮莫制之者乾元之剛不亦至乎
先王之應時也春將務作夏將務訛秋將務成冬將
務易覩日而後知爲先王之授時也於春之中則使
民隩觀星而後知爲春且至矣而弗平秩何以行事
春且中矣而民弗析何以立功是故官敏事農敏功
與時盈虚與時因革而已
制治之道有任無爲者然後可以出法而應物有任

有爲者然後可以行法而立事稷之播種契之敷教皐陶之作事垂之共工伯益之虞伯夷之典禮夔之典樂龍之納言行法者也苟無出法之人論道而揆之則雖八官之燭理有能敵之者非所謂亮采榮者或辱成者或敗非所謂惠疇是故舜之命九官也禹宅百揆爲之先爲八官以序各任其事要在太禹詳在八官道所揆晦者斯光窒者斯通辱者斯榮敗者斯幾無失職之慮而况八官以其才之所長而專其任哉

無君子莫治野人無野人莫養君子明君禮下以恭

致君子也取民以儉致野人也致君子則使之正經界均井田平穀祿為治野人之計也致野人則使之九一而助國中什一使自賦為君之計也

管仲晏子非王者之佐孟子耻以此自待故曰管仲曾西之所不為也而子為我願之乎齊威晉文無王者之道孟子耻以此待其君故曰仲尼之徒無道桓文之事者是以後世無傳焉臣未知聞也

演山先生文集卷第四十八

演山先生文集卷第四十九

雜說

責難於君謂之恭故孟子曰無以則王乎管仲論卑而易行商君之說孝公終用強國之術不能責難者也陳善閉邪謂之敬故孟子曰我非堯舜之道不敢陳於王前所謂陳善仲尼之徒無道桓文之事者是以後世無傳焉臣未之聞也所謂閉邪吾君不能謂之賊齊宣王問曰若寡人者可以保民乎哉孟子曰可也賊仁者謂之賊孟子以王不忍一牛之觳觫遂許之仁不忍一牛仁之微者至於保民而王仁斯至矣

然而孟子不棄其仁之微者自其微者而推之遂足以保四海是豈賊仁乎哉

望之不似人君以其無儀就之不見所畏以其無威卒然而問其志甚大雖無可望可畏之文而有可望可畏之實孟子所以惟其難知而嘉嘆之耳

仁者不可為衆所以能一天下不嗜殺人非人之至然而孟子之時天下之人牧夫有不嗜殺人者則能一之非必仁如文王天下莫不與也此仁者所以無敵於天下

有不忍人之心斯有不忍人之政油然之雲以譬仁

政之意沛然之雨以譬仁政之澤
父在觀其志故能有養父沒觀其行故能有述三年之中非喪事不言奚暇改父之道哉又況孝子更有不忍之心乎上下之分無禮則亂無和則離苟徒行禮以為節制無可觀者必使天下之人有情以相愛有文以相接夾輔其禮而行然後先王之道美矣小大由禮不以和通之則離故有所不行知和而和不以禮節之則流故亦不可行
無義之信其言一出而已不可復也無禮之恭上交則諂下交則瀆諂瀆之中恥辱存焉有因人者有為

人因者夷之因人者也徐辟爲人因者也因人不失其親亦可宗也而况爲人所因者乎信出於義則可復不足言之恭出於禮則遠耻辱不足言之爲不失其親者之所因則亦可宗也不足言之

食無求飽其志在乎飽德居無求安其志在乎安仁敏於事而慎於言其志在乎篤行食不飽居不安人之所憂飽食逸居人之所樂臨事人之所難出言人之所易自以爲是以人爲非人之所蔽其志在乎飽德安仁則忘其所憂在乎篤行則忘其所難德行患有所失未敢自以爲是也就有道而正焉則忘其好

已勝矣此其所以為好學歟食前方丈我得志弗為
也方學之時食無求飽居無求安及其得志也故能
如是
貧而無諂善守貧者貧而樂則忘其貧矣富而無驕
善守富者富而好禮則忘其富矣所好者不在乎物
是故內有以制心而所欲不累乎德外有以節事而
所行不害乎義貧而無怨難富而無驕易盍夫貧而
無怨則能樂耳如切如磋道學也則言貧而無諂富
而無驕如琢如磨自修也則言貧而樂富而好禮者
患人之不已知則有累乎志行不患不知人則有害

乎物已以天命處不已知而進乎德以人事處不知人而進乎智

一而不可不易者道也中而不可不高者德也北辰中而高故爲衆星之所取正德政中而高故爲天下之所取正書曰民心罔中惟爾之中子率以正孰敢不正爲政以德故有中以養乎不中有正以率乎不正孔子曰政者正也德不與焉則有徒法而已天下何所取哉書曰德惟善政

詩之所自根於心本於性循理而發至於永歌舞蹈而後已烏有人僞與其間哉故詩之用動天地感鬼

神夫天地之大鬼神之幽不誠未有能動者也思無邪則誠至矣其言有序其情有節樂者不淫哀者不傷真情誠意之所及也雖至變風之世其俗猶在及乎先王之澤已竭在人心者物或蔽之始有諈上行私與夫覩物而作者無邪之詩不復得矣

使民皞皞而不知為之者則文王以民力為臺為沼而民歡樂之未之至也民無得而稱焉則謂其臺曰靈臺（謂）其沼曰靈沼未之至也當是之時文王苟不散神之道以示天下則民何從而附之哉靈則王神之散者也鹿見之而不騤鳥見之而不舉魚見之而不

逝庶民以力為臺為沼可謂勞矣反以為樂烏文王
之德不亦靈乎樂其有麋鹿魚鼈民之樂也樂民之
樂者民亦樂其樂又烏有欲與之偕亡者哉
河内凶移其粟於河内以濟所無移其民於河東以
即所有移民通財先王之法然而先王與民務本悉
後移民通財之法施於仁政之不幸梁惠王不仁其
政徒用先王之陳迹盡心之勤蓋與墨突不黔無以
異也百步而後止以譬鄰國之政五十步而後止以
譬梁國之政梁王之心雖勤於鄰國而失所以用心
則一也五十步雖不弱於百步而棄甲以走則一也

無爲而無乎不爲之謂道僖公君臣有道無乎不爲以至於無爲者也言其無乎不爲則曰在公明明言其無爲則曰在公飲酒在公明明不必戒之曰無已大康職思其居在公飲酒不必勸之曰今我不樂日月其除此其所以爲有道歟惟其有道在已則能致禮樂以自修辭言舞則言其有樂以盡其歡醉言歸則言其有禮以節其肆在天則能和陰陽以爲天下後世自今以始歲其有則其利及天下君子有穀貽子孫則其燕及後世

無體之易三才孕乎其中久矣天道陽也無陽中之

陰則弗能生地道陰也無陰中之陽則弗能成人道亦然一畫而天則廢陰一畫而地則廢陽然則天地之道安得而立哉兼三才者易之道也兩之者立三才之道也

肝藏魂肺藏魄心生氣三物附會而有生焉及其散也魂氣歸于天形魄歸于地先王方其致之也陽達於牆屋則其求于天陰達於淵泉則其求于地及其祭之也夏祭心主報氣也商祭肝主報魂也周祭肺主報魄也合而報之用牲之氣加以蕭光禮之遠於人情者也故以報氣教民反始用牲之實加以鬱鬯

禮之近於人情者也故以報䰟教民相愛

使民養生喪死無憾之始可謂知本不違農時數罟不入汚池斧斤以時入山林可謂知類富之然後教之可謂知序人之情其生莫不欲致其歡故先王於其生則有以養之其死莫不欲致其哀故先王於其死則有以送之生無以養死無以送雖有其身猶將棄之奚暇治其性哉先王知人事之大者在乎死生所以失人之情者在乎死生之失其所故為之政焉使之養生有備送死有具穀與魚鼈不可勝食則其養生有備矣材木不可勝用則其送死有具矣然而

材木不可勝用魚鼈不可勝食生之之道可得而聞乎用民之力歲不過三日則穀不可勝食草木零落然後入山林則材木不可勝用汙池之魚易窮數罟難避以難避之罟不取易窮之魚則魚鼈不可勝用然而不違農時數罟不入汙池斧斤以時入山林此爲民養生送死者之計也王者之仁至於老者少者弱者得其所養而後至焉是故五畝之宅植之以桑雞豚狗彘之畜無失其時此爲民養老者之計也百畝之田勿奪其時此爲民養少者弱者之計也孟夫五十非帛不煖五畝之宅植之以桑則可以常衣帛

矣七十非肉不飽雞豚狗彘之畜無失其時則可以常食肉矣養生者有備送死者有具老者少者弱者不失其所養則驅而之善其民從之也輕矣故為之教焉庠序者王教之所自出則使之謹庠序之教孝悌者王教之所自始則使之申孝悌之義孝悌而不好犯上以其有義存焉是故孝悌有義而後少者代弱壯者代老頒白者不負戴於道路梁王不知所務狗彘食人食而不知檢塗有餓殍而不知發徒能移粟以濟所無移民以即所有而望民之多於鄰國不亦遠乎

秦之守天下也以其所取故其失也猶能剛之物一折而斷焉

周之封建失之於後其失也無德漢之封建失之於初其失也無度

三代之兵出於鄉遂之中行糧止食芻秣械用載之有車輦甿之有馬牛非資於公上秦廢先王之制而惟夷狄擅有鄉兵之利以夫區區公上之轉輸而對夷狄自贍之卒伍此遐征遠討所以屢困中國也

温以接人使人親之恭以待人使人尊之無良在其中焉則其為德出乎笑貌之間耳温恭之德出乎笑貌

之間則夫子之求之也豈異乎人之求歟此良所以序二德之中善者人德良者天德良在乎知則無事乎慮良在乎能則無事乎學良在乎貴則趙孟不能賤之有所爭而後良出而為忠有所修而後良散而為善使人親我然後我得以恭待人此恭所以序温德之後奢則驕矣良德遂喪其孰為温與恭哉此儉所以序四德之後有是四德而物重焉四德遂喪是故聖人以温接人以良存心以儉讓處物儉而有讓則物輕無讓則物重蓋夫無讓之儉其失也吝而已儉而讓則其自奉者輕奉人者厚四德由是不累於

物此讓所以序四德之後然則夫子之求之也將以自用人之求之也將爲人用爲人用者無處已之良無輕物之讓以溫恭爲佞以儉爲恪而已

以兵寄農以教兵寄蒐狩其赴田役也猶其在比閭其赴戰陣也猶其在田役聲音服容在鄉則相識於族在軍則相識於卒在田役則相識於茇舍不測之變無常之敵趣之戰也與其比閭之閒田獵之時無以異也其孰以爲危事哉

天下之事無財不立天下之民無財不聚以禮防民以義制事無財不行周之設官三百六十以理財責

羣吏其法尤嚴而不敢緩也財用之數驗之以書契
督之以要成證之以貳令考之以參五逆之以式法
辨之有類執之有總小數之則乘大數之則會職内
所敘職槳所振盖雖餘財而加肅焉
羣吏之治在事與物先王合其日計而為成合其旬
計而為要合其月計而為會治會者王治要者正治
凡者師治目者司治數者旅
萬有二千五百人居則為比閭族黨則鄉出則為伍
兩卒旅師軍其為軍也責其足以包敵為師也責其
足以圍敵雖然先王豈敢率爾而責之哉猶為伍兩

卒旅以治之參偶以相糾聯徽幟以相識别旌旗以相指揮自伍至旅所以治之之術未始廢也則其責師足以圍敵責軍足以包敵不亦宜乎伍法為野人而設軍法為野車而設卒法為虢名而設

貌言視聽思君以乂萬民者也雨暘燠寒風天以育萬物者也極備也過極無也不及皆失陰陽之中氣春宜多雨秋宜多暘夏宜多燠冬宜多寒四者之中無風不化其猶四端之有信四行之有土四事之有思也㬥肅也乂也晢也謀也聖也五事之得也五者之時若之狂也僭也豫也急也蒙也五事之失也五

者之常若之物固有無意而相感者而況五者之相若則烏知其弗之應哉聖人還顧五事之至不其未至也則當以恭致肅以從致乂今既至矣則五者之來不以其叙是數也天地之變陰陽之化物之罕至者也

演山先生文集卷第四十九

演山先生文集卷第五十

雜說

先王在上域民以禮不以封疆之界固國以仁不以山谿之險威天下以義不以兵革之利雖有堅銳固塞無所用矣為軍將者有養人之德為師帥旅帥者有帥人之智為長司馬者有事人之志有死難之節雖有掎契司詐無所用矣長人之仁帥人之智六術五權在乎拱挹顧指之間人之所不能測者齊威之節制不可以遇三代之仁義仁義之用非特在乎先王所以固國與威天下而已有德之將有智之帥仁

義不可以勝用焉

宵則人息之時也使之索綯冬則人休之時也使之乘屋亟公非固劳之也以為不若是無以致其樂爲民無違力地有餘利然後朋酒斯饗稱彼兕觥以盡其歡則昔時劳之也所以為今日之計歟

國子之合無政則亂無教則愚其正之也移屏而已無成均之法則人性失中其教之也記誦而已無道德之師則人心失性成均之法成人之虧均其過與不及者也蔽於天而不知人非此所謂有道蔽於外而不知内非此所謂有德

政者國子之所稟則以中法治之故為之大司樂道者國子之所學則以中德致之故為之師氏保氏養國子以道則所謂有道者教之也師氏以三德教國子則所謂有德者教之也

天下之民不敢擅有所之適者為夫節有期也天下之姦絕焉不敢擅有所齎操者為夫傳有說也天下之盜絕焉

五言之出是則天下治故此八音安以樂民以五言而報上也有美有嘉焉五言之出非則天下怨故此八音怨以懲民以五言而報上也有箴有刺焉以五

言之嘉美者而納乎上則上知所因矣以五言之箴刺者而納乎上則上知所革矣萬民之言以六律與之音八音之器以六律與之度是故内通乎性外通乎政君子聞之有所思焉以與聖人在之有所悟焉以改

十有二律生於十有二氣十有二聲出於十有二律陰陽之道天地之理夫婦之情父子之性聲律之中存焉況有先王之化上以和天時下以和人心述五行之和氣播之於八音採萬民之和言奏之於六律則其所感之幽所作之微猶役於陰陽焉

先王之政在中國者詳於九州在九州者詳於四海夷蠻戎狄人民財用六牲九穀之數知其利害而已故略於九州九州之政各有諸侯制節謹度同其貫利而已故略於中國

亂臣之肆無所不僭至於僭樂則盡之矣先王以樂象功以舞觀德季氏八佾舞於庭則將以功德自視於天子矣未至於斯極者所不忍季氏忍為之則其孰不可忍哉

有來雍雍者以其和故至止肅肅者以其欽故能得萬國之歡心以事其先王然後享皇考之祐則曰宣

哲維人文武維后享皇天之祐則曰綏我眉壽介以繁祉周之天子蔔無穆穆之德則安能致是哉祭祀之始天子致助至有辟公之顯相祭祀之終皇考致祐至有皇天之繁祉事其先王之至者也宗廟之祭歌之以徹其以此歟三家特陪臣耳事及三廟堂上之徹庭中之舞輙用天子之制亂名喪實雍之作也

又奚取於彼哉

天道高而尊造物者也惟造物者為能覆蓋愚衆之罪過而治之此冢宰所以為天官地道卑而親成物者也惟成物者為能司牧愚衆之善惡而教之此司

徒所以為地官先王之治有政所以立禮有刑所以
弼教政不為虐刑不為暴本乎一道而已。盖自治官
以道為本出為政刑豈有他哉輔予覆盖之所不及
者耳後世之治上無道揆下無法守然後道之以政
不以立禮齊之以刑不以弼教天下始有無耻之民
然而王宅厥心不能有大宰者亦烏用宅哉
正朝廷以正百官正百官以正萬民大宰建其書佐
王而治其近者也故以正典以正百官小宰莅其事
貳王而治其遠者也故以正職以正萬民孔子曰政
者正也子率以正孰敢不正朝廷之上鄉明之君中

心無爲以守至正一人帥以正則百官孰敢不正百
帥以正則萬民孰敢不正
西面之卿其德足以佐王東面之孤其德足以佑聖
三公北面而有各王之道王族故士虎士從王于路
門之右大僕大右從王于虎門之左虎賁綴衣趣馬
小尹左右携僕百司庶府當如文王之世有仁以爲
常伯有能以爲常任所守不戾乎法所負不愧乎位
豈有他哉守正之王克其宅心而已文王宅心有道
施於有政則自王廷之臣都邑諸侯之官典掌夷狄
之吏莫非吉士克俊有德周公之作立政以告嗣天

子王非敢廢也后德惟臣良臣惟聖百官既正還及於上此政之所以成聖乎

六典以治邦國八則以治都鄙八法以治官府官成以治萬民禮以治賓客而諸侯群吏萬民還以治乎我者宰夫之所待則故其所逆之士而理之大宰之所待則揆其所逆之情而獎之

道之所案所以立體道之所寓所以致用立體于中致用在外故王大旅上帝張氈案設皇邸皇髒則道之用氈髒則道之體其體不可外也宿次之中所以有氈案爲道以柔爲體則以剛爲用道以質爲體則

以文為用道以方為體則以圓為用道以圓為體則以鋭為用氈之為物質而能柔所以象道之體皇之為物文而能應所以象道之用雖然文釆節奏道之所寓以應物者烏可以為常哉物至而應事已而寂莊子曰仁義者道之蘧廬也止可以一宿此皇所以見於邸歟

先王之事天神以謂不稱其德不足以當其意不當其意不足以致其饗張氈案未足以况道之體設皇邸未足以明道之用則有大裘而冕以為祀天神之服四圭有邸以為降天神之玉大裘以象天道大裘

而冕以象天德秉邸圭以降之所以象其用植蒼璧以禮之所以象其體道以質爲體則以文爲用大裘衮冕所以況之道以圓爲體則以鋭爲用邸圭蒼璧所以況之

鼓之爲物以和軍旅以節音樂以正田役以作士衆之氣者也車驟徒趨鼓與之進車發徒刺鼓與之戒車徒坐作鼓與之行止易車險徒先王所恃以却敵者也然而坐作進退疾徐疏數之節在鼓而已

立政以爲八柄以馭羣臣王之所操立德以爲八統以馭萬民王之所擧臣之趨走民之從服疾徐進止

在我而有節焉王之所御也故王固國以仁不以山
谿之險威天下以義不以兵革之利域民以禮不以
封疆之界鼓天下之民由道之大者而歸焉王之務
也坐作進退疾徐疏數之節一時之教以待不虞而
已豈足以語王哉故諸侯執賁鼓軍將執晉鼓師帥
執提鼓旅師執鼙鼓而王之所執則路鼓而已
人鬼人道之大者故路鼓以鼓鬼享而王執之軍事
國事之大者故賁鼓以鼓軍事而諸侯執之諸侯有
君之道故執事之大者謹度以事王故執事之大者
而已

四鼓之用莫尊於路莫卑於鼜

進則患怯退則患紛故軍將執晉鼓以銳其進卒長執鐃止鼓以肅其退鼓退而止之訓習之終鼓作而通之鼓行而節之訓習之始惟其訓習之始不可不慎其亂故兩司馬執鐸所長者寡所聽者詳故也節鼓慮其過差尤可慎者故惟五人而一節焉師帥之於一軍有不能進者自為二千五百人所主而已晉則聽軍將爲故執提鼓而已

車徒之衆驟趨馳走坐作發刺皆中其節諸侯軍將旅帥之馭其衆也者故鼖鼓以鼓軍事非王所務爲

執於諸侯而已

治野之法有治其畎者有治其地者以下劑致畎之類治其畎也夫間有遂之類治其地也水能為田之利亦能為田之害先王為之通其利防其害便於穀粟則妨於車徒先王則使無妨於車徒有便於穀粟故萬夫之地為之五溝以致水利為之五涂以防水害會歸於路以達于畿則五涂下利於水上利於車徒矣路會十道而歸之畿川受十澮而歸之海民之達于畿也其猶川之赴海歟朝覲宗會同六者諸侯致勤於王者也時聘衆見間問歸脤賀慶致禬六者

王致愛於諸侯者也諸侯以禮致其勤而王弗以仁致其愛則諸侯豈可以虛拘哉

智力能不未嘗相同而亦未嘗不相為用天之理也先王明其相用而為之制爲府史胥徒在官而有力者也使之為正師司旅之用乃為八職以治之百工農婦在民而有力者也使之為王公士大夫之用乃為六職以治之

有質而無文則物之用廢有華而無實則物之體廢在天有時在物有理在人有德在世有事未聞偏立而獨得者也雖然文華去道也遠且以闇吾之實然

而實與質喪則其孰以為文華哉故凡繪畫之事後素功者以素為質以質為本不可忘也素之在天為秋之序在人為性之質萬物至秋動者還靜華者即實然後反一春夏則其文耳君子内視見素感物而出之其生色也睟然見於面盎於背施於四體不言而喻人之文繡有不若者豈特繪事也哉

詩曰巧笑倩兮美目盼兮素以為絢兮巧笑美目之文見於容貌之閒無素而後致其文則趨於亂而已有誠心之所樂然後有倩兮之笑有誠心之所向然後有盼兮之視是則素以為絢者也此莊姜所以賢

乎
六色之次以其五行之相勝而相用五采之序以其
五行之相生而相繼六色繢以爲衣者也衣陽物也
君之道也則繢以成象陽主造始以孳萬物故其六
色之次以其相用五采繡以爲裳者也裳陰物也臣
之道也則繡以成形陰主順成以奉天道故其五采
之序以其相維雜而章之工之巧也無素爲之受焉
其猶廢甘以和㽔未知其爲味也
白質取其以義制人中德威也赤質取其以禮事上
承燕勞也休農息老物則君子不興功張皮侯而棲

鵠則春以功猛而害物者虎豹也毅而害物者熊也遠舉而難中者鵠也先王當其役物使農興事造業之時為物去害及遠中微然後以為功焉故張皮侯而棲鵠則春以功服猛去害所制者廣興事造業所建者備然後博施文德懷柔遠人是故張五采之侯則遠國屬春以功矣吾將息之遠國屬矣吾將燕之燕之思也息之仁也不可廢威與義以制服害物者故張獸侯則王以息燕

技兼於事事兼於義義兼於德德兼於道士大夫以事兼技以義兼技卿以德兼義王公以德兼德人之

學當學其大者故錐百工之衆一士可以治之
以富邦國以生百物事職之務也商旅通四方之珍
異富之者也農夫餝力以長地財生之者也
劳心者治人劳力者治於人士大夫劳心而治之者
也百工商旅農婦勞力而養之者也一曰農五曰百
工六曰商賈七曰嬪婦九職之序也六職則先百工
而商旅次之農夫次之婦功次之六職為夫百工之
事而設者也商旅農務特為之用而已商旅通四方
之珍異以資百工者也農婦長地財治絲枲以養百
工者也

演山先生文集卷第五十

演山先生文集卷第五十一

雜說

天以六時成日而寅為一日之朝者也天以四時成歲而春為一歲之朝者也此春見所以明朝以言天時則秋之所成冬之所藏有望乎東作之春以言人事則勞於晝休於夜有望乎夙興之寅此春朝所以圖事以陳謨而有夏宗以協慮而有秋覲若夫春朝諸侯而圖天下之事非特圖事而已特以圖事為主萬物興於朝憩於暮則非相見之時也其見上也避逅而已萬物散行於春以生同歸於冬以存則冬非

圖事之時也協慮而已圖事則其協慮之致用歟
天下之事其來也無窮其變也無常其出也不測必
有事焉而後擅有獨見之明徐而應之亦已晚矣先
王以謂人之心備有萬物物之體備有萬事然則天
下之事非難圖也資諸人心而已人無二心事無二
理心德或離則不足以致一心德或散則不足以應
萬
諸侯平居無事之時王者之使相繼於道德意志慮
道之使知度量法則諭之使同好惡已壹於心用捨
已壹於事及其入王則又會而圖之收衆見以為王

明合衆善以為王道以四海為一家以中國為一人

蓋如此耳

邦之本在民民之本在耕耕之本在力田野功利蓋非游惰所能致者故大司寇以五刑糾萬民而野刑上功糾力為之先焉先王欲使其民相保以信相愛與智相救以義相賙以仁相賓以禮欲其無流轉也使之相聯欲其無詐欺也使之相糾刑罰相及慶賞相共然後耕者有功學者有德是故先王近為之六鄉遠為之六遂鄉非不耕也以教為主故其畔謂之民其所稽則行藝而已刑之所糾者孝遂非不教也

以耕為主故其民謂之畉其所稽則功事而已刑之
所斜者力
養生之理人之智皆足以及之患在志輕而物重及
物臨之則其智昏矣故為已之謀不若處物之得其
所
忿者氣戾而不平滀者氣鬱而不通上而不下則忿
氣勝故使人善怒下而不上則滀氣勝故使人善忘
心者天之君神之舍而忿滀之氣當之則為病矣盖
夫忿之氣不用之於怒滀之氣不用之於忘不怒不
忘則為病而已威公誤詒於所見遂為忿滀之氣養

生之道當先治心虛則能照一則能辨靜則能覺故雖疑互之間感忽之際有物陳乎其前不能致其患威公以見鬼爲不祥而病以殆乎霸爲祥而病去是公之傷不見鬼也而在公以得喪累其心焉故怨滀之邪氣得以當其舍而病之且夫生死終始達生者將爲寒暑晝夜之序而况禍福得喪之所介乎其心正其氣平雖感忽萬態不能蹈其舍

養生之志則踦於物而倴於天故物不能爲之對其右師之介瘷神王氣盛皆非養生之所尚養生至矣神凝而氣使

從水之道而不以爲私忘水之淵而不以爲險善游者也不務生之所無以爲不務知之所無柰何善養其生者也陵實物也譬則事也水虚物也譬則性也方其習之時必據事實以進焉及其習成矣然後適理之虚以會道聖人生而知之則猶生於水而安於水賢人學而知之則猶長於水蓋非生而知之即之於水則溺而已矣孟子曰天下之言性也故而已故者以利爲本故者人之道也性者天之道也孟子之時天下以故言性則誤矣然而故之在人可以成命亦可以滅命可以滅命者所謂去智與故循天之理

是也可以成命者所謂始乎故是也盖夫故以利爲本則安矣以至乎成命以害爲本則殆矣以至乎戕命然而天之高星辰之遠苟求其故千歲之日至可坐而致也則故之於學者其可廢乎以利爲本而已萬物各具一天惟人所之爲痀僂之承蜩津人之操舟梓慶之爲鐻閈天之天者也猶掇之也未嘗見舟而便操之也氣之凝神之天而至者也不敢懐非譽巧拙猶痀僂者不以萬物易蜩之翼輒然忘吾有四枝形體猶痀僂者之處身執臂外重則内拙其巧專而外滑消則内重矣

東野稷所謂爲則敗之者也務生之所無以爲務知之所無柰何其猶稷歟加性所無蹷性所有益理以能虧理以僞皆非養生之所取

以心稽則鑿矣爲其鑿則心不一而物得以桎之工倕旋而蓋措規矩與物化不以心稽其順與理相適其妙與神相遇

不能忘足則以屨爲足之累此屨之不適也不能忘腰則以帶爲腰之累此帶之不適也不能忘是與非則以是非爲心之累此心之不適也不能勝物故内變不能應物故外從事能定則不内變物來而應則

不外從事此會之適也處會要之地以應方來之變茍或動心則先時而起後時而縮矣殭則𢗟然務則齷齪其能有適乎四者適矣然而知其為適則有不適之患焉四者復不適矣必亡四者之適然後未嘗不適焉忘適之適也不適有累適亦有累不適與適兩忘而意消然後其心虛其性明生理於是乎盡矣孫休之言不知命者之事也扁子之告孫休至於命者之事也達命之情不務知之所無柰何至人之德非休之所及知而扁子遂告之則所無柰何者休将務知之矣闕人之天而驚惑入其舍不亦殆乎莊子

之教天下或言至人之攝生或言養生而後至入水不窒蹈火不熱則言其攝生者也痀僂之承蜩津人之操舟則言其由學而後致也養生之道惟愚内輕與夫知之過其分内輕則心與物化之知過其分則以智廢理休以不遇擯逐而慫則外重矣而扁子復以休之所不及知者而告之非特開人之天而驚惑入其舍則養生所主喪矣是以莊子之喻養生或言痀僂之承蜩津人之操舟梓慶之為鐻未嘗不自學習以致精妙是待欵啟之民爾潛行不窒入火不熱行乎萬物之上而不慄攝生之至人豈可為中下之

流道哉以已養養鳥蓋雖深林之間江湖之上不得寄其生焉而況大牢之饗九韶之樂哉為孫休計則姑使之重其内而已

以冬見為遇則春見乃其見之專也以春見為朝則冬見乃其見之暮也朝而見之也專暮而見之也勤專而見之也恭遇而見之也悅人之情也夫以朝暮繼見邂逅相遇比大賓之禮大客之儀所以親諸侯歟

乾之位萬物之大始坎之位萬物之資始艮之位萬物之成始為萬物資始者乾元也為萬物大始者乾

道也天者形也元者氣也以氣統形然後形生而氣存氣有陰陽陽中之陰下應陽之上達者而為雲陰中之陽上薄陰之下固者而為雨品物流形蓋得陰陽之和雲雨之澤以化者也有生斯有形有形斯有終有終斯有始物之終始蓋方流形之際其理已著矣豈俟斂入而後悟哉六位之設三陽以元成位于春三陽以亨成位于夏弗先時而作弗後時而動因時乘理而進者也六位以定分六龍以適變形氣之類弗革則窮弗因則絶隆者殺壯者老此理之必然者始卒若環新故相代然後變化之道至焉是故乾

元之御天也或乘見龍御之以行或乘躍龍御之以進或乘飛龍御之以升或乘潛龍御之以止其為蒼天也則功見乎其色其為旻天也則人見乎其情其為旻天也降而與物接其為上天也升而與物辨豈特雲行雨施品物流形如是而已邪以一氣統天則天有化道以六龍御天則天有變道各正萬物之性有善而無惡各正萬物之命有常而無幸無不善則無暴無不幸則無怨是故大和將殆乾道能保之大和將乖乾道能合之是故性有利為之用情有正為之體首出庶物萬國咸寧盖由利正之中在人也有

仁足以長人在天也有元足以長物天乾道之正性命也萬物之所同君子以其所同者而長之則其安萬國也安其心焉非安其外而已

先王之治天下疎者内輔親者外輔价人維藩大師維垣大邦維屏大宗維翰内輔者也宗子維城外輔者也内外一心犬牙相制懷德維寧在其中焉是故价人顧為之藩大師顧為之垣大邦顧為之屏大宗顧為之翰宗子顧為之城

有天下者不患無大師而無价人可患也天之予奪視民民之去就視乎善人者也不患無大邦而無大

宗可患也巨室之所慕一國慕之故也城之高也池之深也兵革之利也米粟之多也所謂地利价人維藩大師維垣大邦維屏大宗維翰宗子維城所謂人利有人利然後地利為之用焉有先王之德然後人利為之用焉

三從二逆作内吉作外吉二從三逆作内吉作外凶人可違也卜筮不可違也筮可違也卜不可違也故乃心卿士庶人與筮之數或可逆者至於龜則有從而已蓋卜五占用二伍以天道言之二以人事言之先王有作順天循理而已烏可違哉况象者又其數

之徵歟

樂之實本於性根於心故凡音之起由人心生非作於外物也外物爲之感發而已人之心其猶柷敔有物觸其中則鳴非柷求鳴於物也聲者心以應物者也

單出曰聲雜比曰音單出未之變也五聲相應而變生焉聲成文謂之音此言聲有所變變成方謂之音此言變有所歸惟其有所歸在故其始作翕如也縱之純如也皦如也繹如也以成無方則不可比矣孟子曰樂之實樂斯二者是也樂則生矣生則烏可已也烏可

已則不知手之舞之足之蹈之也治世之音安以樂
其情有節其言有序樂夫仁義之性而已永歌亦可
謂之樂也然而樂之未至也及其手舞足蹈而後至
矣蓋未至於舞蹈不足以為樂樂生於夷曠故其聲
嘽以緩喜生於愜適故其聲發以散哀則抑故噍以
殺怒則揚故粗以厲敬則義心感也故其聲直以廉
愛則仁心感也故其聲和以柔六者之感情動於中
而形於聲者也性所有也然而非性言性則靜矣無
六者之動言性則合矣無六者之別物能動人之情
先王能制天下之物故物之所以感人者先王能為

之慎爲聲之所出則有樂以和之志之所適則有禮以道之其行喪同則有政以一之其姦害同則有刑以防之禮樂以治其內刑政以治其外其名四所以同民心而出治道其實一也

倫理之於人同有於性同生於心然而無樂爲之和同則至於乖絶無樂爲之感通則至於堙塞君臣上下聽之莫不和恭父子兄弟聽之莫不和親則不至乎乖絶聽鐘聲則思武臣聽鼓鼙之聲則思將帥之臣則不至乎堙塞

演山先生文集卷第五十一

演山先生文集卷第五十二

雜說

怒有以責之也至亡國也不足以責之思其治者而已下泉之詩是也怨有以親之也至亡國也不足以親之哀其亡者而已黍離之詩是也政有得失則於物有善惡物有善惡則於情有喜怒情有喜怒則於聲有美刺故曰聲音之道與政通其君不驕則其宮不亂則其音不荒其財不匱則其羽不亂其羽不亂則其音不危故曰五者不亂則無怗懘之音矣誣上則天下之誠心喪行私則天下之和心喪此亡國之

音所以作也
禽獸有聞而無知有情而無文故不知音衆庶有知
而無德有文而無實故不樂
聲變而為音故審聲以知音音比而為樂故審音以
知樂政者樂之安樂怨怒中淫恭慢之所自作故審
樂以知政樂與禮同出乎仁義之實禮之實節文仁
義之成樂則樂其成而已然而樂之和已有節文在
中焉子曰禮者理也樂者節也以其樂為主不得謂
之禮耳故曰知樂則幾於禮心徹而為智智徹而為
德偏得樂則和而有所流偏得禮則中而有所倚非

所謂有德

極音致味以物為音為味也朱絃之有遺音元酒之有遺味以德為音為味也先王之制禮樂也以極口腹耳目之欲則雖極音致味不足以厭其志而敎民平好惡反人道之正則内足而無待乎外矣故雖朱絃之濁𨁝越之疏三嘆之希元酒之質俎魚之腥大羮之淡足以勝其欲是以先王之制樂樂也務使人以理而後動以節而後作

天命之謂性人為之謂習孟子曰天下之言性者則故而已矣故所謂習非所謂性

性之中含孕萬物之理率而一之不散其樸則其體無乎不在不流其真則其用無乎不善道者無乎不在無乎不善者也易曰繼之者善成之者性所謂率性之謂道則成之者性之謂也所謂修道之謂教則繼之者善之謂也

道者天也合而言之也故率性之謂道教者仁也散而言之也故修道之謂教率性而為已修道以為天下不為天下後世計則道無事乎修矣

道之無不在也雖稊稗瓦甓之閒無不在也道之不可須臾離也雖躇步跳蹈之閒不可離也惟其無不

在故不可須臾離

隱微之中有無不在道隱而見微而顯有必然之理

此君子所以愼其獨也能愼其獨然後爲己則能率

性爲天下則能修道天下之道由中而生者也禮曰

至德爲道本道不在小亦不在大道不在高亦不在

下惟過與不及然後道喪

以五禮制中以六樂致和然後能贊天地之化育故

天位乎上地位乎下而君子成位乎中爲不和則不

相交不中則不相合

君子之道其微也在所不睹在所不聞其顯也在乎

天地位萬物育𣃁非知道之無不在知我之不可須臾離安能至於此極哉

君子以時中則有時不中矣此其所以為中庸更而不可拘續而不可窮其縱不流其守不固流者執庸而不及中者也固者執中而不及庸者也執庸者害道之常此為庸者之無忌憚也執中者害道之變此為中者之無忌憚也楊墨失中子莫失庸

過者大高而不及者大下非時中者固三者皆非所窮未能至道能中則無過不及能庸則無固此其所以為至德歟

中者人道之至神者天道之至

智者過之故夫婦之愚不可以與知此所謂愚者不及也賢者過之故夫婦之不肖不可以能行此所謂不肖者不及也

智者行之然後愚者得以知焉賢者明之然後不肖者得以行焉

莫之知避者不知罟擭之為害也不能期月者不知中庸之為善也不知其為善則不知其為害故不知辟與不知守皆非有智者

舜行道者故曰其大智也歟回明道者故曰回之為

人也

均天下國家能義而已辭爵禄能廉而已蹈白刄能勇而已不可均而均之則傷義不可辭而辭之則傷廉不可蹈而蹈之則傷勇在乎爵禄也可辭在乎中庸也不可辭而勿辭之斯能廉矣在乎白刄也可蹈在乎中庸也不可蹈而弗蹈之斯能勇矣

南方陽明而主生有君子之道焉生則子民之仁明則君國之智北方陰險而主殺有強者之道焉君子之強而強不足以名之者以其能強能弱也寛柔以教所謂能弱不報無道所謂能強衽金革死而不厭

所謂能強而不能弱能強則不流能弱則不倚富貴不能淫故國有道不變塞焉貧賤不能移威武不能屈故國無道至死不變

百姓日用其道故曰費日用其道而不知故曰隱費則顯諸仁故曰匹夫匹婦可以與知可以能行隱則藏諸用故曰聖人有所不知有所不能有所不知者以其神其德有所不能者以其神其行孝悌之始行乎父兄之間則匹夫匹婦其孰不知哉孝悌之至通於神明則雖聖人有不知者而況匹夫匹婦乎

天地不為人之惡沴而廢寒暑君子不為不能者而畢

其道孟子曰中道而立能者從之是故語君子之大者其混成體一妙用體變而不見其迹故天下莫能載此其極高明者語君子之小者則置法以民制行不以己而不戾其情故天下莫能破此其道中庸者天下之人同有一性而人之性同有一道君子之教則修是道而已改而不止則賢智過之愚不肖不及言其不遠人也欲離之而不可得也言其不宏人也欲即之而不可得也千萬人之情一人之情是也故施諸己而不願亦勿施於人所求乎子以事父未能也則已先盡子之道而已所求乎弟以事兄未能也

則已先盡弟之道而已

庸德言行以德行之為貴庸言言謹以言謹之為貴能謹則不易其言矣心有所造然後發為言行言顧行行顧言

富貴貧賤在外者也吾無所加損焉在我者也以其不願乎其在外者故素富貴行乎富貴素貧賤行乎貧賤無入而不自得焉不陵上以其富貴不能淫不援上以其貧賤不能移二者出於不願乎其外

上不怨天處已有命下不尤人處已有義莫非命也

君子道其常小人道其幸道其常則以為善而後得

福故居易以俟之道其幸則以為不善而未必得禍
故行險以要之幸亦命也君子不以為命而謂之幸
妻子兄弟室家父母君子達此以治天下者也達之
天下所謂譬如行遠其道本諸身而已所謂自邇父
母其順天下順之
視之弗見無形也聽之弗聞無聲也凡麗乎聲形之
聞者有新則有故無故而日新者其鬼神之德歟易
曰日新之謂盛德惟聖人為能體道鬼神數能行之
體物而已體物而不可遺故如在其上如在其左右文
王聖父也述之可也武王所以為達孝瞽叟頑父也

諧之而後可也舜所以為大孝
舜傳之賢而曰子孫保之者天與賢則與賢天與子
則與子天下為公傳之賢也猶其傳之子
尊為天子必得其位也德為聖人必得其名也子孫
保之必得其壽也富有四海之内必得其祿也大德
材也祿位名壽因其材而篤賢者也
舜言德為聖人而武王不言者其避文王歟此亦周
公思兼三王以施四事不及文王之意然而公之為
盛也不足以言德
樂由中出不可以為偽樂得其道而正樂興焉樂之

由中出者也樂得其欲而淫樂興焉樂之由僞作者也均是樂也而樂有内外在外之樂無常其欲無已無常之樂不赴無已之欲則憂至焉物累其心又累其樂之去則惑而已矣

反情以和其志則以道制欲廣樂以成其敎則以道制人之欲

成性存存非幻不滅道義之門闔則義入而歸道闢則道出而行義

川谷異制民生異俗遲速異齊飲食異和衣服異宜器械異制先王將使四海爲一家中國爲一人此非所

同者使之同歸於善而已四方之政事上下之志四方之傳道嘗患其法不相通其情不相知其善不相聞自非以意致德以神會道之人居則麗乎方動則麗乎形雖欲相感以情相聞以善不可得也然而先王將務四海為一家中國為一人不亦難乎置官設屬使取四方之善訓而同之蓋無難者合方氏通其財物以合其事除其怨惡同其好善以合其情此齊其政而已欲其從之也輕則必有訓而後喻焉訓方氏道四方之事以訓其事道上下之志以訓其情雖然予道而已欲得四方道而訓之則其傳道烏可廢

哉四方之傳道蓋見於文辭予取而誦爲正歲萬物更新之時訓方氏則布而訓四方正其始也新物使人志淫而好僻有戾於訓爲訓方氏務若其情而訓之使人好惡之情好善而惡惡則亦觀新物而已

四肢之於安佚人之情也樂徇其情惡勞其形不能非禮勿動而使非僻之心輒乘安佚以蹈其舍則無所不至矣而況王乎天下視儀而動聽唱而應者也

先王制禮視有旒聽有纊言有紀動有佩堂上之行門外之趨爲之樂儀以防其肆使聽其聲而其意以誠使顧其體而其氣以正周旋中規折旋中矩進揖

退揚而後鏘鳴之佩左中角徵右中宫羽君民事物之意在其中焉非僻之心無自而入是故祭祀朝會師田封建之時王在五路則其步趨之節責大馭焉五路之上王安佚矣然而顧車之行而聞肆夏之聲則由吾於堂中顧車之趨而聞采薺之聲則由吾於門外王之言動造次無非禮者樂師之所教大馭之所御與有力哉

君子之祭不盡志無以致歎不盡物無以致愛致齋於内散齋於外齋之日有所思祭之日有所見此盡志也内心也其備小物也水草之菹陸產之醢在焉

其備美物也三牲之俎八簋之實在焉其備陽物也
昆虫之實在焉其備陰物也草木之實在焉此盡物
也外心也

惟聖罔念作狂則爲僭爲豫爲急爲蒙惟狂克念作
聖則惟謀惟哲惟乂惟肅此狂與聖所以序八者之
閒歟伯夷叔齊辟地者也柳下惠少連辟色者也虞
仲夷逸辟言者也辟世之士其朱張歟言行不見於
天下孔子不得而論之序在六民之中非夷也非虞
也非惠也晨門荷蕢丈人接輿長沮桀溺之徒一方
之見皆以孔子有求於世而非之者孔子所以論列

四辟之士而見其志焉故曰我則異於是無可無不可

往来不窮謂之通萬物之理也推而行之謂之通四序之運也往不窮於幽来不窮於明則亦推而行之而已

演山先生文集卷第五十二

演山先生文集卷第五十三

雜說

合異為同易之道也天下之道散同而已冐天下之道此易所以無體無乎不為盖非冐天下之道不足以為易

道為天下之母然後寂寥之中生出有象長育有器建立有法老者入死故窮則變少者出生故變則通往来不窮新故相代故通則久夫窮則變變則通通則久易之道也黄帝堯舜禹湯通其變使民不倦神而化之使民宜之導易之道者也不以人廢天不以

故蜮命是以自天祐之吉無不利乾坤役使六子者也其言能變化成萬物所以不及天地其言山澤通氣雷風相薄則曰天地定位而已

既有典常者易之書也不可為典要者易之道也言要以其不及詳言常以其不及變典之為道要常而已

典者道之降則者典之降法者則之降易之道至於為書亦已粗矣然而不言法則何也以易而示他經則其為書猶主於道爲禮以世法為主詩以人情為主書以時務為主變動不居至惟變所適言易所以

為道其出入以度至既有典常言易所以為書易之為書有道存焉故以同民患則有濟天下之仁以前民用則有周萬物之智不可遠也尊之如父親之如母其入以度使內知懼則雖入無保如有輔翼之者其出以度使外知懼則雖山無師如有教之以事者虛一之中真性存焉利欲不能復炎其猶井甃既潔淨矣無事乎渫既正固矣無事乎甃其地冽其泉寒供物之求而已

迎之不見其首隨之不見其後易之道也故能與天地為終始萬物入死矣天地未嘗有終萬物出生矣

天地未嘗有始視之不見名曰夷聽之不聞名曰希易之道也故能與天地準是故形體之所覆載情氣之所交感未嘗有餘未嘗不足天地物之大者爾未離乎物而不與物同為始終有餘不足夫何故也易有所與故也

反身自愛致靜而動之謂仁復本反始以齊萬物之謂道復之初九一陽來復之時萬物歸根之地其冥也為明之藏為物之復始其罔也為有之舍為物之資始以人言之則反身自愛致靜而動之仁以天言之則有復本反始以齊萬物之道道與仁相為左右

道與物相爲得喪六四與初爲應從道者也上六迷
復徇物而徃者也
貌言視聽思五者君以仁民者也雨暘燠寒風五者
天以生物者也是故肅乂晢謀聖五物之時若之狂
僭豫急蒙五物之常若之聖人之治天下無狂而能
肅無僭而能乂無豫而能晢無急而能謀無蒙而能
聖是故五物未嘗極備而亦未嘗極無數或有之聖
人能以五事裁其有餘成其不足易曰裁成天地之
道則成能乎其中矣輔相天地之宜則成位乎其中
矣

舜以禹臯陶爲已憂故臣作朕股肱耳目特以命禹
股肱喜哉元首起哉特以諭臯陶夫禹臯陶與舜爲
一體者而舜或失之則一體廢矣爲已憂也不亦大
乎
無有作好遵王之道爲惟辟作福言之無有作惡遵
王之路爲惟辟作威言之好惡不作公生明㝠曠之
中遂無萬物之累故言其無滯礙則曰王道蕩蕩言
其無險阨則曰王道平平言其無邪枉則曰王道正
直
遵王之道則有作福之仁遵王之路則有作威之義

會而歸之以立有極之本散而行之以致有極之用方其會而歸之未始有好故能無作好未始有惡故能無作惡無偏無黨或見於公無反無側或見於正此則有極散而行耳

人之於學有情然後好善有志然後向善情有好惡志有向背以好惡之情好善而惡惡則孟子所謂若其情者也以向背之志向善而背惡則書所謂遜志者也盖惟窮理之學為能遜志學在口耳之間未有能遜者也

惟學遜志則有受道之資務時敏厥修則有致道之力

乃来爲其質有所受力有所致故也高宗之學暨厥終罔顯豈非志之所在有所来遜歟故高宗之命説曰爾惟訓于朕志説之訓高宗曰惟學遜志

學之序能辨志然後能遜志能遜志然後能繼志辨志求道之時也遜志從道之時也繼志會道之時也志於道則無累志於仁則無悪

伏羲唐堯周公無成與虧者同乎道也有成與虧者異乎法也可異者法而已矣道不可異也荀卿以道過三代謂之蕩法異後王謂之不雅然則荀卿所謂道與法者異乎吾所謂道與法也推之言曰法始乎

伏羲成乎堯匪伏匪堯禮義哨哨其賢於荀遠矣
相道者天相天者人道無形也視之不見道無體也
摶之不得無所由也無所居也無所行也無所止也
及其之乎上者其數三天之乎下者其數兩地叁伍
以變錯綜其數偶者合之以奇奇者合之以偶生者
斯成始者斯終積是而為辰積辰而為日積日而為
月積月而為時積時而為歲有生類不能逃此五形
之數有生有成有奇有偶有盛有衰有清有濁或相
制或相順或有餘或不足有生之類食息蠕哭上下
小大不能逃此言其道也或居乎小人或居乎君子

言其位也或居乎上或居乎下言其分也或居乎富貴或居乎貧賤言其情也或居乎厚或居乎薄安其所居不相乖異此天相之也五典以叙五禮以秩其爲彝也始終之不可窮其爲倫也先後之不可亂然而九疇之類初一曰五行非人所與焉次用五事農用八政協用五紀建用皇極乂用二德明用稽疑念用庶正安其所居不相乖異此人相之也叙者以惇秩者以庸不可窮者推之使通不可亂者辨之使治天子施禮於諸侯以十有二牢以多為貴也諸侯報禮於天子膳以牲犢以少為貴也以多為貴者外心

也以少爲貴者内心也禮器曰古之聖人内之爲尊外之爲樂少之爲貴多之爲美諸侯之於天子覲天下之物無可以稱其德者得不以少爲貴乎郊特牲曰牲孕弗食祭帝弗用諸侯之膳天子上同乎帝尊貴之也天子之於諸侯爲之牢禮之數而諸侯之待王官也令百牲皆具樂美之也盖謂待王以多則爲褻待百官以少則爲簡故禮器曰先王之制禮也不可多也不可寡也惟其稱焉

不矜而莊人之道也不言而信天之道也不厲而威神之道也

致民力而望地利可必也致地利而望天時不可必也天時之運豐登中下未始有常先王以耕計積以仂計用以餔計食非其恪人以自養也為國備天時之變則以耕計積為民應天時之變則以餔計食司稼一年之上不出斂法則其取財有義廩人以歲之上下數邦用則其用財有禮天時之變其所生者弗盛而國之所積厚焉其所取者弗多而君之所用殺焉

六刑為六行而設造言亂民之刑為六刑而設六行之教不明造言者亂之也六行之俗不成亂民者害之也

孟賁之不動心也以力告子之不動心也以言孟子
之不動心也以德有力者不必有言故孟賁之勇衆
力能勝之有言者不必有德故告子之勇衆辨能勝
之孟子之勇不可為衆舉天下之辨窮天下之力未
有能屈之者孟賁告子區區言力之間何足道哉而
公孫丑以孟子過孟賁遠矣將欲賢孟子不知其實
卑之也此孟子所以言告子先我不動心者以鄙公
孫丑之言𡗝告子先我不動心且未足以為貴則雖
過孟賁遠矣何足以進我哉
北宫黝之勇知用其氣而已不及自守孟施舍之勇

知守其氣而已不及自反知用其氣則養之無所在
故曰北宮黝之養勇也知守其氣則養之有所在故曰
孟施舍之所養勇也孟施舍量敵慮勝與夫自反相
似視不勝猶勝與千萬人吾往矣相似北宮黝惡聲
至必反之與夫不可者拒之相似二子之勇皆不及
故曰未知其孰賢北宮黝思以一豪挫於人若撻之
於市朝此使於區區之氣者孟施舍量敵而後進慮
勝而後會此使於區區之智者量敵慮勝能慮人矣
不能慮己無嚴諸侯惡聲至必反之且不能慮人而
况於己乎然而皆末耳本之則無如之何及之有知

居之有仁行之有義此曾子所以為勇之大者直在人曲在我則褐寛博吾不惴焉曲在人直在我則雖千萬人吾往矣

心志之君也志氣之帥也氣體之充也體氣之寓也人之氣時發於心火無志以將之則趨蹶而已君子嘗使其氣次志之所至志之所至為之限而氣不得以過之過其所至則猶新生之犢猖狂妄行驅而納諸罟擭陷穽之中莫之知辟者衆矣君將有為也任志而用之帥將有行也任氣而用之持其志者心為之君而已

以比宫黝用其氣言之則孟施舍量敵慮勝爲守約
以曾子自反言之則孟施舍量敵適足以爲守氣曾
子自反乃真守約也言孟施舍守約所以抑比宫黝
欲其尚曾子所謂勇故略子夏曾子之勇孟子之不
動心一也孟子言曾子之勇所以自明言比宫黝之
勇所以明孟賁言孟施舍之勇所以明告子
不惑故能定不動故能應不得於言勿以不動求於
心則告子以心本於言矣不得於心勿以不蹶求於
氣則告子以氣本於心矣氣之不蹶本於心此固是
也然而心之所本告子之見既已誤矣氣之所本何

所恃哉言屈則心動心動則氣蹶告子之言幸而勝天下之辯則可矣天下之辯有能勝之者則告子之心其能不動乎告子之言所謂不必有德者也夫誰不可勝哉有德則言本於心矣不得於心勿求於言與氣然後其説具矣言與氣之所本者心也心之所本者道也

欲其防氣壹也則曰志至焉氣次焉欲其防志壹也則曰持其志無暴其氣存適不通謂之志壹趨蹶則氣之動也流行不通謂之氣壹迷誤則志之動也虚一而靜心之道也任志率氣以應天下之變志壹之

患非特其氣趨蹶也反動其心則中之所主喪矣
言生於心而告子曰不得於言勿求於心此其所以
不知言氣集義所生而告子曰義外也非内也此其
所以不善養氣孟子曰我知言我善養吾浩然之氣
豈有他哉以言生於心以義在内而已
復為精氣則合天地之德散為和氣則賛天地之化
去知與故循天之理以直養而無害者也
至大配道至剛配義無是餒也無是義道為配
君子之氣復於仁生於義空於道有除害之心則怒
氣之所生有興利之心則和氣之所生興利除害之

心忘則仁守其氣矣

集義所生此孟子之養氣也義襲而取之告子之養氣也慊者自反而足者也告子外義徒行其氣而已能無餒乎中心之所畏言與義衛其外爲此其所恃以不動者也其言不本於德其義不根於性欲使其心不動亦已難矣

演山先生文集卷第五十三

演山先生文集卷第五十四

雜説

正心誠意者養氣之道也思誠明善者養心之道也告子不得於言勿求於心則心之所本在言矣心之所本反在乎言則氣何望於心哉不以爲無益而舍之是勿忘也不以其不長而揠之是勿助長也

貧賤不憂壽夭不貳此之謂不惑富貴不能淫貧賤不能移威武不能屈此之謂不動不惑故能定不動故能應

孟賁勇於力曾子勇於義孟子之勇不可爲衆合衆

之力以抗孟賁之力窮矣
義根於心心本於道故善養氣者其大則配道其剛
則配義氣合於神神合於無此配道也集義所生非
義襲而取之此配義也
道者心之所本心者言氣之所本言本於心故以道
接氣本於心故以道配精純之氣配道者也中和之
氣配義者也告子之心不待不惑之年然後不動心
之所本反在乎言而已告子之言不必有德使知道
者心之所本心者言氣之所本則告子之不動心也
豈如是之遷哉亦慎所學而已

仁者之表義者天下之制報者天下之利以德報德

（旁注：天下）

者仁也則民有所勸故為天下之表以怨報怨者義也則民有所懲故為天下之制有所勸則民知德而不陷乎惡有所懲則民知法而不陷乎罪故報為天下之利夫以仁義表制天下其利如此而况下化而為仁義哉其利不可勝用也主義而言則利在其中焉主利而言非特其利不可必得也義已喪矣義喪而得利則有能奪之者何足計哉

王之見諸侯有二不見諸侯有二我為庶人也不敢往見之我賢也我多聞也不當往見之此所謂不見

之有二也為賓於他國不可不見之諸侯之未知我我也我欲行道不得不見之此所謂見之有二也不得不見之權也不可不見之禮也不敢往見之為分也不當就見之為義也是故行禮之際又有不可召之義在其中焉召之役則往役君欲召之則不往此行不敢見之禮其義不可召者也將朝王王使之朝則辭以疾此行不可不見之禮其義不可召者也君子屈身以伸道屈人以從道不遠千里而來屈身以伸道者也如有謀焉則就見之屈人以從道者也仲尼開跡諸侯孟子之見梁惠將行道歟是故君子之

行止也在我而不在乎人君子之富貴也在道而不在乎物患不得君耳不患其道不行於天下

義狥公利狥私士庶人曰何以利吾身則無大夫大夫曰何以利吾家則無諸侯是故萬乘之國弑其君者必千乘之家此征利於上者也萬取千焉千取百焉此征利於下者也

先利則人所狥者欲先義則人所狥者道欲無窮也物不可以必得無窮之欲不可必得之物相逐於外是故不奪不饜及其狥道則求之在我矣不患乎其外夫誰與爲奪哉

始作俑者象人而用之於死者不智而不可為也於生者不仁而不可為也故孔子謂為芻靈者善蓋有仁智之道焉夫象人而用之報施之禍猶至於無後而况率獸食人殺人以政豈特無後之報哉

經始勿亟至於庶民子來則知文王善得民之心麀鹿攸伏至於於牣魚躍則知文王善得物之性虡業惟樅至於矇瞍奏工則知文王之樂非以為偽也兼收人心之和物性之順寓諸形聲之間而已然則靈沼之樂又豈勢力所能為哉

本乎天者親上本乎地者親下所謂群分同聲相應

同氣相求所謂類聚有聚分斯有親疎有親疎斯有愛惡有愛惡斯有是非有是非斯有得失有得失斯有吉凶

治亂譬猶治病不治其病之所在即其本根而治之斯善治病者也故病在脉則治之血病在氣則治之衛一平氣脉之疾無所資焉其爲醫也用力也寡收功也大

仕者皆欲立於王之朝至欲疾其君者皆欲赴愬於王此言仁政之效五畝之宅樹之以桑至可以無飢矣此言仁政之類無常產而有常心至民從之也輕

此言發政之先在乎制民之產而已孟子之說齊王
先言其効中言其所先而後言其類蓋懼齊王以爲
王政之難行而挫其志也故先言其効所以悅之王
政之行物有本末事有終始孟子又懼齊王失所先
後而忘其本也既得齊王願輔吾志之說則吾言不
瀆矣故次言其所先而後序其政事之類以進烏仁
政既行則民有常產矣飽食逸居而無教則近於禽
獸故卒言謹庠序之教申孝悌之義仁政之効先言
天下仕者皆欲立於王之朝而後農次之商旅次之
孟子後此又言天下之士皆悅而願立於其朝而後

商旅次之農次之農序商旅之先者仁政必本於農孟子方與齊王言反其本則農奚可後哉農序商旅之後者特以前朝後市門闌田野內外近遠爲之序凡爲列國諸侯言之可以序其內外近遠而爲說及言仁政之本以救齊王之所爲則夫緩急先後不可不辨也天之予奪視民民之去就視士盖夫無常產而有常心者惟士爲能王政雖本於農而得士心之所願尤不可後是故農與商旅莫能先者尙志之士窮不失義不以飢渴之害爲心害者故無常產而有常心養民之政六府外養其形三事內養其心然而

先王維致三事之所養猶先六府而況後世六府不脩而望其民不為放辟邪侈不亦難乎不學之民形能累其心物能累其形物去而形憂物來而形悅茍無常產其心烏有不喪者邪

耕者之受田未至乎七人未可以受上地然而上地之所養非特七人而已是故百畝之糞上農夫食九人上次食八人中食七人且夫上地之所養至於九人而七人受之者先王制民之產嘗使有餘雖或天時之不幸不給者有助不足者有補流轉之患非所恤者上等之家生息或過其數又有養焉故曰明君

制民之產使之仰足以事父母俯足以養妻子樂歲
終身飽凶年免於死亡其此乎然而孟子無饑矣中
食七人次食六人下食五人以言數口之家可也及
說齊王則斥言八口之家者孟子之待文王也異乎
齊宣故曰八口之家足以無飢而可不足以言之孟
子之望齊宣也重乎梁惠故曰數口之家可以無飢
矣而八口未可以言之夫何故也是心足以王者齊
宣王也以其所愛及其所愛者梁惠也梁惠由此而
充之則不以事親齊宣由此而充之則足以保四海
梁惠之去齊王不亦遠乎發政所至亦度其力而已

是故孟子說梁惠則曰七十者衣帛食肉黎民不飢不寒然而不王者未之有也曲禮曰五十艾服官政孟子曰五十非帛不煖七十非肉不飽不煖不飽謂之凍餒文王之民無凍餒之老者然而言老者則五十與焉言七十者則五十之艾置矣梁惠之不仁五十者衣帛未可必也七十者得之可矣齊王之仁衣帛非特五十者耳七十者與焉然而上農夫有食九人者孟子止於八口尚有意乎上地之所養足以及九人而周制且有七人受之二人之食以為有餘備其不足是故孟子之教齊王亦約八口之家而言之八口

無飢在齊王之政已過甚矣尚安敢窮其所養而望之邪八口之家可以無飢則有餘財頒白者不負戴於道路則有餘力然而五十者衣帛七十者食肉仁在父兄之間八口無飢仁在一家之內頒白者不負戴於道路仁義之類遂至親人之親長人之長孟子曰親人之親長人之長而天下平然而既富之後庠序之教奚可廢哉五畝之宅樹之以桑利之本也謹庠序之教申之以孝悌之義善之本也其利不充仰不足以事父母況妻子乎其善不充近不足以事父母況四海乎是故富而教之之術孟子之說諸侯在

所先爲雖然利能養善而善亦不可使利勝之後世之利爲善之愆而不能爲善之輔者利強於善而已無名之道立爲大常而有六典降爲大要而有八則八法之詳則又其降者也有本而無文有體而無用非道之全故治官以成道無待之德以應人而有言以表人而有行無言以應無行以表非德之全故教官以成德不仁也無禮不智也無義禮者節文仁義者也故禮官以成仁內與天同德下與民同患耳以謀之口以命之施於有政然後聖人之道具爲故政官以成聖五刑除害去累故刑官以成義百工明法

顯度故事官以成禮治以道為本教以德為本禮以仁為本政以聖為本刑以義為本事以禮為本道德仁聖義禮非六典不成治教禮政刑事非六官不舉先王之馭天下以六官為轡以治教禮政刑事為銜勒以萬民為馬

典之為書於虞之時有之則之為書於夏之時有之法之為書於周之時有之庶事之文至周而備是故虞夏名道周兼而用之繁者以法治之簡者以則治之大者以典治之至於有法其詳至矣後世有作無以復加焉

典者立道以爲經者也則者明理以爲約者也法者
行義以爲制者也諸侯之於國也有君之道諸侯之
於王也有臣之義制節君之道也謹度臣之義也以
其制節不以法則治之頒其大常而已都鄙之君在
王之畿内無自制者天子賜之八則使之有所揆焉
是故八法之治官府言治之用其别有八而八則之
治都鄙則言馭而已馭言其治之意治言其馭之事
邦國治之大者王不能獨任太宰不得專聽是故治
邦國以王爲主太宰則佐之而已王者之務所好者
要而詳不與焉則八法八則非王所𢖍矣所治者大

而小者不與焉則官府都鄙非王所任矣

無窮之務無常之變有求於先王先王以道揆其情

其迹則不官府治之先王懼其爲累所困而莫之釋

也爲之八法所以先治之然後責其事百官府至繁

於事道之降至詳於法以至詳之法治至繁之事故

其能無敗功其善無廢職

管仲奢晏子儉宰我易曾子戚奢則過分易則不及

乎愛過分而充之則至於無君不及乎愛而充之則

至於無父禮之所本君父而已爲君而節奢爲父而

文易孔子曰管仲賢大夫也而難爲上晏子賢大夫

也而難為下君子上不偪下下不僭上然而偪下妨
俗而已僭上遂至於無君則禮之本喪矣禮之於戚
儉未嘗不為之節文然節文奢易尤禮之所急
儉之愛物也篤戚之親親也篤禮之所本者也進儉
而退戚乃禮之文是故小過之時君子過中而厚下
喪過乎哀用過乎儉亦以儉戚之篤於愛歟
天下之用皆在儉奢之中喪在易戚之中則聖人何
事乎制禮為夫奢者過儉者不及易者不及戚者過然
後有禮為之節文雖然禮為奢儉易戚而制儉戚近
乎仁奢易近乎不仁狥情故也孟子曰禮者節文斯

二者也易不能親親奢不能愛物仁之端喪矣求爲節文豈可得哉孔子曰人而不仁如禮何人而不仁如樂何立於禮成於樂學者之志節文斯二者禮樂之道苟或不仁則節文之者無所用樂之者無所出矣欲遂其志不以難乎

演山先生文集卷第五十五

雜說

飲食所以養人而養之過卒以害人而已是故君子養德則愼言語養體則節飲食觀易之頤而放周官之食醫非敢肆也凡齊則放食醫之所眡凡和則放食醫之所多凡會膳食則放食醫之所宜蓋謂五行之用不能相無五行之氣不能無過不及天有四時人有五臟六腑溫涼之氣陰陽之中寒熱之氣陰陽之盛萬物得溫而生育得暑而長大得涼而收斂得寒而堅實一氣不備則物受其病焉五臟亦然四齊

相廢則或養其一臟而遺其四養其一腑而遺其五
熱勝而病陰寒勝而病陽夫飲養陽氣則宜以温食
養陰氣則宜以寒固其理也彼務愜適而從其私不
知其實害之不亦賊乎春能發散而收不及焉夏能
鮮緩而堅不及焉秋之氣收斂而不及散冬之氣堅
栗而不及耎在人内有腑臓外有骨肉筋脉感其時
氣無不然者一時之氣有所不及先生則過於一味
以救之是故春多酸收發散也夏多苦堅鮮緩也秋
多辛散收斂也冬多醎耎堅栗也四味一多慮其不
通焉滑所以調之慮其不和焉甘所以調之甘之在

內則養脾在外則養肉蓋於食醫則養脾於瘍醫則養肉四行無土不可四味無甘不可此甘之所以調歟竅者氣之所由以通者也竅不利則氣窮焉此滑之所以調歟或言四時之氣各欲其強春欲木強夏欲火強秋欲金強冬欲水強其勢少弱則他氣乘之矣木為火所乘則夏令以行為金所乘則秋令以行為水所乘則冬令以行春之正氣不獲以為生焉五行之病也先王以謂五行之於四時如此則萬物之所患五行之於五臟如此則一身之所患然則五臟之於四時可不以時致其強哉是故食醫之和春多

酸則助木而强之庖人致其所制者為之使焉故膳膏香益木之强耳夏多苦所以助火而强之庖人致其所制者為之使焉故膳膏膮益火之强耳秋多辛其膳膏腥冬多鹹其膳膏羶運四味之所養分於四臟者脾之為物也載四行之所用均於四時者土之為物也是故脾土屬也甘土味也寓於四味而調之所以强土養脾而後脾能運是四味以行焉然則五味之用不亦大乎四齊所祗不失其時矣四和所多不失其節矣牛羊豕犬鴈魚天產也以為膳者也養人之精稌黍稷粱麥苽地產也以為食者也養人之

形精不足於養則氣衰形不足於養則氣殆然則膳
食之養不可相廢膳食之宜不可相失食醫則又會
其所宜致其所養所宜或失焉則其所養適足以害
之耳是故會牛以稌會羊以黍會豕以稷會犬以粱
會鴈以麥會魚以苽天產陽也有以宜陰地產陰也
有以宜陽是故天產足以養精為氣之母地產足以
養形為氣之宅凡王之饋食用六穀膳用六牲飲用
六清羞用百有二十品珍用八物醬用百有二十甕
養王之欲可謂備矣無禮以節之溺志於嗜欲作陰
德以為淫邪作陽德以為倦怠以物累其形以形累

其心以心累其德則天下致養於王者適足以累之王何以治野人邪凡齊所胝凡和所多凡會所宜節王之欲可謂備矣是故王心常清不為物所淫王體常寧不為物所傷然後能以禮義養人之欲焉所謂君子者其智足以君國其仁足以子民勞心治人以報野人之所養者也觀王之所養則烏可不為己者以制其欲𢦤

大者未離乎形者也大而化之因形移易能大能小能常能變天地日月四特鬼神欲與之合而不可得也是故萬物覩則言聖人者以其能天能地能陰能

陽而言之知進退存亡則言聖人者以其能伸能縮能隱能顯而言之

堯舜禹君臣也而並文武周公父子也而處九二利見九五之大人九五利見九二之大人君臣而並父子而處者也

道無為也故能鼓萬物道無名也故能命萬物能鼓萬物故有富有之業日新之德成象之乾効法之坤知来之占通變之事不測之神能命萬物故大業自其富有而謂之盛德自其日新而謂之易自其生生而謂之乾自其成象而謂之坤自其効法而謂之占

自其極數而謂之事自其通變而謂之神自其不測而謂之富有之謂大業通變之謂事則皆顯諸仁之類神也妙此而已

道無不為也故能鼓萬物道無為也故能不與聖人同憂天法道故有所成地法天故有所形人法地故有所制乾以造始而成象坤以代終而効法

先行君子之言而後從之誠服君子者也子貢有言矣未必有德則有愧乎君子矣聖人欲其從君子也且見君子之言皆有實用非徒可言也所以救子貢之蔽其言也無德其從君子也無至誠之心是則子貢

之弊歟
四時之運萬物之化無則則失節無儀則失文四時
萬物未有無儀則者使之不亂且亡則在乎聖人成
能而已先王之時由庚萬物得由其道崇丘萬物得
極其高大由儀萬物之生各得其宜豈一日而致哉
天保以上治内采薇以下治外有禮以致中有樂以
致和中以裁成和以輔相然後三者之詩作矣儀則
道理以爲文者也庚則道理以爲則者也一陽之氣
妊於壬始於亥徹於癸生於子長於甲達於乙盛於
丙陽之用事至此極矣長極則成盛極則衰盈極則

消生極則歛無衰無殺無消無歛則夫化生之道幾乎熄矣是故一陰之生至丁而復陽成則四時用事左陽也所以助殺陰作成物至己而成焉則陽既事矣故至庚而更之更則不拘續則不窮萬物由是芸芸而作寂寂向復故者將新因則斯革是故以辛承庚則有更新之意以壬承辛則有復始之意往來出入不可窮盡夫是之謂萬物得由其道揚子曰庚斷甲義斷仁夫春無秋不能成物仁無義不能立道木無金不能制器素問曰水火者陰陽之證兆金木者生成之終始蓋有金為之終則有木為之始終之相

因猶東西之不可相無也然則庚之為天則也至矣
物之去来或者窮之則其勢不能為高其體不能為
大崇丘言地之聚而高者也又有中焉由庚之後萬
物藏於冥舍於冏然後長於甲盛於丙以至戊己而
成就焉斯有聚而高之意高大之物高者由庚而能
下大者由庚而能小作者無妄行者無過斯有高而
中之意然而高大之極豈可亂我由庚則通由儀則
和形色有類各分有等高下異勢小大定位禽獸有
群草木有立相應有聲相求有氣飛者翔潛者躍夫
是之謂萬物之生各得其宜易曰乾道變化各正性

命保合大和乃利正乾道之於四特自甲而化生由庚而變入天理之自爾萬物循理而來循理而往性無不善萬物無暴命無不幸萬物無怨是故太和將殆乾道保之太和將弇乾道合之然後性之用足以致利情之體足以致正莊子曰形體保神各有儀則謂之性豈非由庚而有則由儀而有文歟是故崇丘之比以其高大而中由儀之賦以其順利而文先生之世事與理協聲與政通崇丘之比由儀之賦未嘗廢也嘗謂陰陽者五行之道理五行者陰陽之數器其支為辰其幹為日在天為五氣而有寒暑燥濕風

在地為五行而有金木水火土在人為五性在物為五類以全五臟之動五志之盛衰五聲五色之兆數之所授不可逃也然而五行之逆順四時之邪正萬物之得失報乎人道而已文武之治群臣嘉賓朋友兄弟故舊師役兼勞之中恩之有仁利之有義待之有禮結之有信仁不偏愛智不偏物樂在得賢而與之南陔之孝白華之廉視儀而動偏為爾德故雖魚麗之盛華黍之豐特富於物已未足以報先王也乃言陰陽萬物得其道理然後其報全焉天下之衆五志不相傷五內不相獘五聲以和五色以正五類五

宜不耗而育協應先王之五性顧不美哉厲王之亂不明先王内外之政天恚在性萬物鄙滯而由儀之詩廢春令在秋天地不革而由庚之詩廢天時人事靜不在道動不在理諸夏衰禮義熄然後四夷之無禮義得以勝之猶幸宣王之知務任賢使仲山甫得以儀則推而行之天下受其賜矣故其詩曰天生蒸民有物有則又曰柔嘉維則令儀令色上以相天下以成物此中興之道也方先王之盛時由庚之詩在南山有臺之後以示得賢然後萬物得由其道焉及其亂也南有嘉魚則後乎由庚南山有臺則後乎崇

丘然則厲王之世陰陽不正萬物失其道理豈非後賢至於此哉

樂於獨而不樂於與人樂於少而不樂於與衆非好樂之甚者樂之實根於人心本於人性其來久矣古人之心與性無以異於今人何獨至於今樂而疑之哉古之民仰足以事父母而無不相見之憂則仁之性遂矣旁足以友于兄弟俯足以養妻子而無離散之戹則義之性遂矣孟子曰仁之實事親是也義之實從兄是也禮之實節文斯二者是也樂之實樂斯二者是也先王之樂豈固有他哉文釆節奏收民樂斯

二者而已矣孟子曰樂民之樂民亦樂其樂與少樂
樂王固知其非與人樂樂王固知其是而王樂於少
而不樂與人者特其私徇安佚為之蔽耳孟子所以
為王陳民之憂喜而告之鼓樂田獵與民同樂則王
樂於獨少則亡書曰有一于此未或不亡以其禽荒
嗜音不與民同樂而已王者之道固非迂遠而難為
也使民聞其聲音見其田獵舉欣欣然有喜色而相
告曰吾王庶幾無疾病歟何以能鼓樂也何以能田
獵也則王之道存焉使民仰足以事父母而無不相
見之憂旁足以友于兄弟俯足以養妻子而無離散

之厄遂其仁義之實則古樂之道存焉

仁者求己之盡故能以小事大智者度己之盡故能以小事大仁者有道故以大事小者樂天者也智者有命故以小事大者畏天者也不以物累我不以我累道所謂有道也非仁莫能得之不以物累我而物忘故無求不以我累道而我忘故無對兩忘之中無愛無心是故天下雖欲忘我而不可得也其無求也民自歸之書曰非商求于下民惟民歸于一德其無對也民自服之詩曰商之孫子其麗不億上帝既命侯于周服是所以保天下分有貴賤時有窮達不以

卑犯尊不以弱勝强所謂有命也非智莫能及之在
上則畏天之威在我則强於為善是所以保其國以
卑陵尊則犯天之威以弱勝强則犯人之威未有能
保其國者也
王好勇也孟子不闢之以仁則曰王請大之而已王
好貨也孟子不闢之以義王好色也孟子不闢之以
德王好今樂也孟子不闢之以古樂則曰與百姓同之
而已勇也利也色也聲也四者人情之所同好為政
之道本其情而為之斯善為政者也而人情之所同
者今王之所獨孟子鮮其所獨之蔽而同之於天下

上不逆王之情則可以售吾之言下不違民之情則可以善王之政兩得之矣於勇也大之則仁在其中焉於色也與百姓同之則德在其中焉於貨也與百姓同之則義在其中焉於今樂也與百姓同之則古樂之用在其中焉

演山先生文集卷第五十五

演山先生文集卷第五十六

雜記

不得而非其上者無命也爲民上而不與民同樂者無義也齊宣王問孟子曰賢者亦有此樂乎而孟子對之曰有人不得而非其上者非也孟子非王之獨樂亦合非爲乎不得而非之也非求于下民惟民歸于一德王之道也樂民之樂憂民之憂是以不求求之而已樂以天下而民與之偕生憂以天下而民與之偕死然而不王者未之有也

神無方易無體一陰一陽謂之道聖人以道體常以

神易盡變言道在神易之後者以其攝用歟莊老之言道也合神與易而言之似惑其説此後之學者所以猶新生之犢猖狂而趨未知其所定止也

象之所可及者聖人能範之數之所能窮者聖人能圍之天地之化在乎象數之中者也過則絶物惟其不過此所以曲成萬物

物也天地也鬼神也通于一氣物者氣之聚鬼神者氣之散道之用幽為鬼神顯為物大為天地天地萬物未嘗相離也鬼神其能離天地乎是故精氣為物遊魂為變是故知鬼神之情狀與天地相似故不違

幽不違乎鬼神大不違乎天地此智所以周萬物
物生則䰟藏魂遊則物變盖惟精氣散而弗聚無所
管攝此䰟所以遊
繼之者善而道有用成之者性而道有體百姓日用
而不知故君子之道鮮矣以其成之者性
樂之縱也宏人爲廣博樂之純也移人爲易良得詩
之情則温柔得詩之性則敦厚
吾無爲也有爲者理而已矣是故特不勞其事事不
勞其形形不勞其生
衆人萬物役之賢人五行役之世人爲物逆旅物爲

聖人逆旅萬物為道一偏衆人為萬物一偏

任理而得利天之利也行義而得利人之利也此其所以和同天人之際

養心莫善於寡欲欲之動也遣之有志焉之為虛空之為澄澈以至乎無遺然後寘之

所學至乎窮理則絕之所得至乎盡性則壹之

精者天德之至也神之又神而能精焉精之至也

與仁同功者或利而行之或畏罪而行之其情不同則同功者非誠仁也其仁未可知也與仁同過者利仁者懼其有害焉吾知其不能也強仁者懼其有刑

馬合知其不能也則同過者誠仁矣其仁可知也與仁同過者其周公歟一人而已

寛柔以教不偏於强不報無道不偏於弱故中立而不倚

聖人不生不死故其生曰神其死亦曰神聖人之道視之弗見聽之弗聞故聖人曰盛德鬼神亦曰盛德

雨露既濡則萬物感陽以生霜露既降則萬物感陰以死萬物以生之時君子不忍致死於其親且謂其與物而来矣故樂以迎之萬物以死之時君子不敢致生於其親且謂與物而往矣故哀以送之孝子之

祭有送往之哀而不及樂是謂弗仁有迎來之樂而不及哀是謂弗智

萬物出於一入於一出入之中坤元用六以成之乾元用九以終之非特終之也又使復出於一壯者不則之以老老者不則之以死天地之道豈能無窮哉則者天理以為約者也

六功之臣約在宗彝記在簡策先王以為未足也銘書於大常頒賞于鄉錫燕于堂先王以為未足也祭于大烝蓋謂無王之道也無以辟四方無國之體也無以容萬民無民無與守邦無事無與應物無治無

以興利無戰無以戡亂予有臣焉由國功而克之上達於王則使民遷善遠罪而莫知爲之者於是乎勲立由國功而推之下達於民則通其變使民不倦於是乎庸立勲庸功之大者上之於王則通乎神下之於民則通乎義不可以有加焉勞之爲功内則勞心以應事外則勞力以集事辟草萊任土地有能於力而已未必勞心多筭勝少筭負有數於心而已未必勞力使王足以有臨使國足以有容民足與守事足與應治足與富戰足與安則尋答臣何敢略扎論譔其功書於王之大常祭于大烝然後盡其心焉

大常之用王屬天下而從之天下視王而從之者也
屬天下而從之天下視王而從之在乎法天而體道
日月為常法天而體道者也以祀也則以天道交之
以討也則以天道正之以朝諸侯也則以天道臨之
以紀成績也則以天道明之以教治兵也則以天道
威之然而大常之於六功不然而已當其天下視而
從之六功在其上焉孰不知吾臣之有才吾臣之有
德以至於是哉此固先王之意也春享主於詞夏享
主於樂有物存焉未足以言物也物成於秋享則嘗
物而已至冬而大進內盡志矣外盡物矣此烝所以

為大馬然而冬享而謂之大烝其猶冬敎則言大閱
歟先王謂以六功配四時之享則失之大數配三年
之禘則失之大疎祭于大烝其節不疎其儀不略報
功之至也顯明之中使與日月齊光與人知之幽間
之中使與先王偕榮與神知之顧不盛歟以勞定國
國功也法施於民民功也以死勤事、功也能植百
穀治功存焉能扞大患戰功存焉周公之功非群臣
所能為故特賜之以重祭周棄之功非萬世所能廢
故特祀之以為稷一烝之報未之至也
閎周之王嘗稱其前人與我先王胥及逸勤服勞王

室其見銘書者以勵其後則曰厥有成績紀于大常
令命爾予翼作股肱心膂續乃舊服無忝祖考其言
從享者以勵其後則曰世選爾勞予不掩爾善茲予
大享于先王爾祖其從與享之然則六功之後以骸
出力以就功名以衛王室茲實有激焉梁之修之唐
之韋挺見祫於十月遂以大烝附會於五載四特之
烝三年之禘皆弗與焉自是功臣之食賕矣唐配于
祫其賕之也無恩漢坐于庭其輊之也無禮
王侯民而尊國侯民而固事侯民而立治侯民而成
戰侯民而克六功之建所歸不同而民實有力焉然

則凡頒賞地安可取其中上之地而厲民以瘠惡耶
是故上地食者三之二其民可用者家三人中地食
者半其民可用者二家五人則以任民下地食者三
之一其民可用者家二人則以賞功
近郊圭田在焉遠郊二十而三賞田在焉甸稍縣都
無過二十釆地在焉卿而下必有圭田圭田五十畝
餘夫二十五畝則卿以下食其半矣士有土田矣又
有稍食卿以下有釆地矣又有圭田則亦何事於賞
地耶先王以為不賞無以進功則營之一食得於常
祿之外何歉於下地耶然而三等之地一夫一婦受

田百畝之法賞地之賦二十而三不亦異乎盍須於
六功則賦自六功而上矣非八家所助焉
先王以德報之則有三之一食以義取之則有二十
而三之稅地之所受已次乎中等之家國之所取已
重乎近郊之稅可以已矣則夫加田無國正也不亦
宜乎征之正之歸諸受田之家而已加田無國正也
不為過優以其有三之一食不為過薄以其有圭田
釆邑
五等之封或食者半或食者參之一或四之一其不
食者山川之餘則食附庸焉然而賞地三之一食則

以美惡之地而差之封建之地其食之者三之一則以尊卑之爵多寡之祿差之

先王賞六功之臣則內有六鄉之地祿五等之君則外有三等之土其地與民足以共貢賦備役作賓客祭祀之用稱其作德而已是故王朝之臣列土之君位不期驕祿不期侈去驕以恭去侈以儉無以徼幸作偽而為淫恣者先王之賞不亦仁乎漢興初定高祖論功行賞裂土而與之鎮服新造之天下以功而侯百有餘人王者八國其始大侯不過萬家小者五六百戶及其民歸戶息大侯或至四萬戶者小者倍

馬漢莫之制子孫驕佚淫嬖大者不庭小者不軌其
賞賚資之齊燕五侯之地魯衛之封各四百里自非
大公之功魯衛之親且有盛德不以賜焉然而周之
制內則有六鄉之地以進六功外有三等之土以封
四國安得而不議哉
癘疾之作或感四時之邪氣或自養之失素問曰夏
傷暑其病在秋為痎瘧秋傷濕其病在冬為欬嗽此
自養之失月令日孟秋行夏令則民多瘧疾此感四
時之邪氣先王之於時氣不能使之無邪而有以裁
成之不能使萬民無癘疾而有以養之疾瘍之醫所

以養萬民之疾爲之禮義之政所以裁成其特氣而
又爲之膳膏齊和使胥放馬所以維持其五臟六腑
仁民之政也
醫師歲終則稽其醫事以制其食故疾醫死終則各
書其所以而入于醫師
瘇瘍潰瘍內作之疾也金瘍折瘍外作之疾也古之
治病移精變氣祝由而已移精變氣自內治之故不
假毒藥祝由自外治之故不假針石後世淳樸散壞
易爲邪氣所乘是故先王養之治之備矣以神治之
則有祝由以物治之則有毒藥以人治之則有針砭

按蹻愚衆之流賊天理窮人欲而有是疾焉恃祝以去之則妄矣拘於鬼神者不可與言至德恃祝以去之拘於鬼神者也

取民有義而接我無禮以其所取有義而受之則失已於苟矣是可以絶交者也且自辱焉取民無義而接我有禮以其所取無義而却之則失已於介矣是蚓而後充其操者也且侮人焉聖人之於諸侯也恕其取民之無義取其接我之有禮交我之有道弗却而受之不失已於苟亦不失已於介不侮人亦不自辱

諸侯取其所有而過者也盜則取非其所有而已接我以禮交我以道猶弗受之受之適足以自汙却之不足以侮人然而萬章引諸侯之不義而與盜者比不亦甚乎

似喪其偶故能無對有偶而物我辨矣然而有齊物之道者不必喪其偶而後能齊之似喪其偶而已有耦而能齊之真齊物者也

如槁木則忘形如死灰則忘心有心故有形有形故有我有我故有物物我兩立而是非好惡不可以勝討也齊物之道喪矣心如死灰子綦所以喪形、如

槁木子綦所以喪我我且喪矣而彼烏能以長短小
大計我孔道與我相為得喪者也
似鼻似口似耳似枅似圈似臼似洼似污其形之不
齊也激者謞者叱者吸者叫者譹者宎者咬者其聲
之不齊也若之何齊之孔勿觀其形勿聽其聲而求
其役此者則齊之耳形役於聲ゝ役於風風出於大
塊之噫氣大塊以其常無也故能役氣而作其聲氣
以其常虛也故能役形而受其聲自氣而觀之衆形
衆聲之不齊也且可以為一況其噫氣者耶
齊物者毋以形累心之虛毋以我累道之無自道而

觀之萬物一府矣何大何小何是何非
大木百圍之穴竅以風而虛以風而滿以風而鳴以風而嘿而風以大塊而濟以大塊而起風能役乎衆竅者也聲之動靜且不能自有之况衆竅之虛實乎猶有待乎風則累於形者其去道遠矣爲大塊者無實無虛以其無形無鳴無嘿以其無聲故能役氣而感其形

演山先生文集卷第五十六

澗口集　卷五十六

演山先生文集卷第五十七

雜説

人籟自人之氣而聲生地籟自大塊之噫氣而聲生地籟之形聲雖不能使其自已而齊之然而比人籟則自然耳故顔成子游聞人籟而未聞地籟聞地籟而未聞天籟吹萬不同使其自已則不同之萬鳥能與吾辯𢦏然而吹萬不同本為天籟而人籟地籟則其末耳其末有聲會歸于太虚其天籟歟

人性之善充之足以保四海不充之不足以事父母先王引而充之慮其不充而害其本也故貴貴為其

近於君也貴老為其近於親也欽長為其近於兄也慈幼為其近於子也

商人作誓而民始畔周人作會而民始疑然而盟誓果非先王之事乎先王以輔德信者也後世德信廢而盟誓獨行於天下此民所以畔

失其義陳其數祝史之事也後世之言禮者猶陳其數焉

有德此有人有人此有土有土此有財有財此有用財用自其有德而致之其取也有義非悖而入也其用也有禮非悖而出也

巢窟之後有宮室羽皮之後有布帛血腥之後有爛

熟非作而致其情者也

以能問於不能則有若無也以多問於寡則實若虛

也有諸己之謂信充實之謂美顔子美矣未嘗以爲

美猶即寡者而問之則我忘矣犯而不校不以己之

是校彼之非我必不仁也我必不忠也待其至於禽

獸然後棄之則物忘矣

孔子曰吾見其進也未見其止也我忘則不止乎形

中物忘則不止乎域中形域之上顔子志於進焉自

善而進於信自信而進於美自美而進於大未達一

間耳所以具體而微自大而進於聖未達一間耳所
以屢空若夫自有其所能自實其所多而我累之與
此之是奪彼之非而物累之形域之中其一化矣非
有非無不多不寡之地彼烏乎至哉
合而言之道也無善無惡無動無靜方是特也一且
不得而命之奚有二哉中下之流不能反本惟求之
從此道所以下降於性端有仁之端有不仁之端自
其兩端而充之仁不仁著矣堯舜充仁之端者也故
曰欲爲君盡君道欲爲臣盡臣道二者皆法堯舜而
已幽厲充不仁之端者也故曰暴其民甚則身弒國

亡不甚則身危國削孟子之於諸侯道性善言必稱堯舜幽厲之暴不法堯之為君自其不仁之端而充之近則不足以保一身遠則孝子慈孫不能改與堯之保天下為君臣者法不亦異乎然而堯舜亦豈異乎人哉充其仁之端而已如有王者起必來取法孟子嘗為文公言之然則此言幽厲之暴不法堯之為君乃至危削而後已當時之君孟子有以警之商鑒不遠在夏后之世周鑒不遠在商之世而周之諸侯未離乎周耳幽厲之暴不法堯之為君乃至於此奚不悟哉然而孟子之警諸侯不以不敬其君者言之

蓋方是特天下無王久矣孟子之於民當被髮纓冠
而救之教之為王可也事王則未暇教也
道二仁與不仁而已入聞夫子之道而樂仁之端也
出見紛華盛麗而悅不仁之端也自其兩端而充之
一為君子一為小人為則充之而已
勿視勿聽勿言勿動克己以之仁者也毋意毋必毋
固毋我克己之道者也
妄念在物曲臆在事所謂意也有意則無德莫之為
而為之者天也而人或欲為莫之致而至者命也而
力或欲致之所謂必也有必則無命能止而不能行

而或能行而已能取而不能捨而或能捨而已所謂固也有固則無義彼已之是非[illegible]吾之愛悪所謂我也有我則無道

毋者禁戒之辭也毋意以至無意無無意毋必以至無必無無必毋我克己者也無我忘己者也無我有我之對無無我然後莫之對焉子絶四聖人之於天道矣無事乎禁戒不惑故能不動孟子曰我四十不動心不惑故能定不動故能應荀子曰能定然後能應古之人四十強而仕能應故也道合則服從不可則去不惑故也

不知命無以為君子五十而知天命均是命也五十而知天命知之至者耳孟子曰盡其心則知其性知其性則知天矣存其心養其性所以俟天也夭壽不二修身以俟之所以立命也夭壽不二修身以俟之故能存其心養其性存其心養其性故能盡其心則知其性知其性則知天矣所謂夭壽不二修身以俟之則不惑之時也所謂知其性則知天矣則知命之時也孔子曰四十五十而無聞焉斯亦不足畏矣四十而不惑則立人之道五十而知天命則立天之道五十而無聞焉斯亦已矣何足畏哉

耳擇克己復禮之時三十而立者也耳順則己忘矣
無所不聽實無所聽巧言淫聲不必勿聽而後仁焉
耳者心之官也耳之所得善則心有所養耳之所得
非則心有所累五官皆然心為甚
其心虛矣未嘗有也非即乎法故能縱心而得天下
之至圓未嘗無也非離乎法故能不踰矩而得天下
之至方自志于學及七十而縱心為己至矣不可棄
物則不踰矩為物而已
志于學之後非必三十而後能立耳順之後非必七
十而後縱心不踰矩古之悟道者在乎少頃之間矣

小草齋鈔本

必此哉聖人為中下者言相去十年為之約耳三十而不立七十而不縱心則文畫矣非善致道者也艮其背不獲其身行其庭不見其人當是之時吾為內視及聽者矣不獲其身故無物交不見其人故無人交及其出之域中見其人矣能無交乎身者吾之累也人者身之累也故人能輔仁亦能敗仁人能與吾為歡亦能與吾為怨吾之有身身之有人學道者不可不慎也出之域中不能無交而亦不可忘交有身則人為之對焉矣能無交其德未至乎大成矣可忘交天下善人少惡人多不可者與之其如累吾仁

何不可者拒之其如遺吾怨何不可者之為交或交以勢或交以利勢利不可為常勢窮則乖利窮則散勢利之間一或不適其意則怨望傾覆在其中焉然則不可者之為交不可拒之亦不可不拒也以義交我者吾以心與之以勢利交我者吾以迹與之

獻子用上欽下者也故獻子與此五人者友也無獻子之家者也則獻子有尊賢之義焉故其與樂正裘牧仲友也下交不瀆樂正裘牧仲用下欽上者也故此五人者亦有獻子之家則不與之友矣則五人者有貴貴之義焉故其獻子友也上交不諂獻子不驕

五人者不驕獻子以德各有義焉

子思之於惠公有道者也故惠公師之顔般之於惠公有德者也故惠公友之王順長息之於惠公有才者也故惠公使之雖然不挾而友苟無其實君子不可以虛拘堯之友舜與之共天位也則尊其德與之治天職也則尊其才與之食天禄也則尊其功而舜之有二女百官牛羊倉廪若固有之綽綽然有餘裕蓋無所挾故爾

晋平公之於亥唐也入云則入坐云則坐食云則食雖蔬食菜羹不敢不飽也欽之而已不及用焉繆公

之於子思也亟問亟餽鼎肉使已僕僕爾亟拜也受
之而已不及欽焉
大樂所樂者性也故易大禮所履者理也故簡先王
之制禮樂也豈其私意哉禮致其性之中樂致其情
之和而已由性之中制禮以致其中由情之和作樂
以致其和然後天位乎上以生地位乎下以成而人
位乎其中以贊之大樂之易大禮之簡天下之理存
乎先王以禮樂合天地之化百物之產則成位乎其
中矣
至於義也行止在我至於命也死生在我

小草齋鈔本

樂者樂也德也故由中出而外設者其文也禮者履
也行也故自外作而中立者其本也外作於貌故文
内出於性故静形則著誠之者也故誠者不見而章
動則變誠之者也故誠者不動而變不見而章博厚
之道也不動而變高明之道也無為而成悠久之道
也同出於至誠自其見者而命之所薄者厚所厚者
薄末在所先本在所後未能格物者也量其薄厚度
其本末然後物格誠意正心在其所先治國齊家在
其所後然後知至由家齊至天下平出於身修由意
誠至身修出於知至中庸曰知風之自知遠之近知

微之顯風之自在意誠遠之近在齊家微之顯在天

下平

動物天產也以作陰德天之化也植物地產也以作

陽德地之化也天之化動物之產能内養其精矣不

以外作之禮而防之則類為情所流嘗至於過地之

化植物之產能外養其形矣不以中出之樂而防之

則類為形所𨈆嘗至於不及然則天地之道百物之

功未之至也有俟於先王焉先王之於兩間以道成

能以仁成位者也

肉雖多不使勝食氣則血氣之物不能致其滋味以

亂天一之所生者非禮勿視以去其亂色非禮勿動以去其淫志男女之別媒而後合幣而後見祭則交爵坐則異席此以禮合天之化動物之產而防之故其所作不爲淫邪

以樂侑食動血脉通精神使人倫清而聽聰心虛而氣和則尺寸之膚不能蔿得安佚以昏其性焉堂有琴瑟車有鸞和樂章之節以趨以行玉佩之音于左于右弦誦之聲舞蹈之容遣去滯思形見天性之真樂耳目口鼻心智百體皆由順正此以樂合地之化植物之產而防之故其所作不爲倦怠

樂陽也配地之陰禮陰也配天之陽茲其所以為合歟

目之於色耳之於聲口之於味鼻之於臭四肢之於安佚性也有命焉君子不謂之性天下之人豈能皆為君子然而天産作陰德而或能不以色肆視不以味肆口地産作陽德而或能不以安佚肆於四肢徇性之欲喪性之善其得欲也則勝之有禮樂其失欲也則處之有命故天下之趨於君子之途周或自棄者先王之防亦已至矣

以樂合天之神動物之産使陰德無淫邪與天地同

節者也以禮合地之化植物之產使陽德無倦怠與天地同和者也

義理之在人心久矣其心莫不尊善而疾惡為善者嘗畏而尊之為惡者嘗畏而疾之人心之所同也然而善惡之所在其智不足以知之其勢不足以去之天下皆是也無足以相畏者有能取人所畏而疾焉者刑之引人所畏而尊焉者賞之人斯服之矣此刑賞所以馭其威歟蓋民之畏為善者而尊之畏為惡者而疾之畏之未至也仁義權智足以照見天下之是非報天下之善惡吾之喜怒無與焉天下之公義

人心之所同惡收在我則天下之所畏者捨我其誰
扎

以怨報怨以德報德而高祖之殺丁公也不亦異乎
曰高祖不私仁我之私恩而害後世為臣之公義殺
之可也尹公之他不為其君殺子濯孺子孟子賢之
蓋以夫子之道反害夫子為甚於君事丁公見殺得
布而辛用之則高祖宏矣

演山先生文集卷第五十七

演山先生文集卷第五十八

雜說

以禮制民以俗因民而太宰所賞則其入禮而為善者所刑則所出禮而為惡者此其忠厚之至也其威有德天下之人中心悅而誠服之惟其所後其孰違我哉刑賞之後繼以田役馭其衆此其威威至也為善以刑去惡悋以善勸善天下畏之而已莫之愛焉其威之在天下也譬猶至剛之物難犯而易折況或以刑去善哉怒之而已詩曰君子如怒亂庶遄沮君子如祉亂庶遄已怒惡而刑之是以沮亂而已知善

而祉之遂破小人之黨其道消矣此亂所以已焉夫一賞而已亂天下之威莫大於是有恃權勢而威天下者所與非善所沮非惡行其私心不顧天下之公義勢窮而威去則威非負權勢者之所能馭也有尚名法而威天下者無情而寡恩善惡高下一斷以法求使畏我而不能使之愛惡者有可免之姦而善者有不幸之懼及其失也心離而威去則威非尚名法者之所能馭也然則孰能馭之君子之威天下也不求為威而能使人中心悅而誠之威斯至焉

九職之民進於野矣未嘗知文進於力矣未嘗知德

進於利矣未嘗知義教以六藝然後知義焉不競利
以亂知德焉不恃力以暴知文焉不陷野以愚然而
義與文德能使人輕利先王又患其委職而去也教
以世事固其業矣工者世工商者世商農者世農此
進民於其所任而成之者然而向者學藝未能行焉
不足以為善也制其爵禄吏諸官府之中與賢且貴
者聯為八職以服王事此進民於所學而成之者慮
其廢此九職也於無職者使之出夫布以戒之慮其
廢此三事也於無職事者使之出夫家之征以戒之
王之鄉遂三事未嘗廢也大司徒因此五物者民之

常而施十有二教焉以陽禮教和則使之學藝矣以世事教能則使之世事矣以賢制爵以能制祿則使之服事矣九職而加三事焉須于邦國都鄙而已非天子不議禮而天下無私法非天子不考文而天下無私學禮之與文自天子出諸侯遵之而已及其有事焉或得乎在外者之福有學焉或得乎在我者之善弗敢當也以謂天子有命故吾得有事乎神有教故吾得有事乎學我何與焉以其所受之福所享之善悉以進之尊吾君也則歸之以善愛吾君也則致之以福先王兼收而獨享之夫善在我者且不敢

私馬况不在我者哉

都家之封公卿大夫之采邑王子弟所食之邑有社稷焉物之所資以生者也有五祀焉人之所待以安者也有先君焉國之所因以立者也有名山大川之在其地者有因國之在其地而無主后者都家之治以貴淂民此族實陰相之者不可忘也先王為之須祀以馭其神為之宗人以典其祀而或賜之禽焉王以不與其祭而重之也夫為之須祀以馭其神為之宗人以典其祀則都家祭祀之禮惟王所議神之所享惟王所賜其福安得而不致哉而况子弟之親公

卿大夫之客邇壽王以福固其頒也榮僕展而受之膳夫受而膳之受而膳之示王享其所致而已

先王之世君能下下以成其政則有燕饗以致其歡賀慶以致其勤臣能歸美以報其上則於中心惻怛以致其愛惟恐其莫之及也欲其福祿之高也以山祝之不足也祝之如岡欲其福祿之大也以阜祝之不足也祝之如陵欲其為下所厚不可得而壞也以南山祝之欲其為下所益不可得而衰也以松柏祝之以祝吾君未之足也又以吾君戬穀之臣祝其無不宜焉無事之時至誠之頒於王如是之至也而況

祭祀之致福豈徒行禮而已邪其於鬼神也必有至
誠以感之其於王也必有至誠以致之雖然王豈徒
受其福哉行人歸脤以交諸侯之福則諸侯之致福
也王固有以報之矣鬼神之意蓋亦頒爲五福而陰
相之則王與諸侯相交以福非徒以爲文焉

天子討而不伐諸侯伐而不討九伐之法正其罪惡
之名然後命諸侯會卒伍而從事焉言伐則其事也
言九伐之法則其討也討者著吾法度之言以問其
罪耳

馮弱恃强犯寡恃衆高而自危滿而自溢者也則宜

伐而眚之害民則伐之行庶民之所惡也陵外則壇之行諸侯之所惡也先王之兵豈將黷武以快其私也哉野荒而不治民散而不繫無智以及其所有者也則宜伐而削之負固不服無仁以保其所有者也則宜侵之先王之兵豈將征利於下而極其欲也哉彼自取之而已賊殺其親充類至仁之盡也則宜正之內外亂鳥獸行不仁而無其親者也則宜滅之放弑其君充類至義之盡也則宜殘之犯令陵政不義而無其君者也則宜杜之

施貢分職以任邦國簡稽鄉民以用邦國其法既廢

而後野荒民散者天下皆是也比小事大以和邦國
其法既廢而後馮弱犯寡陵外負固者天下皆是也
進賢興功以作邦國其法既廢而後賊賢害民者天
下皆是也
周道之末九法既廢而後九伐之權遂爲列國所擅
爭城以戰殺人盈城爭地以戰殺人盈野所謂伐之
者非必賊賢害民所謂侵之者非必負固不服所謂
青之者非必馮弱犯寡所謂滅之者非必內外亂鳥
獸行孟子曰征者上伐下也征之爲言正也各欲正
已也焉用戰九伐之法以正邦國往而正之而已

九伐之法施於九法之所不及者也諸侯之心弗平則爭弗正則亂九法所平則治其爭九伐所平則治其亂然而大司馬掌建邦國之九法則言佐王九伐之法九法之一事耳蓋非所以佐王則言以正邦國而已

王與之守邦而有萬民王與之共民而有羣后當其入王而王弗之臣也以其從主則謂之賓以其敵主則謂之客諸侯尊而有疑於王者要服以內則謂之大賓諸臣微而無疑於王者要服以內則謂之大客王之待賓客也有禮以致其恭故拜揖辭受事為之

節有物以致其愛故問勞贈送物為之數乃有牢禮
餼獻飲食幣帛之用先王將其厚意以收萬國之驩
心者也
年有豐下財有多寡禮有備殺財少而不殺則失禮
於奢財多而不隆則失禮於儉奢則汲禮儉則廢禮
以親邦國者也為奢所汲為儉所廢且孰以致親乎
是故太宰以九式均節財用賓客之式與焉邦國萬
民相為賓客財之多寡禮之備殺以是為差不可過
也
祭祀之式先王以事神賓客之式先王以接人喪荒

之式以待天變軍旅之式以待人亂幽間之中有鬼
神為之祐顯明之中有賓客為之相天變人亂有備
無患然後有共吾肥甘者則羞有式焉有共吾輕煖
者則服有式焉有共吾使用者則工有式焉有共吾
行禮者則幣帛有式焉有共吾行恩者則好用有式
焉然而神不祐于幽人不相于分則夫六式已矣賓
客之式重與鬼神豈可廢乎

凡邦國之貢以待弔用凡萬民之貢以充府庫然而
九式之用特用九賦之所入者九賦之所待關市之
賦以待王之膳服邦都之賦以待祭祀然而賓客之

用持用邦中之所入者亦有義乎先王以謂吾有九
職以任萬民以九貢致邦國之用非以奉吾欲也還
以為邦國萬民之計而已千里之内吾所自治者以
其自治而得之者置諸九式之用則其事鬼神也欽
其待賔客也勤九式之用羞服好用無所愧焉
人情天道相為遠近者也禮之近天道者人情遠焉
非禮之宜也鬼神之卑而親者不可以此事之禮之
近人情者天道遠焉非禮之至也鬼神之尊而遠者
不可以此事之君子事其尊而遠者以意為主事其
卑而近者以物為主三禮之至上足以降天神下足

以出地示中足以致人鬼無他也能與三極之道相為近遠而已以禋禮祀昊天上帝則以我之意達之物之形氣不足與焉以實柴祀日月星辰以槱燎祀司中司命飌師雨師以血祭社稷五祀五嶽則以物之氣達之以貍沉祭山林川澤以疈辜祭四方百物則以物之形達之一牲之微投之於淵瘞之於土疈而磔之將為四方百物之報豈足致之乳形氣之中先王誠意之所寓故足以致焉日月星辰飌師雨師有象者也山林川澤四方百物有形者也有象者以物之氣臭祀之有形者以物之形體祭之是則可矣

昊天上帝其降而與物接也不見其形其升而與物
辨也不見其象然則如之何致之？無形也不可薦
之以味無象也不可達之以氣郊之血祫之腥三獻
之爓一獻之熟自熟至血其去人情遠矣祀帝足乎
先王以爲未也泰壇之禋羔羊之裘末孕之牲陶匏
之器無文也無情也無味也且非祀天之所主用血
而已豈禮之至？五者未離乎物非其所恃以格帝
者也以寄其誠而已先王之於天神也以誠意動之
以精意接之定之以七日之戒齋之以三日之宿不
御色不聽樂不飲酒不茹葷眂滌濯莅玉鬯省牲鑊

奉玉齎贊幣爵告時告備告純告潔以誠其意而已
心齋以致其精意祭祀之齋以致其誠意先王所以
使人誠其意者將以致精焉入之意粗則交於物精
則交於神葢其理也有無之閒帝之神用在焉古之
聖王精神與帝感通夢帝賚予良弼葢夫精神之接
於帝也豈粗於意者之所能及乎以恭致莊然後以
默致靜以默致靜然後思道以致其虛此其所以接
於帝也精意以享其猶孝子之致其親歟祭之日入
室僾然必有見乎其位周旋出戶肅然必有聞乎其
容聲出戶而聽愾然必有聞乎嘆息之聲君子之事

帝亦猶是也天鑒帝省見其在物之上焉尊之貴之惟恐其或失之精意以享者也然而精意以享在乎先王以為至乎末也不可以言論不可以意察致者不期精粗焉精意以享是禮而已先王之制禮禮也期於百執事而至斯極也先王無所事意焉是以大司寇之職禮祀五帝則戒之曰蒞誓百官戒于百族將欲致精其意而已雖然有道者足以格于皇天有德者足以諂於五帝有才者足以乂王家大宰所佐則王也未足以佐聖所職則宰也未足以論道是以太宰祀大神則為不足享先王則為有餘此大宰之

職所以正言祀五帝而祀大神示享先王則如之而
已然則先王所以祀昊天上帝豈正於禋禮而盡扎
大神大示蓋惟有大道者足以對之有至精者足以
接之老子曰道大天大地大王亦大焉公乃王王乃
天天乃道道則道之大者自非王公不足以體之記曰
孝子為能享親聖人為能享帝孝之於人道之盡者
也聖人之於天道之盡者也則天之大神地之大示
自非聖人不足以享之若夫百執事則効於禋禮而
已太宰且有大於此者況先王乎然而以血祭社稷
五祀五嶽而已不及大示者以見地示二而小故特

舉小者以見其大焉以禋祀昊天上帝而已不及五帝者以見天一而大故特舉大者以見其小者昊天之有上帝也其猶國之有君歟五精之帝則四方之諸侯而已諸侯有君之道故皆謂之君五精之君有帝之道故皆謂之帝

演山先生文集卷第五十八

演山先生文集卷第五十九

雜說

祐民以神治民以吏表民以士制民以禮因民以俗糾民以刑勸民以賞簡民以田任民以役然而財用不足無以立事無以聚民無以守國是故賦貢之用序諸八則之中上以給神人下以立政事不可失也公邑之田六遂之餘地家邑之田大夫之釆地小都之田卿之釆地大都之田公之釆地王子母弟食邑在其中焉任地之法無過乎二其財之入也職內貳之其財之出也職歲貳之鄙鄙之用貨此十二之稅

而已有無之歲輕重之征備殺之禮多寡之費皆取於此不敢過焉此所以馭其用也先王慮其征求無藝費出無節則有土均之職平土地之政以均地守以均地事以均地貢以和邦國都鄙之政令刑禁與其施舍禮俗喪紀祭祀皆以地美惡為之輕重之法而行之掌其禁令此防其無藝之求宰夫之職掌治法以攷百官府郡都縣鄙之治乘其財用之出入司會之職掌國之官府郊野縣都之百物財用此防其無節之費慮其奢或犯義儉或廢禮則凡官府都鄙羣吏之出財用受式法于職歲職幣掌式法以斂官

府鄙郿與凡用邦財者之弊此防其犯義之奢廢禮之儉

六官之事不為之職則其屬無與仁不為之書則其屬無與學太宰之佐王也立道以明理乃有六典焉書而示諸治官之屬曰以治邦國以紀萬民此治官之務也書而示諸夏官之屬曰以平邦國以均萬民此夏官之務也小宰之貳大宰也推理以立事乃有六職焉推其治邦國之道而行之至於致平則治之効也推其紀萬民之道而行之至於致均則紀之効也然而平邦國紀萬民政典之事也小宰推而行之

反為治典之効亦有説乎均節財用者大宰之事也均節財用以貳大宰者小宰之事也善教而後得民心善政而後得民財小宰之於治典推而行之為効不及政典之事雖欲均節財用以貳大宰豈可得乎大宰之治邦國也猶治水然使之循理而往無穿鑿無畔岸故小宰推而行之其効為均

均財之之政聚人之財守邦之衆安人之道季氏忘此四者有事於顓臾苟得其利則不知所謂均而貧苟得其民則不知所謂和無寡顓臾固而近於費今不取後世必為子孫憂則不知所謂安無傾孔子曰

謀動干戈於邦内吾恐季孫之憂不在顓史而在蕭墻之内然而季氏之計不亦誤乎先王之政效以下剷安之以田里擾之以樂昏此庶而安之也教之以土宜利之以興耡勸之以特器任之以强予平之以土均此富而安之也不患寡而患不均故以土均平政成政之終不患貧而患不安故以田里安甿立政之始

財非衆不生故貧非所患也患乎其衆不安而已衆非財不聚故寡非所患也患乎其財不均而已無貧則有聚人者是故無寡無寡則有守邦者是故無傾

来則安之則所謂安者為均無貧之先務焉故曰不患寡而患不安安則養之則所謂均者為安無傾之先務焉故曰均無貧和無寡安無傾不患寡而患不安安之未至者也至於均無貧和無寡之後則安之道至焉始安之以所居終安之以所養始安之以施仁終安之以懷德

萬民之數小司寇登之內史司會冢宰貳之以制國用蓋以民力生利則能與王守邦故也司民獻之內史司會冢宰貳之以贊王治蓋以民心生義則能與王守邦故也然而內史司會冢宰以民數而制邦賦

以邦賦而制國用王或圖而退之慮其貧民使之陷
溺於罪是王之仁也王拜其數而受之内史司會冢
宰得以贊吾治焉放辟邪侈罔有爲者是王之義也
詔祿賞賜則贊爲之内史之事也致邦國之財用令
民職田野之財用均節邦之財用司會之事也故貳
小司寇焉以制國用掌敘事之法受納訪以詔王聽
治内史之事也凡在書契版圖者之貳以逆群吏之
治司會之事也故貳司民焉以贊王治
齊之爲政以俗則近乎民魯之爲政以禮則近乎道
近乎民則所入者淺其爲効速近乎道則所至者遠

其為効遲是故齊一變至於魯〻一變至於道管仲之為齊俗之所欲因而與之俗之所不因而去之太公之教其用為管仲其効為桓公非王之道也王者之於民以禮制之以俗因之有以制之則民不能以私意自為用捨有以因之則民不能以新物自為好惡此民行止所以見馭於先王也一變而至於道然後與馬齊知所因魯知所制蓋未足以言馭

天之生民有利與之為生有善與之為人利與善相為廢興者也即善而利廢即利而善廢利之廢也彼將救死而恐不贍奚暇知禮義善之廢也逸居而無

教則近於禽獸矣先王慮其救死而不贍且近於禽
獸也不廢其利亦不廢其善為之三時之務農與之
為利者也為之十月之飲酒與之為善者也十月萬
物伏於老之時也北方萬物伏於老之地也先王於
是為之蜡祭焉蜡者索也歲十二月合聚萬物而索
享之也勞乎坎則天勞之也國索鬼神而祭祀之先
王勞之也物之成終且蒙先王之所勞而況民乎
爭心之生惟利所在三時之務一志於利而已老老
之仁長長之義貴〻之禮固有之善不振久矣以正
齒位則教之也一命齒于鄉里再命齒于父族以年

為尊而正其齒也三命不齒以爵為尊而正其位也一命受職齒于鄉則以鄉之老者長者先之也再命受服齒于父族則以家之老者長者先之也六十者三豆七十者四豆八十者五豆九十者六豆老老之仁也六十者坐五十者立長長之義也齒所以序年以仁尊之也位所以序德以義尊之也齒于父族仁也三命而不齒者義也所尊者義故雖父族之親不得而齒之貴貴之禮也受職以能未足乎德者也故雖鄉人之疏得而齒之受服之士蓋處賢能之間而已尊之也不齒于鄉卑之也齒于父族大司徒以鄉

三物教萬民睦姻則孝之類也任恤則悌之類也人之孝悌多止於父兄之間而孝也不能充而為睦姻悌也不能充而為任恤飢渴衆之有不足以事其父兄者仁義之實於是而喪焉不可勝計也鄉之教法鄉吏讀之屢矣其言入之不深其實未見利或勝之矣安得六行之民汝而興之哉飲酒于序以正齒位使見其實者也教之長為其近於兄也教之老為其近於父也教之貴〻為其近於君也而睦姻任恤不可勝用也則仁義之實何患馴致而喪之哉仁之實至於親人之親則仁立矣義之實至於長人之長則

義立矣仁義既立孝悌已着則民之德就矣可以觀焉是以州長之於春秋會民而射于州序射者觀德而已其飲也作其德之時也其正齒位欲其嚴察而致嚴故以黨正各屬其民而正之其射也觀其德之時也民德已定嚴察致嚴無所事焉故州長獨會五黨之民而觀之庠者養也序者射也射以序賢此序所以言射焉與春秋會民而射于州序其有序賢之意歟射于州序賢之意則飲酒於此亦有其意歟以正齒位固序之也先王之於民德也飲酒而作之射序而觀之然而飲酒閒暇之事也先王行乎勞農之

時宜矣農時而射可乎兵出於農先王欲其知武備
也猶農之不可緩焉行乎務農之時宜矣
飲酒田獵無非事者飲酒則禮教之所寓田獵則兵
教之所寓惡勞而好逸惡危而好安惡寡而好多惡
後而好先人之情也六十者坐五十者立或勞或逸
也六十者三豆七十者四豆或多或寡也一命齒于
鄉里再命齒于父族或先或後也行禮人情之所難
師役人心之所憚飲酒田獵馳騁獻酬以為樂焉人
情之所好以人之所難所憚而寓人之所好之中而
教之故雖五十者立而人忘其勞六十者三豆而人

忘其寡一命齒于父族再命齒于父族而人忘其在人
之後也其猶教之戰歟人知從禽獸馳騁之樂而已
凶器危事不可樂者也而人莫之知焉後世井田州
序之制廢天下之民其耕不屬于田其學不屬于序
其遊也無三時之務農其祭也無十月之飲酒轉從
離散免溝中瘠不可得耳奚暇齒位之事執辛而會
也無所屬辛而飲也無所正以無所屬之民而飲無
所正之酒或以卑踰尊或以壯陵弱卒乎為亂而已
攸介攸止烝我髦士此君子所以思古焉先王之欲
息已其民何其至也春省耕而補不足則甫田所謂

食之也秋省歛而助不給則甫田所謂介之也及其
息己之時其民相與從事飲酒之樂齒位之教優游
而平易無復不足不給之嘆民知老老仁之類也民
知長長義之類也民知貴貴禮之類也仁義之類不
可勝用也又得髦士而進之古之愛民也教養之如
此後世之民有不足事乎父母者尚能充其類乎天
下之士或泝于商或齒于屠販之伍若夫屬民飲酒
于序以正齒位而得髦士焉不復見久矣
王畿之國天下列國之所望政令事故異乎郊野縣
都之間則不足以同千里之俗而況天下之遠乎先

王於是自野至於縣都別為三等之釆地又於釆地
別為九十三國公卿大夫之賢可以君衆王子弟之
貴可以長賤而公與子弟之親者之於大都卿與子
弟之疎者之於小都而大夫與其尤疎者之於家邑
此朝大夫所以日朝以聽國事故以告其君長國有
政令則令其朝大夫也令其朝大夫者使之下都家
之國而已凡都家之治有不足者則誅其朝大夫為
其弗之告也則都家之治於國者其可不因朝大夫
而後達乎大事弗因非掌事也特達於朝而已在軍
旅之治而有不及者其車馬兵甲之戒令敷都司馬

家司馬備軍合卒而有不及馬則二司馬之罪也且夫朝大夫日朝以聽國事故以告之國有政令則朝大夫下馬王朝之事都家得之詳矣此八則之治都鄙所以略於官府歟然而先務一內外之法達上下之意謹始於畿內可謂備也告其君長也則為之朝大夫教其士庶子也則為之都司馬君長之治不異乎國政士庶子之學不戾乎國法則上下之治一矣天下之本在國先王所以正其本之道何其盡善也加田無國正正於受田之家猶之國子及其倅歟司馬弗正凡國正弗及正於諸子而已言征則廢正之

之義言正則征在其中焉都司馬以國法掌其政學
以聽於國司馬大司馬大會同則帥士庶子而掌其
政令則司馬正之矣若有兵甲之事則授之車甲合
其卒伍置其有司以軍法治之則諸子正之矣授之
車甲合其卒伍是以正賦之也置其有司以軍法治
之是以正正之也
賤者小人之事也衆者大人之事也王之至尊后之
至貴五乘不足以名其車則曰路而已孤卿大夫士
於王及后則卑於小人則貴不可以五路名其車則
曰乘而已路道之大有往來不窮之通有殊途同歸

之會譬人謂之大人譬道謂之大道大人不仁大道不器無名也無得而稱焉無物也無得而用焉言玉則道降於德之美言金則道用於義之和言象則道用於義之辨言革則道用於義之制言木則道麗於仁之質

演山先生文集卷第五十九

演山先生文集卷第六十

雜說

孰周為人孰蝶為物以覺為真以夢為妄則是非物我辨矣夫覺夢周蝶亦奚以異哉周蝶皆物也覺為周夢為蝶皆物化也周蝶皆物而物之覺夢皆化則夢中之蝶覺後之周孰為真孰為妄哉無真無妄故不知周之夢為蝶歟蝶之夢為周歟周與蝶相得於夢中必有分矣蓋天下之物一聚一散相得相失莫非分也周以蝶於我為有分則蝶與我齊矣世之人所以有是非以其有物我所以有喜懼以其有死生

物我死生不能一此人所以無道遥遊而養生之理喪矣故以蝶為周以周為蝶然後忘物我以覺為夢以夢為覺然後忘死生物我死生兩忘而意消故能緣督以為經而智與故無與焉養生所主者也

生在外者任無涯之知赴無窮之欲遂不可必之物以有涯之生隨此而致其養則物有餘而形不養者有之矣形全而生亡者有之矣以有涯隨無涯用智者也猶且殆已況其為智者乎為智者以其知之所不知而害其所知者也其殆决矣善則用智者有之也惡則為智者有之也善之發聞惟馨千里之外譽

之者至矣故善者名之召而名其報也惡之發聞惟腥千里之外誅之者至矣故惡者刑之召而刑其報也有召斯有報有報斯有累至其有累而觀物弗之察矣尚能及是養生之理乎蓋益理以能者名之召虧理以僞者刑之召吾將任萬物之自為而能與僞無與焉則雖同室之人不得其善惡而報之況其遠者扎緣督以為經不務知之所無可柰何則智行其所無事矣善惡為生之累名為善之累刑為惡之累則四者以非理蹈之矣或禍其身或殘其生遺親之憂而天年不能盡其道而死則殆而已矣

牛以喻其有生牛之節間以喻其生理遊刃於節間以喻智行其所無事循乎天理而已至理得於心而樂作焉以理解牛故其聲砉然合於桑林之舞中於經首之會技兼於事事兼於義義兼於德德兼於道然道無乎不在雖一技之微而道寓焉至於一技之微妙則與道會矣所好者道或進乎技或進乎事者百工之精者也或進乎義或進乎德者士大夫之精者也庖丁工也故進乎技所見無非牛者以喻為知者不知生理之所在則養其形而已未嘗見全牛則見其理間矣雖然猶有牛焉未能忘牛而會於理以

喻用智者未能無累也割也故歲一更刀折也故月一更刀折則繁矣未若良庖之善也然而良庖猶喻以形傳生者也但賢於族爾養生之道未達一間則相去楚越矣況歲一更與夫十九年之遠孰所解數千牛矣而刀刃若新發於硎以喻夫大知不知不知故其用愈多其智愈有而不可盡也每至於族吾見其難為怵然為戒視為止行為遲動刀甚微謋然已解以喻夫養生之理或有礙之者未之盡也當此之時用智而求之則其失逾遠矣怵然為戒視為止行為遲動刀甚微則微運其智至於造理則已矣故善

刀而藏之以神遇不以目視則牛忘以喻任萬物之
自為而能與偽無與馬養生所主於是乎定不以物
累形不以形累生不以生累德静主道動主理天理
真空之所有依乎天理則悟空矣物之於形形之於
生猶之肯綮大軱也豈能為大窾之累哉用智為智
之小者也豈能為大智之累哉思者心之官知止則
其思置矣神欲行則惟神之所欲行焉無不在理者
介則獨獨則無與人貌有與也人貌而天無與也無
物不能對之右師其孰累之哉則養生主定矣
十步一啄百步一飲物之善養其形者也不期蓄乎

樊中求適其性而已矣然而所養未離乎形其神雖
王未善也神王非至人之所貴精盛則神王精復則
神凝至於神凝則生傳矣不知其盡也
號以為其人也而今非也所以三號而出老少之情
遁天而淫人信情而廢天如哭其子母人之所受悟
淡自然不過其分而今哀樂為之累至於此極豈非
遁天倍情而天故以哀樂刑之邪適來而生適去而
死去來生死非人所與而老少之情至於此極不亦
縣乎人之有心猶天之有帝帝君於天心君於人而
人之哀樂入其胸次則其帝縣矣有生妄也以已有

小草齋鈔本

生之厚而遇傷夫子之死又加妄矣以形傳生猶其以薪傳火形不得不化薪不得不盡而生與火其孰傳乎老聃之死是其形化者也而彼老少有生之厚傷其形化何異乎以薪而傳火哉蓋未之悟也指窮於為薪則悟矣真空之中有養生之道有傳火之理忘形與薪而得於此焉則不知其盡也蓋夫為薪之指窮而後悟火之傳非薪為形之指窮而後悟生之傳非形帝之縣解其指窮歟彼老少者之哀夫子竊謂老少有生之厚而不自哀也生之所無以為者生之在外者也所無奈何者知之在性分之外者也固

務生之所無以為則所主者喪矣固務知之所無奈
何則害其所知矣所知者不以其所不知害之則所
知者理矣所知者理則生之所無以為者吾何容心
哉安特處順哀樂不能入則見其攝生矣之物則勞
其形故物有餘而形不養者有之矣無離形則累其
生故形全而生亡者有之矣生之來不能卻其去不
能止是生之所無以為者也生不免去形不免化而
世之人以為養形足以存生是以幻益幻者也其為
不足而不為與夫無以為而為之皆有累焉有累則
不能正平而養生之理喪矣達生之情不以物累形

不以形累生不以生累德棄世全於正平則其德無累矣與彼更生與物化者也與物化者一不化而生死兩忘不與物受輪於數者其惟一不化乎故更生則其免為形近矣

生之所無以為者生之在外者也智之所無柰何者知之在性分之外者也在性分之外者固務知之則其知鑿矣理無事乎鑿也所知者不以其所不知者害之則其所知者理矣所知者理則生之所無以為者吾何容心扎安時處順哀樂不能入則可以攝生矣物者形之累生者德之累物也形也生也去來變

化長短多寡三者非所與焉陰有造之者不違者為
有生而養形為養形而之物之物則勞其形物役之
也故物有餘而形不養者有之矣無離形則累其生
形役之也故形不離而生忘者有之矣物也形也生
也真宰以役物者也所遇不齊而求之不可以必得
不可以必得不違者切為在我而私欲有之此三者
所以常相背違而欲有之者至於兩失而莫之悟也
且夫生之来不能却其去不能亡是生之所無以為
者也生不免去形不免化而不違者以為養形足以
存生是以幻益幻矣吾不然以謂真宰之道在我者

吾實有之其寂也不動其常也不化其存也不亡其真也不滅可以生生可以形形可以物物雖吾之全於此也豈異乎人哉不以物累形不以形累生不以生累德是非無好惡死生無憂喜真宰之性精純之氣於是乎在矣時不能運數不能窮而物不能誘去而變散之則彼偶化之形暫来之生何足計哉形與生且不足計而况形生之外乎嗚呼養形果不足以存生之物果不足以養形學者不可不察也

無以為而為之不順乎生之理其為不免而不為之不順乎命之理皆有累焉有累則不能正平而養生

之道喪矣達生之情不以物累形不以形累生不以生累德棄世全於正平則其德無累矣正則其心一平則其心夷而真常之性精純之氣於是乎在矣蓋夫有生之厚者未有能與物化者也

形勞者以事役其力故也精虧者以生勞傷其心氣故也夫人以精化生亦反以生虧之何其自賊也君子遺生而嗇精焉非徒嗇之也又能運之非徒運之也又能復之嗇之者仁也運之者術也復之者道也上智無事嗇之也復之而已矣夫人以精而有生及其達也致精而攝生焉亦知所復而已天地不生而

小草齋鈔本

能生生故為萬物之父母物之成體則精氣之聚成始則精氣之散死者生之始成體則言其生成始則言其死天地之道内則不虧其精外則不虧其形故能合散萬物是謂能移我致至精焉反以相天精而又精精之至也雖然相天而已未足以祐神神之人神相天不足以言之

中者人道之至也故曰中庸之為德其至矣乎神者天道之至也故曰及其至也聖人有所不知焉至人其神乎常無其氣故潛行不窒妙有其形故蹈火不熱太虛其體故行乎萬物之上而不慄衆凡之流智

巧果敢與物相勝其氣與智巧果敢相逐强則怠然弱則趨蹶晝爲想夜爲夢則氣之守喪矣豈復能純乎喜怒哀樂忘而後有純氣之守純者謂其不虧其神也其神不虧則外物之感何由得間而累之故水不能窒其氣火不能化其形萬物之工不能惴慄其氣體凡有貌象聲色皆是物也物何以相遠則夫智巧果敢之列將欲勝物不亦妄乎氣之散爲喜怒哀樂之色物得其間而累之潛行則窒入火則熱不窒不熱彼奚足以至乎先是色而已物我兩忘而守其氣故能常無其氣而不爲聲色妙有其形而不爲貌

象則萬物之工行矣物何以不相遠不形者妙道也
無所化者真性也物之造乎不形而止乎無所化則
與道為體矣無物不然夫得是而窮盡之將與不形
者為一矣而有形之物豈得止之使不為至人哉人
之性滿而不淫圓而無端處乎不淫之度則不增其
所無也老子曰餘食贅行物或惡之有道者不處是
也藏乎無端之紀則不示其所有也老子曰迎之不
見其首隨之不見其後是謂道紀是也紀者綱之所
恃以勝物者也使之有也使之有端則物勝之矣一
氣幽明之交故不麗乎陰陽遊乎出入之際故不轉

乎生死

形之中物之所造而能壹其性養其氣合其德則超乎形數之外而與物之所造者通矣物奚自入焉物奚自入則吾無入而不可水火豈能拒吾入哉

惟神與氣喪而後至於死當其未醉也智巧果敢與物相勝神氣與智巧果敢相逐及其墮車則驚惧入乎其胸中矣神與氣喪矣故雖不疾猶死也當其醉也冥然不知物我兩忘物我兩忘而智巧果敢不從事於外故其乘不知也墜亦不知也蓋知之所在神氣亦然而乘墜不知則神與氣在醉之中矣非在

物也及其墮車則傷其形而已不傷其形氣故雖疾
不死也況全於天乎藏於酒非自然也故酒失其智
巧果敢復於物矣惟藏於天者任萬物之自爲而吾
無與焉故物不得其閒而累之至人離乎人者也聖
人則不離之爲其不離乎人而物莫能傷之者是其
藏於天也至人則行乎萬物之上矣藏於天不足以
言之
鏌干無意於殺人而人或使之也飄瓦無意於中人
而天或使之也聖人之刑政其猶鏌干飄瓦歟民自
犯其政刑而非聖人犯之則天下雖有忮怨之心而

無所用矣無所用其心是以天下平均故無攻戰之
亂殺戮之刑
開人開人之僞也開天開天之性也之天之於天道
而已性生德僞生賊開人以智治國者也開天不以
智治國者也不厭其天性不忽於人僞則民近乎用
其真矣失者錙銖失者十一方其習之特也猶掇之
也則習忘矣其技精矣一技之粗有道存焉所謂有
道者在此忘我任彼忘物而已吾處身也若撅株拘
吾執臂也若槁木之枝則忘我矣雖天地之大萬物
之多而唯蜩翼之知則忘物矣用志不分則不以萬

物易蜩之翼用志而分則我有身臂之異有天地之大萬物之多蜩翼之細用志不分乃凝於神用志而分乃散於物雖然痀僂之承蜩兩忘之中猶有蜩焉是工之有道者也工之有道且若是而況君子乎覆却萬方陳乎前而不得入其舍此内重也以鈎注者憚以黄金注者殙此外重也水忘則善遊金忘則善注其猶達生者歟不務生之所無以為則其養生至矣

陽為顕陰為藏精者陰德也力者陽德也单豹入而藏則内實而發為嬰兒之色張毅出而陽則内虚而

為熱疾攻之豹畜精而養其内敍侈力而養其外是
皆不鞭其後者也聖人不入而藏也不盛其外不出
而陽也不虛其内處乎陰陽之中與道為體復為至
精則不必入也故無嬰兒之色散為至和則不必出
也故無内熱之病猶柴之不生也何有嬰兒之色猶
柴之不為也何為内熱之病三者若得其名必極聖
也神也以名道者也其名必極其惟聖神乎单豹張
毅生〻之厚非道之所在則物而已虎視之物也烏
得而不傷之善攝生者兕無所投其角虎無所措其
爪而比於赤子者又其次焉毒虫不螫猛獸不據攫

鳥不搏若夫單豹有赤子之色而已且不足以比赤子之德厚而況攝生者乎盖夫生〻之厚然後嚴居而水飲徼幸其生之久而不知道不在焉則動之死而已

有生之厚至於精離形獘而不自持者大欲累之也故二者有所戒而後攝生可忘焉精生氣氣生神而飲食之間不為之戒則傷其氣衽席之上不為之戒則喪其精精喪氣傷而神去矣雖然衽席之上不為之戒者其獘在乎飲食之間而已天產作陰德而為淫邪也地產作陽德而為倦怠也淫邪倦怠之情外

誘於物內汩其心當此之時其孰能嗇精以養其神乎觸其情而已故君子之於飲食肉雖多不使勝食氣所以防陰德之爲淫邪以和樂防之所以防陽德之爲倦怠目不之於色四枝不之於安佚陰德嘗淸陽德嘗彊則能尊生矣攝生者可以志焉學者不可不愼也

演山先生文集卷第六十

原書缺

原書缺

晁仲其先金陵人五代時遷延平曾祖曰護祖曰添
考曰文慶皆隱德不仕考以公貴累贈特進妣吳氏
贈高密郡夫人公元豐五年登進士第歷越州簽判
太學博士秘書省校書郎太宗正丞尚書考功員外
郎起居舍人太常少卿徽宗朝遷兵部侍郎又遷禮
部侍郎求外任差知潁昌府移河南府未行留為禮
部尚書閱數月申前請除顯謨閣直學士知青州移
廬州又移鄆州久之丐宮祠差提舉杭州洞霄宮政
和四年以龍圖閣直學士起知福州歷二任除龍圖
閣學士於是復以提舉杭州洞霄宮居錢唐至宣和

七年除端明殿學士再領宫祠建炎二年始歸延平
抗章乞致仕轉正議大夫次年八月十八日卒于里
第享年八十有七遺表聞詔贈四官恩郵如令冬十
月十六日其子玠以公與夫人同葬于郡之板橋坑
先塋之左公襟韻曠遠文詞出於胸臆浩渺難窮而
趣詣深奥見於演山集六十卷少有魁天下之志士
亦以此期之至仕宦則泊然無心故久而始達晚而
油然外服老而超遥物表世故人累不能嬰其中而
拂其外與夫鋭進而不説初貪得而倒行逆施者其
可同年語𢦙為兵部特甞言聖人不畏多難而畏無

難備豫不虞古之善教天下無事而為有事之備則
可以坐享太平又言雄州弓箭手趫捷勇健北虜畏
憚請增額選募分屯邊郡又言東南城池頹毀無戰
守具萬一姦人竊發懼無以制在禮部會朝廷議推
太學三舍法於天下公謂宜近不宜遠宜少不宜老
宜富不宜貧不如遵祖宗科舉之制是後公私煩費
入不以為便卒揲公言復科舉而方臘虜人之變悉
符公所論由是人知公言不見用而身去朝廷老於
州郡其緼蓄蓋有不獲展者為可惜也性澹於財利
甫終父母喪舉貲產畀二兄而寓跡僧舍不挾一金

之資在太學有同舍生遭喪無以為歸計罄篋笥所
有資之仕宦俸入未嘗省録宗族親故貧者多仰給
焉頗從事於延年養生之術博覽道家之書往往深
解而參諸日用凡世俗之所競趨而共騖者公獨漠
然無係累玆其所以享令名遂雅操得遐壽也歟娶
同郡張氏累贈越國夫人世儒家方居約特事舅姑
盡禮祖姑疾病侍藥餌供澣濯備極艱勤宗族嗟服
及公顯達閨門之治不待告詔而悉得指意其生若
卒皆先公一年是亦異矣生四男七女孟曰瑜終於
朝奉大夫知徽州休寧縣仲曰玘終於承奉郎監真

定府糧料院叔曰琚終於朝奉大夫直秘閣江南東
路轉運判官季曰玠今為右朝奉郎大宗正司主管
宗室財用奉直大夫直秘閣知单州蔡脩承議郎河
州通判陳詳承奉郎曽紱左朝請郎中書舍人張擴
左承議郎監察御史陳積中朝請郎坊州僉判李𪫺
七女婿也詳蓋兩娶云公既葬十有八年玠謀墓道
之碑于舍人張君張君與予善因以見屬予念㓜嘗
誦公之文固已欽想其風致比遊兩學延平之人多
喜道公事蓋樂聞之於是著公平生而系之以詩曰

延平重淵　剱龍蜿蜒　演山崇巔　棲息真仙

靈蹤緬邈　誕降英賢　篇翰星粲　操履玉堅
高標獨立　逸翮孤騫　智發著蔡　言立世傳
侍從之老　誰或差肩　初終進退　入無間然
孰謂公死　翩逝仙還　藏棺深窆　板橋舊阡
高風遠矣　永懷莫諼　鐫石墓道　垂千億年

紫元翁塑像記

左通直郎致仕賜緋魚袋方

漢顯宗有云郎官上應列宿范蔚宗亦云中興二十八將前世以為上應二十八宿蓋物生於地精成於天理之必然以是知葛陽方外志所述紫元翁係紫

微天官九真人之一豈欺我哉紫元翁實尚書黄公
冕仲之道號公世為延平人在熙豐間以文章鳴方
未第時曾作遊山記上達聖聰神廟酷愛其文以為
場屋遺材無何由鄉舉策試于庭遂魁天下頗愜聖
意雖絓事五朝綿歷華要每以紫元自稱盖必有所
授之也素愛桐江之大明洞俾主僧作草庵于其側
將為棲息之地遂以紫元榜之紹興丙寅歲邑宰南
昌胡公和仲慱雅君子也得蒿陽之説於其孔總幹
基仲即書其事榜于洞中且塑公像俾寺僧永奉香
火暨丁卯歲公之幼子純中得漕司屬寮巡歷過邑

欣聞其說遂趍洞中恭拜焉且屬予叙其事鑱諸樂
石予不敢辭故書
桐廬宰胡樅得其兄總幹杞言嵩陽莊念祖所述
方外志載張伯端政和中通名謁黃冕仲於延平
繼使人寓書於吴仲云平叔自謂與黃冕仲本紫
微天官號九皇真人因誤校籍墮入間令垣中可
見者六星耳潛耀者三則平叔冕仲睢陽于先生
冕仲曰紫元真人平叔曰紫陽真人于公曰紫華
真人胡因書其事寘於大明洞俾寺僧塑冕仲之
像於洞中云

題演山先生文集後

宋興承五季餘風士弊於俗學久矣神宗皇帝以經術造士崇雅黜浮當是時演山先生首以高明自得之學溫厚爾雅之文爲諸儒倡及射策丹墀天子覽其對而異焉親擢以爲第一由是名喧宇宙學者仰之如泰山北斗得其片言隻字競傳録以爲楷式殘膏賸馥沾丐後人多矣歷年浸久中遭危亂先生遺文類多散逸先生之子孫亳聯縷緝次爲家集而他人或未之見也歲在乙酉先生季子出守盱江諸生聞五馬將入境舉欣欣然有喜色而相告曰吾郡得

賢太守乃端明黄公之裔端明之文吾儕平日恨不
得其全而觀之自今可覬矣公下車累月挺因以諸
生之語白之請以先生之文刊之學以廣其傳公曰
唯乃治其藳為六十卷屬挺是正舛訛挺觀先生平
時所著則已慨然有經世之意及志得位顯一篇一
詠凝情物外筆下無一點塵埃反如山林逸士之語
其所養有大過人者或者以為謫仙中人信不誣矣
仰惟先生之立朝深謀傑識為時著龜所藴之施百
不一二方且守易退之風饗難老之福嗚呼賢矣哉
此邦士子讀其書詠其詩視其平生出處之大節而

景慕之異特登巍科歷顯仕爲名卿才大夫未必不

由此也左從事郎充建昌軍學教授廖梃謹題

先君由布衣取巍科歷顯要享高壽自少年已

慕清修之道其他一無所嗜好居官之暇日必

以文墨自娱每有著述必高卧腹藁既而走筆

成章其流傳於世者人竟以抄録自後子孫以

先君布衣時所爲文章相繼編次爲家集幾三

十萬言建炎丁未寓居錢唐會兵亂陷圍城中

悉皆散亡比寇平凡歷年求訪僅得二十餘萬

言其不存者奏議表章居其半竟不能成全集

小草齋鈔本

然玠竊觀古經書及後世名人所為文必待聖
賢刪削訂正以取重當世如先君之文雖未經
先哲去取然皆自得於胸襟故盡以其所求訪
之文釐為六十卷迄乾道改元初夏玠被命來
守是邦會鄉人廖挺為軍學教授惜其文之不
傳請校勘舛訛鏤板于軍學庶傳之永久為學
者矜式玠敢不敬從其請而書其後云乾道丙
戌孟夏玠謹識

右從政郎建昌軍録事叅軍權判官譚　壽卿

左從政郎充建昌軍軍學教授權通判廖　挺

右朝請大夫通判建昌軍主管學事兼管內勸農營田事賜紫金魚袋張　公裒

右朝請大夫權發遣建昌軍主管學事兼管內勸農營田事賜紫金魚袋黄　玠

八閩文庫

文獻集成 329

福建文獻集成

吴格 主編

續編 集部 五

海峽出版發行集團
THE STRAITS PUBLISHING & DISTRIBUTING GROUP
福建人民出版社

本册目次

拙齋文集二十卷拾遺一卷附録一卷　［宋］侯官林之奇撰…………一

拙齋文集二十卷拾遺一卷附録一卷

[宋] 侯官林之奇撰

上海圖書館藏清影宋抄本

拙齋文集二十卷拾遺一卷附録一卷，宋林之奇撰。之奇（一一一二—一一七六），字少穎，號拙齋，侯官人。紹興二十一年（一一五一）進士，調莆田簿，改長汀尉，召爲秘書省正字，轉校書郎。以持論不合當政，乞祠家居。卒謚「文昭」。其學出吕本中。所撰有尚書全解傳世，姚同拙齋先生行實謂又撰有觀淵集，今未見傳本。

是集首道山記聞二卷，次詩、表、奏議、劄各一卷，次書三卷，次啓、史論各二卷，次策問、記、序各一卷，箴、銘、贊一卷，行狀、銘一卷，次祭文、雜著各一卷。末附拾遺及吕祖謙祭文、李楫哀辭、姚同拙齋先生行實。按是書之宋刻本，有上海圖書館藏殘帙二卷（卷四、卷五）；明刻本，有湖南師範大學圖書館藏殘帙十一卷。二本之外，今存二十卷本均爲抄本，且皆出宋刻本暨影宋抄本一系，四庫全書本雖有諱改，編次則仍同此本。據今人考證，卷三所存詩二十九首均非之奇所作，乃另有作者。今存兩部影宋抄本（含此本）他卷版心均有刻工名，卷三獨無，而卷四、卷五刻工名與宋刻殘本同，故卷三實元明間人據宋吕祖謙宋文鑑竄入者。又按陳振孫直齋書録解題卷一八著録拙齋集二十二卷，前人或以爲乃合計正文與拾遺、附録，恐非的論。此本附録與拾遺葉次相連，或可不分别計卷，此其一。今本拙齋文集以道山記聞二卷居首，而次以詩及表、奏議、劄等文體，與一般宋人文集分體編纂及排序不合，此其二。此本目録亦無刻工，且目録内文體類名與文章名合排，又混亂標題内敬空格式（尤以本見存之卷四爲甚），顯非宋本舊式，此其三。依此三端，頗疑道山記聞本爲末二卷，前三卷或爲詩賦，以宋本前三卷已佚，遂取末二卷以充首二卷，復僞造第三卷並目録耳。若此，則今傳拙齋文集當缺三卷。

此本目録首葉鈐有清「翰林院」滿漢雙文印，書前抄有四庫提要，故中國古籍善本書目著録爲「四庫底本」。然檢此本全書有「虜」字二十五處、「酋」字二處，文淵閣四庫全書本均已諱改。如此本卷六通問虞樞密在蜀川劄内「震慴乎狂虜」、「然而使虜酋既誅」二句，四庫全書本分别作「震慴乎强敵」、「然而使敵訾内變」，顯係諱改。此本既不見塗抹痕跡，似未經四庫館臣校改，故或可稱「四庫進呈本」而未必即爲「四庫底本」。

書中鈐「翰林院印」滿漢朱文方印、「仁龢朱復廬校藏書籍」朱文方印、「復廬流覽所及」白文長印、「子清真賞」朱文方印、「結一廬藏書印」朱文扁方印、「徐乃昌讀」朱文方印，知自翰林院流出，爲仁和朱學勤結一廬所得，經南陵徐乃昌積學齋，歸藏上海圖書館。（沈　暢）

拙齋文集二十卷 浙江鮑士恭家藏本

宋林之奇撰。之奇有尚書全解，已著録。是集凡記問二卷，蓋即本傳所謂道山記問者；詩一卷，雜文十七卷；末附吕祖謙祭文及李㮚所爲哀詞、姚同所爲行實。以之奇自號曰拙齋，因以名集。之奇之學得於吕本中，其記問內稱少蓬及吕紫微者，皆謂本中。其後吕祖謙又受學於之奇。祖謙祭之奇文云：「昔我伯父西垣公，躬受中原文獻之傳，載而之南，先生與二李伯仲實來定師生之分二李謂李葵之子李耕李樗西垣公者亦謂本中也案祖諱之祖弸中爲本中之弟本中乃其從祖而祖諱稱伯父者蓋用左傳昔我皇祖伯父昆吾語然亦太僻矣謹附訂於此呂氏之學頗雜佛理故之奇持論亦在儒釋之間呂氏雖談經義而不薄文章故之奇註釋尚書究心訓詁而此集所載諸篇皆明白曉暢不事鉤棘亦無語錄粗鄙之氣其詩尤具有高韻如江月圖早春偶題諸篇置之蘇黄集中不甚可辨也

拙齋文集目錄

三山林　之奇　少頴

一卷

記聞上

二卷

記聞下

三卷

五言古詩

示張直温

朝乘　田漏　雜詠
看白雲愛而成詩
媚學子　呼雞　秋懷
四事　高竹　村居
新晴山月　屬疾梧軒
謝公定和二范秋懷
宿舊彭澤懷陶令
題宛陵張待舉曲肱亭
春日雜書　賀雨拜表
雨後出城馬上作　江月圖

送葛都官南歸
滄洲亭懷古　縱步湘西
謁客　墨染絲　七言古詩
豫章別李元中宣德
聞徐師川自京師還豫章
早春偶題　夢訪友生
四卷
表
德壽宮賀正表
皇帝賀正表　賀改元表

實錄院進　神宗皇帝寶訓表
天申節賀表
天申節德壽宮賀表
天申節賀　皇帝表
天申節賀　德壽宮表
芝草賀　德壽宮表
賀　皇帝表
代陳左相到任表
代恩平郡王謝加食邑表
代陳左相賀　太上皇帝加

尊號表
又賀　今上皇帝表
任福建市舶謝　上表
賀　今上表會慶節
五卷
奏議
論爲君之道莫先於仁義
乞損文弊歸於忠實
乞崇儒術黜異端
乞選求實才以備煩使

損益三説

六卷

劄

上陳樞密論行三經事

與參贊陳舍人論進取事

上丞相論豐儲倉事

論兵農劄子

通問虞樞密在蜀川劄

通問汪成都

問候陳都大

七卷
書
上宰相書時在書省
上宰相書時任福建市舶
八卷
書
上王參政　上何憲
九卷
書
答劉先生　寄遺逸先生

上胡教授　答黄晦叔仙尉
答陳景衛　復李文授
答王子由　答張安國舍人父子書
十卷
啓　館職謝啓
謝進書改官啓　預修神宗寶訓
賀湯右相　時任正字
賀葉樞啓　時在書省任校書
賀湯左相啓　時任西外宗丞在越上
賀葉元樞啓　賀汪侍御啓

賀張子公啓
十一卷
啓
賀陳左相啓　賀開府史丞相師閫
上何諫議啓　上朱中丞啓
回徐教授啓　上都司諫啓
謝汪帥啓　到任謝宰執啓
代士人謝孫憲啓　謝劉文舉自代啓
十二卷
史論
論通鑑與左氏相接

論作史之體　豫讓報仇
文侯不爽獵人期　聶政刺俠累
魏相田文　楚悼王相吳起
以二卵棄干城之將
衞侯言計非是而羣臣和者如出一口
齊威王來朝
威王封即墨大夫烹阿大夫
顯王賜秦獻公黼黻之服
諸侯以夷翟遇秦
鞅與甘龍論變法

有功者各以率受上爵
刑公子虔黥公孫賈
龐涓自以能不及孫臏而刖其足
田忌救趙而引兵入魏都
縣置令丞

十三卷

史論　廢井田
子思言利孟子不言利
孟嘗君招士
孟嘗君書門版使人入諫

五國伐秦　張儀説秦王

秦惠王伐蜀　攻韓劫天子惡名

先從隗始　蔡澤説應侯去位

仲連辭齊爵　秦伐東周

鄭國間秦　李牧爲趙守邊

趙王復將李牧　秦趙燕近夷狄

春申君合從　李斯殺韓非

燕太子丹報秦　荆軻刺秦王

盧生與侯生譏議始皇始皇怒乃坑儒生

二世立　論楊墨申韓之害

十四卷
策問　別試
官制
孟子所論與王制周禮不同
曆　律呂
大衍太元　河圖洛書
軍制
十五卷
記　朱端仁韞暉樓記
李次山定齋記　李修年庶齋記

李修年義愛堂記
寸齋記　團拜記
雪峯瑞芝圖記
泉州東坂葬蕃商記

十六卷
序　尚書集解序
周禮講義序　孟子講義序
觀瀾集前序　觀瀾集後序
家藏海中螺蚌所共護持金剛般若波羅蜜經序
宋衡州趙使君序

陳君傑四男子序
送伯厚縣尉赴官建陽序
送陳童子序

十七卷

箴　顯思箴
忿慾箴　臭渠箴
正己箴　正觀箴
孝箴　銘
淡成齋銘　指南軒銘
陸堦和之存齋銘

快目齋銘　默齋銘
林子沃齋銘　坐右銘
守道銘　不競軒銘
委分銘　顔巷銘
友于齋銘　李修年四銘
畏銘　敬銘
誠銘　禮銘
二程先生畫贊　尹和靖畫贊
徑山大慧禪師眞贊
承天潛畫贊　雪峯毬堂禪師眞贊

西禪此庵淨老真賛
延福可老真賛　清虛皇甫先生畫賛
觀音畫賛　泗洲畫賛
十八卷
行狀　祕書省正字胡宣教行狀
李和伯行狀
故左奉議郎臨安府府學教授周仲仁行狀
故劉郎中伯任墓誌銘
進士林君夏卿墓誌銘
滎國太夫人王氏墓銘

孺人陳氏墓銘

十九卷

祭文　祭劉丈先生文

祭吴先生文　祭陸丈先生文

祭胡丈先生文　祭鄭丈文

祭陳樞密文　祭李和伯文

代舅祭适仲文　祭适仲文

祭林德修　祈風文

祈風舶司祭　辭宣聖祭文

辭廟文

二十卷

雜著　　　豎說贈孫楚士
王子由字說　　石幾仲說
讀世說　　書廉吏傳
跋高公題李憲遺事傳
跋蘇黄留題
題雪峯如藏主水月圖
題司馬季思所藏温公賓次咨目後
題王主管所藏了翁與洪覺範書後
請證果長老疏　天寧開堂疏

爲林序齋幹山人教化祠部疏
桑溪造橋疏　鬱林院無量壽閣疏
天寧行者化度牒疏
永福瑞芝圖跋尾
拾遺　與曾裘父書
揚子講義序
祭文　門人東萊呂　祖謙
哀辭　隴西李
拙齋林先生行實
拙齋文集目錄終

拙齋文集卷第一

三山林　之奇　少穎

記聞上

讀書須是玩玩字最妙學而時習之不亦說乎時習是玩玩是有發處

少蓬曰子張問崇德辨惑子曰先事後得非崇德歟學者要德崇須是先事後得始得如釋氏却是先得後事

少蓬嘗問胡文定今有人居山澤之中無君臣無

父子無夫婦所謂道者果安在哉文定曰此人冬裘夏葛飢食渴飲晝作入息能不爲此否少蓬曰有之文定曰只這便是道

又嘗問曰某已永感欲盡孝心如何行文定曰何曾一日離得

嘗問尹和靖日用下工夫處和靖曰須求喜怒哀樂未發以前底心少蓬曰如今才舉便是發了如何求得未發之心和靖曰只如吉甫未發意來相見時豈有許多事才舉意來　乘轎來相見喫茶喫湯須如此類求之

少蓬曰道只在日用處師晃見云云子張曰與師言之道歟子曰然固相師之道也故讀書須是玩喻丈云天下事只要消平不要激作

吳元忠嘗問喻子才六經緊要在甚處子才云六經數十萬言只有十个字能盡其義要之不出乎君臣父子夫婦長幼朋友而已

子才云仕而優則學學而優則仕則者即也仕而優便是學有民人焉有社稷焉何必讀書然後爲學非仕而優則學乎學而優便是仕孝乎惟孝友于兄弟施於有政是亦爲政非學而優則仕乎

少蓬云子張一篇惟記諸弟子之言蓋有深旨欲明羣弟子學之所至其言亦與聖人不殊

子貢曰我不欲人之加諸云云子貢問曰一言而可以終身云云此一事或以與子貢或不與者蓋聖人之教不惟隨其人之性質亦各因其時節時節可以分付然後與之惟聖人能如此

沈元用嘗問尹和靖子見南子云云和靖曰君子之所爲衆人固不識元用曰今若有个南子先生還肯見之否和靖曰待其做到磨而不磷涅而不緇處方可商量

聖錫云王信伯理會經旨全不費力嘗説龜山中庸解有過當處且如中庸不可能也云有能斯有爲之者則與道二矣何必如此中庸自是不可能又如所以行之者一也只是雖達德三而其行之一而已不必以一爲誠

子才云春秋無褒貶聖人只如一面鏡相似是非善惡各因其實爾

閩縣吴簿云爲政者不患做得不行只患做得不是

少逢論忠恕即是一貫余曰忠恕自是兩字如何

得一貫蓬曰推己與物爲一豈非一貫且如飢之欲食豈有僞乎其間此便是忠稷思天下有飢者猶己飢之此便是恕在己者爲忠推以及物爲恕合彼己以爲一便是一以貫之通天下是一箇心

夫子之言性與天道不可得而聞蓋文章可以耳聞而性與天道要在以心聞而不可以耳聞也此是子貢指衆人而言天道即天理也

顔淵問仁子曰回雖不敏請事斯語矣仲弓問仁曰雍雖不敏請事斯語矣此二子者便就這裏領會將去至司馬牛問仁曰仁者其言也訒則曰其

言也訒斯謂之仁矣乎問君子曰君子不憂不懼
則曰不憂不懼斯謂之君子矣乎此非能領解者
作論語者以此四段相接亦有意蓋以見夫子之
教有能領解與不能領解者其異如此也雖是司
馬牛未能領解亦可謂善問者其言曰其言也訒
斯謂之仁矣乎蓋世亦有一種不言不語底人豈
可一槩謂之仁曰不憂不懼斯謂之君子矣乎世
亦有一種愚戇無賴之人肆意直行全無所憂懼
者豈可槩謂之君子故孔子遂告之以爲之難内
省不疚

樊遲問仁子曰愛人問智子曰知人樊遲未達其所以未達者蓋仁之愛人則無所不愛至於智之知人則有賢有不肖有是有非有邪有正如何都愛得此則疑於仁智之相妨也夫子曉之曰只知人便是愛人本不相妨故舉直錯諸枉能使枉者直何謂也意謂夫子荅其智不荅其仁也樊遲尚未領會故其退見子夏則曰鄉也吾見於夫子而問智子曰舉直錯諸枉能使枉者直何謂也意謂夫子荅其智不荅其仁也子夏嘆曰富哉言乎蓋嘆其一言而備仁智也

萬物皆備於我矣反身而誠樂莫大焉是頓強恕而行求仁莫近焉是漸

因說攻乎異端斯害也已少蓬曰如孟子闢楊墨豈不是攻異端余曰孟軻未嘗攻異端孔子嘗曰人而不仁疾之已甚亂也攻者疾之已甚斯所以爲害也已孟子之於楊墨姑亦辭而闢之爲之下其理之是非爾非攻也蓬曰若韓子之於釋老此則近於攻矣所以疾之已甚而迄不能勝

季文子三思而後行子聞之曰再斯可矣天下只有一个是一个非初思之以爲是既而思之亦是

則行之初思之以爲是既而思之非也則改之過是則思慮紛擾何時而已耶

少蓬嘗問尹和靖釋氏至處與吾儒有異否和靖曰未嘗有少不同然只是塗轍異釋氏一向做從空處去吾儒並是實用

少蓬嘗問龜山學而時習之不亦説乎龜山曰譬之學射須是時時習之到得漸漸知射之味便是説

見善如不及見不善如探湯須是見始得見得湯不可探自是不肯去探

多聞闕疑愼言其餘多見闕殆愼行其餘其愼如此宜其無尤無悔矣而僅能寡尤悔蓋由其見未徹所以猶有尤悔若是大徹大悟見得明白洞達又何尤悔之有

管仲之器小哉謂其不可以大受蓋小器易盈三歸備官是奢塞門反坫是僭其功業未少有得而已奢已僭所以爲小器

天游嘗稱王信伯於釋氏有見處後其因見信伯問之信伯曰非是於釋氏有見處乃見處似釋氏初見伊川伊川令看論語且略通大義乃退而看

又之既於大義粗通矣又往求教令去玩索不須
思量只玩索其意味又退而讀之讀了又時時靜
坐靜坐又讀忽然有箇入處因往伊川處吐露伊
川肯之問其所入處如何時方對飯信伯曰當此
時見面前樽俎之類盡從此中流出
或問鳶飛戾天魚躍于淵於伊川伊川以目上下
視曰言其上下察也
論語一書聖人之心體在是須是不釋手地看始
得
釋氏之學自有行不得處其學無人倫設使自江

以南舉而盡爲其學凡男子皆爲比丘女子皆爲
比丘尼則是不出四五十年人之類盡滅矣釋氏
之學亦無人爲之者余曰其學又欲不殺生設使
舉天下盡從其説不殺禽獸則禽獸之類日繁雖
有人之類不可得一日而安也况復無人之類乎
如此則遍天下皆禽獸矣
吾與點也此與字與不得中行而與之必也狂狷
乎之與同曾點蓋孔子之所謂狂者也此狂與後
世之狂不同只學之躐等便是狂學有本末始終
曾點便要一超直入所以爲狂

伯夷父欲立叔齊叔齊不肯立讓與伯夷兩人俱不受而立中子衞之事類此蕢聵得罪於父不當立輒蕢聵之子父欲其國子不得爭亦非所當立其時衞人欲立郢使輒致國于郢而往從蕢聵則俱得之矣蓋蕢聵似伯夷輒似叔齊郢似中子故子貢以爲問而知夫子不爲衞君

陳魯山云前漢前面好看後漢後面好看

少蓬云一以貫之夫子以是告曾子子貢而其告之者異曾子之爲人魯都無許多多學而識之事故直告以一貫若子貢則其聰明才智過人往往

以其多學爲異故先告以汝以予爲多學而識之者歟蓋先與之除病解縛待其對曰然復以爲非歟然後授以一貫此所以不同

弗如也吾與汝弗如也只是與其弗如若子貢所以不如回者元不在見聞覺知處既竭吾才如有所立卓爾須是竭盡了那才方始見道若只靠着才又如何有所見其曰如有所立卓爾便是見得到處苟真箇見一物所立卓爾便不是只曰如有所立爲有味

夫子又不曾與顏回説道只是博之以文約之以禮使之欲罷不能彼才既竭自然有所見

雖欲從之末由也已全體是自己更有什麽從無

妄卦曰無妄之往何之矣無妄矣更有什麽往

顔淵喟然嘆曰是他在這裏忽有所入

少蓬曾問胡文定甚處是精妙處甚處是平常處

胡文定曰此語説得不是無非妙處徐憲又云亦

無非平常處

子曰予欲無言夫子須要無言則甚蓋聖人所以

不免於有言者以道之不明不行也若是道之已

明已行又何言之有四時行焉百物生焉天自不

言是則無言者聖人之心而言者出於不得已爾

信近於義言可復也恭近於禮遠恥辱也因信而不失其義因恭而不失其禮是謂因不失其親

易理無非自然人安排不得六十四卦共爲三百八十四爻此是一年日數蓋連閏也十三月當爲三百九十日除小盡六日是以三百八十四今閏年日數正如此

頃嘗見王君儀昇說易大抵論象謂易無非象者如乾初爻潛龍勿用蓋初爻是震故爲龍二爻是坎龍在水下所以爲潛龍二爻見龍在田此爻變爲離有見龍三爻君子終日乾乾夕惕若此爻變

兑有夂意四爻或躍在淵亦如初爻而震爲足故

躍上九亢龍此爻變澤澤在天上所以爲亢

陳魯山云應二十八宿所直日遇月宿多作雨心

月狐危月燕畢月烏張月鹿予因悟月離于畢俾

滂沱矣之義

革巳日乃孚☲其卦兑上離下離爲日在兑下

日巳西矣故爲巳日之象

吾無行而不與二三子者是丘也行字平聲言我

平日所行凡動容周旋間無一不分付與諸弟子

者此真是我若只認尋常問荅語言處爲我則非

也釋氏有尊宿云你門只見我在室中拈槌竪拂談玄説妙時便將作禪會至於着衣喫飯處行住坐卧處却不將作禪會此説甚有理

謝安石之夫人謂安石曰何不教兒安石曰我常自教兒安石此語甚好然未必能行碁喪不輟音樂携妓遊山此豈可以教兒

剛毅無令色木訥無巧言

少蓬論召忽死之管仲不死曰此正所謂可以死可以無死死傷勇可以死故召忽死之可以無死故管仲不死然忽之死爲傷勇矣

少蓬嘗問劉待制孝經曰昔者周公郊祀后稷以
配天宗祀文王於明堂以配上帝孝莫大於嚴父
嚴父莫大於配天則周公其人也夫衞獻公曰政
由甯子祭則寡人周公既攝政政由己出矣則祭
亦當在成王苟成王嚴父配天則當以武王配今
曰嚴父而又宗祀文王以配上帝又曰則周公其
人無乃祭出於周公乎周公不應自紊其典禮如
此劉待制曰某今日被公將孝經問倒且容思之
後嘗以書來云周公制周禮定用后稷配天文王
配上帝不隨世改易故爾少蓬復問有何依據劉

曰只孝經便是據不必更他求少蓬復云若如此
説易之豫卦云殷薦之上帝以配祖考又似隨世
變易當時亦不曾以此難劉畢竟可疑余謂清廟
之序曰周公既成洛邑朝諸侯率以祀文王亦可
疑也
幾道云鯀堙洪水汨陳其五行帝乃震怒不畀洪
範九疇彝倫攸斁鯀則殛死禹乃嗣興天乃錫禹
洪範九疇彝倫攸叙禹之所以能叙彝倫者由其
治水能順天地生數之序焉爾觀其冀州既載蓋
始於北方乃次及兖青徐又次及荆楊乃及豫然

後梁雍終焉蓋自北而東自東而南乃及於中而
終以西北其順如此所以爲叙彜倫
胡文定嘗言讀繫辭須是都將作易看不可汎説
且如寂然不動感而遂通天下之故才説性本寂
然感之斯通便汎濫須於易中求之四十九莖著
當其未揲之時固寂然矣問焉以言其受命也如
嚮豈非感通乎無有師保如臨父母讀易時其心
自然肅敬非有以使之也其餘皆然
互體亦豈可不信如歸妹互體爲泰泰之爻曰帝
乙歸妹以祉元吉歸妹之彖曰天地不交萬物不

與觀此類可見
水火字即離坎卦☲易字從日從月
趙丞相鼎在相位時一日與張全眞謝成甫數人
欵語數人盛稱申公所言如人須活三百歲之類
趙矍然驚曰觀此語脉似非申公言語諸人曰章
申公也趙曰可知是章公若吕申公决無此語
序卦雖若有可疑者然其間自有深旨患在學者
不深究之爾如明夷者傷也傷於外者必反於家
故受之以明夷此若淺近求之止是人在外傷則
歸其家究其旨蓋古之欲明明德於天下者先治

其國欲治其國者先齊其家茍明有所傷於外則是其所以齊家者未至也必以是自反焉故受之以家人又困乎上者必反乎下故受之以井亦若是困澤澤無水也澤潤不下流則是困乎上矣當此之時當求在下之賢人能以利澤及物者而用庶乎其可故反乎下以井之澤亦能及物故也其餘往往類此

朱漢章云少時嘗問其父云或見王充論衡云不見異人必得異書今觀其書亦無甚高遠之見乃云爾何也其父曰汝看是時有釋氏也未余因語

此劉夷叔云人多議李太白梅聖俞詩未善曾不知太白以前無如此詩梅聖俞亦然當七國五代文弊之後做出這詩來亦自可服後來雖有作者亦推明廣大之爾

少蓬說劉待制器之學問門户亦自與伊川不同伊川說話儘極乎精微劉大抵理會篤信力行亦自有省要處嘗言勿忘勿助長不思善不思惡但顧空諸所有慎勿實諸所無此等某每不惜以此布施學者少蓬因問勿忘是勿忘个甚底劉曰且說勿忘

張子韶侍郎議論高遠其在講筵上嘗謂曰何以見教張曰臣安敢當見教之語抑不知陛下臨朝對羣臣時如何存心上曰以至誠又曰不知入而對官官嬪御又如何上曰亦以至誠又曰外不對羣臣內不對嬪御端居靜處時不知又如何上遲疑未應子韶曰只這遲疑已自不可上極喜握其手曰卿問得極好

少蓬曾竦身問文定曰這箇是甚底文定曰此便是本

曾仲躬見子韶請教因論文曰文章須從經中來

不然縱使盡力道只道得一橛

上嘗命子韶講春秋對曰臣未嘗習春秋不敢講如高閌却理會得可使講上曰朕須要卿講子韶辭遜再三上固命之迺對曰必欲令臣講春秋臣惟以論語孟子爲其說上大喜曰又道不會

漢上叢說云反觀吾身乾坤安在哉善端初起者乾也身行之而作成其事者坤也人皆有善端不亦易知乎行其所知不亦簡能乎飢而食渴而飲晝作而夜止豈不簡且易哉以此推之天下未有不知而作者也

張安國言其尊人嘗教之云世間如貪鄙刻薄等事須常常把做一大罪過看不可有分毫放過處才慣了便只把做常事看

晁文元公道院録云過去之事不可追憶未來之事不可臆度現在之事不可執着

張侍郎子韶有資治通鑑拈提其大意言古之爲治者難今之爲治者易如殷鑒不遠在夏后之世只是得殷爲鑒周監於二代只是得二代爲鑑若是居今之世前世之鑒誠悉備如要知女后外戚便有許多以女后外戚敗者爲戒要知宦官便有

許多以官官敗者要知大臣擅權便有許多以大臣擅權敗者人主但熟讀通鑑一書則歷代安危治亂昭然在目如權寵專擅之際不必攻擊其人但使人主熟讀通鑑既曉知其利害自然權綱正

洪景盧云

張横渠晚年所居室有紙簾一畨用紙條子寫聖賢語貼之殆遍

范伯達被召問於籍溪籍溪久不應再三扣之籍溪云凡學者治經術商論義理可以問人至於出處不可與人商量

子駒言其先人讀孝經孝悌之至通于神明光于四海無所不通有悟入處每多哦此數句與人言亦多引此其事親雖在千里外疾痛皆知之其先人又嘗言其惟聖人乎知進退存亡而不失其正者其惟聖人乎此須長哦方見意味

子駒學於孫先生名偉字奇父孫學於劉待制孫初爲靜州幕官聞劉待制再謫夷陵自靜求沿檄至峽請見劉見其來待之亦無甚異孫曰某之來本非沿檄蓋欲見先生爾劉問所以欲見之意對曰某生長南方未嘗見北方賢士大夫聞先生受學於司

馬公司馬公實北方賢士大夫之冠某所以求見不敢説從學但求聽説話數日足矣劉許之孫因曰某願於先生門前求一安下處就先生求五日飯喫只聽此五日説話而別劉嘉其意因與共飯五日而日日與之語孫請曰某願受教者不在多言只乞就其所當致力處爲某直截説之劉從其請既五日孫以所聞盡録爲一册而請曰某所聞者如此願佩服之恐録記有所不審更住半日請先生爲看過既乃辭歸孫平生只是從得劉待制五日其受用處只此五日所聞耳

前輩云疑字悔字皆是進學門户學者須是疑須是悔於道方有所入

學者到得臨利害處放倒做不是放倒是他元不曾有立若是實有所立如何放得倒

前輩所立規摹不可輕變雖細事變之亦有其害張乖崖在蜀徇其習俗爲遨頭遊太守亦出郊每自郊外還至城門設帳飲三盃大合樂久之然後散自後因仍莫曉其故後有爲帥者謂其無名廼但爲遨頭而不設帳飲城門之會比晚遊者争門而入遂有躪死者

孫奇父先生晚年於書不甚讀只有論語一部及手批張子房諸葛孔明二傳字極大朝夕玩味之張子房有道之士他人爲高祖所用子房倒來用高祖子房量甚大雖如四皓亦在其術中

畢仲游嘗有書與鄆相請爲文簡公墓碑有云文人之文如繪形史家之文如繪神繪形甚易而繪神甚難某嘗讀班孟堅所作趙充國傳如與充國語及觀公所爲李天章傳便若與天章

對語

子駒言其先人嘗有遺誡云言此行此謂之君子

言此行彼謂之小人

竒父孫先生善誘迪學者嘗有一士人來投所業求教孫置諸案上不視徐曰公每日讀甚書其人罔然莫知所對既又再三問之其人漫應曰某近喜讀新唐書又問曰唐三百年最愛何人其人又不能對逡巡而退明日復來致謝言某汨没於科舉實未知所以學者不知讀書當如何孫諄諄誨之且曰讀帝紀而不知一代之興衰治亂讀列傳而不知其人之賢否邪正又奚以讀史爲此士人受教卒爲善士

唐立夫舍人思箴有云無心之思經營四方無思之心建極惟皇

大學之道在明明德在新民在止於至善物有本末事有終始知所先後則近道矣古之欲明明德於天下者先治其國欲治其國者先齊其家欲齊其家者先修其身欲修其身者先正其心欲正其心者先誠其意欲誠其意者先致其知致知在格物物格而后知至知至而後意誠意誠而后心正心正而后身修身修而后家齊家齊而后國治國治而后天下平自天子以至於庶人壹是皆以修

身爲本其本亂而末治者否矣其所厚者薄而其
所薄者厚未之有也康誥曰克明德太甲曰顧諟天
之明命帝典曰克明俊德皆自明也湯之盤銘曰
苟日新日日新又日新康誥曰作新民詩曰周雖
舊邦其命維新是故君子無所不用其極詩云邦
畿千里惟民所止詩云緜蠻黄鳥止于丘隅子曰
於止知其所止可以人而不如鳥乎詩云穆穆文
王於緝熙敬止爲人君止於仁爲人臣止於敬爲
人子止於孝爲人父止於慈與國人交止於信知
止而後有定定而後能靜靜而後能安安而後能

慮慮而後能得此謂知本此謂知之至也所謂誠
其意者毋自欺也云云予誦大學之書切謂其序似
當如此蓋此書由知止入知止而至於有得然後
可以誠意正心故其序當如此
五代史記事記簡而包括甚廣如安重誨傳數句
是一箇議論又載李克用臨終以授莊宗才
數語爾包盡多少事如此等叙事東坡以下未必
能之
曾子固老蘇哀詞云修能盡之約遠能見之近大
能見之小微能使之著煩能不亂肆能不流最形

容得妙處出

心術篇思之思之又重思之思之而不通鬼神將通之非鬼神之力也精氣之極也參同契云萬遍將可覩神靈忽告人

民之於仁也甚於水火水火吾見蹈而死者矣未見蹈仁而死者也此話說得直是直截世人貪財利利之所在雖驚濤巨浪猶冒涉之惟至於仁則直是計較利害不肯就

曾侍郎云胡文定尹和靖皆嘗言思索講論義理苟有所得悦豫於心只此是眞樂

少蓬云胡明仲嘗言到聖人地位自是殺他不得

管子侈靡篇云一爲賞再爲常三爲固然又云毋以物亂官毋以官亂心又云心以藏心心之中又有心焉又云節怒莫若樂節樂莫若禮守禮莫若敬守敬莫若靜内敬外靜能反其性性將大定

興化士人彭帝錫名與自言於易　覈其易圖最多有一圖謂之地中圖以六居中縱横十八以與河圖爲對蓋河圖五居中左三右七戴九履一四二爲前八六爲後天中圖也彭之地中圖則每位加一焉六居中右八左四戴十履二五三爲前

九七爲後此亦自然之數
天中圖虛十地中圖虛一天中五在中位旁八位
若每位皆五五九四十五合虛十則爲五十有五
地中六在中旁八位若每位皆六六九五十四合
虛一亦爲五十有五
呂紫微和曾吉甫侍郎詩有云長江渺渺看秋注
孤鶩悠悠伴碧霞蓋以詩比孤鶩落霞而視中江
秋注爲不足耳曾亦領略此語故其詩云潛郎有
語須參取孤鶩悠悠伴落霞又云詩來含風刺有
味如猗那悠悠詠孤鶩渺渺看秋河

呂紫微末二十歲時有滕王閣詩其兩句云小艇元從天上來白雲自向盃中落前輩作者已伏其精當矣此虞夢符之説也余記得舊聞諸呂逢吉言舍人少時有詩云春盡茅簷低着燕日高田水故飛鷗蘇黃門見之云此人他日當以詩名天下

嘗記孫憲端朝祕丞説楊子鼓舞萬　者其雷風乎鼓舞萬民者其號令乎謂雷與風不同雷必不一風必不再故號如雷所以警衆必常有以震動之不一而足也令則如風令者法令一定後必不可易如八風各有時當清明風時則一之於清明

若參之以他風則物有不遂其性者他風皆然風不可再如令之不可反也故謂之發號施令發故不一施故不再矣

頃嘗記何晉之説禮記之書如中庸大學所説固是極則處學者類知推重至如其他　所載豈無極則底語余問甚處是極則語何曰如明目而視之不可得而見也傾耳而聽之不可得而聞也豈非極則語邪

三山拙齋林先生文集卷第一

拙齋文集卷第二

三山林　之奇　少頴

記聞下

一念不生謂之中萬念無差謂之和致中於一念不生之前致和於萬念無差之後中夫無喜怒哀樂如未和羹時初無鹹醎酸甘苦辛也和則雖有喜怒哀樂如未嘗喜怒哀樂如羹之既和亦不知有鹹酸甘苦辛也致中和者不可不知此

唐益裕教授云凡直物則有本末橫物則有多端

毛猶有倫有也無聲無臭無也一有一無所謂兩者同出而異名同謂之玄此非其至也至矣二字乃極致處所謂玄之又玄衆妙之門莊子云古之人其知有所至矣惡乎至有以爲未始有物也者至矣盡矣不可以有加矣夫未始有物則猶涉有無之境未至於有無俱泯也安得爲至矣盡矣不可以有加乎無聲無臭矣必進而至於無無然後爲極此中庸至矣之義

尹和靖家居終日靖然家人問飢渴飲食然後唯阿應之不爾不言

劉元城教人以謂學由無妄入無妄則誠李機宜孟珍云先參政謂於元城無妄之説又得不欺二字今爲學宜服膺元城無妄之言又輔以不欺二字足矣

又言其先參政教子弟曰汝輩居家惟是盡一孝字居官惟是盡一廉字他日立朝事君惟是盡一忠字但守得這一字一生用不盡

人一能之己百之人十能之己千之只是惟日不足爾

大學之書前綱而後目如誠意正心脩身齊家治

國平天下既提其綱於前矣其下文各有解釋以至明明德新民止於至善亦皆有解惟致知在格物物格而後知至未嘗解出此甚可疑余切謂知止而後有定定而後能靜靜而後能安安而後能慮慮而後能得此則致知格物之序九知止所以致知至於慮而得則知至矣故大學之書惟知止爲最要

了翁與李光祖書云所買書必以漸觀攷鄉居應務欲盡人情不當專守故紙要之若緝麻然雖或放手勿墰其緒暇則續之忙復暫捨久久不輟積

成長條豈有間斷處也

又與鄒志全書云資治通鑑曾留意否發心畢竟二無別如是二心先心難但先心既立如緝麻然接續初緒自然繹繹而不已也學者倦於持久而稽古之習猝難成辨非如讀習寓言可旬月而了故棄史不讀然不知六經論語發明中實之道以稽古爲本莊周高而不中寓而不實其言可喜悅而實則誕幻尚不如老子之有益於世況可比吾教之中道乎花嚴云依教修行此語乃百家之總門也吾教非彼教彼教非吾教其實無二其門不

一各依自教則多不相妨矣冠貟冠履方屨而鉢食膜拜者是捨吾教也捨經史可證之實而説誕幻無實之文何以異此花嚴依教之旨不如是其偏也修身行己奉行吾教爾如稽古之事載於六經六經之後千餘年之事散於諸史資治通鑑集其散而撮其要爾此

英祖　神考之所以賜後學也又與龜山書云凡温公之學主之以誠守之以謙得十百而説之一二其於玄也不覿不到則其言不若是矣

夫子曰如有周公之才之美使驕且吝其餘不足

觀也已但使驕吝則雖周公之才已不足觀況如後世有才者輒至於欺君犯上又安可以其才稱耶

夫子曰躬自厚而薄責於人則遠怨矣此其立言猶寬蓋謂之薄責則未盡無責謂之遠怨則或容有怨也至於子思中庸之立言則矣其言惟曰正己而不求於人則無怨謂之不求謂之無怨蓋無毫髮假貸矣

揚子雲曰求而不得者有矣未有不求而得之者此語未能自信孟子曰至誠而不動者未之有也

不誠未有能動者也此是信得及語

了翁責沈文有曰古之善學者心遠而莫禦然後氣融而無間物格而不二然後養熟而道凝

雜說云止於一者謂之忠持二忠者謂之患患忠不一者也不一者患所由生者也是　君子賤二而貴一

李參政問於元城先生曰先生以今日事勢尚有可爲者若使一旦在位當用何等人才元城曰不借才於異代因以其手翻覆之曰只在這裏蓋謂只是目前許多人才但與變化之爾元城常以問

徐擇之徐罔然莫知所以荅者

曾侍郎云有一人讀夏禮吾能言句之杞不足徵

也殷禮吾能言句之宋不足徵也此亦有所本禮

記有是故之杞之宋之語

中庸只説顔子大學只説曾子蓋惟比二子之學

爲可以與此

李八丈季言嘗言人之富貴貧賤窮通得喪各自

有定分雖用人力無所加損只是君子饒得一个

君子做小人落得一箇小人做

又言人生萬事各自有定分他造物者排布在這

裏漸漸應將去譬如主人請客盞數多寡先後都已定在這裏主人肚裏却知得了只是客不知既其已定則逐旋安排出來客雖不容知而其已定之理不容不知也世人容計較心於其間所以爲不知命

又言主人請客雖盞數已定然其有路時攙盞又不可以預期也

論語切問而近思何晏云切問者切問於己所學未悟之事近思者思己所未能及之事汎問所未學遠思所未達則於所習者不精所思者不解

中庸曰君子以人治句人改而止蓋君子之學必審知己所偏處而以人之能不爲己所偏者治之如病在虛誕則以能誠實之人治之病在輕儇則以能厚重之人治之病在固蔽則以能踈通之人治之誦其言觀其行以移易吾之心志而變遷吾之氣質必去其所偏復於人道之正　後已如以藥治病必蘄於病已乃可以郤藥也舜何人也予何人也有爲者亦若是是謂以人治如何如舜而已矣是謂人改而止此克己復禮之學惟顏子爲能與於此

高明博厚所以體乎中悠久無疆所以盡乎庸自
誠明者中而庸博厚配地高明配天悠久無疆也
自明誠者庸而中悠遠則博厚博厚則高明也中
則庸矣庸則中矣中故天地位焉庸故萬物育焉
惟德之可大爲能中其始也以易知惟業之可久
爲能庸其始也以簡能易簡而天下之理得中庸
而天下之道備誠明而天下之德舉非天下之至
聖其孰能與於此
在物有理不可不窮在人有性不可不盡在天有
命非人之所得與也故不可以人力窮盡惟曰至

之而已

山谷有詩云世間盡被鬼神悞看取人間傀儡棚煩惱自無安脚處從他鼓笛弄浮生

曾侍郎云中庸以謹獨爲主一念方萌莫獨於此故必於是戒慎恐懼釋氏云不愁念起惟怕覺遲

譬如爲山未成一簣止吾止也譬如平地雖覆一簣進吾進也其進其止皆在自家他人何預焉如人上山各自努力

人一能之己百之十能之己千之此是教人力學以變氣質不如是變氣質不得大抵須是勇猛精

進方有所成只恁地悠悠不得

曾侍郎云大學之序只是立言不得不然非必先修了身方始齊家齊了家方始治國平天下也其實只物格知至便已是明明德於天下矣

有弗學學之弗能弗措也有弗問問之弗知弗措也一不做二不休之謂也

正蒙云性者萬物之一源非有我之所得私也

了翁日省軒詩日晏吾欲食天寒吾欲裘形苦吾願逸心勞吾願休鄙智雖不同物情均所求於物反吾心自能憂彼憂

問如何是敬余對曰主一之謂敬問如今此中相對坐說話且切要言之如何是敬余對曰須是無間斷始得心不在焉視而不見聽而不聞食而不知其味曰此說皆是只是未切以切言之如今相對坐且只是相對坐說話且只是說話

大學不解致知格物惟論意誠心正齊家治國平天下只是一理此便是致知格物蓋合内外之道無二理也

如好好色如惡惡臭此之謂自謙謙足也此是論誠惟誠能足其心有一毫不誠則仰必有愧俯必

有怍其心不能足矣

有能一日用其力於仁矣乎我未見力不足者葢

有之矣我未之見也須是用其力方始有力不足

既不曾用力如何見得力不足冉求曰非不說子

之道力不足也子曰力不足者中道而廢今汝畫

畫者未嘗用力安得見力不足須是眞　曾用其

力方可言力不足

苟志於仁矣無惡也此只是善惡字仁者善端苟

志於仁安得有惡

胡文定喜爲人開陳講說極詳楊龜山尹和靖語

簡
前輩談經重變先儒舊説雖時有不同不敢容易
非如近時學者欲變則變斷自胷臆不復參攷見
蘇侍郎説李迪與賈邊過省時同落第以當仁不
讓於師爲論題賈解師爲衆與傳注異而李落韻
有司遂奏稟焉詔落賈而取李重變舊説也
凡觀人之術無他但作事神氣足者不富貴即壽
考但人作十事若一一中理無可議者也自難得
況終身作事中理邪其次莫若觀其所受此最切
要升不受斗不覆即毁物理之不可移者

伯充問學道緊要處於和靖和靖曰只要閑邪存誠他日又問亦云閑邪存誠而已他日又問和靖正色責之曰公要許多言語做甚只待要資談柄此事只在閑邪若只恁做將去自然有所入

釋氏有體無用如動容周旋中禮釋氏所無子温而厲威而不猛恭而安及鄉黨一篇皆其所不能到

曾侍郎云孔門弟子每切問而近思切問是切問己事近思是近思己事

太宗朝有一朝士奏對鄙野太宗曰卿可謂愚拙

矣其人對曰臣誠愚拙如聖旨然亦勝如姦邪

尹彦明嘗一日竊歎云果如先生所言不虞伊川先生適在旁聽得問曰何歎對曰嘗見先生説橫渠文字有苦心極力之象無寬裕溫厚之氣今觀正蒙果然遂歎耳伊川不悦曰學者最不得如此輕議前輩自家見識到得他這地位也　何得輕議

莫教授子齊云有川僧道顔見識高有頌云喚似一物非他物天上天下出還没道是無來常現前道是有來尋不得説有説無俱妄想長安大道平如

掌昨夜清寒驚覺時手爪元來會抓癢

劉子駒云孫公澤先生嘗論學者有志於道且須看古人長處於其長處必惟恐不及其短處則惟恐自家做到如此處

喻居中云詩尚不媿于屋漏室西南隅謂之奥尊者所居也東北隅謂之屋漏去尊者最遠人之常情去尊者遠則必有夷倨此不媿屋漏所以爲戒謹之至

天長方知觀云相書有言真丈夫無作體姦人無自然

君子謹其獨戒謹乎其所不睹恐懼乎其所不聞不曰人之所不睹不聞而曰其所何也推此可以知謹獨之旨

東坡之文妙天下亦自有不滿意處嘗云某盡力着語畢竟形容這潮頭不出如雪䡇 國雲龖海若家非不極力道只未免有餘恨嘗以語一名士云須是到得木玄虛海賦浩浩漫漫際天無畔始得其名士云先生雖云形容海潮未出然先生他作却煞有工夫到處如云卷地風來忽吹散望湖樓下水如天此是甚力量虞宮教

詩人力量分限各自不同自古獵詩惟數王維云云萬人齊指處一鴈落寒空東坡以爲初學語故其極力句有云衝風駿馬跑空立走兎蒼鷹控地飛可謂豪壯然其視身輕一鳥過槍急萬人呼爲如何東坡以徐凝瀑布詩爲惡詩李太白詩豪矣然比之海風吹不斷江月照還空又不同矣並虞氏云

老杜詩有即其所見而得句者司馬財用云親至其地訪問然後知其實如忠州詩云忠州三峽内井邑聚雲根蓋其州民居市井往往依大石爲之又如龍脊灘頭雞子卜乃其地有灘石如龍脊狀

上有小凹每以水退則其凹中有餘水存焉土人以雞卵就其凹中擊破觀其雞子入水之狀可以卜蠶之熟否又黃草峽西船不歸赤甲山下行人稀今赤甲無路不通人行安得行人稀之語蓋古之赤甲通人行其路後廢矣家家養烏鬼乃其俗

多事烏蠻白蠻鬼此養字當去聲

韓康伯係辭其柔危其剛勝邪注曰夫所貴剛者閑邪存誠動而不違其節者也所貴柔者含洪居中順而不失其正者也若剛以犯物則非剛之道柔以卑佞則非柔之義也　大壯云未有違謙越

禮能全其壯者也故陽爻皆以處陰位爲美用壯
處謙壯乃全也用壯處壯則觸藩矣
世間惟患得底人患失之心最重
李機宜孟傳文授言其先人參政論尹和靖之學云真所
謂潔靜精微
李參政問學於劉待制劉曰某之學初無多言舊
所學於老先生者只云由誠入某平生所受用處
只是不欺耳今便有千百人來問某某也是這一
句
王信伯嘗見陳齊之壁間有温公畫像正在賓位

背後信伯父之不肯坐須令撤其像乃坐既而復
往見一士語及此云不惟是背畫像坐不便此自
不是書室中玩好之物
文授言其先參政每教子弟凡後生所至處且須
從賢士大夫游
潘義榮嘗言人之心術如明鏡鏡有塵　必以藥
磨之讀書如以藥磨鏡多藏書而不讀無益於心
術如多蓄鏡藥而不磨多亦奚爲
美食勿使饜饜則不能受善人勿使倦倦則不能
乂　邵康節詩

趙子通丈因論誣謗云士君子須是立於無過之地使誣謗莫得而近方始是　神廟嘗問王介甫云司馬光在洛中有人説他多爲商人過税介甫云臣妻與司馬光同官孰知其爲人如光者執拗不通則有之若謂其爲商人攬税必無是事

吕監嶽言左仲琰之父能詩有石橋詩云嵒哉嚴畔客何不向前行自是人心險無如此路平又有竹詩云老僧不識春頭面但見堦前新笋多

范文正所至延待士人十人使佐其議論此十人議論未必能過文正然固不可無

老蘇似荀子東坡似孟子

仁廟初慷慨論事不屈之意出於范文正公一人

文正公以一人做成　本朝一代風俗之剛正如

許是甚力量徐憲云

易先甲三日後甲三日先庚三日後庚三日説者

多不同余以爲十干除戊己土不在四序循環之

列惟以甲乙丙丁庚辛壬癸爲四時之序甲陽之

始庚隂之始先甲後甲三日皆庚也先庚後庚三

日皆甲也蓋甲後乙丙丁爲庚庚後辛壬癸爲甲

皆隔三日俗云乂雨不晴但看甲庚蓋此二日隂

陽之始故必有變易氣候不同

甞見杲徑山爲楊原仲家普說其間舉數事皆是刺譏原仲云頃在京師甞至一貴人書院其人正寫一紙文字乃是要　老劇陷害一士大夫方讀未竟貴人出曰見其文字否杲云不曾見其貴人云必見之杲曰公這文字要陷害人未論行與不行只這一念起時已入驢胎馬腹了也豈計他人見與不見

後漢翟酺有言致貴無漸失必暴受爵非道殃必疾

徐憲云嘗見邵博說其人只閉門在屋裏自撰學問如何得成

吾輩學問亦不必視前輩太遠往嘗見籀仲滋所說其視前輩直是高遠如天之不可企及亦不必如此

韓倅珹云明州集韻煞有理會得音韻 來歷處如韓文大木爲楹細木爲桷欂櫨侏儒椳闑扂楔字人止作先結切而集韻乃讀與桶字叶也東坡平生不識宮與角但聞牛鳴盎中雉登木此角字與甪里先生之字與木字叶也亦見集韻角字有

兩音一音鹿角里先生即此音麟之角振振公族

誰謂雀無角何以穿我屋退之贈唐衢云虎有爪兮牛有角虎可搏兮牛可觸老杜赤霄行孔雀未知牛有角渴飲寒泉觸

徽廟曾幸簡邸見支門木問其名簡王對曰此名居出韓文進學解

觀論語所載三子言志時其師弟子之間游處如此非僻之心何自而入讀者可以想見其意味

子美正聲諧韶濩退之勁氣沮金石

孫倅云人有記性有誦性曾見張子韶說其門人有姓姚者性頗純每日讀百十字至數百遍終念

不得一日子韶令門人共記通鑑其父頗以爲病
旣一二十日後因門人共講論通鑑中事此士人
記憶甚多問頭知尾門人無出其右者此人蓋有
記性無誦性者也鄭參議因云人有三記有目記
耳記心記

伯充嘗作一小詩道其欲學問之意貼於壁間舍
人見之曰莫只做話説了

釋氏五戒與吾儒所説五常大槩不殊不殺即仁
也不盜即義也不淫即禮也不飲酒即智也不妄
語即信也然釋氏戒其迹不若吾儒指其心所以

塗殊轍異持不殺戒者未必其心之仁持不盜戒者未必其心之義其他皆然故皆持之雖嚴及其破也不仁不義無所不爲矣吾儒雖不立五戒而惟使之由是心廣而充之充其惻隱之心雖不戒其殺自然不殺充其羞惡之心雖不戒其盜自然不盜其他皆然故善立教者莫吾若也

曾吉甫曾託其問呂紫微其詩如何紫微曰吉甫詩學山谷大抵只是於浮標上理會無甚旨趣子通云

紫微云句中要有眼非是要句句有之只一篇之

中一两句有眼便是好詩老杜詩篇篇皆然

張子韶論釋氏死生之理云亦是吾儒一説

吕紫微云作詩以三百篇爲首詩人之作其美刺箴規咏歌舉合乎道學者學詩須本諸此乃爲佳作

拙齋文集卷第二

拙齋文集卷第三

三山林　之奇　少頴

五言古詩

示張直温

築山必使高鑿井必使深百正戒淺近盛德羞浮沉焉有尺寸枝能棲垂天禽焉有升斗泉能容横江鱘借兹論物理足以開君心嗌在容不足弱在力不任大道如路然固無古與今

朝乘

朝乘日車出暮載星影還顛冥朝暮中出入咫尺間已覺素志非更知人理艱小利専欲速大德不踰閑

田漏

古星昏曉中寒暑已不疑田家更置漏寸晷亦欲知汗與水俱滴身隨陰屢移誰當哀此勞往往奪其時

雜詠

懐王自墮馬賈傅至死悲古人事一職豈敢茍然爲哭死非爲生吾心良不欺滔滔聲利閒絳灌亦

何知

看白雲愛而成詩

秋風吹白雲觸處自何谷初猶半洞門欻出遍巖腹零落依水湄片段掛枯木餘影透微白滅跡混空綠煙蘿自翳島溆　徒縈曲安知蒼梧野下覆猿鳥哭誰能久徘徊返顧視黃鵠

舉舉媚學子

舉舉媚學子居曰不吾知知而有不能無乃失於欺不知未爲患不欺浩難期咄哉天下懷何以天下爲

呼雞

雞呼雞來前犬嗾犬至止夫豈必可召役以食乃爾今吾曷爲悲人而雞犬爲自計無自存西山謝夷齊

秋懷

棫棫庭樹葉朝零非昔稠呦呦草蟲鳴暮急曉未休爾蟲無不平豈亦有哀憂胡爲勞呻吟與士感傷投壯士亦何者哀哦與蟲酬所抱不列陳調苦難謠謳極目有遠見直懷羞曲求葛藟龍久安能功名忌前收日月忽未幾天地今復秋少壯負所

懷老大安能謀生無及人功死骨埋泉羞胡爲不奮飛徒與寒餓雛

四事

會有四不赴時有四不出無貴亦無賤無固亦無必里開閑過從身安心自逸如此三十年幸逢太平日

高竹

高竹碧相倚自能發餘清時時微風來萬葉同一聲道污得夷理物虛含遠情階前閑步人意思何清平

村居

日影滿松窓雲開雨初止晴林梨栗熟曉巷兒童喜牛羊深澗下凫雁寒塘裏田父酒新成瓶甕饋隣里

新晴山月

高松漏踈月落影如畫地徘徊愛其平夜久不能寐怯風池荷卷病雨山果墮誰伴子苦吟滿林啼絡緯

屬疾梧軒

高梧覆新葉滿院發華滋白日一何永清陰閑自

移暖蟲垂到也晴鳥語多時病肘倚枯几泊然忘所思

謝公定和二范秋懷

西風一葉脱迹已不可掃巷有白馬生朝回焚諫草誰云事君難是亦父子間所要功補衮不言能犯顔

宿舊彭澤懷陶令

潛魚願深渺淵明無由逃彭澤當此時沉冥一世豪司馬寒如灰禮樂卯金刀

元亮淒其望諸葛骯髒猶漢相時無益州牧指爲

用諸將平生本朝心歲月閱江浪空餘詩語工落筆九天上向來非無人此友獨可尚屬余剛制酒無用酌杯盎欲招千載魂斯文或宜當

題宛陵張侍舉曲肱亭

仲蔚蓬蒿宅宜城詩句中人賢忘巷陋境勝失途窮寒葅書萬卷零亂剛直胷偃蹇勲業外嘯歌山水重晨雞催不起擁被聽松風

春日雜書

昨日爲雨備今晨天乃風障風謹自保通夕雪迷空備一常失計盡備力不供因之置不爲拱手受

禍凶當爲不可讓仕彼萬變攻築室如金石何勞
計春冬此道簡且安古來家國同

賀雨拜表

羣雲雨事畢振旅不復陣掃天無一塵千里還緑
潤晨朝大明賀沙路萬蹄印朝元泛翠瓦佳氣去
人近頗聞避斧扆侑膳徹龍笥願君愛物心從此
至堯舜

雨後出城馬上作

旣雨天氣佳微雲淡如掃欲尋煙際鐘騎馬河邊
草紫椹飽黃鸝人家夏蠶老田婦踏繅車隔籬語

音好嗟我一何愚讀書浪枯槁不及此中人終年客長道

江月圖

冥冥一月輕不知水與天獨於顥氣中仰見素壁圓超然狂道士起視清夜闌自拈白玉笛吹此江月寒想當萬籟息逸響流空煙我從江海來形留意先還何當買魚蓬追此水墨仙

送葛都官南歸

不羨新爲赤縣尹惟羨暫向江南歸江南冪冪梅雨時風帆差差並鳥飛罾竿夾岸長若桅水籠畜

魚鮮且肥家在千山古溪上先應喜鵲噪門扉

滄洲亭懷古

瀟水悠悠天際來夾江古木抱山回柵中人物不滿把日晏市散多蒼菪九疑巉天古雲埋遥想帝子龍車迴心衰目極何可望九歌寂寂令人哀

縱步湘西

今朝不易得天晴閑過江西取意行忽然林外見山色又向橋邊聞水聲緑竹長松間桃李天然翠幙圍羅綺日暮歸舟醉不知晚風吹過湘江水

謁客

入門投謁吏翩翩我非欲見禮則然異哉賓主兩無語客起疾如走避燃我已不恭愧昔賢忍使塗朝衣冠人生暫聚鴻集川春風吹飛何後先

墨染絲

繰絲自喜如霜白輸入官家吏嫌黑手持退印競傳呼倏見長條染深墨墨絲歸織家人衣別買輸官吏嗔遲寄言夷狄與三軍汝得豐衣民苦辛

豫章別李元中宣德

舊聞諸李隱龍眠伯時已老元中少一行作吏名天涯故人落落踈星曉西山影裏識君面碧照草

江畔子瞭向來問道渺多岐只今領畧歸玄妙老鳳垂頭噤不語古木查牙噪春鳥身在幕府心江湖左脣右律但坐嘯第愁一葉釣漁舟不容七尺堂堂表我今歸卧翠谷雲君應紫禁鶯花繞相思有夢到茅齋細雨青燈坐林杪

聞徐師川自京師還豫章

九衢塵裏無停舟君居陋巷不出遊滿城惡少弋凫雁對面故人風馬牛别後天寒燈火夜歸來眠冷江湖秋馮驩老大食不飽起視八荒揵蒯緱

早春偶題

寒風淅瀝鳴枯葦小鴨睡殘猶未起更教細雨結輕寒坐聽蕭蕭打窓紙石盆養蒲已抽翠雕斛裁花先生紫擁爐閉閤賦幽香未怕春冰生硯水

夢訪友生

少年結客長安城妄喜縱酒一章程支離老去一茅屋枕書卧聞長短更友生相望止百里寒夜寥閒無微聲夢中乘興輒見戴剡溪聊爾扁舟行覺來蘧蘧一榻上不用僮僕爭籬迎吹燈弄筆欲書寄窻前白月方亭亭

拙齋文集卷第三

拙齋文集卷第四

三山林　之奇　少穎

表

德壽宫賀正表

伏以釋舜肎負於九重既瞻内禪播堯仁於四表共慶大來禄自天申齡由帝與車書列壤怙恃同心中賀恭惟　光堯壽聖太上皇帝陛下聖學日躋聰明時乂繩其祖武茂延七廟之休貽厥孫謀翼燕萬年之業開兹華旦允屬昌期臣誤乘星軺遠去

象闕月正元日雖丕騰壤擊之歌春王三朝猶不
替華封之祝臣無任

皇帝賀正表

伏以纘堯曆象嗣登五位之乾開舜璣衡初履三
陽之泰混車書於正歲輯圭璧於中天履端一元
會慶萬宇臣某中賀恭惟　皇帝陛下巍巍蕩蕩穆穆
明明欽備福以錫民編肇新皇極撫宸緯而凝帝
績誕啓炎圖臣誤乘使軺揭臨海嶠月正元日遠
想重二典之華春王三朝莫陪受四海之籍臣無
任

賀改元表

准唐室正元之規示謹嚴於正始用孔聖春秋之法重改作於踰年考古驗今體元立極鴻名所錫鼇抃攸同臣某中賀恭惟皇帝陛下廣運聖神徇齊膚敏光受庭闈之訓誕膺曆數之歸濬哲惟商遠接建隆之皇統重華協帝親奉紹興之宸謨迺集大成以都顯號有秩斯祜無疆惟休臣遠乘使軺肇膺詔綍金聲玉振既逢條貫兼總之初霧塞飈回願覩謀謨咸賛之盛臣無任

實録院進　神宗皇帝寶訓表

皇祖有訓誕垂奕葉之光王言如綸俾就汗青之
載仰窺謨烈之罔缺退慚才識之非長顧因孫謀
冀達聰覽竊以聖惟作則言必成章堯舜之巍乎
蕩乎實重華而位非一姓商周之灝爾噩爾雖繼
體而書豈皆傳孰如我　宋之勃興代有斯文之
永寶繇乾興上接乎肇造既首編摩自天聖下逮
乎治平隨亦修纂莫非垂統爲可繼也是以廣記
而備載之於萬斯年不一而足恭惟　神宗皇帝
纂五世盈成之業因多方富庶之資丹雘增光於
梓材薪槱旁求於棫樸酌民言而更張其化稽古

道以董正厥官内修外攘兢兢然而時保大綱小紀郁郁乎其日新盖首尾凡十九年所記注逾數十指雖布在方冊之甚備抑撮其機要之未遑肆惟

皇帝陛下繇愛親之仁致奉先之孝有懷燕翼見乎羹墻爰命司存冩諸琬琰苟善政善教之所繫皆聚此書使文子文孫之方來用宏兹賁豈曰小補展也大成臣忝以宰司領兹史職雖述故事而不作曾微金匱之功惟監成憲以無愆願託傳嚴之義

天申節賀表

臣某言伏以接千齡之寶運德爲聖人對四表之
歡心養以天下屬天申之初届諒帝顧之彌深敢
殫螻蟻之微誠用祝乾坤之大造中賀恭惟
皇帝陛下勇智天錫輝光日新嗣膺内禪之歸丕
傳文治方懋外攘之業大闡武功重開繞電之符
允屬乘蛇之運望堯自昔戴舜云初願對昌期式
隆備福千秋萬歲永嚴五日之朝四海九州同仰
二天之芘臣屬持使節阻造闕庭臣無任

天申節德壽宫賀表

臣某言伏以慕羶戴舜罄四海以同心就日望堯

接萬世而如見允屬重熙之運肇開初服之端敢
效嵩呼式陳華祝中賀　恭惟　光堯壽聖太上皇
帝陛下勲高巍蕩道入希微方成至佚而至愉蓋
得善傳而善繼延億萬年社稷之福黙照殊方享
八千歲春秋之成静貽哲命瑞開華旦慶匝緜區
治昭九變之傳光受萬國之養既四方丕式見德
方緜長發之休冝黎民於變時雍不改太和之治
臣屬乘使傳阻造闕庭臣無任

天申節賀　皇帝表

爲天下君率四海九州而養祝聖人壽以千秋萬

歲爲期敢伸中嶽之三呼庸效東溟之萬折恭惟
皇帝陛下重華協帝下武繼文民徯望其來蘇寶
運式光於内禪天全付以所覆皇威方暢於外攘
顧因多助之歸同納大來之慶惟新美化既成日
闢之功嘉與函生永樂時雍之治

天申節賀　德壽宫表

帝庸作歌業浸昌於大有天其申命福亶厚於中
孚輒效嵩呼用同鼇抃恭惟　太上光堯壽聖皇
帝陛下德高今古道滿乾坤運契千年遜位而儲
精蠖濩神全三月齋心而問道崆峒顧因至佚而

至愉益以得名而得壽文謨武烈永息兩地之干戈堯蕩舜巍長沛二天之雨露臣屬持使節莫造闕廷夙禀葵誠多逢欽思

芝草賀　德壽宮表

大椿八千歲永哲命之自貽金芝十二莖衍餘慶之家積系隆我漢陳錫哉周恭惟　太上光堯壽聖皇帝陛下守位曰仁律身以道篤實備中孚之美囍艱獲既濟之亨昔聞見廟楹肇開長子之主器今層出寢殿益彰作室之肯堂究觀滋至之符若奉諄言之示臣屬持使節莫預群瞻申命用休

既拭目覩齊房之頌歸美以報願長言歌天保之詩

賀　皇帝表

舉天下之物無足以稱之實惟盛德非人力所致而有自至者是謂正符式觀和氣之祥益顯治馨之感竊以堯階蓂莢未爲化國之殊尤漢殿芝房且非帝者之休應惟聖有作于古有光擁純嘏於一時騰驩聲於千載恭惟　皇帝陛下既成舜孝方懋禹功游巖廓以道相傳惜寸陰惟日不足心合高厚聿來滋至之天休神介壽康衍爲並受之

王福於赫斯瑞厥應孔時在兩儀並育之中乃二典絶無之事當先覩之爲快實具瞻之所同臣秉傳有行造廷無日忽忽鬱鬱幸悚聞圖諜之新蕩蕩巍巍恨莫措形容之巧

代陳左相到任表

二年輔政顧何補於聖朝累表陳情遽竊分於閫寄班詔條而夙駕遡里閈以晝遊恩大難酬愧深無措中謝伏念臣頊叨躐用居乏顯庸豈惟朝綱國體之莫隆抑亦時材人望之非稱愒日玩歲初無乂大之謀筭效計功未有纖微之報兹負乘

之爲累惟折覆之是憂乃瀝悃誠固祈罷免敢圖洪造曲賜包荒略其既往之愆錫以非望之福既蒙善去且獲榮歸畀便殿之隆名撫全閩之巨壤此蓋伏遇皇帝陛下至誠樂與善始善終一視同仁成小成大以臣八郡人物之舊必也周察於民情謂臣兩地臣鄰之聮或能布宣於聖德特沛風雷之號使均雨露之恩臣敢不周爰咨詢克勤無怠雖身在江湖之外實戴堯天然威存咫尺之間常瞻舜日

代恩平郡王謝加食邑表

价藩無似素懷寵過之憂兹事罔功更負食浮之
懼撫躬靦面拜命汗顔伏念臣賦性顓愚受材譾
薄承歡宫邸夙叨猶子之恩分寄宗藩洊擁維城
之任一違觀闕再閲星霜躬樸學以徒勤積素餐
而甚乆屬當宗祀之禮舉莫陪顯相之髦烝肙在
別都神馳文陛豈謂均釐之及首膺錫福之敷跡
以眞租盈其多賦儀槐節鉞既屢復十連大國之疆
薪槀木章復占千户封君之籍疚懷如渉冐德若
驚此盖伏遇　皇帝陛下對越上靈祗遹文考誕
啓千齡之瑶運丕陶萬姓之歡心茂育中和有公

聽並觀之美導迎戩穀無專鄉獨美之私肆令孱
微有此遭遇臣敢不服勤匪懈履正無私佩歆器
之箴受禄深虞於滿溢遵直臣之訓盡規庶補於
聖明

代陳左相賀　太上皇帝加　尊號表

惟聖爲能享帝交孚溥率之情大德必得其名並
舉尊親之禮聲教所暨歡謡寔孚臣某誠懽誠抃
頓首頓首竊以道以聖傳天惟堯則究道原之所
出與天載以同宗稽古而來於今爲盛恭惟
光堯壽聖憲天體道太上皇帝陛下享天心而立

皇極執道要以爲民彝誕契時幾式符稱願享四海九州之備養兼二帝三王之美名盛德茂加函生曷報每切望雲之念徒多擊壤之歌臣頊列邇聯嘗叨殊眷一麾出守莫陪百辟之瞻終日戴天難措片辭之巧

又賀　今上皇帝表

郊禮行而百神受職爰舉縟儀家慶衍而四海歸仁允惟達孝惟舞蹈之斯極寔溥率之所同臣某誠懽誠抃頓首頓首恭惟　皇帝陛下以天爲宗其道甚大非人力所致而自至者舉天下之物無

以稱之洊正鴻名以全備養渙號所布聖德益孚喧騰萬國之歡心藹播兩宫之和氣臣久違魏闕外領帥藩穆穆皇皇政遠天顏之咫尺巍巍蕩蕩莫加帝典之形容

任福建市舶謝　上表

久玷宗藩之貳遽叨使節之名拜命凌兢莅官惕畏伏念某蚤緣樸學濫中賢科未更州縣之服勞偶值聖神之更化複門給扎首膺試可之求冊府懷鉛驟列校讎之職冒成書而改秩趨文陛者累年雖既抱痾猶然竊禄積歳時之拊養致筋力之

安強但思農畎之生還敢望皇恩之下逮尚圖後效庸掩素餐懷德惟寧而宗子維城碩何裨於尺寸下碇有稅而閼貨有燕詎敢利於錙銖自省遭逢誠難報塞此蓋伏遇　皇帝陛下孔情周思尭勛舜華極大亨而養賢備文德以懷遠謂臣實儒館之舊或能通貫於古今知臣本閩嶺之氓必也究知於利病肆令朽質叨此誤恩臣叱馭非難乘軺茲始願言辭子罕之玉庸戒身貪尚期還合浦之珠式資國富

賀　今上表會慶節

光傳震器夙開彌月之期肇握乾符甫洽期年之
化千齡會慶八表同歡恭惟　皇帝陛下與日合
明如天廣運謳歌覲德識四方戴舜之期神聖重
華開萬世見堯之幸氣相求而聲相應已瞻雲龍
風虎之符車同軌而書同文將貽河圖洛書之瑞

三山拙齋林先生文集卷第四

拙齋文集卷第五

三山林之奇少頴

奏議

論爲君之道莫先於仁義

臣聞孟軻與人君言必稱堯舜自古爲君之盛未有過堯舜者軻之言必稱焉斯爲言之至也今觀其與時主論治之際指堯舜以爲說者蓋寡矣謂之言必稱焉何哉堯舜禹三聖相授一道其言惟曰允執其中而已自禹以是傳之湯文武周公孔

子傳之孟軻然後發揮乎列聖所傳執中之要以
曉當世曰仁義軻之言不出乎仁義是所謂必稱
堯舜也立人之道曰仁與義人之所以與天地並
立爲三者非仁義無以爲也故允執其中者無他
惟躬行仁義之實上以配乎天之陰陽下以配乎
地之柔剛則中道卓然而常存矣軻之學獨得堯
舜之正傳者其要在此然惜其所與言者齊梁之
主類皆狹隘蹇淺而無大有爲之志是以言雖切
而戞戞乎其難入也漢朱博有言生所言聖人道
也且持此道歸堯舜君出爲陳之世以博之言爲

過非也聖人之道仁義之言必君如堯舜然後能
用唐魏證之事太宗而太宗稱之曰證蹈履仁義
以弼朕躬欲致之堯舜此蓋孟氏之學見諸行事
深切著明者也由此言之親逢堯舜之主有躬行
仁義之實其於獻納之際不能以仁義先焉則非
所謂孔孟之學矣恭惟　皇帝陛下聰明本乎天
縱問學先乎緝熙施實惠於寬恤之詔則萬姓歸
仁攬威福於獨斷之權則四方慕義此堯舜之用
心而士生斯時實萬世一遇也臣以一介微賤獲
望清光於今日一有言焉捨仁義將孰先哉臣之

所言仁義者非謂人人而撫摩之以是爲仁事事而裁節之以是爲義也中心無爲虚一而靜如止水之湛然不動如磐石之介然不移則因心所愛愛無非仁稱事所宜宜無非義允執其中如堯舜而仁義不可勝用矣蓋自其寂然不動而言則曰執中自其感而遂通而言則曰仁義以此事天而與天不息以此事地而合地無疆臣不勝惓惓愛君之誠竊意聖學所傳聖心所藴實在於是故輒陳其管見伏望　陛下以堯舜兢兢業業由仁義行之心廣充此道成能天地使惠無不懷威無不

服寔天下幸甚取　進止

乞損文弊歸於忠實

臣聞孔子曰周監於二代郁郁乎文哉吾從周又曰先進於禮樂野人也後進於禮樂君子也如用之則吾從先進其言如此之不同何也斯文之傳由堯舜至周而備所以欲從周然文之極則必復其初所以欲從先進至於漢儒董仲舒司馬遷之徒遂謂夏尚忠商尚質周尚文繼文莫若用夏之忠以是爲三代循環之道此說雖若出於董仲舒司馬遷實孔子從先進之意也恭惟　藝祖皇帝

始定大業　太宗　眞宗繼統守成其爲綱紀法
度簡而易用要而易守雖黼黻治具之文猶有未
備者而體要固已立矣至于　仁宗增光皇猷而
右文之治始寖盛於前世乃其時世然也然臣觀
慶曆中富弼等所進嘗取　三朝寶訓孫謀編類
成書以爲大訓每一規模一政事必從而訓釋之
謂　祖宗之世如彼而今之世乃如此在今惟當
以　祖宗爲法豈其誠不如　祖宗哉䖏文之世
固不可以忘乎忠之實也　仁宗之治要其歸必
本於忠厚有以也夫自是以來聖聖相傳治世之

文日滋月益以底于　今日凡典禮文物法令條

章固已如周之粲然大備矣然百官有司朝夕從

事於期會簿書之間則往往惟文之徇而或不究

其實惟法之拘而或不求其意蓋孔子猶謂從先

進而　慶曆名臣所以欲每事仰法　祖宗者正

謂是也　皇帝陛下灼知其然迺於邇英進讀

三朝寶訓固欲取法乎國初祖宗之成憲矣邇者

復斷自　淵衷進忠讜之言於廷對毀奢麗之飾

於通衢此二事者海內之民舉知鼓舞歌頌而臣

竊謂　宸謨所發蓋將損文治於有餘之後而還

忠厚於先進之初是以其示天下以好惡者如此而又將不止於此也臣願　陛下念夫斯民之心悅而誠服有在於斯二者則舉斯心而加諸彼凡所施設注措一以　祖宗創垂之初爲法使百官有司汲汲然效其忠實而略其彌文合於孔子從先進之意則德日起而治日新矣臣無任僭越皇懼之至取　進止

乞崇儒術黜異端

臣聞儒者之學異於諸子百家者惟其六藝所載莫非帝王致治之成法其舉而措之則確然有益

於世而非無用之空言所以歷萬世而無弊也至
於老氏莊列之書雖推原道德窮高極遠蓋有出
乎孔孟之上者然空言無實蔑棄人倫而不適於
用使學之者如捕風係影終日茫然而無一得則
徒能竊取其離世絶俗而不事事者以爲自便之
計耳魏晉之際崇尚虚無之習賊敎化薄名檢至
使清談廢務以憂勤爲末節以罷懈爲徒勞風俗
寖失不可復振者由不知有六藝之學而異端得
以乘間而入故也仰惟　皇帝陛下焦勞圖治所
以立道設教移風易俗者粹然一槩諸聖肆以萬

機餘暇　躬灑宸翰徧書六藝遺文刻石上庠以
啓迪學者此其爲崇尚儒術表章聖經之意明矣
而累歲科舉取士有司或不能推明　上意而所
出試題閒以老莊之語學者惑焉則於六藝之學
未必能定于一也臣竊聞　元祐中呂公著建請
兼用經義詩賦取士以盡其能而戒有司毋以莊
老書出題故一時所得類多端良質厚之士此良
法美意也今之取士既以兩科兼用合乎　元祐
之制矣臣願　申勑中外學校貢舉考官所試題
目亦毋出於老氏莊列之書以排擯浮僞無實之

空言而使世之儒者一意於孔孟六經之習實名

教之幸耿　進止

乞選求實才以備煩使

臣竊惟　陛下總覽宏綱勵精圖乂寤寐英俊蒐

訪無遺求賢勤政眞堯舜之用心也然而五年于

兹治不加進國威未振朝綱未擧庶事未備者有

繇焉用人之道猶張弓高者抑之下者擧之有餘

者損之不足者補之期於不偏而已矣人才之在

天下有三其一曰文詞華藻可以丹青帝典黼黻

皇猷者其一曰持身嚴制行確所爲周密謹畏無

類之可指者又其一曰端方勁直沈實通敏可使謀帷幄專方面而能定計於猶豫之秋應變於斯須之頃者三者皆才之可貴者也而有用之才爲難得此其爲文采則未必過人以細行則未能無缺而實確然有用於世爲國而欲養才於無事之時以待一旦之用必多得若人而後可厥今彈冠應聘而至者轂相擊於塗肩相摩於朝非不盛也然由前二者之才則多而由後之所謂實用之才則或者猶患其寡夫有用之才必待用而後用今未用之於臨機制變之地何從知其寡乎蓋自近年以來

凡任職乎百官有司者其文采蘊藉畏謹退縮常有餘而肯爲朝廷慨然任事者寡也邊鄙不聳上恬下嬉惟其期會簿書之間循繩墨守規矩之不暇苟有一利之可興一害之可除雖心知其然而囁嚅趑趄遠嫌者不肯議避怨者不敢爲如是而求其任患恐未易得也臣是以有張弓之説欲望陛下斟酌時務變而通之損二者之有餘以益其一之不足文章行藝之士既以不乏於時閭閻秋秋如是足矣惟是確然實用之才可以備煩使而膺劇任者在於求之不病其廣得之不厭其多所

得之才爲無窮則其應天下之變亦無窮矣彼駢技儷巧抽黄對白含糊不決結舌不談之人閑居暇日羽儀於朝雖曰濟然可觀然責以大節不奪難矣臣之私慮過計率爾及此誠爲愚戇惟陛下試以臣之言而默求是三者之才當不逃於聖鑒裒多益寡斡旋人心在　陛下爲之而已取進止

損益三説

臣聞易六十四卦莫非聖人所以開物成務冒天下之道而孔子於易獨歎損益二卦何哉易之爲

易損益盈虛與時偕行而已於此得其要則體易在躬舉而措之事業無難矣恭惟　皇帝陛下潛心羲文之道而默契孔氏學易之要邇者闢殿廬之側以爲損齋躬灑宸翰作爲記文發明損益二卦之奧旨寫諸琬琰徧賜廷臣俾凡儒林之學易者舉得以聖王爲師而學焉寔多士幸甚臣猥以翰墨備數中祕抑嘗恭覽聖製紬繹斯文竊意陛下之所欲允蹈於此者其義有三此皆聖學高明得乎天縱而見諸行事深切著明者也臣請即損益爻彖之義爲　陛下別白而歷陳之其一曰

損思以益德臣觀損之象曰山下有澤損君子以懲忿窒慾山位乎上其暖氣實鍾乎澤澤位乎下其源泉實接乎山兩物咸和而萬物生焉心之本體無思也無爲也寂然不動感而遂通天下之故一涉於思則物交於外而忿慾動於中其酬酢萬變心有所蔽而不通者故損之爲德致其虛一而靜不使忿慾之私或萌焉則天氣下降地氣上騰中虛無營五官自治盖自其一思慮一玩好而每損之以至於易簡理得而成位乎其中是以惟損思可以益德其二曰損用以益本臣嘗謂損益卦

畫實相因而成義損九四於上以益初六是謂損上以益下夫苟在上者毎損己以益民則損而不已其爻積而爲泰矣損九三於下以益上六是謂損下以益上夫苟損在下之民以益乎君毎損而不已則其爻積而爲否矣否泰者無他爲損益上下之積也人君　躬行節儉而示敦朴以先天下所損者一人之欲而所全者萬民之命民惟邦本本固邦寧矣盖自其一營繕一需求而毎損之以至於穀不可勝食材木不可勝用是以惟損用可以益本其三曰損華以益實臣謹按震下巽

上爲益自春而之夏也萬物於是而敷榮兊下艮
上爲損自秋而之冬也萬物於是而揫歛四時循
環周而復始如其無秋冬之損則何以爲春夏之
益故爲國家者當夫典章文物粲然大備之後必
救文之弊納之於忠使湛恩滂沛誠意交孚確然
務求有益於實而不區區於繁文末節以緩政體
蓋自其一文采一制度而每損之以至於盥而不
薦有孚顒若是以惟損華可以益實此三者知之
斯爲智守之斯爲仁行之斯爲勇臣惟願
陛下尊此所聞行此所知日以就之月以將之損

之以馴致於無為則堯舜恭己南面之治可以坐致而損齋之訓將與虞書精一執中之言並垂諸方冊傳諸萬世以為後王法雖甚盛德蔑以加此矣臣以管蠡窺測妄議天地之純全臣不勝冒昧戰悸之至取　進止

三山拙齋林先生文集卷第五

九十五

文集卷第五

十

拙齋文集卷第六

三山林　之奇　少潁

劉

上陳樞密論行三經事

某有少區區管見輙欲致塵露之益於左右雖非所宜言者仰恃愛予之素不自覺其爲黷也某伏見近有請於朝者欲以王氏三經義復使學者參用其說而有司視以升沉多士　朝廷已有新降指揮行下某竊謂此一事所係於治體者甚大王

氏三經義雖其言以孔孟爲宗然尋其文索其旨
大抵爲新法之地者十六七此王氏之私書也詎
可以垂世立教乎晉人以王何清談之罪深於夷
狄　本朝胡蝗内食之禍考其端倪王氏實居王
何之責其爲三經義在孔孟書中正所謂邪説詖
行淫辭之不可以訓者仁人君子辭而闢之若救
頭然尚且懼其有以惑世亂俗矧又從而唱率之
乎此非仁賢在位之所應有也雖然斡旋變化以
正人心善風俗亦顧在上君子所以鼓舞之者如
何爾某服在畎畆聞此一事寢處爲之不寧者旬

浹輒因通書借言及此惟幸　樞密裁度之

與參贊陳舍人論進取事

其昨者兩因布綱行及饒州德清縣尉專人去俱常附布竿牘而便中亦屢拜台翰之賜蓋前後所承音好舉無不達者惟是一書云自莆轉附而來獨杳然莫知其誰何殆不可曉也某竊聞和戰之說近已有定論而大舉之策督府實任之鋒鏑始交既仍有虹縣宿州之捷矣何其神也雖一勝一負自是兵家之常然兵謀所在一日萬變惟是不可易之規模不可不素定于此夫自巴蜀以臨中

原此不可易之常勢也亘温劉裕昔嘗用之矣浮江涉淮以下梁宋舉齊趙平燕絶塞徑拔虜庭此非不可以望焉功抑形不便勢不利雖如赤壁淝水之二勝其勢固已有天下太半然乗此鋭鋒訖不能得中原尺寸之地是何耶以不由進取之常勢雖幸而大勝若彼尚無以善其後所謂天時不如地利也某前書固嘗論之矣今且云爾者蓋聞王師之捷而疑其未得進取之常勢恐小勝未足喜而大計不可失是以越俎議庖而持此窺管之見以諗于執事者之聽竊聞兵不厭權時焉而已

先人有奪人之心震霆不及掩耳是也後人有待其衰取果者須其自落是也今旣驚泗宿震亳汴則彼旣知掩耳於霆震而不失爲奪其心矣則爲吾計者固當假以歲月固吾圉使不可犯徐爲進取之塗以待其自潰自落而後取之不亦便乎恐未宜若是其亟也今督府英傑如林鷹揚有日韜鈐畢湊講之熟矣一介陳熟之談豈宜冒昧輕進於此時誠爲犯分顧以蒙左右愛與之素度越流輩當門下任重道遠且將赴功名之會爲國致命之秋則某不敢自同他人貢諛説之談以爲佞而

辜左右平昔期待之厚是以狂瞽至此僭易之罪
惟門下亮之

上丞相論豐儲倉事

某嘗謂穀粟者生民之大命國家之興替繫焉古
之爲國者三年耕必有一年之食九年耕必有三
年之食二十七年耕必有九年之食以三十年之
通制國用雖有旱乾水溢民無菜色蓋其所以壽
萬民之脉開國體之隆者舉積諸此也恭惟
國家永念國計開隆治體近於行在創置豐儲一
倉於户部歲計之外廣爲豐蓄可容百萬斛斗以

爲旱乾水溢之慮德至渥也其竊以謂是舉也正
三代聖王所以壽民脉隆國體爲不可拔之基也
雖使皐夔伊吕復生所以體國愛民者何以加此
其竊嘗俯伏農畝觀此規橅竊謂是舉也達之天
下則餘財餘力蓋將不可勝用願令諸州各准此
置豐儲倉一所當樂歲豐年廣行收糴專以待飢
饉發散之用則旱乾水溢有所恃而不恐誠爲
當今莫大之急務也

論兵農劄子

某竊嘗謂魏張華善於説辭其語鮮早則曰漢民

是汝奴夫爲汝耕婦爲汝織輸汝粟帛令汝温飽汝何爲陵之其語華人則曰鮮卑是汝作客得汝一斛粟一匹絹爲汝擊賊令汝安寧汝何爲而疾之此其爲辭説可謂曲合乎夷夏之情矣魏之所以强大於中原維此之故也恭惟　本朝祖宗定都於大梁聚百萬之兵轉漕江淮六百萬斛以給之承平之時大梁之兵安坐而食不知有江淮農民之勤江淮之民按堵而耕不知有西北備耕之苦兵農之勢不合不知其爲相資也南遷以來兵與農合而在江左數十州之地夫既相與雜居混

處則兵農分其勢兵必擾農而不念其疆畝之勞農必惡兵而不念其有兵革之險此其所以相視藐然而莫知其相爲用也某竊謂今之急務莫若明以曉譬如張華之言使兵民農民皎然心知二者之更相爲用則胡越一心中外同力以守則固以戰則勝誠確然不可奪之勢也管見如此乞賜鈞念下情皇恐之至

通問虞樞密在蜀川劉

其昨者致書右府得關徹瑩聽已聞鈞旆出爲護視之役自是門墻益遠雖欲通問其道無繇竊惟

茲者陜路之行實膺一時之機會左右疇昔淮淝之勲烈固已著聞於夷夏震慴乎狂虜而見於已試之効矣舉斯加彼任此有餘而過計者猶未能深信也淝水之謀挫虓而奪之氣所異於謝氏者無幾矣然而使虜酋旣誅成師而退匹馬隻輪之無失如符堅之斃而國不亡者是則一時機會之失有不可悔者失之東隅收之桑榆將不在是舉乎事會之來豈有終極若能應之於彼者此未足追恨也

通問汪成都

閭者經年未嘗一通記室之問雖道路阻脩里居
僻左勢則使然抑私心拳拳所以向慕乎盛德至
善者初不若是恝也比者伏聞叱馭馳板押歷參
井備嘗艱險巳獲善濟台嫓内外均燕福履恭惟
驩慶竊惟全德君子心合高厚次舍所臨天地神
明舉欲扶持而安全之是以履險如夷適遠如近
其困必亨其貞常勝者固其所也即日浸涼伏惟
稅駕錦城初盼教條未占巳孚吏民慰悅巳興來
暮之謡閩蜀同風古語有之某雖遠去函丈邈在
數千里之外未聞蜀民喜譯之詳然去秋自泉船

罷官而歸甫及里門即聞里之士民稱道豈弟仁
明之政洋洋不絕口而甘棠之愛緇衣之好于今
未泯以在此之無斁有以見在彼之必無惡也某
以去年此時到家今既旬歲矣杜門而却掃且復
温尋舊學然性質蒙蔽疑誤未釋其思欲一侍謦
欬于門下此情不啻飢渴言念疇昔雖荷與進教
載之私最厚而一自都下請別之後蹤跡靡定雖
願承顏接辭而彼此參商毎若相避然冥頑之質
無從啓發天實爲之命也柰何某里居逾年服厪
并臼諸况粗遣抑退之所謂兩事皆害性一生常

苦心每有此難比再申奉祠之請未知能諧遂否
某自還里即欲一布問幅其道無繇子浩都幹親
表中之親俊也往依幕府其行遽甚失此佳便後
雖欲附致書問愈難矣而萬里行李聞其頗以書
郵爲撓而憚於負重某今所附者期於必達而不
以多儀爲禮是以簡去苛細而惟以幅紙布其梗
槩所欲言者其他固不敢一一及之又念萬里一
書非所以通寒暄叙睽闊而已誠亦冀萬一有補
於左右以見忠告之勤不敢虛施也蜀地自今日
言之誠朝廷根本肘腋之所係而左右方且任此

重責据此要津其於舉措之間梅吝安危所係不可不深長思也將相和和則士豫附惟平唱而後勃和艱難時相勉以忠義必郭動而後李應此前識之所已試而後來之所當法也惟左右宜念之毋速近功毋貽後患四方善類所以期望乎門下者也此外復奚足道惟萬萬爲　廟朝愛重不宣

問候陳都大

某昨在泉城治任將歸始知左右有浙漕之除聞命即西某念遠去函丈自此睽隔誨席蓋嘗因便一布記室之問不審曾得關徹聽揽否某去秋還

里即洊聞杖節入蜀萬里出使蓋由精忠壯節見
於已試深結㜋知寵命益厚大用有階復任兹始
縉紳士大夫所共慰悦匪直蜀人之公願也抑正
直靖共自信不回乂矣繩準平直之下豈無側目
者捫參歷井膺此賢勞之任豈曰無因而然哉然
金之百鍊水之萬折其性固有根乎一定而必不
可易者豈以險夷而更其操乎近聞旌旆西去已
踰岳陽其距稅駕亦無幾日矣即辰浸凉恭惟攬
轡慨然不澄自肅威望隱然已介燕間之備福起
居佳勝眷集均裕某里居踰年粗安區壓之守静

閑無事遂得杜門壁觀稍收放心爲自牧計而質弱機鈍未釋疑情礙膺之物何時㬥然頗有此歎耳某一自還里即欲布叙問禮而介居每乏便郵惕時玩日坐成睽間以至于今今也子浩都幹之行而不可以失竿牘之脩又聞其厭於書郵且將爲郡羨之舉某念苟爲禮節而不免於自浮自沉則欲勤而反成曠闕是以止於幅紙惟布露習素之所欲言者而已蜀陜形便勢利實南戒用武之國於其攻取有建瓴之易其守禦有天府之固而世之事體有難言者交驩平勃之策基於陸賈一

言之間然投機之會間不容髮要在察乎幾時之
宜耳此外復何足重勤聽瑩

拙齋文集卷第六

拙齋文集卷第七

三山林　之奇　少頴

書

上宰相書　時在書省

九月某日具位某謹齋沐皇恐百拜獻書于某官鈞座夫所貴乎豪傑名世之士者惟其能任天下之重也任天下之重者必能以其身當天下之患卒然犯之而不慴吾固有以待之者矣無故驚之而不動吾固有以察之者矣夫然故雍容廟堂而

精神之運可以折遐衝於萬里之外誠非凡庸之見所可俄而測度也易曰雷風常君子以立不易方夫迅雷風烈有可畏之威而且出乎人之所不意在常人之情鮮不爲之變色易操而由君子處之方且優游無事其所立之方未嘗輒易何哉彼誠知雷風之所自來而識其勢之所極則雖歷萬變而吾之所立常自若也不有雷風又何以見君子之常乎符堅擁百萬之師長驅南伐爲晉計者亦急矣謝安石廼於此時命駕登山圍碁賭勝鎮以和静夷易若未嘗聞者本朝景德澶淵之役戎

騎大入充斥河朔先正寇萊公實建親征之議
章聖皇帝每使人視相國何爲則曰酣寢中書鼻息
如雷此兩賢者茍謂其漠然曾不以經濟爲意則
夷考其時選將厲兵秣馬儲粟以爲戰守之備無
一不足者而謂其誠有所圖回注措又未嘗見其
爲之之迹焉究其所以然者德操而後能定能定
而後能應臨機制變之道固如是也不如是世亦
何貴乎豪傑哉某愚不肖昧於治道竊觀朝廷與
北邊講信脩睦固結和好以休兵息民民之不識
干戈戰鬭之事者二十年於此邇者道路傳聞若

有變於疇昔中外人情以淺意料之以私衷度之
初不能無疑信相半乎其間獨幸夫廟堂之上深
圖遠筭固已前定乎胷中而視彼之從違去來未
嘗不置之度外故其不易方於所立者如山岳之
不可摇而民情賴之以安國體賴之以寧是豈褊
中狹量輕慍易喜者所可涯涘哉夫鷙鳥將擊必
匿其形善用兵者無赫赫之聲匈奴匿其壯士肥
牛馬但見其老弱羸畜者是乃所以要利而欲戰
也使彼誠有意於用兵則其謀愈深其迹愈匿必
將示我以無足畏之勢矣今則不然兵之未動而

其所經營都邑器械川陸道里土功之役凡道路之人舉得而知言之其然豈其然乎胡人之俗安於窟穴而以水草爲生射獵爲娛其轉而居幽燕固已出於不得已而非其心之所樂矣大梁我中國之舊都也彼何樂於是而欲亟居之乎使其果遷而居焉亦豈彼之福也哉赫連勃勃亟戰有功群臣勸其舍統萬來居長安勃勃曰我豈不知長安歷世帝王之都沃饒險固然魏與我風俗略同土壤鄰接自統萬距魏界裁百餘里我在長安統萬必危若在統萬魏必不敢濟河而西勃勃此言

誠是也都長安者虛名耳而失統萬之實利焉則
赫連夏必不爲也汴都之距幽燕已遠矣而幽燕
距彼之窟穴又其甚遠彼曾不顧兩河結集之黨
乘其前諸蕃部落之彊擣其後乃舍實利而徇虛
名獨無赫連勃勃之慮乎劉元海石勒符堅慕容
垂皆英武絶人足以雄視朔漠其所以經營中夏
不旋踵而覆亡輒及之者惟其不自安於氊裘之
俗而僑寓於冠帶之鄉如棲虎豹於江湖束猿猱
於圈檻豈能一朝居耶故凡近日傳聞已甚之談
疑似無實之迹皆未必然也然有一於此天下有

大信惟中國禮義之鄉爲能守之惟仁聖之君忠厚之佐爲能履而行之春秋之時秦楚齊晉諸國日尋干戈以相征討而會盟與焉始未嘗不相要以信而其口血未乾渝盟以逞者衆矣何則信固難守而難行也君子能爲可信不能使人之必信我之能信可必也其安能使他人之心亦如己之心乎婁敬爲漢建和親之議以謂天下初定士卒罷於兵未可以武服也冒頓以力爲威未可以仁義說也誠能以適長公主妻之厚奉遺之冒頓在固爲子壻歿則爲外孫單于豈嘗聞外孫敢與大

父抗禮者哉司馬温公論之曰骨肉之恩尊卑之序惟仁義之人能知之柰何欲以此服冒頓哉旦冒頓視其父如禽獸而獵之奚有於婦翁此其意蓋謂冒頓禽獸之心固難以信義望也使彼誠能推信義於人而必不肯殘民於鋒鏑之下則固不忍爲鳴鏑之事矣彼則有大不忍者而吾顧以常不忍人之心望之婁敬之術踈矣今之南北通和蓋二十年矣於和而不欲復戰者亦人情之常也苟不欲復戰則其所賴於和者重彼知吾之重於和故每出其虛聲而示吾以欲戰之意非其果欲

戰也將以堅吾和也是以常執其機以要吾而吾必黽勉以從之如是而和故信不可保而其和難必也欲和之可必則宜無憚於戰以戰而和其機在我然後操縱予奪惟吾之所欲爲　章聖澶淵之役既與契丹約和之後中國長無北顧之警者用此道也當契丹擁兵南來其意固以中國爲厭兵而憚於戰鬬也曾不知吾中國所以爲戰守之備者有素矣當是時雖朝臣有獻避狄巡幸之策者而獨畢文簡公寇萊公力贊　章聖爲親征之舉虜人既不利於北平又敗於保州又敗於定州知中

國之有守備而無畏乎戰也於是情見勢屈而王
繼忠致書石普始以虜人之意來求和由是曹利
用銜命出使以議和好而親征之行初不爲之少
輟也夫始其爲親征之計者以虜之欲戰也彼其
既請和而通使則不戰必矣鑾輿固可以毋動矣
章聖皇帝方且謂輔臣曰戎人雖有善意國家以
安民息戰爲念固已許之然亦宜爲之備朕已決
成筭親勵全師况狄人貪惏不顧德義若盟約之
際别有邀求當決於一戰可再督諸路將帥速會
駕前仍命陳堯叟乘傳赴澶淵北寨密諭將帥整

飭戎容以便宜從事由是大駕順動親督六師臨幸澶淵歡聲沸騰士氣百倍虜人再失酋帥褫氣奪魄求哀請命惟恐不免至是而後許之以和故能使狼子野心審知戰之爲害和之爲利乃可長久也彼其人懷章聖之恩而不忍負畏章聖之威而不敢犯雖百年無戰可也由是知和則不戰戰則不和而無憚於戰者是乃所以爲和也今之欲使北邊保其和而不失者惟其以章聖澶淵之役爲法無憚於戰而已矣苟無憚於戰彼其萬一不顧和好之重而稱兵以南來則吾所以待之者

亦惟聲其背盟之罪而會師以北討有進而無退此不易之至計也書曰惟事事乃其有備有備無患將欲有事而無憚於戰必於無事之時先爲可戰之備以待之戰之所須者不一而足士馬也器械也城池也貲粮也芻茭也舟楫也倶不可以無備而其要則以人材爲先兩軍相交惟人材之裕然有餘者勝而勢之強弱衆之多寡不與存焉謝安石挫符堅於淝水議者以爲幸而勝非也堅之發長安戎卒凡十餘萬騎二十七萬號稱百萬旗鼓相望水陸齊進其勢非不盛而安石以謝石爲

征討大都督謝幼度爲前鋒都督與謝琰亘伊帥衆共八萬距之雖衆寡不敵而較其人才之優劣則幼度之徒固足以吞符融姚萇輩有餘矣堅之登壽陽望見晉兵部陳嚴整顧謂融曰此亦勁敵何謂弱也觀此則晉之人材可知已是以雖有如林之旅而其將士不競則見八公山上草木皆以爲晉兵而聞風聲鶴唳舉以爲王師至又奚以兵多爲哉故養人才於無事之時以待有事之用不可不以爲急先務也凡天下之所謂人才者三其一曰文章華麗可以丹青帝典藻飾王度者其一

曰持身嚴操行確所爲周備謹密初未嘗有纖瑕微纇之可指者又其一曰沈實通敏有用之才可使謀帷幄專方面而能定難於猶豫之秋應變於斯須之頃者三者皆才之可貴者也而有用之才爲最難得此其爲才以文采則未必過人以細行則未能無缺而沈實確然有益於世故爲國家者養才於閒暇之時以待倉卒之用必多得若人而後可由前二者之才其文非不工也其行非不謹也以之當平居暇日羽儀朝廷可矣一旦乘之以緩急往往如賈誼所謂見利則逝見便則奪苟免

而已立而觀之耳有便吾身者則欺賣而利之耳非所與共患難者也龐士元曰儒生文士豈識時變識時變者在乎俊傑然則孜其可與共患難者亦在多得夫識時變之俊傑詎可以專伏乎儒生文士哉今之人材彈冠應聘而至星列棊布乎職位之間可謂甚盛矣然由前二者之才則多而由後之所謂實用之才則或者猶患其寡夫有用之才必待用而後見今其未用之於臨機制變之地也何從而知其爲寡乎蓋以近十餘年來凡任職乎百官有司者其畏謹退縮常有餘而肯爲朝廷

慨然任事者寡也事無難易惟在乎任之而已平居而肯任事是乃有事之日所以能任患也邊鄙不聳上恬下嬉惟是簿書期會之間循繩墨守規矩之不暇苟有一利之可興一害之可除雖心知其然而囁嚅趑趄畏首畏尾遠嫌者不肯議避謗者不敢爲如是而冀其任患未易得也用人之道猶張弓高者抑之下者舉之有餘者損之不足者補之文章行藝之士不乏於此時闒闒秋秋如是足矣惟是實用之才智謀之士可以備麗使而膺劇任者要在於求之不病其廣得之不厭其多所

得之無窮則其應天下之變且亦無窮矣　章聖
澶淵之役其一時人才所賴以制敵者以其文章
言之則未必工以其細行言之則未能無缺所以
能挫強虜而奪之氣者一皆可用之實才爾故其
亳駕則王超李繼遷高瓊其守禦則魏能石普張
凝田敏王璵賈宗李延渥其漕運則張齊賢丁謂
董龜正李亞荀其約和則曹利用此其大略也若
其他姓名見於國史者甚衆凡此人才非其至於
有警而後求臨戰而後得也其養之有素則縱横
顛倒惟吾所用爾蓋天下之才隨叩而鳴隨唱而

應未有吾以是求而彼不以是至者特患不知養之於無事之日而欲用之於有事之時則倉皇四顧莫知所爲果能定大業而立大勳乎譬猶養木者必有以灌之漑之則可以冀其爲楝梁之用養馬者必有以芻之秣之則可以冀其爲致遠之用彼其號爲實用之才智謀之士亦必翹然有以自異於人而不甘與凡下者伍也如能養之於間暇則爲機益深爲力益鋭爲志益廣出而任國家之事宜其綽綽然有餘裕矣不養而求其用是何異不灌不漑而欲木之支大厦不芻不秣而欲馬之

致千里胡可得哉伏惟秉鈞之下以　章聖之旣効

者創爲一定之規模主張而力行之則吾國益強

吾政益舉内治已立何外攘之足慮哉區區管蠡

之見幸賜鈞念某下情懽惕之至

上宰相書時任福建市舶

某冥頑之質疇昔荷門下知獎成就之大賜缺然

未知所以報稱洪造之萬一者而疾病痼之俾不

獲以駑鈍自効今者恭遇鈞旆還朝再持甕柄以

彌綸海内之務賛翊聖主登崇英俊以開創太平

之基業某當此千載難逢之會幸而沉痼有瘳誠

願伸喙披臆一展胸臆之所欲言者以圖報恩造之萬一豈敢泯默以自棄於妄庸無取之域哉某切觀聖朝近日厲兵積粟脩車備器圖爲大舉將欲蹙牙犁庭深入朔漠禽頡利朝呼韓以紓吾中原士馬之憤氣盡還　祖宗之土壤蓋有日矣廟朝之上宗工碩德講之既熟策之既精方且旁訊博訪不遺一介之善此正儒學之士披肝膽露情素以自竭智勇之秋也果宜隱情惜已自同寒蟬哉某切有區區蠡管之見願借筆牘之勤致諸門下自謂稍合時宜未知果可以裨助朝議之萬一乎

姑試陳之惟門下擇焉其切嘗謂天時有機地理有宜行其機天不能使之敗失其宜地不能使之勝是以自古英雄之大有爲於世豪傑將欲出而赴功名之會者固自有進取之常勢存焉唐一行合兩戒山河分爲南北二紀南紀之地經緯吳楚纏絡江漢雄據山河之半而惟以巴蜀爲負險用武之國蓋巴蜀者南紀之首而江漢上流固其尾也昔者三國鼎峙之時劉備得其首而尾不掉孫權得其尾而首不振是以兩無成功孫權之於吳非無賢能非不英武然而筭計見効卒以不贍者

何哉蓋由江左以圖中原非所謂進取之常勢而其進取之常勢實在南紀負險用武之國則巴蜀是也古之人由江左而得中原收成功蒙顯効蓋有之矣劉裕亘温其人也温之舉也以先得李勢裕之舉也以先平梁益莫非用以爲資也然則由江左以圖中原必以巴蜀爲進取之常勢其理昭然無疑矣譬之人之四支百體平居暇日脩容儀飾言動固不可以闕一至於與人鬬則用力舉在其首焉有與人鬬者不由其元首之力而可以求勝乎由江左而圖中原縱使其兵謀將略能以侥

一時之勝如周瑜之赤壁謝元之淝水論其勢力之所至固宜有天下太半而曹操符堅厄於此時一敗塗地瀕於死亡不能自振宜其乘勝席卷中原之地以全三光五嶽之氣立成帝王之業爲萬世社稷永永之傳此破竹之勢也然而吳晉之所幸者惟此一勝耳一勝之外曾不得中原尺寸之地是何耶蓋由江左而圖中原必非進取之常勢雖乘此二勝者尚且無以善其後而況其瑣瑣者乎朝廷比者肆六月北伐之師前茅所指曾未旬浹遽已有虹縣符離之捷捷音所暨驩聲喜色周

浹環宇某於是時實持此窺管之見固執不變方
且以平昔䝉臆之所懷者爲王師旦夕慮之偶有
專介部本司綱運至淮上某不避僭越遂以區區
此言爲督府參贊舍人諸公言之未幾忽聞王師
覆於符離其所挫衂視疇昔之勝有不足償者其
妄庸人豈敢繆謂未戰而能知敗證蓋以天時之
機地勢之宜而審觀之實見夫是理之昭然是以
設爲不易之論如此今既噬臍之不可悔矣敢復
以是爲門下獻切謂王師他日必欲北首以圖中
原復故壤其勢必宜用巴蜀爲資諸葛孔明所謂

天下有變則一軍向宛一軍出秦川者此實不易之常勢也亘温劉裕之功可覩矣或乃浮江涉海以下梁宋舉齊趙平燕絶塞徑拔虜庭此非不可以望雋功抑形不便勢不利非所謂進取之常理則必不可以一望十全之功也夫兵不厭權時焉而已先人有奪人之心震霆不必及掩耳是也後人有待其衰取果者湏其自落是也王師曩日既已鶩泗宿震亳汁一勝一負更相乘除則彼既知掩耳於霆震而不失爲奪其心矣爲今之計者固當巽以行權遵養時晦假之歲月謹吾内脩外備

使江淮藩籬之圉截然有不可犯之勢然後爲進取之常勢因用巴蜀爲資出於負險用武之國以乘其自潰自落然後取之不亦便乎政不宜若是其亟某眇才踈遠率爾有言遂僭干于廟議誠爲犯分誠爲躐等顧以受門下深知政圖所以裨補萬一用之所在遲之歲月不可追悔者是以屬因專介即遽爲門下言之誠負愚者之一得或有以裨高明之萬一耳冒瀆威嚴下情不勝皇恐之至

三山拙齋林先生文集卷第七

拙齋文集卷第八

三山林　之奇　少頴

書

上王參政

某嘗學詩於三百篇披之味之習之熟之詠之歌之竊以謂無如衛風淇奧之詩爲最美最善也夫三百篇之詩出於温柔敦厚之作皆古詩也其被於國風雅頌之音則皆古聲也删其不合於理而存其合於理者則皆經夫子之手也而獨有取於

淇奥之一詩者何哉蓋是詩實具六義四始之體
而他詩無有也雖文武成康雅頌之詩爲治世之
音然雅止於爲雅頌止於爲頌而已俱未若是詩
之備也其嘗潛心於是詩而商論之矣觀其序謂
是詩也美武公之德也有文章又能聽其規諫以
禮自防故能入相于周美而作是詩也序之此言
其發明此詩之旨可謂深切著明矣武公爲周之
蕃宣於外而德盛業崇其一時之諸侯莫加焉故
舉斯衞國之政達之天下而進爲天子之上公其
政亦猶衞也詩人作是詩以美之而序者撮其樞

要爲之發明以謂武公之所以入相于周者其德有三焉有詞章一也能聽規諫二也以禮自防三也三德而有一於此已足優於天下矣而況衛國乎此序詩者之所以爲善學詩也今推序之所明以求於詩蓋有可得而言者瞻彼淇奧綠竹如簀有匪君子如切如磋如琢如磨如金如錫如圭如璧蓋所謂有詞章也匪者詞章之可見者也他人之文章能取況於一物已彬彬然而可觀武公兼是數者而有之美孰加於此乎寬兮綽兮猗重較兮善戲謔兮不爲虐兮則所謂能聽其規諫也武

公之在春秋之世最爲能聽規諫者國語載其年
數九十有五猶箴警於國曰自卿以下至於師長
士苟在朝者無謂我老耄而捨我必恭恪於朝彼
其在耄期之歲居輔相之位猶孳孳於箴規如此
其至況當其春秋鼎盛之年方如綠竹之猗猗青
青乎寬仁也綽綏也重較卿士之車也言武公之
待卿士有寬仁綽綏之度凡以規諫來者無所不
容也或其言之有過而推其樂與之誠方且以一
張一弛之道亮其善戲謔之不爲虐矣此武公之
盛德也瑟兮僴兮者恂慄也赫兮咺兮者威儀也

夫以武公之年高德劭爲世壽俊當時卿士之乘
重較者孰有出其管蠡之見而能補其德善之萬
一乎而武公方且恂慄根乎其中威儀華乎其外
惴惴焉若有所甚畏焉想其威儀之赫咺其必如
鄉黨之稱孔子有所謂翼如襜如之容矣其自防
以禮至於如此則其德之所就又爲如何哉詩人
以是形容武公之盛德而言其所以入相于周者
由此盖舉衞國之人咸稱頎然而樂其如此也故
是一詩之在三百篇之中獨爲具六義四始之體
焉詩之六義一曰風風也者有以風激而微言之

也此詩所謂善戲謔兮不爲虐兮是也二曰賦賦
也者有所鋪陳而歷言之也瑟兮僩兮赫兮咺兮
是也三曰比比也者有所形容而喻言之也如切
如磋如金如錫是也四曰興興也者有所感動而
借言之也瞻彼淇奧綠竹猗猗是也五曰雅雅也
者有所稱述而正言之也寬兮綽兮猗重較兮是
也六曰頌頌也者有所形容而美言之也有匪君
子終不可諼兮是也蓋不必乎關雎鵲巢之類而
後謂之風不必乎鹿鳴鴻鴈之類而後謂之小雅
不必乎文王生民之類而後謂之大雅不必乎清

廟那之類而後謂之頌由詩人之詞分是六義而四始在其中矣此淇奥之詩所以具六義四始之體而在三百篇之中爲最善最美焉學者之所宜盡心焉者也不惟後學者之所宜盡心雖孔門之學詩亦尤留神於是一詩焉夫子於大學之篇蓋嘗舉是詩而爲之訓釋其義矣如切如磋者道學也如琢如磨者自脩也瑟兮僴兮者恂慄也赫兮喧兮者威儀也有匪君子終不可諼兮者道盛德至善民之不能忘也盖言武公之所以入相于周者無它焉唯其有是盛德至善民之所不能忘故

也子貢之學詩亦然子貢問貧而無諂富而無驕何如夫子曰可也未若貧而樂富而好禮者也子貢則有得於此詩之義而曰詩云如切如磋如琢如磨其斯之謂歟夫子從而稱之曰賜也始可與言詩已矣告諸往而知來者蓋亦言武公之所以入相于周者無他焉惟其富而能好禮是以其能聽規諫至於如此也夫惟淇奥之詩見於孔門之所稱述者如此見於作序者之所發明者又如此武公之所以入相于周耄期蹈道以居天下之廣居立天下之正位行天下之大道享天下之備福

而不爲過者豈偶然哉某愚不肖自弱冠知書以來固已三復是詩如南容之三復白圭心滿意得而不能釋手矣年日加長閱世浸熟而益知初心之可信每謂在三百篇中若召南之甘棠衛之淇奥鄭之緇衣皆盛德事人之所欲致意學者之所宜盡心焉者也然觀近世之爲政者因陋習簡鮮克由此蓋嘗掩卷太息而浩歎夫盛德事之不可復見矣伏自判府端明參政之爲政於此邦也一年而民畏二年而民愛三年而民樂行將以政平訟理之課最闡徹乎明目達聰之朝而入相天子

其採諸輿人之所稱頌而退揆乎愚昧之所沾蒙輒以淇奥之所稱道者而擬倫焉竊謂淇奥之美衛武其所以入相于周者惟其有詞章也惟其能聽規諫也惟其以禮自防也是以其上獲乎君下獲乎民昭升敷問咸臻其極焉今某官之所以藹民譽對主知將遂入相于天子以鈞陶乎四海九州之衆者亦是物也其在閩俗比屋之中所以知盛德至善之舉合乎淇奥詩人之所詠者蓋身親而躬履之誠知夫有此三德之備而非得之臆度之餘也是以形諸翰墨不揆狂瞽而冒獻此詩之

説以預爲自衛相周之慶不自覺其爲辭之費禮之黷也昔鬷蔑欲觀叔向從使之收器者立於堂下一言而善叔向聞之曰必鬷明也下執其手以上曰子若無言吾幾失子矣言之不可以已也如是遂如故知焉其自聳觀神明之政以來懷此淇奥一詩之見欲陳諸門下久矣而未得堂下收器之便也今既可以言矣不避夫辭之費禮之黷輒冒昧而借陳之姑令足以表見夫言之不可以已焉者而已非敢有他冀也

上何憲

其嘗觀孔子有言曰德之不脩學之不講聞義不能徙不善不能改是吾憂也此雖四言而實一言也其大要爲講學而言也講學而明則德之必脩矣聞義之必能徙矣不善之必能改矣行一物而三善皆得者其惟講學乎夫學者聖人之極致堯舜禹湯文武汲汲仲尼皇皇無非學也六聖人之所以汲汲者以彌綸天下之事業爲學者仲尼環轍天下卒老于行於事業無所施設則惟以講學爲其事業六經之書皆講學之所成就也論語之書皆講學之所見聞也三千之徒七十之士四科

之目其朝夕所以肄習乎洙泗之上杏壇槐市之間誾誾秋秋濟濟翼翼者捨講學無餘事矣故講學而盡其道莫夫子若也今其言方且以學之不講爲憂豈夫子於講學之功而果欲然有所不滿於心乎非然也聖人之言此將以啓發世之學者使之進進於是則無所復憂也夫子之於禮經蓋嘗極論夫講學之功以曉學者矣其言曰人情者聖王之田也脩禮以耕之陳藝以種之講學以耨之本仁以聚之致樂以安之學之必有講猶耕之必有耨也耕而不耨雖有善稼而荊棘草莽雜然

生於其中求其邑茂叢密没世而不可望矣惟學亦然禮以耕之義以種之良田美種既得而施功於此不有講焉此茅之所以塞其心也此學殖之所以將落也此鹵莽滅裂之所以報予也雖欲聚之以仁安之以樂亦無因而至矣故繼以治情田者五而講學以耨之者其要也古之善學者有弗學學之而其不能則必不措也有弗思思之而其不得則必不措也有弗辨辨之而其不明則必不措也有弗行行之而其行不篤則必不措也人一能之已百之人十能之己千之夫既於常人之情

用其千百倍之功則豈以必有得而措之哉此雖
愚必明雖柔必強之道也愚猶可得而明也況於
明而益明乎柔猶可得而強也況於強而益強乎
博學審問深思之於其始力行之於其終而必其
辨之之明於其中然後見善明而不爲異端邪説
之歸故所以爲誠明之學者五而講學以明辨之
亦其要也然則學之不講豈非聖人之所宜憂乎
學於聖人者雖其所得之粹駁所入之淺深固自
有差等然究其處心無非以講學爲其急先務者
如子貢之於詩是其師弟子之間相與講學之尤

深切著明者也子貢問貧而無諂富而無驕何如子曰可也未若貧而樂富而好禮者也子貢則有悟於詩之切磋琢磨之義夫子許其進於講學之益而曰賜也始可與言詩已矣告諸往而知來者子夏問巧笑倩兮美目盼兮素以爲絢兮何謂也子曰繪事後素子夏則有發於詩而曰禮後乎夫子亦許其講學之益曰起予者商也始可與言詩已矣此二者其爲講學之功深矣然猶必有所荅問辨論而後能推明道學之益焉其辭費矣非其至者也德有進於是者則無所事於荅問辨論而

深造自得之者曾子是也子曰參乎吾道一以貫
之曾子曰唯此則於一唯之間心通而默識之雖
一辭不必措也其爲講學之功抑又深矣然發於
一唯之間以會一貫之理猶且容聲也德又有進
於此者一唯之聲亦不可得而聞也顏子是也夫
子稱之曰吾與回言終日不違如愚退而省其
私亦足以發回也不愚又曰回也非助我者也於
吾言無所不說殆不容聲矣曾何一唯之贅乎此
其爲講學之功深之而又深矣回雖不容言而夫
子猶有循循然善誘者存德又有進於此者則兩

忘言矣温伯雪子是也其見仲尼初不言也仲尼亦不言也相得於目擊之間而道存焉如以燈對燈光光相涵以鏡對鏡照照相入至於是則無講亦無學也盖口無擇言身無擇行耳順而目擊焉者此夫子縱心踐形之地而温伯雪子亦進於斯此其所以與夫子並立於至聖之域而無以復加焉者也雖然此聖賢之所獨進者非可以常理期常材到也惟子夏子貢之有所荅問辨論以推明其理而輔益其學者此則中人以下之所能學也某之愚不肖碌碌無以踰人者而自知書以來獨

嘗刻意於是雖窺及肩之牆不得其間而入然啖
甘柘之境則已漸知其味矣頃在三館所從者多
得海内之耆英而朝夕與之周旋蓋亦忘寢與食
廣求慱取以究心於講學之益不知年數之不足
也去國南來塵俗汨没世故侵奪甚矣方且離群
索居聞見單狹而掩杜於環堵之室學之不講而
私以爲孤陋之憂者蓋十年于兹矣當此之時如
逃虚空之久聞人足音固已跫然以喜况兄弟親
戚之謦欬其側者乎不自意兹者一見大君子而
受知於傾揖之間剖心於立談之頃聲氣之同臭

味之合有不期然而然者遂蒙台慈洞照其衷略去勢位謙光下濟特榻延之高軒過之開以親炙之期許以直諒之益俾得日奉燕申以商搉此道退自循省某之所以一旦遽然得此於左右者豈非偶信其區區講學之功而望其或將有以致消塵之助乎某之寸心誠知夫有講而後有學也苟無講則無學矣故凡某之所爲多識前言往行以爲蓄德之具者會歸於講學之一理而舉無遺者不可以歷陳而縷數也姑以其一二尤章章者言之論語之開端既以學而時習之爲可説矣然必

至於朋來自遠而樂之者盖講學之樂也學記論
士之爲學必在乎博習而親師論學而取友然後
謂之大成親師而必其博習取友而必其論學者
盖講學之資也論師友淵源者以爲大川三百必
求之師支川三千必求之友師所以教其大友所
以輔其小皆如川之方至焉者盖講學之衆也前
輩論作文必具三多而有所謂持論多者講學之
持論也古人謂共君一夜話勝讀十年書者講學
之夜話也先達云世之君子凡見前輩者其淵源
自別雖不及見而喜商論前輩言論風旨必與常

人不同者講學之商論也邵康節之觀物内外篇窮盡天地萬物之理者講學之觀物也張横渠之正蒙書發揮内聖外王之業者講學之正蒙也夫惟一講學而有如是之多益焉某之今日乃實得是多益於左右何其幸之多也某之軍氣其不競也久矣茅塞此心學殖將落且將入於鹵莽滅裂之域而爲下流之歸者其塗窮矣今左右實以鼓噪作之以介胄先之某雖不敏起懦志於棄甲曳兵之後賈餘勇於任重道遠之塗請事斯語於此拳拳服膺於此欲罷不能於此殆將推洪毅之寸

心努力於斯道兾其萬一之有聞者是其今日區
區之志願也閤下既矜念其愚而樂與之進則某
方將朝夕求侍傅約之誨於函丈以深究商賜講
學之益庶㳺進於默識忘言之地豈不韙歟蒹葭
之詩曰蒹葭蒼蒼白露爲霜所謂伊人在水一方
遡迴從之道阻且長遡㳺從之宛在水中央某嘗
竊謂是詩也亦講學之詩也蒹葭蒼蒼白露爲霜
云者此言學者之待先生長者之教誨以收斂成
就之猶蒹葭之待霜露而蒼蒼然也所謂伊人在
水一方云者先生長者之所在寔道之所在也遡

迴從之道阻且長者先生長者而或在王公大人之位苟願學焉者方且以勢利之私求之所以求者非其道則孺悲之欲見且將辭以疾滕更之在門且將不見荅矣遡遊從之宛在水中央者求之以其道故王公大人之所樂得而教育也某之卷卷之愚所以求於門下者意實在此惟閤下念其悾悾之誠如是之不苟合也而嗣與之進

三山拙齋林先生文集卷第八

拙齋文集卷第九

三山林　之奇　少穎

書

荅劉先生

某晚生無所知識懷居里閈方且以不得從師學問爲數豈敢受徒講學惟士人相與習場屋事業耳偶誤來者稍多出題讀課遂至罷費心力去冬冬瘧寒之疾正坐此也然以事有未獲已者故心知其非而猶爲之每以自愧果以上貽先生之念兹

蒙誨諭諄諄仰認愛存之厚意且知其得罪於先
生者大矣三復斯言感愧感愧謹當遵承庶以不
忘先生之大德也某比因經界執役之勞切因自
思學者之爲學不專在書冊子上要須事事是學
方爲有用工夫舜之在歷山伊尹之在莘野顔子
之在陋巷豈以文字語言爲學哉正惟事無非學
者夫喜怒哀樂貧富貴賤從違得喪安宴勞苦日
接於其前者紛然萬變而不窮不知古人之學果
何以至此小用之則爲委吏而會計當爲乘田而
牛羊茁壯長大用之則謹徽五典五典克從納于

百揆百揆時序賓于四門四門穆穆此雖大聖人之事然學者所馴致于此者盖必有所入之塗矣愚暗未知其說敢求先生一言之誨釋此蒙吝下情不勝蘄望之切

寄遺逸先生

某晽者春夏間連辱先生賜書誨以爲學之大要諄諄開諭不啻若親提其耳而命之者私所慰懌無以云喻方欲布謝適遭李表兄之喪哀切倥偬是以雖欲請益而未遑也因循及今且復累月矣曾中茅塞卒未能有所啓發敢因通問輒復伸布

區區之懇重念其以至愚極陋之資加以離群索居之久蓋嘗以學問之不進爲疑然反而求之於心則懵然莫知其所以受病之處中奉先生二書皆以剛健之德爲教三復太息始覺其學問之所病者正在於此先生之言可謂見其肺肝矣蓋由其器質昏嚚而加之柔懦是以臨事類多乖誤縱或有審知其是非所在之時而其勇又不足以有守亦往往知其非而爲之此其爲疾固已入之深積之久而不可救藥矣因先生之教而稍自覺焉詩云他人有心予忖度之信哉此言也謹當以乾

之文言彖象朝夕誦之以無忘先生之大德而冀以起此昏懦之疾也然切意以謂始於君子之自强而成於文王之不已此實聖人之學也而學者之進於此所以爲日用之功者必將有本末先後之序也諸爻文意類皆以學問進脩爲說不知當以第幾爻之所言者爲始學進脩之階其逐爻之次第積累以至於位乎天德者其先後等級當如何也夫以順爲正者妾婦之道也惟天下之至正爲能充其大丈夫之實某因先生之教切不自揆將欲有志於此而念古人之所以雖愚必明雖柔

必強者蓋有至要之道備於此矣求先生之一言以爲據使歲月之久或得以稍變其氣質不至甘自棄於昏懦之歸實先生循然善誘之賜某欲求益於師門不能贏粮摳衣以問而數問以書誠知罪矣惟幸矜察

上胡教授

某侍旁諸況如昔俱不足道惟苦於離群索居之久學問殊未有得力處以是愧於先生之門耳去春蒙先生賜書因其有實頭下工夫之問爲舉上蔡先生之言以謂讀書惟用得者是當時啓緘三

復深歎斯言之簡要眞所謂著實工夫也朝夕諷
道以事斯語然其之愚意猶有所未喻者不敢自
措即欲以書求益于左右適遭李表兄之喪哀切
倥偬故雖遇便而不獲一言既而聞先生遭罹憂
患未終大事又未敢以此浼瀆先生之聽因循及
今且復一年矣胷中茅塞卒未有所啓發敢因通
問輒復布盡其愚夫讀書用得者是要在乎以其
所讀者體而用之不在乎區區之誦説也不知所
謂用得者爲復是纔下工夫之時便取諸古人之
一一言而固執之孜孜力行要之以久而後成如

張横渠之恭而安十五年學劉待制之不妄語二十年學之類乎抑且潛心玩索優游厭飫以要其自得之功然後以其所自得者而終身受用之如尹和靖心廣體胖之類乎某嘗聞范監簿三丈叔儀説伊川嘗令尹和靖看心廣體胖一句和靖潛心數日忽有所入往見伊川伊川問如何看和靖長哦心廣體胖四字云某到這裏有樂處説不得伊川首肯之和靖云某平生受用惟在此四箇字此二者雖要其至處則同然其下工夫之時或用之而後得或得之而後用則若有不同者敢求先

生數言以決之庶幾得以服膺先達之格言以爲著實工夫或有所入以無忘先生之大德實畢懷懇切之望也率意以陳甚多悖於理者然如頃者妄意以謂若不求之文字語言而強索之則或至相忘而無日可見之効有此乖繆之論然後有以發先生至當之精義是以不避喋喋惟幸先生垂察

答黃晦叔仙尉

頃辱惠書閔閔焉下問之勤卷卷焉進學之篤發於辭翰甚善甚善某是時門户適有嫁遣之役事

之方劵不遑以書報也今既可以言矣試遂畢其說而晦叔聽焉諺有之曰世無科舉人不教子朝無利祿士不讀書今天下閭門鄉黨之間父詔其子兄詔其弟者何嘗無教而家塾黨庠之内日讀百紙月讀一箱者何嘗無學豈其所教所學舉皆爲科舉利祿設哉豈其無科舉利祿則教學俱廢哉此言疑於厚誣天下之人然而亦非過論也今之父兄之所以教與夫子弟之所以學雖不皆爲科舉而其本心豈有不由科舉利祿而來乎大人之學爲道也小人之學爲利也爲利而學此其本

心也其本心在於爲利而能推爲道之心充之以
爲大人之學者非其理勢之宜也某弱冠而入場
屋強仕而從吏役某之於士之趨操志願聞之熟
矣彼其平居暇日懷鉛提槧以從事於燈窗之習
孜孜汲汲突不暇黔席不暇煖而每以爲不足者
孰非爲科舉利禄計哉及一旦功名成遂得一第
如針芥許而回視平昔所學固已如魚之筌如兎
之蹄而視爲无用之具矣其棄之惟恐其不速也
由是束書於高閣而不讀之矣其朝夕之所從事
者非桂後惠文之習則爲犢刀筆之智也未歷數

年而風聲氣習之所移口體居處之所養已不啻
如膏粱子弟之爲而無復寒素之故態矣由是知
今世之士讀書爲學以取科舉利禄其未得之也
既出於不得已而不可以已則及其既得豈有得
已而不已者哉諺之云尒者雖若過論亦非厚誣
天下之人也今晦叔以宏材博學發爲彪炳之文
擢榮科登膴仕以光耀其鄉閭之觀酬荅其燈窻
之勤號爲邦之俊彦而後來者取法焉自世之常
情觀之其於學也可以已矣其於書也可以束之
而不讀矣迺且安於衡泌之棲遲甘於虀鹽之淡

洎其讀書爲學之意方興而未艾是以粲然見於辭翰者勤勤懇懇其所願學之志甚乎飢渴者之於飲食也抑不知晦叔之志其於學也可以忘矣而念之不置其於讀書也可以略之矣而講之益詳果欲何所用之哉果何所志而能不已於學哉允晦叔之所爲汲汲然有求於某者皆過也某私自循省其胷中之所記憶紙上之所獵涉而偶爲鄉黨之所信重者皆場屋腐蠹之餘也芻狗既陳不足重尋之矣將何以應晦叔之需求滿晦叔之願欲乎雖然有一焉歐陽子有言曰至哉天下樂

終日在書案黄太史有言曰棄書册而游息書味猶在乎胷中此則大人爲道之學也晦叔之所願豈非將欲樂歐陽子之所樂味黄太史之所味乎歐陽之樂無絲竹而娱非世俗之樂蓋至樂也黄太史之味無鹽梅而適非常羞之味蓋眞味也樂此至樂味此眞味者靡不有初而鮮能克終也晦叔試知此樂此味之淡而不厭焉必遲之而悠久然後有以見其高明光大皆由此而進矣其嘗有志於是而未得其門而入也方且願爲副車别乘以共推於九達之逵如砥之周道焉晦叔姑且遲

而待我我將俟其奔軼絕塵而瞠若乎晦叔之後矣暬言如此未知是否惟晦叔裁之

答陳景衛

景衛祕書尊兄昨者王增城之官以尺書附其行尋聞既徹視聽而隨有報章之賜矣不意見奪於波神悵恨經年未已也今茲增城介來既辱聲問且復以故歲所賜者爲貺得之驚喜又不意去珠之復還也披味再三辱眷予之意益厪而教載之誠尤篤自惟亡似何以數千里得此於景衛雖不以時蒙其何後之有感慰感慰即日臈寒栗烈尊

體複何如恭惟涵養之久造道益深某里居奉祠諸況粗適病體年來浸以強固雖體力猶有少虧然起居動作亦幾乎全矣兒女之累近畢安貧委分遂覺日有餘閒晏然無事幸莫大者聞景衛近失中壼之助此亦古人進道之一塗頓所以處此者如何某年益加長而日新之功缺然學之不講其殖將落矣永惟前脩益遠世論日卑為善者少索居孤陋當此之時在朋友善類中得失一兩人便覺有低昂輕重之勢其於已事所繫者非輕也是以思見景衛不啻調飢每得景衛書則至於喜

而不寐也所示論語解義誠哉是言某昔者聚學
里巷鄉人誤相聽服此說本爲青衿之子言之非
所以喻成材之士也兒輩隨聲記録遂至成書彤
於刋鏤豈某之本心哉自有此書某每一見之輒
有屬垣之悔雖欲滅跡掃除已駟追無及矣更沐
開喻何愧如之龍斷之論尤爲精確然某之繆戾
形於此書者顛末皆然景衛既不我遐棄尚願一
一埀示雖既往之悔尤已難湔洗抑聞過而改在
淺陋猶有望也增城持書者自長谿來索報字苛
甚忩遽布此少見卷卷仰德之私歲晚惟蘄任道

多愛

復李文授

傾蓋雖新耿耿良覿如懷故舊忽辱貺書慕上之意甚勤而問學之念逾篤其爲禮際善矣顧如某之不敏其何以稱之悚側悚側某生身介僻困學最晚加以從師友之日淺資禀凉薄汩没世味十寒一暴無深造自得之功揭來此邦索居孤陋儳然其躬日懈日忘愧負初心多矣不自意左右過聽猶用故意求之恵然肯臨以道學相磨切期將共進乎是懦朿淺志此勇不作久矣今左右復援

桴而鼓之忸怩動乎中憤悱激於外始復振發竦動慮衡心困勃然有任重道遠之思不自知其力之不足也幸甚幸甚左右天資粹美而少親過庭之訓蘭馨玉潔目濡耳染其絶去常人遠甚且將虚己好問如此此其於道也如水東注而車南指苟不息之誠加焉其至可必也三復來音陳義甚高而允執謙柄汲汲然若將有求於不肖者顧某方將求益於左右其安能有益於此乎雖然厚意不可以徒辱也輒以管穴之見率尔爲報而左右擇焉非敢以爲是也孟子曰苟得其養無物不長

學頤所以養之者如何耳古之學者其禮樂聞見
視聽之所接莫非養也去古既遠凡學之所賴以
爲養者銷亡殆盡無其具矣獨有多識前言往行
以蓄其德者今猶古也譬諸草木茍植之得其地
無傷其根無摇其本培壅灌溉之功既至則其枝
葉遂茂日加益而不自知貫四時而不改柯易葉
矣吾儕既不生於中原衣冠所萃議論所出之地
又不及見承平無事大朴未散之時惟其前輩言
行出處之大節得於所傳聞者要在好古敏而求
之如飢食渴飲之急如農之於穀工之於器商之

於賄無斯須可離以是爲學則日新之功可期也
其躬所不逮言之有怍而輒以責於左右蓋念非
是無以荅左右之勤亦相與左右共致力乎此也
抑來書所得復有某淺陋之所未喻也復不敢苟
同也試爲左右辨之夫道不可須臾離可離非道
也釋老之學絶滅人倫其過大矣吾儒所以辭而
闢之無它專爲其高遠矣左右以儒爲學其出入
於詩禮過庭之訓熟矣今其論學方且以有室家
爲累以仰事俯育有所應接酬酢爲妨於道超然
有絶物畸人之意抑不知左右之意必以讀書然

後爲學耶其無乃出與物接則喪其所以學耶吾
儒之道無所擇也無所離也即君臣父子夫婦長
幼朋友之五者而道行乎其間矣必將有所擇有
所離棄而人倫反而天叙然後爲道此則流於清
静寂滅之歸矣不顧左右者之爲之也横渠先生
正蒙吕博士解釋頃在閩中每所誦習行役未嘗
持携夢想所念欲遣取將而來也張侍郎中庸説
尋當取以寄左右惟少須暇之書府所藏有可以
表見前輩邪正是非之分終始本末之詳者願游
得其一二以起此駑散如何扁舟乘興何日黨遂

晤語爲期所欲言者非此能究惟萬萬爲家學自愛

荅王子由

子由知縣賢友稍不聞動静遠辱惠書勤懇且蒙轉送景衞陳丈所貺誨音累紙念非子由好賢樂善孜孜不勌則某何以數千里得此於長者感德無已即日膓寒德履復何似諒惟豈弟正直神所介聽履況日勝不卑小官政是前輩爲學致力要切處居下位而盡心於職事與夫在上位酬酢天人之變者無二道也太學之書曰若保赤子心誠

求之雖不中不遠矣此語所以誨喻爲政者明甚
子由之所當念也承諭邑之善者好之其不善者
不免於悪何以使善不善者併好之耶某切以謂
當觀其所以好悪我何如人也惟君子能好人能
悪人則其好我者爲可喜其悪我者爲可懼苦乃
流俗之好悪則兩不足卹也爲政不難不得罪於
巨室巨室之所慕一國慕之矣子由之爲政於斯
邑誠使邑之君子能好悪人者以子由之政爲是
此外雖舉國之人皆非之吾行而不顧矣尚何尤
悔之有還介自秦谿來立需回字廹歲多事忩忩

布此莫究頗言承瓜期不遠行百里者半於九十
惟多多爲重親自愛

荅張安國舍人父子書

某疇昔効官都下所閱時髦國士多矣每惟以間
見長者獲識實才爲幸何慰如之何慶如之故歲
請違未幾其抱病竒廢偶於死中得活延駐及今
餘毒猶未盡也遠蒙台慈遣介存問貺示誨翰所
以慰薦矜拊之意甚厚自非德愛之誠發於忠誨
何以及此披誦感激無以名喻即日庚暑方隆共
惟豈弟君子神介所聽台體起居萬福某頃得外

補渡江此來宗司職事殊爲稀簡而紹興應接亦
少蓋可以終日杜門静以補病悔以補過昨則非
矣又未知今之果是否思見君子求開悟之悔頓
邈然千里未易遂也淮壖之圉以人而固吳人云
防護風邪不過數處鄭語云政如農功日夜以思
之思其始而成其終行無越思如農之有畔其過
鮮矣固長者之所素講而熟知者尊所聞行所知
將在今日日日見諸行事深切著明矣空言云乎
哉所欲面剖非一而足癉暑力疾姑此以爲門下
謝且數方寸之拳拳惟萬爲德業洪毅自愛式慰

公顧
某三年冊府從諸彥游知我愛我無如舍人之厚
感著在中未易以筆舌窮也交情急難乃見當某
抱病瀕死喘息僅屬之時舍人以從臣之貴日垂
存問區處醫藥念慮甚勤不翅如兄弟之親手足
之助也末疾得痊實繫舍人之賜舍人去國未幾
某亦請外此來抱痾切廩且將期月矣自頭耿然
初無豪髮有補公家其忸怩與在館閣時不異而
有甚焉者然於私計則實便矣職事既簡又無應
接犇走之勞惟是以掩門讀書一意靜默以求其

在我者第愚拙無所省發猶夫人也賤疾自今歲
來日以佳健起居食飲浸已復常此豈始願之所
敢及哉每思故春瞋眩之頃向微舍人洎諸同舍
力主所投之藥豈有今日邪此德未易忘也疾雖
去體氣力猶未全實不敢令勞故書尺曠廢雖輦
下諸公猶且不講記室之問缺然至今惟此之故有
愧有愧舍人惠念之深不減疇昨特賜書翰所以
記念矜恤者甚寵且專令此介踦䟭遠來此事今
人所不講蓋三二十年來所絕無而僅有者舍人
高誼絕俗視此何足道其實何人可以當此三復

感歎非所望也幸甚幸甚地仙丹遣致尤見愛與
之厚其見所服藥方惑於衆説未知所决得此遂
於日下依方服餌甫數日已覺差勝矣然此藥有
大熱毒資以扶弱持危可也舍人邇來所苦目疾
計今已瞭然矣耳目手足人之四體俱不可以有
病耳目神之所受神定則通手足氣之所運氣盛
則彊有病於此正惟絶慾是第一義故某屢以此
爲左右勸而亦願允蹈於斯惟舍人留意共進此
道以異勿藥之喜如何舍人異日復以黑髮碧瞳
侍明光坐廟堂享壽寧期頤之福始悟小人之爲

忠告也舍人春秋富器識絶人遠甚某區區之愚所望乎舍人者豈徒欲勝於人取於人而已邪晝手看前輩呉生遠擅場惟自彊不息務其遠者大者爲功崇業廣自愛𭔃著甚投筆有汗如濯未能多談臨風企向之切

三山拙齋林先生文集卷第九

拙齋文集卷第十

三山林　之奇　少頴

啓

館職謝啓

詞林待問誤膺試可之求冊府儲材輒預兼收之數仰幸樂育之有地俯慙進取之罔功冒昧以居凌兢爲甚竊以自古在昔繇周而來雖何才不資世而何世不生才然所養非其用而所用非素養尚介冑者倥偬弗給字罕識丁抱鉛槧者疑信相

傳經無全亥遂使四代右文之化幾爲百家左道
之歸歷魏晉南北兩朝培塿難求於松栢惟漢唐
先後一轍江河自美於阜瀕外庭内禁以列居甲
經乙史而分部藏書于羣玉崑崙之府作人以道
家蓬萊之山騰實蜚聲遂揄揚於兩都　　䈥計
見效宜發揮於三變之文逮本朝始集其大成肆
主上克紹於先烈九域共貫十聖同心惟韞玉藏
珠汲汲乎國家閒暇之際故刈蘭爨桂彬彬然將
相文武之資自非業足以造游夏之淵源辭足以
發李杜之光焰研窮小學能箋爾雅之蟲魚是正

古書盡知孔壁之科斗則何以希蹤前哲接武英
游如其者緒本單平學惟膚淺少年好賦祗知有
篆刻之爲壯日窮經亦不離糟粕之末已獲叨榮
乎科第且將待次乎尉曹親燈火於韋編屢絶之
文聊以卒歲負弩矢於桴鼓亟鳴之地敢不盡心
初無慕外之思每念執中之戒何乃爰　及綸
命鼎來躐多士朋盍之階舉積年久曠之典以一
介寒儒而輒射策于玉堂之邃以九品賤吏而欲
致身于天祿之巍實五技以皆窮豈千慮而有得
巖廊博采好爵優加僅堪問於何如能知正於幾

字願不及此得之若驚此盖伏遇道覺天民功熙
帝載房喬藏用得彌縫輔賛之機裴度忠謀顯果
斷剛明之德恢再造之業以作新庶政闢至公之
路以任使羣賢與人不務於備求稱物罔愆於平
施遂令凡骨輒爾登瀛寔愧頑金徒然　其敢
不激昂此志增益所聞讀平生未見之書往勤學
殖條當世可行之策願效忠規

謝進書改官啓　預修　神宗寶訓

甂生末至無補成書綸命鼎來有慙醲賞既積素
餐之懼更懷冒進之嫌惟皇朝寶訓之聿脩以唐

人政要而爲法然嘗攷正觀所載遺芳止於當朝
豈若繇建隆以來疊矩存乎奕世文謨武烈各擅
創垂孔思周情繼專論篡迨茲接五帝而爲六固
將襲二典以成三撮機要而捴宏綱貽孫謀以燕
翼子茲事體大自昔才難允資蘭臺麟閣之英俾
爲金匱石室之助如某者賦才甚陋筮
三
館鉛黃便食無功之祿二年燈火難窮未見之書
秖知服事於官箴何意攝曹於史牘濫集湖而乘
非加益鵜在梁而翼且不濡豈繄十旬紬繹之勞
能究七閏鋪張之旨麟經甫就何所措卜商之辭

象注雖傳率多因向秀之舊竊嘗執管蠡而窺測
聊復議天地於純全滲漉乎仁澤者祖宗之心堅
凝以義氣者熈豐之政如彼四序會于一元肇修
官制則都省六曹之職分崇右經術則上庠三舍
之科立減宗子恩澤而無怨汰冗兵廪　而不譁
惟斷乃成有條不紊矧法度更張之始正謀猷交
進之秋恢乎能受於讜言卓爾罔牽於曲説或謂
病不廣大終弗替勤儉之心有言勿語恠神曾無
忘夤畏之戒推此類規模悉備廼是書筆削大凡
寔推轂之有初顧濫竽之何力恩疑與重功適會

成曾是超遷之來誠非始願之及茲盖伏遇國史中書僕射相公德全命世志切致君條漢家故事以施行進堯野遺賢而明試平施何須於多寡曲成一本於範圍雖房相奮庸惟恐用人之不及然范宣辭寵豈曰其下之能違顧蕞爾之罔功方居然而受爵強顔若此内省謂何其敢不圖以報於萬分誓永肩於一節習丘明之傳或能窺好惡之同述方朔之聞且將推道德之麗過此以往未知所裁

賀湯右相 時任正字

擢自樞庭進當揆路文命夙承于帝創見奮庸膏澤盡加於民益章得志縉紳百辟舞蹈一詞竊以天佑民而作之君師王立相而置諸左右遠則伊虺旦奭叶贊商周之業近而丙魏姚宋交脩唐漢之隆儻胥中素藴之必行斯海内具瞻　恭惟僕射相公才兼數器學造一源炳炳然温厚爾雅之文𦐇𦐇乎獻納論思之任陸贄功多於内相廼與政幾絳侯地密於本兵宜分國秉庸補闕於袞職式齊色於台符二人同心輔弼定金蘭之契千載一遇君臣萃魚水之歡豈惟十年之不出都

城抑亦片言之曾寤上意居潭府而禄養盖人子
之榮莫能加歷道山而登庸由中興以來未之有
其濫從册府快覩除書顧因賀廈之公言輙獻美
芹之私見非敢持愚慮之千以助智者之一姑將
推小人之腹而度君子之心主職以論相爲能相
業以宜民爲本伊欲勤施畎畝之志會　閤
閤之情飢溺在慮而績底平成規隨相須而治載
清淨論韓愈以文視班馬殆見善者機期孟軻以
功如威文孰能爲之大時哉易失名下難居命新
則觀聽獨詳位高則負荷愈重況春秋之則筆則

削聖人每以責備於賢必冬夏之一暑一寒小民無或曰咨於下師言所與天監自孚秩秩大猷旣陳風化艱難之業濟濟多士請賦中和宣布之詩嘉與函生侖翕歸元化

賀葉樞啓　時在書省任校書

拜命中宸奮庸右府已驗仁人之有勇獲盡其言更觀儒者之於兵善藏諸用朝綱分總人望交孚竊以事辭之適有時弛張之用不器汲黯正直能寢淮南之謀山甫柔嘉亦成玁狁之伐文而有武廼彬彬然言則必行斯慥慥爾恭惟剛大以直靜

一而虚屬在權綱總覧之初首居風憲彈擊之地

豺當路而畢逐遑問狐狸虎在山而有威誰採藜

藿縣望實之愈稱格眷遇之彌隆進與政幾允惟

心協擢顓樞柄肅示才全俎豆有聞實兼乎軍旅

之學諫諍無隱復濟以善兵之長除戎器於萃聚

之秋纘武功於艱難之業至仁厚澤既以　九重

聰明不殺之神遠慮深謀又將垂萬世社稷無疆

之福某猥以庸瑣職兹校讎頓登門之惟新豈賀

厦之敢後忠嘉所發願稽行事之著明謨烈相須

允爲並用之長久

賀湯左相啓　時任西外宗丞在越上

德享天心庸熙帝載光膺册命登冠台躔郵置甫傳中外胥慶竊嘗謂欲知自古相業之優劣莫若於其治效之汙隆惟質諸行事之深切著明自可見當時之設施注措九州同而降丘宅　夏禹之成厥功四國皇而莫枕于京實周公之所以聖所過者化至誠如神舉非空言此其明驗爲其事而無其功者未嘗覩以斯道而覺斯民者莫不然漢之丙魏蕭曹唐之房杜姚宋咸有成績載在遺編由後世而觀之皆一見而決矣矧兹譽處得乎

身親所閱最詳斯言益信恭惟國史中書僕射相
公素高人望蚤結主知天民之先覺有待而行王
佐之通才無施不可代言詞掖盡除書德音之長
決策樞庭兼文備武事之柄自膺爰立之拜浸成
於鑠之功日雖不足而歲則有餘威實無用而德
爲之本聲色不動廟朝自尊視此三年政化之成
實緊一相爕調之效問其天時則年穀屢豐而田
野闢質諸人事則兵革遂偃而邊鄙寧欵外攘於
内脩致遠懷於近悦鄰寶愈重民瘼悉聞文學法
理精其能固已恢恢而無事輔賛彌縫藏諸用未

嘗赫赫以爲名卓爾可繼而可傳歘然不矜而不
伐乃論功於次輔亟正位於首台旣酬前勲將責
來效一新觀聽再茂經綸此誠君子見行可之時
宜副眞主大有爲之望深惟其始旣存挈矩之方
嗣圖厥終夫豈執柯之遠其受知乆矣報德缺然
比緜抱痾僣請補外非敢望也方切譴何之憂曉
言顧之俾即便安之所無功竊太倉之粟不失爲
中都之官尨職宴閑舉家飽煖際幸若此報塞謂
何顧因竿牘之修輒獻芻蕘之議不自覺其僣也
姑試言而聽之用蠡測海而用管窺天見者小而

於大不盡以塩洗金而以魚濯錦物有賤而爲貴
所資惟國家百年之治安承祖宗累聖之忠厚仁
心仁聞固已洽矣弱政弱勢未嘗無之比年以來
此弊尤甚士氣銷而直聲罕繼軍政弛而戰功寖
微公卿多務於因循中外率由於姑息督責輕則
首公者少期會慢則明信不行黠吏饕　寵豪
奪錐刀之末輒形於造請膏粱之冑浸冒於超昇
佞諛成風畏懦避事教雖成而患更由於不肅政
已治而失乃在於不嚴是以蠻夷猾夏者三紀而
天討尚且有稽權綱總覽者五朞而皇威猶然未

立道必通而後久法無弛而不張究觀天地一元之運行每以陰陽二氣而兼濟既已極春夏之溫厚必繼以秋冬之嚴凝歲功乃成物宜咸遂理所必至天且弗違蕞爾腐儒昧於治體不腆芹獻所望瑟調固非祖崔寔議論之餘尚申子之習勸上用刑若于頔爲國生事如賈生蓋謂漸以凝成寬由猛濟必也曠然而大變然後巍然而有成當今所先其要有在體仁以立仗義而行奮唐憲剛明果斷之威何思不服行漢宣信必總核之政所爲而成如大冬大夏之密移非一朝一夕之驟

致聖人通變以無倦天下日用而不知茲隆中興之功乃成顯相之效百里之行半於九十當念貴全初筮之告不俟再三在乎善聽雖賀厦獲申燕雀之志然移日已失蚤晚之時出位以謀僭言非禮愛之莫助願觀補衮於仲山敝又改爲請賦緇衣於鄭武

賀葉元樞啓

仍居右府進位元樞夙夜推基命之長帷幄專運籌之任置郵傳命夷夏歸心竊以自古以來兵民無異業任人之要文武非兩塗逮衰周始辨乎軍

國之容乃出入之迭用暨晚唐遂分以東西之府每離合之無常私立藩籬互相矛盾馴使弛張之柄浸成氷炭之分然神而明之存乎人故通而變之無弊法皇朝損益前代之制主上祖述孫謀之貽中書政本之攸歸樞府兵符之所出　賢哲共持領綱如日月並麗乎九天若手足相資於一體必繇公選每得真才共惟某官學洞聖真望高王佐自爲州縣已有慷慨不屈之聲及在朝廷尤見剛大直養之氣雲龍會於千載針芥投乎一言適逢行可之時徧居言責之任明目張膽翕令士

論之歸緩帶輕裘坐致敵疆之畏自繞朝贈策之後秦爲有人俾婁欽持節而來漢非無筭眷注愈重聞望益隆遂繇共政之聯實冠本兵之地大忠復德孰能知之上兵伐謀亶其在此種蠡分内外之任越霸可期韓范制西北之兵虜亡無日抑非爰立莫慰具瞻鴻由漸升龜可預卜某　素拙地冑甚寒雖抱膝隆中初匪有求於聞達然滌器堂下嘗蒙黙察於心期頤兹賀厦之初適在負薪之役鳧趨尚遠雀喜徒深未遑報國士特達之知詎敢爲小人姑息之愛竊謂能言與躬行有異傳

聞與親見不同能言於初要在躬行於其末親見
既審夫豈傳聞之可欺願强本以折衝先上策之
自治知己知彼而戰固不殆去兵去食而信不可
無必内脩之無疵斯外攘之可必毒藥苦口誠知
非巽與之言太山微塵猶冀有絲毫之益

賀汪侍御啓

中宬眷深南牀位進龍光洊出風采益尊惟本朝
一祖七宗委任臺諫之孫謀得自古二帝三王維
持國家之深旨永惟朝廷所以綱紀常與宰相更
爲重輕假以繩糾彈劾之文而每用公忠正直之

士在下者或旅進或特進初無苟徇曲止之私在
上者有亟從有終從莫非公聽並觀之美國史所
載遺風具存拚映六經冠絕千古矧惟英主之勃
起集此大成之永垂更化以來擇材尤謹觀其繇
三臺以極中執法之選亦猶踐兩省以爲大丞相
之儲苟非其人不在此位恭惟侍御望高東魯業
富西崑蚤爲瀛洲方丈之游夊顓金匱石室之藏
一言而合浸當行可之時千載相逢徧居言責之
任彌縫輔賛孰見用藏饜飫優游自令理順果以
特立之譽洊爲獨坐之揩迄將奮庸亟躋共政其

夙有際會昨忝同升日陪羣彦之居浸歷三年之
久談麈落屑樽酒論文白雪陽春惟爲寡和高山
流水允謂知音當茲賀厦之辰適有負薪之役𢖍
趍尚闊燕賀徒深靜惟自昔德愛之多輒既今日
忠告之補敢竭管見冀有麈禆既得君如彼其專
而居位不爲不久顧與同時之並進益行前輩之
所難寢淮南之謀正惟憚汲黯之直落金吾之膽
詎可無温造之抨勿憂嶢者之難全宜念時哉之
易失茲以盡言之益合乎容德之洪屬秋序之浸
高冀沖襟之善葆茂介戩穀永固沖和

賀張子公啓

肇新政塗光執樞筦允武有賴斯文益光竊以君子邦家之基不有君子則何以能國善人天地之紀能用善人則可以長人民望所從國體自重共惟任由天降覺自民先梗梓待用於十圍裹麟全剛於百鍊蚤馳逸驥騰夷路以安行晚任虛舟遡急流而勇退雖三聘能移伊尹之志然萬鍾不動孟軻之心更艱難險阻之百爲蓋用捨行藏之一致招麾不變通介莫窺汲黯在朝自能致淮南之畏安石不出何以拯蒼生之窮逮茲眞主之龍興

果見大人之虎變仁人在上真成道德之强天下
歸心共仰精神之運抑非爰立莫慰具瞻鴻由漸
升龜可預卜某生身最晚去德實遥毎懷取履之
私莫遂摳衣之願雖未獲睹隆中之諸葛究觀原
上之設施然聳聞拔江左之夷吾巳愜華人之願
欲喜而不寐樂固未央悵莫預於梟趍詎敢稽於
燕賀小草無用豈能有益於良醫大鈞所陶諒
亦不私於一器

三山拙齋林先生文集卷第十

拙齋文集卷第十一

三山林　之奇　少頴

啓

賀開府史丞相帥閩

被衮繡而位上公四海乂欽於德望擁節旄而鎮南國三山甫借於威聲行將沛霖雨之仁恩坐致塞乾坤之和氣歡謡四合輿頌一新恭惟某官醞藉含洪操履剛正立忠孝之大節抱文武之全材鑄就裹麟金常經於百鍊養成梁棟木寖底於百

闉縣要路之荐更挺宏規之屢試藹甘盤之舊學
皆正心誠意之淵源富伊尹之先知攄致君澤民
之底藴嘉績已垂於竹帛殊勳列在於鼎彛謝安
石蚤爲東山之游裴晉公尚頼北門之護分陜以
治伏鉞而行百粤承風可愛甘棠之蔽芾三台近
日重期梅鼎之和調閩地增光帥旌俄指父老翕
然而相慶慰巖石之具瞻吏民晏若以交孚快景
星之先覩隆私莫比厚眷有加第恐思納誨之功
不容處承流之寄再愜宇宙永會風雲某踸踔微
蹤跰跹弱質蓬山備數猥蒙頣盻之榮宗邸貟丞

便有升沉之隔嘆槐庭之深邃遂幸梓里之依歸抉
圠大鈞行遂二天之託卑微小吏敢憑一日之知
輒修竿牘之誠少叙門墻之舊高秋澄肅潭府優
游願迎玉燭之和重赴金甌之選

賀陳左相啓

光膺制麻登冠台席中外百辟驩喜一詞晉德盛
而朝廷愈尊泰道亨而君臣自合竊以輔相之任
明主所以立政化之元艱難之時皇天所以開賢
哲之業非艱難何以顯所降之大任非輔相何以
使勃然而中興振古以還此理明甚五湖接武而

雲擾王茂洪謝安石由此奮庸兩河裂地而虎爭
裴晉公李文饒因而底績盖惟震風凌雨始知有
棟宇之安苟皆坦塗安流何以見舟車之利故銷
金石無俟累月而有鎡基不如待時夫豈人力之
能爲莫非天命之所在恭惟　蚤由德進浸以時
亨恢恢每謹於大軱斷斷不循於他技畢公正色
旣成弼亮之功山甫令儀未究將明之略逮兹雲
龍千載之遇復契啐啄一時之機乃論功次輔之
聯乃正位首台之重一新觀聽再茂經綸此誠君
子見行可之時況值眞主大有爲之日郵命甫播

羽檄適馳屬寶運之將新肆黠虜之匪茹使命夷
倨邊候繹騷神奪其衷孰可忍也天之所啓其在
兹乎去兵去食而信不可無彼既畔盟而罔顧知
彼知己而戰固不殆予豈退舍之能安願潛先物
之幾益謹折衝之筭蠢彼犬羊之蕞爾政惟談笑
而道之吾何畏哉必也師直爲壯我則異是所謂
道御而王鬼神理顯於惡盈夷夏心同於助順元
魏東遷而都洛殆欲速亡秦符南舉以度江何殊
送死虜殲無日吾圉何憂劉項之勢宜决於雌雄
袁曹之争豈繫於强弱惟人謀之咸贊逦帝命之

不違攻不足者守有餘亟宜伸於廟筭壹大治則
終身創果何憚於武功盖威惟斷而乃成事必忍
而後濟其也運甓平日擊楫此時每忘恤緯之憂
願奮死綏之勇念門下新騰於揆路方士者爭馳
於賀緘懼求苦語之鈌然惟聘謏辭之紛若敢推
德愛冒獻忠規竊謂聖籌當决於帷中奇兵宜運
乎堂上投機之間不容髮奚俟狐疑掩耳之前有
震霆惟貴神速上策莫如自治先發乃可制人奠
乘兹爰立之初即助爲於鑠之舉佇聞勒騎一洗
唐太宗渭上之盟當務磨崖重勒元次山浯谿之

頌

上朱中丞啓

益隆上眷進位中司國論求衡石之公鄉邦增泰華之重竊以三臺鼎峙自古惟御史無以加五院緯連在今以中丞爲之長引人主耳目之所不接達乎四方合天下腹心之所欲言出於一口勤求民瘼以安萬姓繩糾官邪以肅百僚獻納之責實通於諍臣董正之權或重於宰相茲事體大舉世才難共惟中丞事君無私許國有素未將用於梁棟必待十圍金未鑄於裹麟嘗經百鍊退而處約

藏以待時筆下掃千人之軍胷中蟠萬卷之讀優
游莘渭身爲十載之閑客勿唐虞道有一言之合
擢引諫省荐領臺綱蓋應龍翔則雲霧消然而興
故猛虎在則藜藿爲之不採介然特立之譽允矣
獨坐之除申錫龍光一新風采雖官守言責之逾
大抑任重道遠之無逾郵置甫傳中外胥慶某桑
梓晚進斗筲小才金蘭瞠後於同心草木繆當於
吾味志惟晞孔卜商何以起予哉身則去齊鮑子
誠爲知我者政闊掃門之便徒傾賀廈之誠所望
謀臧敢稽忠告方將以洪毅而厚望於君子豈敢

徇姑息而淺爲之丈夫仁豈遠哉惟力行而必至時則可矣非茂對以奚爲願斟酌於民言更扶持於善類力辨邪正深明後先欵外攘於内脩致遠懷而近悦落金吾之膽詎可無温造之抨寢淮南之謀正惟憚汲黯之直仰以尉慰九重大有爲之志俯以壓塞四海士大夫之心公議所孚民望咸屬當令泰山逸士作慶曆聖德之詩毋使昌黎丈人著正元諫臣之論

上何諫議啓

茂簡深衷延登大諫直聲夙播公論永孚竊以百

官皆箴王闕而職有司存七人俱號爭臣而事從其長唐虞勳華之史謨必列於禹皐房杜謀斷之長直猶遜於王魏自非忠嘉出乎天性議論當乎人心則何以自結於九重之知隱然爲一世之重共惟諫議才高經緯識貫古今力探聖學之源深明王事之體蚤攄素藴峻涉亨衢聿逢行可之時荐居言責之重彌縫輔贊誰識用藏饜飫優游自令理順惟默存諤諤之實豈顯求赫赫之名正直天通靖共神介益光夙夜永終之譽將膺左右圖任之求密勿太和之朝雍容正觀之治膏澤遂覃

於四海雲龍永契於千齡某下走駑材末學膚受匪直興起於聞風之乆盖嘗唯諾於摳衣之餘惠然國士之知申以君子之愛際幸若此報塞謂何願因賀厦之誠輒獻美芹之見聖王在上豈憂魏證之難全輿議所期但覺陽城之有待

上都司諫啓

簡在宸衷序遷諫苑邦之司直民具爾瞻郵置甫傳中外胥慶竊以責難陳善在古人不立於常員補闕拾遺及唐世始分於職守並肩而立易地皆然屬當行可之時尤貴美成之乆恭惟司諫識該

今古學際天人挺玉質之粹温擅金聲之宏達直
養浩氣信悃愊之無華入告嘉猷每優游而不迫
諫行言聽謨明弼諧雨露霑九重之恩羽儀增兩
省之重導人使諫既成諤諤之昌責難於君尤見
卷卷之愛一言甫出四海同休將繇政途洊升揆
路沛膏澤而益遠輩蘿圖而寖昌某蕞爾惷愚踏
然踈遠生平無雅素之分一見蒙特達之知薫之
沐之博我約我君子之愛固當然也國士之遇何
以加諸戴此恩私若爲報稱顧因賀廈之始輒陳
窺管之愚居王魏之官當念時哉之易失事唐虞

之主奚憂嶢者之難全

回徐教授啓

思見故人若懷飢愁遠承書問如對面顔既聞旅次之寥移復仰謙光之下逮願不及此慰何如之共惟其官學洞淵微氣涵剛大望高仁里聲滿賢關得雋翰墨之場投機功名之會嶄嶄頭角已發見而非潛恢恢刃硎猶善藏而未試挺出要路允謂奇才獨冷廣文詎爲久計諒養成於華貫當亟奮於亨衢頑如舂惷愚忝有雅素閩嶺嘗覘於半面武林又枉於高軒雖邂逅適願之偶然無幾相

見然踟躕搔首者父矣靡日不思豈量際會之來
𨗳有親依之幸且將進躐無𨓍之坐薄釆在泮之
芹挹彼汪陂即臭荅疵之一洗式時德宇終期通
介之兩全屬祥暑之去初願沖襟之益固永綏福
履緜介壽祺

到任謝宰執啓

假使節於全閩猥被過家之寵董舶征於互市濫
承柔遠之流臨履去初戰兢尤甚惟東南要荒之
地最廣實天地温厚之氣所鍾在諸番之中最爲
恭順自上古以降常用綏懷非如西北之二邊每

接干戈之百戰故因其仁氣義氣之別則待以周
索戎索之殊卉服蠙珠任土嘗脩於禹貢南金象
齒獻琛亦頌於魯詩極舟車之所通示覊縻之有
漸不取武功之用粤惟文德之敷威責有令而文
告有辭在周雖列職方之掌下碇有稅而閱貨有
燕至唐始立市舶之司許以通商爲之置吏考諸
歷代惟皇朝職守之尤詳列在三方蓋温陵事任
之甚重引賈胡之往返斡泉貨之低昂自非蔚有
重望如孔戣素立清節如宋璟不以粟金入懷如
張屬國不以貪泉易心如吴隱之則何以被皇華

之遺而不慙攬澄清之轡而無歉如某者學惟墻面質但蓬心半生連蹇於詞場四載優游於冊府字雖丁識誠難兩石之彎經匪亥全尚迷三豕之渡蟫蠹書而何用馬賦粟以何多當邊防羽檄之交馳撫書生鈆槧而有愧縱欲投班超之筆於我何加俾之請終軍之纓則吾豈敢閱百計以皆拙省一日之無長豈抱關擊柝之敢辭矧委吏乘田之有守敢遺餘力不務竭誠顧言謹始以圖終姑且用勤而補拙沛朝廷之膏澤於是達亹亹爲總蠻夷之綱條所言但平平爾雖微高論庸竭寸心

共惟某官闢闈壯猷翼扶興運誠明並格於高厚聲教旁通於朔南寸刃不施藁街授單于之首尺書所暨鴻臚列尉佗之珍欲威懷兩用於域中故文武並施於術内肆令躍治冒此乘軺取棫樸而薪槱之俾克生於王國惟桑梓而恭敬止蒦推本於人情某敢不憤啓于中視鞭其後雖未能尺箠以笞行說奮爲賈誼之大言猶庶幾重譯以致越裳肅顯周公之美化

謝汪帥啓

小智自私夂竊祠宫之禄大鈞播物俾從帥幕之

游既出於公舉之推復遂其私計之便措躬無地
錫福自天竊以人多急於身營智莫難於物徧位
望尊而願忠者踵至土地廣而造請者沓來耕或
遇雨則穫以爲憂沂者得風則泝非所欲楚越南
北之殊執冬夏熙凝之異情積其一二日之所求
雖使千萬變而未歉故於謙有平施之稱而在易
無曲成之遺溺己之溺而飢己之飢此禹稷之所
自誓憂民之憂而樂民之樂雖孔孟以爲難能蓋
以至無供萬物之求以大公任四方之責其道甚
廣所應無方惟在其豪籥之中始知有帡幪之賜

如其者器非適用學不知方既邁壯齡始叨末第
委身義命絶意顯榮馬足車塵初未服從於吏役
鑾臺鳳閣固已躐升於俊游所研窮者千古浩渺
之書所交結者四海豪傑之士大則元元夲本之
弗畔小則恉恉奇音之罔遺識元紫芝潛自消於
鄙吝揖黄叔度初莫測其淺深諄諄然忠告之勤
閔閔爲德愛之益景星先覩之爲快行露蒙潤而
不知目擊所存心期自遠失身一疾去國十年力
僅勝於匹雛行幾類於跛鱉隨風遄反恍神山之
曾游霔雨漂沉遭土偶之屢笑還歸里閈粗理生

涯鄉鄰或鄙於東丘親黨誰憐於北阮爨無欲清
俸禄罄於父閑盜不過門貲財困於多女猶叨廪
食未即溝捐徧歷十全之醫盛蓄三年之艾既大
綱而小作紀遂月異而歲不同昔遭末疾之風淫
將食之既今競分陰之尺壁殆幾乎全涔有寅緣
復兹際會博我約我薰之沐之飛鴻在冥冥之中
綈袍有戀戀之意爲黄堂之重客榮幸已多陪碧
幢之上游叨逾孰甚俾積餘力庻爲全人既無需
次歲月之延復省裹糧道里之費使其自擇所處
者何以復加於此乎傾此困窮之中有此遭逢之

幸此盖伏遇某官天民先覺吾道主盟文經武緯之旁通吏才將略之兼備自分民於閩嶺將報政於期年佩牛俗改而咸慶秋成抱牘吏稀而坐觀晝永俯念麟臺之舊肆騰鶚薦之章一諾重於千金片字榮於華衮眷思寵錫俞旨曲從頓令尾礫之資居有鼎彝之重縉紳聳動歘令公議之伸里閈喧傳足視交情之厚某敢不脩身謹行宿道向方務恪守於官箴永矜持於行檢貨財筋力既曲全老病之安會計牛羊敢或廢委秉之守過此以往未知所裁

謝劉丈舉自代啓

方慚鉛槧難陪三館之英敢意姓名輒與九官之遴舉譽過其實得之若驚竊謂拔茅必以彙征避路不枉一步蠡不如種豈其韜略之必長賜賢於丘曽匪淵源之必艮既分而已則愈有自下而人以爲髙此先進後進所以相資故大賢小賢均於有得允爲美事豈曰虛文如某者行則迂踈文惟骪骳雅宜服州縣奔走之役顧乃從臺閣清切之游讀未見書浩莫窮於涯涘正得幾字初無補於絲毫雖實碌碌以素餐獨有區區之墨守金方就錬

詎敢爲繞指之柔璧未嘗投自應無按劒之怒每粗求於已志固絶望於人知廼辱亵褒俾充鶚薦庖人已治烏用越而代之大匠雖勞豈能傷其手者徒借鹽車一顧之重俾有弊帚千金之酬遂指此名俾重於世此蓋伏遇某官中立無倚乆要不忘粤從傾蓋之驩每加特榻之遇揄揚有素何嘗許邵旦評之更汲引惟新復居山公啓事之冠雖達能固無私謝而知已所以求伸顧非土木之心寧無門地之感某敢不益勤樸學分勵散材念惟賢知賢何以稱至公之舉將以德報德庶不負平

生之言過此以還未知所措

代士人謝孫憲啓

猳佩雞冠自愧仲由之鬬狠鼠牙雀角幸逢召伯之辨明罪大罰輕恩深感極伏念某等童心未變庭訓莫遵業弗戒於荒嬉氣謾矜於在鬬比因初澣之暇輒追重九之驩但虞一夜秋香之裏豈料今日人心之別初由毀尾以致怨繼遭鳴鼓而見攻德山棒行非由機契孟嘉帽落不待風吹要爲蒲人之盟不啻淮陰之辱尊拳可畏信雞肋之難安編鬚甚危幾虎口之不免遂成飲食之訟以貽

父母之憂既在乎縲紲之中惡得無罪苟寘諸箠
楚之下其何以堪豈曰意全實由天幸茲盖伏遇
某官恩流冬日明察秋毫聽驟明堂下之言攬邪
陽獄中之疏縣布之身入漢壘恩威並施孟獲之
戰遇蜀師擒縱兩用洗其既往之咎開以自新之
途屢校以懲是謂小人之福也姑息弗用得非君
子之愛乎顧螻蟻之微曷玷丘山之賜某等敢
不志懷結草事必吹虀佩婁公唾面之箴豈忘懷
忍報晏子脱驂之德願畢驅馳

三山拙齋林先生文集卷第十一

拙齋文集卷第十二

三山林　之奇　少穎

史論

論通鑑與左氏相接

孔子於春秋盡於哀公之時左氏引而伸之盡於二十七年其篇末又引而伸之至於悼公之四年晉荀瑶帥師圍鄭未至鄭駟弘曰知伯愎而好勝早下之則可行也乃先保南里以待之知伯入南里門于桔柣之門鄭人俘酅魁壘賂之以知政閉

其口而死將門知伯謂趙孟入之對曰主在此知伯曰惡而無勇何以爲子對曰以能忍耻庶無害趙宗乎知伯不悛趙襄子由是惎智伯遂喪之知伯貪而愎故韓魏反而喪之是左氏之書盡於韓趙魏之滅知伯也此書繼左氏傳所作故始於初命晉大夫魏斯趙籍韓虔爲諸侯蓋所以接左氏之體也韓趙魏之滅智伯在於周定王之十六年上距左氏之篇末凡十有五年下取通鑑之初威烈王二十三年凡五十年左氏引而伸之以及於韓趙魏之滅智伯通鑑又反而進之以追及於韓

趙魏之滅知伯此其文勢雖前後而實相應也

論作史之體

某嘗聞之先生曰自春秋筆削之後春秋之法不傳歷代史官記事而已其褒貶不在焉惟司馬文正公范内翰爲得夫春秋之正傳文正公於通鑑首載命晉大夫魏斯趙籍韓虔爲諸侯范内翰之於唐鑑首載唐太宗之陰結豪傑以晉陽宫人劫高祖且稱臣於突厥而求其助蓋孔子之作春秋惟以爲君臣上下之不明義利之無别所以記載二百四十二年之事以詔後世司馬公范内翰得

此說故其著書立言之始首辨夫名分之際以正天下之大綱謂威烈王當正其分不當封韓趙魏爲諸侯唐太宗寧不得天下不可稱臣突厥此則明乎春秋之大旨而得夫子之正傳也夫晉之大夫止於韓趙而已命之以爲大夫猶可言也安得晉國猶在而以晉之大夫立爲諸侯乎周之名分之亂蓋始於此世之論封建爲非者往往借周唐以爲說謂周之亡以諸侯唐之亡以藩鎮其獨以爲不然諸侯藩鎮非能亡周唐也而其所以亡者實自亂也威烈王不能討韓趙魏之罪而反封以

爲諸侯唐自肅代而降藩鎮戮主帥因授以節鉞周唐之亂實在於此夫君臣之分如冠屨之不可移易也苟其犯上則天地猶不能以成其化育而况於人乎其在月令孟春行冬令則水潦爲敗雪霜大摯首種不入孟冬行春令則凍閉不密地氣上洩民多流亡夫春夏而發生秋冬而肅殺天地之常理也周唐之君當刑威而慶賞之是逆天下之常理也天下安得不亂

豫讓報仇

太史公傳刺客五人而豫讓在焉意謂此五人者

輕用其不貲之身逞其志於匕首之間以行險僥倖成其志則如曹沫如聶政不幸而不得志則如豫讓如荆軻如要離是皆不合乎義輕用其死實匹夫之勇也故子雲以要离爲蛛蝥之靡聶政爲壯士之靡荆軻爲刺客之靡是皆不許之以義蓋知死非難處死爲難死不可輕用要在合乎義而已然豫讓之死不得爲義而其言則有合乎義者其友曰以子之才臣事趙孟必得近幸子乃爲所欲爲顧不易耶而讓則以爲既已委質爲臣又求殺之是二心也蓋既已委質爲臣則負舊主而臣

新主矣既臣新主又求殺之則既負舊主而又爲
不義於新主矣李陵臣於匈奴司馬遷爲陵上書
謂陵身雖陷敗而不死宜若得當以報漢也上以
爲誣罔下之蠶室李元平爲李希烈所擒關播聞
之詫曰元平事濟矣謂必覆賊而建功俄而受賊
署爲宰相有告其貳而元平斷一指以自誓然李
陵未嘗有以報漢李元平未嘗有以覆賊而建功
故司馬遷關播所以不能自免也使陵果有以報
漢元平果能覆賊猶不得爲義士何則既臣於虜
矣而又不忠是未得爲義也張巡爲禄山所執虜

人脅以刃巡不屈又降霽雲未應巡呼曰南八男兒死耳不可爲不義屈雲笑曰欲將有所爲也公知我者敢不死乃亦不降若巡者可謂明於義矣南霽雲之將欲有爲是亦元平之志也而巡乃不之許者謂既事人而欲殺之不可也此豫讓之死雖未合於義其言亦有可取

文侯不爽獵人期

孔子曰人而無信不知其可也大車無輗小車無軏其何以行之哉蓋治家而無信不可行於家治國而無信則不可行於國孟子之妻出其嬰兒啼

孟子曰毋啼往歸當殺豚以食女其妻歸孟子孟子命殺豚曰幼子常視毋誑告之以豚而不殺是教之欺也卒殺豚食之蓋居家而家信當如孟子之不欺嬰兒治國而國信當如文侯之不負虞人

聶政刺俠累

韓相俠累之坐府上兵衛甚嚴而聶政以一介之夫持數尺之刃得以上堦而殺之何也蓋君子以忠信爲甲冑以禮義爲干櫓惟忠信禮義以爲終身之防然後無倉卒之可虞故被甲百萬不如投壼而雅歌閉戶十重不如談笑而岸幘苟無忠信

禮義而徒恃其區區之衆此俠累不免於聶政之禍也晉靈公使鉏麑殺趙盾入其門則無門焉者入其閨則無閨焉者上其堂則無人焉俯而窺其户方食魚飧鉏麑曰嘻子仁人也吾入子之門則無人焉入子之閨則無人焉是子之易也子爲晉國重卿而食魚飧是子之儉也君將使我殺子吾不忍也然則宣子之免於鉏麑之禍者豈在於兵衛之嚴哉

魏相田文

書曰如有一介臣斷斷猗無他技其心休休然其

如有容人之有技若己有之人之彦聖其心好之不啻如自其口出是能容之以保我子孫黎民蓋欲賴乎天下之英才以保我子孫黎民者必其人之無他技休休然如有容而後可嚴助曰使黯任職居官亡以瘉人至其輔少主守成雖自謂賁育不能奪也是知田文雖不如吳起之才而主少國疑之時則文足以辦此而起則不足以當之觀起之去魏事楚也明法審令捐不急之官云云楚人之貴戚大臣多怨及悼王薨而起不免於禍豈非主少國危之事非起之所能當乎然則田文之言

實驗於此夫楚悼之相起是猶秦以治兵而治國也諸葛亮應變將略非所長而能輔少主使人無閒言長孫無忌不長於用兵而能當武后易奪之際毅然不可奪以是觀之則知爲將者果不可以使之辨國家之事也

楚悼王相吳起

甚哉楚悼王之不如魏武侯也武侯相田文而不用起知其才可爲將而不可以爲相也至於悼王則舉而相之以其才之長於爲將遂謂其可以爲相也古之聖賢才術無所不長文經武緯無所不

施如商之伊尹周之周公曰將曰相惟所用之自
非聖賢才必有偏是故高祖之世征伐則有樊噲
黥布韓信至於定諸呂以安劉氏則委之周勃陳
平武帝之世征匈奴則有衛青霍去病至於擁昭
立宣則委之霍光金日磾將者爲將相者爲相因
其才而任之不復如古之世矣故非有伊周之才
而責之以伊周之任者未有不爲害也漢之曹操
吳之諸葛恪魏之司馬懿是皆以將之才而爲相
虎哉虎哉角而翼者也故其小者竊位大者奪國
紛紛爭亂此無他以將才而爲相耳孔子曰可以

託六尺之孤可以寄百里之命臨大節而不可奪也君子人歟君子人也蓋惟君子而後可以當此任也師之上六曰大君有命開國承家小人勿用象曰大君有命以正邦也小人勿用必亂邦也當師之終是功成名立之時小人有功而加之賞可也用之在位則不可吳起之相楚幸其死於悼王之時起而不死則曹操司馬懿諸葛恪之事可見矣

以二卵弃干城之將

子思言苟變於衛侯以其才可將五百乘公謂其

嘗爲吏賦於民而食人之二鷄子故弗用然當戰
國之時得爪牙之士而以二卵之故頓弃而不用
是亦可惜也盖處戰國之世於士則不可不求
其廉謹於爪牙之士則不可以廉謹而求之也是
以擇將之才與公卿大夫不同公卿大夫之才非
廉謹不可也至於將則嗜利無耻者皆可爲也高
帝之興一時所用以爲將者皆販繒屠狗之徒椎
埋發塚之輩尚安可求其素行哉惟先取其將略
而不復責其素行者而爲之是以不五年間取秦
滅項以造漢室之基業即此以觀則知戰國之世

爪牙之士安可以二卵之故而弃之哉漢陳湯斬郅支而歸石顯惡其矯詔言湯素貪所虜財物入塞多不法欲按驗之劉向上疏論大功者不録小過舉大美者不疵細瑕湯斬郅支而歸未獲受祉之報反屈捐命之功久挫於刀筆之前非所以勸有功也於是下詔赦湯夫以湯之虜掠財物入塞多不法猶不足以掩其功況以二卵之故而弃干城之將哉雖然衛侯之言猶有可取者以變之爲吏取民二雞子猶且有罪況其所取有大於雞子者乎後世以來爲吏者不法姦贓狼藉而尚且不

治至其敗則有胡椒八百斛芷蕎兩舫者以是觀之苟變取民二雞子而衛侯劾之亦不爲過

衛侯言計非是而群臣和者如出一口

人臣之事君惟欲格其非心而已衛侯言計非是而群臣和者如出一口尚安用乎人臣者哉楚莊王言事而當群臣莫能逮則退朝而憂申公巫臣曰王朝而有憂色何也莊王曰不穀謀事而當群臣莫能逮是以憂也其在中蘬之言曰諸侯能自得師者王得臣者覇得疑者存自爲謀而莫己若者亡今以不穀之不肖而群臣莫吾逮吾將幾於

士乎是以憂也夫以莊王謀事而當猶且以爲憂
况衛侯之計非是而群臣和之如出一口乎

齊威王來朝

諸侯朝於天子禮也周東遷而後此禮廢故諸侯
莫有朝於周雖齊威晉文之賢猶莫有舉此者况
其他乎威公葵丘之會但能率諸侯尊宰周公而
未聞其朝天子也晉文公踐土之盟雖能朝王然
召王以朝非其正也孔子變遷其文而爲之諱曰
天王狩于河陽其能率諸侯以朝王是特因會諸
侯於踐土而朝之非其本心也非其本心者且猶

取之况其能以禮而朝王者乎威王之賢東遷以來未之有也世多謂戰國以來無賢君其嘗求之得二人焉曰齊威王趙武靈王威王不以周室之微獨能以侯禮而朝王此威王之賢猶可取也至於趙武靈王之時秦初稱王韓魏亦稱王獨武靈王不肯曰無其實安敢取其名乎令國人謂已曰君此二主者尚知有君臣上下之分使其得孔孟而爲之臣庶乎可以爲周之文王

威王封即墨大夫烹阿大夫

自古賢才之用於外往往多爲左右小人之所排

擊沮難而不得進故伊尹之告太甲曰任官惟賢才左右惟其人蓋居官者雖得賢而用之然必居君之左右者亦惟其人然後爲善夫以善於治卽墨而左右毁之不善於治阿而左右譽之則左右之言豈足信哉以是觀之則知欲賢才之得其志惟在於左右得其人乃可杜預之在晉嘗賂洛中貴近或問之曰吾非求譽恐其爲害夫以武帝之用杜預可謂信任之之深矣而預尚且恐其爲左右之所間則知人主之左右苟非其人則賢才未有能伸其志者威王烹阿大夫之後左右皆得其

人而賢才獲其志觀其與魏惠王論寶以謂吾臣有檀子者使守南城則楚人不敢寇泗上十二諸侯皆來朝有盼子者使守高唐則趙人不敢東漁於河吾吏有黔首者使守徐州則燕人祭北門趙人祭西門吾臣有種首者使備盜賊則道不拾遺此皆用即墨大夫烹阿大夫之所由致也

顯王賜秦獻公黼黻之服

諸侯來朝於天子敷奏以言明試以功車服以庸禮也故詩所謂諸侯來朝何以予之雖無予之路車乘馬又何與之玄衮及黼蓋賜諸侯黼黻之服

必於其來朝有功然後可以賜之秦獻公未嘗朝周亦無其功而顯王乃以黼黻而賜之是畏其強也蓋周室衰微惟以諸侯之強弱爲高下當三晉之強也不以其道立爲諸侯非所當立而立矣既已立爲諸侯則當列於諸侯之位也魏韓趙既已皆諸侯矣而秦獻公以諸侯伐諸侯何功之有而乃賜以黼黻之服是非所當賜而賜也非所封而封非所賜而賜周之政刑無復有矣

諸侯以夷翟遇秦

戰國之諸侯可謂不能自立而惟以國之強弱視

人爲叛服者矣當秦之未强也則皆以夷翟遇之而使之不得與中國會盟至於孝公發憤布德修政商鞅說之以富國强兵之術及其强也則諸侯割地以奉秦相率而帝之惟恐其或失始爲中國之會盟不可得而與終焉相率而帝之安在其能立也昔齊侯將爲臧紇田臧孫聞之見齊侯與之言伐晉對曰多則多矣抑君似鼠夫鼠晝伏夜動畏人故也今君因晉之亂而後作焉寧將事之非鼠而何今以秦之未强則擯斥之及其旣强則尊而帝之以是知戰國之諸侯皆戰國之鼠也

鞅與甘龍論變法

甚矣利口之能移人也商鞅與甘龍論變法王恢與韓安國論擊匈奴田蚡之與嚴助論討閩越溫彥博之與魏證論處降虜甘龍韓安國田蚡魏鄭公之言皆是也而卒爲利口之所奪誠以利口之移人能變白爲黑易東爲西使時君世主亂其是非而從之此孔子所以惡利口之覆邦家蒹葭之詩所以刺襄公也而其言謂未能用周禮將無以固其國焉蓋秦之爲俗所尚者武勇所好者攻戰是秦之爲秦可以爲強而不可以爲長久之計故

蒹葭之詩惜其不能用周禮而刺之然秦所患者
乃以其法之不足而不知其所以爲長久之計要
當用周禮而後可也當孝公之立慨然發憤布德
修政欲以強秦下令國中曰云云當此之時使德
如孔孟者而輔之告之以行王政用周禮而固其
國則秦庶乎可以爲西周矣不幸而商鞅者出以
前世之法爲不足而變之蒹葭之所刺者非以其
法爲不足也禮不足耳商鞅又以其法爲不足而
紛更之則是以火救火以水救水則　其焚溺益
甚又安得而不亡哉

有功者各以率受上爵

商鞅可謂能誘民於征戰者矣民有軍功者各以率受上爵爲私鬬者各以輕重被刑至使秦民強戰者必賞私鬬者必戮以重賞而誘之以重刑而懲之民安得而不趍於戰哉此民之所以小大僇力無足疑者然鞅之既變秦法興兵肆伐無不如意是以不數十年間并六國而有天下故嘗論之鞅之爲法可以用之於天下未定之前而不可用之於天下既定之後何者以其天下好戰之俗多也周人之治岐耕者九一仕者世禄蓋率天下而

爲忠信孝悌之行惟其有忠信孝弟之行而無
嗜殺之風故牧野之戰武王罷師而歸馬於華山
之陽放牛于桃林之野以示天下弗服而天下亦
無復有好戰之意秦人使其民之習於攻戰使其
武健能刺捕甲首者得以自復其役而民亦皆爭
而爲之不知其他及天下既定之後欲民之不好
戰而終不可得前日欲其勇於公戰則惟恐其不
可得今日欲其忘戰則有所不能得於是殺豪傑
銷鋒鏑而民之風聲氣俗日漸月漬安能遽忘之
哉是雖殺豪傑銷鋒鏑使天下忘戰然天下終不

能忘也是以陳勝吳廣奮身於隴畝之中斬木爲兵揭竿爲旗而天下響應誠以天下多好戰之俗故耳秦之興也以商鞅其亡也亦以商鞅則鞅之功何以補其亡秦之罪哉

刑公子虔黥公孫賈

甚矣商鞅之似江充也漢武帝使充爲綉衣使者追捕盜賊充出逢館陶公主行馳道中充呵問獨令公主得行車騎劾沒入官從上甘泉太子僕乘車馬行馳道中充以屬吏太子使人謝充曰非愛車馬誠不欲令上聞之以教敕亡素充不從遂以

上聞武帝曰人臣當如是矣大見信用威震京師
此其事與商鞅刑太子之傅公子虔黥其師公孫
賈其事正同雖如是然不能以兩立也商鞅刑太
子之師殺太子之傅及惠文王即位公子虔之徒
告商君欲反發吏捕之盡滅其家江充知與太子
有隙懼武帝晏駕後爲太子所誅乃先以巫蠱譏
太子而太子死以是觀之若此必不能兩立非太
子蒙其禍則必及其身及其身則爲商鞅及其太
子則爲江充此皆必然之理也漢文帝時張釋之
爲公車令太子與梁王共車入朝不下司馬門釋

之劾奏之文帝免冠謝曰教兒子不謹薄太后使
使持詔赦太子梁王然後得入夫以釋之之賢尚
且以此相忌至於幾不相容幸而二人俱免於禍
然亦殆哉景帝岌岌乎張釋之也

龐涓自以能不及孫臏而刖其足

荀子曰君子能亦好不能亦好小人能亦醜不能
亦醜君子能則寛容以開道人不能則恭欽以畏
事人小人能則倨傲以驕溢人不能則嫉妬以傾覆
人是君子小人之分也蓋惟君子可以有能小人
則不可使之有能涓小人也言兵而有能此其自

以能不及孫臏至於召而刖之也涓之自以兵法
不如孫臏召而刖之亦猶李斯自以刑名之學不
如韓非言於秦帝而殺之也公孫洪自以春秋之
學不如董仲舒譖之武帝出而爲江都相允此皆
小人之有能恐其人之愈已則深排力詆以陷於
禍害譬如豺狼不可近也雖然涓之所能者兵法
也妬其兵法而刖其足兵法猶在也魯有蜀山無
趾見於仲尼仲尼曰子已陷於禍害來之何益無
趾曰吾惟不知務而害吾身是以喪足也然吾猶
有尊足者存涓雖以法而刖臏之足臏猶有尊足

者存足可刖而兵法不可害雖刖其足而兵法用於齊涓亦陷其所圍而死涓之所以陷害於臏者乃其自害也安可以及人哉

田忌救趙而引兵走魏都

蓋救趙而引兵於趙用兵之常也今其引兵於魏都者是得夫解雜亂不控捲救鬬不摶擮之道蓋解雜亂而控捲者其亂愈不可解救鬬而摶擮者其鬬愈不可救惟批亢擣虚形有所格勢有所禁則不期解而自解耳苟惟不知形格勢禁之術而徒控捲摶擮則雖欲解之適所以堅之也蓋救人

者不必救其所圍之國惟擣其所虛之地使其反兵以救亂則其圍自解是一舉解趙之圍而後收弊於魏也用兵之法攻堅則瑕者堅攻瑕則堅者瑕王邑以兵欲徇昆陽嚴尤説之曰今昆陽城小而堅宜進擊宛宛敗昆陽自服邑不聽盡鋭攻之兵以大敗耿弇以兵討張步視安西城小而堅臨淄名雖大而實易攻乃勑諸校攻臨淄半月拔之蓋攻其瑕則堅者亦瑕攻其堅則瑕者亦堅王邑以兵挫鋭昆陽之城小而堅卒以自敗是解雜亂而紛糾救鬬而搏擊者也耿弇以兵攻臨淄而安

西自拔是不控捲而雜亂自解不搏擊而鬬自散者也豈惟用兵爲然而天下之事亦莫不然也蓋將欲救人之患者莫若迂回宛轉使之出於不慮而後可圖如漢七國之亂晁錯爲景帝謀削七國之地而七國果反此所謂解雜亂而控捲之者也其後主父偃祖其故智爲武帝言分王子弟終漢之世山東無強國此所謂不控捲而雜亂自解者也

縣置令丞

令丞之置實自秦始鞅之相秦其他法度刑政固

無足觀惟縣置令丞一事最爲近古故行之至今

而其法尤在不可不表而出之也

拙齋文集卷第十二

拙齋文集卷第十三

三山林　之奇　少頴

史論

廢井田

井田之壞雖自商鞅然自戰國之時滕文公使畢戰問井地孟子曰云云若夫潤澤之則在君與子矣以是觀之則知孟子之世而其制固已紊亂而非鞅壞之也鞅之所以被其名者蓋由變井田而爲阡陌不復有先世之遺意也故嘗論之井田之成也非一

朝一夕之故而其壞之也亦非一朝一夕之故爰自禹平土創爲溝洫之制井田之法實規模於其間至於歷夏商而其法大備是其成也亦數百年而後成周自東遷齊威晉文更定覇業疆域之制散亂而無統歷至秦孝公之時盡變其法而爲阡陌是其壞也亦數百年而後壞以是觀之則后世之君欲復井田之制於一日之間可謂不知務也

子思言利孟子不言利

孟子之適魏正當魏人敗於馬陵秦人虜其公子卬魏之爲國可謂困矣王曰叟不遠千里而來亦將有以利

吾國乎蓋其兵屢敗意夫孟子之來必有奇謀祕計以取勝於鄰國而洗其屢敗之過也故其言曰云云一洒之如之何則可所謂東敗於齊長子死焉者馬陵之敗虜太子申是也西喪地於秦七百里者秦取西河之地也南辱於楚史傳失傳惟其屢敗如此故問孟子用兵何若而利何若而不利也而孟子則曰王何必曰利亦有仁義而已矣惟其言仁義至於利之一言則斷然以謂如虎狼之不可近近之則噬人如烏喙之不可食食之則致死者然孟子學子思者也嘗問牧民之道何先子思

曰先利之孟子曰君子之所以教人亦仁義而已矣何必曰利子思曰仁義固所以利之也上不仁則下不得其所上不義則下樂爲詐也此爲不利大矣孟子之學子思既知夫仁義爲利之大而其對梁王則終不以利言之何哉善夫温公之論子思孟軻之言一也夫惟仁者爲知仁義之利不仁者不知也故孟子之對梁惠王直以仁義而不及利者所與言之人異故也此説可謂盡之矣蓋仁義非無利仁義之利可與智者道難與俗人言也與世俗而言仁義之利彼將以利心而求於仁義果

何以得仁義之利哉楊墨之徒雖曰仁義一則以利天下而不爲一則以利天下而爲之惟其以利心而求於仁義雖近仁義而卒不免於利故惟孟子則可以與之言非孟子而與之言則失之矣蓋可與言而不與之言則失人不可與之言而與之言則失言知者不失人亦不失言孔子之所以罕言利者罕與世之人言也夫子之道傳之子思子思之道傳之孟子夫子罕言利而子思言之於孟子此子思之所以爲善學夫子也子思旣言利而孟子則不言之於梁王此孟子所以爲善學子思

也譬如醫家之用藥此人所用之藥不可以用之於彼人也君子不以天下儉其親爲墨子而言則可爲始皇而言之則不可儉非聖人之中制爲魏晉之君儉嗇言之則可爲武帝言之則不可矣

孟嘗君招士

孟嘗君之養客數千人世皆以其能養士而賢之而司馬溫公獨不之取以謂君子之養士以爲民也夫孟嘗君之養客世皆以爲賢而溫公獨比之於紂何哉蓋嘗謂孟嘗君之養士非能得天下之賢人而養之也其所得者皆出於一時士命無賴

雞鳴狗吠之徒蓋其所養非所養故也當孟嘗君養士之時孟子在齊養客數千人而不能得一孟子安在其能養士者哉正猶公孫洪之開東閤以延天下之賢人至於賢如汲黯則排之如董仲舒則逐之開東閤以延賢而不能得仲舒汲黯則東閤之所延者可知矣然孟嘗君以賤妾之子而得靖郭君之嗣者以其能招賓客而養之其意蓋欲以此竊齊其終不能得志者亦爲齊之幸也

孟嘗君書門版使人入諫

公孫戍能諫孟嘗君受象床之爲非至於其已則

受寶劒可謂工於料人拙於謀已也而孟嘗君乃
喜其善諫至於書門曰有能揚文之過而得寶於
外使疾入諫者何哉蓋人君之受諫惟取其言之
有益於己不問其人之如何也昔楚莊王欲納夏
姬申公巫臣曰不可君召諸侯以討罪也今納夏
姬貪色也乃止子反欲取之巫臣曰是不祥人天
下多美婦人何必是子反乃止而巫臣卒自取之
及其奔晉也晉人以爲邢大夫反請以重幣錮之
王曰止其自爲謀也則過矣其爲吾先君謀也則
忠忠社稷之固也所蓋多矣蓋巫臣能諫楚莊王

不納夏姬而已則納之爲已謀則不善也爲楚莊王則實善也故從諫者惟取其言之有益於已安問其人之如何哉楚人有不死之藥齊人欲往而求焉至中塗而聞其死乃爲之嘆息或問之曰彼既死矣子何嘆乎荅曰其人雖死安知其無不死之藥乎則是其所求於人者惟取其有益於已彼之能與不能非所問也雖然孟嘗君之能從諫如此而卒以無聞者何哉蓋孟嘗君之從諫非其誠心行之不免有利之之意其意謂門下三千士不欲失一客之意則三千人皆以爲親於已矣切嘗

謂孟嘗君能爲人所不能者二公孫戍責其不
納象牀而能從其諫不問其人之如何一也馮驩
責券於外舉而焚之而孟嘗君不怒二也使之加
之以誠則周公豈能過哉

五國伐秦

孟子問齊王曰鄒人與楚人戰則王以爲孰勝王
曰楚人勝云云以一敵八何以異於鄒敵楚哉秦
以一國而與楚燕韓趙魏相敵是亦以一敵八也
小固不可以敵大寡固不可以敵衆而秦人每勝
六國每負秦每強六國每弱者何哉蓋論天下之

正理小大多寡誠不可以相敵而秦每勝者蓋以氣而勝人之國也譬如人之博焉氣盈而財少者博每勝氣縮而財多者動多敗以是觀之則秦之所以能勝而六國所以常敗者秦之氣盈而六國之氣縮也苟以氣之盈縮而論之則小大多寡不足論也

張儀說秦王

爲縱約者六國曰楚曰齊曰燕曰韓曰魏曰趙此六國者相與約從合而爲一以抗秦張儀欲敗縱約必先說魏而使之歸秦者蓋儀約之成與不成

其利害在於魏也魏之爲國其地四平無名山大川之限實六國之戰場也使魏能守縱約則秦必不敢越魏以謀六國也自古天下有大梁實爲南北之限漢吴楚之亂梁孝王令兵守魏州吴楚不敢越梁而北唐安禄山之亂張廵許遠固守雎陽而禄山不得越之而南以是知梁地古之戰場實南北之要衝也故商鞅之欲強秦必先詐公子卬而取之使獻西河之地然後鞅之計得成及張儀之敗從約也亦先説魏使之歸秦而後張儀連衡之説定以是知梁之爲地天下之要張儀之欲破

六國之從必先說梁而後五國可得而服若儀者亦可謂善爲衡者矣

秦惠王伐蜀

秦之破六國也世之人皆謂其本於張儀之連衡而破蘇秦之從夫從約之破雖出於秦而秦之所以并六國者實非衡之力也使秦而不能知其先後緩急之序則諸侯無自而平秦之所以能并諸侯者其實出於遠交近攻之策是謀也出於司馬錯成於范雎秦惠王欲伐蜀以爲道險阻難至司馬錯欲其先從事於易以伐蜀其後秦攻諸侯欲

以兵取剛壽范雎以謂先韓魏而后齊楚此二說者秦并天下其說蓋出於此也大抵用兵之法攻堅則瑕者堅攻瑕則堅者瑕蜀瑕而韓堅故先蜀而後韓韓魏瑕而齊楚堅故先韓魏而後齊楚此蓋先瑕而後堅也瑕者旣爲吾所有則堅者果何所恃哉以此觀之則秦之并天下實先此二策而張儀之衡特爲之助尒

攻韓刼天子悪名

世之說者往往以謂周於戰國之時不能復興蓋當是時周之爲國特有百里其地則不大於曹滕

其民則不衆於邾莒果何以能興哉然以吾觀之其實有可興之理也當威烈王之時諸侯不朝于周而威王獨能率諸侯以朝之顯王之時韓魏皆稱王而趙武靈王獨不肯稱王是周之名分猶存安在其不可興者哉然所以終不能興者以其無能興之人故也如楚欲用兵破韓魏以窺周鼎武公說楚王曰今子將欲誅殘天下之共王居三代之傳器吞三翮六翼以高世主非貪而何於是楚計輒不行張儀之說秦下兵三川以臨二周之郊司馬錯以謂今攻韓劫天子悪名也惠王乃止武

公以居天下之傳器吞三翢六翼以高世主爲非司馬錯以攻韓劫天子爲惡名周之爲周實有可興之理矣其所以不能興者是東西周無可興之人也周文王之興特百里矣安在其地廣乎

先從隗始

君子之欲知人之國必觀其國之待賢者爲如何孔子將適趙聞竇犨鳴犢舜華之死也臨河而嘆曰美哉洋洋乎丘之不濟此命也夫惟殺鳴犢舜華孔子遂反而不往則知郭隗之謀欲先從之始而昭王從之亦可謂善於延賢也以隗之爲人待

之猶且如此況賢於郭隗者豈不往哉此所以能致樂毅於魏劇辛於趙也昔桓公設庭燎之禮以待士朞年而士不至齊東野人有以九九之術見者威公曰吾之待士朞年而無賢士至子何以九九之術而來對曰吾聞設庭燎以待賢朞年而無有賢士至吾之所以挾九九之術而進者蓋九九之術而君能禮之則其術有大於九九者豈不至哉以此觀之則九九之術尚足致賢人況如郭隗者乎

蔡澤說應侯去位

澤之説范雎雖其志在於得雎之位然而亦忠於雎者也仁者以其所愛及其所不愛不仁者以其所不愛及其所愛秦之爲政至不仁也肆其虎狼之威以呑噬諸侯雖當時所用事之臣終不得其死者以其所不愛及其所愛其勢然也商鞅白起呂不韋蒙恬李斯皆其所與謀以取天下者也而皆不得保其首領以没其得保首領者范雎而已夫四時之序功成者退雎既居相位之久處夫功成而退之時乃不知消息盈虚之理引身以退至於安平王稽之事見責於昭襄猶不知引身以去

可謂冒死亡而不顧矣向無蔡澤之言豈能免於死哉然則澤之相秦數月而免初無補於秦而有益於睢大矣

仲連辭齊爵

仲連非戰國士也戰國之士如蘇秦張儀公孫衍之徒所以爲諸侯排難解紛者大抵志於得利不啻如商賈之所爲齊威王八年楚伐齊王使淳于髡之趙請救齎金百斤車馬十駟髡仰天大笑冠纓索絶曰臣從東方來見道傍有禳田者操一豚蹄酒一盂而祝曰五穀蕃熟穰穰滿家臣以其所

持者狹而所欲者多故笑之於是王乃益黄金千鎰車馬百駟此其所以異於商賈者幾希觀仲連却新垣衍不肯帝秦平原君言於趙王而欲封之仲連曰所貴於士者爲人排難解紛而無取也即有取者是商賈之事仲連不忍爲也及其下聊城也齊人欲爵之仲連曰吾與富貴而詘於人寧貧賤而輕世肆志焉若仲連者焉得以戰國之士待之哉蓋爲士者欲輕世肆志則無望乎富貴苟有望乎富貴則無耻而詘於人此二者蓋不可以兩立也又安得富貴而輕世肆志哉魏文侯見叚干

木立倦而不敢息退而見翟璜倨堂而與之言翟璜不悦文侯曰段干木禄之則不肯官之則不受汝位則上卿禄則萬鍾既受吾食又責吾禮何可得哉漢高祖之得天下張子房韓信蕭何號爲三傑蕭何位相國韓信裂齊而王獨子房願封留閉門辟穀弃人間事從赤松子遊可謂不役於富貴而能輕世肆志矣卒之蕭何械繫韓信誅戮獨子房以功名自終不取其區區之爵禄故得以遂其志楊子雲曰鴻飛冥冥弋人何慕焉其張子房魯仲連之謂歟

秦伐東周

周失之弱秦失之強然秦之亡也在其方強之時周之亡也在其衰弱之後其不同何哉老子曰柔弱生之徒剛強死之徒是以齒剛強故相摩舌柔弱故不斃此自然之理也哉

鄭國間秦

君子創業垂統必爲萬世之計而戰國之君其所以爲國者苟可以延數年之命者無所不爲是所謂偷生苟活者也夫韓王使鄭國爲間於秦使之鑿渠以延數年之命信可謂拙矣然向使於此數

年之間有以處之亦未爲拙也漢高祖與項羽轉
戰以爭天下嘗謂隨何曰爲我說九江王布使叛
楚若得羽留齊數月則吾取天下之計定矣古之
人固有緩敵人之兵以成其謀者項羽留齊數月
而高祖取天下之計遂成況緩其兵於數年之久
乎秦人既從鄭國之策數年不伐韓而韓於此數
年之間亦不見其有所爲者徒玩歲閲月以苟一
旦之命數年之後秦之渠既成而韓亦亡矣自秦
人爲遠交近攻之策二十年而不加兵於楚四十
年而不加兵於齊幸而齊楚之君皆庸黯懦愚故

遂蹈其計中而不悟使齊楚之君有如一越王勾踐則夫二十年四十年之間秦安得而遁之哉

李牧爲趙守邊

安邊禦戎之策惟在於堅壁清野而不與之爭利以困其師使之兵老力弱而後可乘伯禽之宅曲阜淮夷徐戎並興爲寇於是作費誓之書率衆而征之其誓曰今惟淫舍牿牛馬云云此蓋爲堅壁清野之策也夫夷狄之所以侵陵中國者惟在虜掠而已使吾入保而不與爭利彼無所得於侵掠則師老力竭然後乘間投隙而加之兵此伯禽所

以克徐戎也夫子録帝王之書以伯禽之禦徐戎誠得夫禦戎之上策故係之典謨訓誥之末以爲後世之法若李牧之守鴈門謹烽火多間諜匈奴入盜急入收保此葢得夫伯禽之長筭也本朝澶淵之役寇萊公爲眞宗謀令河北諸郡悉入保近州郡者徙於州郡近縣者徙於縣有坑塹者平之有倉粟者窖之虜人入境虜掠無所得卒以請和由此觀之堅壁清野之策誠禦戎之長筭者也

趙王復將李牧

甚哉李牧之用兵似王翦也始皇欲取荆問李信

信曰不過用二十萬人問翦翦曰非六十萬人不可始皇以爲怯乃使李信將二十萬人以伐荆卒敗於荆始皇乃復用翦翦曰必不得已用臣非六十萬人不可始皇曰爲聽將軍計耳於是翦將兵六十萬人以伐荆荆人悉兵以拒秦翦至堅壁而守之不肯與戰荆兵數挑戰終不出日休沐士善飲食拊循之親與士卒同食　久之王翦使人問軍中曰戲乎對曰方投石超距翦曰士卒可用矣乃令將士擊之虜荆王負芻遂平其地此蓋守其說而不變則可以有立拊士卒而休養之則可以

應變未有捨是二者而能成功也唐天寶之亂哥舒翰守潼關以賊勢方鋭欲堅壁待之以頓其鋒明皇使使者趣戰翰不得已慟哭而出果爲禄山所敗觀翰始之所守者與王翦之守蓋無以異然而迫於王命不能堅守前議勉强而出師以至於敗非其智之不足也智及之而不能守之也蓋良將之守其策可殺可辱可屏可斥而其一定之策不可易也不如是不足以取勝

秦趙燕近夷狄

戰國之土秦趙燕三國皆築塞以拒胡而内之諸

侯如韓魏齊楚皆不受匈奴之兵至始皇混一天下以及於漢然後匈奴得以入寇文帝之世候騎遂通於甘泉而中國始受匈奴之兵矣本朝國初時劉繼元以太原十餘郡控扼北邊故中國無北邊之患及太宗既克太原然後契丹連年入寇至真皇而有澶淵之役蓋太原者中國所頼以扞禦北狄其必有截然障塞使之自當一面然後吾之中國不爲夷狄之所侵擾唐以三節度守邊誠良策也

春申君合從

爲國者必有一定不可易之計其計旣定則當置勝敗於度外不可以一勝一敗而沮也漢高祖與項羽戰其一定之計惟與諸侯約從以滅項羽故自縞衣爲義帝發喪從諸侯欲討項羽者此計雖屢戰屢敗而其氣未嘗少沮故其終與諸侯合師挫羽於垓下而滅之蓋其初有一定之計故非勝負之所得而喜怒也六國之於秦其所以爲利者惟在於約從以伐秦而已觀楚王爲從長而春申君用事可謂計之得矣此計一定固不宜一敗而沮之及秦師旣出而五國之師敗走楚王不能堅

守其計反歸咎於春申君春申君以此益踈自此之後諸侯不復爲從矣惟其無一定之計故卒爲秦之所并也唐憲宗討淮蔡連年不利群臣皆請罷兵帝曰一勝一負兵家常勢若使用兵常勝自古何憚用兵先帝亦不留此賊以付朕今但論帥臣勇怯兵強弱處置如何耳渠一敗便沮成計乎於是左右不能入其間故卒縛元濟而戮之韓愈曰凡此蔡功惟斷乃成是知欲成事者不可以無斷也戰國之諸侯所以卒爲秦所并者豈其兵力之不足哉斷不足故也

李斯殺韓非

甚矣李斯之傾覆也當秦人下逐客之令已在逐中則上書以爲秦之所以霸者以客而客之自諸侯來者皆有益於秦也及其妬韓非而欲殺之則又以非韓之公子非終爲韓不爲秦其與前日之謀何其相反如此也當李斯遭逐上書之時使有一如李斯者而去斯楚人也今欲并諸侯斯終爲楚不爲秦則斯不免於害矣爲已而言則以爲諸侯之客有益於秦至於陷韓非則以爲非終爲韓不爲秦傾覆如此則李斯之不終於秦豈非所謂

出乎尒者反乎尒者乎雖然李斯之陷韓非信可罪矣非之見害亦有以取之也孟子曰矢人惟恐不傷人函人惟恐傷人故術不可不謹也君子之所學者仁義故親其親以及他人之親愛其國以及他人之國無適而非忠厚也苟其所學者刑名則不知有己之親而親他人之親不愛己之國而謀他人之國無適而非刻薄也非之所學者刑名法術之學故其出使于秦乃爲秦畫謀以首覆其宗國而售其言雖作説難之書十餘萬言而卒死乎説難者其操術有以取之也司馬溫公曰君子

親其親以及人之親愛其國以及人之國是以功大名美而享百福今非爲秦畫謀而首欲覆其宗國以售其言罪固不容於死矣烏足愍哉蓋其於所厚者薄則無所不薄此李斯所以得入其譖也韓非張良皆韓人也張良當秦人滅韓之後散家財以求刺客欲爲韓報仇以五世相韓故卒得力士爲鐵椎擊秦帝於博浪沙中雖冒死而不悔而非當韓　之末士乃爲秦人謀破韓之策人之智識其相去之遠一至於此

燕太子丹報秦

嘻笑之怒甚於裂眥長歌之哀過於慟哭古之人將欲報夫不共戴天之讎者不可使敵人知吾有疾之之意而後其讎者可得而報越王勾踐之棲會稽其怨吳也至深入骨髓矣然而稱臣妾於吳盡夫所以事之之禮者二十有五年寢薪嘗膽弔死問孤以維持其國家而徐爲之計然後得志於吳卒棲吳王於姑蘇以刷前日會稽之耻善報怨者固如此也鷙鳥之擊必匿其形燕丹怨秦欲報之使荆軻持匕首以劫秦王使悉反諸侯侵地若曹沬之與威公不可因而刺殺之此二謀者卒皆

不成遂遭秦王赫然之怒而爲秦所滅夫越王勾踐之報吳謀於二十五年之間而後得行其志燕丹之報秦王乃欲劫之於一日之際亦可謂淺慮無謀之甚矣秦王既不可殺又不可劫而燕遂以亡其亡也固其所也然向使荊軻得劫秦王以反所侵之地則燕亦不免於亡何則秦王肆虎狼之威不復以信義接於諸侯又安可以桓公待之使軻能劫之於一日之間則軻之反也秦亦發兵而伐滅之是劫之亦亡也夫以燕之小國而殺大國之君則秦人舉國而讎之又獨無始皇者乎以是

知不可劫亦士可劫亦士不可殺亦士可殺亦士是荆軻之行有以取士者二而冉乃以爲自全之計是所謂不忍一朝之忿士其身以及其國家者也

荆軻刺秦王

忠信爲周蓋惟忠信以防身爲能周而無缺苟不以忠信爲周身之具縱使慮患之密未有無缺之可乘秦人之慮患可謂深矣其宫衛之嚴蓋數倍於諸侯也然而荆軻進督亢之圖圖窮而匕首見把秦王之袖而揕其胷幾不免於荆軻之所斃者

蓋秦之法群臣侍殿上者不得持尺寸之兵執兵侍殿下者非有詔召不得上故荆軻之刼秦王侍左右者欲救而無兵侍殿下者雖有兵非有召詔不得上可謂善慮患之密者矣而卒以此之故幾爲荆軻之所殺縱使無忠信以爲周身之防徒區區於宮衛之嚴是雖慮患之密然必有出於其所不慮者秦人之慮患不獨此者也破滅諸侯不封功臣子弟殺豪傑銷鋒鏑以爲天下之人無足信然而卒爲亂者乃其左右所親信之趙高焚詩書滅禮樂以愚黔首使天下之人皆不讀書以是爲

得計然而起於隴畝之中習亂以亡秦者乃不知書之陳勝吳廣以是知秦之慮患雖密而患害之生常起於其所不慮者是不知以忠信爲周身之具故也漢光武見馬援於宣德廡下岸幘迎笑謂曰卿遨遊二帝閒今見卿使人大慙援曰當今之世非獨君擇臣臣亦擇君臣與公孫述同縣少相善臣前至蜀述陛戟而後進臣臣今遠來陛下何知非刺客姦人而簡易若是帝笑曰卿非刺客顧說客耳夫岸幘迎笑可謂簡易而無防患之具然莫敢犯之者蓋惟忠信以爲周身之具無缺之可乘

故也

盧生與侯生譏議始皇始皇怒乃坑儒

生

神仙家者流與儒家者流異盧生侯生乃始皇所

遣之方士使求長生不死之藥者也其所窮治當

及於方士之徒不應及於儒者也而乃以方士之

伎藝傳相汲引至於坑儒生若始皇者所謂怒於

室而色於市也

二世立

國之存亡雖曰天命然而人事之脩與不脩天命

遂從而改易故有以存而爲亡者亦有以亡而爲
存者此則係夫人事非天命之所定也如以堯爲
君而有丹朱以舜爲君而有商均是二者之爲人
皆有必亡之理然而堯不以授丹朱而授之舜舜
不以授商均而授之禹國家社稷遂以乂安天下
萬姓遂以生育此則以天命所必然之理而爲必
存之道也如秦始皇之暴虐而扶蘇爲之子扶蘇
之爲人寬厚好儒繫於天下之望使扶蘇而爲之
君則秦可以不亡然而始皇乃出扶蘇愛少子胡
亥李斯趙高之徒探其意以殺扶蘇而立胡亥此

則以不亡之理而爲不存之道也蓋舜之德與堯合故堯立舜禹之德與舜合故舜立禹丹朱商均之德皆非堯舜之所合此其所以不得立胡亥之德與秦始合故胡亥立而扶蘇非始皇之所合此其所以不得立也以是知天命之所在苟其人事之脩不脩則天命遂得而改易漢武之所爲去始皇蓋無幾矣然而身死而天下不亂者蓋以昭帝嗣位後罷鹽鐵榷酤輕徭薄賦與民休息此天下所以中興而又安也使扶蘇而繼始皇則秦之基業可以復振是亦漢昭帝也如其不立何

論楊墨申韓之害

韓退之之論以爲孟子闢楊墨功不在禹下夫禹之功能使地平天成六府三事允治爲萬世之所永賴其功之在天下見於行事之深切著明而孟子之闢楊墨乃空言無實其何足以配禹哉蓋楊墨之害甚於洪水之害惟楊墨之說遭孟子之辭而闢之此其害所以不可得而見使楊墨之言而無孟子闢之則其害豈減洪水之害哉孟子之闢楊墨以爲楊氏爲我是無君也墨氏兼愛是無父也無父無君是禽獸也以戰國之世而觀之未見

楊墨之害則孟子之言誠若過矣然以申韓之術
而觀之則孟子之言不爲過也申子之説曰有天
下而不恣睢命之曰桎梏韓子之言曰堯舜之有
天下也堂高三尺采椽不斲雖逆旅之宿不勤於
此矣冬日鹿裘夏日葛衣飯土簋啜土鉶雖監門
之養不觳於此矣禹鑿龍門通大海股無胈脛無
毛手足胼胝面目黎黑雖民虜之勞不烈於此矣
凡所貴於有天下者豈欲苦形勞神身處逆旅之
宿口食監門之養手持臣虜之作哉要在肆意極
欲主重明法下不敢爲非以制御海内爾當申韓

之爲此說是亦無實之空言耳及秦人用之督責益嚴刑者相望天下之人側目而視惟恐不得其死至於無所措手足山東群盜既起民之從亂如歸而海内塗炭者數十年此皆申韓之說有以使之然也夫楊墨之說使無孟子而闢之則必至於申韓之害申韓之說使見闢於孟子則亦廢而爲楊墨之空言矣蓋疾在腠理血脉其治之也易故無可見之功及其在腸胃骨髓而治之則雖有功之可見亦難乎其爲功矣孟子之闢楊墨所謂疾在腠理血脉而治之雖其功不可得而見其實莫

大之功也申韓之禍秦所謂疾在骨髓而不可復救當此之時雖使孟子復生其告之也亦艱乎其爲力哉

拙齋文集卷第十三

拙齋文集卷第十四

三山林　之奇　少頴

策問

別試

問王者通天地人而一通十爲士士之懷王佐才於下固欲其聞一知十無所不通矣伊尹處畎畝之中而樂堯舜之道蓋雖其窮居畎畝而所學者堯舜之學也一旦幡然應湯聘而起則勲華其君唐虞其民豈其旣仕而後學此哉造車於室合轍

於塗初無難者傳說之在版築太公之在渭濵顔子之在陋巷皆是學也直窮達異耳非惟古之聖賢爲然也雖後世之士亦有之焉周見唐太宗言天下事明習憲章若素宦于朝而其學成於一介草茅之日姚元崇以十事要説明皇及開元初悉可施行而素定其學於廣平獵師折節讀書之時士之爲士不當如是耶我　皇朝之待士可謂重矣三歲而一郊天亦三歲而一取士盖以科舉大比洎夫圜丘之祀各間一歲行之其視得士之盛與事天等是豈徇虚文備故事徒以爲多士進取禄

仕之階乎誠使海内韋布咸得以言揚於上而攄發其畎畝之志以爲　聖政之助也敢問諸君以通達國體之學酌斟當世之務所願施行者有幾所欲更張者有幾何所薰陶而俾風俗之醇厚何所損益而致公私之豐足其悉所學以陳毋高而迂毋卑而闒務使確然必可施於實用而毋爲紙上空言庶以不負　朝廷籲俊之誠意而無愧於爲士之美名顧不韙歟

官制

問周設六卿實推本唐虞稽古之制盖自九官之

命而既有其職矣百揆者太宰也秩宗者宗伯也士則司寇也共工則司空也契爲司徒而有后稷之播百穀獨無所謂司馬者說者謂皐陶實兼之此其於六卿之職或分其一以爲二或合其二以爲一何耶唐虞之制既然其在夏商宜無以異矣故甘誓有乃召六卿之文而曲禮之載商制則以太宰太宗與夫太史太祝太士太卜同爲天官之六太其餘四卿遂與司士同列而謂之五官其不同又如此何耶天子之六軍其將皆命卿無事則爲卿有事則爲將此其爲卿何卿也謂其爲分職

率屬之卿則太宰之職統百官均四海其於天下之事無所不摠而當其出征乃分掌一軍以爲將而屬於大司馬何耶鄉大夫每鄉卿一人此固非太宰以下之六卿也所謂軍將者無乃以鄉大夫之卿爲之歟然武王牧野之誓自友邦冢君以下則及於御事司徒司馬司空其謂之御事而與於牧野之師是其爲諸侯而未有天下已用其三卿爲將矣豈天子之將而不用太宰以下之卿耶晉作六軍而六卿統之魯作三軍而三家統之以小準大卿之率屬於内爲將於外必矣既以率屬之

卿居軍將之任而王師之出自比長爲伍長等而上之至於州長實爲師帥矣彼所謂鄉大夫之卿又將何以處之耶諸侯之國止於三卿康叔之封於衛惟曰祈父薄違農父若保宏父定辟而已然魯有夏父弗忌爲宗伯陳以司寇爲司敗吴宋皆有太宰又若備六卿而有之願悉聞其說

孟子所論與王制周禮不同

問昔孟軻氏傳聖言於既墜振王道於將頽舉盛世之典則以律列國之君臣宜其著書立言以前代爲標準試取七篇攷之大有戾於經者姑摘其

尤者與諸君辨明可乎王者之制祿爵公侯伯子男凡五等諸侯之上大夫卿下大夫上士中士下士凡五等而孟子乃於公侯之上加天子一位以子男同一位爲五等於卿大夫上加君一位爲六等不知孟子所載異於王制何耶諸公之地方五百里諸侯之地方四百里諸伯之地方三百里諸子之地方二百里諸男之地方百里而孟子特以百里七十里五十里合公侯伯子男而三不知孟子所載異於周禮何耶有虞氏上下庠夏后氏東西序商人左右學周人東西膠而孟子斷然謂夏

曰校商曰庠周曰序不知建學之名如彼其殊何
耶上地田百畝萊五十畝中地百晦萊百畝下地
百晦萊二百畝餘夫亦如之而孟子謂圭田五十
畝餘夫二十五畝不知分田之等如彼其差何耶
孟子謂天子之卿受地視侯大夫受地視伯元士
受地視子男考之王制則謂天子之三公之田視
公侯天子之卿視伯天子之大夫視子男天子之
元士視附庸果孰爲當耶孟子謂上農夫食九人
上次食八人中食七人中次食六人下食五人考
之周禮則上地家七人中地家六人下地家五人

果孰爲是耶謂國中什一使自賦而載師又有二十而三二十而五十而二二十而一者謂夏后氏五十而貢而禹貢又有田第八而賦第三有田第一而賦第六者井田本周公所制而文王治岐乃有九一之耕然則商亦有井地乎徹法本周人所行而滕文之問乃告以七十而助然則周亦用助法乎周公封於曲阜七百里而何爲有儉於百里之稱文王之興以百里而何爲廣七十里之囿立言著書落落不合如此何以取信於後世耶試思所以折衷之説勿謂孟子爲發蒙之書置而勿論

曆

問由漢而降曆法之行於天下葢世異而代不同
雖其乘除因革之際氷炭楚越莫能相一及推原
其流孰不自於古先聖人所以曆象授時之意哉
夫堯命羲和舜在璣衡載之二典者示其可以爲
萬世之常行也三代曆法於他書無所經見必亦
因堯之舊耳而漢之古曆乃有黄帝顓帝夏商魯
之六者各自爲家何耶三代之改正朔見於經者
亦惟其統有天地人之别耳後世曆家乃謂其統
既殊則立元亦異天正之元甲寅人正之元乙卯

相爲經緯或又謂顓帝用乙卯虞則庚午夏則丙寅商則甲寅周則丁巳魯則庚子言曆者因是而有異同又何耶推步之法在古止於正日景以求中星而歸其閏餘至唐都洛下閎作泰初曆始以甲子朔旦夜半冬至而日月五星皆會於子有合璧連珠之驗其比於古之推步是耶非耶泰初因律生曆以八十一首爲統毋劉歆更以春秋易象配合其數而揚子雲作太元以凖易亦謂與泰初合及唐一行開元曆推本大衍之數則以謂其法始出於易然則其與泰初之起於律者同耶異耶

賈逵推金火華之意謂數不可貫必有更改蔡邕言不必以一家術取合明曆當隨時而變也而姜岌復謂曆法可以永載用之無斗曆改憲之理豈其然耶祖冲之始立歲差限張胄元傅仁均輩因之蓋言天之躔度歲久必差也而王孝通復謂茍堯時星昴昏中差至東壁由此積之將至寒暑易位豈其然耶斗分之或遠或近將安所定章蔀統元之或多或寡將安所從奚若而準日法奚若而準二至先大先小之孰優氣盈朔虛之孰下何以驗其陵歷而盡得春秋之日食何以推其逆數而

舉合六經之甲子此皆載在史志可得而備攷者
試各求其至當之説仍以夫漢自泰初至乾象凡
三家自魏黃初至隋張胄元凡十四家自唐戊寅
元至五代欽天凡十一家本朝自應天至統天凡
九家以至皇極稽極經緯光宅景龍符天明元之
有其書而不行正蒙齊政萬分之用而非正其間
固有疎者密者醇者駁者合乎古者不合乎古者
悉條而數之將以究觀諸君博通天人之學

律呂

問聲無形而樂有器作器於有求聲於無則器非

可以常存其聲而聲非可以取必其器也是以自古論樂律者莫不欲求中聲之所止而求之之法則自三代而降迄于今歷數千年未嘗有一定之說律呂之相生有以蕤賓爲重上生有以大呂爲重下生而又有以自黃鍾至于大呂三分損益惟一上而一下此三者其爲度數何以有多寡之殊十二管之旋生爲宮有以黃鍾爲宮林鍾爲祉太簇爲商南呂爲羽姑洗爲角惟順其相生之序而又有黃鍾爲宮大呂爲角太簇爲祉應鍾爲羽各有避合以相乘此二者其爲彝倫何以有先後之

異上下相生止於十二律耳而後世復有自中呂而增之至于南事以爲六十又由南事而增之至于安運以爲三百六十無乃贅於十二律乎還宫之運止於五聲耳而後世復有增變宫變祉以爲七均又有十二變祉調居角音之後正祉之前十二變宫在羽音之後清宫之前無乃多於五音乎古之製律或謂以玉或謂以銅或謂以竹而又或曰陽律以竹陰律以銅不知其説之孰是耶後之定律或作準以寓數或裁笛以吹或製爲四器名之爲通或爲輪扇二十四埋於地中以測氣不知

其器之孰得耶律在於先鍾在於後一說也而又有曰先有其鍾後有其律者以一黍之廣爲尺而後制律一說也而又有曰一黍之起積千二百黍而後生尺者宫祉商羽角以次相生各有其數其說誠當矣何以復有宫生角角生祉祉生羽羽生宫之一說也土無候氣之管寄王於四季其說誠當矣何以有半黄鍾九寸之數管長四寸五分六抄用爲候氣之一說也律管之圍果在徑三分圍九分乎抑黄鍾九分林鍾六分太簇八分各從其寸之數乎三統之管果皆全寸而無餘分乎抑黄

鍾九寸林鍾六寸一釐太簇八寸二釐而不得爲全寸乎黍之生律有以廣累之有以長累之律之容黍有容八百八粒之少有容二千八百六十九粒之多此數家之說其是非當否之際中聲之得失常必由之通於音律者皆不可以不論也試歷舉諸家鑿枘不同之說而各爲之求其至當之所在使夔襄復起莫之能易不亦善乎

大衍太元。

問易之爲書本於天地生成之數天之生數二十有五地之成數三十合爲五十有五所以成變化

而行鬼神則其數疑若不可得而增損之也然大衍之數五十其用四十有九則皆不足於天地之數學者疑焉故諸儒各以臆見而爲之説或謂五十者十日十二辰二十八宿其一不用者天之生數或問易有太極是謂北辰生兩儀日月四時行十二月二十四氣而北辰居位不動其餘則運而用之或又以爲八卦各有六爻爲四十有八加乾坤二策凡五十初九潛龍勿用故惟用四十有九或又曰虛一不用太極也無可名之謂太極有以謂五行氣通於萬物故減五而大衍又減一有以

爲減其六以象六畫者誠如此數說則聖人所以爲大衍揲蓍之法甚無乃猶有所附會配合而非出於自然之數歟抑將自有至當之義而諸儒或未之思歟揚子雲之太元盖擬於易之數也其泰積之要始於十有八策終於天地人之數五十有四共爲七十有二而其半爲泰中之數故三十有六策而虛三以筮焉此其爲多寡乘除之法又若有以異於易者易於天地之數纔闕其五而元於終始之策數遂廢其半易虛其一而元虛其三其亦皆有說歟幸悉意以陳毋牽於諸儒已陳之說

河圖洛書

易係曰河出圖洛出書聖人則之此皆作易而言也書曰天乃錫禹洪範九疇則初未嘗指洛書爲其所錫也漢儒附會乎二者由是有龍圖授羲龜書畀姒之説焉其説出於緯候之書非二經之本文也使洛書果爲神禹而出則不應言之於易係矣今也洪範不言而易係言之又安知圖書之出不皆在伏羲之世耶周官天府之掌有河圖而無洛書孔子之歎其不偶亦惟曰鳳鳥不至河不出圖則是當周之時洛書亦未必傳於世矣漢儒果

何所據而云耶河圖之數縱横十五此非人之私意小智所能爲也其出於天之授羲必矣然羲之始畫八卦由乾三索而得巽離兑由坤三索而得震坎艮此其於縱横之數自一至九者果何所配而爲是八卦之位乎世所傳洛書之數一六爲水二七爲火三八爲木四九爲金五五爲土或以其合於洪範五行之數也而信之然五行爲五與五事五紀五福無以異也果一爲水數二爲火數則一曰貌二曰言一曰壽二曰富之類豈亦有其數歟苟以爲非五行之數則係辭又何以有天一地

二以至天九地十之言耶緯書之説河圖惟以其爲伏羲而出也山海經又謂伏羲氏得之夏后因曰連山黄帝氏得之商人因曰歸藏列山氏得之周人因曰周易是則河圖之出也屢矣其又安知洛書之既以授羲使則之以作易而不復畀姒使則之以作洪範耶洛書之有五行生成之數既在所可疑之域矣漢儒之於五行傳復以九疇之名爲龜背所負或謂三十八字或謂惟二十字豈天之授禹固若是其諄諄耶然則春秋緯所謂河圖九篇出天苞洛書六篇吐地符今之傳於世者果

孰是耶其果合於聖人之經否耶

軍制

天生五材民並用之闕一不可兵之設久矣是以武事之備常存乎文事畢舉之時而軍容之修必參乎閒暇之際故雖上恬下熙海宇無事而軍政亦不可以不講也王六軍大國三軍次國二軍小國一軍此非特周制也以甘誓嗣征推之由夏以來則然矣文王之爲西伯祈父宏父農父實爲三卿雖其三分天下有其二猶不敢越乎大國之制也而棫樸之詩乃曰周王于邁六師及之何耶苟

謂既受命稱王而備六師則武王牧野之誓亦惟
司徒司馬司空在焉又若未有所變矣春秋書魯
作三軍譏不當作也書舍中軍善其復古也則魯
國三軍合乎次國之制矣而閟宫之詩乃曰公車
千乘公徒三萬惟大國然後有千乘之車備三萬
之徒僖公之世既以是爲美矣而襄昭之間乃始
咎其作而善其舍者何耶魯果大國則其軍應爲
三萬七千五百人而惟曰公徒三萬苟以舉成數
而言則齊之内政自五人爲伍以至五鄉一師適
壹萬人之數豈其所謂叄萬人者舉不合於夏

官司馬法耶晉侯爵而分六軍以備六卿鄭伯爵而有左右拒與魚麗之陳吴子爵而爲三軍以肄楚皆僭也然天子之六軍惟取諸六鄉其外爲六遂都邑之兵有事而調焉天子既不止於六則諸侯亦不當止於其數得以隨宜而損益之矣魯伯禽之征徐戎既有三郊復有三遂亦幾於六也書不以爲嫌則凡用軍之僭未必爲僭矣而三軍中軍之作舍聖人必書之若是其謹又何耶春秋之世去成周爲未遠而其軍政既爾自茲而降如魏之武卒齊之技擊秦之鋭士抑又可知也至于漢

唐之制則有七校三吏建章羽林府衛弓騎之名制自朝廷雄邊子弟昭義步兵之令著于郡國其爲法又果合乎先王之制否耶此雖非俎豆之事然亦通世務者之所宜知試條陳其是非得失之實毋但以爲末之學

拙齋文集卷第十四

拙齋文集卷第十五

三山林　之奇　少頴

記

朱端仁韞暉樓記

石韞玉而山暉水藏珠而淵媚陸士衡文賦雖有此言而讀之者往往以是直爲論文而發耳而任恭惠獨於是得養生焉其事載於宋氏春明退朝録讀之者又以其雜出於小説者流往往亦莫之信也而吾郡人朱端仁山甫乃始摘取韞暉二字

以名其所居之樓且以來諗而曰是樓也蓋端仁之曾大父通奉公嘗藏脩息遊於是以谷神專氣體合自然者也諸孫得承餘澤遺芳以蔭此㠗幪將於是念祖爲韞暉之名所以志也子盍爲我記之昔在弱冠時嘗周詢鄉黨矣聞於耆舊閒有告以鄉之三達官共遇一異人而事狀卓絕者其一人則通奉公當其始應舉從計偕與司業鄭公中奉丘公徒步同塗入京及延平而逸其負笈之夫方彷徨逆旅中亡以爲計有請爲隸而不受直者稱善而姑許之其膂力乃絕人遠甚且執禮愿慤

出語超軼先學後息異於他傭至蔡汴間距弛擔亡幾何矣始願辭去後數日抵京師遇諸塗則其服改矣黃冠野服貌甚閑暇且多道氣三公者始駭異之問其居而校謁焉其言皆世人絶俗之譚非人間常語也久而益叩之響應無窮或受其神丹或傳其祕訣初未覺其爲僊聖也別去經年則已聞白日上昇於山陽而人皆見之矣由是上庠之士知其夙嘗爲三公役者乃皆目三公爲僊人郎主而絶嘆其濟度之有緣也三公者服膺其言而篤信之力行之通奉公則於是樓而習焉已而

三公率皆眉壽精強爲世偉人究于大耋然後脫
屣蟬蜕且皆衍其餘慶以福雲來然則韞暉之源
流其所從來遠矣山甫以是而責報於天吾信其
如左契之執也竊嘗謂造物者之賦與其於富貴
利澤功名爵位或輕以畀付于人無所甚惜而惟
靳於神僊清靜之福盖其所尤重者也在朝官達
莫如許國呂氏之盛說者謂唐之世有名渭者其
鼻祖也渭之後散爲兩枝其一枝至國初浸以通
顯自文穆而下公卿世世蟬聯相襲無慮數十百
人舉世莫之與京者其一枝爲神僊則惟出純陽

眞人呂洞賓而已夫以許國文穆而下奕世子孫綿綿不斷之遐福如是其盛而彼一枝者獨稺歛凝結鍾其慶於一人之身混迹塵寰登名仙籙此豈非造物者之深畜固閉而時出之歟通奉公繇爲奥學登膴仕享遐齡受備福其平生陰功隱德及人多矣今山甫不於其所以高大門閭者加輪奐焉以徯高車駟馬之來而方且退然恬養於斯樓吾知山甫之意不汲汲於世俗之所羣趍而必欲責造物者以其所甚難之報是雖使異日得三旌列戟之榮終不以易其韞暉之至樂矣余嘉其

志願之卓爾不羣如此故推原其本而樂爲之記

李次山定齋記

余之親友李君濤次山名其所居之齋曰定而謁記於余曰余之齋所謂定者非偶得其聞見之粗也亦既有所自得而聞見之者矣凡由此之貴賤禍福窮通得喪莫不有定分存焉人雖用其私意小智而求有以勝之必不能加毫末於此矣吾姑定其在我者而以定應之視彼之虛如輕雲飛塵之在太空中初不自知其去來有無而任其自爾此余之所謂定也子盍爲我記之余服膺其善而

俞拜其言曰是說也理之竆也次山既得而篤信之矣余復何言哉然終不可以嘿也姑惟推廣次山之意以相瑳切而已定之在彼者命也君子之於命則委分於彼而我無與焉我雖不定而彼既素定矣將如彼何哉定於在我者性也而君子之於性則責備於我而我常在焉彼雖不定而我實能定矣將如我何哉蓋定之施於性命之際惟君子所以處之者如何耳定在彼則我聽於彼猶時有不定者焉定在我則彼應於我無時而不定矣進於是說則釋氏所謂若能轉物即同如來之言

曰非苟知之亦允蹈之次山能允蹈於是齋則不爲苟知於是説矣余嘗志於居室之壁間曰由我者守道在我天之所不能違由天者聽命于天我之所不能預此即次山之説也願欲持是區區之説以爲定齋之記不識可乎

李脩年庶齋記

莊子之書載子貢駕軒車中紺而表素乘大馬以見原憲原憲杖藜而應門子貢曰嘻先生何病憲曰無財謂之貧學而不能行謂之病子貢逡巡而有愧色是言也非子貢之言也然而有似乎子貢

之言也何哉當夫子之世蓋有以聞爲達者有以事爲政者有以音爲樂者有以儀爲禮者皆似之而非也若至於以貧爲病則陋已甚矣由是知其必非子貢之言然而亦未必非也故曰有似焉夫子固已夙知其然矣蓋嘗論之曰回也其庶乎屢空賜不受命而貨殖焉億則屢中以貧爲病則此其原也回之貧至於屢空而方且不改其樂惟其受命焉賜之乘肥衣輕其視簞食瓢飲侈矣顧猶以貨殖爲心賜之貨殖非若他人之貪冒無猒也一不受命則於貧富貴賤之分初未能忘懷而悉

任之則其末流至於以貧爲病而見笑於大方之家者固其所也莊子豈厚誣之哉人之賦分於天猶子之於父臣之於君東西南北惟命之從者也命有所不受則在家爲不肖之子在國爲不令之臣刑戮之所必加而不以赦焉賜之不受命則是物也此心一萌於心術之微他人之所未覩而夫子固已見其肺腑矣其發見於外而不可掩則以貧亂病而爲原憲所窺此猶可言也太史公遷作史記遂以之列於貨殖傳之首以與猗頓白圭之徒同列其辱聖門甚矣余内兄李倅脩年嘗讀論

語而有感於夫子之言至於一唱三歎味之不釋
遂名其齋曰庶且以是義爲余誦言之余觀脩年
之雅意固以爲凡世之充詘於富貴隕穫於貧賤
而汲汲焉戚戚焉未能兼忘於兩者之間皆賜之
不受命者也庶齋命名之義如斯而已余復因脩
年之言而有感焉遂具書而爲之記并以曉夫世
之貧而諂貴而驕者

李脩年義愛堂記

福州東山大乘寺西廡間有斷碑焉字畫漫滅土
蝕虫侵過者弗顧余内兄李脩年見而異焉剔抉

洗濯佇立而諦聽之録其本持以示拙齋曰是碑也蓋古之大乘愛同二寺合食于一堂而紀其義食之所由起者也今亡矣夫拙齋因讀其碑而問焉曰然則吾兄何愛於是碑而手之不肅釋耶脩年曰余有感於是夫人之所以能羣以有義也義之所以能立以有愛也彼釋氏者滅人倫倍天理號爲割愛而弗得存者也愛則弗存於義何有彼義食者胡爲來哉今其徒乃能合於一堂而舉無異心焉吾儒殆有所弗如也余有感於是且將名余所居之堂曰義愛而寘是碑文於其中以示子

若孫用爲義方之訓而發其憤悱之心是舉也義之屬也子其爲我記之拙齋曰是碑所載義則然矣抑其說出於異端者流非吾儒之所以訓也吾儒之道之學以能羣也以義而羣以立義也以愛而義有愛此有義有義此有羣反是則夷子之二本釋氏之斷滅也已今吾兄欲以義愛名堂而謹其義方之訓則是碑不足余願擇其義之出於愛而吾儒之所宜言者爲吾兄誦之可乎南唐江州陳氏七代同居族人數百口每食鋪廣席以次就坐有蓄犬百餘共食一槽一犬不至餘犬爲之不

食徐常侍鉉與其弟鍇最相友睦常共用墨一丸弟馬未歸兄馬不肯茹草兄馬(出則弟馬亦如之)此其爲義食之感其氣所蒸孚化所流雖犬馬異類其旁通速肖至於如此回視大乘愛同之合食其相去蓋天淵矣余願以是爲君家愛義之説乎脩年日善遂録是言以爲是堂之記

寸齋記

達磨曰傳佛心宗寸無差悞呂紫微曰不入樂天詩社不爲淵明酒徒肴取簞瓢陋巷十分晝夜工夫陶士行曰禹大聖人也猶惜寸陰至於吾輩當

惜分陰後漢列傳曰此織自蠶繭成於機杼一絲而累以至於寸累寸不已遂成丈疋若斷斯織則捐失成功稽廢歲月大德云說得一丈不如行取一尺說得一尺不如行取一寸何晉之云浮生如彎弓寸寸不易滿俗詩一尺都來十寸長東家量了西家量筭來只是他長短何不回頭獨自量凡此皆寸齋博文約禮所得者衆義也入予齋而未喻其義試觀諸此則予之區區名齋自警之意一見決矣遂兼收遐取以爲吾齋之記且係之以銘銘曰天地廣輪贏三萬里我所耕者纔一寸爾耕

此寸地待其廓然毋使荆榛妨我良田墉崇櫛比歲取億千是麃是蓘成功則天

團拜記

朝廷莫如爵鄉黨莫如齒輔世長民莫如德此三者號爲天下之達尊自古然也近世道遠俗漓黨齒之敬不存而吾鄉特甚欲漸復者必自吾輩率之以身行之以漸守之以常其理也今也既序少長之秩於此自後每遇冬年節序必於質明會集叙拜于育王塔院有不願預者勿預不設酒殽貴可繼也夫士農工商各有定業之常以生士之常

業在守其禮法而已歲時叙拜以爲子弟勸禮法
孰有大於此者乎此而不守則將喪其常業而失
其生理以爲夷貊之歸吾末如之何也已

雪峯瑞芝圖記

散則爲露凝則爲霜雨之一潤也常則爲菌瑞則
爲芝氣之一烝也烝之爲氣其在人事如鬲釜之
間水火之齊塩梅之適蓋有變生爲熟揉剛爲柔
變垂爲和華腐爲堅以成䭀䭀芬芬搜搜浮浮之
物族庖老獲之智類能之矣至於山林澤藪美薦
水草之旁出其沮洳鬱勃之所積而枯槎故柎菌

生乎其中此則非人力之所能爲而天時地氣實
使之然漆園所謂烝成菌者也其所由來亦豈難
知哉若夫芝之爲瑞其在天壤之間自爲一種靈
苗異産勃然而出歘然而來既非人力之所及而
天時地氣亦初無預乎其間蓋莫有知其然而然
者茲其所以爲嘉瑞也歟福州雪峯山崇聖禪院
當乾道丙戌夏五月二日以其鼻祖眞覺大士圓
寂之辰廣設佛會緇素雲集長老蘊聞敷座提唱
快說法要從座而起象王回顧萬衆仰視其猊座
之東序則有瑞芝兩苞出其楹之左右每苞贏十

餘葉其色紺黄間以淺絳瑞氣氤氲光彩奪目四
衆咨嗟嘆未嘗見其忝以祠禄家居杖藜山行選
勝及兹預觀盛事爲之繹尋締思者累日切以謂
是芝之所以爲瑞者惟其理路敻絶而不可致詰
也雪峯之在閩中其地最爲高寒卓越六月雨雪
氷片滿街蓋沮洳烝潤之必無有也况當此驕陽
亢孽乆愆雨澤之際烈日火雲棟宇如槁而是楹
之距地亦且百尺以天時地氣人事三者而推尋
之舉非其烝之所能及則此物胡爲乎來哉是其
爲理甚密而其爲瑞甚明觀其瑞之所出實在長

老聞師猊座之旁而衆目之創見又當其說法已竟之頃其日則祖師應機度世之辰三事和合如此意者聞師寔祖師再來斯山以符斯瑞與覩兹嘉瑞則卯塔開縫杉枝拂地之讖斯末也已

泉州東坂葬蕃商記

負南海征蕃舶之州三泉其一也泉之征舶通互市于海外者其國以十數三佛齊其一也三佛齊之海賈以富豪宅生于泉者其人以十數試郍圍其一也試郍圍之在泉輕財急義有以庇服其疇者其事以十數族蕃商墓其一也蕃商之墓建發

於其疇之蒲霞辛而試郍圍之力能以成就封殖之其地占泉之城東東坂既翦薙其草萊夷鏟其瓦礫則廣爲之窀穸之坎且復棟宇周以垣墻嚴以扃鑰俾凡絶海之蕃商有死于吾地者舉於是葬焉經始于紹興之壬午而卒成乎隆興之癸未試郍圍於是舉也能使其推髻卉服之伍生無所憂死者無所恨矣持斯術以往是將大有益乎互市而無一愧乎懷遠者也余固喜其能然遂爲之記以信其傳于海外之島夷云

三山拙齋林先生文集卷第十五

拙齋文集卷第十六

三山林　之奇　少頴

序

尚書集解序

理義者人心之所同然也聖人之於經所以關百聖而不慙蔽天地而無恥者蓋出於人心之所同然而已苟不出於人心之所同然則異論曲説非吾聖人之所謂道也孔子曰君子之於天下也無適也無莫也義之與比竊謂學者之於經苟不知

義之與比先立適莫於胷中或以甲之說爲可從以乙之說爲不可從或以乙之說爲可從以甲之說爲不可從如此則私議鋒起好惡鬨然將不勝其惑矣安能合人心之所同然哉茍欲合人心之所同然以義爲主無適無莫平心定氣博採諸儒之說而去取之茍合於義雖近世學者之說亦在所取茍不合於義雖先儒之說亦所不取如此則將卓然不牽於好惡而聖人之經旨將煥然而明矣書孔子所定凡百篇孔子之前書之多寡不可得而見書緯云孔子得黄帝玄孫帝魁凡三千二

百四十篇爲尚書斷近取遠定其可爲世法者百
二十篇爲簡書此説不然古書簡質必不如是之
多也班孟堅藝文志於古今書外又有周書七十
一篇劉向云周時號令盖孔子所論百篇之餘於
周時所删去者纔七十一篇自周以前疑愈少矣
謂有三千餘篇非也孔子百篇遭秦火未存至漢
時伏生口授得二十八篇後又得魏太誓一篇爲
二十九篇孔壁之書旣出孔安國定其可數者二
十五篇又別出舜典益稷盤庚康王之誥共爲五
十八篇其文以隷書存古文故謂之古文尚書此

書之成遭巫蠱而不出漢儒聞孔氏之書有五十八篇遂以張霸之徒造僞書二十四篇爲古文尚書兩漢儒者之所傳大抵霸僞本也其實未嘗見眞古文尚書也故杜預注左氏傳韋昭注國語趙岐注孟子凡所舉書出於二十五篇之中皆指爲逸書其實未嘗逸也劉歆當西漢之末欲立古文書學官移書責諸博士甚力然歆之所見皆霸僞本亦非眞古文書也以至賈馬鄭服之輩亦皆不見古文書至於晉齊之間然後其書漸出及開皇二年求遺書得舜典然後其書大備嗚呼聖人之

經可謂多厄矣遭秦火失其半其半存者又隱而
不出自漢武帝巫蠱事起至隋開皇二年凡六百
七十餘年然後五十八篇得傳於學者而大備是
可嘆也孔氏書始出皆用隸書至唐天寶間詔衛
衡改古文從今文書今之所傳乃唐天寶所定之
本也此蓋書之始末也學必欲知書之本末者蓋
有伏生之書有孔壁續出之書夫五十八篇皆帝
王所定之書有坦然明白而易曉者有艱深聱牙
而難曉者如湯誓湯誥均成湯時語令如説命高
宗肜日均商宗時語言如蔡仲之命微子之命康

誥皆周公誥命然而艱易顯晦逈然不同者蓋有伏生之書有孔壁續出之書其文易曉不煩訓詁可通也如大禹謨嗣征五子之歌仲虺之誥湯誥伊訓太甲三篇咸有一德説命三篇泰誓三篇武成旅獒微子之命蔡仲之命周官君陳畢命君牙冏命此二十五篇皆孔壁續出其文易曉餘乃伏生之書多艱深聱牙不可易通伏生之書所以艱深不可通者伏生齊人也齊人之語多艱深難曉如公羊亦齊人也故傳春秋語亦艱深如昉於此中登來來也何休注曰齊人語以是知齊人語多

難曉者伏生編此書往往雜齊人語於其中故有難曉者衛宏序古文尚書言伏生老不能正言使其女傳言教晁錯齊人語多與潁川異晁錯所不知者二三僅以其意屬讀而已觀此可見以是知凡書之難曉者未必帝王之書本如是傳者汨之矣

周禮講義序

無體之禮冥於天地之自然而聖人制禮所以立無體之用也夫禮自外作本在於內雖有不易之道而外必盡其可陳之法是以其法之在度數也

貴賤有位先後有序多寡有數遲速有時君子知之於内足以安性命之情衆人由之於外足以觀性命之理此禮之大體也方其莫之爲而常自然之時人含其聰而天下不侵人含其明而天下不累則禮亦何所用哉此莊周制禮不仁之説及澡淳散朴去性而從心耳營鍾鼓管籥之音目逐青黄黼黻之美與接爲交往往萬緒起矣而是非不至於衹合則禮之教其得已乎聞之曰禮者於時當夏乃萬物去本盛末之時則禮者聖人之不免也蓋聖人之神不與人同憂而聖人之德不與民

同患故周公制法度於一日之間以厚天下之風俗其本如此雖然道有升降時有損益故以義制禮者雖昔之所與而今或制作而不疑以義變禮者雖已造於前而後或因革以爲便則周禮之爲書豈特周公之力哉易曰亨者嘉之會天之禮也又曰嘉會足以合禮人之禮也三代之禮天道人事備於周上致其隆下致其殺中處其中則是時也崇天卑地分羣偶物而不失其統也大鵬之能高斥鷃之能小椿木之能長朝菌之能短各以順受其正豈有他哉後世禮昧於經之大體則徇常

者或病其高闊好大者乃患於卑近又豈知夫高
闊所以立天下之本卑近所以盡天下之事歟揚
子曰禮體也體不備不足以爲人故謹其名嚴其
數則雖貴至戴璧之天子賤至横目之庶人其衣
裳飲食之纎悉轂音藻色之等威皆事爲之制曲
爲之防則尊無逼下之嫌卑無僭上之失者乃周
禮之所載王業也禮文存於經獨周禮爲全書惟
其傳不明故學者常憂其難知世有人焉乃訓而
發之而聖人之德大畧具矣傳曰先王制禮必有
主也故以述而冨學今既以其既學者相與而學

之而未知者以俟切磋焉

孟子講義序

孟子論語皆先聖之法言學者之要道也然孟子之書大抵推明論語之意故學論語者當自孟子始七篇之書趙臺卿謂孟子自作其説不然論語孟子皆先聖既没之後門弟子所録不惟門弟子所録亦有門弟子門人者如論語稱有子曰曾子曰皆門人所録也以至冉子閔子皆稱子以是知其門人皆有所記録於中如孟子之書乃公孫丑萬章諸人之所録其稱萬子曰者則又萬章門人

之所録蓋集衆人之聞見而後成也其言則孟子之言其書則門人之手不可必也趙臺卿以謂孟子當蒼姫之訖録值炎劉之未奮進不得佐興唐虞雍熙之治退不能信三代之餘風耻没世而無聞是故退而垂憲言以貽後人而爲此書夫既與門人荅問而言之矣又耻没世而無聞退而編次其言以傳後世此蓋漢魏已降文人之通弊孔孟之志必不如是之狹也趙臺卿既以此書爲孟子所作故其論序篇則曰孟子之意以謂帝王之盛惟有堯舜堯舜之道仁義爲尚故以梁惠王問利

國對以仁義爲首篇仁義根於心然後可以大行其政故次以公孫丑問管晏之政荅以曾西之所羞以至滕文公離婁數篇莫不有說凡爲篇所以七者以象七政章所以二百六十一者以象三時之日數也三萬四千六百八十五字者所以法五七之數而不敢盈若此之類其說迂闊是猶相馬者徒求於物色牝牡之間而失其眞者遠矣以是知言辭多寡先後謂非出於一時所記此非孟子之意也大抵求孟子之意者必求其言至於文字多寡篇名先後出於一時之偶然不可泥也

觀瀾集前序

言可聞而不可彈書可觀而不可盡人之以其蕞爾之聞見而對萬古浩博之書言將以窮其無窮極其無極雖末世窮年曾不足以究馬體之毫末而毫及之矣此觀瀾之編所由作也觀水有術必觀其瀾瀾活水也水惟其活是以智者得師焉文乎文乎澹泊而有遺味發越而有遺音者非活不能也余之於斯文是之取爾視其所視而遺其所不視庶幾得之

觀瀾集後序

右觀瀾集所編百二十有九篇皆瀾之動也余於是觀焉亦聊足以稱是區區聞見之所及者發吾管蠡之陋識作吾金鼓之懦氣也而已非以古作者之文爲止於是也代有不録之人人有不收之文蓋廑有存者故不以世次列叙先後且虚其左方以待之繼此復有會於予心而可以廣予傳者固將特書大書屢書不一書而止也夫文選不收蘭亭記文粹不收長恨歌識者于今以爲二書之遺恨由其所取乎斯文者以爲盡於其書故其所遺者人得而恨之余方收選粹之所遺其敢自謂

無所闕軼乎昔孔子之始刪詩也得周之國風雅頌於自衛反魯之初旣列而敘之矣末乃得曾商二頌又從而附益之不以世次之先後爲嫌也曾子從學最在二三子後而猶及乎商頌之傳是以其窮居於衛也曳縱而歌之聲滿天地若出金石其樂之動於中而發於聲音形於抃蹈有不期然而然者凡今中庸大學之所載子思孟子之所傳揆厥端倪無非繇商頌而入者也青藍氷水之喻於是乎信矣余之爲是集也以爲至游眞樂之純全在焉則固朝夕不庸釋也且將獨處則終日自

誦而玩味之羣居則與人同誦而商論厭倦則使人旁誦而諦聽之習熟則教人徧傳之藏於斯脩於斯息於斯游於斯以飲其酎啜其醨含其英咀其華庶或有其人之曳縱浩歌因商頌而有得以光大乎斯文者出焉是則觀瀾之本志也余之觀瀾非曰能之亦徒爲過屠之嚼望洋之嘆耳

家藏海中螺蚌所共護持金剛般若波羅蜜經序

泉州同安並海之魚人有舉網於海漩者得一巨物焉視之良石也徐而察之則螺蚌相繆纏甚固

剖而視之重重十數皆衆螺蚌也末乃見佛經一
卷實在其内外殭中乾青質朱軸金銀書相間錯
則此經是也邑丞秦谿王君亮功行部見而異焉
得而匱藏之余在泉時聞王君有此經問之而信
王君舉以施余因寘諸余家所奉旃檀金剛像之
龕中而朝夕瞻禮之久矣表兄李長季歎其希有
且曰子盍爲之序記表而出之俾見聞者生尊重
肅敬心不亦善乎余曰唯夫佛門廣大說法幽深
世之人以淺意小智管窺而蠡測之往往視爲難
信之法而孟浪不信者皆是也自非諸佛時時出

少神變以證其說以覺羣迷則雖善無證不信不信民不從而佛法之滅亡無日矣昔唐文宗食蛤蜊有擘不可開者焚香禱之俄變爲菩薩形梵相具足時終南山政禪師論之曰物無虚應此乃啓檀越信心耳故契經云應以此身得度者即現此身而爲說法文宗曰菩薩身已現且未聞說法政曰今者覩此爲常耶非常耶信耶非信耶文宗曰希奇之事朕深信焉政曰已聞說法竟蓋因理曉人者不辭費以此身得度而現此身說法此難信之法也今也於蛤蜊中現菩薩相以是爲證雖不

信者亦信矣佛花嚴經曰如有大經卷無量等三千界在於一塵內一切塵悉然有一聰慧人淨眼悉明見破塵出經卷普饒益衆生竊嘗謂塵中有經卷破塵能出之此法亦爲難信而證以此經理亦皎然余然然後知芥子須彌本不相礙但患不得其證所以難信耳

送衡州趙使君序

古今有一定必不易之常理謂之彝倫彝倫也者惟此一理之可通更無並行不相悖之二理也有則悖矣父之必慈子之必孝君之必仁臣之必忠

此其爲理之一定有如水之必寒火之必熱准之必平繩之必直自有天地以來則然矣豈容有二端哉今之郡守縣令五等諸侯爵也其於覆下牧民有君之道焉是以其彛倫不出於仁而善爲守令者其政謂之循良豈弟爲守令而有不出於循良豈弟則非仁人也非仁人而俾爲政於一郡一縣則民之蠹也國之蜮也將安用之是以古之守令必取於純良豈弟之仁人此理之必不易者也然仁人之心必惻隱而多恕寬慈而近厚是以循良豈弟之施於有政往往近於懦弱而少決姑息

而多貸以故或者病之以爲筭計見效曾不若能吏之任鈎鉅之智竣鞭撻之威其擊強仆姦有以大快人意者由是循良豈弟之彝倫浸爲陳腐不切之習癡頑無能之倫而機巧決斷之政尚矣雖然循良豈弟之宜於郡縣爲人君之止於仁其爲彝倫古今固自若也審循良豈弟之不如機巧決斷之爲則趙廣漢韓延壽張敞之徒過於黄覇龔遂遠矣遷固之傳循良其去取予奪之際乃若是焉何哉元次山之爲道州蓋所謂惻隱而多恕寬慈而近厚號爲循良豈弟之尤者也其在當時譏

訶詆罵之聲不絶於上下而有識者嘗焉故老杜以謂今盜賊未息知民疾苦得結輩十數公落落然參錯天下爲邦伯萬物吐氣天下少安可待矣此豈非以爲次山所挾之術是誠彛倫之必不可易也歟循良豈弟之施於郡縣有如春風陽和之喣萬物小用則小利大用則大利所以如元次山輩爲邦伯遂能使萬物吐氣而俾天下以安者也苟使之一變而爲機巧決斷則是望霜雹雪霰以發生之功矣庸詎可乎趙丈志行使君實循良豈弟之仁人也分符于衡陽而將之官余懼其怵於

流俗之見或將變其天姿之所有而機巧决斷用焉強其所無以徇時好取世資遂爲是說以厲其行使君勉之入告于内君付以民出守于外民受之君君吾君也民吾民也自吾君吾民而不得吾情吾惡乎用吾情使君勉之仰不愧乎君俯不怍乎民其中之所素守確然其不可奪乎流俗之毁譽固不足聽也

陳君傑四男子序

延平陳君傑唐臣名其四男子伯曰杞仲曰梓叔曰梗季曰楠且遠來問字於余余既字之又爲之

說曰杞梓楩楠皆天之美材也所受於天者旣美
又必因其材而輔之以人事然後得全其天焉其
始種於地則在乎豐其土壤相其肥磽而審所以
置之之宜使其質幹固其根著深則本不揺矣故
伯之字曰殖之殖之者其始也旣殖之矣又何加
焉然後培擁灌漑之功施焉斯得其所養而無牣
不長矣故仲之字曰育之育之者其次也夫所謂
育之者非一二旦而可爲也必積之以歲時而其
功日進一無所挫焉斯勃然而興矣故叔之字曰
篤之篤之者又其次也如是而底天成矣由勾出

萌達至於拱把合抱七圍八圍皆其成之之積也故季之字曰成之成其大備斯無以加矣其膺匠石之求時大厦之須而爲明堂之柱路寢之楹惟顧世之用者如何耳蓋君子盡其在人者而任其在天者殖之育之篤之成之者人也用與不用則天也而人何與焉陳君能以是爲四子義方之訓吾知天意之必有在矣

送伯厚縣尉赴官建陽序

易大傳曰列貴賤者存乎位齊小大者存乎卦蓋位者其時也時之異列則一貴一賤分焉卦者其

德也德無不齊所以觕小大一也古之君子其涉世應變之迹各隨其時之所遇有萬不同誠不可以一槩論而其所同者德也故居下位而盡心於職守在官而官在府而府在庫而庫無毫髮苟且之意則與夫在上位而酬酢天人之丕變負荷國家之重任者一道也孔子爲委吏則會計當爲乘田則牛羊茁壯長其所任者狹矣然心念盡於所職而不念乎其餘雖使其位進於卿相道行於當世而吾之所以應之者不復加毫末於此矣舜之徽五典而五典從納百揆而百揆叙賓四門而四

門穆者亦是物也豈復有變於其耕歷山漁河濵之所爲哉舉斯心加諸彼固不可勝用矣非復有待於其外也吾友陳君伯厚以經術首賢書以對策擢科第得尉於建之建陽而要予贈言以別予謂伯厚於是言也以其平昔之所學所聞自試於一尉之間將准此以設施於世予之贈言捨是則爲不知務矣夫以痀僂承蜩蜩之外天下無餘物梓慶削鐻鐻之外天下無餘巧理盡於所止故也伯厚之行予姑請惟以尉職之所應爲與否者求商搉焉而伯厚聽之夫縣令丞尉各有司存而尉

以治盜爲職者也爲尉而使盜賊縱橫爲百姓侵
害士窮已置之不詰則尉爲無頼矣然尉雖治盜
其身爲王官佐令丞以牧養斯民使各安其田里
無愁恨嘆息之聲視百里之民則皆其父母也爲
民父母至使其赤子失業去爲盜賊苟又從而維
縶之係纍之刑戮之以塞予之責進予之秩逞予
之願有利之心焉則亦豈爲民父母意哉尉亦爲
無頼矣是二者之失鈞也抑孔子嘗曰聽訟吾猶
人也必也使無訟乎此又其理之極致也伯厚其
審擇歟由前之二者而更進於斯則一尉之外吾

知其天下無餘事矣

送陳童子序

誦記之於學末也古之君子其格物致知誠意正心脩身齊家治國平天下之學既已先立乎其大者矣然後以其餘力及之而非所以先之也是故有小學有大學小學者所以養其正於童蒙之初大學者所以要其成於天德之後由童蒙迨乎既冠未嘗一日無學而記誦初未嘗一日學焉學者不以是爲學則教者亦不以是爲教　其勢然也洎夫科第興而士之大學既已悖其先後本末之

序矣則小學亦流而爲博洽捷給之歸利禄之所
在萬矢之質的也後生之有是學先達因之亦有
是教焉自其爲童蒙而記誦之教固已行矣此國
家所以有童子之舉而吾黨之士所以少則有記
誦之師焉而陳童子者又特其頴悟俊爽之尤者
也殆所謂少成若天性習慣如自然者也聽其所
誦之書纚纚然如貫珠琅琅然如戛玉衮衮然滔
滔然如河出崑崙東折北迤而歸諸溟海世人皆
謂童子之所已爲者絶人遠甚固可以楷橅後學
而領袖儒林矣予獨異焉竊以謂古之豪傑非不

以記誦爲長彼其所以卓然自立於世者旣自有其本而根深蔕固確乎其不可移奪矣其博物洽聞之所發亦直出其緒餘決其波瀾之一二以曉世之瞶瞶未悟者耳固非其自幼稚至壯老疲精力溺心志而專致力於此也張巡之守睢陽功蓋天下實海内奇男子也韓退之叙述其事甚偉至其言讀書不過三徧終身不忘爲文章操筆立書未嘗有藁者殆亦於其全體之中偶出其一班兩班者爾在張睢陽固不足道也孔子曰志於道據於德依於仁游於藝今童子之所已爲者旣能爲

今之所不能者矣今者方將充貢乎天子之庭觀光乎上國以從英俊游乎鸞臺鳳閣之上旣爲當世之雋彦矣凡所已爲者其自今以往視爲道德之一藝時出而游之可也若遂以爲終身必據必依之理過而不化執而不忘則鬬黨之速成互鄉之難言也已僕他日詎敢刮目以待童子之來洗耳以聽童子之誦乎

三山拙齋林先生文集卷第十六

拙齋文集卷第十七

三山林　之奇　少頴

箴

顯思箴并序

於皇紹興乙亥歲之四月瑞芝九莖生于太廟　仁宗　英宗二室之楹間越二歲丁丑之二月復於是楹産芝四葉倬有光焉瑞應煌煌間見層出實振古所無有也祕書省正字臣林之奇猥以不才備數冊府旣嘗不量

末學稍伸儒館獻歌之義以侈乾坤之况施
歸美於　上矣復不勝惓惓之愛謹誠皇誠
恐再拜稽首願進顯思之箴其箴曰
天惟顯思篤佑我宋於赫靈符系隆乾統叡智聰
明列聖所共世德作求允惟天縱巍巍　仁皇纘
我慶基子視兆姓風行八維奄甸大寶介福如茨
受天多祜於惟顯思重華厥後有烈　英祖垂拱
仰成歸心率土瓞綿本支式遵疊矩於惟顯思受
天多祜烝哉大成聖主有作二后居歆神祇安樂
乃睠寢廟瑞芝攸託閒歲挺生昭兹景鑠謂天盖

高胡然有顯二室同極坤珍妻闈 英祖儲慶
仁皇錫羨厥應維何皇躬勉勉惟誠盡性感于神
明誠有不息惟一惟精燁燁斯芝神明所呈帝意
怳斯勵皇以誠惟孝寧親假于有廟孝斯不匱是
則是傚燁燁斯芝宗祧所兆帝意怳斯翼翼皇以孝
曩以孝誠九莖效奇及茲日新四葉挺姿帝鑒如
響式遹其隨帝命不易皇惟念茲景命萬年殊祥
肇開誠無不服孝無不懷新之又新瑞應沓來皇
惟念茲命不易哉

忿慾箴

彼源之慾爲委之淫嬋娟一笑能成天寶之窮陰是故君子之有慾必窒于心每窒吾慾何淫之能侵彼秋之忿爲冬冬之怒睚眦一言能致萬里之黷武是故君子之有忿必懲于慮每懲吾忿何怒之足懼蓋慾猶水也始自涓涓不窒其始懷山滔天忿猶火也初於熒熒不懲其初燔丘燎城君子由是察於山下有澤之象而知所以爲懲忿窒慾之學懲之又懲則山不童窒之又窒則澤不涸行之以寬平和易主之以清虚淡泊照之以眇綿之炳立之以堅高之卓際之以龍吟虎嘯妙之以鳶飛

魚躍此所以積其閑邪之功而永絶乎後悔進之於知幾之神而獨得乎先覺者也

臭渠箴

人謂我智我謂我愚人謂我容我謂我踈衆芳之不珮而實腹之腐蛆大藥之不貴而失身於臭渠既溺吾性幾喪吾軀曾何異嗜鼠之鴟鳶而甘帶之蝍且有客有客以德愛予授予以不壞金剛之杵而貳之以照濁摩尼之珠示予以九九泥洹之路而憩之於綿綿紫府之庭致予於清都帝所出予於聚塊積蘇曰惟此爲神仙關鍵之秘要清靜

道德之上腴是可以躋聲聞於無漏位列仙而不臞嚮之背之幽明異區抗之抑之天淵理殊兢兢戰戰擇此二塗沉溺吾性戕賊吾身者雖非臨淵非履薄非憑河非暴虎能無懼乎

正己箴

孔子曰躬自厚而薄責於人則遠怨矣薄責則未能無責遠怨則怨未盡弭至子思子之言則不然所謂青於藍而寒於水其言曰正己而不求於人則無怨嗚呼至哉言乎吾將以是爲反己之箴省躬之勸其有介然之聲唯然之音來干我者我則

以是應之務以脩乎吾之所可願

五觀箴

未克之絶如石壓草壓所不及依然媚好旣克之絶如劒斬虎極力一揮爪牙無措我此五觀自其厭離以至忘絶而其機在克厭離而克所入者明克而忘絶所存者誠一不勝其人慾之私而失吾天理之正則吾性之不能有吾命之不能保尚何有於五觀之虚名

孝箴

有身則有孝孝與身俱生由孝立其身身與孝俱

成身非孝不立孝非身不行倍孝忘身者孝輕身亦輕

銘

淡成齋銘

太羹元酒宗廟所重淡而未成有體無用備物之饌薦以牢醴成而非淡有用無體惟是齋也立本於淡致用以成涵泳乎六藝之壼奥咀嚼乎百氏之菁英雖無旨酒嘉肴以相呴濡然名教之樂講習之説舉積諸此而果其賢乎吾將歛袵挾筴而日與之并

指南軒銘

指南以車巧匠所模不有此巧將焉措諸指南以蔵磁石所臨不有此石又何以任潘子此軒則非此之謂也其道甚大其益無方蓋將求師於道德之海取友於俊艾之場譬如日輪照處不昌小大咸於是而寓目焉雖見有萬殊之見而光無無二本之光

陸堉和之存齋銘

有操而存尚虞或失不捨之操永無放逸柯外有柯不遠維則心逸日休其繩則直

快目齋銘

心目一理惟虛則明目不欲礙心奚可盲積雨初歇太虛湛澄宴坐此齋開窻啓櫺千里在望如登島瀛衆所覩者萬象畢呈那知天游亦從此生顧心如目纖塵不萌明白洞達迺立汝誠

默齋銘

萬言而中何如一默其默如淵震雷虩虩超然見獨回愚參曾無鞭無繩牧此水牯

林子沃齋銘

勿助勿忘時雨霡霂倏焉十寒不如勿暴沃以聖

言既霑既足歟於良田生我嘉穀

坐右銘

由我者守道在我天之所不能違由天者委分于天我之所不得與

守道銘

智能挈缾守必不假無守無藏亦無假者無假之守能移蓋寡老農安田君子安雅

不競軒銘

安身之本莫若不競不競者何百念俱静若有絲毫即失其正影像既空澄圓一鏡

委分銘

作者造物從者善聽寡而一釐多則千乘分際所期豈容少剩任運目前是無不敬

顔巷銘

飲于大河滿腹自足此外有之舉非吾欲一簞一瓢本不盈掬加之一毫豈顔之福

友于齋銘

友于兄弟是亦爲政非必民社曰守曰令能於天彛順受其正毋受皆然是毋不敬於覆載中得其正性於福極中膺其正命由此而行動皆吉慶舍

而弗由變爲災病飽食終日茲成不令禽犢之歸
曹惟厲梗

李脩年四銘

畏銘

君子愼獨所畏惟己此心了然常對天地室空無人十目洞視達觀視之如見肝肺

敬銘

直内曰敬致曲斯方古謂誰直乞醯鄰墻古謂誰曲證父攘羊每每致曲焉能爲士

誠銘

好色惡臭誠者如此行義守仁嗟胡不爾反此則正舉斯加彼堯桀之分審此而已

禮銘

有禮有則毀則斯賊惟此兩途判然白黑古人於此寸無差慝小紀大綱三千三百

贊

二程先生畫贊

進將澤生民而微可行之位退將覺後世而士所著之書惟其睟然之容見乎面而盎乎背者莫非道德之實仁義之餘使學者聞風而興起猶無異

摳衣而趨隅蓋所謂恭而安威而不猛溫而厲能以是而起顔之喟發曽之唯者世無孔子非斯人而誰歟

道之隱也家自爲學歷數千歲而無傳道之明也學出一家乃兄弟而比肩二程先生之學之道世不知其孰爲後先蓋率其性質之所禀隨其德器之所就而各全其天溫然如春風和氣可愛而親者旣得之於明道凜然如嚴霜夏日可畏而仰者復得之於伊川又豈止挹叔度之陂而疵吝情盡望紫芝之宇而名利意消者哉

尹和靖畫贊

不動心於贋齊之富貴而甘乎貧賤不屈節於虣金之威武而裕乎生死昔嘗以魁梧竒偉意其貌而瞻彼遺像乃聉然一山澤之臞儒婆娑之老子蓋其平居暇日居官稱職若無以瘉人者而至於守張程之學行孔孟之道則古所謂居廣居立正位行大道之大丈夫亦惟此三者而已矣不敢末學少而仰止再拜德容顙不敢泚

徑山大慧禪師真贊

演說多於古趙州而得其俊快析理精於蘇東坡

而加以顯豁其得法於負悟也經之入藏禪之歸海其受知於張無盡也由也之果賜也之達徑山育王可招而不可屈衡湘梅陽可逐而不可殺當其在時天下老和尚縉紳士大夫說是說非直至今日其論始定然後萬口皈依無異辭昔時十六今二八

承天潛師畫賛

金剛圈裏翻身過栗棘蓬來滿口吞領得楊歧端的句却嫌蒸餅大餺飥

雪峯毬堂禪師真賛

推平常心說眞實法運悲智願應化度緣毬堂于今淸風歷然其舒如掌其握如拳其聲如雷其默如淵人見其與達磨祖師提隻履而西去乆矣我知其爲東郭順子揞人貌而得全其天者也

西禪此庵淨老眞贊

眼碧眉厖足趺肩軃此庵樣子元來恁麽當年唱箇無生曲火冷雲深從寡和如今口作掛壁閑獨說宗乘鬧浩浩

延福可老眞贊

渾沌鑿開無限事逍遥游後更何疑鐃伊齊得鵬

并鷃不似當年作蝶時

清虛皇甫先生畫贊

以爲朝士耶其服農而儒遠而望之其髭鬚須鬒然而髯即而觀之其容貌澤然而腴名山大川無所不歷欲往而輙至者其行徐吉凶禍福前知來物有問而隨應者其心虛之人也高聮紫府之籍深入黄庭之境固必待僊去而後見則吾不可得而知也惟觀其應世之粗迹旣有以動物悟人者其漢薊子訓唐張果老之類歟

觀音畫贊

稽首補陀聞思修千手千眼普供應世人兩手及兩眼眼見手捉各隨心多一手眼無用處即與駢拇枝指等菩薩照用一時行應以千心爲主宰相彼方寸湛然地不容二念郍復千我謂菩薩如水月一水一月同照曜方員大小雖不同舉手見月等無二我今繢此妙色相以爲正念皈依處於一身心起多想而作千手千眼見普願大員鏡智中知我此念無間斷所求皆應如谷聲請無不從亦如是

泗洲畫贊

稽首泗州普照王曩以寶塔接群品塔今敗壞成
微塵隨意分身無不在我觀世間有爲法無常遷
變同一空假鐃建塔如恒沙未有不歸幻滅者豈
惟淮塔有興廢阿育王造亦非堅菩薩應感常現
世不隨寶塔俱存亡耕雨穫晴長淮風普爲衆生
作饒益我今繢此應感象常以正念爲皈依於此
負光一尋中而興七級浮屠想正念皈依無間斷
普願菩薩常感通洪鍾小大隨叩鳴所求所請皆
如意

拙齋文集卷第十七

拙齋文集卷第十八

三山林之奇少頴

行狀

祕書省正字胡宣教行狀

先生諱憲字原仲姓胡氏其先云云先生幼不好弄而天資粹美夙成凝然莊重見者改容當舍法盛行之際入太學應科舉而獨不喜爲王氏三經字說之習汲汲然求所以學者如是者有年然後得涪州譙㓕士定於京師逆旅中而問學焉譙授

以易學開而未達初未嘗爲其諄諄言也而先生
淵然深造每自得之譙喜甚爲之盡發所藴俾洞
明格物致知之要既歸日從季父文定公游文定
公又益以堯舜孔孟道學授受之詳爲之講貫演
繹曲盡精微究極博大由是能以篤信力行居之
無悔且其師友淵源所漸又皆當世之德人鉅公
而能博觀遐取以資所學故其聞見益廣而行實
益尊文定公每謂其族黨爾輩皆弗如也蓋文定
公以道任天下之重而先生與從弟侍郎公各得
其家學之正傳學者宗之先生學成於家名顯於

朝雖其深自韜襲于衡泌之下粥粥若無能者而
海内善類固已浩然歸重矣然竟以所學不能俯
合時好是以老而不達韋布蓬蓽若將終身焉會
朝廷博延儒先崇信古學俊乂彙征從臣曾公開
等十人以遺逸薦之於朝有旨起先生于家庭先
生以母老固辭徵命廼賜進士第添差建州州學
教授將俾邦人之勵業樂羣者咸有所矜式焉先
生猶力辭而學者交贄其門義不可卻也始強爲
之起莅教于鄉校者七年誠達心化士風爲是翕
然丕變而其人問學之審行義之篤于今遂爲全

閩多士之奥區矣先生既秩滿歸籍溪築室藝圃棲遲丘壑奉祠禄而家食者亦又累年蓋嘗一爲福建路安撫使司凖備差遣居無何以與大官爭辨征搉是非不肯詭隨阿容卒亦請祠而去遂絶無仕進念矣雖先生漠然不復意於斯世然世之論人物講治體者莫不以先生未即大用爲朝廷惜之輔臣有以爲言者由是以大理司直召游除祕書省正字其擢用眷注蓋未艾也而先生辭避再三不屑就已乃幡然而起既至闕下則又求去堅甚諸公極力挽留之不可固有旨攺秩授宣教

郎主管台州崇道觀以歸歸未期年以疾卒于家之正寢享年若干有論語集解二十卷傳之學者遺文若干卷藏于家先生之卒實紹興三十二年某月日也而以隆興某年月日葬于鄉里某山之原從遺命也先生兩娶劉氏後娶嚴氏二人並早世有男孫一人曰應進士業女一人適進士詹某先生之學本之以譙處士之清居之以文定公之任而濟之以和理一之以誠實守節樂道不名一行而粹然皆出於正博取百家諸子之長不主一說而必體之於身驗之於心辭約而理備行高而

操堅與學者處雖危坐植立端默無言而即之者莫不服深遠去疵吝油油然日與之偕而且不知其益也其里居貧甚饘粥或旬月不繼人不堪其憂而杜門著書躬耕養志曾不以一介取求於人至使家人忘其貧而閭州鄉黨稱其仁其性怡怡融融無一日不樂方且收召宗族子弟之髫齔未冠者草衣芏屩布褐不韈環列其前而教以句讀訓詁窮年矻矻惟日不足見者莫不笑其徒勞而先生樂此不勌雖得天下英材而教育之不是過也先生之在館閣也屬逆亮干紀聲爲南牧之言

邊鄙爲之震先生匭書于朝贏數千言剴切體要悉根本於經術而莫不犂然曲當於世務且力勸皇帝係隆民望增重國體亟用張魏公浚於内用劉太尉錡於外以銷侮拂固封圉上嘉納其言二公由此召用是時輿論專以折衝之任屬於張劉二公故建言者往往亦能及是而先生首獨誦言於庭無所回婉衆論藉以爲重然後獲伸夷考其一時蓍龜獨智之明旱澇備具之審莫有爲先生斯言比者然後知先生晚年之黽勉一出志在報國其通知時務之要爲不苟然也先生既葬而誌

銘未鐫將欲狀先生之行以求文於當世立言之君子諸門人之在建寧以鄉黨之義相先莫肯任此責者而近捨遠取遂以屬諸某某雖愚陋不可得而辭也竊嘗謂論語記載先聖人言動蓋群弟子相與廣記講言之然後集而成書非成於一人手也明道先生之殁伊川先生既狀其行矣門人之達者各自有所記人人言殊然後墓表立今某之所載姑及夫先生平昔學問出處之大槩衆所共知者而已至於先生之潛德隱行善言嘉話一皆可以爲範世翼教者則有孔程之門故實在焉

非某末學管穴之見能以究知而盡識其純全而盡知其善美也歟謹狀

李和伯行狀

公諱楠和伯其字也其先居光州固始唐末從王氏入閩遂爲福州侯官人公幼遲重寡言笑已如成人稍長自力學問兩舉於禮部不中第初無慼色曰吾知治吾事爾得失何預焉益自刻學未幾與其弟三人俱擢鄉薦而公爲舉首有司閱其文無翰墨畦逕詫曰非今世舉子文也已而復黜乃謝絶世事杜門讀書鄉人子弟委束脩於其門者

數百人以苦學得重腿之疾遂不起時紹興十有七年九月十有八日也享年三十有七公天姿近道復能從當世先生長者問爲學本末故其學專以古人爲法嘗曰不用私稱輕重自定不用私斛多寡自足不用私心是非自明又謂夢者心之鑑人之善或以矜持矯飾爲之至夢寐間則毫髮不可掩君子以夢爲鑑自知心之誠僞蓋所守之約如是故其讀書務求有益於吾心者而不爲空言而每謂吾於甫田得爲學之道焉吾於衡門得處世之方陳平燕居深念陸賈在前而不見吾欲以

是瘠吾思嚴顔曰斫頭便斫頭何怒耶吾欲以是懲吾忿此足見其律身之嚴至於待人則以謂道有並行而不相悖者人之善則譽之已不可以自譽人之過則恕之已不可以自恕人之貧則矜之已不可以自矜凡議論之補於教者大率類此其於書無所不觀而尤邃於春秋自三傳及諸家之說皆旁搜博取以會其旨趣衆說之所未安者然後斷以己意謂春秋之不可以凡例拘猶易之不可泥於象數也苟惟取必於例與桂後惠文何異故著書未竟而其說之一二學者已傳之與人交

柔聲下氣出於至誠遇不可即毅然正色雖責育
莫奪或與之談世事口吃不能多言至剖析義理
娓娓不休若駕輕帆乘順風若決流水於千仞之
山而赴東海也疾革語人曰壽夭在天無足言者
獨念累吾父母耳遂了然順逝娶陳氏有子一人
曰渙女四人長適林如璋餘未行某以外弟從公
游自丱角至于壯齒如一日也每與公語未嘗不
自失其賴切磋之益爲多往年陸教授死繼而公
歿里人相與痛吾州之再失賢士也某於二人實
兼師友之重故哭之過期而哀葬有日舅氏語某

曰知吾子深者莫甥若汝宜狀其行以請銘於立
言君子其承命流涕今公之所學於古者雖百未
一試而其善言行誠足以詒世範謹掇其大槩而
實書之雖親不嫌也矣謹狀
故左奉議郎臨安府府學教授周仁仲
行狀
公諱毅仁仲字也其先光之固始人從王氏避地
遂居福之閩縣曾祖瑄祖汝礪父之邵世業儒連
蹇不偶公少而警敏夙成篤學能文有聲稱場屋
之間益刻苦不懈登紹興十八年進士第授南安

軍上猶縣簿改撫州録事參軍未赴羅家囏服闋任汀州録事參軍既乃爲福建路提舉市舶司幹辦公事改秩差充臨安府府學教授將赴乾道四年六月十五日以疾卒于正寢公天資温厚自童齓識度過人篤志勵行儼若成人有識者知其爲遠器也弱冠登父憂執喪遵禮哀毁骨立幾不勝喪廬于墓苫凷端居不接人事者三年鄉閭未嘗見其面蓋自其始爲成人介然自立拔出乎流俗固已如此既仕還丁母憂廬居率禮毁瘠如初閩俗取法焉公之平生篤誠不苟其行義之懿仁愛

之實早爲鄉閭之所知所信者尤在於此至於莅官決獄而恕互市臨財而廉交僚友而人樂飲其和掌賑濟而衆翕服其公者皆其立本所積充學所移之餘緒也壽考寵禄固未易量方且築室百堵藝松種菊輪焉奐焉以樂餘年以綏後禄而一疾俄死矣享年六十有四積階左奉議郎子男二人世脩世昌皆業進士力學世其家女五人長適右文林郎循州州學教授邢炳然未廟見而卒次適國子生劉有庚次適右修職郎監潭州南嶽廟辛紹先縈居其二未嫁孫男四人任孫覃孫貳公

喜公女孫一人醜娘皆幼之竒不敏辱嘗與公爲
僚友考公之行實其可傳可繼之跡大略如此宜得
品藻之文形容之聲以詔不泯敢序著其目以待
考信者稽焉八月甲辰謹狀

故劉郎中伯任墓誌銘

福州螺江之西南有劉君伯任録參者仁厚好德
君子人也何庸知其然耶以其議論守正無所阿
自信無所疑知之公世居螺江之西南地名黄江
曾祖造累贈太中大夫祖儼承議郎知南恩州贈
朝議大夫父縉贈承事郎公登紹興二十一年進

士第始其爲汀州録參也適部民有羣訟于有司
者有司以其朋聚挺亂將悉致之死公抱牘争議
于庭甚力既卒不勝則投劾棄官賦詩見志而歸
築室藝圃爲終焉之計陶然自適不以幾微見於
言面天子聞其聲名召對稱旨改承事郎且將有
擢用意未幾除大理寺丞復權户部郎官改權度
支郎官立朝數月聲稱籍甚凡所陳請當讞獄則
每從恕議理則必從與立爲定論始末一意如印
圈契鑰咸可驗信識者以爲明取與知大體雖浸
列通顯號一時達宦而士夫間猶皆以劉録稱之

蓋其立朝持論不改前日之特操初不計夫官貲之崇庳也故其在版曹諸所更張曲盡利害之實雖乂於金穀者莫之能易陰功隱德横被幽遐二廣江浙之民于今賴之得疾請外補除提舉浙東常平茶事就醫于臨安府富陽縣而卒歷官左奉議郎享年五十五娶葉氏封孺人子男二人長有開次有聞女二人長適進士趙撝次適進士王貽恭公之將葬也有開等以左宣教郎知富陽縣事陸楠之狀來請銘𤰞於公亦爲同年進士生辭避既不獲於是序次公平生論列之大節且系之

銘銘曰

古之好德者獨立而不改周行而不殆蹕斯人之勇進識古風之斯在闕隱德之在天信後昆之必大賚之銘詩式顯幽昧

進士林君夏卿墓誌銘

讀書之有登第如耕之有穫蠶之有絲自然之理必至之報可信不疑也余里居以講學爲業鄉之士子誤相從游者蓋數百人每瞯之孰矣其有知學嚮學自力不懈以是游場屋間率一兩舉其於預計偕取科名若寄而取之曾無甚難者然亦有

數奇命屯不利於場屋之試不耦於主司之取茅茨困阨以終其身此則出於一時之不幸而非擇術處身之過也予亦瞷之孰矣大抵若是者雖其一時不幸而不遇抑天之報施於人必將有所乘除損益於其間徐徐而待之固莫之遺也不在其身矣將不在其子孫乎余聚學于里者十餘年其間年齒最長從予游最久久而益不懈者吾宗夏卿其人也百戰行間每戰輒北而未嘗有一毫悔退意嘗曰此吾進脩肄業者未至也歲輒負笈而至汲汲於燈窻與後生未冠者伍曾不以成人強

艾自居怡然自適若將終身焉余每心服而敬畏之每謂之曰使有天道公之有後福必矣士之與余居而喜譏評之者至以其連蹇不耦老大於場屋而唾鄙之雖余亦疑焉既公之得疾蚤世以死在其身則爲不幸矣而公之二子顥秀叔秀皆童稚秀發絶人遠甚蚤有聲稱於學校間遂相繼以壯齡登高科棣蕚相輝父子兄弟之名一旦隱然爲七閩稱重士之以公而疑天道者始翻然改觀每父兄之詔子弟率以是先焉夏卿之卒以乾道己丑二月二十八日享年五十六其葬以辛卯六

月十有七日卜兆于懷安縣長壽里苦參山之原葬有日頴秀昆仲屬余爲銘詩以爲泉壤永永之誌余素有此念方將有所載記輒因夏卿而發焉不厭其詞之黷也夏卿諱延年曾祖晏祖陶父棣並不仕母王氏壽考精強蓋耒艾也娶楊氏淑温慈善克宜其家子二人長頴秀次叔秀孫男一人女二人銘曰

詒謀之永　蓄德之厚　韋布一世

甘於不耦　天實畱之　以昌厥後

誦於銘詩　湏其緐茂

滎國太夫人王氏墓銘

宋皇叔故贈昭慶軍節度使追封豫章侯諱士珹之夫人王氏世開封人五世祖仁贍左右藝祖有功位樞密副使曾祖漢卿故贈右金吾衛大將軍祖公弼供備庫副使父脩内殿崇班夫人崇班次女也初以緦麻親之婦封令人歷永嘉太寧永寧三郡太夫人進封滎國享年七十有八乾道五季三月五日考終于建寧府漕臺官舍豫章先夫人歿二十有八年殯于福州秀峰僧院至是不敢自建寧奉夫人之喪來遂改厝于懷安縣感應鄉

清平里靈光寺之原而夫人祔焉實六年三月五
日甲寅也男六人長不均幼亡次不敵左朝請郎
福建路轉運判官不窩故武翼郎福建路兵馬副
都監次不騫幼亡次不泯故右承務郎知興化軍
仙遊縣次不嗄從義郎信州兵馬監押女三人伯
仲皆蚤世季適周璟璟卒再適右宣義郎吕大琮
孫十人善緝善邕忠訓郎善秉善勱善埏成忠郎
善覽善鉌善綽善鑒保義郎一未賜名孫女十人
長適左迪功郎方耒次許嫁左迪功郎黄景説餘
在室曾孫男女四人夫人事親孝旣歸豫章豫章

少得風痺疾夫人調護十餘年豫章即世夫人訓諸子慈諸婦閨門之内熈如也平生儉素婉嫕類皆足以昭閫範明婦順者窆有日不敵泣告于友人左承議郎充福建路安撫司參議官三山林之奇迺編次而鑱諸石

孺人陳氏墓誌銘

孺人陳氏諱體眞字端卿福之長樂人也曾祖沔故不仕祖察故贈右朝請郎父致一故任左朝請郎提舉廣南東路常平茶塩公事孺人年十九嫁於候官李氏實右承奉郎新知漳州龍溪縣丞潮

之室右奉議郎新通判南安軍事𢡟之仲婦而提
刑中奉文安公之孫婦朝議公之曾孫婦也嫁之
十一年知丞將挈以之官歸寧毋黨得疾于舟中
而卒于外氏之館享年三十寔隆興丙戌八月二
十有三日也一女應安八歲一男公弼十歲以其
年十二月壬申葬于先塋之西孺人温柔婉娩裕
於婦德其事舅姑順聽而義撫兒女慈愛而嚴處
妯娌之間無間言應接内外曲盡情意各得其驩
心實令淑也而不幸短命以死可哀也已銘曰
不命之長　維德之昌　翠峰之麓　閟此幽光

拙齋文集卷第十九

三山林　之奇　少潁

祭文

祭劉文先生文

嗚呼眞儒之學不在多文窮則獨善達斯澤民伊耕莘野呂釣渭濱雖處畎畝業富經綸逮其一旦感會風雲格天鴻業孰與擬掄緊顏氏子陋巷長貧寸功薄効曾莫之聞豈其德業有愧渭莘命也則然何與於人世俗智淺妄爲戚欣達人大觀易

地則均嗟嗟先生乂居隱淪採芝食菊若將終身
短檠萬卷精義入神氣溢六合力輕千鈞藉使逢
辰素志獲伸成康其俗堯舜其君縱遇肯綮庖刃
若新天胡不弔忍使迍邅百不一試老死荆榛嗚
呼哀哉堂堂開府德高七閩源深流遠孕此祥麟
始學于譙已得其眞繼師于劉所養益淳躬行信
義洽于鄉鄰萬金之產視若埃塵聞其風者革頑
爲仁仲元在蜀王通處汾去之千載接其清芬縉
紳論薦聘以蒲輪一語不契故山歸耘出處大節
卓然不群年未六十歲在巳辰山頹梁壞尚何忍

云嗚呼哀哉晚學愚陋莫知涯津寅緣行役拜手蕭屯望之肅如即之若春不我鄙夷夜語諄諄違離依戀卒業無因區區問學寄之書筒尚冀親炙以陶以薰今其已矣徒抱酸辛西望筵几奠不及親有淚成河注彼蒼旻嗚呼哀哉

祭吴先生文

嗚呼先生胡然長往既不沾尺寸之禄又不獲耆頤之享謂天高而聽卑應善惡其如響嗟先生罹此禍兮豈斯言之或爽嗚呼哀哉昔我先生幼有令望掇六藝之菁華窮百家之浩蕩發爲詞章長

風鼓浪指決科於拾芥干青雲而直上何蹭蹬而
弗遇徒倚門而骯髒講道石隊橫經絳帳藹吾黨
之青衿半嘗依於函丈長養成就仕塗接鞅眷麾
下之畢侯恨獨遺於李廣不龜手之良藥或得用
之爲將彼宋人之數奇乃不免於絣絖邅回一官
艱難萬狀廢疾縈之尚期無恙何膏肓之弗救遽
永歸於泉壤嗚呼哀哉慨念平生父親几杖雖朽
木之難彫幸高山之景仰痛永訣於終天念後生
之安放追餞靈輀失聲相向有淚如傾薦此醇釀

祭陸丈先生文

嗚呼貧者士之常死者人之終顔子在陋巷一簞
食一瓢飲人不堪其憂而不改其樂奚恤乎命之
窮通曾子之疾啓予足啓予手曰吾何求哉吾得
正而斃焉斯可矣豈以壽夭之數而較其吉凶惟
是隱居以求其志行義以達其道此實顔曾之所
造彼世之戚戚然於利害得喪者果何足以窺斯
人之胷中嗟嗟先生仕則不達壽則不永亦有以
是爲先生之恨者是皆淺淺之爲丈夫也先生之
志尚友古人於千載之上蓋已得夫顔曾之遺風
義利是非之分辭受進退之節皎然明白於世而

處常得終以死在先生無一恨某輩之所以恨者惟慨念夫疇昔里閈之從容摳衣函丈之間見元紫芝揖黃叔度則名利鄙吝之心固已頓盡矧又有琢磨切磋之誨以開其蔽蒙今其已矣又將焉從寡聞孤陋而有疑孰質離羣索居而有病孰攻故臨先生之喪對遺像而酌尊酒則情鍾於此不自覺涕泗而霑胷也

祭胡文先生文

嗚呼皓皓者易汙嶢嶢者難全古之君子學未至乎優入聖域而輕用其身以游乎世則於斯二者

必流於一偏如冉求之聚歛于魯則汙其皓皓之
地如子路之結纓于衛則喪其嶢嶢之天筭計見
効均於士羊而其所失多矣曾不若泗之濵汶之
上緼袍養志簞瓢樂內之淵騫惟夫子然後免於
斯二者之患故自謂吾乃涅而不緇之白磨而不
磷之堅蓋夫子之所可及者初不在於泣麟歎鳳
厄窮之際惟至於環轍歷聘而一無所貶然後知
其決非群弟子得以方駕而比肩惟先生之樂世
之知者徒見其守約持正安貧樂道之一節則以
爲處士之皆爾衛君之舉然蓋全家食粥而不肯

形乞米之帖終日杜門而未嘗賦貧士之篇食每
至於併日突或幾於無煙而聲滿天地若出金石
不以改吾曳縱之樂既成春服雩風沂浴未嘗一
動鼓瑟之絃以是爲先生之所難者猶曰淺之爲
丈夫也曾不知先生始末之全德不難於立而難
於權惟先生之晚節副眞主之詳延掄王佐之學
以應不世之遇凡直言正論之爲時而發者莫非
洞明當世之利病深究治道之後先使斯言之或
用固可以上焉補袞職之闕下焉使民瘼之痊是
豈肯虛糜太倉之粟浪爲策府之僊言之末用則奉

身而亟退非吾固欲隱情惜己專美獨善以戀松菊於三徑老風月於一川乃出處之一致匪窮約之獨賢論至於是然後知先生果不負譙居士之學而自得文定公之正傳彼世之管窺蠡測而莫究堅白之全體者徒有見於上下之飛躍其何以察至理之魚鳶嗟歸歟之幾何甫家食之踰年豈惟主眷之未憖抑亦士望之獨專何耕莘釣渭之望已矣而山頹梁壞之恨繼焉曾期頤之莫究遽一疾之弗痊夢斷兩楹之奠光謝少微之躔蓋斯民之不幸而吾道之未泰如可贖兮何惜乎此身之

百千嗟乎學如先生行如先生知所以立又知所以權如先生之卒於戹窮以死又孰能究之於冥漠問厥理於大圓顱如其之不肖蓋嘗奉諄誨以周旋惟糞墻與朽木每重費於彫鐫匪若鎧乎其後常如瞻之在前屬沉痾之重痼致蹤跡之田邅雖隔函丈之摳趨尚辱書問之見憐方且致高山之仰俄然嗟逝水之遄痛微言之淪絕懼素志之忘徑聞會葬之有期屬官守之縈牽邈臨風之一奠悅有淚之如泉

祭郭文文

嗚呼孝子愛日慕之終身惟恐事親之日短不能盡吾父子之仁是以紆朱懷金而憂不如簞食瓢飲而樂衣純以素而貴不若衣純以青而貧不願乎萬鍾之禄三旌之位惟願堂有黄髮百年之親戲老萊之綵衣辭石建之帬牏不知年數之不足也彼儻來之舊物何足以易此樂之無垠嗟嗟靈之三子恨斯志之不伸殞何怙之泣於中道纏罔極之痛於千春他日且將發仲由之慨歎欲負米而無因平時求友於三益尚其志節則知靈之有子如此之爲幸而今日寄誠於一奠見於其哀

毀亦不覺涕泗之霑巾

祭陳樞密文

子期甫逝伯牙絶絃厥初默契豈其偶然意氣所傾匪假因緣雖始目擊妙意已傳賤子疇昔里巷伏跧公所賞識卓然獨先云此美璞衆方棄捐追之琢之出其　純全聲名一旦徑達扆前遂階試用躡升羣賢道山蓬萊研窮簡篇擢貳宗盟光持使權中外揚歷初終婘憐俾其萬折不替卷卷抱疾里居亦既累年日從公遊綠野平泉望公登庸附翼騰騫晚末幾何一意陶甄胡爲信昔川谷遽遷

人與琴亡哭對几筵山頹梁壞柱石摧巔一慟之餘此情莫宣不腆殺核列薦豆籩慨想平昔有淚潺湲

祭李和伯文

嗚呼痛哉我兄不起斯疾命乃在天痛之何益我所痛傷爲吾道惜昔者孔門顔其優入退然如愚乃能知十賜實多才望之弗及縱知其二屢中惟億信知學道必有其質受和受采莫如甘白質苟不美艱乎爲力嗟吾三人相爲羽翼丱角從游迨于今日三十餘年未嘗相失草木臭味各有儔匹

論其天資莫與兄敵兄之禀性淵默平直悃愊無
華皆其根實璞玉渾金蔑有瑕隙我則不然偏於
氣習或驕而浮或吝而僻各有所蔽相爲蝨賊是
以其學進寸退尺瞠若乎後望兄奔軼平居講學
不廢朝夕吾儕商論蓬蓽午間出邪正是非毫釐區
析兄但恂恂有如木訥而其胷中涇渭自别誰知
雷聲存於淵默非但吾儕心所矜式自雖師門亦
皆稱述謂其近道成就可必吁嗟末俗巧言如織
舌長足短萬人一律議論記問文章學術有一于
此夸見顔色孰如我兄所養恬寂備此衆美不矜

不伐終日頹然燕坐一室衆理在前渙然氷釋世之所知特其辭筆知兄之深我惟嘿識惟我與兄心同氣叶豈惟内外手足之戚曰師曰友兄其兼得我實孱弱匹雛弗克任重道遠惟兄之責柰何奇禍起於不測四體楞然嘔而不食喘氣乘之奄然而絶豈謂我兄壽如此啬觀兄平生湛然寡欲及其旣終亦惟順適子路結纓曾子易簀死而得正志願斯畢在兄無憾我則傷盡如鼎三足遽折其一兩足雖存其何能立兄之云亡衆所共恤知與不知皆爲感激緊吾弟兄情鍾最切相期如何

乃成永别自兄抱疾之竒在側爰從屬纊以至棺
襲皆所親視憑尸踊躃㩳隔長江徒聞病革中途
得訃失聲匍匐入門長慟蓋棺既訖悼兄則同㩳
尤於邑相對纍然拊膺太息每謂生身海邦窮僻
欲求同志久而罕獲今乃失兄愈成孤特年來聚
學彼此維縶猶恨旬時相見不密豈謂於兄終天
之隔蒼天蒼天奪兄何急哀哉何辜罹此荼毒自
今以往心惟日惻握手而游皆兄陳迹挾書而讀
皆兄手澤思兄之心觸事而發兊齊之樂安能如
昔中夕思之涕泗交溢吁嗟年來善類困厄前歲

之春支離不禄堂堂紫微其夏繼卒山頽梁壞未
忘追憶今玆我兄亦返眞宅謂天佑善胡然差忒
如彼晨星豈堪殞坼三年之間三爲此泣淚盡眼
枯了無可覔師友道喪一至斯極恨無百身可爲
兄贖創鉅痛甚曷日而復靈輀何往荒州幽閴可
憐玉樹土中埋沒寓此哀辭莫寫胷臆沃酒柩前
忍與兄訣

代舅祭适仲文

嗚呼疇昔八年之前素秋之孟吾哭送汝兄於西
城之西俾從汝祖之佳城今玆孟秋吾復將哭送

汝於北城之北寔祔于汝外祖之墳塋汝及兄從二祖游乎汗漫寧復念吾而吾之思汝聲之號者日以乾泪之泣者日以竭殆將滴吾淚於秋露寄吾號於秋聲而今而後永夜沉沉空齋寂寂惟有窗間之櫱床頭之枕知吾父子之至情好去吾兒永隔此生汝心純孝胡寧捨吾而去忽使吾涕泗之縱横嗚呼哀哉

又

嗚呼我之五男如手五指墮指之痛痛入骨髓一之謂甚矧復可二胡然二之我痛欲死昔仲尼嘗

哭其子於鯉雖哀而慟顔氏謂顔獨賢非鯉也比
我心孔疚寔兼於彼以賢則顔以親則鯉哭鯉慟
顔有泪如洗我初得男爾兄及爾粤自孩提天鍾
粹美坐我兩膝咸誦經史日數千言瀾翻不已壽
十六七蜚聲閭里人言佳兒必稱二李施及諸弟
亦精業履有子如斯云胡不喜意當聯榮芥拾青
紫五桂一椿竇郎可擬並試南宮反後叔季尚期
晚成蔚爲國器豈料爾兄不禄而逝我痛未忘爾
復繼斃人豈天道吉凶以類爲善必福惡斯禍至
如吾兩兒德性純懿閔無間言曾善養志璞玉渾

金初亡瑕纇何辜于天罹此顛躓不假之年俾我
遐棄嗟哉彼蒼不仁若是疇昔西征余往汝侍鋒
交戰場詞傾峽水期汝如何汝乃不第逮兹東歸
稅駕方爾團欒父子宴樂兄弟望汝如何汝乃不
起汝始得疾寔惟旅邸一夕沉痾倏焉體瘁盤跚
入門昔人已改蒲柳未秋豈宜摧毀人固疑之我
心獨異使汝不長豈曰天理汝蚤聞道壽夭一致
豈不見幾恐傷予意力疾對醫漫云可治瞋目長
眠盍然蟬蜕天寔誤予使予不智不就汝訣永隔
寤寐冥心之言嗟猶在耳爾寔何憾我哀莫弛我

偕汝毋劬勞半世婚嫁甫終未凋髮齒謂此餘生優游卒歲含飴弄孫亦復何事汝兄之殂始積憂患兒吾擇婦女吾命配幾如是爲而不凋弊搔首臨鏡班白多矣望汝寬予汝反至此二女一男復爲吾累人生幾何堪此顛頹人謂我哭已傷兩指盡師延陵三號而止我痛在心心狂欲潰哭尚可堪不哭尤憊吾寡交游杜門養晦惟汝及兄從吾論議伯塤仲篪相繼亹亹以斯自樂不慕榮貴自失汝兄尚惟汝恃汝不吾留亦隨隙駟使我索居有言孰謂已而已而失我良嗣白日清宵悠悠曷

濟我哭號天爾母頓地爾寂不聞九泉永閟女嫁女歸兒遠兒在獨汝見時河清莫俟我老無悰來日能幾寂寞此生有恨不匱消日成服薦此薄酳兒舉此觴并飲吾淚

祭适仲文

嗚呼我生終鮮子然一身豈無兄弟四海三人幼共嬉戲長同屈伸雖隔表裏情逾所親嗟我少孤焉依叔舅舅氏吾師伯仲吾友兩驥絶塵千里馳驟我寔駑材瞠若乎後伯仲未冠舅爲世知懦無立志知我者誰自暴自棄下流實歸不有伯仲疇

覺其非每從紛華此心外騖及見二難釋然悔悟
漸漬薰陶遂同志趣非曰能之伯仲之故伯也德
宇如元紫芝仲無間然叔度之陂夏雨雨我春風
動之去我三日鄙吝已滋六日不來我心匪樂我
不見兮折簡我約書既同讀文亦偕作商榷古今
曾無適莫緊伯之學春秋寔通惟仲與我詩書是
攻各尋蹊徑一西一東如適京邑厥歸則同歡樂
幾何禍機倚伏伯既已矣仲復就木蒐兮何之俾
我窮獨嗟嗟蒼天如何不淑嗚呼哀哉肄業績文
伯仲獨優南宮桂籍宜冠英游賢書數上猿臂不

侯如我淺陋反玷簡蒐謹行全生我亦尫劣濯濯
牛羊幾無萌蘖一暴十寒尚兹存活仁如伯仲乃
遭夭閼自伯不禄已隨逝波我及仲存更於琢磨
並從師範歸養夭穌計我所得孰與仲多仲旣聞
道百慮一貫每臨利害履道坦坦俄得俄失若修
若短於逰仲觀曾何足筭伯也疾革我心鬱陶源
源往問膏肓柰何浩歎仲心死輕鴻毛談笑謂我
空走一遭死旣本空生亦誰是萬化去來初無終
始我復何爲情鍾不已正惟仲没莫與進此藏焉
修焉入誰與娱息焉游焉出誰與俱自今以往離

群索居伐木道喪鶺鴒影踈慨念平生那忍細説子敬琴亡伯牙絃絶冊旐風悠薤歌聲噎路隔幽明忍與仲訣嗚呼哀哉

祭林德脩

嗚呼三世爲醫禮經所貴三世爲將道家所忌讀之者執一而未通乃妄論夫將之與醫如函矢巫匠之異我嘗以意逆志而觀之然後知此二書者實互言而相備醫非盧扁則雖累葉以奚補將如伊呂則縱百傳而何畏顧其用心之仁與不仁又烏可於其擇術之間遂立一定之議果醫之不必

是而將之不必非固未足以少三世之爲吏嗟往
後惠文之習世固薄之謂其可操者類皆不仁之
器信斯言也則刀筆筐篋蓋頊刻之不可親而况
於自祖及孫緜緜緜而相繼然而若于公者獨非吏
哉高大其門閭以徯高車駟馬之來豈不仁而能
若是觀公之能以質直平反世其家我固已逆知
其有隆而無替雖不及期頤之年安知其非畜取
其報於天以昌其苗裔出餞靈輀欽陳薄酹侑以
斐辭見公素志他日公之諸子必將赫然以儒學
而興尚可以信斯言於來世嗚呼哀哉

祈風文

維洪範之庶證娩時風於聖功此大而化之之事自匪雨暘寒燠之可同故凡大塊之噫氣悉由造化之密庸然彼化工之不宰必以山川之神司其闔闢而職是變通古之明神血食斯民而立能事於此者則有旦暮常便樵采於若耶之徑南北分送客舟於洞庭之中彼逆其所順而強其所劣尚能丕顯於靈蹤矧曰用天之時因地之利而得其勢之所順宜其有禱而必應有欲而必從繄靈祠之輿食烱正直而睿聰來蟻慕之不絕信響應之

無窮茲良月之初吉肅嚴霜於孟冬屬蠻商之遥
往與朔颷而適逢乃蕆儀於常禮延飛御乎梵宫
望軸轤之善濟致泉貨之屢豐瞻雲海之浩渺假
一息之蓬蓬

又

象齒南龜遠出島舶以舟爲趾重譯囷隅沙阜石
憧溢如芒刃以風爲翼萬里一瞬勃勃蓬蓬怒號
瀛海以神爲墟立談而改羽蓋雲車邈然浩蕩以
禮爲介厥應如享惟風必期歲有常信今雖襲禮
匪常之徇吏之守職兩年爲期其官滿則去位難出

思神所廟食與天地通民享利澤厥望不窮某也終更行且還里席神芘庥日既久矣神之歆否顧以風卜商舶之行亦其之福桂酒椒漿爲舶預請指望飈南留神引領

祈風舶司祭文

夫祭有祈焉有報焉祈也者所以先神而致其禱報也者所以後神而荅其賜祈不可以爲報而報不可以爲祈自古然也而舶事之歲舉事祀典于神則異乎是於夏之祈有冬之報於冬之祈有夏之報風之舒慘每以時應則祠之疎數必以時舉

如循環之不窮禮雖不腆在神宜歆之

辭宣聖祭文

某繆承人乏乘傳于此亦既再期去官有日用展告于廟庭竊惟夫子之設科有德行焉有言語焉有政事焉有文學焉而於政事之一科又有達焉有果焉有藝焉蓋如是其廣大不窮也某之不學無術面墻蒙蔽於是四者之一一者之三初無有也而冒竊爲政以學焉知政體之一科之末易能識聖門集成之不可及高堅所慕鑽仰尤勞菲然蘋薦惟先聖實臨顧之

辭廟文

民保於吏吏保於神其惠一也民不忍於吏之去吏亦不忍違明神而去其情亦一也某昔者蒞官之始儌神之意以兾終吏之無吏責無官謗無民訛神實許之矣今奠終更而卒逭此三者之咎微神之賜殆不及此雖實不忍遠乎神保詎可無報以稱其情乎禮則不腆神其歆之

三山拙齋林先生文集卷第十九終

拙齋文集卷第二十

三山林　之奇　少頴

雜著

醫說贈孫楚士

方書爲醫者設醫爲病者設未嘗治之不可謂書無是疾未嘗求之不可謂世無是醫余嘗怪世之醫者學有所不足則求備於方書之所不載曰師之所未嘗言也又嘗怪世之病者識有所不廣則厚誣於舉世之無良醫曰是必不可治之疾也使醫

師果有所未嘗言則方書爲可焚矣使世果有必
不可治之疾則醫科爲可廢矣若是者舉未之思
也余頃歲得痿痺之疾殊殆始焉瞋眩如沉醉者
累日既廼左支攣若不隨運掉步武踸踔僅能不
僵仆而握之力不勝匹鶵舉履之官雖存而實廢
矣時在都下國醫之所萃也余則延請亡虛日使
各誦其方書而試以其藥投之凡閱十餘醫人人
言殊或曰此風也或曰此濕也寒也或曰此風寒
濕之參也余起居之素不謹睎風露寢殭槩未
嘗之懼雖不敢以其言爲必不然亦未敢遂以爲必

也姑使各以其伎試之投藥如注砭灼艾如兆龜
凡歷數月醫之伎止是矣而余之病固自若也得
請負丞于太宗而揭來紹興屈其謁醫藥問方書
如在都下時而加詳審焉亦閱數醫其說又舉不
出乎風寒濕之三者余始惛然莫知所適從則使
各獻其伎而嘗試其藥更歷數月越醫之技又止
是矣而余之病亦自如也末廼遇威敏孫公之曾
孫鄰幾其名而字楚士者深於醫者也邂逅余於
溫國司馬端行同寮之室問余之疾狀而得余證
於顏面之間以諗韓國富子立曰噫固非得於風

寒溼者也是故在吾書中而諸醫偶未之察耳人之血氣如天道之旋斡蓋一日而一周焉久於端坐而不時運轉則榮衛凝滯而不得騁手足扞格而不爲用則此疾之所由來也故楚士之爲余處方用藥則舉異乎族醫之見前日所用剽悍峻亟之劑一切屛除而顧以疏道烝血流通經絡者先焉余始易其説久而益信之樂從之蓋旬有五日而病良已居無何而起居飲食之狀浸復其舊矣余然後始信夫方書之果無不載而世果無必不可治之疾也思所以發明張大乎楚士之醫以表於世

而余之文又不足以爲楚士之重然余之文則陋
矣楚士之説誠有所不可廢於醫者庶幾余之不
腆之文以楚士之説而傳乎余嘗觀司馬子長爲
倉公淳于意列傳載意之治病其所療之人所診
之脉所用之藥所告之期纖悉備具凡列數十條
其於記述詳矣至宋景文新唐書方伎傳所稱道
孫眞人思邈之爲醫則於如是者舉皆略之獨著
其言之可以垂世立教者而已夫豈眞人之醫其
十全之效果不如倉公之於醫伎也十全之效在
伎爲足尚故每謹書之眞人之於醫則伎而進乎

道者也進乎道則伎固不足言矣天有四時五行
寒暑迭居和爲雨怒爲風凝爲雪霜張爲虹蜺天
常數也人之四支五臟一覺一寐吐納往來流爲
榮衛章爲氣色發爲音聲人常數也陽用其形陰
用其精天人所同也失則烝生熱否生寒結爲瘤
贅陷爲癰疽奔則喘乏熱則焦槁發乎面動乎形
天地亦然五緯縮贏彗孛飛流其危診也寒暑不
時其烝否也石立土涌其瘤贅山崩土陷　其癰
疽奔風暴雨其喘乏川瀆竭涸其焦槁高醫導以
藥石救以砭劑聖人和以至德輔以人事故體有

可愈之疾天有可振之災凡此皆眞人之垂世立
教可傳於不朽又在乎千金方數百卷之外者也
以是列在史傳爲世模範足矣一疾之頓瘉一藥
之偶中世有方書足以槪見又何必一二而傳之
哉今楚士之醫蓋於眞人之書有所深造自得而
左右逢其原者其諭余之疾又與眞人疇昔之論
若合符契余愛之重之雖不泛觀其所以愈他人
之疾者而獨信其能起余之疾不愆于素廼并叙
其所論之合乎眞人者以見楚士之學其所能者
匪直於余而驗也嘗鼎一臠肯可知矣楚士勉之

推眞人之餘諭達之於國是則威敏之爲也已楚士其勉之

王子由字説

克己復禮爲仁是己也不可有有己賊於道爲仁由己而由人乎哉是己也不可無無己遠於道一有一亡於道其庶幾乎顔氏子嘗進於是矣秦谿王君宗己晞顔徒也故字之曰子由有疑子之名而問焉者曰堯舜舍己顔氏克己而且宗之柰何子其以余之説而曉之曰是非吾所謂己也吾有宗己者存雖然二之中不可不精選也一豪髮私

心介乎其中殆將喪乎其所可宗者而得乎其所不可宗者則當有執子之名而貶子引子之字而議子者矣子盍謹之

石幾仲說

易曰介于石詩曰我心匪石不可轉也是二義毋乃並行而相悖乎曰皆是也惟其匪石之不可轉是所以介于石也古之善用兵者始如處女敵人開户後如脱兎敵不及拒當其如處女之時是其介也雖有百萬之敵吾介然而不動矣然苟一於介然不動則見可而莫之進知難而莫之避或至

於失事之幾矣故良將於此有所謂如脫兔而敵
不及拒者存焉乃匪石之不可轉者也在易固已
言之矣雖曰介如石焉然必繼之以不終日正吉
而夫子釋之曰見幾而作不俟終日夫介者所以
體常幾者所以盡變非介無以立非幾無以行二
者闕一不可守孰爲大守身爲大君子之守其身
無所不用其介也然非見幾而作不俟終日以行
或將執一而無權則愎而不遜重違一世之人而
果於自矜其私知遂至以其學術禍天下後世者
有之矣會稽石君庭堅問字於余余字之曰幾仲

又爲是説以告之庶其兩全於詩易義而不爲無幾之介斯可矣

讀世説

林其論曰晉之清談梁之空滅皆其國之所以亡者書曰與亂同事罔不亡者此之謂也然則曷若而可乎曰嘗聞　本朝承平之日有使虜而外域問吾中國之所尚者其人應之曰崇儒昔荆揚之區有田數畝其一皆荆榛鹵莽之叢久無種植矣其一或曰此良田也宜以種稻歲且大入主人從而耰之畝入千鍾焉荆棘莽鹵則晉之清談梁之空滅

也良田之種稻則吾宋之崇儒也大哉儒術是誠百王之丕矩萬世之通範也爲國而不以儒術能不爲亂階乎能不蹈晉梁之覆轍乎時乾道壬辰秋八月晦讀世説篇終書此以還歸于運使宗丞陳丈之書室

書廉吏傳

周官小宰以六計弊群吏之治一曰廉善二曰廉能三曰廉敬四曰廉正五曰廉法六曰廉辨蓋吏治以能廉爲本廉立而衆美從之有不期然者一不足於廉雖有他美莫贖已此廉吏傳之所由作

也同安宰王君濱欲世之爲吏者家藏此書人挾此術兩寘板本於其邑以廣其傳是則王君之慕廉吏既爲可嘉而同安之得廉吏亦爲可賀也余固喜之爲識其卷末隆興元年四月五日晉安林某書

跋高公題李憲遺事傳

甥林某於乾道壬辰秋八月十二日己酉讀高公遺事所載慨然太息而言曰今有人寄物於鄰明日取之其償與否特未可必也何則在他人者誠不可必必其不可必是豈可以常理期邪而余之

舅氏不然力耕數耘負謗厄窮以待難知之天道於數十年之後無一毫怨尤意今其子孫詵詵然彬彬然殆將亨而奮矣後之太史氏有考靖康之闕遺於金匱石室之藏欲求其實而不可得殆有攷於斯言

跋蘇黄留題

右蘇黄留題石室圖以一時造次登覽之勝爲千古不朽冊青之傳蓋其所以照映縑素凛凛常有生氣者初不在於文字之工翰墨之勝也

題雪峯如藏主水月圖

千江有月一一同一月普現千江影謂一爲月影非實影旣非實月何有是一即千千即一水月究竟無實相隨見有月月在水亦無究竟非實者譬如觀音妙色身對物而見千臂眼於是千臂千眼中何者爲正何獨非菩薩一體作一用千體同是無剩法此水此月亦復然照用齊行一無欠俯不見月仰亦無千月闕一固不可上人此庵甜餅錫終日宴坐常湛然散一爲千彌六虚攝千歸一不盈寸我知上人環堵中能廣能狹能方圓空諸所有何必然作是見者名邪見

題司馬季思所藏温公賓次咨目後

衛武公以德名之重爵位之尊年數九十有五矣猶箴儆於國曰苟在朝者無爲我老耄而舍我必恭恪於朝朝夕以交戒我聞一二之言必誦志而納之以訓導我温公此紙實衛公之意也江海之浸膏澤之潤其所及者遠矣瞻彼淇奥緑竹猗猗有斐君子如切如瑳如琢如磨瑟兮僩兮赫兮咺兮有斐君子終不可諼兮此詩人美武公之作而太學之書賛之曰道盛德至善民之不能忘也某於温公亦云

題王主管所藏了翁與洪覺範書後

了翁儒而墨其究也兩得之覺範墨而儒其究也兩失之詳味此書然後知了翁擇術之素審見善之獨明而其爲覺範謀也亦忠矣至當歸一精義無二謂道不同果不相爲謀者吾不信也

請證果長老䟽

不是心不是佛切忌作意解商量恁麽物恁麽來總是被情見滲漏逢干木便應作戲這啐啄須要同時將心思惟當面蹉過脩公長老禪機夙契戒行薰成團欒圖上合掌和南華藏境中彈指證入

聞說石門路險曾於箇裏尺水成波假饒師子峯高也須容我把茅蓋頂庵居久矣囊粟罄然退位菩薩可憐生無心道人祇這是雖不於名聞利養作想然無奈時節因緣到來願爲振錫之行更作輥毬之夢無證而却有證朕兆歷然不來而寔能來果位應爾千山不隔師子吼正想像於嚬呻一漚總是海潮心便全提於浩蕩高超佛地仰祝堯天

天寧開堂疏

分付第一義還他師子嚬呻瞻仰不二門且看香

象蹴踏逢場作戲一鳴驚人某人行解參同機緣
純熟家有定光古佛卸却白衣親逢彌勒分身解
開布袋夙分半座允屬正傳好持東野之鉗槌來
釣螺江之風月法轉食轉從教衲子鼻孔撩天橋
流水流莫使行人脚根點地若衆生未到彼岸在
當仁豈遜於師願舉最上乘仰祝　聖人壽
爲林亭齊幹山人教化祠部疏
論得五行根基先須識取元辰本命仰它七寶布
施不如自有粥盌飯盂咄這窮措大生涯慣試淡
塩虀滋味曾是諸生都養有此之乎者也因緣欲

作國清飯頭未免我人衆生見解拈花之機未契
刬草之夢到來那能依得闕下家風終須去作佛
家弟子袖中拈出雖然命在檀那筆端活計見成
且免口掛他人木杓願無戲論就此良緣

桑溪造橋疏

水潦過度俄頃爲龍而爲蛇橋梁成功終日度驢
而度馬我此桑溪橋路舊通師子峯頭行人由之
而不知居者恃此以無恐晴乾尚可那堪有雨淋
頭平地相逢便乃無風起浪咫尺萬里一壺千金
碍塞殺人流通有待欲營趙州略彴爲日久矣未

曾遇箇沒量大人每念臺山驀直何時復然須至
徧干信心檀越必不錯舉但見辨心直下現前急
須着眼幸甚

鬱林院無量壽閣疏

有爲法如夢幻泡露電世間孰是堅牢無量壽號
阿彌陁如來刼數最爲長久祇這彭殤平等可知
一念萬年於刹那間歷恒沙劫我此旃檀寶像便
是西方化身未有上棟下宇莊嚴以現水鳥樹林
世界心不動境亦不動歷歷分明施無窮福亦無
窮種種成辨有大檀越脩奢摩他來結香火之勝

緣深種人天之善報

天寧行者化度牒疏

出得世網始是出家剗却意根方堪剗草欠箇護身符子忙殺無位眞人願開大檀門共出一隻手捐汝阿堵物成我奢摩他不違時節因緣便是慈悲喜捨

永福瑞芝圖跋尾

集英殿進士舉首蕭君之末第也識記開其先瑞華貳其期而後美名廣譽從之實偉異傑特之觀也邑人神之埀諸繪事而鑱記其下其大意引漢

菑川侯公孫丞相之得時遇合者爲況蓋善喻也
蕭君辭焉曰儗人必於其倫爾何曾比于於是余
聞其語而壯之曰是乃所以爲汞邑瑞也異華果
何足進哉余觀世之擅大名擢高第其始也莫不
夙讖吉幾先焉未有偶然而至無因而前者或者
見其事之誠異也則以爲天相我矣公侯將相之
位可唾手而得拾芥而取也既引天以自神繇是
學問廢於身職業曠於位功名損於朝而人事浸
以不脩焉者其勢則然也故其人每以十年鳳池
四入黄扉自期而僅能至於姚騂梁固之所底止

者世多有之矣菑川侯之在選舉科第中號爲安
富尊榮之極者也今國人稱願然曰蕭君他日致
身亦應若是其頌禱之勤隱括之審亦云至矣蕭
君之於是言也不惟㦢然止懭然疑漠然而不受
也方且望望然去之若將浼焉然則蕭君志趣之
所詣固未易量其德業之在躬殆將雲升川增日
進而不已也余於是事愛之重之且樂爲邑之人
嗣書之更評之于以見所以爲汞邑瑞者果不在
彼而在此也

三山拙齋林先生文集第二十卷終

拾遺

與曾裘父書

某頓首再拜裘父祕校友兄自昔講聞德名者非一日鄉風懷想未償定交之願良以爲慊不自意兹歲適有夤緣解后于此一見莫逆眞畏友也然是時某出入禮闈袞袞者久之凡一再與左右言者初非要言而所欲求切磋麗澤之益於君子者曾未之嘗言也已復遽成千里之別今相望遠甚僻居左便欲數通問且不能而況謦欬於側乎始悔當日之不從容然無及矣别後凡兩辱教墨所以見與每來益勤而相期者不薄雖玩味

感歎不能忘顧缺然報章唯此之故爾邇辰風日晏温
恭惟里閈燕申進德修業尊候起居萬福其册府空餐
閱歲餘曾未有毫髮補報若俛仰愧怍則有之矣提舉
范丈頃以召節還朝得外補而去蓋嘗與某謀欲親炙
左右而病其爲凌右史所先今襄陽田遠其　不能偕
范丈之志伸矣江西一方利病左右講之既熟想當一
一爲賢使者言之斯民陰受其賜庸可既乎吕逢吉居
廣信大病曩但聞其不能履地今復難於作字每書來
率非其手書勢當浸劇郡將雅不相知每勸其往居臨
川輒重遷遂未能遽動念之深矣而未有以爲地者柰何

踆悤通問之無從偶此逢便亟行殊喜輒布悃愊然心
之精微豈遠紙所能宣達惟冀爲道愼重時以忠告
善道鞭此不逮不宣

某頓首拜啓褒父祕校友兄別後蒙不鄙眖書存問者再甫
得一布竿牘爲謝其爲報施之義已非稱矣玆蒙嗣音所
以眷予相期待者益勤然此所遺者雖一書猶　達也其爲
非人矣念此深愧是書所附甚的蓋撫州張司法名鼎
將欲求薦於直閣范丈而因同舍葉吏部伯益以求某爲
容故二書爲無益往今范丈之書則既達聽矣而獨浮沉
其一此殆不可曉豈以是書爲無益於薦達故易之邪張椽

實在臨川可覆也某之書不至而在裘父不以是疎此意奚可忘哉即日秋高猶有殘暑者共惟杜門里閈樂全志得尊體日以超勝某之識裘父晚矣而敬歳之與裘父接復大怨忽令良悔之故前書浩歎於此元禮之一再見遂東亦若裘父也人生會合良難欲亡悔寡矣今二君子俱爲臨川居而且從范文遊麗澤之益想當無時或曠日月逝矣歳不我與如某之見義無勇正惟疇昔因仍愒日淺於師友淵源之所致故樂以是告願同勉力於斯且時有以鞭其後幸甚亟遣報章所以謝前日不敏之故且幸其萬一之可蹤迹相尋也相望千里惟冀爲斯文護嗇重一不宣

揚子講義序

著書立言古人之所難也自孔子没而微言絶七十喪而大義乖百家諸子各以其所見而著書出則汗牛馬居則充棟宇然皆雜家者流非吾儒之正道得吾道之傳者惟四人焉孟軻醇乎醇在所不必論自孟子而下則有荀卿揚子雲王仲淹韓退之此皆學者之尊敬以爲仁義禮樂之主也故荀卿之書則謂之荀子揚子雲之書則謂之法言王仲淹之書則謂之文中子而韓退之之原道亦學者之所推尊焉夫自孔孟而後以迄于五代數千年間賢人君子不爲不多而得吾道之傳者

惟此四人固不容輕議矣然荀子出而譏孟子子思固自以爲得吾道之傳矣至其以性爲惡以禮爲僞則不及孟子遠矣揚子出而譏荀卿同門異户而自比於孟子然其言性則爲善惡混亦不無可議論𠩄至韓退之則謂荀與揚大醇而小疵然其原道之篇所謂道與德爲虚位仁與義爲定名亦大醇而小疵矣大抵孔子之後欲如孟子著書無一可議者蓋難乎其爲人則荀揚韓退之之徒亦不可多得不可以求之太深也友人方德順問龜山先生曰人君有得致之位有可致之資其所爲固甚易何不做取堯舜縱堯舜不可及漢文太宗

亦易爲之何不做取文帝太宗龜山先生曰老兄儒者何不做取孔孟縱孔孟聖德高風何不做取荀揚韓退之大抵學者惟知論古人之是非而不知在我者有所未至處也雖然前賢之書固不可輕議然以孔孟之道而較之則不無可疑處若司馬温公則但説揚子是十三篇中有不可解者但闕之至謂使揚爲莊言斯拒矣莊爲揚言斯與之矣則温公不敢論揚子之非也而東坡先生則又但譏其非故謂揚子雲好爲艱深之辭文淺易之説然子雲所謂聖人存神索至成天下之大順致天下之大利和同天人之際使之無間者也竊意東

坡道不得然則一如司馬温公則待之太重一如東坡則待之太輕之奇今爲諸公論此書於其可以爲天下後世之法則者尊之重之固多矣至其於理未安者則引六經孔孟之文以辨之不敢以私意斷也杜甫詩有曰庾信文章老更成凌雲健筆意縱横後來點檢流傳賦不覺前賢笑後生之奇今議論子雲之是非若使子雲復生當笑倒之奇也大抵諸公於子雲之精義處當沉浸醲郁以求其深造自得之學若乃議論其是非此乃之奇口過薄德也

祭文　　門人東萊呂　祖謙

昔我伯父西垣公躬受中原文獻之傳載而之南裴回顧瞻未得所付踰嶺入閩而先生與二李伯仲實來一見意合遂定師生之分於是嵩洛關輔諸儒之源流靡不講慶曆元祐羣叟之本末靡不咨以廣大爲心而陋專門之暖妹以踐履爲實而刋繁文之枝葉致嚴乎辭受出處而欲其明白無玷致察乎邪正是非而欲其毫髮不差昕夕亟丈聞無不信信無不行前望聖賢大路九軌自詭以必可至三歲一詔士子莫重焉先生方上名於春

官慨然惜會合之難而緒業之未竟也亟政轅解鞅而輟行其視内外輕重之分可謂審矣里居之良若方若陸旁郡之士若胡若劉更唱迭和於寂寞之濵韜積渟蓄固未捨所爲爲人意也未幾聲光四出而不可遏州黨推擇居東面之席踵門請起至再至三不得已而臨之長樂之士知鄉大學知尊前輩知宗正論則皆先生與二李公之力焉嗚呼西垣公既不及公道之開而二李亦皆以布衣死獨先生甫入東觀若將有爲而病輙隨之中原諸老之規模迄不得再白於世其用捨必有所

繫矣嗚呼心迹之判固非達者之論區區專信耳目而量君子之用心則亦有大謬不然者先生所遇多忤少合意雖可尋而事不及見中雖無媿而外不及知悠悠斯世識此心者幾何人哉嗚呼先生之卧家左支廢右支緩手不能指授口不能劇談若無與乎世道之升降抑不知百圍之木顚童立枯猶足爲丘樊之鎭一旦仆地則意象衰落無復故國之遺矣嗚呼痛哉其未冠綴弟子之末行期待之厚獨出於千百人之右頑譾薄安所取此實惟我西垣公之故施及其後人培植湔被閔閔

焉如農夫之望歲也齒髮日衰業弗加脩愚不自
惜大懼先生之功力爲虛施每靦然慙惕然恐也
聞先生之喪念以辭侑奠而思慮不專條貫靡究
筆屢下而復椊也既半歲矣而所言乃止於是
至善難名至痛無文而迄不能成章也先生之存
音問雖闊跂舉首南望猶有虞焉今遽撤其所畏
幾何而不爲小人之歸也惟當與二三子尊所聞
行所知使先生未伸之志猶有考也尚饗

哀辭　隴西李　棡

三山文物甲天下士之筆耕者拘於有司之程過此或未暇也紹興初紫微吕先生居仁來閩中汎觀俗學恨無佳士棡表兄少潁年甫弱冠先生見之謂其可與適道授以伊洛之傳而斥貧無猜胳若夙契先生慰甚於偕計西上賦詩送之略云我爲福唐遊破屋古城市城中幾萬户所識一翁然衆木中見此真杞梓少潁行次三衢自謂未之能信翩然復歸請侯充實益爲先生之所嘉尚遂與之爲忘年友其後先生召還支離陸先生亦

顏歸自湖南宣幕門戶簡峻士鮮知向㭽先君於少頴爲舅而與支離友善謂少頴曰支離紫微一也盍往焉遂從之㭽從兄和伯透仲與少頴同研席俱以青衿之中文鳴場屋至是因少頴率友同志登二先生之門怡怡偲偲迭相培植德育行果日以光大宗工哲匠莫不聞而友之支離既没由是林李二家大爲閩中學者之所歸趍出幽遷喬羣目作炳中庸大學之藴始振起於三山少頴天姿樂易城府洞然謂學者久淪所習非誘掖莫進故其設科如發太倉之粟來者飽之後進感

其樂育尤用奮發經史諸子悉爲訓傳其紬繹經術盡列古今師儒之論使諸家森然在目然後擿其是以歸諸中理之所契雖瑣聞脞説下至塗巷之言亦所不廢諸生心目開豁不滯一隅蔚然可觀矣紹興辛未閩憲孫公端朝勉其爲嘗堂而仕乃以經學中第授莆田簿丁艱服除調長　尉以館職召入校讎二載因痺疾丐外由宗丞提舉舶參帥議遂以祠禄家居而學者從之不置飲食教載終身無斁淳熙丙申仲夏年止六十有五而逝雖其德不究用而回瀾障川不獨有功於吾黨

橺幼而鄙鈍其在父兄之間提誨推輓更見齒於師友者表兄之賜爲厚哀感之情見乎辭故併叙其初心之勤使來者知所自焉詞曰鬱閩山之巃峙兮丘園藹乎衆芳畹滋蘭而畝蕙兮繚杜衡藩墻紛總總其筆耕兮俯青紫於地芥雕績槃而蒲前兮歲有售以爲常謂時俗之工巧兮思夫君之疚懷導源委於伊洛兮開鄒泗之門旁羣心翕其來格兮覩青天於披霧舍山徑之委蛇兮遵大路以相羊春風暢而四達兮殆時雨之滂流帝閽闢以延佇兮駟王虯而騰驤濯晨曦於咸池兮望

崦嵫而未迫油雲盡而歸壑兮流汩汩其湯湯嗟
予生之倥侗兮眩淪習之竒厖服蕭艾以盈要兮
甘戎菽之充腸鼎羞列而屬厭兮嚶鳴萃乎喬木
懷瓊琚而未報兮涕感極以淋浪惟百世而一士
兮斯文岌乎綴旒芳與澤其或泯兮悲來者之倀
倀及雷電之未作兮覽遺芳於金薤雖百身之莫
贖兮猶參倚而不忘

拙齋林先生行實

朝奉郎主管台州崇道觀賜緋魚袋姚同謹述

先生姓林氏名之奇字少穎侯官人世以儒學聞朝議公忻取李氏得先生以大其家聲先生幼聰俊不凡與外兄李和伯迂仲如親手足常稱伯也德宇如元紫芝仲無間然叔度之陂日夕相從惟道藝是講是究名隸業之所曰兌齋晨興誦讀經史各以所見結衣帶而識之逮暮相與參訂是否而書之謂之兌齋録西垣呂公入閩公聞其以道學名世乃與二李往候之一見之頃遂定師生之分

呂亦欣然進而語之以嵩洛關輔諸儒之源流慶曆元祐諸賢之本末且欲以廣大爲心陋專門之蒙昧以踐履爲實刋繁文之支離致嚴乎辭受出處欲其明白無玷致察乎邪正是非欲其毫髪不差先生之學自是日以光明紹興丙辰以賢書將試南宫西垣公餞以詩曰我爲福唐遊破屋占城市城中幾萬户所識一林子翁然衆木中見此真杞梓先生見重於西垣公如此及先生西上日夕以膝下温清爲念行至北津驛慨然作詩有耿耿一寸心不能去庭闈之句遂敀輮以歸先生愛親

之心重於利禄非學識過人疇克爾先生聲名由
此益重士類歸仰如水赴壑其知向正學宗正論
皆先生指蹤之力呂紫微猶子倉部公葆憲幕時
呂成公未冠以子職侍行聞先生得西垣之傳乃
從先生遊先生甞語諸生以爲若年寖長矣宜以
古文洗濯胷次掃其煤塵則晶明日生成公受教
作文主以古意而潤色之先生每讀必擊節賞嘆
知其遠且大紹興己巳先生奏名春官注長汀尉
未上鄉樞陳公誠之薦試館職除正字鄉樞薨先
生哭之曰聲名一旦徑達扆前遂陛試用躐升羣

賢宗知己之恩不忘也再除校書郎修　神宗寶
訓改京秩以三劄入見首言堯舜執中不離仁義
次言宜革文弊歸於忠實又其次言毋尚莊老之
學　高宗玉音曰卿得事君之體　高宗御製損
齋記先生因奏三說謂損思以益德損用以益本
損華以益實聞者是之又言王氏三經大率爲新
法地晉人以王何清談之罪深於夷狄胡蝗内食
考其端倪王氏實負王何之責在孔孟書所謂邪
說詖行淫辭之不可訓者北虜自秦檜講和二十
年或傳虜欲南侵徙汴先生作書抵當路以爲父

和畏戰人情之常故必以和爲重虜知吾重於和
故常以虛聲喝我而示我以欲戰之意非果欲戰
所以堅吾和欲與之和宜無憚於戰以戰而和其
權在我　章聖澶淵之役與契丹約和中國終無
北顧之憂者用此道也又曰戰之所須者不一而
人才爲先符堅以百萬臨淮晉兵止於八千謝石
爲大都督謝幼度爲前軍都督謝琰亘伊皆領衆
而前衆寡不敵而校其人才則幼度足以吞符堅
姚萇故堅望晉軍曰是亦勍敵何謂之弱然則人
才其可後乎又曰人才有三一曰文采華麗二曰

持身謹密二曰沈實有用由前二者言之平居無事羽儀朝廷足矣一旦緩急往往如賈誼所謂見利則逝見便則奪茍免而已立而觀之耳非可與共患難也欲求可與共患難者必得如龎士元所謂俊傑者然後可也陳福公參贊戎幕先生嘗以書論進取以爲自巴蜀以臨中原此不可易之常勢亘温劉裕嘗欲浮江絶淮下梁宋舉齊趙平燕絶塞徑造虜廷非不可以邀功抑形不便勢不利雖淝水赤壁之役其勢可長驅而前而卒不能有中原寸土者不由進取之常勢故也今王師小勝

不足喜大計不可失當假以歲月先固吾圉使不
可犯然後由進取之常勢而圖之庶乎其可耳福
公深然之先生在館三年縉紳浩然歸重行且柄
用倏以末疾告朝廷惜其去除貳宗正司俾就醫
於會稽既而疾向平先生丐歸閩遂除泉舶及抵
官益究心厥職居士何力丐祠命賛本路帥幕適
越忠定王史公鎮閩與先生道舊欵曲加敬有以
私囑先生爲入言者先生拒之力而求不已乃陽
諾之暨歸以爲問則曰吾忘之他日又云則曰吾
忘之如是者數四竟不之言其胷中不撓於私如

此初先生在館時與于湖張紫微厚善先生別後
張紫微未嘗不言及之先生門人江清卿自張所
告歸張贈之詩以爲吾友林少頴讀書不計屋又
云此君抱高節雪柏照霜竹造物乃兒戲卧病在
空谷觀張之詩無一字溢美亦可謂大賢矣先生
家居弟之邵之子子冲能嗣先生之學士子會者
坌集先生時乘竹輿至羣居之所諸生列左右致
敬先生有喜色或命諸生講論孟是則首肯而笑
否即令再講或令誦先生所編觀瀾集而聽之倦
則啜茗歸卧率以爲常未幾先生病革不浹日而

逝四方賢士大夫聞者悲愴呂成公在官所走介
致奠侑之以文凡數百言且曰某未冠綴弟子之
列期待之厚獨出千百人之右顧謭薄何以得此
實惟我西垣之故施及其後人培埴濺祓閔閔焉
如農夫之望歲齒髮日衰業不加進大懼先生之
功力爲虛施每靦然慙惕然恐又曰惟當與二三
子尊所聞行所知使先生之志猶有攷也成公於
先生可謂敬之至而不敢忽感之至而不能忘師
生之義宜如是乎先生一子縝以遺澤尉建陽未
上而卒二孫亦知學猶子子沖字通卿登科初任

南豐簿次丞將邑子耕叟行藝不愧前修諸生避席常數百人君子是以知拙齋餘澤之不泯先生所著不一如書說周禮說論孟楊子講義通鑑論斷光齋錄世已傳誦先生遺文二十餘卷子沖之所裒集及場遊錄道山記聞藏於子沖之家世未之見嘉定五年郡博潘自牧諸父嘗從呂成公遊知成公之學原於拙齋乃請于郡而祠之於學耕叟實奉祠焉拙齋先生之所自號天下之士雅曰三山先生云

八閩文庫

福建文獻集成

續編　集部　六

吴格　主編

閩文庫

文獻集成

330

海峽出版發行集團
THE STRAITS PUBLISHING & DISTRIBUTING GROUP
福建人民出版社

本册目次

澮軒集八卷　［宋］光澤李吕撰……一
綱山集八卷　［宋］福清林亦之撰……二六三

澹軒集八卷

[宋] 光澤李呂撰

中國國家圖書館藏清乾隆間翰林院抄本

澹軒集八卷，宋李呂撰。呂（一一二二—一一九八），字濱老，一字東老，光澤人。行實不見於史傳，澹軒集卷八末附周必大隱君李濱老墓誌銘一篇（又見周氏平園續稿卷三五），述其生平，稱端莊自重，記誦過人，年四十即棄科舉，慶元四年卒，年七十七。爲人恬退力學，學務躬行，深惡口耳之習，讀易六十四卦，皆爲義説。尤留意資治通鑑，論興衰得失者數百篇。朱熹嘗歎其負經事綜物之才，老而不遇，又稱其文有補於世教云。

周必大墓誌銘稱呂之子閎祖「繼示其父隱君澹軒集十五卷」，然是書不見於宋元書目著録，殆未經刊刻，僅以稿抄本傳世。明王圻續文獻通考經籍考卷一八〇著録「澹軒集十二卷，光澤李賓老著」，焦竑國史經籍志卷五著録澹軒文集十五卷，清黄虞稷千頃堂書目卷二九及黄虞稷、倪燦撰，盧文弨訂正宋史藝文志補著録作淡軒文集，亦十五卷，傅維麟明書藝文志著録李澹軒文集一部三册，不詳卷數，則遲至清初，尚見流傳。然清乾隆間編四庫全書時，已無傳本。館臣乃自永樂大典輯得八卷，僅及原集半部略强。集中涉及朱熹、黄庭堅等之詩文，頗有裨於史。故館臣評云：「今觀其詩文，雖多近樸直，少波瀾迴復之趣，不能成家，然明白坦易，往往有關於勸戒，不失爲儒者之言。朱子所稱實出公論，不盡以其子遊於門下之故也。」

此清乾隆間翰林院抄本澹軒集，含詩三卷、詩餘一卷、雜文四卷，凡八卷。卷端首行題「欽定四庫全書」，次行低一格題書名、著者，以次爲正文，是翰林院抄録四庫全書體式。中有若干校語或籤校，如卷一次張文潛龍圖寄黄魯直太史韻批云：「此首非集中詩，移後一詩補之。」卷二第十三葉浮籤批云：「十三頁前四行，『咐』當改『附』。」「又案，此晉卿非詵，宜加案。」當屬四庫館臣校勘之痕跡。書中另有批語以「秋濤按」、「濤按」起首，當出光澤何秋濤願船之手，所批皆係評論，非關校勘者。書中又鈐有「一六淵海」印，乃晉江黄宗漢壽臣印鑒。宗漢爲道光十五年（一八三五）進士，官至四川總督，富藏書，不乏珍稀秘笈，曾收得四庫底本徐文靖公謙齋文録、文山先生文集、卮林等。（樊長遠）

欽定四庫全書

澹軒集卷一

宋 李呂 撰

五言古詩

題呂山愛松軒

青青窓外松高下如羽蓋不論霜雪晨屹立風雨外深根養茯苓千歲坐可待世情苦炎凉一日幾變態此物獨堅貞雅志在久耐清聲觱篥傳時奏莊生籟

陪晦翁遊玉澗

夜琴響空山臨流水方折老仙何處來欣賞共清絕不
知廬仝家還有許風月

抱膝菴

青山不世情終日獨我顧脩竹歲寒姿不受纖塵污開
寇寄數椽良以二者故出門欲之益擿埴未識路屠酤
難與語餘子安足數豈無王侯家搖尾覬一遇自分
懶性初非俳優具由来勢利交初且不保慕何如翳
堵靜對古人語從渠不我與聊復吟梁甫

送高丞別（名衡字）

君侯七閩英學問早有鈴　猶未冠鼓篋游上都文
成筆五色四海仰名譽調丞於江邑有實不願圖碣来
對二松清襟映氷壺粹然眉睫間未變庠序儒冐中浩
然氣固已雄萬夫我竊臥洲渚江鷗以為徒屢枉高軒
過我冠講唐虞馳騁文史樂時得陪巻舒爪代遽及期
此情將焉如恥作兒女態彈酒沾衣裾虎溪豈限我足
創方超趄悵望不遠送搔首空躊躇所覬書行李早達

詩

三山偶安居未容久快作朝省趋用賢世所急君才應時需願補仲山衮再矢辠陶謨勿以得失慮行當翺天衢愧乏折簡（箋）贈短篇見區區他時蔔交念闊闊寄樵漁

乙巳四月比屋多痧痘瘧痢間作五月盡猶未已巳病者延綿在寢治療不獲其法往往失生理理殊可憫痛乃作病畜事一首以紀之

去年秋冬交白晝雷虺虺忽暄燠青紅開百卉雨澤不時下快雪傾復射鮒涸水通一遂春風

二月前行人汗流背　　以中遽變素商氣稻穀已
三布時過未鍼水複衣日　　里衾夜增被燮理失其
鄙老弱生疵癘疹痘無　　則得痿痢十室聞九病
顏色非人類明晨溫風留風候尚云爾秖愁淫雨欲炎
威火爭熾爍石更流金暴烈摧　　藁皇天本至仁長懷
好生意恢網疎不漏蓋高卑聽視夫誰執其柄悖謬乃
倒置感名厥有由下民亦何罪我欲借扶搖剖心叩玉
陛九關群虎守未許凡骨詣願天回光鑒肅正天之紀

甲庚先後三寒暑無驟至春榮不妄施秋斂不仍合義四序蔑侵陵功成順常理三垣拱帝座百辟森列位星辰各授職鈞播豈私遺巽風司號令閈或輕行止雷霆秉鈇鉞殲殛必姦宄膏潤到焦枯罔和不擇地幅員幾萬里一一防壅蔽日月黃道明泰階平如砥豐穰被率土壽域包遐邇閭閻禮遜興自不起吾皇免焦勞憐敵望風靡聖世作幸民請　日始

和許尉仙田　可憐之態壁間之什

乞糴民胥征出糴官门　民閭塡壑災星未退舍匕

闔況多山郡田惟中下年　衆賤逐末貪白話一逢

歲不稔大半為飢者公私　匹之誰歟可資藉哀哉南

畝農長年服耕稼傾囷了租賦僅逃吏胥罵東作已無

糧貪賒寧論價負逋罄產償求忘早夜逡巡生計盡

失所安足訝尉仙明達人出語補風化咄彼兼并家斂

衽當愧謝

喜入杉嶺此行實附米綱船欲到南康謁晦庵朱先生為先人求墓文未至而反故

云
然
然

行盡山嶺頭歡喜入鄉關憶昨冒雨去寒澁亦多端自

登糧綑船出入狗竇寛水漲泊無岸水落淺凑灘直待

風水順摇艣離江灣蚀蜴微細小託龍遅神姦篙工精

禱罷暝刻過千山脱或小不契風波生坐閒寛自輙拘

滯伍噲仍比頑疑處狐涉〻之退羊觸藩僅得黄義叟

可興話歲寒論文消永日　留夜闌傳聞白水發川

途阻瀰漫余益動歸心〻　忭孿跧悵懷陶靖節不肯

効一官況爲太倉鼠坐 不安肩輿走泥塗僕夫愁
險艱附舟計已左且復行 見機恨不早興盡而知
還明朝得暑違那假生羽，稚子爭候門細君捲簾看
真樂未渠央茅簷共團欒尚論數千歲窺管才一斑稍
定理殘編補綴令可觀尚友天下士博約加雕鑽遊談
苦無味素手空厚顏底事通神明至理吾豈慳設有無
父國而後不可干但患志匪堅作詩鑱肺肝

題吳徵仲常齋

人心非無常自為外物禁喜怒烈火熾寵辱銛鋒森從茲失本然至理而浮沈達人觧其會魔軍詎能侵盤石可轉移明月猶晴陰卓然有所立此道古與今顏淵無終食孟子不動心充君名齋志所修端可尋

題伯丈人黃待制歸 八堂

君子重進退大節貴能全厥志在冥鴻耳非聞杜鵑縣車示優寵揮金樂耆年高風激貪懦千載要齊肩

送吳晦叔赴廷 言

我昔遊白鶴山川氣雄之邂逅識吾子戛然唳孤音日望飛鳴洄洑廼至今玉美出堅璞木老生喬林書生未足道聊用慰苦心始駕百斛船掛帆發江潯破浪當自茲意象殊駸駸天方拓王度清問虛宸襟調虞焉冒臆氣力戈甦森荷衣縛異時恐為寒蟬瘖江城惜此別風雪作晝陰何以託遠懷酌酒拊劍鐔湖海氣搖蕩激烈愁端侵唯應白雲夢夜夜飛還岑

勉諸子

孔子昔當戹以桓魋故韓信伏跨下將壇起徒步聖
賢昔未遇未免失常度固知天地寬出門多齟齬貧賤
勢易陵動息要衡慮綈袍戀故人進食哀漂母小人不
及夕焉知鴻鵠舉桃花倚春風□落隨夜雨流螢曳殘
光未省義和馭君子並松栢挺幹傲寒暑昭然揭日星
進與衆瞻睹群兒勤修讀文行師邃古莫學小兒輩啾
啾燕雀語顏淵犯不校萬世共尊許孟子善養氣策功
不下禹潢潦無□源勿□遽歆慕吾言可書紳審思宜

在汝

遣興

生人無喜怒喜怒由外觸平地有風波安居多鴆毒緬懷先哲士每用此理獨顔子不貳遷所樂一瓢足

題少室故居

拾遺舊隱居一畝長蓬蒿在昔考槃初擇勝得無勞羊腸罕人迹丘壑方自豪鳳凰景星覩奔走紛兒曹屈伸固相感舒卷隨所遭莫言從此去索價遽能高

近世飲者尊尚苦味有感成詩

悠悠古先酒麴蘗化為醴適口固匪他詩人詠其旨歧黃作本草甘辛味所紀惟清香滑辣四事世云爾孟詵注為苦自不燭厥理至今蔑公論遂以詵為是乖僻隨躭嗜不爾遽遭詆氣稟炎上作無與諸膽比人情素弗食甞者為雪恥椰家集衆藥意在爵諸子未聞無其故反以彼為羙一呷三掉頭强嚥身聳起從來好歡伯可畏非可喜孤負□和名翻作攪腸水因思俗顛倒類此

蓋多矣大路指尚迷曲徑偏踐履鄭聲既可惡滿市吏
盈耳憔悴問姬姜一蓊雜蘭芷貪濁和者衆獨清競蔞
菲善惡久相淆何特酒而已至當終難掩豈必隨風靡
草欒會有時周道本如砥

見諸公古風有感而和

吾慕嚴子陵躬耕寄事外弗聽有道舉安得從郭泰恥
因粟五斗陶令腰束帶三賢甘寂寞舉世惜機會是心
本通明恐把[illegible]塵蓋洗耳潁陽水要使聞清籟紛紛難

興言簡篇猶可賴

適見諸公詠梅之什因用其韻率作者同賦

影落林塘四斜入茅簷角月黑縞袂逢天寒翠袖薄世無杜陵人清吟久零落詩䰟不可招遠水誰當酌

復次韻二首

首出萬物表翠芳誰與角正色淡無邪天香清不薄舊時對花飲寧恨霜月落老作花下僧瀹茗當杯酌

元是第一花何決爭頭角桃李待春風妖嬈恣輕薄幽

人似歸鴻浩氣磊落感此歲寒枝悠然成獨酌

追挽游大夫 叔翰

大夫古君子不可令人求[redacted]貪害口不休政
蠅營鄙世態 吟 一

[redacted]道[redacted]遠天乎立首
朝膺事任卓爾茂勳猷此 今己 公 丘

戒蠅詩

我夙造惡業半生苦瘡癤蠅喙利如針秉筆倦揮臧彼
蠅業更深曾不慕香潔秉閭思飛舜嗜此穢膿血我雖
以慈受汝愧笱可雪狂念儻不悛善計有一說海上逐

臭夫正是汝儔埒速往從之游從容度歲月貪癡志願
足人害永除絕相汝下劣軀不過藉炎熱徼倖豈可常
肅霜防凛冽

家有含笑花開因成三首

山花弄春妍紫霧巧映帶凝羞香乍吐顰蹙有餘態芍
藥畏陽艷愁紅爭斂黛幽姿小嫣然已復傾下蔡
正色巧遮藏天香清可帶若為忍一噱恥效嬛薄態奴
紅春事退絕意矜粉黛質素本任真藻梲鄙居蔡

秋濤案杭州當作杭川
光澤水名杭川始見於此
江宰當是光澤令若作
杭州不得云宰也況上言
歸帝都則此二字必誤
其時帝都即杭州
杭州明矣

花開哂羣芳蘂萼树映帶根移下岩谷本無塵俗態紫
萼（蕚）半含羞翻嫌汚香黛殘欲譜此花法書今之蔡

送江宰別

行李在門下駕言歸帝都三年宰杭州警敏材有餘檢
身不容玷清氷瑩玉壺遇事有所立風雨信不渝吐哺
出延客懸榻時待儒雅量不遺物姐（狙）詐啞（嗤）膚奴冒中水
鑑明黑白分兩途懲良恤民瘼嚴憚戢黠胥去夏忽大
饑米粒貴比珠農民既無蓄官廩素乏儲君以身任責

詢謀及樵蘇聲威聳鄰冦日贈幾萬夫一一勞措畫晨飯常至晡惜哉當路者訪問亦已疎此功肩古人反與泛泛俱要當公論定會有聞天衢我衰耕谷口屹然如枯株他人不着眼屢辱顧草廬脱略時輩禮待以國士徒臨别難為懷欲贈將焉如但願益磨礪器宇恢遠圖貴富皆分内青氈君豈無力疾出送别酸風生道隅征旆不容駐搔首空躊躇

丙辰夏和周宰

愛公北堂幽背郭出塵外登臨攬萬象氣宇自怡泰目

寄孫歸鴻道存不下滞山水含清暉況復總其會隔岸

列喬松亭亭若車蓋雲過矯虬龍風来聽竽籟於此肯

借留飢民斯有賴

讀太白集

吾宗老太白俊逸自幼年學成喜任俠長劍辭三川無

心馴鳥雀急義散金錢曳裾半天下所至驚四筵筆陣

掃强敵詩情快湧泉一朝見賀監薦䲨君王前金馬得

供奉酒徒同酣眠從駕方連名扶頭得十篇奴視高力

士風期魯仲連青蠅工點玉錦袍棹迴船自謂天地臣
浪稱平地仙志大雖難捐身危幸保全江陵欲難作彭
澤見幾先仍喜宮辭句渾如諷諫篇至今讀青史終始
無間然

貞婦

婉彼鄒氏女其父嘗籍兵嫁作耕夫妻婦道以勤稱厥
夫墮(惰)農業居肆寄郊坰薪爨不時給貯粟未滿餅行年
三十餘臉白兩鬢青誰家馬上郎一見顧(顧)目成留連不

恐去斜紅掛日鉦携籃夫偶出次第陳私情示以篋中
金持贈固不輕正色叱走之郎馬不及乘未幾老狂生
樸被問宿程百計稍與語棹（酌）酒欲同傾窓前理殘麻不
顧空丁寧復出綺香囊藉以五花繒擘梨通鄭重雖受
心不平收之致（置）敝篋生意正經營託言姑少待反把柴
門扃長聲呼四鄰悲切不忍聽逡巡夫亦歸縶縛訴縣
庭縣官頗嫉惡慰遣壯其能撫几三嘆息恨令無肉刑
吾聞秋胡妻死有不朽名又聞昔羅敷語直理甚明人

烏君麓即指
君山之麓……校改
烏江非也邑中無烏江

生各有偶勿用行兼并奈何世混濁强暴相侵陵鄙本
微賤人姆傅初不經何況抱貧苦守身屹長城後世迹
其事足媲古烈貞誰秉董狐筆大書播餘馨

胡程寺二首

上天一何慘盛夏忽霜飛竟奪慈母去焉用此身為空
餘白雲念無復彩戲時一恨一灑血何以報春暉
忽逢劬勞旦兒女拜我前低頭勿頌壽廼公寔不天東
南西北去日月時序遷目斷烏君（江）麓高墳鎖暝烟右閩人李

子接詩寫次行仍頂格　李有

右聞人事某以辛巳四月二十六日投宿是寺至之明日偶值生朝不勝哀慕之情姑述數語非敢言詩也謹泣血書志于壁

改過詩

顔子趣高遠改過不待形子路雖未及有聞思欲行庸人過莫知心目任盲騰縱復覺其然如醉不願醒幽顯孰可欺徒自蔽聰明直待形迹著巧餙（飾）謾（漫）経（經）營辭屈既無益斂翼如凍蠅豫貴介于石安取冥豫成訟要免終凶謀始那用爭頤養知節慎損疾在室懲下交儻不瀆

惡習難薰蒸師誨當佩服勝已求友朋過言與過行點
檢莫暫停粗能遵此戒無忝爾所生海鷗識機深良馬
認鞭聲爾過勿憚改豈知禽獸情善惡審取舍勿用苦
叮嚀

泊雷公步涉豫章境江流淼漫煙村夾岸景色
横出顧挹不暇舟中偶獲古風一首

我昔閱畫圖酷暑江天景是行不作難巨艦寄萍梗拖
樓一放目合付詩管領煙雨山出没浦溆林逾静水行

三四家蓑蓬事畦町閑牛負鳥鵲散牧無人境淼淼萬頃波撇掠小漁艇南風吹霽月碧玉兼天淨清絶迤如許獨恨句非警强作捧心顰語出輙肯綮共載多騷人鮮頤埒匡昂模寫入新詩敢憚再三請

贈上官法師

法官道家流修奉有年所靈驗感人多時賢贈詩句一日來訪予三揖進實廡函袖出異書雷文加釋注滁手徧披閱因果皆有據紛紛秦漢後死者略可覩權量巧

心計悖道忘君父貪婬蔑仁義往往涴斥谷質經吾聖
人有理無其故迨乎震夷伯隠慝才顯露嗟乎三代前
樸實猶近古後者業雖熾日甚造罪苦不然子之書何
廼遽有許自居田野閒弥事聞亦屢又知今視昔已復
不勝數蠢彼無知輩徒誦孝悌語人貌犬彘心埋頭入
穢污俯仰多厚顏劬勞忍深負目前恣為樂遑恤盈墨
簿願子持此書鏡石置通衢比屋得大誡毋致煩天誅
下愚終不移自取任從渠有能用斯言僊籍登不誣脱

或秘弗示與道終懸殊述此贈行色子其信否乎

題叢碧亭

主人厭塵俗不使居無竹詩翁愛詩史詠歌長不足籜龍徧山園嘉名榜華屋何當秉逸興倚欄聽戛玉

聳玉亭

昔我隱居東有圃廢不入平生愛竹心要與共晨夕種之三二年小筍生䉶䉶歷歲既云久盤根日以闢環植數百挺大者欲盈尺直節勢昂霄瑩潤如玉立邇來苦

炎蒸小亭謾（漫）營葺東山舊蒲葵從此可揮擲為顧清陰
多更期廣封殖本固待時來春風易為力

遊青玉峽

雙劍揷銀潢飛下作驚瀑犇（奔）流兩山間峽石峙青玉大
聲殷其雷餘響亂琴筑澄泓神龍居潛濁不敢觸派別
入危亭湍激如轉轂亭前石磴斜快瀉皺明縠我来濯
塵纓一覽駭心目霧罩香爐峯龜鶴舞見腹山尖應更
好恨不騎黃鵠老坡五字句斂衽三敬讀是翁久已僊

鯤鯨隨絕足，猶有出塵語。與世軌（作）蠲，援筆記姓名。良慚
學貂續

答官仲儒

風俗去古遠，人僞日敗常。故知取士法，時焉立紀綱。設
科發自漢，糊名始於唐。前輩務實學，倡道賴歐陽。當世
所得盛，登用多俊良。倒指幾百年，講求屢更張。邇來取
進士，輕快好文章。嚯手鑱雁塔，轉身篋鴛行。莫論稽古
力，所貴時學長。自顧本迂拙，下語愁肺腸。雖云事場屋

軒集　十六

浪逐槐花忙竟如下和璧三獻足已傷既然違好尚敢不知括囊釀渚溪之泉可以供酒槳拾東園之果可以資餱糧耦語古聖賢曝背傲羲黄羲命要不媿胡為乎皇皇故人弗予棄妙句深激昂清逸庾謝迫風騷屈宋旁報言之瓊琚微吟頻寒蛩

寄題余氏桂亭

主人開傑檻懶種洛中魏諸郎請嘉名，笑指亭下桂根分月暈寒花染天香細珍重青雲梯籯金未為貴

古意

鴟鴞嘲鳳凰飛鳴競啾啾鳳兮問彼鴞見憎何因由我居在丹穴下瑞暫來遊梧桐與竹實食息無外求爾本挾妖怪隱身向陰幽所至興禍事嘴爪藏戈矛晝伏作鼠態白日照可羞臭腐適其願惡類自與儔志尚素不同何殊風馬牛嗟予月旦評豈論汝劣優汝道自取薄安得妄怨尤自古盜憎主何異鴟輩流有如夫子聖武叔非宿仇臧倉沮孟氏豈為魯君謀但當礪風節汝自

曲如鈎

某伏蒙文人僉判出示嘗與侍郎鄭公淺沙泉

唱醻詩軸率爾次韻

在昔紹聖初，群英萃朝紳。道鄉鼓諫舌，勁氣排天閽。雷霆固難犯，鵷鷺皆喪神。獨一黄右轄，從容為奏陳。主聖臣則直，攀檻古所聞。龍顔為稍霽，挼荒貸斧斤。公亦坐此去，剖符漫朱輪。斯人下世久，藹然播清芬。衰盎當漢代，引却慎夫人。用舍雖異致，萬世熵庶分。何使李勣輩

將順恨無門、但為此家事、一言謟其君、陸贄得罪唐、不
測幾隕身、陽城以死爭、父之理頗伸、不如漢汲黯、同朝
有公孫、約議尋即倍、巧辭間其臣、於惟我聖宋、涵養士
氣振、世代有忠鯁、漢唐何足云、且如唐子方、指謫椒房
親、繼論燈籠錦、將貶嶺外春、君謨立殿拗、開救蒙寬恩
宛陵風雅手、長篇紀詠存、嗟嗟此鄒黄、衣陽畧同群、近
則唐與蔡、輩出有弟昆、赤心要無負、肯受富貴吞、鄙哉
賤丈夫、肉食苟朝昏、傾危不遑恤、是非誰與論、前史豈

不載、開卷徒沾巾、伏讀珠玉書、飄飄若凌雲、遐追古作者、寧讓聖俞文、顧我亦何人、濡毫來效颦、二賢迹益顯、餘波激後塵、

酬令裕見寄之什

伯牙不鼓琴、良為知音撤、淵明琴無絃、荆扉晝常閉、吾道傳滄洲、初不待識别、叔孫志諧俗、禮樂用緜蕝、子陵持正論、阿諛腰領絶、寧可負鑿方、枉尺未應屑、郊居本寂寞、況乃生計拙、食指日益繁、資用時告竭、客至坐無

䡴、竊與鄭公埒、天隨拾杞菊焉能饜餔歠、平生所厚人、過門或電掣、嘗聞貴易交、一命已變節、包苴既無魚、裋褐倦造謁、濶遠故人書、誰復訪衰茶、有厭手可炙、其如火不熱、聞酸蚋必聚、其如醯不洌、向來出肺肝、生死語虛設、醇風恣澆漓、仁義從蕩滅、江湖足相忘、何苦怨離別、黄君忘年友、歲寒我輩列、抗志忌詭隨、講究亦可悅、高堂甘旨奉、敢以貧故闕、姑從斆學牛、俯首棲林樾、近枉寄贈篇、用意尤清切、似聞於易道、朗誦口不輟、顧慙

澹軒集　十九

澤畔癯葊編、老披閱、未達言外意、搔首謾（漫）旆毿三疊（聖）日星垂、墻仞靡容瞥、動靜本自然、發明賴前哲、屈伸相感觸、至理甚昭晰、泰反復於隍、需順出自穴、機緘默循環、勿用滕口說、寒泉終可食、但貴井常渫、正乏之雙（雙）南金、報稱愧滅裂、見許惠然來、諒不出良月、莫學王子猷、興盡江天雪、

七言古體詩

題焦山寺

水輪依風負坤輿百川東流同灌輸掀巾之陂莽吞受
沃焦之山初不濡雲根終古揷江湖狂瀾滔天隨卷舒
空神廻摽飊避突兀海門排霄岌相扶僧居蠔山迷向背
佛宇蜃氣成吹噓昔遊玄冬崖壑枯洪濤濺雨吹裳裾
風來駕潮愁海若溟漲跛浪鯊鯨魚𦐇淵咸池相蕩潏
月阿日窟漂方隅此身浮漚一緣聚四大濕相瀰空虛、
鍼鋒懸持妙善住、蚊睫坐睍焦螟居、山中老禪眼於菟、
香飯遺化分彫胡、重淵毒涎舞蛟首、方丈宴寢凝薰爐

夜寒黑月照濁水乞取壞衲摩尼珠

題宋德器致爽軒

將軍嘯咤風雷生一諾之寵千金輕仰頭看山默不應此段王郎真絶人人言爽氣定何物面目儼然君不識非氛非祲非烟雲可以意了難口説子猷拄笏人笑癡先生作齋人愈疑但知談河不救渴豈信秀色能充飢千峯横青朝過雨折簡招歸入詩句儻有俗客來扣門爲道我眠卿且去

此詠秦始皇信徐市言以童男女浮海求仙事

滄海行

滄海有船不可渡癡人求仙死不悟兒郎斷乳能幾時恐令萬里投蛟螭兒牽母衣抱父泣文書催行星火急樓船一去更不歸至今思家朝夜啼人生不禁別離苦但得生存猶一處君不見咸陽百萬家長城白骨埋泥沙

宿遊伯均裕齋夜無蚊蚋熟寐達旦

處處如雷針在舌咂膚成群難撲滅主人作官重膏血

未勞揮拂蚊目絶、荆棘不産茅山旁天台有菌皆可嘗
期君守此化民術、異類盡令回善良、

寄題張道士招真閣

君成道、去何許、寂寂空山號行府、自從漢末人、相值、因
循今莫覩、淒凉古廟落嵓[巖]隈、水遶閑[閒]庭縈嫩苔、勅令立
觀奉香火、屈指三十年中來、道士張君見奇古、精力强
明奈寒暑、從前觀心力勤苦、經畫一新舊堂廡、嘗聞仙
者好樓居、傑閣翬飛接雲衢、往來世外隱君子萬一鶴

馭停須臾、我勸張君更磨練、莫遣光陰隨物轉。一朝平步玉皇前、何處群山不相面。多少紛紛塵世人、夢中說夢元非真、妙處工夫如會了、千百世界現全身。

寄贈天台石橋京行人

無心曾看石橋雲、有耳曾聽石橋水。俗塵未盡難重留、飯麻饘竟歸心起。自從一别五春風、夢繞橋庵西復東。雀噪亭前聽茶鼓、蛇蟠砌外護瓜叢。更憶依人兩烏鵲、朝朝飛下暎真閣。樹鷲土菌恣登盤、林麓素無虫獸惡。

江湖迢遞皆畏途誰知世上有華胥五百開士去雖久猶餘一老能清癯幾年脅背不着席棟宇增新閒金碧風月忽寄盈尺書約我重來共晨夕恨不速駕鵂鶹皮屈伸臂項欵山扉相逢空作解垢衣水邊石上同茹芝

送趙彥脩

六月紅塵如火烈朝來一雨炎威歇漸看蘋末起凉颸推上冰輪作清絕王孫叱馭欲何之直向銓曹射佳闕天生良才必有用豈應付與噲等埒幾載低頭丐祠禄

此首非集中詩移後一詩補之

歲寒頗獲固窮節儻逢佳士重薦論平視朝紳可頡頏
顧我幽居苦羞縮却掃柴門學藏拙每向水邊狎鷗鳥
未遑郊外習綿蕝君能脫略時從遊嘗鼻一臠端可別
臨行尚作半日留滿泛青甕話離別秋風若遇南飛鴻
好寄一聲慰寂別（騷屑）

（承德功仙尉出示直翁感興之作輒次其韻）
次張文潛龍圖寄黃魯直太史韻

（蠅頭蝸角使人愁貪先務勝如爭舟隱心空逐市朝樂）
訪[?]翁署門無客訪妻孥不識官漫浪載醪問字人掃軌
（著眼赤省林泉幽塵埃乎時正汨沒出處與世相沈浮）
舉案齊眉婦供餉久甘造化相疾苦白墮醪中獨無恙

曲徑反請滄臺子拔葵仍笑公儀休懷哉古道久寂寞
從來文字煥星斗落筆風雲隨軼蕩不停聲鳴更少日
鳳鳥不至三千秋孰知名教真樂地往以得失為已憂
挑扶化工窮想像故令糢糊强舌本暮年洗心推意向
騁馬四馳失其馭放勝一去何當求羨君澗源得所自
從今驪蕭素番領筆力尚斡千鈞壯恐飢未悟詩能窮
結交道義相追遊箇中有路儻深造直与古人為伴流
得飽懸憂福無妄憐翁判與身世遺顧我强嬰兒女愴
詩翁事業故不貧與人胸中無盡藏

賀吳守被召 壽翁

吳公骨秀如天人、胸襟落落皆經綸、少年固已富家學、
筮仕聊稱梅子真、挽弓馳馬特餘事、智勇未減飛將軍、

向者長汀初擁節、冠擭聚集驚鄉村、誰知撫定有長策
不戮一夫令自新、稚耋讙呼弛兵草、至今安貼無叛民
移帥贑川尤鎮靜、宿姦褫魄骨崩奔、往年羣盜號淵藪
一旦荒隴安鋤耘、錢流地上非橫索、鈴齋坐歎生陽春
踐更盤錯感望著、素秉公廉政有神、貪吏望風爭解去
寃民在處皆獲伸、還家坐席曾未煖、迅召連催已在門
或人未免巧求譽、我公特立天下聞、厥今器識兼文武
倒指誰歟當此舉、江淮百萬屯邊兵、轉輸饋餉傾吳楚

中原荆棘今幾年，師老不試饅漫貔虎。陛下翛然釆輿論，
天意可見公宜處。裴度指日平蔡州，充國先零豈難取。
唾手燕雲會有時，佇看大將建旗鼓。勒功異域鄙班超，
歸佐熙朝作申甫。

送黄仲甄赴廷試

我昔嘗為東南行，煩君載酒送城闕。酒闌上馬意惻愴，
似歎飛沈異鱗翮。我言君豈噲等伍，霜蹄偶蹶未為失。
整嘶嘶易易轡便千里，寧比駑駘才寸尺。轉頭日月曾幾何，

君已聲名滿蟾窟，笑呼扁舟下吳會。去意猛作秋鷹掣，君家藝德知何年。弟兄頭角俱突兀，仙枝萬丈不供折。人家生子嘆豚犢，春歸洲渚波面肥。江神爲君好風日，君王正御紫宸朝。蜀士半居青瑣闥，牽聯即日九天上。判司卑凡等厮役，向來於我作魚羨。吾今洗眼看鵬擊，人生行止特未定。遇坎乘流聽造物，唯有名節不可汙。與君相期保黄髮。

和韓羲仲主簿古巖韻

君不見版築當年胥靡徒、貌象忽與帝夢符、臥龍抱膝吟梁甫、霸主不憚三顧廬、又不見形模苦遭婦女笑、袖手不解世俗書、碧山幽棲載典籍、銀魚焚棄甘林居、出處雖云蘭菊異、道則一貫無二途、要之窮通有定分、所學豈以世俗拘、一旦風雲合際會、坐令四海如唐虞、不用山林並容爾、胷中經濟常自如、世間餘子真碌碌、得失交病言囁嚅、生前雅志一飽足、趨時嫵媚忘遠圖、夫君承平相家子、典型自與今人殊、青春已負老成踸、白

日兀座聖賢俱腹笥兼收線五色準擬補袞膺時須豹變要是有毛質、鵬飛九萬看搏扶、古巖風月鎮長好、請著斯名鑱座隅、

登賦堂 為樊守作

紫雲之山幾千丈、勢壓岷峩欲爭長、茫茫巨浸擘山開、萬穴魚龍寄深廣、眼明遥見使君家、華堂夜魄栖簷牙、手釣峽流揖崙翠、裾珮縹緲凌雲霞、仲宣登樓炷能賦、字字悲啼嘆飄寓、他人有心予忖之、魏奪劉傾渠不顧

使君冒著萬卷書，向來游戲從魚符。拂衣歸臥喚不出，
但有憂國心鬱紆。日落未落飛鳥藏，却立闌干思橫發。
一川樵牧歌太平，萬古關河感亡國。麗詞落紙煥黼裳，
細研物變窮天藏。憑誰薦之九天上，我無羽翮不得將。
公乎豈久榛棘下，狗監猶能援司馬。子虛大人何足云，
願賦蒸民追大雅。

次韻令裕固詩

寓形宇宙有感發，無一不可供詩髀。風花浩蕩百變態，

重出删

草木榮悴皆窮搜渾成功括造化窟未辭斧鑿孰爲優
要當險易隨地出或平或激如水流不才正自困譏罵
白壁爲贈非所投自憐不具正法眼鮮顛安足論賡酬

承德功仙尉出示直翁感興之作輙次其韻

蝈頭蝸角使人愁貪先務勝如爭舟隱心空遯市朝樂
着眼未省林泉幽塵埃平時正汩沒出處與世相沈浮
由徑反誚澹臺子扳葵仍笑公儀休懷哉古道久寂寞
傴傴不至三十秋孰知名教真樂地徒以得失爲巳憂

澹軒集　二十七

背重

騎馬四馳失其馭放豚一去何當求羨君淵源得所自結友道義相追遊箇中有路儻深造直與古人為輩流

自臨州還題杉嶺鋪

自東徂西三百里還閩入浙半月期人生奔走遽如許世路險夷當自知造化密移真戲爾貴富時來則為之盱盱睢睢亦何益磊磊落落終大奇

澹軒集卷二

宋　李呂　撰

五言律詩

送仲秉赴廷試五首

亂石搜琮璧，修梧待鳳凰。地靈真間濶，世眼但尋常。我友更誰子，平生唯此郎。連城不當價，容易莫商量。

霧豹文章異，淵鯨爪角雄。荒陂寒泣露，空谷暮號風。突起能無意，平沈未分窮。不知貂冕地，冷硯破窻中。

欲獻琅玕腹君詩有宿盟雲天宸極邃日月袞衣明太
守薦何武、諸公傾賈生三山移步到寄語問玄卿、
一元誰破碎河洛漏微芬星斗昭乾緯葩華粲地文、班
揚渾細事伊傅有殊勳、補偃非神劍相期敬所聞
元龍湖海士、可但看茅廬詩老經從地禹功疏鑿餘蜀
峰帆影隅、郢樹鳥行疎、太史行天下、歸來好著書
挽昭懷皇后詩二首
幌御還龜洛、禕衣閟鮒隅、光華隨渭水、巡狩隔蒼梧已

卜先朝祔、旋聞反寢虞、昭懐千載謚、不朽在椒塗、

愍册哀榮絶鮮原卜兆安世家金穴舊大隧玉衣寒何

意簪花禁空遺刈畹蘭、神游泰陵廟、永護月衣冠

次涪陵游北巖寺伊川謫居嘗傳易於此有鈎

深堂魯直名且書之故寺有四賢像伊川魯直

康節尹和靖

隔江定佳處、放屐得幽尋直上雲根徑、盡行霜葉林昔

人非避世、此地可鈎深、何物能熏染、幽禽亦好音、

眉批：丌刂字推邇下案潤闖二字文義難解闖字字典書亦不載今無别本可校姑仍其舊

讀[illegible]此六君邑志續
塼未知上洲[illegible]在否

癸丑季春上洲頽岸出敗冢冢中有塼云元嘉二十二年七月二十六日余功曹冢後世子孫長興富貴宜賒因題數句

八百年前窆、功曹身姓余、元嘉兩行字、敗甓八分書、富貴念猶在、子孫今已無、癡人不脩省、視此意何如、

丁巳三月送周宰行

中郎宜有後、餘慶在孫枝、學術堪時用、公卿半巳知、五行人鮮儷、四字格尤奇、自此官清要、毋忘老布衣、

予一病七十日心事牢落作詩自解

抱病懶巾櫛、自度作黄冠、披褐襟便短、拖鞋步稍安、忘機任俗薄、遮眼把書看、未必不為福、善乎能自寬、

多病

守靜偏多病、爭先素不能、材非經世具、分合出家僧、利路防深穽、窮居任曲肱、息交休擾擾、藏拙要儚儚（儚）、

遊希夷觀（觀李阿仙人修道處）

祕館白雲邊、來遊記昔年、黄冠姿槁甚、敗屋意蕭然、訪

澹軒

三

古知僊裔、看碑識漢鐫、危欄聊徙倚、風袂欲翩翩、

楓老丹成葉、蘆輕雪作花、晚風何處笛、踈柳欲栖鴉、絕壁生虛靄、晴天點片霞、莫教殘酒醒、客裏易思家、

遣興

天淨鳥飛遠、路幽花自香、春風吹草木、野水滿池塘、事去青山在、人閒白日長、興來搔白髮、微意久難忘、

懷黃令裕二首

小齋閒卷罷、尚友憶黃君、語孟能精覈、圖書正討論、梅

黄風送雨、江漲野連雲、何日相尋去、書燈共一罇、

今時求此道、篤志孰如君、經訓多成誦、疑難喜細論、利交甘若醴、世態薄於雲、須秉歲寒節、深推孔孟尊、

有感

入務市朝念、在家雲水僧、善熏妻法喜、敬遠女摩燈、忙裏且尋靜、熱中須放生、時時發深省、結業莫教增、

觀荷

適當寒沼上、更在月明中、露重鮫珠濕、天高奩鏡空、參

差千蓋綠淡許數枝紅、華髮秋風裏持盃屬老翁

對竹次韻

舉世稱三友、無心是此君、炱花何足並、俗客未應論、不忍疎添月、須教勁拂雲、晚凉欣對罷、借色入清尊

挽上官文季直二首

縱（踪）跡半天下、聲名落士林、搢（搢）紳爭汲引、歲月謾（漫）侵尋、後輩尊時尚、斯人竟陸沈、只言餘慶在、子舍日駸駸、念昔康强際、頻趨几杖前、交遊推上行、禮遇辱忘年、木

落雞(籠)坂、風酸薤露篇、空餘兩行淚、飄灑對新阡、

晚步

薄晚憩(憩)高林、好風吹我襟、斜紅翻鷺翅、空碧湛波心、雲塢牛羊下、煙汀竹篠深、一聲漁笛罷、梟梟送餘音、

代懷祖上舅氏、

天上玉麒麟、橫秋爽氣新、書癡心篤好、綵戲日長春、直去攀丹桂、須為近紫宸、外家多慶事、接武有名人、

○五言長律

清按：玩詩意此軒亦在本邑，故又有七言律一首云「生平難忘孫誠甫，增新開軒老在來」，則此軒當在城外矣，今農村□□矣。

清按：朱使君即朱子也。

絕塵軒

昔年陪仲父，杖屨集幽軒、門占蹄輪道、交無市井言、池邊對碁酒、胸次有丘園、蟬蛻寒雲斷、徑荒春草蕃、增新窗户改、尚喜典型存、結客登臨去、茶瓜勿憚煩、

○七言律詩

歸自南康寄懷朱使君

過盡重湖復過山、陰凝忽變雪花團、路迷曲折易成遠、風助橫斜巧送寒、憶昨片帆離渡口、特煩千騎駐江干、

如今想在芙蓉觀獨據胡床爛漫看

弔霍光

官安堉飮貴仍驕父子同誅辟孝昭博陸時方專國柄濟陰早已被兮詔老妻安得謀靈媪劣女剛將冠内貂白去副封奇禍作後車傾覆更蕭條

七夕次韻

天上佳期歲一來人間急督莫相催鵲橋成後天孫度雨泣懸知飇馭回兒女歡呼爭乞巧樓臺羅列賸傳杯

欲搜好句陪年少病士慙無工部才

送雙峰聖僧遺像還山

枯木形模酷肖之秖應鐸落自秦時定光爐爇收親子圓覺門風出自枝韜晦無因覩大用感通猶得見全提要知取次爲霖去便是元初利物機

天章閣成應制次韻

寶構雲屯珍木才璇題金牓倚天開高連色界非非境光動星躔兩兩台上帝圖書開玉府從臣冠佩繼麟臺

詔音亦許賡宸唱榮勝鄒枚後乘陪

自題安樂行

老於世事盡忘機古廟寒灰閱四時稟賦舊為天地貴
遮闌那許鬼神窺無絃綠綺陶彭澤露地白牛僧大溈
只此瞿曇安樂行從何處覓是和非

絶塵軒

生平雅不樂城市背郭開軒喜再來煙淡山屏青未了
晴曛荷蓋翠相挨倚風柔弱休栽柳照水横斜剩種梅

秉興秖應清坐好此懷難向俗人開

送許尉子雲二首

秦望排空挿鑑湖先生氣禀舊東吳胷中今古幾千載
筆下波瀾雄萬夫綵棒盡門姦自肅土神應夢昔何殊
榮歸快作朝天計臺閣歡傳得巨儒

濟人曾現斬蛟手謾吳門作陸仙雪月精神資句法經
綸器識得天全評君合在羲皇上許我難堪叔度賢出
處相懸同臭味寄懷猶望捧來篇

送陳尉別二首 名次公 字子容

奕世雄題鴈塔名於今父子自師生詞場魚貫真無敵

慶事蟬聯盡有聲雅興莫追吴市隱横飛端繼紫微明

陸中丞作尉日一夕土地神現夢有云 從来患盜驚鄰里且喜三年皷不鳴

試吏誰云百寮底長材元是萬夫雄錐刀豈斷焉能較

涇渭區分獨至公顧我每慚天下拙辱君見許古人風

明年還憶蓬蒿徑身在瀛洲雨露中

清按歆次首未有説公
壹首語疑此蓋乃邑令
所作首首德盛如好草
虎自出此意而見

天台石橋設茶供

聞説天台髻未鬀中年方遂此煎茶不行四十九盤嶺
那見二千餘盞花架壑横空瘦龍脊崩雲裂石怒雷車
他時乞我三椽地莫效曇猷滴兩窪

師正堂二首

物我雖殊理本同箕來身教易為功表端豈但日間影
德盛應如草上風作字心君生筆下照人眸子驗胷中
平生得力今拈出尤見操存合至公

頹垣荒蔓幾經霜、今喜崇成背郭堂、雅欲援琴追宓子
時從退食詠羔羊、溪流碧遶如平篆、山木陰連不斷行、
秖恐詔公臺省去、空教南國愛甘棠、

投贈錢侍郎端禮三篇

人間富貴豈須論、三百年來積慶門、名紀太常高大父、
氣鍾仁祖外曾孫、心存忠孝源流遠、義薄雲天色笑溫
屈指前時功德輩、悠悠誰似典型存、
仙風道骨本飄飄、萬卷詩書樂一瓢、落筆雲烟盤錦繡

滿腔星斗絶塵囂、懸知可使邦風美豈但能令國計饒

四海徯公歸致主、方今天子舜承堯、

天地生成無用軀、青箱世業一愚儒、幾同海上屠龍術

空守巖前待兎株、自信平生非木石、誰憐半世混泥塗、

幸逢點鐵為金手、乞與投身造化爐、

上元漫興

天上元宵放月明張燈何苦浪經營一毬積日方呈巧

千片輕綃僅湊成里巷禽呼傾坐去街衢蟻聚側身行

誰人能向循良道何不留心勸耦耕

上元應制次韻

華燈不夜照青春鼇背繒山逈絕塵已遣燭龍啣火炬更開壁月駐飈輪長疑化國烟霄近未覺壺天曉日賓知是奎文臨海外賜章今夕寵光頻

遣興

丈夫各自有立志或出或處非一途主父直須食五鼎淵明元秪愛吾廬佚居自大同蛙井巧進貪前乃盜窬

顧我蹉跎未忘學肯將身世較盈虛

病中遣興

多難從來氣不舒老而多病背攣如足瘍所賴非心害

目眚猶欣見舊書白晝欲眠神思倦青春閒度物情疎

生涯淡薄隨時過他是他非莫問渠

詩勉粹夫進學兼示諸子

閒憶當年闖孔門未能無意覺斯民浮名浮利雖關命

多病多愁故惱人九十春光渾易老二三子者莫曰循

老夫耄矣誠堪笑何惜同來試問津

吉祥寺舊名永壽初李昇為徐温養子徐知訓不能容置酒欲殺之行酒吏刁彥能以手爪昇昇悟而逃伏此寺山谷作記無咎書

招提一徑入雲楊翠竹千竿粉籜香正要銀絲好胥客不須雪亂苦搜腸興亡徐李一彈指文字晁黃兩擅場

感興

八十老僧無個事猶將經卷倭空王

業手爪卜原本脫掐字今據五代史增

之

聚臧元同水上鷗，癡人貪嗇不知休。生便當路栽荊棘，死代群雛作馬牛。上隴計全謀蜀道，長安功半廢沙丘。古來大手猶如此，只合將心向內求。

見菊

病夫省睡起凌晨，遲菊朦朧破蕚新。雨細正應添潤澤，煙輕尤覺長精神。近來霜重傷禾死，幾見民憂灑涕頻。却是東籬賸黄菊，不堪拗衆當金銀。

庚戌仲春，携小子訪別晦翁，過親友江清卿之

門其嗣子尚幼不果見次早道經江清卿墓下悵然有懷

肩輿兀兀度山村，些雨淒風日易昏。問店舊曾來托宿，支頤今覺頓銷魂。故人委蛻荒春草，倦客空懷合暮雲。古木陰連藏小隱，招呼無復笑迎門。

次黄象之韻

踈山元是讀書山，碑云逸士何仙舟讀書處 相望麻姑舊醮壇。梵剎雄誇今日勝，隱居誰作故人看。闌（閒）隨米運川涂迴（回）喜入

林亭境界寬、我已經營謝公屐、竚屬〔君〕好去九遷官

借用鄧彥高韻

性學絲毫未易通、醇疵何敢議軻雄、文章事業須年少
朴鈍情懷屬老翁、闊〔闢〕把笑談窮物外、饞〔漫〕良今古看胷中
觸來方寸有餘地、喜到小齋緣素風

蘇〔憂〕旱

田圃如燔木葉黃、火輪從早出扶桑、佇觀罪已侔湯德
更願求言譽〔舉〕漢章、寃死豈能無孝婦、當烹應復有宏羊

十二頁前附書段附
又東此書鄉非從宜加案
三字

怪底先生思湧泉少年筆勢已翩翩馬嘶長道過空驟首
龍孽滄波竟上天分附風雲身九萬更看禮樂字三千
期君未可班行去細聽臚音黼座前

送黄元董赴廷試

江夏無雙最擅名君家群從總能文丹枝只爲一門種
黄卷仍收再世勳天上鴛鴻方接武眼前鸑鷟漫成群

可憐野老呑聲哭此意何由達上蒼

送王晉卿赴廷試

怪底先生思湧泉少年筆勢已翩翩馬嘶長道空驤首龍孽滄波竟上天分附風雲身九萬更看禮樂字三千期君未可班行去細聽臚音黼座前

送黃元董赴廷試

江夏無雙最擅名君家群從總能文丹枝只爲一門種黃卷仍收再世勲天上鴛鴻方接武眼前駑蹇漫成群

蜀軍自昔稱尤選一戰憑君静楚氛

送郭順之赴廷試

半生鐵硯不償勞攬鏡驚心已二毛縛虎正須還老手插貂未肯付兒曹九天日月披晨靄三峽魚龍息夜濤聞說西湖冠天下水光山色動揮毫

送楊文赴廷試

只今冠蓋盛諸楊連歲科名屬雁行筆下戈矛吾退舍胷中珠琲海傾藏雞群有鶴人誰識熊掌兼魚子饜嘗

一振斯文千古事凴君更為引天潢

送楊道父赴廷試

每念先游嘗慨嘆、於君先世最周旋、神駒墮地真千里、老木蟠空已百年、此去漢庭應籍甚、向来蜀產久蕭然、錦衣歸日烘晴晝、應與萊衣巧鬪鮮、

送趙勝仲赴廷試

過眼紛紛亂驌驦誰知龍種不尋常更生學苦藜分照、長吉詩多錦作囊已作怒鵬橫絶漢更隨鳴鳳集高岡

天將一第酬寒士，分付宗枝亦有光。

贈畫師郭叔詹

蚕覺儒冠多誤身、聊工傳寫養偏親、丹青遊戲臻能事、造化生成羨逼真、筆下豈皆行路輩、眼中誰是箕巖人、會當詔作雲臺像、畫手惟君妙入神、

喜雪應制次韻

嘉平瑞雪映蒼華、寒凍河源萬里沙、貝闕珠宮眩雲海、瓊林玉樹散空花、先春知為農祥應、澤物深隨德意遐

不隔寵光逈寸草何妨梅柳自萌芽

追挽劉平父二首

奕世旂常記姓名、屛山道學藹餘馨、流風與世爲標的、好義於君見典型、琴韻祗求追古意、吟懷偏喜傍林扃、相逢恨晚情猶厚、悵望音容隔杳冥

高才入用合求聞、却向丘園號隱君、馳騁古人真我事、泥塗軒冕付時人、黄梁未熟驚塵世、白壁空埋慘暮雲、賴得相門餘慶在、諸郎崎玉正詵詵、按此詩真文兩韻通用

詩接此亭當是吾邑名勝基在城北臨溪處云

登一覽亭有懷亡弟成老下世

半年懶向此經行、上巳重來雨昨晴、三徑就荒春草合、
一亭依舊暮山橫、悵懷丘壑空陳迹、極目園林不勝情、
老境何堪風斷鴈、倚欄揮淚咽溪聲、

代人次韻

當時選勝入經營、杖屨寧論陰與晴、丘壑只應胸次有、
溪山故著面前橫、可憐永隔笑談樂、何況從來兄弟情、
峴首人登休墮淚、攪林風雨作秋聲、

宣和殿新竹應制次韻

千竿倏忽散層雲疑有風雷為駿奔峻擢已應煩地媪巧裁仍復借天孫已驚虎豹留皮處更看龍蛇起陸痕一云晴飈瑟瑟吹筠綠瑞露深深染籜痕聖主工夫同造物坐令温詔發霜根

題游少張逸老軒

勞生著意在榮觀炊熟黃粱萬慮寬溢目琴書聊自樂半窓風月不吾慳從誰更覓安心法回首幾經行路難

料想已能同水鏡任他胃次九疑山

代人挽妻父號道者

里閈推高足善良不才何幸玷東牀修容方喜超賓館

奠鴈翩成舉酹觴晚鐸飄聲空有恨酸風吹淚不成行

諸郎頭角多餘慶褒贈行看為顯揚

癸丑七月十九日以老病分任諸子以家務因

為詩以示戒

子舍分勞非獲已息肩養病樂閒居家傳道義頻加意

俗愛便宜莫計渠要是人人躬孝悌更令世世飽詩書

十七頁第三行大字出韻

某評不必寫
の本有

俗愛便宜莫計渠要是人人躬孝悌更令世世飽詩書

從今光大成吾志可免時稱賤丈夫（粢夫字出韻）

卷二

欽定四庫全書

澹軒集卷三　　宋　李呂　撰

五言絶句

復齋學者

孟氏求放心羲易戒迷復可嘆聲利場紛紛競馳逐

潭溪釣者

踞坐魚磯上無心同狎鷗敲針謾（漫）勞力故爾揆直鈎

臥雲樵者

澹軒澹軒

案此詩七陽八庚同用款有錯誤今无別本可校姑仍原文附識

山深成獨往伐木聲丁丁莫作爛柯客長年玩一枰

老圃拙者

春蔬含緑滋荒畦自鋤芟萬事付一默維摩許同參

雲莊耕者

華野樂堯舜谷口豈其鄉自是不可掩區區非近名案此詩庚通韻

題七者寮為劉平父作

瑩心洌寒泉砥節介如石本無市朝念自與紅塵隔

題東寮

羲和鞭日馭發軔自暘谷道人耕寸田開窓納餘燠

止宿寮

所重一言契寧縣千里期他年風雨夜還意劇談詩

山臺

蠟屐恣幽尋未能得其要登臨一放目千峯供俎豆

寓齋

萍梗天地間初不異萬物可能發深省惟有一事實

觀善齋

隱指大寺寨此檢署在此鄉之史證

羣居有深盍，相視無餘事。此道存諸中，瞭然見眸子。

和邑宰張元若酹月亭詩四首 亭乃大寺寨巡檢廨舍

太白邀月飲，秖許老坡會。汗漫赤壁遊，浩歌邀相對。

周郎佳少年，定霸在一戰。勉哉志士心，分陰疾如電。

古人有大志，聞雞非惡聲。信知酹月意，與此同條生。

明府命世才，宇量特闊遠。為名江上亭，拈出句中眼。

橘香亭二首

滿林飽風霜，千奴列亭下。未許吳姬手，藉此長聲價。

花落飄碎瓊果熟染黃蠟張君鼻觀間莫著蘭麝雜

鐵笛亭

孤吹人已遠橫笛處猶在淸名欣有託犇雲放天籟

井泉

山溜泓碧泓[redacted]澄淸甘歸色味儻逢張又新應不落第二

禅友

寄語同參人切忌隨他轉若向句中尋相逢不識面

棊友

閑（閒）尋十九路坐斷千萬心運甓何爲者當知惜寸陰

琴友

金玉聲清圓鸞鳳勢翔舞重是古人風勿效兒女語

文友

摛辭氣爲主盛氣理或差太音等韶濩小巧同春葩

題君山觀招真閣六首

數峯碧巑岏烏君成道山仙遊杳難問空鑽白雲閑（閒）

蠟屐發興屢幾爲春泥阻此行不作難霽色隨步武

詹按何許又當作何許人

雙(雙)蔓正排空云是真人府採芝何許入忽此駕脩羽觀宇藏山崦昔居火宅僧因緣有時節羽服奉香燈翬飛新樓臺像設舊金碧焚脩人已老倚杖對山石彩侍過邱(丘)林星行忽一周春暉今已矣涕淚不能收

巢雲

幽棲寄山隈欣賞亦何有時許巢白雲紛然入窓牖(牖)

上黄端明壽詩以竚期三入後一品見玄孫爲

韻頷

英聲久飛揚寰海共傾竚學者仰泰山蒼生待霖雨
罷識誰能及功名自有期一朝聞正論親切在彤墀
獻替先其大從容接每三但知言謇謇肯顧府潭潭
伏節朔庭回建議光明入盡得強敵情何人敢輕襲
僎升時許同孟馬寧處後人特誦謙光我獨知德厚
姓字本無雙山林今見一動必合禮經心焉在王室
温旨再褒榮王人就咨諗早晚詔公歸餘波潤羣品
骨秀類天人神清若巖電壽與山嶽齊造物磁可見

賤子甘藏拙無心學草玄自然多坎壈不是樂盤旋

阻陪稱壽席想見醉芳樽嘉慶宜圖畫簪紳徧子孫

瑩心泉

脩綆何妨汲瓤瓶不自任從渠清徹底伴我歲寒心

漁艇

撇烈非爲魚流行本處山白鷗正得意相逐過前灣

自警三首

爱之能勿勞忠焉能勿誨彼有不爱者善意翻成累

春

當仁貴不讓見義忌無勇今人無魏顆勿望渠形夢
孌人排孟子通國誚匡章内省倘不疚青蠅徒自忙

椿逕

栽培護靈根夾道若車蓋坐待八千歲儼立風雨外

題破石鋪

往返數百里上下幾重山僕僕名利客不知行路難

茶竈

中坻出盤陀曲突非刻畫仙翁碾玉塵盈甌試色色

查正本無仁知堂隱求室二詩刪去方畫一

二詩照右
簽刪本簡

仁知堂

一水繞平篹諸峯長滴翠先生樂考盤（槃）默與方寸會

隱求室

清風一丘壑外物皆土苴患失彼何知爭先我無暇

溫泉

陰陽分二氣鈞播立萬物泉脈或寒溫初非擇地出

太朴（樸）一已散人偽日滋彰持彼炎涼熊（態）指目為溫湯

匡廬發源初絕景迺如許尤幸遠市朝不遭豪右取

澹軒集　六

懷哉經始心與世共遊賞爲語往來人莫起驪山想

題吳仲徵嘗（常）齋

達石情忘倦移山志必通朝朝勤覔運井井策新功

七言絶句

和吳徵明疎影橫斜水清淺七詠韻

深叢茉莉香有餘穠李爭春俗不除借箸推排風味勝尖新莫向小梅疎

避俗淵明心會景秪詠孤松秀冬嶺爭識槎牙竹外枝

月上空堦間金影

倚竹風神不勝情裁雲刻月鬬輕明澄鮮秪合騷人惜懶對紅塵肉眼橫

嶺上休將貝闕誇江頭聊比玉川家箇中真趣誰能會獨對回風雪陣斜

碧澗潺潺暮山紫閉關危坐心如水窓間微見一枝橫鼻觀得香尤可喜

勝賞須傾竹葉清此花元自聖之清髯思杜老尤躭翫

野水横吹當酒行
斜入茅簷如有恨高情每賴吟題遣要知調鼎會有時
且占寒溪照清淺

秋旱

天公作意雨垂垂風伯顛狂散萬絲執法若能誅首惡
更將京觀築虹蜺

伏承伯丈人侍制侍郎九重渙號三聘鼎來促
裝（裝）戒道即膺爰立謹吟成送行詩五絶句繕

寫爲拜呈

漢庭得謝久懸車、松竹蕭疎護葺廬、爭奈蒼生待霖雨

未容安石愛幽居、

嘉謨豈但國蓍龜、舊學端爲帝者師、聖世欲收仁義效

行看平步鳳凰池、公有是夢

孟子正心邪說息、昌黎首唱六經明、可憐後學多趨末

重振斯文籍主盟

膴膴周原二百州、欲圖恢復豈難求、既煩元老爲時出

双
刂罢双蹄下
案蹄字出韵

但願宣王盂內修

梅花映雪送征鞍，要伴先生耐歲寒。收拾好歸調鼎用，春來枝上已含酸。

送千二十姪五首

江頭片片玉梅飛，嶺路迢遥雪正迷。秉〔乘〕興為誰騎馬去，不辭迎凍解雙蹄。

賢哉東道世崇儒，愛子尤專擇楷模。責望須要〔要須〕精舉業，未應道義畧唐虞。

紛紛世態利爲言此道誰人識正傳爲己爲人宜兩盡
莫教渠笑舍其田
江左風流久擅名成童擲地作金聲淸新俊逸俱難及
若比前賢更老成
却喜君知取友端詩情遊戲志睎顔更煩爲說開三逕
安得斯人數往還

和感懷韻

四時迭運春復冬莫把窮愁處兩峰牢掣鼻繩休放却

鏡中已失舊時容

象之晚坐有感次韻

丈夫不作宋玉悲珍重陶潛菊一枝寄傲北窗緣底事
只應真趣少人知

題長灘鋪

一丘一壑吾臭味真是真非孰有無月笛煙蓑秋正好
急須歸釣渚溪魚

千四一姪見贈筇竹杖以詩謝之

常瞻南極畫圖中壽相偏宜九節節珍重阿戎來寄我
慚無林下老仙風

澹軒

窮耽世味不期驕安得羹墻暫見堯未到聞韶飽三月
且求陋巷樂簞瓢

代人上建守四首

潛藩雄鎮七閩頭覾覾賢侯利澤周不借寇恂留賴尾
却教郭伋再并州

可怪夷風最不情生兒不舉世相仍自從節省歸新歷
添得王民幾萬丁
鄂渚總來便救焚富沙拯溺濟飢民從容妙得調元手
好轉洪鈞拱帝宸
悵懷往事我何知作興重來觸緒非無地可畦家十口
蕭然相對欲誰歸

題君山愛松軒

嘗愛山間老喬松棲煙宿雨盤虬龍道人所愛偶相似
許我來此聽松風

時報大乾廟今屬部
武寧地然距先澤紀城
僅十許里耳

辨義豐老人師傳聞疑大乾事迹

義寧欲末隋鼎遷，解符西泝心悠悠。沈舟甘作夷齊鬼，不與宇文同戴天。

游鉛山石井

碧玉鐔中仙洞府，玻瓈無底涵煙雨。好將澤澤天下施，沾溉寧論數千畝。

次蕪徽明諸公韻三首

鏡中已失舊時容，懶問春來白與紅。君為花愁成獨醉

餘醅何惜命鄰翁

未許酴醾浪得香殿春時出一枝芳從他百卉隨風舞

獨立晴天試艷粧

黄雲看即變成秋春事餘寒得少留此去浣花猶遠在

誰人能為作遨頭

過孝義亭作詩寄歸代書

終夕離家行百里山椒一上一回頭此來頗快凝陰相

寄語妻兒勿過憂

登徐孺子亭

昔賢久矣埋黃土獨有清風翳環堵曾將一束奠生芻今與遊人鬧歌舞

簡龔令望

乘興來尋老樹村接談才秖叙寒温翻然掉臂凌風去何似王猷不及門

南康道上

穿山深徑如行巷拱道喬枝欲化龍開闢從來年代遠

不知過盡幾人蹤

復聞杜鵑

憶到盱江聞子規五更自在勸人歸而今俄起蓴鱸念不為山禽說是非

宿洪氏南軒

馬乳龍鬚方壓架玉簪羅蓋漸平堤揭來頗釋塵勞念況有清風入枕幃

懷烏山柏庭僧宗文

清風明月休論景翠竹黄花不離禪好箇趙州關捩子
陶潛欲辯已忘言

遣興

一身欲着自無處萬事不疑心始閑僕僕紅塵皆相告
何時挾策過東山

贈朱少南別二首

代人挽妻父號道者

蒲團貝葉是平生爭利爭名謝不能曩劫曾修出世法
外貌休尋館座梁應知石裏韞瓊青從來善相書前…
為識英雄未遇時
今朝卿作在家僧

朱衣塵網輕相誤果有天堂定許登來去於公常自在
君精到古人寰趣踏遍東南稱獨步秖今應治非之材
預煩拈出棟梁爲具
空餘像設在冰綃

已亥出南康宫伯稱以詩贈行次韻三首

誰憐甲子混泥塗老鈍何能展壯圖方恨此行垂槖去

辱君贈句當駢珠

丹楓攝攝掛晨霜笑指康廬路許長且喜眼中無逐臭

自然心地發清香

君才端可用於時努力行將徹主知出處到頭皆分定

相期於道不須離

贈朱少南別二首

外貌休尋飣座梨應知石裏蘊瑰奇從來善相書前史

為識英雄未遇時

朱君精到古人趣踏徧東南稱獨步秖今應詔非乏材

頭傾拈出棟梁具

卷三

欽定四庫全書

澹軒集卷四

宋 李呂 撰

詩餘

一落索 送游君安解縣竹尉

琢成王樹誰解著雲斤月斧短簷黐騄樸（樸）欶一懷塵土

嘆雄圖傷別緒 主人不語花能語若欲留君不是留

君處碧落紫霄樓觀參差煙霧一樽空鴻鵠舉

浣溪沙 頻上即事

章水何如潁水清江山明秀發詩情七言還我是長城

小小細（鈿）花開寶靨纖纖玉手見雲英十千分名酒十分傾

念奴嬌

海天向晚漸霞收餘綺波澄新綠木落山明真箇是一雨秋容新沐喚起姮娥摩雲撥露（霧）駕此一輪玉桂華澄淡廣寒誰伴幽獨　不見弄玉吹簫樽前空對此清光堪掬露鬢風鬟何處問雲雨巫山六六珠斗闌干金沙

澄淺影轉西樓曲此情誰會倚風歆[三]横玉

前調

素光練靜照青山隱隱修眉横緑鳩鵲樓高天似水碧瓦寒生銀粟千丈斜光奔雲湧霧飛過盧仝屋更無塵翳潇[滿]軒風撼梧竹　誰念鶴髮仙翁當年曾醉賞紫巖飛瀑對影三人聊痛飲一洗離愁千斛斗轉參横翻然歸去萬里騎黄鵠滿天霜曉叫雲吹斷横玉

滿庭芳

光拂星榆、輪高金掌、暮煙飄盡澄空、素娥幽恨霜艷洗鉛紅、醉把摩雲妙手、教纖翳不點青銅、清知多少天高露冷、爭占九秋風、 歌鐘邀勝侶、園攀瓊樹、簾捲珠宮、算庚樓吟賞、今古應同、多謝秦娥絕唱、聲聲爲飄入雲中、留仙住、莫教清影、容易轉梧桐、

醉落魄有序

予病足置酒圃間江梅漸開不能一舉爵對景呻吟因效山谷道人陶陶兀兀之句法其體

戲作此以遺興云

休休莫莫當年不負西湖約一枝初見橫籬落爵藥闌香長是醉鄉落魄　而今對酒空斟酌老來多病情非昨誰人伴我臨東閣冷淡吟懷猶可追前作

朝中措

展屏山色翠連空瀟洒冠闔中背郭元無塵事披襟時有清風　君侯雅致臨流句麗愛月情鍾樂府直追歐老堂名新自陶翁

前調

堂成開宴日無空景占四時中畫棟暈飛星漢彫欄鎖斷花風　薰人和氣清談四坐雅量千鍾早晚催歸天仗往來還記溪翁

臨江僊洞庭湖懷古

湖水連天天連水秋來分外澄清君山自是小蓬瀛氣蒸雲夢澤波撼岳陽城　帝子有靈能鼓瑟悽然依舊傷情微聞蘭芷動芳馨曲終人不見江上數峯青

前調

家在宋墻東畔住流鶯時送芳音竊香解佩兩沈沈都
緣些子事過却許多春　日上花梢初睡起繡衣閑縱
金針錯將黃暈壓檀心見人羞不語偷把淚珠勻

沁園春 老歎

射虎南山斷蛟北海恍如夢中念少年豪氣霜寒一劍
清時功業月滿雕弓年去年來成底事已一半消磨成
老翁那堪更病爲城遶愁作兵攻　無悰慵語西風正

二十　十一

獨倚危闌送塞鴻道酒能消遣因酒病減歌能消遣歌為愁濃大造不爐冶去萬卷詩書寧憤窮都休問且試弾綠綺闘和秋虫

木蘭花慢

沈吟不肯晴窓畔小字銀鉤題欲遍雲情散亂未成篇花骨敧斜終帶軟　重重説盡情和怨珍重提攜常在眼暫時得近玉尖纖翻羡縷金紅象管

水調歌頭　和伯稱

山雨喜開霽爽氣滌煩襟晚秋丹葉飄墜籬菊散黃金
徙倚闌河凝望回首光陰輕駃倏忽二毛侵須信人間
世莫放酒盃深　一星子名與利漫浮沉塞翁禍福無
定此理古猶今妙處秪應親到外物從渠舒卷出處我
無心袖手無新語洗耳聽清音

鳳梧棲

一歲光陰寒共暑一日光陰只箇朝還暮有物分明能
喚悞（寤）晚鐘晨角君聽取　擾擾膠膠勞百慮究意（竟）思量

十の

沒箇相干處只有一般携得去世人喚作閙家具

點絳唇

去歲天涯一燈閙作幽窓伴酒來須滿不待傍人勸

今歲天涯又是年華晚淒涼慣問天不管只我何曾管

調笑令

掩袖低迷情不禁背人低語兩知心煙蛾漸放愁邊散

細靨從教醉裏深小梅破萼嬌難似喜色着人吹不起

莫將羽扇掩明波灧灧光風生眼尾眼尾寄深意一

點蘭膏紅破蓝鈿窩淺淺雙痕媚背面銀床斜倚燭花
先光報今宵喜管定知人心裏

前調飲

摘藥和香滴得成更將白玉琢飛鯨蝃蝀一任香羅浣
更折花枝作令行香浮金鱗翻藥盞笑裏桃花紅近眼
粉壺琥珀為君傾弄翠挼紅歸來晚　歸晚思何限玉
墮金偏雲鬢亂傷春誰作嬉遊伴只有飛來花片幾回
愁映眉山遠總被東風驚散

十七

十六

前調 坐

玉笙吹遍古梁州暗學芙蓉一樣愁筒腮重整金條脱對檻不卸紅臂韝淺淺緑靴雙鳳困梛弱花慵斂新悶嬌多無力凭薰籠又報杏園春意盡 春盡斂新悶暗

春盡斂新悶暗傍銀屏[屏]撩鬢[緑]攢眉不許傍人問簾外冷紅成陣銀釭挑盡睡未肯腸斷秦郎歸信

前調 博

緑檀屏下玉成圍喚擁金盃出注時多情故與諸郎戲

卷四

九

不惜春嬌兩鬢垂珠璣滿斗猶慵起玉馬象盤還得意
漏冷銅烏喚不譍更移紅燭桃花底。
花底錦鋪地繡浪瓊枝光似洗一心長在金盆裏翠袖
懶遮纖指珠璣滿斗猶慵起過盡紅樓春睡

前調　歌

賢川六疊小香檀玉笋纖纖不奈寒淺破朱唇促新調
紅絲短瑟未須彈錦字兩行粧寶扇扇中鸞影迷嬌面
蘭葉歌翻春事空孤鳳離鸞兩含怨。

含怨兩顰淺𦐂翠雲鬟低玉燕綠沈香底金鵝扇隱隱
花枝輕顫當筵不放紅雲轉正是玉壺春滿

八寶粧感懷

門掩黄昏畫堂人寂暮雨乍收殘暑簾捲疎星庭户悄
隱隱嚴城鐘鼓空堦煙暝半開斜月朦朧銀河澄淡風
凄楚還是鳳樓人遠桃源無路　惆悵夜久星繁碧雲
望斷玉簫聲在何處念誰伴茜裙翠袖共攜手瑶臺歸
去對脩竹森森院宇曲屏香暖凝沈炷問對酒當歌情

懷記得劉郎否

卜算子 警悟

心空道亦空，風靜林還靜。卷盡浮雲月自明，中有山河影。供養及修竹行，舊話成重省。豆爆生蓮火裏時，痛撥寒灰冷。

鷓鴣天 前調 謝人送牡丹

寫已本时改寫前調

甲帳春風肯見分，夜陪清夢當爐薰。尋香若傍闌干曉，定見堆紅越鄂君。雕玉佩，鬱金裙，憑誰書葉寄朝雲

蘭芽九畹雖清絶也要芳心伴小醺

前調鷓鴣天 寄情

臉上殘霞酒半消晚粧勻罷却無聊金泥帳小教誰共銀字笙寒懶更調　人悄悄漏迢迢瑣窗虛度可憐宵一從恨滿丁香結幾度春深荳蔻梢

欽定四庫全書

澹軒集卷五

宋　李呂　撰

序

送周術士序

周公系出某、少落魄、不事家人作業、持其術曰三命曰五命、翺翔江湖、涉二浙、走巴蜀閩、一歸閩粤、其足跡所逮幾半天下、行萬里而未厭也。從士夫遊、世所歆艷者鮮不識也。一日袖手跂於衡門之右、會余送客揖而進之澹軒道所由來頗自衒其術之精因謂之曰余少也不無意於速化選要數奇退而自屏於無用之學亦有年子之術神余何以子為問試取一二親舊五行叩之凡他人以為肯綮者周輒迎刃而解辨析品藻苦無凝滯至其巧發奇中坐者為之激節噫周之術可謂不苟然者矣惟天降衷在人受之而為命故曰能者養之以福不能者敗以取禍此古之所謂命也今之談命者其學蓋自司馬季主時已有虛高祿命等語後人又推廣

其道於是以人始生年月日時會而觀之而休咎生焉至於支干五行錯綜萬變運式布棊星推歷卜分寸薄厚冥搜造化刑殺所臨或遇而為福貴祿所會或陷而為禍卒然未獲其指者比比皆是必也窮年皓首其閱人也衆其取類也多然後察往知來如衡之於輕重度之於長短秋毫不得而隱也然猶有賦稟殊異分野乖宜毫釐之差眩目惑心庸有未盡者焉嗚呼如是其難也要其所歸特不過逆數之一耳非向所謂命也觀季

主所以曉二大夫使之茫乎失色、亦必有道矣、夫鍼膏肓而起痼疾、求有益於問命者、將不止於此、予盍歸而求之、壬寅首夏序、

烏洲李氏世譜序

初祖自唐末卜居光澤之烏洲、卒葬本村、世號員外墳、墳園占地、從廣所抵、伯祖長官嘗慮從官轉徙、為隣畔侵併、具言於邑大夫、給據以照、屬朝廷舉行經界、里正行量步畝、又狹於當時所載、姑附見於刪定之砧基、歲

在巳丑某嘗率宗族環以版築辛卯之春北溪泛溢墻

悉浸仆基石僅存其兆域之内凡有二冢居其中者特

大數十年來墳土消落冢面之塼畢露塼側有文曰咸

通五年二月葬其左者差小文曰咸通二年某月葬或

有李家冢三字然世系悠悠傳録不一考於高曽以來

誌墓之文或云有顏者出於青州之千乘或云唐大中

間都官員外即頻為建州刺史有惠愛卒官下時郈武

光澤未升郡縣隸建州境子弟有不果歸者留居于此

自大中改元咸通適其時也質之本傳時有不合豈登載之闕歟爲之後者疑以傳疑迄未有以取正也迨紹興戊寅送婦翁之官御史府道出雲際邂逅族人季英者備言少時及見其家舊譜則云初祖公達偕弟公遠實南劍望姓以事往來吾里有高公者豪據烏洲館二公於别室竒公達妻以女高無子罄其貲以奉焉三者之説未知孰是要之雲際所聞頗詳首末差若可信今譜目之曰員外從長官公文舊稱也自昔相傳初祖之

後分派爲四是則同考四子名皆從走咸有隱君子之操當唐末喪亂避難散處以蕃以殖曰超北徙雲際得建安劉侍郎夔所撰仲權墓表則曰超生朱朱生德榮德榮生巽巽登第太宗朝仕至度支郎中際山以南李其姓者悉超之裔也其東徙邵武之將渠之从里曰赴曰越皆爲茂族大丞相綱父子兄弟聯芳接武蓋居將渠焉曰起世其先廬主產業不樂從吾族其後也呂北角侍諸父聞講道舊事奉常公與仲權之孫演友善同

處太學相謂兄弟又於外村上官必發家得奉常公與其祖判官名晉卿内簡目其妻李爲大姐者亦視仲權爲祖父以此推之仲權正與司空同行又聞之從叔父字興祖嘗言於鎮嶺族祖恩州故笥得片紙若祝文文藁者稱户曹之父大公祖則十公二妣皆危氏以仲權墓表考證世次十公當名爲起昔洲之艮維有墟墓環以石居人皆曰公墓又北直户曹故址變爲灘磧久矣惟公墓在近嵗溪東民李與兄弟朋田於故溪中纍石

以障水水勢益西灌嚙公墓且盡時登仕刪定二父猶無恙遷之上蘭口其存者内棺底蓋而已朱墨間錯漆色儼然太公葬浮際原長官嘗侍奉常公一拜其下後無識其處者户曹有鄉行三長列上得王氏版命凡三鎮之曲直取決焉五季間人家質賣券契經印押乃可施用辛亥刼火之前尚及見之司空在太宗時部民兵督餉轉海溺水死少巳志於學五經皆手抄廷評公少㧞刻苦自立學益富作詩得少陵句法自是鳥洲之李

遂與閩家代不乏賢焉若夫得姓者必出於隴西至於命氏之由蟠根葉葉則備見於典膳丞延壽之序傳茲不得列云時太宗淳熙四年歲次丁酉五月二十六日

甲午裔孫呂謹序

諸子命名序

吾家徙居烏洲世載禮讓垂三百年高祖廷評府君高蹈林泉寓意詩律聚書教授澹然無營曾祖太常府君以豪邁逸群之器鼓篋遠近遊學成登進士第年才二

十有九仕雖益困而惠施則廣篤生三子其仲與元祐
諸公上下議論是為黨人其季則吾祖九府君以孝悌
然諸信於鄉里先考奏名進士府君少而苦學處閨門
不違父道出而遊庠序與四方士大夫遊見者畏服其
遇人之急義而有信其臨事敏明而有守夫人皆知之吾不
足以知也吾不幸早孤奉素業粗不敢失墜咨汝諸子
可毋念汝祖若曾高若遠祖之為乎吾不足使汝學也
吾今命汝以名表汝以字姑述在昔聞於祖父之訓明

以教汝汝列聽勿諱曰紹祖夫保家之主固已難矣彼菑穫之喻非廣阡陌也堂構之辭非侈居室也肆前修之立身行事垂範將來汝既知之高山仰止景行行止徒知而徒言豈若躬行而允蹈之也其字汝以景行曰懷祖夫孝始於事親終於治國平天下人能以深愛之誠心推而上之則知尊祖故知父而不知祖不足以言孝孝不備則本不立矣祖乃生人之本孝乃為人之本有本則雖放乎四海可也其字汝以孝本曰闡祖六經

皆載道之文諸史皆應變之迹學者之所盡心吾人號

為務本汎濫無統適足自亂博學詳説莫知其要非古

人之所貴也其字汝以守約曰相祖行成乎身功加乎

民非必處也隱居求志行義達道非必出也然上下進

退神龍不能違其時行止久速聖人必曰當其可其字

汝以時可曰襲祖君子居其室出其言善則千里之外

應之故一出言不敢忘父母茍為不然則忝爾所生忝

所生則忝厥祖忝厥祖則惡名隨之矣其字汝以世譽

曰壯祖夫壯非君子事也故小人用壯君子用罔然興
事赴功類非懦弱之所能詩不云乎克壯其猷史不云
乎老當益壯言壯則有盛大之意故有大者不可以盈志
愈大則心愈小為近道矣其字汝以處謙噫善人不善
人之師是蓬生麻中不扶自直吾今教汝不於其他特
不過稱吾父祖之行事與夫所以責望於後人者述為
訓誡命汝名字俾之覩名思義可謂待汝不薄矣惟其
有之是以似之汝等氣類克肖資以進修充以器識庶

幾乎不墜其緒也捨此則為自暴自棄矣書云惟狂克念作聖唯聖罔念作狂是知狂聖之辯（辨）亦念與不念而故曰差之毫釐繆以千里宋乾道九年癸巳八月初一日書

代縣宰社倉砧基簿序

今社倉之制其說有二曰儲米以備賑貸之用也斂息以資舉子之給也向者崇安開糶（糴）倣隋唐舊制而創為之蓋倉以社名則賴乎里之人相與推行而不涉吏手

故賓惠稍孚而獘端迄塞余涖邑數月適連帥趙公封
示崇安條畫俾視效而舉行之會里有處士李㚟余始
到官知其人焉一日以其事謀之寮友與夫鄉人之善
者僉以李為然遂造門而問故李曰吾邑東西不及百
里南北相距加二十里中多亂山可耕之田僅得三之
一故樂歲則粗可以給一有水旱之變則食為之不足
於是溺子而不舉者俗誠有之贊令尹得不為之長慮
而使之知父子之親乎又況闕米於新陳之未接則憂

不在鄉而在市蓋販者無千金之積停者無三日之聚
鄉人挈擔石以趍市少則有踊貴之患甚則有不繼之
憂官盍有以為備乎然捐米以惠人非買田以規歲收
之入儲米以備糴非建倉以別在官之廩則不可以圖
久於是議以克合適詳視崇安之成規講究吾邑之所
便增損而行之惟其所當凡買田建倉官出緡錢二十
而糴米所直數亦稱是李又推擇其鄉之士八人任鄉
官之委以與民附籍縣復委官措置以示公私互相維

持之意幽遠之民始而疑來請者尚寡中而信歲終計
之已支百斛今買田之外益以沒入之産亦既三倍所
收矣所儲千斛若糶以時直而糴以平價雖歲稔亦蒙
出
利焉夫不規剩利以糶則可使常新取諸歲收而與則
可以持久由目前觀之若可以詒後而貽遠矣獨念夫
崇
婺安創始之制倡者里人而官為之應故其成若難而
久非所患今吾邑舉行之方官始倡之而里人為之助
剏其設施各務得宜則其事跡容有小異至於救民於

壑為國添丁原其用心則未始不同然念牧民之吏率以三歲而終更斂歲計之餘錙銖而積其所成立僅止於此至於增光潤色自此豈無與我同志者吾邑之利未見其已時也雖然百里之治欲民化而俗善茲特其一端耳若夫富室之兼併豪民之武斷惡習相染而澂民閒出頽風相仍而澂事時生必將講明治化拔本塞源以成禮義之俗則余之所以望於後之君子詎止於此耶姑摭建置本末出納條例悉列冊著為砧基簿且

復為之序以冠其首用詔來者使公私皆得以稽考焉

會族講禮序

朞比見吾宗生聚日蕃至講禮之時特不過冬年兩節而已惟會面之時如是其疏所以異於路人無幾又況其間傲岸簡忽不能推見根本茍且自便居幼惟憚其長之見則矙亡而題其門居長或見其幼之來則戒僕以拒其謁遂使服屬未遠累年或不一見異時邂逅或不相識風俗至是亦已頹矣故嘗與衆僉議高祖大理、

以尊之

評事府君高祖母光澤縣君實大吾族其別三祖曰朝
請大夫府君曰河源主簿府君謚封殖之今本村上下
東門裏外及邵武磨灘君者皆三祖之子孫也今欲每
遇冬年就族人之家稍寬廣者設廷評光澤及三祖之
位供以香燈酒菓糾合族黨上自吾兄弟下及諸曾其
日巳刻咸具盛服（或公服或襴幞或衫帽或小衫各隨其宜但不可用道服背子）相率
畢集尊卑以列薦獻如儀然後自尊及卑逐行講拜就
坐茶湯成禮而退于遵祖祖于以合族使子子孫孫咸

知其所自來且知族屬雖廣而同出於一氣也則事長
慈幼之道不下席而得而親睦之風將不勸而自厚矣
嗚呼自廷評公至吾兄弟凡五世自吾兄弟至諸曾又
四世矣合今四世自勝衣以上畧計幾二百人族姓之
蕃求之吾里殆難其匹既蕃矣又能世其素業久而不
墜抑又難也欲其素業久而不墜舍禮何以哉然則茲
會之設其繫吾宗之隆替甚大豈曰小補之哉今議本
村東門兩處每節各委謹幹弟子二名掌其事前期徧

具咨請量収少錢備香燈酒菓之屬措置器具坐次詰
朝鋪設務在整齊衆集贊導薦拜毋得差紊仍署簿一
扇逐節開具與會之人行輩年甲及行禮節次取尊長
簽押事畢差定後次掌事付之交管及真像器具等悉
令藏去毋致損壞其與會者若有疾患死喪急幹遠出
等事不果來者許前期具假伏報掌事者照會其有傲
岸簡忽苟且自便托故不至是不知宗族之誼在所不
齒如此庶可以持久凡我同志念之重之

不以其

送吳必裕序

吳必裕長年斅學僅支菽水之奉囊無餘貲瓶無儲粟人所知也今春遽失所怙惟（是）附於身者正未有以處賴故端明黃公揮金濟辦得就木焉在殯且久必裕索居四壁骨立容瘁茫然復無以為葬一日問策於李某某曰必裕故家大乾之中坊世號著姓內外姻黨蟬聯（聯）甲族固不少矣豈（其間）無高誼薄雲如端明公之用心者必裕試一叩之脫遇一人盡捐麥舟則子先君之事濟矣不

然集衆腋以成裘必裕猶當俛首為親不憚於屑屑若家於喪則不可也必裕勉之哉

送龔伯成序

龔一新伯成漂汎不偶比丁内艱而堂有嗒然之老零丁窮瘁苦無以自存昔原壤之母死夫子以其不遊於方外猶助之沐槨曰親者毋失其為親也故者毋失其為故也今伯成以文學授徒四方俊秀從而與之博約宜亦不少況親故在東阡南陌者聲相聞也烏得不為

之動心哉凡諸往來能隨力薄助俾死者有歸老者有

養斯亦古人患難相救恤之意子勿謂當世無其人焉

因行試以此叩之

與四八姪序

族祖南恩州房近來孫枝彫零尤甚其有者四八姪而

已年雖過中或尚有嗣續之望近議定牛嶺高氏爲進

舍夫斆學者所獲僅了定禮許以年下畢結茫然未有

其資吾宗敦睦有素非他人比不免徧詣懇投能隨力

助成之是亦義舉此姪家無四壁族中前時吉凶徵逐皆不暇講其或追念於此量施以為之報則索我於枯魚之肆矣

與六七弟命子名序

余從弟季嘉年四十有三實始生子為伯祖父提舉公之曾孫公在元祐間以論事得罪入黨人籍去今八十許年而爾之子始生謁名於予予命之曰挺字以嗣直取魏鄭公古之遺直其後魏謩挺挺有祖風烈之意願

吾弟勿以貧故謹教而成立之則暮䁖之事業將復見於吾家兄老矣所以期待於爾父子者不淺尚克念之庚戌十一月十七日長至澹軒翁述

欽定四庫全書

澹軒集卷六

宋 李呂 撰

記

義方堂記

紹興首元歲在辛亥、建寇一夕閒道奄至、先廬數百楹燔爇殆盡、自是所在竊發、人不奠居、先君乃相水東之仙岡、差若僻遠、旁有山逕、倉卒易於奔避、營治粗畢、携累居焉、居之西偏創小堂、下瞰池圃、旁闢軒窻、置几案橫經以教子而命之曰義方不幸先君早世權厝其地扶挈老稚復葺故址依從諸父爲求師問學計是後堂乃屬之僧菴迨辛巳遷神於獅山而堂遂廢於乙未每過其處但見荆榛𣗥比痛悼隕泣若無以自容今年二月因獲掄材鳩工直丘壠坤維相距二百舉趾考槃數椽其從十有八尺廣則倍之而增其二焉雖輪奐一新而規模格物不敢有加其舊復用昔日之名揭之楣間示以不忘處其中席以奉安遺像竅户牖於夾室北設

卧榻、前列琴書、輙取顏曾之所事以名其左曰四勿、右
曰三省、使子孫篤志於學者肄業其下、朝夕相見先君
之為人、如親承其謦欬而取法其用心、出入踐古人之
迹而志其遠者大者、則於先君為無負矣、惟我先君居
仁由義不務表暴私門寡祜降年弗永故畧不見於施
設然推其行身及物無愧幽顯則知其志之所存者夫
豈淺淺哉使命與時會其所成就决非碌碌者比也新
安朱先生故已摭其梗槩銘之墓石矣么麽小子詎敢

復有贊述推原先君命堂之意以勉進來者庶幾獲此而佩服之爾苟為不然利欲内焚而趨向弗類交遊便僻而傲誕自棄有一於此誠先君之罪人為斯堂之所擯矣至於歲月悠久成毁有時想後之人豈無同乎我者嗣葺之然則是名之作將愈久而愈光未可以世數議也於是乎書淳熙十五年歲次戊申四月丁夘子男某謹記

孝友亭記

先大父處士府君以大觀丁亥六月二日終於正寢追
巳丑始克以禮葬於邑西溪口之原旁立亭一所以備
歲時拜掃陳薦於其下蓋窀穸之初叔父所創也歲但
屋老日就頹圮越淳熙巳酉相距巳八十三年矣長孫
某率從父弟順輟忌日齋享清明拜掃之費選匠掄材
取榱題椽桷之撓壞者墻壁瓴甓之崩缺者悉更以新
好稍復其舊從兩架梁外壁以為房使守塚之家居之
授田四畝以為衣食俱令以時汎治庭宇掃除敗葉勿

使壅滯補葺罅漏勿使穿穴為經久之計某念幼失所

怙逮事日淺嘗聞之叔父言大父為人軒昂磊落慷慨

有大志善談吐重然諾治生義然後取不務苟得有為

權譎之言以進者皆噤不得發先是奉常府君早世大

父上有二兄而下有一從父弟往往皆欲自奮於文字

中大父獨與其叔父河源主簿府君分典内外河源府

君貿遷川廣間歲一歸久以為常大父專意經理以奉

親肥家為已任河源府君既卒官大父以其子少親往

護柩事叔母與親母等咸得其懽心待兄弟若一內外無間言營治勤劇而不私其利周人患難而不有其恩待人不以貴賤咸主於禮遜謝公文璀謫居邵武大父與之親厚每談論竟日不勌（惓）後始知其不事科舉為之慨然初奉常府君捐館用治命歸葬杭頭其隣張姓者以孤弱見陵誣訴於官經時不決部使者為之移獄隣郡大父時年十四毅然與仲氏同往就逮仲氏尋以母疾告歸省覲大父獨留對辨如理爭者屈焉奉常府君

得不改卜人以是知李氏兄弟屹然有立決不久為人
下繼而二兄俱補中太學居十年而仲氏登第河源府
君亦以是時得晚官伯氏浮湛場屋逾三十年五舉乃
登第再長劇邑皆以廉能稱仲氏歷官多在京陝好義
敢為與任公伯雨龔公夬輩上下其議論春秋曾未五
十坐鉤黨廢錮其從弟亦一意學問經明行修不以生
計累其心凡宦學所需東西南北靡不應辦時吾家文
風特盛子姪入上庠者近十輩貲糧之出略無彼此之

異復積其餘以廣阡陌後先夫人與叔母相繼以壽終
視家貲已十倍於前既免喪始議應諸子分法裂而爲
四季氏則遷居後巷未幾大父與二兄復合其業歲有
增羨又十年不幸大父傾背仲氏亦歿於海陵貶所次
年伯氏解官順昌始與兩孫姪分田析居惟我大父盡
瘁於家財不異藏田無別籍以此終其身至是猶未免
致疑有業已分而未肯割税者有受分後乞檢會契底
者卒無一毫之私可得而議嗚呼大父持家四十年其

平心盡已如一日推其用心當於古人中求之若近世則未之有也其亡也士君子識之者各以所聞見為哀挽無慮百餘篇獨石公惠之詩尤為精確其詩曰孝友陽司業山林陶隱居平生高士傳晚歲竺乾書彷彿旁招奠聯翩會埜車無人上公行誰為表門閭以大父之平生詩句縣盡之矣茲因修蓋甫畢而亭榜偶犯高宗陵名輟石詩首章而易之曰孝友又摭遺事為鄉人所知曉然明白者為之記庶使後人於誌墓之文可以參考

云十有二月既望孫男𡨥謹記

澹軒記

予居之西北隅下瞰淆溪長林巨竹映帶左右清風明月之徘徊沙鷗宿鳥之鳴舞四時之景足以怡情悅目者不可以殫數因即桂林之側敞軒以面焉暇日挾策登臨開卷會心自謂羲皇上人不是過也間遇有丘壑者見過相與徙倚抵掌談笑索我於形骸之外曾不傾夜晨而日夕是亦景物有助焉爾故予掇其景之尤勝

者名其軒曰澹蓋指水之貌以言之夫水之為物以清
明為質以潤澤為功納污含垢是其量也任重致遠是
其材也有是數美而獨以貌取或者疑焉殊不知玉在
山而木潤淵生珠而崖不枯有諸中必形諸外即其表
其裏
以觀因可也使水之性因時而為炎涼隨人而為曲折
不常其行或承之羞尚何貌之足云乎且人之好尚不
能盡同其於物也固有懽然相契者不可得而閒矣是
故仁智之樂出於動靜之本性孺子之取得於清濁之

自然至於頳陽之洗耳鴟夷之泛湖淵明歸來而臨賦魯望散人而記號是數君子託物寄意不於其他蓋有在矣自非順性命齊寵辱不染一塵心法雙泯固未易語此東漢黃叔度汪汪若萬頃陂波不可澄淆其進於是歟故前史美之有淵乎似道之語予嘗謂使斯人坐廟堂得時行道視富貴為何如而所立必有若頹波之砥柱者其器識可卜也若夫有所陷溺則廉恥汨喪隨波逐流而無所不至矣是宜知軒裳之可貴而不知仁義

之貴知紛華之可樂而不知名教之樂舐痔御車猶將甘心焉彼孰究夫水之理之貌也或又曰子之所謂渚溪者其源不過五十里其深不盈數尺譽而名之不已侈乎予應之曰有是哉客之迂也濫觴非多其流可以滔天纖雲之生不崇朝而雨萬物是皆水所致也特患其無本爾予溪豈無本者哉夫謂能行於其所當行能止於其所當止則予溪有焉遽以遠近深淺議之客莫我知甚矣噫潢汙行潦薦鬼神而羞王公不曰不可於

予溪不有聞乎客退書之壁以自廣云李某東老記

朔州普成縣孫氏置四大部經記

佛以一大事因緣故出見於世而群迷倀倀如搏風影莫或趣入佛則哀之於是假以言詮申以義諦旁譬曲引俾因指以得月故為書凡五千餘卷而其徒集而藏之曰大藏既以為浩繁莫適徧覽則又摘其帙之最巨而心要之總轄者曰般若曰寶積曰華嚴曰涅槃別而藏焉曰四大部故凡喜事之闍黎信心之檀施力不足

以及大藏者則為是經之為嗟乎佛以一妙音足以證真而入理薦祉而却災彼五千卷四大部何多少之校哉劍之屬邑曰普成有孫氏自其先世與大雄氏有緣其子其信奉尤篤嘗以蒸裸不續有懷於中乃燎香佛前願捐金市經將藏之家以丐冥助已而果得子其滋喜初意益銳未幾畢事亦軸琅函端行楷畫無一毫苟簡龕幄祕邃種種嚴護與經相稱龍天鬼神畢來持衛護於是其子育日設無遮供及四十二僧就閱是經因以

落之遂求記於予志其事予謂世之人貪得吝出抵死

校毫末所積巨萬惟家之肥惟身之豐（豐）惟子孫之愚拔

一毫以奉佛搖手不可今孫氏乃能踴躍發心弗勒弗

鄙咄嗟之頃辦此勝緣比其儕類碩不大異況熊夢應

期蘭玉秀茁明驗皦然罔虛厥施倘推是心卹貧拯孤

與病與老則異報咼來將大於是非吾私言實佛之言

孫氏子能藏佛經必能聽佛言故告之弗疑

光澤縣大寺寨修倉記

由光澤縣治北出四十里所有寨曰大寺、在熈豐時、以隣寇廖恩吳箭之嘬鋒相襲往來踐蹂、而縣之境北直江東、視三方獨為濶遠、其地多峻嶺長谷、盜得出沒其間、民懼其害、於是部使者以郡縣之請上其事於朝、寨由此建、既成、郡撥禁卒凡百五十輩充入之、闕則就招以足其數、總一歲轉餉幾千斛、因創倉其側、以便出納、當秋收時、郡撥民租委僚吏受而儲之、然其規模草創弗能支遠、漂搖於風雨、穿穴於雀鼠、棟撓墻圮、因仍不治所給之粟半為土壤監臨之官睨而弗視以為常焉吁養兵之道如是其何以責人之死力也哉紹熙癸丑巡檢李君始就職見而戚焉未有以處也會縣主簿張君來領輸務遂以告之張君聞之慨然輟常所得食錢三萬悉以付李君俾治其壞李君得之市材鳩工土木並舉梁梠榱桷（楝）之朽蠹者易以良蓋瓦甓塼之破缺者補以全昔者環以糞墻今則壁以厚版蒸濕之氣無自而入蟲鼠之耗易以補剔繚以高墉限以深閎可絕穿

窬之警用度不足則李君捐俸以繼之黝堊丹雘煥然一新器用庖湢莫不備設先是一兵月給一斛八斗七升例捐其七升斂而藏之别庾以備不常之需吏並緣為姦莫可稽較李君之至盡以與之曰無污我且撤其藏以剔去本根蓋不惟兹寨永久之利抑去其害惟保障之設我國家所以廩給之者雖厚費不憚在官者又為之瘽身經紀全畀所給唯恐有不足之憂如二君之用心者果何為乎當兹時爾吏卒得不挽强超距以

閑其力進鼓退金以習其令一有寇警則捐軀思奮以圖報效庶爲無負儻群聚恬強飽食以嬉則將焉用保障矣張君名彦清建之浦城人連四薦得第一行作吏已爲當路者所知往往數任以事張君亦勇於爲人不自校計利害以能集事如是倉之爲者殆未可以一二數也抑嘗聞之前輩宣政間有太學生張公棊者受知時宰客其家一日論及時事直忤其意拂衣歸自號草堂翁終焉玆乃知爲張君之曾大父則張君之氣節豈

無所自哉李君名某家世爲將居滑臺今爲太末人莅任未幾已能究心乃職以起廢革弊律已邮下爲首務是不亦可尚也夫是役之成二君屬筆於某謝非其人不可則爲次其顛末并書二君之出處俾後有考次甲寅年冬十有二月東州李某記

書

上黄提刑求先子墓銘書

十二月二十日從表姪孫子李某謹齋沐裁書西向泣

血稽顙再拜授家童走二千里謹投上提刑察院大閤
下昨者先考窆不獲地近謀遷奉重惟棄背之初逡巡
反葬雖請銘於大人君子而幼稺無立不能自致比長
頗遊先進之門而時已後矣今幸因改卜竊有請焉痛
念先考刻苦為人不務苟進雖當時為之若無甚難自
今觀之盖亦鮮儷某嘗采傳記所載其間但一節可稱
附託獲人萬世不朽而况當擾攘之時處奔競之俗固
未有能自堅其所守之死弗變者也使幸而遇知音若

班馬輩則亦足以鼓名教而振頹風矣彼世之賤丈夫朝不及夕其商確〔搉〕古今題品人物非貴耳而賤目則捨心而求迹若此者皆不足與論也恭惟吾丈行高當世文追古作月評之下尤慎許與矧在先考實為畏友宜盡知其平生欲銘其行可傳可信非吾丈其誰乎且吾丈亦有不可辭者抑嘗聞司馬温公與范蜀公相處歡甚每謂吾二人兄弟也但姓不同爾既約更相為傳而後死者則誌其墓故温公之亡蜀公實為之志先考之

於閣下學同志合無愧二公弟所鍾有厚薄故先考不
遇以死今吾丈橫翔臺閣爲時正人聖天子惟刑之恤
眷求重厚付之淑問而吾丈洊更數路陰功偉然行當
賜環福徧縣宇其於故交豈以不遇以死而易其心哉
今諸孤之計不過欲獲一言以伸遺恨於地下諒吾丈
决不忍深拒之也比歲季弟還自治境竊知吾丈亦有
意於此自非惇篤能若是乎况先考心之所欲爲力之
所可任吾丈既詳知之矣以成敗而論人固知吾丈之

所不為也若遂賜之銘豈惟不肖子之幸是亦先人之意所有行狀并真賛繕寫拜呈其筆其削唯所以裁之干冒威嚴不勝哀切戰懼之至荒寒不次某泣血稽顙再拜

與何少卿干墓誌書

嗚呼文之難銘人之墓之難蓋分不深則知有弗究知之矣文不工則辭有弗達辭達矣非天下重名則文有弗傳兼是三者可以無愧唐韓退之號文雅且望尊斗

嶽一時大夫士非其銘死不瞑子孫不名孝而退之亦
矯矯自喜不輕一語可人其所作半天下傑士非功業
文詞赫然則行義風操有絶人者然私考之他雖敷叙
博贍論辨雄俊率當代奇作然文而乜矣至其銘孟東
野銘樊宗師銘李元賓則事核而言激情切而意深訂
詞華則本其學術之淵源評操践則極其出處之本末
至於表忠壯則髮怒衝悼窮屈則涕交墮言言字字如
出肺肝豈非數君子於退之自是平生故人其聲氣其

趨尚相於為甚深相接為最久數君子之心固退之之
心退之之心固數君子之心則其見於辭非若他人之
勉而為廹而應是故用其情者又重以絶代之文濟以
高世之望顧焉得而不傳嗟夫退之遠矣今有人欲銘
其先而遇文如之名又如之而又知其先如彼之於東
野於宗師於元賓者其可不亟拜亟懇而求之乎某之
微懇尚忍言之某兄弟不孝險釁所鍾無以永延先君
起部之命於天刲割巨痛踰累年而未平今幸既塋獨

墓石未有文私自悼嘆與不巹等因念平時從游非碌
碌子而曰四海賞音百年知己未有出閣下者異時傾
蓋定交握臂吐膂（胸）殊姓氏而弟兄異肝膽而一體詩簡（篇）
之聯翩緘劄之往來烔（烱）燿篋楮至今宛然則庶幾分之
深知之究者矧閣下之文今世所無有每妄論之如水
出海涓滴萬壑如雲出山頃暫千態其傳緗素鋟金石
照映四裔者如玉如金且又人品絕高物望甚偉龍邸
之舊人元老之故家書命勸讀猶名散地向者鬼蜮不

量欲毁圭璧然摧姦觸邪之氣烈烈炎炎上薄日月吟
嘯癉鄉萬撓不挫卒起佐大府以階召除由是德愈尊
大節愈白則今日天下重名闕下有之疊是三者其於
銘人之墓固傳銘先人之墓則益傳視退之之於數子
猶有矜色則某兄弟於此汲汲焉以求其可後耶抑又
有說先君捐館舍時諸孤用治命即葬因綴其行寔驟
族而謀皆曰必何公為此銘者非公寧不銘時闕下方
偃息湖外道阻遠不啻天上人或怵之曰見公將何時

盡他求私謂不然天下事有不可知者見公無時固然
然安知公之不亟見也姑待之已而聞閤下起閤（閣）廢新
召擢不楚不吴而蜀寔來某聞之喜不寐曰事果有不
可知者而前怵之者亦曰持之誠應之果此其兆矣是
以前日既見將以是請未發口而閤下首及之嗟夫此
豈但人意亦天意（也）然則閤下其決興哀於未泯之魂垂
德於不朽之骨將以一字寵光之使死死生生均拜大
賜矣抑又聞退之銘柳子厚亦以故人然其朋比之愆

輕躁之短蓋而愈醜援毫之際倍費洗湔白宮傅之銘元積亦然斯二子皆道不戰欲醉聲利虧名義至生辱其友死又辱其文識者悲之伏惟先君起部剛大之正性潔白之峭行懿文寔學無愧古人白首一節歸老牖下存無靦顏沒無慙愧於閤下之筆似不辱異時文成閤下必拊卷而嘆曰吾誌人多矣唯郭有道不愧則某凡弟寔與榮焉行狀一編并浼台聽

上晦庵干墓誌書

十一月日孤子李某謹齋宿，裁書稽顙再拜獻於知府
祕書明公閣下某甞觀蘇公子瞻之集有忝張太保文
其辭曰某於天下未甞誌墓銘者五人皆盛德故求其
所謂五人者曰司馬文正富文忠趙清獻趙康靖及文
定而五其後復銘范蜀公李太師而已如王郎子陸道
士暨保母妻妾之徒蓋不與也竊隘其言以為此五君
子者勲在王室太常紀之史冊書之使無蘇公之筆愚
知其不朽也非若抱道懷義無所設施儻非盛德之士

或誌或銘則草木俱腐矣審如蘇公之云則得銘者無非達官偉人彼清介自守禮法是蹈厄窮而無位者皆在所棄矣不幾於失人乎愚意立言之君子於所紀録特視其自立如何耳蘇公未足為通論也某之先人不幸天閼自其幼年服儒者之行以終身焉平生安於義命不得少見於世在殯二十年餘某不孝罪逆始克遷奉惟是表墓之石歲久未立非故緩也蓋有待也共以明公果行育德出於生知正心誠意得之大學極高明

而道中庸尊所聞而行所知真積力久內外昭融某雖
頑鈍窺高明公下風亦有年矣今歲夏初懼然有廬阜
之興寔非為廬阜也正欲解履崇牖樞衣函丈少得望
見君子之容以償其夙昔之願耳無何行止非人所能
而會合之期如此其難也故總至洪井以事而歸引領
悵然走介裁叙自狀其過方虞獲戾豈意明公辱賜之
書情誼灑落與進之意甚於傾蓋顧惟一介之賤何以
得之下拜啟緘三復愧歎是以冒霜凌雪奔走千里使

卷六

幸而得一見足矣豈圖謙撝與進一旦寘之坐客之右
慰喜過望輙有瀝血之懇久欲訴於明公之坐噤不敢
發然念昔之壯而今已老若復遷延是自陷於因循之
罪晝思夜夢度未免一吐下悃執事庶幾乎哀而憐之
竊料明公仁恕存心仁斯立人恕斯推已純孝優於錫
類全德富於有言尚論人物主於至當初不以貧賤利
達為閒是誠小子之幸會也蚤夜以思儻獲明公賜以
一言雖華衮之贈何以加焉試持所親游君之狀稽顙

俛伏於明公之堂下惟明公惻然興懷憫其所以來之意奮筆大書而遂賜之豈特先人得伸於泉壤抑所以加惠李氏者為無窮凡某中外銜戴大造及雲礽而未已也痛念先人不逮中壽事迹不白行狀所述特取有據雖小必録冒塵聽瑩不敢毫髮自誣至於筆削之際明公取其應於銘法者存之可也嘗聞之季札之葬吾夫子寔為之銘石刻具在曰嗚呼有吴延陵季子之墓萬世景仰想其為人徒以兩語重也然則某之望於明

公意有在矣惟是哀誠所廹曾不自知其僭越短書見意荒陋不文退而屏息俟命庶下明公决有以察之而不加罪也區區不勝惶懼戰越之至不宣

澹軒集卷七

宋 李吕 撰

行狀

黄君行狀

公諱崇字彦高姓黄氏武城東人也世濟之美著於檢討吕公夏卿所撰太常丞諱扆有隱德遠近尊之子孫賑其教往往為偉人吉士始以其季子職方郎中汝嘉累封為丞太常有孫尚書右丞履被遇神宗贈至司徒

於公為曾祖祖諱汝臣不仕父諱豫用從兄右丞奏補假承務郎皆以孝謹著聞鄉邦公自幼力學日記千言人謂必大其門者年未冠而承務任以家事遂無仕進意公兄弟三人於序為次承務之喪生計未裕送終之費皆從已出初不謀於昆季曰視吾錙銖之積僅足以襄大事吾知為人子而已及至葬為禮甚備親者韙之母夫人孫氏春秋高性嚴而多疾公致養勤劇得其懽心家素清貧公獨當幹蠱[illegible]其鄰李某者頗尚氣節

推服公之爲人顧輔公以經理於是罄所有以付之李亦傾家貲以合焉隨其所得未嘗較計多寡與之處十五年終始若一公之凡遊於外不幸感時疫以歿他人無敢往者公毅然告行千里還柩檢視其槖得餘貲千緡盡籍其物以歸丘嫂公平居恭儉自守一介不妄取予至其敎子擇師雖輟衣食具無所愛由是公之二子學問涵養早稱令器發策決科爲時聞人其伯氏實冠多士藹有公輔之望仲氏連宰劇邑以愛民戢吏得名

公方耆老乘安車左右就養諸孫詵詵儼侍其前以娛
朝夕故吾里之父兄誨飭其子弟者畢援公為美談公
以二子登朝敘封右宣議郎致仕某年正月十九日考
終於仲氏之官舍享年八十有一以其年十月某日塟
於九塾先塋之次娶建安游氏封太孺人通詩書以禮
法為內助先公二十年以卒二子長曰通判建州名某
次曰知南劍州沙縣名某女一人適免解進士劉紀孫
四人曰源曰瀚曰滋曰浩咸[illegible]於學孫女五人長適右

廸功郎倪治次則某之室又次許嫁將仕郎吳應時餘
未嫁某始也升堂拜公望之儼然即之温然危坐竟日
莫見其怠容雖遇臧獲不妄言笑退而詢諸人咸謂公
自少壯至老未嘗不然然後知公誠敬之道得於天性
非勉強於頃刻之間彼所謂不言而躬行者似未足以
況公也公孝弟於其閨門薦遜於其鄉黨雖堙没幽塞
其潛光隐耀宜積久而愈發冞惟篤生賢嗣進用於時
所以顯揚公之盛德徒見其方興而未已也姑述公之

質行以待太史氏之採擇紹興二十三年三月日隴西

李某狀

祭文

先考神像祭文

維慶元元年歲次乙夘十月壬子朔二日癸丑孫某向

者重建義方堂於先塋之前示不敢失墜先訓堂成置

香火於其中以奉靈遊而未有像設家奉舊真一本重

加表飭卜以是日奉安於香火所謹以酒菓昭告於先

考奏名進士李公之靈曰公以弱冠學富有聞家難時危志弗果伸抱恨早世僅逾五旬有堂義方貽厥子孫棟宇就隳名不可堙改建於斯用詔後人公之道義發乎精神已瞑乃傳髣髴其真安奉有嚴昭示無垠入拜公像尚如公存仰此先訓期於克遵公亦赫靈大振於文何以報公日新又新尚饗

祭亡弟仲老文

去臘收汝手字方喜汝脫厄雖未免臨汀之行然大率

若不足深憂者揮淚遺書相勉以處患難之道無何老僕不忠聞汝感疾於南劒妄意以為時氣委其書於何氏妹而還方再遣汝仲子而汝之病革矣嗚呼痛哉方其病也不得評汝之藥餌遽至氣脫脉盡而不可救暨其亡也不得視汝之屬纊求必誠必信以斂手足形此生者之所甚恨也天其或者（案天其或者句上下疑有脫誤今無別本可校姑仍其舊）扁舟西來在途旬餘始達故里既易棺衾骨肉環視其面如生哭而問諸左右則知汝臨終之際也善其言及所以區處後事歷歷不亂

亦可謂收之桑榆能不自同於醉生夢死者矣嗚呼哀哉吾兄弟四人仲季相繼而夭原其致此莫不有由然一物之成敗係於數者尚可以推況稟天地之中以生者其不苟然明矣聞汝之語能歸之於天則我輩自今固可以忘言矣烏亭之原杉木之稟兄久識之日月有時命汝諸子奉柩以塟梛周於棺椁周於梛稱家有無不侈不墨山明水秀拱揖顧抱汝其安歸以利汝後若夫先疇尚足以具饘粥典籍尚可以業子孫使中饋量

入為出而緩急不失其序諸子各隨資禀而士農不失其職至於維持大綱凡與叔弟當分任其責則汝之門户折而復振尚庶幾焉苟為不然徒有區區之心亦未如之何也一觴之奠餞汝永訣慨念同氣不覺淚血

再祭亡弟成老文

維淳熙二年歲次乙未三月壬午朔二日癸未凡某順同姪道祖以家饌清酌奠别於亡過百十三弟成老之靈天禍我家一何慘也吾先人寔生四男命叔氏仲父

其居膝下者三人而已吾年十四遽失所怙零丁孤苦汝時生纔數月甫及成童忽苦危疾內則吾母日夜保抱外則劣兄請祈救藥幸不至夭長而岐嶷眉目如畫吾以幹蠱爲己責專勉汝以問學資性警悟衆謂必大吾門不幸先妣棄背凡弟出處不齊遂復分異汝較藝舉場往輒不偶伏闕上書人微不召長年道路固已喪志况經人間憂患可悲可愕者亦云不少矣無何仲氏忽蹈禍機萋斐貝錦往往而是至於臨危下石者未必

非平日親厚之人吾惴惴慄慄重足仰面徬徨乞救動
遭白眼求其一出言一引手欲解我於重圍者蓋亦鮮
矣汝乃欲掉三寸舌汎汎求援信乎其氣沮致疾以死
嗚呼冤哉痛莫甚於此矣四人之中吾年獨長仲季相
下世今其存者惟吾與叔氏同氣之親猶有四妹一則
心疾不事三則隨宦四方相見有時彫零若此老境何
堪汝為歸人諒不復戕顧矣嗚呼哀哉吾能撫汝以生
不能起汝以死能友愛於身存不能致力於喪葬此吾

抱恨於無窮然吾之所能者人也所不能者天也人不
勝天久矣汝英爽如在豈不吾亮諒耶屬闋朞期相去止
隔三日率叔氏及道姪倉忙具奠意復不滿姑用見勤
舉觴一酹相念平生終天之訣腸裂復蘇尚饗

萬松開壽藏祭前妻墓文

維慶元四年歲次戊午三月戊戌朔十五日壬子夫李
某以家饌清酌昭薦於前妻高氏之墓某與君結髮六
十年矣共處九年而君長逝卜塋溪東鷄籠之麓曰李寀

已五十年矣君之行實予嘗銘其阡焉惟是氣序流易
松風草露有慨於予心者迨今猶未忘也予後君一歲
生今七十七既老且病齒牙筋絡日夕作楚中歲以來
又病脚氣自去夏發動疼痛交攻唯恃淡粥以茍全性
命思欲預為終制卜於他所又輒不合嘗因往來見君
兆域之左正直坤維約十舉武似可以為予歸全之所
以問日者莫不以為宜退而喜曰予與君契濶許久今
乃營壽藏於其側使異時尚獲相依於冥漠之中雖百

千春秋孰究其終窮既安且固以利我後雖前時相從
之日淺亦可無憾今也偶值歲月日時之良日者以謂
用之存歿俱便遂鳩工平治基址凡百務從質實自首
丘之外唯有水路拜壇下創門庭實不可闕者粗令為
之庤彼此無害但不至廣有興造以侵傷山氣至於整
治墓道穿池栽樹修葺守屋因以精舍廣開窓戶使子
子孫孫中有好學喜静者肄業其中因以省視丘壠皆
兩地之所同也當其始事酹觴以告嗚呼吾言悲夫

寃其有靈尚鑒兹哉

代妻父祭從兄居士

惟靈服膺孝友人無間言遊于庠序列雁差肩運有通塞處之恬然一旦棄去默求性天翛翛丈室布衣蔬食日給何營姑曰藥術有餘則施凍餒殘疾三十寒暑渾如一日人偽紛紛公造者真反覆萬變孰驚其神仙化者誰惟公閏人彼豈無待御風凌雲公之云逝特其委蜕葬之高原亦聊復爾死生去來公無悲喜而某也獨

感念疇昔咨嗟涕泣有愧於太上之忘情者矣

祭妹夫何叔京文

吁嗟叔京操行孤堅宅身端靜頎自幼以常然非矯揉而後正博極群書問無不知摭傳記之同異曾不差於毫釐在昔嚴君道承伊洛得學文於家傳唯名教之可樂忘寢與食用志不分自視猶以為未足求益友於多聞棄華就寔水落石出一官不究於設施微恙遽聞於遂革吁嗟叔京全於性者如此其厚固於數者如彼其

少繄顔跖之不齊蓋自古而難曉追惟親誼垂三十年念婺妹之多難藐孤甥之不夭日月有時將臨祖載既歸安於九原期厥後之必大吁嗟叔京為真死矣而有不朽者存以彼易此夫又何言嗚呼向雖出處之不同猶覬笑談之可共自今無復此望也想音容而一慟哀哉尚饗

告城隍文

維淳熙八年歲次辛丑三月丁未朔二十一日丁卯李

某等敢昭告於本縣城隍土主之神某等承邑大夫見
謂縣學頽獘弗葺則壞又曰縣治之西得隙地於陰陽
風水為勝因此時移叔舍其舊而新是圖諸君冠章甫
而談仁義得無動心焉語屢出輙不應者累月一夕復
申言之勤惻之意有加於是以其說請於神工祝致辭
聽可否於珓珓連獲吉卜乃敢承命屬季春中澣其辰
丙寅始從事於勸率越翼日丁卯糾合同志以牢醴修
敬於靈祠惟神實降斯土巍然坐像公禍福之權享一

邑之奉凡厥歲時莫不持香幣進卮酒奔走於祠下者亦以其有禮義存焉耳今夫子爲萬世禮義之宗主無夫子則人道滅矣神安得享有此巍巍哉彼釋老之宫金碧相焕至教化之地則填漏支傾反不如郵亭傳舍若神豈得坐視而弗救自今以往當使境之善類莫不欣然嚮合不日成之無有後艱則神之聰明正直誠有助於風教而神亦永有依歸非敢私禱也尚饗

代趙宰移學告廟文

維淳熙八年歲次辛丑三月丁未朔十八日甲子具位
某敢昭告於先師至聖文宣王竊惟吏治以仁義為先
教化為本某誤叨邑宰兩年於茲矣顧瞻學宮棟宇傾
頹日就毀廢惟是俎豆之事因仍苟簡仰不足以奉承
聖師俯不足以振作士氣心寔愧之屬者邑士復以陰
陽向背為請願協力移建乃即縣治之西偏卜云其吉
地靈形勝面勢當陽前仰後擁山秀水清於是言出未
幾衆口和附咸曰禮義興行異人傑出於古有光其在

斯乎方當謀始用伸虔告聖神其聽之尚饗

諸廟謝晴祝文二首

極雨極暘俱稼之害禱於有神神動輒響答比以霖注仰祈開霽復諧其私神豈吏之恤寔民之憂躬謝祠庭亦以故云

春霖連日寔病苗也吏惟民憂中心焦也有禱於神福可徼也雲褰日曒報之昭也敬拜祠房致懽謡也一觴之謝栢與椒也尚享饗

苦雨不已農末俱傷告爾有神惠肴燬陽應不旋踵其
德昌量施豐報微以誠可將終此歲功尚降之祥尚享饗

醮詞

淨獄設醮詞

國家閑暇堯仁方徧於九垓囹圄空虛漢律遂收於百
里幸逭承宣之責實繫覆燾之功用昭謝於洪私庶蕆
迎於和氣明慎而不留獄敢矜五聽之精穮蔉必有豐
年更賴三清之助

卷七

欽定四庫全書

澹軒集卷八

宋 李呂 撰

雜著

錄祖先遺事

吾李始居光澤有二說今並錄于左尊長所傳初祖仕唐刺建州以卒葬于上洲今塼塚見存每塼志云咸通五年二月卒葬其左一塚塼文云咸通二年某月葬或有李家塚三字或以為始祖之配而不詳的伯祖宣教

嘗申縣出據稱初祖員外而不名伯祖寺丞及先祖之
誌則云諱頡考之唐史文藝傳都官員外郎李頻大中
間嘗為建州刺史死官下有遺愛州人廟祀於黎山大
中繼改咸通以其時考之訛頻為頡容或有焉但本傳
載歸葬壽昌而鄉隴在此為不合故某往嘗為文以謁
黎山有曰意其為公支庶或兄弟之後此一說也度支
仲權之族居于雲際之鼇溪皆言其家舊譜初祖公達
南劍人與弟公遂偕來先澤幹蠱有高公者夫婦獨居

烏洲館之奇公達納以為壻因家焉生四子名皆從走度支公曾祖名超超生朱朱生德榮德榮生巽巽是為度支烏洲派別之祖諱起此一說也往時從叔興祖為某言嘗于族祖恩州天常亂帙中獲片紙若家譜已不全載户曹之父太公祖十公二祖母皆危姓推仲權之世數視户曹為小功伯叔父故太博與仲權之孫判官序兄弟蓋是時昭穆猶未泯也等而上之則户曹之祖十公即諱起者是也又吾家有祖墳在北溪旁距公墓頭人以

為戶曹之祖四圍埋石為記其年少時猶及見之庚申辛酉為水侵嚙墓既破有棺木貳片在外漆猶鮮朱地黑花豈當時所尚然歟登仕删定二叔合族遷奉於溪東曰上欄夫人之葬不及知其處族中除夕門祀上代十二叔公相傳應役死於兵世祀不絕或恐為十公之弟戶曹之父其浮除諸叔云伯祖宣教初幼侍太博猶往拜掃亦不言夫人墓是自無能知者今所存唯上洲兩塚最古歷年滋久坟土圮落冢室暴露己丑十一月

其率親屬增益其封環以垣墻旁元有烏臼數株移植使蓊歲取其利以為修葺之費戶曹十四公諱泰有鄉行王氏制命以為官葬縣南塔坳夫人王氏葬上欄在今圖極廉小叔伯叔右四寳卅一公諱建中手寫五經國初勤王死事太傅卜葬衣冠於溪東曰黃嶺夫人上寳二十九娘葬上欄之大寮元有小相思木環列墓側建評三十八公諱鐸開寶乙亥生文行甚高有詩句行于世享年七十九光澤太君黃氏十五娘江陂黃

延之長官之女兄太平興國辛巳生享年七十皇祐庚
寅七月二十四日卒其年葬杭頭太博生于祥符甲寅
追慶歷壬午登第起家為泉州司理參軍以知州王益
冲奏公士行清修頗有學問勑兼泉州州學教授慶歷
七年廣南路西轉運使杜杞提點廣南西路刑獄公事李永
德奏公決獄□□平臨事幹敏保舉堪充縣令任使就移
黄州黄岡縣令丁母憂皇祐五年服闋有舉主九人注
昭信軍節度掌書記丁父憂至□□三年服闋授夔州奉

節縣令嘉祐五年以夔州路轉運使馬仲甫等六人奏公素能自潔寔有可稱保舉堪充京官親民任使勑改著作佐郎差知江陵府公安縣事八年轉太常博士治平二年差知興化軍莆田縣事轉屯田員外郎未拜卒於任時治平丙午八月二十九日也歸葬廷評墓次後以伯祖父提舉贈至左朝請大夫仁壽縣君高氏爵里卒葬具于忠墓先祖妣不肖嗣其肅陳公所為墓誌先祖父母之葬李太師斯和從叔知縣實誌其墓先祖妣不肖

嗣其嘗自為行狀求黃待制為之銘許而未作

戶曹乃五代時王氏承制所命向記三七叔父云嘗於

十伯祖家見之其命詞有鄉行素高為衆推服等語戶曹

公生頗優裕咸平間有産錢一萬六千烏程塘石多其

世業家居烏洲之北歸後坊時比隣有樂姓者以貲相

高今正在來峯陂埂外仙子罽廪石乃洲上人汲步戶

曹性嗜驢人居希少傍溪皆其畜牧地

司空公手寫六經在門裡十七八家為水所漂司空公

縣、右上官氏二十九娘後晉天福八年癸卯生至大宋
天聖三年乙丑年八十三感風疾以家事戒子孫後不
知棄養歲月廷評公善飲酒既醉益莊謹鄉人戲之曰
李公收足蓋麓正酒壜耳
廷評公暇日必挾冊徜徉田野尤樂邑西之徐原時人
稀多虎一日散步山徑虎自林中奮迅橫出公少避道
誓曰業畜吾夙生儻無負於汝汝宜好去略無怖容虎
亦妥尾徐若化伏者廷評公自後坊水患初徙東邊後

一夕遺火焚其廬得前坊危氏舊居焉有惡鄰李爍者膂力絶人被酒過門必拔柱以示勇公明日則起而築之未嘗輙校率以爲常太傅公既得第歸公一日杖策將度溪西素苦足重一足才及船艇爍從旁推之船離二三丈公偃仆水際同渡者扶掖以歸公以自跌語諸子明日爍踵門愧謝自此不復失禮云

廷評公作詩琢句甚工有送子入京詩云父子相傳世業儒口將筆研作耕鋤爾今應（闕）趨丹闕我且貪閒守

潑盧酒酌十分須酩酊遂登千士莫躊躇明年二月并

三日好報平安及第書又有圃茶擷雀舌君（叢）草墜龍鬚

池閣魚容婢堂幽木養奴啄食雞呼伴逢饘蟻報王等

句惜不見其全篇

太常公少時與河源在仙花院讀書寒月坐夜必預設

氷水一盆才覺睡思濃投足其中（或）感至通夕不寐中年

右足致疾遂偏小云太博公常（告）曰光澤縣君曰聞盧山

藏書甚富某也欲往傳誦所未見者但獲一藥錢則可

去矣光澤君如言貲遺之抵盱江好事者爭先致饋盡以所獲附還爲甘旨之奉至南昌謁太守吳公路時以其頭方號吳大帽投所業守之留便廳見其子齋郎公退復與語樂甚聞其能飲連酌數巨白飲之皆盡徐出平昔所難賦者凡十題題注韻脚且問有曾經燈窗牢籠者否曰二題蓋嘗爲之它則未暇也因授公使悉賦焉公還寓所一夕草具繕寫既成天已辨色走至郡宅上謁太守未知賦就將拒之典謁者復曰賦就矣吳公

驚起迎揖就坐宅客皆未暇及也每讀一賦韻韵稱賞
命駕至上藍浴院復禮群僧駭焉已而群僚皆至于是
辭往廬山傳書次年入京補中畏粮之費皆南昌所辦
太常河源二公友愛如古人每入京弟負書篋兄步隨
其後河源力足健率先數里太常公至投店食寢畢俻
時人歆艶之嘗約曰兄弟四十不得祿當推一人任家
責後太常公二十九入仕河源每來省則仁壽君遷處
別室兄弟必同榻卧起後太常公在公安河源過四十

澹軒集　七

未第請踐前言公聚清俸得二百千曰汝事濟矣但未可遽行日復一日欲别不忍如是復閲數月河源一日致懇于仁壽君君為饌具醉太常公以酒河源始得去太常醒求河源曰去矣太常大怒為之不懌者數日凡二公友愛之道非世人所及者甚多惜子孫所知止此

贊

三身贊并序

予嘗讀司馬公所謂解禪偈平實易知有益于世故

余效之作三身贊儻其義止此視余之言若有契者
有外乎是則愚不足以知之矣

清淨法身　是身本寂湛若止水六用未兮塵何從起

圓滿報身　本來具足無欠無餘何以報之渾然厥初

千百億化身　行成乎身非數可擬妙用縱橫在此而
已已

澹軒自贊

天賦我形非鳶肩虎頭故不爲論相者所知汝天生我

材非犧尊文楸故不為運斤者所留蓬鬙垢面而語言
悠悠短褐垂條曾莫知其可羞至于聖智復行之寔古
今成敗之由時賢置而不論肉食鄙而不謀盖嘗掩卷
而嘆息三復而綢繆闖其墻而窺其戶泛其源而涉其
流彼王之良安在顧駑馬以何尤勿戚戚乎世態之可
惡勿汲汲乎聲利之可求能不以趙孟之貴為貴聊揮
塵宴坐而心與造物者遊

又

非丈室之病夫非澤畔之癯儒苶然其貌齒髮尚疎諒無酒色之敗亦匪名利之拘凡世俗所謂憂者若無足以涉吾地而入其郛然則有異于此者能無憂乎過四十而無聞責之者誰與視伯玉之知非尚庶幾于良圖夫一念之間天地懸殊曾不思于往行又何晒于前車咄形吾自偶贊自吾書豈徒然哉蓋將有警于余也日謹一日勿用勿諸植後彫之松柏收晚景于桑榆

祖先畫像贊

有斐君子溫恭而文隱居求志與物爲春凌暴不較遇
虎能馴監書是寶不顧屋焚醉吟自適遑恤窶貧
夫秉禮遜内助慈良介乎娣姒以柔遇剛篤生哲人實
大吾李源深流長實自茲始
七歲詠馬人知遠到弱冠能賦日可十道甫壯而仕愛
民奉公真率樂易有古人風也繼以文子孫孫子子又
生孫昌有其已
父克選婿獲先大夫成夫教子振耀鄉閭嫠居二紀不

出戶庭孰播厥聲了翁戟銘
致養忘仕人以孝稱親歿從兄室無私營輕金重諾謁
然鄉評詩禮業(教)于蘭玉充庭仁義之澤貽我後生軒昂
磊落庶乎丹青
幼從姆傳克著功容令妻壽母以禮始終命服之華報
則未豐我利後人世祀無窮
致君澤民公無其時枉尺直尋公又弗為與其跼蹐于
盬(鹽)車孰若潔身以(而)全歸嗚呼滔滔者天下皆是也如公

則誰況彼畫史曾莫覘于風規徒睥睨其遺蛻而欲髣髴其精微者乎

諸惡莫作衆善奉行弗知其他以畢此生心慈而貌嚴衣故而尚潔耒裔百世瞻此像設

叔父衡陽府君畫贊

紹興戊寅七月十四日衡陽尉李公卒于正寢惟公生于紹聖（元祐）己巳八月二十四日子時享春秋七十越辛巳葬於邑西塔埁祖塋之

右不利隆興癸未歲改卜于唐石之原與後夫人(徐氏)合葬
公之丘也距今四十年矣子男惠卿用郊恩贈公某官
一日命工重繪公像求贊於某某不肖視公為季父先
君早世公教誨成就之意甚篤其敢以老鈍辭謹略摭
公之平生以為之贊其詞曰季父秀發自其弱齡軒昂
磊落議論如傾早習王氏學校推稱中喜頗(坡)老入其戶
庭或貢或舉熠然有聲累(薦)不第造物何憑晚得試吏
循(尋)以疾廢築室美孫優游一紀無念無求宴坐而已屬

纊無靡亂言猶在耳有于朝登始贈京秩淑慝之報雖久
弗失相彼小夫朝不及夕天定勝人視此可必

跋

書法華合論後

余舊得無盡翁法華合論欲刻以示誦讀者而未暇吾
弟某欣然願刻之經云佛說大乘經名無量義又云入
無量義處三昧夫義無量則非分別解說是從趣入合
論之作剖析精明發露祕冢其于法華固重關密鍵之

靈鑰而琵琶箜篌之妙指鏗然執義求經未免逐塊要
必知無量義處乃可然則孰爲義處止止不須說吾法
（我）
妙難思
筆談云後
（書筆談）
（筆談云）
景祐中審刑院斷獄有使臣何次公具獄主判官方進
呈上忽曰此人名次公何義主判官不能對是時龐莊
敏公爲殿中丞審形院詳議官從長官上殿乃越次對
曰臣嘗（讀）前漢書黄霸字次公蓋以霸次王也此人名慕

黄霸之為人上頷之僕謂龐諡既迂其說無義不若曰臣讀漢書蓋寬饒字次公魏丞相所謂次公醒而狂者是也寬饒為人公廉鯁直無所廻迴避此人必慕寬饒之為人此說為得且前漢書所載四次公張次公亘次公又有者豈奚獨霸哉莊敏想倉卒之間偶記得黄霸字次公故以為對耳僕考漢人字次公之意為其兄弟間居其次者如云仲卿次君耳龐謂霸次王鑿矣玉壺壺清話載此事謂梁適吳曾漫録載此不辨所以但謂非適云云

跋虞公墓誌後

前輩學問涵養非直為利祿計官之崇卑固有定分就其職任孜孜不懈尊所聞而行所知如是而已

跋（題）伯祖宣教書白纖蓋呪後

先伯祖順昌府君元封癸亥中手寫迨今淳熙甲辰一百二年矣某獲而藏之已閱三紀比因抖數（擻）敗篋見其字畫楷古丹墨猶鮮獨恐粘綴歷久脫落且悵念前人既以清修雅尚持其身復取嚴淨教法防其外自律如

此宜其潔白之操足以播餘芳于無窮也展翫再三油然起敬乃命其曾孫椿重加褾背以傳示久遠云

跋東坡表忠觀碑字

老坡所書小字表忠觀碑絶不類異時所見豈非造妙入神將無所施而不可耶

附録

隱君李濱老墓誌銘

嘉泰癸丑秋邵武軍光澤縣進士李閎祖袖書過余

示其父隱君澹軒集十五歲朱待制熹元晦手書一大
軸及鄉先生太常伯黄簡肅公之子衡仲守瀚所述墓文
來求銘章余讀隱君之文大抵有補名教且知為元晦
益友又衡州父子盛稱其賢是可銘矣按李氏自唐末
居光澤君諱呂字濱老一字東老高祖大理評事鐸能
詩教子始為著姓曾祖太常博士贈朝請大夫誥陳肅
公稱有古人風祖濟不仕太常李鄉夔定銘之父紘德
有學行特奏名不及試元晦誌其墓云利不自予惟義

之取其源遠矣君幼莊重記誦過人十四喪父能自立
學于從叔西山先生邵蓋元祐黨籍諱潔之子紹興初
特起者年四十即棄科舉讀易六十四卦皆為義說編
觀史傳百家之書尤留意資治通鑑手抄至數四凡興
衰得失論著數百篇事母且官極其孝敬教育弟妹使
有成立聚族千指昕夕擊鼓集衆致禮享堂然後序揖
自少至長老不以寒暑廢或勸少休君曰身逸猶怠矧
自念乎為會宗法此時設祖位合族薦獻聚拜飲福秩

然可其觀也平時容止詳雅居無惰容學務躬行深惡
口耳之習既切切訓其子孫又以是訴誨後生尤不喜
言財貨苟可愛物利人則勇為之邑宰張訢以春夏貴
給粟助養育行旅
多自君出元晦作
記歎其負經事綜物之才老而不遇也予觀易首乾卦坤
而以元亨利貞為四德文言曰利物足以和義蓋和于
義乃其得宜可以利物也禮記大學亦謂不以利為利

按己巳係元祐四年至九年乃改元紹
聖己巳至戊寅正十年此誤疑脫十字後七月

澹軒集 十五

然可其觀也平時容止詳雅居無惰容學務躬行深惡
口耳之習既切切訓其子孫又以是引誘後生尤不喜
言財貨苟可愛物利人則勇為之邑宰張訢以春夏貴
糴立社倉平其價下戶俗不舉子議給粟助養育行旅
有病創屋療治條畫精明隱括纖密多自君出元晦作
記歎其負經事綜物之才老而不遇也予觀易首乾卦
而以元亨利貞為四德文言曰利物足以和義蓋和于
義乃其得宜可以利物也禮記大學亦謂不以利為利

以義為利小人反是然則合利義而言之斯不易之理
獨孟子告梁惠王曰亦有仁義而已何必曰利截然判
而為二蓋戰國之君知以利為利不知以義為利所謂
易經大學彼惡能知辟而闢之時不同耳若君者其善
學易大學孟子者與康元四年六月壬辰以疾終享年
七十七六年六月乙酉葬所居之烏程原先娶高氏郡
人挺之女再娶黄氏御史基主簿道之二女簡闢公猶子
六男紹祖懷祖閎祖桐祖禛祖壯祖五女適林郎真州

録事參軍馮森進士鄧譚仕逐上官嘉會從事郎主管
尚書戶部架閣文字吳炎孫男十人宜之方年之文子容
敏學敏行夢錫敏功敏修敏求女八人曾孫男十五人女
文子登紹熙四年進士第令授隆興府奉新縣丞銘曰
以義為利君子攸行以利為利彼哉小人我嘉李君隆
師親友允蹈經訓知之非尚家範昭然守之弗勿諼奕世
其昌視此銘言

網山集八卷

［宋］福清林亦之撰

中國國家圖書館藏清抄本

網山集八卷，宋林亦之撰。亦之（一一三六—一一八五），字學可，福清人，自號網山山人、月漁氏，學者稱網山先生。盛年挾策遊四方，未有所遇，赴莆之紅泉，拜林光朝爲師，凡三十餘年。光朝講學紅泉，卒後亦之繼其席。趙汝愚帥閩，薦於朝，命未下而卒，年五十。景定四年（一二六三），贈迪功郎，謚「文介」。所撰毛詩集解、考工記解、論語精解、莊子奥解、網山詩集，大半皆門人所述，惟詩數卷及王融志出其手筆。今存者僅網山集八卷。

此集編者不詳，集前有林希逸、劉克莊序跋。卷一古律詩，卷二挽詞，卷三論，卷四誌銘，卷五、卷六祭文，卷七祝文，卷八青詞、疏、記等體。碑誌、祭文述各家生平，可補宋史之闕。劉克莊序云：「至於網山論著，句句字字，足以明周公之志，得少陵之髓矣，其律詩高妙者絶類唐人。」然集中多哀婉悲傷之詞，以劉氏嘗立雪林門，所論稍顯過譽。

此集現存者皆爲抄本，四庫全書總目稱「原集刊於紹定辛卯」，所據乃林希逸序，云：「生高宗丙辰，終孝宗乙巳，請而祠於縣庠也。今上辛卯，後先生之生百有三年，承學從事郎、新平海軍節度推官林希逸謹序。」丙辰爲紹興六年（一一三六），「後先生之生百有三年」乃嘉熙二年（一二三八），與「今上辛卯」不合，疑原文有訛誤。序後又有林希逸跋，云：「希逸甲申客壽陽，嘗集艾軒、月漁二先生之詩，序而名之曰吾宗詩法。今十有五年，躔甫以是集來求余文，俾書其首。故帙偶遺，追憶不復，得手先生之文，重有所感，因更敘數語云爾。」故知林希逸序跋作於嘉熙二年，是時「遺文僅數卷」，劉𤄤甫已編纂成集。據郭萬程宋福清儒林傳林希逸傳，希逸淳祐八年（一二四八）知興化軍，「乃鋟其遺文爲三先生集」，故知此集首刻於淳祐間。

又四庫提要謂其書「編次尤爲猥雜，疑原集散佚，無識者掇拾叢殘，重編此本，故遺其菁華而存其糟粕也」。祝尚書宋人别集敘録以爲「後來傳世之八卷本，當即源於明内閣之殘闕宋本，蓋前面詩歌部分脱佚，故只存輓詩、青詞之類，而經人重編卷次，遂泯殘闕之迹」。然則兩宋名賢小集有網山集三卷，卷上古詩，卷中律詩，卷下絶句，挽詞雜於其中。此鈔本卷一僅録詩，次序與兩宋名賢小集略同，依古體、律詩、絶句爲序。卷二挽詞，首録艾軒先生挽詞四首，示尊師之意。由此觀之，此集八卷編次並非全無章法。蓋亦之卒後遺作散亂，詩作曾編爲月魚集三卷，至希逸編刊三先生集時，乃合詩文而成八卷。内閣藏書目録著録三先生文集十五册不全，「一爲林光朝謙之著，曰艾軒集，凡二十三卷，今闕第二、第四、第二十一、二十三卷；一爲陳藻元潔著，曰網山集，凡八卷。一爲林亦之學可著，曰樂軒集，凡十六卷，闕八卷。」集名、卷次不誤，惟將陳藻、林亦之錯置。千頃堂書目著録「林亦之網山集八卷」，「陳藻樂軒集八卷，集本十六卷，軼其半」，即爲明證。（黄　漢）

綱山月魚先生文集序

學必有師師必有傳人楊雄之徒以侯芭為傳人授業河汾之門者衆矣以董常為傳人侯董皆窮鄉匹士功業不著于世而師道之傳在焉隆乾間南方學者皆師艾軒先生席下生常數百人去而貴顯者相望然曰先生在時言高第必曰綱山後先生卒六十載學者論次先生嫡傳亦必曰綱山夫未遇一布衣死則死矣而能亢其名與當世大儒並行非孟氏所謂豪傑之士乎余嘗評艾軒先生文高處逼檀弓穀梁平處猶與山谷並驅它人極力摹擬不見其峻潔而

古奥者惟見其寂寥而稀短者縱使逼真殆可亂真猶虎賁之似蔡邕也優孟之似孫叔也有若之似夫子也形也至於網山論著句句字字足以明周公之意得少林之髓矣其律詩高妙者絶類唐人疑老師當避其鋒它文稱是然甫五十而死子名簡子字綺伯客死其後遂絶余童子時師事綺伯又與網山之嫡孫行林侯肅翁文友肅翁既序其遺文矣克莊復識其後網山林氏名亦之字學可福清人一號月魚先生前史官劉克莊序

綱山月魚先生文集序

儒者之學難成矣學成而窮不售則以空言傳此不能於人能於天者也然巖谷之藏草木俱化非附青雲之士則姓氏且就堙滅其言豈盡傳哉是區〻者可必乎或曰芒芒之生宇宙一律其間傑然以人物名者千百年幾見哉於人物之中卓然有見於斯道者又幾見哉雖不幸擯棄于人以兇意其言語文字之遺鬼神必且珍惜之決不至委擲於他日今夫泮沍禪仍褒榮霍忽其摧敗朽落鼓萬物者何嘗少靳之至若斂埋鼎沉一混泥滓則精芒夜出妖怪見爲

必使華赫震耀而後已豈非以其不輕得故亦不輕
委歟見伏遲速特以時爾然以余觀之月魚氏竊惑
焉據槁梧吟空山生無一事如其意年纔五十死〻
未五十年而子孫缾盎不守松楸且幾禿身前後之
窮有不可道說者遺文僅數卷獨吾徒猶有知之至
示之他人莫不掩鼻嗤去是豈能必傳者哉果傳也
不應擲棄至是儻所謂鬼神是耶非耶雖然未可以
耳目懸斷也千載而下烏知不有月魚者乎人心具
存太虛亡恙然而無有乎爾孰曰無有乎爾或者之
說尚厭幾爲吾黨實而詳之可也先生諱亦之字學

可姓林氏吾邑龍江人受道於艾軒自號經山山人
月魚氏生高宗丙辰終孝宗乙巳請而祠於縣庠也
今上辛卯後先生之生百有三年承學從事郎新平
海軍節度推官林希逸謹序

希逸甲申客壽陽嘗集艾軒月魚二先生之詩序
而名之曰吾宗詩法今十有五年纔甫以是集來
求余文俾書其首故帙偶遺追憶不復得手先生
之文重有所感因更叙數語云爾若其格制精嚴
趣味幽遠具吾宗正法眼者當自知之不待予言
也既書遂以歸之横塘劉氏

網山集卷之一

古律詩

奉題林稚春丰菊花枕子歌

故人昕說菊花枕似把氷丸月下飲秋水一雙明炯炯數在青囊第一品狂風江上吹蕭䔲此物往往得之嵇康阮籍家閉門誦書二十年眼睛損盡生空花建陽小作簪頭書殘更燈火亂蟲魚石渠文字大如斗場屋歲月又不偶却来南山青草邊東西四至盡為菊花田手提長筐向山曲一下收拾三百斛昨者昏寐才起来解把簷頭小字讀乃知尠物通辜神一作

倦一切藥囊塵棄捐

奉酬稚春梅花行（稚春云草梅花一枝大不凡新詩見餉却不曾寄花来因道此意以奉酬耳）

草堂梅花千萬枝新詩品題何太奇可憐一枝非凡群賞心何人空自珍請與君談別花人如或見之當㳺身西湖一帶何蒼茫掮掮數枝臨水傍上有幽人眉骨横終日對花情意生花如秋月照芭蕉人似春風吹野苗人與花枝自與親一篇至今吟如新胸中若有一點塵縱對此花無精神平生不識市沽兒四更誦書長苦飢摩挲此腹遠踈籬笑折花枝花自知

戲題稚春杜少陵詩集

十年蕭蕭去武林，槖中唯有謫仙吟。君今失意還山窟，少陵詩集如明月。目恠平生每相似，窮愁嗜好亦如許。飯顆山頭舊相逢，安得娟娟同處所。故人語我明年冬，或騎大馬長安中。或倚書樓頭，如蓬即見。双瞰終然同我聞，此語驩且劇。視君狀貌如其筆，兩目津津可終逌。此物應藏月魚室，月魚文字非時好，已悶莬裘吾將老。緑煙亭下黄花時，兩手抱取歸柴扉。

和李監倉謌欲遊龍卧山以海風大作不果往

枉蒙龍卧𦿆如睹，藤蘿境十年招隱士。欲到此山頂

首趣寫作
卷之二

坐石誦離騷掬水弄清影無人同荷鉏長愧林下景
昨者逢李侯一笑驩驩領為言有明月公事且暫屏
騎驢學賈島捫蝨喚王猛雙鏢雲外來斜帽不須整
夜投招提宿聽雨寒更永論文到昌黎說詩笑匡鼎
悶人數日風何時發深省

丁亥九月十六夜偕李監倉宿龍卧山中聽雨
看月同時事也所謂魚與熊掌兼得之賦詩一
篇以紀其事

相喚此山來狂風吹我衣把酒桂花下山雲片段飛
掩門雨初滴開門月還上倚樹看月明半山聞雨響

人間有佳景詩句頗發越何曾似今夕聽雨還看月

九月晦日登烽火山

興来走上烽火山著足不定秋風寒四邊黃茅滑如雨低頭一看毛髮豎幾年要到紫菜鄉大練小練并東墻如今一時在眼傍白雲浮水天茫茫酒闌吏歆弔虎屋無為日脚相催促一奴雖瞽一跛足逐我下山如野鹿

見獨斯行叔綺子為赴春試一出江頭送别殊

令華懷耶為巴闌行一首以道此意云爾

巴闌獨還歲月深相送出門自沉吟十年交舊總如

坐石誦離騷掬水弄清影無人同荷鉏長愧林下景

昨者逢李侯一笑驩驩須爲言有明月公事且暫屏

騎驢學賈島捫蝨嗅王猛雙鑣雲外來斜帽不須整

宜投招提宿聽雨寒更永論文到昌黎説詩笑匡鼎

問人數日風何時發深省

丁亥九月十六宜偕李監倉宿龍卧山中聽雨看月同時事也所謂魚與熊掌兼得之賦詩一篇以紀其事

相與此山來狂風吹我衣把酒桂花下山雲片段飛

掩門雨初滴開門月還上濟樹看月明半山聞雨響

人間有佳景詩句頗發越何曾似今夕聽雨還看月

九月晦日登烽火山

興来走上烽火山著足不定秋風寒四邊黃茅滑如
雨低頭一看毛髮竪幾年要到蓬萊鄉大練小練并
東墻如今一時在眼傍白雲浮水天茫茫酒闌更歌
弔虎屋無端日脚相催促一奴雖瞽一跛足逐我下
山如野鹿

見獨斯行叔綺子為赴春試一出江頭送别殊
令華懷耶為巴蘭行一首以道此意云爾

巴蘭獨還歲月深相送出門自沉吟十年交舊總如

許狂歌一曲傷人心今人讀書如過客壺飧只向市
頭蒙吾曹苦思腸幾穿安得相逢不索莫念吾不生
弄曲墳六月北牕長閉門雕肝篆肺得一句旁人袖
手許其文思量至此復一笑如何躍馬追年少我今
聞説有場屋兩耳如聾怕聽得綢山山下月魚亭就
船買魚活煮羹何時挾册此來歸議論不到吾縱横
故人年幾今猶未正好款門問知已時命相遭不用
多或在片言幷片紙老人校書紫雲樓相見或問吾
因由為言索處海水頭蓬萊方丈不可到此心日夕
徒生憂

秋夜同章三十九弟次卯宿延慶山中紀遊一

首

芭蕉月上照窓扉屋裏老僧眠不知起來樹根飲一

盞舉頭忽是三更時藤蘿一處一處好我亦持盃隨

處坐山雞忽叫野鐘鳴滿地西風愁殺我

古意

深夜步秋檐明月照石堦所憶不可見乃愛徒興懷

我欲掛天帆長江風浪摧我欲跨綠耳蒼林煙雨回

只有坐長想佳人安在哉何時覿來袂雙目回圓開

邑大夫范丈處義寵示廣陵餘事泠然誦之歷

歷慘惻如在目中輙賦短篇紀所聞也

嘗閱淮南圖蕭蕭草屋少人居及讀廣陵集惻惻我心欲垂泣吁嗟戀鄉國生死不肯去邊笳纔一動殺戮先此土可憐此土人父子無白頭不死於飢即死戰性命只在道旁溝更聞維揚有鬼市銅錢須曳變爲紙都緣白日殺人多所以冤䰟有如是君侯壯思凌雲空青衫疋馬戎幕中當時轅門眼所見長歌短歌淚如綫少陵嶇崎夔峽路一切悲愁託詩句至今太史不足憑誰有此詩爲可據紹興辛巳淮楚功紛紛予奪或異同他年石渠訪遺事爲説東陽有蔚宗

范宰登瑞峯塔續蒙寵寄古篇輙次來韻

平明眺遠目蒼波吐紅暾已瞻大鰲綱漫矚鸕鷀門
宿酲雖已解衫襟猶酒痕憑陵不可羈往往天欲捫
却憶去年時舟後勞朝昏幼婦帶桎梏嚼飯不敢吞
今年復此後溪山恣討論為有陶元亮心胸如阜坤

范宰見寄遊草堂誰謂漁鹽市之什輙同賦一篇不用元白唱酬之法

誰謂漁鹽市乃枉大夫軒既登雲霞觀更尋薜蘿村
松枝何夾道萱草况當門借問阿誰家此為故人園
倚竹坐半日論詩到初根愧無們蝨姿敢辱輟饗言

勞勞青衫客莽莽紅塵奔所至有山水何曾解討論
君侯食肉相杷菊為心䰟一縣固多事終朝如山樊
行旌過佳勝呼貭羅芳尊有此幽亦趣從容以劃繁
范辛同鄭溥公敏應尉振送戰船至海上招野
人同遊賦得可月湖一篇奉呈
可月湖邊送戰舸長嘯便欲淩清波好風吹帆如去
馬鼠曹君可雙手把青天無雲水初漲一山兩山浮
水上平生膽意少羈束叩舷長歌心益壯生平誦書
口啾啾何似一日觀滄流尨眉太史足重繭盡驅百
佐歸筆頭羣公楚楚皆人物我亦自忘布衣拙恢諧

莫續濟川君可無一詩記明一作年月

丈人行答通平林溥丈人乃泉州人嘗客紅泉與艾軒論樂軒律網山不知其姓名但稱丈人尊之也其後乃子又寄書于林宜李石夢之喻美之也

祖龍一出羣儒怒滔滔稷下如抽繅樂以聲傳非文字千年闕斷無人補昔有丈人壺山前紹興甲寅乙卯年定律不待絫黍起尾徵皆可成宮徵更言吹律隨隆汙百世不以一聲拘此法漢魏周隋無紅泉得之延坐隅一時河濼東西奔姓氏胡為旅人門我欲栩栩還皇墳要以六琯為根原九韺鼓吹百物和羽衣狼籍漁陽弋頎信樂能召太平非是太平為樂歌

丈人宿草飛㲯㲯乾旋坤轉誰更堪忽有尺紙如春
蠶遺音石筍天一南三更把書不成眠四更起坐霜
月懸五更開门欲上馬（至）竟此人何山下

賀江寧壽生朝

清穉八月月末弦河陽市上謳聲傳今年百姓杯飯
足敢不祝公長命篇青衫白馬鳴琴初適逢吁嗟舜
羣巫日維對（余）愁眉紓退食皇皇双頰癯家雖貧困仰
母慈村村樂業無逃逋況此一熟十年無東家西家
禾滿車窮儒如儂四壁立而有甑釜可讀書縣人安
得此豐歲實以善政吾非諛貽者越上人苦飢公一

主簿何能為目穿滄海告㢘羅所視身命半縷絲長
風駕浪海波黑舟人各々面如墨尚據胡床取紙筆
為文憤怒罵風伯翩々盛名日以起四海識公從此
始總謂六鰲帶歸去何哉雙鳧吏來此陰德由來活
人多龜齡鶴筭豈爾過况當竹下圍碁日續紛百福

奉酬監鎮梁丈所謂臘梅之什

連山河荊楚風俗八月初四日鄉人于竹下圍碁勝者獲福也

臘梅好々花枝閑官亭楚々歲事闌思量窮冬損情
思感激芳意生容顏孤標不是如許骨野落可能禁
此寒誰信魚鹽屈詩客三更遠樹興未殘

答稚春送瘞鶴銘

焦山）蒙尺牘瘞鶴有殘碑老去無他好朝來愜所思

幽懷增感激妙處自傾欹喜劇還生嘆如今愛者誰

答稚春所寄詩卷

不見幾多日詩篇句句新沉吟堪膾炙塗抹更精神

世俗難知已文章却解貧亦窓休苦思苦思轉愁人

草堂同輿呈稚春

雲錦堂前花作堆尋幽養靜屬吾儕高高下下萬枓

樹曲曲斜斜碧草堦數點遠山如越嶺一條寒水似

秦淮龐公父子能留客我非三年总客懷

奉酬監倉李丈金橘銀魚之什

駕有風流賀季真道齋從此往来頻錦囊牙軸詩千卷金橘銀魚酒一巡見我毎呼蓮社客看君還是竹林人有時𠊱話寒更盡明日相逢語又新

九月登龍卧山

丁亥九月同李監倉宿龍卧山越三年復與二曹叔姪海陽章尉為此遊而監倉已沒矣今玆九月二曹并海陽又不可見首尾凡八年有是存沒對酒悲慨情見乎詩

復此雲山飲吁嗟空自勞三廻看杞菊兩度難逢蒿

昨者唯傷李如今更憶曹海陽真俊逸一等野墳高

九月遊龍卧山留一夕明日值雨坐超上人房

偶題

野興更周遭應遲問大刀山房逢雨好人意與秋高多謝烹鮮乳還令厭蜀醪重來須累少款〻聽蕭騷

歲晚山樓書懷

儺鼓逢〻起江邊歲又除哦詩猶古木高枕尚僧居脚垢時忘洗頭蓬月懶梳自應塵事少非我故耽書

穉試帰訪緑烟亭

竹逕縈紆去相逢情若何江從木杪見秋向菊邊多

謾有風濤想如今歲月過唯於交舊裏聽取碧雲歌

陳文煥秀才所宅近市憑棲一望西山宛然堕
几按中縣之豪隽唱酬不下數十百篇野人
後来承聽許不必似韻故為之賦一首

西山蒼外見何必鹿門行近晚市聲合疎簾野意生
終朝如此好秋月更多情却愧才筆鈍三年句不成

縣學東軒

莫道東軒惡朝来意欲迷平田飛白鳥高木叫黃鸝
林闕孤峯出蒼低遠樹齊雖然有佳趣那似海門西

江上

敗絮滄江上，柴門落日中。論文誰與共，覓句不須工。
壯思如椽葉，搔頭似老翁。崎嶇村浦路，敢自詫豪雄。

陪范明府與諸同官飲新亭，是夕以莞爾榜之，因賦此詩

把燭新亭下，迂疎（一作疎狂）聊爾歌。酒緣人品勝，官要野情多。燕豆客俱好，漁竿人亦過。誰知武城笑，深自惜蹉跎。

瑞峰院庖語奉酬鄭薄

百級上層巒，呼鐙同所歡。甕杯真有道，行李似無官。
妙語勝熊掌，疎才愧鶡冠。古人相見意，不作酒肴看。

江樓陪范長官宴自警一篇戲呈鄭主簿

幾回過海上此日暫躊躇未盡尊前酒還邠使者車官人無少暇賤子敢安居一畝芭蕉圃如今要自鋤

奉送范宰秩滿還東陽

語違今幾日猶更尚層巒（一作戀征鞍）情自緣君子吾非送長官衝寒去程遠惜別賦詩難政拙為留愛留將識者看

翁丈衆中同姪昭文相訪留兩日既別贈以詩

委巷無過客明燈迎此翁蹣跚屐齒折羞澁酒缾空燒芋隨家法論詩到國風胡麻煮清棗更擬故人同

網山二首

風濤生長處，土地屬東隅。樹〻懸魚網，村〻吹鷓鴣。酒旗孤嶼見，書卷一山無。欲趣雞豚社，深懃負業儒。

其二

屋舍髙低住比鄰，活計同一作衣裳結束同笭箵嫌月白，螃蠏要霜紅。吠犬隨村落，賣魚成老翁。地鹹耕種少，海熟抵年豐。前比和李倉詩序其歎于網山下結茅為屋空之之人徒然、有此念耳新詩餉我便催促為此行且以輞川鹿門為同日事今人轉有終焉之想今歎且畫網山圖掛于西壁下篇詩斗酒日游其間此便可以呼網山處士也買山一件徐問之未晚耳

續夢中所見兩句

長歛歌明月吳門一白過紅樓何處是爲説馬蘭坡

記九月二十五夜夢中作

藥圃幽人徑桃源處士居歲時雖屢改蹤跡尚如初

延慶寫真贊二首

住山頭欲白何爾太耶揄却厭舊時面丹青别換模

其二

種雨秋山夜縱々自横々平生無罪過不合去爲僧

春晩招石門陳居士淼游麥斜巖破新茶因讀

南華齊物論二首

叫破残花深處眠麦斜巖下畢逋前更須汲井開茶

共讀盡南華齊物篇

好〻輕衫清晝便短鉏欲乞比來田只應荷蕢無青

髮且謾春風二十年

范公彌誕之辰郵述閭巷語為邑大夫壽且俟

採詩者

錦樓壽曲未須吹且聽江邊老婦詞但願年〻好官

長一如官長在官時

同范長官鄭主簿送戰船至鹹㶁江上奉酬應

尉

相送長江風浪輕尉仙真自好心情四更明月宿何

處魚骨山前第一程

題長樂縣靈峰寺望日亭庚子十月、十六日作

雲母江邊有草亭分明見得日頭生一村籬落更何處此已無天只水聲

題嚴子陵釣臺

莫向金門傲冕旒歸来却要着羊裘乾坤不是劉文叔那得長竿釣白頭

林井伯母生日口占

由来此母如吾母再拜一卮復一卮最好年年作生日碧蘭黄菊與同時

洲人生日口占

方朔曾為老侍郎，麻姑来降紫雲香。壽杯今日逢長至，歎々長年此日長。

重陽次日登城山

城山飲罷冷侵衣，湖上重來月滿巵。未愛疏籬黃菊日，最憐秋水白雲時。

重過紅泉

憶昔嘈々來拜經，禪燈秋雨苦吟聲。如今秋雨秋燈夜，太半當年猶未生。

禪日題

漠〻騷〻如卷砂當門枯木見巢鵶秋林景怕風吹
盡一直愁心無樹遮
九日下水口
黃花時候苦思鄉急水還家一日強莫道南風打頭
上客船揺櫓作重陽
草堂老人和仲平頭七十宴客綠烟亭輙賦口
號一章以為草堂之壽
今年七十多青裏莫把仙翁一例看再拜尊前為翁
舞草堂景好是無官
辛卯歲𢥠峯過西峽渡

白鹿山頭雲欲頹峽門灘下水如雷錦囊破裂元無用席帽嶔崎還更來我自未能逃世俗人誰便解脫塵埃扁舟且趁牛年渡莫問如今第幾迴

寄精嚴谷堂惟顺老宿二十年欲訪谷堂觀筆法因循去來得偶逢水西客沉吟久之回寄此詩

隔浦娟娟古佛廬幾迴欲去更踟躕敢誇柳氏元和脚要問隋僧智果書見說交情多雋達每慙識面尚生疎山頭紅葉知無限可許閑人暫寓居

寄范都廂

南去封題久不聞北來數〻聽寒暄聯鑣太平三千首縶栟長安十二門飛觀凌空天子國輕帆半日女兒村淵明好趣紫桑近官職高卑（一作低）未要論（西都賦曰立十二之通門）

奉陪嚴陵史君楊校書（興宗）囊山夜語一別數月欲作見不可得因寄此詩（庚子十月作）

鄉塵一語竟何曾却向他州逢李膺白馬千山縁瞿相（先生之喪史君來吊往返數十程故有此句）朱幡四海有嚴陵鵝湖猶記通宵雨虎石還同半亘燈索髮相看纔兩度不知再見幾時能（楊校書云要得一書藏石室為緣新說自金陵）

穫試後再寄林井伯

方國三年一合圍圍門屢戰定高飛人如我友無青眼天豈斯文厭紫微苦縣老聃終遁去敬亭小謝未須歸丈夫謀宦非身計荔子山前（有）綠衣

送井伯赴上岸

紫微巷口送征鞍白社村前荳葉黃一賦彫蟲如癸水（井伯曾作桂林賦）千山飄馬上長安短縈已自甘投老徙筆胡為未得官鳳閣起家六（緣）館州人更欲祝東巒（井伯自號東巒子）

得舍弟行可（云之）鹽官病後書

荷花開盡蓼花紅遊子今年秋又窮千里病眠鴻鴈影一書愁殺月魚翁天寒好處予愄芋日落何山汝轉蓬名利不成作歸計先生已老海門東

舍弟客臨平

憑誰為問鷓鴣原燈火三更殞淚痕天遠未知萍梗迹書来說在藕花村年華似汝寧為未場屋如吾已懶言壁水井伯時為國子生故人今北去短長門戶好同論

吴僧道潛詩云風蒲獵〻弄輕柔欲立蜻蜓不自由五月臨平山下路藕花無數滿汀洲故詩人以名其地如柳惲云汀洲生白蘋日暮江南春後人因號曰蘋洲

借冊井伯

吉貝城邊寄此身一作冬春復故鄉歸少異鄉親蜀無擔
石椎何苦浴有書船盂不貧綠水孤村何處客白頭
双闕老門人今狐冒雪成圖畫還一作可許渠儂續一作
接後塵

憶浮家洞

萬竹蒼〻烏鳥啼一江湫〻薜蘿西幽懷動處蘭初
長好句来時月已低年歲却從為客盡家書長是倩
人題踈鍾日落孤村立穠燕梁空帰思迷

寄表弟章田之為理曲堆屋廬

若来為客竟何為宅舍荒村誰與治別墅雖無輞川

畫生涯堪入杜陵詩月如燕子年〻去家似魚舟處
處移丹井西頭曲堆下更須歲晚定疎籬

送林子分秘書析赴廣東提擧

秉軺嶺外大人回奉使天南學士來萬里家聲蠻子
洞一门旌節越王臺驛辭懶口初逢蔔界入潮州定
折梅莫佐襄陽賀韓約芸香又好賜環催

次韻奉酬致仕通直吳丈上元所寄之什

空坐自合冷如灰何物龍鍾似不才日〻讀書無處
用年〻作客幾時迴君為諸老先生行我在當初最
後來可忍殘春対耆舊不携斗酒去相陪

次韻致政吳丈悅之和林縣丞褒丹桂非特之

什

青山湖上宅丹桂月邊枝菊蘂元同日桐花却並時
籠鵝翁不俗蠟鳳子多奇須信三秋好先從數月期
藍田一廳壁黃卷五男兒閩禮當年事芹宮未頌僖

次韻奉酬林仲雨

年去又來三月強詩成了寸心狂已無精力能穿鵠
尚有頭顱可牧年老栢縱教逢歲晚幽蘭本不為人
香東膠待補猶堪戰莫道今無識繞梁仲雨次韻云萬事不成嗟
畫虎一官那
浮沉驅年

謝林守元仲架艾軒先生祠堂

双闕已嗟秋草邊兩楹誰作麥堆前韋逢皂盖行春日如見紅泉講道年工部先生天下士莆陽太守大夫賢斯文直待斯文出千載名聲與共傳林守詩云原上卧龍撫起日柱頭化鶴見何年

再用前韻和林守

清詠重〻畫戟邊芳題短〻竹籬前政如羨稷西河日詩到黄初正始年勝國已歌慈父愛韓門更感使君賢銅魚好句關風教巴嶺賡酬只浪傳

奉寄雲安〻撫寶文少卿林黄中粟

泥封款〻下青冥却許麾幢換使軿夔子城頭開幕府杜陵詩卷作圖經十年去國未還國萬里長亭更短亭可信明時好人物亂猿啼處是州廳

滕王閣懷古奉呈撫州別駕兼簡戶曹

城建帝子閣西頭水遶南昌故郡流山短天長鷗鷺小夜深雲淨月星浮澹臺墓暗竹根古孺子亭荒荷葉秋漠〻滄江無了日哦詩莫替人愁

江西試罷還故里八月二十九日過飛猿嶺連日遇雨

萬里崎嶇愁不禁飛猿更聽雨淋〻剩將暑樂涼無

用未着襌衣寒已深刻鶡雕虫成底事牧羊餧鴨負
初心還家漸近病漸好得句自題時自吟

秋試罷重九過滄峽

野闊村歸如暮鶉路沿溪曲似春蛇不諳水土殊多病屢眠野館穩為客忽聽鄉談喜近家一帶青山將屋繞數行一莖作緑竹倚門斜耳〻逆旅逢重九今歲須看籬下花

同安撫趙子直汝愚餞朱晦菴於懷安二首得重字

祖帳寒梅白未空已看新葉緑重〻入州斧鉞送行

客十里旌旗遶暮峰北斗獨高韓吏部南州爭慕郭
林宗一時賓主俱豪傑敢道指要到野農
虎夷長想蕙蘭蹤螺渚韋修桑梓恭詩造本情天下
誦學傳正統世儒宗三山過客日無數四海聞人此
一傳官燭行〻送歸路半村無月海雲重

別莆陽史君林宗丞二首

下筆翩〻如史君年過五十始朱輪蜀山久託無家
客滕國曾為有手人先任福倅脫印忽聞過我里攀轅尤
更甚州民乍晴乍雨黃梅道好聽泥封下紫宸
扶羸十日候行期爪葉初生荷滿池別袖难禁須進

酒離情未足吏題詩飛鷁渡口還家後耂鼠揥莭到
關時士論民謡如皦日甘泉直上豈容遲

別林黄中帥湖南

清襬綫鬠馬如雲論定忠邪黑白分湘水傳呼新刺
史霸陵改觀舊將軍平生孤節人難到自此一番名
愈聞定有詔書催入覲不勞下擔楚江濆

代上陳給事峴二首

謝安舊宅翠雲環復見新墻月樣彎市近豈容三島
客楼居須向九仙山去天尚鬱金門步計日催歸玉
筍班好與衣冠添盛事一門三府照人寰

雲錦軒楹蘭玉堦暫從仙伏下蓬萊良辰歌舘聲〻起明月粧樓夜〻開天上李瀋批敕手蜀中嚴武揔戎才曾知成都可教問舍悠然去即下紅泥促召回

暫還綱山井伯以詩送别次韻

暫着芒鞋歸故丘新詩吟罷恍如秋麥堆去後惟君勝荔子紅時送客愁好句合教吾北面生平長恨海東頭如今別袂應須惜一日能當便少留

綱山集卷之一

綱山集卷之二

挽詞

艾軒先生侍郎四首

典刑還似魯人初，四海衣冠歸坐隅。涕落寒蕪嗟不見，月明蠏井白雲孤。

菖蒲對客尚從容，明日紅泉夢已空。縱是千年有豪傑，六經人物在斯翁。

繡衣曾出黄梅嶺，金印還游紅藥墀。勳業至今人道說，幽懷長是在空齋。

黄柑時候曲堆村，長憶藍輿到蓽門。恰是今年去年

日野螢衰草吊寒原

青龍陳君次厓四首

明月青燈合浦村北人惟此讀書園賣家風義人牢

落多少衡門欲斷魂

誰解題封忠敬堂長安白髮黙微郎斯名似不緣渠

作却是關渠泪數行

胡為春渚夢初回却是行舟恰到來數盡長亭過閩

嶺夕陽愁殺落花臺

欲眾蜀靈何日時長江望斷涕沾衣夜香樓下如重

到鶴叫三更人已非君嘗以合浦書堂謁名於艾軒老人老人目之為忠敬堂盖取

武城之人共待先生如此忠𢡖也斯名不縁我而生實以丈人視此事爲無愧邑夜杳樓落花臺謂君之東園也

鮑待用明之父　四首

一經教子已青裾况又行年七十餘恰好遭逢身却死北風門外只長噓

去年一笑荔枝園今歲重来是墓門縱有青〻舊時樹已看斜日照黄昏

寒村夜雨斷人烟却有纍〻哭野田一飯誰能弔要草似君此事主今傳

讀盡東床一卷書不妨蹤跡向来踈劍津紅帳爲門

户想得多〻送葬車

光澤朱君諱賡字師言或字少裴　四首

諸老蕭〻似卷塵不堪再見素旌新白頭縣尉答賓

浦夜雨寒隠是舊人

長記前回過我廬艱難步履喚児扶莫將馬箠敲門

去寒水無人野歎孤

為官長者得聲名唯諾公堂如父兄欲作汝南耆舊

傳不須多語盡平生

迺前飛旐過前村一婦隨車一在門何處人家有三

柩髑髏山下合銷䰟

趙路分（丞相汝愚之父）三首

二月餘干花春草天遥莫問謫仙墳長簫不要吹哀些愁殺江東日暮雲

苦學聲名聞縉紳傳家况復有麒麟漢廷玉牒先多士數盡慈恩只一人

每誇晏子對人言東觀同游有艾軒我向尋場聞此語歛襟西望轉銷䰟

林校尉紹老三首

落日平田何處村竹墻繚繞是高門莫言雞黍未相識一醆悲歌自斷䰟

白浪湯天眼自驚吳兒一見欲飛鳴何人為述膠西事十萬樓船有姓名

華屋共言清淨想長途還作去来緣念君陰德有如此何事春風却短耳

林少朋三首 海陽四十弟屢約為海棠之集斯人不可見而公亦云亡因賦此詩不覺潸然兩悼之

年：二月看花時野笛小園長短吹誰道今年看花日鞦韆門外鼓聲悲

聞說當年歌鹿鳴黃花八月牡丹生何人為續夷堅志好向橋東問姓名

幾回欲去醉花傍此事如今轉渺茫不獨哦詩弔金谷更令掩袂憶劉郎

余倅父子鳳二首

廬陵别駕有慈闈到處官亭見彩衣總爲青山能送老不知黄壤却同歸

誰唱雙棺薤曲悲前聲未斷後聲隨人間父子情何恨可忍長簫遂箇吹

盧氏母二首

爲語歌鈴過野田不須淚眼更懸懸人間催促如風葉誰是平頭八十年

小徑幽幽竹遶門閨樓終日總無言若教誦得維摩
句應愧平生費討論

哭故人曹十九秘校叔明海陽四十弟自潮州
送歸柩未有哭詩故人於海陽爲塲甥也況
吟感泣因併以吊之

海陽天外已傷懷海陽章闕之白水墻頭轉自哀却是人
生难得好兩手只見哭聲来

泪眼纔乾吏哭君残陽破寺起穗雲故人海上能多
少已見江南有兩墳

小練林承事文炳父二首

雖歌纔唱已堪嗟莫道主平隔海涯曾向綱山圖上
見蛇門東去是君家
生前莫問劉郎浦死後還看孟母鄰遥想蜀靈穿海
出浪頭如屋自愁人
曹不古二首
年年除莫即相呼夜語如君不可無爲報歲寒同社
客今年不要作㸌爐
有時街上斷人行猶見猷門訪子雲一種傷心向誰
語夜闌燈火只思君
鄭氏母二首

片〻花飛上巳村誰將双淚哭寒原明朝況是初三日好把流杯為續䰟

畫樓前好綠波前萱草還看白髮生更說列卿太常老吁嗟一曲與人傳

曾廷輔二首

里巷相聞長者聲春風更有女蘿情殷勤為作愁腸曲白日西頹月又生

綠水白鷗三月天哀蕭長短使人憐草鞋踏雨同歸去此事如今十五年

盧助教賁扶二首

山中香火今誰在那陸殘春薤曲新第一傷心惟此
老父聆諸客已無人
毗耶鈔軸五千卷淨几焚香心自閑蠟燭燒殘春夢
斷逢逢哀鼓吊空山
方提舉公美
馬上姿容河朔風吁嗟不見夕陽紅長江自小為鄰
舍昨日歸來無此翁
橫路林少皐
十年騎馬畫橋歸長記朱樓倚水湄今日懸吟想君
屋一如騎馬十年時

鄭唐仲

三閭未死已招䰟却是狂夫不要論誰肯將身緣問道十年臥病菊花村

夏循矩先生

歎息青燈下偏旁古字通讀殘五車去羸得一生窮末俗輕前輩何人念此翁傷心舊時宅颯颯已如空

林伯謨

幽情千木外巧思百花前好事如吾子傷心嘆蚕年挑蹊親意悅薙曲里人憐半夜悲笳起涼天野月懸

古龍孺人曹氏林高舉母

寒原何處哭下馬欲銷魂白日教行泪黄柑十里村

傳家猶墨綬聘婦盡朱門似此何多限空漚不要論

孺人郭氏林枚之母

國子先生宅相傳乃母賢一哀孤嫩下再拜十年前

祗櫝貪書卷飛鸞尉暮年夕陽聊寓曲終要到新阡

丹井陳子白母二首

哀曲梧桐夜何年苜蓿盤敬夫前輩重好客婦人难

十月明朝盡孤墳落日寒鹿門吹出黍此意竟長嘆

其二

嫁娶比鄰近門庭古木幽藁砧舊相好蘭玉久從游

双鶴来何處孤鸞不到頭通家丘嫂行愁涕白雲浮

陶侃母憂常有二客来吊不哭而退化為双鶴冲天而去時人異之

松林之巖叟

誰學陶朱去梅花古戍旁平生踈几杖哀曲損肝腸

稚子青衿雋東床綠袖長四更笳鼓動月白水茫茫

楊嚴州母

生長大夫宅来歸御史門吾兒天下寶此母里人尊

九嶺三江外孤雲片月村同鄉無見日他國賦招䰟云

宜人姚氏余倅之母

別駕歸来日連年哭几原白頭如此母丹旐只諸孫

燈火櫓𢗅市蕭茄梅子村比鄰愷揭鴟還阻吊幽魂

林義夫母

孟母何曾憾生前錦軸横東征鳳毛好西府玉昆榮

貝葉忘言處金床寫水聲十年堂上客一曲是悲鳴

方士登母

傷心来赴日各〻為淚一作沾衣慈母夜長訣郎君客

未歸短山長笛慘青草素旗飛料得楚人些連篇説

斷機

清遠尉林昭遠孔章

一官辭南海蕭然百念枯里閭稱長者門巷似窮儒

死日分明去生年爾汝無傷心哀鼓動寒月野園孤

迎仙致政王修職衛

晦德香泉下秋風知一作今幾田襟懷如阮達門閥自唐來立馬曾交語寒蛩重一哀生前雙錦軸亦足慰蒼苔

黃司業定

未作鵬飛萬里程一時英俊已錚錚只應傲雪凌雲氣合得驚天動地名明月酒杯如李白暮年官職似陽城秋風癸亥古祠下多少行人淚眼盈韓退之癸亥年守潮本朝陳文忠堯佐及黃魁並以是年出守故此郡有三癸亥祠

戴少羙晦之父黄石人

一聲哀管水邊聞忽憶樓風留月軒洛下書生来問字襄陽耆舊亦過門游梁無限通宵話訪戴如今何處村縱使鸞封到幽壠白雲荒草不堪論

陳伯順夫婦

晴春相一作見未多時忽嘆霜蕪雪屋非僵瑟樓前方悼往吹簫臺下竟同歸讀書歷歷向秋樹織錦悠悠空曉機須信人間伉儷重先日死日不相違

陳仲罕毋

橘林霜後欲寒天一作黄柑時候欲寒天多記陶家作客年碧

水青山如昨日白雲紅旎是新阡鳲鳩七子母恩重
寡鵠孤巢婦德賢景昔哀蕭老松下漫漫瞿麥雪平
田　同蕭賦孤巢寡鵠娛嘎乎其下

稚春母鄭氏

他誰天外哭聲長有客歸程何太忙同爨情親如五
服升堂義重比諸郎昔人澆薤蒸藜事即我浮家泛
宅傍嘆息白頭陶母意中秋三日轉凄凉

蔡以之母

鄰母悲秋長短聲客窗聞此夢魂驚新鄉誰共雞豚
社先世由來香火情雖曲縱教如宋玉里喪終是愧

陳平傷心起望秋雲氛愁斷千山幾日程

章繖之妻盧氏

蒿里歌蒿里曲長蕭悲奈何短草嘆不延少年欵欵

嫁夫壻今夜屋簷何處宿蒿里歌蒿里曲

綱山集卷之二

綱山集卷之三

論二

舜

古今之論聖人者莫不以聖人為生知非自於學問而然也竊謂此言乃禍天下之言也舜為聖人矣舜無一日而不學此舜之所以為舜也舜之所學無書傳可見孟子論舜謂如深山野人吾嘗即是而知舜之所學夫人小富貴則容色更改非如曩時意氣揚揚不可拘束又況朝而茅檐暮而黃屋夜而藜羹晝而玉食而氣象常如深山野人非其所學有至於是

豈無所動其心此而果足以動吾之心則凡而一切
皆不能動吾之心非其所見有大於堯之天下烏能
如是乎古人之學必至於此然後謂之至學未至於
此其英雄豪傑雖出于百王之上亦不足道也已舜
之微時所謂耕稼陶漁莫不自為之是舜于此時已
斷斷然終其身不復有他想矣耕田捕魚可以老可
以死無有餘不足之事及其為天子也我猶夫人也
我何所加益為故處天下之極貴而其心常如在田
舍時也是窮亦舜也貴亦舜也窮之與貴一去一來
而舜則無窮也古今人物如巢許長沮桀溺荷蓧丈

人四皓嚴子陵陶淵明之徒是亦無所動其心者彼以山林為可慕軒裳為可惡有慕之之心不有惡之之心是動其心者也舜則無所慕亦無所惡故無所動其心是之謂聖人也舜之此心蓋與天地鬼神為同本愚夫愚婦為同出朽枝槁葉為同根至乎此者謂之聖人知乎此者謂之賢人同此宇宙誰獨且無是心哉學者能於一食息之頃靜而存之則舜之此心去之千載有如噉日也作舜論

文王

古之人有不幸而處君臣桯杌之際而終焉無可愧

之事者其唯文王乎商之季年天地如膏火生民如
麋鹿父食子之骸兄飲弟之血仁人君子痛心疾首
詘不引領而屬之文王也文王之化自北而南江漢
之國汝漬之域莫非文王之民也文王一舉手則蜀
死而爲生更亂而爲治去憔悴而爲驩欣文王何憚
而不爲之乎文王之事紂方且如舜之事瞽瞍戰戰惕
惕不敢少慢德彌盛而自彌屈民愈歸而心愈畏君
益疑而臣益恭者文王之心也文王之心苟或不然
則天地其易位也久矣曹操司馬懿劉裕高驩之徒
不獨見於後世矣君臣之經也非權也謂之經則萬

萬世一定而不可易也使經而可㲲則足可以為首裳可以為衣功屨散屨可以為毋追委貌老婦之盆可以寘於室之西南隅也或曰文王誠是也湯武其非也邪曰不然民飢則死民渴亦死民飢而必食之民渴而必飲之湯武之心也民飢而不敢食之民渴而不敢飲之文王之心也湯武之心如四時必至於變焉而後已文王之心如夏暑冬寒無時而可變也文王之於紂東西南北唯命之從雖羑里之囚亦所不拒也後之為人臣者功高業鉅事涉可疑則有不朝者有召之而不至者況欲殺之而可致之乎文王

者諸侯也人臣也生死之際非文王所敢知也如范蠡之扁舟遁去張子房之閉門謝事雖或可以保身然亦非文王所敢知也范蠡之去似可全身然卒使後世君臣猜忌百出無一日相安者其患自范蠡始也越王之不可與處想未必如紂之甚也紂而可事則天下無不可事之君文王之事盛德之事也舜不以天下動其心文王亦不以天下動其心故嘗謂武王似湯文王似舜其是之謂也非其所學俱至於是則其出處何以如是之同也作文王論

周公

人心一也有所謂限量之心有所謂天地之心限量之心大小雖不同而終歸於有所極天地之心無大無小茫乎不知其所極也世有終歲飢寒容貌可悲一日遽然而飽則率爾高言輕侮閭巷此固愚甚不足道者有終身檢束不出乎繩墨不違乎六經亦似有所識者及夫祿盈位崇則提防愈密憂懼愈多患得患失無所不至是人也謂之非君子固不可也惜夫限量之心極於是矣安得不爲爵祿累乎安可以語周公之事乎周公者文王之子武王之弟成王之叔父天下之貴至此極矣而公之自視不翅如布衣

故處人臣之崇荷天下之重而公之心無有餘及四
國流言之變且以公爲不利於孺子天下之禍亦至
此極矣公乃東征以避之公之視去相位如土委地
故當患難之衝履危險之叢而公之心無不足以無
有餘無不足之心而論之是公之心天地之心也非
限量之心也限量之心譬如舟爲有可以勝百斛者
可以勝千斛者又其大至于萬斛者過此則不能勝
其任也天地之心汪洋汗漫無所紀極春夏之生百
物豐萃不見其多秋冬之殺百物凋落不見其少公
之心天地之心也天地之心公之心也故處富貴者

患難無有餘不足之義也堯舜禹湯文武生而為帝王未嘗有所喜以偶然所遇時如是也於吾何所喜仲尼生無一日如其意未嘗有所悲亦以偶然所遇之時如是也於吾何所悲堯舜禹湯文武仲尼之心天地之心也周公之心天地之心也故亦何所喜何所悲云爾學者欲學周公當先求夫此心則周公不難到也不然位愈崇而身愈屈勢彌盛而禮彌卑人謂其似周公吾見其去周公愈遠矣此不可不審也作周公論

孔子

以一世為事業者堯舜禹湯文武是也以萬世為事業者孔子是也夫數聖人者生而為帝王及夫異代則血食所不及孔子生無尺土死之日宮廟徧天下以栖栖之旅人何為而有是耶唐虞之世皐陶稷契同時並出湯之世有一伊尹者周之世有太公召公閎夭太顛散宜生者如雲蒸雨至飆沓而出是有天下者乃可以收天下之士洙泗之人藜羹不飽一時英傑何所慕而俱至耶況顏淵閔子騫曾參原憲冉伯牛之徒是不獨為三代人物所謂唐虞氏人物也以匹夫寒餒而羣賢並集是豈不賢於堯舜者乎故嘗

謂堯舜事業夫子其優為之夫子之事業雖堯舜不能自必也孔子之道可以寒而死可以餒而死或僥倖為一飽之計仲尼不為也以是而施之堯舜事業何所不可以一身為萬世法以空言為萬世法堯舜其能自必乎故堯舜禹之道禹之後則無傳爲湯之道湯之後亦無傳焉文武之道文武之後亦絶而不傳夫子恐吾道之絶於後于是聚天下之豪傑而傳其所傳比夫子之道所以至于今而未絶也夫子之道不絶則數聖人之道有所託是豈不賢於堯舜者乎雖然千載之日知其道者幾人哉或索之簡牘之

上或求之胡蘆之間嗚呼是皆所求者末也夫子之
道不在乎是也爷不意夫子不遇於一時又不遇於
後世也然則夫子何求者乎哉曰夫子之不遇於魯
旅乎後世有知我者或後世無知我者吾又待乎後
世也終此天地豈無知我者乎此夫子之本心也此
夫子以萬世爲事業者也人於少年不得志則悲愁
無聊若不可以生况能待其老乎又况此生之不遇
而能待其後世乎又况後世之不遇而復待其後世
乎此夫子之道所以空天地窮古今前乎此無有也
後乎此無有也作孔子論

伊川子程子

孔子之後百有餘歲而七篇之書出孟子之後千有餘年而程子之學與大道之傳蓋亦有時非人力可爲也然孔孟生於衰世當時學有識者此無足怪也伊川生於明時一代人物煒然如華星雖東坡之賢尚竊非之況許其知道者誰乎乃知天下隨俗之人多而獨見之人少也堯舜禹湯文武周公仲尼之道吾於程子不敢有毫釐異同之論然伊川之門謂學文爲害道似其說未必然也蓋自天地以來文章學問並行而不相悖周公仲尼其兼之者乎自是而後

後分為兩塗談道者以子思孟軻為宗論文者以屈原宋玉為本此周公仲尼之道所以晦而不明闕而不全者也請以六經言之六經之道窮情性極天地無一毫可恨者六經之文則春容蔚媚簡古險怪何者為耳目易到之語是古之知道者未嘗不精於文也苟工於文章而不知學問則大道根源必闇然無所識通於學問而不知文章則古人句讀亦不能無窒礙是皆未可以談六經也故太史遷司馬相如楊子雲韓愈之徒文非不工也而道德之奧茫昧無所見其不可以談六經也明矣程子以學文為害道則

於六經淵源雖極其至而鼓吹天地謳吟情性又將何所託也是安得謂之集大成者乎故六經句讀亦不能無窒礙也孟軻氏以來千百餘年乃得一程子惜夫恥於論文故六經事業亦或有闕而未備者信乎此道之难也學者欲無愧於六經無慙於周公仲尼則學問固為大本而文章亦不得為末技也作伊川程子論

浮屠氏

孟子辯楊墨而楊墨之害熄韓子攻釋氏而釋氏之學熾楊墨之學儒者之學也楊墨之賢孟子之所深

知也偶其所見之偏故孟子一鉞其蔽雖楊墨之辯
亦且無所容其喙況學楊墨者乎韓子之不知釋氏
徒以空言勦人視雖適所以為贅也中國之教西方
之俗是本不同此不足辯也韓子乃合中國夷狄而
並論之宜乎不足破釋氏也西方之俗予已置之勿
論矣所可悲者中國之人而為西方之俗也西方之
俗豈無父子豈無夫婦浮屠氏者西方之豪傑也其
始亦有父子夫婦如人家室然也其終則逃父割妻
毀滅形骸邈如浮雲不復為人世之想雖其須髮必
且盡去而後已是浮屠氏之見偶然如是也彼學浮

屠氏者亦去其須髮不娶妻不長子此何爲者也謂須髮爲吾之累則天下百物何者非累乎謂去須髮爲得道則有須髮之人皆謂之害道可乎西方之俗本無禮樂故西方之學者一切篤之無禮樂此不必論也中國之人亦何所見乃裂其衣冠去其須髮其無知也抑甚矣故常不恠夫浮屠氏亦不恠夫故常不恠夫浮屠氏亦不恠夫西方之學浮屠氏者而深恠吾中國之人學之者之過也楚狂接輿歌而過孔子下車欲與之言是接輿者乃吾儒之所謂狂者故夫子欲與之語也六合之外王者所不治況以口舌

辯之乎故韓子之強辯適所以爲贅也曾子謂如得

其情則哀矜而勿喜至哉斯言也吾于浮屠氏亦云

作浮屠氏論

綱山集卷之三

絅山集卷之四

誌銘

吉州通判余府君墓誌

余之受姓譜遠而閥高自建陽令以来伯仲散處或
家於杉洋或安固黄陂杉洋（古田縣）之系是為相家余
深又有所謂莆田黄石也者在今古楼山下或曰若
盧山繞山作屋門隨村長主男即為儒而他無所雜
用其心故朝奉郎盧陵郡丞即其来裔也以淳熙六
年夏四月甲寅卒年五十有五祖諱某保義郎父諱
某累封奉議郎母宜人姚氏君讀書不草草持身慤

厚與人交有情而不忘左朝議大夫文安公於君為
族父文安孫閎國男諱祖顛君年未冠一日見君所為文驟長
失喜謂人曰吾家校書郎自唐乾符時棄官不仕拂
衣去且二百年而惠安公以詞賦起家未幾吾繼之
自此寥寥無人即有人其此郎乎歲辛未君果第進
士調長溪主簿有政迹關陞左從政郎改左承奉郎
知寧德縣遇覃霈轉左宣義郎縣有陳姓為多貲忽
有夜半鼓譟撾門索其廬得死人斷圃下走告之縣
謂陳殺吾弟也君詰之女弟奚任曰初更漏且盡猶
在俄而且出君曰夜深遇殺爾何為即知之其人不

能對遂論殺此囚而一縣凛凛不敢欺兩税所出爲
文書遞移郭落人不見吏官之困滿矣有廷訟爾女
可不令其言其情肯為名邦聞人才大夫諸老先生
論議有定價皆謂李鸞寧德之政可以為作縣者法
而君之聲名自此出矣磨勘轉左宣教郎充廣南東
路經略安撫司主管機宜文字遷左奉議郎通判吉
州轉左承議郎賜五品服君在廬陵凡兩攝郡事獄
情纖悉一寓目必得人情於人之肝胃所不能遁者
故死囚而吏活者數十人經總制累歲逋積為錢緡
數十萬官無所須惟民須君慨然為白之不得吉冉

白之卒以君言為然蠲其半是為廬陵久長無窮之
利君為政發而慈々而不可犯撫民如家人視同寮
如兄弟用公財如其私江西一帶帥及部使者多鉅
人交口薦譽之轉朝奉郎已逮戍還里門適西淮總
領以州綱運為緩例降秩主管台州崇道觀命未下
而君沒矣于嗟乎君々子也其心於是乎可哀也已
君諱鳳所配為白社方氏封孺人二子東卿南卿從
我學一女許嫁孫曰埏志我生異縣每以不識為恨
及見君在寧德時以文勸民耕所謂縣令也為農家
故喜為文若道農事語樸而情至余每誦此雖未識

君向已識君心也卜以九年夏五月丙申葬之嘉禾里雙牌之原東卿来速銘於予君之階卽階也可以遺其後而竟一有也字不及其後以是爲君憾君曰〻也無憾也遂銘之其詞曰

君子之澤其施遠何哉一夕闕而斷芸香一脉本不短翩〻有覜来者婉刻爾罔頭其勿難

宜人姚氏墓誌

淳熙八年秋八月戊午奉議郎致仕余君夫人卒是日也余偶肩輿過紅泉市見市之人爾女雜〻蹙眉相吁嗟余因停輈問之曰廬陵别駕之母死矣奚哉

之母之死而能使一市人悲耶夫人為姚姓故左文林郎知永春縣諱安仁之女初來歸不得姒氏歡而夫人事之如事所尊久之姒氏知其賢相好無間言為家儉朴有以飢寠來告即然之無不可之語所出惟一子年尚幼聽從師於空山間跋之廬積月裁一歸其子亦卒能力學擢進士第所謂朝奉郎廬陵別駕是也族黨女嫁其父母送之必屬之曰若以夫人為法則終而身為良婦為良母歲在庚寅以郊需封孺人自後建儲闈及慶壽封宜人實千載一日也別駕在廬陵時奉議年八十夫人七十有五嘗消日合

管絃持觴酒爲壽老穉歡合官寮歎慕四海耆舊如端明胡公者且以隸筆作仁若壽三大字題其堂既而别駕去而歸即没矣没之逾時奉議先再歳夫人亦亡焉于嗟乎樂哀喜悲其迭見互出使人不得睹其視如是矣乎以十年春正月十有六日壬午合其廬於湖頭山之原速我銘從吾學承重孫東卿也女嫁朱𢍰次孫南卿曾孫琁志銘之曰

有丘莫莫之天一玄子陽葬耿孫來藏寫之終古幸勿傷

余府君埋銘 艾軒 葬 姪

出莆之東門二十里是爲紅泉余每過此即慘心況於我爲愴甚爲者君之降也以甲午其沒也又後於癸丑凡八月以是我心爲愴甚君余姓諱某字宋寔金紫光祿大夫之裔孫也嘗以荆南辟書爲松滋縣簿尉意勁而官下有志者竊悲之所配柯氏子三人𨻳騤驤女嫁柯𣏌以七年冬十月甲申合其柩窆之上林之原来請銘鄉者驤也從我游其可辭余始識君於悻經年爲壯者及謁我留月蕭騷一翦矣隔一歲過双闕聞君且死于嗟乎君一見而壯再見而老三不及見而死于嗟乎君廼銘之其詞曰

惟彼年同我所敬傷哉莫見耿何定轂城甸訛其烱烱

光澤尉朱府君墓誌

七年秋九月癸亥迪功郎光澤縣尉朱君卒於乎悲夫紅泉耆舊自此無幾存者於乎悲夫余弱歲走紅泉從艾軒子林子學一時同舍生有父行兄行子若孫行秀眉蒼髮颯沓一堂君時貌已老執經怡怡無惰容問其年先於先生者數歲余以是知先生之道尊而君為可敬矣君少警卲耽書不好狎叅歲即與里選隆興更元以覃恩補文學再歲調橫州軍事推

官改祔秩乃尉光澤會有死囚縣檄召之夜泊一村
虛有遽走前裹薫金以為屬君哭而遣之或謂是宜
以白不則為君累又哭謂之人畏死寧以賂免人之
情事吾不曲賄吾不入吾勿憖足矣奚必為是沽激
嘏嘏者乎哉又嘗獲強猾三數輩該賞格君曰何須
此頭顱耶棄不顧聞者異之君諱賡字師言或字
字少裴父諱汝舟嘗以卮酒別所識聞其宴甚乃推
席上飲具一費之君在黨巷以長者聞性嗜禮晨莫
子侄來謁必整冠乃見之人有寸能說之不離口聞
人惡未嘗輙以語人所配吳氏其子為伯樞伯秬叔

總季年從我於小孤之下最後得子曰阿恩女嫁宋
確以八年冬十月甲子出殯且將撰日加窆焉屬我
以銘不可辭鄉也我來小孤君年七十貮以足疾不
出每旬時或三二日猶且呼諸孫左遷右扶過我闥
未幾我還我還而君沒嗟哉夫君亡矣夫不再見矣
夫乃銘之其詞曰
弗以禦人而張其門銘也有是燁燁乎三尺之墳

陳氏母林氏埋銘

林之受姓泝系闊遠其在吾縣文瓛為七林子孫多
祿仕夫人者即其裔也年十八嫁同郡涔水若陳氏

五十一而發其治產若教子不翅如男子所為者鄉
也徹蔽適有當世大人工部侍郎来曲堆夫人之孫
訇也謁諸途且涕泣求薤歌或謂先生毎下筆黙嵗
不即得爾何其夫人年八十六来寄之母之卒也如
是（父軒母葬来寄山）故此曲不待迫促而愴為悲夫子二人
處厚處仁女長適朝請郎泉州别駕黄廷瑞次適東
義郎清遠縣尉林孔彰孫曰雲庚雲訇雲鼎從我於
空山無人之處其幼雲弁雲几也夫人以耆耳每遇
良夕即呼子若孫若曾孫若外孫持杯團欒老稚驩
合里巷所喜道嵗庚子冬十月甲午葬之長樂縣江

田村石鼻頭之原慶曆來逮銘夫人年八十時余嘗
以卮酒至輿隅爲夫人壽其又忽爲是銘也嗚呼悲
夫其詞曰
有窈者壟誰其役何哉百年皆過客夫人言之我戚
戚十里穹岑化爲碧

處士朱君埋銘

小孤山朱氏㝵若来三百年其析處林井有處士諱
亷者以淳僩五年二月二十有三日無憾而終越四
年五月其塌林愷修職郎永春縣丞之子来謁銘嘗
於永春見尺紙其道簡叔甚矣宛然筆畫如千年雨

落破壁先生之言為百世撫㩕後乎我生欲識斯人
者其訊諸斯言矣所配承奉郎致仕賜緋魚袋林國
鈞之女子三人拱揚抑拱於吾為紅泉舊游揚祭卒
是日也因徐林之原而坎之其旁孫準從網山學耳
十五已捉筆能為千言葬之初為壬辰既而趣之日
甲申斯銘也諄〻乎鐫已其明焉其詞曰
西陌東阡古民之純豈謂待夫見〻聞〻若游若息
陊葉浮雲是非我言閭巷之言

孺人鄭氏墓誌

百丈林氏自國子司業齊州使君以来為閩家有將

作監主簿諱某其孫曰某嗜學敏篤未及仕而先〻
三十九年夫人乃卒夫人年八十有六故樞密院編
修夾漈鄭樵漁仲之伯姊也以淳熙八年冬十月庚
申徹殯越明日辛酉葬之馬坑之原來乞銘昔者綱
山讀書城南時嘗一拜故人之母於城隅精舍轉臂
十八年恍如昔者訃來重山酸愴累夕其又忍為是
銘也夫人家于游洋山之阪有子曰詢齒長於我每
携二子呻吟我廬窓已白殘燈未滅且竟歲而後去
其應當門戶惟白頭一母耳吾黨聞此事所喜道說
淳熙三年遇慶壽以其子與鄉書封孺人夫人嫁時

逮事舅姑無闕德執夫之喪瘠甚且終其喪惟蔬食
女子四人長嫁陳某次左承議郎致仕賜緋魚袋陳
公諱則之子曰某次尚書郎李公諱某次未及嫁而
没其嫁者又皆前夫人歿孫二人曰舒直舒長夫人
於族黨若丘里有以窶乏款門者必為之涕下有所
恤無厚薄踈戚不之辭雖僮婢使令見之必問其飢
飽寒煖於意若毋與人也有恩遇下也以情事舅姑
也事夫也致其恭其古者所謂良婦慈母也與於是
據梧歎息而為之銘其詞曰
若容也闇言也訥傷哉貍首我紆鬱平林西去轉水

出有石夢〻老而桀

林東之埋銘

歲癸卯嘉平之月余適上釣螺江逢東巒生語數曰咄〻未休而孤青東之訃来猩手共哭之既而唁其家若婦若孥閧我来盡哭幾仆嗟哉東之余初識子扵来寄山下貟循而長面腴而方是豈其年不及五十者耶齒方壯好馳馬飲酒一日折節讀書便能向秋山倚槁梧呻吟不出户東之諱浦扵工部侍郎故艾軒先生為族子余與子父處每見子之事先生也件〻為盡情先生性㚐事其夫人如先生之存余是

以於子益久而益不厭大父諱國鈞承奉郎致仕賜緋魚袋父諱竑迪功郎南安軍司户參軍娶顔氏子男三人學古希古師古女二人長嫁金紫光禄大夫余公諱毅之裔孫某次未笄孫曰應翁子生冨秩盤豆簡儉裘袴麤質人或以為誚而子處之栩栩爾學古卜以十一年冬十月庚午徹殯且以書致我曰父卒日晨起尚乘舟下金山吏呼客亟来會蒲弄向午臂小戰扶起亡矣今其兆即為此山聿乞我銘埋之余於子為有情昔聞是語淚點點其忍為之銘乎銘曰

呼爾輿出爾廬俄爾之我而非俄爾之吾銘以幽壚
奈何乎其吁

海陽尉章府君墓誌

縣之東郭二十里有水汗漫百年無祿仕者隆興改
元粤有二人擢進士第又三年丙戌由江題名同時
五人於是衣冠知有此土矣潮州海陽縣尉于五人
者年裁二十有一井里之人所獨誦慕焉闢之虧而
孤自刻削讀書長七尺子林子艾軒過漁溪一見之
甚矚目闢之到海陽僅逾歲所獲強猾十餘輩於賞
洽合改秩闢之若罔〻無所聞者且語其毋曰取他

人項領以為高車大馬之計次卯所不忍為也其母
瞿然曰有是哉吾復何所患潮陽一帶傅舍多破壞
及是數百里為之一新然竟以是卒潮之人有愴焉
出涕者曾祖諱某祖父諱某並不仕府君以二十九
卒闢之二十六而卒無子有指其府君之墓曰是宜
改窆其母聞是語且涕曰嗚呼短長其在是乎闢之
之死也母每哭之即瞑絕從父之兄次卯無以慰其
母所產唯一子曰卯醜眉目照耀誦書揖客栩〻如
成人母忍悲一言之遂呂為之後嗟〻乎難矣哉越
明年次卯又生男方彌月其家有老嫗夢海陽謂之

曰吾必復生於是生之日呂順之似我為徵及生允
如媼之所言者聞者異之闢之有吏才不苟取在海
陽頗有能聲惜乎其不能騁也如是母夫人曾氏所
配為林氏也淳熙元年夏四月壬午葬之大湖橋坑
之原母老子弱妻稺其亦可哀也已闢之為章姓於
余外弟也昨者從我游且有歲寒繾綣之意又忍為
是銘也悲夫其詞曰
有嗔其葩有婉其牙訊之古夢是耶非耶揭陽之荒
白羽冥冥闔户三思有如此銘

邕州左江提舉方公墓誌

吾鄉有方姓諱與者以五年夏六月七日卒秋八月壬寅葬于亀山之原余時客紅泉其孤以書來涕語悲酸且屬我銘其墓是為以故隔墻者不可辭逹矣多事君以海舟發身丞相魏國張公來師吾閩以君為驍健通練耆遣至政事堂白海上可否事潮南有猺猾據海島積歲為剽㕩南粤帥辟以往一鼓而勦其窟穴得舟三十六又閩有劇賊已成禽復突而去府趣君捕之君為一二鐵繩且語人曰殆將穿其頸以來蹤跡至南海卒獲之同事尚未之知君為酒々半行而出其賊各帶鄉者鐵繩跪來前一坐驚畏余

蚤歲所聞有此一二事後此二十年紹興三十二年
也兩淮治兵君起家從魏公幕府島嶼散處如異時
屠狗君舉手一麾而千人頃刻爲可集遂隨舟師鼓
行而至於東年卽墨之下以是積勞至武節郎差邕
州提舉左江兵馬賊盜公事沿邉溪洞巡檢使父某
累贈武義郎母安人陳氏二子長曰知萬次曰知彰
知萬以從軍膠西自能致身今爲修武郎魏公嘗目
之曰爾貌何癯而膽之壯也知彰遇郊禋補宫女五
人未畢嫁君凡四娶曰鄭曰陳曰趙最後又爲陳氏
封安人君年且八十上馬下馬一如少年時卧地上

躍其身可二尺許每撫刀斬其屨々斷而趾不傷嘗遇賊槊中其腹複褁之以纊鳴鼓鏖戰嗚呼悲夫吾里有若人而竟死於蕭疎江浦豈不為壮士惜也嗚呼悲夫迺銘其詞曰

哭之何為此水湄男兒等死々無時吁嗟尺石涕沾衣

曹子不占坎誌

余同學於莆陽子林子之門有曹不占者年裁四十而死是為可吊也已不占長於我一歲每於客階則肅吾先其坐也坐其下鄉者刻意不止為世俗之所

斳好者惜夫已焉此志也二年春三月壬寅迺窆於烽火山之原其子無作来請銘余湛吟不忍捉筆一紬思即涕下不占名縣父昂監梧州元豊監年不逮三十不占以其父逝之九日而生傷君也生不見其父死遺其母哀傷夫君也迺銘之曰

于嗟乎北山之禽結巢生子不得力空爾顱頞涕沾襟欲寫銘歌愁我心陳涉言父母生我不得力吾試憑三尺逐秦鹿使羣兒看享富貴見逐客碑

鄭氏母坎誌

余姑妹其嫁鄭氏者鄉於犀斜把余袂而哭曰悲夫

有是夫他日其有是夫余嘗寘之心胸（或作骨）弗敢忘淳熙元年春正月姑妹且死其子璋来謁喪事余以原上之語不去耳故惕惕然僅以卒事也其夫諱朝昌字元吉亡之十五年於是合窆爲次子俊二女已嫁塗其坎二年正月乙酉也其於是道其所以然礲甓而銘之其詞曰

雙林之脊晻然荒棘昔者之言如此墳也三尺

陳氏母次誌 仲罕

夫人李氏故處士陳文劉之妻從我於犀斜坡也之毋也既詳之歲日南至又七日丙午合葬於後坡之

原来請銘處士再娶蚤逝群子俱幼夫人長之㮨之稼之旨之教之各盡情里之諸母夥言之不獨一人諸母辭也是宜銘遂銘之其詞曰
有撫若巢其子匕三其母兮毋心一我爾敬之礱爾龐来者欲評此其實

曹叔明窆銘

某所識曰叔明所遇人必盡情其死之日人亦共為之哀以九年冬十有一月甲寅窆于太湖中峰精廬之北隅叔明諱晟曹姓年四十有六其配長樂陳氏其伯兄昂承信郎監梧州元豐監仲兄昺吉州助教

君於我有歲寒綢繆之意其子彖從我游吾於是銘
之銘之曰
車之馳其輪虧悠悠大叡無停思以是息足者其誰
書之尺石不可遺

曹氏毋窆銘 子徵

曹氏子彖以元年冬十有一月来告葬期且乞銘去
年是月二十有五日余銘爾父矣今年是月二十有
六日余又銘爾毋於乎悲夫人也之促促也如是尔
於乎悲夫洒為之銘曰
江之南長爾思掩之匕日恍其萋安得青囊無支辭

孺人曹氏坎誌 陳氏毋

夫人曹氏葬有日處士謂庚曰䨓是勿志也惡可志之其惟絅山乎嘗及見聞是語慨然一慘心遂銘之其詞曰

縮縮爾事其姑婉婉爾循其夫有造其除驩以洗䏌亟以趨我其寫之烽火之隅年爲執徐其月日也寘在於析木之虛

章邈之妻盧氏坎誌

海陽之章有曰次酉者卜以十一年冬十有一月乙未日南至越十四日戊申爲其婦盧氏徽殯塗卒之

踰月而徹殯塗禮也二子卬曷卬祿俱穉齒嗚呼悲夫嫁之日歲甲午卒之日歲甲辰自甲至甲其十年伉儷之情乎余聞是語愴於心遂以志諸石也嗚呼悲夫

國子生林氏坎誌

麥堆雙闕之西南隅是爲艾軒先生中子同季之墓冬十一月庚申朔乃掩土中子幼康嘗補国子生卒且三年矣娶陳氏其子爲科斗於乎悲夫吾悲斯墳也才曷月其又忍誌斯石也於乎悲夫

章由之幼殤坎誌

章三十九弟田之有子曰印鹿生且鄉睟矣豐聚而繯好之年冬至十有三日乙亥卒越明日日下揜埋於踈野之西陬其去我冢也尺有咫於乎悲夫余以是心重傷焉誌之者誰綱山山人月魚氏也

幼殤小坎誌

悲哉吾嵩而冢阿翁之死哉兩旬女乃接其死吾哭女於草山吾何心女之生日有幾襄而坎之空吝吾何心初其墮地亟鄉之火双目炅炅又闔而微笑是惡得為眉子也於意

經山集卷之四

網山集卷之五

祭文

艾軒先生成服

淳熙五年夏五月癸卯門人林亦之以酒漿雞豚之奠敬告于工部侍郎故艾軒先生子林子之靈嗚呼先生而止是耶昔之人哭其師如哭其父謂其師之可以盡吾情如其父則哭之如其父嗚呼先生其吾父也撫棺大叫有所不可忍傷哉痛哉痛哉傷哉輒之死千載而有伊水伊水不可見又寥寥乎有吾先生一等談論往往自六經絕筆此為獨悟是輒之後有

伊水六經之後而有吾艾軒先生也嗚呼百年宇宙而有君子者吾得而師事之百年宇宙而亡君子者哉不得而師事之吾又恨何如也嗚呼痛哉三日之歛門人之經者出六之又師紅泉諸生再哭之六之之來紅泉以其鄰為東井也先生嘗至其廬而諸生列拜於堂下先生受其拜且誨之曰如其諸孫行也嗚呼古道闕落非先生其孰起之先生且死斯文斯道何所託此六之所以仰天痛哭淚且盡而眼眶裂也嗚呼痛哉

艾軒先生大祥

七年夏五月五日越明日丁巳侍郎先生以是日大祥祥事吉已門人林亦之敬以酒漿魚膾之奠再拜哭酹于堂下嗚呼麥堆三年倏爾徂盡門人治任紛紛去軫我於此邦有如并州来時弱齒今焉白頭可忍一日言復故丘遶墳長號其鳴嚾嚾天地無人六經無師何土可留何山可依昔人胡為撫膺痛哭六謂四海莫塡此足當年河洛不絶如帶賴有群子晚歲猶在紅泉之道豈曰終罍頓我同學宇宙斯張日月不返疑服告終沽酒寓情悲来無窮自此重趼痛連心脾耳耳是日黄梅雨飛嗚呼悲夫

艾軒先生祠堂告成

淳熙癸卯二月丁酉日故工部侍郎艾軒先生祠堂告成門弟子近遠至者數百人郡侯祭己迪公郎致仕吳悅之在諸生以齒先敬酌酒告于祠下嗚呼大道根源畀諸聖賢千年百年乃見一人孟子無傳發於洛川洛有程氏莆生艾軒于嗟先生皜皜誰匹六經脉絡神解心得同堂相歎胡不著書交臂難言紙上何如四海學者始知孔子不在訓詁不在文字莆人四世祖孫父子殆數百人皆門下士不獨致身蟬聯簪組一時楚楚如齊如魯忽爾梁壞哀沉痛深有

来贖侯式慰我心一國之師天下所慕絜彼明祠血
食茲土乜閟都督義重交友買田以祀邈乎不朽吉
日維戊侯来執斝冠履雜沓有淚如瀉先生之道自
此長存顧兎遺言勿絶此根

父大殮

乾道乜年冬十月庚戊孤子某敬以卮酒家飱致酹
于處士考君嗚乎昨者食於斯今者酹於斯舉聲一
哭心䰟俱斷苶然杖經茲焉乃具是必做諸古盖力
之所至惟是耳若謂我生汝〻今頭欵白而終無一
事爲稱吾心又何必做諸古此我不肖子也槌胸大

吁其將何辭以對也嗚呼蒼天嗚呼痛哉

父大祥

乾道九年冬十月庚申朔越四日癸亥孤子某謹以

卮酒雞魚之奠敬告大祥于考君處士之靈結巢葬

蒼去日不可逆摧涕一出心潰血零百年踊慕其將

與此身俱滅也耶

犀斜

乾道八年冬十月十有一日丙午孤子某自三十里

奉考君處士之柩卜葬于犀斜之原日向中乃掩坎

而以杯酒盤飡敬酹之嗚呼傷哉貧也養生送死爲

得而無憾雖然數尺之壟可以固藏盍亦行其所聞者如是耳捫心涕絶千古永極

南山墓

三十年十有二月二十有五日孤子某謹以觴酒祭殯之祭敢昭告于考君承事墓下嗚呼十年松楸有如昨日如是一杯又將隔歲敢告

外舅大殮

六年夏五月丁巳吾婦翁訃事以是日大殮甥綱山林某敢以危酒煎豚之奠敬告之曰嗚呼悲夫吾家去此相望數驛一日為此來而婦翁死傷心何可言

翁之死故人親戚翕然為之悲雖欲切悲焉得而勿悲也翁自病至死沉溟無一言每睹我來即以目視我亦了無一語阿女以是故敂胸嘔血其聲呼〻翁之不肯出一語豈其於我有所悽然者耶吾來此三十日翁之見我不翅如三十年知我者我又何可恨幽明之隔不可漫見生死數語如此卮酒

又祭外舅

八年夏四月戊申甥經山林某謹以斗酒一食自三百里致酹于惠安丈人陳公之靈嗚呼昨者拜公未有旬月豈謂訣去及我未發一見而死耿恨何窮爲

不有是孰為婦翁適以襄衣莫哭爲靈計程南首心眩涕零何耳重来萬松蒼蒼前度劉郎若為肺腸

林公執

三年冬十月壬子同郡生林某并姓名三十人以卮酒盤飧敬致酹于故承事卜丈林公之靈嗚呼八十之老故國喬木有此彫零云胡不哭街南巷北生事如麻垂簾市中所謂君家君家如何教子一經十年聲名機雲弟兄國人於是謂公有子問詩問禮来者楚楚我輩小子陳良之徒斗酒哭公義其然乎死而有知聊聽吾語有子如此公其不死

李監倉

四年夏五月甲寅曲堆林某敬以杯酒槃飧哭故監
倉李君之柩於龍山塔下嗚呼十年户外足跡可數
公一見我如所未睹我亦何能而相尊俎交覆念此
涕零如雨龍山之巔上入雲霓公居其旁我居其西
日則一至夜則一來談笑無限欵去徘徊人皆謂我
咄咄丁忽交怯士公聞我語喜而不寐天下所難難於
知己不謂君子知我如此公於文律所長儷偶加之
數年爾以不朽公之潔己有似冰壺闔館之夕晻然
弊裾如公所為知之者誰公所敬我謂其相知視公

之貌萬斛之舟豈謂一死乃如轉帿蒭靈所居嚮者書帷於此酧公觸目生悲百年隔闊有酒一卮肺肝之言而盡於斯

陳以中

五年秋九月二十有一日甲戌林其合丹井群居来哭吾友陳生而告之曰嗚呼昨者無端紛紛行李子来語離六日知其繆也而不知此行乃為死期嗚呼痛哉子之胸腹槩槩可數所視群居有緩急即推身出力以相助胡為一死千里冥濛言之愴心也嗚呼子平生於人吐肝出肺相視如骨肉子之死於吳門

也誰收汝骨誰尸汝喪吾黨不得無一棺而哭予今
夕何夕予之兄弟招汝魂䰟吾得以哭予嗚呼痛哉
吾黨有若人者其死之日無嚴可哭望影而吊何者
為心目也嗚呼痛哉

陳旦中

六年二月十日〻向夕林某合吾黨十數人以卮酒豆
肉致酹于吾友陳生先輩之靈嗚呼汝兄之死亡感
予心今復哭汝悲惜彌深汝於一輩有如蘭芽娟〻
數莖其標已佳不謂一疾髏然把骨此豈久長言之
涕絕今夕何夕曲堆之旁澆酒地上舉目凄凉雖然

今夕聊道款曲明日重來夕陽空屋

林斯容

癸巳之歲正月十有三日丁巳林其合徒友二十人以卮酒槃飧致酹於故林生二十四秀才之靈嗚呼痛哉汝丞儋耳曰哭其父豈謂迺身復死於是按彼圖經此爲何處爾父爾子於爲俱死岌然伯兄纍纍病軀乃自朱崖隨一蠻奴骸骨兩函出入崎嶇十日五日行店俱無夜所投宿路傍草哺我聽此語累夕驚吁亦有哭喪可曽似此等爲死耳況有苦苦勿謂鯨波邈爲已隔所聞哭聲乃其故集一杯招汝亟其

来止無為天末羈愁之鬼嗚呼哀哉

友人稚春同爨兄

年月日林某敬以斗酒一食哭酹于吾友稚春同爨兄之靈嗚呼稚春朋友道闕唯君為盡之撫膺長慟傷如之何自幼結交便同襟袍于今白頭不見其過曩遭巨浸吾婦初産四更呼我即来並爨奴婢雞犬各安所館宇宙斯人命一何短我雖甚廬身常作客門户短長妻孥纖悉有来家書皆君手跡阿誰弟兄如此用力嗚呼稚春君死十日我始聞訃逆旅一跡魂驚魄懼父無丁男妻抱幼嗣天下单孑此情何措

嗚呼稚春爾之阿翁即吾之翁爾予可教當發其蒙
君能先施我敢負君割心一卮敬寓斯文

曹聲之

嗚呼故人有子故人有孫胡爲一巢一雛不存我近
容還過我紛紛人各謂汝非昔即君我喜未已哭聲
勿聞三世孀嫠煢煢一門伯道無嗣可續其傳李家
祖母曷終餘年質之蒼天天其愈高唯是朋儔相對
悲歸新凉雨過月明秋毫亡者已矣未亡奈何

光澤朱尉

年月日同舍生林六之林通平以卮酒一食哭酹于

故縣尉二十二丈米君之靈嗚呼昨者識君紅泉之
上義爲朋友齒則父行今者哭君小孤之下當時厖
艾其存已寡先生初出羣英皆至金黄銀甕照耀天
地又有群老故木蒼松鴈行升堂執禮甚恭于嗟丈
人是爲一數每視吾輩連心並肺不謂傴俯忽爾木
拱欵欵舊遊纍纍新壟同州秋浦一水蟬聯昔造其
廬今弔其阡一杯長歸轉臂陳迹百年永訣有如此
夕

曾子徽母

淳熙改元春正月丙午林某謹以清酒殽蔌之奠致

酹於故孺人陳氏之靈嗚呼昨者故人墳土初畢去之七日又弔乃室茫茫太空孰為短長遂令支蔓其說多方通家之集如今幾年劉郎去後孟母復捐豈堪逝者如此翩翩追舊酸摧淚點雙懸貍首一卮亦云有子勿謂幽壤卒焉若是況乃閭淑一門之懿視此酹辭可以勿愧

陳壽夫

元年春三月乃日上弦越明日乙未同舍三十人謹以觴酒雞豚之奠致酹於壽夫陳君之靈嗚呼三二年來吁嗟弔文兩悲瘴魂今復哭君所謂南服莫非

死客有来行李何必此域乃如結屋萬竹幽〻可以長子可以白頭何事翩〻却為此游黄亭客舍尸骨誰收君死之夕不知其時於此一哭即為死期知主者吊知死者傷雜然来聚沉痛中腸隔海蒼茫煙雨生狂為語行人好還故鄉

海陽章尉

甲午之歲夏四月壬午外兄林其以斗酒一食致酹于故海陽縣尉章四十弟闢之〻墓嗚呼闢之日已向中泉闢永隔傷心可奈何傷心可奈何一年凡幾日而吾兩渉江以送葬人欲久不老何可得耶嗚呼

秋風綱山明月疎野此意斷絶如今幾年每一紬尋即頭暈而眼（花）亂矣嗚呼悲夫他日其有知我之悲者乎江南一帶吾不忍視之長號一聲棄馬而去滿山松栢相思何處

曹不占

年月日林其合徒友三數十人以卮酒豆肉致酹于故友人曹不占子之靈嗟哉不占昌陽一飲去之幾日而乃捉筆為子酹辭人其無情則已若其有情則此情何時而已耶嗟哉不占了無是非了無可否故人無德於已者亦無怨於已者二十年來我之所以

友子者唯是耳嗟哉不占花蹊西偏有宅一區子以
是為歲寒切磋不可緩者而子乃止於是數日沉吟
出門入門有所不可忍乃知昔人於西州門啾唧痛
心之言苟非我輩何從有此等語耶嗚呼哀哉歎〻
故游有知兄弟平生胸腹萬此一涕

夏循矩先生

年月日某人以酒漿魚豕之奠致酹于故循矩先生
柩下林某為之辭曰嗚呼先生百年黨巷於焉解惑
樵車過市安得不哭嗚呼白頭讀書賣屋而葬黔婁
君平所可道者唯是爾先生又何憾耶近遠畢集里

門之隅乃如陳相盍循其初空亭一卮聊道款曲䰟如可招敢後宋玉、

林伯謨

嗚呼伯謨其死矣乎昔人於昆弟無毋無間言乃謂之孝君之事親唯謹爾其視諸弟壺漿豆肉寒袍暑衣蓋有人之所難者而君無难色嗚呼君乎悪可謂之世人而已乎綠煙之下花竹如畫君不可見傷如之何悲酸數語道此胸腹勿謂泉闗闇無白日

林斯行

二年秋九月朔日己卯同舍三十人謹以卮酒盤飧

之奠致酹于故友人斯行林生之靈嗚呼哉斯行其于羣處娟〻可憐胡為一死不逮中年所嗜雕蟲不險不俗豈謂歲月一等埋伏乃如菜畦便可終老何必去來苕霅古道嗟哉斯行日昔雙棺來自儋耳今者東吳復哭吾子人生慘禍萃於一門首尾五年三度招魂行道相語已自驚吁况乃故遊悲兊何如嗟哉斯行華亭水鄉鶴唳三更徂航船上歌聲短長欲弔羇魂踆奠之往白日一卮其或可想

鄭唐仲

嗚呼人生澌沒百世同轍君其長逝我所深惜君於

祉歲刻意問津以是得病豈為俗人范〻宇宙安有斯病窮海得此敢不起敬再拜柩車是為里門匆即遽去聊寓一尊我為此文不獨吊君想得九原亦喜斯言

青龍陳君

六年秋八月既望越某日綱山林某敬以千里一食致酹于故提幹二丈青龍陳君之靈嗚呼痛故一别所懷無數孰謂彫零乃如此遽我緣長者一下錢塘君聞我来数程宿粮逆旅一見便如曩昔義薄層空身纔五尺款〻謂我渤人讀書習矣富人傷哉寒癯

欲為數椽芙蕖秋浦有來館我不問爾汝頑憑指晝
為之準繩我敬此言我愧非人絜絜高致曾是滿堂
適我南歸君其云亡吁嗟舊游零落一方向時射圃
草如人長視人子弟若其子弟想彼州閭雖不出涕
我有卮酒哭君何處船下姑蘇華亭東去不知何年
問津於此憑高一慟落霞千里

章氏婦

嗚呼嫁車何年葬車在門嫁衣何年殮衣已陳人命
朝露人世浮漚反覆歎息短長匆論惟是朋友便如
閨壼今日之義一杯敢後

林司法

年月日司法林先生訃來學生某聚哭于里門佛屋且以危酒一食敬酹之嗚呼先生少年場屋姓字轔轔里閭楷模楷脫屣華華白頭一官雷州參軍尺廿未騁叢祠招魂南為儋耳北是罡門安得不死吾黨悲冤不獨一身旅骸數人經涉半年出問初聞六月炎海萬里故園莽不可見徒有此尊哀哉

林稚春母

嗚呼空山晚歲寄巢一枝可忍長訣交橫涕洟王珪之家周瑜之母千年百年曠哉天宇縞衣數程來赴

喪期未口有子有母如斯故於棲息欲託情重書曰

綢山浮家之洞秋風落葉丹旐翩翩全家哭送卮酒

何年

陳監塲夫人

四年中冬之月丙申朔越九日甲辰某以斗酒一食

致酹于故監塲夫人林氏之柩吾里有母年瀕九十

如此滅没行道傷惜母也教子唯是擇隣與其子游

耆老數人母饋之食無或难色至今黨巷謂是母德

歲時親戚夜或宴一作與聚母也衰年端坐無倦此来

涕淚曩嘗登堂百年女法一夕云亡羣孫豈慈各自

讀書諸婿豪華亦有懸魚蕭騷海畔如毋者鮮毋也
且死復何所恨里有故毋古昔可聞嗟哉莫見瑟瑟
傷魂立冬大招遠日不來卮酒長訣華屋蒼苔

谷堂顧和尚

四年孟春之月人日戊申綱山林某以香茶果子致祭于故精嚴長老谷堂禪師之靈吾里精藍一千五百本色道人比為巨擘昨者浦西尚及一見惜哉已老使我心眩諸方談禪拈椎豎拂何如谷堂無句可說嚼蔬呑飯一等真實即此真實是謂古佛豪傑雜雜交朋不知其人視其所親胡為一日寄我短札題

其年月歘〻話別天寒日暮快我行客平生草鞋這
回得力芝山之下松徑成行所謂伊人在水一方浮
屠不哭我豈無情聊寓杯茶有淚縱橫

陳子白母

嗚呼昨者死喪幷陌共嘆弱於我輩尤切凄斷嗟〻
夫人良婦賢母絲調亂鳴蘭芬芝秀何為一疾遽隕
恭湫年過五十已不為夭王珪之客梁鴻之賓風雨
盤豆義如家人行矣芻靈同是一哭孤墳屋角痛注
心目

清遠林尉

嗚呼里閭老大如曉星牢落君不可見傷如之何君之胸中了如童兒一物不留况乃是非門庭卑隘人嗤其儉君則甚安不動一念以此所積富而且壽以此不惑死生如晝紛紛來哭視君前輩豈爲一哭無從而潰十月寒原衰草殘雲情寓此酒悲視斯文

縱山集卷之五

網山集卷之六

祭文

代惠安陳仲麟祭文

乾道六年夏五月辛亥朔越七日丁巳庚虔璆諸孤謹以酒漿蔽蔌之奠敢昭告于考君承事嗚呼吾父之年不爲短吾父之死而吾兄弟哀踊痛裂若不得活吾兄弟平晧未嘗歷事只謂百年如是而已今毋一遇事茫然無依惟擧聲欲哭嗚呼明朝後日百事縈腸此哭也何有窮已也耶嗚呼蒼天不孝蒼天

代高德庸祭外舅

元年冬十有二月既望越四日庚午髙某曾某謹以
觴酒雞豚之奠哭于婦翁承事林丈柩下嗟嗟丈人
胡為此來卿吾兩人阿翁俱棄去所視婦翁即吾翁
也吾每扁舟到岸頭家人來即來而翁已來江上招
手喜見眉髮一年十箇月我如飛蓬斷梗南北無定
居唯是歲殘暮言來還婦翁女婿銀盃團欒誰謂今
歲每年時而為此道旁噫嗚一酹卿嗚呼吾寧忍言
之卿死生之隔傷心無數何以告哀有淚如雨

代陳鈞叔祭墓

二年冬十月某日衡自諸孫奉考君處士之柩卜葬

於西隱之原以是日掩坎而以杯酒盤飡敬酹之嗚
呼昔者死喪我尚童稚瞿然吽號曾莫可使十年佛
屋厰歷空蔽此念一来摧剥肺肝豈謂残喘尚及吾
母他山落日犖犖黑土銘彼懿石松栢不死其有来
者曰阿爺之墓

代陳景章祭李監倉

四年夏四月既望越九日甲寅陳慶辠以庖酒一食
敬致酹于故監倉從事李丈之靈嗚呼人命危脆如
草頭露須刻可覿忽焉滅去所蘄如公豈曰寸尺一
日不見便為陳迹公来海渚曾是通家上堂拜母情

好無涯哭公之喪不獨余身吾母吾婦涕淚沾巾公之嗜好曾非世俗所得俸錢買書滿屋如此人物所謂金玉不愧昔人可以瞑目我來哭公龍山之旁追念昔遊歷〻悲傷壁上新詩手迹未乾胡忍視之摧析肺肝平生之懷寓以杯酒公不忘舊公其來启

代章由之外姈大殮

嗚呼死喪之戚是為可吊所謂無憾斯焉蓋鮮一封鸞誥一作錦來自日邊天下婦人蓋亦有為寒溪一帶環村而流兄弟親戚團欒白頭女子之嫁胡為有是今其有是〻亦可已所愧一作恨我輩異縣他鄉終訣

之夕渺々茫々百年此念何時可忘長歸一酹我心欲狂

代章由之祭外妗

年月日謹以觴酒豆肉哭吾丈母宜人于古龍道下嗚呼賛皇公昨焉南渡携其甥以來為之擇對而配以夫人夫人之生何者為可恨也空村六月炎熱之柩將走故墟我輩一二甥哭此道上下一作肺肝如裂嗚呼百年之母暫焉不得面即心魂飛去况如是一掩土而泉関杳々無有曉時耶悲痛之語所不忍道唯有一哭々之而又哭也已

代衆人祭林美政

七年夏四月辛亥故承事林君以是日大昭王仁合徒友二十人以杯酒盤飡敬酹之經山林亦之為之詞曰嗚呼君於井閭所謂善人平生好事相見情親兒郎華〻一皆業文獨力當門不憚苦辛胡焉晚歲若有促迫朱崖萬里隻身羈客生無来書死不知日只憑南風收召魂魄人生慘裂何者可說所幸諸子屹然自立櫝榔海頭濛〻島居旅骸何寄舉目悲呼二子徒跣窮涉踔慕長途歸魂須一相遇知生者吊知死者傷卮酒登堂迺君家鄉

代盧國寶祭母

嗚呼人生一世如風之奔有母八十哭之何言我雖無憾我心不然憑大叫不孝蒼天嗚呼蒼天奈何此心靈車且遠不可追尋唯是卮酒長跽拜跪子母平生如此已矣

代髙子羽祭清叔

嗚呼相見未幾有是來哭不知死捐一何其速所視親戚涕零不足亦謂肝腸了無一曲昨於未病乃如催促伯姊仲妹一至其屋悲痛此語歷歷死別有來卮酒恍如面目

代從弟覆之祭外舅文

五年秋九月十有三日丙寅女孫壻林士端謹以酒漿魚蔌之奠哭故承事翁之柩于道上嗚呼阿翁之死莫然其順也此爲不憾吾又何悲翁之作室廿廿辛劬頗波突出隱然宴除如是幾年去如轉臂昔聞此語傷人肝肺嗚呼水南草木秋風蕭條自此而逝杳不可招尒有卮酒行行揮涕翁勿擄去吾其爲翁女孫之壻也

代余師春祖母大殮

八年八月既望越六日甲子亡祖母宜人以是日大

殮承重孫余東卿敬以酒漿雞豚之奠哭酹于柩下
嗚呼廬陵一歸乃哭吾父未及數月而祖父棄去所
恃祖母如百年大樹胡為一夕復爾僵仆嗚呼痛哉
為人子為人孫三年而哭三喪憯憯人世何以為活
也前之衰斬也後之衰齊也質之古不敢以輕者易
重者惟是仍其杖絰撫棺大叫敂胸瀝血哭且盡而
無聲可哭也哀哉

代祭稚春

年月日亡男九郎以是日大殮汝之子尚幼阿爹使
汝姪孟同小同隨汝妻以卮酒酹汝嗚呼天乎吾老

矣吾有三子曩者哭其二爲今又哭汝嗚呼天乎予

何辜有是夫予年七十五而無子汝之子年五歲而

無父老者耄幼者幼汝何遽棄我而沒也聞之昔人

喪爾親無所聞喪爾子喪爾明吾今而後乃知此言

之悲也子哭親喪不敢自毀㾑乎可以當大事子之

死父骨無所託是安得不斷絶耶爾子藐然未能杖

吾舉聲一踊爾妻爾子隨我後而哭幽明道絶汝或

聞此哭聲其亦何腸可斷也

代友人祭稚春

年月日陳日益等以酒漿魚豚之奠敬哭吾亡友稚

春於綠煙亭下陳與機以齒長酌酒以告林亦之為之詞曰嗟〻我里有如吾友平生義重千金壓垢胡為一夕倏爾彫逝交遊拊心行道揮淚艾軒之門雖還瑤琨一時朋儔知有稚春即謂歲月可以橫鶩豈焉屢跌尺寸不遇李賀無壽孟郊竟窮昔人遺恨乃萃爾躬草堂數畝所謂鹿門杞菊孤標盡室逃喧主無雜念死亦先言此尚不亂他皆浮雲父喪良子兒失良父況我金石悲情轉苦繾綣一卮哭君何處當門白水寸〻愁緒

代曹子微祭文

年月日孤子象以觴酒雞豚之奠敢告于考君嗚呼
災禍之來乃如轉臂吾父生無一疾一疾遂不可救
蒼天蒼天毋乃太酷耶母氏彌年抱病蘢然子女况
俱未有所識而父也棄去吾携吾妹隨吾母哭吾父
吾何以為活也椒絰既具敢以告哀吾父聞此語其
亦痛不可忍肝腸寸裂也耶

代友人祭曾州明

九年冬十一月日南至越十有六日癸丑同舍三十
人以卮酒殽蔌之奠致酹于故曹十九叔明之靈嗚
呼曲堆幾年逝者如許遽失海陽傻哭吾子豈為故

人俱止於是情之所鍾不可排棄君有家室豈無所
累悠〻終歲若無一事人生頭白無時休息如君一
日乃靨一日昨者往還亦惟有君可是候芭便識子
雲柴爐情語歷〻俱存恍焉莫睹落涕傷魂來朝空
山日短天寒君有令子何復可寃于嗟今夕有来哭
者十年交情明燭之下

代章由之祭弟海陽尉

冬十月既望越淡日乙丑海陽尉縣四十弟之柩歸
殯於踈野原頭三十九兄以杯酒家飱哭酹之嗚呼
痛哉嗚呼哀哉汝不緣寸禄汝視南潮陽數百千里

知為何處而乃死於是福無絲髮灾如丘山嗚呼痛哉嗚呼寃哉人孰不有死而汝如之何其死也汝母老矣汝婦幼藐復無所字汝如之何其死也亟問之来吾哭之累夕即招汝之竈黽為汝之主謂喪有無後無〻主也親戚閭巷朋友婣舊来者哭於我所視靈坐之旁闐然無杖者莫不長嗟痛涕以是為深寃也吾走兩驛㝵汝之柩汝母見我一哭幾絕汝婦遷棺而立自已不能哭嗚呼痛哉天之禍人無乃太甚耶既而阿母呼我言曰吾與幼婦而身一命惟汝生死之汝能生我〻即活不則吾二人不待及門而死

也語畢拊膺大哭吾亦哭如是三呼我皆哭卒不曉
其語汝之兩舅乃從其旁而申予之曰不敢逆毋之
命然予惟有一子如之何其續汝也毋曰汝夫婦尚
少此非所當慮吾之子死矣吾今無所依倚汝其許
我即令醜子杖經隨以入汝不許我則速持我之柩
來我亦不顧此命也嗚呼痛哉吾無父母阿毋即吾
母也吾毋以生死詛我吾其敢逆之哉質之古人有
名其從弟之子爲鼓者盖取其兩家共此一子也昔
有是言吾其敢逆之哉雖然汝婦今有遺娠苟男也
即以醜子歸于我或我更得男也則以此男爲汝之

後而阿醜亦歸於我皇天后土實聞此言不然則吾誰歟〻天乎吾惟有一子如之何其續汝也嗚呼痛哉嗚呼冤哉

代陳仲罕祭女兒

九年冬十月壬申林氏孺人十八姊以是日出殯柩車過我屋弟陳踆敬以酒漿雞豚之奠於此哭爵之嗚呼父歿之年我尚遺腹曾是數歲伯兄奄没一門惸〻孤兒稚女况以病母生何處所吾母劬瘁羣姊及嫁慰母目前姊為隣舍諸（孫）緜蠻明燈夜闌尚来母旁戲笑未還胡為一疾倏爾捐祖母之哭之淚斷眼

枯我之哭姊漫憂吾母若是襃斗其何以處樵車盱經是爲屋隅子母之情於此何如勿謂彫落此懷長畢野菽咫尺恍如昨日

代朱季年祭父縣尉

年月日亡父縣尉以是日出殯伯柩諸孤謹以酒奬豚魚之奠敢昭告于柩下嗚呼空村送死肺裂胃傷豈爲禍故來不可當一柩在堂兩柩西旁一作房蚤哭夜嘆欲死未亡私衷奈何父爲巨創匆靈即去斷魂渺茫天乎不孝終古此觴

代曾子徵祭母二首

九年冬十有一月五日癸酉孤子豕敬以卮酒豚魚之奠敢昭告於亡母孺人嗚呼空山送柩日其有幾曾是災禍飆焉又至天之降殃如不克斃迺者屠裂尚有母氏含辛茹苦同是哀死今則與誰踊歛吾母零丁一身單弱一女大呌空堂其何忍處三日而歛哭者畢聚所視前喪寃乎已矣

又代

於乎未及半年乃送雙柩生人慘禍盡此於身況茲一杯是為永訣眼枯無淚瀝血以吉

代陳敦夫祭弟壽夫

元年春三月乙未十四兄以酒漿魚蔌之奠致祭于
故壽夫十五弟之靈嗚呼汝何促迫乃為此役竟臧
其身無尸可哭亦有敝廬於斯百年誰是客死汝乃
不及九十之母懸懸汝歸一日南風幾回倚門豈謂
汝死已閱數月聚屋一號眇視天末汝有幼婦汝有
弱子我不敢哭恐慟其母堂之左辟招汝魂魄無限
傷心寓此卮酒

代章由之又祭弟海陽尉

元年夏四月既望越十有二日壬午故海陽四十弟
以是日掩土從父之兄三十九兄以酒漿家饌哭之

墓下且誶之曰少年登科少年宦遊少年而死於女無所憾一區之墓阿雛未能祭而吾爲之祭此女妻女母所以搥胸裂肺欲嘔其血者也

代方士登祭母

嗚呼吾母竟止是耶斷機之訓嚴闔棺之夕隅千究萬恨吐腸唾血晨朝日東靈車且發縱有卮酒罍之兒女何情而爲此一訣也耶嗚呼蒼天不孝蒼天

代林家仲祭母

嗚呼吾母之柩車未出門我則不敢即死吾母之柩車既出門吾又思所以畢吾母之念我亦不敢即死

號天叫地情不逮語嗚呼寃哉嗚呼痛哉

代林耀卿祭丈母

於乎夫人偶來未還竟爾不起夫豈終焉蓋亦有地生則敬事死其敢負置棺我屋哭之如母吁嗟白頭嫁夫育男一夕瞑目各東西南唯暮之春遠日斯至子來逆柩歸祀故里一杯長訣䰟無悠悠義隨子歸我不敢留

代陳敦夫祭母

於乎吾母九十如百年巨木今其云亾何可告訴嗚呼哀哉昔先人未死乃如門戶一出母手况吾父既

沒而門戶纖悉非母其誰故我自童騃及今莫齒長子抱孫惟母是恃而不知有一日辛苦也言念及此涕血俱下嗚呼哀哉塗車既飭芻靈即遠平生母子如此卮酒嗚呼哀哉

代陳子圭祭外舅

嗚呼百年姻婭其來也舊何哉後進後生一作出華胄園則共蹊屋焉並霤豈謂一疾而不可救一官南海歸則拂袖人有是非我如童幼所以死生皎皎如晝閭并共哀別余甥舅追念曩昔双涕如溜福也每哭心狂目瞀莫春雨寒薄薄醆豆雖則寓情此情曷究

代曹敬曾祭父

年月日亡父以是日成服孫子敬曾隨曾祖母祖母及母以漿凝魚豚哭酹於柩下喪禮不二斬謂天惟一天而父惟一父也三世篾母乃屬之藐孤抑不知此身可以事三世之母如父之欲瞑目忍死出一語者否乎長號大呌天乎哀絕

代友人祭陳伯順

嗚呼伯順朋儔心高場屋意健平生未騁竟死寒腮昨者同堂子六脫屣早聞警策葩卉初抽豈其能殃竟不克壽子以妙年伉儷俱殞有子而嬰有母而老

雙柩嗟哦何者心目官橋西行曉月東上一危永訣千古摧心

代鄭繹卿祭妹夫伯順

嗚呼吾妹卯也死之百有二十六日而伯順死人世悲冤今昔殃咎未有如是其甚也吾與爾比隣與爾朋友與爾親戚平生胸腹豈一哭可了卯也事爾歲月未久男在稚齒女為乳下兒嗚呼哀哉少年夫婦同時彫殞乃留孩嬰墮人眼淚吾父母及爾母也各已白頭毋一哭汝即腸寸斷而心縷裂也天寒雙柩慘慘一危百年未死痛不可盡嗚呼哀哉

綱山集卷之六

綱山集卷之七

祝文

試粧

年月曾孫某敬昭告于曾祖考妣某之女卜以是日辛卯適于鄧氏槃有酒漿几有殽𣫒曰有鬼神是用以告

惠安親迎

年月日曾孫某謹以酒漿雞豚之奠敬昭告于曾祖考承事妣太孺人某適某卜以是日親迎迺如斯邁盥手以薦示不忘所由始也敢告

陳子白醮婦

迺滌斯笾迺羈斯爼迺告于爾神以爲厥人之禮也敢告

章徽之醮婦

乃仲次卯乃涓良日乃以具婦盧氏見是雖非古是安得爲非古也

曹子徽醮婦

阿季之子豖以是日授之室所謂棗栗於物則微於禮則重也

丹井羅齋

惟是春月一來丹井山泉不枯俎竈無恐茲豈無相之道耶歲行盡矣羣居謝去曰有卮酒以告于神神其必賜之飲此酒也

紅泉堂集

昨者羣居嘗於此乎假館一歲之福惟神之錫今復為是集敢有告於神礼也敢告

孔子廟上額

年月日具官某謹以清醴之奠致告於廟門之神孔子門墻周徧六合乃如此土亦有宮墻祠題一新士氣十倍盥衆以告示不敢專也

神祠

年月日經山林某謹以果酌告于祠下昨者湘鄉嘗一至乎此而此里衣冠㦯㦯可數今茲且來又何敢望先達亦以假館信宿必謁于神祠此爲古道也

聘書

鄒子西

一門所出有如兄弟之驩百里相期還遂婚姻之請頃茲結好不待費辭惟於群從之中曾是兩言而决載瞻萱草敢陳束帛之儀更把茱萸即聽双魚之賜

修仲

去家十里夙聞矍鑠之翁有宅一區敢拜綢繆之問
以夫婦之前定非卜筮之可憑謂闕然阡陌之殊而
有此婚姻之好託丹青於東帛願走下風結忠信於
百年請從今日

曹子微

登堂拜母不惟結好於一朝內采問名盖亦託昏於
兩世豈謂老夫尚許後来實惟父要之不忘遂使請
謁之如舊東床坦腹盃聞二子之賢舅氏同心更籍
斤言之重

章巖之聘盧氏

官塘一帶有如杜鄠之間鹽海雜居敢辱崔盧之族

況千里還家而事非曩昔豈束帛通好而語及綢繆

爲慕廣平之才名深愧嗣宗之子姪盟雖前定蓋緣

合席之雖吉有他來更賴大家之訓

方徽之

載瞻華裔是爲百乘之家豈爲蓽門敢拜儷皮之問

蓋慕賢者之必有後益慙稚子之未能文爰及仲春

即諧佳偶三山可想已聞不日之盟一水非遥況是

同邦之好

陸提幹聘吳氏

季札何其君子弗改前言陸遜未有遠名敢希貴胄
實由數世之託遂二姓之歡伏承某官第幾小娘子
夙蘊婦儀幼閑姆訓某第幾學生某箕裘未習詩禮
顓依卑困匪斧之言輒伻委禽之請雖齊非偶也禮
必在於固辭唯鄭有請焉敢忘於如舊

陳子牙

早以交情遂憑媒妁唯有取於丹青之託故不諜于
龜筮之言豈邑南使者之家乃如姻偶實汶上故人
之好素辱綢繆此雖藉於久要蓋亦歸于前定少陳
菲幣即聽俞音

田鄧氏

結言而退尚賒半紙之書修好乃來還拜雙魚之賜自惟孱弱敢辱謙沖以不忘夫綈袍戀戀之心而又有此束帛戔戔之寵盍遂巡而弗聽當繾綣以如初亦以老夫欲男女婚嫁之畢請從今日有草木臭味之同

惠安納采

曾是生男唯歆婚娶之畢豈爲擇對要先人物之求以賤息於城南讀書之時而名家有東牀坦腹之問乃言繾綣不計道途苟非同心之如蘭奚敢出疆而

載質問名納采蓋一從於先生之言自始及終若無預於迺翁之事

回鄧氏請期

惠而好我莫非秋實之言終爲允臧當卜歲寒之月

高子羽請期

卜云其吉是惟十月之交我不敢知更籍一言之决

陳子白請期

黽長莖短皆言暮歲以相期橘綠棖黄況是一年之好處

林履之請期

玄冬十月歆修秣馬之儀黄髮一言即聽抵黽之决
回鄧氏定日
五禮已備文傳聞於尺牘之來十日為期當再拜於
大門之外

絅山集卷之七

綱山集卷之八

青詞

真君生日

穹蒼何私凡有求而皆至乾坤未毁如常睹于始生
敢憑秘章少露微悃伏念臣某等同此宇宙雜然蠢
愚爲血光之所蒙去道體而益遠惟是巨靈彌誕之
月乃爲暮春祓除之時玄旆遥臨常恐六合之隘長
劍所指即看五嶽之摧有是神明接於耳目爰抽尋
於仙笈用報答於良晨伏願邈爾蒼龜翩然藜駟雖
莫測於莽眇之際若有覩於胚胎之初白日青天苟

於斯而不老紫袍金帶宜與是以長存

祈雨

吁嗟求雨適當仲夏之時膚寸合雲敢起崇朝之望是雖人欲其亦天心竊惟並海而耕可以為田者少雨不時降歲其多荒矧是懷新之苗已如蘊崇之蔓非呼天而有禱即望霓之無由爰齋龍蟠以救龜拆伏願群仙並下列聖洞昭掃蘊隆於須臾望阡陌而沾足無遠不被沛然三日之霖可祝而來倏爾一念之頃

李監倉 布彭 祈安

同此太空孰是陰陽之患蠢然有物莫逃疾病之攻身不自由夭其可問伏念臣爰自初仕唯知有公官雖賤而繭爾忘疲日不足而繼之以火以是彫瘁忽如沉冥海角無醫迷人試藥幾頃刻而莫救偶喘息之僅存寡過未能殆去生於一髮捫心自咎恐獲譴於三官乃罄單辭庶通玄鑒念星辰之不遠問罪始之自來微妙难窮敢恃有涯之養生成可託莫如無禍之長

又代

歷官三十耳敢後簡書之畏去家二千里遷纏風木

之憂輒自內懟豈爲天譴伏念臣賦性褊急爲人憃愚何疾病之相嬰有手足而無用閉門養痾於臣之身固無不可隳官曠職於公之事竊所未安爰藉科儀式禳垢禍大空所聚若混沌而無知一物雖微實生成之是託

陳監場夫人

觀乎宇宙不逃轉徙之中適爾形骸敢作久長之想幸延歲月莫謝穹旻伏念妾林氏依村結廬去躅遠市以此爲寡過之道庶幾有殘息之留大化渺茫豈微塵之或數行年八十偶斜日之尚存念人世之幾

何於中壽而盖鮮或頃刻須臾之已滅或春秋晦朔之不知孰謂畸人有如晚歲敢憑真筏之語用答皇天之慈伏願翩翩雲軿粲粲月御唯是一念之頃有來萬里之遥風燭逡巡偶有餘年之幸乾坤浩博難名答德之私

趙縣丞伯達

三月聚粮曾有渺茫之請一年好處敢忘槖籥之私輙罄丹衷仰酬玄鑒伏念臣具江湖短褐杞菊枯腸空山矻矻以為勞青雲悠悠而不偶非敢望於金閨之彦殆有同於山澤之癯昨者微官本是太上重熙

之日終焉中第文惟隆興曠世之恩自視無他技焉
莫非有造物者敢憑真誥用欵蒼靈謂千年有此遭
逢豈一藝得於彎（挽）妮（晚）茲大德以罔報愧單辭之甚微
白馬青袍已見長年之有託雙松鉅竹更祈他日之
無懟

曹錢監夫人

大化晦冥奚有萬殊之辨至仁惻怛或憐匹婦之愚
俯盡微衷仰投玄鑒竊念妾陳氏末過壯歲早喪良
人顧隻影以自憐斷此生之長畢謂是煢獨庶無咎
殃豈爲殘朽之年有此疙瘍之苦雄黄石膽已盡索

於方書陪阿鮭蠪恐或侵於夢寐無所告訴徒切呻
吟敢憑仙笈之琅〻有覩明星之皓〻伏念帝車遥
降魁象來臨於有無恍惚之間得璀璨翩躚之狀人
情不遠窮必至於呼天道體難名福莫長於無禍

王縣丞夫人

至精莫睹孰窮字物之心幼女何知敢有呼天之請
盖言悲痛曾是款求伏念妾亡母林氏少離宦遊壯
而疼處唯田畝經營之念無毫毛過當之思不謂三
年有藥果關心之苦胡為一夕陽泉臺長亘之悲自
憐兒婦之愚莫知罪垢之故敢憑素簡用扣朱陵是

為度人之津梁故起念母之夢想伏念泠然雨帶恍若雲裳雖相去於杳冥兮有接於耳目莫言五女於緩急以無能即見九幽在頃刻而得度

張景言為父母

問死而問兒袖孰制短長之命呼天而（呼）父母莫勝號裂之情祇叩瑶壇興陳丹懇伏念臣某亡父從政郎可遠嚮從壯歲叨竊微官蓋有時而為貧故不憚於涉遠戍瓜歙去書筒亟來臣適造門母已隔世臣之血方繼至泣而盡臣之父復枕臣膝而亡況弟妹之兩梢無奴婢而同逝嘈峨載柩縹緲還家下三水之

泒舟瘴來似墨出萬里之巨海浪高如天夫何罪愆
有此这譴爰藉超生之科筏用為度死之津梁伏願
列聖洞垂羣真並下聽步虛之寫水去斷梗之覊魂
地北天南豈在大空而或異鼠肝蟲臂一歸至道之
不言
疏
重建亀山塔院
螺紋江頭乃萬家之繁市亀山塔下有百年之精廬
不惟此桑邦祈福之場況是古蕭菴行道之處何忍
毁尾忽如故墟有欲發一念之微似又非隻手之力

敢求諸檀施同結此善緣

福真觀開堂

丹井名區玄都勝地有來徵福曾是問津苟爲蔬食之弗充即見香火之或廢敢求檀施有開倒廩之懷勿謂神仙自多辟穀之術

衆人祈雨

吁嗟求雨已無望於雩壇翻覆爲雲更有祈於龍井謂人事之已盡庶佛力之可憑即見巨靈有來膏澤

記

游羅漢院記

九月二十日月魚子同吾黨十有二人遊鍾山日向夕幽，趣未足更登一小埕望其下有破屋一區或識為羅漢故院四邊無寸椽惟中夾一古殿傾晹僅存殿中有數隻几子塵埃一色睨而視縱橫皆佛軀或斷其臂或闕其鼻壁之西北角有聖僧椎子一枚蟲食其半屋梁上掛一片破氈翩〻欲墮而世尊尚巍然於高坐上開目微笑如鄉者說法時也同游見之傷嗟不已予遂以手摩挲蟲注椎子生賛歎心云此真所謂法王法如是也。又有語我者此去大湖十數里有一院目之為大藍南北西東固無籬壁佛殿上

頭冇無屋子蕭然數柱戰﹅而立下有大藏經一櫝
櫝板已壞爛而經卷所寄乃在風雨草露中半為蟻
窠半為朽壤耳又西過橫塘一帶有如東林不惟薪
石既毀所謂故基往﹅莫辨前後沙門惟指一草峬
為住持予聞此語不覺失笑隻履西歸謂佛法即滅
所賴有此生﹅無滅也月魚子平生不學佛偶聞比
語便欲寫之碑陰而草莽無有刻之處入門已昏黑
即促燈書之聊以補傳燈録之闕彌勒下生當有肯
吾語者不也

上梁文

海口夫子廟

伏以帋茫千里有嚴俎豆之容邑鄔一同爰重胡簋之事奚為煮海乃獲升堂竊緣曩昔之時有是神明之像既不可毁所宜更新況斷垣敗壁之猶存有故國喬木之可想行人怵惕過者悲吁若是裒題或遷延於歲月之後吾恐貌像已破壞於塵埃之中茲誠痛心所恨無力恭惟判府安撫節使大丞相當文翁之寄負周公之才訪祀典之有無參曲臺而斟酌仍其故址易以新簷豈以禮而許人盖緣情而起義宮墻未改即觀百堵之成草木肅然如對兩楹之奠凡

玆里巷所謂衣冠敢不駿奔有司執役適已消於良
日爰用跨於修梁請奏灑謡以為盛事
兒郎偉抛梁西兩〻畫梁如綵霓重見二年春二月
五人同日上雲梯乾道二年海口有五人登科明年又為淳熙二年也
兒郎偉抛梁東從此絃歌清夜同想得螺蚊添好語
近来龍爪又花紅
兒郎偉抛梁南八月黄花秋意酣况是圃邊曾學射
曲江好〻看頭銜
兒郎偉抛梁北萬木蒼蒙聳山眷未説橋邊駟馬歸
里閭已自生顔色

兒郎偉拋梁上海内元戎舊丞相不有主盟如此翁斯文安得今無恙史丞相浩

兒郎偉拋梁下牛刀去袂何時把它年欲作舞雩碑記取祠邊曾下馬縣大夫劉敦昨嘗走海上經營故祠也

伏願上梁之後鄉田忠美風俗康淳即見海涯有同沂水青雲雋士已遠月以齊飛黄卷逸才更摩空而直上同是沾丐以極驩欣

綱山集卷之八

光緒戊子湖州陸
心源捐送國子監
之書匱藏南學

八閩文庫

文獻集成

331

福建文獻集成

吴格 主编

續編 集部 七

海峽出版發行集團
THE STRAITS PUBLISHING & DISTRIBUTING GROUP
福建人民出版社

本册目次

樂軒先生集八卷 ［宋］長樂陳藻撰 …… 一
方是閒居士小藁二卷 ［宋］崇安劉學箕撰 …… 三一九

樂軒先生集八卷

［宋］長樂陳藻撰

上海圖書館藏清初抄本

樂軒先生集八卷，宋陳藻撰。藻字元潔，號樂軒，長樂人，僑居福清之横塘。早年師事林網山亦之，爲林艾軒光朝再傳弟子。艾軒殁，門人星散，獨網山、樂軒篤守舊聞，一脉相傳。樂軒家貧，課徒不能自給，備歷艱苦而夷然處之。宋景定間，門人林希逸薦其賢，贈迪功郎。撰有樂軒先生集。

樂軒身後，林希逸搜集遺詩逸文，編集成書，詩賦四卷，文亦稱是，惜力有未逮，不克付之棗梨。劉克莊從林氏借抄遺稿，並爲之序。清乾隆間四庫館臣據揚州馬裕進呈本，寫入四庫全書。總目評之曰：「今觀集中所載諸體詩，頗涉粗率，而真樸之處，實能自抒性情。古文亦主於煆錬字句，不爲奔放閎肆之作。與艾軒集體格相近，雖其蹊逕太僻，不免寒瘦之譏，然在南宋諸家中，實亦自成一派也。」頗中肯綮，毋庸饒舌矣。

樂軒集八卷本未見刻本傳世，清初浙江汪氏古香樓、裘杼樓各有抄本，古香樓本今藏中國國家圖書館，裘杼樓本今藏上海圖書館。此裘杼樓本鈐有「嘉蔭簃藏書印」、「結一廬藏書印」兩朱記，知曾經劉喜海、朱學勤兩家遞藏。書前並有朱氏題跋兩段，其一云：「裘杼樓乃桐鄉汪氏藏書之室，予嘗見其書目一册，抄本一百五十五部、七百二十本，此書在焉。計其時當在康熙中葉，今吾浙人無能舉其名氏者矣。容再訪之。修伯。」其二云：「裘杼樓乃汪晉賢家藏書室，與竹垞共輯詞綜者也。前有序文可考。修伯又記。」裘杼樓主人汪森與古香樓主人汪文柏爲昆季，兩本或有淵源、先後，爰取而校之，一用無格素紙，一用裘杼樓十行稿紙，略有不同，而行格無異。裘杼樓本中浮籤甚多，大抵以校改字體爲主，古香樓本字多用正體，偶有訛字，即以朱筆改之。以抄手論，古香樓本不及裘杼樓本工整，且卷一缺損極多，失其本來面目，視裘杼樓本之原原本本遠遜矣。（李　軍）

裘杼樓乃桐鄉汪氏藏書之室予嘗見其書目一冊抄本一百五十五部七百二十本此書在焉計其時當在康熙中葉今至浙人無能舉其名氏者矣容再訪之　修伯

裘杼樓乃汪晉賢家藏書室與竹垞共輯詞綜者此前有序文可考　修伯又記

樂 後放此
得屨幾於是
徒

縣
足游歸
數過
學世窻
廟錢

樂軒先生集序

初綱山既得師傳嗣講席户外之屨幾半艾軒於是
綱山之徒又推樂軒為高弟一日侍綱山謁老艾ゝ
受其拜接之如孫然綱山僅得中壽使其高年未必
終窮也樂軒七十五廼死年出於其師而窮尤甚於
其師城中無片瓦僑居福清縣之横塘開門受徒不
足自給至浮游江湖崎嶇嶺海積鏹得百千歸買田
數畝輒為人奪去士之窮無過於此矣今讀其文講
學明理浩乎自得不汲ゝ於希世求合螢窓雪案犹
宗廟百官也菜羹脫粟犹堂食萬錢也入則課妻子

耕織勤生務本有拾穗之歌焉出則與諸生絃誦登山臨水有舞雩之詠焉自昔遺佚阨窮之士功名頓挫時命齟齬往往有感時觸事之作以洩其無憀不平之鳴若虞卿之愁韓非之憤墨翟之悲梁鴻之噫唐衢之哭是已樂軒平生可愁可憤可悲可噫可哭之時多矣而以樂自扁樂之為義在孔門惟許顔子先儒教人必令求顔氏之所樂嗚呼此固樂軒之所聞於二師欤樂軒没二十餘年余從竹溪林侯肅翁傳抄遺藁姑敘其平生大致如此肅翁又樂軒高弟也他日居魏文貞之地秉陳叔達之筆當為河汾先

藻後

生立傳無使天下後世有遺恨云樂軒陳氏名藻字

元潔前史官劉克莊序

莊
堯處違
瑣
懷
隨兩隻乘

樂軒先生集卷一

古律詩

讀莊子

堯無是處桀無非此語堪驚與道違造物恩私多蒐瑣始知莊子淂真機

偶游白渡懷劉九

心隨飛鳥過寒沙兩岸沿江曲又斜便有隻船乘月渡都無五里到君家

寄劉九

一生閉門不結交夤緣遇我如同胞年〻客裏故人

來雛
飄辜憐遭
儔等

卬嫂攜

若韓蘇
屬

劉

多飲水逢君朱顏酡鵲去鳩來有空屋牝乳雛飛無
啄粟香火飄零甘死休無辜怜我兄遭戮暗中魑魅
籍姓名我有朋儔等不足十事上心九事忘一日回
首千日長誰登百丈嶺我到鍾山傍登堂拜丘嫂携
手戲諸郎諸郎挽衣幼女親汝毋磊落如吾人哀我
若見韓氏孤敬我寧知蘇子貧吁嗟尺布謠空道天
屬真

寄刘八

六度封書向小孤一度逢人寄書無刘郎嗔我無短
吟素書百紙難論心我愛刘郎可無詩刘郎愛客還

兒撥棄復
踈
辭忙
鑪須忘
敬廬

歸落

再 卯 此後放

笞兒我為父執倍其年見我呼兄挾渠賢擀棄勿漫
陳對君吟此身憶昔在桂堂瘧鬼羅我殃世情疎客
病移我君家床兒女不辭勞僕妾何憚忙秋風黃葉
飛明燈藥炉傍我身何日殞此念何時忘丘嫂晚歲
歸敬我如小郎他年山下結吾廬朝暮往来摩白鬢
我抱子君抱孫却使相敘為弟昆

黃石還漁溪寄別九四首

孤青湖外幾時歸想極吟孤落月知身似南飛烏與
鵲帰来何處不相思
乡少人家好弟兄不堪閨婦似吹笙十年再拜如丘

北留

縱風縱疑作蹤校
疾與稻亦疑訛
纔斷

嫂更盡刘郎故舊情
老去今秋迹轉孤伶君幼女似童烏窮通何事關渠
甚便問明朝有試無
南北東西語别頻白頭何計作比隣便留久客如前
度無暇長年作主人
久不得刘九書因題寄之
刘郎縱跡君為踈蹁井山前似里閭少小麻風今半
愈長成項疾喜全除豊年誰与嘗新稻吉日因知反
舊庐何事别君纔百里堪可終歲斷来書
重山論易贈吳叔達

二 樓

懷
稱
殘夢獨

壯
本

聲背

似汝論三易何人閱五車白頭長作侶黄石即為家

丹井悵叔達

喜称吾予賦羞道少年時別去休論易愁来欲寄詩
夕陽書不到残月夢相随晚歲傷心事松崦独語誰

凭欄

少壯營〻正苦心凭欄况味不如今如今歛散凭欄
立一夲寒枯木在林

桂堂秋夜

熒〻燈火臨書卷續〻蛙鼓入桂林背後曲肱眠小
子床頭酌酒服元参

題刘氏翠微亭

舊屋紅渠外新亭綠樹傍江晴孤棹見雨近衆山藏

學圃未成趣催詩何太忙他年多橘柚此地一瀟湘

誦少陵詩集

麻鞋奔走杜陵翁卧盡風帆雨驛中天也不愁窮餓

殺年年催促要詩工

福州城北吳氏新樓之什

千山匼匝繞三山盡屬危樓一覷間雲漢星辰誰道

不容凴凭欄要取西湖盡落葉尤宜朔

題翠微

舊忙瀟　吳

畫樓

高叶居何切似當注明

本蘓黄門嚴顏碑

題刘氏翠微亭

舊屋紅渠外新亭緑樹傍江晴孤棹見雨近衆山藏學圃未成趣催詩何太忙他年多橘柚此地一瀟湘

誦少陵詩集

麻鞋奔走杜陵翁卧盡風帆雨驛中天也不愁窮餓殺年〻催促要詩工

福州城北吴氏新樓之什

千山㕓匝繞三山盡屬危樓一覩間雲漢星辰誰道遠鄰家花木不容慳凭欄要取西湖盡落棄尤宜朔吹寒况是先生莊列輩眼高人境幾層看

過黃州訪東坡雪堂遺跡擬作

謫來誰作久長居便擬明朝歸舊廬誦遍離騷情不已讀殘鵬賦恨如初斯翁直是憂黎庶到處仍看似里閭父老無人堪問訊黃昏立馬轉躊躇

寓居

到處情親即寓居從他相狎又相疎年衰骨肉多埋土身賤交朋少寄書萬象去來無了日一元開闔不關渠逢人問我今何在寥落空山誦子虛

述懷

病身四十未妻孥壚墓那堪两世孤黃卷安貧無陋巷

權　實　圖應

白鬚慟哭更窮途曳裾何處權門去貝錦從他俗眼
誣知少百年空跋扈愁多一曲自嗟吁

渾漫堂

延陵處士髮如漆明月堂前昏嫁畢年來花鳥索愁
何睡起便將詩度日昨日吽不回今我咄無實天上
玉堂渾漫與莫歎人間掃一室獨有醪散有帙梨栗
滿前孫在膝青荷果飯入棘園羨君負郭甘隱逸

城山讀書有感二首

素飡罔滑隻身安香火那堪索歲寒合掌便應投佛
寺強顏何苦着儒冠

年來薄俗盡堪羞客裏殘生尚有求譊口成群防堙

看疑是鬭　殘讒羣數

雲携山遯去霧逐雨奔来萬象一毫沒孤簷數尺開

壺山

何處蓬壺只此間片雲低處是人寰無家老去羇懷

切有酒年來世事寬恠石侵天山默〻蹊篁遶屋水

潺〻虎溪蝌井尋常到月闕銀河咫尺還

壺山四望

天遠碧無地山寒半入空林開生虎穴樹遶梵王宮

壺

怪

年來薄俗盡堪羞客裏殘生尚有求譏口成群防嗌面逢人第一便低頭

霧城山

雲携山遯去霧逐雨奔来萬象一毫没孤簷數尺開

壷山

何處蓬壷只此間片雲低處是人寰無家老去羈懷切有酒年來世事寬恠石侵天山默默踈篁遶屋水潺潺虎溪嶰井尋常到月闕銀河咫尺還

壷山四望

天遠碧無地山寒半入空林開生虎穴樹遶梵王宮

畫

風圖

蟹井

此山鼇不動此井蝌如何小阜為拳石晴田看画波

俯知雲障下却放日輪過一上一回首層々眼界多

虎丘

竹瘦門逾静樓高山太低白炟青樹走細雨大江迷

野水東西渡園蔬上下畦僧無城市去巖有鬼神棲

山中有感

每看風月非人世錯認江山是画圖誰解吟詩追李

杜何須涉海訪蓬壺

城山偶題

烟

四天圍一地濁少判清多人氣翻相敵無如俗物何

漁溪西軒

千尋好景群峰起一抹寒煙半壁苗日影漸高魚網曬雨散長響桔槔休種麻賣布皆貧婦伐蕨炊糖無末游狂客寂寥貪看月初旬已看月如鉤

紫瑞香三首

中開素粉笑濃霜外帶凝脂妬夕陽縱有寒梅秖一色暗香不似撲人香

無數枝頭簇簇葩大枝直上細枝斜商量開盡商量落全要前花見後花

放蘂爭先見菊彫逐花旋折到桃夭若為耐久還柔脆莫折仙枝本易揺

丘叔喬七十生朝二首

人生七十為稀有強健如公有幾人況是上元燈火夜兒孫楚楚賀生辰

大兒别有論文眼朴寔無他是次丁長女嫁夫能儉約小娘罵婿見財輕

與宗上人同飲

同年同月又同時邂逅僧房把酒巵五十年前未相識鄰州兩舍賀生兒

試後自題因送從弟敬之赴省

銀袍二萬縱人多筆誤無如鬼魅何秪恐有司長莽鹵那知昏病自蹉跎交游解散文因怪門户誰興髩欲皤賴有阿連才思逸秉搓好〻上天河

貧媍行

故人身死妻貧病買藥無錢留性命半簞赤飯一盂蔬對不能飡双淚迸阿官賣田妾未帰我在夫家田賣誰鄉胥攺劃全隱匿妾典衣裳空被追零落生涯種片園朝〻夜〻盜開門鄰翁苦妾〻租客〻也無輸㪷妾論那更双棺四缶灰伐山博米圖葬埋嗚呼

豪強欺妾奪山去不許塩丁燃妾柴十歲孤兒出縣
庭空手携狀投杳冥黃堂走罷走使𨋣文書送縣已
三月依舊含冤訴我聽

問太虛

生前百事無如意死後無名揔是空剄把窮愁作題
目哦詩不要晚年工

西窓晚眺

两年無事坐窓間數尽西邉不老山薄暮忽迷雲与
樹鷸來乍見別峯峦

海口吟

肯

滿

按圖自古無人到二百年來戶口添架屋上山成市井張官近海課魚塩估客趂潮撑米入没人忍凍采蠔粘仲尼有庙壓誰掃寺觀峥嵘香火嚴

和林子望二絶

勸君莫要嘆無官門蔭何如自致難誰有官途爲第二玉階好々唱名還

勸君莫要嘆無官幸有田園在故山滿室清風滿林月人生何事勝於閑

刘五十丈生日

與君他語自差殊独處交財是丈夫顧見年々生日

慶節

會老来活計尚關渠

雲庵覓詩

百級危階上翠峦四邉山色自低環海鄉無限蕭條
景妝到樓前是美觀

一古一律賀懶翁宏仲七十

醵飲高堂慶者希名存寔是鄧常儀百篇自號懶翁
詩一句誰吟持俯危我見前程多隂巇朝聞夕可寧
不怡健如此叟更待時黄金散尽呼来帰
當年嗽卧丈人家鼓笛村〻改嵗華遻內必多儲胄
胥忌鮮緣不啗魚蝦閨房德義談雖切事業身窮報

自睞肺疾晚侵誰是主看君七十更寒些

次子望冐堂之什

酒尊開處是陽春有屋休論舊與新才子縹袍能賦

冡改家　經　幾

浚真真要孟光同遇去[illegible]

陳叔盟兩惠詩以一首謝

休要逢人誦六經紅泉往事已彫零向來未壞共王壁到處閑摇晉化鈴几歲寒窓頭也白兩篇新什眼空青還鄉舊識多農賈那得柴門自掩扃

穀城山下作

自睇肺疾晚侵誰是主看君七十更寒些

次子望冐堂之什

酒樽開處是陽春有屋休論舊與新才子緑袍能賦詠乃翁青冢亦精神人心多向醒時偽情話無如醉後真莫要孟光同遯去急須榮祿奉偏親

陳叔盟兩惠詩以一首謝

休要逢人誦六經紅泉往事已彫零向來未壞共王壁到處閑摇晉化鈴几歲寒窓頭也白兩篇新什眼空青還鄉舊識多農賈那得柴門自掩扃

穀城山下作

壺齋

遠來便見兩山睽一大陰高一小低及到近看如合

壁壺公秪與穀城齊

城山讀書

兩響泉流樂不如月明松栢勝旌旗誰能五十犹動

吾秪向山間受用書

送年

一味清貧好送年堪嗟柴炭買無錢生涯幸與干戈

遠不管天明聽雨眠

秋雨

早禾收罷晚禾青再插秧鬧滿眼成誰道秋風專肅

勞步
變歷熟

殺依然四月兩中行

林君愚七十

思我從綑山問道紅泉市託翁自漁溪餉我百餘里
數窮初值变巢穴夜焚毀我恰還君家曉霜失行李
君家一物無官學吾請已艱難全信義勉強圖終始
三載客招提饋遺無廢弛薄奠聞叩門奔走勞僕使
先生頤之笑以我匹子美他時誓作銘自送此老死
新春方七十行步追鹿豕犀斜宿草多惆悵餘一紀
幸有活頭顱見君松竹比屈伸隨变化貧富休悲喜
人生飽諳歷艱識興衰理身佚心鎮愚千歲爲能彼

網山先生諱日寄綺伯

先生一去三十年蘋藻聊脩諱日虔雌斂忽尋雄斂逝恰〻歲暮吾無錢乃知毫髮有造化此禮與終吾毋緣人生損益固常理韓門仍被流俗牽鳳毛辞采非不美再拜焚香符水前驅邪院中諸將吏或書或画縱横懸網山有靈應大笑安得師友尚流傳

三教

枉費工夫是學仙聖門妙處與僧傳百年合死千年贅一物都無萬物全

贈叔嘉叔平刘文

士多貧者試後皇〻誰得失盖其衣食在科

舉耳叔嘉叔平揮染而歸理生自若衆所健

羨贈以古風一首

木槽壓油三石餘半為燈火半煑蔬上山伐柴五千

束九分賣錢一燒肉等閑八月舉場歸早禾囷畢晚

禾輝道行顧見國人肥高才久屈當奮飛萬一主司

仍見遺課奴種麥家相宜老夫借屋蓄妻兒寂寞慣

便亦何悲

丘德基七十

斯翁千歲也何愁七十真堪賀禮脩多少人間貧病

客不貪天地久相留

賀丘子從遷居

老夫昨者亦遷居只是他人借屋廬道義交親無罣礙妻孥慮遠自嗟吁洒翁能殖千金去令子均分甲第餘醉卧市心年月久南橋依舊賦歸歟

賀子永為令郎醮婦

咿呀喝擔禮筵開無物聊堪表下懷天遣腐儒人事省三冬不放一錢來

將有遠行走筆效江西體贈叔嘉

我非無伴侶少壯皆黃泉独我成小巫何人呼大禪

有時欲覽月誰與為飛仙萌芽一二輩世俗輙變迁
之子略可語犹如火未燃淮浙有同調已辦青蚨錢

遷武林入延平界作

人煙随山窟家々自生理木杪揷秧青泉流仚杵起
開邊憶漢皇航海通南鄙黄昏更不愁客舍連麓美

建劍風土

瞰水比連閣開山上下庐四時篁有笋两岸鱔多魚
白苧男抽剥新絲女捲舒吾曹嗟跋涉不合早看書

除夜過延平書所見

東家兒媍試新衣西家殘織方下机東家宰牲嫌不

肥西家呼兒去采薇欲掩不掩留半扉等彼良人心
依〻小兒出門看落暉卒章去時霜未晞須臾忽見
扁舟飛双槳攂破清漣漪抖擻裙兒牽兒上釣磯手
掩蓬鬢漸覺面生輝遷呼良人何來遲稅苗更偺中
限還且買豚肩連夜帰

過蓋竹祠

人心有想自然灵夢寐之間兆朕成盖竹山前英恵
庙暗中贏得四方名

至浦城界聞武林失火而還

幾年要入武林游今日中塗却罷休剩得紀行詩數

首前途有便是良謀

新邨阻水

前途聞火甃裝回又向新邨值水災纔道人生為客

好這般風味稍關懷

看船

迅步如何却放遲貪看船子下灘奇身貧也守垂堂

戒自覺年高命未知

由建陽抵浦城界遂歸崇下

臨溪行盡却穿山〻盡依然出水間崇下不貪歸去

近最怜山水要環看

浙漕不成還勉諸同行

此去相期泰茹連歸来鄉舉賽登天秋風少壯猶堪想人鬧何由識老顛

擬别為浙江之行

两浙寅緣未聊窮福建回雪塩晞黑土朱李細黃梅男子皆強鬬㕁姑亦嬾腮在家无活計此路欠芒鞋

歸入古田界作

岦〻谿山勝橋亭劇建風土宜辟荔子㕁塢尽油桐南店炊初滑西舟石漸窮豈知旬日外便訪去時蹤

同行歸急困倦不能詩

行李放遲〻周遭好拾詩歸程催我急脚力與神疲
來往成虗費科名未有期流傳堪膾炙造物不相虧

觀漁船水碓有感

水淋槽滿舂應響人降槎登網自沉萬事低昂惟两
勢乾坤闔闢箇中尋

建劍板橋之什

數里一板橋亭欄各清楚長亭且百間頻憇忘覊旅
人道賁乾坤溪山失其阻莊生達未充無梁思太古
行〻降渡登川廣湍流聚急下看飛船髣髴聞端午

遣武林途中作

道途奔走固然非閑坐真空度歲時誰解胸中無室
礙兩随造化不相譏

道中酒壚

千邨亭榭酒旗揚收尽山光與水光風物到来城郭
閙杖頭随處去休忙

夜宿溪館偶成

世間多福是行人到處風光属此身戲効尭夫吟數
首芒鞋楮盖不知貧

夜宿延平水東二首

晚向溪西岸上行溪東一帶水為城兩山相距能多

少聽盡傍邊𠮟賣𣪡
浮橋暫拆阻狂瀾懶問津船趂往還双劍庿前酤酒
喫水西燈火水東看

山泉

山〻迸出細泉流更瀉高峯瀑布幽尽入大溪灘石
裏古今翻覆幾人舟

敘建途中即事

山化千般障田數百級階林杉森似戟灘水𠮟如雷
蔬笋常供膳雞魚間有盃吾鄉多食物女慕白粳来

田家娼

蒔秧郎婿晚帰来白面匀粧是乃妻笑説福唐風俗
悪一田夫娟两身泥

過歙建書所聞見

日夜灘鼓急相忘不閙人兒孫犹棄水農圃各文身
眼出平洋谿眉逢大雨輂溪藏山脇裏逺水每逡巡

過歙建飲食

賣食鮮雖少開酤賤却醇不知天地裏何處享全珍

早下蓬嶺

煙雲溪裏日攀躋嶺上宵眠雨電低清曉携節遵下
路高峰對面與胸齊

惡聲猶

過江山作

疊〻青山相送迎逶溪幽樹萬蜩鳴我來塲屋無翽

宇也在神仙洞裏行

自哂

自小何曾識帝鄉姓名却掛武林廂祝融今歲爲災

甚亦費貲糧奔走忙

看潮

何處飛来白鷺多潮頭已減數分高西旋衝却東流

散陣〻將軍引戰過

重陽臨安舟中作

小船独坐看平洋歷〻登高舊事長戲把此身覌变化今年無酒過重陽

到平江遇雨次日見元昮揚丈

此来便擬見揚雄席帽那堪走雨中漫剌修成還自袖高門許入不能通姓名多謝曾相問糧屦從今未解窮孟子休須嗔樂克無車只等日輪東

贈揚元昮

老泉早别閩中去君在姑蘇臺下生每見鄉閭新到客便尋香火舊来情百年念祖心田孝一種論文眼力明歲晚已无場屋累古書真味勝浮名

平江清明書所聞見

早插綠楊簷外去晚携黄胖杖頭歸富者几家貧者

衆年々漸見賞人稀

平江課賦待試混補蕭中立見之有相怜色因

成四韻

吾鄉犹自哂吾徒易道東来話得无幸有蔡邕過爨

獨覩孌屢從泉幾衆憐猶

飄風鸞雙應悭

叔文衡不

鄭簿約飲不赴以詩謝之

浪游人到北佳鄣日窮南多謝栖鳶意相期汎蟻酣

平江清明書所聞見

早挿綠楊簷外去晚携黄胖杖頭歸富者几家貧者衆年〻漸見賞人稀

平江課賦待試混補蕭中立見之有相怜色因成四韻

吾鄉犹自哂吾徒易道東來話得无幸有蔡邕過爨下独怜賈島作原夫昌黎俗筆何曾短永叔文衡不到輸多少科名成底事聊安甑泊老江湖

鄭簿約飲不赴以詩謝之

浪游人到北佳鄞日窮南多謝栖鸞意相期汎蟻酣

桃源迷去路玉麈失清談寄語鄭莊驛雖迸負約慙

寄叔嘉叔平

秋暮家書到武林平江臘盡未聞音兒添一歲還三
良詩賦双魚抵萬金故國桃花並爛熳北天梅蘂尚
吟沉橋門待補行新令早趣行裝慰老心

讀李翰林詩

杜陵樽酒罕相逢舉世誰堪入此公莫怪篇篇吟媜
女别無人物與形容

鄭主簿宅看雪訪梅聽僧撫琴偶成四韻倩蕭

中立書之

亂齋

鵝毛散乱三朝雪烏帽沾濡六出花梅吐萬枝香滿室桐聽幾曲興秉搓蓬萊借問仙仇覽人世何妨醉釋迦騷客平生揮字拙蕭郎為我走龍蛇

呼盧

年少相看百慮無絛過旅邸便呼盧熱中更不知行李却把黃粱付老夫

賦京口蘇園

楊子江邊犬吠邨蘇公宅畔蝶游園滄波對景標層塔野市逃喧植外樊亭榭高低随卉木門庭光彩属児孫本朝名相青氈在傍築書齋細討論

十月一日毗陵作

聽得常州多菜色到來市井亦安然今朝正值焦糟節車馬翩〻上墓田

題東湖林氏所居

遠來東望見門墻到後西看不見洋四面近山圍遶客卜居如此合綿長

堂食不知所出

平江送連亨叟赴省

吾廬元在亮功坊祖母東街家姓張舅翁官小先富強有子破蕩開書堂我隨表伯學文章忽然好恠不好常走師月魚舍莆陽三山士子歇我狂避我談吐

如歛糠比郭先君吴謫驤姨承余入京朝行惟此二
人見科塲期我前列每參商向嗔考官識未長我因
随老客他鄉一錢亦欠真空囊君出鳳池游上庠長
洲遒值日同房我憶東街往事詳渴君情話縢瓔槳
百杯飲我何以償欲餞一醉難賒嘗雖然旅困顏死
光狂言欲發藉激昂自矜到此亦可已末篇聽我送
行裝臨軒策試亮陰妨首擢南宫桂丹芳奉常格法
經先揚亞魁誰賦非君當占牌前引帰騎忙藍袍色
映萱草蒼美人二八宫様粧閥閲貴盛金多藏愛君
坦腹羲之床紅袖扇鼓迎新郎我還尽糶簞食粮賽

君痛飲尋歌娼莫學浅夫唾肥羊傲岸賀客峻門墻

冬至寄行甫騰叔

江浙羈棲怕雪霜早年聽得晚年嘗生涯敗意多諳歷鄞序随緣少感傷鴨肉餛飩看土俗糯丸麻汁阻家鄉二千里外尋君話今日那堪各一方

贈王平叔

亀山與我説於潛忽向平江問酒帘何日亀山山下坐共談江浙擘蠔粘

贈蕭中立

相逢如已向非無木未逢春一樣枯双眼如君今有

力困窮那得到狂夫

平江臘月念五夜作

昨日宰猪家祭竈今宵洗豆俗爲麋𤓰柴夾水明如畫截竹當階爆禦魑故國賽還新歲頭老翁回憶幼年時才高命薄天相戲我亦剛腸不肎悲

除夜寄妻叔刘丈

一自鄰居二十年幾番爲客更從前入同飲酒柴炉畔出看呼盧竹爆邊鼓吹兒童隨處鬧庖厨炬火幾家眠今宵莫恨輕離別此地蹉跎豈偶然

元日平江作

草粿京糰要賀年玉融風俗不同天元正卯醉長洲市又憶浮家厭海鮮

寄叔廣

君在於潛未語歸姑蘇我到事多違毋衰妹弱那能幹嫥拙兒頑孰可依海近一天風漠漠朔寒兩地雪霏霏行裝稍辦還家急年老應須纂虎闈

午江送王騰叔

交情早已有何蓄為我揚榖梁楚間秋暮姑蘇身自到春來行李屢犹難十年為客思親切一第從人奏凱還莫笑衰翁頻鑷髩雕虫更擬入賢關

䎺改䎺

別平江楊元舄二首

染指鼋羮有子雲乃能畱客話皇墳不知造化何慳甚遣出平江要別君

黃菊来時正逸籬真柑續到蟹偏肥嘗羆河豚歸楫動消梅初蘩柳花飛

壬戌重午於潛李氏作

我來於潛縣知有老䎺族王氣歇唐家孫支散幽谷居然多仕版壁列登科籙生兒皆可愛大小芝蘭馥大者初試歸兩眼如明燭小者纔讀書應對机鋒速他鄉客重午菖蒲隨飲俗老去卧家山如夢閑詩牘

士風

錢塘直出過長洲質直都無俗太浮路入餘杭昌化境土風淳朴似閩甌

道中戲嘲朱叔綿

畏日在征途心涼不知苦青山千百態相契无相忤芒鞋有至貴道眼開方覩行〻遂吾性萬物与同祖殺雞固不忍送衆那淂阻嫩菜送香粳頓覺清肺腑同游自踈懶共飲何嗔怒

詠快恬三首

客舍寒窓月色明紙衾展罷睡縱横傍人正是無聊

景恠我狂呼快活赦

快活 活詩作恬

尽是飢寒不遇身快活幾赦天地

裹相看疑我是顛人

武林試罷過仙霞行路崎嶇各憶家恠問老夫何所

善况岳昆舉又揚也

態與頸飄 雖惡游興深陰儔恠埸 埸

行旅名雖悪游山興亦深酒無官擁價松有道傍陰

鵝鴨谿々浴蜩蟬樹々吟逍遥儔侶恠罵我失常心

甲子應舉

場屋悠々四十年這回𡗝鏡已華顛也知枯木春稀

景恠我狂呼快活殺

小船密坐頸難伸盡是飢寒不遇身快活幾㪍天地裏相看疑我是顛人

武林試罷過仙霞行路崎嶇各憶家恠問老夫何所喜瓢揺飛舞似楊花

歸入福建界作

行旅名雖惡游山興亦深酒無官㩁價松有道傍陰鵁鶄谿〻浴蜩蟬樹〻吟逍遥儔侶恠罵我失常心

甲子應舉

場屋悠〻四十年這回手鏡已華顛也知枯木春稀

到却想寒灰火漫燃高尚雖攀生有累往來莫獻喜
隨緣傷心自是離鄉客幾度因歸上墓田

樂軒先生集卷一

陰偶配陽奇　偶訛作隅

樂軒先生集卷二

古律詩

子從生兒席上作

我身如浮雲出入無程期别君夫與媜戲約歸來時
夫問媜何娠我卜生男兒出房拜阿姑我滑酣酒卮
游脫城山屐香聞漁市炊雖無童僕遣若有音信知
回思一紀先君吟美危詩亦開濡月筵我行適值之
親交信有緣飲啄主者誰前言成讖兆笑訶因陳詞
詩法久亢乱請總關雎為十九成數終陰隅配陽奇
晋文在外還霸業一朝基伉儷今幾秋倒指恰如兹

造化安排生必也非凡兒

與景晦

鄉閭好事喜人傳聞說當初賦斷弦浔暇灌花〻造化有方種藥〻神仙忽看脚下相隨處又是人間别樣天數畝南園誰更管任他荒草欲平肩

丘叔喬八十

樂欲永千年愁難禁一夕大家於此且貪生八十孩兒題向額今朝門下慶相符坐有綉衣為上客况乎二弟者稀餘左酬右勸皆精力阿婆纔小三五秋卜婚日者神無敵燈火鼇山弧矢晨姓名往〻登仙籍

借問人間見幾多答云造化慳斯席

丘子中生日

名卿先達陳君季年將三十登州補袖中有啟謝主文爲緣場屋新推許斯翁自小學彫虫性情樸直浮誰語旗鈴絶不到門庭却有兒郎能戰取髙名前日掛縣庠引此壽觴來献父真嫌小勝未當論知是叙封初步武

中元連宿竹園刘宅叔嘉

朝〻凨雨過中元巳瘚之禾未易存正是忙時人却暇且偷佳節倒芳尊

仲秋過盧比山子俞嘗新醞作

白秫新收釀得紅洗鍋吹火煑油葱莫嫌傾出清和濁勝是嘗来辣且濃

過盧比山

西城課罷赴群居中路誰家倦憩予恰見主人方早起簷前观我所為書

盧子俞幼孫晬日

我與良翁似有緣命名與述戰龍天事忙不記垂弧旦恰到渠家遇晬筵

小除過盧子俞作

今夜人間是小除歸途迂曲訪（一作過）君居邸深事簡
携杯外閑把詩篇細卷舒

賀刘叔猷為用甫納娟

生年小我一全千十五字問楊雄雖納幣孟冬猶丱
角記得迎長方祀冠倒指新春五十七先春女嫁男
婚畢来真園裏東風囬主公無事花添色少貧嗟我
老更貧塵累何時是了人况且郎君賦語神使我見
兒秖欲嗔

百丈書懷寄丘子深

離騷休唱逐臣愁此曲思君可寄不百歲都来如過

客一生太半似幽囚那堪泣玉寧悵宝劉道雕虫勝

飯牛山館無聊春睡羨日高丈五正蒙頭

紅泉明日還福清作

独坐無聊日已西忽経蒜嶺過漁溪一枝何處空帰

去却整行裝羨鳥栖

誦中庸

端把中庸誦一篇眼前神物頓森然塵埃掃尽無他

慮儘管高楼自在眠

梅

野水橋邊幾樹梅歲寒款〻向人開精神別帶陽春

到造化匀分臘月来滿眼松筠皆臭味一天霜雪是
胚胎看花遠地身還老買屋何年手自栽

城山

雲霧成佳景天明又幾回忽携詩句入别放画圖開
遠樹沉如立行歌去似来小船衝雨過高栁接湖栽
月自孤青月臺呼恠石臺故園無夢想近擬築巖隈

壺山二首

萬古凌空孤拄軒百年那淂此身存醉醒欲掃雲開
眼興逸誰歸月掩門走遍莆陽隨處有遊觀天下見
人論細瞻五岳神来舍旁聳諸山勢更尊

遠看顛狂近轉迷有才老死便幽棲咄嗟万里雲弥合昏黑孤城日正西北極河通千澗近中央天接兩傍低頃令病眼還蘇醒誰向他山更品題

虎溪

四圍山木合百磴屋簷重古穴成幽井疎林散曉峰響泉那更月啼鳥此無冬臺上朝朝看天邊處處供

過延平書懷

幾程便要買帰舟身在延平已倦游但有菜羹供祭祀人生何必到融州

紀夢

飄獻邇僊

自從弱冠為游子玉融丹井壺山市哦詩不用着工夫已誦牂柯四千里柳侯未五十羅池作刺史翰苑失詞華蛟龍怨泥滓我今四十貧死官六合飄零到融水來時三宿柳城郵再拜前賢我如此才卑何怨嗟且述西征始奔走豈吾心跬步思桑梓江右湖湘抵桂林青山爭獻双眸美青山縱好輿不生萬斛羈愁悵抱囊夜長正好夢征夫何早起合眼見故鄉開眼知行李交朋死恨別親戚常孔邇天明同登途薄暮共棲止一更春酒潑街頭逢伯氏二更桑麻園仲氏談生理三更四更乎時往还人見我早歸呼我喜

五更茅店寒鄰鷄振吾耳忽驚身在竹床眠雨外七
閩何處是双淚汪〻沾布被

過臨川懷刘氏弟兄

臨川幾日到長沙聞道黔南路更賒行見一邮籬落
好誰家此住憶君家

過新喻

四顧莌〻水接天遠山如卧白雲邉馬頭忽看孤峰
起錯喜鄉關是目前

宿衡陽

一見行人一下車行人都說異鄉居别来閩嶺三千

夢留樓

里夜宿衡陽夢寄書

自哂

且安愚分住天涯休問明朝買馬回濠上有人留此

老去年不到異鄉來

題清暉樓

茲樓名郡郭何處別林泉一水遥通蜀千崖利插天

鸕鷀晴舞雪桑柘月生煙欲醉囊羞澁愁看度兩年

融州西樓望山

西樓門外數峰青合看芙蓉展看屏回首東郊晴日

出千人躍馬上天庭

融州除夜寄福清刘九兄

臘月丗柯三十日相思覔句上譙楼遥知今夜柴炉會説我無家更遠游

題融州城楼

除却譙楼環廨舍蕭條市井客悽悲高〻下〻山無數浅〻深〻江有時大布紅裙徭女着半規白扇野人持城中昨夜亡羊豕閙淂誰家虎入籬

融州望鄉

故國來〻八千程登楼迷却桂州城望鄉不分千山隔上趂金烏日裏行

東樓夜望

愁來無酒話无人明月樓中萬里身說與長江流水去汝今穿海入吾閩

客中書事

千載蛮風尚有存此來聞見不堪論猪膏滲髮湘南[illegible]頭占邨行客下床調瘴藥吏人抱甕灌蔬園豈無佳麗堪娯目別有凄凉只斷䰟

秋雨

梅花五鼓城頭角吹向愁人枕前落一敲心胆碎死餘三敲兩敲那更作天明起坐髀為鄰簷外雨ゝ秋

蠻風 膏澤 灌 麗 斷 塋

東樓夜望

愁來無酒話无人明月樓中萬里身說與長江流水去汝今穿海入吾閩

客中書事

千載蛮風尚有存此來聞見不堪論猪膏滓髮湘南娘牛渤塗門嶺右邨行客下床調瘴藥吏人抱甕灌蔬園豈無佳麗堪娛目別有凄凉只斷䰟

秋雨

梅花五鼓城頭角吹向愁人枕前落一敲心胆碎死餘三敲兩敲那更作天明起坐辟為鄰簷外垂〻秋

兩脚兩脚強髩毛弱若為一滴白幾莖縱使赤松猶
老却

冬日

冬日何曾短寒更有許長紅炉那作伴白髮早還鄉
爐舊賒獨幾兒淺
思不見独遊野梅香

冬日融州絶句

四隻漁船叩板木几家茅屋長兒孫天寒水浅江成
路地僻人稀郭賽村

東寧初夏得叔達書自都下來言去秋與鄉薦
尋聞下第想就試上庠賦詩寄之

兩脚兩脚强髩毛弱若為一滴白幾莖纔使赤松猶老却

冬日

冬日何曾短寒更有許長紅炉那作伴白髮早還鄉舊酒誰賒飲新詩自寫藏故人思不見独遶野梅香

冬日融州絶句

四隻漁船叩枚木几家茅屋長兒孫天寒水浅江成路地僻人稀郭賽村

東寧初夏得叔達書自都下來言去秋與鄉薦尋聞下第想就試上庠賦詩寄之

天涯無伴只思渠知在杭州在故廬閩嶺秋空翔一鶚融江夏日煑双魚合看鬐亂登科去却有髭鬚圎落第初太學好還元祐體松嵴真便賦帰歟

余融州生日

肝柯相遇説長年一在公堂一洞天清遠史君黄石老西周柱史混元仙

春日

独上譙楼日一廻春風桃李滿城開狂夫欲語無人聽呼取閑雲共酒杯

融州東楼

戀廟

燈火無蛮市江山遶暗城漁舟闋柝響野燒日頭生雨闊千邨暝天高一月行夜樓多好景都不礙陰晴

别融州

两年為客憶鄉関樽酒何時别此間今日移舟出城市多情却恋眼中山

謁羅池庙

友人余子畏嘗以詩戲余尾联云我合焚香夜深坐等君白頭柳州來後余有東寧之役過柳州界謂前詩应於此矣及泛江東還謁羅池庙乃知行止前定

平生不作羅池夢今日還來謁柳祠忽憶故人曾溽
句見神先我七年知

真仙洞

觀邛吳提畫遷母

洞府出高丘老聃尸解今還
在黃帝生前有此不滴乳鮮添死數巧携燈何用不
曾幽乾坤自大人身小拳石空中作勝游

寄吳提幹

不見河南二十年君為再拜画堂前來尋八桂瓜期
滿帰訪蒼梧蓮幕迁辛對夫人如母在喜看令子似
公賢府僚共約黃花去業已還鄉種薄田

平生不作羅池夢今日還來謁柳祠忽憶故人曾滑句鬼神先我七年知

真仙洞

洞裏清溪可汎舟入觀洞府出高丘老聃尸解今還在黄帝生前有此不滴乳解添兕數巧携燈何用不曾幽乾坤自大人身小拳石空中作勝游

寄吴提幹

不見河南二十年君為再拜画堂前來尋八桂瓜期滿歸訪蒼梧運幕迁幸對夫人如毋在喜看令子似公賢府僚共約黄花去業已還鄉種薄田

與
舊　應
酸
犁
衆　聲　巖
太　疑大

別王司法

維舟江岸偶相鄰，還与吾翁是故人。顏貌不知今日改，姓名方記旧時親。少年壯筆生平貴，白髮青衫今尚貧。一笑羊城聊遣意，明朝話別兩酸辛。

題靜江

桂林多洞府，疑是館群仙。四野皆平地，千峰直上天。

舟行

衆流江漸闊，百怪石如生。錯聽人聲鬧，空岩答漈鳴。

過桂平

嶺南太半尚鴻荒，城壁空堅草莽長。忽到潯州江上

蕭應
寥花
歸猶兒

歡喜他風物近吾鄉

過象州

都無一物作生涯坊巷蕭條有幾家料得寒梅应帳
恨滿城開作寂寥花

過海豐

梅花結子已紅青歸路犹愁一月程忽聽兒音鄉語
歎不知方到海豐城

除夜憶福清塘東諸友

去年除夜作吟思除夜今年久别離幸喜此身貧却
健柴炉更隔一年期

惡

擣屢

喜次漳浦

江灘已過瘴烟收野象逢人自縮頭官路十程如砥去舉杯先賀到漳州

次韻林子衡惡夢之什

昔人賡詩不賡韻々恐不與事相關後人未淂詩中趣賡淂韻来誇甚難相逢索我一夢吟我欲可以呈孔顏君要夜間無惡夢朝々心鏡好頻看

贈吏行

人逢胥吏面唾欲擣其胸傷哉彼何罪造化生蛇虫田宅世死有妻孥腹屢空人家詞訟起踴躍時命通

天性本懷惡煎熬仍怕窮得錢即歡喜道理那能公
州府珍宝饋縣官筵席供吏贓賕且死州縣多寬容
三尺既虛設民冤訴高穹高穹不垂耳官吏屋俱豊

訟田行

樂軒世俗文不工場屋此生難遭逢百年餓死真可
惜人命只在田畝中遠行直到西融州客裝收拾來
帰休江灘象窟百無憂却陷人心危險頭海上曾据
本亭户日在公門騁詞訴下鄉老嫗何大娘小郎遺
業孤女當王婿老嫗貪聘資將女嫁與曹据兒女將
三十年及格依法賣田何所疑樂軒信已因信人豈

觀

辭

識兩家俱不仁曾据文約只要錢〻被何偷及訟田
牙緋縣宰坐縣庭官是堂除豈不精老胥代判為縱
橫知縣依書那得乎却監媒人宋五九備錢還我錢
何有提點八州刑獄使重念八州寃曲事許人越訴
榜通衢有狀不禁攔軺車（船車）曉出乎旦歸千人百人周
四圍車中呼入使者笑覘感人多涕沾衣笑者笑何
意吾不聰明渠不至感者泣何為赴愬容易殊曩時
文書山積雜稽考胥吏依前顏色好樂軒辭說如直
弦外臺判下不改前州府監錢何嫗還吏人掌客生
狼雖因循六十日公事无了畢胥徒去復來索酒需

齋

數莖

財食樂軒一片杷菊悵遂令奔走生塵埃春雨吹散
春風回奇花異卉相迎開百千阿堵何足道嗚呼何
媪豈人哉叱散胥徒吾不敢抱琹横膝眠空齋

阿凡初冠覔詩

浚人犹識前賢子衹是迺翁文字行為報阿凡今既
冠眞教只託網山名

愁夢

天作閑愁催我老夜長犹自怕天明日中料想先成
夢白上髭鬢數十莖

戲題宏仲飲亭酒肆

巒山

老去雖貧有酒壚秫田自種暫時沽閨中不解為慳嫃犹問刘郎燕客無

黄檗香炉峰

黄檗寺前犹突兀祖師墖外别安排香炉好是中央小無數峰峦拱揖來

叔達及第書走筆荅之

君在臨安落第時我送融水寄君詩君帰莆陽為荐首我到漁溪餞君酒龍飛唱第才俊多健筆如君非甲科終然學問有知己姓名不計今甲高人皇世上如豺虎我行厄運遭其侮白頭膠漆变須臾一面那

知浯肺腑書報青山七月還開書已覺開愁顏何時

七月聽君話〻我年來路轉囍

擬卜居

向來為客愛塘邨幾度天邊入夢魂恰到塘邨心已

懶不知何處立柴門

冬日南谷讀書

列岫開平野脩墻隱窰林暗泉聞兩響寒日覺冬深

眠底孤邨近雲邊小樹侵何須錢買屋空寺足閑吟

夜行偶成

脚踏横塘外氏邨忽瞻北極動歸魂貧姑生理彫零

盡八十無兒住此門

汝永寓大湖以歲歉還舍邂逅喜能為具賦詩
贈之

不到蓬窓恰一年空却作客遇飢還相逢喜有三飧
色况是烹魚送酒船

[illegible]推官見贈經理逵翁家事之什

鄒魯易合西華數載盟真把肝腸隨世
变常分擔石作人情哦詩豈詑文章好立教先須義
利明戲問苦庐余予畏論交何重與何輕

别舅氏

鄒易改易腸 改腸

變

盡八十無兒住此門

汝永寓大湖以歲歉還舍避逅喜能為其賦詩贈之

不到蓬窓恰一年空却作客遇飢還相逢喜有三飡色況是烹魚送酒船

次韻吴推官見贈經理達翁家事之什

紅泉風俗如鄒魯昜合西爭數載盟真把肝腸隨世变常分擔石作人情哦詩豈詫文章好立教先須義利明戲問若廬余子畏論交何重與何輕

别舅氏

表裏真容拜跽妨老夫拱揖謾焚香彫尽婁親一葦
行两㕁能畨独渭陽屶甥今年七十五花甲戍辰先
戍午若非相見皆貧苦多少壚邉好歌舞

贈故鄉人

我家已破出他鄉如連如卓方阜昌豈料囊金随浚
散一齊開鋪鬻文章我今濵死秪如許二友犹堪望
軒翥湴頭借問向来誰十室九人非舊主

憶毋

肅小八娘棄我去我生方始十三年如今七十零丹
五生死途分竟杳然

客中夏夜即事

上綴珠璣為屋蓋旁堆翡翠作屛風醉翁不見身貧賤卧向涼飈清露中

久為塵事閡懷因成一絶

讀書滑趣是神仙未君神仙斷火烟觧把老夫埋俗窟多時不放上青天

戲簡宏仲刘九丈

明月無長好晴空有晦時居家那與我頭白似新知

丙子秋作

今年時雨即時暘用向田園每恰當刈者不愁耕者

覺

喜侶曾真宰與商量

戲贈叔嘉

七夕刘郎開小筵細君重九病方痊如何依舊煩纖手伏枕呻吟到冬首乃知貴骨真柔弱老夫此語非諧謔刘郎它日有公廚鄯亭無憂恣行樂

憫刘家竹

陳生將五十無地堪栽竹丈人門逕深兩面千竿綠營〻不好事終日眉峰蹙二氣豈相宜此君竟塵俗琅玕訴失所頩作陶家菊賴有徐卿児往〻知忘肉

別蔡伯畛

遺

恩鑪

我本三山城下居誰人共讀艾軒書固无田宅堪歸
老縱有文章遣見疎黃石出門多後逸白頭似子去
鄉閭六經正說終茫昧不遺吾儕意氣舒

客中懷刘九

丘嫂申〻出罵言途窮非負昔時恩柴炉夜雨思君
處歸共柴炉笑語喧

贈蒙中

田園尚少隱居雞場屋勞〻未淂官有酒羨君无一
事餘糧猶足散孤寒

讀史偶作二首

溢疑是隘

千夫合作一賢人合數賢人是聖神莫道眼前無孔
子一身散作萬千身
由来識浚技無他江左人材氣象豪道理明時身自
俯見聞溢處趾空高

病眼寄子中

連朝黑雨暫晴時山抹浮雲似画眉貪看須臾成底
相不堪病眼怕凬吹

絶交贈伯已二首

忙〻終日暫談玄便聽閨房悪罵傳郎壻已厌題柱
志親闈曾教斷杌賢

我讀人間飢死書君歸市肆有錙銖未聞良媍嗔嘉客分遣由来造化殊

獨宿贈伯已

独宿空齋夜雨流對床無味不如休論文似汝相逢少又被塵埃鋪席囚

值事有感悵漁溪丘㥁基

紛〻場屋士聞見是空虚此老何曾學高悵却有書對人惟静默有飲即安居説到荣華事生平不計渠

姚晋卿溪閣行

南院観溪心已清縈紆更上閣中行西窓車馬市橋

尚羊疑是常羊　或相羊

横東窓遠山霞霧生日斜沙石淺可数半夜轟雷駆
猛雨農圃嘈〻春水高誰得身閑延客歌醉後下階
齊拍手長株矮樹排花柳主人更要㸚眸寛去年拄
杖尋長安一行一處狂呼去日〻芳園大如許買地
此乡直几金千屏萬障為墻堵西湖覧畢帰興屮川
無大小人尚羊清風明月浙江有酒鷹魚賤輸吾鄉

[illegible]向生[illegible]戲贈以詩二首

早若比他人晚数年
两人鄉曲是同年行坐相推日月先莫道丘公孫是

橫東窗遠山霞霧生日斜沙石淺可數半夜轟雷驅
猛雨農圃嘈〻春水高誰淂身閑延客歌醉後下階
齊拍手長株矮樹排花栁主人更要雙眸寛去年拄
杖尋長安一行一處狂呼去日〻芳園大如許買地
此多直几金千屛萬障為墻堵西湖覽畢帰興忙川
無大小人尚羊清風明月浙江有酒鮝魚賤輸吾鄉

丘景運生孫叔南生子戲贈以詩二首

齒序逢君我在前小兒學語舌初便如君未是生孫
早若比他人晚數年
兩人鄉曲是同年行坐相推日月先莫道丘公孫是

女林郎初画洗兒錢

北風

田園移主只丘墳他邑浮家每斷魂又向鄭州爲客久北風終夜夢柴門

悼網山

福清一半海爲田創邑今垂五百年傖蛮岳革儒風起西塘生在網山前介夫凜凜松筠操月魚識解文章到黄蘗休誇十二峰鳥窠白屿空飡過

夢草醱閑記末一句閑紬足之因以实其事

早梅開後寒日晴天各穿百孔於扶頭欲放一時

與兒

之野眼

戲題絶句跋其後

夢中只是醒時䰟到老無他學著言好句特然生夢裏醒時却費斧斤痕

試黜寄余景仁

六經不合窮稍涘入場下筆无知音吐辞泛寔理泛是誰肎暮途生悔心臨漳推官躧我筆累夆悮疑當第一夜光暗擲那有知群兒久處誰相識

冬日贈宏仲

㤅君方始卜鄰居君又移家二里餘日裏君无時刻

覺

鑄
憧

到人情便覔往来蹤風霜今歲携杯幾淮淛明年觧纜初兄嫂恩多因怨我語言雖惡敢嗔渠

題黄子正易軒

買屋移居已歷年比偏破漏更新椽忽於庑下淂易字鋳在小刀殊駭然主人㩁喜檢玉篇易也音揚飛也箋儒生例作飛揚想符瑞壮之心益堅中間整頓安書案此物携來呈我看神扶頃刻聰明開便觧卜君門戶換文形上下分两刀〻字成三意如何昔人魯觧三刀夢果把三麾時命遭正邪五畫為五馬〻字依稀易字寫屋成一百六十秋来歷无從詢鐵冶

漁溪市中多學者夅業棄之如土苴吟詩白日費工夫勸君自此知趨舍山水仙鄉出人物課書雖少多簪紱黄生㦒眼自超奇莫遜此刀持待兒大書潤榜為易軒我更分毫細討論名揚变易須容易不到艱難過禹門

和琴薰閣

閣倚琴薰誦子虚果然少壯入鄉書未游唐殿哦詩句且把牙弦卧海隅有㩀論文須慱浩死根話性合驅除擢犀抜象麈埃裏把出重看是捷途

賀仲雨斗門

壤萬歎機

濯錦江邊唱絶強孤青和者亦夔襄歴年雖久地相遠在寢豈止升渠堂繼能帖石防頹岸隨寓幽居供賞翫何如是處斗門雄莆壤万農生賛歎莊周笑我机械深夏王見我須賞音莫道白頭犹未遇等劳一片活人心

欒巒寶世

東林春晚作

團欒四面山我住一山裏相距能幾何開方秖百里日月出東西星辰運終始雲霞千萬狀烟雨無窮美誰云天體大仰看全於此窮儒治生計富盛誰與擬新晴麻麥秀擁戴峰峦起牡丹芍藥歇春意濃未已

爾覺權勢

野苍悉力開白者真珠比薔薇及宝相争闘何倚靡藩籬成障幙村墟化城市㞢上豈寂寥昧斯旨芙蕖開欲来黄菊日可指寒梅即艮卦為魁向年底循環死了日物〻從頭理康寧不相放臥病尔為尔

平步楼

主翁面貌不堪誇却是書中意味華因地成楼平似陟開林見樹直仍斜竟日清幽來佛寺有時問苔覔人家厭随權勢貪情話箕殺肥雞愧滿車

刘驿子初冠勉以詩

汝爺十五初褁頭桂堂讀書從我游汝今褁頭恰十

五两載東林就規矩我身只是前時命汝家歲久無
衰盛族人快活羨汝爺汝又勝爺好情性瑩徹温柔
好性情更須奮筆趨前程吾思入神方得句才如諸
舅豈无甥

叔嘉叔平既斬衰祝之以詩

大兒年十四三五不知八源流於其毋造化何太窣
小兒十歲周松竹不知對吾休置奴婢天遣供井碓
我昔訓童多蹙受人家怨愚智暗中分何以償渠頑
怪我自生兒寒窻仍未睹親朋責我苛誨之非莽鹵
易教委蹙談過庭秖取笑誰將蝴蝶飛動作秋蟬吁

迺㝵又逿游村巫語又聽身死欲葬埋發掘安可憑
兩缶太平山此墓何人主有房既分派无息堪㕥夅
農商攀不及矧乃君子儒生前聊尓〻沒𣳚真𥚃污
他日主我喪通經淂兩郎試之以巨創甃〻到大祥
頑汝且康健送我帰山嵐

貧病

正圖奔走救寒飢喘嗽那堪力已疲意是無錢休買
藥情知有命不求醫舊恩莫報空懷念新識相逢淡
更宜多少貧交書畀我觸來又淂一篇詩

李氏園

開方數畝地委曲多門墻咫尺闤闠間縈帶谿山傍
入巷見顔子簞瓢想悽凉変化若夢中忽成摩詰莊
主人華副實好游心不荒引水滙花木築墻收稲粱
六月无景氣池臺足徜徉日斜留客浴清淨如寶坊
迴迴過天象艷艷流坤光暫来吟未到留婦作者囊

試點題盧子俞所居

門外冬青八九株去去株間各丈餘晚禾翦穗上囷
儲黃藁堆熏繚棄居老夫晨出覩道腴携筇灑迤来
東庐毋界在前君悟欲飢寒火宅飽華胥主人慰我
下鄉書謝之養生祗業儒雖然鄰酒欠錢沽粥飦可

六
改元

以供朝晡四壁雖然一物無半年聚稈為薪蜀但愁
賦稅吏追呼鞭撻白丁省限踰
歛石堂頭有老夫善排遣之語因荅以詩
本來無悶可消除生死窮通一任渠若到於今更排
遣讀書何處是工夫
伯温索詩賀令姊夫生朝
一生開講度残年糾者勞勞與辦錢恰似叢林充化
士歷多世態得真禪忽教衰老親題跋也且低垂敢
自賢隨順却遭開眼白屈伸誰識草經玄官催租賦
鞭笞急家乏樵蘇色語煎鄧亭酒穀雖可廢妻孥溝

堅(?)恐將填不成底事空歸去別問良媒解倒懸樂内

太淙顔氏子生朝索賀郭郎篇

謝丘伯已送酒芋

二刘兄弟雖可語其如斛面已尖量天差一嫃各監
係畦步不容越隄防羨餘置產晨夕忙老夫押花亦
歸疆縉紳意態生堂〻苞苴來往堪嗟傷僕夫方遣
邸音到疾足追回他送將跏趺禪伯坐高堂棒喝驚
人宗旨揚東家小兒廸功郎羞茶饋乳分名香先生
方寸古書藏有時夜半開晶光温故知新滋味長欲
傳對面先承當蹲鴟三十新酒芳忽然向我非尋常

何以報之愧空囊百尺竿頭與翺翔男牽女挽細君狂不放逍遥隨老莊

聽雨

逋負関心糴穀償麥苗準擬貼春糧連宵不寢聽檐雨錯喜簷花滴數行

元夕同社衆携燈上山謁神祠

城中簫鼓閙鼇山燈火千邨别一般今夕崔嵬行樂處向時模倣仰頭看

聞雷

先春三日已聞雷驅浔長空一雨来莫問陰陽今失

壽數留

序曉園且喜趂犂開

寿山種柑命名學圃

数畝崎嶇帶寺傍水頽沙石古来荒住山有道神通現學圃成蹊畏魅藏每隔歳華苗碩果早從春媚放仙香黄橙緑橘真堪詠勝是長年引興長

題林仲雨皦日庵

詩仙庵未作與我話庵名素髮来為客朱蘼始落成变凮情性語皦日死生盟君老身犹健雌埋一斂横

用余子畏韻其詩有警句云若知瓦礫真成道便覺珠璣不属君

少長城闉老一邨平生好語不曾聞百年馬鬣空埋我三載鰲頭更祝君幸有鄰僧分隙地豈死座主識雄文須史忍死携笻立更看峥嶸足躡雲

聽吴畢聞講杜詩今夕行因効釋子偈體成一絶

春秋皆貶事死褒莊子思之意君何下筆便為齊物論大家命酒且高歌

幽景

山海吾鄉備移供不厭餐恰如行建劍幽景享多般

樂軒先生集卷二

經場顯

猶饑後
風雖澤

侶當是侶

樂軒先生集卷三

古律詩

次韻回叔経

從来剽竊為場屋直是無繇識古書屈指罕能官顯
達到頭剩得腹空虛君今身計非謀禄地有人耕免
荷鋤高造學詩年更晚才名何患不相如

喜雨

年登犹藉米船通去歲那堪一大凶人死多因飢後
疫秧焦争值北来風晴空又侶驕陽起罄室誰支此
患重甘雨連朝雖未洽蒔田漸喜澤邉農

露
喪若雖
猶
廬應婦
雛
錢北忘

步興乘

詠陳和伯毋墳嘉禾芝草甘露之祥

慕親五十嘆姚虞况是行年六十餘方執母喪啼君孺雛居禪制飯犹蔬天存屋漏人純孝晚到墳頭暮倚庐芝屮嘉禾甘露应少為發媍解生雛

除夕

歳晚民貧百物廉無錢堪買亦何嫌聊將送酒呼鄰客淺飲三杯不用添

盧比山元夕

社屋相忘鼓笛鳴空村步月興堪乘何須更要鼇山立野燒天邉勝着燈

舊經愛
塲辭

遇事有感

命薄世仍貧如何避苦辛姓名聞有我忠信話兀人哭死堪多舊論交笑一新聖経誰可愛塲屋散天真

橫江亭

東注流求日本波西吞金翅玉融河好開亭館延三益橫截江潮看萬艘此是人烟生巨海莫辭鮮食送新醪網山勝處名賢迹隔水相迎立兩坡

翦春羅

隋時宮女逐流波尚有精魂在處多待到百卉零落盡從頭子細翦春羅

送郭定夫

相看無可分遠遣無餞可但向主人家杯酒時同燕交緣何太浅春風方識面子行歸有期我老硯将変後會信雖思雖在殊州縣史遷南北遊值我鄉邦彥話間及死生亦足知深眷石城伴梅福共祝天和練

送張讓父往潭州

八卦重来夢一周人生更得几年浮看君矍鑠犹堪展似我龍鍾只合休淮廣早供詞峽輿湖湘留與髩霜游還鄉試問同庚客剩有頭顱話舊不

書懷奉簡張讓父

哀疑是衺

舊　清改青

浮家官道傍日夕逢佳客無錢可用丹有眼非開白
今春寧遠道往歲多慙色一飯不能酬飢來抵乞食
才華張八老々味幽居僻邂逅出新醅慇懃如舊識
燒笋羨鮮嘗買羊甘貴直畦蔬澆舍生園果亦堪摘
看居雖貧士與我同庚衰夫何造物偏挌我強其力

贈余子畏

相識紅泉旧日多年々地上漸消磨眼清好我今無
幾頭白逢君喜若何緩道索居無伴侶却能默悟自
雄豪細君掃去床書怒笑荅為儒合詆訶

子畏惠詩用韻酬之

羣變

遷戀

老慵秖合在雞群变化那能慕海鴎壯歲親朋多死
别窮途造化與生存欲尋衣食愁无路却被妻孥怨
少恩健筆期君今落第相賙未得剩空論

和云世多畏路嗟予怯天有危机柰子何送蔡

伯昣往潮州四首

迎侍雖然勝左迁恋鄉必竟怕離筵讀書不合能識
佛罰向潮州住幾年
聽說漳南象窟間如今行路不愁難黄芽青草無人
處多有軒亭好卸鞍
似我生男父合貧腰斤嶺上解求薪君今有子為官

去何憚携家踏路塵
向来一夢兆孤青還記伶俜過驛亭今日此行非昨
日他時埽騎想掀騰

問吴叔經病

向来風月已傷多誰料中身更被魔萱草別非資灌
漑桐音何事不純和人倫自古無娼妓世態憑渠暫
咲歌若是此身能解脫掃除藥餌病消磨

贈高待聘

其自為童子居城郭間多見老儒奔走窘急
之狀皆是強壯聚徒鋪席鬧熱者及觀其下

觀亂

幾
錢兒舉
飄稱
幾

筆則已顛倒錯乱實有取窮之資今吾兒年
高而才益壯乃亦在君人之列此向所未見
者兼自及晚途親朋彫落亦无援助興感于
悵遂成古風奉呈
待聘先生二十六弟子滿堂脩幾束下床一麪月几
千有客市廛錢別録為兒不誦把菊篇夆筋欠魚須
要肉老夫弱冠奇一秋瓢零来問君平卜先生称我
有雋才滿縣青衿皆拭目一日僅能赴三飯折簡叩
扉知几幅今夜酒移明夜醉凌晨乞展黃昏速四邊
延我入師席〻則有餘身不足高子行年已君于更

嶼
彎機
跋笑態
撥琴

度四朞心深欲月錢秖直曉點心薪蔬尽此携児畜
抱書誰肎訪吾門看君有是猶霑祿井泉比舊百倍
深汲人綆短无麻續時去技精分愈窮時来浅學雖
逃福敗啇射利偶贏餘便詑巧謀能潤屋莫待黃金
當散時舟車到處遭顛覆

龍屿偶作

年少彎弓中鵠心到頭衰暮也沉〻有机悟道書篇
懶無事関懷睡思深跋扈咲非當日態低回静向此
山吟撥来自有洪纖韻弄是天工我是琹

夢故人

舊總

纔
羣
廬
壽
會步臨

死生休道隔幽明夢裏相看話旧情幻出他誰真面
目莫教揔是自心成

黄景詠七十

我纔弱冠出鄉閭日漸回頭舊迹蹤惟有鄉閭才德
士紀在心胸如紀書老来乍作龍門客臭味詩居多
似渠講論前輩三數公果然少壯皆群居因話隆興
乾道事恍惚此身棲故廬迺知場屋非巨網却放鯤
鯨為逸魚不淂浮名須淂寿人爵何如天爵有談禪
会意一二言遣興成詩千百首氣清形瘦力不羸緩
步登臨快如走夕燕曉雞神愈健端坐縱談誰解糾

巒

婦壽勸

今春七十休計年此是神仙人識否生平但看神仙手何曾把銭丟升斗

黃景詠夫嬪七十

身形清且瘦乾坤一竿竹欺雪可千年必寿先五福易道古難全陽九配陰六先後期月間唱隨來相逐夫天君職閑嬪地臣勞服觴詠恣優游生理閨房熟今春者希會元夜增和淑二老出劝酬咲談相往復織女戲牛郎輟耕歸辟穀仙翁荅王母蟠桃真勝肉

薌峦

香山白樂天香山荊屈平釋氏定而慧道家直且清

儒臣司爕理至治薰神明不然岩谷間亦作蘭茝馨
郁〻若沉水菸〻夷島生人從韓寿徒去就烏知軽
詎如賢達門氣類全精誠飽肆不冐入結交皆群英
男以芳自持女以烈主盟時雖付衰殁久亦騰褒旌
自古葬枯骨阿誰埋令馥所以薌峦上遺芬始峥嵘
一字可為謚双䰟無愧情寧馨把仙桂已在月中行
迤邐衡雖舌筆花對長檠紫薇引當坐紅藥欢相迎

送郭定夫往江西二首

去年誤作送君詩却又論文淂幾時今日溪邉成話
別榮歸早赴北堂期

柱改柱

石城少府自公餘柱笏看山問老夫向道封胡群從
宅馮生不到食魚無

送黄歐之赴廣州塩院三首

羣從塩漕流風斷游嫌趙吹斷山無
瘴炎月何妨作宦游
莫嫌征稅太喧卑尺蠖將伸用屈為好趂江西趙召
命此詩薫送入京時
一族名家叔度孫同時入嶺五華軒使臺師閫終須
到官職高低且暫論

謝丘子中惠詩

石城少府自公餘柱笏看山問老夫向道封胡群從宅馮生不到食魚無

送黃欽之赴廣州塩稅三首

地氣周遭逐處流五羊漸似已中州海風吹斷山無瘴炎月何妨作宦游

莫嫌征稅太喧卑尺蠖將伸用屈為好趁江西趋召命此詩薰送入京時

一族名家叔度孫同時入嶺五華軒使臺帥閫終須到官職高低且暫論

謝丘子中惠詩

風幽世
雖難

平步樓
顏

殘兒
變勸

高叟生來五十年方知弄筆學詩篇此郎甲子才奇
一吟詠看〻到遣邉

寄黃景詠

仙翁早歲學吾鄉我到衰年客似墻柳下和風今有
惠江西詩派又傳黃幽居衆仰仁山靜默坐身囬佛
日光人在大都如夢覺雖然如夢話難忘

暮秋閏月平步樓口占

恰已論心四十秋朱顏化作素絲頭種田有穫須知
足應物無貪亦寡尤浮世欲為殘夢未男兒休管讀
書不任它門户隨時变尊酒相逢且勸酬

齋彌

西軒罷齋暫別先後進諸友

菜羹脫粟布襴衫，酒肉隨時亦飽酣。生理傍人那得見，泉源在我久弥甘。此身可是陶成器，来學須教青出藍。若要叅禪垂一問，也勝削髮禮瞿曇。

顔伯温生日席上口占

今日開筵賀始生，來年今日辦西行。後年辟挂登科記，今日人看指姓名。

送轂准羊肩賀伯温

曲江宴罷注官旋，親舊肥家有酒船。我老學農雖未遂，轂分一石准羊肩。

踏來

肅

餞應

西宮中夜聞紡殼

半夜俄聞踏紡車鄰人如此解勤家東奔西走方来憇鶩覺真知何處耶

別林肅翁

吾鄉人士多游江浙其取青娩白便以資身肅翁此行乃一鳴鐘矣小大隨扣榮駟橋歸亦分内事然吾人以退為常且作羈中寂寞語以餞之云

滿懷裝貨出門前多寡相酬立世緣取友無他惟會理逢僧秖此是談禪樂生箇裏真慚愧用向稠中足

卯

褭纏便謝化工分付足奠言行李去蕭然

讀東坡玉糝詩因成一絕續去年芋莖羹後寄

丘林陳三友

味有酥陁出自天芋成玉糝却同然此羹香使東坡

見尤怪枯莖化淂偏

六月望夜紀飲

年老聊依年少游月圓庭上似中秋舉杯問月爭多

少一度猶行甲子周

贈許秀才

祖工儷句集刊行業敗儒書乃父能奠耻向人傭作

字去裨文教後須興

寄楊南仲

君思家去質云此閨閤華我知財貨裏自出人驕奢
先翁非動儉安能美生涯兒郎不鼓舞造化无萌芽
從君今已悟拈骰入諠譁結棚粧俚戲達旦聽淫哇

書子誨所寄詩後

搖膝支頤體漸康入門已作白家香從今休傍官人
俗但向林泉呼二郎

[illegible]外荷苍
花西凮弥月露多華我来為客如相

花肯風彌洛樓爾歸
雙縱

字㐫裨文教浚須輿

寄楊南仲

君思家㐫質云此閨閤華我知財貨裹自出人驕奢
先翁非動儉安能美生涯兒郎不鼓舞造化无萌芽
從君今已悟拮撥入諠譁結棚粧俚戲達旦聽淫哇

書子誨所寄詩後

摇膝支頤體漸康入門已作白家香從今休傍官人
俗但向林泉呼二郎

詠子誨門外荷花

門外芙蓉未有花西風𣲖月露多華我來為客如相

遺
撫醉

約細沿同時十一葩

朱叔清小樓謁名并詩

望舒雖是月借作此樓名收尔萬家地歸吾雙眼明規模成巧小景物散縱橫人君無高見虛空柱謾擎

叔清留飲座上感懷

十夜不相見一見又如初兄弟无人在交朋却我餘矢弧皆浚挂銘旐競先書有酒堪留客悲悵且掃除

歲晩朱叔清樓上談詩話佛飲酒聽琹作

歲晩家何處因循未淂歸本無愁可遣寧有佛堪依翁子談佳句郎君撫妙徽剔燈聊共醉明日又分飛

謝余子京驤惠詩

晝同學曆夜觀星壯日情親忽老成莫恨異鄉相見少一來人物一番更

遠來無物示拳〻到老生涯尚闕然坐久但貪情話好又勤雞黍費囊錢

題吴景恬寫三傳正湲叔謨子

乃翁催我傳春秋及我書成已合眸有子傳家何可憾夜深燈火問東周

謝王爾瞻爾中惠詩

兄弟初年事網山髭髩須未出正童顏我方盛壯今𣬉

老多謝新詩敘舊惟

久不到黄石故人相見多喜余紅顔吴世執友

喻之霜柹謂其皺而將墜也

年將四十客莆陽丱角相看咲語長今日生男行冠禮老如霜柹又逢場

謝余薦鷴聽易惠詩一首

向滘追随父祖間此来重結子孫惟自嗟三世須吏見不有餘生會遇雖詩社已收風月美舉場秖用粃糠残百錢聊買時文看容易如君直換官

和林君作起叔梅詩韻

霜舌要吟梅美嚼光兩處湖光看共
同香苍開再約談玄白鷺老那能逐
乘黄大…隨計吏仙霞不管侣羊腸

花
士作
元劉慶兒識從

刘𤨏父生男

生来長誦老夫詩那可無詩慶浴兒渴巽曾吟〻是
識果然先偶次逆奇

賀叔嘉生日

一子累輕婚事畢如何學易已皤然天無快活除君
寿任待皤然也百年

賀刘直之植改官

輕壽

林逋沒後幾星霜吾要吟梅美爝光兩處湖光看共色一家詩句嗅同香苍開冉約談玄白鷺老那能逐乗黃又恐来冬随計吏仙霞不管侶羊腸

刘蹕父生男

生来長誦老夫詩那可無詩慶浴児淂巽曾吟〻是識果然先偶次從奇

賀叔嘉生日

一子累輕婚事畢如何學易已皤然天無快活除君寿任待皤然也百年

賀刘直之植改官

邛歸畫

嵝犀雙肯憑

公車五刺浔京官俗態營求有百端但看樂昌刘令尹了無一語汗人顔

里人歡喜看榮帰兩僕籃輿自有輝勝在宦途无事業但將裘馬詫軽肥

少年場屋有程文但見高才逈出群今日江邉看道骨岳人涵養罕如君

日者紛〻步五星諸儒言命亦相承丈人双眼如明月照出毫釐不冐憑

賀丘焕翁南帰

三十年前八桂帰西江船上每吟詩逦翁收拾傳尤

舊錢蹉跎
隨
所歷
齋留後
猶憐

切令子經從是果非渡海却休賢季路論文相勝謁
羅池此行况有如臯雉藥褁抛来自画眉
刘公父新理花畦約賞菊因成樂軒行
舊屋早易主新椽辦無錢𢢽懞託親友蹉跎經歲年
碎累入安宅隻身出隨緣引腹挂蛛網移簷餌羽鮮
所愧歷游賞不勞携饌筵美名吾敢僭茂寔衆推先
但名長樂郡誰擬地行仙玉融未遍眼銀髮久垂肩
何况縣十二欲周里數千軒齋或寄寓宿食輙留連
公父白日暇後園清興牽種苍成趣易席中覺情宜
犬雞交巷陌風月自林泉匼匝山園野晴明霞散天

游從
獨觀禮辭
彌亂花寶
肯印

紅萸把雖過黄菊采扰怜詠我昔文賦泛渠今酒船

清暉行

主翁不解歆安事園池游從知蓮社侶所樂在清脩
我憶少壯日未多禪悦優独醒對佳景愁紋上眉頭
四方觀唱礼文辭旨趣幽我膝固不屈祢随暗相投
葉吹光乱轉苍霞宝泉流此外旡國土静中反身求
湛然真賞妙誰肎尋糟丘

宿清暉

禪家自古分人境心地明時境始明榕栁交陰墻内
外卉苍散呆路縱横築臺勾引江山入鑿沼因缘萍

經

齒
過

壽
猶

藕清好似炎天亭上宿便為淨土國中生

經鉏

兩間陋屋傍經鉏經是心明鉏是蔬種果始初花可
翫遶墻藤蔓寔堪儲若能棲止身為鳳何必奔馳食
要魚人見此間丙五畝誰知藝圃本寬舒

過盧子俞

畨〻留我殺雞多老凿如今不奈何本是年凶甘隔
濶論情非為酒来過

賀王嘉玉生日

九衮初開二卿閭敬老成今朝寿者出明日聖人生

幾醉歡

舊懷獨總

孫重勞昏嫁奴犹課耨耕乾坤無暫息翁嫗合營〻

次韻林居則惠詩

湖水當門四面山旁羅書史坐中間他人共我何曾
有造物於君夲不慳況是早教緣累少便知晚與歲
時閑餘粮換淂鮮魚煮大勝簞瓢陋巷顏

感舊

憶到渠来憶到渠滿懷無限不刊書独行總是同行
處剩淂長年剩淂吁

鄭汝則七十

少壯同時事惘山几人别後鬢能斑者希慚愧今餘

婦猶歡舊

四君已卒頭一醉歡

贈陳伯融夫娟

才子治春秋推尋命氏由果然佳偶遂夫豈俗人犹話自文章出身従動僉脩老夫欢喜見旧與两家游

辛巳大歉

村〻無米歲何堪我到家〻有酒酣自昔略経三两度似今未見大生慚

辛巳歲暮宴陸甥子由家

吾妹嫁時狼狽甚幸皆存活淂年深有男買屋棲遅喜見甥開樽爛熳斟歲値凶荒多餓死我慚温飽更

酬吟還鄉日少生雖保敢覬今番一話心

辛巳歲晚上墳

偶然空手出州城薄有田園住福清晚得次男陪筆硯秋隨舉子省墳塋過淮不擬成僧去掛紙誰能接跡行多少隴頭無祭祀此來犹喜剩餘生

嘆問塘東一二親舊

數畝荒田不解耕老年場屋又無成更堪風雨飄搖甚告放渠儂與養生

閱世

道理初從紙上求因而處世得優游於今但閱人間

世自有文章筆下流

辛巳秋後訪盧子俞作

夲是吾鄉少富藏五年亢旱太難當麥苗俱尽邨如洗蔬芋全無市亦荒咲我擬爲飢莩去訪君那得酒肴嘗更生一見真歡喜忍聽他人尚絶粮

食粥絶句贈盧震夫

古麓大梡今無有特地凶年洗出來滿着十分牛乳粥客思喫盡鬼神猜

戒買墓石人

盜拆鄰壙築己壙價廉石大且輸君莫教孫子無如

算

我自拆年時也易聞

楞伽經

君向他經義已詳此難成句也何妨昔人誤點經文會更不回頭徇故常

過桃枝嶺

兒童嬉戲向比鄰長見桃枝出郭人七十五翁方過嶺回頭舊事總成塵

九峯過重陽

笑来七十五重陽無酒今朝對菊黄記得蘇杭船上坐一番醒眼詠詩章登高却是今最高九峯寺上誦

莊騷茶話恰宜湯餅素滿身風癢怕村醪

謝鄭如之送酒初十日

俗缘不許伴僧齋錯喜重陽遯酒杯誰擬衰翁對衰菊黄昏犹有白衣来

謝九峰升坐相晉

重陽七日月當圓高坐禅師祝萬年夢裏五更聞齒録凡夫有罪是貪眠

贈九峰老

佛土仙家本一般松庵海上住三山三山演出奇峰九生氣元来萃此間

禮残

閏無點紙蕭邛難顯流肯機籌龜
從經髓得

九峰僧房看山
寺前寺後木彎環殿裏莊嚴佛一般衲子開窓還礼
拜生株何用巧彫残

九峰看菊
平生尋菊未曾遭直上成叢一丈高幾處僧房驚老
眼滿堂佛像自森羅

人入坐另……汲薪莫許還居
上巨魚直是能吞舟蕭何乃知天下信魯人秖道東
家丘到了公評難嫉忌遠皆敬服近何尤器識高明

九峯僧房看山

寺前寺後木彎環殿裏莊嚴佛一般衲子開窓還礼拜生株何用巧彫残

九峯看菊

平生尋菊未曾遭直上成叢一丈高幾處僧房驚老眼滿堂佛像自森羅

送陳智叔舍人赴召

紫袍入手閏兩周黃紙除書作郡侯後薪莫許還居上巨魚直是能呑舟蕭何乃知天下信魯人秖道東家丘到了公許難嫉忌遠皆敬服近何尤器識高明

官合顯蓋作軟媚隨波流膽略冐因權勢屈事机果
中日前籌鴻飛似退正企翼不著不黽心有旿兵形
屢計何英識脉絡豈從經外紬文于根自惟孝發論
語尚書政所由君於骨髓已先得字是皮毛剃便投
強收老淚且分袂情共斯文苑圃留
子襟懷曼然世表某童知
老矣輒韻之以貽其令子

懷負世敬廟變總雖顯聲
樞趨肯隨睽緣舊湍憂風

廟食於莆李長者变海為田散郊野福宜孫子百千
年家甲三山揔文雅西城一位京朝郎官雖未顯善

官合顯蓋作軟媚隨波流膽略冐因權勢屈事机果
中日前筹鴻飛似退正企翼不著不黾心有肸兵形
屬計何英識脉絡豈從経外紬文于根自惟孝發論
語尚書政所由君於骨髓已先淂字是皮毛剝便投
強收老淚且分袂情共斯文苑囿留

吾鄉有李明府其伯子襟懷夐然出表其童知
敬慕長誦諸人今老矣輙韻之以貽其令子
令孫云

庙食於莆李長者变海為田散郊野福宜孫子百千
年家甲三山揔文雅西城一位京朝郎官雖未顯善

寫疏
禱縱聽
難得

觳揚伯曰孝純遵義方潘安容貌心蒙莊幼小樞趨
父執時挂口何曾聞是非到了交游如一日肎學毋
情隨盛衰我頭半白言稍傳晚出要教識前賢睽遠
莫能脩毋契擬將下筆無由緣喜今有便歸鄉多吾
姪春中偏飲和老去舊懷因稍叙吉人與就幸如何
滿眼各為君父子誰憂平地起風波

歲除僧寺看寫疏作

元正祈禱萬千般緩道聰明聽也難料得鬼神因喜
我不曾投疏一相干

首正有感二首

坊疑是房

憶昔吾鄉入首正襴衣街〻斷書生紫衫来去今無幾恰似當年冠帶行

聽説從来我未生知書不許襴衣行乎時街上齊冠帶况是人間歲嚳更

口占寄林十六君則

日月相催不放遲寄詩又是去年時近来未省開懷否還似從前尚皺眉

寓故里大中寺值朱起蔡同宿數夜

壯游初到鄭公鄉與子吟哦古佛旁老去同時人死盡那知来此話僧坊

墳敬
落邛薄

躔華絶辭瓊

尉疑是慰

上東山墳寄敬之弟

東山零落古三丘力薄那能掃滑周賴有阿連霑寸祿我慚到老一來休

癸未生朝躔父公父以酒殽而華其陋賦一絶

家貧何敢話生朝多謝開尊尉寂寥要酢一杯辭不受但需拙句作瓊瑶

中秋

詩書讀罷問耕牛待滑時來死便休一帶空村無潤屋聊因社肉作中秋

次韻源仲八丈日理之作

壯歸饌違德母

得後數薄此
風紀巒猶雖

上足疑訛

眼中皆道境墻內是君家樂處元無盡吾生任有涯

賀四五姑七十

壯歲貧而旅無家可語歸見多延酒饌躬為補裳衣
頭白諸親忝心丹百事違何堪持報德但喜母年希

艾軒老先生文集刊傳上以揄揚其問學下則
淂佛家以法布施之意前後數君子有是志
而不果今日薄西山幸一見斯喜成古風三
篇以賀後來之有作者且述下悰云

老艾先生歿駸駸四紀年衣冠常嘆惜文字合刊傳
東峦乃犹子遺藁掇拾全綑山雖上足无力堪雕鐫

從游藏捐
艱得錢壁
踵搜
權輿
荏改苫

龍騎
提後
落來
風聽
網湍
緩

従游今殆盡錄藏多散捐裔孫蹟君應發憤起收編
甲集且流布俸微艱得錢晚春題壁去名姓輝藍田
製錦增廩給乙丙尋踵前搜羅必盈十但祝君高遷
我老不可待權輿已欣然
夫子刪詩去流年近二千何人悟荏此老独遺筌
活鯉汲入袖化龍騎上仙傍看休發問死語堪相傳
假令託忠恕投塊答僧禪依前提出後未誰知的然
給還上手契各認落江田
蚕歲過玉融悟逢陳叔盟曾侍艾翁來國風話長短
忽聽誦采蘋玉川茶八椀因入網山門多舍蕭陽館

今喜文集行源流心事滿頭顱七十六見此抑何緩
百爲信有待立志如君罕良晤向三山夤緣非偶款

樂軒先生集卷三

樂軒先生集卷四

賦

菊花賦

律中無射兮其殽高以高金飈道勁兮腓百卉而薨膏清灝流地特形一毛醒方蘇於舊荄脉已奮乎技柯津至有涯葉窮秋毫完舒厥盛萼布嗷嘈散〻黄英其情君何土階茅屋明良賡歌富貴不淫〻非吾曾禹食菲兮溝洫勞湯德且慚孰恣于遨遊艱難王業周琢而磨身弋繹兮道德罷心經理兮投厥戈曉露團〻兮昌蘤旒之孔多數君恍其胥會兮覌濟〻乎

上袘坤裳之德㴝中彪外兮藹相輝而溢摩寂寥兮瀟灑屋籬兮山阿匪陶兮爰汝乃汝兮則陶蘖含章兮叢婆娑振〻童子標格非凡志凌穹溪迹混蓬蒿展葉敷華玉宇澄虛青〻衿佩以翔以翱崇臺顯榭低回苦思或謙光而抑〻柴関蓽户體胖心廣或涣發而嚣〻或煙帷月幌緣詩太瘦鼓舞吟哦幽姿逸態層崖峻阜寧肥遯兮與决科千菲萬艷其藻固挨天庭兮名園兮利牢貌爽而癯意肅而豪甘忍飢以香赓畤撐腹而臭饕芳謦藉〻聘書徵入謦峭嵯峨有人君我異彼悪草誰賦離騷秦筆以刀嗟俗吏之

滔〻者哉尔其歷蘭省步華館坐邃閣兮正秘書之舛訛審直辞而貶褒庠序潔已以為師楊德馨于俊髦徜徉容與乎金閨玉堂之内判花視草芬馥兮酷烈秀茂兮森羅霜臺凛〻胡斥非慆三軍出帥靡頑弗鑿作秋官於圜扉刑自嚴而不苛上公雖尊吐哺迎客誰飫豚羔賤貴者時吾常未始改兮委〻佗〻如山如河太陽正照襟袍惟冷凝〻庸流徵風生涛肌膚可萎氣骸詎可奪兮縱十九載於匈奴漢節不放而落旋重九良辰運来雖逃擧世我趋榮傾敗荷惜哉寸晷容易蹉跎明日人心棄我粕糟然其衰也

鄃改揶揄

亦國老之皤皤諸年少其爲如太子安而不他是故
歷代議養埶爵余歆先萬乘而酕醄毛嫱麗姬鬒髮
如雲選花插髻吾不使遭讀書之眼翳膜生昏神入
其眶耿如秋波或乃三枝兩簇散漫踈成騷人墨客
遆爾相過千株萬朶間以他卉王孫公子來往如梭
繁盛滿園一望數畝良金幾籯斂此富有非天下之
至貴孰能與於此哉萬物備我不藏不韞得之者性
失之者魔愛玩不已三嗅而作吾埶吾友邪鄃咍呵
遂相與言不知者從乎優婆采而献諸薝蔔之摩訶
知之者從乎孟軻而訪于酒糟也乱曰飢有饌兮丹

霞拖渴有飲兮凉雨飽魂雖悦兮亡血腺精物何產
於厚地兮全一清而予操予將辟穀兮刲雞鵝專餌
汝兮亶至和寒無用兮衣裒白日上升舟兮誰篙奚
待尋乎海山兮六鼇徐福去兮空回艘彼不火食兮
噏仙杏與蟠桃或棗或栗兮或蒲萄飡木之實不若
飡其華之效頃兮俄秉羽化兮辟舊寠朝玉帝兮履
舃靴下視塵寰兮天蕿慕我不及嘆白頭兮悶搔

梨花賦

絪縕無涯孕精產夸九旬流華四月孔奢有匪浮誇
苍外之花尔其娟靜閒暇以窕窈兮敷舒巡貞其清

嗷兮恬淡潇灑委蛇淳雅美不迩麗素不隣野若帝
猷爾衆芳之淫冶我宜錫其純蝦者耶濯濯春雨皓
皓華月彼質而静彼淡而恱或依于葛我所軌兮或
俯于藻我所拾兮祠庭闃寂樹英密礿礿僮僮如出
而入奚素绚以比容徵形管而名實夫大敷闔闢冶
欣欣乎晴光余将帰寧兮眂滌濯乎衣裳流水之陽
至灵甦無識蓋有睽性而合質者耶于何后妃兮似
古公胥宇乃攜乃姜不容不粧后脱簪珥露諫宣王
煙之蒼蒼青障于張觧圖小郎三三兩兩寒窓之傍
恍兮文德散帙于中宫左嬪攜思于椒房亟如六齡

之鄧衰若大家之班或乃暴風淫雨赴死无惧生兮
貞女歿兮烈媜于嗟牡丹彼美芍藥胡爲顔色可與
娱樂丰丰褎如艷艷麗姬君以爲妍人以爲媸花百
其試于茲懿哉乱曰匪冬而雪匪夜而月香山何人
題我太真江之永矣不可泳思漢之廣矣不可方思

桔槔賦

漁溪之民兮桔槔一日不雨兮則勞土既薄兮沙石
多水鑽鑽以下篩井湊湊而湧高十日不雨兮因迴
數而損泉巽之愈低力其倍宣晝繼給於西園夕恐
焦乎東田自甲至戊惟丙能眠夫婦蓬蟄如蛮如猺

太陽升兮畢炎燒嘉樹在前君秦皇漢武兮慕三神山之絶遼已而視甑中之粟曾不足以禦来者之一朝思勿負於債家秋已竭其膏䏣幸而禾稻成穗雷腹有充舉手加額慚荷元穹彼彎射虎之弓兮恨侯印之阻封援賦鵩之筆兮少為傳而曰窮濇嬿宦拙兮達早羽嘆天亡兮戰工長卿不文犢鼻皆可仲卿凡者牛衣足供作進學解者非韓愈耶昔有解嘲之揚雄言君亡憾兮意則由賜之不容斯可也毋莫如漆園之憤悱兮羗託辟於苦空場屋之士戚戚未第乍登九品立侯隆崇紈袴之子猒猒肥甘率然一飯

怒冠髮衝妖艷之女羞與醜媍共牢而食安得淮陰
壯客甘絳灌之雷同者哉曰聖曰賢爲顔爲孔巳雖
樂以無尤人至今而屈訟造物者起笑而爲乱曰賦
汝厚兮責我深随自然兮吾何心謂渠能兮昧矣謂
渠素兮呻吟不若吝之兮均桔槹而後食庶無俛俾
兮豈聞相怨之音

惜别賦并序

漁溪諸友丱角相從或相識乍離乍合今歲
偶聚向時未生或初生者長成而丱角有逾
壯盛矣二月始集講論未幾梶苍將黄次第

分散余世事已懶筆耕亦倦日嗜啜茶飲酒
逍遥行坐締玩溪山之勝耳安能激厲諸君
哉閑撰數辭強名之曰惜别賦
場屋徵名舉世營〻有貴於已在人者輕人疑余兮
未貢余已官而改京買臣行歌咄哉小生尔既朱輪
孰與原憲終貧兮自得之榮况乎秉堅策肥旌旗擁
路於青史兮無𣪊噫天垂月兮山吐雲青草死兮地
懷根一枯一茂日代乎前皆仁氣之絪緼嘻哉諸君
世務紛綸來歲之春想無暇畱醉翁兮談天地之醇
六經諸子百氏兮概妙道之所存苟惟綴緝編顇以

得失爲悲歡雖同居而白首亦奚由兮愈親

樂軒先生集四卷

樂軒先生集卷五

記序

復庵記

余客姑蘇且半載罕相識者竊自笑曰丁寬易不東矣歸念頗濃陳氏子年逾弱冠吾鄉大義譜也先世之潮官而家焉近牓一庵為復請余文以記噫俊甫未知復之義耶能以名其庵謂既知耶奚請於余夫復之為義大矣哉楊子雲太元嘗發之曰陽氣潛萌於黃宮信無不在其中此萬物孚也人一善念動于肝鬲則為百行之原用為階以升于天及乎天則階

為筌是非階也焉浔而筌之乎天雖無窮即是昭〻之多也且在六十四卦之易為復在一卦之乾為元今予取而題其居以復知之耶抑暗合之耶知則請充之暗合則請思之顔淵何人也俊甫何人也有為者亦若是不遠復無祗悔元吉豈千載而上一顔淵而已哉二也四也徽繇之繫孰浔其門文王周公既大闢其門夫子象之又挈其人之手以入孰拒俊甫之来哉惟恐望之而不肎入也若夫頻復猶可迷復可乎哉俊甫貌古而言朴保无是也前言雖盡俊甫果有意乎幸勉之天高地厚以是一復為泰為壯為

莘為益舜不淂是無以鼓南風阜財之琴禹不淂是無以歌九功而叙九疇默坐其中而細惟其義則斯須六合歛而聚見於一庵又俄而盡歸於俊甫之方寸是其樂也庸有既乎嘉泰壬戌季春朔日合沙陳其記

笠記

龍以土冠余降之年紀三奇二吾惴焉十死詢之八九無半百父母不克葬大父母雖葬誰守豈不悵歸有盂者橐々我亡盂峽門衢々金翅玉融故鄉兩驛有山名鍾故人不索租我乎渠々曰有妻子其頤箕

以虛祭于墓歲一至三歲或再至有一至焉者我惘
惘然無意於人世也日忍飢誦經爲無蘭之馨鼠肝
而人形茲爲惟香火是營苟可以逃三千之大刑而
已也噫吾傒非尫〻誰撲吾顙適也仆不敢艾余將
有遠行筮焉惧無妄也遇需之井其繇曰利用恒無
咎易窮則变吾窮矣奚其恒更筮遇大畜有厲利已
嘻我已則那于虫斯房于鳥斯窠匪齋匪精筮其不
靈三日齋七日戒蓍兮其徵繇不云乎咸其腓凶居
吉是犹夫二者兆也盥手祝蓍曰再三瀆〻則不告
今予决不敢嗣有瀆筮告之井谷射鮒甕敝漏泣數

行下歌曰筋骨徒勞誘人者軻我躬奈何遑恤其他
又歌曰郭外無田顏死道邊我躬下天遑享其先日
者遇焉問何故語之故曰筮其事也雖萬不兆足下
越樽俎而代之夫造物者使各業其業生其生我司
乎鬻君技乎售君留金不信三揲之初遇屯即鹿無
虞惟入于林中君子幾不如舍往吝次來之坎坎險
且枕入于坎窞勿用三曰明夷于飛垂其翼君子于
行三日不食有攸往主人有言日者駭留其金我申
我歌遺空虛而逃壺山嵯峨下有蓬蒿滄松栢以免
死冀將來之有遭聞人足音跫然而喜三子者來書

從吾游其感孔多

避喧記

丘永言婁謂余曰旨哉貧也弟子不貧則無此見貧亦何負於人耶余默知其進於道莊周以造物者為大宗師余謂造物者之誨人亦无它術貧之者其一耳彼其富之者乃其不屑教之者也雖然能受教者亦鮮矣丘氏子其可教者耶富不如貧古有是語其誰進於是耶其誰可與游於大宗師之門耶子從幼執孝經論語從余以發蒙時則其家為三溪温戶也及長有妻子父死母存昆分舊宅孟中而叔南季得

今爨句疑有錯落

其北雖廳事堂室季有其全游觀無所子從謂今爨無欲清矣曷置於旁壞舊庖之後辟果木交陰面林泉而皆市肆開窓夷竈為臺為墻則蕭然一亭焉不畫不堊命之避喧余咲曰喧方避子從何待子從避喧邪荅曰不肖不甘蔬糲不羡布褐則冐法尋喧而入求醉飽鮮服矣鞭笞不恤况於清議安能静坐斯須邪曰生之言然前言戲之耳故有時烹芋湍鍋或作塩醯湯餠欵延老夫談笑其間而相與嘆貧之旨也嘉定甲戌日長至永言因請書其事謹記

序

樂軒序

樂軒子生于樂、長之西郭距百里爲長樂縣、、人舉進士諱落以邑称僮僕叡落輙有刑今童子商搉場屋駒老馬無憚吾諱落免乎樂軒子無軒長樂軒也故號樂軒雖然吾樂不也

送方孺春赴仙游簿序

瀕海之民有曾姓者聘林爲媜林幼依于伯毋何、、收其地利而婢使之及壯受曾銀百两帛二十端詰其歸也以厚裝曾以書抵何速鬻林田吾欲淂錢耳

僕以錢十萬買田，其三畝有奇餘田售之他人，曾之聘幣何既奄而有之，鬻田之金何又盜其半，曾訴何于縣，何賂吏以免，吏怒曾不勝，無以滑曾賂，奪僕田而畀之。嗚呼！蠶則績而蟹有筐，范則冠而蟬有緌，林也嫁而僕為之裝，僕休矣。聞者不乎，勸僕訟于上司。民姦吏猾，抑何其甚！雖然，居官者明則無是矣。君之別也，將聽民訟，敢序以告。

送達翁赴潮陽序

庶民出賦以供百官，百官居有衛，出有導，富貴於人而無慊者，我能為汝乎曲直，正功罪也。民有積而賦不輸撻之可也今民有訟名為詣官而予奪之實在胥吏理徵貨而不信是前日出賦徒以供無用之百官而今日之訟能不納貨於有功于吾之胥吏也哉釋老之徒無功而受施儒者擯之彼雖左誑然以誘民而得財百官怙權驅強猾以窮追摟箠撼呌號竭民膏血而不恤其貧吾事則亦無與焉儒迺之衰至是反不吾釋老矣達翁行且食民賦也能使民有訟不納貨於吏而賦不為虗出者乎其行也序以訊之

送刘叔嘉赴太學試序

士之試也志於得詞之作者志於是果哉近歲之為

譜蓋從王氏光州来然自閩太傅存而上失其傳今

唐書王潮傳所載列行全豈其先耶人之族屬多散

處言史亦其祖裔未可知也三五百年揣摩舊事偶

或有中則取畫僱以名序乃吾家故實不犹愈於借

諸葛陶令家事乎詩曰豈无他人不如我同姓慶元

二年正月望日序

勸戴伯陽歸鄉序

翠山之西有荒塜〻有亭〻一人寓焉桐鄉進士也

夏衣緼袍天寒緼袍且破夜無衾裯病累日晨起餒

甚溲卧日午崎嶇上下往二里至虎丘求火歸爨飯

成對案不能食羸困復卧矣于嗟戴生好古道耻今人輕利重義故凍餒及此生賢矣哉然任質直失通变傾心喜交故患難及此生愚矣哉余無家客食此土愚於伯陽而亡其賢其窮殺一等非幸欤噫拙相似困相似余戚於心寝食興念思無以賙䘏其歸而已生非不肖親戚閭里憫其顛頓狼狽何哂之有生毋恩焉余有薄田余歸矣與其歸也寧不歸生歸乎哉再拜以别興而賦詩式微式微胡不歸微君之故胡為乎中露式微式微胡不歸微君之躬胡為乎泥中

無積序

歙石新戒嘉運謁字於余〻聞莊子嘗以運而無積形容乎道故以無積字之夫運而無積者不已也已則為積且人之一身其元氣周流而無滯則五藏安乎四肢和暢滯則為積〻之在内為喘為嗽為渴為洩其熱焦火其寒凝冰積之在外綻而為瘍之形且凡數十種焉甚則足以殞其軀積之可畏如此哉夫其在天地之間亦是氣也壅積而不流陰為水陽為旱在天於日月星辰在地於五行萬物為蝕為彗為一切之沴茲道之在氣而其積於形也若是矣道而

寓於人之百行也亦然運而無積為堯兢〻為舜業
業湯之又日新文之純不已孔子之自強不息子思
之誠悠久如積焉於耳而不聰於目而不明於心而
邪思於手足而妄動於口舌而淫言淫食是其於俗
也為小人無以為君子況為比丘氏乎佛者損之而
又損其為功也雖於堯舜孔子蓋飲食男女人之大
欲七篇之書所謂食色性也堯舜周孔食肉飲酒而
有嬪人焉佛則無是也堯舜周孔非不損而佛之損
則甚於前數聖人者何哉堯舜之用窮而夫子生夫
子之用窮而佛生堯舜能化一世之人而未能化千

萬世之人夫子則能化千萬世之人故曰夫子賢於
堯舜然夫子能化君子善人而至愚極惡之人明王
不作夫子亦末如之何也已夫至愚極惡之人因嗜
欲而為盜賊為弑君父為殺兄弟為禽獸以報忝佛
以是故而自布衣蔬食之外一毫不欲焉盖造物者
生是相而為是矯以正夫人矯枉則過正不甚不可
仲尼則不為已甚者也仲尼雖不為已甚亦不能化
甚小人者焉故佛為是甚者以化甚小人者一日而
不行其甚者是佛者道運之積矣今剃髮而為比丘
佛之徒也茍食肉飲酒而有婦人焉則其獲罪於天

地鬼神非俗人比也俗人飲酒食肉有妻妾無罪淫於娼亦無罪飲食借侈淫於其非所有然後有刑比丘氏受佛之戒動則爲罪夫君是何哉四民者皆有常職以衣以食比丘氏不耕不蠶而無愧者以至愚極惡之人視之以爲模範也模不模範不範何功而衣食於人哉是其蹈地獄也奚疑矣

丘子中逸老堂序

三溪丘子中信愿之士也架所居堂名謁於余懶思之蹉跎兩載乃一面焉曰永孚渇之矣逸老何如曰美哉俾余命之未必到也喜而舉巵請予賦詩辞多

戾韻变而序之夫莊周四條人獲其三君此二字屐
之者鮮焉盖有可逸而不逸天勞以貪而不與之逸
有能逸而不逸天勞以貧而不與之逸是故髮垂素
而身紆朱望權貴之門匇遨趄廩禄豈无餘惧一日
之間居自是以下有可逸而不逸者凡幾等皆貪故
也汙萊之翁飽焉則慵斯須輟工口腹奚充自是以
上有能逸而不逸者凡幾等皆貧故也余賦性踈墪
每見高牙大纛未嘗起羨慕心兼少壯艱阨囹為今
日計非厚需於造物者似能逸而易淂也且念顔渊
以退為進有子不克讀書遣之樵爨凡百簡陋庶無

費力以盡吾年然吾退雖猛覺一兕物孰扑以隨吾後其進愈健是扑也無形能潛入而敲人之中扃東驅西迫不容少宅其技無他但汝益刪其費則吾益吝其資俾常不足汝能逸之乎吾見甚可畏也而又可笑也已予中紈袴之餘然理生之具視前日損焉而兒女之累繁其心嗜逸勢何以逸所幸歲月未央若累止此焉計畢婚嫁猶及者希之前使天祐其善而與之逸予中非不能者歌於斯笑於斯矣諸孫於斯有客焉來觀斯序於斯則曰昔之人陳其所作其時嘉定元年日南至也

綿亭楊氏子名字序

曰卿曰傑半天下問其名位則皆庶人其卿謂何觀其言行則皆流俗其傑謂何名不正則言不順焉能使人無議乎綿亭楊氏子欲以仁為名盖異乎卿與傑者矣請二之曰宅仁聞者尤其異與其宅仁也寧卿傑然字之以子誨則使有嘲者吾寧無解焉夫子雖不妄許人以仁實提之以示誨為之固雖也言之固訒也苟有志於學孰無聞於聖人之誨請就楊氏子之身而申其說孝悌仁之本本立而道生何仁是也仁即人合而言之道也盡人之道乃謂之仁夫豈

易盡乎哉姑培其本者而已矣子誨之息也家素温雖禮義生於富足富而後教然人心放恣多自於安逸況惟一子則父母之所鍾愛〻深而教淺寧無所以戕賊其孝悌之性者歟若是而求仁之宅也遠矣幸而子誨達於詩也詩三百思無邪無邪者誠〻者中〻者仁此詩之至也吾又未敢以望子誨其次成孝敬厚人倫莫切於詩若能於此而用力焉則其本立矣後生可畏安知異時之實不足以副其名耶

可孫名字序

古者二十而冠今之人不待焉余以其年冠其子為

貧故也失禮求諸野吾豈以失禮而求諸野之貧者乎冠必有字可孫既躬農圃之役而非佩帶經叩角者之學如字之不亦僭乎然子以父任食祿父以子榮叙封人倫之懿天道之極田夫野老以可孫抑我我亦以是敬之叙封之及也可孫以我而有字其亦奏補之義歟腐儒有子不能世其業而趨於農尢穹壤間之要職名之曰夲德字之曰禹式汝其懋哉

年孫名字序

来尔年孫昔余志筮有曰十死問之八九無半百落筆而笑吾毋踏是歟則人指為語讖矣年及之而汝

邅来吾以此旹犹未死亦足謂年因以命之明年吾
者希而汝今弱冠向以本德命汝兄而字之禹式勉
其役於農圃也汝雖慧於兄然亦非秀民之徒其呼
之以奚彝德二字入而長上出而官府及汝自称此
烝民之均秉者其朋儕則以禹遂呼之夫能不遠其
彝德而遂於禹之仁亦良民已况克乎此吾不敢知
亦不敢絶也

樂軒先生集卷五

樂軒先生集卷六

策問一十二首

河圖洛書

天地之間大而慶雲景星細而麟鳳芝草其罕見者也故世以爲奇嗟夫日月風霆非奇乎凡異毛之禽巧絶之花無非奇也惟所常見則不以爲瑞河圖洛書其尤罕見蓋有天壤以來特一二出故世之儒者又謂夲無是事特駕言神説尔之人也之語也其知造化之産孕百変者欤八卦設而文字興八卦之畫伏羲觀圖書而後作卵天地以圖書而示伏羲伏羲

通其義而為八卦或謂圖書點也卦畫亦點也今訛而為畫果然歟且今人之學易也有卦繇有文辭有十翼又有註疏又有諸家講釋且以為雖伏羲觀不言之點默而識之其故何耶神龜圖數四十有五其位八方而八卦果生於此否乎陽皆居正而陰處於隅不惟君臣夫婦之分昭然可見而君子小人之道亦較然於此矣龍馬書數五十五蓍果生於此乎其用止四十有九或謂不用者尊或謂用止於是而不可以損益其孰然歟五方五行之位其為生成之數固定也至於圖則金火易位或謂一為生數故順也

一為剋數故逆也其然乎不然乎且圖闕其十又何
也或謂縱横皆十五則雖闕而未嘗不全或又以為
土旺四季而縱横皆十五正其妙旨又果然乎或又
以為合二者而全其數之百此為尤妙者也大傳謂
易有四象則二者同時而出於伏羲之河洛固也班
固謂禹治洪水天以洛書賜之而洪範以陳何耶或
以大傳非夫子所作未足深信或以盡信書不如無
書將孰從歟固之言蓋出於周書也豈洛書者一見
於羲再見於禹乎惟其不一而止故夫子嘆河圖之
不出於春秋也抑嘗思典籍既形而斯文猶出則造

物者爲贅矣夫誠哉是言也則夫子猶萬其祥何耶今人所傳之二者惟黙爾班固言有六十五字然乎或且以其文有赤縣恠矣然如所問之前言則凡生於造化之間無非奇物而六十五字與夫赤縣者又奚足恠諸君其謂何

易

易性命之書也然以筮人正悔之説見於洪範而三易掌於周官之大卜春秋之世事驗歷歷焉得謂左氏之誣也哉漢有二京房皆出焦延壽之門延壽之師爲孟喜或以爲非喜而託之孟氏要之皆陰陽災

变之學也孟喜之學自田王孫来施讐梁丘賀非同
堂合席者耶賀以筮顓讐則不聞焉何也况漢言易
者本田何﹅﹅授丁寬﹅﹅授田王孫讐授張禹﹅﹅授彭
宣施家有張彭之學丁也張也彭也胡為而非陰陽
災變之學耶專言乎是時則有君高相者自言出於
丁將軍然乎否也又有所謂費直者長於卦筮故前
漢之易有六家君施君孟君梁君丘京氏其立博士
者四焉是以四家之易行於東都斬焉者費高而已
矣費高之不傳何也孟也梁丘也京氏也實以占筮
氣數工於當時至東都之諸儒傳其業者又不以是

相高何也既不以是相高又何以謂之傳其業歟曹魏之季唱清談者王弼乃以易解行於世故兩晉易學雜佛老而言之也嗟乎易有揲蓍之事精於筮數者何以謂之非易歟易有性命之奥入於元妙者何以謂之非易歟故後之論易者非以道德之元妙則以巫數之影響也不然則去斯三者而大易之蘊何在

書

說經猶規矩權衡規矩權衡豈有二本哉漢儒明經各守師法師法爭鳴而經學晦矣書自伏生口傳之

後有弟子歐陽生學自時厥後則有大夏侯勝學勝出於濟南張生伏生張生之師而勝又小夏侯建之師也建既師勝又師歐陽生之曾孫高建似公其心也然又別之為一家嗚呼歐陽也大小夏侯也是伏生而下三授而三家矣又其傳也歐陽之後為牟為陳大夏侯之後為孔為許小夏侯則有鄭張秦賈李氏之學夫張山拊事建者李尋鄭寬中守則事山拊者也寬中守守師法教授而洪範災異則尋之所独好焉故孟堅作史尋不傳於儒林而實之京房翼奉之列也安國孔氏有古文尚書以今文讀之一傳而

為兒寬都尉朝司馬遷是其傳說已行於當時矣而范史所載又以杜林淂漆書古文尚書以示衛宏等而古文遂行是則林之所淂又何書耶以書名家如前所述者衆矣今之所傳独安國孔氏何也孟子曰盡信書不如無書吾於武成取二三策而已矣嗟夫書不可盡信况說〻諸家之說乎雖然孟子之學未敢以望諸君且為我言漢儒之學

詩

詩情性也情性古今一也說詩者以今之情性求古之情性則奚有諸家之異同哉轅固齊人也其傳詩

為齊詩浮丘伯亦齊人也魯人申公受之則為魯詩
韓詩出於燕之韓嬰也毛詩出於趙之毛萇其言不
同故四者之名立四家之在漢莫盛於魯亦莫微於
毛魯詩傳授有小江公有大江公大江公之後有常
氏父子為宰相也於是乎有常氏之學而又有張唐
許氏之學其次則曰齊韓也齊詩有翼康師伏之學
（況）其初一傳已為夏侯始昌而其後蕭望之者又當世
大儒欲不行得乎武帝詔求能為韓詩者而大臣蔡
誼首出韓詩之行昉於此乎前此矣前此則帝胡詔
而求之也盖嬰在文帝時已為博士河內趙子則誼

之師而誼之後且有王倉長孫之學此韓詩之所以
行也毛詩自毛公而至陳侠蓋有五人焉侠在新室
始為講學大夫而西都之立博士則三家而已矣衛
宏生於東都之初受學於謝曼卿曼卿為訓而宏作
序自是而後鄭衆賈逵亦受毛詩馬融有傳而鄭氏
有箋毛氏之學興焉歷世滋久三家廢而毛氏独行
豈毛氏勝於三家而西都諸儒未及知歟抑其說之
顯晦各有時歟嗚呼經術之明㝠隆於本朝前輩諸
公其說詩也雖不能免昔人之訓詁而其奥義隱旨
尋繹發越蓋有自得而不沿傳習者毛公或可東之

高閭故自歐蘇而下以解釋傳者蓋多矣其當耶未耶毋使淺人視之又如今之視毛公則可也

春秋

傳春秋者五家鄒氏夾氏漢聞其人矣不聞其語也左氏姓名見於論語斯人也而有斯書也抑託其姓名者歟公羊穀梁漢聞其語矣未聞其人也第曰其學本於齊魯耳應劭之風俗通奚以知其皆在子夏之門歟或以高爲漢初人或以赤爲秦孝公同時人然高齊人也辟有登來化我而已矣赤也何如假其名元始其字阮孝緒之世錄則云尒也董仲舒公孫

洪善為公羊者也於是武帝尊其學俄而衛太子則反其所好焉宣帝情鍾於衛太子常賢夏侯勝是又為魯之人時哉時哉穀梁之所由盛也左氏肓出於張蒼之家是為漢世之先進者也賈誼貫公皆是其學胡為泯泯劉歆力擁而不前至都之東陳元賈逵服虔背始能挽而出之今雖與二家竝行而人以左氏以為巨擘抑物之顯晦各有時歟將久而後有定論歟三長五短劉知幾則左袒於丘明者也公羊墨守左氏膏肓穀梁廢疾何休之意亦以楚雖失之齊亦未為得歟發墨守鍼膏肓起廢疾君鄭元者果足

以發之鍼之起之歟左氏艷而富其失也誣穀梁清而婉其失也短公羊辨而裁其失也俗范甯之意則截長補短而後可為善矣夫四子之論未知其孰優然而較之杜預又如何也文中子以三傳作而春秋散盧仝以三傳皆束之高閣然歟抑大言歟唐之啖趙陸淳本朝前輩如孫如胡其於經傳淂之淺深諸君必有權衡之論吾以王金陵之言為解則非不為也是不能也

禮記

唐人裒緝禮學凡七十家而三禮行於世小戴氏其

一也大戴有其書而不顯小戴列為六經豈非以中
庸出於子思而緇衣出於公孫尼子乎況又有大學
洙泗源流而曲礼檀弓又皆先秦古書也其他雜雜
出漢儒然與是數篇並集而傳亦必其言有法而無
纇之可指也今观其辭或戾於五經或自相反覆豈
可習之而不察歟凡天子礼樂諸侯竊而用之者春
秋錄以著其罪而見於詩書易礼者初無以是賜諸
侯之文盖名不正則言不順古無是事也必矣魯公
世〻郊禘秉天子之輅而揭其旂謂報功而有是賜
著於明堂位然也而祭統亦云礼運又以魯之郊禘

為非礼鄭氏且引卜不從之類以注之豈非惑於明堂位之說乎考其正文則謂杞宋當郊而魯不當郊然杞也宋也亦豈當行郊礼者乎此既戾於五經而又自相反覆也者唐虞官百夏商倍詳見於書而記則虞五十夏后氏百六官其屬各六十詳見於周礼而記則周三百春秋尊王黜伯而至孝近乎王至悌近乎伯非祭義有是言乎若是則王伯無醇疵之辨矣前所謂戾於五經者又此也曲礼四十強而仕學記九年大成則足以化民成俗學當其可之謂時〻謂二十成人也二十而入太學九年而大成則三十可

以仕矣奚限以四十耶礼自中出生於心祭統之言是也礼自外作言於樂記又何耶前所謂自相反覆者又此也且經解謂六經之教胥有失果有失矣其何以為六經乎差若毫釐繆以千里必學易家有是言也而遽舉以為易不知作此篇者何人而若是其凡耶儒行一篇其辭矜而不倹純似戰國人語决非夫子矣如哀公問仲尼燕居有是乎無是乎坊記表記子曰子言之者果且有言乎其未始有言乎否則清明在躬志氣如神似非漢人所能道孰謂非孔子間居之言乎若夫言有不當於理者真以為出於聖

人之口則恐為有子所笑若以漢儒决不能為聖人之言則有言者不必有德君子不以人廢言又不可以是書雜出他人而其言不得與六經並也諸君左右逢原必有得於言意之表而不為紙上所膠者毋遜

周禮

周禮一書其所載者六官成王既黜殷命還歸在豐作周官或以為即此書也或以為次於立政之下者一篇而止耳今觀二書雖詳略不同而實相表裏豈六篇者其詳而一篇者其略耶以官作其書而以礼

命之何耶凡一官之首必冠以民極二字極者道之
正統礼者道之一端果礼足以尽道耶六經之目周官
一數也既武帝以是為末世瀆乱不驗之書則當時
表章以何者而足六經之數耶豈以儀礼耶君果然
則後人經小戴而不經儀礼又何耶說者又以為始
皇特疾悪周官搜焚独悉是以隱蔵百年雖自山岩
屋壁入于秘府而五家之儒莫見夫六經等耳始皇
特疾此書其亦有說歟始皇疾之而漢五家之儒亦
莫淂見於秘府何歟且是書也始於成王之刘歆識
其為周公致太平之迹永平杜子春一尊信之从而

而有鄭衆賈逵馬融康成迭出而和其唱其書遂與五經抗衡于世今讀其書捨注傳而難曉康成後出所存舊注因称司農者衆称大夫者興〻〻者衆之子康成以其宗而别其称後人而指康成則又以興為先鄭而彼為後鄭焉且成周之書而釋於東漢諸儒之手官名変矣器物改矣其為注傳意料臆度焉曰是而賈曰非先鄭曰然而後鄭曰否將孰為當耶賈公彦等其疏之去取可信耶不可信耶請先辨其書之所由来次及於傳説之否當以觀諸君聞見渊源之深淺

周禮井田溝洫賦稅兵政

周禮一書周公致太平之迹是也國以民為本民以食為天授田一事非王政之所先乎一夫受田百畒大司徒有不易一易再易之地率三夫而受六夫之地也遂人之田萊則率六夫而受十三夫之地焉此於六遂然也其在大司徒也則合以為六鄉而又曰凡造都鄙都鄙云者為王子弟公卿大夫之采地也且鄉遂都鄙受田之制不同必皆有說其說安在耶餘夫二十五畒孟子有是言也遂人言餘夫所受之田萊乃如正夫之數周礼孟子之言將何者為是耶

夫有井田則有溝洫之制見於遂人匠人之職匠人所載溝洫澮之深廣有尺度遂人所載徑畛涂道路則無濶狹之數焉注言容軌之多少不知其果然乎否也今以疏考之是三分爲田而外一分往往爲溝洫徑路之屬是又果然乎否也噫使其果然揆以人情未大戾也至九萬夫之地治溝澮者用五萬三千一百三十有六夫而出田稅者止三萬六千八百六十四夫耳治溝澮之夫幾二倍於出稅之夫此豈爲可行者耶井田溝洫之制旣明則賦稅當以次講孟子對畢戰井田之問請野九一而助國中什一使自

賦蓋野外役事比國中為差少故其賦輕此周人通
貢助行之而謂之徹也什一為常而重者無過九一
耳載師所述輕者二十一重者至二十五將孟子歆
及先王之制欲抑周礼非周公之全書欲田不耕者
罰以三家之稅犹可也宅不毛者罰以二十五家之
泉布無乃太甚已乎恐非先王酌中之法也分田制
賦軍政之所由出今其有大可疑者夫王畿千里是
為百同九百萬夫之地也宫室涂巷林麓等去其二
分之一又以上中下地通之則大率受三百萬夫也
天子六軍止用七萬五千人若不悉藉以為兵是四

十夫出一兵悉籍以爲兵而更番用之則四十戰而後當一役况先王之世豈常有征戰之事哉然則古雖寓兵於民役實甚輕其法固善不可破也謂之大可疑何哉大司馬王六軍大國三軍次國二軍小國一軍王畿千里爲百大國之地而與孟子所言萬乘千乘百乘者爲何如以開方法凖之則孟子所言萬取千〻取百蓋亦已抵捂難用矣况周礼乎古人立言垂訓必皆可用之續有所旨歸非苟然也諸君幸細紬尋之

夏小正月令同異

夏小正者夫子之杞而得之謂之夏時是固不當與
禹貢並列於書乎月令出於秦人吕不韋之手乃以
小戴盛行何哉然以二書而攷之則夏小正誠不可
與月令同日語也其文則酷似公穀孰謂為夏人之
書乎或者前後二人之筆正如易六十四卦兼經傳
而著之也且孟春昬參中二書則同也自是而下宜
無所不同而夏小正之正月則桃華鷹為鳩啟蟄雷
聞先乎一月之時何也月令開氷在仲春而小正之
頒冰在三月是又後乎一月之時也在天者先而在
人者後夫何如是之不可曉耶况四月越有大旱六

月鷹始摯七月霖雨又似特記一年之異者也又二月丁亥釋菜釋菜而書之又丁亥孰謂非一年之史乎是雖可存不可與月令並行也昭昭矣雖然豈其然乎且四月初昏南門正十月初昏南門見南門者何亢之南北二大星也歲再見一正十月見于西則季春出火之前見于東矣然季秋内火而十月南門猶見何耶此又不可以記異言也或者失閏在斯年乎否也至於月令則尤大可疑者日中星鳥日永星火宵中星虚日短星昴茲非堯典記四仲之中星乎今也月令之仲春則昏弧中仲夏則昏亢中仲秋則

昬牵牛中仲冬則昬東壁中抑何度數差遠之甚耶
此天時然也人事尤不易考也礼有十二衣十二食
非吕氏月令而云爾乎月令之衣食十有二而其實
則四也而於一時輙三言之何耶否則十二衣十二
食著見於何書也祀天祀五帝皆大裘而冕周礼司
服未始随方而異其色也吕不韋者又何必為是紛
紛耶後世冕弁又從而別之盖源流於此也隋人裴正
所以深言其非是此書雖行於世抑亦無益於礼經
者歟君以文字之工而傳則其文字與夏小正未可
以低昂論也許至於此則一去一取詎容立判耶故

竊讀二書也始若自有定論終頗質疑於諸君

太元

太元之書當時後世有非之者亦有好之者諸家訓釋豈元可觀而老蘇之論二篇與夫所謂揔例者吾特愛焉夫太元之大約有二曰曆與筮而已矣一岁而加之以再去其旦夕經緯之占而從其詞之不可以前定竊謂子雲浚生當歛衽於此矣然又不知子雲果爾乎至於曆也謂增以踦贏二贊則歲羨其四分日之一於是乎為一百八分之說使元於二贊以其末者不為半日而止為四分日之一奚独不可乎易

有用九用六則三百八十六爻也元以七百二十九
而為七百三十一奚独不可乎且老泉三方之筭至
三家之筭皆九之半之者可也然自五十有四至十
有八自十有八而至於六皆以三數也自六而至於
三則兩之而已矣是亦出於有心而非其自然者安
得如易數之天成乎日書斗書而月不書若可攻也
然一歲之日成則月在其中矣五盡之說恐不足以
窮子雲之辨竊試為揚子而諸君為老泉以相語雖
奚若

五星

舜在璿璣玉衡以齊七政何以不言經星經者緯之
所次也言乎緯經在其中矣緯星不可不講也周天
之度或一歲或十有二歲或二十有八歲或自東西
而出入或每歲十月一入太微要之皆有常數見伏
留行順逆遲速一不合于曆度則清臺之上夜攷而
朝奏天子得以知闕失正五事而承天心也嗚呼星
官曆翁之職豈非臺官御史之別乎嘗試論之甘石
之外儒家緯家之説其詳見於張衡之賦大象諸葛
亮之注與夫晉史之志天文其言五者休咎無以異
於洪範五行傳之意刘向之言世以為拘乎子孔明

晋志之言拘乎否也昭明旬始之屬乃散五星之精經星之精不聞有其散者何也乱行失次变也或渴之以為祥豈可不求其故歟漢唐之興同日事也一有東井之聚一止於鎮星之祥天文叶應小大不同有如是何也崔浩謂金水二星常附日之行按十月日在尾箕尾沒於西南而東井出於寅北斷然謂史_{東}筆者侈大其事以此二星豈背日而行哉噫此知常而不知变然浩深於天文其言亦必有指也尾箕之聚天宝之九載是時幸屬之釁稔矣稽之漢冊成敗相反何歟豈東井十月非五星所聚之次而尾箕所

在正為五星之聚亦若曆家連珠之時欤將乱行失
次直為変而不為祥欤抑五者所並不同其數微妙
不可以一概論欤恭惟國朝觀文察変以和人道比
者土星旅于上相之次宰臣抗疏求去九重不俞其
請竊嘗求之正觀十五年火星嘗逆于上相矣是歲
也魏證房元齡方久尽弥縫之力會昌四年木星嘗
掩于上相矣是歲李德裕正為名宰而杜悰方以賢
節擢用大哉明天子之意豈非有見於此乎宰臣以
是而求退又將何所見也晝誦書傳夜觀星宿是為
儒生職業併祈陳之以備有司之採擇

五運六氣

自有天地則五行氣數周流乎其間伏羲八卦虞夏典謨周人洪範皆不能捨是而言道也五運六氣之說始於黄帝无疑矣然細考其書則涉於日者之流而膚浅尤甚斯果黄帝君臣有是荅問已乎且渾淪初分天下有目者之所不覩五天化氣所經之分孰先傳焉以八方分二十四位而甲己化真土之說皆後世陰陽家之學堯舜姬孔之所不道豈黄帝独有是紛〻否耶况以五運而直六氣則羨其一少陰君火少陽相火〻一行而二位其勢然尔其物果然歟

噫是之與否窅冥莫辨未易決也所可得而辨者一歲而六氣一氣而六旬有奇小周者四歲而十有五則六甲盡而謂之大周矣於是乎一之以十榦配五音之所屬再之以十二支兼六氣之所屬三之以司天在泉左右間氣之位循環終始而立為太過不及平氣之別以司歲之吉凶是固然矣然歷家之筭氣盡則日月之躔未畢日月之躔畢而五星之步未終章會統元蓋千萬歲而災祥詎可以次舉審如其說則六十數之外無他焉後乎甲子之未然以其然者知之矣若鬼臾區若岐伯果何人哉而君是其膚淺

也唐近代也且以其一二推之太宗元年關中飢二年天下蝗三年大水歲在丁亥戊子巳丑也丁亥戊子皆天符而已丑爲太乙天符則尤良歲也及四年庚寅則於運氣爲太過而米斗三錢外户不閉行旅不齎粮抑何相反之甚耶元宗之三年河南北之人流亡殆盡至四年仍爲捕蝗之歲也乙卯丙辰亦曰天符而已矣開元之二十有八年庚辰其爲堅成猶正觀之庚寅也米斛直錢不滿二百絹疋如之海内安富而行者萬里不持寸兵亦何相反之甚耶然則五運六氣之説是果荒唐不足信矣其戰國談天如

鄒衍之徒爲之非也雖然太宗遼水之敗是爲乙巳盖不及者天宝岷山之幸非丙申歟盖流衍者也不可謂無是說也或者謂運氣有一定之符而人主感召之机自有移易化工之理歲休而咎歲咎而休机在人主而不在運氣要之運氣則誠有是說也然乎

樂軒先生集卷六

樂軒先生集卷七

策問十三首

史記左傳所言歲星異同

步五星之法莫難於火莫易於木雖見伏留行逆順遟速五者皆然而前後之數惟火爲多端木謂之歲者以一朞一次十有二次而周天指諸掌而可定也夫以易推之星而見於左氏史記二家之所載則有甚難曉者焉何哉襄二十八年其在年表則丙辰也歲在星紀而淫於元枵非梓氏之云乎辰而在丑已而在子矣越三載而戊午也歲在娵訾之口其明年

乃及降婁非裨灶之云乎午而在亥未而在戌矣逮昭之八年丁夘也今在析木之津非史趙之云乎夘而在寅矣故杜預於襄之十八年丙午也釋董叔天道西北之語而知其在歲豕帝豕帝者何亥之位也攝提格歲〻陰左行在寅星右轉居丑單閼歲在夘星居子執徐歲在辰星居亥大荒落歲在巳星居戌史記之天官書則云乎爾也如左氏之說則寅而在夘午而在亥矣如司馬之說則寅而在丑辰而在亥以次推之皆不同焉茲不爲甚難曉者乎若果難欤則星官曆翁之筭以火爲上土次之金水爲易而木

尤其易者何也豈行有常度固若易攷而其所以行者不蹈其常則雖測欤非二史各因其時而言其所躔之度欤且五星之聚於東井太白之經天熒惑之失於匏瓜若此類者其見於前史盖不少可以一定之法求之欤五緯盈縮不常李晟不敢保渭橋之勝負識者以爲知言然則二家之異同不足恠也否則亦各有指歸司馬之法歷家謂之演記

分野

星度分野仰觀俯察古人以是而得災祥之實豈兊據空言乎然考之十二次則東西南北之相反者四

降婁之次其宿婁胃其位乾維而魯則東北何嘗西北邪實沈之次其宿觜參其位坤維而晉実在北何嘗西南邪大梁者昴畢之宿其位西正而趙則在北鶉火者柳星之次其位南正而周豈其南此大不然也其疑似則有七爲元枵者虛危之宿是爲北正齊則東北豈北正乎娵觜者壁奎之宿是爲乾維衞固近北豈西北乎鶉首者井之宿亦爲坤維秦固其西何以謂之西南歟鶉尾者翼軫之宿是爲巽維楚固其南何以謂之東南歟寿星則角亢亦巽維也而鄭在中土大火則房心東正也而宋亦中土胡爲乎東

正胡為乎東南星紀吴分星則斗牛屬乎艮維吴澙
謂之東南詎冝以為東比也所可據者其惟析木乎
其宿尾箕亦艮之維燕可以言東北也十有二次而
可言者一亦大相戾而星土休咎之應載在傳冊前
後如符契是可不求其故歟抑嘗思之地在天之中
特犹宇下之一搨耳天之度有餘而地之里不足夫
奚足以相配雖然犹可擬議而指定也或者謂一動
一静不可以相當雖然按冬至星回于次而言之亦
奚有不可者夫若果然則何以為能通之者歟嗚呼
尭遷閼伯於商而分野之説其来舊矣周官保章氏

讀者沿其末而竟莫究其源雖欲勿闕如之何勿闕

其後班固漢志蔡邕月令陳卓之州郡躔次亦皆莫

能遡其由以辨人之惑至唐一行之說然後似有可

觀者焉是何也一行之意而斷之以天河夫雲漢潛

萌於天稷之下進而及井其在地則百川自此上流

矣故鶉首為秦蜀之區茲非兩戒山河之首乎實沈

則為晉大梁則為趙天傾西北地不滿東南晉也趙

也亦非上流之勢歟天稷在鶉火之下鶉火正南也

自是而達於大梁升氣悉究而娵訾在升降之中上

接紫微是以為衛蓋中土也且自五月一陰生而河

升十一月一陽生河漸降而沒矣是北正而及艮維
則下接于地故星紀者下流其百川之所歸則吴之
分也析木末派山河極於此而為燕大火東正天市
之都在鳥且其卦由泰而豫和氣之所布則為宋於
土中於是壽星則鄭而鶉火則周〻為洛地寒燠均
鳥鶉尾巽維其卦純乾則楚爾降婁遠乎首元枵遠
乎末遠乎首者魯而遠乎末者齊盖魯南而齊北也
此其為說果不易矣乎是盖徵妙出於方維之表也
且歩占星度繇有天地以来始於黄帝則分野當聞
於此時矣繇黄帝而堯分野於是乎託始而竟不聞

其所以何耶又堯之後三千餘年至唐而後有一僧
淂不傳之秘儒生亦未敢以爲必然也諸君有能言
之真無負於員冠方屨者耳

地理

天傾西北地不滿東南此易之所謂地勢坤也西北
爲山東南爲海故前後之言山河者至有三條四列
兩戒之說然終不能究其勢故又從而三分之非其
勢然歟晋代北也是爲北紀山河之曲巴蜀雖南紀
山河之曲而其地正西焉秦凉則西北之隅凡此皆
負險之國負險則人之生也武此又其土風之必然

者比燕碣石雖在朔方而屐于東國其夾于泰山者為齊為魯又循淮而南則荊楚吳越非負海之所欤貨殖則阜于此也其在中土則為成周為宋鄭陳蔡為邾衛申隨是為四戰用文之國盖陰陽之所交和氣之所萃非四方比也然竊有疑焉夫所謂負險而用武者周之一門聚數聖人而八士伯達之徒往〻生於一家其後文翁之學权輿於蜀王褒揚馬翩〻以出而我國家有若三蘇文人之翹楚也是何欤所謂負海貨殖者則吾道主盟於東魯三千七十濟〻彬〻以子貢貨殖而銷鑠於夫子炉錘之中總而子

思孟軻皆傳道之宗自唐以来至于今日則七閩之
儒風為盛且駸〻而逾廣矣是又何欤曺奢魏禍以
至桑間濮上之淫襃則自古中州之文其未粹如此
西晉之末五胡乱華腥膻染穢幾三百年而後熄靖
康之禍且九十載矣又淪在左衽之區其文安在耶
是可不求其故欤西河之會周人分陜之所也何諸
侯之會不於此而於東都欤虢之與洛相去幾何秦
總之為一州一郡漢則析為弘農又踰河南郡而後
為陳留則視之亦遠矣然則虢果中邪洛果中耶敢
併咨之幸詳以告

三條四列兩戒

地極小而圓於天者也地理之學亦甚難於天文蓋天文回環周歲而二十八次與夫紫太二微天市河漢者盡在吾目中矣地理非足跡所到不可窮知按圖而考模稜無定豈如目力之親詣耶故嘗觀禹貢導山而有疑焉三條之說其昉於馬融乎前此矣北自岍至于碣石自西傾至于陪尾南自嶓冢至于敷淺原鄭康成之學出於馬融又以岷在梁州之西境而嶓處其東岷與大别本不相屬詎可合而一之於是乎有四列之議其正陰列則其北條也其次陰列

則其中條也以嶓冢貫之大别為次陽列以岷山貫之敷淺原為正陽列此其反於師承者果是耶若以為是則魏人王肅不當去鄭而從馬矣且地脉最雜尋者也鄭果何信而增其一王果何信而歸之三唐僧一行又皆以為不然而立兩戒之論且謂星傳以北戒為胡門南界為越門河源與涇渭濟瀆相表裏其北河者也江源與漢水淮瀆相表裏其南河者也此其南北不斷於地理而斷於天文以雲河之上流在西北而下流在東南其信然歟不然禹貢之於山也秖言導者一焉何歟茲世儒所謂實學者也試相

與講明之

曆

曆數之興推步乎天文而𢷬節乎人文者也有天地有生民不可無曆數之學月有盈虧物有盛衰氣有寒暑巢居飲血之民足以觀天時而已曆不作可也人文既繁桑麻穀粟之功吉凶土木之役歲時伏臘之礼無事而不關乎曆此容成大撓之筭所以與吾道同出也天旋而西日月五星動而東高且遠也千歲之日可坐而致巧曆之用神矣哉然自有六術以来至于太初凡幾变自太初以来至于今日凡幾变

天之高也星辰之遠也似非巧曆所能得何哉三百六十五度四分度之一童子可知也巧曆所不能得非少強之謂欤迎日推策孰不精於此哉然則非少強之謂也有象然後有歷二十八宿去極之遠近以舊經較之唐以唐法準之今所損益可知也經然尔緯不然乎物之大也久動而必差久差而浸失審乎日月之行新之而又新之斯可矣故治曆明時聖人所以係於革法非一定可以久因而不革者其信然其有數而古今皆莫之致乎依於律據於衍前此矣何独无所聞乎豈唐都洛下閎一行之學不如重黎

羲和之精故有待而然乎曆家之筭始密而後踈泝而上之春秋日蝕有甲乙者三十六而刘歆淂其一理之必然也李淳風攷之則又皆淂春秋以來之薄蝕孰淂孰失二者必居一於此矣甚哉曆之數難究也古者推測多至三百年或百餘年而必變唐始終二百九十餘年歷凡八改何耶國朝以來則已多於此矣曰麐天曰乾天曰儀天曰崇天明天未幾而奉天出焉觀天未幾而紀元出焉自統元而為乾道自乾道而為淳熈何亟變而速改也乃者溲詔諸道搜訪清臺之士猗歟偉哉兊曆舜璣當有淂於意表者

諸君所習固非充是選也然負冠之飾其詳雖不得

聞請言其略

問

陰陽之变有氣候日月之行有晦朔二者交相證而

曆數自明乎天地之間星官曆翁操觚運筭百变以

求常瞠若乎其後矣重黎羲和古者朝廷之要官後

世處之以雜流不得与士大夫伍何哉曆季初出尊

之重之久自知其無雜事矣然古之所謂重黎羲和

者其或有道不專乎技未可知也蛮陬荒徼或精此

數多矣是非儒者之所上雖然不可不講也是月也

閏試與諸君言之堯典曰以閏月定四時成歲非閏月則四時不定歲不成乎曰是固然矣合六氣而爲一時合十有二月而爲一歲明生魄死三歲之月且不止三十有六焉故考二十四氣而知閏月之所在以其有朔而無中也以閏月定四時成歲堯典之言也以四時定閏月竊又嘗爲是言也且三百六十五度四分度之一周星之數也日〻一度月日十三度十九分度之七日之行二十九度而月之行已爲三百八十七度與夫十九分度之十三矣一遲一速故一歲會于辰之次者十有二而月之行猶有羨此其

所以不及三載而剩為弦望晦朔者一爲閏之所由生也月雖有閏而其為二十四氣者一定而不可易以節氣而定四時以閏月而行正朔推步之術或差毫釐而灰飛炭重可以驗氣明生魄死可以視月竊謂筭雖不密而天地之數常自如已昭昭然示人矣曆不必求精可也然須朔授時定歲首以行典禮天子之事如是耳故不得不精其法雖然閏葢易攷也日分析精則閏定矣嗚呼日法無它繁也約也二說也漢初用顓歷其為法也八十分次改太初則增一分最後又行四分以至百刻無乃太約乎唐初戊寅

曆其爲法也萬三千六分次改麟德則減爲千三百
四十最後大衍則三千四十無乃太繁乎或繁或約
屢差而屢变矣然則日法九百四十分推之十九年
一章七閏其爲大者四小者三如何耶是果酌中之
数乎或者以爲此其大概也又不足以尽閏法是果
然乎與夫居門闔扉秦後九月文不告朔併陳所以
願悉聞焉

律

鼓出於氣〻在天地發而爲鼓則雷霆風雨是也人
以氣化金石絲竹匏土革木亦以氣化八者之鳴人

寔鼓之庸非氣之所觸乎故天地人之籟莊周所以見道而言而竊又謂地籟人籟揔可謂之天籟也管之高下本以候氣氣樂律生焉樂也者達十有二月之氣以盈乎天地之間古之人謂樂以導和者豈惟導人之和哉亦導天地之和也矣如是則議律不精而天地之氣其和必乖可不毫釐致謹乎三分益一至蕤賓而重上生分寸多寡第〻有倫班固易之錯雜無序是非可見況至乎中呂其數太鮮豈若三分益一觟上生黃鍾而與之為无窮哉班固之必尔非無所傳授可淂聞其人歟五敎十二律旋相為宮六十

生焉犹八卦之為六十四卦此雖京房淂之焦延寿之所淂者古也古者聞有五音矣未聞有七音也七音昉於隋之鄭譯謂周武帝時之龜茲人則其所自来乃援合漢律歷志七始之說於是乎有八十四調百四十四律而終之以千有八敲群議力排而譯之說廢矣至唐正觀始行焉正觀之樂成於祖考孫然此亦當補孝字雜用吴楚之音多涉胡戎之伎者孫也八十四調果當乎今之樂有变宫变祉徵則仍唐舊也七音相傳而人不知其五音之六十律者矣前之說是則今之說非前之說非則今之說是二者必居一於此諸君

知之乎則班固之律未必知也

郊

郊重事也以三歲之久乃敢一行其礼自漢而後益重焉雖重其事而神明位序之高下且講求而顛倒是尚淂為重也乎雖然豈以為顛倒而行之亦必有說試舉而質諸恭惟國家郊礼多沿唐舊唐自蕭子儒輩以昊天上帝即其蒼蒼者爾因序耀魄宝於五帝之下然則太微之五星其果尊於紫微之北辰否乎既以五帝尊於北辰矣今以六院正録分献之可乎且我火德也赤熛怒若熒惑若心熗皆當時所崇

尚何以例之而不別耶天文有與黃帝同號者聖祖
別名也易而謂之權我得火運而權居朱鳥之次則
其別名豈無所自來是固不當尊之乎列於西廊下
龕而廚牢勢理居其上是何也商宋星也宋爲國號
趙爲國姓吴越駐蹕之區皆當特祀而不特祀是果
何見歟勾芒祝融蓐收元冥后土五帝之佐爾五帝
犹諸侯而其佐則諸侯之大夫皇祐露幄於庭中今
與北極天皇同處壇之一等殿之兩埰不惟三公三
師上台上相下之而天王后妃太子亦下之何耶妖
星之見於史傳者三百餘瑞星三四尔周伯其一數

也以其躔度錯於五緯之間晋隋二史舉張衡之説
為然則其尊同五綍不然降之一等耳五綍或為貴
相或為上公此以伯名亦非春秋之所謂徵者祖宗
朝次於氐宿寿星之間犹可也今而寘諸東肆鍵閉
宦者之列其故何欤隋唐以来以二十八宿之内星
處壇之上等牲牢酒醴之數豊二十八宿之外星處
之下等牲牢酒醴之數損天人一理内之府史特有
重於外之岳牧耶烏可國朝沿唐而有不沿也者尤
可疑壇之前列内官雖多而錯以外官左更右更秦
爵之初等處鳥堂之後行外官雖多而錯以内官天

壇

相處焉是又何也既祀帝坐矣又有中帝坐既祀黄帝矣又有黄帝坐是果鹵莽而重煩歟否也紫太天市之環衛以司馬遷天官庚季才一行盖圖景祐新書蘇頌法要考之當分三十有九祀而今也明堂郊丘三祀焉闕其三十六位之天神是果踈略而脫失歟否也周司寇有司民之祀權之兩角是也天府有司禄之祀文昌次四之星是也今乏焉又何也漢志有維星天下之綱維係焉乃闕其祀太白之詩有酒星即酒旗也而又增之其他闕祀不可勝擧若以神明杳漠不可淂而盡其區别之詳則古人於此亦未

嘗苟也諸君討論必有素其有備它日傾聞者幸先以語我

禘

大哉禘說之難明也亦難解也六藝折衷於夫子春秋書禘者曰吉禘于莊公若曰禘于太廟則安得為郊祭也鄭氏注礼果何據而云尔哉正義謂禘非一記於小戴者為郊而書于經者宗廟尔注也正義也然乎鄭以大傳者為感生帝以祭法者為圜丘昊天又有是乎無是乎春秋夫子之親筆戴記雜出於漢儒春秋既晦於三傳今請以戴記而折衷之大傳小

記皆曰礼不主不禘春秋書禘毋乃斥其僭礼八佾
舞庭之意歟若以為然則季夏六月禘祀周公尊罍
樂舞一一見於明堂位何也語有禘自既灌而往不
欲觀之辭傳者以逆祀訓之故杜氏以禘者諦也審
諦昭穆而已矣或曰禘者審也審其祖之所自出則
古之以其德而帝者誰歟是其所祭者人帝也非天
帝也若是則自虞至周禘四人者而惟黄帝與嚳何
耶是雖喻也況祭法謂商人禘嚳求之商頌長發為
大禘之詩自契至湯歷歷言其事而無一辭及嚳何
耶且三年一祫五年一禘非礼緯之云乎或又謂猶

五年再閏是五年而二祭非祫多而禘少左氏杜預又謂三年一大祭為禘〻即祫也其說紛〻何所定耶雖如聚訟必有至當之論

明堂

觀孝經而知明堂為宗祀之所又觀七篇而知明堂為行政之地古之人廟曰清廟則堂曰明堂寧不為宗祀之所乎是取清明之義也易之離曰向明而治則堂曰明堂寧不為行政之地乎是取陽明之義也然則明堂也者一物而兩用〻雖異而實則一何以言之耶以平日行政之地為擇日祀天之所每其臨

政也曰吾祀天於此詎可以代天為政而騁吾私乎
及其祀天也則曰皇天后祖洋洋左右吾本日布政
於此其果有媿乎無媿乎是一物而兩用用雖異而
實則一也明堂制度見於考工記之匠人明堂之用
見於小戴礼匠人所載甚明而簡如指諸掌自漢儒
唱說不定而其後紛紛始雜適從九階重屋四戶八
窓言其儉者以茅蓋而從其侈者以金龍甲言而乙
不服前興而後不循然歷代久矣其間必有得失制
度之當者其人可得聞歟黃帝曰合宮有虞曰總章
非應劭之說乎合宮總章則用之以聽政也然小戴

月令天子夏居明堂而秋居總章則二物而已矣安得以總章為明堂乎月令孟夏居明堂左个仲夏居明堂太廟季夏居明堂右个是則明堂之中有太廟也及考之明堂位則曰太廟天子明堂言魯得用天子禮樂而其太廟之中有明堂也今不知明堂之中有太廟乎抑太廟之中有明堂乎合太廟而言之則用之以祭祀固也明堂之中有太廟則明堂猶可以祀天也若於太廟以祀天寧非褻歟春秋大享朝廷間行之制也試因以討論其大略

廟祧

親有久近則禮有隆殺原人之情則未始有限也以無窮之情而節之以有限之禮不惟賢智爲然雖萬乘富貴豈得不由天下之中制歟嗚呼以聖神之資席崇高之勢有事親尊祖之心而備物足以行禮雖百世祀可也而廟極於七過則祧焉天地節而四時成凡天下之事未有汎然無涯以往者也廟有祧非不易之禮歟然在人有无窮之情則有可以祧可以無祧而七世之限不能無議論出入於其間也夏五商六發於鄭康成之口而唐人又以周爲九廟則三代之制由諸儒遷就其説已無定論曷免後世之紛

紛乎前漢以高祖爲太祖是矣以孝文之德爲太宗或可也又以武帝之功爲世宗果爲合於人情歟後漢以世祖之廟七主而高廟又立主焉又有所謂之陵者蓋莫適定其去留也唐自四庙而六室又自七室而九室乃極於九代十一室蓋或以兄弟先後爲昭穆或又以兄弟不當爲昭穆嗟乎兄弟相代之法不知商人何以處是歟恭惟國家自僖祖而下至仁宗始備七世故英宗朝嘗遷僖祖矣熙寧又以僖祖爲太庙始祖而還之果合於礼歟哲宗之祔當與神宗爲昭穆礼官所議不遷宣祖而乃更增一室四昭

三穆為八世亦果合於礼歟戴記祭法祧惟有一而且有壇墠之制或者非之非之當乎否也或又謂七世之廟可以觀德盖言享世長久者然後見其先代積累之盛非謂庙止於七而祧之為言豈帝王孝祀之思廟則本無祧也若然則周礼建官而有守祧之人何歟

封建

秦以周人分裂之变而始郡縣漢以秦人孤立之变而又封建世有是言也然秦置郡縣真懲周也漢復封建豈懲秦耶柳子厚著論謂古初封建非聖人意

勢也至湯資以黜夏武資以勝商又不淂而廢則商周之封建乃亦湯武之不淂已也噫湯武封建且為不淂已漢之封建其果淂已耶吾固知其非懲秦之弊也審矣且濰水一捷而南面稱孤之念已勃然於向時淮陰跨下者之心况黥彭環視何止一信漢祖能勿封建淂乎頗假王之請方發諸吻而漢祖之髮已衝其冠當是時也可以無封建高祖豈樂為封建耶嗚呼封建真非漢人意不淂已也故功臣之王者地既過大而侯邑且多為漢人者長慮却顧能不大啟同姓之土宇乎儒生之論且謂藩國之大跨州兼

郡連城數十以為矯枉過正殊不知漢人一時姑為
自安之計尔何暇其為矯枉計耶縱使高祖知學又
能挈周制以限鄫此時邪俗儒不達時宜好是古非
今宜乎漢代人主厭薄之也雖然事勢之在天下其
初不能以萬全者智深者謀潛移陰運変而通之其
終無不為萬全之計患在智有所不及耳衆建諸侯
少其力賈誼非智者之謀乎趙析河間齊分為六文
帝行誼之策止於齊趙二國尔使文帝用誼之策如
武帝用主父偃之謀七國之難吾知不作於景帝之
世矣惜乎禍患已見而後智者之策行偃襲誼故智

尔如使七國未变則武帝用偃之言未見能明於文
帝也然淮南謀叛矣濟北兵反矣文帝亦可以早辨
而吴王几杖方且示其寬仁之度帝於此机昧亦甚
矣嗚呼物理推移極無不反至建元三年雖中山王
勝泣言懷到終無以救諸侯之勢衰豈惟人謀亦天
道也然至於王氏之变漢莫支梧而史臣推原其故
又以為諸侯削弱之致君是則賈誼主父偃之謀非
邪天下之勢君何而可以始終無患也向使推恩王
子弟之說早行於七國未变之初人主無懲羹吹虀
過防之意則其封地可使漸如周制而皆不奪其兵

移漢咼其視周衰諸侯強大之勢有辯乎無辯乎晉
轍既東胡虜縱横於西北三二百年或離或合自元
魏後周北齊之外猶且爲十有六國特皆跨有數州
之地而已非亦有封建之勢邪唐人何嘗封建而遽
有藩鎮之憂藩鎮之有偏裨正齊之田氏魯之三家
晉之六卿古今天下成敗之勢如數局碁要其大指
亦不出此一説何哉唐季五代之間而四方離爲十
國古者封建之弊果存乎否乎封建已不行而其弊
乃不革何耶古者天子有叛諸侯諸侯有叛大夫所
謂盜者特穿窬之細耳未有一夫唱難而千百人從

之以嘯聚者井地行而民有常産及無常産而後無
常心放辟邪侈無不為已跖之有衆在春秋井田已
壞之時也自是而盜賊之患至有數萬人者無世無
之是封建破而封建之患存井地廢而盜賊之患又
生此後世干戈之禍所以益多於前古噫封建之法
行諸侯大夫有土則有民有民則有兵非天子付之
以為盜之資否乎井田之法壞百姓無為生之具而
廟堂不為之慮飢寒切身而突然四出非天子驅之
於為盜之塗否乎今欲郡邑永清而無古人封建之
患井田不復而無後世盜賊之变必有術以变通之

權王氏果能騁其姦謀耶懲之太過奪之太甚雖無尾大之慮而枝葉剪落何以保其無意外之患也是說也何如幸叉復細評之

封建井田

聖人不能立無弊之法聖人雖能立無弊之法亦不能保其法之無壞法必有弊若無弊而必壞則何以善天下哉所恃變通之術耳古者封建誠天下之弊法也柳子厚謂有并呑之患蘇子由謂有簒弑之患若此二子而見漢高宣之二君孰敢解其冠而溺之以爲好是古非今使人惑於名實者哉人如王仲淹

樂軒先生集卷八

策問一十四首

唐藩鎮

正觀十一年以諸王功臣為世襲刺史群臣論難不已不三年停之而都督㓂罷於景雲蓋尾大之患不可不監于東周亦不可不監于西漢也然天下之患雖循其塗而塞之而事變之来千端百緒旁衝間潰蓋非可以一謀止也嗚呼故唐人未嘗封建而末大之禍乃亟於前車亦豈立国者始謀之不善耶安史既乱肅宗以中材之主而任中興非常之責京都甫

乎而帝之精力志慮已疲倦矣瓜分南北付授叛將庶幾一夕甘寢否則廓清區宇欲大滿人意尚何時耶然土地人民財賦甲兵皆得而私有則軍知帥將而不知有長安噫藩臣既叛天子矣感召之机速至大曆間而其裨佐已有謀逐主帥自称節度留後之心自是而降玩為故常朝廷不能明正典刑而摽畀符節圖為姑息苟安之計履霜堅氷而終為李唐社稷之憂噫尚忍言之哉夫周漢之為藩翰者如同姓之親而皆跋扈不軌況唐人授盜賊以兵民之柄乎雖然不得已也勢也安能預為後日計耶故正元時

山東有燕趙叛河南有齊蔡叛階此蜀亦叛吳亦叛肱髀相依而唐號令之所暨者褊矣然元和而後淂蜀淂吳淂蔡淂齊妝郡縣二百餘城所未能淂者惟山東百城耳時可以復高祖太宗之境土也而唐終不競抑亦天時所至非人力可勝耶噫君如武宗臣如李德裕功業如彼其卑無責也以憲宗之斷裴度之才而亦僅有生氣若何而後可以濟是欲諸君君生於唐其為唐計當何如也願問經濟之策

唐官制

唐之官制因於隋所損益可知也其名大昜於龍翔

而武后又大易之天寶有改者而全復於至德孔子
曰名不正則言不順夫易之改之復之名以正而言
以順者誰乎且宰相雖宅百揆而唐之名常不正况
其它哉正觀以来以它官居宰相開元而後以宰相
領它官此其故何耶噫人主之職論一相而相之職
則論百官唐之人主不知論相矣其相果能論官乎
且六部屬尚書省矣而又分總於左右丞何耶御史
别立臺矣而左右諫議拾遺補闕止分屬於門下中
書二省何耶周人之事盡掌於六官唐之六部是也
况部皆有屬曁之為二十四此其包括天下之事無

遺矣加之以九寺贅也矧因之以五監乎臺一也而
院有三察有六何也至衛有十六何所取義常參六
參九參其別又如何耶品爵勳階員外置特置同正
員檢校兼守制置又何謂也東宮王府古有官屬奚
놊七公主之有官屬耶中書舍人參酌獄院御史中
丞俄兼戶部此又何制也常侍賓客十其六可罷左
右贊善三十其二十可罷李泌常條奏中朝官如是
矣外之官冗即此而推如何耶雖然吾之信史然耳
書不可盡信史可盡信歟史記同中書門下三品謂
起於李勣又謂始於長孫無忌而張文瓘則又三品

入銜之所自始也夫記一宰相已舛矣况它官乎幸

論唐官制而併訂史疑

唐始終治乱

世有治乱人事之变天理之常也三代雖有变治常多焉更戰國而至秦否固極矣受之以两漢如履康莊雖有時不能無虞而承平無事之日常相接也三國而晉〻不五十年而天下成南北之勢又幾三百年而合於隋〻一再傳而唐有之矣三代而下惟漢與唐為盛世唐上接三國西晉南北隋人之後变乱久更天宜悔禍而唐雖歷世二十一歷年二百八十

孫隋

有八而先後内外兵戈相尋視向者三光五嶽氣分之時殆不能以相遠試舉而言之高祖資突厥以殲孤隋而創造又皆太宗之功異時夷狄責報而建成且必不能為吴太伯是首事已胎二患也建成既滅於武德之末而突厥又臣於正觀之初天下自此可謂帖然無憂矣則天立於永徽而李之為武不絶如綫五王討二張於神龍而唐祚復正中宗身履其危宜能不蹈前人之覆轍張柬之等食一下咽已撫床嘆憤彈指出血矣景龍之兵三思雖戮而太子重俊亦弗克免韋后蓋无恙也臨淄莧夫而相王龍飛太

公平主已煽燎原之火矣故宫闈再雜而明皇再清
自是以往朝廷安枕不知他變之所由生也漁陽金
鼓喧天一鳴而翠華西幸肅宗中興未幾李輔国程
元振之禍又作爲代宗嗣立之元年朝義授首而吐
蕃長驅已入中原幸而安矣德宗之初設施可觀四
海欣躍庶望太平無何李希烈又朱泚又李懷光又
叛而乘輿播越者葢屢焉元和征討稍強而長慶之
主滿謂可以銷兵不戰矣於是爭河北再失而外重
之勢成不復迄至太和甘露之變而宦官之勢又益
張武宣之世雖曰小康亦姑且玩時愒日耳一時大

臣以朋黨自相攻擊遑恤其它王僊芝黄巢乱於乾符而四方大擾國本拔矣自後崔裔知藩鎮可以亡宦官豈知朱全忠可以移唐鼎耶嗚呼古今治乱未有如是之數也將天之厄運自曹氏以来迄唐犹未止欤抑人事所召非天時之所關欤文皇斥地開闢未聞或者極盛必亟衰欤由漢而後以唐為称首者往〻惟武德正觀開元耳其德盖有大過人者欤閨門也戎狄也藩鎮也宦官也朋黨也盗賊也是數患也何皆備見於唐之世欤前後亦有相激而成者欤其為召禍之原者誰欤可以預防欤勢有必至莫淂

而逆爲之計歟尚論前史莫近於唐頗聞耳目之所未睹記毋辭焉

漢兵制

漢初之制有三軍内曰北軍衛尉主之以屯衛宫門者也外曰南軍中尉主之以屯京師十二城門及散居三輔者也又其外曰車騎材官則非布之以郡國而領之以都尉者乎内外雖殊畨上而移屬不知其孰爲輕孰重爲於斯時也羽林期門八校之屬皆未之前聞郎衛昉於前乎前此矣宫掖門户光禄勳之所掌也漢光禄勳即向者郎中令正周官宫伯之職

宮伯掌王宮士庶子之板漢公卿二千石子弟入主執戟更直宿衛出充車騎則謂之郎衛而屬之光祿勳是由衛尉而內又有郎衛兵也漢初之軍不止三矣武帝置兵千人從事游獵漢於是乎作期門期門比之郎衛也自時厥後有七百人者在期門之次漢於是乎作羽林羽林者建章營衛騎之更名也武帝歛養死事者之子孫漢於是乎作孤兒凡此皆天子之親兵也又有所謂佽飛者皆無調發之勞與前所謂南北軍以郡國之車騎材官畨移而迭上者絶異是則重內輕外矣又有八校者屬之衛尉乃以分屯

外縣不專在長安諸邑將南北軍漸壞而後置此諸
軍以補之欤抑南北之外增置之而俾益多欤八校
[illegible]八校皆蓋包南
[illegible]而長
安城內六百里未有兵武帝始置之果然欤羽林之
補必以天水隴西安定北地上郡西河六郡之良家
子無乃拘欤關中居天下三分之一卒然一隅有警
則內足以制外漢人所置內兵之制誠善矣雖然外
而有變內兵蓋不輕調也隴西諸郡專備西羌巴蜀
等郡專備西南夷遼東燕齊等郡專備朝鮮會稽等

隸改肆
按後漢書兵官皆肆 孫吳兵法六十四陣

外縣不專在長安諸邑將南北軍漸壞而後置此諸軍以補之歟抑南北之外增置之而俾益多歟八校隸之衛尉則是曰北軍矣或又以為八校者蓋包南北軍言之何歟或又以為漢初止於京城置兵而長安城內六百里未有兵武帝始置之果然歟羽林之補必以天水隴西安定北地上郡西河六郡之良家子無乃拘歟關中居天下三分之一卒然一隅有警則內足以制外漢人所置內兵之制誠善矣雖然外而有變內兵蓋不輕調也隴西諸郡專備西羌巴蜀等郡專備西南夷遼東燕齊等郡專備朝鮮會稽等

郡專備兩粤或步或車騎或水而樓船各随其方以禦侮兵無遠調糧無遠餉外而郡國之兵制漢人亦善處之矣宣帝之御天下百為精緻者也况兵戎國家之大事漢家善制每輙变之何欤觀其征西羌也發佽飛羽林同官徒弛刑詣金城既失武帝重内兵之意三河潁川沛郡淮陽汝南材官去金城幾何里而亦調發之西伐烏孫乃至調及關東之軽車鋭卒其於漢人處外兵之意又失焉宣帝之調兵如此而威行夷狄抑乃過於前人又何欤是果軍旅之事未之學不害其為興治禦暴之術欤諸君試與我論兵毋

以俎豆為辭

周漢兵農分合

周之兵農未嘗不分漢之兵農未嘗不合世儒皆謂當周之時兵即農〻即兵漢襲秦制始農為農而兵為兵竊恐讀書之未審耳夏殷之礼夫子以文献不足不敢證班爵之問孟子以諸侯去籍不詳知今而談古之制不得其意而悉取信於其書安得全書可據哉世儒之於周礼也或以為周公書或以為非周公書雖不可盡信然兵農之制寓諸井田亦有大略可尋焉且以丘邑論之成方十里則百里之地也去

旁加者為溝洫又去其公田則一井八夫六十四井
為夫五百一十二所出長轂一乘七十有五人則幾
七人而兵一夫也况以王畿方千里論之去其城邑
林麓又去其一易再易之田猶有三百萬夫而天子
六軍止七萬五千人蓋四十夫而以一夫為兵訖謂
兵農之不分耶而古者又謂兵農一致何也及觀漢
法而得周制焉嗚呼失礼尚求諸野豈其失周制而
不可求諸漢乎周漢之制不全判儒生直岐而言之
則差矣古今人情一也且悉驅民以為兵夫豈不擾
而謂先王為之乎夫漢丞相子不免戍邉不免其賦

耳豈非宰相之子賦止戍邉而其餘品官之家則又有它軍需耶大抵漢　之調兵縣則更卒邉則繇戍中都則衛士都尉則材官車騎樓船凡四者皆以平民更代為之也西都之馮唐不云乎吏卒皆家人子起田中從軍東都之礼儀志不云乎罷遣衛士必勸以農桒蓋民年二十三為正卒五十六免為庶人其為正卒者一歲衛士一歲材官等兵一歲縣更卒一歲邉戍四者惟衛士衣食於縣官其餘訖給之於縣更者戍邉者亦豈人人身親之縣更者歲一月邉戍者三日月出錢二千其名踐更三日出錢二百其名過

更然則役者役賦者賦以意度之材官亦然也周民

若彼其多而兵數若是其寡者是必亦合數夫出賦

而供一夫之役也漢制亦周之遺豈兵農不分於周

而不合於漢耶特地井壞耳今之沿邊土兵役者出

丁而坐者供送正周漢之制至於庶民出賦以養兵

亦何嘗大異於古是則周之制猶存於漢〻之制猶

存於今世之儒生每恨今之不如古何欤

尚書周礼本朝官制

後人以官制之得失折衷於周礼竊又以周礼之得

失而折衷於尚書且尚書周官首之以三公三孤次

之以六卿而冢宰蓋六卿之長也周礼六卿每二卿則公一人而天官之有太宰非一卿而當二卿者乎今考其所職乃無所不統非後世吏部尚書之比乃宰相事也夫六卿之長者既為宰相則所謂公孤者又何官也書自太保奭而至毛公蓋嘗著其六人矣注謂冢宰第一召公領之而終之以司空第六毛公領之其間有所謂畢公者注以為司馬而書又有太保率西方諸侯畢公率東方諸侯則畢公者豈非與召公並為東西二伯乎六卿既兼二伯矣寧不兼三公也乎竊嘗以周礼而折衷於尚書其得者蓋如是

尔訑謂周禮非周公之典乎然穆王之命太僕正其書亠篇丁寧反復以后之德不德實係乎此盖以其率天子左右侍御僕從之屬切於王身其任為甚重者也周礼自太宰小宰〻夫之後則繼之以宮正宮正而下膳庖酒醢舍幕裘臬等職皆侍御僕從官也然則周礼之宮正即書之太僕正穆王之命其重如彼而宮正乃上士為之豈周人命一上士而輙有一篇之書如是耶此以周礼而折衷於尚書不能無疑者也二經所載既相牴牾以後人官制之淂失而折衷於周礼果淂其當乎夫周礼首入天官而可疑者

用文〻字宜改武字

彰〻矣三百六十屬其疑可既耶恭惟國朝官制盖沿唐舊而或有所更革創立豈無得失詎可不講求其故耶文武兩途樞密本兵武臣職也用文資正官以充其使（太平興國）而昉於石熈載何耶既曰使矣而知院（淳化）之名又昉於張遜等何耶簽書起於何日（太平興國中石熈載）而同簽書之置（治平）且有郭逵始矣三司而有副使（賈琰）則太宗之初也至太平興國間胡爲去副使之號而有同判三司（侯陟明王）之目耶直舍人院（太宗初用張洎始）以何事而立京官而任堂後（雍熈元年李元吉等）始何人而置此在內之職其一二大略然也提點刑獄（淳化）近代所

未有而創於太宗皇帝或者以為是司不置可也而副使復立於真宗之朝何耶既而罷之又何也轉運有使副矣而判官之名開宝中許九言又必立於國初何也廣州市舶兼於守臣則自潘美始矣而又以為始於任中師何耶其特置使又始於何時也廣南縣太平興国户五百以下者止主簿一員兼令尉舊制也而續又有縣令之置非冗耶此在外之官其一二可議者然也演而伸之觸類而長之所損益蓋多也元豐政和之所定因革當否願悉聞於諸君

周礼尚書官制異同

周官一書成王在豐所作也首之以三公三孤次之以六卿率屬終之以九牧阜萬民其辭簡其意盡其視天下可指畫於掌中周官立政蓋相為表裏者也略公孤而不言但曰王左右常伯常任釋者以為三公六卿其信然歟卿固六也特致意於司徒司馬司空之三者何歟其曰準人非司寇歟不曰司寇而必曰準人何歟酒誥之文猶是尓亦以司徒司馬司空而謂之圻父農父宏父也立政酒誥皆特舉斯二者則冢宰宗伯司寇猶可緩歟洪範八政亦止言其三人且去司馬而言司寇是又何歟三公不備雖難其

人周公往矣召公由保以遷師夫豈不當而卒老于

其官將朝廷不陞之歟抑召公確遜之歟成周官制

周官序其大略周礼則演而伸之蓋一事也今考判

然不相關者何歟雖卿可兼公於書概見而公孤之

寄為甚重蓋在六官上也今地官卿老二卿則公一

人公而可以謂之卿老歟又可繫之地官歟大師太

保而謂之師氏保氏以中下大夫而屬之地官此其

輕重之意與周官同歟異歟此又君不相關者然也

其它周礼又皆有可疑者烏攷之天官有獸人𩵋人

鼈人奚不與衡虞角羽同屬於地官歟天府豈礼官

之屬而世婦女史不以隷於冡宰而亦在於宗伯之下何歟夏官之挈壷氏胡不屬於春官馮相保章之內而弁師胡不置於司服之次歟秋官之屬太失之泛而其甚有哲蔟氏蝈氏之類其果何謂歟冬官闕矣而續以考工記其書眞可以補亡而王公論道之數語乃唐虞三代精微之訓今使六官全具而有君天施地設然其又何歟比者鑾輿幸學爰命儒臣坐講周官甚盛舉也周官一篇截然井然無一可議然合尚書周礼而紬尋之則莫能氷釋短檠歲月講求必毅幸發揮焉

官制（僕射御史侍中後皆以名宰相）

正名孔子之所重也名浮於實固不可名損於實其可乎正名莫大於官制官制莫大於相臣僕射昉於秦乎僕主役也秦重武官以之而主射事故侍中博士郎皆有僕射若軍屯吏則曰軍屯僕射若永巷則曰永巷僕射名之微而職之細已乎成帝置尚書五人以一人為僕射則今之僕射非昔之僕射也至東漢而愈隆建安有左右之名矣雖然左主客曹右領祠部蕭齊之制又止是也隋為從二品不既高矣乎至唐太宗時則為宰相矣然則僕射昉於秦乎前此

矣周礼射人二下大夫即秦之僕射非乎以僕射之名而加之宰相能不損其實否乎御史大夫亦秦官也及漢因之則為丞相之貳今參知政事是也綏和改元更名大司空司空六卿之下者以名其輔相可乎周礼御史掌邦國都鄙及萬民之治令以贊冢宰是則為宰相之副者尚矣然古者中士八人為之則亦甚微矣天官之小宰中大夫二人非乎參預朝政參議朝政參知机務參掌机密何太宗立號之多乎其後御史又為臺官不知起於何時也御史之名足以名其輔相乎侍中者立政之所謂常伯周礼之所

謂太僕也委任漸隆梁為宰輔唐龍朔為左相矣何

其復舊之後又曰納言又曰黄門監至天宝又為左

相唐之紛〻如此亦皆有由乎向者我孝宗皇帝朝

以左右丞相而易去僕射之號善復古也或者又以

周之冢宰當今之吏部尚書否乎吾以冢宰為吏部

尚書則小宰者非參知政事乃其侍郎否乎宰夫又

準今之何官也幸鋪陳之以觀经史之醞藉

大宗小宗

古者大宗之法不可行於後世何哉卿大夫各食虘

邑而采地廢焉蓋是法也随井田封建而張弛耳有

大宗則有小宗古者庶民無大宗則小宗亦不可得
而有也小宗不行初無妨於睦族今人服屬五世而
斬小宗之法迁止五世東坡以小宗不行為可惜竊
謂百世不遷者既不復五世之族天下何嘗不合哉
第立宗子則嫡庶分爾國家定法如襲爵則有嫡庶
之辨如奏補則直論長幼之序此為盡天下之情而
合古今之義采地既廢而小宗特立無爵可承徒分
嫡庶豈不紛紛無益哉今自兩府而至百姓之家物
力雄者則蒸嘗田多其後子孫繁庶而其業依律以
常存歲祀不乏每其房族第升一人以為之長雖不

曰别子為祖而其實别有子為祖之意雖不立嫡子
為宗子而宗子之道常不墜且自公卿而至庶人第
有貲産皆可為耳況今人蒸嘗未始有田者古墳一
丘而十數代之子孫歲釀以祭仁義之道著在人心
不泯如此東坡奚必過慮哉諸君謂此言何如且併
以左氏戴宗戴記有無真之宗者推廣而具陳之以
觀博學

筮

正悔之說聞諸洪範洪範雖出於武王箕子而其源
自禹然則夏有連山而筮昉於此乎夏末代虞而舜

廷有之矣連山未作不知蓍法何如耶其占辭又何如也是則前乎此者可謂八索將止以八卦索之而成六十四欵抑亦已有辭欵不然何以占之也筮之應驗詳於左氏之春秋自懿氏卜妻敬仲至陽虎卜救鄭凡十有三條其十者信君溪巫瞽史也至於陽虎得吉爻而不敢進知其吉在宋而不在己此蓋不為私心所昏亦未見其抽關啟鑰之高論也南蒯叛而枚筮之遇坤之比其辭為黃裳元吉子服惠伯以為雖吉未也且謂易不可以占險人皆疑左氏之誣是書皆出於其手非果有舊史而因之信如是則其

達乎蓍之理也遠矣其然乎穆姜嘗遇艮之八史曰
是謂艮之隨姜曰有四德者隨而无咎我皆無矣豈
隨也哉觀此二者凡所載占驗特前言戲之耳至是
而方有實論雖然則其書無乃似俳歟非也善為易
者不占左氏蓋造其域矣或且疵其為淫巫瞽史無
乃未知左氏者歟且彼惟其達也故言鄭子太叔占
楚子但曰周易有之在復之頤秦醫之占晉侯但曰
在周易女惑男謂之蠱如在師之臨如在雷乘乾曰
大壯初無揲蓍布卦之事其果契於夫子論不常其
德者歟或又謂左氏非真達乎此也由其言數者之

著則筆端偶造乎此亦如洛學論韓退之初未知道由學文而有到語非素知道者其信然歟且艮之隨者其五爻皆以陰陽之老而變特二爲少陰不變耳故曰八此其爲說甚易知杜預又以爲雜用連山歸藏以七八爲占非多知歟併請辨其所以

本朝樂

律歷同出歷輒變輒差而律之爲樂也亦議論更改而不定恭惟國朝始用周樂以治幾乱所損益可知也故藝祖以其聲高且命和峴討論之先之以西京銅望臬次之以上黨羊頭黍由是而雅樂和暢蓋下

於向也王朴一律矣垂八年而李照始非之阮逸胡
安定瑗起而攻照之失胡阮之失之而徐復房庶又
非之故仁宗之世而樂屢制焉其後也司馬温公以
一黍之廣爲尺而後制律則是安定而非房庶范蜀
公用一黍之起積一千二百黍之廣爲律而後生尺
則是房庶而非安定崇寧中蜀公一故吏以公舊所
制作之説來上而大晟樂以調夫使温公而聞大成
之奏也其善之耶其未耶彼亦一是非此亦一是非
昔景祐間韓琦丁度惟厭其是非之無辨也故琦之
言曰海内擊壤鼓腹以歆太平斯乃治古之樂可滑

以器象求乎噫信斯言也古人累黍之縱橫長廣以校其毫釐非邪度之言曰歲有豐儉地有肥磽黍驗不齊古之立法存其大概尔噫信斯言也今之定律隨時高下不必倣諸古耶嗟夫音之難知也如此哉況樂又有大可疑者君子不可不辨也太常之樂設而不可聽教坊之樂聽而謂之淫然則古樂果君是其不可聽而可聽者皆為淫聲哉今之人不能聽古樂而古樂感當時之人何也誠恐太常之樂未必合古即教坊之樂而諧之以正聲乃其所以古也否則固古之器而理今之聲其庶幾古乎非也

車制

五輅之制興於周〻非不美也夫子荅為邦之問而必有取於商然則聖人於此一事重之不敢忽蓋因物以寓礼豈但推之以行陸而已哉自服牛乘馬引重致遠作於黄帝而陶唐氏之彤車有虞氏之鸞車夏后氏之鉤車出焉商人之大輅又出焉意者愈出愈工至周而盡善矣何夫子之必反耶君謂文勝則反之以質然則周公過歟大(商之)輅山車也亦曰桑根以其金根之色也秦漢魏晋以来皆有金根車豈商制之美耶或以是為副車又何耶五輅尚矣而後周十

二等之設果足以備昔人之未備者耶抑太繁耶然
漢大駕備車千乘屬車八十一乘豈十二等之在後
周爲簡耶大駕八十一乘而法駕止於三十六何耶
有辟惡有鼓吹有記里鼓有羊有象有豹尾後代迭
興神巧百出豈指南之創於有熊氏耶四馬固也六
馬見於夏書蓋有所自來是爲天子之車良馬四之
五之六之者干旄不云乎是又何也漢人加以一騑
而備五馬之數以爲郡守之飾果當歟晋人黄鉞之
一馬金鉞金鉦之三馬又何耶周礼春官有巾車典
路至於車僕則專職戎車者也胡爲不屬於夏官耶

名器徵悉之事頗條歷代之當否一一以對毋使略
焉

地理之疑

人謂天文之學難於地理之學實難於天文何以言
之即天運一日而過周之一度人能一歲而究心乎
是則大略不逃乎吾之目中矣是可坐而學也前輩謂
不行萬里不能通杜子美詩而司馬迁之作史記則
跋涉經年而後敢措筆是知地理之學為尤難也古
今郡縣更置分并移易又或遠近山川名號相類經
史傳註稍不加審則舛誤實多而後學尋究能無病

焉試嘗以三國六朝觀之蜀蔣琬請從屯涪非今之涪州歟說者又以漢涪縣地實今之綿州蓋華陽国志有曰涪去成都三百五十里東北之要而郡縣志之述是州則其去成都之里數與均而亦曰為東北之要衝且有西臨涪水之言然則所謂涪者果綿州非歟又有馬謖敗于街亭者則南鄭是也寰宇記及興元圖經皆載之矣談者又以為方是時也亮已攻祁山而天水等郡皆響應豈有遽還南鄭而與張郃戰耶故李吉甫著於秦州隴城縣而所謂街泉亭者是也政和輿地記亦以此有街泉亭焉然則果南鄭

歟陒城歟赤壁者蒲圻歟汶川歟郡縣圖志者李吉甫之所作也謂汶川之縣西八十里崖有赤色居人因以目為曹公敗處蓋誤也果然非歟凡此皆可疑也晋袁真攻譙梁以開石門攻之地理書其淮漢之北石門非一有在解縣者有在慈州者說者以晋師至衞縣而還是不及解慈之境也元豊九域志以為當在今之東平府齊侯鄭伯所盟之地果然歟庾翼鎮襄陽使桓宣進擊李羆於丹水今懷州澤州皆有丹水又商州之上洛則丹水之所自出然漢之丹水縣則實今鄧州之境所謂丹水鎮是也以是為宣羆

所戰之處然歟是亦可疑者也刘牢之等之所據碻磝者晉季毀于河水宋元嘉之所城者則今鄆州之陽穀非秦東郡之茌平為今博州之聊城者歟此地易而名存淂無疑歟其信然歟呂蒙所築濡須塢者既以為和州含山縣又以為在巢縣則今無為軍也或以為在兩邑之間則二州之圖经皆有其名其果然歟寧使人無疑歟幸参訂焉毋謂雜於天文而略之也

八陣

八陣昉於諸葛孔明乎曰為握机者風后是在黃帝

秋之日
已乎天
為虎翼
翔右者
位東南
也四奇
者龍虎鳥蛇也風雲既為正矣安得又有鳥蛇者為
奇耶虎翼蛇蟠以之圍繞飛龍鳥翔以之突擊不知
突擊者有時而圍繞圍繞者有時而突擊欤抑專乎
此也無乃一陣之中有兩陣一戰一守欤果君是又

前後之衝〻疑是衝
按通鑑綱目質實八陣圖天前衝四陣居右後
衝陣四陣居左地前衝六陣居前後衝六陣居
後

有之矣噫謂之風后雖未必然其在後漢立秋之日
斬牲貙刘隷孫吴六十四陣淂非前此有是已乎天
衡地軸一負一方而二者各有前後之衡前為虎翼
後為飛龍風附天雲附地風曰蛇蟠雲曰鳥翔右者
與蛇為陰而同位西北左者与鳥為陽而同位東南
其類象若是當乎否也且四正者天地風雲也四奇
者龍虎鳥蛇也風雲既為正矣安淂又有鳥蛇者為
奇耶虎翼蛇蟠以之圜繞飛龍鳥翔以之突擊不知
突擊者有時而圜繞圜繞者有時而突擊歟抑專乎
此也無乃一陣之中有兩陣一戰一守歟果若是又

不可以分別言之也抑或分或合其形之變不能以指定歟圖之者其常而至於其變又安得而圖之歟且游軍二十四陣本在後也而握机文又有曰先出游軍定兩端何耶況兩端本天衡位也自方勝負遞之至鴈行而又以勝方夫序而至八則鴈行在七者之下矣又以勝其最先者此其為法何如耶豈陣法所謂常山蛇形而能首尾相救正君是歟李靖答太宗之問謂陣數有九而大將握其中四面八向皆取准焉是果八卦九宮有自來也又以為詭設其名何耶司馬穰苴八陣之兵數與夫後人之六花十二辰

者其皆出於是歟併欲聞其旨請毋以俎豆爲辭

樂軒先生集卷八

方是閒居士小藁二卷

［宋］崇安劉學箕撰

中國國家圖書館藏清初抄本

方是閒居士小藁二卷，宋劉學箕撰。學箕字習之，自號種春子，崇安人。恬於仕進，居南山之下。隱居不仕，家饒池館，有堂曰「方是閒」，故又號方是閒居士。

學箕之文高爽閒雅，頗得其祖子翬、父玶家傳。時人及門弟子多謂其詩學白香山，詞學辛稼軒，而文章又似蘇東坡。如劉淮序稱其「筆力豪放，詩摩香山之壘，詞拍稼軒之肩。至若松江哨遍，直欲與蘇仙爭衡，真奇作也」。所謂「詩摩香山之壘」者，蓋言其詩頗及民生。四庫館臣雖論其詩不能抗衡香山，然筆力横逸處，自有韻味。其詞如賀新郎，悲壯激烈，忠孝之氣躍然紙上，不止豪放處得稼軒之精髓，餘如鷓鴣天、唐多令、憶王孫之類，穠纖綿密、低沉婉轉處，别有韻致，亦得稼軒含蓄藴藉之妙。

是集上卷收古今體詩一百七十一首，下卷收賦及雜文二十七首、長短調三十八首。首有嘉定間劉淮、趙蕃、趙必愿三序，末有學箕自記及游郴、陳以莊、劉瑑跋。趙序後有雙行隸書「庚子仲冬屏山書院重栞」牌記。卷末有黄丕烈跋及附録，後爲王禮培跋。黄跋云：「壬申四月廿九日，友以毛氏精抄本見示，需直二十餅，余留之，出舊藏此本手校一過。」知該本原爲士禮居黄氏舊藏，曾以汲古閣抄本對校。據此及書體可知，書中天頭及所書「毛氏精抄本弟四葉起前缺三葉」、「毛氏精抄本脱此後五葉」等校語，亦出黄氏之手。民國十三年（一九二四），此書轉歸湘鄉王禮培，王氏又據張紉菴藏本再校並跋，謂「此本當爲此集最完善之本，毛本不如也」。（李振聚）

方是閒居士小藁序

有隱君子劉習之屏山先生的孫七者翁之暮子也飲酒賦詩自其家風年未五十忽移家築室於南山之下疏林剔藪引泉植竹蒔魚種秫造亭立館其最宏敞者乃方是閒堂也堂據池上芙蕖碧水桃霞梅雪具勝四時若壺天然曰與佳客飲〻醉吟詩〻成更酌或至達旦明日復然若竹林避世者今十年矣滸李仙近得其

新舊藁一編歸以相示予歎其筆力豪放詩磨
香山之壘詞拍稼軒之肩至若松江哨遍直欲
與蘗仙争衡真奇作也使　屏山先生七耆翁
二君子不没見其若子若孫如此豈不欣愜不
惟季仙溟滓弟之雖老漢亦須放之出一頭地
但近世詩人零落殆盡無可攷訂前輩唯一章
泉老人近在玉山予欲為之拈出以求印證季
仙學詩於習之者當毋各一住嘉定十年立冬

日溪翁劉淮叙

自溪翁還闔游李仙足跡不復到吾廬今日忽犯寒来問其来之故則袖有所銜出之乃吾契家劉習之詩與書邊發緘觀之令人應接不暇自卯至申大略已盡大抵古今詩文一事耳若次而言之則所取或多極而言則然者蓋寡習之詩佳處固多矣如與二猶子送生茘枝詩驪山往事不古監良嶽馴致胡雛狂如夏雨嘆舊會既收新會降至遂令百姓愈惶感之類殊有

一鈔本墨筆校改惑

風人之體如追和林子仁絶句不類和者如武夷山長句欲删十年不到武夷山幾與神仙絶往還我見溪山渾似舊溪山見我鬢毛斑白是一好絶句昌蒲記不惟賞詩俱佳而記三十四盆斛亦有筆力所寄而集既經平子矣而習之因溪翁之言必欲使李仙閣我我見如此李仙口雖諾矣未知其心以為如何又未知習之以為如何又未知溪翁以為如何溪翁劉氏字

叔通習之名學箕李仙名郴嘉定丁丑十月廿九日東里趙蕃昌父書

毛氏精抄本第四葉起前缺三葉

喬木故家何地不有聲名鮮繹愈久彌著者以文
獻未墜也維
忠顯劉公節詞誼凜然
少傅甬屏山先生大勳粹學前後照映我外祖
忠肅公又為近世名樞輔
諸舅角立頡頏搢紳之林可謂盛矣
方是閒居士乃獨隱約遊戲翰墨間所以振起
芳烈者蓋在此而不在彼必愿試邑道德之鄉

負念一埽

居士之門忽　不鄙賜書且

教以小藁兩集風啓展玩洞心駭目左酬右接

竟日不暇讀单生荔枝詩云書生不負毉國手

賦成何日奏明光和辛稼軒金縷詞云國恥家

雠何年報中夜聞鷄狂起舞固知　居士之立

志即

忠顯　少傅　忠肅之志而養浩堂分顎則深

悟乎持養志氣之不衰又知
居士之講學即
屛山先生之學也
劉氏文獻其真不墜矣
居士負挾所長施用未究是豈終隱約者耶必
息嘆嘉不足期望實勤若夫　律語之工詞藻
之富見於林止之勝賞寓於湖海之高興則有
東里　溪翁二雋老品題可以證信非必息晚

陋所敢贅也嘉定戊寅上元日塲開封趙必
愿再拜敬書

至正庚子仲冬
屏山書院重栞

方是閒居士小藁上卷目錄

吾廬寓言
石假山歌
社日喜晴
挿秧歌
醉歌
白山茶
紫溪莊舍感舊十四首

舟行三章

鈆山廨宇題壁

道間池亭小酌

太湖書懷

夜夢作春詞二首

古交行

贈琴士蕭長夫

溪橋晩步

和張政仲見寄三絶

演平渡度姪別入城

政仲留飲醉書

送連景昭歸三山二首

侵曉書懷四絶句

田家二首

環洲江氏園

將口道中

妙湛寺

晚望

溪園

栽竹

種梅

書懷

簡康姪求先君石山

宿興國寺方文與客對床

秋池晓步賦獨開荷花二首

偶書長句

養浩堂分韻得氣字

舊園採蓉

和劉伯益嘲菊韻

賦康姪家古洲寄盆梅分韻得言字

飲庶姪家和陳閬齋蠟梅韻

北山園山石為盜所竊賦詩紀爵

送術士周南

春夜彈琴有懷

瓊花二首

送庾姪親迎延平李先生家

傷歌行

夏雨歎

歔庭兩姪送荔枝分韻得緗字

齋中賦梅次宋鮑參軍韻二首

二月二日東屯感懷

野館

閑居即事

紫溪莊即事

雲際峽中

西巖觀瀑水簡沈莊仲三首

窑前小酌和外舅安撫韻

題壁

遊九曲
武夷山
鵝湖道中
分韻得雪浪齋石
伯益元正留飲二絶句
次伯益三詠三首
送度姪親迎傅氏
寄謝叔通宗兄題耕隱詩韻

一鈔本作文校作夫亦係至正本

寄題吳介父專壑七詠七首

和林子仁梅花絕句

妾薄命

中秋分韻得雲字三百言

賦祝次仲瀟湘八景八首

僊洲呈伯益莊仲

嵡庵題壁二首

責席

一鈔本席校作康

光化儲文惠桃
安康中秋書懷
七禽詠七首
鄖鄉舟中睡覺書懷
甲口翫月
蜀口枕上
淨口二絕句
釣磯待舟

溪亭醉卧和游李僊韻

溪園紀實和游李僊韻

新霽和人韻

次叔通推見寄二首

晚雨秋懷二首

再次叔通来字詩字韻一首

次叔通見寄苦雨乞米放心晚福四首

東屯監秤六言三首

簡趙行之陳敬叟
追和陳洮湖韻
和林處士梅花詩八首
與政仲山行見梅偶成併和其詩二首
賦水僊花得鴻字
感事懷人送春病酒曉起五首
賓從集藕花堂分韻得園字二十韻
外舅安撫賦荷花一聯云潤衣紅濕池

荷雨拂面清泠檻竹風令足成之

楊司户用外舅二詩韻見寄和以酧之

請遊山之日於黎文廣二首

傳易数上王通守 和詩附

一鈔本文廣乙

方是閒居士小稾上卷

吾廬寓言

五峯之山環吾廬五峯之水清溜渠山水可樂

去声

情可娛五畒之宅奠厥居清湖列嶂開坐隅白沙戔戔煙岫鋪崇山梅嶺豁望眼高門堇阜聯襟裾况當春晚積雨餘緑褥翠疊青珊瑚桒麻滿路人意好鳴禽上下聲相呼迨今八月九月初楓林隔水紅凋踈秋場稲熟聽逢樸小槽

新釀傾真珠昨宵一雪飛瑤璵遠山近山光凝
酥群峯突兀不敢覷銀壁照耀天晃塗千金不
須買畫圖丹青縱有畫不如風景萬態朝昏殊
天成此畫人難摹蹊荒圃廢幾朝夕一日築居
天賜予四時遊觀心良舒考槃在阿歸来乎乃
歌曰採於園兮籃有蔬釣於水兮筐有魚余之
弗歡兮其誰之歡歟又歌曰惠風清兮出有車
芸香芬兮讀有書余之弗樂兮其誰之樂歟　清

湖白沙崇山梅嶺高門堇皋皆屋側山名

石假山

潭溪散人方是閒真山不愛ゝ假山呼童積疊石磊磈遠近便擁峯與巒晴嵐滴翠明牕前清影掛壁方池邊色侵書帙日華薄立壑巗上生雲煙雲煙妝霏茗蘚緑山石傍頭更栽竹三竿雨竿韻不俗揺蕩清風凉意足方是閒人當此時以假像真人謂奇或来静對酌美酒或来宴

坐哦新詩吟詩搜索營心脾酒醉落魄精神癡
吟詩飲酒且不可況復爲上爭枯棋不如對山
撫鳴琴：心三疊舞胎禽高山流水存至音古
趣濬泊悅我心老泉三峯爛木材百年沉埋安
在哉東坡仇池九華石只有佳篇傳入集此山
亦猶今視昔與我同生亦同沒

社日喜晴分韻得前字

夜来急雨淙飛簷脫驚紅日輝潭川梨花有情

朝露重柳帶無力春風顛傍簾新燕低拂掠入
檻戲蝶相聯翩今晨天氣亦佳爾一春未見玆
晴暄綠陰林下咲聲好簫鼓賽社祈豐年金穰
屢豐豈不好米賤更苦人無錢太公九府法已
弊楮幣印出私相權所司轉變無善策低昂用
否難流傳縣官那更租稅急白紙不問黃榜蠲
窮民非負寶無有里正罰責殊可憐吾儂雖樂
此日美醻白醉倒春風前却愁煙雨暗春晚米

價頓長民憂煎

插秧歌

農夫戢戢清波闊秧稻葺葺森石髮父兒呼喚手拔齊千把萬把根連泥四更乘月躅隴陌曉煙漸散東方白帰来喫得飯一盂擔到田頭汗似珠蹲身擘叢種入土不問朝昏與亭午肌膚剥裂肉起皮烈日總陰又風雨秋収幸值歲稍豐穀賤無錢私債重連忙變轉了官賦霜雪凍

餓愁窮冬吁嗟四民天地間服田力穡良獨艱
寄言安坐西方輩汝飽不慚吾厚顔

醉歌

讀書求見古人心閉門不知青春深夜來東風
埽浮陰曉光薄林生遥岑搜尋不覺出門去緑
暗溪邊楊柳路詩章立顔不復作會景那知自
成句歸途晤語誰與從眼前物〻俱春工崇桃
積李事已晚牡丹正嚴酴醾穠白茶照人冰雪

同紅茶燒空猩血紅金沙雨晴翡翠積海棠露

濕烟脂重急呼詩朋喚酒伴高堂共泛琉璃鍾

夜闌秉燭相對語謾道今人不如古〻士放達

醒者希今人不飲徒自苦

白山茶

白茶誠異品天賦玉玲瓏不作燒燈焰深明韞

櫝功易容非世力幻質本春工皓〻知難污塵

飛謾自紅

紫溪莊舍讀癸丑壁間舊題轉眼忽十

八年同遊十不存一滋蘭弟亦作古人

拂拭灑涕幾不能去因誦歐公詩云人

昔共遊今有幾樹猶如此我何堪以是

為韻感懷成十四章庚午四月中澣

維昔舊遊十有八春中間往来合散風塵詞翰

在壁瞻之愈新憶我仲弟眇然懷人

吁嗟人生年不滿百天地圓形百代過客去日

苦多来日苦窄我昌不樂慨念疇昔
丱角燈牕硯席是共春山朝吟秋堂夜誦棄背
三年心骨沉痛幾夜見君似夢非夢
念昔童稚汎然若舟惟我與君孤苦同儕博文
約禮匪邀匪遊子方盛年遽赴玉樓
朱垣素壁醉墨淋漓廈堂重臨思古傷今文不
忍誦盟弗可尋即事即物拔淚痛心
舊蹟墨妙龍蛇户牖步驟歐虞摸倣顏柳醉裏

百篇寘搜九有天胡奪我張仲孝友
屈指友于秖今存幾自仲之去夫此奇偉言不
勝情心旌憒悱哀哉蒼天而淚如洗
團團庭柯清美無度今我来斯忽然老樹偃蹇
輪囷剝蝕摧蠹朱顏蕣華詎得如故
興念陳迹夢寐吾猶植杖風雩某水某丘日居
月諸循環靡休迭爾遍邁曾不我留
憶自束髮茲焉寓居載思載瞻宛不異初極目

遐眺清風穆如撫事懷人悲来感余
少生四方遊紫之水每有良朋見止遇止長哦
代木求友乎此樂以忘憂云胡不喜
維親與朋雖然滿堂華屋連甍紅紫繁夥半世
重遊霧迷烟鎖慨然撫膺謬悠老我
念昔考槃碩人之邁琴豆觴酒寤寐咲歌逝者
弗返涕泗滂沱念彼不樂傷如之何
賢乎仲弟和樂且湛自我不見歲籥換三百感

交集憂心如惔山凝暮雲回首不堪

舟行三章

桂櫂兮蘭槳泝流兮沿洄天迥兮空明湍激兮聲哀水落兮石出路轉兮溪回鷗飛兮山淨魚戲兮藻開淹留兮何為盍賦兮歸来

扁舟兮容與浮雲兮舒卷波澄兮練橫山秀兮屏展散髮兮平岡濯纓兮清淺皇皇兮何之路長兮悠緬早賦兮帰来迷途兮未遠

容與兮扁舟長吟兮閑情白石兮離〻秋雲兮
霙〻我思兮先廬水潭兮山屏帳空兮鶴怨人
去兮猿驚早賦兮歸来涉園兮欣〻

鈆山廨宇題壁

莫遣離愁相絆縈九州之外盡愁城酒頻挹注
幽憂浣詩苦冥搜太瘦生漠〻草茵飛蛺蝶深
深柳幄韻鸝鶊客懷未共成匆遽三沐三熏慰
此情

道間池亭小酌

一曲芳池萬柄荷遊儵潛躍水揚波竹孫檻檻風偏細梅子江湖雨正多凡物寓時俱意得謂予不飲奈愁何暫来徙倚又還去猛拍欄干浩浩歌

太湖書懷

清風起平湖白雲生澗陰佳時慘不樂羈思苦難任客子熱中腸浩然懷故林仲夏倏已過草

木鬱蕭森萬物欣有託吾生何崎嶔念昔歲甫冠自許雙南金只今墮危塗不如煙際禽山水所素願利名非宿心何當返故廬嘯傲蒼崖深兩鬢豈長綠勿枉吳霜侵

九月十八日夜夢賞春某氏園池賦春□□□□

詞二首題柱

芍藥花開日漸長小牎閑理舊筐黄憑誰為喚□□□□詩宗匠共賦留雲借月章

楼下酴醿壓架香翠圍帷幄覆池塘桃花浪煖
魚成陣人倚雕欄到夕陽

古交行 并叙

予因雲莊李達先遂識漁隱陳惟定
二公博學多材藝獲從之遊幸矣賦
詩一篇以見意

君居京江頭我住武夷曲平生風馬牛道路幾
重複會面情相親卜室欣相隣傾蓋一咲粲恍

然如故人君家義聚五百指堂上怡〻奉甘旨
收書萬卷不言貧撫卹孤嫠甚勤止我家煢獨
與君似自我之出誰料理歲晚團欒未得歸感
事捫膺但增恥知君念我留客裏每見時能具
羞乜心吐肺肝所同然尊酒論文日終磬古靈
故家好孫子披覿芝眉因識李博洽多聞世希
比頃刻龍蛇飛剡紙我慙學術殊不逮二君二
君愛予心良勤交遊情鍾固以類愧以蕭艾聯

蘭薰常恐此時心易變作甘醴欲君持此心淡
若秋江水古人心交尚道義今人利交尚權勢
古道于今何寂寥傷心不識古交意兩君姿質
俱精金百煉不改色愈明兩君體性如美玉渾
〻厚〻藴諸櫝上映亭〻巘上千歲之孤松下
方磊〻豐山百世之霜鐘松青不變四時色鐘
鏗一朝振文物予何人哉得附驥勉〻詎敢自
暴棄日莫長歌伐木篇三復詩人琢磨義

蕭長公来訪示以諸公詩卷謂與予遊從之久不能一辭為贈頗相嗤責予賦之不可辭亦不可皆有説焉名章俊語前後相望無纇次乎其間是觀西子之容而自增醜耳所不容卻者予年十五時海山官丁受琴于長夫今予年四十與長夫有二十五年之舊辭之弗作其可乎因書長句

人主立志各有癖浹髓淪肌療無術君不學少
年奏賦明光宫又不能桒麻穀粟去作田舍翁
苦心竭慮淡泊音手携三尺緑綺琴七絃指下
叢然鳴于以求見古人心古音寥寥失微妙鄭
衛淫哇競蟬噪君獨優游遠愉廣厚而高明鼓
有虞氏之南風賡之以文王宣父之操若人来
索便與彈略不訑訑見顔貌絶之不作衛次公
卻之常嘆戴安道顧我與君幽趣同海山尚憶

初相逢我時十五始冠巾君亦壯年氣如虹夜窓擁衾月流空促絃初學調商宮別來二十五春風我猶故吾君學通五音六律知者稀一生辛勤造精微心存至樂物莫移殆類聞韶子在齊洋〻盈耳不療饑任從妻子相蹄啼浮雲柳絮無根蔕世事乘除幾榮倅秖今物我俱忘情與君同尋方子春衛次公善琴京兆尹李齊運遣其子與進請授之法次公拒絕因終身不復鼓

溪橋晚步

一帶清溪淺漾沙松橋横渡野人家平林盡日

霜風勁楓葉飜丹似落花

和張政仲見寄三絶

柘山盡處即屏山若隔蓬萊弱水間伐木歌餘

凝望遠此心飜羡白雲閑

故人别去復一月三絶詩章寄我来我有青州

四從事已令挈至待君開

藥畦菜圃足秋雨菊徑松坡未就荒請命當年嵇呂駕便同看劍引盃長

演平渡度姪別入城

前溪積雨浪拍天人立沙頭催渡舡溪雲貼水濕不起岸柳凝愁絲亂亭石泉涓涓響澗谷山樹濯濯延雲煙客程東西風袂翩去者自去還者還（自緣切）

政仲留飲醉書長句

春歸無計堪留連川原暗緑屯雲烟消〻磵谷
聲潺〻夜来急雨春風顛天公知我愛山癖晨
光薄林曉日出浮陰埽盡山屹立疊嶂層巒凝
黛濕此時来訪故人居氊葷為我開兵厨真珠
滴槽不用沽沉酣相忘於江湖我不如阮公籍
相逢一醉六十日君莫慠陶回明欲令明朝重
抱琴且須相從痛飲師尊前落魄同襟期何如
沉〻深夜剪韭共春酌細誦工部生前相遇銜

杯詩

送連景昭歸三山用其韻

秋風乘興下三山不憚驅馳涉險艱别酒醉来仍更酌征鞍發去且須攀身安豈畏路千里道在元知命兩間從此莫教情斷絶尺書頻寄塞鴻還

得意難兼熊掌魚功名随分勿求餘或先或後時而已將廢將行命也歟理性明中閑念慮雲

山深處著田廬君歸政好携妻子泉石尋盟飽

讀書見白樂天草堂記

侵曉書懷四絶句

石泉宵冷〻清響雜寒吹恍驚山雨来醒我一

覺睡

幽蟲聲唧〻感此秋夜長起坐彈鳴琴蘭釭炫

餘光

披衣启外户晨光清可挹緑樹隱蒼煙遥認楓

葉赤
踈星澹河漢點點在秋水微瀾漾殘輝曲沼過
遊鯉

田家

稻熟田間咲老農鬖鬖村鼓樂時豐新蒭自酌
花盈椀醉倒扶携夕照中
堆槃野柿閒山梨酒美雞肥稻滑匙婦子團欒
常見面一生寧識別離悲

校：一鈔本盈作甆

一鈔本墨筆
校作踏青

環洲江氏園

欲覽環洲勝維舟步石磯蹹舟隨野色穿翠任
春霏地迴知山遠村彎覺水圍東風輕薄甚桃
李亂荆扉

將口道中

沙平路軟足力健麥細桑柔春意深淥水一彎
浮野鶆青山兩岸喚幽禽

妙湛寺

山逕盤紆露石根一溪流水兩山雲齋餘緩步
青松下輸與蕭閑老惠勤

晚望

晚雨逆溪上寒雲傍山飛白鷺去洲渚潛魚沂
灣磯峯頭行跡少唯見暮樵歸

溪園

溪園闢平疇左右接林麓沉沉水浮堰泛泛潭
轉曲果木漸成行臺榭亦營築何時東風来吹

滿枝上綠

栽竹

綠筍移種不多時，添我溪南一段奇。會看明年春雨後，滿林頭角籜龍兒。

種梅

隱淪冲寂澹生涯，芍藥櫻桃厭艷華。剔亂剪繁疎影瘦，臨溪只合種梅花。

書懷

園成日以待東風綠李黄梅已閒叢種竹自期千户等拳杯誰伴八僊同機忘鷗鳥情相狎與適琴書趣獨窮坎止流行隨所寓樂天知命一閑翁：

簡康姪求先君石山

見好山如見高人遯世冀巔清淨身見拳石不如接佳友手摩挲愛逾瓊玖我生嗜好不有冗長物寓意蕭閑秪在青山并恠石往年都梁得靈

壁名以催詩延座側去載還自嶓冢江女媧溪
頭繞落帆山靈見知情不凡乞我清波一塊川
墨塗巉巖孱山嵯峨高雲攢五畝下著吾儂居
牕扉面々挹山色真山假山互崙峯舊藏英道
数峯碧崝々奇々總拈出一丘一壑在胷臆煙
雲盡向空齋集君家一峯良可惜埋沒庭除沙
土蝕尚思阿翁存手澤何不遣歸慰岑寂楚人
亡弓楚人得在彼在此理則一小詩代簡言從

容子心坦蕩詎執違與從儻令長鬚勤送似待
予大書持書榜曰飛来峰
宿興國寺方文與客對床
世間何事能感人詩人題詠為多情我亦執筆
書長吟詩吟未竟情已盈古稱白頭如新傾盖
如故何似秪令握手見肺肝開口無毀誉古稱
共君一夜話勝讀十年書何似秪令對床談子
虛醉歌咍臺咲盧胡昨宵春月如畫明與君聯

詩到三更今宵夜雨如盆傾共君鼾〻直到街
鼓鳴醒来莫問陰與晴但聽簷溜飛泉聲明朝
又作穿雲行巾紗杖竹蘀芒輕遇酒酌彼兕觥
逢花賞其芳馨見賢者如接芝蘭對俗子譬之
蚊蝱勿與物忤競勿為事絆縈陶然樂吾真是
謂羲皇人是謂葛天民

秋池曉步敗荷萬柄一花挺然可愛伯
益賦詩和韻錄呈元翰敬叟君明季傒

求同賦

蕭瑟秋池撼曉風江妃旋㧺水雲空未教零落千孽雨尚借柔酣一點紅㜸盖高低騷客賦寒衣裁製楚人工誰憐夜枕驚殘夢恨在繁聲點滴中

楚騷有正有反予既以數語詠獨開荷花諸公罷和工甚輒拾餘意反作一章

一從炎暑變秋風識破維摩色想空豈有三乘

一鈔本不脫淺字

無盡法尚憐孤艷十分紅唯憖寡陋吟懷淺
芳諸賢句法工共倚闌干休悵恨典刑猶在四
筵中 予有金荷少刻當出之侑觴也

長句簡敬叟季傳蕙呈端夫申父晦仲

士生樗散甘嘉遯頹首衡茅敢尤怨良朋益友
肯顧臨講貫漸磨篤明辨年来瘖啞瓶守口俗
子污人如避箭論交謾說笑金蘭厚貌深情半
譏訕念君與我情不薄一忝從遊一親春碣来

有何乙校

終日坐書樓喜劇論文幾昏旦趣生風味亦不
惡抵死絕交良可歎胷中磊磈孜須渠吻噪腸
枯賴澆灌孟公舊不論升斗驚座丰姿發奇觀
富文博學子游子秀楚翹英穎鋒見吾雖不敏
遂後塵斬將搴旗共酣戰祇今便造無有何相
與神期遊汗漫既無三雅伯仲叔不有巨杯觶
角散請觀管輅楊子雲欲作九原誰可喚酒不
離唇元乃就三斗頓傾辭綺粲二公洞達疏通

豪妙語仍煩下一轉養浩堂中顋惠然急吐才

華染柔翰

余少日不能持養志氣所暴多失逦来

方喜問學之有益也近築小楼藏書楼

之下建堂名曰養浩七客落成以善養

吾浩然之氣分韻得氣字

吾非北宮黝挫若撻諸市吾非孟施舍量慮三

軍畏一憤剌客流一入力戰七知一不知二遂

與聖賢異周孔得其傳偉哉孟軻氏講明不動
心因問發奇秘氣壹則動志〻壹則動氣浩然
得所寄知言有深味嗟予篤學心一曝十寒廢
立志苦不早少豈達茲義所適昧善惡幾溺彼
功利事情更歷多晚乃能自礪日用根本原至
大至剛意餒然行有慊何謂塞天地服膺朋格
言造次顛沛是

與政仲端夫敬叟季傒至舊圃采芺（芺）芙

一鈔本早（作旱）校

一鈔本朋（作明）校

蓉金菊之妙時之所當艷者江梅海棠
爛然照目可無数語紀之為書長句

秋陽杲〻秋月明秋風泠〻秋露清蕭騷池上
萬松竹鳳笙龍管吹秋聲山亭與客坐夕陰眼
照萬象前橫陳一年好處右此好妙質欲紀難
狀名那知天上詩酒星翩然騎鯨來玉京浩然
相對發思奇句法普現千古情詩成不用世間
語五言七字虛皇吟霞明皎〻芙蓉城香霏楚

一鈔本右作若

楚月魄精海棠婉孌鬭繁艷江梅冷淡同芳馨
東籬采々萬疊金西疇更刈千頃秔人生得此
亦不惡措辭莫謾悲愁生先生年来真脱晚俗看
破世間榮與辱冒懷坦蕩適四時豈但芳華競
馳逐秪今忘物々忘我物我兩忘機印可不知
門外秋水深不識紛々朝市心榛頭新蒭蟻初
熟炎盤剥珠芰切玉是秋是春窈難語折花薦
酒々痕濕萬緣空處罷休々八表神期汗漫遊

一鈔本墨筆語校作話

醉鄉廣大塵世促明日酒醒詩載續

和劉伯益嘲菊韻

虛隨斗轉屬中宵草木凌競菊粲條錢疊夕陽金僂儴藥浮秋露玉鐫雕不隨俗子媚時好長伴幽人避世囂令炙殘杯愧徵逐曲肱只合友顔瓢

康姪招飲出示古洲所寄盆梅囑坐客賦詩分韻得言字

嵌空奇崛石一拳緣（綠）蒲攢劍森且蕃虬梅屈折
龍蛇蜒蒼幹（餘）蘚蝕低盤根瓊英已露冰樣白香
氣便覺凌芷蓀吁嗟培養幾歲月巧奪造化移
小盆晴牕諦玩意無數搜索物理究所原方圓
高大僅尺許典章文獻皆具存横斜疎瘦無不
備究（宛）若老樹生山園鄉拜疇昔少曾見此花何
自来幽軒云是古洲老詩伯親手植此冰雪魂
不忘文舊情好寄春色分遺婦山樊吾家小阮

一鈔本墨筆拜校作邦

亦好事美不獨擅招弟昆更呼賓友同勝集羅
列槃饌開罍尊舉杯對花與劇飲情話欵洽相
咲言歸来漸是東方白醉帽欹傾風袖翻

飲東屯庶姪家賦臘梅和陳簡齋韻

釋迦黄面禪可誇色想熏漬霜中葩不然安得
白玉蘂而乃幻此黄金花信知造化真有法蜂
鬚釀蜜〻釀蠟〻凝花房豐不腴桃李湯山鳥
可如繁枝摘索燦栗玉吟搜西郊信杖扶小須

夜窓踈影掛明月是蠟是花君自別

北山園山石爲形勢買盜夜半擇其尤者竊去累日懷抱作悪賦詩以紀鬱〻

素志薄利禄壯年榮林丘種樹疏閒泉鑿沼開中洲堤平水瀰漫徑遶竹淨修梅塢夜月亂松岡曉風飂猶以景象淺欲廣巘壑幽疊石類奇品置身將侶儔磊碨質偉特嵌空神琱鏤廬阜几上得巫峰坐中求每想雲氣嘘遂覺烟練浮

一鈔本榮校作營墨筆

曳杖日以樂縱懷吟無休一朝失警巡赤眉行盜謀夜半員之去公然從狗偷檢視所冠攘嶙峋拔其尤此情實難堪遣命窮蹤由風聲雖有閧形勢莫可搜吁嗟世道降人弗士行脩竊玦入志慮攫金甘輩流不念溺所習竟為前哲羞今吾理自喻委心任去留甑墮雖不顧璧歸猶冀收

送術士周柟歸東陽

射策彈冠莫浪言經丘尋壑且隨緣誰能守分
閑居世自斷此生休問天久矣知君該妙理令
傌過我話流年歲寒事業相期重欲植孤松驗
果然鍾輻事

春夜對月彈琴有懷

一春ㄔ雨連春陰今夕何夕月滿林峯頭遥望
星漢碧皎ㄔ明鏡懸東岑欄干浩歎三顧影有
酒有酒誰與斟我思兩弟怨以喑邈不可見愁

一鈔本墨筆
東校作來

締心念愁更奏緑綺琴匣中埃𧎾塵土侵解絃
更張試促軫怨入懷抱難成音兩君青春竟棄
沉天閽悵望商與参高々在上杳難詰矯首涕
泗憂思深欲結今生未了因尚斷柬世盟可尋
君遊九泉聞不聞安知阿兄心悲吟

瓊花

團簇繁英玉碎圓露晞日暖欲生烟親從后土
分奇種不是人間聚八僊

繁鑾觀裏舊経遊五月曾看緑葉稠今日家園
玉摶樹春風吹夢到楊州

送庚姪親迎延平李先生家

庚郎吾家千里駒朝莫勤苦讀父書少年綽有
老成態月旦考訂評鄉閭明當别我擇賢妃去声
結束琴劒誰挽裾春空吹晴惠風暢煙草弄色
和氣舒野橋融洩柳絮合石岸慘愴鳴鷓鴣乘
龍有期弗獲餞数掾政葺淵明廬旅愁奚思莫

排遣離恨掛臆難埽除况當春晚氣暄淋着人
欲醉甘醴如脩程所囑善養攝禮畢蚕辦雙
輿婦翁傳道世大儒習俗再使淳古初稔知賢
舅繼家學子如從之師有餘歸来阿叔待審訂
義路禮門從廣居

傷歌行

原〻而来白日跳丸莫可留混〻而去青春過
隙不能返誰憐生者長自懽不念死者日益遠

吁嗟此理從古然世事浮雲共舒卷我生顧影
空伶仃鴈序零落如曉星悠悠天道不可詰黯
黯悲恨無時停可堪嫠婦來行李挈取稚子同
歸寧

夏雨歎

君不見去年六月田作龜兆坼禱祠乞雨遍村
陌時當饑饉民不聊穀貴有錢無處糴今年六
月歲幸豐十日一雨五日風市積粟米價不長

有穀無錢人更窮，吁嗟此道孰識測。街頭細聽
老農說，往年兵興錫賚多。官會頒行姑濟急，舊
會既収新會降。所司稱提若無策，朝廷明許同
見錢，便當流轉同貨泉。不應州縣首逆旨，榜示
墻壁徒奉行。庫頭令賣小印擬，輸納租稅私相
權。（迩来輸納租稅並用就官庫買否，則弗受。及視官會為私物而不用。）非錢買擬
用不得，執幣嘖嘖之煩有言。遂令百姓愈惶惑，行
之與否誰使然。小臣空負濟時術，閶闔九重無

路入何當奏計承明廬傾倒賈生長太息

廞庭自三山送荔枝分韻得緗字

炎精孕秀儲氣祥荔枝結實魁群芳我有猶子客南服千里眷念情不忘星馳走寄一千顆伏暑火熾勞取將筠籃初開氣芬溢稍覺四座浮清香驪珠燦爛光奪目瑚盤飣餖羅滿堂先廟未獻不敢嗅色味雖鮮那敢嘗少須祀畢分送似賓友拉至紛攫攘絳囊初剝拆霞縷玉臉

漸

綻流天漿手持柰此水晶粒地積更詫雲錦裳
海鄉因記少日好遶樹食啗高價償婆娑碧綠
擁平野丹苞縠皺暉朝陽初驚星火爭燿熠久
訝彩鳳爭翱翔薰風吹開碧雲葉綠水宛類飜
赬魴只今老大將底用食此感激意故長君不
見方紅陳紫列紺緗三十二品裁中郎丁香核
小味甘潔何似釵頭十八孃天生美實限南北
長安路遠價愈強只今生食享至味不數蜜漬

盌蒸方又不見宣靖文物全盛時貢輸不減開元唐輶車縱横繡衣使海内騷動封紙黄妙品人間那可得置以走轍加浮航似聞供上祇纖悉往〻盡入公侯王驪山往事不古鑒長嶽馴致胡鵠狂亟今故老尚能説空使悲憤縈肝腸書生不負醫國手賦成何日奏明光不如且喚吴姬輦咲擘輕紅入醉鄉

梅花自秦漢而下無一語焉至宋鮑參軍照

始賞其音而寓之詩然則梅之見于賦
詠者實自明遠始也用韻二首

梅花落　唱首鮑照明遠

中庭雜樹多偏為梅咨嗟問君何獨然念其霜
中能開花露中能結實搖蕩春風媚春日念爾
零落逐風飆徒有霜華無霜質

落梅

片〻玉零亂寒風生驚嗟凍雀相飛鳴撓啄苕

上花鳴飛饑腸不能實却上煙梢照斜日愁逢
冷淡太寂寥不似春風艷陽質

蠟梅

色異政自貴香清未堪嗟靈蜂擅造化幻作姚
家花手姿輕明體充實染透薔薇毓晴日從稱
紫暈黃檀心桃李依然是凡質

二月二日東屯感懷

春波渺ゝ柳依ゝ芳草侵街蛺蝶飛萬景橫陳

空物是一區幽僻念人非沉悲逝者去不返
挽已而今昌歸回首鶺鴒原上路感懷飆得淚
沾衣

野館

野館春歸後橫塘度柳綿輕風飄麥浪細雨落
花天草褥迷三徑苔紋疊萬錢山禽自呼喚水
竹倍清妍

閑居即事

山水縈洄處士家春林環合翠交加行吟溪岸
穿垂柳坐倚闌干數落花萬卉萬葩天長養一
丘一壑我生涯長瓶芳草醄然處不向愁邊感
物華

紫溪莊即事

嶂碧楓丹色倍鮮路回烟裊認前川霜陰釀晚
意將雨風厲裂雲時見天古木葉彫鳥矍鑠平
田沙冷鷺聯拳稻粱割盡村原迴落日牛羊傍

眠

雲際峽中

野渡煙迷谷寒潭水漲沙入雲千萬岫出塢雨

三家澗古泉仍石山空菊自花柳塘冰欲結相

對秪棲鴉

西巖觀瀑水簡沈莊仲三首

雲潤衣裾夕露霑懸崕一水散跦蘆精廬隱約

青山下縹緲飛甍出画欄

踏石穿雲野興添傍崖昌歌緑纖纖幽人近得
安心術擷滿湘藍意未厭
暮雲新月一鈎鐮歸路溪風動璟薰美酒不妨
車後載夜深無處認青帘
窰前小酌和外舅韻
五馬旌旗去路長筍輿穿翠度羊腸霜餘緑橘
漿尤美秋晚黄花氣倍香勝景形容詩入詠羇
情排遣酒傳觴風流太傅何須詑獨載東山窈

窕孃

題壁

午日柳陰正晓風花氣新川明魚泳水林静鳥

啼春

遊九曲

三十六峯高插天来遊誰不慕真僊幔亭舊事

隨流水空自溪頭喚釣舡

武夷山

十年不到武夷山幾與神僊絕往還九曲依然青嶂裏一峰仍揷畫欄閒瀑湲野水溪隨轉縹緲秋雲意自閑我見溪山渾似舊溪山見我鬢毛斑

鵝湖道中

去城十里路盤紆幽徑平岡駕小輿認得鵝湖山下路綠松巖畔擁僧廬

分韻得雪浪齋石

四海廣大萬山立奇怪峭岸巉巖石棄而違者
庸有之愛樂去声每恨沙土蝕忽然一旦獲所遇
刮垢磨光呈美質騷人諷誦脫諸口世寶不減
和氏璧東坡居士豈好奇偶尒得之心良怡巨
盆沃以清漣滴脉絡雪浪縱橫施平生我屢哦
此詩恨不見石心飛馳何人志古墨寫跡烮藤
染就貼東壁似是而非不可知誦詩對畫長嗟
咨

伯盎以玉舟相酬酢席上口占二絕

新年殊未有吟搜美酒醺人不自由多謝主人情意厚玉舟三度轉舡頭

元正講禮詎能忘便辱留連設酒漿掐〻〔拍拍〕一舡春盎〻嵇山應未愧知章

次劉伯盎三詠韻

方竹

烟梢倚矗画簷低春曉叢疎緑玉枝節立孤高

虛靜處身持敬義直方時清風戛玉聲操佩明月節金影散墀寄語幽人勤愛護莫教斸削俗兒知世云削圓方竹松間喝道花上曬褌皆殺風景之甚者俗兒事見李衛公雜說

耐冬子

雪裏婆娑結子低山童應亦訝卑枝幾年開落懸無取一日搜吟信有時紅實纍纍臨曲砌冊苞簇簇耀幽墀古今未見多題品却恐君詩取世知

金鳳花

鮮華五色翅飛低，不比尋常鵲踏枝。德茂翱翔丹穴日，琴清調弄紫庭時。羞同鷄鶩喧堂宇，咲把金銅鑄殿墀。何似花欄自生長，幽芳端不在人知。

度姪從事行親迎之礼於傅氏，朋舊各賦詩贈别，老叔雖凄涼阮巷，老大謝家，無可数語以餞行色

曉露沁桃臉東風揺柳絲小雨斂香塵山川發
華滋今晨又氣新滿路春融怡祖餞賓從懽喧
譁車馬馳問云何為者吾子有所之所之道匪
遥求友貴及時婚姻古則然制禮令或虧琴瑟
因好合蘋蘩尤謹持擇耦得賢桒令淑全婦儀
豈但榮己身實將慰母慈氷翁君子儒材術世
吏師聽松鑑燭物明不差毫釐子既獲晤承朝
夕廣見知士生三日別猶以刮目為此行諒經

月帰計春仲期非吳下阿蒙行可驗措施心廣體自胖勿溺小智私門户要人與責望風所斷廟見事唯謹遇邁毋或遲語直殆逆耳顧當深致思

寄謝叔通宗兄題耕隱詩韻

雲隴躬耕新雨足東阡南陌水瀰淪市朝軒紱秋多事鹿豕漁樵欣與隣我欲為謀三畝地東坡詩借我三畝地結茅為子隣叔通云亦欲携家相就住尚堪同作耦耕人君能來共

一犂春蚕知世路風波險俛首無令愧野人

寄題吴介夫專壑七詠

壽藏

員鍾劉伯倫埋壙司空圖誰為後来達息菴與之俱

息菴

日出機事生日入群動息吁嗟利名子逐〻何所急

止宿

大路古茅塞問津欲何從雞黍相款留賢哉植杖翁

負閑

鍾鼎本玩世富貴徒苦人何似天地間蕭然一閑身

洪澤

酌彼洪澤水吾知非盜衆（泉）峯世望甘霖喚起神

龍淵

横舟

山崦少人渡夕陽横釣艖顛風捲重陰急浪揚
層波

專壑

竹泉岾草堂轉眼事非舊一壑今獨專造物有
付授

余讀林子仁詩云君心恨不走天涯不

比衰翁只戀家最是横塘黄葉路今年
無伴折梅花時吟此詩念劉伯益之未
返偶檢校前村南枝的皪已三花五蘂
矣忽伯益自黄檗歸訪余折歸插玩知
友朋之念有同然者對花劇飲用韻述
懷

梅邊春興浩無涯長憶西湖處士家我政念君
君過我夜牕同共醉疎花

妾薄命

佳人命薄今古悲苦樂在人知者誰鏡鸞窺損春黛眉洞房不出藏繡幃二十許嫁豪家兒阿爺已受筐篚儀心旌暗許良人隨那知中道前議非父母反覆志願違嫁婦只得隨身衣金幣粧飾無所齎婦德婦容雖守持阿姑色厲妯娌唤良人輕賤恩意虧春波不似鴛鴦齊春風不如雙燕飛妾非無聲不敢啼妾非無淚不敢垂

此身自恨生不時惡離父母將何為不如携將
六尺帛黄泉冥行與世辭父母安用深致思此
身期與良人知

中秋分韻得雲字成三百言

今秋苦淫雨漲汐添溪瀆新涼值月夕密靄高
燦雯稽首告天公懇念心良勤天公知意誠感
應若有聞須臾撤豐隆巔末生鱗紋庭臯一震
拂朧首飛秋雲忽然朗穹昊萬象蒙竒勍峯頭

見松梢光照草樹分乾坤兩瑩徹爛白無邊垠
我歌忽如狂我醉茫茹（如）熏桂酒雜椒漿醞釀騰
馨芬皓魄耿素懷幽思殊不群冷然冰雪腸頓
醒麴糵醺便欲浥沆瀣盤饌遺羶葷遥望瓊樓
僊霧綃青霞裙何當下招呼上征離塵氛去年
當此時浩飲逢諸君今載復肯来持杯共論文
相從豈無他群聚徒飛蚊蝨苟得嗜利輩抑何掛
牙齦豪傑所顧文黄金勝千斤喜得詩謫仙根

去髯將軍衆子賢共推奚用區蕕薰愛客綽祖
風滿席坐歡欣恭横斗轉杓魔祟相糾紛欲眠
君且去陶語吾亦云慷慨有大劉浩氣充棟棼
十觴不能醉餐嚼無餘曛鳴雞忽唱曉杲日東
方昕帰路襲桂香幽巖麝沉焚

賦祝次仲八景

瀟湘夜雨

移艘繫灣浦傾篷聲更豪謾起湘妃恨長歌靈

均騷曉汐漲何許微茫泛江皐

江天暮雪

雲凝天四合客雪灑石矼野渡滅行跡岸沙橫

孤艘誰憐鶴髮翁披蓑釣寒江

山市晴嵐

貿易足魚米相逢話桑麻村墟人蟻糺日夕山

一鈔本墨校甕 巳甕

氣佳酒賤醉甕甌樵漁自生涯

煙寺晚鍾

鍾聲煙際来佛屋棲雲端回颷度崕谷踈韻出

林巒東岫上明月歸僧濯清湍

漁村晚照

輕蓑〔蓑〕著蓬背日暮漁者還新月印淺水夕陽生

亂山誰歌采菱詞隱〻過前灣

洞庭秋月

木落露君山空明夜氣浮冰輪揩鑑淨皓彩漾

波流空〔煙〕外数聲笛孤吟人倚樓

平沙落鴈

水落舟渚闊天寒風雪微白雲排序下聚翩與沙依饑啄蘆葦根何時稻粱肥

遠浦歸帆

歸鷺林邊白落霞天際明蒲帆載風急征棹逐漚輕稚子候江滸遥聞嬉咲聲

僊洲呈劉伯益沈莊仲

杜門久經時老我徒謬悠平生山水心汩汩不

暇謀今辰定何辰木落風露秋忘懷兩佳士共約来僊洲杖藜欣躋攀空濛翠煙浮鮮帶小盤泊尋勝還経丘捫蘿坐石冷俯澗穿林幽露重巾屨濕涉歷青山頭瀑泉晝生寒晴雪散不收蜿蜒下大壑一闖千文虬帰来坐危亭興與孤雲留野草為誰好巖花徒尔愁昔賢有遺蹤俯仰歲月流慨嘆不自禁陶然聊消憂

𡨴菴題桂二首

清鍾靜室破寐歷灝氣空山生泬寥長林風送
澗水急聒枕宛似春江潮
五更清夢雜喚醒八月好景詩為催秋蟲夜靜
野禽語風木天寒山雨来

責康

我生不辰八歲孤伯父薨逝叔父無長總十五
立志苦不敢怠惰知讀書汝生父子不識面母
慈育字如捧珠那知汝更命苦極八齡甫及母

亦殂幸有阿叔相持扶叔亦痛念同氣餘辛勤
鞠養力盡瘁五載為汝六請師固知門戶要人
興切〻訓誨口欲枯有言弗聽日益懶乖劣氣
習移下愚竭来值我有行役恐汝質變為小夫
携俱不憚數千里跳走健勝猿與狙水行為汝
愛江湖出陸每愁山險紆川途憂愁念慮苦摩
撫豈嘗親子如傷舟終日澇蝦魚蚰輿人夫肩
膚號呶徒自費牙頰事不獲已施鞭蒲潛窺

諦視不少改謔浪咲傲仍前初聖經有味懶不
讀對字粗曉平側呼吾家七世身業儒忠孝學
術誇鄉閭汝當更明所自出挺挺當代文公朱
不悛秖為先德羞失教何異犬馬豬稍長面目
益可憎儕輩戲弄入見踈我今極口復汝説速
宜悔念毋忽諸嬉遊儻更不檢束命也奈何吾
已夫

光化儲文晨興摘郡圃桃見惠每顆有

重十三兩者他州未嘗見頃讀鄭中記
句畠桃有重二斤者每竊咲之觀此信
不誣矣光化去京止六七百里且地脉
肥沃疑承平時得種来植
金盤磊磈大如瓜照乘驪珠未足誇大矣芳苞
含美實爛然紅臉燦朝霞臙脂細擘漿流液珠
琲輕揮露帶華一洗宿醒牙頰爽瑤池如宴母
僫家

安康中秋書懷

去年中秋吾廬成月華逾書風露清今年中秋来安康風凉雨冷天無光去年把酒諸子與月落尊空未帰去今年把酒興如故有月無月不須慮婦翁歡喜婿遠来阿嬌見爺雙靨開是風是雨是明月管甚陰晴與圓缺但願吾身益強健莫使骨肉嘆南北

七禽詠

貫錢石八豆

貫錢石八豆充腸備梁糗飽嬉遊手兒初不事耕耨好衣好食街市女汗珠滴滴田婦苦夫耘婦餉日卓午朝夕南山捕蟲鼠

不如歸去

不如歸去愁緑怨紅春欲暮汝勸行人歸行人勸汝住鳴聲不位良苦辛啼得血流無用處不如歸去吾今歸千聲萬聲尔何為

泥滑々

泥滑々泥滑々前聲住後声發不道去年冬没雪今年春旱已三月々如金日如血大麥小麥盡枯竭使君祈禱走阡陌汝切勿啼泥滑々

行不得哥々

行不得喚阿兄向晚夕猶悲鳴坦々之途萬人屨跛鱉不休跬千里汝行不上可柰何日暮途遠無蹉跎

姑惡

姑惡姑惡家道立汝爲人婦供婦職婦德婦功汝不能抱恨歿身空怨抑不化秋栢食不化山頭石化作春鳥鳴㗁呶何苦極

提葫蘆沽美酒

提葫蘆沽美酒酒美欲沽何處有官醪道遠不可得村釀濃酸難入口况當春暮暄暖初沉浸醲郁醺醲膚客中醉倒無人扶

早耕早布

早耕早布節物如流春色暮金虜土瘠無稻田布耕播種上声種去声何處一春焦涸旱無雨麥穗藏頭猶未吐麥穗不吐人不憂粟田每種秋可收只愁夏料欠輸納悍吏坐門官不休

鄭鄉舟中睡覺書懷

晴空揚沙春茫茫柳絮匝岸東風狂蓬牕兩畔高捶起收拾萬象供吟章眼中物物盡時料應

一鈔本時墨筆校作詩

接不暇勞迎將睡魔欺人晴晝長坦腹一枕追
羲皇醒来意興難説似石昂細味煎茶香江花
無情為誰芳江草緑嫩肥牛羊渺〻渺〻水曲
折遠〻近〻山低昂客懷解后良未悪隱几抱
膝聊徜徉故人念我天一方我亦千里遥相望
相思用情何日了帶圍寬剩羞東陽不如且理
文字五千卷捜吟拄腹撐枯腸

甲口翫月

山頭團〻上明月偏與行人照離別月華只是尋常明照人離愁〻思盈千古萬古是箇月如何有愁有歡悅君將此理細推尋悲歡元自由人心

蜀口枕上

清嘯孤猿半夜啼子規山狖共酸悲水風露月煙江冷正是離人睡覺時

淨口二絶句

一江春水綠油〻遶盡春山去不休愧我扁舟
無定著追隨曲折與同流
修〻野竹碧琅玕亂石懸崖劍戟攢貪看野禽
穿綠樹不知舡已過前灘

釣磯候舟

可以賦新詩江清釣石磯船移山勢動灘急岸
形飛雲日林紅薄晴煙野翠微長歌漁父句世
事付蓑衣

溪亭醉卧用李僊韻

客眠幽夢永花氣著衣深枕借溪中石雲閑體上衾醒来揩亂眼風雨滌煩襟得句無人解惟予識子心

次溪園紀實韻

隨地安身樂有涯萬鍾於我〻何加左蠻右觸真成幻浮利虛名揔是花草茁玉英新藥龍火添金鼎舊丹芽異時相見無驚訝添點雙瞳臉

瑩霞

新霽和人韻

晚天未霽烟張（去声）霧浮埃蔽空雲擘絮西山遠掛月一眉澹澹寒輝生綺户須臾仰視天中央清飆震拂銀河光人影在地林影散月出皎兮星斗燦

次叔通推官見寄二首

海錯園蔬富矣哉杜醪龍塉一時來放杯停筯

情何似往造無何半日面葅時惠王家酒鮀鰕菜

君比昌黎頗似之號啼不問但吟詩貯儲甚愧

鄰僧誼不與盧仝更與誰

久雨秋懷二首

孤雲野鶴情自在碧水冊山人易安哀鴻獨叫

暮天闊宿鷺雙飛秋雨寒蕪林遮眼青到市梢

葉漫山紅隔水不將濁酒急驅除滿意風光誰

料理

漢陰抱甕自其志彭澤折腰非本心碧梧委路
霜信早黃菊護籬秋氣深稻場可羨西疇老紅
釀黃雞醉翁媪自咲吾儂計太迂愁滿吟懷詩
未了

再次叔通来字詩字韻二首

秋雲冥〻未開霽搔首懷人〻未来特地送將
雙鯉去果然換得雨詩回
誰念溪翁我念之折腰為米見諸詩春秧夏穟

一鈔本小注是墨筆然字畫墨氣實與正文非一人一手墨筆所補缺字即其人也不如此本用朱筆補出使人易知

苦縈抱不似東坡更似誰見東坡糴米詩

次叔通見寄四首韻

萬箱未穫文偏謫積雨不翅三日霖如將翳處日忽露似欲霽閒雲復深況當邊報置郵速詎識老儒憂世心讀君詩罷三太息嘿不晤語行

磵陰苦雨

掀髯停盃一問之細讀白柄長鑱詩我生託子以為命世路艱難危徒爾為北闕不才書莫上西

山有味去何辭流風餘韻只在眼須信古今同

一時 乞米

口江山到眼一披豁世念攬思三冝休文章苦心

口琱雕周琢歲月老我徒謬悠欲譚圓覺識佛祖更

口汗漫期浮丘宗盟暮年味嚼蠟厭木萬念逍

遥遊 放心

口口四

口口五峰環抱潭一曲溪頭植楊柳籬下栽

口口口疇穲稏香遠舍梨柿熟歸来書在床出

去雲滿屋蕭散樂予心可謂享清福晚福

東屯莊監秤六言三首

讀書不執笈泣治生奚用豐財詩吟一首兩首

酒飲三杯五杯石田茆屋無恙不典亂生蒼苔

天末鴻飛無際沙頭鷺立倍鮮霞明東崦箇裏

煙抹西山那邊上馬吟詩未竟夆頭望月俄圓

剗盡黄雲萬頃春成玉粒千倉出甑香粳滿舍

厭糟新酒盈堈田家慚愧時熟官賦催徵可償

邀趙行之陳敬叟未至四韻速之

一別親朋歲月催衿連袂屬肯俱來交情聊叙

慇懃意野蔌隨宜三兩杯新月窺簷頻起顧清

風動竹幾驚猜碧雲日暮山環合竚立柴扉首

屢回

陳洮湖取古今梅詩自鮑明遠降至今

日名勝集中所賦悉和之凡千首計三

十六卷十日然後讀畢用其叙中四韻

和題其後

照眼梅花雪作堆陰厓寒谷帶春回千篇隨我吟邊去萬里懷人書未來遠樹政須搜苦語攀條那忍負芳杯長鍬幾度鋤明月盡是劉郎手自栽

和

和林處士梅詩八首有叙

和靖梅章傳播今古洮湖賡和癸越詞華殆使後人不復敢措諸辭然人

各有懷吟各有趣何處縮氣今雖千篇抑未為富爲異時騷人詞客吟賦不已吾見其少也未見其多也偶夜醉一筆和成不自知其句語云何吁是豈予之言哉梅憑言於予者也諸兄亦將為梅所憑矣毋作寒蟬致梅姍哂

年々江上見梅時憶著西湖處士詩香晴（暗）影疎

清到骨水邊籬下雪融枝可知寒谷先回律會
聖東皇肎典私竹逕松扉留作伴莫教風伯肆
狂吹
芳菲猶未露春妍已是梅開溪上園香靜細參
花外意眼明應笑霧中昏自憐拙思汚吟筆誰
賦新詩入夢魂風味滿前難料理急招佳客對
開尊
梅花濕露未全乾青女橫陳故作難邪醉〻如

申醉〻晚寒〻似曉寒〻園林雪後清孤甚京
洛塵中子細看自是半神無與比肯同桃李戀
雕鞍
寂寞吟懷誰與開前村除是竹邊梅清尊撩觸
香三嗅短矩日今搜腸九回石路與風隨袖入節
簷和月上牕來謂暗香踈影幾番客散庭空處獨倚
寒稍更一杯
犯寒不怕雪蒙頭踏石穿林不暫休千首詩成

千首意十分春瘦十分愁飛添宮額粧同巧
揷鬢雲香共留勉續清吟知筆弱苦無風度
花蓋

雪皎花明夜不迷借光何假吏然臍詠吟自我
形長短斟唱從渠付淺低誰識標梅詩十賦絶
勝紅葉御溝題明朝杖屨山行去約束牛羊勿
踐蹊

一樹纔開玉未殘忍些風雪耐些寒不須俗子

聯翩去政要出人自在看白玉堂中春信早黄
金琖裏酒痕乾後凋孰與堅盟約松竹青〻共
歲闌
尋春山徑聖班荆食壘芳尊後乘并觴詠隨宜
無限趣塵囂不到有餘清風流天賦幽閑態寂
寞霜明冷澹情若把春葩歸品藻此花端的冠
群英

典政仲山行見梅偶成併和其詩二首

巉巗石壁據崕嵬烟檻風篁十數栽約客偶行
花外逕峯頭俄見竹邊梅背陰寒谷無人問著
句陽春有意栽慚愧心腸非鐵石携壺遶樹日
千回
梅花端的記年芳每到開時趁一陽綠水湖邊
和靖句含章簷下壽陽粧昏〻澹月疎〻影緩
〻清風細〻香不比芳春萬紅紫蕩人狂思費
思量

水僊花分韻得鴻字

借水開花體態豐護畦寒日玉瓏璁素槃黄琖清尊並緑箸青簪白髮同楚〻凌波明振鷺翻〻遵渚潔飛鴻斷腸莫賦招魂句我政憐渠趣未窮

感事懷人送春病酒曉起五首

把酒傷春暮何人慰寂寥才高融未薦魂斷玉空招賦就青陽曲吟成白紵謡拊欄三太息幽

憤幾磨消　感事

節物隨時換朱明斗轉杓波肥溪鱮壯風暖谷鶯嬌青草溪頭岸紅欄水際橋懷人無数舍我欲致書招　懷人

煮醞青梅且共嘗遊蜂飛蝶為誰忙鞦韆綵索迷青草車馬紅橋鎖綠楊春事戰回蒲劒老詩腸結盡柳絲長韶光賦別休匆遽疑佇東風更一觴　送春

積雨平田水接天乍晴雲日煥山川淨無餘馥
延春艷縟有繁陰長夏妍泛泛荷衣青倚蓋輕
（輕）柳絮白飛綿一聲布穀催清曉節物驚心撓
醉眠　病酒
雙眉不皺樂平生一斛時能對客傾曉枕恰醒
紅日上篆爐未歇紫烟明画檐貼水輕飛燕綠
牖依山靜囀鶯隨雨隨晴看天氣緩扶節杖遶
園行　曉起

一鈔本今墨筆加之
泉音

賔從集藕花堂分韻得園字二十韻
流金爍石火煉燔何地泄此畏暑祥草堂幸有
蔛三間令浸十畝泉有源韻琮琤下空山金石
戛擊聲潺湲太華峰頭十丈蓮吾儂玉井親移
根開華結實今幾年紅幢綠盖風翻翻捲舒萬
柄搖蒼烟香苞芳萼錦綺繁雲將急雨珠濺圓
日焙晴酣香勝蓀黿魚竊蔭鷗鷺眠句致屬玉
棲雙鴛房青子碧甘剝鮮藕白條翠冰堆盆嚼

之清冷醒醉魂猶可招邀慰文園君胡不聞李
謫僊聲名飄然譽開元忽傳詔草白蓮亭一埽
意到無餘言又知蘇州韋不凡風清月曉之江
樊形容委曲識花趣妙語歷歷成訂論我今對
花雖著句拈取香氣臨牕軒俱來亦有二三子
將壇共築旗同攀搜吟遠下一轉語縮手無畏
前輩尊但令次之二老間勿劾碱砆亂璵璠少
需紅日西沉山從容特為開芳尊晚色娩靜更

麗娟詠到東方生曉暾
外舅安撫遊東湖一聯云潤衣紅濕池荷雨拂面清泠檻竹風即席令足成之
庚伏人間暑氣隆納涼留客詠詩翁潤衣紅濕池荷雨拂面清泠檻竹風沙觜舊痕平不露野灣新漲曲相通画橈瀉月人歸處萬蓋翻翻湧翠篷
楊户曹用外舅二詩韻見寄和以酬之

得不知所止泛然乘風船正大辱啓蒙似欲駕
我僊大哉周孔心異彼祇添園講月琢以磨豈
在耘人田
切問而近思進〻在不已流光駒過隙遷變一
弹指道大無津涯詎作井蛙喜公私義利分亦
各從其類
　　請遊山之日於黎廣文二首寺有萬竹
此君无不俗幽趣逼蒼官濁世三庚熱空山六

月寒何憂懷抱隘便攬水雲寬敬請遊盤日追
隨杖屨看
聞説江隈裏雲藏古寺深不妨相喚集作意共
登臨荅茗供朝盌伊蒲饌晚餐天風吹皓月歸
路細披襟
上王通守傳易数　名文孫王沂公後
大哉皇羲古神聖八卦始畫天地闢乾效於天
坤法地六子運用眇難測天理人文一宣朗萬

化昭然從此出發明游更三聖手動靜機緘皎
如日自從戰國周綱頽是道亦幾乎暫息漢儒
衆說徒專門後世可聞無幾及傳流吾　宋盛
文物學老儒宗相繼述濂溪伊洛紹韋編數至
部公精筭策秪今　南渡九十年統會宗元孰
探賾恭惟先生蘊其秘口不宣言藏以臆愚雖
不敏敢敬請願孰門墻灑埽從先生學識際天
人先生手提六經筆俯察仰觀關鍵透虗澈寸

心恭太極不鄙愚昧謂之進啓迪狂迷窺闡閾

他年衣鉢得親傳誓言力造神明德

和

先天奧學果何傳造化機緘存闔闢精微儻倖

入神範天地謂可俄而測奧從三畫抉秘蘊乾

元庶物因首出湯推陰盪六子成致用坎离為

日月天人相與妙難詰斯道豈容秦火息九家

分派流愈遠緯讖紛紛非所及韋編三絕繫聖

經微言尚切明作述我生苦晚心好古謗索圖
書考龜策浩如烟海無津涯自哂蓬心窺至賾
衆言淆亂折以理是非安敢決諸臆吉㐫前定
信可推人事堪憐空役〻優游姑樂環中趣默
參經世用皇極較量得失心自知議論無用形
於筆觀君氣宇元静定何慮不優入聖閫不鄙
謂予可相友頗鑿渾沌以報德
方是閒居士小藁上卷

毛氏精抄本校

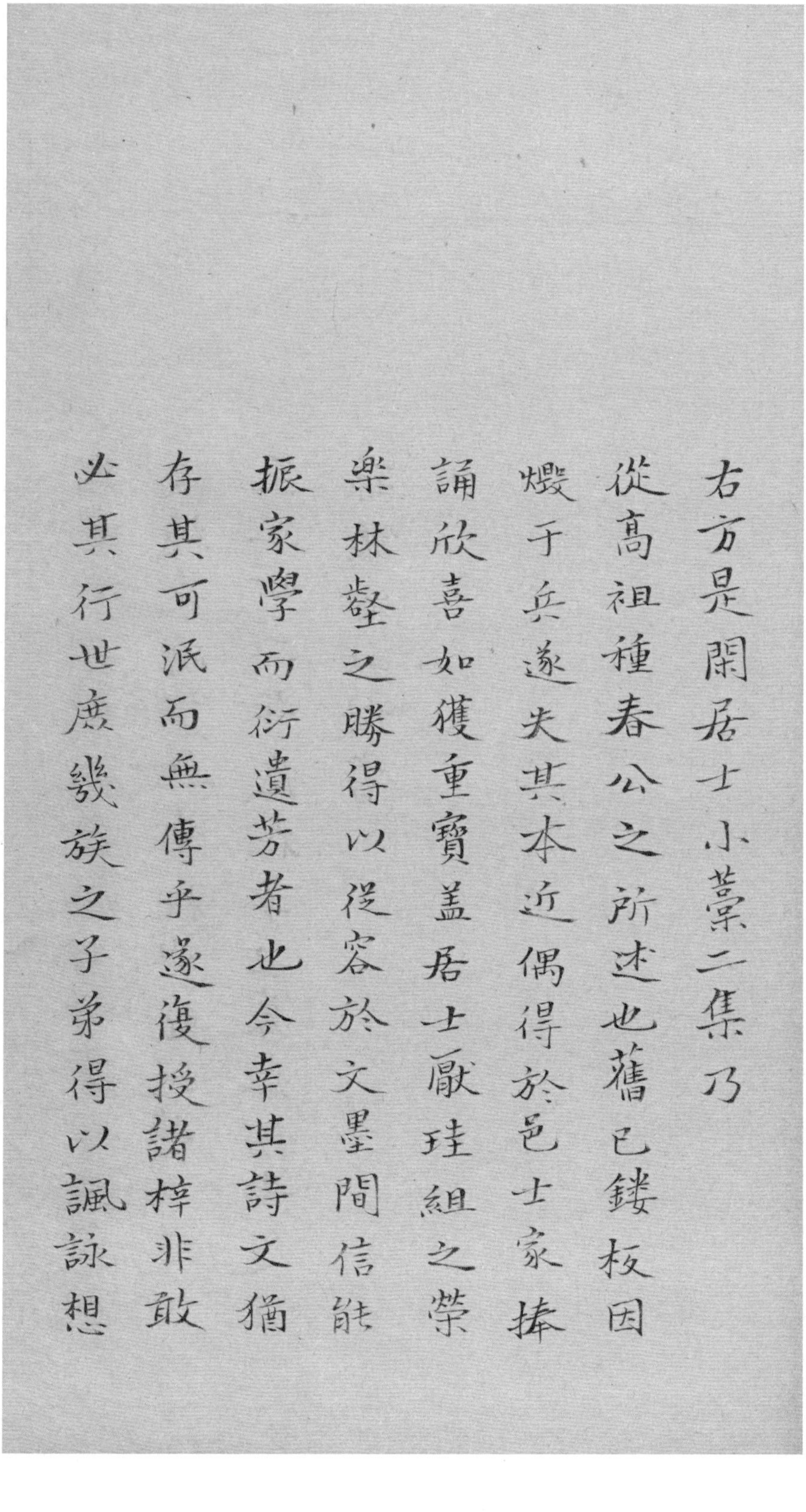

右方是閒居士小藁二集乃
從高祖種春公之所述也舊已鏤板因
燬于兵遂失其本近偶得於邑士家捧
誦欣喜如獲重寶蓋居士厭珪組之榮
樂林壑之勝得以從容於文墨間信能
振家學而衍遺芳者也今幸其詩文猶
存其可泯而無傳乎遂復授諸梓非敢
必其行世庶幾族之子弟得以諷詠想

像有所感發而興起則世業不墜書脈
復續是所望也幸相與勉之時
至正廿二年歲在辛丑暮春初吉從玄
孫張百拜敬書

方是閒居士小藁下卷目録

木犀賦
畫壁賦
倚松賦
中秋翫月記
一枝堂壁記
寓室記
昌蒲記

紫芝頌

長生頌

止酒頌

節酒銘

瘞鶴銘

為方外陳敬叟題墨序

送画士張道人序

耕隱上梁文

五峯新居上梁文

功德疏代外舅作

宴吴侯致語代外舅作

李福佺化度牒疏

金鯉説

三果説

雉説

梅説

水僊說

鄭花說

瓊花說

愛說

松江哨遍有序

蝶戀花比津夜雪

賀新郎賦白牡丹

憶王孫清明病酒

戀繡衾 閨怨

惜分飛 柳絮

浣溪沙 木犀

賀新郎 和辛稼軒韻

同前 再韻賦梅

同前 再韻賦雪

滿江紅 草閣避暑

同前 雙頭蓮

沁園春 嘆世

念奴嬌 次韻柳絮

同前

菩薩蠻

同前

鷓鴣天 賞雪

西江月

水調歌頭 垂虹亭

醉落魄 用范石湖韻

長相思 夜醉西湖

鷓鴣天三首 離安康次漢陰魏宰韻

菩薩蠻 杏花

浣溪沙 送連景昭歸[一]

眼兒媚

桃源憶故人

糖多令 登多景樓

[一]鈔本作歸三山

小重山

行香子

臨江仙 泊畱池岸下

漁家傲 白湖觀捕魚

菩薩蠻 鄂渚岸下

烏夜啼 夜泊楊子江

虞美人

賀新郎 送鄭材卿

方是閒居士小藁下卷

木犀賦 并序

避世之士遯其光而弗耀卷其道而
弗售雖不知於人弗遇於世澹泊沖
家怡樂四時初何蘄於人之知世之
遇哉然一經品題足以遺芳後代是
山林巖谷所不能終汩沒其身而無
所表暴於世也草木之生也亦然蓋

所謂知於人遇於世者亦有幸不幸
時不時之嘆木犀為花高雅出類馨
發而不淫清揚而不媚有隱君子之
德媲之籬菊江梅雖不同調而同其
情其五柳孤山之朋儕乎然見於楚
詞之後世或未賦之至如牡丹桃花
橘柚槐柳抑何所長而皆著之賦頌
獨於此花絕未有發幽光而出潛德

者豈闕典歟爲作數語以廣之其詞

曰

對西風之搖落憭灝氣於素商憫百草之殄瘁

驚木犀之吐香綠葉扶踈高枝蜷虬潤沐乎曉

烟夕露清飈乎皓月明秋崇岡之崕小山之幽

黃英爛然究其靚倩可援可攀可處可遊儼商

山之隱士邈未可以晤語左揖手兮素娥右拍

肩兮青女青女兮拭粧素娥兮照袂散十里之

清芬揚郁烈而不媚茲蓋與菊英芳齊驅並梅
花於伯季者也彼春風穠華非不繁嘉爛然紅
紫爍若朝霞嗟美麗之過眼等委氣於泥沙惟
此叢生雅有深致獨抱明哲遠屏聲利託根雲
林絕跡朝市飽三秋之風霜復優游以卒歲韜
葉底之輕明類有德者之避世迨夫冰雪沍寒
晚節彌厲雖零落於山樊之間蒼苔之上有騷
人雅士甲之以無斁之歌亦既見止不忍遐棄

收其杇腊暇日而藝之明牕淨几猶足返其魂
而續其遺味也耶

畫壁賦

方士李畫松竹梅蘭山石于南堂之
照壁方是閒主人見而賦之其詞曰
彼方外之士兮能卓犖而不羣登吾南堂兮運
乎中書之君心役手兮倏然前陳枝與條兮生
意若神染墨寫真兮豪釐莫差其形松老而壽

兮歷世故之舊兮竹清而瘦兮中立而不疚兮梅偃蹇而橫枝兮吐歲寒之芳姿蘭滋芳于水涯兮美不蔪人之知介于石兮黝而醜兮合四花兮成五文兮客至顔瞻心齋咨兮忽清風之來兮儼芳馨之紛披過日華之西兮亂雲影之參差聊延仲以終晷兮撚髯鬚而吟思方其火雲張盍空袢暑金液散髮舒嘯氣息吁吸面之以揭清泠挹之而傲泉石及其遐想玄陸霰雪

交集北風呼號萬木凍立吾不知松竹梅蘭之為畫耶意其真是而相錯乎山之隙也余曰噫嘻世固有之萬物变幻子奚不思彼林〻揔〻之衆兮與之形質而不畀小大之齊人不可得而推之兮又烏能妙詰而全窺惟天地造物之巧兮有非人力之所能為今摹狀而專真兮乃工於畫筆之所移是人力之足以奪造化之權而造物者果不勝人力之巧思者耶且夫瀛洲

之僊兮名昭于前兮千古不泯兮託筆墨以傳

兮淩烟之像兮勳業相望兮顏範具瞻兮炳冊

青以狀兮此其是耶色非丹雘抑猶非耶究其

林壑理固弘深言求傳約客惟唯〻俯不見荅

畫耶真耶一笑而作

昔蔡公孚有匽松賦王公曾有矮松賦

學箕得老松狀如倚蓋因作倚松賦

嘉定紀年丁丑維歲就盈日月壬子之末仡然

三夫呀吸来詣戴頁古條結蒼疊翠回翔婉娩
破倚靚𣪊寘彼庭隅屛植清閟迺相與莞尔一
笑欽襟揚袂而言曰此木衍迤非杉非檜涉歷
春秋疇詣代世生於栝蒼之深山老於人跡所
不到之隧斷崕嶮ミ矗壁厲ミ猿猱愁其嶮巇鼪
犹畏其銛銳爰因採藥跂而望之心乎愛矣
謀發雅計於是豋萬又以闖顯緶千尋之縋繫
志惕驚神汗流浹背是斸是鋤于竇于衛亦既

一鈔本豋萬乙文亦作文

一鈔本來下：筆墨抹乙作貿：然而来
不空一格

殺蓋辭之譌

得之志餮失寐不遠乎千里之程貿然而来
盖將以遺夫人之好事也方是閟主人喜而受
之與之金而食夫稻飲乎酒而内以疏分命長
鬚易莒以斛沐以靈泉植以壤沃遷卑堂所娱
翫不足循除而睨之盤旋以撫之又賦之於殺
曰夫何挺特之標兮託根崕嵬雲深路輿兮晦
迹韞匵隱淪之抱道兮潛奇伏琭蓋側足以蹋
翫翫兮寒往暑来幾何年兮時移事易幾推遷

兮期守故節久彌堅兮癯槁山澤泯無傳兮吁嗟若入貪婪之深兮移根紅塵不保其清兮命之不偶籍之萌為利之心兮吾將陳之不能究其情之所由以由也且夫孤高之姿挺特之質驗之於今考之在昔大夫之封處士之節歲寒不凋霜沍逾潔直聳雲烟淨延風月或擬之森々或對之烈々或取樂一丘或邀榮雙闕或然以讀書或棹以陳說茲殆以人而見諸又烏識

堅剄之奇絶者乎其有美之為讚詠之於辭著之成賦取之於詩影搖千尺青貫四時既食其實又咲其脂且愛其聲復憐其姿亦騷人雅士之有感寓之意而不能忘其私也嗚呼地産珍林天毓粹嶒高不數尺大僅盈軌翩翩帷蓋之傾卓卓車輪之倚亭亭巗谷之秀楚楚山林之偉乃今磐亙夫軒楹超越乎煙水一根立兮雙幹輪囷百偺蕃兮萬枝紛委皮鱗鱗兮蟠蒼虬

鬣針〻兮團刺蝟飛鳳兮來儀回鸞兮翔跱風

吟兮春濤鳴空日射兮雲影覆地連蜷兮森瑶

瑛婆娑兮擁幢旟此寔目之所未覩亦人之競

託以為異也嗟夫名稱百木之長用為一世之

奇烟阬陂陁雲嶺委蛇合抱昂空何地無之旦

旦而伐力不知疲舟車所求棟梁是資此蓋以

其材而適於用知於人而遇於時今汝以跼踏

傴僂蚴虬離披世不汝醜及頌汝奇侶予不才

山樊水湄終焉允臧謙以自卑永畀天年相與遊嬉斧斤何戕塵鞅何縻迺其幸歟抑又何悲

中秋翫月記

中秋翫月古今所同者也雖古今所同然故實所始騷人雅士不多見於載籍後世未嘗無遺恨焉惟唐四門助教歐陽公正元十二年與邰楚莨林藴陳詡客長安邸中脩厥翫事賦詩叙景曲盡其妙且謂月之為翫冬則繁霜太寒夏

則蒸雲蔽月雲蔽月霜侵人蔽與侵俱害乎翫
秋之於時後夏先冬八月之於秋季始孟終十
五於夜又月之中稽於天道則寒暑均取於月
数則蟾兔圓況埃壒不流太空悠悠芳菲裵徊
搏華上浮升東林入西樓肌骨與之疏涼神魂
與之清冷斯古人所以為翫也每一讀之未嘗
不掩卷三復其說古今同翫是月獨歐陽公情
思究曲形容詳畫下出此数十語是古今翫者

幾何人而播傳于後者止見於是序何詭之多
〻而筆之鮮〻也辛未月夕予與猶子康廟庚
康席飲于屏山故廬之北溪集賓友劉中丈直
孫溶柯君衡江漢吳澤浩歌持白晝宵而罷夜
漏既深溪光搖蕩表裏澄澈仰視霄漢無纖雲
之留俯顏清影若明鑑之燭雖平生夢寐蓬萊
廣寒之遊疑不是若也況復露氣清潤巖桂馥
郁穠浸肌骨幽情無累其詭雖與昔人是同而

清香溢毬筆露襟袖不知長安之翫有是乎方
其長安之翫有瑣瑣之悲故鄉之念尊酒千里
恨不同風今諸公與予無在客之憂懷土之痛
唱而和勸而酬優游夷愉樂縱其極吾又料昔
人之翫必無是也已而復自念言人生悲樂之
不常天宇陰晴之靡定後之中秋如吾之十二
人者果能無悲歡聚散以復集於此乎籍曰同
之天宇高高果能無陰晴之變乎蟾兔光滿果

一鈔本余墨筆
校因

能常皎皎如斯夕乎天時入事是未可期也臨文嗟悼故古人所以常興感愴之歎吾曹其獨能愬然於懷而無所繫於心哉既而尊傾月落坐客露醉友直請余記其事余揖客以歸命童子執燭援筆書其顛末為來歲故事是不可不記

一枝堂壁記

劉氏一枝堂太子太保公元豐三年所營也建

矣初燬於兵火淳熙二年伯父忠肅公嗣建于潭溪祖居規模甫就弗克興創而薨我先君七者翁不忘先志九年乃重建于翠壁之下翁歿諸兄遊宦四方復頹廢於十六年廢後又二十八年元孫學箕再建于南山溪上一枝蓋取莊周鷦鷯深林之義事具先君記文中嗚呼惟我高祖及我先人作述之意有不可揜者在昔我祖以文章器業聞于四方以經術為先師學者

一鈔本墨筆感
校惑

至数百千人傳道解惑凡五上春官不合而歸築室屏居養親適懷亦無當世榮望意不枉其進而恬其退高風凜然猶可想見我先人承累世焜燿之澤傳德行道藝之懿登進仕路致君澤民何往不濟迺甘退處奉祠于家抱道以没嗚呼是固有過人者矣且天下之所慕者富貴耳天下之所不屑為者隱約耳今也捨人之所慕而從人之所不屑為是不有大過人者其孰

能與於此哉古者固有遜千乘之國辭卿相之位而不為高耕寬閑之野釣寂寞之濱而不為怨二者榮悴雖不同其為憂樂亦有異使遂樂富貴而悲貧賤希勢利而忘隱淪其立志也為矯其潛處也為偽進退出處兩非其道吾知其必不然也不然則豈不謂之遭有時達有命歟雖然命固懸乎天身固遭乎時大丈夫不識保身廉遜之明哲高偉洞澈之機鑒安命俟時以

一鈔本若字墨筆校如字

樂其心將使後世疑其得一而失一也惟知命者不然世之言曰根大者枝必茂膏沃者明必熾遺於彼而得於此畜於身而昌於後不在其身必在其子孫此文理之顯然者天地昭著福善禍淫若數計符合若燭照龜卜無少差殆吾家自五季末來居此鄉逮今十二世矣田園粗供伏臘二百餘年祖孫相承不替其業詩書足以傳家父詔兄命守而無違圭組軒裳接聯于

世一枝之安抑可謂得其所安矣且此堂之建
由我宮保公而下太師忠顯公與爲秉節不屈
光照千古少傅秘閣屏山先生三公繼爲勳業
道德載在方冊忠肅公又繼爲立朝行已爲時
名臣所謂根之茂者其實遂膏之沃者其光曄
豈虛語哉我先人經之營之歷年滋淺故未有
發潛德而繼前躅者予小子不敏何足以當之
惟不敢遺先美不敢墜厥緒茲營南山新居復

建此堂且祠我宫保公及我先人於其中庸見
命堂之意以致其景仰之思抑所謂不在其身
而在其子孫者當勉之諸子不肖亦不敢不自
勉飭祠成因志於壁以告我後人嘉定八年臘
月十有八日元孫男學箕記

寓室記

始予讀莊周禦寇書謂人有生直一世之寓耳
故其以存爲附贅懸疣以死爲潰癰决疣忘肝

膽遺耳目視世之富貴利達流行坎止而遊乎天地之一氣聽其自逝信其所止曷嘗繫憂愉於心哉嘗反復其說固知大塊載之以形勞之以生佚之以老息之以死是為一世之寓而不知其所以真寓者何如也比壯東西南北區々而之秦僕々而適楚乃稍曉解其理逮夫更歷滋多事情益熟然後真識寓之所以為寓也故嘗為之說曰使人心安於所寓縱流離困苦視

世之變遷若不釋然者凡志慮所接皆為勝境
矣使人心不能安汝所止雖日享高堂邃館以
華其居嫱娥鍾鼎以悦其意吾知其弗以為樂
而祇益動安土重遷之歎尔予以嘉定癸酉中
秋抵安康館于漢東書院屋宇靚深梅竹茂密
前通州治之東廳接以過廊後有堂甚閎壯榜
以平心左史劉公某所書也堂側即書院所環
列明牕爽塏特甚後架廊以接廚膺前創亭以

趨東廳後廡周回繚曲不類官廨若東西王侯第宅而尺不與府治相混雜蓋舊史君家侯某所營也凡予游息日尚徉其間明年秋九月始劈竹為疎櫺就障後廡為小室方圓不過尋丈琴書堆案畫圖張壁若坐廣廈若居高明以之室處以之御冬蓋深知為寓之樂矣因自念言萬物賦形宇宙間小大飛走蠢然何知有知且靈者惟人尔夫以蠢類無知之物若蜂之牖于

一鈔本御墨筆
校欒

房螘之國于垤蛛之都于簷螟蛉之室于壁一
不完其居適其性知憖葺焉孰謂靈者反不若
蠢者之有能乎哉故予感其事述寓言因檄曰
寓室一日客至坐甫定莞尔而笑曰子形甚偉
子志甚大卷其才而弗施抱其道而弗售今迺
跼蹐於斗大之地以傲睨一世自謂得於所寓
吾見其隘尔未見其大也予曰是固然矣抑不
知子之所謂大而寓者將以鴻荒太極為寓耶

以汗漫六合為寓耶以丈夫四方之志而安事
一室耶抑亦為人生去来之無常而不必以泥
其跡也且予来為寓公安此寓室可謂幸會况
家山在念歸與浩蕩一日揚舲東下此室存之
與否所不能知而予偉形大志固自若也子何
哂焉使後之同志者見葺而新之必曰斯人也
處小而志不卑存大而用不迂其安於義命者
矣安於分福者矣茍或撤而去之滅蹤削跡又

豈其数也歟豈其寓也歟子為我言之客不能對既出追其語以記之子月十有八日寓室主人記

菖蒲記

蒲為品不一生谿磵者謂之蓀植池沼者謂之蒲皆麤壯豐碩恐韓子所謂昌陽者是也惟煙崕雲谷間自有一種葉森而細瘠而堅脊若劒狀若髮丰茸蓬鬱根脉盤錯一寸十餘節本草

謂久服輕身延年益心智可入藥者疑此也余前年經廬阜過湖口見居人貨山石奇甚意可種此以助小軒幽雅至南康適遇賣者提携傍余舟扶疎緑淨可愛可翫以金易二十斛以歸然尚恨蒲肥不與石稱雖不若蓀之偉亦未至髮之細今夏物色数本脩矗若緑絲森峭若霜劒真奇秀也未幾僧志瑛又將其禪房所養者為寄清波漪〻白石齒〻瑛於石之前後植為

首尾蹲伏偃踞究類卧猊余寘之衆斛之中以冠其首其餘高下有次環列坐隅乃易其斛而記之河北青瓷盆者一福唐壽山石為斛者二劒津玳瑁石為盆者三番易白瓷方斛者四龍泉碧青盆者一崇安緋色花鼓者十有六南康舊烏瓦缶者八合計三十四盆斛嗚呼亦可以為富矣余嘗為作讚賦詩云葺其髮劒其脊露葉凝泉雲根絡石英〻塵俗之表濯〻丰神之

特稜〻林巒之秀戢〻澗溪之質茲盖飽九秋
之煙霏擅千巖之叢碧者也詩云沙石一杯水
憐渠長養動几間生谷岫座上得煙雲九節蒼
龍瘠千莖緑髮紛山房牕牖淨閑澹我同君又
云掬水仍盛露晨牕日〻看為渠黄葉剪如我
白鬚刪龍蟄盤根古蠹冰瘦節寒柱門無俗客
幽事政相關然余疇昔無所嗜好少日有書畫
之癖中年酷愛書籍邇日乃玩意於昌蒲此皆幽

一鈔本乃墨筆
校復

一鈔本增昆字

人逸士之常態較之留意他物豈不萬〻相遼遠哉昔人之有愛石者愛琴者愛山水者愛菊愛蓮者愛竹愛梅者其標致品格如何則余之愛書畫愛典籍愛菖蒲亦猶是耳是未可以為冗長唫今竹牕松几朝吟暮坐列數百軸畫對對數千卷書羅數十斛菖蒲時開一軸時讀一卷意倦則從倚伸欠於菖蒲之間亦足以樂此生矣朋舊過臨能同此樂則清心宴坐〻至於

忘言可也不能呼樵青煮茶〻罷揖之使去云

嘉定十年五月十有六日種春子劉學箕記

紫芝頌

辛未歲七月某日予於故廬之前見有執紫芝而過者就觀焉繼求其餘焉人曰此公祖塋之所産者盡以授余〻得之喜甚即往省諸墳塋山之上下皆芝也一莖一葉者有之一莖

九葉十葉而成房者有之其莖若漆
之瑩其葉則紫而淨槁而不枯榮而
不華扣之而有聲携之而歸人之疑
信者相半予之自信則不疑也然芝
也不種於人不恒有於世人雖遇之
孰知其為芝乎林者吾知其為木葉
者吾知其為竹松栢蓬蒿蕭艾吾知
其為松栢蓬蒿蕭艾惟芝也不可知

不可知則其謂之非芝也亦可矣雖
然芝之生必有禎祥昌其後芝為瑞
世物也芝之果不為禎祥也夫世之
疑者不足恠也恠其弗識也識則無
所疑矣余感其事故為之頌

維芝雋潔兮非春之力兮毓無種裔兮是為芝
之德兮維芝敷生兮非人之耘兮特見挺出兮
是為芝之神兮惟芝繁茂兮靡俟耕耨兮抽蔚

擢秀兮是為芝之壽兮維芝突萌兮固守其貞兮槁而賁腴兮是為芝之靈兮適山而採之雲根連野兮拔不滯茹兮伊人之取捨兮採之盈簏兮人莫知己兮吾其與尔兮自信而不耻兮

長生頌 壽吳太尉

猗歟吳侯肅振貔貅克壯其猷丹桂黄華璧月綺霞秋令益佳初度剛辰維嶽降神生甫及申英烈磅渹氣鄧鏗鈜文武並更剪除姦宄紹復

疆封績用彌隆帝悉忠勤委寄專城民事詳明
頌聲洋〻課最孔彰燕寢凝香外閫持權倚重
三邊號令整嚴烽燧宵沉鼓鉦晝清元戎治成
凡厥所難弊流多端革不憚煩是創是懲既安
且寧綱維舉行勲在王廷澤在生民天上麒麟
麻宣制除詔驛在塗齋壇紫樞鳴鼉奏墩胙土
分茅壽極崧高福昌子孫鼎彝名存功崇位尊
山巍川流八千春秋與國同休

止酒頌

嘉定三年余寓止南徐與三山陳惟定遊每蘚苔次上而江山寺觀下而市樓客邸必相與論詩論詩未嘗不醉歲暮余將歸閩惟定連夕過余俳佪淒斷不忍遽別一日惟定容色慘戚若有不自釋然者口若有説而未宣者形於語而復囁嚅覺其意切而

情甚專也予感其心請其言惟定乃
舉首揚眉揎腕撚鬚旁引曲喻舉後
證前蓋謂余之多飲勉余節止之是
先繼念余獨力以當世事復相憫終
鮮之無兼予深感夫意之蹇諤荷其
眷之勤拳念別去之經歲徒負〻以
來悛豈無他人情吐肺肝酒食徵逐
孰能告焉念益友之謦誨誠藥石之

鍼砭今而後兮惕厲敬佩服以勉旃

厥初生民求全真淳麴米回春緩酌輕歌哀顔紅酡毓養天穌後世肆忽爛腸腐脇縱情敗德濫以池渑相以肉林忘國殞身被髮自累一石致醉徒多爲貴遠夫劉伶五斗解醒曷若獨醒竹林謂賢群飲謂僊淪胥忘年白也興發醉狂莫過米石捉月皇天無親禍福在人況湎是懲靖節達理日泰厥旨斷以真止予何人斯倒壺

反（平声）危不知其迷銘紳書禧持戒静專期無負朋友之言

節酒銘

方是閒居士心固好客以多飲廢事而又獨力既為頤以止之朋舊之來訪者不能飲茶即退必為閒樽每執珓客獨飲居士以立戒辭客意甚不樂飲雖醉情頗不忒（戚）含（音）往々不察居

士心遂以為孤介傲物然居士之赴親

舊之招者亦復以止為請坐是取詬

速譴不獲已閒去声或破戒罍〻杯勺

不知一杯復一杯也且惡居士之執

德不回又極其飲醺頓過量有甚於

未戒之初徒視所頌為虛大而不能

必其止也因自念言與其沉湎以敗

德喪生不若真止之為愈與其獲誚

於交友朋舊孰若絕交之是先徐又
自為之説曰止酒既獲罪於人絕交
尤獲罪於人止酒且不可況於絕交
乎止與絕二者誠介傲事世所不可
行者孰謂居士之倜儻而可行乎哉
今酌以中道取斷於心每遇把杯不
得踰三爵庶幾釋交遊之議而有以
全居士之生其或不亮而終困之是

又不近人之情也其可乎節酒之銘

於是乎作

嗚呼噫戲狂藥之害生兮彼儀狄之不仁兮戕天下後世之人兮嗚呼噫嚱世競飲之莫知其非子不爾思將殘其體肢頌爲止之曷不守之流連沉迷覆蹈前軌崇飲貪杯謂畏親友之譏君子愛人以德兮獨不堅其懇辭辭而弗獲兮胡不節而省之心之匪石兮人將亮之藉弗能

亮兮豈人之情兮亮而弗悛兮子將復奚爲日
凢今而後兮毋絶人之好兮去訑訑之色兮跙
勉而從之從容中道兮不越乎三危兢兢惟念
兮勿弛乎操持申孫武之令兮斷斷乎無違子
其違之兮是誠小人之歸

瘞鶴銘

甲子歲自都梁携二鶴歸戊辰冬斃
其一所獨存者悲唳不食引吭長鳴

若失侶者每竊悲之乙亥歲予遊安
康於故人任烑厚家復得一隻閒關
水陸由漢渚下大江轉番昜凡六千
里而後至家涉歷山川與予相從不
為不久翔舞清唳霜清月曉助予雅
致不為不多在彼有得朋之懽於吾
遂閑居之適可謂得其所矣丙子七
月十八日為僕陳七戕其元而殞其

一丁丑正月十九日又為練十游三
八饑餓而并絶其二子悲念惡劇情
所不勝雖撻之逐之不足以償僊禽
之非命而釋予之憤懣也既作詩以
悼念復作銘以瘞之

嗚呼鶴之壽不知其紀兮千六百年鸞鳳同止
兮引茲負吭抗纖趾兮感彼簫聲舞清徵兮回
翔金允鍾秀美兮蕙帳蘭巖怨何以兮胡不一

舉飛千里兮乃隨穆王化君子兮死於僮奴命
枉死兮氣塡胷臆彈厥指兮豈非尸解離塵滓
兮假託在緣歸弱水兮縞衣玄裳棄槳鞵兮九
皐從茲掩雙耳兮終不劈琴薦蓋已(上)兮幣裹(裹)纏
黄葵山屺兮也無還册不復起兮作銘見情于
以誄兮

爲方外陳敬叟題墨序

楮郡平章德懋九封之錫黑松使者精騰萬歲(戌)

之呼朱多祖氏之雄誇豈俾張金之獨步惟方
外士寔人中英粤收異方於此酷好既絳人託
宗盟之舊與石侯陞雲水之交鹿角螺丸精見
隃麋犀紋玉質妙超易水惟是久淪二頃不樂
音見毛詩 一貧藏廬阜之十年滕乎安在製天
峰之一劑法亦徒然欲効葛僊翁賣薪之為恐
有王方翼致富之譏是皆俗子小見烏識達人
大觀必有指廩捐金助之掃煤點漆固難俟磨

休王蘄髓以書佛語豈弗遇金溪子針魚以寫
離騷名石室觀書載美文嵩之有傳東齋注易更
求曹植之吟篇聊憑序文觀遇知者謹序

送畫士張道人序

倅揣萬類揮翰染素雖畫家一藝然眸子無鑒
裁之精心胷有塵俗之氣縱極工妙而鄙野村
陋不逃明眼是徒窮思盡心適足以資世之話
靶不若不畫之為愈今觀昔之人以一藝彰彰

自表於世皆文人才士非以人物山川佛象鬼
神著則以樓觀花竹翎毛走獸顯蓋未有獨任
一見而得萬物之情兼備諸體而擅衆作之美
雖張僧繇吳道子閻文五本諸公不能之况萬ゝ
不及此者自謂能之可乎古之所謂畫士皆一
時名勝涵泳經史見識高明襟度灑落望之飄
然知其有蓬萊道山之丰俊故其發為毫墨意
象蕭爽使人寶玩不寘今之畫士秪人役耳視

古之人又萬〻不啻也亦有迫於口體之不充
俛就世俗之所強問之能彼乎曰能之能此乎
曰能之及其吮筆運思茫昧失措鮮不刻鳥成
鵠畫虎類狗其視古人神奇精妙每不逮之所
以若然者未可悉尤之畫工畫工雖志在阿堵
而亦有不專在夫阿堵也道人張生畫虎探三
昧摹寫形狀蹲踞出伏橫行安尾不下包貴父
子世以張畫虎目之遠來訪余留半歲為予作

虎圖花木毛翎數十軸綽有奇趣予嘗為攷之
自唐迄今名流固多而張其姓者獨不少如僧
繇詢南本騰賛景思質圖玫元昉翼戩經璪素
卿道陵者得十有七人出於神僊出於大夫士
俱非庸俗輩工佛像者有之翎毛者有之風林
水石者又有之皆曲盡奧妙表々傳於今々張
生豈其遠裔歟不然何其多能仍兼其伎也一
日辭去求詩於予々病酒不暇作特序畫之所

以然而送之繼為之說曰夫畫之多品均是藝
也鮮有精其能爲蓋有精於此而粗於彼得其
偏而遺其全今子遂并有之殆造化者私於子
矣然未審子之致精措慮果有合於前古無粗
彼遺全之譏而一倡三歎果得意外不傳神彩
飛動之旨不乎今予所得者畫爾神聖工妙則
有世之鑒別者在予不得而知也子姑行扶是
以養身助道不患人之不我知若猶未能皆偶

一鈔處墨筆改處
緊改緊

也子其遲之毋怠皇宋嘉定丁丑重陽後十日序

耕隱上梁文

屈信進退人生孰不求其安榮寤寐歗歌賢者乃欲退而窮處隱先廬南山之下得隙地西麓之隅姑從隱淪以事耕鑿方是閒居士家傳儒業身服聖言悟彼世紛全茲天性功名浪語嗟壯志之未酧軒紱儻來念此日之足惜雖袖山

林之手不忘畎畝之忠春雨鳴蓑負来耜錢鎛
之罷寒煙濕屐游稻粱黍稷之苗植杖或耘或
耔荷蕢且疆且理矧在昔之君子猶下同於埜
夫卧南陽廬耕有莘野以樂堯舜之道以誦周
孔之書不以獨善而肆厥身終期兼濟以行其
志識其大遯世無悶非斯人將誰與歸久慕前
脩今晞遺躅况有青山遶屋更疏緑水循除樹
壚下以棄已辦一區之宅種渭川之竹未饒千

户之

侯脩棟初扶微情是述

東襏襫牛衣曬曉紅伊呂不逢湯武聖等

閑〻却雨翁

西春水秋鋮緑葉齊不見昌黎垂訓戒起

身公相自鋤犂

南稼穡秋成已作甘酙酒東皐相勞苦盈

疇吹動碧藍鬖

北伊欲服田須力穡惰農自安不作勞困

廛胡取禾三百

上山疊雲屏開畫障梁鴻逸去人不知𢌿

鈌耨時妻爲饁

下櫛比黄雲歲多稼小臣憂國願年豐勿

闖饑亾待高價

伏願上梁之後人安盤谷詩詠輞川鬼神呵禁

不祥龜筮協從迪言雞豚蕃息虎豹遁潛倉積

坻京廪肥甕盎式謹三時之務靖言四體之勤

落日長鐃草軟牛羊之夕西風短笠波平鴻雁
之秋多釀榨頭春以延方外士
五峰新居上梁文
竊以還山弄明月厭城市之囂塵會闤臨清風
檀林塘之雅趣昔聞妙語今得賞音方是閑居
士志本歸田心非傲世惟迺祖迺文嘗求志以
隱居豈為子為孫敢謀身於利達念自幼艽若
每操孤孽之心而稍壯益踉恥徇鍥澆之俗半

生浪走三經殆荒一磴獨專五峯擢秀左列清
湖之嶂右峩白石之津後遶方池前縈長坂年
林遠岫氣象何啻千重煙翠浮嵐曉夕為之萬
態望人村之晻靄占田野之寬閑卜築告成拋
梁是頌

東衣冠與世同在家常蚕起憂國顚年

豈杜

西時訪武陵溪畏人尋卜築禴性合幽

棲杜
南局東我何堪自昔愛幽賞今茲得縱
貪蘇
一鈔本來墨筆校苻
北石壁横翠色漾楫怕驚鷗來竿待魚
食李
上此樂清且放入峽喜嶢巖出峽愛平
曠李
下千篇陵鮑謝尊酒樂餘春棋局消長

憂蘇

伏願上梁之後金穰富溫玉燭陽明時和歲豐家給人足詩禮興盟之士詭譎潛銷里閭同社之人春秋逸豫樂朝廷之有道韋門館之無私祖税蚕輸任縣官之犢迫後催不到承先澤之庇麻得為天民生此王國謹因考室備述斯文

功德疏 代外舅作

天佑昌時朝生賢將桂花方盛得秋氣之正中

菊蘗初開覺涼颸之併至皆以致椿松之祝敢輙修科籙之緣伏願某官茂對休成永同宴喜九五福曰壽曆俾昌俾熾之祥八千歲為春伸善頌善禱之祝

宴吳侯致語代外舅作

天朗氣清過重陽之五日地靈人傑生昭代之元戎式啓華筵用伸善頌某官賦姿剛毅蘊識疏通六韜三略之討論源流深遠三令五申之

詳審號召嚴明粵從伏鉞以來備見折衝之効山西勁氣天孕精神塞北飛塵夜沉烽燧過中秋而甫經月瑞當世而屆佳辰三壽作朋百禄是荷不俟酒罌之耻亟膺樞筦之登其猥以賤工逢兹勝事敢陳口號上奉清歡

一昨初登大將壇弓刀旗幟簇雕鞍連營壯士心先服並塞狂胡膽已寒天上麒麟祥可卜人間日月老應難明年樞府為公壽慷慨還知酒

一鈔本空朱校
空二

量寬

李福佺化度牒疏

剪巫山兩段之雲休勞夢想從天空三乘之教悉意皈依比丘尼久矣厭心護身符尚難入手若成刻草公案必有捐金檀那庶幾念慮持戒於朝斯夕斯式使愚蒙結緣於聞者見者既脫舞裙歌扇俾親經卷藥爐恩則有歸福豈無報

三果說

前年經紀故園臺榭亭池一無存者　先君子
手植惟梅梨櫻三木而已剝蝕於風露斧斤於
樵牧肌理朽蠹憔悴橫道人多勸伐之余持三
不可之說曰三果少而花〻而實人咸美之今
其老瘠不充人之口不悅人之目子欲伐之乎
是不可者一也且物之生也由少而壯由壯而
老由老而衰理之常也子不記其少壯乃幸其
衰朽而伐之乎是不可者二也以歲月考之種

一鈔本芟先霖殺了

在予之未生今　先君下世三十三年余亦年

四十矣視之諸兄行輩今父兄不可見〻此果

歎手澤之存爲惘孤形之筑然遐想與刑究其

在是子欵伐之是不可者三也客不能對相與

扙（拔）淚芟剪枯槁剔除遠揚培養愛護便覺生意

發越是冬依然著花春予滿枝予與向之言者

摘其實歆其下而俱有感焉自爾勿剪勿拜尚

可期保晚歲又奚止於斯也哉因為之說

金鯉說

凡人居第有水有竹而后為勝故予築室地方三十畝流泉五脉室旁鑿池水居其半竹木半之二屋宇亭館又二之一池種魚鰱鰓鰷鯉鯽鱮隨地之宜者放之客有以金鯉二十尾為饟者予目之奇甚曰此何自而來哉曩客中都十年見貴戚豪右搜網此魚為佳玩每尾不下数千錢何不往獻以求其贏今暗投於荒山之濱

拙亦甚矣客不顧縱之池而去明年春明波暖
風酣日霽浮湛下上若黃鸝之穿楊金梭之織
組其美無與方者久之不見游泳策杖尋究園
丁笑為言曰疇昔飛鷺雪立驅逐不驚是必為
之捕食矣予曰嘻是固以奇以色而自受其斃
者也鱸鯽貴白鮎鰋貴青魚之正色也故其沉
潛容與去來莫測禽鳥亦未易肆其觜喙金鯉
尚黃色燦金物生反常暴眩太甚人猶愛之況

鷺禽乎然而人知愛而不忍食鷺忍食而不知愛〻之與食情同而好異也亦物之反常有以招其愛而誨其食也豈特魚尔惟花木之反常者亦然惟人之反常眩世者亦然為金鯉説

雉説

養一雉馴甚次年又買一雉意其共類同籠貯之後雉俱棲若有恐懼色若知先後次序略不敢闘敵頫首下氣聽命而已先雉昂藏自若頡

頑恣傲有驕矜色有凌忽狀予竊怪之不旬日先雉碎面折翅去死無幾後雉洋〻有德色疑莫已敵者余然後知其懼也乃所以藏怒蓄怨也其退也乃所以求勝也雉耿介禽也不能柔巽者也今若此若奴僕之私為計者也若賓客之相驅逐者也若同列之生傾忌者也不然則兵法所謂必姑與之〻術也其蔡澤之攘穰侯者也其蘇秦之取相六國者也其張儀破蘇秦

之縱者也吾於是乎有感作雄説

梅説

梅貴清瘦不貴敷腴雪後園林水邊籬落似全其真若處之名園上苑對之急管繁絃是四皓之去商山夷齊之入瑶室矣古今賦之者何啻數千篇起於宋之鮑叅軍備於我朝之林處士近世洮湖陳希顔盡和古今梅詩計三十六卷亦情鍾之甚者然世之詩愈多而和亦多情益

多而梅亦益多也曰紅曰白曰蠟曰香曰桃曰
杏曰緑蕚曰鵝黄曰粉紅曰雪頰曰千葉曰照
水曰鴛鴦者凡數十品不知叅軍處士之所詠
果何品耶荔枝有譜牡丹亦有譜梅獨無譜乎
予欲集之而梅與菊近世亦有譜矣尚何譜之
云乎哉姑為之説

水僊説

予酷愛水僊花以金華僊伯所賦八句隱括作

浣沙溪詞云水上輕盈步月明凌波僊子韈生塵是誰招此斷腸魂種作寒花愁絶意含香艷素欲傾城並芳難弟與難兄對花把酒歌之無歎此花最難種多不著花惟建陽園户植之得宜若蔥若蒜綿亘疇陌含香艷素想其風味恨不醉卧花邊昨今健步買百十叢而來空手以返再三詰責但云有金盞銀臺而無水僊花其欺侮固不在言然政憚於賣孳姑藉為辭耳殊

一鈔本在墨筆校待

令

一鈔本每〻墨筆
校往〻　也下有
哉字　說似臣
以俟

不知水僊花即世人所謂金盞銀臺者是也俗子敢思每〻如斯世事欺凌比〻皆是豈獨水僊花也筆之說似佳客

鄭花說

鄭花染家取其木葉燒灰壓色若礬之能收色也山谷名之山礬能言其用矣荆公以其花白比玉謂之瑒花能言其體矣至其香韻後當有合體用而言其全者故唐人詩云一樹瓏璁玉

刻成飄廓點地色輕〻女冠夜覓香來處唯見
堦前碎月明若謂此花爲玉蘂則此花不與此
詩稱予遊京口招隱山時見一大藤盤亙高架
僧言是玉蘂花亭上題詠富夥惜乎遊之日乃
重九節不及見其花若以文饒詩攷之則又不
同所謂玉蘂天中樹金鑾昔共窺決非藤矣而
禁林嘉花珍木尚不暇頣問何爲植此野樹山
礬於彼時豈得別無佳名也哉山間冬來野卉

一鈔本作嘉花珍木校作嘉木珍花

萌實香其花玉其色者數種豈獨山礬是則皆可謂之玉蘂矣一經品題便作佳士誠有幸不幸者

瓊花說

瓊花在繁雉觀中庭舊經行維揚值花方盛爲止宿焉人謂若聚八僊者是耳有聞而目未之見也此花大如槃旁逵雙白圓片或八或十多至十二中擁碎花圓潔簇萃香婉色瑩非聚八

僊玉蝴蝶可伯仲但記花者云渡江初虜騎從移去矣今茲再盛不知自何得本花記又言當日尚留小根踰年重發若有神護此又妄也不然何不護之於未徙之前乎時人好奇揚此抑彼立為無雙之說每每誇世今閩中士大夫家此種亦多予嘗用脫果法自后土祠移本來歸與諸公所植無異信知元非一本也但瓊字若如元獻晏公引文選注以瓊為赤玉則殊不相

一鈔本墨筆訂
校已訂

類而蔡寬夫詩話載王元之始易玉蘂為瓊花
若然則詳一樹瓏璁玉刻成之詩非為山礬設
也言亦有理尚俟博物者討之

愛説

建亭兩載而未名嘉定十年七月廿有四日獨
坐其上思索無與是亭稱者將歸鳥歸而復止
鳥坐踰時風鳴松竹蕭騷有韻聽之不足睨而
視之又踰時若有得焉曰我得其説矣將揭以

雲濤雲濤謂松也詩云雲影亂鋪地濤聲寒在
空曰於松得矣如竹何不若揭之以淨香淨香
謂竹也詩云雨洗娟〻淨風吹細〻香曰於竹
得矣松其謂我何然則棄竹取松竹將怨我退
松進竹松無怨耶於是兩全之曰讀書取讀書
公竹林之句也繼自念言予築居此山有書室
又有書樓養浩有堂顧真有館胡不紬繹經史
必游玩一亭然後可以讀古人之書耶不覺抵

一鈔本公墨筆校
松

掌大笑拂衣竟起俯頫山石数拳奇獻狀予不忍去曰石其不可愛歟奇章公之所嗜者予亦嗜之當以愛石名自謂得其似矣於石宜矣於亭稱矣進撫是石見植者蒼者叢者秀者挺而立者直而勁者無不可愛立而思之趨而就之走而摩拊之遶而盤桓之是誠足以為愛者子猷愛竹檻有竹為元亮愛菊籬有菊為隱居愛松山有松為君復愛梅亭有梅為茂實愛蓮

池有蓮爲屈原愛蘭砌有蘭爲僧璉愛石山有
石爲傑冠愛泉川有泉爲夫以數兮之地而古
之人愛者萃聚無遺古人得其一亦足以樂其
生我今兼之是天與也地與也造物與也總其
與而愛之合其愛而名之使來者知我之愛者
愛其所愛而不愛其所不愛也勢要也爵禄也
卿相也富貴利達也其可愛乎作愛說

松江哨遍

長橋天下絶景也松江太湖舉目千里風濤不作水面砥平歸颿征棹相望于黄蘆煙草之際去來乎橋之左右者若非人世極畫工之巧所莫能形容每來維舟未嘗即去倘徉延佇意盡然後行至款作數語以狀風景勝槩辭不意逮筆隨句閣良可慨嘆己未冬自雲陽歸閩臘月望後一日

漏下一二鼓檥舟橋西披衣登垂虹
時夜將半雪月交輝水天一色碩影長
嘯不知此身之寄於旅逐而登舟謂
偕行者周生曰佳哉斯景也詎可無
樂乎於是相與破霜蟹斫細鱗持而
斡擧大白歌赤壁之賦酒酣樂甚周
生請曰今日之事安可無一言以識
之余曰然遂隱括坡僊之語為哨遍

一闋詞成而歌之生笑曰以公之才豈不能自寓意數語而乃綴緝古人之辭章得不爲名文疵乎余曰不然昔坡僊蓋嘗以靖節之詞寄聲乎此曲矣人莫有非之者余雖不敏不敢自亞於昔人然捧心效顰不自知醜蓋有之矣而寓意於言之所樂則雖賢不肖抑何異哉今取其言之足以

一鈔本乎墨筆校于

寄吾意者而爲之歌知所以自樂耳

子何哂焉

木葉盡凋湖色接天雪月明江水淩萬頃一葦

縱所之若憑虛馭風僊子聽洞簫綿延不絕如

縷餘音嫋嫋遊絲曳迴舉酒賦詩玉鱗霜蟹是

中風味偏美任滿頭堆絮雪花飛更月澹蓬牕

凍雲垂山蔚蒼蒼橋卧沉沉夜鵲驚起　噫倚

蘭槳兮我今恍惚遺身世漁樵甘放浪蜉蝣然

寄天地嘆富貴何時功名浪語人生寓樂雖情
尔知逝者如斯盈虛如彼則知變者如是且物
生宇宙各有司非已有纖毫莫得之委吾心耳
目所寄用之而不竭取則不吾禁自色自聲本
非有意望東來孤鶴縞其衣快乘之從此僊矣

蝶戀花 北津夜雪

燈火已收正月半一夜東風吹得寒威轉恠得
美人貪睡暖飛瑛積玉千林變 道是柳綿春

尚淺此著梅花〻已都零亂漠〻一天迷望眼
多情更把征衣點

賀新郎 代黃端夫

白牡丹京師妓李師〻也畫者曲盡
其妙輸棋者賦之

午睡鶯驚起鬢雲偏鬅鬆未整鳳釵斜墜宿酒
殘粧無意緒春恨春愁似水誰共說厭〻情味
手展流蘇腰肢瘦嘆黃金兩鈿香消臂心事遠

仗誰寄　簾櫳漸是槐風細對梧桐清陰滿院
夏初天氣回首春室〔空〕梨花夢屘指從頭暗記嘆
薄倖拋人客〔容〕易目斷孤鴻沉雙鯉恨蕭郎不寄
相思字幽恨積黛眉翠

憶王孫 清明病酒

淑景韶光晴晝簾外雨欲無還有流鶯枝上轉
新聲夢初醒厭〻病酒　天連碧草凝情久思
舊事不堪搔首懷人有恨水雲深又綠暗橋西

柳

戀繡衾 閨怨

柳絮風翻高下飛，雨籠晴香徑尚泥。女伴咲踏青，好鳳釵偏花壓鬢垂。亂鶯雙燕春情緒，攪愁心欲訴向誰。人問道因誰瘦，撚青梅閑斂黛

眉

惜分飛 柳絮

池上樓臺堤上路，盡日悠揚飛舞。欲下還重舉

又隨蝴蝶墻東去　縿逐飄空無定處来往綠

牕朱户却被春風妬送将蛛網留連住

浣溪沙　木犀

天上僊人蕚綠華何年分種小山家九秋風露

溢牕紗　密々翠羅攢玉葉團々黄粟刻金花

一枝歸插鬢雲斜

賀新郎

近聞北虜衰亂諸公未有勸

上修飭内治以待外攘者書生感憤
不能已用辛稼軒金縷詞韻述懷此
詞蓋鷺鷥林寄陳同父者韻險甚稼
軒自和凡三篇語意俱到捧心效顰
輙不自揆同志毋以其迂而廢其言
往事何堪説念人生消磨寒暑謾營裘葛少日
功名頻看鏡緑鬢鬅鬙未雪漸老矣愁生華髮
國耻家讎何年報痛傷神遥望關河月悲憤積

付湘瑟　人心未可隨時別守忠誠不替天意

自能符合誤國諸人今何在回首怨深次骨歎

南北久成離絶中夜聞雞狂起舞袖青蛇憂擊

光磨鐵三太息皆空裂

同前　再韻賦梅

東閣憑詩說對手姿飄然杖屨瀟然巾葛竹外

一枝斜更好玉質冰肌粲雪誰折向滿頭宣髮

水驛雲颮烟庭院更宜晴宜雨還宜月霜夜永

景蕭瑟　孤芳敻與群芳別隴程遥攀條難寄碧雲驚合桃李漫山空春艷不比僊風道骨有瀟洒清新奇絶我被幽香相懊惱宋廣平豈但心如鐵蜚暗度石吹裂東坡梅詩昨夜東風吹石裂暗隨飛雪度關山

同前　再韻賦雪

曉聽兒曹説道前村踈梅莫與蔽蕭纏葛急與呼童誅剪盡趂此江天暮雪喚小艇漁翁鶴髮凛冽寒風吹酒面與何人共泛山陰月歸浩歎

御琴瑟　世裏恍惚山川別望瓊樓玉宇相映爛銀環合氷柱雪車新句就不療饑腸病骨奈野鳥千山飛絶我笑書生貧亦甚誦布衾歲久寒如鐵兒惡卧踏裏裂

滿江紅　避暑

午轉槐陰正炎暑侵肌似醉問何處披襟散髮解衣楊袂傍沼茅亭楊柳綠倚崖草閣梧桐翠喚玉人纖手掬清泉生涼意　開桃簟浮瓜芰

瓊液淺歌喉細對文禽雪鷺助成幽致十頃碧
蓮瀟洒國萬竿脩竹清涼世箕此時情緒有誰
同吾儂自

同前雙頭蓮

一柄雙花低翠蓋呈祥現美人正在薰風亭上滿
襟如水二陸比方誇俊少兩喬相並修容止雨
初晴午永鬬紅酣真奇耳雙白鷺雙赬鯉飛
與涼俱來此綰雙鬟天上侍香童子雙劒豐

城雙孥秀雙皃鄴縣雙趨趗謾空談國士本無
雙今雙矣

沁園春　嘆世

浮利虛名算來何用蝸角蠅頭笑勞生一夢雨
輪催逼脆如朝露輕若春漚有限精神無窮世
路刼〻忙〻誰肯休堪驚嘆〻癡人未悟終日
營求百年光景雲浮把氣馬心猿須早收有
眞僊秘訣飡霞導引丹砂鉛汞早與身謀閑是

一鈔本氣墨筆
校意

閑非他強我弱一任從教風馬牛還知道上蓬
萊穩路八表神遊

念奴嬌 次韻范正之柳絮

水軒沙岸午風輕飄動一天晴雪日色晶熒光
眩眼細遂遊絲明滅簾幕中閒樓臺側畔渾是
瑶瑛積綴松黏竹恍然如對三絕 遙認髣髴
飛花々非還似惱亂多情客點染春衫無定處
又轉沉香亭北窓々疎々斜々整々佀雪難分

别坡僊不見後人有口何説

同前次人韻

斷虹開霽淨秋容點〻初收微雨夕下生陰山影澹縹渺烟雲吞吐烏帽風偏青鞵沙軟誤入桃谿塢多情鷗鷺偶來忽又飛去　日暮修竹佳人霧綃瓊佩綽約疑僊侶愧我禪心春盡絮不逐東風飛舞紅葉題詩紫雲傳恨寥意渠能訴此情疎隔不関楼外煙樹

菩薩蠻

暮濤掀浪溪流急单衣未試春寒力是處綠陰穠春深楊柳風　人依溪岸住酒美忘歸去巢燕墮芹泥幽禽花外啼

同前

鴉兒學畫猶嫵醜佯羞步々隨孃後春淺瘦花枝凝愁為阿誰　那回筵畔見有意相留戀只恐後期愆章臺飛柳綿

鷓鴣天　賦雪

楼外銀屛入望賒楼前鷗鷺舞交加穿林淅瀝飛瓊屑度嶂繽紛過柳花　歌白雪醉流霞晚寒：似夜来些明朝酒醒掀簾幕簾幕依然賣酒家

西江月

世事從来無攄人生自古難憑茫如天水有雲萍聚散任他形影　每恠東陽瘦損常嗤騎省

多情如今我也瘦稜〻却喜青〻兩鬢

水調歌頭 飲垂虹

三載役京口十度過松江垂虹亭下烟水長是
暎蓬牕釣得錦鱗成鱠快把霜螯浩飲豪氣未
能降醉舞影零亂心逐浪春撞景蒼茫歌欸
乃石空硿蕙蔎深處適意魚鳥自雙〻便擬輊
舟短棹明月清風長共與世絶紛哤嘉遯有真
隱不羨鹿門龐

醉落魄 用范石湖韻

江頭離席晚潮雙櫓催行色往来屬玉雙飛白笑我多情猶作未歸客 紅塵奔走何時息歸心還似投林翼角巾醉裏從欹側獨立東風天際露岑碧

長相思 西湖夜醉

湖山横湖水平買箇湖舡一葉輕傍湖隨柳行秋風清秋月明誰搗秋砧烟外聲悲秋無盡情

鷓鴣天 發舟安康朋遊見留往復三用韻

芳草萋々入眼濃一年花事又怱々吐舒桃臉

今朝雨零落梅粧昨夜風 雲接野水連空畫

欄十二倚誰同兩眉新恨無分付獨立蒼苔數

落紅

同前

夢遠天涯去意濃客愁春恨雨怱々綠波初漲

桃花浪畫鷁輕隨柳絮風 無筆力判虛空闋

山千里兩心同魚書鴈字都休問只看啼痕翠袖紅

同前

山色都如歸興濃春融ゝ處客忽ゝ岸花影裏鶯吟霧江闊陰中燕受風凭畫楯睇層空情衷待訖幾時同不如且盡尊中綠圖得酡ゝ醉臉紅

菩薩蠻 杏花

昨日杏花春滿樹今晨雨過香填路零落軟臙脂濕紅無力飛　轉頭春易去春色歸何處待密與春期秦歸人也歸

浣溪沙　送連景昭歸三山

来日江頭栁帶香去時籬下菊花黄人生離别幾凄凉　拂面紅塵飛冉冉背人白日去堂堂尺書休負鴈南翊眼兒媚

十年不見柳腰肢契闊幾何時天遥地遠秋悲
春恨只在雙眉　鴈聲今夜楼西畔情懐眇難
期杏花風景梧桐夜月都是相思

桃源憶故人

暮霞散綺西溪浦天上晴雲開絮清絶梅花幾
樹惱亂春愁處　小橋流水人來去沙岸浯鷗
飛鷺誰畫江南好處著我閑中屐

糖多令　登多景楼

何處浣離憂，消除許大愁。望長江衮衮東流。一去卿關能幾日，繞屈指、又中秋。　蘆葉滿汀洲。沙磯小艇収。醉歸來、明月江樓。欲把情懷輸寫盡，終不似、少年遊。

小重山

春水東流一葦杭。春情剪不斷，漢江長。江花江草為誰芳。渾不似、沙暖睡鴛鴦。　且道不思量。怕他知得後，痛肝腸。路遥天闊水茫茫。成病也

我怎禁當

行香子　鄱陽魚

雪白肥鰜墨黑鯈鮎柳穿腮小大相兼金刀批鸞鮮活甘甜或時爊或時煑或時醃揮腕佳人玉手纖纖縷銀絲取意無厭羹湏潽煑滋味重添滴兒醯呷兒酒撮兒塩

臨江僊　冨池岸下

人在空江烟浪裏葉舟輕似浮漚此心無怨也

無憂漢江迷望眼衮衮直東流　兩岸荻蘆青
不斷回山囥領綢繆晚風吹袂冷飀飀誰知三
伏暑全似菊花秋

漁家傲　白湖觀捕魚

漢水悠悠還漾漾漁翁出没穿風浪千尺絲綸垂
兩槳收又放月明長在烟波上　釣得活鱗鯿
鮪項箒成玉液香浮醽醉到自歌歌自唱輕梟
纜碧蘆紅蓼清灘傍

一刻本下漾字墨筆校補

菩薩蠻 鄂渚岸下

煙汀一抹蕪葭渚，風亭兩下荷華浦。月色漾波浮，波流月自留。若耶溪上女，兩〻三〻去。眉黛斂羞娥，採菱隨擢歌。

烏夜啼 夜泊楊子江

長亭急管生愁，楚天秋。落日寒鴉飛盡、水悠〻。紅蓼岸，白蘋散，浴輕鷗。人在碧雲深處、倚高樓。

虞美人

一鈔本客墨筆校容

寒来暑往何時了世故催人老一人口插幾張
匙何用波波劫劫没休時饑飢来喫飯困来眠
莫把身為累誰能較短與量長落葉西風一夢
熟黄粱

賀新郎 送鄭材卿

莫向愁人説嘆人生不如意事十常七八是則
中年傷懷抱客裏何堪送客又添取一襟悽咽
岸柳凋零秋客澹黯銷凝怎忍輕攀折重會面

甚時節　杏花麗日　梅花雪記當時一觴一詠

楚雲湘月別後君休勞春夢轉眼江南塞北莫

謾被閑愁縈縈結且判離筵今夕醉霎時間便

見蘭舟發空　悵望水雲闊

前空三行

方是閑居士小藁下卷終

毛氏精抄本校

游季僊來山中相訪索余詩文不寘口辭拒不能為撿尋舊唱和揭出一百首新作七十一首雜著二十七首詞四十一首集成兩編以酧其雅志余語塵俗不足道季僊先世文學彰彰在人口而季僊伯仲詞翰又皆称於朋儕令棄彼取此豈厭膏粱而思藜糗忘黄鍾而取瓦缶者乎因書其後而歸之嘉定丁丑重陽後十日種春子劉學箕習之文書于

方是閒堂

疇昔之日郴與

先生挹酒論文揮金結客慨然有志天下之事功是

所謂交遊者也今之日

先生浩然之氣充塞宇宙學問文章出處議論與古

人齊驅並駕而學日益荒文日益退所養之氣且

又休於時而不能屈伸蓋今吾非故吾矣吁可歎哉

謂之交遊可乎不可也是當以師事之

先生英雄人也號種春子而隱於耕莘野渭濱其同
旨歟豈真隱哉少需時耳暇日發為詩文游戲翰墨
亦豈徒云乎哉識者當自知之此集二百餘篇凡三
萬言槲親授
先生之前而手編之朝而誦暮而誦歸而語諸同志
曰我得師矣行有遇焉
先生以為然乎幸終教之季秋中澣學生游槲書
世與之交吴介父一日出諸公所賦專餐七詠數巨

軸謂世興曰仁夫屢見此詩矣君詩人也幸毋泛觀之世興領其誠句餘始得之其間獨方是閒劉公傑出衆作展歡敬誦愈誦愈高如大羹元酒具有真味恨不多見之李僊近自五夫還會晤之初未暇他語首出公詩文世興始得縱觀熟讀愈多愈奇又恨其前者未瞻際之李僊旦夕又從公遊世興又恨以係小子失丈夫不得偕之詩云未見君子憂心忡忡既見君子我心則降李僊幸為我誦此

毛氏精抄本
脫此後五葉

詩以道意季秋二十五日石溪癯翁周世興仁夫書

季僊臨行復出此集如畫壁賦一枝堂記等六十餘篇皆不在詩軸中文章公器季僊珍而不盡以示諸朋友意果何在焉得此集遍傳人間俾學者知所宗季僊不得而私有之後一日周世興再書

與金良玉自有定價文章亦猶是也炳久矣聞方是閒文盛名惜未識之今觀其文章詞翰飄逸粹韻蓋坡僊復在人間矣季僊平時馳騁文筆應自知

之不然安肯甘拜下風而事之以師雖然師友之間

又當求之於心不必求之於迹作文之法李僊其得

師之心乎香僊能文其必有得於師之心矣炳過言

之幸毋誚二十七日城山丁炳文𬍡書

方是閒先生迺

屏山先生之的孫其文章高爽詞意閑雅真可追配

前作豈非所謂海之支流必鹹之菓眉必潤者耶然

先生〻平志四方足跡半北州其胸中名山大川收

覽之富凡所以發越其性情膏潤其筆端者又非必
有所繇而後有所詣也日録詩藁至多今季僊兄所
受特其緒餘嘗鼎一臠旨可知矣下澣日門士劉友
直伯益書
淳納交於
方是閒丈垂二十年矣觀其文辭玩味心服起敬起
歎疇昔之日蓋未嘗傳示於人也季僊比来未踰旬
日慨然屈摳衣之札手抄一集歸以示諸朋友季仙

之心公而且明淳所不逮然季僊之明惟知師之文章
典雅至於師之致知格物以及於絜矩之道季仙
則未之知也季僊未知而余何以知之盖公暇日與
淳共論性理之學且曰絜者度也當以斯義為正然
後知公之學以己之能而絜古人之所能斯文之作
理與心契自合大方故香山之詩坡僊之文今古相
望如出一手者是皆絜矩中來也今季僊師事之固
為得師矣然致知格物之學季仙所未聞者又將次

第而聞之孟冬一日演平黃淳端夫書
方是閒先生立視之丈人行也少日和諸公梅詩有
清香觀鼻風傳信瘦影橫窓月寫眞之句先君子嘗
切歎賞而文公亦云壓倒座客歸逦以語立輩曰此
寔未經人語者迥出諸昆之右作者所不及異時必
成名於當世然已為文公及先君稱賞如此今文公
下世十有七年而先君下世亦二十年矣而
先生之文日進火然泉達駸駸不已平居暇日酧唱

吟詠聯篇累軸積而成集者富甚今游兄學詩於

先生先生揭出詩文二百餘篇以授之游兄將欲刊

行諸公收置惟恐或後惜乎文公與先君俱不及見之

先生雖不汲汲於仕進但抱負如是豈林泉所能久

羈者耶殆將見諸事業摛辭玉堂待詔金馬作為文

章以歌誦朝家之盛德當與殷頌周雅爭輝並美傳

之後世又豈此而已耶

東里先生溪翁劉又皆先君之友當世之詩人也今

軍行與
先生遊且為叙以冠其首刻梓有日立雖不肖敢書
其末以表先君子之知言云莆陽方立謹跋
白也詩無敵飄然思不群此少陵詩也李杜文章在
光燄萬丈長此昌黎詩也元微之白樂天之互相推
明歐陽公梅聖俞之遞相許可豈有他哉蓋惟己之
高則足以窺人之高使我胷中之造化不足烏能鑒
人之巧耶

方是閒先生種德家庭天姿秀發沉浸醲郁溢為詩文丱年賦梅花晦庵先生見而奇之其日煅月煉益久益工敬觀是集所録愈讀而愈不厭趙東里以下諸公皆嘗斲曹劉之壘拍李杜之肩者一見擊節而序之質之古人無間然矣牧不能詩敢以私意評品追誦先生之言載味諸公之序書數語于左不失為寄人籬落之下幸毋哂焉枯山張牧書

洛陽少年論事不合一旦適去吊湘賦鵩鳥皆悲傷怨

懟之辭君子許其才而不許其學至杜陵野老饑寒

流落一詩一咏未嘗忘君天下後世謂之詩史其以

此耶大丈夫不負所學不得自見於斯世則已何至

於怨乎

方是閒居士忠顯聞孫西樞猶子機雲阿咸青紫

滿家居士合得一官而乃廉静退託毅然有隱約之志

脱軒冕而就薜蘿去廊廟而履巖壑此政與洗耳禾

徽謝故人釣富春者同量孔子曰不怨天不尤人

居士得之矣以莊自登屏山之門見
居士於總角風韻豪爽有超軼絶塵凌厲宇宙之氣
其後遊襄漢經蜀都寄湖湘歷覽名山大川取友於
天下自六經諸子史傳百家之書與夫天文地理讖
緯之學古今文集典故之文歷世醫藥方技異書奇
字莫不研究所以其文富贍淵源其詩雄麗清壯如
長江大河波瀾起伏有優游自得之趣而無慘戚無
聊之意有踈曠自放之志而無怨怒不平之態方且

浚流為池疊石作山藝花 行栁紉蘭賦梅種春釀泉
酌客終日清談不倦多識前言 往行聽者聳然真有
先世古君子之風其視功名利祿為何等物尚何怨
乎雖然抱負所學如此豈終窮者 朝家旌忠褒節
訪其子孫之賢而録用之必有任其責者然於
居士何所加損焉以莊於
居士既親且契遊從甚久知之最深不敢泯沒其心
姑叙其風槩如此若夫品題之言猶在耳則有文公

遠庵於前序詩以名世傳遠則有東里溪翁於後使

覽者有攷焉方外士陳以莊敬叟書

李僊嗤侮一世學恃家傳才恃天稟搦筦占辭娓今

數百言不倦雖古作者復生不肯少辟其席而況北

面乎人今乃北面於

方是閒居士者豈居士勢以壓之氣以勝之耶且

居士之文予少角得而讀之以知其薰班馬之香

摘屈宋之豔人皆服其追並古作久矣時李僊未之

服也今摳衣趨隅口誦心惟至於筆之書者非徒服
也昔沈諸梁之不識孔子陳了翁之不識伊川俱不
免見譏於當世季僊之頤師毋乃責沈之遺意歟幸
多以酒沃之毋使他時敭道如湜籍輩也叢亭劉瑑書

壬申四月廿九日書友以毛氏精抄本見示需直二十餅
余留之出舊藏此本手校一過卷中缺字有與精
抄本互異者當是所據有初印後印之别而前
後序跋反有彼缺而此不缺者知彼所據與此
非一本也誤字時有毛本用粉塗校改
當出意改蓋此本未改知此猶原本耳
復翁

附錄

三字校增

劉學箕字習之，自號種春子，崇安五夫里人也。五季時有諱楚者，由光州都將同入閩，生三子，長曰
擇，居止曰敦，居麻沙曰巖，居五夫之屏山曰幽，居後山三族，皆擅山水之勝，而屏山之峯疊翠、
潭溪瀠碧，尤最貴且顯。至八世民先，即學箕之高祖也。民先字聖任，熙寧、元豐之間屢試
禮部不合，慨然曰：「親老矣。」歸潭溪，築一枝堂以奉親，終始孝養，既親之亡，甚悲哀，感動行路。
後以韐貴，贈太子太保。曾祖韐，字仲偃，由紹聖元年第進士，歷仕屢牧，至擢汴京留守。後遣
使金營，不屈死之，贈資政殿大學士，宗贈太師，謚忠顯。祖子翬，字彥沖，築室于屏山下，讀
書講道，世稱屏山先生，謚文靖。父玶，字平父，以門蔭調邵武軍事，居母喪後退居家，
以漁釣自樂，名其居曰七有寮。子翬之兄子羽，字彥修，徽猷閣待制，贈少傅，謚
忠定。子羽之子珙，字共父，觀文殿大學士，贈光祿大夫，謚忠肅。珙之子，並宋史有傳。
之終，朝散大夫學箕嘗撰一枝堂辭記之。此堂之建，由宗保至下太師忠顯公與焉。
秉節不屈，忠昭千古，有傳。秘閣、屏山三公繼為勳業、道德，載在方冊。忠肅
公又繼為之，朝行已為名臣。茲學箕嘗即屏山新居，復建此堂，祠我公保及
先人于其中。因寺于辭，以昭後人。有劉氏傳忠錄若干卷，真德秀序之云：
「建安劉氏自忠顯公殺身成仁，而天下仰其忠節。少傅公以身扞蜀，而天下
稱其忠勇。忠肅公又以昌言直道、精忠明之，而天下信其忠誠。由祖迨
孫，若出一轍，自昔世家之盛，鮮能及之。」學箕固世家子也。蕭爽宜承家學傳

泉郡以上公改

古之文結廬于南山下開書遠竹樹左右日游息其間嘗置一舟往來武夷九曲酒酣吟嘯遍遊三十六峯觀煙雲出沒魚鳥游泳充然若有所得自號曰方是閒居士或勸之仕不答當時皆高其節云所著方是閒居士集四卷行于世

此附錄收心存風古閒三字當是毛氏增入故此本無之字彥沖三字驗其筆跡似吾季手添藏傳之以備覽此本又有至正廿年從之孫跋一篇毛本失去想亦所據本無也　復翁記

祁陽陳澄中藏書記

湘鄉王氏秘籍孤本

蕘翁此本與汲古閣本均出自元至正庚子蔣山書院本而此本當爲此集最完善之本毛本不如也毛本多斧季校改之處實失元刊真面目又脫去題跋五葉（蕘翁朱筆注明）今既不可得獨賴此本具存且多從玄孫跋一紙不可謂非大快事也余又得孫綠庵藏本再校一過亦有勝黃毛兩本之處甲子秋日湘鄉王禮培佩初氏記於小招隱館

八閩文庫

八閩文庫

文獻集成 332

福建文獻集成

吴格 主編

續編 集部 八

海峽出版發行集團
THE STRAITS PUBLISHING & DISTRIBUTING GROUP
福建人民出版社

本册目次

圭峰盧先生集二卷　［元］惠安盧琦撰……一
鶴田蔣先生文集二卷　［元］建陽蔣易撰……三四九

圭峰盧先生集二卷

[元] 惠安盧琦撰

中國國家圖書館藏明萬曆間刻本

圭峰盧先生集二卷，元盧琦撰。琦字希韓，號立齋，惠安人。元順帝至正二年（一三四二）進士。授浙江台州録事，十二年遷永春縣尹，十六年調寧德，歷福建鹽課司提舉，除平陽州，命下而卒。居官賑饑饉，止横斂，均賦役，以惠民爲務。生平具元史卷一九二良吏傳及此書卷末所附行實碑銘。

此明萬曆三十七年（一六〇九）莊毓慶等刻圭峰盧先生集二卷，每半葉九行，行十八字，白口，四周雙邊，單魚尾。首隆慶六年壬申（一五七二）朱一龍序，次萬曆三十七年己酉莊毓慶序、董應舉序，次目録，次正文。上卷五言古風、七言古風、五言律、七言律、五言排律、七言排律、五言絶句、七言絶句，下卷賦、記、誌銘祭文、啓、雜著，末附行實及玄孫伯延立齋盧先生文集後語。卷上卷端首行題「圭齋盧先生集」，第二至八行分别署「元錦田盧琦希韓著，鄉後學三山董應舉崇相、陳勳元凱、邑人朱一龍于田、吴天成德渾、莊明鎮靜甫、莊毓慶徵甫仝選」。卷下卷端題爲「盧圭齋先生集」。盧氏因世居圭峰之下，故題所著爲「圭峰集」，此莊氏刻本題爲「圭齋」，或出誤刻。

據諸家序跋，盧集最早由其門人莆陽陳誠中編刻，凡十三卷。隆慶末，朱一龍據陳編圭峰集及盧琦之子昺所編平陽集，重編爲圭峰集，欲鋟梓而未就。萬曆間，莊毓慶等據朱一龍本付刻。今陳、朱、昺三本俱已佚失，莊刻本已成盧集最早之版本，亦即明清諸傳本如顧嗣立元詩選初集本、四庫全書本及其他傳抄本所從出者。按，明徐𤊹筆精曰：「圭峰集歲久弗傳，近歲惠安莊户部徵甫蒐而刻之，誤入薩天錫詩六十餘首。」顧嗣立謂「今觀其詩，大半見薩天錫集中，亦間有陳衆仲、同寬甫諸作」。四庫館臣、丁丙、陸心源等承此説，皆謂盧集爲後人竄亂，誤入他人詩作，真贋雜陳。然今人考辨，盧集與薩都剌等集互有誤收，不得謂皆圭峰集編者濫收之過（詳楊光輝薩都剌生平及著作實證研究、黄仁生日本現藏稀見元明文集考證與提要）。故同題作品之歸屬，尚須仔細辨别方能定讞。

盧氏詩工於寫景，意境清幽閑淡，由景入情，嬗遞自然。顧嗣立評云：「良吏高風，情詞婉約，藹然自見於言外。」四庫提要亦謂「其清詞雅韻，亦不在陳旅、薩都剌下」。可知盧氏詩文，自有可傳，誠如張元濟涵芬樓燼餘書録所言：「版刻之謬，固無害於作者之本色也。」

（樊長遠）

盧圭峯先生文集序

予產惠北里髫丱始知學即聞先君子暨諸長老言知有元進士盧公希韓者時惠文運未興縉紳學士大夫無多見去古未遠太朴猶存人知景崇先哲往往能談盧公遺語予亦竊慕之問其居即今八都峰尾去予家不及二十里而

近予暇日至其地嘗訪公故居則見其
有古堂三四椽左傾右頹不蔽風雨中
有元平陽知州盧公木主四壁之外廢
垣敗瓦過而見者莫不為之躊躇而悽
愴訊其子孫皆飄零流落隱於人間為
傭作曾不知先世之有賢士相繼至於
其鄉之哦又皆以海為市朝夕鬻販魚

蝦麤鄙狹獪陋甚比屋不聞詩書之聲
未見有一秀民出於其間者竊歎夫山
川不變時代互遷大賢之後古多陵夷
而於其地之孅陋亦迳相懸絶昔之所
聞如此今之所見如彼不亦良可慨哉
盧公遺文予未仕時嘗見抄本半集於
先君子舊篋中薦經倭亂散逸無存求

之二十餘年不獲一日得於吾鄉黄君
玉流氏乃元陳誠中所編爲圭峯集與
公之子昺所次爲平陽集欲鋟梓而未
就者當兵燹之餘家比爲燼不知藏於
何名山大川以得無燬或者鬼神呵護
將使之竢後世君子以廣其傳也歟予
不類竊喜爲之校閱叙録遂令鋟梓如

左於戲公古之賢者也予公之鄉人也
先後不同時而惟賢我師也惠之先哲
固未可謂無人唐宋諸賢邈矣文行不
可概見居地亦無復尋惟公去今時未
遠而居又近在其學與政固於予心若
曠世而相感者是之取爾
隆慶壬申九月後學峴東山人朱一龍

三

于田甫序

盧圭齋先生文集序

余少好從鄉長老慕説先喆故聞有圭齋先生嗣後窺邑乘迺知先生以明經魁浙闈登元至正壬午進士爲赤循吏先生舊有詩稿去歲過里綢羅遺逸始得故大叅朱于田公所裒録即元孫伯迒陳誠中所編圭峰集欲鋟未就者也

閭攜之白門友人董崇相陳元凱輩賞
其清絶謂表章先喆責在後死於是校
讐詮次登之琬琰是編出先生為不朽
矣嗟乎文章顯晦之際自昔歎之子雲
法言必經久而後傳襄陽遺編藉士源
而逾著匪惟賤近貴遠亦以待識誒時
先生生胡元末造干戈漸擾僻處窮鄉

文運迺塞而揚扢風雅追蹤作者讀其

詩卞藻豔逸天真爛熳而根極於性靈

之寫信天挺英姿非風氣之所囿也夫

文章者賢豪之神魄也其精光逸韻足

以激發同調而動百代下學士大夫之

寤想靈之瑰樹委諸草莽凡在臭味誰

不扼捥然元社既墟追今二百五十禩

矣中荐經兵燹煨燼蕩析之餘勝國時
物影響銷歇是編特與魯璧汲冢擁護
無恙將明德盛者光霽遠乎當先生之
前邑崔黄諸姓冠蓋蟬聯赫奕閭里曾
未百季鞠為荒草逝水即欲覔其遺踪
而已無復别而識之者先生没餘二百
載代易人非山川有改風雅不墜可見

天地間百凡同盡惟文章爲耐久而斯
文之湮鬱其觸人秉彝之好爲尤深且
夫盧之先經明行舉者接踵逮先生而
益顯豈乏之詩書世澤之遺哉然令入其
里類販鬻麤鄙以海爲生衣冠絶跡弦
誦無聞訪其子姓則淪落飄零爲傭保
雜作獨其遺咏剩簡人猶録而藏之司

馬托志于名山白傅歸依于三藏涼涼
爲結緣于百千載不可知之人而異之
傳而現前之尋聲逐影者有不足恃也
諒哉諒哉然使先生身享崇膴不則生
通都鉅邑一唱群呼于順風加疾之地
則世知有先生詩舊矣惟其仕不過郡
國名不出里閈即能名先生詩者自邑

三數公外漳如故隨舉隨輟若滅若沒
以有令曰射斗之精拂之圖土之餘而
佩之三事所以光芒豔發倍加閃爍也
與余既賀其傳且惜其遺而又以自少
嚮慕先生得從諸君後發舒二百餘載
之沈淪有厚幸焉雖然先生之治行彪
炳于國史邑乘燦乎備矣余之景仰先

生獨詩乎哉

萬曆已酉季秋之吉邑後學尚白居士

莊毓慶書于金陵公署

奥天祥刻

盧圭峰集序

惠安盧希韩先生圭峰集若

干卷莊徵甫得之於于用朱大參

家而猶病其雜也則使莊吳二山人

損爲以授我又令我損爲以傳蓋

存者厘十五六而古風猶全讀之

金石羨而星河流也又淙淙然若
急澗寒響從以風雨㵉湃四下百
怪出而萬壑移躍躍於吾目何其
奇也及考其行事先生生於元季
腥臊傾叉多事之秋而爲縣令睢
以一言感悟鄰盜使之投戈縛其

酋又能激用其民戰安流突
数萬方張之巨寇持之踰年不得
逞竟完其邑逮遷漕司提舉海口
盐場又能持法抗番大商以貨得茶
省改立能箠殺人者使不得奪國家
之利兩敗塲又能減筭以禱以一言

畘其精神貫徹上變天地下變
盜賊如此使其生逢休運都將相
之權得盡所施設其勳烈可勝道
哉天奪元䰟刑政不綱授盜以柄
揭竿四起而據高位操朝政者方
事賄奪忘國恤雖有蹟烈章之

如先生僅置之猥冗淩雜間不得究其施後雖以近臣薦起平陽而先生没矣

明興雲龍奮起一時佐命建功諸臣大抵皆元遺獻或以節顯者亦有之先生生不究當時之施死不逢

興王之運獨留其詞章照耀天地
越二三百年兵火灰燼烟消雨滅之
餘而流風餘韻猶傳於士大夫之
口沉淪幾晦久而復章此豈偶然
之故哉吾觀先生文雖不如詩然皆
有關政紀踰越祈晴請雨通於

序三

盡明其論常平利害纖悉指掌矣予見往年和糴擾民大率亦若此世季弊滋何法而不為害安得盡如先生者而用之耶先生生平孝義初從其師余子賢試浙省師卒不顧試期而恸恤其家如在有加

維貴見師之友必拜則其標暴化
頑動啚明而名後世者良亦有本
士非積於仁義而徒欲襮以文其長
存也可冀乎先生名琦號三齋
希飾其字圭峰則其所居之山取
為集名者也

萬曆己酉秋日閩中董應舉書

圭齋盧先生詩集目錄

五言古風

度嶺於崇安命掉建溪
和八伯章和賔元魯應奉韵
咨王侍郎寄稧原魯應奉
借曹汝敬晚對亭酌因叙相思相勉之意
題待月亭卷　漁樵共話圖
送塗嶺巡檢要東木之莆田尉
贈莆陽蔡可禹有序　莆陽忠門西江陳

公建義學于家之西南延致可禹蔡君
以教里之子弟蔡公忠惠之後因裁詩
贈之
龍江山平遠樓　贈逸巖道人
題李月海卷　挽陳本中學錄
題陳允中屋卷　存與堂
題潭州劉氏姊妹孀婦貞節
過高郵　過紫薇庵訪馮道士
題汀州丁溪知事卷

舟行秋暮　荅福唐林氏兄弟詩
將至大横驛舍舟乘輿暮行山中
聞秋虫有感　晝卧雲際亭
贈白雲　望武夷
宿武夷　宿武夷山會杜聘君
題焦山方丈壁　送吴父之揚州
寄王伯循諸公　過青道士江野舟
秋日病起池上　宿烏石驛
度閩關

寄沿山別駕兀顏子忠

同幕府楊子丞李伯眞避暑烏石上晚酌

天章臺

宿臺山寺絕頂

望鼓山　　春日思遠遊

至治辛酉九日與用平上人純仁茂才遊

西山福清寺有感

送別　　題壽萱堂

白雲精舍　　滿月洞天

風山龍井　銅盤夜月
天柱獅巖　文筆晩雲
獎阜叢林　洞宫丹室
禪岩少照　星水朝霞
春江晩渡圖　憂村氓
過盧山　早發黄河
七言古風
鞦韆
至正巳亥夏予游壺山宿眞淨岩卽景賦

詩奉簡古道了堂二師
陳誠中留宿壺山別墅雨中紀懷
遊龍紀寺和朱原道都事壁間韻
題項羽廟　有事居庸關
宣布同知自燕京來報國哀時文皇晏駕
走筆贈孤禮　留別同鄉嚴進士
七夕後樂陵臺上倚梧望月有懷李御史
公襲
過桐君山　夜泊釣臺

寒夜懷京和韻　京口寒夜和葛秀才
題鴉落圖　江南樂
江南怨　雪山辭題壽星驛
題雲山圖
同曹克明登北固山和韻
阻風崔鎮有感　遊吳山馳峯紫陽庵
江上聞笛別友　將至太平驛即事
燭　秋蚊二首
舟過武夷　望湖亭

贛州奉別盧州判
中秋泊雩都東獄前對月書懷
中元回家拜祭感懷
寒夜聞笛　黷淡歌
練湖曲　海棠曲
威武曲　如夢曲哀燕將軍
儒有蓬氏子有序　梅山行并引
五言律
晚泊黄坑舖　題葉清甫綠波樓

寄張子震　春暮寄友
送僉判趙宗吉
送許存忠之漳浦縣尹
和木軒林先生寄本中韵
寓榕州寄烏石陳晚對
和林子蒼湖亭晚酌
宿僧房　楓亭道中
惠安道中　荅王經歷庭訓
寧化縣　過建寧縣

贈李逢原　送長樂縣吏
昆山客邸　送高教諭
遊萬竹庵　遊洞嶺寺
遊東林庵　遊萬松庵二首
遊北巖庵　夜泊羊角垻
遊吳廷用南庄　次鄭公除夕韻
送福唐林氏兄弟
次繁昌邑宰梅雙溪韻

七言律

寄同年狀元拜住善御史
客武林寄馬元臣山之英二同年
山之英寓所觀壬午進士題名記有感
自高郵買舟還江南至常州值雨寄魯元達
和韻荅白明之
汀州道中
寄泰寧鮑縣尹
雲巖書院
臨汀城外别丁景文
趙孝子卷
周孝子卷
題徐方外捕盗應夢圖二首

送朱希文　送吴元珍

贈片雲上人　次韻答林迪齋陳景淵

送萬謙甫歸銘山　依韻答歐士中

送孫君猷　寄吕用賓縣尹

重遊蓬壺因呈諸公一咲二首

依韻奉呈敬在博士先生并簡諸公一咲

至正已亥六月遊壺山宿眞淨岩訪忠門

西江陳公江亭二首

再道江亭用前韻酬美中

挽安童叅政先任興化太守後任叅政分省興化
和虞伯生寄張總管韻
寓平南善應菴述懷
病中懷王德輝
題節婦卷
三月晦日鄭友雲招飲
客建寧别李季昌
遊眞淨菴和方時舉
答樂嶼陳樂齋
送府掾之永嘉
和朱伯綱赴杭韻
寄題長樂王隱君小圃
贈雲峰道人
太平驛和月林野間韻
遊金峰寺
再用明之韻

和仲賓監縣遊考亭韵

和林子蒼玄妙寺值雨

再遊仙宗寺約曾元瑞不至

仲秋寓逕江張伯雅席上作

陳教諭見和因復用韵答之

寧德寄呈鄭德和叅政繞兵古田

劉秘監山水　　贈畫師春山

松下軒　　題松江寺僧遊浙卷

松江道人　　分水關和朱明仲韵

廣信道中　登姑蘇臺
寓海壇歸卽事　福清平南道中
寓福清寄山東魏宗　題蕭山韓家湖亭
題南岡上人詩卷　姑蘇舟中
清河樓上小酌卽席和子儀韻
與友宿傳法寺
寄天竺長老住集慶龍翔寺二首
寄劉德中句空小隱居圖
高郵城樓晚望

燕將軍出獵　送王御史入京
偕廉公亮遊鐘山
別江州總管真定王堯紹
寄鶴林長老　和王維學海南還韵
三衢守馬昂夫索題爛柯石橋
題元符宮東秀軒又名日觀
集賢學上喒兒哈冊奉旨代祭真定路玉
華宮僕備鑒體
登鎮陽龍興寺閣觀銅鈞觀音

寄叅政許可用
文濟王賜練段賦詩以謝
李副使之江浙
寄文濟王府教授郭尚之
送僉憲王君實之淮東
可用惠茶賦詩以謝
道士彭玄明歸三茆
棲吳山
金陵道中
題金山寺
晝懷
宿道家作
和葉知事題鬱山房

客中書懷　福州王霸故宅
送丞相河南王南征　中秋寄友
題道觀　賦深隱
寄衣　愁
美人折花　登大峰山
過平溪橋　遊北里三峰寺
山行雜詠四首　再遊南庄
夢中得二句云萬里春潮隨月上數聲漁笛隔溪聞覺而足云

泊小孤山
雩都縣西禪田寺有生佛甚靈殿後有竹十三竿云是佛在日所獻之竹即今存焉
宿會昌鋪
宿武林禪果寺
題吳元珍釣圖
遊林肅寺和林清源先生韵
再過鍾山萬壽寺有感
題鄭克讓淵明卷
餞德化王知縣
和經略使從事間可理問同年

再分司海口郎事寄桂尚文都事

題全安庄　過吳江

五言排律

餞憲使元卿赴浙江叅政

贈府訓林先生之京二十韻

七言排律

贈周信玉　餞孫復齋赴南雄同知

五言絕句

過峽口浦　縣齋閑坐偶成

翠峰梅雪
七言絶句
題杜容可貧居卷　興化道中
泊洗溪驛　歲寒
和鄭子經遊仙宗寺韵
再用子經韵簡曾元瑞
送劉友峰再遊南泉二首
陸德揚杭州新居　草萍驛和薩天錫
蒜嶺道中

宿莆陽玄妙觀贈一山道人

送阮洞仙　題四皓圖

餞舜舉木芙蓉　洗馬圖

玄妙觀作　題射獵圖

題山水圖　舟泊揚州

寒山寺　題山水卷

題捕魚圖　蒲萄

畫梅

賦

驅睡魔賦　悠然亭賦
海賦
記
重建登科巖記　重修永春縣學記
永春縣重建公署記
三華重修講堂記　東坡善應菴記
遊凌溪記
誌銘　祭文
元故貞士陳公墓誌銘

樂齋陳公墓誌銘　祭烏石陳貞士文

啓

答吳縣尹啓　領舉贄上本路鄒總管

分司海口塲祈晴

雜著

建言常平　論冦文

跋伯章九龍卷　題趙茂叔山居圖

題牧牛圖　題曾君世家盛事集

題山水圖　求麥舟疏

求麥舟疏爲建寧李宗父作
行實附
故前村居士盧公墓誌銘 前國子生三山吳鑑撰
盧平陽哀辭 三山陳忠
永春平賊記 元奉政大夫同知福州路總管府事致仕林以順撰
恭人陳氏壙志
立齋盧先生文集後語 延平孫伯起撰

盧圭齋先生文集目錄

圭齋盧先生集

元錦田盧琦希韓著

鄉後學三山董應舉崇相

陳　勲元凱

邑人朱一龍于田

吴天成德渾

莊明鎮靜甫

莊毓慶徵甫仝選

五言古風

度嶺於崇安命棹建溪

人生天地間馳馬歷大塊役役功名塲歷歷山水會偉哉東南區嶔險閩越冣車書四海同風氣一嶺介肩輿度層霄手棹下急瀨四山抱回流環合如束帶玉井蓮葉漂仰面天作蓋倏馳丹峯前却作紫嶺背微陰間雲霞凍雨洒松檜溪林樵牧歸落日山鬼會雪瀑掛水簾松風奏天籟石梯架仙岩往往遺迹在瑤草石上生丹藥市中賣巍巍考亭祠過客祠下拜溪水自成

文上接洙泗泒喚渡雲間僧貌古淸可愛手把
青松枝趺坐溪石待懸崖虹棧危揷竹漁網晒
山高人蟻緣下視舟一芥輕舠類飛鰍宛轉亂
石隘崢嶸龍角尖磈砢黿首癩嗟吁激頹波出
没水中恠萬古槌地雷三峽瀉澎湃峯巒爭迭
迎奔走萬里快箭過耳邊風開口不暇咳峭壁
起衝流恍若巨鼇戴上有舊題懸歲久字蹟壞
豈無功名存彷彿年月載覽此前人蹤徒爲後
人慨天氣易寒暄光景倏明晦浩蕩三日程應

接千萬態會登天柱峯一覽宇宙大

和八伯章和賡元會應奉韵

芳辰天正暄閒居日多暇羣英總能詩往往韋陶亞白雲在郊外相望無一舍招提夙所期款段亦可駕數峰互參差百卉相枕籍持杯有紅裙盖鞍匪黄帕衣冠蘭亭會林壑輞川畫嗟予在塵蹤屢嘆流光瀉區區縛簿書役役劬晨夜重遊錦江隅獨憇茅屋下開軒招鶴來入市借驢跨任從傍人咲免遭官長罵見説絶妙詞一

讀一瀟洒無因陪華席猶可續佳話願攜北海
樽徃結東林社昨朝棣花飛今朝杏花謝行樂
須及時敢辭出無馬

咨王侍郎寄禊原魯應奉

名門世所仰偉器人初識除書出省垣匹馬發
山驛金臺芳春宴玉署淸晝寂年富經學優事
簡官情適笋班綵雲曙蓮燭明月夕登嵩望庭
闈開閣集賓客鯫生寂無聞艮晤何由得髮鬢
亦已華意氣徒自激題詩寄天風渺渺炯樹碧

借曹汝敬晚對亭酌因叙相思相勉之意

涼風鳴庭柯積雨過林巘披衣攬明鏡坐恐歲華晚盈盈牀頭書自舒還自卷念爾西牕人殘燭共誰剪簪紱垂光彩仕路需俊選巍巍黄金臺往躅或可踐相思亦何屢相期良獨遠人生易白髪世道少青眼盛時各有待幽趣貴自遣寄語三徑翁蒿萊爲子剗

題待月亭卷

郡西古招提樓臺跨城邑小亭僅數椽日落晚

涼入二俟曾此遊徘徊松下立開樽待明月月
來海風急俗韵忽已消素光良可挹天容萬里
淨露氣千松濕洒闌賓客歡詩就魍魅泣蹇予
塵土蹤驅馳慚靡及時來弄清暉每擬續佳什
文園多病早浣花百憂集願言問嬋娟何當謝
羈縶

漁樵共話圖

樵夫初上山漁父纔泊船邂逅即相問生涯兩
堪憐我渴魚可羨爾歸突未烟爾魚莫索價我

薪不論錢惟將薪換魚一咲各欣然

送塗嶺廵檢要東木之莆田尉

將軍有英氣負劍遊南荒曾陪繡衣客經踏烏臺霜戎閫拔寸雋奔走殊弗遑屬時臨漳郡羣盜方獗猖匹馬汗如雨戰袍北風凉奮身艮間關許國成慨慷茂績固當讐小試爲足償菱溪柱車轍司警驛道傍蒞政肅初令頹綱日更張月静飀颼驚山暝狐兎藏編戸復奚事在在樂歲康所居傍林塢訟簡白晝長鄰家稻田肥子

舍芸編香優游有旨趣於焉度年光夕露集野
草秋飈在垂楊解裝欲何之作尉壺山陽莆民
喜公至夾道相迎將泉民惜公歸所懷未渠央
民俗豈不殊美化端有方願言頌政謡毋庸咏
離章他時登要津萬里誰能量

贈莆陽蔡可禹有序　莆陽忠門西江陳

公建義學于家之西南延致可禹蔡君以
教里之子弟蔡公忠惠之後因裁詩贈之
忠門郡城東陳氏培世德一老鬓已蒼諸郎眉

總白屋南規義塾去家纔咫尺教養酬初心經營闡嘉績蔡君忠惠孫於焉正師席吟詩思不凡講學亦已力野叟聞絃歌里人慕矜式澆風自此袪古道今可即余生遭時艱來作忠門客因緣此相值一見如舊識松陰六月寒海水一天碧談交臭味同避俗烟埃隔追隨豈不好聚散或難必共惟忠惠公文章在簡册勗君良匪他願言紹先澤

龍江山平逵樓

龍江居人稠市井若城邑陳君作江樓塵雜不
相及身閑千慮遣日駐萬境集羣峙兩岸山一
一如拱揖大海東南流海氣日呼吸長橋亘百
丈層塔崇七級微茫認島嶼曠蕩辨原隰潮聲
山外寒嵐氣屋中濕古寺烟鐘來遥浦漁艇入
霜晴鳧雁浴月白蛟螭泣賓朋事幽討觴咏屬
佳什蹇予簿書煩乃受升斗縶公餘强登眺詩
思轉羞澁江空歲年晚日夕天風急行藏我何
心倚欄還佇立

贈逸巖道人

逸巖方外士，鶴髮雙眼碧。常登虎山顛，一覽天地窄。飄然駕雲還，來作龍江客。門前海潮生，屋上嵐翠滴。開窓寫黃庭，汲澗煮白石。嗟予縛微名，十載事行役。何時濯塵纓，從子叩玄賾。

題李月海卷

皎皎明月光，浩浩海水渼。明月常在天，海水無古今。人生穹壤間，百年漫浮沉。所以李月海，煉丹瑞巖陰。

翁居瑞巖陰披雲結精廬夜玩海底月澹然心
與俱海水天地寬明月何處無丹成跨黃鶴一
舉凌太虛

挽陳本中學錄

莆陽忠門鄉陳氏世樹德偉哉錦山孫少年擅
眉白擔簦艮獨逵種學亦已力豈無天人書亦
有治安策方期仕路亨詎意風塵隔壯志竟沉
淪善類每嗟惜秋高雁行斷曉寒鸞影隻堂上
白鶴翁哭子長戚戚佳城邈何許日暮炯草碧

遥望壺公雲題詩雙淚滴

題陳允中䂬山卷

山姸雨初暗洞窈雲常暝琤琤碧澗流落落青松影游咏有高人誅茅臨復嶺開窓翠嵐香展卷白日永興來即吟詩客至但烹茗抱琴莫出遊蕙帳夜溪泠

存與堂

人生宇宙間所貴培本根本根一以蹶枝葉何由繁黄金照筐篚腴田跨郊原豈無百年計零

落烏足言莆陽有佳士結廬東沙村天高海氣
淸地靜山色蟠哦詩風薝藼橫琴月當軒客來
試相問何以與子孫王人咲且答所與卽所存
所存但方寸此外勿復論懷哉古聖哲種德在
後昆陰陰三槐庭奕奕駟馬門芳名尚不朽往
轍猶可援君家有英兒學問知淵源駸駸富貴
來於焉賁丘園予亦慕古道撫心艮弗諼晤語
嗟未諧意氣期相敦裂箋寄秋鴻臨風嗅蘭蓀

題潭州劉氏姊妹孀婦貞節

雙篠本同根長大附高樹樹倒何所所依不離樹
根土劉家好姊妹嫁作儒家婦儒生遊不返姊
妹何所去憶昔嫁夫時各期以偕老今日無所
歸骨肉自相保一爐鑄兩鏡懸置東西窗窗前
無主人兩鏡復一雙哀哉復賢哉劉氏有二孀

過高郵

飄蕭樹梢風淅瀝湖上雨不見打魚人菰蒲雁
相語秋風吹白浪秋雨鳴敗荷平湖三十里過
客感秋多白鷺愛秋水獨立仍自行得魚故偶

爾驚起亦常情沙邊見漁家捕魚湖心裡夫婦
同操舟白頭共生死破罾一天濶小舟一葉輕
相傳與子孫終古無戰爭

過紫薇庵訪馮道士

道士愛幽居年來一事無盆邊瀉新雨石上種
菖蒲山中花盖洞石上冷瀟瀟不見眠雲客惟
逢避雨樵研硃白露淸點易太玄經盡日無人
到小窓蘭花馨

題汀州丁溪知事卷

三溪會汀州上有仙人居乃是丁令威玉珮搖
瓊琚高秋下風露水清芙蓉渠華表慣聞鶴小
舡閑釣魚鑑湖分半曲賀老意何如

舟行秋暮

舟行厭湫隘露坐臨赤日赤日不可當又復蟄
蝸室安得聿生羽飛上太華峯濯足玉井氷散
髮雲臺風

荅福唐林氏兄弟詩

大聽聽若聾志士時若瘖所以陶淵明趣得無

絃琴悠悠南山青采采黄菊金歸來一篇詞千
載猶賞音抱病者奔馳愧古仍愧今海東有雙
鳳羽洒元氣濕高閣五雲端一飛九千尺下視
燕雀曹蓬蒿自相習高岡時一鳴唧唧俱歛翼
今年西北去去年東南征江山南北路歷歷俱
動情官程不暫停日没仍夜行空江風露下曠
野河漢傾浮雲隔海岱明月知我心
萬山二水合匯之爲深淵劍化亦已久過去猶
凛然神物豈常處入地或昇天所以磊落士豈

爲俗所憐
當時二龍劍乃是山川精埋沒獄礎下異氣騰
豐城神光射霄漢斗牛爲不明一入壯士手長
鳴除不平

將至大横驛舍舟乘輿暮行山中

山行日已瞑肩輿度林薄凉飈凄以清松子當
面落千山月崔嵬萬葉風蕭瑟昨日棹歌行頗

憶溪上樂
月輪轉頭上溪籟奏足底人行山翠中葉落雨

聲裡虛名爲一官行子在萬里行行重行行日夕聊復止

聞秋虫有感

秋虫集草樹凄聲亦何繁行子在遠道豈不思故園黍稻上丘隴鳥雀亦伙喧田園可將老軒冕何足言

晝卧雲際亭

紅塵如海滚渡水卧雲際白雲如海人千峯走羣岬長嘯谷生風葉落飛滿地一鳥没逕天逵

樹秀如薺

贈白雲

白雲亦何閑竟日不下山時泛修竹裡相伴一僧還悠悠覆松頂渺渺歸岫間奔走塵俗者視君何厚顏

望武夷

溪行望武夷峭壁何嶄絶赤霞散不收大化元氣泄下有萬年松上有太古雪祗恐月明中鐵笛吹石裂

宿武夷

艤舟山水間借宿武夷觀月掛水晶簾風吹紫霞幔鷄犬入雲中笙歌起天畔傳語杜聘君酒熟幸相喚

宿武夷山會杜聘君

夜宿武夷山乃識青碧叟清談道士同險語山鬼走出門視河漢危梯掛星斗白露蒲芙蓉清寒夜吟久

我識杜青碧深居武夷山採藥紫芝嶺行歌白

雲間天梯遥可躡月戸高可攀天子召不起道人閑往還

題焦山方丈壁

江風入霜林寒葉下踈雨蕭蕭復蕭蕭可聽不可數山僧亦好客呼童掃行路到處尋秋聲披雲入山去

送吴父之楊州

青楊吹白華銀魚跳碧艸落日上江舡三月淮南道渺渺春江涯悠悠雲樹杪安得快剪刀江

頭剪芳草

寄王伯循諸公

木葉淮南秋蘭橈泊瓜渚把酒三人同江亭看飛雨雨過江色浄妙景發天趣歷歷江南山一一青無數

大江湧金光穩如青蓮座就中有龍宫人見不敢唾江山萬古同日月片帆過把酒妙高臺狂歌醉相和

飄飄鶴林僧布韈青鞋雙長江飛鉢度大海蛟

龍降逵來作偶別楚雨鳴秋窓振錫獨歸去天花飛渡江

微茫楊子橋細雨濕秋色小艇載吳姬遥遥路相接風起布帆高一往不可得夜宿廣陵城吹蕭怨明月

過清溪道士江野舟

孤舟横野水門外雪初除白日莫放鶴清溪閑釣魚江南正月半猶自有梅花踏雪去何處清溪道士家

秋日病起池上

顧玆林塘幽消此閑日。飄風舞萍根，落葉散魚影。天池風露凉，秋深藕花冷。有懷無與言，獨立心自省。

宿鳥石驛

雲起鳥石峰，雨洗紫溪嶺。旅館入山深，愁人覺宵永。燈花剪復開，風竹亂不整。淸晨度闍關，南斗落衣領。好寫度關詩，筆頭點石笋。

度闍關

曉度分水嶺身在雲霧中手叩天上關聲落山下風雷霆走澗壑神人過虛空頃刻開萬象赤烏飛嶺東白髮下千峯盡入懷袖裏振衣度閩關洒作山下水仰觀天有梯俯視井無底古來守關人盡作山下鬼寒食百草青春風吹不起

寄沿山别駕兀顏子忠

我識顏别駕風度修且閑近持五色筆輝光動南蠻甘飲石井水卧治鸑湖山玉峯露洒洒楓林佩珊珊表表臺閣姿豈久州縣間相思不相

見可望不可攀海風吹夜月飛度七閩關

同幕府楊子丞李伯眞避暑烏石上晚酌

天章臺

晚凉上烏石置酒天章臺日夕下山去海風吹

月來白露洒仙掌銀河洗金杯誰識芙蓉山飛

身入蓬萊高臺在層霄肩輿上絕壁露下酒橋

凉月出海門白坐拂衣上雲醉卧林中石西風

吹鬢毛南斗在肘腋

宿臺山寺絕頂

江白潮已來山黑月未出樹抄一燈明雲房人獨宿近水星搖動河漢下垂屋四月夜雲深繁陰倚修竹

望鼓山

鼓山起千仞乃是東海根蛟龍穴其下霹靂翻海門砥柱儼不動日夜雪浪翻何當臨絕頂俯視浴日盆

春日思遠遊

春日思遠遊遠遊欲何止角用哀見楚王伯桃樹

中夜出門逢路人天下無二子春草一尺長春
日一萬里上有無情雲下有無情水

至治辛酉九日與用平上人純仁茂才遊

西山福清寺有感

芳月忽已晏賞心遂蹉跎薄言採秋菊于彼南
山阿杖藜古蘭若班荆多娑婆上方秋杪集中
秋白雲多野菓被清露石竹綠長坡搔首徒延
佇懷人獨行歌陳王布金地蟋蟀鳴寒莎淡然
釋氏子白首心匪他爲予别三傑玉石了不訛

香坂有芳蕙平池有高荷二者豈不美如此日夕何

送别

古井九仞餘不如人意深薄交屢識面豈若兩同心子行風霜野我望雲山岑相邀遠自樹莫忘惠德音

題壽萱堂

芳草世豈無所貴忘憂難惟有北堂萱庶可娛親顔青青向堦庭鬱鬱良可愛只恐流序徂秋

風不相待晨昏登高堂戲舞稱壽觴鶯看堂上
人鶴髮明秋霜再拜祝萱艸不改三春好百年
以爲期歲歲長相保

白雲精舍

幽齋白雲裡苔徑隱林樾空堦落葉多深竹書
聲歇嵐光翠以流爐烟暄常結凉飈響長林猶
疑絃聲發

滿月洞天

洞天絶人境清輝夜常蒲松際天影沉洞戸林

光散昔人煉鼎處石竈云猶煖風篁如笙鸞時

時彩雲斷

風山龍井

瑳峰有神井龍潛不可測苔紋石痕深草映寒

泉碧詎非太華峰猶疑藕眈宅僊人胡不歸空

山此靈跡

銅盤夜月

麻姑承露盤歲久化爲石伊人同化去留此知

何日苔滋古蹟深露滴寒光白惟有明月高淸

煇照如昔

天柱獅巖

岧嶤天柱峯幽居如白澤形若神獸蹲影類巨

鰲立日出陽岍紅雲歸陰林黒詎非鑿混茫猶

如神禹跡

文筆晩雲

奇峯碧若珪晴雲白如練溶溶雨外來靄靄林

中見秀色姝可人浮風映花縣甘棠庭訟清爽

氣令人羨

奬阜叢林

沉沉青蓮宇隱隱聞踈鍾桂殿荒蘚碧蘭堦落葉紅水聲出溪竹石瀨鳴寒松東林有佳興解綬來相從

洞宮丹室

僊人有丹室遥隔翠微裡石鼎雲影紅星壇霎氣紫珠林散暮聲壁月落秋水靈跡今尚存神光夜中起

禪岩夕照

空岩夕照來寒入野僧定歸鳥帶殘光連雲度
蘿逕禪房掩暮山楓林起烟磬幽人獨去來凭
軒足清興

星水朝霞

旭日升東林初照星溪水晴光散彩雲餘影亂
成綺隱映桃花潭杳霧武陵水韋齊有精廬空
山何處是

春江晚渡圖

風微杜若香潮滿江聲寂扁舟古渡前推起蓬

窓白山外日未高波底雲先赤隱見杏花村依
稀烟雨隔人間行路難羨此丹青跡焉得幷州
刀剪取澄江碧

憂村氓

世道日紛紜人人自憂切路逢村老談吞聲重
悲噎我里百餘家家家盡磨滅休論富與貧官
事何由徹縣帖昨夜下羈縻成行列隣里爭遁
逃妻兒各分别莫遣一遭逢皮骨俱碎折朝對
狐狸啼暮爲豺虎囓到官縱得歸囊底分文竭

仰視天宇高綱維孰提挈但恨身不死抑鬱腸中熱南州無杜鵑訴下空啼血

過廬山

向聞廬山名未一見顔色宦遊過江州始領崔嵬壁九疊挿天青五老生雲白中有飛流泉直下三千尺下瞰鄱陽湖湖波渺無極鷗鷺點點輕雁鶩飛飛疾分帆南北間浩渺殊傾仄羡羡同舟公濟濟天上客眷言欲往遊仕途阻程隔瞻言發清詠峯雲漫漫白緬懷遠公林矯首陶

令宅願兹一覽觀于以慰疇昔復得誅束茅結

屋依泉石去去卒未能吟望三嘆息

早發黄河

晨牽犬河上曙色滿船頭依依林木出慘慘烟

霞收村墟雜鷄犬門巷出羊牛炊烟動茅屋秋

稻上壠丘嘗新未及試官租急徵求兩河水平

堤夜有盜賊憂長安里兒生長大不識愁朝騁

五花馬暮脱千金裘鬭鷄五坊市酣歌宸高樓

綉被夜中酒玉人坐更籌安知農家子力穡望

有秋短褐長不完糲食不同饁醜婦有子女鳴
機事耕疇上以充國賦下以供松楸去年築河
防驅夫如驅囚人家廢耕織嗷嗷齊東州饑餓
半欲死驅驅長河流河源天上來趍下性所由
古人有善備鄙夫無良謀我歌黃河曲庶達公
與侯凄風振枯稿短髮凉颼颼

盧圭齋先生集

七言古風

鞦韆

綠窓美人閉深院燕語鶯啼春事半畫欄睡足四無人空與東君說幽怨綵繩䙰褭挂青煙羅襪纖纖翩翠袖紅妝高出墻頭花繡帶斜飛亭際柳香風蕩漾春誰主願學飛僊飛不去黃昏溪月浸梨花背立鞦韆悄無語

至正巳亥夏予游壺山宿眞淨岩卽景賦

詩奉簡古道了堂二師

六月翠壺山下客凌晨登山如絕壁支筇徑上眞淨岩頭上清天纔咫尺高僧十載棲岩幽啓扉相見還相留欣然坐我斗室底蕭室嵐氣生清秋開窗一覽數千里滄海微茫等盃水客帆來往煙雨中人家遠近林巒裏平生讀書苦不多時事如此將奈何蠅頭蝸角付一笑會當結屋山之阿

陳誠中留宿壺山別墅雨中紀懷

我客莆中知幾度重見壺山翠如堵今年還復客莆中郤向翠壺山下住翠壺山高高倚天便欲杖屨登其巔暑雨成霖水如海羸得幾夕孤村眠故國艱危塵蒲目鄉夢每繞讀書屋劉琨中夜還自舞杜甫曲江爲誰哭蠻烟瘴霧何時開會見長風天際來旅懷寂寞賴知已對山爲我傾瑤杯

遊龍紀寺和朱原道都事壁間韻

朱侯人物何奇哉想君豪氣凌紫崖當年同遊

龍紀寺爲愛疊嶂青崔嵬騷壇賈勇樹旗幟鋒
刄凜凜誰能摧花驄不來歲月晏落華幾度委
蒼苔人間萬事總非昨江南江北多塵埃客若
遠公流我非淵明才相逢底用結蓮社握手一
笑傾瑤杯平山有雅懷訪我向碧隈龍王祠前
白波吼真人閣外紅蕖開彩雲翩翩在足底豈
若海上尋蓬萊人生出處莫浪計世路咫尺生
烟霾拔劍忽起舞長風天上來吁嗟壯士焉可
得題詩欲寄歌風臺

題項羽廟

長城骸骨丘山積羣雄操戈爭奮擊將軍手提三尺劒長呼渡江天地圻馬上叱咤風雷生千人萬人俱辟易新安坑平士卒怨咸陽火烈宮殿厄衣錦得志歸故鄉詎知縞素起相責陳平談笑捐黃金一朝君臣坐離隔事幾盡逐亞父去帷幄空虛竟無策吁嗟垓下兵盡折慷慨歌聲繞營壁八千子弟在者誰獨擁虞姬帳中泣倉皇不上亭長舟膏血甘濡漢人戟回首英雄

安在哉古廟虛凉尚陳跡愁予泚筆一長吟簫瑟江風暮潮急

有事居庸關

居庸關天蒼蒼關南多暑關北凉天門曉開虎豹臥石鼓奮擊雲雷張關門鑄鉄半空倚古來幾度壯士死草根白骨棄不收冷風悲雨哭山鬼道傍老翁八十餘短衣白髮扶犁鋤路人立馬問前事猶能歷歷言坵墟夜來鋤豆得戈鉄雨融風吹失顏色鉄星尚帶土花濕猶是將軍

戰時血前年又復鉄作門貔貅萬龜如雲屯生者有功佩玉印死者誰復招孤寃居庸關何崢嶸上天何不呼六丁驅之海外休甲兵男耕女織天下平千春萬古無戰爭

宣布同知自燕京來報國哀時文皇晏駕雨傾盆風擲瓦白髯使者能騎馬相逢官長馬不下馬上云云淚盈把天柱傾天不晴白髯使者東南行東南山水失顏色一夕秋風黯上京

走筆贈孤禮

別君金陵城遇君錢塘驛落魄江湖懶折腰笑傲公侯但長揖栁花吹雪撲酒香酒缸激艷如春江西湖天鏡碧墮地吳山娥眉青入窓平生豪氣如虹吐余子紛紛何足數驛樓把酒歌別離醉聽潮聲轟如鼓

留別同鄉嚴進士

欲落不落天上星欲去不去閩中人紅塵香憶荔枝國薰風醉臥芙蓉茵浮雲富貴倘來物動業文章何足珍人生所貴在知己四海重逢骨

肉親何論千里與萬里志士雞鳴中夜起秋水鄰鄰劒光紫

七夕後樂陵臺上倚梧望月有懷李御史公襲

凉風落墮梧桐葉散下銀牀飛獵獵樂陵臺上悄無人獨倚梧桐看秋月月高當午梧陰直凉氣沾衣露花濕此夜却憶在金陵酒醒江樓聽秋笛

過桐君山

桐山峨峨桐水清仙人不住芙蓉城山頭笑指梧桐青至今山水俱得名丹光夜照江水赤赤浪神魚夜飛出碧桐花下覓神仙白日山中遇樵牧深谷傳響山有靈東山人喚西山應漁人誤入水簾洞石雀倒掛丹崖藤桐荒路斷行人少石上春風長瑤艸月暗黃鶴飛渡江仙人一去梧桐老

夜泊釣臺

雙崖屹立幾千仞下有一葉之孤舟繫星亂垂

光熚熚長藤古木風颼颼荒祠幽黒山鬼集恠
石臨流作人立錦峰綉嶺雲氣深萬壑千崖露
花滴仙僧對語夜未央不知風露沾衣裳喚船
振錫渡江去林黒無由歸上方高寒宇宙無人
語亂石灘聲洒飛雨欲從嚴子借羊裘且待山
頭明月吐

寒夜懷京和韻

帝京別久夢想同鬱葱佳氣凌青空石麟銅雀
動凉月玉樓珠箔來天風宫壺龍滴曉漏盡玉

堦馬滑春雪融錦衣高唱少年子銀甕索酒蒲萄宮

京口寒夜和葛秀才

秋高馬肥弓力强山空月落天雨霜城邊蕭蕭草木動漢家將軍一丈長江南地濕小臣病閉門一夜不下床願言昭代舉天網亦看枳棘棲鳳凰

題鴉落圖

天地霹靂斤斧餘天風萬仭吹不枯白雲石面

化青雨紅日海眼翻赤烏銀河靈鵲夜渡影月
窟老兎時濡須太平海上錦袍客跨鶴來看浴
鳳雛

江南樂

江南樂春水虹橋滿城郭出門不用金羈絡門
外畫船如畫閣綠窓紗虛春霧宿隔窓蛾眉姿
約綽翡翠冠高羅袖薄楚舞吳歌勸郎酌紫竹
瑤絲相間作舡頭枒花如雪落秉燭懽遊隨處
泊人生無如江南樂

江南怨

江南怨生男遠遊生女賤十二畫得蛾眉成十五新粧識郎面新妝識郎面尨淺千金入都遊不轉郎官水田誇州縣大舡小舡過淮甸宦遊未遂不肯歸不管韶華去如箭楊花簾幙飛亂燕踈雨梧桐閉深院人生無如江南怨

雪山辭題壽星驛

一年在京口雪片深春大如手獨騎瘦馬入誰家四面雲山如甕牖大江東去流無聲金焦二

山如水晶瓜洲江口人不渡時有簑笠漁舟橫
一年在建業臈月梅花蒲城雪五更東合石頭
城霜風鼓寒氷桯裂秦淮酒樓髙十層鍾山對
面如銀瓶鷺洲不見二水白天外失却三山青
一年在晉陽西山積雪飛太行滹沱水合斷人
跡井陘路失迷羊腸長河萬里絶飛鳥捲起朔
風吹馬倒狐裘公子獵城南茅屋酒帘懸樹杪
今年入閩關馬蹄出没千萬山同雲朝暮氣藹
藹石泉未凍聲潺潺

題雲山圖

我有郎官萬疊青，換得將軍半窓緑。月明恐有鳳來栖，日暮何妨烏借宿。清平海宇無烽炟，五風十兩歌豐年。看山愛竹了公事，焚香掛畫如神仙。城頭漏箭催更鼓，將軍燕寢元戎府。枕底雲山光滿林，牀頭斜挿三珠虎。

同曹克明登北固山和韻

三月三日風雨㬈，千家萬家梔杏開。少年白日騎馬去，滿城紅雨拂面來。共君且須飲一斗，處

士不必歌七哀孫劉事業今在否百年斷石生莓苔

阻風崔鎮有感

大風吹河河倒行阻風時節近清明南人北人俱上塚桃花杏花開滿城雖云宦遊俱作客便覺此日難爲情河魚村酒亦足醉賴有同舟好弟兄

遊吴山䮠峯紫陽庵

天風吹我登䮠峯大山小山石玲瓏赤霞日射

紫馬腦白露夜滴青芙蓉飄颻雲起迷石室石
上凉風吹紫竹掛冠解印賦歸去來掃萬燈洞
中宿

江上聞笛别友

江上何人吹玉笛水淺沙寒龍夜泣鮫人水庄
織氷綃洒淚成珠凉月濕丈夫有淚不須洒我
已掛帆君上馬悠悠回首各西東唯見溪西捕
魚者閩闗一片月太行一片雲雁書遠寄隔山
岳雲飛月明多憶君

將至太平驛郎與

上灘泊處無千里舟人鼓舞家人喜到驛歡呼如到家明日舟行復何止此驛行傳客過年何日歸種淮南田玉堂金馬固云貴白酒紅雞不論錢

燭

海棠庭院日西入絳蠟凝香高一尺銀臺照夜春溶溶金屏繡褥光相射洞房寶扇雙鳳花丫鬟纖手籠絳紗蘭燈交暉奪明月玉盃照影傾

流霞高堂舞袖沉香煖歡娱未盡春宵短長風
駘蕩落花多野鳥啼春動幽怨

秋蚊

爾形雖小心匪仁胡爲害我芸窓人珠簾翠幙
飛不去青燈茅屋來何頻先生多病體如削況
復空齋無帳幙秋梧雨過日西頹古屋溟沉怒
雷作小兒舉燧炯熖飛破扇無風亂揮撲長驅
百萬一掃空閑枕遺經閉書閣中宵營營恣攢
咂書生熟睡燈影滅開門仰咲滿天秋白藕花

香浸明月

又

茉莉堂前月華吐飛蚊擾擾晴雷怒溪閨小玉焚椒蘭綉幙穿簾栟花度芙蓉夜臥銀燭滅綠紗如烟罩香雪潛身飛入羅扇風耳畔營營宵不絶瓊肌一咂雨夢回玉腕斜批守宫血屋外寒蟬自清素夜夜長吟飲花露

舟過武夷

水自潺湲雲自閒須臾明月出東山扁舟門任

乖烏渡臥看惕亭九曲灣翩翩皂舄去朝天暫
駐駐帆九曲邊欲問雲孫今幾代不知仙子去
何年揷霄逵岫霾殘照夾道蹄槐咽暮蟬試問
西安何處是三衢一水隔前川

望湖亭

望湖亭外波蕩蕩漁舟客棹頻來往好風捲雨
黑雲收十里湖天平似掌長川極浦秋雲清錦
帆自信牙檣輕蘭橈掣動龍蛇影棹歌驚起鷺
鷗盟昔是席上珍今作宦中客兩載遊帝京雙

鬢半垂白三衢非爲懶折腰楓城聯蔭桐陰色黃金孰鑄子期形白玉空教和氏泣丈夫氣槩無憚勞對此江上趣自高浩歌長嘯天地窄咲殺馮唐嘆二毛

贛州奉別盧州判

玉川世家考亭側獨抱遺經髮垂白一朝夢裡筆生花承恩南海神仙客南海四州環一島僧山仁里居人好公署日長綠綺春閒閭夜靜寒機早等閑枉笏情隨逸七梡月團喫不得鷓鴣

杯浮椰子香鮫綃帕染白蘋色囊中秀句詩千首肘後仙方經七卷俚語文身病有醫瘴雨蠻烟冬無炭去年見公未識荆今年識荆猶弟兄公門共踏寒月影旅邸曾同夜雨聲一從領職辭京闕瞬息流光秋八月亡羊岐口路偏多贛水城頭舟兩別涼風吹雨波粼粼挂帆隱隱上天津自憐客中仍送客臨溪倚樹謾傷神

中秋泊雩都東岳前對月書懷

纖雲不動清霄永嫦娥開鏡懸秋影一輪氷玉

碧娟娟萬頃玻瓈寒烱烱去年此夕赴帝京錢塘江上邀月明今年宦遊經贑水停舟對酒雩溪渓雩溪之水淸且眞一杯祝月酹波神人生三萬六千日對此中秋能幾人君不見庾亮登樓興起歌凭欄長嘯思如何又不見杜陵年老客他州逢怜兒女閨中愁英雄儒術知安在空有虛名至今留白水書生今已老常見嬋娟長是好宦情覊思徒悠悠醉臥舟中從潦倒

中元回家拜祭感懷

七月十五月正圓中元遺俗知奉先亂後人家
生事薄遊兵邏卒猶喧闐山鄉路阻無紙錢江
村月落烹細鮮新魂舊魂百戰死孤兒寡女雙
泪漣陳生歸來泉石下獨居一屋如磬懸潔膳
孝養復何有幽軒洒掃花竹妍青藜之羹薦香
飯翠壺之茗烹清泉二親避地海中渚顧影百
拜心悽然荷衣破碎暮雨急枕書不寐思去年
烽火連天暗鋒鏑遺骸蕭埜飛烏鳶蘭盆酒果
誰復設若敖之鬼啼秋烟連兵構禍今未已疲

民重歛何敢言喜聞王師下閫海廟堂元宰方籌邊桓桓諸將奮忠烈義氣思欲吞腥膻下方野人日矯首庵頭早落閫中天人有居鬼有享賣刀買犢耕山田

寒夜聞笛

野人抱病不得眠嗚嗚畫角聲悽然黃雲隅斷塞北月白鴈呌破江南烟山城地冷迫歲暮野梅雪落溪風顛長門美人怨春老新豐逆旅惜少年夜深凄笛悲遶天萬瓦月白霜花鮮野人

一夜夢入塞走馬手提鐵節鞭髑髏飲酒雪一丈壯心起舞氈帳前五更夢斷氣如虎將軍何日凱歌旋

黯淡歌

長灘亂石如疊齒前後行船如附蟻逆湍衝激若登天性命須臾付生死篙者倒臥牽挽勞攀崖扶石如猿猱十步欲進九步落後灘未前前灘高上灘之難難於上絕壁雖有孤賁難致力灘名况乃呼黯淡過者攢眉增歎息下灘之舟

如箭飛左旋右折若破圍喧呼踏浪棹歌去晴
雪晒面風吹衣飛流宛轉亂石隘奔走千峰如
馬快海賈思家一夕還傳語灘神明日賽下灘
之易易如盤走珠瞬目何可停斯須長風吹浪
破人意朝可越兮暮可吳廼知逆順有如此逆
者悲愁順者喜請君聽我黷淡歌流郎須行坎
須止順者不必喜逆者不必憂人間順逆盡偶
爾且向溪山作壯遊

練湖曲

練湖七月凉雨過白水蕩蕩紅芙蓉芙蓉紅盡早霜下鴛鴦飛去何匆匆茜裙女兒弄虛碧嗚榔聲斷無消息清波小藻出銀魚落日銀山秋欲滴望湖接山雲菸菸鳥飛不盡青天蒼丹陽使者坐白日小吏開甕春酒香倚欄半醉風吹醒萬頃湖光落天影挂冠何日隱江南短褐綸竿上漁艇

海棠曲

内家楚楚諸王孫白馬金鞍曜晴日樽前細樂

耳厭聞世上閙愁生不識宫錦裁成五彩雲真珠蹙就雙龍紋衣裳光彩照暮春紅靴著地無烟塵翠樓珠箔玉鈎掛腸斷宫腰無一把海棠花底晝聞鶯太液池邊春洗馬千枝萬枝桃杏紅花枝飄香薰酒中歸來月落人未醒有詔早入明光宫

威武曲

桓桓燕將軍威武今第一赤面注丹砂虬鬚如捭戟當年氣意何鷹揚手扶天子登龍床五年

垂拱如堯湯白日騎龍昇上蒼桓桓燕將軍威
武不可量熹微日色生東方早令一出照八荒

如夢曲哀燕將軍

芙蓉華爲誰好洞房昨夜將軍老將軍老去空
鐵衣漆燈照寒人不歸宫錦袍鮮氊帳高將軍
夜酌凉蒲萄蒲萄力重醉不醒美人獨在珊瑚
枕海子頭誰家樓綉簾高掛風悠悠行人謂是
將軍府將軍不來罷歌舞將軍容丹砂紅威風
凛凛蓋世雄出門千騎塞行路今日蕭蕭去何

處平村曲春水綠將軍獵歸曾此宿將軍一去
戍荒丘依舊平村春水流皁鵰鷹紫騮馬將軍
戰馬獨不還將軍功世無比皇都甲第連雲起
將軍一去空鎖門馬上臺邊誰復存如花人櫻
梔唇傷人近前丞相嗔繁華日日笙歌送世事
悠悠揔如梦朝作樂暮作樂朝暮金盤空錯落
昨日欲盡東方明行樂未已悲哀生

儒有蔭氏子者家無田囊無儲始以進士
入官爲京口錄事長行南臺辟爲椽繼而

御史臺奏爲燕廉訪架閣官歲餘遷知閩海廉訪事又歲餘詔進河北廉訪經歷皆奉其母以行其祿養也後至元三年八月望舟泊延平津上是夕星河粲然天無翳雲月色如白日溪瀑瀑如樂奏四山環抱如拱如立如侍左右如奔走執事者蓬子奉母船上與其婦具酒殽盤饌奉觴繼而若妹妹之婿若僕若婢次而進和而不褻謹而怡怡月光蕩酒而溪韻雜語唉母嘆

息舟人醉歌亦相與鼓枻作南歌爲樂今
夕何夕不知其異鄉也昔人所謂遊宦最
樂乃人樂奉親之樂實天樂也蓬子於是
命婦復盥酌酒以酒再拜爲母壽而作歌
曰
龍津秋水涵太虚今夕何夕光景姝皓月飛鏡
星貫珠河漢瀉影垂平蕪微波漾漾風徐徐新
凉拂拂飄裙裾阿母今年五十餘清晨理髮雲
蒲梳起居儼重夫人如有子在官名在儒奉母

祿養南北區晨昏不忍離斯須荆楚燕趙閩越
吳今年去官東海隅北上咫尺天子都官船軋
軋如安居阿母坐臥同家居清溪夜泊不用拏
坐母船上重褥鋪芙蓉映水搖氍毹開甕酒熟
薦新蛆秋園採菓圃剪蔬舡尾曲突通行厨家
雞水鴨美且腴溪鯽鮮大如江鱸奉觴酌酒前
拜趨月波蕩酒如浮酥子爲母壽婦壽姑阿妹
次進偕壻夫酌獻亦及婢與奴熙熙春盎無親
疏行禮有節歡娛俱阿母歡樂襟懷舒有婦右

策兒左扶舟人醉飽從歡呼鼓枻節曲聲嗚嗚
四山疊翠如畫圖泉鳴溪石如笙竽雙壺酒盡
杯可沽盤饌狼籍溪可魚人間此樂更有無異
鄉到處同里閭惟期毋壽莊椿踰有子願效還
哺烏作詩紀實無浮譽

梅山行并引　山在建城之南廼漢末南昌

尉梅福避地處也一日偕政和簿會嵇胡

允文晉寧李士瞻古汴楊大年者肩輿登

覽出入榛莽間直至絕頂間有破屋兩椽

中設于眞遺像傷有藥爐尚存去屋數里
許山之凹有丹道士周姓者汲水煎茶爲
客獻四顧林巒追想竟日㠯賦山行以寓
懷古之意云

赤旗落色漢火微端門日日腥風吹咸陽秋色
歷官樹金人夜泣銅駝悲先生袖疏探虎窟漢
鼎猶堪支一足九重烟霧如海深門外何人知
痛哭賊莽白日升郊臺玉璽墮地聲如雷周公
揖讓孺子戲絳袍將軍何日來塵飛滄海風擲

尾白鶴身輕快如馬一聲鐵笛度閩關山月溪
風共瀟洒龍争虎鬭耳不聞長嘯袖拂松枝雲
夜鐺白石煮秋雨風佩赤錦飄霞裙先生一去
巳千載尚有當時遺跡在題詩絕壁寄先生頭
使孙峯顏色改藥爐寂寞秋草深丹井水落苺
苔侵漢家丸崩灰化土猶有丹光穿樹林

盧圭齋先生集

五言律

晚泊黃坑鋪

清風嶺下路十里踏斜陽山色多凝翠人家半姓黃秋晴泉自雨夜冷月如霜冉冉年華晏征途底事忙

題葉清甫綠波樓

主人能拔俗每自捲珠簾野水春生浦山雲日傍簷陶家唯釀酒鄴架盡懸籤相見波光好穠

來綠又添

寄張子震

南浦多芳草東風又落花相思頻入夢見說欲
囘家奇字從人問新醅爲客賒自慚羈旅者猶
滯錦江涯

春暮寄友

鬱彼園林景屵然錦水邊花陰方半夜月色正
中天淸景歸圖畫和風上管絃惜春情未已窻
外忍聞鵑

送僉判趙宗吉

大夫持憲檄來憇古松陰有馬行阡陌無鴉集泮林豊功登石碣歸道載瑶琴惟有前溪水分明照此心

送許存忠之漳浦縣尹

榕下年華晏逢君又送君銅章新縣尹鐵甲舊將軍客路長亭雨鄉心極浦雲公餘延里士樽酒共論文

和木軒林先生寄本中韵

玉人始相識猶憶在琳宫野樹雲間隔靈槎海上通荷香風共遠荔子雨初紅别後還惆悵何時咲語同

寓榕州寄烏石陳晚對

每憶山中老幽居晝不扃客多頻飲酒兒長解明經溪近鱸魚美林深荔子馨何時同晚對一咲聚星亭

和林子蒼湖亭晚酌

登臨多野趣未暇問朝簪南國秋聲起西湖暮

景涵江雲連遠樹山雨落寒嵐同是他鄉客相
携看斗南

宿僧房

信步尋僧去經臺梵韵清竹窓雲影過草閣夕
陽橫磬响開經卷香飄遶殿楹青山飛白鳥暮
景一時生

楓亭道中

楓林村酒好使客醉初醒雲影驛傍樹月明溪
上亭文章多舊夢身世似浮萍努力崇勳業休

教兩髩星

惠安道中

龍山兵火後百里總蕭疎官帑需新賦公田索舊租蓴鱸頻有夢鴻鴈久無書自咲成何用雲邊是舊廬

荅王經歷庭訓

數日不相見文園病若何山城春事晚竹屋雨聲多幕府官如水門庭雀可羅東家有賀老杖屨肯相過

寧化縣

觸熱來寧化居人已賣瓜田園饒五色市井近千家孤塔凌雲聳青山對縣斜蕭踈兵火後撫景重咨嗟

過建寧縣

藍輿度林杪還向此中過縣古人家少山深穮意多民風原儉嗇官事只催科頼有二三友相從共嘯歌

贈李逢原

逢原爲縣吏地僻類仙居俸入堪供母公餘每讀書詩人賡棣萼隣叟餉溪魚家世應如許期君發軔初

送長樂縣吏

鄭生賦歸去吏隱大江潯刀筆蕭曹術詩書孔孤心潮平魚入市山近荔成林雙劍津頭客時時望好音

昆山客邱

萍水須相識岊然子共歡天高秋月落江近夜

潮寒湖海詩懷壯雲山客夢殘出門舟欲發猶自倚欄干

送高教諭

建安小洙泗之子去橫經遠樹含烟碧香芹帶雨青深衣登講席綵服戲親庭須憶分携處吟詩柳外亭

遊萬竹庵

公餘乘輿出時向北山遊翠雨環簷響清音滿座浮佛香晴殿冷僧榻午窻幽試弄桓伊笛凉

風碧樹秋

遊洞嶺寺

古寺藏烟樹巘扉晝不扃日高花散影風定竹無聲稚子添香火閑僧閱藏經新詩吟未就獨向殿堦行

遊東林庵

窈窕東林裡幽人此結庵簷松青鬱鬱庭草綠毿毿對景應無住談禪向巳參靜觀心自在明月照澄潭

遊萬松庵

昔賢歸隱處山路入雲長絕頂松濤吼幽巗桂
雨香白雲封藥竈流水落蓮塘客至忘歸去連
宵宿上方

梵宇空山靜秋風晚更清嵐光連霧氣松响亂
溪聲竹戶流泉近蘭堦落葉平夜寒人不寐千
嶂一燈明

遊北巗庵

曲徑峰前轉臨行見虎蹤孤庵萬樹合絕澗一

橋通芳艸凝微露靈湫飲絲虹山僧面壁坐應

悟萬緣空

夜泊羊角埧

繫舟羊角埧一夜夢難成月色千秋雪灘聲萬

馬兵魚龍攀石出鳥雀遶枝驚惆悵渾無奈還

添白髮生

遊吳廷用南庄

公事多餘暇看山到遠村雲莊依竹見樵徑過

橋分野水晴春碓巘松晝掩門所忻花縣近歸

路任黃昏

次鄭公除夕韻

爆竹聲除臘洪鈞氣轉春一年詩太苦今日酒偏醇援筆題桃帖焚香供玉宸仰看雲漢外斗柄指東津

送福唐林氏兄弟

故人傷遠別對酒且淹留冠葢臨溪上旌旗夾道周風霜下殘日鵬鶚起高秋獨有林才子贈言多遠猷

次繁昌邑宰梅雙溪韵

矍鑠繁昌令曾爲觀國賓儒冠猶破帽禮服尚垂紳淡泊心無愧清癯自有神老膺朱紱貴驚看白頭新

盧圭齋先生集

七言律

寄同年狀元拜住善御史

臚唱乍傳同虎榜繡衣還見上烏臺石頭城下題詩遍天目山前攬轡廻使節照江秋水立諫書排閶曙雲開東南赤子瘡痍甚日望分司御史來

客武林寄馬元臣山之英二同年

結束琴書上帝畿誰知人事與心違半生薄宦

眞堪咲六月扁舟獨自歸淮甸水深荷葉濶吳
江烟暖稻苗肥行囊只有詩題富寫向天風寄
繡衣

山之英寓所觀壬午進士題名記有感

曾携賦艸入天門五色雲中謁至尊一代文明
千載會十年耆宿幾人存塵中事往渾如夢客
裡情親得共論浪說題名垂不朽相期努力答
君恩

自高郵買舟還江南至常州值雨寄曾元

逹

萬里扁舟偶獨還眺陵城下少盤桓天連曠野

青山少雨滿空樓白晝閑旅邸有人垂顧問家

書何日寄平安半生勳業成迂濶猶自窻前把

鏡看

和韵答白明之

君厭區區簿領勞詩人相對便揮毫幽居最喜

青山色熟睡不知紅日高夜雨江湖談舊事秋

風庭院試新袍咲他名利途中客一似扁舟駕

海濤

汀州道中

七閩窮處古汀州萬壑千巖草樹稠嵐氣滿林晴亦雨溪聲近驛夜如秋雲間僧舍時聞犬兵後人家盡買牛但得龔黄爲太守邊方從此永無憂

寄泰寧鮑縣尹

重岡複嶺渺天涯觸熱馳驅力欲疲但願官倉長有粟不愁客路更多岐政聲盡說於陽好心

事還逢鮑叔知别後思君勞夢寐樵川川上月
明時
鮑侯招客梵宫遊傑閣岧嶤近斗牛山勢北來
如展幞溪流西去可通舟半峯落日孤城晚一
榻凉風萬葉秋想有新詩留絶頂還應寄與故
人不

雲巖書院

路入秋雲翠幾重人烟山色水聲中精廬不廢
名賢祀勒石還鐫舊令功野徑凉生松葉雨禽

田香滿稻花風醉歸馬上頻回首縹緲亭臺倚半空

臨汀城外別丁景文

六月騎馬奔出郭故人相送高洋橋百年古郡千峰遶萬頃平田十里遥客懷欲別且須酒溪月自來何待招後夜相思定何處亂山疊疊雨瀟瀟

趙孝子卷

仙居連朝雨雪集孝子血淚盈衣襟層空忽爾

露日郷寸念直可回天心何處買山埋白骨有人作傳勝黄金顧余無限思親意南浦相逢感慨深

周孝子卷

當時翁媪去何之四歲孤兒托付誰祿養莫酬平日志畫圖長寄百年思田園夜雨先廬舊岵屺秋風宰木悲我有二親俱已矣不堪對此淚雙垂

題徐方外捕盗應夢圖

徐老平生志不羣力能擒賊勝千軍一官落拓司征日數紙縱横紀夢文湖海至今傳異事朝廷終不負奇勳西風南浦還相見擊節狂歌月到門

釣龍臺下解舟去大庾嶺頭馳馬過驛路雲生椰子樹江城月滿鰐魚波青山是處題詩遍綠野從今買犢多客裡送秋仍送客蕭蕭秋雨奈愁何

送朱希文

江城水濶鴈來稀閩嶺雲深去路微風土於人誰信美年華驚夢不如歸過家幸遇賓與日行路寧辭露濕衣安得重爲論宿昔好賒隣酒扣柴扉

送吴元珍

幾年不剪西風燭此日相逢如别何冷宦莫嗟鄉國遠故人今在省臺多閩關把袂雲生樹灣水維舟月滿河我爾重尋燕薊路鳳城載酒日相過

贈片雲上人

曾憶相逢月臺下清談猶自帶烟霞避喧却愛山中寺訪舊還尋海上槎石鼎烹茶分野水紙窻剪燭看簷花定知歸去松蘿路猶向雲間採藥芽

次韵答林迺齋陳景淵

村北村南學翠岑二分觴詠學山陰塵中歲月成何事巘下烟霞識此心三徑落花紅簌簌一溪流水碧沉沉村醅時向隣翁醉不羨渠家帳

下斟

送萬謙甫歸銘山

毋向銘山山下過還來此地邨逢君少年從吏身何忝平日吟詩興不羣十月虎林天欲雪一舟漁浦水連雲自憐客況無聊賴耳畔蛙聲不忍聞

依韵答歐士中

客舍凄凉生綠蕪經年祇傷野人居樽空每買隣家酒巷僻應回長者車白鳥夢殘楓樹冷黃

花香老竹籬疏相逢且莫談離别一别如今十載餘

送孫君猷

久客桃源若避秦孫郎一見却情親詩才直欲空餘子書法猶能學古人黄瘴秋深雲似墨緑波夜靜月如銀元戎麾下應相問爲道年來白髮新

寄吕用賓縣尹

烽燧年來瘖不消溪南劒氣夜干霄共懽百里

塵初靜猶恨諸𦳝首未梟剪燭西窻山市雨移
舟南浦海門潮桐邊定見尹明府爲寄相思道
路遥
重遊蓬壺因呈諸公一咲
匹馬重尋蓬島路東風二月柳花香曉烟萬笠
人畊壟夜雨孤舟客臥床野老送迎悲往事山
童歌舞學紅粧羣賢此會從來少未必山陰勝
永陽
我來作縣已三載偏愛甿湖春酒香溪上畫橋

朝繫馬雨中茅屋夜連床多情啼鳥短長曲無數桃花濃淡粧欲學淵明歸種柳不裁桃李滿河陽

依韵奉呈敬在傅士先生并簡諸公一咲

逕逐薦書遊薊北暫將教鐸振泉南桃花門巷晚風急燕子簾櫳春日酣海内干戈垂盛化山中燈火照清談興來共飲溪邊市一任人嘲醉墮簪

予客莆中同登壺山眞淨岩訪古道了堂

二師

松扉深入白雲中攝蹬捫蘿路可通結社幾人從惠遠登山何處覓壺公五更客夢茅簷雨六月秋聲木葉風獨倚欄干望江海故鄉應在海門東

至正己亥六月遊壺山宿眞淨岩訪忠門西江陳公江亭

懶聽江城奏鼓笳却從村塢問桑麻臨風亭館非人境近海雲林是我家山徑草肥嘶瘦馬石

磯水淺動輕槎山間猶自憂民瘼日暮回頭看
稻花
樹下松扉 絕點 埃何須海上覓蓬萊十年客
鬓塵中改六月襟懷酒後開雲影不隨飛鳥沒
江聲偏逐晚潮來干戈滿眼風塵暗欲別西山
首重回
再道江亭用前韻酬美中
近來南國奏胡笳處處干戈亂似麻避俗每觀
高士傳過江直訪故人家百年風雨祠前樹萬

里雲濤海上槎猶憶太平無事日西湖載酒賞荷花

挽安童叅政先任興化太守後任叅政分省興化

昔日郡侯今將相出師未捷殞邊城空令父老思黃霸重使英雄弔孔明公論有人書野史旅魂無路到神京東山賓客知多少誰似羊曇涕淚傾

和虞伯生寄張總管韵

玉署仙人化綵雲每於江海見遺文百年詞翰
眞無敵五馬家聲頼有君堆笏床頭餘舊物讀
書窻外種芳芸停驂只在西湖上一席西風許
共分

寓平南善應庵述懷

薄宦曾叨鹽筴使經營邦賦愧非才此身已擬
休官去斯地還因避亂來欲覓桃源終縹緲偶
過蓮社且徘徊家僮莫問村醪熟我已兼旬廢
酒杯

去年過此身猶健今日重來一病翁亂地風霜
如塞上隔江烟火是莆中孤鴻唳月秋空碧萬
葉經霜野樹紅竹下閉門來客少清談日與老
僧同

病中懷王德輝

憶與故人分袂日遊魚吹浪動新荷一年又見
黃花老兩地相思白髮多月落峰頭霜滿樹雨
餘溪上水生波知君囊底詩偏好寄與茅齋敵
病魔

題節婦卷

陳家有女李家婦，三十哭夫應斷腸。梧葉幾番深夜雨，梅花一樹短籬霜。閤東才俊眉俱白，堂北光陰鬢已蒼。不待門前植華表，人間野史百年香。

三月晦日鄭友雲招飲

客鄉寥落三春盡，惟有故人情最親。不管柳花飄巷陌，却從藜杖過比隣。簾間銀燭搖疎雨，酒後金盤薦細鱗。何日攜樽郊外去，綠陰庭院更

宜人

客建寧別李季昌

壺公山前曾賦別越王山下還論文採茶夜煑南浦雨尋山曉踏西巖雲青囊經在君能說丹鼎功成我欲分客舍明朝又南北凉飈送葉秋紛紛

遊真淨巖和方時舉韵

林下高僧睡得牢春風幾度到園桃龍歸洞口雲猶濕鶴唳峯頭月正高千里溪山無戰壘半

江烟雨有魚舠我來還憶方時舉斗酒篇詩意氣豪

答樂嶼陳樂齋

曾向虞庭看鳳凰微生自喜際明良久無消息通蓬島忽有文章落草堂永夜懷人江月近頻年咲我石田荒渭濱釣叟君知否老去功名汗竹香

送府椽之永嘉

福唐郡吏東陽客此去永嘉知幾程三秋恐與

故人别千里還將慈母迎橋柚滿林香露重魚
蝦入市晚潮平交遊我有同年在相見還爲道
遠情

和朱仲綱赴杭韵

客中送子西禪度落日寒烟滿翠微美玉無瑕
和氏泣蓴鱸有興季鷹歸江城鴈過秋生樹野
店鷄鳴月在衣壯歲功名須努力只今搜士到
柴扉

寄題長樂王隱君小圃

聞說隱君遊小圃日題詩句滿蒼苔巘前石澗呼童汲洞裡柴扉待客開花氣一林香霧合竹陰半席好風來買舟何日來相訪共倚青山把酒杯

贈雲峯道人

江湖十載老仙翁手拄枯藤刻水東玉笛數聲秋月白錦文萬疊曉霞紅雲隨杖屨無心出海𨘗蓬壺有路通山岳明朝何處客好隨詩句寄飛鴻

太平驛和月林野間韻

驛路迢迢過建溪迴巖古木野禽啼征衫上馬秋風早荒店聞雞曉月低新酒一番留客醉寒花幾樹與人齊定知明日吟詩處楊柳依稀水閣西

遊金峯寺

杜宇嶺上秋聲悲金峯寺前石徑微亂山雨過晴嵐滴遠樹風來落葉飛稚子跨牛行野岸詩人下馬扣林扉白雲片片東南去故國魚肥客

未歸

再用明之韵

二毛侵鬓見還驚却向青山似有情客路風烟春事晚隣窻灯火夜深明墻邊桑柘家家兩郭外松楸處處塋自咲行藏何太拙謾將懷抱向君傾

和仲賔監縣遊考亭韵

幾度清遊溪上亭更於何處覔仙靈一庭花落黃金粟千里山開綠玉屏人世可憐春又老客

鄉相見眼偏青草堂久望高車過日日柴扉不敢扃

和林子蒼玄玅寺値雨

兩袖薰風綏纆遊粤王城下少淹留客衣半濕松花雨鶴影先分竹院秋採藥僧歸雲外路吟詩人倚樹間樓憑君汲取前溪水爲洗塵中浩蕩愁

再遊仙宗寺約曾元瑞不至

畫角聲殘曙色開吟魂先巳遶山隈凉風入樹

鳴茅屋踈雨吹花落石苔老鶴不知仙已去蹇驢還載客重來故人却負烟霞約何處青樓把酒杯

仲秋寓逕江張伯雅席上作

征衫一路拂輕埃袖得嵐光渡水來月色不如今夜好客懷應爲故人開香隨桂子雲間落夢逐潮聲海上廻醉倚西風賦離別明年何處共銜盃

陳教諭見和因復用韵答之

風流人物出塵埃曾入都門獻賦來宦路不知雙鬢改講帷又向八壺開月鳴茅店雞初唱烟暝松林鶴已廻客子歸途相邂逅今朝把酒是離盃

寧德寄呈鄭德和叅政繞兵古田

省垣徵發羽書忙賤子元宵到上方光滿玉田千嶂月寒生瓦屋五更霜野人已厭干戈苦官馬仍愁道路長珍重老僧爲相報元戎先已到於洋

劉秘監山水

秘監揮毫意正酣依稀風景似江南經年修蔓搓秋色隔水遥峯起暮嵐千里郊原天渺渺半空松桂雨毵毵故山亦有溪山好自咲征塵日滿衫

贈畫師春山

人在春山紫翠間旅途今日忽相看潮生遠浦孤帆小雨過蒼崖古木寒筆底雲烟長滿屋壺中風物共凭欄江湖何日重相會惆悵樽前別

更難

松下軒

晚景無心與世諧一軒長傍萬松開空庭日靜春苔合老樹風高翠雨來病後茯苓還自斸吟邊仙鶴不相猜歲寒亦欲尋良友只恐山靈促駕回

題松江寺僧遊浙卷

松下上人相邂逅座中爲我說天台每瞻大士雲間現曾訪羣仙洞裡回明月在梁虹影動西

風入樹鶴聲來遠人亦欲東州去准擬題詩滿石臺

松江道中

两袖西風此地過清秋八月滿烟波秔田萬頃連天遠茅屋千家近水多每買鱸魚供晚餉愛聽稚子唱吳歌年來自咲行藏拙獨立蓬窻對素娥

分水關和朱明仲韵

誰鑿巑岏作巨藩嵜嶇盡處一逢原千巘流水

東南合萬疊晴巒紫翠屯驛使停驂松外路居人買酒竹邊村道經烏石頻回首山後山前多白雲

雨後平林逗翠光與君携手下崇岡小橋跨澗村春急老樹吹花野店香遠路出關如獨鶴好山對岸似羣羊金川亭下披襟坐日暮不勝嵐氣凉

廣信道中

瘦馬還從廣信過一番天氣又清和青梅樹暗

人家少黃犢泥深野水多南浦採茶供歲貢北人緩轡聽蠻歌平生謾說封侯事不道年來鬢已皤

登姑蘇臺

有客携詩此遠遊欄干倒影没寒流千年歌舞渾如夢九日登臨總是愁故國黃花應未晚孤城殘柳不禁秋蓴鱸倘遂南歸興咲向橋邊問釣舟

寓海壇歸即事

十年關塞未休兵多少閭閻歲不寧客子買舟

尋舊好主人下榻慰飄零庭前老樹風鳴屋山

外踈槐雨滿汀當道諸公如問訊爲言卜隱傷

林扃

福清平南道中

輕輿五月歷郊坰萬事都非舊典刑省檄一番

新繕甲民兵十户半抽丁雨餘野水村村白海

上烟岑點點青只合早尋丘壑去年來鬓髮已

星星

寓福清寄山東魏宗

十年塵土涴冠襟自覺新來老病侵伏櫪空懷千里志登舟豈負五湖心天浮南海鯨波濶人臥東山豹露深自咲逃名猶未脫重煩軒蓋遠追尋

題蕭山韓家湖亭

坦蕩王翁能愛客暇日開樽湖上亭漁浦秋潮生野岸山陰寒翠落踈櫺香雲凝紙詩都好凉月當軒酒未醒自咲紅塵吹兩鬢隔江遥望數

峯青

題南岡上人詩卷

曾見天華落講堂翩然振錫白雲鄉萏茅絶壁星辰近採藥深林雨霧香獨鶴當窻松影瘦老龍歸洞夕陰凉相思欲寄新成偈落葉蕭蕭山路長

姑蘇舟中

曩時曾遊姑蘇郡明月于今幾度圓闤闠萬方春似海烟霞千項水如天暮雲松逕僧歸寺夜

雨蓬𥦗客在船遥想繡衣驄馬客多情應念舊同年

清河樓上小酌即席和子儀韵

典衣沽酒柳邊橋今日重來憶昨宵竹屋雪消渾似雨江城風靜忽聞潮笑拈彩筆題羃況醉倚紅裙按玉簫明月西湖應有約好將春色上蘭梳

與友宿傳法寺

歲晚同棲傳法寺夜深猶自對殘釭雪飄竹院

多如雨月上松枝半在窻潮信不將鄉夢去酒
懷頻覺客愁降倒懸早晚須除目歸掉春風柳
外江

寄天竺長老住集慶龍翔寺

東南隱者人不識一日才名動九重地濕厭聞
天竺雨月明來聽景陽鐘衲衣香煖春罽屛后
鉢雲開夜臥龍何日相從陪杖屨秋風江上採
芙蓉

老僧召對金鑾殿喜動龍顏坐賜茶三宿觀堂

談盤若九重春色上袈裟海濤東去龍藏鉢鴻鴈南飛月在沙歸臥江心舊禪榻紗高峰上望京華

寄劉德中句容小隱居圖

放光峰下結茅廬光照山人夜讀書童子抱琴隨白鶴隣翁看竹借藍輿門前秋葉從風掃屋後春雲帶雨鋤自咲天涯倦遊客十年未有一寧居

高郵城樓晚望

城上高樓瞰大湖城頭畫角晚嗚嗚望中燈火
明還滅天際星河淡欲無隔水人家種楊柳帶

霜梟鴈起菰蒲短衣疋馬非無事擬向烟波學
釣徒

燕將軍出獵

將軍一戰山河定雲漢昭回玉壘高柳外解鞍
春洗馬月中飛箭夜鳴鶻呼鷹走狗清時樂斬
將搴旗舊日勞白面春官催賜酒漢家不數霍
嫖姚

送王御史入京

驄馬風烟薊北臺，玉郎獨上向蓬萊。江湖水落魚龍蟄，天地秋高鴻鴈來。北渚芙蓉風淡蕩，西宫楊柳月徘徊。此行正及天申日，應上堯年萬壽杯。

偕廉公亮遊鐘山

十里松風吹酒醒，馬頭雲氣碧層層。空山落葉時聞雨，古塔踈林夜上灯。勝地幾逢今日會，舊遊却憶向年曾。知君五老峰前去，應有新詩寄

病僧

別江州總管眞定王堯紹

我識文章王太守不知幾日上潯陽琵琶馬上好明月香爐峰頭多夜光吟詩寫字午衙靜打鼓勸農春社忙萬一公餘頻相憶寄詩同到荔枝鄉

寄鶴林長老了卽休

白頭不出城南寺獨坐蒲團哄客忙過暑衲衣從破碎逢冬竹院愈荒凉空山雲濕龍歸鉢古

屋松低鶴到床遥憶題詩舊遊處夜深東壁月蒼蒼

和王維學海南還韵

飄零南北與東西倦鳥投林未許棲灯下吟風山鬼嘯嶺南春雨竹鷄啼炎天海國瘴雲合深夜鄉關客夢迷昔日持書到烏府五花驄馬騁霜蹄

三衢守馬昂夫索題爛柯石橋

洞口雲眠紫氣多登臨聊和採芝歌爛柯仙子

何年去鞭石神人此地過烏鵲橫空秋有影銀
河垂地夜無波遥憐題柱凌雲客天近應聞織
女梭

題元符宫東秀軒又名日觀

茅山山下種玉地道士開爲東秀軒五色彩雲
開日觀萬株秋露濕雲根竹園笋出牛穿角松
樹年深鶴長孫一道天河横屋過奎光垂地映
堂門

集賢學士嗒兒咯册奉旨代祭眞定路玉

華宮僕備鑾禮

大禘天香出內宮孝思興老總無窮百年禮樂行三獻一代蕭韶起半空使者引班雲氣裡女仙擡珮月明中小臣監禮陪清列兩袖葵花映燭紅

登鎮陽龍興寺閣觀銅鑄觀音

眼中樓閣見來稀鐵鳳飛簷勢欲飛天外寶花飄閣道月中桂子落仙衣高擎玉露仙人掌上礙銀河織女機金鎖堂堂遺物在山川良是昔

人非

寄叅政許可用

紫髯叅政黑頭公日日鳴珂近九重花底聽鶯黄閣散御前托鳳紫泥封却揮筆下文章潤散作人家雨露濃未信吟詩趍幕府霜寒翠袖倚芙蓉

文濟王賜練段賦詩以謝

夜夢東南五色雲曉聞使者已臨門府中重遣年前賜幕下多承望外恩芝草煖霞浮露彩藕

絲秋水織霜根何因得待西園晏宮錦淋漓獻壽樽

李副使之江浙

持節方臨江海上乘槎又入斗牛津翠榕秋露碧天遠紅葉風微粉署新沙路有人迎棨戟吳山回首近星辰東南民力多凋瘵今日甘霖屬使臣

寄文濟王府教授郭尚之

聞君客食賢王府剪地芙蓉賜坐溫不愛時名

題鴈塔願將古學授龍孫中官送酒銀瓶小前
席談經絳帳尊却咲馮懽何濫謁無魚彈鋏向
朱門

送僉憲王君實之淮東

使君臘月楊州去東閣梅開雪壓枝淮上有官
皆避馬竹西無處不題詩春風楊柳平沙路夜
月瓊花后土祠從此公餘多勝覽好傳佳句慰
離思

可用惠茶賦詩以謝

春到人間纔十日東風送過玉川家紫薇書寄斜封印黄閣香分上賜茶秋露有聲浮薤葉夜窻無夢到梅花清風兩腋歸何處直上三山看海霞

道士彭玄明歸三茆

道人家住湘江曲清夜月明搖珮環出門倒拄九節杖辭家却入三茅山開籠放鶴横江去持鉢降龍布雨還擬共臨風吹鐵笛青松白石往來閒

棲吳山

仙居時復與僧隣簾幙人家紫翠分後嶺樓臺前嶺接上方鐘鼓下方聞市聲到海迷紅霧花氣漲天成彩雲一代繁華如昨日御堦燈火月紛紛

金陵道中

烟樹雲林半有無野人行李更蕭疎日來日去逢鞍馬山北山南聽鷓鴣萬里關河憐宦舍五更風雨憶吾廬寂寥一點寒燈在酒熟隣家許

再沾

題金山寺

朱欄六曲倚高秋元氣茫茫日夜浮客去客來天地老潮生潮落古今愁跡鍾水國前朝寺斜日海門何處舟更擬黄昏盡餘興却從燈火認楊州

書懷

鐵甕城頭刻漏遲清霜如雪撲簾飛雁聲隨地夢回枕月色滿懷人擣衣塞北將軍猶索戰江

南遊子苦思歸呼鷹捭箭從圍獵首蓿秋高馬正肥

宿道家作

三月江南飛椰花松間童子臉如霞旋呼釆石仙人酒來醉山陰道士家曉日下城人影渡西風上馬帽簷斜吳郎今夜瓜州渡回首江心月滿沙

和葉知事題鬱山房

曾到招提舊宿房衣巾颯颯夜清凉砌苔綠裛

松花嫩窻日紅低竹影長時爲烹茶薰石鼎頻
呼沽酒過隣墻追隨方外無由得一咲浮生逐
稻梁

客中書懷

上東門外千山雨馬上氊衣病不勝每歲奔馳
成底事半生辛苦負殘經江村水退魚生釜野
店厨空鼠食燈多少客愁那遣得故園東畔菊
層層

福州王覇故宅

湖上清光泛綠漪冲虛觀裏讀殘碑瑶臺人去空留像鐵井雲深好對誰眼底何年看瑞草心中無地種交梨浪傳石穴藏丹訣鴻寶由來事可疑

送丞相河南王南征

總戎才略正英年兼領中朝將相權天下河山雄百二幕中賓客粲三千已承重寄辭儲館宜策奇功繼潁川請學平南世忠武勿令專美世皇前

逆豎眞成鬬獸窮孤城危立萬山中王師所至

如時雨戎旆長驅有勝風犀縫朱緵三屬甲虎

文琱韔六鈞弓懸知幕府多才士竚草平南露

布功

旄頭先日便移軍道上嗚螺寂不聞長技精兵

一當百高蹄戰馬萬爲羣大河渡水合成路北

風捲沙飛作雲今代凌烟豈無閣爲公他日讃

鴻勳

中秋寄友

何日乘鸞訪太淸廣寒宮内兎長生花開桂闕
秋多少玉砌人間夜二更得句謾勞題彩筆開
樽誰與奏瑶笙下堦踏碎梧桐影千里江山千
里情

題道觀

太淸樓閣世塵稀朗誦黄庭覔紫芝童子雲中
種靈藥老師松下着殘碁龍隨飛劍風生壑鶴
守神丹月滿池仙客不來瑶草緑天香落筆自

題詩

賦深隱

千章松下一茅廬見說徵君舊隱居苔逕不逢

時貴馬花欄長揖故人車風淸竹屋聞幽鳥雨

綠荷盆出稚魚咫尺三山雲水隔不圖學劍學

兵書

寄衣

牽牛織女隔銀河一度秋來一度過歲歲寄君

身上服絲絲是妾手中梭剪刀未下腸先斷針

線纔拈淚更多長短只依前日樣不知肥瘦近

如何

愁

來何容易去何遲半在心頭半在眉門掩落花春去後夢回殘月酒醒時濃如萬斛連天霧亂似千尋惹地絲除却五侯歌舞地尋常何處不相隨

美人折花

曉綰香雲出戸來凌波微步下瑶堦潛身折處香凝指正面看時影在懐鴛踏露珠沾翠袖蝶

隨春色上金釵石欄干外莓苔滑歸院應須換綉鞋

登大峰山

一逕盤桓上碧峰桃花巖畔扣仙宮微風不動壇邊樹北斗頻懸石上松龍出洞雲浮檻白鷄鳴海日射窻紅遊人咫尺青天近歷歷溪山在眼中

過平溪橋

立馬橋邊喚渡船綠楊烟煖碧波懸高峰礙日

疑天近陰壑猶霜覺地偏處處魚鹽開艸市家家鷄犬類桃源隔溪茅屋孤門掩重憶楊雄草太玄

遊北里三峰寺

看雲遠過古叢林幽徑綠溪宛窈深竹覆僧房冷似水苔生佛面半無金日斜孤鶴松梢立雲冷寒蛩草際吟童子焚香延客坐一簾山色晚沉沉

山行雜詠

過一山坳又一村小溪流水映柴門桑間少婦

自採葉舍下老翁閑弄孫山霧欲收紅日晏蕨

根新洗碧潭渾停輿暫向石亭坐隱隱樵歌隔

水聞

荒徑横烟日色微森森翠竹掩茅扉隣翁乞火

蒸藜藿童女臨溪洗葛衣嫋嫋柳絲烟外細青

青梅子雨中肥老農蠻語留人宿兒出畊田暮

欲歸

拂拂輕風帶雨初綠楊堤上步紆徐竹林生笋

長過毋巢燕撲虫歸哺雛雨散溪流平岸漲雲
開巖樹倚天孤憑誰喚起王摩詰寫入秋毫作
畫圖

孤村欲暝絕飛鴉落日高原樹樹霞野水微風
輕皺縠林巒横霧薄籠紗山邊隣火逢人滅雲
際星光到地斜自作暮賓今五載幾回乘月到
田家

再遊南庄

飛鳳山南樹色蒼疎籬野屋對蒲塘嵓巖雲掩日

收殘暑溪雨迴風生午凉手種晚菘盈圃嫩飯炊新稻滿厨香叩門休認催租吏願借竹林飛羽觴

夢中得二句云萬里春潮隨月上數聲漁笛隔溪聞覺而足云

竹蓬窻外雨紛紛淸夜詩人思不羣萬里春潮隨月上數聲漁笛隔溪聞夢回身世猶蓬島望斷家山只白雲穼喜遭逢聖明世擬將事業對明君

泊小孤山

扁舟繫纜大江濵與客登臨漫愴神塵世幾經興廢事江流不管古今人秋生彭澤松聲老日落孤山鴈影新歸到蓬窻眠不得遠懷故國夢頻頻

雩都縣西禪田寺有生佛甚靈殿後有竹十三竿云是佛在日所敲之竹卽今存焉

忽聞生佛到禪關花木深深作翠團座上眞身千百載窻前敲竹十三竿苔封古砌廊廡盡秋

入山門風雨寒毀罷茶甌僧話別孤舟催客泊前灘

宿會昌鋪

會昌郭外暫維舟滿眼風光慰宦遊日落千山紅樹晚夜深二水碧溪秋忘憂草色迷官舍桂子花香沁酒樓回首鄉關何處是白雲遮斷使人愁

宿武林禪果寺

囊書匣劍宿禪房坐聽更籌夕未央紺殿香消

燈影小故鄉夢覺雨聲涼侯蛩戒夜秋將曉征
鴈拂雲天正長默計客程成獨喜武平取次是
程鄉

題吳元珍釣圖

老翁撑船傍蘆荻船頭獨坐看秋波不知昨夜
風聲惡但見滿溪山色多誰人著筆成圖畫有
客吟詩學擢歌我亦頗識江海趣幾時同子披
烟簑

遊林蕭寺和林清源先生韵

秋到人間纔六日閑尋野寺過蓮華雷聲忽度山中雨霧氣遥凝海上霞古院疎槐堪繫馬荒城落日又啼鴉老僧不管興亡事獨閉松扉自煮茶

再過鍾山萬壽寺有感

紫翠烟霞出上方遊人登覽憶先皇石欄空見巖花亂翠輦不來山路荒此日風雲餘王氣舊時草木被天香夜深寂寞人歸後猶有山靈護御床

題鄭克讓淵明卷

靖節高名垂宇宙何須五斗折腰爲柴桑歲暮驥將老栗里雲深鶴已歸松菊厭沾新雨露衣巾不改舊容儀于今鄭谷人歸未學得陶翁自古稀

餞德化王知縣

悠悠鄉思逐雲飛匣劍囊琴賦式微客計不如歸計好宦情長與世情違石田茅屋生苔蘚凫舄朝衫換彩衣留得棠梨花一樹龍尋山下款

春暉

和經略使從事間可理問同年

偶行村落采民謡自愧疎庸負聖朝海水連天風浩浩山房盡日雨瀟瀟王師未息烟塵暗驛使相思道路遥定擬榕陰重話舊九仙峰頂看

秋潮

再分司海口卽事寄桂尚文都事

去年曾此徵邦課不憚馳驅上下亭今日重來頭頰白故人相見眼俱青春郊戰馬塵初暗夜

月啼鵑夢易醒臨事又與農事廢窮閻愁嘆不
堪聽

題全安庄

野寺尋眞幽更幽老僧敬客客來遊跡鍾幾杵
江山暮落雁一聲天地秋山鳥有情憐我去燭
花濺淚爲誰愁而今惆悵江頭別不識重來有
日否

過吳江

興隨流水共悠悠此地蘆花正滿洲落日片帆

千里暮西風長笛数聲秋衣冠空帶英雄淚湖海難消浩蕩愁吟罷欲尋沽酒處傍人遥指隔江樓

盧圭齋先生集

五言排律

餞憲使元卿赴浙江叅政

姬旦周元老，更生漢懿親。皇朝右文治，岳狩選儒臣。夙志由來著，淸聲久已振。萬鈞風力重，一道月華新。肅政高羣望，嘉猷播絶倫。總闈持綉斧，叅浙坐華茵。海嶠升初日，湖山宴早春。登臨頻賦咏，萬物改淸貞。勲業歸調鼎，恩榮促召輪。忺逢天縱聖，重見岳生申。報主惟深敬，憂民亶

至仁魁梧表儀羽敷治展經綸方面分廷務東
吳振日宸具瞻岩石峻列坐廟堂珍薇省花容
煖春城柳色輦迎歸舟楫具文著憲章純接履
登高位乘槎據要津推恩均雨露舉首近星辰
賤子初登第，明公領縉紳疎慵期采録悚懼走
逡巡忝對南宫歲長懷北闕晨三年親簿領幾
處困風塵從事沾微禄觥生似舊貧駿奔惟恐
後久屈欲求伸拙守詩爲業懷成道日陳駑才
慕驥足汗瀆敢攀鱗囊昔期朝士遲回忝國賓

願言爲汲引自許絕緇磷北斗天河上南州瘴
露濱惟將涓滴念日夕望秋旻

贈府訓林先生之京二十韵

堯歷開昌運昇平十四春鶴書馳雲路鶚薦貢
儒珍宦族西湖裔家聲閥閱親巽才舊卓犖衍
慶自殊倫彼美仙壺客由來紫帽隣範模資郡
泮俊秀萃成均鱣雀升楊震桂林芙郤詵雕盤
辭苜蓿瓊宴念嘉賓射準高墉上乘槎天漢濱
器成時獲利道達志常伸際會風雲日沾濡雨

露晨秋鵰搏翼健霧豹澤毛新正欲摳衣侍那
堪別話陳東亭芳草合南浦綠波鄰驪駒閙戒
僕紫燕語酉人俯拾金閨彥行看晝錦臣諸生
刺桐下側耳好音頻

盧圭齋先生集

七言徘律

贈周信玉

秦川周子衣冠胄家世相傳幾百年青草一庭香滿屋白岩萬古勢連天讀書空谷人如玉喚渡長江月在船夢寄短檠疎雨外詩成石澗古梅邊忽驚紫氣排雲入共喜淸宵聽雪眠歸去故人應問我爲言荒落尙依然

餞孫復齊赴南雄同知

聞説刺桐城外道使君七日赴南雄楓宸錫命
黄金帶荔浦飄香繞玉驄劍拂洛橋濤泊岸驛
經庾嶺樹連空山中五月畬田熟海上諸州水
道通幽澗晝飛椰葉雨寒潮夜渡鱷魚風綠林
處處歸民伍皂蓋時時謁學宫定有諸生師柳
子莫將循吏讓文翁化行稚耄謳歌起訟簡賓
僚咲咏同千里相思明月夕新題遥寄海雲東

盧圭齋先生集

五言絕

過峽口浦

峽仄蜂腰斷溪廻燕尾分行人思澗壑身世君浮雲

縣齋閑坐偶成

庭樹雲初晴雙雙鳴鵲聲六花消未盡猶照葉心明

翠峰梅雪

蒼龍吼翠濤白霧迷青壁項刻赤烏飛風枝墮
殘滴

盧圭齋先生集

七言絕

題杜容可篔居卷

種得篔簹日轉添東風稍綠上疏簾近來春信知多少屋角新梢已拂簷

道人家住綠雲間日日吟詩獨倚欄二仲不來山逕晚一簾清影作秋寒

興化道中

雨過山城野水渾夕陽黃犢臥籬根吳塘父老

應相語昨夜南船到海門

泊洗溪驛

篷底凄風過似箭枕邊急浪響於雷夢寬曾到

桐陰下夜未三更又却回

歲寒

木落山空勁節存獨留清影向黄昏滿林風雪

無人到知是江南何處村

和鄭子經遊仙宗寺韵

玉堂老鶴仙騎去白雪滿空何處尋昨夜飛來

峰頂月分明照見古人心

再用子經韵簡曾元瑞

千里青山綠樹深雨中騎馬悭幽尋故園松栢

秋風早無限新愁上客心

蓬莱弱水渺難量何自堪求却老方佳客不來

成獨立一庭松影暮天凉

送劉友峰再遊南泉

手携數尺綠玉杖口誦青囊一卷經莫向北山

尋舊隱夜深猿鶴不堪聽

立馬臥龍山下路白雲東去是吾家煩君爲寄

西風信直到疎籬問菊花

陸德陽杭州新居

武林城下文章客移得幽居近碧灣聞說梅花

開欲遍一舟衝雨到孤山

青山隔屋暮雲濕紅日當空春水明月滿六橋

歌舞散柳陰深處有書聲

草萍驛和薩天錫

林外輕風帽影斜客衣近染紫山霞等閑點檢

春多少墻角薔薇幾樹花

蒜嶺道中

誰家種稻覆山田何處鐘聲隔暮烟渡口潮深
風滿海嶺頭雲盡月當天

宿莆陽玄妙觀贈一山道人

曾向山房夜聽琴白雲有約許重尋吟成立盡
虛簷月落葉滿庭秋意深

白晝爐薰裊碧烟小窻淸夢快遊仙人間何處
無瑤草不信蓬壺別有天

送阮洞仙

我住桃源六十年神仙不見意茫然如今駐馬壺山下始信城中有洞仙

題四皓圖

鶴髮蒼顏大古心採芝共入白雲深只因誤到長安市惹得人間說至今

錢舜舉木芙蓉

紅粧初映酒盃酣斜倚西風轉不堪霜後池塘秋欲盡令人惆悵憶江南

洗馬圖

千里名駒出渥洼十年汗血染塵沙如今海上都無事楊柳池邊浴五花

玄𢄊觀作

樹間宿霧喜初收樹梢晴嵐翠欲流半醉半醒詩未就一夜西風葉葉秋

題射獵圖

滿目西風塞上塵五花驄馬轉精神憑君莫射雙飛雁恐有音書寄遠人

題山水圖

漁舟風雨簑衣冷，僧寺烟霏塔影斜。行客莫嫌天色暝，隔江雞犬有人家。

舟泊揚州

曉發瓜州古渡頭，好風半日到揚州。客船只向城西泊，何處吹簫月滿樓。

寒山寺

古寺瀟條枕碧漪，幾人泚筆好題詩。客船也有鐘聲到，不是姑蘇夜半時。

題山水卷

野逕穿雲入翠微山家茅屋掩柴扉扁舟獨釣滄江上風雨滿船猶未歸

題捕魚圖

水光不動棹聲遲阿母舟中坐哺兒却咲世途風浪惡人家骨肉苦分離

白衣漁父獨操舟兩岸西風蘆荻秋稚子莫驚灘水險險灘過了是安流

蒲萄

夏半蒲萄正熟時纍纍滿架紫金垂甘酸亦自能消渴可惜相如早不知

畫梅

枝頭春雪瑩芳樽綽約氷姿襲醉莬翠羽影殘清夢覺滿天霜月正黄昏

盧圭齋先生集

驅睡魔賦

盧子好讀書每閱一卷輒欠伸思睡盧子曰是必有魔我者乃爲賦驅之千里之外其辭曰古之君子自强不息字子晝寢仲尼斯責名也禹寸陰是惜展矣周公夜以繼日萬世而下咸仰盛德後乎諸賢亦殫厥力董兮下帷衡乎鑿壁各有令名著于簡冊肆予之學作輟靡一厥咎在汝莫能汝克方其茅齋寂寂晝長如年烟

生古篆忍入新絃爾或至止孝先欲眠龜堂淒
淒夜寒如水銅壺促更鐵檠繼晷爾或至止希
夷好睡至若佳客滿座載咲載談爾或窘我我
舌以緘明師正席講道窮理爾或窘我我心以
弛雪案螢牕手不停披擷詩之葩採禮之儀揭
書之要搜易之微爾或病我力倦神疲吟誦之
餘才思攸攄歌亞靈均賦凌相如詩驚李杜文
駕歐蘇爾或病我詞澁與枯爾來無聲爾去無
跡窺之莫見捉之莫獲今予將以仁爲矢以勇

爲弧以志爲將帥以氣爲卒徒扞吾禮門用屛
爾居障吾義路用塞爾塗爾宜遁跡於無人之
濱竄身於不毛之區毋入我廬毋邇我軀詩不
云乎其虛其邪既亟只且子將如何言猶未既
恍惚之間若夢若醒有若答我曰噫嘻子言過
矣豪家甲第待予孔敦美褥疊綉華衾耀文垂
珠簾以掩畫設翠幙而扃春仙翁野衲接予益
勤竹牕納月柴關閉雲席樹陰以終日對栢子
之淸芬假屢得我而不以爲厭我數訪彼而不

以爲煩故日與游陽臺之雲雨步華胥之乾坤臨謝池以覓句詣槐國而游魍奚獨見斥於夫子而使我不能自存也耶予曰富貴者何事乎勤學隱逸者何心於功名予也進不少攄其志退不得獨善其身是以汲汲孜孜靡遑底寧期努力以弗怠或庶幾而有成子宜亟行我非少恩睡魔於是砉欻嚘咿逡巡畏縮電走風馳一徃不復

悠然亭賦

蘇子瞻說陶詩云本自採菊而舉頭見山悠然忘情趣閑而景遠可謂深得此詩之旨矣然此老自彭澤去官歸不爲世故所縛隨所寓輙悠然非特採菊見山之詩而已靖山蔣君慕靖節之風而以靖山爲號取採菊之句而以悠然名亭其趣向從可知矣予因爲之賦以擬君之趣賦曰驛溪之山層層驛溪之水冷冷有隱君子俯溪而亭窻八面兮玲瓏屋數椽兮丹青景無禁而可取門雖設而不扃儉不及陋奢不及侈

而扁以悠然之名主人無事日遊于亭曰昔義
熈哲人解組來歸神契靈均節凌伯夷念夙世
之所慕冀徃躅之能追忽舞蹈以有得乃援琴
而歌之歌曰若有人兮山之下步東籬兮容與
紛春妍兮何之撫秋香兮遲遲暮秋香兮娱人
立西風兮誰晤又歌曰若有人兮山之麓步東
籬兮彳亍日將夕兮忘歸采芳馨兮盈匊盈匊
兮遺誰羌好修兮公所獨又歌曰若有人兮山
之陰樽有酒兮床有琴撫琴兮無絃釃酒兮屢

斟何千載兮寥寥羌獨會兮余心歌闋于時有
客坐于亭上聞歌而晤攬衣而起曰大化一漚
浮世萬殊事有共途而異域人有異世而同趍
維先生之所尚與靖節兮相符至若灝氣横空
荷枯栁敗盻芳蕤之始華傲晩節而獨在方離
披以向榮聿璀璨而可愛幽馥散乎庭戸雅韻
凌乎蕙蒩登斯亭也覽斯物也其靖節之所采
者歟連峰相繆一碧蔥儁旣列屏以競秀亦排
闥而自獻嵐光凝而暮寒木葉下而秋遠雲出

岫以來歸鳥投林而已倦登斯亭也對斯景也其靖節之所見者歟維亭之下鑿苔而池分數畝之靜幽開一鑑之漣漪導泉流之縈廻泛荇影之參差亭亭者華不蔓不枝圉圉者鱗躍波而嬉於此而嘯咏何異乎臨清流之賦詩維亭之側瀕池而圃恍惚乎三逕依稀乎五畝夕延竹外之月朝拂花間之露時摘我蔬時種我樹清陰在觴佳色在屨於此而逍遥何異乎涉南園以成趣綸巾翩翩羽扇載揚薰風南來衾枕

晝長似臥北窻夢寢羲皇佳賓既至歡伯在席罍連投轄談咲岸幘似遊廬阜偃仰醉石左圖右史前經後傳秩然揷架可味可翫爾遺埃壒身謝軒冕澹然閑情孰羈孰絆似乎歌歸來之詞以遊下潩之舘嗟卷舒有時顯晦惟遇穉莘野之耒而澤民投渭川之竿而佐王墅平泉者秉國之鈞堂綠野者中興之輔令也四海爲家萬國車書吾子將爲鳴陽之鳳乎抑將爲空谷之駒乎將爲在林之鶴乎抑將爲泛氷之鳧乎

五

主人咲而謝曰北山有移文之誚終南貽捷徑之譏謹我優游勉我遁思夜鶴不可使之蕙怨曉猿不可使之林悲言畢但見空山寂寥凉飆颯爽四簷露冷雙溪月漲付物我於兩忘夫奚有乎得喪又安知夫蔣之爲陶而陶之復爲蔣也耶

海賦

海於天地間爲物最鉅旋斡乾樞包括坤寓思昔洪水懷襄帝命神禹乘四載以焦勞決百川

而東注也余車於龍門宰飄風而來御天吳紛
兮乘旗罔象導夫先路渀漫瀰渺茫無涯潊湊
壑谷以納衆流指西極而回顧於是地軸載安
端倪呈露波涵太清雲與風起東接扶桑西逾
弱水北洗沃墟南瀲珠厓珠厓之外不知其幾
萬里浴陽烏於東津沒望舒於西溢蜃樓市於
空中鮫人織於水底馬銜開口以雄吞海童遨
路而瞪視其神怪有如此者其鱗則巨魚突兀
高濤浮游六鼇負山大鯨吞舟揚波之鬐著揷雲

之鱗固莫名狀何數乎魚蝦螺蚌鰽鰋魦鰡其羽則鯤鵬變化扶搖九萬鬐鬣蔽雲羽翼凌漢鶢鶋避魯門之風精衛沿發鳩之岸詭色殊音羣飛類浴徜徉乎波瀾沙石之岑渤澥之島又何計乎雙鳬乘雁其寶則陽冰以濯陰火潛噓赤鱗紫貝詭石文渠蛟室之所儲又何止乎鰲山之貝蚌殻之珠予方觀瀾作賦染筆濡墨客有哄于傍曰子所言者海之迹請爲子言海之澤廣大無涯流行不息蓋納百川而不泄者海

之量載萬斛而不重者海之力潤下作鹹者海之性甲以自居者海之德舟楫以濟不通者是其仁潮汐往來旦暮者是其信與天地以長存歷萬古如一日此海之所以爲大也子之言固未究其萬一予聞客言有靦其顔上手稱謝探本知源客喜而咲峩巘同觀達大觀以遠眺步徙倚以盤桓踸玄虛之故步感軻氏之難言

圭齋盧先生集

記

重建登科巖記

惠安縣西一里有巖曰登科稽之邑志始名登高山宋乾道間邑人盧瞻讀書其上以八行舉因改名焉是山有林麓泉石之勝諸峯環峙萬象在下大海際天一望無極每隹辰良月邦人士女咸茲以嬉崇浮圖者因爲之殿宋季燬焉延佑甲寅邑之好事者乃宇其故址苟葺未完

歲淚且壞至元丙戌前進士雷侯子樞來宰是邑去煩除苛興廢舉墜易法律而仁義化呻吟而嘯歌視政之暇訪求幽賾以資遊觀得茲山喜曰是何其名之嘉也且相距咫尺寧憚勞乎迺率僚屬登焉至則慨昔賢藏修之地鞠爲草莽爲之惻然者久之越三歲戊子冬十月計工度材令白莎寺主僧嗣証董其役吏陳振王君爵給其需芟夷孔艱墾闢寖廣既葺前殿之壞復作後殿屬之高明爽塏雅與山稱翼以兩廡

表以山門又與殿稱官弗匱助民弗匱力巳丑
春二月落成稚耋聚觀咸謂規制之盛前此所
未有也於是雪溪林先生走書鐔津之上屬予
爲記其言曰予邑士也於盧公爲裔孫而又獲
與雷侯同舉予爲文志兹役庶幾揚乃祖之美
昭令尹之功俾與兹山相與無窮不亦韙與余
惟自有天地卽有兹山閱千萬年至于吾祖而
佳名始著自吾祖以來又幾百年至于雷侯而
舊觀一新地不自顯因人而顯亦其數然也余

以升斗糜兹不能去他日歸鄉里携朋儕相與杖屨其間當爰筆賦之雷侯名機字子樞以延平府推調是官所在咸有治績長子燧次子燦俱領鄉薦

重修永春縣學記

泉郡之西百二十里置永春縣治縣之西五里置學稽之邑乘學舊在縣東宋大觀迄紹興凡再遷而後定元至正十二年壬辰春三月予始涖縣事即謁學教諭高仲舉等進而言曰是學

自至元内附以來前後累改然歲久屋老隨葺
隨壞宜更久之顧學租薄猶不足以供祭祀贍
師生如營繕何予喟然嘆曰彼釋老之宮布滿
天下在在華麗今天朝右文而聖人之居其陋
若是吾徒得無赧乎矧余來方欲以教化理諸
邑而學又教化所自出尚得辭其責乎於是邑
之好義者若陳惟孝等相與謀曰令方有事于
學吾黨當叶力相之以速于成無何而粟盈于
倉楮羡于帑矣是年夏六月首作戟門五間與

殿稱距戟門四丈有奇建櫺星門以臨通衢與
戟門稱戟門之左爲小屋右爲亭因故趾而加
崇焉亭舊名思樂今易而扁之曰光霽遂及明
倫堂暨左右四齋柱之腐者易之棟之橈者更
之俾可以久堂之東西各有庫西以經史而學
官私居鄰焉東以藏祭罷而魁星祠宻邇焉堂
之前構儀門與兩廡接爲門如戟門之數儀門
之内鑿地爲池甃石以瀦水而橋其上環以欄
楯仍繪先聖及從祀像而華其殿由殿而廡而

門悉加册至十四年甲午夏五月安溪縣寇作

六月侵我疆官署民戶燬于火而是宫巋然獨

存旣而義旅聚於斯栖兵于齋飼馬于亭穴垣

而蹊斧戶而爨所不克毁者僅廟余與戈甲相

卧起弗暇顧也十五年春三月寇平民獲休息

乃復召工補頺戟門之外砌石爲亭而種樹于

其側欞星之外築墻二十丈障其前闢官道而

廣之徙興元省賢二坊于道之左右而相望焉

葢至是而役告畢矣又以士之無養也復勸陳

光糒等捨田若干以廩之以祭罷之未具也復範簠簋籩豆以用秋八月上丁克如禮禮闋宴于堂上羣賢具在教諭顔寧助等請曰某等重役于茲與執事相周旋殆將四載中更禍患尚賴先聖在天之靈獲就緒矣今者釋干戈而俎豆捨甲胄而衣冠雍容揖遜於禮樂之地顧非幸與願記之以示來者余聾之學所以明人倫也夫人倫有五而君臣爲五倫之一所係爲尤重聖人教人爲學亦不過明此而已永春承平

日久民不習鬬寇始乘其無備而掠之邑大夫
士且忿而起慨然興義兵爲國家出死力其細
民亦往往用命於鋒鏑之下而不暇顧其身以攻
則克以守則固寇分道闖吾境大小三十餘戰
而竟不能入尺寸蓋民心惟君臣上下之分不
可一日廢故其臨危捨命有不待勉而爲之者
豈非平昔服習聖人之教而然哉然則學校之
設其有功於世大矣今百里寧謐吾與君等得
相安於無事其可忘所自耶諸君子第以營繕

之顛末求余文而不知余之記殆有重於此者
輪奐云乎哉衆咸曰然遂書記

永春縣重建公署記

縣隸泉郡七獨永春山水之秀視它縣爲最以
誌攷之是地爲桃林場晉天福間始陞爲縣縣
治背大羽而面像山下臨溪水陰陽家以爲冣
勝者也公署重建於至正元年辛巳時監縣鎮
奴尹方建翁典幕黃真仲也十四年甲午夏六
月燬于鄰寇寇恣摽掠所在焚蕩予與義士呂

用賔父子僚友伊守禮曁諸慕義者大募民兵擊之屢戰屢克十五年乙未春三月寇平官曹郎他所理公事民復業者往往依村落以居市井蕭如過者嘆息是年耆老數十人踵門告曰公署所理民望所屬也久廢可乎且自君失之自君復之不亦善乎予喟然嘆曰事有廢興是固當爲然民病未甦恐未可爲今旦夕當代恐不及爲父老請弗置遂許之於是富者輸財貧者輸力九月興功木石陶冶之匠各執其技命

邑士顏希道督之乃作廳事後堂揔爲間十廳事之西爲江黃二公祠東爲幕所翼之以吏舍表爲儀門堂故卑濕爰積土而增崇之前爲亭後爲軒左右爲房凡深淺廣狹之制陰陽向背之宜一仍其舊而高明稍勝人咸謂其規模之偉也時縣尉趙居仁陳岩寨巡檢方純亦各以其所宇來白余念其役不可輟因以邑民所輸力者分給之居無何而尉司之署亦成矣衆復以樵樓爲請乃併作之會未就緒而余以調福

之寧德矣他若犴獄倉庫庖廚之屬凡所宜葺者不暇葺而去蓋十六年丙申冬十月也嗚呼予作邑垂五載方其始至天下承平境內無虞日與士民共享優游暇豫之福安知邑寇之禍若是然乎拊摩於瘡痍之際營繕於煨燼之餘錢獘法舛工傭費巨安知今日之事厥其苟完乎余既不能固守封疆貽我民荼毒復勞我民以就茲大役寧不重得罪於我民乎嗚呼其亦艱哉抑亦不得已而爲之也與我同志畐惟厥

終則匪予之幸斯民之幸也故書此以識歲月而尤不能無望於將來云爾

三華重修講堂記

至正九年巳丑六月余以事抵三華卽謁廟學偕諸儒坐于講堂之上顧瞻棟宇欲壓因謂教諭商君季友曰學以明倫也堂以講學也可若是壞耶盍圖之起而曰僕備員于兹興頽補弊之務恒寘于心欲獨任諸巳則廪如懸罄欲旁托諸衆雖家至戶諭言未易售固將待其人而

後興與且是學之經營顛末具載于碑始終皆吳氏之功也廣德二守武畧公實作之其後寢壞則畧之子臨漳二守遜齋公修之又其後正殿兩廡暨欞星門壞遜齋之子今汀州二守松泉公重修之松泉於學尤究心旦夕代歸斯堂之新可卜矣明年庚寅夏五月季友走書延平諗予曰比者松泉公歸自汀僕輒以向之復于執事者請公欣然曰是吾責也是吾父吾祖之志也於是捐財集工不俟終日凡棟樑榱桷竹

甍之汙腐殘缺者悉易之完緻視昔加倍丹堊漆髹煥人耳目興役於己丑六月畢工於庚三月靡鈔為錠八十有奇而宅人無與焉學之人士僉謂吳氏有功於學三世矣宜載其事于石俾來者考焉執事幸為記之余惟學乃教化所自出之地其事似緩而實急自夫二氏死生禍福之說勝天下無賢愚貧賤咸靡然趨之求其用力於教化所自出之地則亦寡矣吳侯獨以高明特達之見崇正學而不惑其諸異乎代之

人歟且人孰無子孫焉然不能保其皆賢而無
不肖作於前而述於後者幾何人哉吳侯乃能
以其祖父之心爲心俾鄉校之士藏焉脩焉遊
焉息焉其必知所自矣雖然堂之設豈止於是
而已固將相與講明古昔聖賢誠意正心齊家
治國平天下之道窮而推其說以淑于鄉達則
充其用以濟于時斯無負吾侯所以作新斯堂
之美意矣侯名克忠松泉其號也教諭名皓三山
人

東坡善應庵記

至正二十一年辛丑予抵福清平南之東坡至于善應庵一日僧覺眞暨優婆塞陳覺榮來諗日是庵創於大德巳丑至元戊寅乃重建焉其事則陳何二師之經營其教則東林遺法也二師去世久而事實未有紀恐遂湮沒無以示來者敢請予曰第言之我爲若記之極西之方有淨土焉其國無三惡八難其人大樂有能念佛三昧往生彼界晉時盧山遠法師懼夫代之信

者弗篤作爲咏歌以勸之由是東林有白蓮社
當時化焉故庵宇比比有之而此以善應名盖
取觀音經中善應諸方所語也又曰庵故陳覺
堅宅也覺堅年甫壯輙脩净業嘗建安福庵後
灣厥有成規乃出謁道師之有軌行者以究其
道既歸思别度法宇謂莫東坡若也遂以宅爲
之而居其族於旁里不以混焉乃拓厥基欲其
舒也乃凹厥壤欲其燠也首作佛殿次作觀音
閣後灣陳覺正實相成之於是覺堅老矣其徒

陳覺慶道行愿敎爲時所推自嗣以來内潰私
蓄外資衆施務新厥故用弘兹庸既鳩工視中
殿曰狹矣其廣之乎視觀音閣曰陋矣其易之
以高明乎視棟楹榱桷曰腐撓矣其悉更之既
克有成咸就矩矱施之金碧被之漆髹殿之後
闢軒東向累土爲層臺而墉以衛之閣之下闢
軒南向列其房於左右外則旁取篁篠花卉之
屬雜植焉涅槃有堂香積有厨寢有次食有所
殘繕苟完即以其餘市田若干畞課僮種藝而

取其入以食蓋覺慶主之而覺真覺槃與北山
林其咸有力焉予嵍而復曰釋氏以人天小果
目絺構然以崇象教匪是曷依是庵也有覺堅
基厥始有覺慶啚厥終若二人者殫精神竭志
慮以慮翼之卒克就緒兹惟艱哉雖然非以眩
美觀也其惟弘爾佛之教以惠斯人乎夫佛之
道其教不過導人爲善已耳雖蚩者流幽明之
五濁仇之十纏九惱因之罔覺罔術誰慫誰尨
然而性固善也導之善善斯應矣又奚他之求

及其至也可行其道諸惡不畱其羣聖之儔與今夫海島荒遐之處戒葷血人念三昧誓超惡趣期生净域豈其俗固然哉教所被也然則兹庵之作其利益不既多乎若夫究眞諦於一言之頃悟奥義於一事之微學者殆未易進此然頓由漸入尚勉諸覺覺真覺榮日然遂書以授之而録諸梓覺眞號東庵覺堅之孫覺榮號桂堂覺慶弟子其戒行顯著里之人尤加重云

惠安縣學修學增田記

至正五年巳酉夏六月惠安教諭傅君馳書告
琦曰惠安學凡四遷而迄定于縣治之左前至
元癸巳令尹趙君仲臣之所創也舍如舟廪如
罄倚教席者視學如傳間有以葺陋爲志往往
畫於力不足以卬有司有司聽之漠然不少加
意如是者積有日矣至順庚午監縣樂禮公寔
來毅然以興學自任宫之狹者闢而廣田之失
者稽而復士爲建祠樹碑德之也又十有二年
辛巳吴漢臣來守兹邑飾大成殿殿廣袤凡若

干悉易磚以石又三年甲辛陸公君華繼至乃
大脩明倫堂棟橈者更之礎陷者平之泉桶甩
甓無纖巨咸徹其舊腐破缺而新之堂之後曰
尊經閣閣之下曰崇賢堂畢就輪奐更築環圃
之墻爲丈六十有奇徙光霽亭其中仍斥而大
之又自櫺星門達于通衢翼以石欄爲間凡四
十有六自始役迄終公每躬督之不務苟成不
求速効必完必固庶可以久於是學之制始備
先時邑民陳厶以罪没田于官鄉豪陰據之前

令吴公廉得其狀議以所沒田與學養士牘具
郎代去豪賄吏陰更其牘公亟以前議白之府
府是之因召豪至廷下示以狀豪遂服田悉歸
于學於是學廪始給邑之耆士來言曰凡有功
於學者宜祀今仲臣樂禮公旣有祠公與前尹
吴公獨不宜祠乎衆諾而祠之將載其事于石
因以所入田附書焉請予爲記某聞諸邑令古
諸侯也邑學古庠序也董子曰設庠序以化於
邑夫興學以化於邑者令之事也邑得良令難

前有作而後克繼之者尤難若二公者其位同其志同其興學之功又同卽于學而並祠之者盖秉彜好德之良心其施於二公者亦同也厶邑諸生也目當時之陋每羞且憾之今者居有廬食有廪絃誦有次其可忘所自耶爲我語同志之士其益勗乃德淬乃業處而善其身出而周於用庶幾不負二公教養之初志云是爲記

遊凌溪記

惠安之北鄉其泉石林麓之美獨菱溪爲最勝

溪之上兩峰對峙蒼翠可愛崔嵬嵉嵲狀若相
敵而不相讓者一水出兩峯間或淵瀠黝黑莫
測其底淺僅没膝瑩徹凈幽魚之往來可數也
溪多石水觸之則滂湃有聲其最巨者離列水
中相距咫尺水東而過過則帖然凡幾屈折出
而抵于驛道之衝宋治平中橋之以渡卽所謂
永濟橋者水由橋下徑汪有山横截其流水復
曲行疾逝自此以往予亦未暇究其所窮也曩
余來訪親舊愛溪之勝而屢遊之然信宿則去

不能留也至元巳亥初夏予與莆陽人方君同寓烏石精舍溪出烏石山之背每日未晡主人輒相命以出出則之菱溪至則上汾下流以釣得魚以歸歸則月出東山矣故夕率一至焉雖風雨亦徃然猶以爲未極其趣也五月未澇不雨不暘主人野服芒履客亦如之一僮釣竿以從一僮肴酒雜以肴簌始由永濟橋側披榛取道以達溪主人把釣立于翠蔓青樹之外倦則與客列坐石上命酒少酌酌罷則釣如故頃之

步且前石愈奇水愈清地愈奥意愈適而魚之
嗜餌者亦數數獲之於是爽氣憑陵煩襟瀟灑
雖屢酌不醉也已而復得石橋數間盤桓久之
遡此而上計當猶有佳處而日入矣噫主人生
於斯且將老於斯余與方皆客也山色水光不
可奪取分而公也雖欲常賞諸勝其可得乎昝
柳子遭事謫南州久且不復其最勝者若黃溪
鈷鉧潭諸處無所不遊遊輒爲之記所謂雄深
雅健之文皆以是得之今余才不見用於時文

不足示於後姑書以誌歲月云耳

圭齋盧先生集

誌銘　祭文

元故眞士陳公墓誌銘

至正十三年癸巳二月二十二日有元眞士惠安陳公卒于烏石之正寢得年五十有八卒之十日其侄女壻盧琦在永春聞而哭之又十日其從子從仁走書于琦曰先叔父向有疾嘗爲文囑其子同曰吾平生慕古道今老且病倘不起喪事一依古禮愼毋用二氏非親知不受吊

踰月而塟題云有元眞士烏石陳公之墓足矣
兹不幸殁同悉從治命將以是年四月二十四
日辛酉塟于林坑山之原惟先叔父夙遇執事
厚知叔父之詳莫執事若其銘以來庶有以懈
死者於地下琦得書泣曰嗚乎生我者父母知
我者眞士令我戀兹升斗不可去眞士病不及
問斂不及視塟不及會吾負眞士多矣嗚呼尚
忍銘之哉眞士諱士麟字子信元眞丙申二月
二十日生曾祖諱元善祖諱嗣源父諱旃澤母

黄氏眞士早失怙恃事二兄惟謹性嗜學諸史百子靡不遍閱手未嘗一日釋卷凡古今人物事變往往能道其詳雖老師宿儒弗逮也治家有法教子有方待姻戚舊故有禮恤下有恩動輒取則古人每誦諸葛武侯吾心如秤不能爲人作輕重之言以自儆視習俗姦僞戚然若有所不堪者所居山水明秀卽居之東偏爲亭有池臺花卉之翫命酒酌客殆無虛日或適意漁獵放浪藪澤間與勢利邈不相接蓋有所悟矣

娶莊氏先殁再娶王氏有淑德生男一卽同也
生女五長適葉次適連次許適柳未許適王琦
徃來外館今三十年眞士念之如一日去載縣
永春入仙遊捕寇取道惠安還邑眞士語留信
宿别時無他祝惟曰若先人教若廉謹守道事
載家乘幸念之勿廢嗚呼真士巳矣寧復聞斯
言哉銘曰樸以葆真曰唯古人遯以養晦曰惟
眞士佳城言言眞士之墳菱溪可竭刻文不滅

樂齋陳公墓誌銘

予穉歲聞先子前村公及舅氏豊山公每言夙
昔遊浮休先生之門同舍凡数十人而樂齋陳
公尤表表時予雖耳公之名未及見也一日駕
舟至樂島始見公眉目娟秀意度閑雅有古君
子之風焉自公肥遯于家予每歲游學他郡不
可得而復見及予歸自京師公以詩來賀暨舅
氏屬和聯篇今纔十餘年先子歿先舅氏歿公
亦歿歲月流邁諸老淪落可勝悲哉公諱立功
字連仲號樂齋處士以至元巳亥九月二十五

日生乃後唐金紫公光祿大夫諱政字雍之仍孫其先自江州義門入閩居惠安之南浦扶陽迨宋戸曹諱南鄉者捨宅爲院遂遷于樂島居海上内有林麓之美秀氣恒鍾乎人故陳以明經顯者相繼有曰遇平者終鬱林知州有曰遇鳳者終新州新安知縣公大父諱季鄉宋宣教郎父諱慶祖收節郎與泉迯使母劉氏公少敏達惠安尹子俊趙公奇其才薦爲泉郡庠直學公勉職已而嘆曰親在吾安能逐聲利於外而

廢甘旨養哉卽杜門不出事廵使公及劉氏以
孝聞睦族善鄰教子待賓與凡所應接者冬盡
其道每慕少游之爲人常曰騎馬乘車優游鄉
里得善人之稱足矣此外復奚求哉晩年喜溪
山之勝遂卜居于仙邑之龍水卽居旁爲小屋
扁曰樂齋固其號也一夕謂諸子曰吾老且死
汝亟爲我買舟吾當涉海適故鄉與族里父老
相聚而别是吾志也卽徃造焉將返時公從弟
諱至明者年七十餘以詩賀公曰福緣善積見

曾孫金玉團欒聚一門白髮弟兄何忍别勉君
終老聚陳村公讀之泣曰吾豈慦然忘情哉第
從在旦夕且卜莝仙溪有年矣安能久處此也
因依韻荅之曰重來海上撫諸孫桑梓森森影
在門老去公豈無懷土念新丘巳卜水邊村遂迈
龍水信宿而歿時至正辛卯十二月二十日也
得年七十又七公娶劉氏林氏宋氏皆先卒林
氏宋氏巳莝劉氏生男英娶林氏女某適莆陽
萬俱天林氏生男渼娶鄭氏宋氏生男三沃娶

卓氏灣娶林氏演娶黃氏孫男三人孫女五人
曾孫男女三人劉氏生於甲寅七月四日歿於
戊寅八月十六日得年五十又一諸子卜以某
年某月某日奉公柩及劉氏葬于仙邑連江里
某山之原從治命也余試邑山中時艱事劇弗
獲奔走數百里以弔公之墓姑即行實而銘之
銘曰海上山峙隱士攸止學積于躬孝形于里
有屋有田貽厥孫子晚圖乃居于彼龍水扁舟
涉江撫其姻戚姻戚孔偕一別而永佳城言言

仙溪之涘我是用銘昭示來裔

祭烏石陳貞士文

維至正十有三年歲次癸巳四月戊戌朔越二十又二日己未侄女婿盧琦謹以牲酒祭于故妻叔貞士陳公之靈告以文曰嗚呼茲茲宇內孰不有生貞淳伊邈巧僞相乘公有至性百慮一誠人生百歲孰不有死悉崇佛老以畢喪事公有遺命爰却二氏其生也順其死也安生死罔愧今人所難烏石之陽菱溪之北不事奔競

以遊以息胸中萬卷古今歷歷揮塵清談聽者
無斁種稻盈郊樹菓環宅市書課兒釀酒延客
杖屨往來東阡西陌或漁或獵隨意所適我陳
氏胥數登公門公其念我情義孔敦留或旬餘
語或夜分論經講史耸所未聞及我出仕屢辱
誨言懼其情荒戒以廉勤尚朞暮年保厥貞固
豈料一疾而斃之遽隹城伊邇輀車載舉顧言
執紼道修且阻瞻望弗及雙淚如雨

圭齋盧先生集

啓　青詞

上惠安吳縣尹啓

郎官出宰百里載綰銅章書生窮經十年尚磨鐵硯不圖今日獲立下風恭惟其官剛方有守温粹無瑕文章可以名家才畧可以經國宜大展於驥足乃小試於牛刀金浦裁花邊地播去思之頌錦鄉衣綉小邑誇創見之榮睠此龍山控茲驛道自昔號煩劇之所至今爲彫瘵之區

鮒轍之厄未蘓島鳥之來何暮以明敏涖事案無滯牘獄無滯因以禮讓化民畊則讓畔行則讓路膏澤源源於久旱之際紀綱井井於積獘之餘仁巳洽于一方政每形於三異丕績擬河南之治夫奚以加清德照石門之泉終當不易況庇士之廈最大而延賢之席尚温自顧艸茅獨淹蓬蓽抱和氏璞屢遭刖足之刑鼓伯牙琴尚冀知音之賞倘葑菲無遺於下體獲忝李盡在于公門

答吳縣尹啟

叩閽依日月叨蒙聖主之恩下筆生雲炯聿拜長官之睨捫心自愧揣分奚堪竊謂士之際遇有其時道之廢興係乎數自大元天下之定于一將及百年由甲寅科舉以暨于今已踰兩紀何列郡人才之輩出獨吾泉風氣之未開厲賢宰之作成致鄙儒之振拔如某者踈庸無似困踣半生佔畢徒勞莫了一經之債旨甘弗繼敢希三釜之榮東書逺赴玉京唱甲猥塵金榜

歐生閩中貢士豈期韓愈之全科賈氏洛陽少年益得吳公之一薦方圖造謝遽辱寵嘉觀禮孔庭俾綴衣冠之末肆筵偃室叨居樽俎之間在吾道以有光諒輿情之胥說茲蓋伏遇某官聲譽藉甚詞藻燁然里巷喧謳歌之音門庭杜苞苴之謁撫窮扶弱民有父母之可依摘伏發奸人謂神明之罔測政績最於他邑文化洽於泮宮遂令下才式歸洪造知已之恩特厚寒微其何以報公理民之術尚踈高明必有以教我

領舉贄上本路鄒總管

太守民之師帥首唱文風儒生賔于玉家適逢景運逢瞻列戟爰進鄙辭恭惟某官性地如麟趾之仁世胄有鳳毛之貴二十年戀闕　帝曰汝其臣鄰一萬里分符民謂家有父母挹紫帽清源之雄麗擁朱幡皁盖之光華明足以察吏奸寛足以蘓民瘼處處服龔黄之化賣刀劍而務農桑家家誦孔孟之書賤珠璣而貴道德課兒之燈不夜延賢之席常春某自顧艸茅久淹

蓬蓽家貧親老未遂祿養之初心日暮途窮復睹賓興之盛制偶獲鄉闈之捷將爲京國之行禹門變化之神當自拔於聖代鄒管吹噓之力尤有賴於明公

分司海口塲祈晴

伏以官有常職惟煑海之爲勞民不聊生爰籲天而有請仰干鴻造俯瀝蟻忱伏念某叨貳漕司恭理經費朝廷責任之重負荷弗堪省府號令之嚴譴讓輒至事或曰而或葷心且恐而且

憂比者領職途中玆焉分治海口歲辨一萬引之上額数頗多時當八九月之間工程猶少老幼登程而就役僚屬隨地以分催土汛當收而連朝霖雨不止火伏已迫而列竈烟熖暫停雖云人力之未周實則天心之莫測蓋由涖政不謹每傷陰陽之和故自興煎以來屢被風雨之患勢豈容緩計將曷施顧微臣無尺寸之能安所逭罪念下民有鞭笞之苦誠不忍言乃命羽流肅陳清醮竭精誠而控告祈陰翳之開明上

憂國下憂民非爲已禱外滌身内滌慮惟求天
知乞賜兩月之晴甘捐十年之筭伏願　上帝
如在羣后若臨金輪吐耀於山川日日慰輿情
之望玉屑奏功於鼎鼐人人慶邦課之登

盧圭齋先生集

雜著

建言常平

切聞政所以養乎民惟善則可守法不必泥乎古有獘則當更伏覩至正七年詔書內一款言路通塞治道所關內外大小衙門官員凡朝廷軍民利病直言無隱早職承奉使司劄使前往延建四路點視常平倉已行遍歷點視外切緣常平之役昔戴冑耿壽昌之徒實建明之豐年

增價而糴歉年減價而糶蓋有成周救荒之遺意焉國家舉而行之誠良法也然近年以來但見其害而不見其利蓋法立弊生以至於此顧今日講究方新推行甚力而飄生乃欲冒陳其弊不幾於躁妄乎然其弊不知則已既知其弊而姑付之緘默恐非明詔究利病極言無隱之意也故敢以足跡之所至耳目之所逮者言之其弊有八省府明文豐年收糴本分派鄉都爲里首者陰符吏弊云某人當領鈔若干某戶當

納谷若干吏輩從而漁獵之受甲之賕則移於乙得乙之賂則移於丙及其姓氏已定則家家被擾無遺矣此其弊一也省府發降糴本在各路則減刻於府吏之手縣不能得全數在各縣則減刻於縣吏之手鄉都不能得全數此及輸倉需求多門而每石之費盍數倍於官本矣此其弊二也立倉皆於郡邑城郭然鄉村之民近者三五十里遠者三百里其不通舟棹之處又多値饑寒賑糶往復跋涉之費若干聽候逗遛

之費又若干雖舉以貸之而不受其直民亦未如之何也已發倉之際其司縣貪猾之吏市井憸巧之徒與夫權豪勢要之强有力者往往詭立姓名懸空其倉而糴之而閭閻田野困窮無聊之民雖一夫不得與焉此其弊三也各處闕官子粒充爲糴本其吏貼人等往往挾官府之威而預期以徵之圖一已之利而穹價以受之名曰官錢實歸私室及其迫於上司之文移則臨時取其低價買糴帶水濕者有之雜粃糠者

有之糧之損壞消折職此之由此其弊四也糴本發下各縣其提調官典該行吏貼相與爲奸邪以青黄未接民間艱糴爲詞飛申上司旣從其請則移糴本以爲他用及至上司或差官盤點或移文催徵往往倉惶失措或私券而賠貸於富家或低價而收買於鋪户糴未足而虛裝作數藏未久而浥變損壞其後官吏倉官人等或以罷去或以滿去而賠償之責不過斗級數人而已或斗級所不能償則凡有產之家不免

重受其害此其弊五也汀州居萬山之中其民
不爲他業惟業農以生雖以貧民遇歛歲亦必
有積聚其地又無深溪大川舟楫所不到故穀
價恒賤汀人固無所賴乎常平也官府賑糴明
日收糴徒作虛文而汀人受其實害至有不可
勝言者又況武平上杭二邑去汀州爲尤遠其
谷價視汀州諸邑爲尤賤始者講究卽二邑之
境上共置一倉於黎畬取其道里均故爾殊不
知聚黎畬而居者皆屯田軍也人人能耕家家

積蓄方有司收糴之時二邑去倉各五十里欲水運則不可以舟欲陸輸則所費倍蓰姑得輕賫而就糴於軍而軍人坐得添價之利及其變糶之日彼二邑之民無一至者凡在倉之糧悉爲軍所糴而軍人坐得減價之利國家立法之意本以爲民而斂散之利悉歸於軍此其弊六也倉官攢典人等近以例革去而專其責於提調官使提調官賢亦不過無擾於民而已決不能爲吾民利也苟或不職則任用非其人收貯

不如法其病抑又甚矣此其弊七也建陽平糴倉乃前邑令勸率產民捨米以充之積至千石有奇擇士民之謹愿者司其出納而官不與焉民甚便之今尚無恙也崇安亦有平糴令其法一如建陽近因常平之設收糴未敷本縣迫於上司之點視乃以平糴倉所積之米充其數邑父老屢訴之曾不為理平糴所積悉歸於官常平之惠略不及民上垂國家立法之美意下負百姓備荒之初心此其弊八也願罷各處常平

悉歸徽元本還官若欲必行賑糶之法莫若勸
率產民捨米如建陽等處平糶倉俾民自掌之
如此則上不費官本下不傷民財而家無擾猶
愈於常平區區所見特此具呈如蒙准信備申
上司乞加裁覽不勝幸甚

諭寇文

皇元混一天下百餘年近歲構亂河南湖廣江
浙等處悉皆搔動人皆爲國家憂之獨高見之
士以爲　聖上寬仁大度宰相賢明天下必無

事今各處郡邑盡行克復百姓俱以平寧自京師至福建一路無阻汝等居深山知紅巾之亂未必知紅巾之滅知縣官之有害政未必知
聖主賢相之有洪恩惜乎無人爲汝宣達此意況泉郡古爲佛國自歸附以來民不知兵雖有盜賊隨即勦除百姓享承平之樂他處所未有汝等一朝作梗禍連諸邑百姓受流離之苦前此未聞且汝祖汝父爲　大元民汝身爲大元民大元何負於汝汝乃甘心悖逆爲盜乎汝縣

官未嘗結怨於汝路官未嘗結怨於汝城中之
人未嘗結怨於汝旁縣官民未嘗結怨於汝汝
敢焚燬他邑乃復攻打城池乎慈母十月懷胎
三年乳哺方始得成人身官府設獄不敢輕人
命必審覆無寃方置人於死汝等殺人如刈草
曾不動心何也人家架屋遮風蔽雨養子育孫
有三十年五十年不能完美者汝等焚屋如點
燈使人無蓋頭之地何也人生有貧有富自是
分定汝等見富人如仇必欲焚其屋而殺其人

何也汝等必曰半錠一石谷十兩一斗米尋常欲求一飽不可得今日既得酒食又得財物何苦而不爲盗又曰官軍未大集民兵未大舉我何憚而不爲盗嗚呼爲此說者譬如魚遊釜中特湯未沸爾湯沸則爛熟矣家居惠安與汝等即鄉人也近宰永春於汝等即鄰邑也我才德不及於衆恩信不孚於鄰是致汝等侵我土疆毀我縣治掠我人民惟自責已不敢怨人然深思以爲盗之由誠非得已因爲汝縣官吏鎮守

官軍害政所逼生事激變汝等一時有所不堪
遂至於此間脅從者多有富足之家知理守分
之徒豈不知古今順逆之理但無路脫身誠可
哀痛也我乃永春令尹念汝等本皆良民也念
隣之民亦皆吾民也豈可坐視而不恤哉欽惟
國家許人以悔過自新近歲台州方國珍福寧
州康僞元師俱各聚衆數萬悉皆投首復業衆
所週知汝等若能悔前所爲開陳激變緣由赴
官首告咸與免罪復業爲民或能爲官出力招

諭旁縣賊徒盡數投首克復他邑即與申明上
司論功陞用不亦善歟不然大軍四集玉石俱
焚李志甫二年而滅羅天凌數月而忘其餘小
寇亦半月一月而誅爾一則爲康僞元帥等歸
附復業一則爲羅天凌等自取滅亡汝等誠熟
思之孰得孰失姑以人情言之汝等身冒矢石
日從戰陣每挈妻攜子入山傍林風餐露宿以
達旦何如奠枕而高臥其家乎聚衆千百烹羊
宰牛以爲娛何如炊飯釀酒煨芋剝粟與妻子

相對面乎汝等誠熟思之孰苦孰樂我不能掉三寸舌於汝姑移文以戒諭汝汝等其聽之毋忽

跋伯章九龍卷

鄉貢進士伯章公所藏畫龍九甚寶愛之識者以爲所翁筆也一日爲他人持去且二十載矣今復得之伯章以舊物復還自賀所與往還者亦往往歌賀伯章予惟龍神物也屈伸小大飛潛隱見其變化葢莫測也今而復還其伯章奮

躍之兆乎龍之象屬乾乾爲陽數用九以九變化也伯章春秋四十六矣今歲在卯由卯而午則四十又九伯章其以是年射策於九五天飛之庭乎

跋趙茂叔山居圖

右趙茂叔山居圖畫師李居中所作也蔡山離立蒼蒨一色飛瀑由崖谷中出滙爲平湖黛蓄膏停澄徹可鑑寒雲翠煙相與徃還於莽蒼之外夕嵐掩冉坌起於林簿之間老樹高可百尺

許柯葉紛數茂叔玄冠縞衣坐其下左琴右書
翛翛然煕傲於埃壒之表厥趣亦奇矣一日茂
叔持以示予予覽而嘆曰嗟乎世之厭塵雜者
恒慕山居之爲高然非誠能脫去富貴而甘心
於寂寞者其能一朝居哉茂叔少侍宦四方壯
而遊京師入國學歸而客錢塘市居非山也豈
其平日之所慕者恒在是與夫自昔英雋之士
孰不欲以才諝自見於世不幸而遭世之否則
山林而已矣今者明天子在上雖圭蓽門竇之

儒皆攘袂而起茂叔以英年實學方將與羣有材者相馳騖於功名之野茲豈山林時乎茂叔且徵文余為賦白駒之三章焉茂叔以為何如

題牧牛圖

榆柳之社蘆葦之鄉俯仰有崗巒藪澤之勝焉牛數十為羣徃來輕煙薄霧間牧豎穩跨牛背鞭箠不施任牛所適人與牛相忘於悠然之天而不自知畫者非深知其趣不能作此予田野人也於其趣稔矣今者逐逐車馬之塵無少休

息忽覽此圖爲之悵然

題曾君世家盛事集

吾泉自宋以來由進士出身至宰相者自曾公始公定策功臣三朝元老若蘇頌蔡確梁克家留正之相業視公則有間矣父子兩府唯曾公及子孝寬蔡確及子懋而已狀元及第唯公之從孫從龍及梁克家而已一門進士十餘人惟曾氏及楊呂石蘇四姓而已至如一門二相兄弟三人同時侍從祖孫四代書殿館閣則曾

氏獨專其美而他族不與焉然則泉郡衣冠之盛莫曾若也琦生長是邦每閱郡乘及聞諸故老未嘗不羡慕曾氏之盛今年彦明君始出示此卷因知其事尤詳詩曰君子有穀貽厥孫子又曰無念爾祖聿修厥德彦明君其勉之

題山水圖

予昔寓山中每覽溪山之勝心甚樂焉嘗有詩曰平生愛丘壑來此看烟霞野逈嵐光合溪深樹影斜小橋無客渡半嶺有人家獨坐楊陰下

黄昏望釣槎蓋紀實也今者奔走官事羈旅城郭間無復埜趣忽展此卷恍若曩昔所觀覽而賦咏者心爲之豁然因題數語于後

求麥舟疏

至正巳丑春友人三山方子不遠數百里至劍津袖春陵太守木軒先生所贈詩以贈予且泣以告曰僕獲戾于天母歿未葬而兄又歿惟是坐一貧爲祟二喪弗克舉有年矣鄉黨莫予知也故有是行仁人君子得無有范文正者乎予

聞而悲之因爲作儷語數聯于後庶好義之士
讀之而有感焉必有能周其急者
右伏以季札過徐君之墓解劍而行仲尼遇館
人之喪脫驂以賻益重義者不忘其人於既死
而濟物者安知我之爲（更貧）三山才子方氏素受
業於木軒先生之門嘗登名於棘闈亞榜之外
學由積於富命不幸而窮前喪慈母後喪難兄
禍在接踵上有老父下有孤侄言之痛心幾載
于兹二喪莫舉惟陟彼崗陟彼屺毋爲安厝之

謀就有若斧有若堂殊之經營之力倘非疾救切巳詎肯奔喪告人情實可怜義所當念大家周急庶小寬磬室之憂隨意贈財安敢必麥舟之惠

求麥舟疏爲建寧李宗父作

龍江書院長艮成李先生没旅襯權厝于兹八年矣其子宗文欲挈柩歸塟而困於無資尚義之士幸相與圖之

伏以季札吊徐君之墓掛劍則行仲尼遇館人

之喪脫驂以賻盛節傳既於昔遺風可望於今故
龍江長李公藝精于勤行純而慤一經貢士嘗
充上國之賓五載學官竟作他鄉之鬼壽則不
固命亦何窮値時節之多虞圖歸塟而弗克親
舍隔千里道路間關旅櫬垂十秋光陰荏苒毋
在而年過八袠兒來而囊之一錢方欲挈柩而
還誰能損財以助凡在交遊之士寧忘惻隱之
痛倘念故人舟中之麥勿吝巫歸黄壤墳上之
草易青

盧圭齋先生集

行實附

故前村居士盧公墓誌銘　前國子生三山吳鑑撰

盍惠安盧琦登至正二年進士第授將仕郎台州錄事歸自京師之五月丁父憂明年七月來福州以善狀乞銘於吳鑑曰吾先世光州固始人也唐末避亂從王緒入閩居泉之惠安宋乾道間有曰瞻者隱登高山下以八行舉邑人名

其山曰登科山其後遷邑東之圭峰下乃吾高祖之父也高祖諱汝華曾祖諱逵叔祖諱義先以至元丙子之三月生吾父名慶龍字雲從其年宋六岳亂吾祖偕祖母李氏避之海島中逾年而歸隣里親戚咸劉于兵而吾廬朽然獨遺祖父冐難阻躬劬勤以收復舊業雖倥偬不遑而教子必有禮法故吾父羈貫知自力學問從槐庭王先生芷齊楊先生遊吾父事親孝居祖母李氏喪哀毁骨立祖父病侍湯藥食飲衣晝

夜不解帶至刲股肉爲糜進之祖父歿喪葬盡
禮比老猶孺慕不衰歲時祭祀未嘗不悲思垂
涕泣聞遇人親喪亦爲之泣益深痛二親之不
復可見也生平不飮酒惟喜啜茗讀古書爲歌
詩取適已意客至必治酒且淸談窮日夜樂之
不爲厭州里疏戚咸稱善人人無間於言吾母
鄭氏有賢德先二十七年卒時吾兄弟幼穉吾
父絶甘分少俾得就保傅嘗誨琦等曰汝毋早
歿吾教汝兄弟讀書非圖富貴利達惟願世先

德爲好人行好事而已及琦歸自京又嘗命琦曰汝承祖宗休澤幸已成進士吾日暮途遠恐不能待汝禄養矣然吾居鄉見世吏以貪傲敗名節人唾猶虫蛆汝惟廉謹守道則吾地下之目瞑矣後數日感微疾端默而逝時癸未二月十二日也得年六十有八子男四人長嶼次琦次琥次瑛皆已娶女一人適張某孫男五人孫女一人諸孤將以丙戌十二月廿四日丁酉奉柩葬于縣北仙境山之原惟先生知吾父也審

敢請銘余曰先大人存善積德美有成趾若銜
詞不違篤勤爲孝子而又登巍科錚然顯聞天
下揚光烈信來世宜謁達官聞人銘而君以屬
余是其有尚也已余何敢辭銘曰閩海之壖圭
峰所蟠有美隱君康盤其間野藝澤漁于以自
老孝善世繼委祉于後及見子貴祿奉弗逮凜
乎若存有訓有戒仙岡之阡孝思烝烝銘以勸
善久戴是徵

盧平陽哀辭　　　三山陳忠

予始從亡友余君子賢識盧希韓氏經學該實下筆無凝滯而爲人簡重子賢每語余曰盧生在吾門十餘年不見其有惰容既登進士第居官所至以循廉稱閩中進士如希韓者不多見也晚以近臣薦除守平陽州命下而希韓殁矣後三年其門人陳中立裒其遺文偕其子昺來訪予盧州予嘆曰嗟夫希韓死不可見矣得見其子與其弟子又得見其遺文庸非予之願哉抑希韓之不殁非徒以文辭爲也予觀希韓性

孝友奉父命從學百里外常惴惴如在親側其
在家也溫被扇枕侍湯藥而不解帶居喪不近
酒肉不內寢家人皂隸皆信之事兄如事其父
愛諸弟甚於子鄉閭卒相戒以盧君爲法初從
師子贇君試浙省師道病卒希韓不顧試期與
其友陳彦傳經營大事以歸迨得祿視師之家
如師在時載其弟之官與分廪而食希韓僅少
予一歲每別去見必納拜曰是吾師行也嘗記
在郡城秋雨連日與對榻彦博家中夜劇談立

已濟人之道希韓奮然誓曰某必不敢負師友
卒果如其言葢其爲政有古人風諸公所作碑
銘皆實錄無愧予目擊其在三山提舉鹺事番
大商以貨得叅省政勢振中外有咈意立箠殺
之脅戶部令奪下四場引鹽自爲市希韓曰是
上棄國課下毒亭戶及食鹽民皆我所爲斷吾
腕不署牒人爲希韓危希韓曰以是重得禍固
所宜竟堅執臥不顧此尤人所難者昔欒子有
言曰民生於三惟其所在則致死焉希韓於是

葢兼之矣世之士大夫以斯文名惟務纂組紛
澤爲干譽取悅之具要其所爲與詩書不啻秦
越云觀希韓海口祈晴永春喻賊等俳言一出
口如天人之應如響斯荅是果浮華之末所能
致哉然以希韓之學行歷官二十年未膺州郡
以片言屢弭寇變而不一錄切當民窮財匱之
秋天不畀之年以究所施以拯斯世而僅止中
壽此予所深哀也今其門人之義汲汲然爲求
斯文於四方惟恐散墜亦可謂幸矣於其再至

而歸也敢述此辭洩予之哀俾爲告于墓既以痛斯文之澤不得大被於時又幸希韓施未究而見於文辭者猶克傳於後也希韓名琦泉之惠安人宋乾道間舉八行名贍者其祖也中立字誠中莆田人世號忠門云辭曰

猗希韓兮粹美所鍾惇孝友兮行諸躬隆師篤義兮靡間始終有本如是兮宜流之豐嗟所美兮豈文藻之爲工牛刀小試兮屢奏其庸頌聲載路兮何渢渢使天假齡兮騫以冲福我民

兮流澤何窮鸞鳳伏海兮羣鶚厲空謂蚊之饒兮孰可養而爲龍玄雲八表兮尚寐無聰歌以哀之兮夫孰知予之冲冲

元奉政大夫同知福州路總管府事致仕

林以順撰

盧琦字希韓惠安人登至正二年進士第十二年稍遷至永春縣尹始至賑饑鏟止横歛均賦役减口鹽一百餘引蠲包銀権鐵之無徵者已而訟息民安乃新學宫延師課子弟月書季考

文風翕然鄰邑仙遊盜發琦適巡邑境盜遥見之迎拜曰此永春大夫也爲大夫百姓者何幸之大乎吾邑長乃以暴毒驅我故至此爾琦因立馬諭以禍福衆皆投刃槊請縛其首以自新琦許之酋至琦械送帥府自是威惠行於境外十三年泉郡大饑殍者相枕藉其能行者皆老幼扶携就食永春琦命分諸浮屠及大家使食之所存活不可勝計十四年安溪寇數萬人來襲永春琦聞召邑民諭之曰汝等能戰則與之

戰不能我當獨死之爾衆皆感憤曰使君何言
使君父母我民赤子其忍以父母畀賊耶彼寇
方將擄掠我妻子焚燬我室盧乃一邑深仇也
今日之事有進無退使君其勿以爲憂因踴躍
爭奮琦率以攻賊大破明日復傾巢而至又破
之大小三十餘戰斬獲一千二百餘人而邑民
無死傷者賊大衂遂遁去時兵革四起列郡皆
洶洶不寧獨永春晏然無異承平時十六年改
調寧德縣尹而去

恭人陳氏壙誌

恭人姓陳氏諱懿字孤徽世家惠安之烏石曾
祖諱嗣源祖諱旃澤父諱怡孫母許氏以至大
己酉八月廿七日生年二十八我
先君受於烏石之廟而歸于盧氏先君諱琦自
號立齋登元進士第累官至漕司提舉例始封
恭人殁時則
大明洪武癸丑五月七日也享年六十又五子
男四長暹次果次昺次晏長蚤世女三皆殤孫

男三源汝魁汝六諸孤十以次年八月廿八日
辛酉奉柩葬于龜鰲山之源與平陽君合窆焉
尊治命也恭人生而孝敬溫惠幼涉書史有載
忠臣烈婦孝子順孫之行未嘗不三復嘆慕既
歸奉吾祖南昌君視滫瀡問燠寒唯謹南昌君
嘗語人曰自吾得新婦增一孝女南昌君歿脫
簪珥以營襄事春秋享祀盡禮事平陽君三十
年始終賓敬如一日恒銖累黍約以羨周貧乏
奉賓客間遇事箴規獻替弘多故平陽君所至

以循廉稱恭人實有助焉平陽君歿吏民咸致
奠賻恭人曰君生而不貨死而貨之非其志也
一無所受既塟御績紝課子孫讀書常誨果等
曰汝祖遺訓在家乗汝父遺績在國史汝兄弟
勿替引之嗚呼恭人巳矣尚復聞斯言哉兹遠
日有時而孤等未克承紹不敢圖死又不敢請
銘於當世君子板號摧痛昊天罔極敢述卒塟
年月以納諸幽云孫果等泣血謹誌莆田陳中
慎諱

立齋盧先生文集後語　延平孫伯延

公諱琦字希韓號立齋溫陵人以詩明經領薦江浙遂魁禮闈登壬午進士第授台州錄事予時弱冠始習舉子業每觀公科文未嘗不三復數嘆恨不得拜門下以從授業比公調延平郡幕職前鄉貢進士陳立大薦予於公以爲教其諸子始終三年獲親炙焉公以詩經啓發於予者必盡其蘊凡平日所爲詩文亦必以示予予見其矩度嚴整而旨意幽遠近世作者鮮能及

之或謂公長於科文而詩文尤工公弗自以爲是也至正庚寅秋江淛省禮公較文予忝預選列士大夫咸謂予之得所傳其疑公之私者公則曰師友傳授固欲學者之底于成設有所私焉亦因其可取而取之耳已亥秋福建大比多士公適任鹽司提舉督課于莆不與考試予復預選明年公還署予謁見公咲曰君再提科場吾嚮者之謗可以白矣壬寅之春予又與同郡尤英舉於鄉公時寓海口聞之喜曰尤英又中

矣尤英甞與予偕學於公者也論者亦信夫公

之有所傳矣是年秋七月公以疾終於所寓歸

葬惠安于時賽甫丁搆難官軍討之道阻予與

尤英不得奔訃會葬惟南望抱哀而已歲乙巳

二月福建復大比予掌卷簾内公之子昺亦就

試場屋主文揭榜得詩經一卷經義頗佳賦策

尤善以限榜額弗登名逮出院始知其爲昺之

所作也予既爲之悵惜且喜公有子能紹其家

學矣公之徒莆陽陳誠中氏適至三山與予學

同寓僧舍誠中訪求得公所爲詩文而編次之凡十三卷將鋟梓以久其傳且求諸名公爲之序予請而讀之既悲公之早殁不及大用於時使其文不得見之館閣以黼黻皇家之盛治猶幸餘膏賸馥之存使誠中得以掇拾於亂離散失之後以傳之不朽懿矣哉誠中因書此以附于卷後一以明夫公傳授之素一以嘉夫誠中用心之勤誠公之子觀之其亦知所勉哉其亦知所慕哉

鶴田蔣先生文集二卷

［元］建陽蔣易撰

日本靜嘉堂文庫藏明影元抄本

鶴田蔣先生文集二卷，元蔣易撰。易字師文，號鶴田，又號橘山真逸，建陽人。早年篤學，從杜本遊，以「思勉」名其書齋。及長，遍遊江淮以南，喜交當世名士，聲華藉甚。元末曾入阮德柔幕。其性聰敏，學極精到，肆筆爲文，綽有古致。亦工吟咏，與崇安二藍多有唱和。撰有鶴田集，又編有皇元風雅三十卷行於世。

是集原十四卷（千頃堂書目、元史藝文志等作二十卷），由其門人輯録編次而成。自元至正末刊刻問世後，傳本甚罕，明時已經殘闕，清乾隆間修四庫全書亦未收入。現僅存二卷，中國國家圖書館及日本靜嘉堂文庫均有傳本。此靜嘉堂文庫藏影元抄本二册，係明人據至正刻本殘卷影抄者，版心黑口，四周雙邊，雙黑魚尾，半葉十行，行二十字。皕宋樓藏書志、藏園訂補郘亭知見傳本書目、靜嘉堂秘籍志等均見著録。

書首有至正十七年（一三五七）黄鎮（應作黄鎮成）序及至正二十一年葛元喆序。葛序末有佚名過録劉彦昺題記兩行，云：「劉典籤彦昺曰：學究經史，積書滿家，早從虞揭之門，屢却丘園之薦，聲冠閩土，有道南書院之額焉。」卷一收序四十四篇，卷二收序二十七篇。書末有建寧府志蔣易傳，劉彦昺挽詩二首，潭陽文獻所載蔣易小傳及其題棘隱庵詩一首，藍仁、藍智之挽詩、懷詩、壽詩凡四首，皆清初蔣玢手録者。又有蔣玢手跋，云：「此集爲楊文敏公家藏，徐興公先輩得之于建寧書肆，僅有序文二卷，尚有十二卷弗存。其作文大有源委，然中多宋氣，想習熟諸先輩而來，不能改其面目，亦是潛心學究之流亞者也。絢臣玢識。」蔣玢又謂「偶閲藍靖之、明之詩集，尚有先生序文二篇，尚俟抄入」。今人編全元文，據北京圖書館（今中國國家圖書館）藏京師圖書館抄本鶴田集輯録蔣文七十一篇，與兩卷篇目全同，惜未輯此兩序。全元文編者按曰：「原本雖有校記，但仍訛誤頗多，惜無他本可正。」據此靜嘉堂文庫藏本，正可校勘。而二卷之中多爲贈序，不惟見鶴田交遊情形，所記元末閩中官計民生、禍亂征伐，亦可補史籍之闕。

書中鈐有「建安楊氏傳家圖書」、「温陵川齋」、「蔣玢」、「絢臣」、「蔣玢手校」、「陸心源印」、「存齋讀過」、「歸安陸樹聲藏書之記」、「靜嘉堂珍藏」等印，又據皕宋樓藏書志卷一百九陸心源按語：「鶴田集，各家書目所無，此二卷得之福州書攤，尚是明人抄本，有蔣絢臣跋。絢臣又手録劉彦昺哀蔣師文詩二首，藍山、藍澗挽詩、壽詩四章附後。」藉知其遞藏之跡，原爲明楊榮舊藏，後由徐興公購自建寧書肆，清初歸閩縣蔣玢弆藏，清末陸心源得於福州，至一九〇七年日本岩崎氏自陸心源之子樹聲處購得，藏諸靜嘉堂文庫。（黄　漢）

鶴田集序

鶴田集者師文蔣先生之所著也詩文凡若干篇其門人輯録離為彙次凡若干卷先生縣蚤歲勵志篤學及壯適四方徧交當世名士博萃未見書蔵于家者至數萬卷學益精聞益廣由是攄發所蘊肆筆為文若長江巨浸汪洋滂沛而不可禦遏若以其源之深而不可竭也然先生能以材見重當世而不能枉己以干進其文能追古作而不能合有司之程式是以棲遅一邑不獲推用至其立言載道有以淑人而行遠者則政在此而不在彼也僕年雖少長而學則

不逮託交将三十年皆所歆慕而不可企及至於相

觀之善有以儆僕之愚陋者亦多所豢矣今春辱過

余南田之舍見示此集晋寔齋玩讀者再四因得序

其梗慨庶讀先生之文者知其學問淵源之所自云

至正十七年春文林郎江西等處儒學副提舉邵武

黄鎮序

鶴田蔣君師文文集序

閩人學文自歐陽詹始、而闡伊洛之傳、以發六經之旨、則肇自游楊、而盛於文公朱子、於是彬彬乎建鐔之間、雖鄒魯不啻過矣、予嘗往来二郡、徵文獻於俎豆之林、蓋有不勝其景仰者、而得蔣君師文於蒼山之下、鶴田之上、則距鷹山游氏之居、半舍而近、考亭雲谷朱子講學之地、俱兩舍而遠、清溪橫陳、竹樹交挹、而師文之廬在焉、經史百家之書、周乎坐隅、而充乎棟宇、師文玩索其中、旦暮忘勌、遊方之餘、上稽漢史、下逮唐宋諸君子之文、與夫唐八百家之詩、皆篇磨句定手自刪錄非一日之積矣故其文辭之發豐腴跌宕浩乎海波萬里而風檣迅速蔚乎林木千章而春陽發宣有莫知其然者而一本諸格言大訓其不悖乎聖賢之旨歸則君子之澤遠矣又豈特騷人文士之賦詠記述而已哉予觀師文雋田集因題其後且以致其惓惓之意者蓋不敢以騷人文士望於師文也至正辛丑十月丁亥臨川葛元喆書

鎦與笈載老昌丙云與子究經史積書滿家早從虞揭之門屡

却丘園之薦聲冠閩土有道南書院之額焉

鶴田蔣先生文集目録

建陽蔣易師文譔

一卷序

周易象數圖説序　送王共之參謀歸永嘉序

鐃歌鼓吹曲序送顔經畧還朝

阮叅政慶壽詩序　送吴中丞詩序

建陽學校上建邵分司劉侯中守詩序庚子年作

題張學士序沈子和吹簫卷

歐陽雪舟寫梅序

方壺居士詩序經畧掾劉彦章作

清江碧嶂集序　程氏義學興廢本末序

建陽學校送余嘉賓御史序 丁酉年作

送朱明仲入京　送浙省理問李文甫序

送紀推官赴延平序　建陽縣學上分司詩序

送秦書吏詩序　送憲掾徐伯瘐序

贈寫金字經王師尹序

圖書序贈李子奇　六書字原序 戊戌年作

存齋先生集序　送福安縣尹序

送建陽尹丘長卿秩滿序

送薩仲禮之武夷序　送鄭希孔之建寧學録序

送建寧學正趙子英秩滿序
送阮教諭序　送黄仲言之武平教諭序
送考亭山長陳彦昞序　廬峰山長黄禹臣序送別
送雲莊山長張小雅序
送武夷山長張道生秩滿歸浙東序
送楊坊鎮巡檢序　贈寫神熊月池序
贈相士程心鑑序　題藁城李氏族譜序
送周倉官序　潮陽縣尹挽歌序
送孟上人序　送旻上人歸省序
送醫士鄒文彦序　送醫師陳玉林序

送阮左丞移鎮泉南序

二卷序

送楊子仁山長序

送吴實齋郎中赴福建省幕序

送椽史童處仁序　送徐國用還國學序

送雙峯書院山長序

送韓士敏從尚書行部還朝序

贈儒醫謝子厚序

送福建左丞李公彥文還朝詩序

送京學提舉危君奉詔加封朱文齊國使還詩序

送余從善赴京序　送杜延之赴京序
送宋景召教授赴汀州泮宮序
邵農之什序　贈憲史雷景昭序
贈世醫李敬義序　贈萬原丘公序
送克霖希説敎諭序
前監察御史王君彦芳忠貞詩序
送録事丘用亨詩序　送林伯恭員外還揔首序
漢陰畬序　送孔士魯學正序
送蔣伯羽序　送鄭士文序
戯綵堂詩序　徐長卿望鄉詩序

三閭大夫畫像序

鶴田蔣先生文集卷之一

建陽蔣易師文輯

周易象數圖說序

易之為書也、冒天下之道、順性命之理、而必以象數求之、何也、一陰一陽之謂道、陰陽交變之謂易、陽奇陰偶之謂象、陽一陰二之謂數、象數非所以為易、而非象數則無以見易、故舍象數而言易、則失之空疏、泥象數而言易、則失之穿鑿、夫象數皆本於圖書、然翼言聖人則之、書載陳之東序、其為象為數、古無明文、至漢劉歆、謂洪範自五行至六極凡六十五字、皆

洛書本文，是洛書不為數也。太玄明宗朋友道之數，
乾鑿度述一九七三之叙，初無圖書之名，是數不為
圖書，獨孔安國謂神龜負文，有數至九，則以洛書為
數矣。漢魏而降，凡言易者皆宗鑿度、孔安國、劉歆，皆
漢大儒，其言又各不同，如此，豈圖書已亡於秦火，漢
儒不過臆度之言歟。蓋嘗攷之，大傳有天一、地二、天
三、地四、天五、地六、天七、地八、天九、地十之數，與太玄
一六共宗，二七為朋，三八成友，四九同道，五十相守
之數合，然皆未嘗明言此為圖也。大傳有參伍以變，
錯綜其數，與鑿度七八之象，九六之變，四正四維，環

拱一伍、無往而不為十五者𢍏、然皆未嘗明言此為
書也、然則世儒或以圖為書、或以書為圖、雖互有變
置、其無所取、證於聖經則均矣、厥後陳希夷又出龍
變圖、有未合已合之名、在天地之分、天一居上、地六
居下之異、臨江張仲純見之、有得乎天又地十之文、
參以大傳之辭、作天又地十交合象數凡七圖、成數
居下、象地而不動、生數居上、象天而運行、而求卦以
初交再交為先天八卦自然之象、三交四交為後天
八卦財成之位、觀其初交而兩儀立、再交而六子生、
三交震兌相望而坎離互宅、四交乾坤成列而巽艮

居隅。聖人升離於南，降坎於北，而四方之位立。置乾於西北，置坤於西南，而長女代母之義彰，則先天見自然之象，後天見財成之位者，已明著矣。又則於方圖，其貞則列乾自左而右，其悔則首乾自上而下，尊卑貴賤，位次秩然。由是陽卦自子至午，始復終乾，而居左；陰卦自午至子，始姤終坤，而居右。適與邵子慎圖相契。又復、姤、壯、觀居子午卯酉，泰、否、乾、坤居寅申巳亥，夬、剝、臨、遯居辰戌丑未，雖遠迹密，不能不小有參差，而方隅卦氣，配節應候，四時之序，無不脗合。至變圖，則乾上坤下，而二氣之消長，六十二卦之變

易、升降乎其間者往来而不窮所謂天地設位而易
行乎其中者、又明著矣是知易之爲道著乎天地而
恒示、體乎萬物而不遺具於人之心而不察、及其察
也仁者見之謂之仁、知者見之謂之知、是故揚雄作
太玄魏伯陽作参同契焦贛作易林京房明卦氣向
范何王維壯老他如洞極元包五行納甲陰陽者流
莫不於易乎取之、而得失之歸相去遠矣獨河南邵
子作先天圖發明極儀象卦之妙、朱子而下莫不宗
述今仲紼乃復者悟於龍圖之數而得又十交合二
八摩盪之妙作爲圖説携以示予、爲之反復探玩而

知其用意之所在，雖其說不本邵子，然象數既陳而義理昭著，要不害為一家之言也。仲純嘗遊京兆杜先生之門，識見超邁，故其所述如此。頗齒向少而名未著，人見其書，未必肯信，余則以為理到之言，不可以人廢，故為之書其篇端。

送王共之叅謀歸永嘉序

古者四民不易業，士之子常為士，不見異物而遷。爲八歲入小學，十五入大學，四十始仕，未仕之前，所學皆學所以為仕也，既仕之後，其仕皆以行其學也。朝廷以用賢為急，以遺賢為耻，士以行道濟時為任，不以遯世離群為高是以伊尹不終於莘傅説不終版築呂望不終海上孔明不終於隆中誠不忍以兼善之道獨善其身也若吾夫子不用於魯則之宋之衛之齊之楚於公山佛肸之召皆欲往於桓子靈公孝公皆仕焉夫豈不能隱哉弗為耳故曰天下有道丘不與易也吁是豈狂歌偶耕荷蕢植杖者之所能測哉自秦滅學焚書坑儒天下學士逃難解散漢祖以馬上得天下不事詩書魯有大儒史失其名而刀筆之吏吹簫之業販繒屠狗之人咸能成就功名於一世若伏生安國王獨鄭玄毛萇衛宏賈逵劉向董賈

申公、大小夏侯之徒，不過守先王之經，誦而傳之，以詔後世。自是以來，仕者不必學，學者不必仕，仕與學判然為兩途。學者訓詁辭章而已矣，時務弗達也；仕者期會簿書而已矣，詩書弗講也。所謂脩齊治平、財成輔相、位天地、育萬物者，不過口以傳授。一有陳堯舜之道於王前，談皋夔之事於當世，則目為書生之常談。世喪道，道喪世，天下不復見唐虞三代之治者，良以此歟。吾閩自壬辰以來，建、邵、汀、延擾於盜賊，郡無完邑，邑無完鄉，鄉無完家，兵戈癘疫，饑殣相仍，則有豪傑（一作俊）為時而出，雄據一方，為民堡障，亦必聰明才智之士、参謀協贊而後有以成厥功者、堂廟算以為閩關八郡之咽喉、謀守禦者實難其人、武夫不可以獨任、必得通儒則仕不暴而民不擾、於是承制以存中張侯專守禦事、侯故知永嘉王共之是能明帝王之道、通天官之學、辟與俱來、待以上賓、事無大小悉咨焉、共之諳練時務、周知民情、直諒多聞、慮事審允、閩以無虞、居二年、浩然有歸歟之嘆、邑士熹所與游者留之不可、則相率為詩以餞之、因友人江惟童來請序、諾之未能也、既而親友彭德茂、藍明之、又各以書來、則復之曰、古之為士者不終於士而已矣、三德而爲大夫六德而爲諸侯皆士也爲委吏爲乘田抱關擊柝無所處而不可若令而折腰丞而負余則不可一朝居矣今張侯之於秦恭之信其德行其言而共之去之果豈有仰賅蜚鴈之漸耶豈以醴酒忘設耶豈薄淮陽耶抑久齊非志而果於忘世耶聖人仕止久速各當其可共之必有以處此矣因書以訊之是爲序

鐃歌鼓吹曲序送顏經畧還朝

世祖皇帝肇造區宇德澤惠孚黎民咸遂生長太平不識兵革聖主端拱穆清將相垂紳廊廟不動聲色

而天下自治。方是時，遠人咸賓，方物畢至，四海九州之民，熙熙皥皥，相忘於道德之域，而罔知帝力。一旦烽車四馳，戎馬徧野，斯民流離顛沛，竄身無所。寇亂甫定，瘦竭稀空，以驚怖凍餒僅存之身，經營苦茅，苟庇風雨，喘息未定，租吏以至，民間稱貸錢米，鬻賣產業，以給公上。使軍旅百役之需求，吞聲殞涕，不敢號訴，然後知思疇昔耕田鑿井，抱子弄孫，太平無虞之可樂，何可復得也。至正十八年，聖天子慨念祖宗付畀金甌之土宇，今大江以南民罹毒螫，名都壯邑，莽爲盜區，制詔以臺省重臣兼經畧使，經畧江西四省

討僇渠魁寬原註誤復我境土奠我黎民使者欽承
明詔航海萬里逾浙入閩以十九年冬拜節建上是
時　失守八閩震動使檄徵兵雷動雲合賊弃關
而去明年二月江西賊鄧克陷延平閏月康泰陷邵
武六月延邵賊合衆數萬並至建城下圍其九門諸
將大臣相繼遯去民情恟懼天子使者召僚屬而告
之曰吾受命經畧江南四省非一州一郡之守也今
賊始及民屋若移節而失建寧是失八閩也由我移
節而失建寧不如死死朱真之邦又何求上不負天
子下不負所學是吾志也僚屬皆俯伏頓首曰敢不

同竭忠貞以無辱君命乃復屬其耆老将士而告之
曰爾建城雖小民力尚完陳貫二驍勇無敵參政智
謀足以制勝吾懸兼全利鉞以待将士賊不足慮也
爾衆士其尚迪果毅共奮忠力吾當登城樓觀爾戰
錄爾功而罰其不用命者耆老将士皆稽首再拜誓
以死守賊晝夜来攻城或隧地為道或梯雲作車虓
喊震天矢石如雨吾之守備亦無所不至晝則登陴
分巡以瞰其虛實夜則環城張灯以燭其動靜俟其
不戒則啓關而出焚其營柵賊又編竹為蟆剡木為
龜群伏其下各執钁鋤負之以進以攻吾地乃自城

上轉巨石以磕之，卒不得近，相持凡六十有四日，賊計窮力盡，乃宵遁。於是縱兵追擊，逐北五十里，横屍載路，人馬自相蹂躪，墜坑赴谷者不可勝計，得出關者死傷過半矣。天使論功行賞，安輯人民，乃經畧江西閩士卒，則兵不足；會倉廩，則食不足。使者端居深念，勞心焦思，以為舞干不足以格渠魁，單騎不可以馳賊壘，矧陳交諒擾有江淮，綿亘蜀漢，敺民為盜，于今八年，臨以殘酷之刑，誘以剽掠之利，根盤勢廣，未可一鼓而下也。方將練士卒，繕甲兵，偫餱糧，峙芻茭，益募義勇，蓄鋒養鋭，為克復萬全計，事未及竟而有旨徵還矣長驅之功躓於垂成投機之會失於中輟所以志士為之扼腕吾黨為之興歎也淛東元帥呂天澤建寧郡文學李渙禮將詩集以著其功以為四詩而下皆辭氣萎薾莫能追古惟魏晉樂府為近之至柳宗元鐃歌鼓吹曲鋪張唐家功業奇古雄偉激昂動盪流播人口傳之無窮今天使之功宜伐石磨崖淮西之碑浯溪之頌豈無元之手筆顧亦寂寂乃相與采其完城之功放宗元鐃歌凡若干首或者謂漢唐鐃歌皆紀一代之功業保建城小事爾鐃歌得無誇乎余以為不然建城保則福建全則江西可恢

渡江東可克取，知保建城之可歌，則知不卒事江西之可歎。有志於經綸者，定者將必慨然有感於斯矣。既為之序，因賦保建城一闋，凡九章。

西賊破關入閩，天使至建上，與守臣將士誓以死守，卒卻賊，作保建城第一

西賊熾，侵兩關，鐔津破，樵城殘。肆睢盱，窺建安。天使來，皇綱正，士氣作，民志定，將帥和，師正勝。白馬將寇之雄，窺吾城，矢貫胸，妖氣沮，懾莫敢，膺吾鋒。嚴警夜漏箭，明灯火輝燦，芙蓉城魑魅魍魎無潛形。鑿二門，摧賊鋒，渡官山，塞壞墉，殪鼈蟆，奪呂公，即壘

睢陽功無與同

戰城東，戰城西，戰城南，戰城北，使臨戎罔不克。

寇之來，蟻附從；寇之去，鬼無蹤。保建城，使之功。

烽燧已息，營壘已平。工歸于肆，農歸于田，商賈歸于

市。百貨皆盈。

建之山，列蒼屏；建之水，瀏其清。盛德大業，可鐫可銘。

雖無瓊瑰，猝聽此鐃歌聲。

阮參政慶壽詩序

蓋聞申伯輔周，實鍾崧嶽之秀；蕭何相漢，亦儲昴宿

之精。自非間世之英賢，曷辦濟時之勳業。恭惟伯剛

大叅阮公詩禮故家簪纓名閥聦明特達推一代之
偉人忠義激昂作萬夫之勇氣擒渠魁以靖鄉邑殄
餘孽以奠黔黎帥閫始以通守而酬勞省府復俾黄
堂而正位臺門旟樹建八郡之雄皂蓋朱幡人生五
馬之貴既承流而宣化益練卒而訓民戒務方口復
俾持樞之柄人心不捨共攀卧轍之轅薇垣既署牘
而俯從栢府亦交章而具舉民庶愛之如父母國家
倚之為藩垣報主之心忠誠貫乎金石愛君之念食
坐見於羮墻思為邦家立太平之基必清境土絶奸
雄之本以培以植乃耨乃耘被鼡冠雎盱敢肆環攻

之計我虎巨㙮關莫逊剿殄之誅士卒咸百戰之功人物拜更生之賜豈特天之安我民也至實維公之福我民也深孤矢垂門又見泰階平而玉衡正旗鈴入夢載睹南極見而文昌明以一身而繫一郡之安危宜百齒而膺百朋之福禄留情學政有菁莪之長育人材勵志武功期車攻之攘復境土覽予初度慶此太平易荨叨處上庠愧無善頌俾爾昌熾俾爾耆艾願申曾史之歌如月之恒如日之升不盡輿人之誦恭跪短引虔祝脩齡

送吴中丞詩亭

南臺御史中丞吴公持使節宣慰福建之明年寇亂甫寧而松溪元兇猶未授首政和浦城烽燧時警民心驚疑咸無固志公來建分閫行視周城爲守禦計乃增庳爲崇固關以鐵雉堞雄壯啓閉嚴謹法制斬斬姦宄革心未幾而元兇就馘鄰寇送欵環建七邑耕桑帖帖早閉晏起恬愉以嬉城西病涉者衆復建興梁道路無虞商旅輻輳居貨充溢闤闠不擾粒米狼戾境無菜色齊民抱子弄孫酣歌醉舞貿貿蚩蚩而不知爲之者公亦不自以爲己功也至正十有六年朝廷以福閩臬僻遠海陬揺戎制變貴乎神速而

調發餽餉，悉總於浙省。水陸計程幾二千里，往來使命，動逾旬月，若金鼓相聞，民朝夕急待命而發，豈相及哉。福建舊置行省，其後以閩地陿隘，租税之入，不足以佐省府之經費，乃罷去之，改立元帥府。至是大臣請省額以控制方面，經理盜賊，俾政自己出，則不失事機。於是改公南臺之命，持是左轄，行有日矣。驛吏飭傳驛，戒舟楫待命河次。建州之民，惜公之去而不可留也，庠序之士，乃相與作為歌詩，以道揚盛德，來請余序。夫詩之有序，所以序作者之意，故三百篇皆有序。讀庠序之詩，以容而敦厚典而實，思而不貳

曲而有直體将聞聲　知政者必曰諷諷乎大風也哉

表建水者其吳公序不可無也易嘗客公之門知公憂國愛民之意為甚急乃為掇其大者著于篇端詩凡若干首咸列于左

建陽學校上建部分司劉侯中守詩序 庚子作年

至正十九年十一月十八日杉關失守賊及光澤邵武分省參政魏公塹山據險堅壁拒其前光澤義士表其保砦守固完兵擬其後賊不敢深入首府羽檄調兵討擊之越明年正月建朱萬戶竊以官軍至陳同知李府判賈府判游縣尹以民兵至安坦參政

以福州軍及畨兵至，章右丞龔參政各以所部還，因故壘合官軍民義幾十萬，軍聲大振。經畧使顔公命建邵僉憲劉公持節往督之，賊大震恐，亦益徵兵來助。初我軍小戰屢勝，因虜俘馘，捷書日至。二月晦，諸將勵兵分道進逼賊營，畨兵戰不利，既而賊縱馬大至，我師小却，有潰者，樵民洶洶。僉憲公聞之，即出次水北止潰卒，卒逾山而遁。僉憲端坐深念，夜漏下一刻，即與憲掾徐規馳入魏公營定計，且曰：我軍小戰屢捷，有輕賊之心，故卒遇大敵而潰，今賊驟勝必驕，謂我不能軍，必不戒。人困馬疲，若得敢死士百人胥入賊軍焚其營柵[illegible]可虜也魏公然之出金帛得死士若干人期明日擣賊營夜銜枚疾走至賊營縱火鼓譟賊震駭營中擾亂賊悉奔走出關去光澤遂平翌日諸將各馳使獻捷上功狀公笑而不言咸奬慰勞遣之余居建樵境上距樵城二舍而近士民自樵來者往往能知其密計為余言如此越數日公自樵回枉顧衡門易以所聞質之而信且曰諸將之力也余何力之有為余惟閩中以斗絕一隅之地阻山依海而西北兩關實其門戶自昔弗通上國教化未行風俗未美觀淮南王諫伐閩越書可見已唐常

衮為福建觀察使，而民始知學。至宋游氏、楊氏北學
於中國，載道而南，於是武夷胡氏、延平李氏、考亭朱
氏、廬峰蔡氏諸賢迭起，著書立言，而後孔孟之學大
明於世。皇元設科，悉以其書取士，則閩雖僻遠，伏羲
堯舜禹湯文武周孔之道在焉。當時號稱東陽洙泗
風俗，如鄒魯人物，如皋伊化行俗美，流風未泯。故自
寇亂以來，淮南北、江東西、瀏左右，悉為盜藪，而吾閩
一隅，獨為王土，豈無自而致哉。僉憲蚤遊國學，英譽
藹然，筮仕以來，才譽益著，簡在帝心，擢任風紀，分司國
閩建、邵，按轡咨詢，傍、幽側，弗憚枉顧，以鎮靜安樵

境，以籌策毆寇盜，以□貧財匱為己憂，日夜講求，思所以休息之，以為國家固邦本，其自任之重，古人未可專美。東陽士交作為歌詩以頌美之，俾易書其首。簡易衰朽無文，然僉憲公運籌制勝之功，不可以不著，乃撫其實而書之，因以為序。

題張學士序沈子和吹簫卷 此錄入題識類

至正庚子秋八月，余謁屏山，邂逅野雲散人於松江漁者齋館中，丰神蕭散，襟度灑落，一見如故。知聞道虎林故事，慨故家遺俗之泯滅，老成前輩之凋零。語及音律，則黄子之於簫，徐曉山之於琴，嚴仲良之於

阮所謂幼眇之音古淡之操激烈之韻亦皆絕響又
況雄辭麗藻大篇短章鳴國家之盛者乎則相與悵
然坐客亦莫不感嘆漁者壁間故有紫竹簫子和起
取在手摩拂久之欣然目予曰亦嘗學此久矣吾試
弄一曲而子試聽之即揎腕濡唇氣至聲應悠悠颸
颸如斷如續如遊絲冒絮裊嫋隨風感鳳鳴陽雌雄
協律清冷雜商徵袴窕諧鍾羽不知指之發於聲乎
聲之發於指乎夫是之謂妙音夫是之謂人籟笙竽
箏篴之耳惡足以興此徹人又以蜕叟所贈言示余
俾書其後嗟夫簫之時裁音節蜕叟之言盡之矣余

何足以知之，姑識此會，為他日抵掌之資耳。

歐陽雪舟寫梅序

余少時誦簡齋梅墨詩，有意足不求[illegible]顏色似前身相馬九方皋，又相逢京洛渾依舊，唯恨緇塵染素衣之句，先生長者，稱賞不已。余為童子，湯不能通曉。後稍長，遊浙之東西，時從士大夫家得見揚補之、湯叔雅所作，楊發筆遒麗，多新稍嫩條，腴花豐蕊，如亭臺院落，風前月下，蕭然幽獨，標致自殊，比之於書，則虞少監之畫裹金生，行間玉潤者也。湯發筆蒼勁，多枯梢老幹，疎花冷蕊，如山崖水際，衝風帶雪，迥然獨立，鐵心石腸、比之於書、則褚河南薛少保之松形鶴骨鐵脚字形者也、二家筆法不同、姿格亦異、天機所到各極其妙、然於簡齋詩未見其合也、最後游三茅山於毛真人丈室、見所藏華光一小方、可五六寸、不過三數花、大小五七蕊、墨光瑩然、如刻玄玉、然後知與義所賦、正與此類、以予浪跡東南、好事家所藏法書名畫多獲觀覽、然於華光僅一見、則畫可以易觀、詩可以易言哉、近時有歐陽無塵氏、亦精此藝、然人家稀有、宮墻寺壁時一見之、其所老樹槎枒、氣條森聳風煙雪月、腴瘠殊姿、殆合補之叔雅之筆法、融為一家之機杼，又不知無塵之意，果若是否乎。今年冬，雪舟自武夷来訪，出其所作，及倪員外所為序，知其為無塵之令子，機格韻度，恪守舊規，雪舟復徵言，因以予前疑者質之。

方壺居士詩序代經畧掾劉彥章作

余讀東方朔海上十洲記，有方壺山，仙皆聖所居，臺觀宮闕，悉用金玉，青鸞白鶴，綠鸚舟鳳，翔舞如雲霞，和鳴類音樂，瑶林琪樹，奇葩異卉，長生不死之藥在焉。又讀列子書，渤海之東有大壑，中有五山，方壺其一也，其根無連著，皆隨波往来，不得暫峙，帝恐流於西極乃命策強使巨鼇十五舉首戴之始峙而不動史又稱秦皇漢武使方士入海求不死之藥將至風輒引去終莫能近其言皆恍惚怪誕凡車神馬所不能至不可稽而徵也然余嘗浮海至甬東又東至補陀登盤陀石望扶桑日出其山皆孤峙海中潮汐舂撞若升若降未嘗止息由是觀之則十洲五山當或有之不可知也至正十八年國子上舍劉君彥章以才諝辟掾從天子使者經略江南明年冬至建上又明年夏西寇來攻劉君贊畫運籌殺伐用張寇退有旨使者還朝劉君語余曰吾生長海岱間今萊州有

蓬萊縣豈滄海桑田耶遥睇島嶼浮波烟雲弄日意
十者洲五山或在焉厭濁世之批𢹂企神仙而長嘯
神仙可學所欣慕焉故竊方壺之號以見志予盍為
我著之予曰曩固好遊若會稽秦望四明天台三茅
九華匡廬天目武夷麻姑華陽玉華鍾鼓金焦江南
奇勝雖多所登歴然猶未睹五嶽矧能知海上之山
若劉君之高情遠識逈出塵表蓋将挹浮丘之袖拍
洪崖之肩而非俗士之所能儔琴心玉文夫必有所
受矣然留侯之導引鄴侯之辟穀乃在定漢安唐後
八表同昏多難集蓼豈弃人間事之時耶乃因其請

參稽載籍爲之序而繫之以詩曰方壺之山瀛海東雲霞絢爛浮空濛鸞翔鶴舞晴光融不死之藥誰能逢璇題金闕瓊瑤宮真仙來往乎其中窈窕綽約顏如童銖衣縹緲揚天風或騎紫鸞駕蒼龍霓旌晻靄紛青紅遨遊俯視何憧憧忽忽擾擾隨雞鍾烏飛兔走無停蹤儵忽小童成老翁疇能勵志參崆峒受言一洗心之蓬顛倒錯亂靡所終蚩蚩瞶瞶如盲聾卯金公子玉雪容秀氣乃是方壺鍾滄海地脉遥相通崧岳未可專神功蚤年鼓篋游辟雍才名德譽美且豐天子遣使誅群兇經畧南上清王封辟掾不待三

語工其末立見囊錐鋒運籌持衡秉至公餘子碌碌誰能同康衢之謡達帝聰九重賜環天秀裒翩然辨嚴秣歸驄髙興已繞方壺峰方壺之峯列芙蓉根盤晶漾摩穹窿巨鼇龜舉首力未慵有時抃舞搓冲瀜神遊極湫昊穹雲中劉安乃吾宗手揮三尺朱絲桐目送萬里孤飛鴻眎彼下土如樊籠欲從王喬師赤松作歌相期效貞忠留侯鄴侯勲業崇泉阿寶氣光如虹削平僭亂須英雄脱屣富貴餅鮮醲方壺之仙乃可從吾言有稽匪鑿空宜勒崖石傳無窮

清江碧嶂集序

清江碧嶂集者、程君芳遠所集清碧先生之詩也、先
生之詩平日未始存稾、故芳遠所得僅如此、易先君
子晦父嘗與先生論詩、先生時誦一二、或書以示之、
先君請曰、先生何不存稾以惠後人、先生嘆曰、亦嘗
念之、然觀文藝志所載古人家集奚翅千百、今其存
者百無一二、又有幸不幸者焉、故不必存也、易事先
生武夷山中、時請學為詩、先生言今代詩人、雄渾有
氣無若浦城楊仲弘、仲弘詩法得於句章任叔實、士
林其後叔實之詩乃不及仲弘、可謂青出於藍矣、仲
弘嘗言取材於楚漢、而音節以唐人為宗、此吾詩法

也。小子識之，易始知先生詩學，得於句章、浦城者爲多，故其賦詠在任揚之間，高者逼仲弘，絶句則又過之，新巧雕鐫之言一不出諸其口，是以當時不惟好之者鮮，而知者亦希矣。芳遠又以所集刻而傳之，使來徵序，不可辭，則述其所問於先生者著於集之首。嗚呼，知先生詩法，則可以讀先生之詩矣。門人蔣易序

程氏義學興廢本末序

至正十有八年二月，余始識新安程本中于考亭。秋七月，本中復介劉思載過余鶴田精舍，語及遺安義

學。喟然嘆曰：居室苟完，先業也；義學規畫，先志也。不肖孤懼不克繼承，捐田五百畝，建學舍，曰遺安，釋菜有儀，肄業有規，賑給族屬，歲有恒數，里上之州，州聞于朝。江東憲司體覆勉勵，平章三八公書扁立額，禮部尚書汪公翰林待制鄭公為之記。蓋經營十數年始克就緒，詎料耰鋤棘矜起於不虞，黎庶擾攘，生徒解散，親戚骨肉不能相保，其間關險阻，辟地來閩，竊食覊宦，倏然半載。重惟茲事肇謀於再世，而廢壞於一旦，風塵澒洞，歸歟未期，念我墻屋，慨然永歎，每覽昔人盛德懿行照耀千古，皆托於副墨，不者雖美而

弗傳謹 汪鄭二記，并興廢本末，顧為序之，將以求
於世之大筆，手托其文章，庶傳不朽。若以祖宗之慶
得歸掃墓田，葺其堂構，收其族屬，復其義田義學，他
日獲從先人于地下，若問遺安，不至無辭以對，賍垂
所願，亦得藉以垂示子孫，俾知所用心，先生之賜也，
其之願也。予竦聽，慨然嘉其孝念純篤，顛沛弗忘，何
敢以固陋辭，按本中自序，歙有程氏，世居婺源之環
溪，九世祖入鮮元，有女適同邑朱良材，是生韋齋，鮮
元孫曰環溪翁，實從韋齋學。環溪之子曰允夫，復學
於朱文公，所為作尊德性齋銘者。允夫之姪曰翠林

翁亦從學於文公其後隱居不仕著原化論行於世實致和六世孫祖也先君子曰謙齋學益宏業益大每念族中之孤貧者思所以教養之慕范文正公之舉有志未就致和幼孤失學無能發揚繼志述事何敢不勉捐田創學如記所云雖興廢相尋物理之常吾之遺安一何速也予嘗至姑蘇過文正公義庄訪其族長主奉詢義田規制遵守弗墜其子孫蕃衍流風遺俗猶有存者德盛所及遠矣哉程氏聞其風而興起曾不下數十載而遽遭寇亂豈亦有數存乎其間詩云無念爾祖聿脩厥德本中念德若此又安知

他日之不復興乎語云人能勝天天定亦能勝人子姑待之

建陽學校送余嘉賓御史序 丁酉年作

皇建元國九十有八載威德溢乎區夏湛恩布濩憲度著明跂行喙息字育咸遂詩書之教被乎四海仁義之統垂於萬世廣輪延袤有章亥之所未步土貢之所未任物產繁夥禹不能名卨不能計神聖代興重熈累洽四方無虞百官承式歲遣綉衣直指明目達聰廵行糾察以振勵風紀利害之所當興除典禮之所當脩舉御史建議有司遵奉無敢弗聽自江淮

盜起、駸馬弗巡、龍集涒灘、始克再睹、乃丁酉之春、南臺監察御史慎阜先生余公嘉賓寔膺是選、按行建上、討戕殺主將之賊、免預借苛暴之征、除庫役之重併者、請載道而南、游楊同德、龜山之書院已立、鷹山之祠記弗脩、非闕與、乃規縣隙地、剏建祠宇、撥官田若干畝、以奉春秋之祀、縣有三書院、咸益祀田、又命郡學立賞閱試、親第其高下、以作士習、至若斆書授文陳列時事者、亦皆存録不遺、為觀風集、其尚德尊賢、旌仁舉義、不棄芻蕘之善、自有御史以来、未始見也、庠序之士、瞻其温睟之容、嘉其樂育之意、咸願賦菁莪之什致㟍陵之頌，以為建陽小邑，實産大賢，名山為衣道統攸繫，慎阜先生謂鷹山考亭廬峰雲莊四書院，洙泗之流派，道學之淵源，而極其崇報，頎綉衣驄馬不得徜徉乎山水之間，以盡登臨之勝。吾黨之士即見托興而數陳之，則他日展卷，雖所歷已為陳迹，而吾建之山川朗然在目，尚慨然復睹先哲於斯文哉。士交詩既成，易遂為之序。

送朱明仲入京序

自唐虞以来千數百年，列聖繼作，及周之衰，孔子出焉，而後伏羲之畫，帝王之治，國風雅頌之辞，君臣夷夏之分，始粲然大明，爲法於天下後世。自秦漢而降又十數百年，名儒迭起。及宋之季，朱氏出焉，而後疏通知遠之教、絜靜精微之學、溫恭敦厚之旨、屬辭比事之法，始折衷衆說，會其極而歸其極。夫地之相去若此其遠也，世之相後若此其久也，而精微之論、中庸之道，若同堂合席、旦暮之遇，會于一心而歸于一揆。陸文安公所謂東海有聖人出焉，同此心也，同此理也；西海有聖人出焉，同此心也，同此理也。豈不信哉！今四海之內，衣冠中動作禮，高拱徐趍，遊于聖人之門者，莫不自朱氏，而況宅里乎？況於子孫乎？有宋徽國文公之五世孫予識二人焉曰烇字光啓炘字明仲皆篤志好學脩身慎行稱其家者也光啓以明經舉於鄉又與明仲俱以學行薦于部使者搢紳咸譽之二惠競爽吾猶有望又弱一人惟明仲在矣易顓蒙晚學受朱子罔極之恩德望聖塗而竭其才朱子之力也聞昔有思其人者猶愛其所茇之樹況其子孫乎惜予言不足為之重力又不足以振之也方今誦朱子之書擢巍科躋膴仕筞足而居要路者衆矣豈無為之先後以肆推挽之力者吾知明仲之行必有所遇矣天鍾美於朱氏其在明仲乎

送浙省理問李文甫序 丙申作

愚嘗讀邵子皇極經世書，上下數千百年，而觀天地之間，消息盈虚，盛衰理亂，莫不有數存焉。而君子不謂數也，是何也？剛柔始交，天造草昧，於時爲屯；君子則有亨屯之道焉。大往小来，天地不交，於時爲否；君子則有休否之道焉。是以古昔聖人，視天下無不可爲之時，無不可爲之事。而吾夫子當衰周之末，之齊之衛，之陳，之宋，之蔡，之楚，伐樹削迹，微服絶粮，女樂之歸，鳳德之歌，晨門耦耕，荷篠之徒，咸肆譏議。夫子聞之，一則曰：果哉，末之難矣！二則曰：天下有道，丘不與易也、一則曰道之不行已知之矣、不敢以議己者為非是蓋休否亨屯必君子而後可惡可以責之嵬瑣闒宂之人哉、是以洚水滔天禹治之、有苗弗率帝格之、荊楚猾夏高宗伐之、三監搆亂周公靜之、故曰有數焉君子不謂數也、今之世方屯而非需也、方否而非豫也、動乎險中則宜以經綸、而飲食宴樂則非其時矣、天地不交萬物不通則宜以儉德避難、而作樂崇德則非其時矣、亨屯休否之君子、亦當慮及此乎、稽之典禮主佩倚則臣佩垂、主佩垂則臣佩委、立於治朝其禮如是其恭也、謀人之軍、師敗則死之謀人之國家、危則亡之、處乎亂世、其責又如是、其重也、當主上宵衣旰食之日、乃臣子食不下咽之時、而塡然而狄了然、而莫莫然而覸覸然、貲已竭而斂不休、力已瘁而役不息、奈之何民不窮且困也、然則屯何時而亨、否何時而休耶、古人有曰、一代之興、必有一代之人才、一代之人材、自足給一代之任使、昔之致治制亂者、擧非借人才於異代、而起死者於九京也、求之則有、舍之則無、顧用之者何如耳、易之象曰、鶴鳴而子和之、孫卿之書曰、馬鳴而馬應之、同聲相應、同氣相求、吾未聞豺狼嘷而麒麟應也、吾未見鳳

鸞鳴而鵙鳶和也故以鹿為由者則可以得鹿以雉

為媒者則可以得雉然則欲求當世之人才其亦慎

擇所由媒也哉愚之誦此言也久矣而未有可與言

者乃歲在實沈江浙行省理問官李侯文甫以王事

来閩正而不苛廉而不劌鶺然之譽著于八閩然其

往来瘴癘之鄉海霧山嵐之氣雖不足以變陰陽之

和而卑濕欝蒸滀為末疾比至建安即移病所司高

卧紫芝峰下易始獲趍下風而承欬為正論凜如浩

氣充如忠義之識皦如炳如悼寇亂猖披而時流嵬

瑣則心菀結而氣不舒然後知侯之所患乃憂國愛

民之美疢，而非外邪瘦癘之所能干也，寓舍之傍有僧曰滿公者，頗聰明識道理，時時從侯談詩書古今事，侯將歸，乃集詩以餞，來請爲序。易嘗歷觀古今孝行送别之作，率皆無情之悲喜，非有繾綣相愛之誠而不能自已者，何足以爲先生贈？乃相與摘建之名山古先賢哲所嘗棲遯者，分題而賦之，高山景行，尚先生之志哉！易因述其心之介介如前所云者，并承教焉，遂書其首簡。

送紀推官赴延平序

推官古慎職，掌佐觀察節度二使，凡政治之得失，刑獄之重輕咸得可否其後州若府皆置爲趙清獻公爲武安節度推官民有造僞印者吏以爲當死公獨曰造在赦前用在赦後赦前不用赦後不造法皆不死卒獲免范如奎爲節度推官師將斬人公白其誤師已署不肯易公正色曰節下柰何重易一字而輕數人之命耶師即從之自是府中事無大小悉以咨焉是推官雖職在幙下府中事無不與其任匪輕也國朝各郡皆置推官有位於府與守聯銜其職任視昔爲重然推有别廳職顓鞫獄而府事不與或者以爲是特司理一官之職守反輕者是未知國家敬獄

卹刑之意也夫耽任不顧則庶務紛糾單辭倫要罔
充究心而欲奠其成而乎輸不亦難乎至正十有六
年夏持銓考功者擢歐寧尹紀侯為延平推官交人
黄仲文来致紀侯之意請得一言將奉官箴于客建
城久稔聞紀侯之為政士交之序其績詠其德者又
洋洋乎其盈耳乎何言哉則告之曰侯亦聞林君宗
起之為延平推官乎有部使者鬻獄而假手林君使
煅鍊之林君不肯使者怒困辱之趣具獄来上君不
為動輸辭如初使者不能奪民到于今稱之然則紀
之為是官也盍亦遠規趙范近法林君以無負國家

敬獄卹刑之意。書曰哲人惟刑，咸中有慶，餘無足為

紀侯道也。

建陽縣學上分司詩序

皇元稽古設官，中書總庶政，樞密領兵戎，而臺諫司

糾察。蓋天子耳目之寄也。持憲節出使者二十有四

道，閩海一司，越在南服，襟嶺倚天，建溪轉雷，山嵐海

氣，陰精殊而旦暮變，然其山明秀而雄偉，其水清徹

而渟涵，扶輿清淑之氣，鬱而未泄，珍禽奇獸，明珠翠

羽，犀角象齒，佳木異香，不足以當之，必有名世之士

出焉。故自游楊以來，若羅仲素、陳了翁、李延平、劉屏

山、朱晦菴、真西山、武夷胡氏、蘆峰蔡氏、諸儒倡道東南、鳴聲相應、東陽有洙泗之號、風俗有鄒魯之稱、人物有皋伊之比、雖壤地遐僻、堯舜羲文周孔之道在焉、故其爲治、其俗易化、是以雖當擾攘兵燹之餘、而弦歌不廢、有由然也。觀風使者持節按臨、激濁揚清去甚、德融冬日、政肅秋霜、嘉惠斯文、奬拔善類、閭井之民、懽欣相語、以手加額曰、風紀有人、姦吏其少戢乎、吾民其少蘇乎、庠序之士復相與作爲歌詩、以道揚盛德、走价山中、請爲之序、易栖遲畎畝、遭時孔艱、筆研荒蕪之日久矣、中怛而瞻周道、竊嘆而念京國、

蓋不勝匪風下泉之思當下民不得其所之時而四國有郇伯之勞懷之好音亦天理人情自然之感應是固喜聞而樂道也爰滌泓穎著之篇端

送秦書吏詩序

國家並建百司張官置吏紀綱庶政所以崇國體立民極其法度至嚴也密風憲之司上補袞職之闕下察百司之姦貪古栢翔烏姦雄為之膽落清霜隼簡貪墨為之心寒載惟封章之所陳莫匪珥筆之有助閩海一道按察八閩富庶則有溫陵儒雅則稱建邵建陽小邑土瘠故民多勤儉民淳故俗無嚚訟況自

寇亂以來，蕩析離居，生理艱難，上取乎下者有無藝之徵，下給乎上者有倍蓰之費，用其二而民有莩，今預借三年之租矣，民窮困訴，賛畫風紀者，必有以紓之，非賢憲掾而誰乎。古者以學校為議政之地，朝夕涖爲，以議執政之善否，在上者亦善其得聞而改之，今雖不能若是，有賢憲掾佐部使者，以諮詢民瘼，可徒頌而已乎。賦詩者，美盛德之形容，陳憲綱之體要，獻諛而為倭，豈惟士子所不能，亦非賢憲之所樂聞也。故序之如此。

送憲掾徐伯度序

庚辰之夏予始識勉之徐先生於金陵爾來二十有一年矣時科舉已廢士舍其所業而就吏役者吾見亦多矣獨勉之處學館研精淬礪日夜不廢德益脩學益講故科舉復行裒然為首舉而予浪跡東南幕司馬子長遊聚書充棟張茂先之博物睬舉子業不復留意故無所成今髮種種而睬睬矣十數年來風塵澒洞道路榛蕪思江淮舊友學富才優可資請益如吾勉之者何可復見至正二十年僉憲劉公分司建邰謂唐虞所以致雍熙之治者野無遺賢俊乂在官也今天下紛紛賊來授首斯民流離顛沛十死九

生意者世道之否賢人之隱乎諮詢傍求無所不至而黎獻有共為帝臣之意督師制勝澉昂將士而盜賊不得肆蛇豕之心議者謂僉憲公處事精詳涖茲偉績亦賢憲掾協廣贊襄之力也間詢家世[illegible]後[illegible]為勉之先生之令子則其學問之淵源德行之根本得於過庭之訓者多矣宜其守志勵操冰清玉潔而受知於風紀之臣也勉之先生可謂有子矣思勉之不可見而得其令子亦足自慰東士交賦詩来請為序

贈寫金字經王師尹序

乾竺之書傳於貝葉来於白馬譯於鳩摩羅什不空

之徒華文既正梵語始通佛氏之書益尊信於天下矣按洛陽記神龜九年比丘更生西域所取才得一百七十部其後延募至五千四十八卷以經稱者才二千餘卷其餘曰論曰戒曰懺曰贊曰頌曰銘曰記曰序曰錄皆雜出於後世高僧之所著乎雖不能博極其書然習胡氏之文亦嘗竊聞其畧矣蓋其論心也則謂耳目鼻口喜怒哀樂皆非本體之如其爲身也則謂假合暫聚生老病死無非苦惱其論[illegible]也則謂有前世之來往世之往人與蟲魚鳥獸相為與輪轉而無止息其論天倫則以為愛欲所鍾因而滋續無

足貴者而凡四海九州殊根異質苟吾同教皆法屬也其論庶物則謂羽毛鱗介皆前生之親愛宗族而含靈蠢動蚑蟜螻蟻佛性不殊其論世界則以為天之上有堂地之下有獄日月之中有宮闕星域有理數宇宙之衆如河沙微塵者蓋不可勝計也其論覆載之内可見之物可名之事則等之夢幻等之泡影等之電非堅久實而足為其論鬼神則記其狀貌序其種類別其嗜慾知其年壽得其居處名號縱口而談肆意而書不自以為怪也佛既言之其徒又演說而誇張之所以其書之多至於如是稱贊

之者以為字字皆至理句句皆法妙卷卷有光明發見
在在有神物護持其書流布傳寫至唐尤盛學士經
生工筆札者若歐陽率更薛少保褚河南徐會稽咸
有所書而張燕公則又手寫金字益貴重矣予遊浙
東西江左右於李太常柯博士甘省郎劉行卿楊君
懷家往往得睹其真蹟皆硬黃紙筆墨如新非神物
護持其能久不敗耶哉　元尊信佛氏所謂四　卷
者選工書之士皆粉金泥於青藤帋上書之言用張
燕公故事趙子昂鮮于伯機皆常令領之則其選之
重可知已今浙相九成公前為平章特命掾史林宗

大泥金書華嚴予交楊敬和氏時客寂大家日見其
書慨然嘆曰吾聖人之訓為天地立心為生民立命
為萬世開太平獨不可以金書乎即買金具紙請寂
大書大學一篇張之座右亦一奇也天子龍飛在御
承平日久思所以祈天永命仰惟前代時若詔選經
生於鎮國寺用金字書所謂五千四十八卷者而王
生與焉故事經生例得校官出身時河南盜起延及
江南王生家江右念母甚切束書徑歸不待選比至
家母已不待矣鄉之士交嘉其孝行作詩美之而虛
其首簡歲在戊戌予始識師尹于鷹山之下間出此

卷相示且徵序引諸雖久之未能作也明年十二月
王生踵門言将遊建安詩不可以無序予有愧宿諾
遂為書之

圖書序贈李子奇

圖書古印章式也其大方寸皆佩之其尊卑之等以
金三品佩皆以綬金印者紫綬銀印者青綬銅者墨
綬予嘗見吾衍作圖書譜漢有関内侯亭将侯司馬
部曲将第十數種皆銅印而無三公丞相印豈金銀
而銷毁歟予見柯敬仲藏碧玉印一文曰衛青楊宗
道藏碧玉印一文曰寧遠将軍章惟璽用玉而此皆

用玉何也。衛青刻其姓名則私印爾。後之圖書著其姓名者，此其始與。晉有六面圖書，五方如一，惟紐細楷其文謹白，或云謹封。後有開皇貞觀印，皆細楷者，此其始與。晉印多着名姓及字，或曰之印，或曰私印，而不見官印。然周伯仁言取金印大如斗，豈官印皆大，無復方寸。而方寸皆私印與。唐有四代相印，始著家世。有端居室印，始著宮室。後人圖書有世家，有齋閣，有文房者，此其始與。又有實賞審定印，後世鑒別者皆有私記，若柯敬仲以小柯九思陽文墨以識書畫之神品者，蓋襲實賞也。元章晉唐真跡有收附圖書文曰米姓秘玩後人競並為秘玩珍玩清玩清賞之印者自元章始宋有總章著郡望姓名字號者自王順伯始也有詩書畫総印者自趙子固始也著郡望以圖書印連文及進呈詩詞亦用圖書文曰臣孟頫者自趙子昂始也姜夔又有鷹揚于周鳳儀于虞庭以藏姓名此又於圖書著隱語也子昂有水晶宮道人之子行則有瑪瑙寺行者困學有鮮于伯機父子行則有尉遲敬德鞭此又因圖書以為善謔者也別有犧象鍾鼎之制敦簋欵識之文以為圖書者皆宋人之謬非印章之式也印章之式大小不逾方寸其

鈕或螭或龜或熊或虎或兎或垂虹或連環犧象鍾鼎非制也印章之篆宜嶧山宜泰山宜新權宜張平子及漢魏諸碑額欵識文非法也予嘗得古范望君鄉名字印宋舜名印各一范字不用篆法但非隸楷其文簡朴盖又出乎心思之妙手筆之工不流於巧俗則存乎其人矣昭武李子奇敦朴耿介之士也所作圖書印章得漢遺制士大夫愛重之鄉先生存存齋為之序其行藝于行卷子奇来建陽復求予言則為著古今圖書源流更龥之由以為篆籀之一助好古博雅之君子尚有稽於此乎

六書字原序 戊戌年作

二篆隸楷之祖也漢承秦弊散隸便於末俗舉世習用篆書幾廢孝宣稽古蓋嘗病之乃命張敞杜業爰禮等脩蒼頡之書隸法行世已久不能復古至於孝和續承宣志復命賈逵脩理舊文南閣祭酒許慎嘗從逵受古學遂採史籀李斯揚雄之書博訪通人考之於逵作說文解字十四篇五百四十部凡九千三百五十三文重者一千一百六十三援據載籍包羅天地囊括事物形聲事意轉借畢舉靡遺六書之義昭然可睹五經之旨粲然益明矣雖曰小學之末實

大義之所宗也。然自隸楷行草，日趨簡便，許氏之書，鮮克究心。至唐玄度、衛包、李陽冰，始復留意。陽冰作刊定説文三卷，脩正筆法，自云斯翁之後，直至小生。時稱篆籀中興。宋雍熙間，有敕説文傳寫譌謬實多，六書之蹤，無所取法，乃命徐鉉、句中正等刊定，命國子監鏤板，無令差錯，致誤後人。在宋精究此道者，惟郭忠恕、章友直、楊南仲、張有名重一時，邵䖍、陳晞、僧夢英等輩，不足數也。皇元受命，人文肇新，時則若吳興趙子昂、太末吾子行，探討六書，研精筆法，于時杜先生客松雪之門，相與講明斯道，自是留心六書之學窮探叔重以來玄度衛包少溫鼎臣楚金國寶譙中戴侗鄭樵吾衍之書并及李斯以來崔鎬石刻宮廟墓隧之碑上稽鍾鼎細及彝敦鑑權器物之欵以為許氏之書誠不可易惟是部居未明音義頗畧文字混并條理稍疎以其暇日裁成義例叙次聲音明其祖宗別其適庶分為十部援證經史以相通貫名曰六書集義通編凡數十萬言猶慮其書灝瀚未易旁覽乃因忠恕國寶譙中佩觽復古別為字原千五百餘文先正其體次審其音次釋其義次明六書次定所從次別所非以啓悟後學誠五百四十部之門

户也書未及傳而先生沒門人張築習聞其說又能精究筆法取遺書繕寫成編將鋟梓以傳俾易為之序易惟先生著書積五十年之勤凡三易槀猶不滿意故人王艮在海道幕府特數欲取其鏤板先生弗與也易請其故先生曰吾之所著不特明字義之失亦將正點畫之譌世儒俗吏為知六書傳寫一差不可勝正且議人謬誤而躬自蹈之惡可姑蔵篋笥以俟同志世無知者亦無憾然易稔聞緒論頗拙於筆扎雖有刊布之心而無繕寫之手今築乃能傳先生之書何喜幸如之因述所聞附于篇末覽者尚有以

知先生之志哉

存齋先生集序

元氣塞乎天之間運之爲五行布之爲四時散之於萬物瑞之爲卿雲爲景星爲豐年爲麟鳳爲醴泉爲芝草元氣之和也祅之爲旱魃爲彗孛爲饑饉爲狐蜮爲梟獍元氣之乖也文章亦然五經元氣也諸子百家五行四時也醇之爲思孟周程駁之爲荀揚服鄭正之爲仲舒劉向奇之爲馬遷班固險之爲屈原曹劉暢之爲韓柳歐曾氣之冲和而清淑者也異之爲楊墨老釋雜爲之管商申韓儀秦奭衍怪之爲山

海齊諧鬼塚夷堅氣之乖戾而舛逆者也何以若是
哉斯文之元氣在五經五經之元氣在聖人之道違夫
聖人道則乖度之氣乘之矣故文者貫道之器也自
漢以来文人別集無慮千數百家今其存者或寡矣
無他道不存爲爾道苟不存則有之不加益無之不
加損而通書太極圖說易春秋傳序西銘近思録學
者尊之如經非以貫聖人之道而迸元氣之脉乎然
則文章不本於五經如人無元氣其能久存者否矣
貽武存齋黄先生積學五十年於經無所不通而尤
邃於易既爲之通義圖說又作大學中庸解尚書通

攷其於性命之原道德之蘊究之精講之熟故作為
文章壹是本於經而根於理是以枝葉暢茂英華數
腴不為可駭可愕之論而見者聞者無不欣慕蓋中
和之氣涵養充積故其所發明白而正大皆鑿鑿真
實語有本者固如是也使達而在上則鋪張大業歌
頌盛德如卿雲景星為章霄漢必能焜耀天下之耳
目而網蹂麟鳳肥遯居貞徒使帚帯（布）衣之士得其片
文隻字以為陋室之光華江湖之榮觀此士論之所
共惜予則以為麟鳳在郊棷朱草生岩户皆為聖世
之嘉瑞亦何必儀韶舞石産於齋房然後為貴哉易

齒少於先生，辱與爲忘年交，蓋三十年于此。竊聞緒論而啓發者亦多矣。今又獲睹全集，益聞所未聞，如八珍充列，含咀饜飫，豈特染指鐺鼎而已哉！喜幸之極，故忘其愚陋，僭附其説于後而歸之。

送福安縣尹序

連君道長，湛盧書院秩滿，書考上于府，適而寇至，城下攻圍甚急。城之寓公自省憲官而下，皆戰分巡，晝夜周流，毋敢或怠。于時連君與有執役，或者謂連君儒者，衣褒帶博，恐弗任武事。君束帶社躡屩，執朴巡歷，周視士卒之勇怯，申號令以固其心，時乘女堞瞰賊進退審動靜而警其倫同執役者始皆嘆服而信仁者之勇矣圍城兩月賊計百出至輙破之死傷過半遂潰遯天使論功行賞將校進秩位有差以君為福安尹學校士友賦詩以餞之來請序余聞連君在湛盧時絃誦之聲俎豆之事與凡學校規制見於南陽先生之序者其文事偉矣至於臨大難督城守冐烈日沐風雨矢石交前後噪喊震中外君色不動氣不沮勉士卒益勵其果毅又若此除目既下罔曰匪宜而君以具慶在堂音問久踈瞻彼白雲慨然永嘆方日夜辨嚴為歸省計睎得邑若不屑然者予告之

曰、文事武備幼學壯行令之令、古子男之君也、地方百里古公侯之域也、有民人焉有社稷焉飢者欲食勞者欲息矜寡孤獨者欲得其養也、春秋祈報之祀、水旱癘癘之禱事以時蕆必誠必敬而淫祀不可凟也、謹庠序之教崇禮義之俗徵斂有藝費出有經政以仁施、而掊克殘酷之刑不可用也、道長衣冠中動作禮貌温而氣和言慎而行篤家故饒裕、而無輕肥之習、年方少壯而有老成之風、望而知其為君子矣、不待報政而知其為循吏矣抑余聞之邑無小、仕學非兩途若以州縣之職為勞人而皆不屑為天下無循吏矣。頌而不規，非贈言之道，因書以勉之。

送建陽尹丘長卿秩滿序

學校，風化之原；王化之本也。聽訟獄，均徭役，課農桑，禁游惰，脩城廓，平道路，寅祀典，謹迎送，孰不爲政？學校，政之本也。爲國之道，惟禮與刑，出乎禮則入乎刑矣。是故先王崇學以明禮，禮達而分定，則民不爭。孟子曰：三代之學，皆所以明人倫。父子之有親也，定省温凊，怡色柔聲，敬事孝養，非禮何以能？君臣之有義也，五冕五服，朝覲宗遇，非禮何以辨？夫婦之有別也，問名納采，納徵親迎，非禮何以行？長幼之有序也，交愛恭順隨行鴈行非禮何以定朋友之道也切磋講習忠告善道非禮何以交故學自禮入禮由學成明人倫者明此而已未有達於禮而昧於儒者也國家承帝王之統緒有三代之士宇自京畿以至郡縣皆有學守令以六事課殿最必以學校興舉為五事之先夫農桑有成盜賊屏息詞訟簡少賦役均平得法理民之道無非急務俎豆揖讓誦詩讀書似若迂緩者夫豈知人倫之教非禮不明人倫昧於上則小民亂於下由學校之政不舉也故學校廢則禮不講禮不講則人倫不明人倫不明則父不知慈子不知孝而

失其親兄不念鞠子哀弟不念天顯而失其序婚姻之道君淫僻之罪多而夫婦失其别善柔者不能忠告便佞者不能善道而朋友失其信夫如是則灾害生而氓亂作農桑失業盜賊繁多詞訟何由簡賦役何由均常平何由行然則學校不舉而能倫五事之績者是猶彼韋而角不植而穫也嗚呼難哉邑令丘侯以浙省丞相史出宰建陽世業儒術知政之本故下車之初首謁廟學進諸生而訓勵之明倫堂後故有傳心閣歲久頹弊前尹欲新之而未能侯既相視悉命改作不數月而落成穹窿磅礴蔽虧日月晴雲

承宇望若木天回廊回注俯睇平挹東陽山川之秀悉来獻狀侯甚樂之顧謂學者曰有天地有此溪山至子朱子而後廓聖人之居大賢人之業夫聖賢相傳惟一心前乎千萬世之既往後乎千萬世之方来同此心也同此理也克鑽克仰克承克繼顔可睎也聖可學也則雖越宇宙亘古今若親炙於一堂之上柰何自暴自棄甘為庸人之歸乎侯之勤於睎學所期於諸生者又如此可謂得為政之本矣遭時艱危民窮於兵革侯戴星出入瘦精耗神而學政不廢庠序士子方知敬業樂群而代至矣校官鄭斋顔實相

成侯事而未有紀述，走价山中，俾易序次。易文鄙野，辱侯之知，而知侯之政，又奚敢辭，乃爲之序其學政，俾書一通置閣上，以無忘侯德，又別書一通以餞之。

送薩仲禮之武夷序

易少時從前太學生比溪蘇子肄業唐石山中，少長與一二學者講習春雲岩上，時年未三十七也。歲在甲申，從杜先生適吴門，會東陽柳先生，日相與上姑蘇，陟虎丘，泛震澤，登甕城，時時從柳先生問學。先生曰：「子嘗遠遊乎？」對曰：「未也。」先生曰：「成德達材，輔仁規過，在師友；積學窮理，博達古今，在方策；立言垂訓，陶寫

性情在文章、發越志氣、動盪精神、恢廓胸次、在山川
孔子周流四方、歸而成五經、司遷一部文記、在名山
大川、非虛言也、予其勉之。易再拜謹受教、自是上會
稽、探禹穴、俯滄海、觀出日、浮彭蠡、望匡廬、泛長江、登
石頭、美哉江山、今失其險矣、觀地脉而知水泉之有
變也、臨天塹而知南北之有限也、入邗溝而沿、江海
達淮泗之迂且險也、適荊揚而知木玄虛郭景純之
宏博、然以親老頤養、至淮而止、歸二年而江南大亂、
竄身無所、乃今復得與吾黨小子誦孔孟之書于溪
上、慨想舊遊、山川猶昔、而城廓非矣、一旦薩君仲禮

過于寓館氣宇高朗禮儀卒度與之言本領正大辭氣恭謹而知其學問之淵粹得於方榮師者多矣屢以明經行脩舉於鄉其文行又可知矣遭時孔棘跋涉江閩烏府之雄麗玉華之幽邃皆以歷覽猶以為未見武夷奇秀甲天下峯巒峭拔嵒石磈磥左盤右折二水中出駛者為清湍止者為澄淵雖萬仞之岡可階而升于以根吾衣九曲之水可舟而遊于以洗吾耳是以仁智之人棲遁之士必至焉宋夫子提舉冲祐遂於五曲作觀善隱求二齋讀書于此今仲禮之遊也當首謁朱子思其以藐然之身而教行百世

以發越其志氣、觀夫山川流峙、變態萬狀、以動盪其精神、緣昇真陟天、游一旦八荒、以恢廓其胸次、必充有得矣、況自有天地、即有此溪山、其登臨傲睨倏來而忽去者、曾不若禽魚之得其樂、然則凡來遊者、其神遊耶、其夢遊耶、予嘉仲禮之篤學、而為名山遊、故以聞於柳先生者告之、他日犴江之上、麻源之谷、有着書立言如太史公、必吾仲禮也夫、

送鄭希孔之建寧學録序

皇元有天下、創制立法、或因或革、賅前代而損益之、以為宋尚文貴儒而賤吏、方其盛也、道德性命之談、

訓詁辭章之習，章甫峩峩，逢掖于于，郁郁乎彬彬乎。魏晉而降，弗能及也已。逮其季也，日蹙國百里，而師相以周公之道自任，學士大夫以孔孟之道自許，究決棟焚，鼎移社屋，猶以境土為可復，故宋之尚文，其弊迂以固。救迂莫若敏，革固莫若通，通而敏者莫吏若也，是故左儒而右吏。吏術既用，大者列臺省，小者佐州縣，為世所貴，人爭習之，睹儒冠則姍笑而嫚易，老師宿儒，緘口結舌，屏跡荒閑之野，袖手寂漠之濱，歌唐虞，誦周孔，槁項黃馘，至死不變。畯髦英彥，追逐世好，以成就功名，孰有過而問者。東陽雖小邑，朱子過化之地也前有鷹山師友之淵源後有廬峰父子之流派故家遺俗流風未泯自吏化以來後生少年往往以吏為師明律令習刀筆文深以為能筐篋以為功浮沉廊廡汨沒案牘操其輕重以與民為市仁宗皇帝既御極慨然稽古思治以為天下者五帝三王之天下而幹棄詩書紕任法律奈何以復唐虞三代之治乎於是誕降明詔經術取士士益貴矣部使者體國家貴德尊士之美意則又傍求有德行文學晦迹園堪為師表者舉充校官然後東陽之俊秀始奮勵求師脩儒者之業以吏師為恥數十年擢巍科

領鄉薦者二人、舉充校・者將比屋爲風俗丕變人才之盛可知已、而鄭氏一門則尤盛者也。蓋景陽公者以晦跡丘園舉今爲延平書院山長、長子鑄以文學德行舉爲建陽教諭、次子鐸以德行文學舉授建寧學錄、又次鈞、鉉皆習舉子業、家庭之間詩禮之訓斷斷如也、鐸又將之官、邑之士交相率賦詩以餞之、馳卷山中、請爲之序、鐸字希孔、嘗從進士盧公希韓授詩學、才藝英敏、今官之郡庠、職專課講、有師資之責、爲有教學之益、爲大藩之地、又多直諒多聞之士、爲其進德未可量也、尚勉之哉、

送建寧學正趙子英秩滿序

學有正所以正人心學術之不正者子與正之建安為八閩望郡名儒碩士接武而出其淵〻統緒窮之而益深根之而弗墜達而立於朝者身出而道行窮而脩於家者身隱而道章若游氏胡氏劉氏朱氏蔡氏真氏著書立言垂範萬世學者父詔其子兄誘其弟彬〻然斤〻然藹然洙泗之遺風夫何源遠而末益分統微而緒益紊採其華而遺其實誦其言而迷其行國家建學立師養之於童蒙之時期之於後造之日果行育德自庠序始今七氏之書家傳而人誦

振頹風而起遺俗者果何人𢧐近代江右歐陽公權
先生有言先覺明天理以遏人欲後人談天理以奉
人欲若是者雖曰已學吾必謂之未學也建幕長司
以學正趙君子英建庠秩滿徵言為餞易濫㝉黌宮
亦特得與子英上下其議論子英慨然以為孔孟之
教莫先於正人心人心正則學術正學術正則出而
措天下之事業亦莫不歸於正况學校之正乎余奉
檄承乏于茲三載小大之學俊秀咸在泮宮講誦濟
濟琅琅我亦欲正學術以正人心願瞻仰像高山仰
止循名而責實正不負予而予負正矣　　其愧且

赧矣吾於是而知子英之所以自任者甚重惜吾之
來暮子英秩滿去迫雖有戀戀之意而卅難留矣故
因長司之請而攄其說以當仁者之贈云子英尚何以
處我

送阮教諭序

建陽校官鄭希顏供職既逾月請於鶴田叟蔣易曰
邑庠自晦菴先生講學以來歷載二百當時四方游
從之士恒數百人重廊傍館至不能容東陽洙泗之
號信不虛矣先生既没邪說横流惡直醜正一倡百
和至詆其學爲僞學而苛其勵禁浮屠氏因得以肆

其侵蝕雖夫子之宮墻弗能保也夫以邪說之行正道之廢至於此極而學其學者守益堅信益篤若閩宗之水萬折必東風雨如晦雞鳴不已亂世不改其度非君子孰能之嗚呼雲開日麗天定勝人文簡劉公卒仲公論吾道豈終否耶爾来又百有餘載年矣風雨震凌棟宇朽敗雖講堂再構而禮殿未新憲副使索公士巖来謁先聖先師顧瞻徘徊慨然興歎乃命邑宰於官圖新厥制于特邑士阮君伯昌實在[illegible]序經營宣力晝夜不倦心思既竭智巧乃出工師日役悉受成規今素王之居穆然而淵邃四配之位秩

然而順序、春秋行禮奠饌灌獻、周旋寬綽、俛伏端嚴、皆阮君之規畫也、至正十四年、學校缺官、邑宰請君攝主學事、明年令丞岳侯實來、下車之初、首嚴學以以典籍亡缺、議作尊經閣、聚書其上、以便學者、君始終宣力如初、以迄于成、壯麗宏偉、克稱前殿、其忝稚交承、乃蒙其逸逸、思欲表盡心於學校、非文無以傳不朽、幸為著之、余惟朱子之學、孔孟之學也、孔孟之道、二帝三王之道也、今孔孟之居、視昔有加、帝王之道遐邈寥濶、朱子之教人亡書在、然而無有乎爾、則亦無有乎爾、得令日之歎乎、故因斋額之請、為伯昌

發之

送黃仲言之武平教諭序

今之業儒以階仕進者惟進仕為最榮由國學升者次之翰林集賢御史薦舉者又次之其在外不由進仕者直學而已矣吏而已矣舍此無他徑也清江黃仲言游平川杜先生之門因以文學受知南陽王子王子之在汴丁內艱仲言不遠數千里走弔王子義之留逾年而後返自是每有為郡清江者王子必之曰君至理所先吏黃謨持憲而來者亦以是命仲言凡數辟吏皆不就其後王子來建作南陽王犀

仲言復自清江來會王子又喜且讓之曰古人云求
貧親老不擇祿而仕今之吏其達者往々列朝咢
何薄之　對曰吏主文書簪筆而持中吾非敢[illegible]
之也今日之中又果何持乎不持則失已持之則將
拂人拂人人不將不容吾亦還失吏故吾不若無所
失也王子稱善久之乃薦於部々使々者々召試之
如式郎移牒建寧俾為建安書院直學仲言輙曰會
稽出內此雖賤役然吾得朝夕執事聖賢之廡下餘
力可以讀吾書吾復何求乃欣然就之三載書其考
上之帥府例得陞教官於是承檄為汀之武平教諭

汀在閩為極南尤燠熱武平又山邑僻陋故為教官者率不樂是或得之且不赴仲言輙言地雖燠熱吾官固冷邑雖僻陋吾學固崇夫豈無忠信吾將與其俊秀詠歌乎聖賢之書揖讓乎俎豆之事是亦足矣吾何嫌哉仲言將治行來告別予往餞之視其行李蕭然也嗟夫仲言今之吏於郡者立乎黃堂之上與守倅相可否司縣而下受事於庭者唯吏所指畫唯唯不敢出一語或由此而升憲府者其事亦若是口其勢益可畏今之吏亦榮矣其為直學者將稟

郡必先白吏候廡下視吏之顏色以為進退吏或[illegible]

儒則吹毛求疵，因得以困辱之。然仲言寧爲此不爲彼，豈不真知所擇者哉。仲言今爲百里師，官且尊之，吏惡得、肎恔之。惟國家建學立師以長育人材，仲言居此，必無子衿之刺矣。乃序其事爲別，且徵同志賦詩以餞之。

送考亭山長陳彥西序

自文籍既生，三墳、五典、八索、九丘之書作，史策繁多，覽者不一。特則孔子出，爲由是帝王之道定著于洙泗。有王者起，必來取法。有若言生民以來未有盛於孔子也，豈諛也哉。自漢以來，讀孔氏之書者守其師說各立門戶黨同伐異互相詆訾衆言淆亂罔適厥中至唐文皇始命孔穎達採摭群言因孔鄭王杜訓傳各為之正義然博而不約擇而不精使學者没齒窮年罔知原本賢如韓子文似六經觀其所解論語猶在漢儒下則他亦從可知矣五星聚奎名儒輩出濂洛濬其源考亭會其流由周程張邵之書上遡周孔堯舜之道傍採百氏折衷众說亭亭當當會極歸極由是堯舜周孔之道復明于考亭今天下學孔氏者非考亭之書不讀非徒尊其書也堯舜周孔之存為爾由是而求之至精約也至簡易也由是而之

爲至平易也至正直也宜其書駕軼百氏參配五經
革命易代而不廢列于通祀配食廟廷崇德報功之
無盡焉考亭故有書院即先生故居建祠設官國家
令典厥初以先生子孫之賢者世長之自呂桂来始
通常選然能不愧厥職者幾人哉至正乙未彥西陳
君子以詩禮故家學行淳美長考亭三載稽其教事
則生徒濟濟絃誦琅琅觀其祀事則粢盛豐潔犧牲
肥腯其来也士交愛敬其去也生徒慕思可謂賢長
矣余託交衆仲先生彥西之叔父嘗以文誨予不予
鄙也今彥西之歸予惡得而無言彥西天姿聰敏年

力強壯自進不畫弓治可紹故因士友之請而序之如此

送別盧峰山長黃禹臣序

建陽四書院一鷹山二考亭三盧峰四雲莊大儒既出道統相承他縣所無也而盧峰蔡氏三世大儒曰西山先生文公之友也曰節齋先生曰九峯先生文節公子也曰覺軒先生文節公孫也方僞學禁興西山先生以布衣竄道州子澄實從先生竟卒貶所方是時天下士大夫以伊洛考亭之學為諱文簡劉公與政始力辨僞學禁開理宗首加宗尚於是考亭盧

峰皆列書院又親灑宸翰以光寵之其設官崇祀與嶽麓四書等夫西山父子著書立言困厄一世身沒之後乃獲褒寵冠博衣以享國家之命祀彼紆朱曳紫為邪搆陷賢哲以竊富貴苟榮寵於一時者死有餘辱果何益哉我國家設科取士非考亭盧峰之書不讀書院設官春秋命祀並遵舊典非徒尊其人尊其道也禹臣黃君以勉齋先生之裔恭承省檄來長茲山教法脩祀事舉則以其暇日與蔡氏子孫之俊秀者吟風月謂誦絃觴詠不知歲序之變遷而及瓜之代至也邑之士友既相率為詩以餞而典模高君俊

持巨軸請文給素予無以塞請則述僞學黨禁之事以見邪説害正迷國誤朝之足畏蔡氏父子雖身否一時而道亨萬世學者不可以患難窮困而變節也禹臣歸尚以斯言激勵學士大夫之志哉

送雲莊山長張小雅序

古者庠序學校教國之子弟春秋仲丁釋菜于先聖先師所謂鄉先生者沒則祭于社無書院之祀也宋始有四書院以祀鄉賢蓋自濂洛關閩諸儒繼出因孔孟之言上泝帝王之道於是教化大行人人有士君子之行使宋文治郁郁乎跨唐而越漢者實由於

此。當時君臣思所以崇報之、取其著書立言、足以繼往聖開来學師表百世者、悉依四書院制、設官職教而祠祀之、至穆陵尤極褒表、於是建陽亦有四書院、曰鷹山祀游文肅公、曰考亭祀朱文公、曰廬峰祀蔡文節公及其子節齋九峰二先生、曰雲莊祀劉文簡公、絃誦之聲、達于四境、文才之盛、見於建安傳志者、班班可睹矣、皇元崇尚文治、尊禮先賢書院、設官、悉尊舊制、歲祀訓迪、視昔有加、而六七十年、未睹成效、吾不知横經者所職何事、鼓篋者所肄何業、若古有訓師道立、則善人多、學不知方、民不興行、必有執其

咎者嗚呼道義重則功利輕禮讓興則爭奪息教化行則風俗美矣師道所繫云云

送武夷山長張道生秩滿歸浙又序

師道不立久矣學效之設徒為文具蓋自創制立法之初左儒而右吏學校之官眎為不急故不選用名德而升自直直學學之職錢穀出納會計勾稽而已矣彼惡睹五經之閫奧六藝之英華也哉無惑乎師道之不立也天運循環科目復興始用下第舉人為正長賢於直學升者遠矣然其所講所習又不過時文套括方策陳言出乎口入乎耳握管濡毫伸紙行

墨、行墨寸累千數百言亹亹不能休、彼自謂學之富、才之贍、惡知摛其詞華、非反身而誠之要、强其記誦非力行强恕之方、華之盛者實之衰、言之詳者行之略、師以是為教、弟子以是為學、則亦異乎古人之學矣、謂之師道、可不可乎、朝廷知其然、削去直學舊制、益求晦迹丘園德行文學之士、憲臺牒舉高者入館閣、下者列庠序、與科舉士子並用、於是積學老成不求聞達之士、始彬彬乎學矣、至正十有六年、監察御史慎阜嘉賓先生徐公巡按至建上、以薦拔人才為己任、於是朱明仲、張如晦、張伯仁、張立本、皆舉其文行按自立園藩省悉署為學官立本遂奉武夷之檄武夷天下之名山也晦菴先生提舉沖祐觀愛其溪山清　於九曲之中即五曲作精舍與士子講學著書發明聖人之道咸淳間始賜書額至于我朝尤極褒表興廢舉墜列于學官然書院居隱屏之下背負重岡前阻清流山石縈确傍　四隣非車馬跡所能至小舟泝沿僅乃可達是以長此山者不堪其寂漠皆即村鎮僦屋以朔望乃僅一至爲敬事可知已獨張均不然初至謁祠下即行視精舍見梁棟有題齋房有列伏羲有室石門有徑而峰巒環護林木森蔚

窈如也邃如也朗如也闃如也徘徊顧瞻心甚樂之則喟然嘆曰先生師之所卜築經營規制小而不隘朴而不陋藏脩游息各有其所山雲吾比鄰也風月吾嘉交也斯獨不可以居乎奈何厭喧而趍市遂居之既而導誘亦率領諸生咸來請業朝益暮習弦誦琅然鳥獸爲之田翔鳶魚爲之飛躍鄉人嗜曰自有書院山長能居山者自陳君仁伯去後未之見也此則御史舉爲至公學校得師之明驗長育人才不爲文具矣秩且 云云

送楊坊鎮巡檢序

楊坊在建陽境上、闤闠數百家、商旅輻凑、貨物萃爲
坊、有巡檢弓兵五十、號爲巨鎮。二関之市、月有墟集
四村五落之民、各以其有無貿易於市、巡檢出則弓
兵數十、各執其物前訶而後擁、行者辟易、望之若神、
至大間、有曳刺馬冊者来巡檢、每歲天壽聖節、追集
鄉都工商技藝僧道俳優、爲豹獅象之群、神鬼傀儡
之狀、至百有餘隊、窮山深谷扶老携幼、咸来觀睹、充
溢閭閻、填塞衢路、如是者累日而後散。若元夕則自
人日已後、鼇山綵棚、鬬試灯火、星毬月殿、燦爛煒煌、
奇葩異卉、珍禽瑞獸、紛紅駭緑、交翔而列峙、簫鼓沸

天歌、舞隘路、百戲優雜、達曙未已、名都壯邑、或不能過也、數十年来、閭井蕭條、人民凋耗、居貨者弗積、行貨者弗留、無復曩時之繁盛矣、壬辰戊戌、再罹兵燹、室廬焚蕩、貨財散竭、加之以師旅、因之以饑饉、預借無藝、徵斂無經、弊政百出、椎骨及髓、愁歎相聞、籲天罔訴、畊道之来、適當擾攘之後、流離顛沛、喘息未定、而能撫卹瘡痍、鎮遏強暴、廉慎自守、境内以寧、又於暇日與、陋巷常布之士、吟咏情性、更唱迭和、時亦過予田舍、清談竟日、見所為文章悉録以去、非篤志好學者、其能若是乎、秩既滿、代者至、常所與遊輩、賦詩以餞來請爲序。予慨然有感，乃述往昔盛時之事以告之。予嘗讀真州東園記，於一園之廢興，而知天下之治亂，今之所作，蓋竊取之。覽者抑亦有感於斯夫。

贈寫神熊月池序

寫神之妙，妙在阿睹中。蓋人之一身，精神在目。其瞭皪盼睟者，其人必明睿，必端方，必仁厚，必福壽。其眊睒睊瞶者，其人必昏愚，必姦邪，必兇頑，必夭札。孟子曰：聽其言也，觀其眸子，人焉廋哉。故寫神莫難於眼目。眼目似，則他皆易之矣。若顧愷之之爲人寫照，而不點睛。人問其故，曰：妙處正在阿睹中，豈欺我哉。熊

峰熊月池故詩書宦族世變風移君子之澤斬矣乃
番心繪事而得寫神之妙清江楊生嘗寫草廬吳公
松雪趙公邵庵虞公清江范公清碧杜公五先生像
為一卷予俾月池臨模與初本無毫髮異藝至此亦
精矣五先生予識三人為而二人不及識觀識者之
之似則不識者之亦似從可知矣五先生往矣其遺
像傳于世者精神所在烱如秋月之當空德容所著
穆如春風之被物其睟面盎背積中而發外者後學
瞻仰儼乎若摳衣而親炙也雖然五先生之見冊青
者有七分之容見於遺書者有七分之心七分之容

固不可益七分之心猶或可推未嘗不三復尹氏言而思自勵也月池求序為行卷書以貽之

贈相士程心鑑序

相人之說始見於春秋自漢以來見於史傳者代有其人姑置勿論我朝之術亦不愧於古人者李國用在虎林一日貴客咸集子昂後至齒㝡少坐下坐已而客退國用撫其背曰秀才自愛明年便當紫衣書案署事此座客皆盡秀才官至一品明年徵為禮部郎中後官至翰林學士特座中之客唯田師孟存師孟後遂拜學士承旨杜先生云楊曼碩少時客湖南

謁趙平遠，平遠一見曰：翰林人物，曼碩主臣。平遠曰：有分者爲之。先生自集賢直學士歸時，以語易，後果官至翰林學士。虞伯生爲大都路儒學教授時，李國用見之，曰：伯生齒如烏犀，不十年文名滿天下。杜先生云：王良卿嘗見一角力者，驚曰：此人四眉，不旬日當爲三品官。已而皆驗。虞先生云：若此者，誠不愧古人矣。黎源程心鑑，故宦族也，喜相人之術，遭亂流離，因以其術游士大夫間。嘗言予眉拂天倉，耳白於面，神清貌古，大器晚成。予笑曰：山鹿野麋，止宜棲澤中，子言過矣。他日以此卷來請曰：吾將遊三山，富者贈

財仁者贈言先生勿讓乃書以餞之

題藁城李氏族譜序

藁城李氏譜者江浙行省理問官文煥譜其彰德以來之世系也金源氏之季中原版蕩士大夫流離轉徙衣冠之裔不絕如綫聖元龍興天戈南指彰德李氏有諱瑞者肇徙真定之藁城是為藁城李氏始瑞生忠忠生允恭允恭生文煥四世矣夫李姓出自陶唐大理子孫以官為氏其後有指所生李樹為氏者漢有廣陵尋固唐有靖勣嶠泌而仙李最盛盤根夾葉譜牒詳矣藁城之譜曷為近止彰德乎家牒已亡

無傳為爾譜者譜吾族之所自出知之為知之不可不審不可不慎也夫人之一身寓乎兩間如片雲依林涓流在地微乎微者也然得姓受氏則自生民以来至於我今日水木本源其来遠矣萬物本乎天人本乎祖而其世澤之所被君子小人皆不過五世而止蓋親盡則服盡服盡則情盡情有盡服有盡而一氣流行遠邇無間雖千萬葉同一本也雖千萬世同一祖也是以君子尊祖而敬宗曰尊曰敬何敢失墜日本曰源何敢昧忘而或昧為或失為則世變不虞兵燹殘燬非人之所能為也昔者嘗觀漢劉遠承堯

祚唐李止祖玄元而後或議之狄青不祖梁公世以爲美談郭崇韜拜汾陽王墓則不免貽笑蓋唐虞而下生齒日繁姓氏不一散處五土派別流分不可復究自非統承續遠有端緒譜牒可徵者是固不可得而詳矣然則稾城之譜譜其所可知而缺其所不能知雖曰近止三代公之心則上承百世而無已也公又言昔有神降于雍嘗以是問爲神爲言其家世自奮呼公後二百餘年無著者更三壓在石晉時首登科第者君之先也在金時抗言不可臣契丹守節以死者又其次也宋亦有爲末先生出君家人莫能知

也公請其詳則曰爾祖事業在方策開卷當自見斯言未質懼此百憂文獻不足吾將安考間以語建陽將易易曰神怪之事聖所不語語非無也慮惑人耳經曰孝弟之至通于神明管氏之書曰思之思之鬼神將教之理問公尊祖敬宗之心切水木本源之念深庸詎知非孝思之所感通乎未可以神怪忽也因并着其説于此使孝子慈孫有能因是而求之者不獨衍支派於下方盍亦探本窮源推而上之以卒理問公之志善繼善述尚有望於後人哉

送周倉官序

倉官古委吏漢有民庾氏皆其職也掌民田租之入以給軍餉官百之祿秩路府州縣皆有之以舊敘初試者為使又以吏于州若縣之考滿者為之副蓋彝典也至正十六年周君仲明承郡檄來為建陽留倉副使料量出入人稱其平秩既滿邑之僚吏來請文以榮其歸予惟古者取民不過什一天下之中正漢制三十而取一又時賜民田租其取民之薄三代不及矣當是時不惟齊民充溢露積而太倉之粟陳陳相因至紅腐而不可食夫以薄斂弛征若彼而不見其不足者我元立國取民之法蓋用漢制獨吾郡田

租大率二十而一，其狹鄉什伍而一，山澤關市塩鉄茶酒百物之征，民無遺利，倉庾府庫之積，宜倍蓰於漢，而恒若不足，其故何也？今之疆理，不狹於漢，今之民庶，不下於漢，何古之充羨而今之寡乏歟？自冦亂以來，民罹毒蠧，死傷者未收，瘡痍者未復，聖天子惻然下哀痛之詔，曽經兵燹者免田租三年，惠至渥也，漢不足言也。承流宣化者，盍亦上体聖天子憂閔元元之意，雖軍餉之急，必不得已而取，亦宜少存寬恕，思惟優卹之方，而連年預借，民無息肩，聖天子肆露沛之恩，下民曽不蒙涓滴之惠，書不云乎，民惟邦本，本固邦寧聖天子溉其華而承宣者斧其根如吾民何賢守倅廣靜寬仁憂卹民隱利害之所當興除患不知知之未嘗不行也仲明歷縣久知民課養嘗有憂之之心而患無極之之道今于大府賢守倅發政施仁必先其文書苟利於民當竭力奉行或民之所病亦宜具是非利害撫舊章新格從容開導而力救之不可阿諛逢迎重斂困吾民而不卹也矧御史省府寬卹之意播之聲詩具于案牘在人耳目者昭不可揜舉而行之上以稱明詔下以慰黎庶俾皆有樂生之意而無歎息愁痛之聲則本固邦寧國家有無

窮之休守倅亦有無窮之聞，故於仲明之行卜之也。

潮陽縣尹挽歌序

至正乙未夏，聞吾友潮陽縣尹卒於崇安之寓舍，弗能往弔，則哭諸寢門之外。明入城府，其友其以挽歌一通來，請曰：潮陽之喪，未殯，親朋語及薤露興悲感，有短章浸盈卷軸，將使執鐸者習之，亦若誶之于以導輀車，發哀音以洩親朋悼念之鬱，思子宜為之序。余惟潮陽系出具厥考誌者已著金石，刻潮陽學問邃于經術者已見於青錢選，潮陽之事親孝，居家理，涖官政績，又備著于狀，公之行者茲皆可畧，獨慨夫人生覆載之間靈於萬物文學之士賢於黎庶公卿大夫貴於農工商賈諸華文物懿於要荒裔夷然人生二十之前曰幼曰弱七十之後曰老曰耄少而壯壯而老老而衰衰則病且死矣中間三四十年能自任之重欲爲天地立心生民立命爲往聖繼絶學爲萬世開太平者幾何人哉若程明道劉屏山張南軒呂東萊數君子者出類拔萃皆不及五十而卒以邵子元會世運日月星辰三千六百年之運觀之何異蟪蛄之春秋蜉蝣之朝夕自非立德功言有可以垂不朽者則亦並特而謝雖曰靈於物亦何以異於物

哉若潮陽四歲而知讀書十歲而誦九經三十而魁蘭省取高第可謂賢於黎庶矣錄事于漳經歷于福尹于武平德化潮陽可謂貴於四民矣雖僻處閩嶠而能通羲文之易讀虞夏商周之書攷周公之典禮明孔氏之春秋可謂懿於諸華矣使天假之以年見叒老而傳又悪知其託諸言而不見諸事不有光於前人也哉而遽止於斯是可哀已記曰朋友之墓有宿草而不哭焉則凡我親朋仰明旌俯墻翣執而臨幽霾聞薤露之音有不為之泫然者乎故書以授其友俾著之編端以致予之意云

送孟上人序

予少有四方志慕司馬子長遊有千載心詠伊洛之以探洙泗之源裳宇將足跡而周古今期旦暮之遇遭世承平四方無虞北燕南越猶東西舍適數千里不賫粮閭井恬養咸寧幹止是以頗得肆其汗漫之跡娼其鑽仰之心然猶未睹神京之巨麗聖域之閫奥也今郊接烽燧關巖傳繻兩目眵昏體疲力倦壯心未已已為伏櫪之驥矣金華上人遵西竺教讀東魯書乃於此時跰跹閩關縱情山水道浦城謁西山真先生過建陽謁鷹山游先生徽國朱先生廬峰

蔡先生、雲莊劉先生、以致禮敬、至福唐則禮溈山安禪師、國師晏禪師、雪峰存禪師、以報恩有、又登武夷雲谷諸山、窮高極遠、以洗心目、然後返乎建陽、過予予寓舍而休焉、予勞之曰、風塵澒洞、豺虎縱横、此行亦良苦、可傳咲曰、四大身非我有、吾又何惴乎、因念予蚤好遊、而出晚、故北不能逾淮、西不能度關、今四方戚戚、道路如棘、望恒岱於日下、指岐華於雲間、出門而西咲、抵掌而志馳、雖有此心、已無此夢矣、欲如可傳之如孤雲、如野鶴、止無所住、而行無所碍、何可得哉、然聞諸至人、道不遠、在身中、吾孟氏亦云、歸而求之有餘師、復念昔在青岩山中、與二三學子旦而興夜而息、俛而讀仰而思、動靜語默罔不在是、紛華聲利不接於耳目、有弗思、思之未嘗不得也、有弗辯、辯之未嘗不明也、有弗行、行之未嘗不至也、及適四方見丈人先生所以驗所聞質所學而啓發其志意者、固不為無助、然非真積力久、功夫至到、雖親見聖人、聞一貫之語、亦瞠若而已矣、果何益哉、故動之不如靜之定也、出之不如處之寧也、行之不如止之明也、可傳歸、試以吾言思之、似當有助、

送旻上人歸省序

佛者秋宇以鷲峰和尚所贈言来亦且請孟子觀鷲
峰所以告秋宇者儒釋並舉出入內典弘肆辯博夫
豈不足乃復有請意者其心必有所不慊欲聞儒者
之論以釋之不然何故謁吾徒而来請也秋宇幼習
儒書未薙髮時嘗為童子師處考亭朱氏之塾有年
矣今雖裂冠摩頂毀其儒服猶不舍故業日於僧廊
與數十學士講說孝弟仁義弦誦之聲聞巷豈以為
非是而不貴哉又豈有終日誦言而良心泯滅真如
槁木死灰者哉宜其愛親之念由然而興則惡可已
宜其不憚跰足而歸省也今夫孩提之童知愛其親

稍長則知敬其兄不學而能不慮而知孟軻氏以為此良知也此良能也又以為此仁也為此義也達之天下而無不同也堯舜之道孝弟而已矣人能孝弟此所以皆可為堯舜也夫堯舜之聖非以其貴為天子富有四海也以其能盡人道也飢而食渴而飲旦而興晦而息何以異於人哉服堯之服誦堯之言行堯之行是堯而已矣一念孝弟一念堯舜也終身孝弟終身堯舜也豈以富貴論哉或疑吾於佛者談堯舜之道為失言者是未知孔子於鄙夫之問叩兩端而竭焉之意也夫謂之鄙夫則庸惡鄙野非知學問

者夫子告之，猶不敢不盡。今秋宇讀孔孟之書，慕堯舜之道，而來請焉。鄙之而不告，不仁也；告之而不竭，不忠也。彼且興於仁，吾敢愛於言乎？他日秋宇當以吾言示鷲々峰々，必粲然笑曰：道不同，固如是也。

送醫士鄒文彥序

或問：天下之疾，有不可為者乎？曰：有。有無不可為者乎？曰：無。未達。曰：晉侯病在膏之上，肓之下；齊侯病在骨髓，此不可為者也。虢太子已死，而扁鵲起之，此無不可為者也。然膏肓骨髓之病，世所常有；和緩扁鵲之醫，世不常有。而縱情肆欲，昧於節宣者，醪醴靡嫚

戕其内寒暑風雨傷其外然後委之庸醫脉理之不
察陰陽之不分標本之不知方劑之不謹世率謂醫殺之
吾則以為非醫殺之實自殺也和緩扁鵲之書不傳
黄帝之樞素仲景之函匱論著最為精要近世名醫
能讀之者蓋鮮矣余於江得二人焉曰劉至善曰施
衡甫咸有論述行朝施之術行為鄉鄰文彦生是邦
而精斯道非有所受抑有所聞而興者乎予往識文
彦於建上建人信用之今年復會建陽信用者益衆
他日府吏林澤為予言其姪産子後病大熱唇焦口
糜心煩胃結臘月以兩手置水中乃稍快醫以寒凉

治之不效使文彥胗之曰脉大無力此虛熱也投以沉附身凉而愈噫非文彥則斯疾不起矣願為著之以旌其藝予惟天之所以為天人之所以為人陰陽五行而已五氣順布而四時行則歲功不忒五氣均調而六府和則人自無病其或病者非大過則不及也善醫者平其大過而助其不及使無偏勝則血氣調和而病自愈不善者反是實〻而虛〻損不足而益有餘是則抱薪止沸持水解凍非徒無益也自非胗脉之精辨察之明則疑似之際有陰極似陽〻極似陰如林氏婦者一為所惑有不廢人者乎若文彥

之辯證用藥所謂良醫矣不可以不著故爲序之

送醫師陳玉林序

醫之爲藝大而天地之化陰陽之運五行之政無不窮微而民庶之生霜露之疾痒痾之疢無不療其爲效甚博而其理至賾也人之生也負陰而抱陽一出入息而四時之氣具二表裏候而五行之過彰人身一天地也天氣流行大鯀坱圠充乎五臟六腑散乎四體百骸周乎六經播乎支絡而應乎動脉順布之不偏宣節之有道飢而思食渴而思飲旦而興晦而息適乎四氣之宜而不戾乎陰陽之和固精以自持

養氣以自衛怡神以自安外之六氣之不侵内之七情叉之不橈寒熱末腹之疾無自而生咸若特則含齒戴髮者莫不康寧而壽考醫亦無以效其神聖矣然天運參差陰陽摩盪不能無大過不及則五運六氣之有亢害飲食起居之有失宜而岑岑然而昏昏然而濈濈然而惕惕然犬觩之氣紛擾乖迕於是飲上池之水者得以洞見其五臟六腑而知其標本之所在以望聞問切之能明君臣佐使之用處輕重奇偶之劑收聖神功巧之效和緩倉扁之儔不得不擅其美哉東南地勢卑下無麯麥鞠蘖故民多河魚之

疾。御史中丞吳公以中原文獻、朝著重臣出拯時艱、來分閫閩。屬茲微恙、既歷旬、特召王林子眎之。曰：無妄之疾也、勿憂。宜日中病在裏、而天地閉塞、攻之不可。日中、鬱者發之、此其時也。如其言、疾良已。乃厚其禮而歸之。初未識王林子、特聞其父方厓翁術行建上。觀王林子議証用藥、不在其標而必窮其本、非世業之精妙達樞素之奧旨者、能若是乎。故其歸也、序以餞之。

送阮左丞移鎮泉南序

至正二十六年冬十月、福建等處行中書省平章政事以便宜承制調建寧分省左丞阮公移鎮泉南既受命即具舟揖戒行李曆吉日將行建之耆老士民駴愕流涕伏公馬前而訴曰相君子惠我民十有二年于茲矣遭時艱危巨寇荐至孤城無援勢如累卵相君旰不假食宵不遑寐以與我民同生死不特甘苦患難也民心既固賊勢無強故能以危為安以亡為具以有今日雖三載考績三載黜陟帝王之制然蕃宣之寄天子所命印綬之寵天子所錫嘉其忠義賜金石刻翰苑儒臣奉勅撰書倚為金城之屏之翰以保我子孫黎民於無窮也眷注若此柰何去之於

是公乃進其耆老士民而告之曰、吾德薄、材劣、偶以微勞、來佐尒郡、盍學仕尒、遭值時艱、再遇寇亂、完茲王土、此則城池之固、將帥之功、尒民之力也、予何有爲冐僥倖之功、受不次之賞、自貳郡而紆守紱、由郡守而參省政、兼僉樞密、遂持左轄、惟付畀之重、孱愞弗勝、恒恐殞越于下、以貽天子羞、朝夕兢兢、罔知攸濟、欲釋重負、其道無繇、平章公以勲舊重臣、承制便宜、代天子行事、便宜有命、即天子之命也、予何敢違君命也、尒民其各宅尒宅、田尒田、尒工尒商、各安尒業、毋縱鬬狠、毋習惰游、父慈而子孝、兄友而弟恭、以無隳尔忠義之令名，是則余之望也，尔尚勉之。於是耆老士民既不能留，則皆再拜稽首，祝公壽考，嗚咽流涕，不能仰眎，既又相與咨嗟永嘆，發聲成文，庶不忘公之德，其詩曰：

維建有城　西寇再攻　折衝者誰
曰惟阮公　彼寇雎盱　肆其黠桀
千慮百計　鋒摧刃折　我城匪高
我池匪深　阮公鎮之　孰寇能侵
曠日逾時　勢孤援絶　勵忠激義
效死民恍　士氣既作　我鋒遂鏖

鼓譟震天　乃焚其巢　賊技既窮
宵奔晝潰　奠此建城　七閩是賴
帝命三錫　寵德表功　郡旌忠義
綽楔是崇　復勑儒臣　著金石刻
昭尔忠義　為萬世則　便宜有命
公行不徐　舍我赤子　旻天是于
建城業業　建民竭竭　保我子孫
阮公之德　建山蒼蒼　建水湯湯
阮公之功　俾也可忘

鶴田蔣先生文集卷之一

鶴田蔣先生文集卷之二

建陽蔣易師文譔

送揚子仁山長序

元興七八十年、天下乂寧、法度嚴密、銓曹考功、愼重名爵、仕者循資格、累歲月、青年委質、白首下僚者、蓋多有之、幸門不開、請纓無路、自詰兵以來、武夫健卒以長槍大劍取功名、軍前版授、州縣不能容、連車平斗之謡、豈特補闕拾遺而已哉、士之重禮教、崇信義、談堯舜之道者、不以為迂、則以為腐、故自好者往往杜門裹足、緘口結舌、或浩湛於閭巷、或棲遁於山林蠖屈蛇蟄，以待天下之清也。一有英偉傑特之資，負其才諝，將以有爲於世者，不肯隨俗俯仰，則必脱穎而出。吾於揚君子仁見之。方太平無事時，官有常選，士有常業，文史自娱，敦學相長，孳孳矻矻，若將終身，而不願乎外，人亦莫能窺其胸中之所存。一旦烽燧四起，戎馬交馳，府竭廪虚，財殫力敝，苛征暴斂，不足以給軍費。子仁乃於此時出其緒餘，陳策於守禦之將，諭之以利害，激之以忠義。譬則木然，郡城根本，屬縣其枝葉也。枝葉茂者根本固，根本撥而枝葉傷。故將護愛其枝葉者，必務培植其根本。浦城雖小，豈啻壘之不若乎今郡城急矣吾縣安危之所係不可不熟計也乃相與勸導其民得米粟一千五百石錢帛二千定又躬自督運詣分省獻之參政喜其功嘉其能將授之以職而任之以事子仁不屑就謝曰僕儒生也僑寓浦城讀西山先生之書二十餘載每朔望會拜祠下企瞻德容竭才鑽仰蓋不勝末由之嘆若獲執事祠下洒掃庭宇與邑之童冠即其遺書日相與講習而卒業焉志願畢矣敢辱高位以速官謗參政大悦即署爲西山書院山長子仁喜曰俎豆之事是吾志也捧檄遂行其鄉友陳德卿尤加敬歎曰吾

掾分省掌功簿自將校而下上功幕府者率高自矜伐言行不相應者亦多矣至於覬高爵希重祿則人人同也若第其功賞予仁勸諭之功當在折馘執俘上今乃辭高位而從下僚舍熱官而就冷職為人所不能為處人所不能處非其胸中所見高明遠大素有定志者能若是乎恬於勢利而勇於道義可謂君子矣不可以不著也來請為序為故之書

送吳實齋郎中赴福建省幕序

皇元既平江南定吳粵鍾冦竊發三華吳氏始以武功著承平六七十年鳥盡弓藏吳氏子弟多折節讀

書、輕財好士、雖平居不復談兵、然胷中之韜畧、閭井之什伍、其先世槩度未嘗弛也、後至元年間李志甫反漳州、浙省大臣發四道兵以討之、同知公出揔其義民、奮不顧身、以先戎行、屢破賊、賊知不敵、則悉衆來拒、公死之、而賊勢亦敗矣、至正十一年紅巾賊起河南、滋蔓江淮、延及撫建、明年四月撫民應必達首驅鄉里之無賴逢童冠導之、以襲撫、五月分兵寇順昌、實齋與松泉定計、遣其弟潛師夜起、黎明至順昌、一皷復之、獲其所奪官印二十餘顆、賊潰敗、積屍盈縣、童冠僅以身免、帥府論功、以公為其府判官、七月竹堂公復邵武。十月賊復起圍邵武。明年正月竹堂公奎與建寧同知彭允誠共平之。二十二年，洪冠鄧克復襲破汀縣，奪延平、康太破杉關，襲據邵武，獨邑將樂與鄧克期上下並進夾攻之。實齋公與其姪參政謀曰：賊氛甚惡，難與爭鋒，當以算勝。乃先設伏以待之，而開三門誘賊。賊爭入，伏兵四起擊之，盡殪。賊潰去，行省第其功，擬授本省郎中，聞于朝。明年，賊復至，公知賊懲往年之敗，必肆毒，乃盡率其邑民先保山砦，而空縣以待。又別遣精銳屯順昌以擬其後。賊至，見縣空無人，盡焚之。是時汀州陳揔管與賊力戰捷音日至，實齋乃率其義勇復將樂賊，皆遁去。是歲十月，朝命下，如行省所擬。於是幕府遣吏卒來迎，公戒行有日，征行元帥府都事黄述公事蹟來請文以餞。予未及識公，然老友存齋黄先生，方外交徽堂了公，每相見談吳氏一門英武忠義，實齋公尤温文儒雅，得士民心，雖有功，退讓不伐，若無能者。天之鍾美吳氏，其在斯人歟。蓋久已志之於懷，有願見之心而無脩敬之階，則黄君之請，予何敢辭。仁者贈言，又將奚贈。虞書有之：女惟不矜，天下莫與女爭能；女惟不伐，天下莫與女爭功。斯言也，固衆人之所共知，謹毋曰予既已知之矣，則堡障八閩，亢宗垂裕，光昭令聞於無窮，尚亦有利哉。

送掾史童慶仁序

自汝潁盜起，十數年來，淮之東西，江之左右，禹甸堯封，悉為逆壤，獨福建以斗絕一隅之地，烽車羽檄，左支右吾，十餘年于兹矣。正至二十年，西寇鄧克襲據延平、康、太，奪邵武，遂合兵圍建寧，盡披其屬邑，建孤立，外援斷絶，城中將帥相睽，不能統一。是時經畧使在建寧，承制以總管阮公為福建行省參知政事，分省建寧，以總制諸將，攘斥寇盜，事聞，總省如經畧使

命、仍以掾史童處仁來掾以佐之、處仁嘗從事省憲
識、達大體、公廉不苛、吏民安之、明年寇復至、連營郛
外、日夜來攻、處仁勞心竭力、協贊戎務、晝則治軍旅
夜則理錢穀、暑不得避烈日、雨不得避塗潦、凡百有
六日、圍始解、總省以其久勞于外、宜得優閒、以掾史
白元方代之、行有日、省都鎮撫李伯高、岳敬宗、來請
曰處仁作掾三年、事官長恭而有禮、待僚友和而不
流、其臨財也介而廉、其處事也詳而敏、有勞而不伐、
有能而不矜、其才智優長而不自表襮、顧自踈曰癡
騃子、癡騃者能若是乎、今蒲且代去、僚友與之酌別

而無辭以餞，敢請。予笑曰：癡騃子，栖遲粉署，浩湛簿書，不翕翕以為同，不皦皦以為異，人不能窺，物莫能攖，群為而不擾也，皭然而不可涅也，嬉嬉洋洋以智自將，不晦其跡而和其光，吾今知之矣。其吏隱者耶？為我謝曰：否。終則傾，亂極必治，當天造草昧之時，乃君子經綸之日，勿謂世無知我者。伯高曰：斯言足以為處仁贈矣。遂書以貽之。

送蔣國用還國學序

國子生忻都沁國用侍嚴君宦遊建寧，予始識之，年甚富，質甚美，好禮而悅學，所與遊皆俊秀之士，故予

甚敬之。一日来語予曰：吾肄業國學時，聞建安為朱
真之邾，有鄒魯之俗，考亭滄洲之間斤斤如也。意其
文獻必有足徵，可以成吾之德者，虚而往，實而歸。蓋
初志也。而自至建上，三年兩冠，憂患相仍，新知蔑聞，
舊植荒落，學不加益而年日加長，吾懼其為君子弃
也。將歸監學而卒業焉。已復言曰：昔我之初見先生
也，蓋欲執經而請益，盜賊擾之，此願莫遂。今其還，願
得一言之贈，而可以終身行之者，奉之以歸。同舍郎
脫有詢焉而私淑文者，庶有以藉口。予應之曰：聖賢
之言，布在方策，顧讀者所取何如耳。雖復千言萬語

豈復有出乎其外者哉、若吾朱子誨人、必先講學以致其知、知既明、然後力行之以求其至、知行並進、本末兼舉、則善學者也、故其師友之所講明著書立言、無非發明聖學之精微、折衷諸儒之義說、以啓覺後人、俾趨聖域者皆得正路由之、而無他歧之惑、迷途之失也、柰何讀其書者、不能由博而反約、身体而力行、支離於辭章、忽吝於踐履、聽其言則是、考其行則非、買櫝還珠、采華遺實、滔滔者天下皆是也、而孰能救之、因思予少習舉子業時、不爲套括捷徑之學、字字而求諸心、言言而反諸身、一家之說、心有所疑、必叅衆說以求其當不肯專門黨同而伐異是以其事勤其功半其學迂以[illegible]後生小子求速化之術無有過而問者而國用日相見之後獨數數相顧似若有志焉者乃卒不得與之共講其所學則國用之歸予惡得而無言姑告之以此毅齋張生先予之師杜伯父原之友也志道張先生則予之畏也友皆在成均國用歸當以予言質之

送雙峯書院山長序

古所謂鄉先生者沒而祭于社後世著書立言明先聖之道以師表當世啓迪後人者國家皆立書院以

之有山長以毖祀事振文教尊崇褒表貽古尤重若
廖先生之雙峯亦其一也友人葉貫道生朱蔡之邦
服孔孟之教部使者以文學德行舉遂捧檄來錄建寧
學秩滿福建行省擢君為雙峯長雙峯在延平之順
昌自壬辰寇亂其民流離顛沛凡四五年始克安輯
而庚子之春辛丑之夏西寇再至攻城郭掠人民驅
牛羊戮犬豕山川為之震動草木為之焦枯鳥獸魚
鱉不能咸若民人十一苦墊隘存者荷戈殳亡者横草
野貧者疲力後富者困誅求詩書之不墜者幾家儒服
之不變者何人救死扶傷輸財服役竭貲力猶不贍

奚暇治禮義哉天矜于民惠此小庸始獲奠居以復舊業棄居乃於此時往莅教事予因告之曰天生五材民並用之廢一不可人稟五常心兼統之造次顛沛不能違也雖干戈搶攘禮樂廢弛詩書之不講絃誦之靡聞衣冠介胄之士或顛倒失據而匹婦伏節死義以自靖自獻者乃往往而有之則以秉彝之不可泯也况禮義廉耻國之四維不可一日而不張孝弟忠信猶食之醯醬不可一日而或闕是以古之聖人定大亂之後必先於重民五教惇信明義而不敢緩後世乃有投戈講藝息馬論道者蓋有以知夫此矣

葉君行乎哉。其益務修厥職，勤其乃事，教以孝使人不敢逆其親，教以弟使民不敢犯其上，教以忠使民知致身爲榮，而逆亂爲辱，教以信使民知無此不立，而虛誕不生，是道也，推而行之四海而準，豈直與夫先務之急哉。葉君拜手誨言，遂書以爲序。

送韓士敏從尚書行部還朝序

世祖皇帝以神武定天下，輕徭薄賦，與民休息三十而稅一，以東南廣斥海王之地，利權不可以假人，乃立都轉運司，掌鹽之政令。淮鹽歲額八十萬，浙鹽三十萬，閩鹽初不及萬引，賈不蒲二十千。其後累增引

至十萬、又積餘塩三萬以為常數、歲亦額辦、賈累增
至一百五十千、買引支塩給程批驗拘收引席等費
乃至二百千、塩法、[illegible]於行榷配民至破家鬻産以
償官。朝廷知其然、爰命[illegible]省重臣、外則憲司帥府郡
守咸會于閩中、集耆老臣商同講究之。如是者三、乃
以餘塩無非正額所當除蠲、行塩不限地方、八路通
貴悉從客商、而民始蘇、商始通。國家故事、歲漕東南
秔稻三百六十萬石實[illegible]京師。自寇亂以来、海運不
至、居民億萬口嗷嗷待餔。至正七十年始詔宣城貢
公以户部尚書来閩、以督塩事、以歲額十八從民易

秔稻轉漕京師食以之是時近京亦相三農之地為屯營給牛種益樹藝五穀熟而民不餒明年尚書李公繼來又減其二分兼収布帛韓君士敏實相其行掌其簿書貿易之事建安吳君載自三山回為言拜尚書公獲定交於士敏士敏通儒術習吏事温恭而慎篤明敏而不苟其存心公以恕其守已廉以正未嘗疾言遽色而事無不□惟尚書公之還也僉憲慕葛公既皆為之序□則士敏之還不可無述也願為著之予山野老生言奚足為士敏重故因君載之請士敏之還聊薦所聞觀者亦有感於斯言也夫

贈儒醫謝子厚序

人之生也，稟天地之氣，負陰而抱陽，吾之氣即天地之氣，天地之氣猶　無太過不及之差，於是乎有伏陰愆陽，淒風苦雨，三辰失行，山崩地震之變異。人之一身，節宣或乖，則氣失其平，於是乎有寒熱嘔泄痛癢痿痺，几几翕翕，澹澹惕惕之病證。惟夫當燮理之寄，任調元之責者，正君心以輔其德，順天時而敷厥政，政不苛虐，民無怨咨，協氣熏蒸，散為大和，使夫陰陽調而風雨時，氣候應而歲序正，祥風卿雲，景星甘露，麒麟鳳凰，醴泉芝草，諸福之物，莫不畢至者，輔相之良也若夫脉人之疾苦候生死之寄者察其表裏虛實損其太過而助其不及調和其元氣使不至於偏勝而審其方劑而精其藥物使夫含齒戴髮之民各葆天穌康寧而壽考外之風雨霜露不能侵內之飢飽情慾不能傷黃髮兒齒胡耇鮐背而無瘖聾跛躄扎瘥夭昏之苦者醫師之良也是以昔人有達則為良相窮則願為良醫者其以調元葆和醫之功與相等雖施設有不同所及有廣狹其用心則一耳三山謝子厚幼習孔孟之書長明岐軒之術又能知夫南北之異稟方劑之重輕證有疑似當別其真病

有標本當先其急間與予言北人喜寒凉而硝黄用南人喜温補而雄附行皆非也天有六氣播於四時中則令正過則爲災天道猶不可過也而况於人乎可謂達其理矣予因有感焉今天下之勢方病痿痺又苦蹶盭痿痺則四肢不仁血氣凝滯痒痾疾痛手足不能以相援蹶盭則不能趍僂雖眎聽言笑若無所害而此身坐廢跬步不可行賈生嘗爲之痛哭流涕矣然則井滎經合砭焫當若何而療發達宣泄方劑當若何而施勿謂沉痼不可爲勿謂鍼藥所不及四海九州豈無和緩倉扁思邈其人哉疾無不可療

世無不可治，易愿醫與相之良否何如耳。

送福建左丞李公彥聞還朝詩序

自江淮盜起，萬物不至，獨福建一省職貢歲登，史不絕書。聖天子慨念閩陬僻遠，斗絕一隅，乃能不忘忠順，常賦之外，不可有加。詔立行部尚書，以歲辦額鹽平其賈，與平市易粟米銀絹絲布織文，以資國用。至正二十一年冬，制詔以永平太守李公士瞻為户部尚書，行部使閩，用新典也。公浮海至閩中，即會稽額鹽，以其什六遴選廉幹之吏，分行旁郡，如詔書與民市易。明年五月，得米粟若千萬石，銀絹纊布織文揔若干萬兩匹、有司具海船登載偹畢、時島夷刀牌手長賽復丁、驟忝省政、日益驕恣、縱其部屬、橫行里巷、殺人不忌、小民側目重足、莫敢仰眡、月索哈剌斯銀若干萬兩、省府不能制、竭府庫、厚歛于民、不足以供之、前平章普公、居常深念、不去此醜、不足以為政、顧兇黨寔繁、咸行民間、狼首虵尾、不可撩觸、會拜南臺之命、即日辦嚴至建延、悉發四郡兵會三山城下、以討之、賽復丁懼、日夜招誘無賴、得壯丁、既髠首涅面使與己類、登陴擊柝為自保計、今平章公時亦至連江、謂此類雖貪婪橫恣、法所必誅、小民何罪、乃移文

賽後丁分省興化，其屬進秩有差，期日出城，賽復丁
既受命，殊無去意。平章大怒曰：官府錢粮，尔蠹之；典
章憲度，尔紊之；國家城池，尔據之；小民子女玉帛，尔
奪之。至使夫不能保其妻，父不能庇其子。此醜不除，
誠不足以為省矣。乃益徵兵督攻。尚書在城中，兵未
合時，或曰：王事畢矣，可去矣。尚書曰：吾非不能去，然
此醜所以不敢肆毒者，以天子之使在是也。我若去
之，其毒必肆，如吾民何？當鮮之以紓吾民。是時城中
倉廩懸為刀俾手所據，居民乏食，往往餓死，圍益急。
賽復丁大會省憲官于還珠樓，語稍不遜，尚書大罵

曰賈胡尔為不道縱欲無厭惡貫已盈人怨天怒亡在旦夕吾屬皆王官死即死矣尔能獨生乎後又數數駡之卒不能害公之事鮮弗公乃移書平章其畧曰城中王官良民無慮十餘萬譬則千金之軀也刀脾手恣横譬則瘧瘵之疾今欲去一瘧瘵而弗顧千金之軀輙加砭焫將使四肢解弛元氣且傷未見其為良策也且旬月之間暴屍盈野賽傜丁括括鞭箠民不聊生至有闔門數口自經自毒哀號籲天者屍相望而聲相接也自非木偶聞者莫不墮淚况今歲盜課僕與閣下皆一時被命之人今風訊過期兵勢

不解日使使者顛連若喪家之狗古人有言投鼠而忌器閣下忍使玉石俱焚哉况供上之需國家急務伏乞曲垂寬宥暫為解嚴寬其限程假以舟楫仍遣已調官屬護送出境以保我黎民則江海之量洪生物之仁溥上免朝廷邊顧之憂下慰閩人來蘇之望不勝幸勝（甚）平章覽書怒稍解八月某日尚書召耆老與同出城見平章請解圍復命賽復丁縱百姓同出乞命於是得出者萬餘人公見平章具陳利害平章欲留之公不可百姓謂我出城必救其死命今出不還是失信也遂定賽復丁出城日期乃復入十五夜

漏下三刻，賫復丁命其黨悉輦貨登舟，鼓枻而出，城中歡聲若雷。明日各以香花燭籠迎導馬首，至公館所，念無以報德，乃立生祠以祝其壽考。是歲朝廷以海運功，進階資善大夫、陞福建省左丞，專督海運，俄復有詔徵公還朝。三山士民不能畱，乃相率賦詩以頌公之德，夾人董生安東，録公使閩本末及移平章書來示，且徵序引。易往歲在建城，江西僉憲揭公伯防挍文閩省，歸徵詩送尚書還京，易已借賦唐律一十八韻附于卷末。今董生復来徵序，觧圍城救閩之雖鄙野，又爲敢辭，乃撫其實而書之。

送京學提舉危居奉詔加封朱文齊國使還詩序

至正二十二年某月制詔宋太師徽國文公可進封齊國於是京學提舉危居嗣周奉詔以行明年二月丁亥至考亭宣揚詔旨祀以大牢邑令祠官執事有恪族屬子姪逢掖諸生咸拜庭下俯伏以聽時蔣易方居壟室不獲駿奔走執籩豆以諸生後竊自愧慊越翌日山長張伯仁因鷹山葉伯起寓書於易曰惟我世祖皇帝以神武定六合以聖文致太平時則有若魯齋許公得朱子書於雪齋姚公而知夫聖學之傳厄於秦汨於漢晦蝕於晉宋以來訓詁辭章之習

逮及有宋周子浚其源程子導其流至我朱子因濂洛之遺言窮探極討明辯詳說然後易書詩春秋三禮之書伏羲堯舜禹湯文武周公之道粲然復明於世我朝得因之以選俊造朱子之功於是為大昔韓愈氏推尊孟子以其詎楊墨放淫辭開先聖之道功不在禹下近熊禾氏亦推尊朱子以為微孔子二帝三王之道不明微朱子六經四書之理不著功不在思孟下有味乎其言之也夫以朱子著書立言明先聖之道以啓迪百世當時執國政者不惟不能用又厲禁之惡直醜正識者有以知宋德之不長矣

方今聖君御極賢相經邦文儒之臣布列朝著尊禮儒先尤極褒表於是朱子自徽國進封齊國制書班行有司具禮黎庶觀羨山川增輝學校之士以爲魯僖公脩泮宮俟國常事而史克作頌國史録之夫子刪詩存以示勸矧我天朝殊禮曠典震耀今古而歌頌不作不亦恧乎使者提舉京學首善之地作新士習儒生之興於學進於德推明朱子之書講求帝王之道用之可以經邦國舍之可以淑後人考亭滄洲之間斷斷如也當自今益懋於是相與賦詩以餞之而虛其首簡請爲之序易惟聖人刪詩書定禮樂贊

周易脩春秋立萬世之常道為百王之大法朱子訓五經傳四書丕承孔孟之志衮冕而王鷩冕而公衮鷩於我何加焉然有天下者以為皇極之所以建民彝之所以叙則以五經之道明孔孟之教行不如是不足以見國家崇德報功之典禮行而民用勸實轉移世道之一機也易言雖不文又烏敢辭乃為之書其首簡

送余從善赴京序

世祖皇帝一天下懲故宋之弊崇高敦朴休養生息三十餘年民物安阜聰明才畯之士志於功名者以

吏為師儒之者道或幾乎息矣仁宗皇帝既御極慨
然希慕堯舜禹湯文武之道以為自古王者之興必
世而後仁今天下富庶庠序學校布列州縣而文風
未振儒效未白意者作興之未得其道激勸之未有
其方何民俗之弗古若也爰詔大臣稽古準今舉行
科目以經行為先文藝為末鄉舉里選貢之大廷而
親策焉自是以來歲三大比以為常典其得人之盛
駸駸乎龍虎牓殆亦無愧三四十年之間文學之士彬彬乎
郁郁乎庶幾三代之風矣理極而亂妖孽交作墮名
城掠黎庶伏節死義者幾何蒼黃失措詿誤脅從者

蓋已不少蘭芷不芳荃蕙化茅豈善類果改節乎抑
求名而不責實取文而不考行飾虛譽競葩藻者冠
倫魁悃愊無華篤學力行者遯岩穴取之未得其道
歟未可更僕論也廣信余君從善蚤以雄文擢高第
初授建寧録事廉能之聲著于八郡秩滿而歸寇亂
至矣君藏名匿跡於信之靈山賊屢偪之誓死不變
聞賈侯守鉛山忠義磊落士多歸之杖策來謁侯嘉
其大節不踰即署為從事官叅謀軍務撫民捍寇禆
益良多今年夏武夷藍明之以書抵予言余君有明
体適用之學剸繁治劇之材遭罹患難大節愈著今

鬱鬱居下邑忝人軍事雖黽勉從事非其志也天運
循環否極必泰驛程荊棘海道康荘飄檣往来若游
湖諸將附巨舶謁神京聖澤之不下流人情之不上
達與凡官府之利害民力之凋殘將開口而論披腹
而陳以裨芻蕘之萬一吾邑士友賦詩以餞予知余
居盍為序引易因憶往年在城府余居適自江左来
日會泮宫相與劇談當世之急務而凡盗賊之情狀
招捕之方畧太息時無英雄使鼠輩猖獗其言亹亹不
絕聽之忘倦惜未有能用之者顧余之力不足以振
之方今聖明在上賢哲滿朝草新豐之書陳治安之

策朝奏暮召嘆相見之晚在此行矣余君行乎哉當爲科目得人賀

送杜延之赴京序

武夷杜燧延之清碧先生之令子也先生當世道全盛之時明聖賢體用之學而尤有得於郃子蚤遊京師省臺交舉將用矣乃以微言忤執事之臣飄然南歸築室武夷之平川益得肆志皇帝王伯之學著書立言孳孳矻矻不知老之將至既沒之明年盜起江淮延及閩嶠建郃之間兩關衝突擾攘踐蹂民不聊生時則有若崇邑令彭君允誠首倡大義九合豪俊

俾各招集民義同心協力卒清建部是時延之已為
浦城教諭居憂在平川率其鄉民起應之壘衺即戎
典有汗馬之勞爲揔師醜厮第其功版授崇安縣主
簿至正十九年省臺官蕪經畧使録前後功擬授信
州路照磨尋改建昌知事二十二年江西省平章沙
公以延之故臨江人假本省照磨俾往招諭鄧清何
清等延之儒家子無趫乘横槊之勇巨躍曲踊之能
循循謹飭身若不勝衣言若不出口及觀其功狀則
自舉義以来佐彭侯克復五縣破賊巣二十餘所禽
首從賊五十餘人斬獲首級九十餘顆招安人民一

萬餘户百夫之特有不能及者人可以言貌取哉延之自壬辰迄今驅馳疲勩一星終矣雖省憲累舉後来舉義者皆已紆朱曳紫布列州縣延之亦羞與噲等伍矣今年春福建分省又申前舉延之亦將詣朝廷而自列以書抵建陽蔣易曰燧書劒無成功名不偶今髮蒼蒼而眡睆睆矣乃不獲一觀上國之光以洗耳目之陋心恒慊然今將有行何以贈我余因念昔事先生平川時與延之同筆研雖愛其聰慧機敏亦不知其智謀膽略之能及是也先生以文學名而延之以武功著或者疑焉是未知碧油幢下之書生

即螢窓雪案之學子列將校者豈皆糾糾武夫哉延之勉行乎守成以文戡亂以武吾文適不用而功武爵方為世所貴吾知延之是行朝廷公論必有以處子矣若以其儒家子擢寘館閣俾不墜箕裘之業則尤厚矣詩不云乎豈弟君子遐不作人吾誠有望又曰毋念尔祖聿脩厥德延之勉之

送宋景召授教赴汀州泮宫序

自西寇入閩蹦蹂汀郡郡旅克復獨汀寇曹柳順憑恃其險擬有郡縣且逾十稔至正二十有二年籴知政事陳公討平之明年部使者以汀民詿誤濡染惡

習，歲月已久，及其漸稜，宜與作新，然教之孝弟忠信

教之禮義廉耻，非學校曷興，非師摸曷仰，爰擇賢材

於朱真過化之邦，乃於屛山之下，錦水之濵，得宋居

景召詩禮故家，簪纓名閥，幼有篤學之志，長無干進

之心，隱市廛而譽日彰，處濁亂而身愈潔，倅師表于

學校，庶激厲乎貞賢，牒至省府，省府是之，即署居爲

汀州路儒學教授，往敷教事，檄書既下，人無閒言，維

暮之秋，䮾篆有期，居卜日束書，戒行李，别親友，親友

之能文辭者，作詩以餞之，于時裕文林居實爲倡首，

且馳卷來請序，余惟宋氏自王而下至廣平賦梅花

以文章著、有諱咸者、覃思法言、其書大行、有諱郊祁者在布衣名動天下、卒為名臣、至經畧常館益浚詩書之澤、遂為建陽著姓、余寓館建陽時、獲締交於閩清校官子長、子見其闔家塾、延名師、教子詩書、動遵禮法、時景召方童丱、在昆季中昂昂偉拔、若獨鶴之在群雞、賓客皆知其不凡矣、既壯、益親仁禮士、聞于四方、學亦日益、譽亦益著、至是而果膺鶚薦、職教事、名聞省憲、上徹宸旒、夫豈偶然也哉、抑余聞之、古之教者、八歲入小學、教以洒掃應對進退之節、禮樂射御書數之文、十五入大學、教以格物致知誠意正心脩齊治平之事業、呻其佔畢、繪其詞章、非學也。發然後禁、則扞格而不勝、時過然後學、則勤苦而難成、而況十載顛迷、阻兵稔亂、瘡痍毒痛之餘哉、建陽滄洲朱子講道之邦、流風遺俗、猶有存者、景乃生其間、薰陶漸漬、師之所以教、弟子之所以學、固不待講而知之熟矣、故特舉扞格不勝、勤苦難成二者之患以告之、景乃當思其所以為教、啓其迷而革其心、要必有道、未可以宵雅肄三官、其始、夏楚二物收其威、為盡教之道也、親友之詩咸以頌、故為序以規之。

幼農之什序

至正二十有四年，歲在甲辰，二月之望，福建行省左丞兼建寧路揔管兼管内勸農事阮公，劭農于東郊之鶴山，脩常典也。時厥明，有雲自棃岳觸石而起，膚寸而合，不崇朝而適雨于四境，滂沱霢霂，止而復作。僚屬或請行故事于近郊，公不可，命驅之出，而乘軒徐行出郭閈，雨益徹，導從繽紛，旌旗晻靄，鉦鼓鏜鞳震耀。林麓至山下，猶未霽，執事者掃地布席，以班就列。從者張蓋進，公叱去，焚香默禱，再拜稽首，從官以下皆再拜。禮未畢，有靈風颯然自東南來，飄衣裾，振林木，須臾雲軆盡徹，仰眎霄漢，一碧萬里，祥禽噤噤交飛互荅，曰若增而輝也，山若增而麗也。既畢事，公乃進其父老，與之酒而誨諭之，如古靈先生所云者，諄諄懇懇若父詔子，兄命弟。觀者如堵，舉手胥慶。父老皆再拜稽首曰：敢不敬奉教命，以訓其子弟。於是公又索筆賦詩以示賓從，賓從咸即席載賡以進。公歸，出以示其客蔣易。明日，郡之大夫士屬而和者聲相繼而韻相續也。易因題其編曰勸農之什，且為之序曰：昔孟軻氏當戰國之世，用兵爭強以相侵奪，一時君臣莫不慕桓文，希管晏，而公孫衍、張儀之徒，世遂以之為大丈夫。孟子則不道桓文，羞稱管晏，獨以

儀秦為妾婦，及與時君問荅，論為治，不過制恒產，教
樹畜，道其妻子，使之養其老而恤其幼，論功戰，不過
省刑罰，薄稅斂，深耕易耨，脩孝弟忠信，而謂制梃可
以撻甲兵，仁者之無敵，論利國，不過仁義，而謂仁不
遺親，義不後君，利莫大焉。是以時君咸謂之迂闊，百
世之下，乃共推以為賢聖，無敢異議者，蓋以孟子之
言，即唐虞三代之道，聖人復起，不能易也。夫迂闊之
言既不可行，而一時趨赴功利者，卒亦不能使其君
為桓文，豈不惜哉。左轄公自布衣奮忠義，除寇亂，全
危城，致位參弼，為國屏翰，朝廷以其能撫綏此民也，

俾仍兼太守，以與我共理。觀其施設，則田野闢，學校興，尊賢使能，俊傑在位，可謂之賢方伯矣。故其勸農于郊也，不特循守令之故事，實欲遵孟氏之法言，人感於下，則天應於上，日雨日暘，豈偶然而致哉。誦公之詩，可以知公之心矣。序成，掾史鄒文明持此卷來請，備書之，以俟國史之採擇。

贈憲史雷景昭序

文武之並用於天下久矣。天下安寧，則脩文而偃武；天下危亂，則先武而後文。然士之所事者，窮經以致其用，博古而通乎今，蓽門圭竇，而懷天下之憂，簞食

瓢飲而念天下之飢，短布單衣而閔天下之寒，由仁
義守忠信，巍冠博帶，高拱隨趨，而思定天下之亂。夫
豈區區章句之末哉。而武夫健卒每訕笑之，且夫深
衣儒者之服也，古人制之，可以為文，可以為武，可以
擯相，可以治軍旅，均此服也。文武豈異用乎。韓魏公
范文正皆宋之巨儒，一韓用而西賊膽寒，一范用而西
賊膽破，信夫碧油幢下之書生，即雪案螢牕之士子
安邊定亂，運籌借箸，豈必糾糾武夫哉。顧智謀何如
耳。黃孫雷氏，建安之世家，其上世皆以文章著。至我
朝，子樞翁、彥舟翁皆以明經擢高第，其子弟益勵志

十三

舉子業領鄉書爲教官者星景也再領鄉書登進士第者景陽也以父蔭貳守福寧者伯明也子才翁亦嘗與余同場屋一不合于主司即弃去隱居讀書以自樂其子景貽復脩家學期青紫拾芥取遭時孔棘寇盗相挻乃投筆歎曰天下擾擾豈閉户守章句筆研時耶即奮袂從戎卒以武功授建寧路照磨景貽故習舉子業達於時務酌古準今講之熟矣居幕下歷三時號称能官江西憲府聞其廉辟掌憲書郡之士交賦詩以餞之且来請序因念余交獲雷氏伯仲四十年間初識樞翁于樵陽繼會舟翁于三山時諸

彦方各就外傳，今二翁往矣，諸子彬彬，皆策名于吏部，而余與才翁衣逢掖，呻佔畢，則猶曩之態也。年相若，道相若，蒼顔白髮，余差若不及，然才翁有子脩文學，通武畧，又能以儒術緣飾吏事，錚錚乎昆季問謝家，玉樹，竇氏桂枝，未可專美，觀雷氏諸彦，安得不重吾兒豚犬之嘆乎，景昭其益守志勵操，仕優而復學，仕學兩優，德位俱進，使人知古者深衣之義，不爲虚語。他日擇詩書之將，舍子其奚適，尚勉之哉。

贈世醫李敬義序

醫之爲道，其難矣哉。陰陽風雨之不一，其氣，寒熱末腹惑心之不一其疾望聞問切之不一其察七表八裏三部九候之不一其候達發奪泄折欝之不一其治宣通補瀉輕重滑澁燥温之不一其劑大小奇偶緩急複之不一其方金石草木鳥獸蟲魚之不一其性炮爁炙煅醞醪酥蜜生熟員散之不一其制以一人之耳目心思而欲兼通之信乎其為難矣是以古之為醫者必讀神農之書而知金石草木之性必讀軒岐之書而明審察治療之法若和緩之論疾越人之起死豈不深可尚哉惜乎其所以為說者不傳若倉公所上愈疾之驗見於太史公所録者雖甚簡畧

然古人審察治療之法亦可槩見矣余嘗摭以詢醫師竟莫有能荅者惟清江施循甫是能讀靈樞素問長太醫令之書其道大行取倉公所尚之證爲注釋明其病在何經治用何法明白的當若指諸掌余得而讀之嘉嘆不已欲爲之刊行未及而寇作今則亡矣求嘗不爲之嘆恨也至正甲辰夏西山書院山長揚子仁氏寓書於予言浦城李氏業醫至敬義十有一世矣其六世祖光祖祖集翁叔祖了一三人者術尤精名尤著敬義又能世其業名其藥室曰存心其心可知矣鄉里之有疾者咸倚之以爲司命余僑寓

其邑淹留歲久去年冬族人念余之久客也遣吾姪来迎歸鄉而佚老焉余弗果行而吾姪不習其水土乖調攝遘時疾藥餌弗效幾殆者數矣往迎敬義調理之不旬日而疾良愈余感之不已業欲謝之以財則爵人之槖懸罄也欲謝之以文則名公鉅卿如椽之筆又非貧士之所能致也惟先生以言贈人吾見亦多矣敢以敬義之術為請余因念疇昔事親之日於此道蓋嘗留意問方劑審察於杜平川問砭炳治療於施衡甫而後知其難也而世之業斯術者仲景叔和之書或未能究况樞素之藴乎此之弗講則惟

方是習，方固不可廢也，而亦不可執也。余不及識集翁，而得了一所著傷寒寶鑑，知其致力於前脩，有裨於後學，則敬義為近有所授，而遠有所徵。記曰：醫不三世，不服其藥。況十一世之傳業乎？吾見其易而不見其難，術業之精可知矣。故因子仁之請，并以余之所聞書者以贈之。

贈萬原丘公序

丘萬原，韋貢人，居福建者三十年，地理之術聞于八郡。富家巨室爭致之，得所指示葬其親者，酬千金不吝也。人亦以是憚之。然君為人負仁術，尚義氣，喜與

儒者交茍知其賢雖貧不能具禮遇吉地即指示無
吝也其在三山特有為富家擇地者富家以元寶千
緡文幣一襲請君往鑒之君不可或喻之曰第一往
即可得厚利何不為耶萬原曰吾旅人雖利於得貲
然人以誠求我其地果善吾誠告之斯兩得矣如不
善直之則敗其術不直則誤其主吾豈可見利而忘
義乎以此士大夫多敬之若清源林先生和仲陳先
生皆巨儒不妄許可而皆與之交其墳地皆其所相
擇既皆稱譽之又以文章光寵之於是萬原之術益
重於君子矣建安雷伯明父喪未葬迎君于三山將

行吳朝宗囑之曰、建有張昌齡者、吾友也、好學而貧、常餬其口于四方、其母喪亦未葬、君至建上、宜為擇地而葬之、君曰諾、比至建上、未會昌齡、過其鄉、即與其弟行眎山川、已得地、而昌齡未知也、及來府城、始相識、即與歸治葬事、萬原命大為之壙、取其父為合葬、昌齡自以父冢之善也、與萬原往眎之、萬原曰、三光不臨地、德不載、當急改、昌齡有難色、初昌齡之獲此地也、闕地而遇石、鑿石三尺、乃得土穴、土五色、僅容棺、以為大善也、及聞君言、雖疑而弗信、夜歸萬原命昌齡具役夫、明日往啓冢、昌齡又為具言穴中之異、君笑曰第啓之若棺木無恙吾不復相地矣明日至墓下昌齡猶不忍君怒奪钁鋤自闢之曰吾今日必救汝昌齡不能止乃命役夫比見棺則地虎皆盈矣昌齡撫棺大慟已而拜且泣曰微先生不肖孤何以見先人于地下舉易其棺衾遂合葬焉噫人之交也必久要而後敢盡言必厚利而後肯盡術今萬原未識昌齡而先為擇地因朝宗之言而非久要也昌齡之酬亦無厚利也君既盡言又為盡其術如此是豈江湖嗜利者可同日語哉余聞萬原之名久及來城府得於所聞者又如此而余父母之宅兆亦皆其所

自卜而未知何如也。今年夏，萬原適自三山來。吕齡為余言，始敢邀至山中。旣為定穴改葬其先祖，及視先考之墓，則曰山與向皆是矣。復至先妣墓，則曰山是矣，穴與向皆非也。穴宜高而向不宜側，此貪前失後之過也。遂正其穴與向，曰：如此如此，則盡美矣。初未嘗與余較直也。謂君負仁術，尚義氣，詎不信乎。然余亦不能具禮者，故謝之以文，將使讀余文者知萬原之不苟取，又以垂令名於無窮也。於其行，書以贈之。

送克霖希說教諭序

士有負其剛大正直之氣者雖所禀有異亦必集義
以生之學問以持之窮其理致其知存其心養其性
使是氣之發皆出乎禮義而不戾乎中和以之褆身
則敬以直内義以方外而阿諛逢迎便辟側媚之態
無有也以之遇事則威不能惕利不能疚而突梯滑
稽脂韋淟涊之態無有也故君子不徒恃其禀之異
而必貴乎學之純西域克霖字希説蚤以經明行脩
舉於鄉就試省闈中程度矣而限於解額詘於副榜
承檄為甌寧校官越明年平章燕公開堂試希説遂
魁右榜省府改授泉州路學正未上還就甌寧而脩

業爲乂明年代者至君即日束書戒行告李歸于常所往來建之士交咸賦詩以尊其行而俾余爲之序余讀禮山中今年春始來府城識希說獲定交焉接其議論則正大之學剛直之氣孔子所謂直諒之交者左丞阮公推誠下士君數以讜論進公和顔以聽之虛心以納之端居無事則延見從容以詢黎庶之疾苦政事之得失君所陳皆人之所難言者公雖加敬而側目者多矣他日議署君管勾以參軍務君以母老在遠定省久曠徑辭去士論高之余觀希說所禀天地之正氣既得其至大至剛以直者而又能從

事乎賢聖之學，於理無不窮，而知無不致，涵養於喜怒哀樂未發之前，致察於忿懥恐懼好樂憂患之際，其講之有素，養而無害，則是氣也，充乎中而溢乎外，隨遇而發，配義與道，行人之所不能言，人之所不敢，亦易易爾。是豈富貴之所能淫，貧賤移，威武之所能屈哉？故序以送之，他日尚毋愧此言乎。

前監察御史王君彥芳忠貞詩序

往年有示予平江野史者，所録一時忠義之士，其間有杜門伏枕，謝絶人事，力辭僞官，抗節不屈者，南臺御史王伯顔不花也。余想慕風采，有年于茲矣。至正二十五年，王君乃以閩海憲節分司建郤，易始獲展不疑之謁，承顏接辞，藹然和氣，按臨郡邑，不剛不柔，士大夫交称之。分省朱都事能知君之履歷，為余言，君由南臺御史調西臺御史，未上，來平江。至正十有六年二月朔，冦陷平江，一時官寮多所涴衊，獨君匿民家，追索甚急，署以偽職，威令狎至。君托疾力辞，杜門不出，人為君危之，君不為動，卒亦不敢害。明年八月防者稍懈，始得脫。南臺御史道隱公嘉其大節，特書忠貞二字以旌之。翰林承旨仲舉張公、中書參政太撲危公，以及中外之能文辭者，咸賦詩以美之，顧首簡缺焉請爲之序易山野老生言奚足徵然嘗聞之邵菴虞先生言人有三不幸子有孝名婦有節名臣有忠名此人之三不幸也易請其說先生曰安否之問甘旨之奉生事葬祭之以禮子職之常也孝之名何由立和而義柔順而內外各正乎其位婦道之常也節之名何由著都俞吁咈敬共朝夕官守盡職言守盡責臣道之常也忠之名何由見父父子子夫夫婦婦君君臣臣各處其常而安其倫此人之大幸尚何美名之可稱迨夫子以孝著婦以節著臣以忠著則處乎倫之變而有大不幸爲者矣於不幸之中而令

十一

名著爲此所以扶綱常立人極，書之簡策，照映百世
令名與天地並存，則綱常與天地並立，其所係顧不
重歟。子夏曰：事君能致其身。傳曰：子之能仕，父教之
忠。又曰：策名委質，皆是道也。王君蓋知之矣，非苟知
之，亦允蹈之，故易不敢以文之鄙陋辭，而特著之，如
此，亦將以愧夫天下之既爲王臣，而卒於從僞者，是
歲龍集重光大荒落月季涂序

送録事丘用亨詩序

司縣之職，其秩雖卑，然於民爲最親，夏訓有之：民惟
邦本，司縣得人，政平訟理，民各安於田里而無太息

愁痛之聲則本固而邦寧矣其任固不重歟自封建廢而郡縣置有天下者莫不重守令之選我國家重亦宜之立五事以課殿最其政績尤異者則擢置察院蓋以閱歷州縣凡民之休戚吏之廉汙迪知忱恂則激揚惟允故居是職者其材諝賢德皆足以自見其循良者皆得列名於史策與夫抱關柝之宜於其職者可不同日語矣自盜賊蜂起海宇鼎沸擁專城當方面者兵不足而籍民食不足加賦於是司縣之職錢穀是急追呼逮捕敲朴喧囂惟日不足矣官視民若仇讐民視官若豺虎今之爲司縣者不其難乎

然天之生斯民也，既播殖之以為國本，則夫風雨之
飄飄，熯旱之焦槁，天豈果拮撥之而後已耶？於斯時
也，乃有抱甕桔槔　為人力之所及者，雖不能
優渥霑足，然且為之延須臾之命，以俟夫天時之雨
澤，則向之焦槁者，未必不浡然而復蘇，沃然而更茂，
然則當與民為化之時，苟有哀矜惻怛之意存乎其
間，彼雖悠恨愁痛，未必不感激於縲絏箠楚之下，是
則涓滴之潤，膚寸之澤，雖未足以溉其根而滋其葉，
豈不念於縱尋斧焉者哉？建寧為郡，昔稱繁庶，自庚
子以來，再罹寇盜，官軍寡弱，則勇士出戰，良民登陴，

録事丘君之來、適當寇退之後、民力未蘇、而賦歛甚
急、丘君上奉大府之教令、下閔細民之凋瘵、政不苛
暴、而事無不集、官不遣訶、而民無謗讟、迨書考而得
美鮮、夫豈偶然也哉、蓋君生於廬陵文獻之邦、培於
成均長育之地、仕於政繁賦重之日、而哀矜惻怛之
意恒見於追逮敲朴之間、則雖不能挈斯民於春臺
之上、然枯撥之生意固已油然於層氷積雪之下矣、
暢茂條達、不自兹而始乎、故其代去也、郡中與遊者
賦詩以餞之、平陽通守曾君仲衍適以使事至建上、
舍於用享氏、間與余言用享之為録事也、且俾為之

序余雖未識用亨孟軻氏有云觀近臣以其所為主觀遠臣以所其主則亦不待識用亨而信其為君子矣序何愧爲因書以贈之

送林伯恭員外還揔省序

士有明聖賢之學負王佐之才者在布衣則為名士立朝著則為名臣蓋其得於己者本末兼該体用具備是以窮之所學即達之所行達之所行即窮之所學故能窮不失義達不離道視世之患得患失不恒其德者豈不大有徑庭哉吾於伯恭林君見之君奕葉詩書二惠競爽孝弟蚕聞於鄉里信義交孚於交

朋、大本立矣、窮經則折義理之精微、閱史則明理亂之根本、若夫詞林之葩藻、藝苑之倫魁、居職而思政考功而書最、皆君之餘事尔、自河南盜起、宇内塵飛名都壯邑莽為盜區、禹甸堯封、鞠為茂草、吾閩以斗絕一隅、彈丸八郡、粟不多於吳越、兵不幾於湖襄、乃能以忠信為甲冑、義禮為干櫓、故能兩闗雖破而旋復、四郡已危而復安、其破且危者、氣數之適然、其復而卒安者、國家之洪福、聖主端拱穆清、宵衣旰食、惟

祖宗付畀之重、土宇幅員之廣、遺大投艱、永思弘濟不愛高爵重禄、以砥礪天下之豪傑、於是豪傑競起

各奮忠義，以敵王所愾，以遏寇虐，以完城守，以欽承
天子之寵命。分省署置官屬，每歲仲夏遣陪臣奉方
物，航巨海，以歸時事於宰旅，史不絕書，府無虛歲矣。
朝廷亦以九州之職貢不時至，於是粟米布帛織文
絺繡篠蕩羽毛之貢，珊瑚琉璃明珠翡翠之珍，水銀
心紅回青石綠簾箔油漆之末，甚至鬻鹽寇境，以規
利，又甚則抑配民間，以徵銀米，使者駱驛，胥吏隳突，
箠楚械杻，民不堪命。于時林君適參贊省事，職思其
憂，建議于廷，極陳其弊，以為為今之計，莫若廣儲蓄，
嚴武備，停不急之務，以收人心，汰冗散之員，以節浮

費卻貢獻以抑僥倖嚴榷鹽以固根本使政權歸一號令復行累累幾二千言如和緩越人之議疾灼見其膏肓骨髓之所在明白痛快切中時病偉哉言乎實與賈誼劉蕡之言相表裏余得而讀之未嘗不為之擊節三嘆而繼之以泣為以能明聖人之道抱王佐之才者世未始無其人也至正乙巳君以省幕貟即至建上于時西寇犯閩民朝夕急分省左丞阮公知君素負濟時之才畧辟為僚佐君既不獲辭乃勉就職凡而軍旅之調度錢穀之出入守備之方畧小大精粗較若畫一其或謀議未决者至君則迎刃而

解城卒以安壓岷按堵居之力居多焉明年春召還佐省幕分省僚交不忍別相與求文以餞之易惟居之聲名在天下如景星鳳凰時人皆知其美瑞不待余言而同寅之請不可拒乃撫居言行之大者特書以表之非以為佞也期居他日之尚不忘此言也

漢陰葡序

上古世質民淳巢居而穴處茹毛而飲血厥後燔黍捭豚為之醴酪所以滋生者蓋浸備矣逮夫聖人迭興為之耒耜以教之稼穡為之網罟以教之佃漁為之衣裳以被其體屋為之棟宇以庇其風雨為之配

偶以別其倫類，為之棺槨衣衾以藏其體魄。生人之道至是而始遂。生理既遂，機巧日滋。於是纂組文繡、丹漆雕幾、變詐權謀、詭譎百出，而淳質之風盡矣。漢陰丈人，生乎衰周之末，閔淳質之日喪、機巧之日滋，上古之風不可復見，乃隱於為圃畦。鑿隧而入井，抱甕而出灌，夫豈不知用力之勤而見功之寡，誠以人生天地間，則當順天之道，因地之利，以盡人之力。時未至不可先而迎也，時已至不可後而失也。墾之闢之，蓺之殖之，天之所生，地之所長，日至之末，有不芃然，而葱蓊然，而茂者，時雨以膏之，宵露以濡之。此天

十六

之所以佚我也吾則休息乎衡茅之下大旱礫石流金天澤慳而弗脉搞吾日抱甕入汲而出灌如奉漏沃焦搰搰傴傴非不勞且勩也然徐視吾灌溉之所及則槁者勃然萎者欝然以吾區區之人力而回天地施生之大德則雖疲肢體僨筋骨吾猶樂之不厭何則天之高也地之厚也施生德之可以至誠感而不可以智巧奪也端木氏聖人之徒也閔其用力勤而見功寡則語以鑿木之機輕重之效一日可以浸百畦一用力而功十倍而丈人弗是也始爲忿卒爲笑云云而憲其乏吾事子貢亦瞞然慙終爲卑陋而

失色然所称者，不過神全淳備而機巧之忘乎心。惟吾夫子而後知其脩渾沌之術也。渾沌云者，天地之初也，即上古之世，淳質之俗也。噫！微孔氏，則丈人漢陰之老圃耳，其孰能知之？抱灌蕭氏，江右之君子也。遭值寇亂，辟地来閩，潛其名，自號曰抱灌，作畚寓意，又因以為名。若字，聞者疑其名而莫知其心，至正乙巳，余亦辟地樵陽之大竹，抱灌自樵城寓書若詩以自通，且言漢陰畚，俾余作序。余報書賡其韻以謝序，則未暇也。自是凡三移書。今年春，邂逅建陽，未嘗不以序為請，而余汩沒塵坌，無須臾清思，竟不能就，是歲七月，抱灌又自三華寓書余，奉讀增愧，甚矣，魯人之皐也。越翌日七夕，有童子假乃進泓頴而系議之，頴獻議如前所云，余不能詘，則喟然嘆曰：抱灌子其純白者耶？其德全者耶？其体性抱神以游乎世俗之間者耶？其汒乎淳備無為返樸以從丈人游乎渾沌氏之庭者耶？余何足以知之，乃命頴具録其語，以為漢陰圃序，觀者尚毋畀陬而自失哉。

送孔士魯學正序

先聖五十一代孫希哲奉檄來為建寧儒學學正之明年，適予授業玉仙書館，士魯執贄踵門，修弟子之

禮遂舍予館中蓋不以筮仕為已足猶欲從事乎舉
子之業予告之曰子聖人之後好學不倦處庠序如
老成人日程諸生外手不停披口不絕誦老師宿儒
罔不加敬豈以非科第而敢慢耶予無以誨子聖人
設教洙泗從游者三千身通六藝者七十二人聖人
之所以為教門弟子之所以為學具在二十篇中若
問孝問仁問知問政問行問友問君子問為邦問崇
德脩慝辨惑何莫非切己脩省之實學至若過庭之
詩禮商賜之論詩亦各因其所問以啓發之皆能反
求諸心而各有得夫豈章句之末云乎哉嘗觀鄉黨

一篇非有傳授問荅之微言不過記聖人居鄉在朝語默動靜衣服飲食之末節門人無不熟視詳察謹書備録以示後世夫子蓋曰吾無行而不與二三子者是丘也觀其所記而深嘆夫二三子之善學也言語問荅云乎哉秦燬先聖之道漢興表章六經師友相承不過訓詁專門班孟堅傳儒林稱彬彬多文學之士蓋利禄使之然也然則後世學者其亦異乎聖門之學矣豈不深可嘆哉士魯夙遵庭訓德性温恭謹守禮節惟勉之於二十篇中熟讀精思取弟子之所以問與聖人之所以荅反求諸心身體而力行之

以求至乎其極則盡性踐形不患不到聖賢地位帝
王之書三聖之易夫子之春秋皆吾格物致知明體
適用之一助決科之學惡足以溷子士魯方將勵志
從事斯語明年而冠亂偏又明年而代者至不獲相
與久處以成其德失啓予之友予安能無介介於懷
耶代者建陽鄭希顏亦吾徒也篤交承之義來請予
以為士魯贈予不可辭則書昔所相勉者以申告之
以觀他日之所至是為序

送蔣伯羽序

福建行書中省照磨蔣君奉右丞公之命來建陽毀

實民田，會其私租之入，而定其公取，以至正二十六年三月釐務，里設鄉官一人，使督其主佃各報歲入私租之多寡，隨狀而籍之，復令鄉官監臨佃户各自鄉村原谷以至于溪岸，造魚鱗冊，使畝畝相次，丘角不遺，以參考其所報之虛實，訖八月而籍定，總一縣二十里，里正主首庫子馬舡夫銀，以及僧道之田，計其私租鄉桶四十五萬石，以倉斛折之，爲官石一十五萬，十取其三，得官粮四萬五千石，以備軍旅之粮儲、兵革之資用、僚屬有司之俸給，唯學院之田不與，崇聖道、重名教也。於是道南書院權山長李德鑑以

為覈實田畝、即昔人經量之事、事大且重、昔人所難
而蔣君設法有方、出令必信、不動聲色、不為煩擾、雖
或違令失期、鞭笞之數未嘗滿十、是以民皆畏敬信
服、吏不能為姦、而民亦不敢欺、蓋聞古稱吏之良者
有廉能循之目、若蔣君者可謂兼之矣、宜有文章以
褒表之、矧學校議政善否、從古則然、敢以為請、予嘉
嘆、而敬諾之、竊惟右丞之初、鄣清此邑也、法庭未立
而兵食是急、有釁變而問予者曰、先王之制、取民不
過什一、用民之力歲不過三日、逮其末也、猶有凍餒
之民、困役之夫、是以政繁賦重、民卒流亡、楚茨有思

古之刺、杼柚其空、哀我憚人、譚大夫有告病之作、孟子論為國、必曰恭儉禮下、取民有制、孔子道千乘之國、必曰敬事而信、節用愛人、使民以時、無他道也、吾民寇亂以來、流離轉徙、閩右丞兵威所加、如霆擊雹掃、其未至也、望之如雲霓、其既至也、怙之如父母、右丞為國為民之心、昭若日月、衆所共睹、今也於税粮正額之外、義助有粮、塩菜有錢、買後有錢、三等九甲月徵有錢、雖負薪捆屨者亦不得免、疾首哀顲者有之、携持而去者有之、擊壤之歌、何時而復聞乎、予應之曰、子言則然矣、抑亦徒知治世之常經、而未達亂

世之權宜也昔我世祖皇帝之一天下也立法創制
有因有革民田之稅三十而取一仍宋之額也商旅
之征三十而取一我元之法也重熙絫洽聖神相繼
金科玉律百司謹守當是時官有定員軍有定籍賦
有定法役定制故二十取一而足也自河南盜起宇
内鏖飛荆揚吴楚之間半為盜藪獨吾閩以斗絕一
隅彈丸八郡溪山之險人心之固家習禮義世篤忠
貞故能壘卵賊鋒完此王土然總八郡一歲之田賦
不及三十萬石儻興十萬之師曾無二旬之給且以
吾建一郡言之為縣者七租粮不及五萬而建陽居

其一、若守歲徵之常額不達通變之權宜、則雖有齊

桓晉文之師、亦將匱粮而中止、功何由成、土何由守、

又如往年之亂、破二關、據一郡三縣、微右丞之力、則

將奔亡之不暇、雖有粟吾得而食諸、然則今日行旅

之獲出於途、商賈之獲藏於市、農夫之獲耕於野、妻

女之獲出於室、歲時伏臘祖宗之獲歆其祀、杯槃飣

餖親交之獲盡其歡、右丞之德、尚何時而可忘耶、況

夫寇非兵不除、兵非民不養、官非民無取、民非官不

安、與其奔亡以資寇盗、孰若轉輸以助兵食乎、右丞

之任伯羽也、真誠知人、伯羽之廉、以律己嚴、以出令

恕以待物，敏以集事，真不負右丞之所任。他日邊境肅清，兵歸於農，必先拖力薄征，以復我世祖皇帝之舊典，班固所謂一勞而永逸，暫費而卒寧者。余雖無文，尚能依倣作為銘頌，以稱述盛德於無窮哉。既以釋問者，因書以為送伯羽序。

送鄭士文序

余讀張子書，至富貴福澤將厚吾之生，貧賤憂戚庸玉女于成，未嘗不廢書而嘆也。夫富與貴，是人之所欲；貧與賤，是人之所惡。然所欲甚有於富貴，所惡有甚於貧賤，故君子於富貴則不處，於貧賤不則去，彼豈失其好惡而性與人殊誠以不義而富貴則華揀廣夏不安於華門圭竇輕裘肥馬不榮於敝縕袍酣醲飫鮮不甘於羹藜飯糗粉白黛綠不宜於荊釵布裙是以孟子得志不為故其言曰天之將降大任於是人也必先苦其心志勞其筋骨餓其體膚空乏其身行拂亂其所為所以動忍心性增益其所不能狃於豢養非君子之福也張子之言蓋本於孟氏所以垂訓後世警悟學者豈不簡而要哉皇元有天下承平七八十年富庶極矣民有產業戶有詩書朝有世官家有世祿衣帛食肉者無間於耄倪然恃於貴

者肆貪殘，安於富者習淫侈，誦詩書談仁義敦行檢
重禮教者，往遯於幽林邃谷，困於窮櫚陋巷，廉耻道
喪，而禍亂作矣。小民蕩析離居，百工顛沛失業，擢巍
科、躋膴仕者，亦或蘭芷不芳，荃蕙化茅，使芳杜厚顏
薜荔蒙耻者，蓋不鮮矣。於斯時也，能守其身而不失
其素志者，豈不甚可貴歟。江右學者鄭居士文負英
邁之姿，抱沉潛之學，雖值冦亂，流離轉徙，挈妻孥入閩
關，不投貴勢，擇樂土而居，聞崇化為圖書之府，則研
足而至焉，僦屋以居，授徒而食，數年于茲矣。厄窮不
閔，而學益精，詣文益鬯茂，所謂困而亨者，士大有爲

今年秋，道南書院行釋菜禮，士文来助奠，禮畢，請曰：
吾困滯久矣，易不云乎，尺蠖之屈，以求信也，龍蛇之
蟄，以存身也，聞右轄陳公秉忠貞，奮義勇，削侵軼之
寇，剗跋扈之雄，兵威所加，摧枯拉朽，八閩事大定矣，
余之屈将自此而信乎。别後三月，余自玉仙書館回
道東陽，訪仁卿，架閣出素楮一卷曰：士文将遊三山
見陳和仲、朱志貞二隱君，往謁右轄陳公于軍
門，蓋将一吐胷中之奇蘊。富者贈財，固非士文之望，
仁者贈言，則士文之所願也。聞得請於子矣，卷楮在
此，何以贈之。余曰：士文之請，余固諾之矣，又烏敢辭。

攜其卷以歸後浹旬為南至前五日士文遣其徒来
徵卷余喟然歎曰剥盡必復否極而泰理之常也復
之象曰剛反動而順行利有攸往又曰復其見天地
之心然則剥而不復天地之心不可得而見矣震動
也坤順也内動而外順是以出入無疾朋来無咎自
是而升說順而臨健順而泰則君子道長而小人道
消矣士文順時而動往有不利哉抑有為士文言者
復之為道雖利有攸往然次以脩身三以下仁四以
後道五以自考無時無處不為進德之地也頻則厲
迷則凶是又君子之所當戒戒其所當戒而勉其所

當進至於拔茅彙征，則向之貧賤憂戚，非玉女于成乎。余雖老尚能拭目以觀他日之所至。

戲綵堂詩序

至正二十七年正月二十有九日，王君克惠母夫人劉氏設帨之晨也。王氏爲河南著姓，自其先大父朝列公由按察幙下賓客從元帥察罕公定江南，大夫相威公辟掾行臺官至監察御史，僑寓金陵，遂隸籍爲王君。幼嗜學，嘗從天台丁仲容、中山李晉仲游，通儒術，恍古道裒然，以材諝見稱于時，試吏南臺，出從事浙西憲府，調福建，祇奉方物航海至京師，歸時事于宰旅朝廷嘉其勞擢佐建寧郡模未上福建行省聞其賢辟為掾平章陳公既開省延平參政文公來分署省事王君實從于時戎務方殷羽檄交馳案牘填委紛總膠轕敏者殫慮猶或凝滯君闕之皆迎刃而解參政器重之加禮敬焉故是日率僚即其寓館陞堂奉觴為太夫人壽主君綵衣侍側愉色婉容列俎豆具杯盤獻酬秩秩笑語卒度賓主盡歡而散翌日參政公特書戲綵堂額其寓館以旌之後一月道南蔣易自建陽以學院事來稟分省會君于模下相與語道舊遊金陵時事俛仰幾三十載豈惟人民

非雖城郭亦非矣則相與感嘆不已他日出示叅政
公所書堂顏且俾為之記予嘗讀孟氏書以廣土衆
民君子欲之所樂不存而父母俱存為一樂吁誰無
父母能盡其孝而全其樂者鮮矣老萊子孝奉二親
去之數千百載至今猶使人羨慕豈不以期頤之親
康寧之福若古希有而耋耄之子斑斕之衣為弄雛
之戲今亦豈易得哉觀孟氏所稱君子之樂與所樂
不存則老萊子可謂極天下之至樂者矣王君精敏
廉能克勤于政方烝烝進用此特其發軔耳行將受
萬鍾列五鼎以備甘旨雖椿齡不求不能無遺憾然

諼背日長猶足以致吾誠盡吾敬。綮政公之揭是名也，蓋有以知君之心，即老萊子之心，君之樂，即老萊子之樂。大書特書，又何愧焉。予則以為王君以方盛之年，贊襄藩省；太夫人以八袠之年，安與就養，童顔鶴髮，熙熙愉愉，初度再逢，寀輔稱壽，政恐老萊子不得儷美也。大夫士咸為賦詩以頌美之，王君俾予記其事，余不敢僭，則為之序，引列于詩編之首。丁未三月日序

徐長卿望鄉詩序

詩大序曰：情發於聲，聲成文謂之音。又曰：情動於中

而形於言、言之不足故嗟嘆之、嗟嘆之不足故永歌之、永歌之不足、不知手之舞之、足之蹈之也、蓋嘗因是以求三百篇之作、或喜而歌、或哀而怨、有美有頌、有風有刺、莫匪真情之所發、而世之治亂、政之得失、皆於是而見、孔子曰、詩可以興、可以觀、可以羣、可以怨、邇之事父、則為孝子、遠之事君、則為忠臣、以詩之所以為教、而非後世留連光景、風雲月露、無情悲喜者所可同日語也、皇元混一海寓百年于茲、而詩凡三變、至元以來、若靜脩劉公、魯齋許公、牧庵姚公、疎齋盧公、所作、熈熈乎、澹澹乎、典實和平、藹然有貞觀上元氣象至大皇慶來以若吳吳趙子昂浦城揚仲弘清江范德機蜀郡虞伯生豫章揭曼碩諸作颯颯乎洋洋乎雄深雅麗甸然有開元大曆音韻壬辰以來寇荐至士大夫流離顛沛小民蕩析離居哀怨之音呻吟載路戚戚乎卹卹乎湫乎悠乎聞之者感類見之者墮淚變風變雅於是乎作矣謂文章與時高下聲音與政通詎不信然至正二十七年春正月予謁先聖于郡庠于時福省左右司都事浦城徐君以省府之命勞將帥遂至其鄉邑田園廬舍歷歷在目而不可到悵望久之賦詩二章蓋有不勝其感慨者

矣夫以徐君之才之美使當世道全盛之時得與揚范賡揭諸公相倡和必能和平其聲以鳴國家之盛今乃效驅馳於王事鞅掌之餘望親舍於衰草寒烟之外白雲春暉傷心慘目孝感之念情見乎辭昔人嘗言長歌之悲過於慟哭者吾讀徐君之詩亦云好事者屬和既多徐君復使來請序故為之書

三閭大夫畫像序

予始讀楚辭至涉江哀郢等篇涕泗被面不能自禁韓愈氏謂士有曠百世而相感予不知其何心豈非天理民彝在人心者窮天地亘古今事有萬變而此

不變人綱人紀之不墜君子以人治人者莫不以此屈子遭讒見逐自沉湘水一時用事上官靳尚之徒志得意滿趾高言肆睨逐臣為何物烏知千載之下屈子之名乃與天地比壽日月齊光彼讒諛者遺臭竿牘其骨已朽而惡名未泯亦何益哉予嘗反覆玩索屈子之言而知其所學之有本非止辭章之士能言而行不揜者如曰重仁襲義曰定心廣志曰誼先君而後身曰善不由外來名不可以虛作孰無施而有報孰不植而有穫其言本領正大不合於聖賢者鮮矣曰從彭咸之所居曰依彭咸之遺則非徒言之

又允蹈之其篤信守死又如此使登孔門當不在由
求偃商下不然何離騷憂憤之言遂為千萬世辭賦
之祖自宋玉景差司馬相如揚雄張衡班固左思之
徒學其聲者竭才窮思而不能及予因其言考其行
雖不敢謂上方稷契亦豈在龍逄比干之下哉裔孫
其官學南來訪求其遺像而不可得其子某始得張鼎
州所刻石本於市恐後磨滅將模勒以傳又將竭其
貲力作其祠宇以請于朝書院以祀之可謂念德矣
故予為之推明屈子所學以俟當世之君子擇焉

鶴田蔣先生文集卷之二

王用

蔣易字師文建陽人篤信好學工詩善屬文有寉田集及編元朝風雅行于世　建寧府志文學傳

此集爲楊文敏公家藏傳興公先輩得之于建寧書肆僅有序文二卷尚有十二卷外存其心文大有源委然中多宋氣想得熟襲諸先輩而手不能改其面目亦是潛心學究之流亞者也

絢臣

蔣易字師文從杜本遊編交知名士博極群書編摩句定手自删録學極精斟律筆爲文直追古作左丞阮德柔分省于建待以上賓所著有崔田集并編類先朝風雅行於世爲師杜本作清江碧嶂集序文名藉甚著 潭易文獻

翠竹黄花倚檸看蒼屏仙掌暮雲端那知棘隱幽棲處丹井松風夜夜寒 題棘隱處 蔣易

先生崔田集目録中未見無詩僅見此於劉集中爲之補入

道南萬書樓大雅何徽茫嗟嗟哉逮
梁宋孰能繼虞唐鑾鳳著文
彩雲漢昭天章九原不可作悲
風摧棟梁 鎦典纖炳袁蔣師文
道南萬書樓文蒸冠閩土早起揭文安
子史深汲古束帛賁丘園高卧守環堵
便便書經腹皓首心自苦

偶閱藍靖之明之詩集尚有先生序文二篇尚俟抄入惟先
錄其挽詩及懷詩古詩于後

乾坤慘淡士林空，又折南山百丈松。只有騎驢嗔李白，更無覆瓿笑揚雄。清文
金石傳來世，高節田園託老農。他日漢江興禮樂，安車不復到閩中。奠
過秋山訪隱居，三年悵望信音疏。共知鄰境征征客，不念斯文久病餘。易
簀恨遲千里駕，承家須護一樓書。門人藍澗猶多在，早不及一歌共挽車。

藍山挽崔田二律

老屋出魚枝，負甘藜藿群。殘燈照夜雨，落木響寒雲。烽遠旐時見，鍾跡
坐不聞。道南猶可仰，天未喪斯文。山中夜坐懷崔田先生藍澗

綠髮朱顏七十身，飄飄海隺出風塵。蒼崖松栢冰霜晚，深谷芝蘭雨露春。北斗文
章誰念老，西京儒術仲舒淳。晨星正落斯文老，早晚飛熊載渭。上寄壽崔田

清名一出動江淮，白髮多情戀草萊。盛世文章金石刻，深山松栢棟樑材。六經業
秦灰後，四皓終因漢幣來。自媿升堂稱晚達，獨將書劍傍庭埃。呈田先生藍澗

圖書在版編目（CIP）數據

福建文獻集成續編. 集部. 第一輯：8冊/吳格主編. --福州：福建人民出版社，2024.12. --（八閩文庫）. --ISBN 978-7-211-09688-6

Ⅰ.K295.7

中國國家版本館CIP數據核字第2025JH7339號

福建文獻集成續編·集部（第一輯）

主　　編：吳　格
責任編輯：連天雄
助理編輯：李　科
裝幀設計：張志偉
美術編輯：陳培亮
出版發行：福建人民出版社
電　　話：0591-87533169（發行部）
網　　址：http://www.fjpph.com
電子郵箱：fjpph7221@126.com
地　　址：福建省福州市東水路76號
郵政編碼：350001
經　　銷：福建新華發行（集團）有限責任公司
印刷裝訂：雅昌文化（集團）有限公司
地　　址：深圳市南山區深雲路19號
開　　本：787毫米×1092毫米　1/16
印　　張：286
版　　次：2024年12月第1版第1次印刷
書　　號：ISBN 978-7-211-09688-6
定　　價：4000.00元（全8冊）